VOYAGES
DU S^R.
A. DE LA MOTRAYE,
EN
EUROPE, EN ASIE
ET EN AFRIQUE.

EN DEUX VOLUMES.

j. 5. 174.

A La HAYE, chez T. IOHNSON & I. VAN DUREN.

VOYAGES
DU Sr.
A. DE LA MOTRAYE,
EN
EUROPE, ASIE & AFRIQUE.

OÙ L'ON TROUVE UNE GRANDE VARIETÉ DE

RECHERCHES GEOGRAPHIQUES,
Hiſtoriques & Politiques, ſur l'Italie, la Grece, la Turquie, la Tartarie Crime'e, & Nogaye, la Circassie, la Suede, la Laponie, &c.

AVEC

DES REMARQUES INSTRUCTIVES SUR LES MOEURS,
Coutumes, Opinions &c. des Peuples & des Païs où l'Auteur a voyagé; & des particularitez remarquables touchant les Perſonnes & les Auteurs diſtingués d'Angleterre, de France, d'Italie, de Suede, &c.

COMME AUSSI

DES RELATIONS FIDELLES
des Evenemens conſiderables arrivées pendant plus de xxvi. années que l'Auteur a employées dans ſes Voyages; comme de la Révolution en Turquie & du dethronement du dernier Sultan : De la Guerre entre les Turcs & les Ruſſiens, & de la Paix concluë ſur le Pruth, où l'Auteur étoit preſent : Des affaires & de la conduite du feu Roi de Suede à Bender, & pendant les quatre années qu'il a été en Turquie : De ſon retour en Suede, de ſes Campagnes en Norwegue, de ſa mort, & des changemens arrivées là deſſus.

Ouvrage enrichie d'un grand nombre de Cartes, Plans, & Figures en Taille-douce, repreſentant des choſes rares & curieuſes de l'Antiquité, comme des Medailles, Inſcriptions, Idoles, Lampes & autres reſtes des ancienne Villes, Colonies & Peuples, ou des productions de l'Art & de la Nature &c.

TOME PREMIER.

A LA HAYE,
Chez T. JOHNSON & J. VAN DUREN.
M. DCC. XXVII.

AVIS
AU LECTEUR.

L'Auteur de ces Relations ayant emploié plus de vingt six ans à voyager dans des Païs étrangers, ayant séjourné plusieurs années de suite dans quelques uns de ces Païs, & d'ailleurs sa curiosité l'ayant porté en divers endroits où nul autre Voyageur qui nous soit connu n'a été, il a eu moïen d'apprendre bien des choses inconnues à tous ceux qui nous ont donné des Relations de leurs Voyages jusqu'ici. On verra qu'il s'est donné bien de la peine pour être instruit sur tout ce qu'il y a de plus curieux & de plus remarquable dans les païs où il a voyagé, & en particulier sur tout ce qui a été ou omis ou mal raporté par d'autres Voyageurs. Il a soin, par les details où il entre, de nous representer l'état present des Cours, des Païs, & des Villes dont il parle, sans en negliger l'ancien; il s'est attaché à faire connoitre le genie, les mœurs, les coutumes, les opinions des differens peuples, le plus naturellement qu'il lui a été possible, sans prejugé & sans deguisement. Et il s'est extrêmément appliqué à deterrer par tout les Medailles, Inscriptions & autres monumens de l'Antiquité *Greque, Romaine, Runique* &c.; ce qui lui a si bien réussi qu'il a presenté dans cet Ouvrage, aux Amateurs de cette sorte de choses, quantité de pieces rares & singulieres qu'aucun autre n'avoit deterrées avant lui.

Comme il a eu occasion d'être beaucoup auprès du feu Roy de Suede, cet inflexible & infatigable Heros de nos jours, & d'être emploié souvent dans des affaires de consequence qui regardoient ce Prince, tant durant son sejour en Turquie, qu'après son retour dans ses propres Etats, il nous donne un detail de ces affaires qui est curieux & interessant, & qui ne sauroit manquer de faire plaisir à tous ses Lecteurs. D'ailleurs il a mis ici une si

gran-

AVIS AU LECTEUR.

grande varieté de remarques & d'obfervations fur tant de matieres differentes, qu'il faudroit être d'un gout bien bifare & bien extraordinaire pour n'y pas trouver quantité de chofes amufantes & inftructives. Mais l'Auteur fe flate principalement d'avoir merité l'approbation des gens de bon gout par la fincerité & l'impartialité qui regne dans toutes fes relations.

Cependant il ne pretend pas ici d'inftruire les Savans, non plus que de contenter les Critiques, ne fe fentant point de talens ni pour l'un ni pour l'autre. Il eft fort perfuadé que des gens plus habiles auroient beaucoup rencheri fur les remarques & les defcriptions qu'il a données, & qu'ils auroient tout mis dans un plus beau jour & en meilleur langage. Quant à ce dernier, il fent bien que le fien a été tellement alteré & corrompu par le mêlange de plufieurs langues étrangeres, qu'il fe contente de fe pouvoir faire entendre fans être aucunement en état de contenter les Puriftes de la langue Françoife. On a pour cette raifon prié une perfonne affez capable de retoucher le ftile, & elle l'a un peu raboté en plufieurs endroits; cependent il a encore bien befoin de l'indulgence des Lecteurs.

TABLE

TABLE DES CHAPITRES

DU PREMIER VOLUME.

CHAPITRE I.

Voyage de *Paris* à *Rome* ; par *Montargis*, *Nevers*, *Lion*, *Marseille*, & par Mer jusqu'à *Civita-Vecchia*. Remarques sur cette dernière ville ; sur les raretez tant anciennes que modernes de *Rome* ; sur la politesse de ses habitans ; sur le Souverain Pontife, sa mort, son enterrement, le Conclave pour l'élection d'un Successeur au Pontificat, les Cérémonies de son installation, la prise de possession de l'Evêché de *S. Jean de Latran* ; sur la Religion, la Liberté *Romaine* ; &c. *page* 1.

CHAP. II.

Des vêpres de la veille de *St. Pierre*. La présentation de la *Haquenée*. Chambre des Tributs. Illuminations, Procession & Messe Papale. Courte histoire des pierreries dont sont enrichies les précieuses *Thiares & Mitres*, qu'on garde dans le Château *Sant' Angelo* ; avec une petite description de celle de *Jules*. Eglises, Palais, curiositez tant anciennes que modernes de *Rome*, & de ses environs : de *Lorette*, &c. 21

CHAP. III.

Voyage à *Venise* par *Viterbe*, *Monte-Fiascone*, *Sienne*, *Florence*, *Pise*, *Luques*, *Genes*, *Pavie*, *Milan*, *Brescia*, *Verone*, *Vicence*, *Padoue*. Puis de *Venise* jusqu'à *Verone*, avec des remarques sur toutes ces Places, &c. 50

CHAP. IV.

De *Venise*, de ses Eglises & Palais, du Trésor de *St. Marc*. de l'Arsenal, de l'Eglise *Grecque* ; de *Ravenna*, *Rimini*, *Pesaro*, *Fano*, *Seniglia* & *Ancona*. 70

CHAP. V.

Contenant mes voyages à *Jaffa*, à *Rama*, à *Alexandrie*, & à *Tripoli* ; des remarques sur toutes ces Places, aussi bien que sur le feu sacré du *S. Sepulchre* ; & une dispute entre un *Turc* & un Juif sur la Religion. 82

CHAP. VI.

De *Tripoli*, son Port, ses Antiquitez ; passage de là par un Vaisseau *Venitien*, par *Port-Mahone*, & *Gibraltar*, à *Lisbone* ; retour de là, sur un Vaisseau de *Nantes*, en *France*, &c. 106

CHAP. VII.

De *Nantes*, de la *Trape*, de *Port-Royal* des Champs, de *Versailles*, de *Paris*, &c. 118

CHAP. VIII.

De l'*Angleterre*, sa Religion, son Gouvernement ; Mœurs & Coutumes de ses habitans, &c. 148

Tom. I. CHAP.

TABLE DES CHAPITRES.

CHAP. IX.

Voyage en *Turquie*. Remarques sur *Pathmos*, *Smirne*, *Ephese*, *Scio*, *Samos*, &c. 176

CHAP. X.

De *Galata*, du Port, du *Bosphore* de *Thrace*, ou Canal de la *Mer Noire*: des Palais & Maisons de plaisance qui le bordent jusqu'à la Colomne de *Pompée*; de *Sainte Sophie*, & autres *Mosquées*, &c. 199

CHAP. XI.

Du grand *Serail*, & autres Palais du *Grand Seigneur*, de *l'Hyppodrome*, &c. Courses de chevaux; mariage des *Turcs* &c. 216

CHAP. XII.

Du Prince *Tekely*. Sentimens d'un *Mulla Turc* sur *l'Alcoran*, la *Bible*, les *Derviches*, & la défense de boire du vin. Digression sur l'établissement des *Jesuites* dans les Isles Espagnoles. De la Religion des *Turcs*, &c. 229

CHAP. XIII.

Entrée du *Sultan Mustapha* dans *Constantinople*, à son retour d'*Andrinople*, après la Paix de *Carlowitz*. L'ordre de sa marche: dignitez & offices de ceux qui la composoient. 243

CHAP. XIV.

Des *Bezastenes*, *Hans*, postes & antiquitez de *Constantinople*. De l'arrivée d'un Vaisseau *Moscovite* d'*Asoph*, avec un Envoyé du *Czar*, & de celle de Mr. de *Feriol*, en qualité d'Ambassadeur de *France*. Refus que fait celui-ci de prendre audience du *Sultan* sans épée. D'autres Ambassadeurs d'*Allemagne*, de *Venise*, &c. 257

CHAP. XV.

Du *Ramazan* & du *Bairan*. Des Ambassadeurs extraordinaires de *Pologne* & de *Moscovie*. Du Prince *Tekeli* banni à *Nicomedie*, & pourquoi. Mon voyage en cette ville & ma reception auprès de ce Prince & de la Princesse son Epouse. De *Firarly Hassan-Pacha*. Mon retour par *Broussa*. Remarques sur cette ville & ses bains. D'une sorte de Galanterie *Turque*. Nouvel Ambassadeur d'*Angleterre* à la *Porte*. 275

CHAP. XVI.

Du *Harem*, ou de la maniere particuliere de vivre des *Turcs* avec leurs Femmes & Concubines. Du mariage des Princesses du sang. Du *Baile* de *Venise*. Cavalcade du nouveau *Sultan* à *Eiub*. Du Patriarche *Armenien Avedick*. Déposition du *Janissair-Aga*. Digression historique touchant le regne de *Mahomet IV*. de ses deux Frères & de son Fils. 336

CHAP. XVII.

De la quadruple *Liturgie* celebrée par les quatre Patriarches *Grecs* dans l'Eglise Patriarchale de *Constantinople*. Déposition du *Janissair-Age* & du *Visir*. Réjouissances & illuminations à l'occasion de la naissance d'une Fille du nouveau *Sultan*. Autre Fête semblable pour la naissance du Duc de *Bretagne* chez Mr. de *Feriol* à *Pera*, dans le Palais de *France*, & qui est troublée

blée par le nouveau *Visir* : Envoyez de *Pologne* & de *Hongrie*. Visions du Baron *Szalontai*. *Ali Pacha Churlouli* fait *Visir*. Danger que le *Grand Seigneur* court d'être déposé, & dont ce *Visir* le préserve. *Aptraman Pacha*, *Capitan Pacha*, étranglé. 365

CHAP. XVIII.

Voyage dans *l'Archipel*. Des *nouvelles Isles Blanche* & *Noire*, reunies en une seule près de *Santorin*. Remarques sur ce Phenomene, ou production de la Mer *Egée* ; aussi bien que sur cette ancienne Isle ; sur *Amorgos*, *Naxia*, *Salonique*, *Enos*, *Trajanopoli*, *Andrinople*. Mariage *Armenien* & les Céremonies de ceux des *Grecs* &c. Le Vertabiet *Dergomidas* décapité. 383

CHAP. XIX.

Halvet ou récréation des Dames du *Serail.* Désertion du Général *Mazeppa*. Indisposition de Mr. de *Feriol*. Défaite du Roi de *Suede Charles XII*. à *Poltava*. Sa marche, son arrivée & sa reception en *Turquie*. Négociations de ses Ministres à la *Porte* pendant son séjour en *Turquie*. Déposition du *Visir*, &c. 409

CHAP. XX.

Voyage dans la *Chersonese* de *Thrace*, à *Lampsaco*, à *l'Hellespont*, à *Lemnos*, *Tenedos*, & aux ruines de *Troye*. Idoles & Médailles trouvées dans ces differens endroits, avec des Remarques &c. 423

CHAP. XXI.

Voyage à *Barcelone*. Vue de *Gallipia* en *Afrique*. Courte Description Historique de *Barcelone*, de *Mont-juy*, de *Sarragossa*, *Tarragona*, *Mont-Serrat*. Mon retour à *Constantinople* par *Genes*, *Livourne*, *Florence*, *Rome*, *Naples*, *Sicile*, *Malte*, *Zante*, la *Morée*, *Candie*, *Santorin*, *Scio*, *Tenedos*, *Mexaniota*, *Cisique*, *Marmora*; avec des Remarques sur les principaux endroits où j'eus occasion de m'arrêter. 438

APPENDIX.

Traduction du Manuscript Espagnol de *Rama*, contenant un Traité & une explication des cinq Commandemens de la Loi de Dieu, à sçavoir, *de croire la Divine Essence ; que Mahummad est l'Envoyé de Dieu ; les devoirs de la Priere ; du jeûne ; du Pelerinage à la Mecque : comme aussi des douze mois de lunes de l'année ; des jeunes & autres devotions meritoires qui y sont comprises, ou annexées, avec quelques éclaircissemens sur divers Chapitres de Alcoran*, écrit en Espagnol par *Mahomet El Pizça*, natif de Valence, habitant de Seville. Page 1.

Lettre du *Roi de Suede* au *Grand Seigneur*, datée du 3. Juillet vieux stile 1709. près d'*Ozakow*. 20.

Autre lettre du *Roi de Suede* au *Visir*, du 4. Juillet. 21.

Lettre de Mr. *Mullern* au *Visir*, du 4. Juillet. 21.

Reponse du *Visir* au *Roi de Suede*, datée de la lune *Regeb*. 1121. & reçue à *Bender* le 19. Aoust. 22.

Reponse du même & de la même date à Mr. *Mullern*. 23.

Lettre du *Roi de Suede* au *Roi Stanislas* de *Pologne* ; de *Bender* le 23. Aoust. 23.

LISTE
DES SOUSCRIPTEURS POUR CET OUVRAGE,
dont les Noms sont jusqu'ici parvenus aux Libraires.

S. M. le Roi de la Grande Bretagne.
S. M. le Roi de Suede.
S. M. la Reine de Suede.
S. M. le Roi de Prusse.
S. M. la Reine de Prusse.
S. A. R. le Prince de Galles.
S. A. R. la Princesse de Galles.
S. A. R. le Pr. Frederic, Duc de Glocester.
S. A. R. la Princesse Anne.
S. A. R. la Princesse Amelie.
S. A R. la Princesse Caroline.
S. A. R. le Duc d'York, Evêque d'Osnabrug.
S. A. R. le Duc d'Orleans, Regent.
S. A. E. Monseigneur l'Electeur de Mayence.
S. A. S. le Prince d'Orange & de Nassau.
S. A. S. le Prince Eugene de Savoye.
S. A. S. le Prince Guillaume de Hesse-Cassel.
S. A. S. le Pr. George de Hesse-Cassel.
S. A. S. Madame la Princesse Douariere de Hesse Philipsthal, née Comtesse de Stirum.
S. A. S. le Pr. Ferdinand Ernest de Brunswick-Luneburg Bevern.
S. A. Monseigneur le Comte de Thoulouse.

A.

M. d'Aguesseau, Grand Chancelier de France.
M. d'Aerssen, Seigneur de Voshol, &c.
Mylord Duc d'Argyle.
Mylord Comte d'Aberdeen.
Mylady Comtesse d'Arlington.
M. d'Armenonville.
M. Richard Arundel, Ecuier.
M. Le Chevalier S. Auben.
M. le Chev. Jean Anstruther.
M. Tho. Archer, Ecuier.
M. l'Abbé Alexandre.
M. Jean Aaggis de Scholten.
M. Carteret Alusseuden.
M. Lewe Seigneur d'Aduard.
M. Averbach, Libraire à Leipzich 18. Exemplaires.
M. Alvensleben.
M. d'Arff.
M. Richard Abel.
M. Anteny.
M. Thomas Allen.

M. Jonas Alstrom.
M. Almaker.

B.

S. Em. le Card. du Bois.
S. E. le Marquis Beretti-Landi, Plenipotentaire de S. M. C. au Congrès de Cambrai.
Mylord Duc de Bolton.
Myl. Comte de Buchan.
Myl. Comte de Bute.
Myl. Comte de Burlington.
Myl. Binning.
M. le Comte de Bothmar.
M. le Baron Bernstorff.
M. le Baron Bullau.
M. le Baron de Bettendorf, Grand Marechal de S. A. El. de Mayence.
M. le General Major Bodt.
M. Brandt, Chambellan de S. M. Prussienne.
M. le Chevalier de Boris.
M. le General Comte de Bonneval.
M. Berkely, Ecuier.
M. Bailie de Jerviswood.
M. le Chev. Bradshaw.
M. Benard, Geographe du Roi d'Espagne, 2. Exempl.
M. Philippe de Bierewaert, Docteur en Medecine.
M. Black, à Bordeaux.
Madame de Bada.
M. Aalst de Bruyn, à Harlem.
M. le Chev. Banks.
M. le Chev. Blackmore.
M. Bowles, Brigadier.
M. Bowles, Capitaine.
M. Bulaw Conseiller &c.
M. Bilderbeck Conseiller &c.
M. Brame, Envoié à Ratisbone.
M. Bassewitz, Env. Extr. en Suede.
M. Bilderbeck, Ecuier des Princesses.
M. Block Conseiller.
M. le D. Burscough.
M. Jean Banks, Ecu.
M. Jean Baird, Ecu.
M. Thomas Boucher, Ecu.
M. Jean Busk, Ecu.
M. Robert Bailie, Ecu.
M. Beale, M. D.
M. Edward Bolton, Ecu.
M. Thomas Brereton, Ec.
M. Guillaume Burton, Ec.
M. Samuel Bernardiston, Ec.
M. Waler Bacon, Ec.

M. Jean Baker, Ec.
M. Samuel Buckley.
M. Jean Balaguier.
M. Edward Barker, Ecuyer.
La Veuve Boudet, Libraire à Lyon, 11 en grand, & 35 en petit pap.
Frere Bonaventure.
M. Babuti.
M. le Breton Fils.
M. Guillaume Brook.
M. - - - Broughton.
M. - - - Biggs.
M. Charles Brander.
M. - - - Brath.
M. - - - Bernardean.
M. Gabriel Böhmen.
M. - - - le Bret.

C.

Monseigneur l'Archevêque de Cantorbery.
S. E. le Comte de Callenberg, Comte du St. Empire, &c.
Mylord Duc de Chandois.
Myl. Comte de Cholmondley.
Myl. Carteret, Viceroi d'Irlande.
Myl. Cavendish.
Mylady Comtesse de Cowper.
Mylord Carpenter.
Myl. Clancarty.
Mylady Cairnes.
M. le General Collyear.
M. le Capit. Nicolas Cauw.
M. le Chev. Cotterel.
M. Henry Calvert, Ec.
M. Clinton, Ec.
M. Charleton, Ec.
M. Cook, Vice-Chambelan.
M. le Colonel Carr.
M. le Brigad. Crofts.
M. le Colonel Cholmley.
M. le Col. Clayton.
M. Randal Clayton, Ec.
M. Jean Campbel, Ec.
M. Campbel de Calder, Ec.
Madame Campbell.
Madlle. Campbell.
M. Campbell, Capit.
M. Jean Campbell, Ec.
M. Daniel Campbell, Ec.
M. Robert Campbell, Ec.
M. de Catalde.
M. W. F. Clanner, Secretaire du Comte de Schonborn.
M. Charles Carpanger.
M. Edmond Clapot.
M. Coignard fils, Libraire a Paris, 27. en grand & 44 en petit pap.

M.

M. Thomas *Cartwright*, Ec.
M. Philippe *Cavendish*, Ec.
M. Robert *Clifton*, Ec.
M. Theophile *Crumpton*.
M. Thomas *Cooke*, Ec.
M. Jaques *Cooke*, Ec.
M. Charles *Cope*, Ec.
M. George *Crowles*, Ec.
M. *Cock*, Env. Extr. de S. M. Pol.
M. *Cramm*, Envoyé à Ratisb.
M. *Cunheim*, Chambel. de S. M. Pruf.
M. *Conyers* D. D.
M. *Creſſener*.
M. André *Corfart*.
M. David *Currie*.
M. Thomas *Clarke*, Ecu.
M. Samuel *Celly*.
M. - - *Chambers*.
M. Nehemie *Champion*.
M. Edward *Clepot*.
M. - - *Caſſerotti*.
M. A. *Chriſtiani*.

D.

Mylord Duc de *Devonshire*.
M. *Dayrolles*, Reſident de S. M. Britannique à la Haye.
M. Arent vander *Duſſen*, Conſeiller de la ville de Delft.
M. *Dundaſs*, Avocat du Roi.
M. le Chev. *Dalrymple*.
M. le Colonel *Deſnay*.
M. le Brigadier *Dormer*.
M. l'Amiral *Delaval*.
M. le Chev. *Dollins*.
M. *Dulix*.
M. le Capitaine Gerard *Deutz*.
M. Jean Chriſtophe *Dieden*.
M. Charles *De la Faye*, Ec.
M. Guil. *Dunſter*, Ec.
M. George *Drummond*, Ec.
M. Alexandre *Drummond*, Ec.
M. le Baron *Dieſcaw*.
M. le Baron *Doringenberg*.
M. - - - *Dahle*.
M. Jean *Dobſon*.
M. - - - - *Dognia*.
M. Guil. *Dragat*.
M. J. C. *Dieden*.

E.

M. le Marechal Duc d'*Eſtrées*.
M. le General *Evans*.
M. le Baron *Eltz*, Grand Chancel. de Mayence.
M. *Eiben*, premier Miniſtre d'Etat, de S. A. R. le Duc de York.
M. le Capit. *Eaton*.
M. *Elford*, Capitaine.
M. Edward *Eliot*, Ec.
M. Richard *Eliot*.
M. George *England*.
M. *Engelbrecht*, Conſeiller à Zell.

Tom. I.

F.

Mylord *Forreſter*.
Mylord *Falkland*.
Mylord *Finch*, Controlleur de la maiſon du Roi de la Grande Bret.
Mylord *Foley*.
M. Guill. *Finch*, Envoyé Extraord. de S. M. B. en Hollande, pour ſix Exempl.
M. le Comte *Frieſches*, Colonel de Cavallerie.
M. le Chev. *Fountaine*.
M. *Fountaine*, Capitaine.
M. *Field*, Capit.
M. Brian *Fairfax*, Ecuier.
M. Jean *Forbes* de Colodon, Ecu.
M. Nicolas *Fenwick* de New-Caſtel.
M. Weſp. Lud. *Fabrice*, Preſid. à Zell.
M. Jean Lud. *Fabrice*, Conſ. Privé de S. M. Brit.
M. Fred. Ern. *Fabrice*, Chambellan.
M. le Marquis de la *Foret*.
M. le Comte *Flodrof* Wartensleben.
M. le Major *Faghiarſon*.
M. Charles de la *Faye*.
M. *Foxley*, Dep. à Hambourg.
M. Jaques *Fraſer*, Ecu.
M. George *Folker*.
M. Guillaume *Ford*.
M. Cuthbert *Fenwick*.
M. Nicolas *Fenwick*.

G.

Mylord Duc de *Gordon*.
M. le Baron *Grumbkow*, Miniſtre d'Etat & de Guerre, General d'Infanterie de S. M. le Roi de Pruſſe.
M. le Comte Charles *Gyllenborg*, Chancelier de Suede.
M. le Col. *Gardiner*.
M. le Baron de *Ginkel*, Colonnel.
M. Samuel *Gale*, Ecu.
M. Roger *Gale*, Ecu.
M. Thomas *Gayam*, Ecu.
M. Jean *Goodal*, Ecu.
M. George *Gooday*, Ecu.
M. Charles *Gore*, Ecu.
M. le Baron *Grote*.
M. *Grote*. Capit.
M. *Garlington*, Capit.
M. *Garth*, Major.
M. *Guſted*, de Zell.
M. *Grahame*, Capit.
M. George *Gill*.
M. Walter *Grainger*, pour trois exempl.
M. Jean *Grubb* pour deux.
***

M. André *Grubb*, pour cinq.
M. Charles *Grubb*.
M. Nicolas *Godding*.
M. Eric *Godding*.

H.

Mylord *Harley*, Comte d'Oxford, pour deux Exempl.
Mylord Marquis de *Hartington*.
Mylord *Hinchinbrook*.
Mylord *Harold*.
Mylord *Herbert*.
Mylord *Hinning*.
M. van *Huls*, ancien Bourgemaitre de la Haye.
M. *Huygens*, Seigneur de Zeelim.
M. le Chevalier François *Head*.
M. le Chambellan *Hamerſtein*.
M. le Chev. Jaques *Hall*.
M. le Chev. Guſtave *Hume*.
M. l'Amiral *Hoſier*.
M. l'Amiral *Hopſon*.
M. le Baron de *Hochepied*, Conſeiller de la ville de Haarlem, pour deux Exempl.
M. le Profeſſeur *Herman*.
M. le Brigad. *Honywood*.
M. le Col. *Hope*, Gouverneur de Barmude.
M. *Hagar*, Capit.
M. *Hardy*, Capit.
M. *Henri*, Libraire à Valenciennes, pour 6 en grand & 30 en petit pap.
M. *Humbert*, Libraire.
M. *Holland*, Capit.
M. *Harvey* de Combe, Ecu.
M. Edgley *Hewer*, Ecu.
M. Jean *Huggins*, Ecu.
M. Edward *Hulfe*, M. D.
M. *Haris* de Hayne, Ecu.
M. *Hudſon*, D. D.
M. Daniel *Hunt*.
M. Jean *Harriſon*.
M. le Marechal *Harenberg*.
M. *Harling*, Conſ. de S. M. Br.
M. le Gen. Major *Hardenberg*.
M. *Hardenberg*, Chambellan.
M. *Hopken*, prem. Secret. d'Etat de S. M. Sued.
M. *Heydman*, Preſid. à Zell.
M. *Hattorf*, Conſ.
M. *Hugo*, Conſ.
M. *Hopman*.
M. *Hallongius*.
M. Jean *Hanbury*, Ecu.
M. *Hewet*, Ecu.
M. Hugues *Howard*, Ecu.
M. Jean *Hefferman*.
M. Charles *Halſey*.
M. Thomas *Hazard*.
M. *Hechſtetter*.

M.

M. Gerard *Hatley*.
M. *Hicks*.

I.

Mylord Comte d'*Ilay*.
M. *Jackſon*, Reſid. en Suede, pour deux Exempl.
M. le Baron *Ilten*.
M. le Col. *Ilten*.
M. Guil. *Jones*, Ecu.
M. Artur *Ingram*, Ecu.
M. Charles *Jarvais*.
M. Jean *Jarrat*.
M. - - *Jennings*.
M. Guil. *Joye*.
M. - - *Irwine*.
M. Chriſt. Ulric *Jury*.

K.

Mad. la Ducheſſe de *Kendal*.
Mylord Comte de *Kinoul*.
M. *Kalkoen*. Ambaſſadeur de L. H. P. à la Porte Ottomane.
Mad. *Kelly*.
M. le Colonel *Kirk*,
M. Jean *Kandell*, Ecu.
M. Jean *Knight*, Ecu.
M. Jean *Kretconam*.
M. François *Knollys*, Ecu.
M. le Comte *Koningsfeld*.
M. le Baron *Kniphauſen*.
M. *Karg*, Env. à Ratisbone.
M. *Kidder*.
M. E. *Kirkall*.
M. *van Kooken*, Conſeiller.

L.

Mylord Comte de *Lincoln*.
Mylord Comte de *Lowdon*.
Mylord Vicomte de *Limerick*.
Mylord *Leimpeſter*.
Mylord *Lynn*.
M. le Comte de la *Lippe* Shaumburg.
Mad. la Comteſſe de la *Lippe* Shaumburg.
M. le Baron de *Lier*, Seigneur de Catwyk.
M. le Baron de *Lier*, Seigneur d'Oſterwyk.
M. le Chev. Jaques *Livingſton*.
M. le Capitaine Henri *Lynſlager*.
M. *Luck*, Capitaine.
M. St. *Lo*, Capitaine.
M. Richard *Lockwood*, Ecu.
M. *Lenth*, Conſeiller.
M. *Lieth*, Conſeiller.
M. *Liſle* D. D.
M. *Levett*. M. D.
M. *Lockman*, Commiſſaire.
M. Balthazar *Lakeman*.
M. Jean Baptiſte de *Leſpine*, Libraire à Paris, pour 27. Exempl. en grand & 44. en petit pap.
M. Abraham *Lehn* de Copenhagen.
M. Jean *Littel*.
M. George *Littel*.
M. George *Lyon*.
M. George *Luur*.

M.

Mylord Duc de *Montagu*.
Mylord Duc de *Montroſe*.
Mylord Comte de *Macclesfield*, Grand Chancelier de la Grande Bretagne.
M. de *Mendoça*, Envoyé Extraordin. de S. M. Portugaiſe à la Haye.
M. *Macartney*, Lieut. Général.
M. le Comte de *Morville*, Secret. d'État de S. M. T. C.
M. le Comte de *Maurepas*, Secret. d'Etat de S. M. T. C.
M. le Brigadier *Munden*.
M. le Colonel *Mordant*.
M. le Lieutenant Colon. *Mohr*.
M. *Martin*, Capitaine.
M. Richard *Mead*, M. D.
M. Jean *Merrill*, Ecu.
M. Guillaume *Mould*, Ecu.
M. Jean *Manley*, Ecu.
M. Edouard *Mollins*, Ecu.
M. B. *Moleſworth*, Ecu.
M. Joſeph *Mickelthwait*, Ecu.
M. B. *Mencken*, Hiſtoriogr. de S. M. Pol.
M. *Munchauſen*, Conſeiller.
M. Nicolas *Marquert*, Conſ.
M. le Baron *Muller*.
M. Nicolas *Mandel*, Ecu.
M. *Mould*, Ecu. pour 3. Ex.
M. Henry *Maiſter*, Ecu.
M. Sampſon *Manaton*, Ecu.
M. R. *Midletoun*, D. D.
M. *Mills*, M. D.
M. *Mandeville*, M. D.
M. Philippe *Miller*.
M. le Baillif de *Moye*.
M. *Myton*.
M. Denys *Mariette*, Libraire à Paris, pour 16 Exempl. en grand & 9 en petit pap.
M. Jean *Manley*.
M. Adam *Montgomerie*.
M. *Monamy*.

N.

Son Eminence Monſeigneur le Cardinal de *Noailles*, Archevêque de Paris, &c.
Mylord Duc de *Newcaſtle*.
M. le Chev. *Norris*, Amiral.
M. le Chev. *Newton*, Preſid. de la Société Roiale.
M. le Colonel *Newsham* Peers.
M. George *Newton*, Capitaine.
M. Henry *Neale*, Ecu.
Mad. *Neale*.
M. Jean *Newsham*, Ecu.
M. Philippe *Nisbet*.
M. Henry *Norris*.
M. *Naudé*, Libraire à Berlin.

O.

M. le Chev. *Oughton*, Colonel.
M. Jean *Ord*, Ecu.
M. d'*Oer* Droſſard.
M. *Obershenk* van Wend.
M. *Oldecop*.
M. Jean *Ooſterwyk*, Libraire.

P.

Mylord Comte de *Pembroke*.
Mylord Comte de *Portmore*.
Mylord Naſſau *Paulet*.
Mylord *Percival*.
Mylord *Polwarth*, Ambaſſad. à Cambrai.
M. le Marquis *Puozzo Bueno*, Ambaſſadeur de S. M. C.
M. le Comte Charles Fred. *Piper*.
M. Guillaume *Pultney*, Ecu.
M. *Picquord*, Chambellan de S. A. R. le Duc d'York.
M. *Pallard*, Gentilhomme de S. A. R. le Duc de York.
M. le Baron *Plettenburg*.
M. *Preis*, Env. de S. M. Suedoiſe à la Haye.
M. le Chev. *van de Putt*.
M. le Baron de *Ponderiſer*.
M. le Chev. Richard *Pye*.
Le R. P. *Paul*, Exprieur des Carmes dechauſſez à Paris.
Le R. P. *Pacifique*, de Calais, Exprieur des Capucins à Paris.
M. le Baron *Poniken*, Envoyé de Saxe à Caſſel.
M. le Baron *Phau*, Miniſtre, de Wirtemberg à la Haye.
M. de *Pontcaré*, Premier Preſident du Parlement de Normandie.
M. Guillaume *Phillips*, Ecu.
M. Jean *Phillips*, Ecu.
M. George Morton *Pitt*. Ecu.
M. Richard *Poley*, Ecu.
M. *Pralard*, Libraire à Paris, pour 32 Exempl.
M. *Piſſot*, Libraire à Paris pour 13 Exempl.
M. Joſhué *Pocock*.
M. Guillaume *Pierſon*.
M. Charles *Polhil*.
M. Guill. *Pate*, pour 4. Exempl.
M. *Portſelius*.
M. Julien *Pierrepont*.

Q.

Q.

M. *Quercy*.
Mad. *Quillet*.
M. *Quinault*.
Madlle. *Quignon*.

R.

Mylord Duc de *Roxburgh*.
Mylord Duc de *Rutland*.
Mylord Comte de *Rothes*.
S. E. M. le Comte de Rottenbourg, Plenipotentiaire de S. M. T. C. au Congrès de Cambrai.
M. le General *Rank*.
M. le Baron *Rote*, Conf. de S. M. Brit.
M. de *Robeton*, Conf. de S. M. Brit.
M. le Baron de *Reigersberg*, Chambellan & Conf. Aulique de S. A. El. de Mayence.
M. Thomas *Redshaw*, Ecu, pour 6. Exempl.
M. Richard *Ridley*, Ecu.
M. Nicolas *Ridley*, Ecu.
M. Jean *Roberts*, Ecu.
M. *Raimond*.
M. Diederik *Reus*.
M. *Rollin*, Libraire à Paris, pour 11 Exempl. en grand & 35. en petit papier.
M. Matthieu *Raper*, Ecu.
M. Joshué *Ross*.
M. Guillaume *Ridley*.
M. Henry *Rains*.
M. Guillaume *Robinson*.
M. *Roussel*.

S.

S. E. Monseigneur le Comte de Santistevan, Plenipotentiaire de S. M. C. au Congrès de Cambrai.
M. le Comte de Sanseverin, Plenipotentiaire de S. A. S. de Parme à Cambrai.
Myl. Comte de *Sunderland*.
Myl. Comte de *Stair*.
Myl. Comte de *Sussex*.
M. le Chev. *Sutton*, Conseiller privé de S. M. Brit.
M. le Bar. *Sparre*, Env. Extr. de Suede à la Cour Brit.
M. le Baron *Solenthal*, Env. Extr. de Danemarc a la même Cour.
M. le Bar. *Schake*, Env. Extr. de Lorraine, a la même Cour.
M. *Stade*, Env. de Suede à Ratisbone.
M. le Baron *Schut*.
M. *Schrader*, Conf. de S. M. Brit.
M. le General *Sabine*.
M. *Squire*, Ecu.
M. le Brigadier *Sutton*.

M. le Colonel *Strangwitz*.
M. le Chev. Hans *Sloane*. M. D.
M. le Chev. Robert *Shadwal*, M. D.
M. Guillaume *Stanley*, Ecu.
M. Thomas *Stoner*, Ecu.
M. Christophle *Shiled*, Ecu.
M. *Shilden*.
M. le Chev. Richard *Steele*.
M. Guillaume *Sherrard*, M. D.
M. Alexander *Strahan*, Ecu.
M. *Spiegel*, Dom Decan.
M. *Steinberg*, Conf. de S. A. R. de York.
M. Emanuel *Suassa*.
M. Corneille de *Schuylenbourg*.
M. *Slicher*, Avocat.
M. *Stahle*, Conseiller.
M. *Scutenhielm*, Secretaire.
M. Jeremie *Sambrook*, Ecu.
M. *Scheile*, Gentilhomme de la Cour de S. A. R. le Duc de York.
M. *Sacetot*, Chambellan de S. M. la Reine de Prusse.
M. le Major General *Schwerin*.
Mademoiselle *Squire*.
M. J. H. *Schwartz*, de Riga.
M. George *Scott*.
M. J. H. *Schmeer*.
M. *Skinner*.
M. Jacob *Shalgreen*.
M. Pierre *Shalgreen*.
M. Jean *Spieker*.
M. Jacob *Spalding*.
M. Thomas *Stubley*.
M. Olof *Strom*.
M. Leon. *Shafto*.
M. Guillaume *Sykes*.
M. F. *Straho*.
M. Van *Schotten*.

T.

Mylord Comte de *Thomond*.
Mylord Vicomte *Townshend*, Secretaire d'Etat de S. M. Brit.
My Lady *Townshend*.
My Lady *Torrington*.
M. *Tatton*, General Major.
M. Jean *Trevor*, Ecu.
M. *Topie*, Secretaire de S. A. R. le Duc de York.
M. Pierre van *Thol*, Libraire.
M. Thomas *Tichal*, Ecu.
M. Frederic *Thom*, Secretaire.
M. le Chev. Jaques *Thornhill*.
M. le Chev. Nicolas *Trevanion*.
M. Brooke *Taylor*, M. D.
M. Septime *Taylor*.
M. G. L. *Teissier*, M. D.
M. Jean *Trevanion*, Ecu.
M. Samuel *Trefusis*, Ecu.
M. Darel *Trelawny*, Ecu.
M. Jaques *Tyndal*, Ecu.

M. Jean *Talman*. Ecu.
M. *Tirwal*, Secret.
M. *Torne*.
M. Martin *Tirwal*.
M. Humphry *Thayer*.
M. *Thornhill*.
M. Edmond *Tigh*.
M. Samuel *Tyssen*.
M. Thomas *Tottée*.

V.

M. Pierre *Vandeput*, le Chevalier.
M. le General Major *Verschuur*.
M. *Varey*, Capitaine.
M. Nicolas *Vincent*, Ecu.
M. de *Vinke*, Conseiller privé de S. A. R. le Duc de York.
M. le Capitaine *Upton*.
M. *Vincetti*, Secret. de Genes.

W.

Mylady Comtesse de *Walsingham* Stulenburg.
Mylord Comte de *Winchelsea*.
Mylady Comtesse de *Winchelsea*.
Mylord *Whitworth*, Ambassadeur à Cambray.
M. le General *Wills*.
M. *Wallenrod*, Env. Extr. de S. M. Pruss.
M. le Baron de *Wendt*, Grand Manson de S. A. R. de York.
M. le Major *Witinghoft*.
M. François *Whitworth*, Ecu.
M. le Chev. *Westcombe*.
M. le Chev. *Williams*.
M. le Comte *Wratislaw*, à Ratisbone.
M. le Baron *Wrisberg* à Ratisbone.
M. le Chev. *Wyndham*.
M. *Wych*, Resid. à Hambourg.
M. le Major *Wittinghoff*.
M. *Wade*, Capitaine.
M. *Williams*, Capitaine.
M. *Waldron*, Capitaine.
M. Bernard *Whalley*, Ecu.
M. Thomas *Walker*, Ecu.
M. *Wortesley*, Ecu.
M. le Capitaine Henri Adrian *Wekke*.
M. de *Wevelinckhoven*.
M. Adrian *Wacker*.
M. J. *Waesbergen*.
M. *Watkinson*.
M. Robert *Wygbtmass*.
M. *Worcester*.
M. Thomas *Waters*.
M. *Watson*.
M. *Wallace* de Cairnhill.
M. Jean *West*.
M. Jaques *Wilkie*.

Z.

M. *Zederitz*.

AVIS

AVIS AU RELIEUR,

pour placer les figures.

TOME I.

No. I.	pag. 1	No. XVI.	pag. 216
II.	21	XVII.	229
III.	26	XVIII.	243
IV.	30	XIX.	257
V.	51	XX.	275
VI.	71	XXI.	335
VII & VII*.	72	XXII.	337
VIII.	82	XXIII.	365
IX.	88	XXIV.	366
X.	106	XXV.	398
XI.	120	XXVI.	409
XII.	148	XXVII.	423
XIII.	176	XXVIII.	425
XIV.	199		
XV.	210	Les Cartes A. & B.	472

TOME II.

No. I.	pag. 1	No. X.	pag. 306
II.	15	XI.	308
III.	19	XII.	325
IV.	39	XIII.	329
V.	111	XIV.	343
VI.	136	XV.	395
VII.	157	XVI.	425
VIII.	238	XVII.	472
IX. pl. I.	265		
IX. pl. II.	272	Les Cartes C. & D.	496

VOYAGES
D'AUBRY DE LA MOTRAYE,
EN
EUROPE, ASIE ET AFRIQUE.

CHAPITRE I.
Voyage de PARIS à ROME;

Par Montargis, Nevers, Lion, Marseille; & par Mer jusqu'à Civita-Vecchia. Remarques sur cette derniere Ville; sur les raretez tant anciennes que modernes de Rome; sur la politesse de ses habitans; sur le Souverain Pontife, sa mort, son enterrement, le Conclave pour l'élection d'un Successeur au Pontificat, les Ceremonies de son installation, la prise de possession de l'Evêché de S. Jean de Latran; sur la Religion, la Liberté Romaine, &c.

CE que j'avois lû de l'ancienne *Rome* dans divers Auteurs *Grecs* & *Latins*, & ce que m'avoient apris de *Rome* moderne quelques Ecrivains *François* & *Italiens*, excitant ma curiosité, au lieu de la contenter, me fit naître en 1696 le desir de voir par mes propres yeux cette Ville, aussi celebre aujourd'hui par sa puissance spirituelle, qu'elle l'étoit autrefois par sa puissance temporelle : & ce desir devint enfin si fort, que ni la beauté de la *France*, sur tout de *Paris*, où j'étois alors, ni les dangers de la guerre qui duroit encore, ne furent capables de me faire suspendre le voyage que je résolus d'y faire.

Je partis le 2. de Juin par la Diligence, voiture ordinaire de *Paris* à *Lion*, & j'arrivai le 7. en cette Ville, sans avoir fait sur la route aucunes remarques à ajoûter à celles que tant de Voyageurs y avoient deja faites; comme, par exemple, sur la riche & agréable situation de *Montargis*, sur son Château, ses belles Eglises, & ses vastes ruës; sur *Nevers*, sur sa magnifique Eglise consacrée à *St. Cyr*, son somptueux & hardi Pont de pierre sur la *Loire*, &c.

Je ne restai à *Lion* que trois jours & demi, dont j'employai la meilleure partie à visiter ce qu'on m'y indiqua de plus remarquable, car si j'avois voulu y tout voir, quinze jours, me dit-on, y auroient à peine suffi. Mais je ne pus m'empêcher de vouloir confirmer par moi même les louanges que j'avois entendu donner à l'*Hopital des Orphelins*, & sur tout à la Cathédrale; où je vis officier l'Archevêque, qui porte le titre de *Primat des Gaules*. C'étoit le Dimanche d'après mon arrivée; les Chanoines tous Comtes y assisterent à l'Office avec la Mitre sur la tête, selon leur coûtume. La maison de Ville & celle des antiquitez me parurent tout à fait dignes de ce qu'on en a dit. Comme j'apris en cette Ville qu'il y avoit dans le Port de *Marseille* deux Barques destinées pour les Côtes de l'Etat *Ecclesiastique*, je m'embarquai sur

1696.
CHAP. I.

Avignon.

le *Rhône* pour profiter de l'occasion, & le bateau dans lequel j'étois allant nuit & jour, j'arrivai à *Marseille* le 15, après avoir joui en passant de l'agréable vuë que fournissent quantité de Villes, de Villages, de maisons de Plaisance, &c, & sur tout *Avignon*, où le bateau s'étant arrêté deux heures, j'eus le tems de voir la Cathédrale & le Palais *Pontifical*, qui ont de grandes beautez, aussi bien que la Synagogue des *Juifs*, qui est une des plus magnifiques que j'aye vuës dans toute la *Chrétienté*.

Arles.

Six heures que ce Bâtiment resta à *Arles*, me donnerent le loisir d'admirer les antiquitez de cette Ville, autrefois Capitale d'un petit Royaume du même nom; & entr'autres son *Amphitheatre*, son *Obelisque*, ses *Porticos*; augustes & venerables Reliques de la magnificence *Romaine*.

Marseille.

Je ne fus pas plûtôt arrivé à *Marseille*, que je m'informai du tems auquel les Barques feroient voile; & j'apris que la premiere qui devoit partir étoit destinée pour *Civita-Vecchia*, & n'attendoit que le vent. Je convins de mon passage avec le Patron, qui se disoit de *Genes*, & qui avoit des pavillons *Genois* & *François*; les premiers le mettant en sureté contre les ennemis de la *France*, & les autres contre les *Maures*.

Je trouvai *Marseille* telle qu'elle m'avoit été representée par diverses Relations. Ses édifices publics, sa Maison de Ville, & ses Eglises répondirent à la haute idée qu'on m'en avoit donnée. On me montra dans l'Eglise des *Carmes* le *Cenotaphe* ou tombeau vuide de *Valbella*, qui fut tué dans un Combat naval qui se donna sous *Louis XIII*. entre les Galeres de *France* & celles d'*Espagne* : Ce tombeau n'a d'ailleurs rien de remarquable. Au reste les Galeres qui étoient alors dans le Port, & dont *Louis XIV*, me dit-on, avoit considerablement augmenté le nombre & la magnificence, me parurent tout à fait dignes de la grandeur de ce Prince.

Je m'embarquai le 19 en très bonne compagnie. Le vent favorable, qui commença à souffler ce jour-là, fut assez fort pour nous rendre l'après-midi du 23. dans le Port de *Civita-Vecchia*. Les Galeres du *Pape* venoient d'y rentrer, après avoir donné la chasse à deux Bâtimens qu'elles avoient d'abord pris pour *Turcs*, & ensuite reconnus pour *François*, ce qui leur avoit fait abandonner leur entreprise. Je trouvai que par leur dorure éclatante & leur sculpture magnifique, elles pouvoient disputer le prix à celles de *Marseille*.

Civita-Vecchia.

On travailloit alors à embellir ce Port & à élever divers édifices pour la commodité de la Ville; entr'autres un somptueux *Aqueduc*, que le Pape *Innocent XII*, dont le buste paroît sur le frontispice de ce volume, faisoit construire pour fournir à cette Ville de meilleure eau, & en plus grande quantité qu'elle n'en avoit encore eu. Ce *Pontife* n'épargnoit rien de ce qu'il jugeoit nécessaire pour y encourager le Commerce, en invitant tous les Etrangers de toutes sortes de Nations & de Religions, excepté les *Mahometans*, à y envoyer des Facteurs & des Vaisseaux &c.

Rome.

Civita-Vecchia ne m'offrant plus rien qui pût m'arrêter, je me mis en chemin pour *Rome* le 24., & j'y arrivai le même jour. J'allai loger au *Monte d'Oro* dans la *Piazza di Spagna*, où je trouvai des Etrangers de differentes Nations, entr'autres deux *Allemans*, deux *Suisses*, & un *Flamend*, qui avoient déja vû une bonne partie de l'*Italie*.

Un *Antiquaire* me vint offrir ses services, que j'acceptai aux conditions ordinaires : il me conduisit dans les endroits les plus dignes de la curiosité des Voyageurs, & je trouvai dans *Rome Moderne* beaucoup plus que je n'en avois lû; comme par exemple, plus de Bustes, de Statuës Antiques & Modernes, & d'autres pieces de *Sculpture* & de *Peinture*, que d'habitans: on sçait que ces beaux Arts avec l'*Architecture*, la *Poësie* & la *Musique*, sont aujourd'hui les inclinations favorites des *Italiens*.

1696. CHAP. I.

La politesse, & l'affabilité des *Romains*, avec ces richesses de l'Art, m'ont paru dans deux voyages que j'ai faits en *Italie*, des charmes capables d'attirer dans cette grande Ville les habitans de toutes les parties de l'Univers, qui se piquent de quelque curiosité; si non pour y demeurer, au moins pour voir les raretez qu'elle renferme & qui l'environnent.

J'ai vû des Princes & autres Seigneurs tant Séculiers qu'Ecclesiastiques, qui apprenant qu'il y avoit à leur porte un Voyageur, qui desiroit de voir ce qu'il y avoit de curieux dans leur Palais, se faisoient un plaisir de le leur montrer eux-mêmes, quand ils en avoient le tems, ou s'ils ne l'avoient pas, ils en chargeoient quelqu'un de leurs principaux Domestiques. J'en ai fait l'experience plus d'une fois dans ces voyages, sur tout, pendant ce premier que je fis un sejour de sept mois à *Rome*. M. T A L M A N, Gentilhomme *Anglois*, avec lequel je liai connoissance dans le second que j'y fis en 1710, m'a dit avoir éprouvé la même chose, pendant près de sept ans qu'il y est resté. Sa réputation de *Virtuoso*, (nom qu'on donne en *Italie* aux amateurs des belles choses) a été si heureusement secondée par la complaisance, non seulement des *Romains*, mais encore des autres *Italiens*, qu'il en a obtenu la liberté de dessiner ou de faire dessiner ce qu'ils ont de plus precieux, dans les lieux même du plus difficile accès; à *Rome*, par exemple, les quatre superbes *Tiares*, où triples Couronnes Pontificales, les deux precieuses *Mitres* qu'on conserve avec ces Thiares dans le Château de *Sant' Angelo*, & celles de la *Sacristie* secrete du *Vatican*, avec les vases sacrez, & les habits Pontificaux & Ecclesiastiques qui s'y trouvent en très grand nombre.

Civilité des Romains.

Tiares & Mitres precieuses.

Quant aux Tiares & aux Mitres du Château de *Sant' Angelo*, ce fut par la permission expresse de *Clement XI.* que Mr. *Talman* les fit dessiner. Quelques Ecclesiastiques tenterent en vain d'empêcher ce Pape de lui accorder cette faveur: *Quel danger y a-t-il*, leur dit Sa Sainteté, *que l'on connoisse, & que l'on admire dans les païs étrangers ce que nous avons de beau & de curieux?* *Clement* XI. fit plus; il en voulut même voir les desseins, & les aprouva en qualité de *Virtuoso*.

Clement XI. Virtuoso.

Le même Gentilhomme a eu à *Florence* une semblable permission du *Grand Duc*, à l'égard des choses rares & precieuses de sa fameuse Galerie; de même qu'à *Genes* & à *Venise*, pour les vases que j'ai marquez V. VI. & VII. & quantité d'autres raretez, dont je parlerai en tems & lieu. Mais avant que d'entrer dans le détail de celles de *Rome* & des autres Villes d'*Italie*, il faut que je dise quelque chose de la Religion du païs.

On l'appelle en un seul mot *Chrétienne*, & en plusieurs, *Catholique Apostolique & Romaine.* Elle differe principalement des autres, qui s'apellent aussi generalement *Chrétiennes*, & se distinguent en *Grecque*, *Armenienne*, *Protestante*, &c. dans les points suivans, la *primauté* du *Pape*, la *Tradition*, la *Confession auriculaire*, le *Culte des Saints*, la

De la Religion Catholique Romaine.

Tom. I. A 3 *Pur-*

Purgatoire, la *Transſubſtantiation*, les *Indulgences*, l'abſtinence de viandes en certains tems de l'année & jours de la ſemaine, &c. L'interprétation differente que les Docteurs de chacune de ces Religions donnent aux Livres qu'ils reconnoiſſent tous pour Sacrez, eſt la ſource de cette prodigieuſe diverſité de ſentimens & d'opinions qu'on remarque entr'eux, & qu'on porte ſouvent juſqu'à la plus violente animoſité.

Les Docteurs de la Communion *Catholique Romaine*, regardent le *Pape* comme le Chef viſible de l'Egliſe, le Succeſſeur de St. *Pierre*, le Vicaire de *Jeſus-Chriſt* en terre, le dépoſitaire de la juriſdiction & des clefs du Ciel données aux Apôtres, & qu'il communique aux autres Prêtres. Il en envoye pluſieurs en qualité de *Miſſionnaires Apoſtoliques*, planter la Croix de *Jeſus Chriſt*, & prêcher la foi *Catholique-Romaine* dans les païs les plus reculez où l'ancienne *Rome* ait jamais porté ſes *Aigles*, & bien au delà, je veux dire dans ce vaſte Continent inconnu, il y a quelques ſiecles, aux habitans des autres parties du monde. Cette prodigieuſe étendue de la Puiſſance ſpirituelle du Pontife *Romain*, fait dire aujourd'hui de *Rome*, qu'elle a gagné par la Religion ce qu'elle n'a point conquis autrefois par les armes, comme on peut le voir par ces Vers,

Sedes Roma Petri, quæ paſtoralis honoris
Facta Caput, mundi quidquid non poſſidet armis
Religione tenet.

Le Pontife ſe met au rang des Empereurs, comme Prince temporel; mais il ſe place au deſſus d'eux par ſa qualité de Prince ſpirituel. Quand on lui parle, on l'appelle *Très Saint Pere*; & lorſqu'on parle de lui on dit, *Sa Sainteté*. Si on eſt admis à ſon audience, on ne l'aborde que dans une poſture très reſpectueuſe. Il faut ſur-tout être ſans chapeau, ſans bâton, ſans armes, ſans manchon & ſans gans, ſe mettre à genoux, ſe courber & lui baiſer les pieds, ou plûtôt une petite Croix d'or qui eſt ſur ſa pantoufle, tantôt brodée, tantôt faite avec du galon. Les plus grands Princes de ſa Communion ne ſont pas exempts de cette ſoumiſſion reſpectueuſe. Pluſieurs fonctions éclatantes ſont d'ailleurs attachées à la dignité de *Pape*, mais de toutes celles qui ſont des priviléges eſſentiels de l'autorité Pontificale, je ne toucherai que la *Canoniſation*, la *Création des Cardinaux*, & l'ouverture du *Jubilé*.

La *Canoniſation* conſiſte à mettre au rang des Saints ceux d'entre les morts, que *Sa Sainteté* en juge dignes, après un exact examen des actions de leur vie. Cet examen ſe fait en forme de plaidoyé par la bouche de deux Avocats, dont l'un qu'on appelle vulgairement *l'Avocat du Ciel*, a ſoin de rechercher & d'étaler en plein Conſiſtoire les vertus, les perfections Chrétiennes, & les miracles de la perſonne qu'on veut canoniſer. L'autre au contraire qu'on nomme *l'Avocat de l'Enfer*, recherche & produit toutes les fautes ou imperfections que ſes ennemis ont pû lui attribuer; & les preuves du premier l'emportant dans l'eſprit du Pontife ſur celles que produit le ſecond, il prononce ſur l'excellence de ces preuves, & déclare qu'elle eſt ſauvée par les merites de *Jeſus Chriſt*, qu'elle jouit de la Beatitude éternelle, & qu'on la peut invoquer.

Le Pape crée les *Cardinaux* avec des ceremonies qui ſont aſſez connues, après leſquelles il leur dit ces paroles Latines, *Dilectiſſimi Filii, maximâ & excellentiſſimâ dignitate donati eſtis, ad conſilium Apoſto-*

Apoſtolorum vocati, conſiliarii noſtri & conjudices orbis Terrarum eritis, ſucceſſores Apoſtolorum, circa Thronum ſedebitis. C'eſt-à-dire, Très chers & bien aimez Fils, vous venez d'être élevez à une très haute & très excellente dignité, & appellez dans le Conſeil Apoſtolique, & en conſequence vous ſerez nos Conſeillers, & nos Collegues pour juger toute la terre, Succeſſeurs des Apôtres, & vous prendrez ſéance autour du Trône. Ces Prelats prennent rang entre les Rois, *æquiparantur Regibus*.

Le Pontife indique le *Jubilé* au commencement de chaque ſiecle, & tous les 25 ans, en ouvrant une Porte de la *Baſilique de St. Pierre*, qu'on appelle pour cela la *Porte Sainte*. Voici de quelle maniere ſe fait cette ceremonie, ſuivant ce qu'on m'en a raconté à *Rome*. Sa Sainteté enfonce avec un marteau de vermeil une muraille legere ou peu épaiſſe dont cette porte eſt fermée, & que des Maſſons ont premierement diſpoſée à tomber facilement ſous les premiers coups de ce marteau, en enlevant les plus gros materiaux.

Porta Santa.

Cette ouverture materielle de la Porte *Sainte*, eſt regardée comme un emblême de l'ouverture ſpirituelle que le Pape fait du Ciel, ou pour me ſervir des termes des *Théologiens Catholiques*, *du Treſor des merites ſurabondans de Jeſus Chriſt*. C'eſt-à-dire, qu'il accorde aux pécheurs qui profeſſent la Religion Catholique pluſieurs années d'*Indulgences*; diminuë la penitence, & relâche les peines Canoniques que l'Egliſe leur inflige pour les pechez commis après le *Batême*. Ces pécheurs gagnent ces *Indulgences*, non ſeulement pour eux-mêmes, mais auſſi pour leurs parens & amis décedez, qui ſouffrent en *Purgatoire* celles des offenſes dont ils n'ont pas fait penitence avant que de mourir, & cela en tâchant d'accomplir dans un eſprit ſincerement penitent, avec ferveur & humilité, les conditions qui leur ſont preſcrites, d'un amendement de vie, de pelerinages, de jeûnes, d'aumônes & d'autres bonnes œuvres.

On peut apeller ces fonctions de l'autorité *Pontificale*, des actes de *Clemence* & de *Grace*, comme on peut appeller au contraire actes de *Terreur* & de *Juſtice*, ſelon ces mêmes *Theologiens*, l'*Excommunication* & l'*Inquiſition*.

L'*Excommunication* eſt une eſpéce de foudre ſpirituel que le Pontife lance, ou donne le pouvoir de lancer par ſes Miniſtres, contre ceux qui ſcandaliſent l'*Egliſe* par une vie déreglée, contre ceux qui ſont reputez *Heretiques*, & contre leurs protecteurs, &c. Voici à peu près les formalitez qui s'y obſervent.

L'Excommunication & ſa forme.

On a des flambeaux allumez qu'on jette avec execration, & qu'on éteint en les foulant aux pieds, au ſon des cloches, & en proferant d'affreuſes maledictions contre les perſonnes qu'on en juge dignes. Ces perſonnes ſont non ſeulement retranchées du corps des fideles, & privées de la participation des Sacremens & autres Myſteres de la Religion, mais auſſi miſes comme au rang des bêtes, & livrées à la diſcretion de leurs ennemis, juſqu'à ce qu'elles ayent fait paroitre un ſincere repentir, des mœurs plus purs & de meilleurs ſentimens. Sa Sainteté ſe reſerve le droit d'excommunier les Souverains qu'elle juge l'avoir merité, & de diſpenſer leurs Sujets de tous Sermens de fidelité & autres engagemens envers eux.

Quant à l'*Inquiſition*, je prendrai les choſes de plus haut, pour montrer le but de ſon tribunal, appellé le *St. Office*, c'eſt-à-dire, que je commencerai par la *Tradition*, ſur laquelle ſont fondez les principaux points en diſpute entre les *Catholiques - Romains* & pluſieurs autres *Chrétiens*.

L'Inquiſition.

Les Théologiens de la Communion *Romaine* appellent generalement

La Tradition.

Tra-

1696.
Chap. I.

Tradition, la Loi ou la parole de Dieu non écrite, fondée sur les prédications de *Jesus Christ* lui-même, enseignée par la bouche même des Apôtres, & conservée dans l'Eglise *Catholique*, sans qu'on en puisse marquer le commencement. Ils disent que cette Eglise est établie de *Dieu*, pour être la gardienne de la *Sainte Ecriture*, & de la *Tradition*; qu'ils reçoivent de sa main les Livres *Canoniques*; que la veneration qu'ils ont pour l'autorité de la même Eglise (autorité qu'ils croyent leur être prouvée par ces Livres) fait qu'ils en apprennent la *Tradition*, & par la *Tradition*, leur véritable sens; d'où ils concluent que *l'Eglise Catholique* fait profession de ne rien avancer d'elle-même, de n'inventer rien de nouveau dans la Doctrine, & qu'elle ne fait que suivre & déclarer la révelation Divine par la direction interieure du *St. Esprit*, qui lui est donné, disent-ils, pour Docteur.

J'en ai entendu d'autres de la même Communion faire dépendre la *Sainte Ecriture* de la *Tradition*, ou la lui préferer en cette maniere. Ils soutenoient que divers Traducteurs ont corrompu cette Ecriture, & sont devenus les instrumens ou les Auteurs de tant de Sectes differentes répanduës dans le monde Chrétien, qu'ils designoient par les noms de *Schismatiques* & d'*Heretiques*, & ils citoient pour effet de cette corruption ces Sectes mêmes, dont les Auteurs y ont cherché & voulu trouver, disoient-ils, le fondement ou les sources de leurs opinions. Ils alleguoient pour preuves de ce qu'ils avançoient, quantité de Versions & de Copies fort differentes entr'elles, des retranchemens dans les unes, des aditions dans les autres, & même diverses parties des Ecrits Sacrez, ou au moins regardez comme tels par d'anciens *Chrétiens* qui les ont conservez chez eux. Ils apportoient pour exemple de ceci, les *Secrets de St. Pierre*, que les *Coptes* prétendent avoir, & dont personne d'entre nous n'a rien à montrer, ou que nous ne connoissons que par le rapport fort incertain des voyageurs, comme je le dirai ailleurs. En un mot, ils faisoient regarder la *Tradition*, qui est rejetté par d'autres *Chrétiens*, sinon en tout, au moins en ce qu'ils prétendent qu'elle a d'opposé à *l'Ecriture Sainte*, comme une espece d'*Errata* ou de Supplement de cette Ecriture, qu'ils representoient comme un Labyrinthe d'obscurité, d'incertitude, de doutes, de disputes, &c. où la foi *Catholique* court risque de s'égarer, si elle ne prend la *Tradition* pour guide. Ils en donnoient pour marques ou pour preuves, les differentes Sectes du *Christianisme*. Ils ne vouloient pas qu'elle fût luë indistinctement par chaque *Chrétien*, sans avoir subi un examen de sa capacité, & sans la permission de ses Superieurs. Ils desaprouvoient par consequent les Traductions de *Louvain*, de *Port-Royal*, &c. qui en mettent la lecture au pouvoir ou à la portée du peuple ignorant, ou l'exposent, disoient-ils, à ce risque; mais ils vouloient qu'il s'en rapportât docilement à l'interpretation des Savans *Orthodoxes*, (pour me servir de leurs termes) qui ont le droit & l'autorité de l'expliquer dans un sens conforme à la *Tradition*. Ils auroient souhaité, ajoûtoient-ils, pour l'unité de la Foi, pour la tranquilité & l'union des membres qui composent l'Eglise avec le Chef, que l'Inquisition eût été fondée par tout, dès le commencement du *Christianisme*, puisque, selon eux, l'experience faisoit voir que ce Tribunal si propre à lever les doutes, & à reprimer les sentimens trop libres sur la Religion, avoit conservé au St. Siege ses sujets spirituels dans les païs, où il étoit établi, au lieu que le contraire étoit arrivé dans ceux où il ne l'étoit pas.

L'Inquisition.

Ce Tribunal a le Pape pour Souverain & President universel, & sept

sept *Cardinaux* pour Juges assistans, lesquels on nomme *Inquisiteurs Generaux*, divers Prelats & Docteurs surnommez *Consultori* pour Conseillers, & un *Dominicain* pour *Commissaire*. Ces *Inquisiteurs* Generaux envoyent leurs *Députez Provinciaux* aux autres Tribunaux subalternes des païs ou des Villes où le *Saint Office* est établi.

1696.
CHAP. I.

Les procedures en sont aussi singulieres que propres à inspirer de la terreur: le pis est qu'on est obligé de lui sacrifier le sang & l'amitié; d'y denoncer, un Pere par exemple, jusqu'à son Fils à qu'il aura entendu tenir quelques discours tant soit peu contraires ou peu favorables à aucun des points rapportez, ou à d'autres semblables, ou qui n'y aura pas marqué assez de respect pour les Ministres du *St. Office*.

Des procedures de l'Inquisition.

L'accusé est, dit-on, abandonné de tout le monde, mis dans une prison affreuse, où on le tient souvent des années entieres sans lui dire jamais pourquoi, & sans qu'il le sache, s'il est accusé injustement; car on ne lui nomme, ni ne lui confronte ni accusateur, ni temoins. Il doit faire une revuë mentale de toutes ses actions & pensées, deviner pourquoi il est là, & s'accuser soi-même. Ainsi c'est un des plus grands inconveniens de ces procedures d'être accusé par un ennemi; car n'étant souvent pas coupable de ce dont on est accusé, par la malice vindicative de cet ennemi, on ne sçauroit s'imaginer quel est le crime imputé pour s'en accuser soi-même; & en ce cas on court risque de perir miserablement dans un cachot, ou au moins d'avoir ses biens confisquez. Un Juif de *la Haye*, dont j'ai connu un parent à *Constantinople*, m'a dit que son Pere qui y est mort, se coupa la langue avec les dents de desespoir, & pour éviter de répondre contre sa conscience aux diverses questions qu'on lui faisoit. Celui qui entreprendroit d'interceder pour l'accusé seroit soupçonné d'être complice du même crime, & courroit un danger presque infaillible d'être resserré, non avec lui, mais dans un autre cachot semblable; car on ne permet pas plus aux accusez de se voir les uns les autres, que de voir leurs accusateurs. On revêt ceux qu'on destine au feu d'habits sur lesquels sont representées des figures plus ou moins affreuses, que les Peintres donnent à l'Enfer, selon la nature du crime dont on est accusé, comme de flammes, de celles sous lesquelles on est accoutumé de representer les Diables, &c. Les cadavres des personnes accusées d'heresie, mourant en prison, & ceux des personnes qui n'en sont accusées qu'après leur mort, ne sont pas exempts de la condamnation ou Sentence appellée *Atto di Fè*, *Acte de Foi*, ni du feu; on brule les uns & les autres, en déterrant les seconds s'ils étoient déja enterrez avant l'accusation. Mais ce Tribunal étant assez connu par quantité de Relations, je ne m'étends pas davantage là-dessus.

Tous les respects & tous les honneurs qu'on rend au Souverain *Pontife*, cette autorité, toute étenduë qu'elle est, & la pompe qui l'environne, ne l'exemptent pas plus des infirmitez humaines, ni de la mort, que le dernier des hommes. Voici ce qui se pratique quand un Pape vient à mourir. Il n'a pas plûtôt fermé les yeux pour la derniere fois, qu'on lui couvre le visage d'un linge blanc, & le Cardinal *Camerlingo*, ou Chambellan, accompagné des principaux Membres du Conseil & des Officiers domestiques du Sacré Palais, le lui leve. Alors il crie à haute voix par trois fois, en l'appellant par son nom de famille, N. *êtes-vous mort*? & après une courte pause, ou un silence de 3 ou 4 minutes, il dit d'un semblable ton & autant de fois, N. *est mort*: puis prenant le Sceau *Pontifical*, appelé *l'Annelo del Pescatore*, nom tiré de la premiere

Mort d'un Pape.

L'Anneau du Pescheur

miere profession de *St. Pierre*, il le rompt & se retire avec sa compagnie. Cela étant fait, on dépouille nud le corps du décédé, qu'on lave d'eaux odoriférantes, & on le revêt d'habits *Pontificaux*, en lui laissant les pieds découverts, & ses Domestiques les lui baisent, comme pour prendre le congé qui leur est donné par sa mort, puis que le Successeur en prend toûjours de nouveaux.

Cependant une cloche du *Capitole*, qu'on ne sonne jamais qu'en cette occasion, ou quand un nouveau *Pape* va prendre possession de l'Evêché de *St. Jean de Latran*, annonce sa mort aux habitans de *Rome*. Des Exprès sont dépêchez dans tous les Etats où sa puissance Spirituelle est reconnuë & réverée, pour y en porter l'avis aux Têtes couronnées qui y ont intérêt, sur tout aux Cardinaux absens, qui sont invitez en même tems à se rendre au *Conclave* pour *l'élection* d'un successeur au *Pontificat*.

Le Corps du décédé étant embaumé, est porté le premier jour de sa mort vers le soir (s'il meurt le matin) ou le jour suivant (s'il meurt le soir, ou pendant la nuit) dans une Chapelle du *Vatican*, ou de l'Eglise de *St. Pierre*, & mis sur un magnifique lit de parade, & le peuple y va en foule lui baiser les pieds, chacun aiant un cierge à la main.

Cette Chapelle est éclairée de quantité de cierges & de torches qui brulent nuit & jour, avec une garde de Prêtres, pour ainsi dire, qui font des prieres, laquelle se change ou se releve à chaque heure.

<small>Enterrement d'un Pape &c.</small>

Le troisieme jour après le decès, on met son corps dans un Cercueil, avec soixante medailles de son couronnement, qu'on a gardées pour cette fin, à sçavoir vingt d'or, vingt d'argent, & vingt de cuivre, mélées & confondues ensemble, pour marquer, dit-on, que la mort égale toutes choses; puis on ferme ce cercueil & on le descend dans le tombeau qui lui est destiné, avec beaucoup de veneration & les ceremonies accoutumées.

Les *Funerailles* continuent pendant 8 autres jours, & sont celebrées avec bien de la pompe par le *Sacré College*, qui s'assemble pour cela tous les matins dans la Chapelle de St. *Pierre*, appellée *Gregorienne*. Cette Chapelle est éclairée, comme la premiere, d'un nombre prodigieux de cierges & de torches qui brulent nuit & jour, & ornée d'écussons avec les armes du décédé, accompagnées de devises à sa louänge, aussi bien que d'un magnifique lit de parade placé au milieu, avec un faux cercueil dessus, qui est entouré de plusieurs Prêtres qui se relevent comme les premiers, & prient sans cesse pour l'ame du deffunt.

Nota, que pendant l'interregne les Cardinaux de la création du *Pape* decedé portent pour deuil des habits de sergette violette, avec des paremens de même, que les autres ont verds; & la massuë qu'on porte ordinairement devant tous, ou chacun en particulier, quand ils marchent en chappes, est alors portée la tête en bas.

<small>Gouvernement pendant l'interregne.</small>

Le Cardinal *Camerlingo* avec les trois Chefs d'Ordres du *College*, à sçavoir le premier Cardinal *Evêque* ou Doyen, le premier Cardinal *Prêtre*, le premier Cardinal *Diacre*, exerce cependant tout le pouvoir Temporel, & fait battre monnoye avec deux *clefs croisées* d'un côté, & l'étendart de *l'Eglise* de l'autre, envoye ses ordres soussignez de ses trois Collegues susnommez à tous les Gouverneurs des Places de l'Etat *Ecclesiastique*, de se tenir bien sur leurs gardes. Les *Cardinaux* & autres *Princes*, & les *Ambassadeurs* des Puissances étrangeres qui se trouvent à *Rome*, font tendre des chaines devant leurs Palais pour leur sureté personnelle.

Le dixieme jour d'après l'enterrement, un discours *de eligendo Pontifice*, ayant été prononcé devant le *Sacré College*, par un Prelat, & la Meſſe du *St. Eſprit* celebrée par un Cardinal dans la même Chapelle, tous les Cardinaux paſſent au *Conclave*, bâti de planches, & diviſé en cellules numerotées ſelon la maniere accoutumée, par ordre du Cardinal *Camerlingo*: chacun ſe retire dans la cellule qui lui échet par le ſort qu'on tire en cette occaſion, pour y mediter & travailler à *l'élection*, ſans en ſortir que deux fois par jour, & cela pour s'aſſembler dans la *Chapelle Pauline*, près de laquelle ſe bâtit ordinairement le *Conclave*. Les Prelats de garde ont au reſte les yeux bien ouverts tant ſur leurs demarches que ſur celles de leurs *Conclaviſtes*, pour qu'ils ne s'abouchent point, ou ne parlent à perſonne en particulier, & ne reçoivent ou ne donnent aucune Lettre.

1696.
CHAP. I.

Conclave.

Chaque Cardinal écrit au haut d'un petit billet quelque paſſage des Livres Sacrez, comme par exemple, *Domine probaſti & cognoviſti me*, *Pſ.* 138., qu'il cache ſous un pli qu'il fait à ce paſſage; il écrit au deſſous ſon nom, qu'il couvre d'un autre pli, l'accompagnant d'un ſceau particulier fait exprès pour cela: Et enfin il fait écrire par ſon Conclaviſte le nom du Cardinal auquel il donne ſavoir, qu'il couvre d'un troiſieme pli.

Tous les billets étant ainſi préparez & pliez, ils les vont mettre l'un après l'autre ſelon leur rang, dans un grand Calice de vermeil doré, poſé pour les recevoir ſur l'Autel de cette Chapelle.

Après que chacun y a mis ainſi ſon billet, deux Cardinaux choiſis pour l'examen du nombre des voix, les liſent tout haut. Et le nombre ne ſe trouvant pas aſſez grand ou aſſez fort, pour faire pencher la balance, ou déterminer l'élection d'aucun côté, on tient quelques conferences là-deſſus, dans leſquelles on reſout ordinairement de recommencer le ſcrutin. Quelquefois on prend la courte voye de *l'inſpiration*, qui eſt telle. Après avoir gardé un ſilence general, & invoqué le ſecours de l'Eſprit Divin, quelques *Cardinaux* ſe levent de leurs places, marchent avec une ſorte d'empreſſement & de précipitation, étant ſaiſis, comme quelques-uns croyent, d'un eſprit de révelation, qui les entraine vers le plus digne d'entre eux, ou celui que le Ciel paroît deſtiner au *Pontificat*, ils l'embraſſent l'un après l'autre, le baiſent à la joue & le ſaluent pour Souverain *Pontife*, en le nommant à haute voix par ſon nom de famille; en attendant qu'il en prenne un autre, comme font tous les Papes après avoir accepté la Tiare: Et tous les autres entrainez par le même eſprit, ou comme quelques-uns prétendent, par une convention prémeditée, ou par quelque motif, ſoit d'intérêt, ſoit d'amitié, ſoit d'eſtime, &c. en font de même.

Election d'un nouveau Pape.

Celui-ci étant élu par l'une ou l'autre voye, eſt conduit dans la Sacriſtie, où l'on garde les habits Pontificaux dont on le revêt, après l'avoir dépouillé de ceux de Cardinal. De là on le mene dans la Chapelle *del Santiſſimo*, où après qu'il s'y eſt aſſis ſur un magnifique trône dreſſé devant l'Autel, les *Cardinaux* revêtus de leurs habits de ceremonie vont à *l'adoration*, qui conſiſte à lui baiſer la pantoufle, ou comme j'ay déja inſinué, pour ne point exagerer, la Croix qui eſt brodée deſſus, en ſe proſternant, puis la main & la joue en ſe relevant. En ſuite de quoi on publie ſon élection, on le porte ſur un magnifique ſiege dans la *Baſilique de St. Pierre*. Et là s'étant placé ſur le grand Autel du côté de l'Epitre, les

Ceremonies qui ſuivent l'Election.

1. Adoration.

Tome I.   B   Car-

1696.
CHAP. I.

2. Adoration.

Cardinaux procedent à une seconde *adoration*, (pour me servir du terme dont on appelle cette ceremonie) ce qui étant fait, il est porté au Palais Pontifical avec un nombreux cortege d'Ecclesiastiques, de Gardes du Corps, & de 70 ou 72 Domestiques, qui est le nombre limité des Cardinaux, qui sont obligez de lui ceder d'abord chacun un *serviteur Doyen*; coutume qui ne plaît pas toûjours à tous ces Seigneurs, qui se trouvent souvent privez par là d'un Domestique favori.

Couronnement du Pape.

A quelques jours de là toutes choses étant préparées & disposées pour son couronnement, dont la ceremonie a été si souvent décrite que je n'en rapporterai que la principale partie, il est porté sur un riche brancart, & assis sur un magnifique Trône, qui est élevé pour cela dans une galerie de *St. Pierre*, appellée la *Loggia* Alors on le revêt d'habits pontificaux, & au lieu de la Mitre de Cardinal, qui est d'un tissu d'argent, on lui en met sur la tête une autre à fond d'or, comme on la voit marquée *a* dans la I. Planche, en prononçant ces paroles Latines, *Accipe Tiaram tribus Coronis ornatam, & scias te esse Patrem Regum, Principum & Rectorum orbis, in terrà Vicarium Salvatoris nostri Jesu Christi, cui est honor & gloria in sæcula sæculorum, amen*. C'est-à-dire, Recevez cette Tiare ornée de 3 Couronnes, & sçachez que vous êtes le Pere des Rois, des Princes & des Gouverneurs du Monde, Vicaire de notre Sauveur Jesus-Christ, à qui apartient honneur & gloire aux siecles des siecles, ainsi soit-il. On appelle encore cette *Tiare*, *regno*, *Tre-regno*, c'est-à-dire, *regne*, *triple regne*, ou *triple Couronne*. Quelques-uns prétendent que le nom de *regne* lui a été donné par *Clovis* V. premier Roi *Chrétien* de *France*. Ils disent qu'il en envoya une à l'Evêque de *Rome*, enrichie de pierreries avec un seul cercle d'or au bas du bonnet, car sa forme est celle d'un bonnet de nuit, comme on le peut remarquer. Les *Papes* ne portoient encore alors que la mitre à laquelle ils ajoûterent cette sorte de *Tiare* avec un seul cercle. Ils prétendent encore que *Boniface* VIII. la fit ceindre d'un second par le milieu, pour marquer le droit Souverain, qu'il déclara que son autorité lui donnoit sur les domaines temporels de l'Eglise, & enfin que Benoît XII. y en ajoûta un troisieme.

Ceremonie serieuse qui suit le Couronnement.

Cette pompeuse & riante ceremonie est suivie & temperée par une autre toute serieuse & très simple. Voici ce que c'est. Pendant que le Pontife couronné est porté de *la Loggia* dans l'Eglise, on allume devant lui un peu de cotton ou de filasse au bout d'un tuyau, assez semblable pour la forme à ces torches de *Cerès*, qu'on voit sur les medailles, ou tel qu'il est representé dans la planche II. No. 8., qui se trouve à la tête du Chapitre II, & le peu de durée que la matiere combustible fournit à la flamme, fait qu'on en remet & qu'on en rallume à diverses reprises, en criant jusqu'à 9 fois, *Sanctissime Pater, sic transit gloria mundi*, c'est-à-dire, *Très St. Pere, c'est ainsi que passe la gloire du Monde*, & à chaque fois il incline la tête & courbe le corps.

Le nouveau Pape va prendre possession de l'Evêché de St. Jean de Latran.

Quelques jours ou quelques semaines après, selon qu'il plaît à ce nouveau Pontife d'en marquer le tems, il va prendre possession de l'Evêché de *St. Jean de Latran*, accompagné de la plus nombreuse & la plus magnifique Cavalcade de ce qu'il y a de personnes distinguées à *Rome*, tant Seculieres qu'Ecclesiastiques, qui passe devant le *Capitole* dont, comme je l'ai deja insinué, la cloche se fait encore entendre. Ce Pontife ayant mis pied à terre à la porte de l'Eglise que je viens de nommer,

mer, qu'il trouve fermée, il y frappe 3 fois legerement, & s'assit sur un Trône élevé là exprés, pendant que l'*Archiprétre*, qui est ordinairement un Cardinal, ouvre cette porte, & lui en presente deux clefs, l'une d'or & l'autre d'argent, après lui avoir baisé la pantoufle ; ce que font incontinent après, à son exemple, tous les Chanoines, qui lui rendent hommage comme à leur Evêque.

Ensuite *Sa Sainteté* est portée jusqu'au grand Autel, où elle s'assied sur un autre trône, & l'*Archiprétre* l'encense, pendant que tous les Cardinaux & les Evêques vont à *l'obedience* *.

Après quelques autres ceremonies le Pape donne la benediction, fait distribuer quelques medailles frappées à cette occasion, & retourne avec la même Cavalcade & la même pompe au Palais Pontifical.

Il regne à *Rome* une si grande liberté de vivre & de parler qu'elle passe l'imagination. L'*Inquisition* qui condamne par exemple en *Portugal* ou en *Espagne* les Juifs au feu, ne les inquiete pas en cette Capitale, ce centre de la Religion. Il y en a 10 à 12000 de protegez par *Sa Sainteté* même, qui ont leurs Sinagogues. Ils sont seulement distinguez par des Chapeaux jaunes, & obligez d'entendre un Sermon *Catholique* une fois le mois. En un mot, ce Tribunal n'y est guere plus severe qu'à *Venise*, qui ne l'a jamais reçû que par un Concordat conditionel, selon lequel cette Ville lui donne un de ses Senateurs pour President, sans le consentement de qui il ne peut condamner personne, & qui est toûjours enclin à la compassion ; cette liberté de *Rome* est telle que ses *Pasquinades* si connuës & si communes n'épargnent pas son *Pontife*, s'il leur donne quelque prise sur sa conduite. On y distingue entre l'*homme de Dieu* & l'*homme de l'homme*, je veux dire entre son autorité spirituelle & temporelle : on y respecte, révere & adore même en un sens le premier, mais on se plaint tout haut du second, quand il en donne sujet.

On avoit traité avant mon arrivée à *Rome Alexandre* VIII, de la maison d'*Ottoboni*, comme Prince temporel, de Pere des Neveux & des Impôts, &c. à cause des taxes dont il chargeoit ses Sujets, & cette licence alloit jusqu'à l'accuser d'avoir pillé le tresor de *St. Pierre*, pour enrichir sa famille ; & lorsque j'y étois en 1696, on appelloit au contraire *Innocent* XII. son successeur, de la maison de *Pignatelli*, Pere du Peuple, & *Antinepotiste*, pour avoir ôté les impôts dont le premier l'avoit chargé, & n'avoir jamais rien donné du bien de l'Eglise à ses Neveux, ni à aucun de sa famille. Il ne se montroit point à ce peuple qu'il n'en fût beni à haute voix, comme il le benissoit lui-même de la main ; j'ai entendu moi même dans les ruës, lors qu'on le portoit à *St. Pierre*, *vive & regne long-tems notre Très-saint Pere le Pape*, &c]

Entre plusieurs inscriptions qu'on voit à *Rome* en l'honneur de ce bon *Pape*, on me communiqua la suivante, qui fut mise sur la façade du Palais *Riario*, le premier jour que le Marquis de ce nom prit seance au *Capitole*, en qualité de Senateur *Romain*.

Titum & Constantinum ne desideres, o Roma, *habes utrumque in uno* Innocentio ; *annona laxata, congiaria populis aucta, & reserata omnibus ad beneficentiam aula, vera sunt generis humani delicia ; debellati apud* Savum Thraces, *submota lues, vindicata justicia, ea decent servatorem quietis, hac Orbis liberatorem.* C'est-à-dire, *Ne regrete pas, ô Rome,*

Tome I. B 2

* Le baiser de la pantoufle s'appelle *obedience* en toute autre occasion qu'en celles que j'ay marquées.

12 VOYAGES

1696.
Chap. I.

me, Titus & Constantin; *tu as l'un & l'autre dans un seul* Innocent; *la chereté des vivres diminuée, les greniers publics plus abondamment fournis, la porte du Palais Pontifical devenue celle de la liberalité & des bienfaits, & ouverte à tout le monde, meritent à ce* Pontife *le titre de delices du genre humain*; les Thraciens *vaincus près de la* Save, *la Contagion éteinte, la justice deffendue par les armes, sont des faits dignes les uns du preservateur de la Paix, les autres du liberateur de l'Univers.*

Clement XI. apellé Pere des Neveux.

Bien loin d'entendre la seconde fois que j'étois à *Rome* en 1710. de tels cris de bénediction, ni de voir de telles inscriptions en faveur de *Clement* XI. j'ai vû tout le contraire; car je l'ai oüi nommer, comme *Alexandre* VIII., Pere des Neveux, & j'ai entendu dire, qu'il avoit plus imposé de nouvelles taxes que son Predecesseur n'en avoit ôté de vieilles. On me raconta aussi, que les Directeurs de Conscience n'entendant presque point de confessions, où les Penitens du commun ne s'accusassent d'avoir maudit tant de fois ce *Pontife* au sujet de ces taxes, tinrent conseil là-dessus & trouverent bon de l'en avertir; qu'ils lui demanderent s'ils pouvoient absoudre des gens qui manquoient de respect jusqu'à ce point, envers le Chef visible de l'*Eglise Catholique*; mais que *Sa Sainteté*, au lieu d'en temoigner du ressentiment, ou de promettre quelque soulagement pour ces gens, ce qui étoit le principal objet de leur demarche, leur répondit avec sa douceur naturelle, & pleine d'affabilité, *poveretti ohime! egli mi consi-
,, rano come un gran peccatore, tal che son'io; bisogna perdonar come voglia-
,, mo che ci sia perdonato, assolvete, assolvete li.,, Oh les pauvres gens! ils me
,, regardent comme un grand pécheur tel que je suis; il faut pardonner
,, comme nous voulons qu'on nous pardonne, ne leur refusez pas l'absolu-
,, tion.* Le peuple *Romain*, qui a, dit-on, coutume de rendre graces à Dieu, quand entre trois *Papes* il en rencontre un bon, & qui s'est plaint que celui-là regnoit trop long tems, vient d'en avoir deux bons

Innocent XIII. de la famille de Conti, & Benoît XIII. de celle d'Orsini.

de suite, à sçavoir *Innocent* XIII, & *Benoît* XIII, il ne s'est plaint ajoûte-t'on, que de ce que le regne du premier a été trop court, & il paroît ne rien aprehender de semblable que de l'âge avancé du second, à qui il confirme par ses souhaits, par ses louanges, & par ses acclamations ce nom qui lui convient si fort, ou que l'on juge si digne des actions par lesquelles il commence le sien. En effet, quel plus éclatant exemple, dit-on, de zele, & de l'imitation de la simplicité *Apostolique*, que sa conduite? Le luxe des habits & des tables retranché dans les Ecclesiastiques, & cela moins par son ordre que par son exemple. Ses chemises de grosse laine, son dormir borné à quatre ou cinq heures, la depense de sa table fixée à 6 *baiochi*, ou 4 à 5 sols de *France*, donner deux fois par jour audience aux pauvres, les assister du tresor Pontifical, ou des revenus Ecclesiastiques, employer presque tout le reste du tems à visiter, consoler & servir les malades dans les *Hopitaux*, &c. ce sont là des actions qui semblent lui promettre rang entre les *Saints* après sa mort. Mais terminons un éloge dont sa modestie pourroit s'offenser, & ajoûtons ici quelque chose du *Pape* en géneral.

Liberté dont jouissent les Etrangers à Rome

Sa Sainteté permet aux Etrangers de differentes Religions de manger de la viande & autres choses, qu'elle deffend les jours maigres aux *Catholiques Romains*, & cela à *Rome* seulement & non ailleurs: la

rai-

raison de cette tolerance est peut-être qu'on ne juge pas que la Religion *Catholique* y coure risque, comme ailleurs, sur tout en *Espagne*, & en *Portugal* par exemple, où il y a tant de *Juifs* & de *Mahometans* d'extraction, & qui sont encore crûs tels dans le cœur, de sorte qu'il n'est pas rare de les entendre appeller dans les moindres differents qu'ils ont avec les plus anciens *Chrétiens* de ces Païs, *Casta de Moro*, *d'Hebreo*; *Race de Maure de Juifs*; ou c'est peut-être encore pour encourager les Etrangers à aller en foule dépenser leur argent dans cette grande Ville, qu'on leur y fait rencontrer tant de liberté, de civilité & d'autres attraits. Quant aux *Juifs*, ils y sont necessaires pour le commerce; les *Romains* étant pour la plûpart des *Virtuosi*, qui le regardent comme une profession trop au dessous d'eux, & qui s'appliquent à tout autre chose, comme à la *Peinture*, à la *Musique*, à l'*Architecture*, à la *Sculpture*, &c. Que dis-je? la liberté est si grande à *Rome*, qu'il n'est pas rare d'y entendre des disputes de Religion, & j'en rapporterai ici, pour marque de cela, aussi succintement qu'il me sera possible, une fort longue entre un *Suisse Calviniste* & un *Antiquaire* natif de *Rome*, à laquelle j'ai été present.

Cette dispute commença au sujet de la permission qu'ont les aubergistes de donner à manger les Vendredis & autres jours maigres de la viande aux Etrangers, à qui leur Religion ne le deffend pas.

Dispute entre un Suisse & un Romain au sujet de la Religion.

Le *Suisse* auroit voulu persuader au *Romain* d'en manger comme luy ces jours-là, disant pour raison, que si le *Pape* le croyoit peché, il ne le permettroit à personne, sur tout chez luy dans sa Capitale, le centre de la Religion *Catholique Romaine*.

Le *Romain* répondit que cela pouvoit n'être pas un peché pour luy à qui sa Religion le permettoit, mais que c'en étoit un pour luy à qui la sienne le deffendoit; que pour son conseil il prendroit la liberté de luy en donner un autre, qui étoit d'imiter plusieurs *Protestans* qu'il avoit connus, qui ne vouloient pas user en public de cette permission du *Pape*, de peur de scandaliser ceux qui le croyoient peché.

Le *Suisse* ayant cité quelques textes des *Livres Sacrez*, qui luy paroissoient condamner cette abstinence de certaines viandes en certains jours, ajoûta que le jeûne ne consistoit pas tant dans la qualité des choses necessaires à la vie, que dans la quantité de ces choses.

Le *Romain* repondit là-dessus que le jeûne consistoit principalement dans l'abstinence de la quantité, mais qu'il pensoit que la chair, par exemple, étant le plus nourissant des alimens y étoit par consequent le moins propre.

Le *Suisse* prit de là occasion de déclamer contre le pouvoir qu'exerçoit le *Pape* par ses permissions & par ses defenses arbitraires en matiere de Religion, de sorte qu'il faisoit qu'une chose étoit péché & ne l'étoit pas en même temps. Et sans garder beaucoup d'ordre dans la dispute, ou voltigeant tantôt sur un article, tantôt sur un autre, il donna à peine au *Romain* le tems de répondre, & passa tout d'un coup aux *Indulgences*. Il attaqua avec quelque sorte de furie la memoire de *Leon* X; il le compara luy & les distributeurs d'indulgences, aux *Druides*, qui empruntoient de l'argent en ce monde pour le rendre en l'autre; il répéta presque tout ce qu'ont dit contre lui les *Historiens Protestans*; il l'accusa par exemple d'avoir mis à prix & fait afferner la remission des péchez, aussi bien que la permission de manger de la viande, des œufs, du Beurre, & du lait aux jours maigres, & rapporta l'exclamation *Antichretienne* qu'on luy a attribuée fur le profit qui en revenoit au threfor *Pontifical*.

Le *Romain* confervant toujours une grande moderation dans fes expreffions, auffi bien que dans le ton de fa voix, repliqua „ que les „ *Livres Sacrez* autorifoient clairement dans le Souverain *Pontife* le „ droit & le pouvoir de remettre les péchez, de lier & de delier com-„ me Succeffeur de S. *Pierre*; qu'il fe pouvoit glifler à la verité des „ excès & des abus dans les meilleures chofes, mais que ces abus & ces „ excès ne leur faifoient pas perdre toute leur bonté & leur vertu; „ qu'il falloit toujours feparer l'homme *Spirituel* de l'homme *Charnel*, „ le genereux de l'avare, le pieux de l'impie; qu'on devoit recevoir „ les *Indulgences* comme des chofes falutaires que le *Pontife* pouvoit „ donner; que fi les diftributeurs en tiroient une retribution trop „ ample, le peché de l'abus devoit tomber fur eux, & la grace, quoi „ que bien payée, s'il en vouloit parler ainfi, fur celui qui la re-„ cherchoit & la payoit; qu'au refte il falloit accorder au Prêtre de „ vivre de l'Autel.

Le *Suiffe* l'interrompit là-deffus, & dit : *Qu'appellez-vous vivre de l'autel? Eft-ce entaffer richeffes fur richeffes comme font vos Prêtres? A l'or, à l'argent, aux pierreries, que je vois briller fur les ornemens & uftenciles des Eglifes, aux immenfes revenus qu'y ont attachez des fondateurs, jufqu'à s'appauvrir fouvent eux-mêmes, & priver par là leurs heritiers des biens qui leur appartenoient de droit, pour les enrichir, enfin aux offrandes qu'y apportoient en foule tant de dévots & de dévotes, &c. je me forme naturellement l'idée de grandes boutiques magnifiquement & richement garnies du prix vifible des marchandifes invifibles qui s'y debitent. A la protection mercenaire que votre grand Prêtre accorde aux Courtifanes, & au tribut qu'il en tire, on voit bien qu'il eft du fentiment de cet Empereur, qui difoit,* que l'odeur du gain étoit bonne, de quelque chofe qu'elle vînt.

Le *Romain* l'interrompit à fon tour, & dit: *En vérité, Monfieur, vous vous formez une idée des* Chrétiens *bien baffe & bien indigne d'un homme qui prend ce nom, & vous l'expofez avec autant de liberté, pour ne rien dire de plus. Pour moi, je me croirois coupable de Sacrilege, fi je laiffois entrer de telles penfées dans mon efprit, & fortir de ma bouche de pareilles expreffions. En regardant ces Eglifes que vous prophanez ainfi, je me fens édifié de la piété des fondateurs, de la dévotion du peuple que j'y vois prier, & du foin louable qu'on prend d'entretenir décemment des Prêtres qui font occupez à chanter prefque continuellement les louanges de Dieu & de fes Saints, à prier pour le Public trop diftrait par des affaires temporelles. Mais pourquoi voulez-vous n'ouvrir vos yeux que fur les defauts de quelques-uns, & les fermer fur les bonnes qualitez des autres, & fur le bon ufage que la meilleure partie du Clergé fait de ces richeffes, que vous luy enviez, en affiftant les pauvres, & faifant quantité d'œuvres de charité? Vous allez, pour ainfi dire, deterrer* Leon X, *mort depuis fi long-temps:* Pontife *qui avoit d'ailleurs de bonnes qualitez entre quelques mauvaifes qui n'exiftoient peut-être que dans la malice de fes Ennemis. Vous avez* Innocent XII *devant les yeux; que n'admirez-vous & que ne-loüez-vous fes perfections qui l'ont fait nommer* les delices du peuple? *Pour quoi voulez-vous, fur le temoignage de quelques ecri-*

écrivains paſſionnez, & accoutumez à empoiſonner tout ce que nous fai- *ſons, croire qu'on protege les Courtiſanes, & qu'on tire de l'argent de leur infame Commerce?* Tout Rome, *& elles-mêmes, ſi elles veulent dire la vérité, vous apprendront tout le contraire, pour peu que vous preniez la peine de vous en informer, & qu'elles ſont plus perſécutées que tolerées. Ce qu'on exige d'elles en argent, eſt une peine ou une amende dont il n'entre pas un ſou dans les coffres* Pontificaux, *& ſi on n'uſe pas envers elles de la derniere ſeverité, c'eſt dans le même eſprit & dans la même conſideration que* Loth *offrit ſes propres filles aux habitans de Sodome.*

Le *Suiſſe,* qui n'avoit attaqué la *Meſſe* que par accident dans cette dispute, déclara la guerre à ce Dogme, qu'on appelle la *Tranſubſtantiation*: il employa les armes ordinaires aux *Proteſtans* pour la combattre, en citant les textes Sacrez qui lui paroiſſoient plus propres à cela : puis, entr'autres argumens de la Raiſon humaine qu'il apporta, il dit, „ que rien ne paroiſſoit plus oppoſé à cette Raiſon & au bon „ ſens, que de faire ſubſiſter des accidens ſans ſujet ; de faire occuper „ à un corps naturel, muni de toutes ſes parties, des millions d'en- „ droits à la fois, & tout entier ſous la moindre particule presque in- „ diviſible. *Si cette* Tranſubſtantiation *a lieu*, ajoûta-t-il, *ou ſe fait véritablement en prononçant les paroles* Sacerdotales, *il faut néceſſairement en conclure que* Jeſus-Chriſt, *qui les prononça ſur le pain & le vin avant ſa mort, ſe ſera mangé & bû ſoi-même, car il mangea avec ſes diſciples ce qu'il appella* ſon Corps & ſon Sang, *& on ne pourra regarder ceux-ci que comme plus inhumains que des* Cannibales, *puis qu'ils auront mangé un* Homme-Dieu, *leur propre maître, & on pourra par conſéquent leur donner le nom de* Théantropophages, *ou mangeurs de Dieu-homme.*

Le *Romain,* après avoir allégué à ſon tour quelques paſſages de l'Ecriture, qu'il crut lui être favorables, répondit : *Nous ne voulons point employer notre Raiſon où nous n'avons beſoin que de notre Foi.* Jeſus-Chriſt *a dit que le pain & le vin benis étoient* ſon Corps & ſon Sang; *nous ne le comprenons pas non plus que vous ; nous le croyons ; il a donné ordre de boire l'un, de manger l'autre, & d'éviter de le faire indignement, ſous peine de damnation. Nous nous y préparons de notre mieux ; & ſans chercher à approfondir le miſtere, nous nous contentons des graces qu'il y a attachées. Pour vous, Meſſieurs les* Proteſtans, *qui ſoumettez votre foi à la Raiſon, permettez-moi de vous demander, par exemple, touchant le miſtere de la* Trinité, *crû ou avoué de tous les* Chrétiens, *& ſi difficile à trouver dans les Livres Sacrez, ſi c'eſt votre Raiſon qui vous dit que trois ne font qu'un ; que le Pere qui engendre le* Fils, *que le* Fils *qui eſt engendré, que le* St. Eſprit *qui en procede, ſont trois perſonnes conſubſtantielles, égales entr'elles, coëternelles, un ſeul & même Dieu, ou que le Pere eſt Dieu, que le Fils eſt Dieu, que le* St. Eſprit *eſt Dieu, & que ces trois ne font qu'un même & ſeul Dieu, ſans différence d'attribut ou de pouvoir, ſans la moindre priorité ou poſtériorité d'âge & de dignité dans aucune de ces trois perſonnes ? Permettez-moy encore de vous demander ſi c'eſt ſur les lumieres de votre Raiſon que vous croyez le miſtere de l'*Incarnation *de la ſeconde perſonne pour le rachat du genre humain.*

Le *Suiſſe* repliqua: *Je ne ſoûmets pas ma foy à ma Raiſon dans ces*
miſte-

misteres, ni n'entreprens pas de les expliquer: ce seroit entreprendre d'en detruire l'essence, & s'ils pouvoient être expliquez, ils ne seroient point *Misteres*. Je crois ceux-cy comme tels, & je nie votre Transsubstantiation, ou presence réelle, parce que je ne la crois mistere que dans votre imagination, & point du tout dans l'intention, ni dans les paroles Sacramentales de Jesus-Christ qui les explique luy-même, en appellant pain & fruit de vigne *ce qu'il a appellé* son Corps & son Sang. Je les prends après qu'ils sont benis par un Ministre, comme il les a benis luy même, selon son ordre, en memoire de luy: & le faisant dignement, je mange spirituellement ou par la foy son Corps & son Sang, pour parler le langage de l'Ecriture, c'est à dire que je crois participer aux fruits & au merite de sa mort.

Le *Romain* lui demanda la liberté de lui dire là-dessus ce qui lui venoit en pensée, & dit: *Niant comme vous faites la presence réelle du Corps de* Jesus-Christ, *vous ne prenez rien que du pain & du vin.*

Le *Suisse* répondit à ceci, qu'il n'étoit pas nécessaire de croire que le Corps de *Jesus-Christ* fût dans le Sacrement, pour le prendre ainsi par la Foi, & cita quelques passages de l'Ecriture pour prouver que Jesus Christ n'étoit corporellement que dans le Ciel, & qu'il n'en devoit descendre qu'à la consommation des siecles.

Après plusieurs autres raisonnemens & passages citez de part & d'autre, qui ne parurent pas avoir plus porté l'un que l'autre à changer de sentiment là-dessus, le *Suisse* continua bien de disputer, mais varia souvent le sujet de la dispute; il passa aux *ceremonies de l'Eglise*, qu'il accusa de *superstition*, aux images des Saints, & au culte qu'on leur rend, qu'il traita d'*Idolâtrie*. Sur quoi un *Allemand*, qui étoit son Compagnon de voyage, craignant quelque fâcheuse suite de cette dispute, voulut la faire cesser en lui disant, *Monsieur, souvenez vous que vous êtes à* Rome, & *non pas à* Geneve, *ou en votre* Canton. Il témoigna pour un moment se rendre à cette remontrance, en faisant quelqu'excuse au *Romain*. Mais celui-ci repartit avec beaucoup de douceur: *Que Monsieur continue, il peut penser ici aussi haut que chez soi; je serai bien aise d'entendre ses raisons, & de lui faire voir par les miennes, que nous ne sommes pas* Iconolâtres, *quoi que nous ne soyons pas* Iconoclastes.

Hé bien, repliqua le *Suisse*, je ne vous déguiserai rien de mes pensées, puisque vous m'en donnez la liberté. Il faut que je vous avouë, que quand ma curiosité excitée ou invitée par le son & l'harmonie de vos instrumens & de vos voix, &c., me porte à entrer dans quelqu'un de vos Temples, je m'imagine d'abord être entré dans un lieu où se joue l'Opera. Vos Prêtres & autres personnes aussi richement que diversement habillées, à qui j'entends chanter jusqu'à vos prieres les plus serieuses, m'en paroissent les Acteurs; je prends pour décorations les ornemens d'autels, les Statuës & les Peintures que j'y vois, dans un ordre & une simetrie admirable. Les magnifiques lustres & les precieux chandelliers garnis de chandelles de cire allumées, qui disputent ou semblent disputer l'éclat de la lumiere avec quantité de pierreries dont les habillemens des Acteurs & les décorations sont enrichies, me confirment dans mon imagination. Je juge qu'une foule de Peuple, que j'y rencontre, en fait les Spectateurs. Envisageant les objets de plus près & moins confusément, je découvre ici à genoux devant une Statue, là devant une image de quel-

quelques-uns de vos Saints *ou de vos* Saintes *des gens qui les prient*, j'y *vois les uns faire toucher dévotement à des urnes, où sont renfermées leurs Cendres, une chemise, un bonnet, une coeffe de nuit, ou quelque autre partie des hardes d'un malade de leurs parens ou amis; & d'autres attacher auprès de ces statues ou images ce que vous appellez* vœux, & *ce qui étoit appellé par les anciens* Romains, votivæ tabulæ ; *comme des membres humains representez en cire, en bois, en peinture, ou d'autre matiere plus ou moins pretieuse, selon les facultez des donateurs, en reconnoissance de quelques faveurs qu'ils croyent en avoir reçues, avec des inscriptions qui attestent, par exemple, des dangers évitez, des guerisons obtenues, des procès gagnez,* &c. *J'apperçois dans diverses chapelles des Prêtres disant des* Messes; *c'est-à-dire, qui, selon votre* Transsubstantiation *offrent en Sacrifice la seconde personne de la Sainte* Trinité *à la premiere, en l'honneur de vos* Saints, & *cette premiere personne conjurée en leur nom & par leurs merites d'accorder les graces demandées. J'en vois & j'en entends souvent davantage dans d'autres de leurs actes & changemens de scenes. Je vois par exemple une* devote, *que je n'avois pas apperçuë, à genoux devant une image, qui aura prié avec la derniere attention, les yeux fixement attachez dessus. Je l'entends qui s'écrie,* Miracle ! *puis interrogée sur le sujet de son cri, répond qu'elle a vû très distinctement le simulacre remuer les yeux, incliner la tête, sourire doucement ; ce qui est d'abord interprété comme un signe que ses prieres sont agréables au* Saint, *ou à la* Sainte *qu'il represente, quoi que ce ne soit, si elle n'est pas payée pour en imposer, qu'un effet naturel de sa trop longue attention, & d'une forte application des yeux sur un même objet.*

Après avoir vû & entendu tout cela, & beaucoup plus, je conclus dans mon esprit, ajoûta le Suisse, *qu'il n'y a rien de plus ressemblant au culte que les anciens* Payens *rendoient à leurs* Dieux *& à leurs* Déesses, *que celui que vous rendez à vos* Saints *& à vos* Saintes, *que vous égalez à la* Divinité, *par vos genuflexions & par les prieres que vous leur adressez dans vos besoins, ce qui est leur attribuer une connoissance infinie, attribut divin qui consiste à savoir & à voir tout ce qui se passe par tout de plus secret jusqu'au fond du cœur de plusieurs millions de personnes qui peuvent les invoquer en même tems, dans les diverses parties de l'Univers; attribut, encore un coup, qui ne convient qu'à un seul Dieu, & ne peut convenir à plusieurs. Enfin les statues de vos* Saints *font tout ce que celles de leurs* Dieux *faisoient. Elles suent, pleurent, rient de même, & vous faites pour elles les mêmes choses; vous les portez comme eux les leurs en procession; vous les encensez; vous faites plus, vous imitez les* Egiptiens *en peignant ou taillant des figures d'animaux, pour representer la* Divinité. *Et vous encherissez sur les* Antropomorphites, *en la representant, & l'adorant non seulement sous la figure humaine, mais vous en faites un* Antropozoomorphisme, *ou representation partie humaine, partie animale., en peignant, ou taillant la premiere personne de la* Trinité, *sous la figure d'un* Vieillard, *vetû, & couronné comme votre* Pape, *ou autrement; la seconde, tantôt sous celle d'un homme à la fleur de son âge, & tenant une croix à la main, & tantôt d'un* agneau; *la troisieme, sous celle d'un* pigeon.

Le *Romain* l'interrompit en cet endroit, à peu près en ces termes: *Vous continuez de deshonorer nos* Eglises *par vos indignes comparaisons*

sons ; vous faites d'étranges efforts d'imagination, pour y chercher l'Idolâtrie ; qui n'y est pas ; mais laissant là comme indigne d'une réponse réelle ce que vous y avez imaginé ; je vous prieray de cesser d'être si prevenu contre notre Culte, pour vous dire, que vous nous faites tort, quand vous nous accusez d'adorer autre que Dieu *seul, ou vous ne nous entendez pas. Quand nous prions les* Saints, *nous leur demandons d'interceder pour nous, comme ses serviteurs favoris, & nous ne les considerons pas comme premieres causes du bien, ou du secours, que nous attendons. Ce Culte n'est pas adoration, mais* Dulie, *du mot Grec* Δυλια *, servitude, qui se raporte & se termine toûjours au maître, & auteur de toutes choses ; & sans leur attribuer, comme vous nous en accusez, une connoissance infinie, sans penetrer comment ils entendent nos prieres, nous nous contentons de croire qu'ils les entendent, soit que* Dieu *leur revele nos besoins, qu'ils les voyent en lui par reflexion, comme dans un miroir, ou qu'ils les aprennent, comme les Livres Sacrez l'insinuent, par le commerce des* Anges *établis administrateurs par l'ordre* Divin, *pour concourir à l'œuvre de notre salut, en quoi encore un coup nous ne ressemblons nullement aux* Payens, *à qui vous nous faites le deshonneur & l'injustice de nous comparer. Permettez moi de vous dire, au sujet des faux miracles, que vous nous reprochez d'avoir de commun avec les* Payens, *que s'il se glisse des abus dans les choses les plus sacrées, tout le crime est du côté & pour le compte des imposteurs, & qu'il y a des imposteurs de toutes sortes de Religions. Je vous demande si vous pouvez jurer en honneur & en conscience, que tous vos Ministres ne prêchent que la pure vérité telle qu'elle descend du Ciel sur la Terre, & qu'aucun ne vous trompe, soit par quelque motif d'interêt, ou par ignorance. Pour moi je ne nie pas qu'il n'y en ait dans la mienne, même entre les Ministres de nos Autels. Je ferai plus, je vous en citerai un exemple, & en même tems un autre qui vous montrera que nous avons aussi un Chef spirituel avec des Ministres pour punir la fourberie. Les voici ces deux exemples.* I.º *Les Religieux du* Monte Vaccino *firent suer la statue d'un* Crucifix *de bois, attaché contre un mur de leur Eglise, & ceci par le moyen d'un petit reservoir d'eau menagé dans ce mur, d'où cette eau passoit par un tuyau de plomb dans le corps de ce* Crucifix, *& en sortoit en goutes par de petits trous à passer une éguille, que vous apellerez si vous voulez* pores, *& faisoit l'effet de la sueur, lequel frapant les yeux du peuple fit crier,* Miracle. II.º Sixte V. *alors* Pape *regnant, qui ayant été lui-même Moine, sçavoit les fraudes dont l'avarice rendoit souvent coupables quelques-uns de ses Confreres, fit examiner en sa presence ce qui passoit déja pour un miracle dans l'esprit du peuple, fit oter le* Crucifix *de là, & abatre jusqu'au mur ; & après avoir fait reparer l'Eglise à ses dépens en chassa les fourbes, & leur infligea les peines qu'ils meritoient. Si les* Payens *ont eu des imposteurs, qui ont contrefait des miracles, pour donner du credit à leurs* faux Dieux, *ou pour des interêts particuliers ; s'il y en a même quelqu'un parmi nous, comme je viens d'avouër qu'il y en peut avoir, qui fasse faire à quelques-uns de nos* Saints *de faux miracles, tous ces exemples, soit anciens, soit modernes, ne peuvent être que de foibles conséquences contre les vrais miracles, & de mauvaises raisons de douter de leur vérité : car de dire qu'il n'y a point de vrais miracles, parce qu'il y en a eu, ou qu'il y en a même encore de faux, c'est dire, qu'il n'y a point de vraiment honnêtes gens, parce qu'il y a tant d'hipocrites*

crites & de fripons dans le monde, ou qu'on est toûjours trompé, parce
qu'on l'a été quelquefois. On n'est pas obligé de croire à la legere sur ce
sujet; on examine les choses de près, & on ne décide pas d'abord sur la
parole d'un devot & d'une devote, ou d'un Moine : au reste la puissance
de Dieu, qui a éclaté dans les premiers siecles par tant de miracles, dans
ses Saints, d'une maniere si connuë & si peu suspecte d'illusion, n'est pas
diminuée, & quand nous leur attribuons des miracles, nous ne les en regardons pas comme les causes premieres, mais comme les causes secondes,
ou instrumentales, & ces miracles nous sont des preuves de l'approbation
que sa Divine Majesté donne au Culte que nous leur rendons. Quant
aux Images & aux Statues que vous voyez dans nos Eglises, nous avons
en leur faveur l'exemple de la primitive Eglise. Ces respects que nous
paroissons leur rendre, en nous mettant à genoux devant elles, ou en les
baisant comme quelques-uns font, se rapportent aux originaux ; & bien
loin d'attacher aucune vertu à ces choses materielles, nous ne regardons
celle des originaux qu'elles representent que comme des émanations du pouvoir Divin, & sans nous persuader, comme faisoient ces Payens, qui
en cela meritoient justement le nom d'Idolâtres que vous nous donnez si
liberalement, qu'il y ait véritablement quelque vertu celeste, ou quelques qualitez Divines inherantes dans l'or, l'argent, le cuivre, & autres matieres, dont elles sont faites, ou dans les couleurs qui composent
les images, nous n'y envisageons d'autres vertus que celles d'exciter en
nous le desir d'imiter les actions des originaux. Outre leur innocent &
agréable effet d'orner avantageusement les Eglises, Chapelles, &c; elles
sont des especes de Livres toûjours ouverts & intelligibles à ceux mêmes
qui ne sçavent pas lire, ou que la nécessité force, pour vivre, de travailler tous les jours de la semaine, excepté ceux du Dimanche, & des Fêtes, que la Religion les oblige d'assister à l'Office Divin. Ils n'ont que
ce tems-là pour s'instruire par les Sermons & les Panegiriques, qu'ils entendent sur les objets que ces statues & ces images representent. Quand
ils voyent, par exemple, St. Laurent representé avec son gril, St. Sebastien percé de fleches, St. André avec sa Croix, &c. ils se remettent
devant les yeux leurs souffrances pour la foi. Pour ce qui est de la representation de Dieu, sous ce que vous nommez Antropozoomorphisme,
nous avons en notre faveur la Loi écrite, & non écrite : la premiere semble, à la vérité, deffendre de faire des images & des statues d'aucunes
choses celestes, mais elle s'explique en même tems dans la condition de sa
deffense, en ajoutant, pour les adorer. Si nous representons la premiere
personne de la Trinité comme un venerable vieillard, c'est que l'Ecriture Sainte que vous vous vantez de pouvoir lire librement, & qui n'est
deffendue chez nous qu'aux ignorans, ou à ceux qui sont capables d'en
faire un mauvais usage, & ceci plus par leur propre ignorance, qui ne
leur permet pas de l'entendre comme il faut, que par des ordres exprès du
Pontife, vous y aurez remarqué sans doute, que cette Ecriture donne
figurément à Dieu le pere, des mains, des pieds, des yeux, &c. quoi
qu'il n'ait en effet & réellement rien de tout cela. Si la seconde personne est dépeinte comme un jeune homme à la fleur de son âge, c'est
qu'elle a paru & conversé sur la terre, sous la figure humaine, jusqu'à
l'âge de trente-trois ans. Si quelques-uns de nos statuaires & peintres lui
donnent la forme d'un agneau, c'est qu'il est ainsi apellé assez fréquemment dans les Livres Sacrez. Enfin s'ils donnent au St. Esprit celle

Tome I.   C 2   *d'un*

*De la re-
presenta-
tion de la
Trinité
sous des
figures cor-
porelles.*

d'un pigeon, *c'est parce qu'il a paru sous cette forme.*

Quant à la musique, *nous avons pour garant en cela* David, *qui ne recommande rien tant que de chanter, & de faire entendre les louanges de* Dieu, *par toutes sortes d'instrumens, art qui a le pouvoir de toucher non seulement nos cœurs, mais d'élever nos ames vers l'objet de nos vœux & de nos prieres ; enfin, car je commence de m'ennuyer, au lieu de donner accès dans votre esprit à des idées si peu* Chrétiennes, *& si prophanes, que vous vous faites à la vue de nos* Eglises, *de nos autels, de nos Prêtres, & de notre Service* Ecclésiastique, *j'ose assurer qu'aucune Religion ne rend plus de respect à* Dieu, *& n'a une plus majestueuse Eglise que celle de* St. Pierre, *ni de plus magnifiques autels, ni un plus auguste & plus venerable Prêtre, & ne lui offre un plus digne* Sacrifice, *que la nôtre.*

Le *Suisse* repliqua: *Vous faites voir, à la vérité, que vous avez lu l'*Ecriture Sainte, *mais je ne trouve pas que votre théorie s'accorde avec la pratique passive du peuple. Mon opinion est, que pour un qui l'explique & qui la croit ainsi, il y en a mille qui croyent & agissent à l'égard des* Saints, *comme les* Payens *à l'égard de leurs fausses Déitez ; consideration qui exite notre pitié envers eux, & notre indignation contre leurs directeurs, qui les fortifient dans leurs erreurs. Quant à vous, vous me paroissez bien initié dans les misteres de certains Prêtres, que vous apellez* Jésuites ; *au moins vos palliations sont semblables aux leurs, car vous voulez anéantir l'Idolâtrie par la* direction *d'intention & la* reservation *mentale, qui selon eux justifient & rendent innocentes les actions les plus oposées aux Loix divines & humaines. Croyez-moi, défaites-vous de tels* directeurs de Conscience, *& au lieu de vos Docteurs interessez & trompeurs, cherchez des personnes éclairées & sincerement zélées pour la pureté de l'*Evangile, *comme ont été nos Reformateurs ; & vous même, qui avez plus de lumieres que le commun, faites-en un usage salutaire, unissez-vous à eux, & soyez des premiers à entreprendre de faire triompher entierement, jusques dans* Rome, *le Christianisme sur le Paganisme, ou la vérité sur le mensonge & l'imposture. Retranchez de vos Temples les objets d'Idolâtrie & de Superstition qui y sont.*

A quoi le *Romain* répondit plus brusquement qu'il n'avoit encore fait: Dieu *nous preserve de tels* Réformateurs *que les vôtres! Quoi! c'est donc réformer, que de dépouiller la* Religion *de ses plus augustes misteres, & de ses plus majestueuses & venerables* Ceremonies ; *imiter les anciens* Barbares, *renverser les plus innocentes & édifiantes enseignes du* Christianisme, *ces* Croix *plantées çà & là, qui representent le sacré instrument de notre* Salut, *la gloire des premiers* Chrétiens, *& encore la nôtre ; d'entrer dans des Eglises* Chrétiennes, *d'en déchirer, enlever, & casser ou détruire les plus beaux ornemens, ces Statues, ces Peintures admirables, qui font encore fleurir les deux beaux arts dont elles sont les productions, piller & enlever les utenciles sacrez d'or & d'argent & autres choses prétieuses, & les convertir en des usages prophanes, puis apeller ces lieux Saints ainsi dépouillez & pillez, des Eglises Réformées?* Dieu *nous garde, encore un coup, de tels* Réformateurs *!*

En achevant ces dernieres paroles, il se leva de dessus sa chaise, & se tournant vers nous ; *je suis las*, dit-il ; *pardonnez moi, Messieurs, d'avoir contribué à vous incommoder si long-tems.* Le *Suisse qui*

qui ne paroissoit pas fatigué alloit répondre, mais le *Romain* lui ferma la bouche, en disant, *à un autre fois, cela suffit pour aujourd'hui,* & il se retira.

Nous avions toûjours gardé jusques-là le silence, excepté l'ami du *Suisse*, qui avoit entrepris de faire cesser la dispute, mais nous en dîmes nos sentimens ensuite, sans pourtant prononçer ni pour ni contre aucun des Controversistes. Le jugement general & unanime que nous portâmes de ces sortes de disputes, c'est qu'elles n'étoient que trop propres à gâter la societé entre les personnes de differentes Religions, sur tout entre celles chez qui la Raison ne commandoit pas assez à la passion. Cet ami du *Suisse* prenant la parole & l'apostrophant, dit; *J'ai assez lû & assez voyagé, pour avoir remarqué que les plus cruelles haines ont été allumées par la difference des sentimens sur la* Religion. *Quoi que nous soyons à* Rome, *où les Etrangers ont beaucoup de liberté, cette liberté n'est pas sans bornes, & il n'en faut pas abuser, sur tout à l'égard de la Religion. Vous êtes heureux d'avoir eu affaire avec une personne aussi moderée & aussi sage que paroit ce* Romain *qui vient de sortir.*

Le *Suisse*, sans lui donner le tems de continuer, répondit; *Tout honnête homme qui a véritablement de la* Religion, *n'en doit point rougir: pour moi, qui crois la mienne meilleure que toute autre, je la deffendrai toûjours par tout, & contre tous, même jusques devant ou contre le* Pape, *si l'occasion s'en presentoit.*

Un de la Compagnie, qui étoit *Flamand & Catholique-Romain*, prenant la parole répliqua; *Monsieur, vous poussez votre zele bien loin, mais permettez-moi de vous dire, que deffendre n'est pas attaquer, comme vous venez de faire ce* Romain, *à qui vous avez à peine donné le tems de prendre la deffensive.*

Le *Suisse* ne paroissant pas disposé à recevoir des leçons, ni las de parler, nous craignîmes une nouvelle dispute, que nous prévinmes, en prenant nos chapeaux & nos épées pour sortir; & comme ils ne se soucioient pas apparemment tous deux de parler sans avoir des auditeurs, ils sortirent aussi.

CHAPITRE II.

Des Vêpres de la veille de St. Pierre. La presentation de la Haquenée. Chambre des Tributs. Illuminations, Procession & Messe Papale. Courte histoire des pierreries dont sont enrichies les pretieuses Thiares *&* Mitres, *qu'on garde dans le Château Sant' Angelo; avec une petite description de celle de* Jules. *Eglises, Palais, curiositez tant anciennes que modernes de* Rome, *& de ses environs, de* Lorette, *&c.*

LA premiere fois que je vis le Pape en public, ce fut dans la grande & magnifique Eglise de *St. Pierre* le 28 de Juin, veille de la fête de ce Saint. Ce Pontife y étoit déja quand j'y arrivai, & assistoit aux premieres Vêpres, assis sur un trône, avec une riche Mitre sur sa tête, la *Falda* (a) attachée à sa ceinture, revêtu de la chappe Pontificale, faite d'une belle étoffe rouge, dont on use aux fêtes des *Martirs*,

(a) *Falda*, espece de juppe à longue quenë, qui s'attache à la ceinture. Voyez la Planche.

tirs. Cette chappe étoit relevée d'une riche broderie, & attachée par une espece de crochet, ou de boucle d'or appellée *pectoral*, qui étoit enrichie de pierreries, estimées plus de 50 mille écus.

Cet *office*, qui consiste, comme on sçait, en des *antiennes*, des *hymnes*, des *pseaumes*, &c. fut accompagné, ou entremêlé de la plus touchante musique, que les voix les plus claires & les plus fines des Eunuques, entre lesquelles brilloit à son ordinaire le fameux *Paulucci*, avec les plus masculines & les plus sonores des meilleurs Chantres pour la basse, étoient capables de former.

Les *Vêpres* finies, un Cardinal Chambellan ôta la Mitre de dessus la tête de *Sa Sainteté*, & un autre lui mit à la place une des *Thiares*, qui se gardent dans la Sacristie secrete; Mitre si curieusement brodée & émaillée que les couleurs de l'émail sembloient de loin des rubis, des émeraudes, des topazes, & des ametistes.

Présentation de la Haquenée.

Ensuite se fit la ceremonie de la présentation de la *haquenée* ou genet blanc, que le Roi d'*Espagne* envoye tous les ans au *Pape*, avec une somme d'argent, en hommage du Royaume de *Naples*, qu'il reconnoît tenir de *Sa Sainteté*. Ce fut l'Ambassadeur d'*Espagne* qui la presenta; il étoit suivi d'une aussi illustre que nombreuse *Cavalcade*, composée de tout ce qu'il y avoit à *Rome* de personnes distinguées par leur naissance & par leur rang, tant sujettes qu'amies de cette Couronne, Ecclesiastiques & Seculieres, avec leurs suites; outre la Garde *Pontificale* qui l'accompagnoit jusqu'à la *Basilique de St. Pierre*.

Procession.

I. Le *Bergolo* de *Rome*, bien monté & vêtu à la *Romaine*, ayant au col une chaine d'or, à laquelle pendoit un medaillon, sur lequel étoit le buste d'*Innocent XII*, tel qu'il est representé sur la planche No. I.

II. Une Compagnie de *Lancie Spezzate*, ou Gardes du Corps du *Pape*, mais sans leurs lances, ni aucunes des armes qu'ils portent quand ils l'accompagnent.

III. Quantité de Chevaliers *Romains* deux à deux.

IV. Douze Tambours, aussi deux à deux, ayant le Tambour-Major à leur tête: tous les Tambours étoient entourez d'étoffe de soye avec les armes d'*Espagne* & de l'Ambassadeur.

V. Six Trompettes, aussi deux à deux, bien montez.

VI. Quantité de Seigneurs du premier rang, sur des plus beaux genêts d'*Espagne*, richement harnachez & caparaçonnez.

VII. Deux Tambours de la Garde *Suisse*, précédez de deux Fiffres.

VIII. Deux Trompettes à cheval.

IX. Le Capitaine de la Garde *Suisse* vêtu à la *Romaine*, & aussi à cheval, à la tête des *Suisses*, qui suivoient en deux files à pied avec leurs hallebardes.

X. L'Ecuyer de son Excellence, portant selon le rapport de quelques-uns, une bourse d'or, que je n'apperçus pas, dans laquelle étoient, me dirent-ils, 12000 ducats d'or.

XI. La *Haquenée*, très richement équipée, la bride, la selle, & le caparaçon, étant enrichis de pierreries, & ayant une espece de vase d'argent attaché sur sa selle, dans lequel, on me dit qu'étoit une scedule, seulement de 6000 ducats, & qu'il n'y avoit point de bourse qui précedat, comme on me l'avoit fait accroire: tant nous

Scedule d'hommage.

fommes souvent incertains sur les choses les plus ordinaires & les plus voisines de nous! Ce vase, quoi qu'il en soit, étoit revêtu des armes du *Pape* en relief, & soutenu par le second Palfrenier de l'Ambassadeur, pendant que le premier conduisoit la *haquenée*.

XII. Son Excellence vetuë à la maniere de son païs, avec l'Ordre de la *Toison* d'or au col, enrichi de pierreries.

XIII. Deux chevaux de main très richement harnachez.

XIV. Vingt-quatre Prelats deux à deux.

XV. Enfin six carosses magnifiques à six chevaux, & huit autres à deux, tous vuides.

L'Ambassadeur s'étant approché du *Pontife*, s'agenouilla pour baiser sa pantoufle, & en même temps la *haquenée* à son côté gauche plia les genoux de devant, comme un signe de sa sujettion à son nouveau maître, & cela par le moyen d'une petite baguette dont on les luy frappa : circonstance que la trop grande affluence de monde m'empécha de voir; mais on m'en a assuré après comme d'une chose dont personne ne doute à *Rome* : l'on ajoûte, pour la rendre plus vraisemblable, que l'animal destiné pour le present est dressé d'avance à ce petit manege respectueux & humiliant.

Maniere de presenter la haquenée.

Immediatement après cette ceremonie, qui étoit beaucoup plus ample & plus pompeuse que je ne la decris, par la suite des principaux Seigneurs qui la composoient, on tint la *Cour des tributs*, dans la *Chambre Apostolique*, où ceux qui ont à ferme des biens de l'Eglise ou leurs Deputez, vont payer tous les ans à pareil jour leurs hommages ou rentes honoraires, appellées *Censi*. Cette Cour étoit composée du *Cardinal Chambellan*, qui y presidoit en qualité de Tresorier, d'un Doyen de la Chambre & de divers *Prelats* en robbes violettes & de pourpre, de quelques *Clercs*, d'un *Commissaire*, d'un *Notaire* de la *Chambre*, &c.: tous assis ou placez selon leurs rangs, tenant pour la plupart un bouquet à la main. Le *Tresorier* commença par distribuer à chaque Prelat une *medaille pontificale* d'or ou d'argent, enveloppée dans un papier ; ensuite dequoy le Notaire appella par leurs noms ceux qui tenoient des biens Ecclesiastiques, chacun à son tour. En même temps la personne ou son Deputé, ainsi appellé, mettoit le tribut sur une large table, qui une *coupe d'argent*, qui *un pain de cire* ; & un autre Notaire écrivoit leur nom, & ce mot Latin *Solvit* au dessous, après l'avoir prononcé à haute voix. Ce jour fut agréablement continué ou prolongé, pour ainsi dire, par les illuminations de la nuit : toute la colomnade du *portique* de la façade de S. *Pierre*, toutes les corniches & les fenêtres du *Dôme* étoient garnies, & entourés de Cylindres & de vaisseaux de poix flamboyante. Le Château S. *Ange* étoit remarquable par divers barils de poix qui jettoient autour d'une girandole ; ce qui fit un jeu & un spectacle fort agréable. Environ à une heure après minuit les cloches commencèrent à sonner, & les gros canons à faire leur decharge qui fut suivie du bruit de quantité de boëtes, & de girandoles disposées dans tous les quartiers de la Ville. Toutes les fenêtres des Cardinaux, Prelats, Princes, & Ordres Religieux étoient illuminées.

Cour des Tributs.

Illuminations.

Il y avoit outre cela dans tous les quartiers de la Ville quantité de tonneaux remplis de bois & de poix qui jettoient des torrens de flammes, de maniere que la Ville de Rome paroissoit toute en feu, & que la nuit sembloit avoir fait place au jour.

1696.
CHAP. II.

Procession Pontificale.

Le lendemain matin, *Sa Sainteté* retourna à *S. Pierre*, pour celebrer la Messe de ce Saint, étant portée en procession de la maniere suivante, ou à peu près.

I. A la tête de la *Procession*, qui étoit tout à fait pompeuse, & magnifique, marchoit un grand nombre de *Suisses* de la Garde *Pontificale*, en cuirasses d'acier poli & tout uni, avec leurs hallebardes à la main, commandez par deux Officiers en habits de buffle, avec des armets de mailles.

II. Les quatre pretieuses Thiares, & les deux riches Mitres du Château *St. Ange*, portées par six *Capellani extra muros* (Chapelains de dehors les murs) ayant de longues robbes d'écarlate, & des camails doublez d'hermines, avec chacun un jouaillier de *Sa Sainteté* à son côté, en manteau noir.

III. Plusieurs *Capellani d'honore* (Chapelains d'honneur) aussi en robbes d'écarlate sur des soutanes violetes, avec des camails, ou capuchons couleur de cerise.

IV. Le *Crucifix* d'or (*a*) porté par un Prelat, *Sub-Decano* (Sous-Doyen) accompagné de deux huissiers avec des verges rouges.

V. *Sept Prelats* en surplis courts, avec les manches fort larges, qui faisoient la fonction d'Acolites, portant chacun un chandelier d'or, avec un cierge peint d'une maniere curieuse.

VI. Divers *Archevéques*, *Evéques*, *Patriarches*, tant *Grecs* qu'*Armeniens*, vêtus chacun à sa maniere, & ayant tous leurs Mitres sur la tête.

VII. Trente-deux *Cardinaux*, en tuniques & manteaux rouges de damas, avec des Mitres de drap d'argent.

VIII. Les Gardes du Corps, à cheval, nommez *Lancie Spezzate*, en armures d'acier azuré, orné de feuillages d'or battu, très artistement ciselé, mais sans casques, & seulement avec de longues perruques.

IX. Les Portemasses, en habits de pourpre, avec un espece de scapulaire de maille, & l'épée au côté.

X. Le *Souverain Pontife*, avec la même *Thiare*, & les mêmes habillemens qu'il avoit la veille. Il étoit sur un riche & magnifique siege, porté par huit hommes en longues robbes rouges, ayant immediatement à ses deux côtez deux autres hommes, qui tenoient chacun un ample *Flabello*. (*b*) Ces *Flabelli*, tenus ainsi aux deux côtez du *Pape*, lui couvroient tout le buste de profil. Vingt-cinq *Suisses* de la Garde *Pontificale*, ayant l'épée nuë à la main, suivoient en bon ordre.

XI. Le Connêtable de *Colonna*, (*c*) avec un habit noir à l'Espagnole, brodé de fil d'argent, & la *Toison* d'or au col, toute brillante de diamans & de rubis, suivoit *Sa Sainteté* de près comme Prince du Trône.

XII. Plusieurs *Camerieri* (*d'honore*) Gentilshommes de la chambre, & maîtres des ceremonies.

XIII.

(*a*) Le Crucifix d'or ou de vermeil n'est porté que devant le *Pape*, à moins que Sa Sainteté ne favorise quelque Prelat de ce privilege, comme *Clement XI.* a fait à l'égard du *Patriarche* de *Lisbonne*.

(*b*) *Flabello*, espece d'éventail à l'antique, composé de plumes de Pan blanc, tel que le represente la Planche II.

(*c*) Ce Connêtable presente la haquenée en l'absence de l'Ambassadeur d'Espagne.

XIII. Le Prieur des *Conservateurs*, ou Président du Senat, en robbe de brocard d'or, doublé de soye rouge, toute unie, accompagné de tous les Senateurs, appellez *Conservateurs*.

XIV. L'Ambassadeur de l'*Empereur* & celui de *Ferrare*, le premier vêtu de soye noire, à la *Romaine*, & suivant la nouvelle mode, avec un manteau de même étoffe, garni de dentelle noire, en *falbala*; le second vêtu de soye & à la *Romaine*, mais selon l'ancienne mode.

Cette *Procession* étoit fermée par un grand nombre d'Officiers & de serviteurs, appellez *Palatini*, à cause qu'ils appartiennent au Palais Pontifical, avec quantité d'autres de la suite des *Cardinaux*, & autres Seigneurs qui composoient la *Cavalcade*.

A son arrivée à St. *Pierre*, on plaça les *Thiares* & les *Mitres* dont on a fait mention, sur le maître ou grand Autel, en y ajoutant deux autres Mitres de la Sacristie secrete, pour rendre égal le nombre des secondes à celui des premieres: l'ordre dans lequel elles furent mises est representé à la planche II; à sçavoir du côté de l'Epitre, no. 1. étoit la Thiare d'*Urbain* VIII; no. 2. celle de *Clement* VIII; no. 3. une autre d'*Innocent* III; no. 4. celle de *Jule* II, qui est representée sur la planche IV. du côté de Evangile & dont je parleray cy après; no. 5. la Mitre prétieuse & admirable pour le travail, faite par ordre de *Paul* III, à fond d'argent, relevée avec beaucoup d'argent par un feuillage d'or & d'émail, & enrichie de pierreries; no. 6 une autre aussi très riche de *Paul* IV., no. 7. une appellée *Mitra pretiosa*, Mitre prétieuse (*a*), ornée de perles & de quelques autres pierreries; no. 8. la moins prétieuse de toutes, n'ayant qu'un riche fond de fil d'or, mêlé de quelques uns de soye rouge, dont le travail qui est exquis, fait la principale recommandation. Toutes ces *Thiares* ou *Mitres* sont trop pesantes pour être portées sur la tête, comme j'ai déja insinué ailleurs, excepté les deux dernieres; elles servent à augmenter la pompe de la *Procession Pontificale*, & les ornemens de l'autel.

Cet autel, où personne ne doit sacrifier que le *Pape*, ou au moins sans une Bulle de *Sa Sainteté* qui le permette, étoit très richement & très magnifiquement orné; son parement étoit d'une étoffe rouge, toute revêtue d'une riche & magnifique broderie d'or, avec les images de *St. Pierre* & de *St. Paul*, au milieu d'un excellent ouvrage fait à l'aiguille. Les Statues de ces Saints, d'argent massif, aussi grandes que le naturel, étoient placées au lieu où les autres autels ont une contre-table, à peu près en la maniere qu'elles sont representées sur la planche II; la premiere, en habits Pontificaux très riches, ayant une prétieuse bague à un des doigts étendus, comme le Souverain *Pontife* les a, quand il donne la benediction, la Mitre sur la tête, enrichie de pierreries, avec deux chandeliers d'argent, hauts de six pieds, posez devant un *Crucifix d'or*, accompagné de six autres chandeliers, à peu près aussi grands, avec des cierges allumez, outre divers autres, tous d'argent, de même que les premiers.

A une petite distance de cet autel, du côté de l'*Epitre*, étoit la *Crédence*, ou un espece de buffet, qui semble répondre à la table des *Grecs* appellée *table de préparation*, auprès de laquelle le maître de

Autel de St. Pierre.

Crédence.

(*a*) Elle est ainsi appellée, non pour être comparable en richesse à aucune de celles du Château *St. Ange*, mais par raport à celles de la Sacristie secrete, dont elle est la plus belle.

1696.
Chap. II.

Crédence, ou premier Boutelier de *Sa Sainteté*, se tenoit debout, ayant une longue robbe d'écarlate sans manches. Cette *Crédence* étoit couverte, pour ainsi dire, de toutes les choses nécessaires pour le Sacrifice de la Messe, savoir, entr'autres un *Calice* d'or, revêtu de très jolies figures en relief, avec quantité de pierreries, dans un très bel ordre; une bourse platte, nommée *Corporal*, de drap d'or, contenant le *Corporal*; l'*Asterisque*, (a) ainsi nommé du Grec Αςερίσκ⊕, à cause de sa forme en étoile de douze rayons, sur chacun desquels étoit en émail le nom d'un Apôtre, avec une croix au milieu, d'un ouvrage admirable; quatre bouteilles de verre remplies, deux de vin *Grec*, (b) tiré du Royaume de *Naples*, & deux d'eau; deux cruches d'or d'un beau travail, dans lesquelles on met le vin & l'eau; le vase *del Saggio*, avec la quelle on ou *la coupe d'épreuve*, goute l'un & l'autre, avant qu'on les administre pour la (c) consécration; une *cueillere d'or*, surmontée d'une ametiste très prétieuse, telle qu'elle est representée de face & de profil dans sa grandeur naturelle no. 2. sur la Planche III, avec laquelle on met le vin & l'eau des cruches dans le Calice. (Le *Diacre* & le *Sous-Diacre*, qui sont ordinairement des Cardinaux Prêtres s'en servent, après que le *Pape* a communié, pour consumer ce qui reste dans le Calice); le *Sanguisuchello*, ou *Suce-sang*, (d) representé no. 1. sur la Planche III. tout d'or, fait par Clement VIII, & orné d'une belle émeraude entre la pomme, sur laquelle est son nom; CC; le *Piston*, qui sert pour le nettoyer, appellé *Purificatorio Papale*, surmonté d'un beau saphir & aussi d'or; deux flacons de vermeil, l'un rempli d'eau commune & l'autre d'eau d'orange; deux larges bassins aussi de vermeil, les couvercles de même, avec lesquels les Ambassadeurs de l'*Empereur* & de *Ferrare*, & le Prieur des *Conservateurs* donnent à laver à *Sa Sainteté*, ces eaux mêlées ensemble, aux trois *Lotions*, usitées dans les Messes *Pontificales*; un réchaut d'argent, pour les chauffer jusques à les rendre tiedes; sept chandeliers d'or.

Sanguisuchello.

Le Pape est revêtu d'habits Pontificaux pour celebrer la Messe.

Le *Pape* ayant été conduit à un siege placé auprès de l'Autel, le Cardinal Diacre des atours lui ôta la *Thiare*, & *Sa Sainteté* se mit à genoux sur un coussin de damas rouge à fleurs d'or, où elle fit une courte priere, après laquelle le même Cardinal Diacre lui ayant mis une Mitre sur la tête, elle alla au trône des atours; le Connétable de *Colonna*, & deux Chambellans d'honneur lui portoient la queue. Le *Pontife* s'étant assis sur ce trône, admit au baiser de la main les Cardinaux, & à celui du pied, les Evêques assistans & autres Prelats, ce qu'on appelle *l'Obedience*, après quoi on lui mit les habits Pontificaux.

Le

(a) L'*Asterisque* est une imitation des *Grecs*, parmi lesquels chaque Prêtre s'en sert, mais le *Pape* seul en retient l'usage dans l'Eglise *Latine*. Celui de *Sa Sainteté* a les rayons courbez, de sorte que mis sur l'Hostie il ne la touche point, mais lui sert de couvercle en forme de Dôme.

(b) On appelle vin *Grec* celui qui croit près de la *Torre del Greco*, dans le Royaume de *Naples*, Royaume connu autrefois, comme on sçait, sous le nom de *Græcia magna*, la Grande Grece.

(c) Le maître de la *Crédence* les éprouve ou goute, après quoi personne n'a la liberté d'approcher de la *Crédence*: elle est d'abord entourée par une espece de garde Ecclesiastique des Clercs qui forment une distance convenable entre elle & le Peuple, à qui ils crient, *procul hinc omnes*, loin d'ici tous tant que vous êtes, comme les Anciens crioient, *procul este prophani*.

(d) Le *Pape* seul s'en sert pour communier ou sucer le Sang de J. C., parce qu'il paroît plus séant de sucer que de boire du sang.

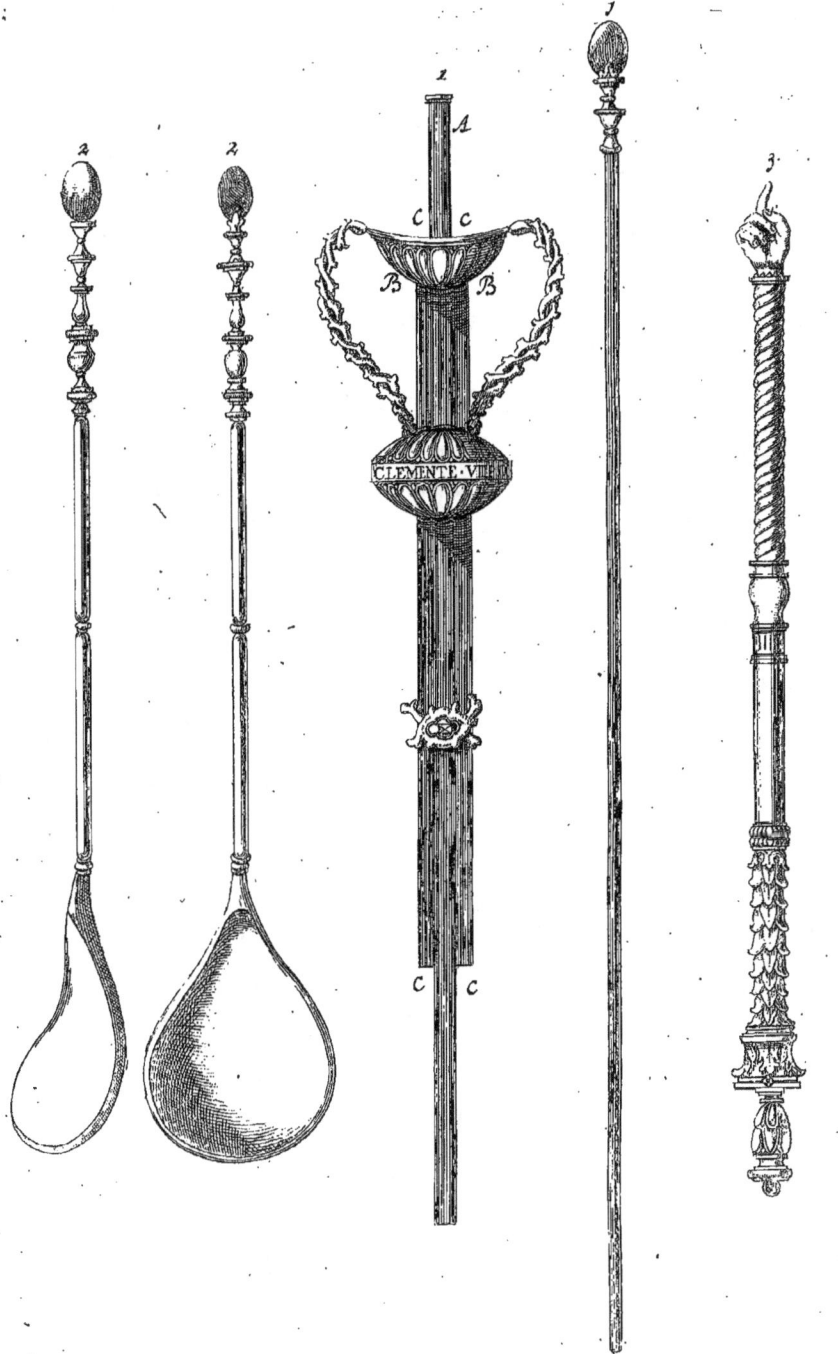

Tom. I. Nº III.

Le *Cardinal Doyen* lui ayant ôté son manteau, les *Chambellans* d'a-
tours lui mirent, 1. L'*Amict*. 2. L'*Aube*. 3. Deux *Tuniques*, une dia-
conale & une subdiaconale; 4. Une *Chasuble* de damas rouge, richement brodée d'or. 5. Le *Fanoné* (*a*). 6. Le *Pallio* (*b*) qu'on attache au *Fanoné*, avec trois épingles d'or, ayant chacune pour tête une
pierre prétieuse; à sçavoir, la premiere une *Emeraude*, representant
l'Esperance, qui fut attachée sur l'épaule droite; la seconde une *Ametiste*, signifiant la Foi, sur le dos, & la troisieme une *Topase*, qui est
le Simbole de la Charité, sur l'estomac. 7. Le *Pectoral*, ou la Croix
(*c*) d'or battu, & ornée de cinq autres Croix, composées de diamans & autres pierres prétieuses d'un ouvrage exquis, attaché à une
chaîne d'or. 8. Une paire de gans, tissus de la laine des agneaux de
Sainte *Agnès*, dont je parlerai ailleurs, & une belle bague, dont les
pierreries sont des plus parfaites, qu'on lui met au doigt, de la main
droite apellé *Index*, par dessus le gand. Cette bague est montée d'un
saphir, de deux rubis, de deux émeraudes, & de quatre perles, toutes
pierres parfaites.

Le *Pape* étant ainsi revêtu de ses habits Pontificaux, & gardant
toûjours la *Falda*, fut conduit au grand trône, dressé près de l'autel,
le *Connétable* de *Colonna*, & deux *Chambellans* d'honneur lui tenant la
queuë, comme ci-devant. Les *Cardinaux* assistans, les *Archevêques*,
les *Evêques*, *Diacres*, *& Sous-Diacres*, lui ayant rendu une seconde
Obedience, & pris chacun sa place selon sa dignité, & selon que les
maîtres de ceremonie la leur marquoient; l'Ambassadeur de *Ferrare*
passa du côté de l'Epitre, où le maître de la *Credence* lui mit entre les
mains un des bassins dont on a déja parlé. Ensuite étant precedé par
deux Massiers, & accompagné d'un *Ceremoniste*, pour tenir le cou- Premiere
Lotion.
vercle, il s'alla agenouiller au pied du trône, & administra la premiere Lotion à *Sa Sainteté*; après quoi il se retira à reculons, pour ne lui
pas tourner le dos, en inclinant la tête, & courbant le corps selon la
coutume. Ensuite deux Chapelains tenant chacun un chandelier d'or,
avec deux cierges allumez, l'un à la droite & l'autre à la gauche du
trône, *Sa Sainteté* lut pendant quelques minutes dans un Livre que
tenoit le *Diacre Latin*, (*d*) pendant que le *Sous-Diacre Latin* (*d*)
tournoit le feuillet, après quoi elle s'agenouilla, & pria. Ce qui étant
fait, elle s'assit de nouveau sur le trône, près duquel le *Diacre Latin* restant, & tournant son visage vers l'autel & s'inclinant, fit le signe
de la Croix, dit quelques Oraisons, puis le *Confiteor*; & le *Sous-Diacre* lui répondoit en la maniere accoûtumée, le *Pape* restant sur son
trône. L'*Introït*, le *Kyrié Eleison*, le *Gloria in Excelsis*, &c. furent
chantez avec bien de la melodie, pendant le tems que le *Sous-Diacre
Latin* lisoit l'*Epitre*. Il avoit à sa droite deux Clercs, & deux autres
à sa gauche, tenant chacun un chandelier d'or, avec un cierge allumé; mais le *Sous-Diacre* (*e*) *Grec* n'en avoit que deux, aussi l'un à droite

Tome I. D 2 &

(*a*) C'est un ornement de soye enrichi de rayes d'argent; il fait partie des vêtemens du *Pape* lorsqu'il officie, & ne sert que pour Sa Sainteté. Il a une ouverture pour passer le cou, & s'étend sur les épaules qu'il couvre en forme de Camail. Voyez la Planche II. n. 2.

(*b*) Le *Pallio* se met sur les épaules du *Pape* comme un *Peignoir*.

(*c*) On l'appelle *Pectoral*, parce que du col où elle est attachée elle descend sur le milieu de la poitrine. On l'estime 5 mille écus *Romains*, ce qui revient à environ 15 mille florins, monnoye de *Hollande*.

(*d*) Ce Diacre & ce Sous-Diacre *Latins* sont ordinairement des Cardinaux.

(*e*) Les Diacres & Sous-Diacres *Grecs* sont generalement Patriarches ou Evêques titulaires de la création *Papale*, *in partibus infidelium*; ils sont entretenus dans le Collége *Grec* de *Rome* des revenus *de Propagandâ fide*, ou du patrimoine de *St. Pierre*.

& l'autre à gauche, avec des chandeliers & des Cierges de même. Quand le *Diacre Latin* lut l'Evangile, il en avoit sept, & le *Grec* seulement quatre aussi d'or, les uns & les autres, avec des Cierges allumez. Après la lecture de l'*Epitre*, tant en *Grec* qu'en *Latin*, le Livre fut porté à *Sa Sainteté*, qui le benit, en appliquant la main dessus. Après celle de l'*Evangile* elle le baisa à l'endroit où il étoit imprimé, ensuite de quoi le premier des *Conservateurs* fut conduit auprès de la *Crédence*, & y reçut le bassin, avec lequel il administra la seconde Lotion, avec les ceremonies ordinaires. Le *Pape* ayant quitté le trône, marcha droit à l'Autel, accompagné des Evêques assistans pour le *Credo*, la *Consecration* & l'*Elevation*. Pendant cette derniere ceremonie, six *Chapelains* étoient à genoux sur deux lignes, ayant chacun un Cierge de cire blanche à la main. Alors le *Diacre Latin* ayant mis l'*Hostie* consacrée dans un vase d'or, de la même forme que no. 9. de la Planche II, le tenant des deux mains, le montra au peuple, vers lequel il avoit le visage tourné, puis à droite & à gauche, en faisant la Croix, pendant que tout le monde, non seulement à genoux, mais courbé, adoroit comme à l'*Elevation*. Ensuite il la porta au trône, où le *Pape*, qui étoit debout sans Mitre, prit l'Hostie en s'inclinant bien bas, & la mangea. Alors le *Sous-Diacre*, ayant mis le (*a*) *sanguisuchello* dans le Calice, comme il est représenté sur la même Planche no. 3, tenant l'un de sa main gauche, & l'autre de la droite, il en benit le peuple, en se tournant en Croix, comme avoit fait le *Diacre*, & l'ayant après cela porté à *Sa Sainteté*, elle suça trois fois par l'extremité marquée A de la Planche III. Enfin le *Diacre* & le *Sous-Diacre* consumerent le reste, en le prenant avec la cueillere représentée no. 2. sur la même Planche. Après quoi ils purifierent ou nettoyerent le *Sanguisuchello*, par le moyen de son Piston, appellé *Purificatorio*, avec du vin non consacré, qu'ils burent encore. Ce Piston est comme j'ay déja dit, d'or & surmonté d'un beau saphir.

L'Ambassadeur de l'*Empire*, accompagné de deux Chambellans d'honneur & précedé de Massiers, comme les autres ci-dessus nommez, administra la troisieme Lotion, & la Messe étant finie on ôta les habits Pontificaux à *Sa Sainteté*, qui étant vetue comme auparavant, la *Thiare* sur la tête, le manteau ou la chappe de pourpre sur les épaules, fut portée en la maniere ordinaire au *Vatican*, & les prétieuses *Thiares* & *Mitres* transferées d'abord dans l'Oratoire *Pontificale* attenant la *Sacristie*, où ayant été examinées pour voir s'il n'en étoit tombé aucune pierre, on les porta sous une escorte de douze *Suisses* au Château de *St. Ange*, où elles furent remises dans leurs boëtes, & enfermées dans deux coffres-forts.

Il est à remarquer, qu'on ne les peut tirer de là que par un commun accord ou consentement du Maître d'Hôtel, du Tresorier, de deux

---

(*a*) Le *Sanguisuchello* répond au *Pugillaris* ou *Tuyau*, dont le Cardinal *Bona* fait mention. Ce *Tuyau*, dit-il, *a été autrefois en usage pour sucer le sang de Jesus-Christ dans le Calice, & a été nommé* Pugillaris, *à cause de sa ressemblance au tuyau d'une plume à écrire,* ainsi nommée par les Latins. On peut, selon moi, appeller celui de la Planche III. *Pugillares* au plurier, parce qu'il est accompagné de deux autres plus courts, marquez CC. qui correspondent avec lui dans la concavité B, & servent à faciliter la suction, en donnant un libre passage à l'air.

deux Jouailliers *Pontificaux*, & qu'en préfence des Notaires, qui ont tous differentes clefs des caiffes, ou boëtes dans lefquelles on les renferme; & quand on le fait, ce qui arrive aux jours folemnels, comme ceux de *Noël*, de *Pâques*, de la Fête du *Corpus Domini*, appellée par les *François Fête-Dieu*, & à celle de St. *Pierre*, c'eft-à-dire, quatre fois l'année, feuls jours auxquels le *Pape* dit la grande Meffe, les perfonnes qu'on vient de nommer fe rendent de bonne heure au Château *St. Ange*, où ayant tiré ces prétieux ornemens de leurs boëtes, ils les font porter enfermez dans les coffres-forts dont j'ai parlé, à l'Oratoire *Pontifical*: c'eft là qu'on ouvre ces coffres, & qu'on met ces *Thiares* & ces *Mitres* une à une, entre les mains du premier Jouaillier du *Pape*, qui les remet aux Chambellans d'honneur dont la fonction eft de les porter en proceffion & de les ranger fur l'Autel en l'ordre & la maniere fufdite. A propos de ces *Thiares*, je vais rapporter l'hiftoire qu'on en débite à *Rome*, ou plûtôt celle des bijoux qui les ornent. La voici comme elle m'a été racontée par des perfonnes d'honneur, & fi dignes de foi, que fi elles m'ont trompé, elles ont été trompées les premieres.

1696.
Chap. II.

Un ouvrier creufant, pour affeoir les fondemens de l'Eglife de St. *Pierre*, frappa rudement de fa houe contre une pierre large, & fi dure, qu'elle en fut rompuë. Ayant examiné la chofe de près, il découvrit bien-tôt que c'étoit une grande caiffe de marbre, feulement de deux pieces, à fçavoir le couvercle d'une, & la caiffe d'une autre; elle étoit fermée avec des crampons de cuivre, & la beauté du marbre qui étoit du plus beau *Parien*, fut ce qui frappa d'abord les yeux. Mais voilà ce qui les éblouit & ravit bientôt les fpectateurs en admiration. Le rapport en ayant été fait auffi-tôt au *Pape* d'alors, qui étoit *Jules* II., Sa Saintete eut la curiofité de fe faire tranfporter fur le lieu, & de faire ouvrir cette caiffe en fa prefence. Ce qui ayant été fait, on peut affez s'imaginer quelle fut fa furprife d'y voir un corps humain tout brillant de bijoux qui ornoient des habits à l'*Orientale*, encore affez entiers, malgré le tems, pour faire voir qu'ils étoient d'étoffe d'or & d'argent. Mais dès qu'on eut porté les mains fur les habits, ils tomberent, dit-on, en pouffiere, fur tout à l'endroit touché. Le *Pontife* ayant ordonné à fes Jouailliers de recueillir & d'examiner les pierreries, les moins prétieufes fe trouverent être des fapirs, des hyacintes, & des topafes, d'une groffeur & d'une beauté extraordinaire. *Sa Sainteté* les fit enfuite mettre dans le trefor, & fit enterrer honorablement ces cendres, détachées de ces biens terreftres, dans l'ancienne Eglife. On voulut bien juger genereufement qu'elles étoient *Chrétinnes*, puifqu'il n'y avoit fur ce riche tombeau aucune Infcription qui marquât de qui elles étoient. On dit feulement, que des *Anatomiftes* trouverent encore des offemens affez entiers, pour décider que c'étoit le corps d'une femme, que l'on jugeoit par la richeffe qui les environnoit devoir être au moins d'une *Reine*. Quoi qu'il en foit, le *Pape* fit d'abord orner une belle Mitre d'une partie de ces bijoux, & en fit prefent à la *Madonna* de *Loretto*. Ce Pape & fes fucceffeurs ont fait orner du refte les quatre *Thiares*, & les deux *Mitres* du Château St. *Ange*, auffi bien que beaucoup d'autres chofes apartenant à l'Eglife. La plus prétieufe de toutes eft, comme j'ai déja dit, celle de ce *Pape*, reprefentée à la

Hiftoire des pierreries dont ces prétieufes *Thiares* &c. font enrichies.

D 3
Plan-

1696.
Chap. II.

Planche IV, dont le fond est tout couvert de belles perles. Les cercles sont d'or battu: sur celui du bas sont le nom, la dignité, & la patrie de ce *Pape* en lettres de diamans, en ces termes;

IVLIVS LIGVR II. PONTIFEX
MAXIMVS ANNO SEPTIMO PONTIFICATVS.

La plus précieuse des Thiares faite par l'ordre de Jules II, Genois de nation, l'an 7me de son Pontificat.

Les autres sont admirablement bien émaillées & garnies de quantité de diamans, de rubis, d'émeraudes, d'hyacintes, de saphirs & de topases, & toutes en un ordre qui plaît beaucoup. Dans l'espace qui regne au dessus du cercle d'en bas, sont trois escarboucles admirables pour leur grandeur & leur éclat, avec un gros saphir très parfait, & un autre de même grandeur. Sur la partie opposée, il y a aussi çà & là diverses perles d'une grosseur extraordinaire, & de très belle eau, qui sont disposées avec une admirable simetrie, entre de gros diamans. Toutes les plus grosses pierreries sont d'ailleurs attachées en pendeloques, ce qui leur donne un jeu qui augmente beaucoup leur éclat.

Belle émeraude qui regne sur la Thiare.

Sur le haut de cette *Thiare*, où étoit auparavant une simple Croix, regne une emeraude d'une couleur parfaitement nette & vive, supportée par deux dragons d'or, que *Gregoire* XIII y fit mettre avec ses armes & son nom autour, en cette maniere;

GREGOR. XIII. PONT. OPT. MAX.

Tout cela étant bien representé sur la Planche IV, aussi bien que les pierreries dans leurs grandeurs naturelles, me dispense d'en faire une plus ample description.

Ce que *Rome* a de plus accompli en fait de beautez modernes & publiques, au moins pour la quantité, se trouve dans la construction des *Eglises*, & dans ce qu'elles contiennent. Pendant sept mois que j'y restai, j'en visitai un très grand nombre des trois cents soixante & plus qu'on me dit qu'il y avoit dans cette Ville. La plûpart sont bâties sur les fondemens, & des ruines des anciens temples; la seule qui ait été conservée toute entiere au *Christianisme*, est le *Pantheon*, le plus grand & le plus beau de ceux qui ont échappé à la fureur du fer & du feu.

Je ne ferai la description d'aucun de ces bâtimens, non plus que des autres édifices publics, pour ne point ajoûter au superflu qu'on trouve sur ce sujet dans tant de Relations. Je me contenterai de dire quelque chose de ceux qui m'ont paru les plus remarquables, ou d'en donner une petite liste & une idée aussi distincte qu'il me sera possible.

La Basilica di San Pietro.

On ne peut refuser son admiration particuliere à l'Eglise de St. *Pierre*, appellée *Basilique* des *Basiliques* (a) Cathedrale des Cathedrales, qui est bâtie sur les ruines du *Sacellum Mammeæ*, ou temple de *Mammée*. Je n'ai trouvé encore personne qui y ait decouvert aucun defaut d'Architecture, de Sculpture, ou de Peinture; mais au contraire les Connoisseurs trouvent generalement toutes les parties

de

(a) *Basilique* est formé du mot Grec βασιλικη, pour faire entendre que c'est la maison du Roi des Rois; outre que l'Histoire Ecclesiastique dit que le *Christianisme* ayant triomphé du *Paganisme*, convertit plusieurs maisons Royales en Eglises.

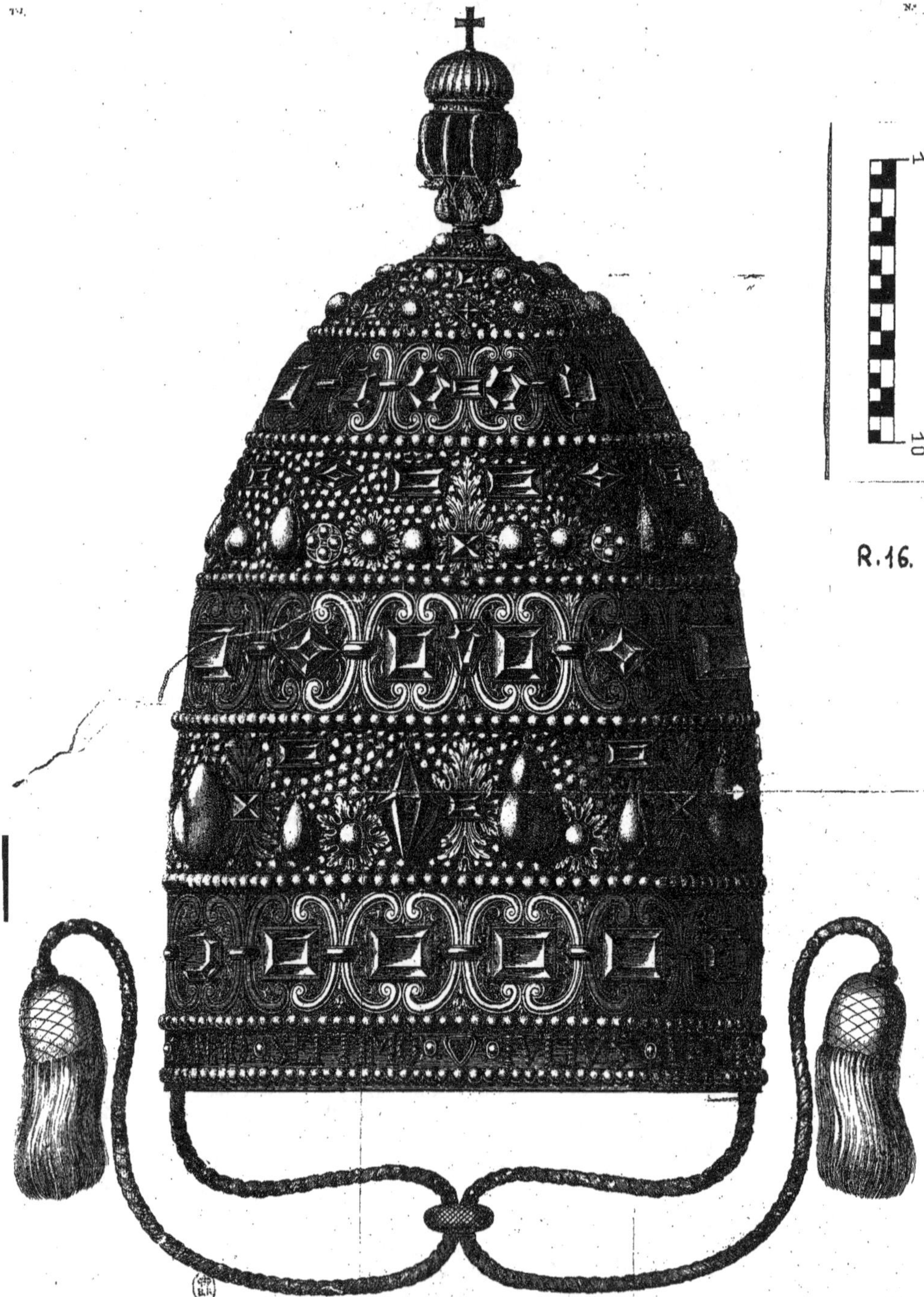

TIARA PONTIFICIS ROMANI

Bartoli delin. Roma.   *Ex Collect. I. Talman.*   *G. Vertue Sculp.*

de ce vaste & magnifique vaisseau, des plus accomplies, ses jours des mieux entendus, & la richesse de ses materiaux digne de l'art qui s'y est signalé si heureusement par tout, & qui l'a porté au plus haut dégré de perfection où il pût aller.

Son majestueux *portique* dont deux cents quatre-vingt-six belles colomnes soutiennent les architraves d'un gout exquis, avec un nombre prodigieux de Statues du meilleur ciseau moderne, forme un des plus admirables *cirques* qui ait jamais été à *Rome*. L'*Obelisque Egyptien*, qui regne au milieu de ce *cirque*, & les deux belles fontaines qui coulent auprès de cet Obelisque, n'en font pas les moindres ornemens. Plus de cent autres colomnes de marbres très rares & antiques, pour la plûpart, avec quelques-unes de bronze, servent à la décoration interieure de cette *Basilique*.

Je dis la même chose de vingt-neuf autels avec leurs Chapelles, d'une Architecture parfaite, aussi bien que d'une quantité extraordinaire de diverses Statues curieuses; entre les dernieres sont celles qui soutiennent une chaise magnifique, de bronze, dans laquelle est enfermée celle dont on dit que *St. Pierre* s'est servi, & qui est toute de bois des plus simples & fort usée. C'est de cette chaise que les Eglises Cathedrales tirent leur nom. Entre les autres Statues sont les deux qui accompagnent le somptueux tombeau de *Paul* III, deux des plus prétieuses Reliques de *Rome ancienne*, sur tout la jeune Femme qui y est placée pour representer la *Justice*, ce qui avec une infinité de Peintures les plus exquises, de differentes sortes & des meilleurs pinceaux, & tant d'autres richesses de l'art, aussi bien que de la nature, qui a fourni pour sa construction de si prétieux materiaux, ne sçauroit rencontrer trop d'yeux pour les admirer, ni trop de bouches pour en vanter la magnificence. La Sacristie de cette *Basilique* & celle du *Pape*, qui est appellée tantôt *Vaticane*, tantôt *sacrée* ou *secrete*, renferment une nombreuse varieté d'utenciles sacrez, d'or & d'argent, la plûpart enrichis de pierreries, comme *Calices*, *Ciboires*, *Burettes*, & autres prétieux vases, *Patenes*, *Soleils*, où *Porte-Sacremens*, *Chandeliers*, *Lustres*, *Croix*, aussi d'argent, *Reliquaires*, ornemens & habits *Pontificaux* & *Sacerdotaux*, riches *Thiares*, *Mitres*, &c.

Après *St. Pierre*, *St. Jean de Latran* m'a paru meriter le pas, non seulement parce que cette Eglise a été appellée par *Constantin* son fondateur, *la mere & la tête* de toutes les Eglises de la *Ville* & du *Monde*, selon cette Inscription qu'on lit sur son Portail, *Sancta Lateranensis Ecclesia omnium urbis & orbis Ecclesiarum mater & caput*; mais parceque l'Histoire nous dit, qu'on y a consacré les premiers *Evêques* avec les ceremonies usitées, & couronné les premiers Empereurs *Chrétiens*; qu'elle est le premier *Evêché* de *Rome*, ayant pour Evêque le *Pape* même, & enfin par la grandeur & la beauté de sa construction considerablement augmentée depuis *Constantin*, & par une quantité prodigieuse de Reliquaires, de précieux utenciles d'or & de vermeil, d'ornemens, &c. dont le moins prétieux par la matiere & par l'art, mais le plus réveré à cause de sa sainteté, est un Calice d'étain très simple, qu'on dit avoir servi à *St. Pierre*.

Entre quantité de *Colomnes*, de differentes sortes, grandeurs & âges, situées dans des places convenables pour la simetrie de cette Eglise,

Eglise, on admire les vingt-quatre de *verd'antico*, qui ornent douze niches de la nef, & sur tout, les quatre de bronze doré, qui soutiennent une espece de petit dôme, appellé *Ciborio* par les *Italiens*, à cause de sa forme, & qui regne sur le prétieux tabernacle de la Chapelle qu'on appelle *del sanctissimo*. Pour ce qui est des Reliques, on révere l'Autel simple de bois portatif qui est enfermé dans le grand Autel, sur lequel on prétend que St. *Pierre* a dit la Messe, & après lui plusieurs de ses Successeurs. Diverses belles Peintures à la *Mosaïque* & à *Fresco*, & d'autres manieres, ne contribuent pas peu à l'ornement général de l'Eglise. On vante fort une autre petite Eglise attenant, consacrée à *St. Jean Baptiste*, sous le nom de *San Giovanni del Fonte*, ou communément *Battisterio*, pour ses belles colomnes, ses curieuses portes de bronze, ses fonts où on prétend que *Constantin* reçut le Baptême. La place de *St. Jean de Latran*, avec son superbe *Obelisque*, autrefois consacré au Soleil par les Payens, outre l'admirable fontaine dont l'a accompagné *Paul* V, & quantité de beaux édifices, sont un digne voisinage de cette Eglise.

<small>Chaises communément appellées de Porphire.</small>

Avant que de m'en éloigner, je dirai deux mots des *chaises de marbre rouge d'Egipte*, dont on parle si diversement, ou je répeterai ce que j'en ai apris de personnes qui prétendant donner le moins dans le fabuleux, disoient avoir penetré plus avant dans l'Antiquité, & découvert plus clairement leurs usages; elles m'ont assuré en avoir vû divers morceaux de semblables trouvez dans des ruines de bains anciens. Selon leurs conjectures & les aparences, ces chaises servoient autrefois de sieges à ceux qui y suoient, ou qui s'y lavoient, & selon un vieux Ceremoniel Latin, qui est un MS. de la *Bibliotheque Vaticane*, qu'elles me conseillerent de voir, elles ont depuis le *Christianisme* été employées dans la ceremonie de l'installation des Empereurs, lorsqu'ils venoient à *Rome* se faire couronner par le *Pape*.

<small>Battisterio di Constantino.</small>

Au reste, ce MS. n'insinue rien de ce que quelques Auteurs y ont ajoûté, à l'égard de l'examen du *sexe Papal*: le plan ou la forme ancienne du *Baptistere de Constantin*, considerée sans ses ornemens modernes, ou ajoûtez, est celle d'un ancien bain, que mon *Antiquaire* prétendoit avoir été changé en des fonts baptismaux par le *Christianisme*; ce qui confirme la premiere conjecture, & ces chaises pourroient bien y avoir appartenu.

L'Eglise de *Jesus à la maison Professe*, & celle qui est dediée à *St. Ignace*, toutes deux appartenant aux *Jesuites*, m'ont paru meriter le pas après les précedentes, sinon pour la grandeur, au moins, pour les richesses des materiaux qui les composent, pour l'Architecture, la Sculpture & la Peinture, qui les ornent, & pour ce qu'elles contiennent dans leurs *Sacristies*, la premiere passe pour un morceau d'Architecture des plus ac-

<small>Chiesa di Giesu allà Casa Professa.</small>

complis: son portique est magnifique; & n'a rien qui ne plaise extrêmement. Le maitre-autel est accompagné de quatre magnifiques colomnes de *giall' antico*, d'un excellent poli, avec une *Circoncision de Jesus-Christ*, qui est un des plus beaux morceaux de Peinture qu'on puisse voir en ce genre. Celui de la chapelle dediée à *St. Ignace*, paroît ne lui céder qu'en grandeur, mais il est plus riche par ses belles colomnes de *Lapis Lazuli*, par diverses pierreries dont il est orné çà & là avec beaucoup d'art, par une Statue du Saint grande comme le naturel, d'argent massif, qui le represente avec une

cha-

chásuble, enrichie des pierres les plus prétieuses, par des groupes d'enfans & des statues d'Anges aussi d'argent, & enfin par une urne de vermeil incrustée ou revêtuë de diamans, rubis, saphirs, & autres pierreries, où sont, dit-on, renfermées quelques Reliques du même *Saint*. Les autres Chapelles, entre lesquelles brille celle de *St. François Xavier*, quoi que moins riches, sont aussi d'une Architecture très reguliere & accomplie; enfin la Sculpture & la Peinture, qui décorent cette Eglise en géneral, sont des meilleurs maîtres, sur tout son Dôme qui passe pour un chef d'œuvre. Il n'y en a point à *Rome* de si riches en ouvrages de raport. On y voit aux jours solemnels des ornemens mobiles d'or & d'argent, & des vêtemens Sacerdotaux, d'une richesse surprenante; on les peut voir dans la *Sacristie* en d'autres jours, ceux qui en sont les maîtres étant à cet égard d'une complaisance extrême pour les curieux.

1696.
Chap. II.

La seconde Eglise n'est pas inferieure à la premiere, quant à la beauté de l'Architecture, & elle la surpasse en grandeur. Son portique est revêtu de marbre, & a beaucoup de majesté, & le corps du bâtiment est parfaitement bien décoré à tous égards. Ses Chapelles sont disposées très ingenieusement. Celle qui est consacrée au Bienheureux *Louis de Gonzague*, Saint moderne, est fort vantée par les connoisseurs, tant pour la Sculpture que pour l'Architecture: en un mot, le ciseau & le pinceau des plus habiles maîtres s'y sont distinguez par tout. La *Sacristie* n'est pas moins riche en utenciles sacrez & autres sortes d'argenterie & d'ornemens. On m'a raconté qu'en creusant les fondemens de la façade de cette Eglise, on y découvrit un beau reste d'Aqueduc, tout revêtu de marbre & soutenu par des colomnes de granit, qui conduisoit l'*Eau Vierge* aux bains d'*Agrippa*.

Chiesa di Sant Ignatio.

Aqueduc de l'Eau Vierge.

On donne de grandes louanges à l'Eglise de *Sainte Marie Majeure*, quoi que petite pour le dessein. Quarante colomnes, tirées, dit-on, des ruines du Temple de *Junon*, en soutiennent les Architraves. Entre les Chapelles, celle de *Paul V*, d'Ordre *Corinthien*, emporte le prix, étant estimée plus d'un million d'écus *Romains*, & après elle, celle de *Sixte-Quint*: les prétieux ornemens tant fixes que mobiles de leurs Autels, y captivent agréablement les yeux. La premiere s'appelle ordinairement *il Mausoleo Burghese*, à cause que cette famille y a un somptueux tombeau, avec le *Jus Patronatûs*. Enfin cette Eglise a rang entre les plus belles de *Rome*, & elle le merite bien. Devant la porte est une ancienne colomne qu'on dit avoir été tirée des ruines du Temple de la *Paix*, & sur le sommet de cette colomne est une belle Statue de la *Vierge* de bronze doré, & couronnée d'étoiles. Sur la place qui est derriere cette Eglise on voit un joli *Obelisque de Granit*.

Santa Maria Maggiore.

Colomne tirée du Temple de la Paix.

L'Eglise de St. *Martin nei Monti*, ou *aux Monts*, bâtie sur les ruines, & en partie des ruines des bains de *T. Vespasien*, est belle & remarquable par vingt-quatre superbes colomnes de *granit* antiques, & toutes d'une même grandeur, & par les belles Peintures à *fresco*, dont elle est ornée.

Piazza di S. Maria Maggiore.
San Martino dei Monti.

L'Eglise de Sainte *Agnès*, dans la belle place *Navone*, est bâtie en croix *Grecque*, & passe pour être d'une Architecture bien entendue. La Statue de la Sainte au milieu des flammes, est une bonne piece, la coupole en est fort curieusement peinte. On voit avec bien

Santa Agnese in Piazza Nav na, autrefois Circus Agonalis.

Tome I. E de

1696.
Chap. II

Obelifque de la place Navone. &c.

de la satisfaction des bas-reliefs qui sont sur les pieces de marbre, qui composent les devants des Autels. L'Architecture de la *Sacristie*, & la Peinture de sa voûte plaisent beaucoup : elle renferme une riche argenterie & de beaux ornemens Sacerdotaux. Un de ces *Obelisques d'Egipte*, que les *Italiens* appellent *Guiglie*, fait avec une fontaine qui coule de son piedestal un bel ornement de la place. Sur la pointe de celui-ci est perchée une colombe, avec une branche d'Olivier au bec, qui est une bonne piece de Sculpture. La fontaine merite plus que d'être nommée. Elle sort en quatre cascades d'entre les jambes d'autant de Statues de marbre très hardies, assises sur les cornes inferieures d'un Rocher artificiel, qui forme le piedestal de *l'Obelisque*, Elles sont faites pour representer le *Danube*, le *Nil*, le *Gange*, & le *Pycolmayo* (*a*) & designer en même tems la puissance du Pontife *Romain* par les quatre parties du monde, où il a des Missionnaires.

Santa Agnese extra muros

Sainte *Agnès* a encore une Eglise hors de la Ville, incrustée de diverses sortes de marbres & décorée d'un assez curieux Mosaïque, dans sa tribune. Celle-ci a outre cela un fort beau ciboire, avec diverses pierres *Orientales*, & quatre belles colomnes de porphire. Elle est celebre par la benediction annuelle de deux *Agneaux* tout blancs, de la laine desquels sont tissus, outre les gans a celebrer du *Pape*, les Croix qu'on voit sur differentes parties de ses étoles, & sur sa chasuble, & enfin par les *Catacombes*, appellez communément la *cimetiere de Sainte Priscille*. Ces *Catacombes* ne sont pourtant pas comparables à ceux de *St. Sebastien*, tant pour l'ordre & la beauté que pour l'étendue, qui est telle qu'on y peut faire plus d'un mille sous terre, ou l'on voit un nombre prodigieux de trous ou niches ménagées dans le Rocher, dans lesquelles on mettoit les corps morts, dont on y voit encore les ossemens en assez grande quantité.

Santa Maria della Minerva.

L'Eglise dédiée à *Sainte Marie de la Minerve*, bâtie sur les ruines du Temple de cette Déesse Payenne, porte encore un air antique, plusieurs parties de ses murs étant conservées. Ce qui m'y parut plus digne de remarque, furent les somptueux tombeaux de *Leon X*, & de *Clement VII*. La Statue du premier passe pour un bon morceau, mais celle du second la surpasse dans l'estime des connoisseurs. Devant cette Eglise regne la *Piazza della Minerva*, agréable place, quoi que peu étenduë, avec un petit *Obelisque* de *Granit*, qui a pour base un Elephant de marbre, sur le dos duquel il s'éleve de vingt-trois pieds avec une belle fontaine.

A quelque distance de là, est le magnifique Collége *Romain*, consacré à l'instruction de la jeunesse, sous la direction des RR. PP. *Jesuites*; c'est un des plus beaux édifices modernes de *Rome*.

Eglises de la place du Peuple. Santa Maria del Popolo.

Les trois belles Eglises de la place *del Popolo*, toutes trois dédiées à la Vierge, une sous le nom de *Santa Maria du Popolo*, & les deux autres sous ceux *della Madona delli Miracoli*, & *Madonna di Monte Santo*, meritent l'attention particuliere des voyageurs.

La premiere est la plus éloignée de la place, & la moins magnifique pour la construction, quoi qu'on en vante fort le dessein. La Peinture & la Sculpture se sont merveilleusement bien signalées dans ses Chapelles. Entre plusieurs très belles Statues modernes qu'on y admire, celle d'*Elie* remporte le prix dans l'esprit des connoisseurs: il y a d'excellentes Peintures à la *Mosaïque*, au dedans de la coupole

de

(*a*) Fleuve de l'Amerique.

de la Chapelle, qui est dediée à la *Madonna* de *Loretto*. C'est assez 1696. dire pour donner une idée fort avantageuse de l'Architecture de cette Chap.II Chapelle, qu'elle est de *Raphaël Urbino*; le Tableau de l'*Assomption*, par *Annibal Caracci*, passe pour une des meilleures pieces qu'on puisse voir. On y revere l'image de la Vierge, pour être de *St. Luc*, & pour avoir, à ce qu'on croit assez generalement, été l'occasion de l'extinction de la Peste en 1231, qu'elle fut portée en procession avec des prieres publiques. On prétend qu'elle est bâtie où étoit le tombeau de *Neron*, ou au moins que son maitre-autel en occupe la place. L'Image miraculeuse est renfermée dans un *Tabernacle*, ou une *Contre-table*, qui ne s'ouvre qu'à certaines Fêtes, & pour certaines occasions, telles que celles que je viens de citer, comme de famine ou de guerre, &c.

Celles *della Madonna dei Miracoli*, & *del Monte Santo*, sont dans *Madonna* le premier ordre de magnificence, pour la richesse des materiaux, pour *dei Miracoli*. la Sculpture & la Peinture, qui semblent s'y disputer le prix. Les yeux y sont agréablement partagez par la belle varieté des objets qui s'y offrent; ici par un précieux Tabernacle, là par quantité de belles Statues & de Peintures. On peut dire de l'*Obelisque*, qui fait face à *Guglia* ces deux dernieres, qu'il est un des plus grands & des plus beaux, *della piazza* dans une des plus belles places, qu'il regarde quatre des plus belles *del Popolo.* rues, trois des plus belles Eglises, un des plus beaux Palais, & la plus belle porte, avec une des plus belles fontaines de *Rome*.

Cette fontaine est, dit-on, de la même source que l'*Eau Vierge*, *Fontaine de* & coule au pied de l'*Obelisque* en gros jets, dans de beaux bassins de *la place du* marbre. Le Palais est le *Burghese*, entre divers autres beaux Edifices *Peuple.* qui environnent la place. Les rues sont la *Strada Flaminia*, la *Strada* *Popolo.* *Paolina*, la *Strada della Porta del Popolo*, & *la Strada del Corso*, qui semblent venir se rendre à cet Obelisque, comme faisoient autrefois à la colomne *Milliaire* du Mont *Capitolin*, toutes celles qui conduisoient de dehors dans la Ville, ou de la Ville au dehors.

La Porte du Peuple, autrefois *Porta Flaminia*, est la plus belle de la Ville, sur tout depuis la dépense qu'y fit *Alexandre* VII. Ce Pontife en fit une espece d'arc triomphal pour l'entrée de la Reine *Christine* de *Suede*, par les ornemens tant mobiles que fixes qui y furent ajoûtez par son ordre. Un *Virtuoso*, grand admirateur de cette Princesse, me montra peu de tems après mon arrivée à *Rome* le portrait de la Reine peint sur un Carton, en grand buste, avec la devise, comme on le voit en petit sur le frontispice de *Laponie*, Tome II. Planche VII. Il ajoûta que ce portrait, avec cette devise, avoit été un de ces ornemens mobiles; & les trois couronnes renversées, qui semblent comme secouées de la tête de la Reine, & tomber, m'ont fait naître la pensée de faire mettre au dessous le buste de *Gustave*, comme pour les recevoir ainsi de *Charles* XI. & selon l'ordre de la succession dans la famille de *Deux-Ponts*. Il me parla aussi d'une medaille frappée pour elle, qui avoit pour revers le globe terrestre, avec cette Legende, *non mi besogna, ne mi basta*; il ne m'est ni necessaire ni suffisant.

La Piramide de *Cestius*, voisine de cette place, y arrête le voya- *Piramide de* geur curieux d'Antiquitez, pour en considerer au dedans les quatre *Cestius.* Victoires, qui sont dans l'opinion des connoisseurs, quatre bons morceaux

ceaux de la Peinture antique: le corps de la Piramide est de grosses pierres quarrées, & n'a rien d'extraordinaire dans sa construction.

Tous les *Obelisques* tirez *d'Egipte*, autrefois dressez dans l'ancienne *Rome*, qui étoient, dit-on, au nombre de quarante-deux, ont été tous renversez dans les différens sacs que cette Ville a soufferts.

Il n'y en a plus que neuf au moins que j'aye vûs debout. De trois dont je n'ai pas encore parlé, le premier est devant l'Eglise de *St. Barthelemi*, & n'est haut que de vingt-huit empans, (a) & le second dans le jardin du Duc *Mattei*, sur le mont *Celius*, haut de trente-six empans, & le troisieme dans le Jardin de *Medicis* sur le même mont: ces trois derniers ont été, dit-on, tirez du Champ de *Mars*.

Il y en a ou sur terre, ou dessous, plusieurs autres rompus & quelques-uns de presque entiers, qu'on a decouverts, en creusant quelques fondemens, ou quelques caves, tant dans la Ville, que près de *St. Louis des François*; celuy qui est dans une cave près de *St. Laurent in Lucina*, autrefois le Temple de *Junon* dite *Lucine*, celuy qui est rompu en deux pieces au palais *Barbarin*, & celuy de la maison de plaisance appellée *Villa Ludovisi*, hors de la Ville.

On donne au premier 66. pieds, le second en a 72. & est mutilé: on croit que c'est celuy dont *Pline* a parlé, qui étoit au milieu du champ de *Mars*, où il servoit d'aiguille à un espece de cadran solaire, d'une vaste circonference, sur lequel les nombres étoient faits de bronze doré; il doit avoir perdu beaucoup de sa premiere longueur, qui étoit selon cet Auteur de cent douze pieds.

On voit sur tous ces *Obelisques* des *Hieroglyphes*, ou caracteres *Egiptiens*, excepté sur deux de *St. Pierre*, & de la *place du Peuple*; les autres *Obelisques* ne se voyent plus qu'en fragmens separez çà & là, ou dans l'Histoire.

On est surpris de voir une seule piece de *granit* d'une si prodigieuse longueur que la plûpart de ces *Obelisques* & tant de colomnes antiques, & on cherche en vain aujourd'hui les lieux où la terre renferme la matiere qu'on appelle ainsi, & dont ils sont faits, & ne les trouvant pas ou n'étant pas satisfait de la quantité ni de la qualité de ce qu'on trouve de marbre qui en approche le plus, on conteste & on dispute même quelquefois, si ce n'est pas une composition de l'art plûtôt qu'une production de la nature.

Les admirables colomnes de *Trajan* & d'*Antonin* sont deux des plus entiers monumens de Sculpture antique, qui restent à l'Europe Chrétienne. La premiere est de vingt-quatre pieces de marbre, & les dégrez sont pris dans les mêmes pieces; elle est haute de cent vingt-huit pieds, & éclairée de quarante-quatre jours, ou petites ouvertures, & a cent septante trois dégrez. Il y avoit, dit-on, sur le haut Statuë de *Trajan*, & après sa mort on y ajoûta une *Urne* ronde de bronze doré avec ses cendres. Le revers de quelques-unes de ses Medailles empeche d'en douter, au moins de la forme: on prétend que cette urne est la boule de ce metal, qu'on voit sur une colomne d'une seule pierre, devant la place du *Capitole*. *Sixte-Quint*, qui y a réparé, aussi bien que dans l'autre, les injures qu'elle avoit souffertes, tant du tems que des *Barbares*, fit mettre au lieu où étoit cette Statuë celle de *St. Pierre* de bronze doré qu'on y voit aujourd'hui.

La colomne *Antonine* est haute de cent quatre-vingt pieds, & a

(a) Un empan fait 3 quarts de pié, ou environ 9 pouces.

au dedans cent quatre-vingt-dix dégrez avec cinquante-deux petites ouvertures pour éclairer ceux qui y montent au haut ; enfin ces deux belles colomnes perpétuent dans leurs admirables bas-reliefs, avec la magnificence de l'ancienne *Rome*, les actions les plus éclatantes de deux de ses Empereurs.

Je n'aurois jamais fait si je voulois décrire les beaux morceaux de l'Antiquité qui restent encore çà & là, tant dans la Ville qu'au dehors ; je serois même trop long si j'entreprenois d'en donner une liste complette. Celle des colomnes de *verd'antico*, *gial' antico*, *serpentin*, & autres marbres rares, feroit seule des volumes. Il n'y a point d'Eglise, point de Palais, point de maison de ceux qu'on appelle *Virtuosi*, qui ne renferment quelques beautez ou raretez dignes de l'attention des voyageurs curieux.

Entre les premieres, pour continuer par les choses saintes, par où j'ai commencé, on voit avec une satisfaction particuliere, outre celles dont j'ai deja fait mention, l'Eglise dédiée à Sainte *Pudentiana*, convertie, dit-on, à la foi Chrétienne par *St. Pierre*. Il y a dans cette Eglise une pierre de marbre, appellée *Pierre de Consecration*, avec une inscription qui marque qu'elle lui fut consacrée par cet Apôtre lui-même, & qu'elle a été la premiere Eglise ainsi consacrée à *Rome*. On y montre de plus un autel, où on ajoûte que *St. Pierre* a dit la Messe ; un *Puis* où se conservoient les ossemens & le san; des Martirs; sur l'Autel une belle Statue de *Jesus-Christ* donnant les clefs du Ciel à *St. Pierre*. Cette Eglise est bâtie sur les ruines des *Thermes Novatiens*. Sainte *Pudentiana* étoit fille de *Pudens*, chef d'une famille à laquelle ils appartenoient. On ne peut refuser beaucoup de louanges à la Chapelle *Gaëtane*, une des plus belles qu'il y ait à *Rome*. *Chiesa di Santa Pudentiana.*

L'Eglise de *St. Laurent* qui n'est pas loin de là, a aussi tant dans sa construction que dans ses ornemens des beautez qui meritent l'attention des voyageurs. Elle est, dit-on, bâtie d'une partie des ruines du Théatre de la Déesse *Flora*. Ce Théatre est assez connu dans l'Histoire par les chansons & les postures indécentes des Courtisannes anciennes. Celles d'aujourd'hui font là une figure toute oposée ou plus serieuse, puisqu'elles y ont un hôpital fondé en partie par l'argent que quelques-unes d'elles ont amassé au service des hommes, & en partie par la reconnoissance ou aux dépens de vieux & riches garçons, qui en ont reçû des faveurs: elles se retirent dans cet hôpital lors qu'elles sont vieilles ou malades, pour y être entretenuës & gueries. *San Lorenzo in fonte.*

L'Eglise de *Sainte Marie de la Victoire* est principalement remarquable par ses somptueuses Chapelles, & la delicatesse de ses Peintures : on y voit entr'autres richesses détachées de sa construction, une riche couronne Imperiale d'or, fort pesante, & garnie de pierres prétieuses, qu'on dit que l'Empereur *Ferdinand* envoya à *Rome*, avec plusieurs autres riches presens pour une image de la Vierge, en reconnoissance de la victoire qu'il remporta en 1621 sur les Troupes de *Gustave Adolphe*, & qui lui fit recouvrer *Prague*. On y voit encore une riche lampe de vermeil, revêtuë de diamans; une autre seulement d'argent, toutes deux d'un beau travail, & qui sont des dons pieux, la premiere de l'*Archiduc*, & la seconde de l'*Infante d'Espagne*. *Santa Maria della Vittoria.*

1696.
CHAP. II.
S. Andrea del Noviciato, del Valle &c.
S. Giacomo Scoffa-cavalli.

J'en dis autant à d'autres égards de *St. André du Noviciat*, de *St. André du Val*, qui est peu éloigné de la place où étoit le portique *Pompeien*; de *St. Jaques secoue-chevaux*, où on fait remarquer un Autel, sur lequel on veut que *Jesus-Christ* fut presenté au *Temple*; de celle de *St. Charles di Catinari*, ou Poitiers, des *Sts. Dominique & Sixte*, de *St. Nicolas de Tolentin*; de *S. Philippo* & de *San Neri alla Chiesa Nova*, de *Sainte Catherine de Sienne*, de *Sainte Marie in Campitelli*, de *Giesu Maria nel Corso*, *Sainte Marie in Cosmedin*, *Sainte Marie des*

Santa Maria del Sole.

Monts, de *Sainte Marie du Soleil*, autrefois le Temple du Soleil, petit mais joli, de marbre Grec, & entouré de dix-huit belles colomnes, qui composoient son portique; de *St. Louis des François*, de *St. Augustin* à la place *Augustine*, de *Sainte Marie Egyptienne*, auparavant le Temple de la *Fortune Virile*, & de la *Rotonde*, autrefois le *Pantheon*. Il n'y a point de Ville au monde qui ait tant de si belles Eglises, tant de si beaux jardins, en un mot, tant de si superbes édifices & monumens publics que *Rome*, soit dans son enceinte ou au dehors; où il y ait une si prodigieuse quantité, avec une si curieuse varieté de choses rares par leur antiquité & leur beauté, tant de sortes de Statues & de bustes des anciennes *Divinitez Payennes*, qui chassées, pour ainsi dire de leurs Temples, semblent avoir trouvé de magnifiques retraites dans les Palais & les maisons de plaisance des grands Seigneurs, & dans les Cabinets des Particuliers curieux, selon leur grandeur ou petitesse. Ces *Temples* convertis en *Eglises* sont devenus des bâtimens beaucoup plus grands, beaucoup plus richemens décorez, pour loger, pour ainsi dire, les Statues & les Images de la *Divinité*, & des Saints du Monde Catholique Romain.

Des Palais.

Il semble naturellement qu'après les Temples on doive donner le pas entre les Palais à ceux du Souverain *Pontife*. J'en parlerai donc premierement & aussi succintement qu'il me sera possible.

Du Vatican.

Celui du *Vatican* est plûtôt un cahos ou un amas de Palais, qu'un seul Palais. Comme il a été bâti a tant de reprises si differentes par rapport au tems, quoi que par des bons Architectes, il ne faut pas chercher dans ce grand bâtiment une exacte régularité. On y compte jusqu'à vingt-deux mille trois cent vingt-deux, tant sales que chambres, & cabinets, avec douze cent cheminées, & vingt-deux cours; ses plus belles parties d'Architecture sont le grand Escalier, les trois belles galeries de traverses, où se dressent les Cellules des Cardinaux pour l'élection d'un *Pape*, l'apartement de *Sa Sainteté* du côté de l'*Orient*, où on trouve mille beautez extraordinaires: les plus grandes sont la *sale Clementine*, celle où *Sa Sainteté* donne audience aux Princes; la *sala Regia*, où se tient le Consistoire, celle où l'on prêche le Carême pour la famille *Pontificale*, & où on raconte qu'*Alexandre VII.* donna à la Reine *Christine* un repas extraordinairement splendide.

Des Peintures.

Parmi une prodigieuse abondance d'excellentes Peintures, dont ce Palais est décoré, on voit sur la grande porte, où se tient la garde des *Suisses*, la *Vierge* avec l'*Enfant Jesus*, *St. Pierre & St. Paul* à ses deux côtez, d'un *Mosaïque* qui est fort estimé.

Sala Regia.

On admire beaucoup les Peintures à *Fresque* de la *Sale Royale*, la condamnation de l'*heresie* par le *Pontife*, le retour *Pontifical d'Avignon*, l'Empereur *Frederic* baisant les pieds de *Sa Sainteté*, l'arrivée de *Charles V.* à *Rome*, *St. Leon* en habits Pontificaux, qui rencontre

Attila,

Attila, & plus que tout cela, la crucifixion de St. *Pierre*, & la conversion de St. *Paul*, par le fameux *Michel Ange*, dans la Chapelle *Pauline*, la Bataille entre *Constantin* & *Maxentius*, sur le pont appellé par les Anciens *Milvius Pons*, aujourd'hui *Monte Molle*, la resignation que fait *Constantin* de la Ville à St. *Silvestre*, en lui mettant entre les mains le simulacre de *Rome*, une grande partie de l'Histoire Chrétienne de cet Empereur, le Couronnement *de Charlemagne* ; en un mot, il y a un monde de belles choses, en fait de Peinture & de Sculpture, dans ce Palais.

1696. CHAP. II

La Bibliotheque *Vaticane* en fait une des plus curieuses parties, & je ne sçai si ce seroit exagerer que de dire avec une infinité de gens, qu'elle est la plus belle & la plus riche du monde, tant en Livres qu'en Manuscrits. Elle s'enrichit encore tous les jours, & s'augmente par les dons qu'on lui fait de tems en tems de differentes Bibliotheques, ou parties de Bibliotheques qu'elle reçoit, ou par de nouveaux achats de Livres & de Manuscrits rares ; de sorte qu'on peut dire en un sens, par raport à ce qu'elle contient, ce que j'ai dit du Palais, que ce n'est pas une seule Bibliotheque, mais une collection de plusieurs grandes Bibliotheques. La *Palatine*, & celle du Duc *d'Urbin*, qui meritent ce dernier nom, & mille neuf cent rares Manuscrits de celle de la feue Reine *Christine de Suede*, qu'on y voit dans les nouvelles armoires, sont entr'autres de belles marques de son accroissement. Il ne semble pas qu'on puisse rien ajoûter à la beauté du bâtiment qui la contient ; il suffit de dire que c'est *Sixte V*. qu'on peut surnommer le magnifique, qui l'a fait faire, & que le fameux *Dominique Fontana* en a été l'Architecte.

De la Bibliotheque *Vaticane*.

Entr'autres belles & principales productions des meilleurs pinceaux du tems, sont les premiers Sçavans & inventeurs des caracteres ou lettres. Les plus anciennes *Bibliotheques* du monde, & seize Conciles, avec autant d'Inscriptions historiques, accompagnent chaque piece : par exemple, les Inscriptions font inventer à *Adam* les Sciences, graver aux Fils de *Seth* l'Astronomie sur deux colomnes ; attribuent à *Abraham* les caracteres *Syriaques* & *Chaldéens*, à *Moyse* les anciens caracteres *Hébraiques*, à *Esdras* les modernes ; font donner aux Phrigiens par *Memnon* les premieres lettres à *l'Egiptienne* ; par *Hercules l'Egiptien* les caracteres *Egyptiens* inventez par *Isis* Reine *d'Egipte*, les lettres *Egiptiennes* portées par *Phenix* en *Phenicie*, en *Grece* par son Frere *Cadmus*, avec seize lettres peintes sur lui : elles font à *Cecrops*, Roi *d'Athenes*, honneur des lettres *Grecques*, à *Linus Thebain* de la premiere invention de ces Lettres, à *Pithagore* de la lettre Y, à *Epycarmus le Sicilien* de l'addition de deux lettres *Grecques*, à *Simonides* de quatre autres, & de quatre de plus ; à *Palamedes* ; font inventer à *Necostrata-Carmenta* les lettres *Latines*, à *Demeradus* le *Corinthien* les *Etrusques*, à l'Empereur *Claudius* trois nouvelles, à St. *Chrisostome* les *Armeniennes*, à St. *Jerome* les *Sclavoniennes*, à *Ulphila* Evêque des *Goths* les *Gothiques* : elles déclarent *Jesus-Christ* souverain maître de la Doctrine celeste, le *Pape* son Vicaire, sous la figure de *Sixte V*, qui passe pour une des plus ressemblantes à l'original, & enfin *l'Empereur* deffenseur de *l'Eglise* & de la Foi *Catholique*.

Ces Inscriptions font commencer la *Bibliotheque Hebraïque* par *Moïse*, qui donne aux *Levites* le Livre de la *Loi*, pour mettre dans le

Tabernacle, & la font augmenter & rétablir par *Esdras* ; fonder celle des *Chaldéens* à *Babilone* par *Daniel* & ses Compagnons, celle des *Grecs* à *Athenes* par *Pisistrate*, celle des *Egiptiens* à *Alexandrie* par *Ptolomée*, celle des *Romains* par *Tarquin* le Superbe & par *Auguste*, celle de *Jerusalem* par *St. Alexander le Martir*, celle de *Cesarée* par *St. Pamphile*, celle des *Apôtres* par *St. Pierre*, & elles la font augmenter par les Souverains *Pontifes*.

Il en est ainsi des *Conciles*, qui sont historiez de ce qui s'y est passé de plus remarquable; par exemple le Concile de *Nicée* y condamne *Arius*, pour avoir nié que *Jesus-Christ* fût *consubstantiel* au Pere ; le Concile de *Constantinople* y est representé condamnant *Macedonius*, pour avoir combattu la *Divinité* de *Jesus-Christ*; celui d'*Ephese*, *Nestorius*, pour avoir divisé les deux natures de *Jesus-Christ*, & n'avoir pas voulu que la *Vierge* fût mere de *Dieu*, le Concile de *Calcedoine*, *Eutyches*, pour n'avoir mis qu'une nature en *Jesus-Christ* ; le Concile de *Trente*, les *Lutheriens* & autres Réformateurs appellez *Heretiques* par l'Inscription &c. Tout cela & quantité d'autres choses qui décorent cette Bibliotheque, sont d'un hardi pinceau.

La civilité Romaine y est signalée par les Gardiens ou Sous-Gardiens, ou Sous-Bibliothécaires, qui ne cachent rien aux personnes curieuses tant en Livres qu'en Manuscrits.

Ils ne manquent pas d'y faire voir aux Etrangers la prétenduë pricre de *Luther* à la fin de la *Bible*, qu'ils disent etre de sa propre main, par laquelle il demande à *Dieu* la bonne chere, de bons habits, de belles femmes avec peu d'enfans; l'original de la Dédicace d'un Livre intitulé *la Deffense de la Foi* contre ce Docteur, par le Roi d'Angleterre *Henri VIII.* au Pape *Leon X*, qui lui donna par un Bref de remerciment ou de reconnoissance le titre de *Defenseur de la Foi*, titre que tous ses Successeurs prennent jusqu'aujourd'hui, quoi qu'en un sens bien different; celui de diverses Lettres amoureuses de ce Prince à *Anne de Boulen*, où on lit les choses les plus tendres, & où entr'autres expressions aussi singulieres que sçavantes, il lui dit ,, que son ,, éloignement d'elle augmente l'ardeur de son amour avec ses peines, ,, de même que plus le Soleil est éloigné de la terre, tel qu'il est aux ,, longs jours, selon les plus habiles *Astronomes*, plus il s'enflamme.

Des Jardins appellez Belvedere.

Pour le ou plûtôt les jardins au pluriel, car il y en a plusieurs ou diverses grandes parties d'un beau tout, qu'on peut ainsi diviser en jardins differens, pour leur grandeur, & pour ce qu'ils contiennent, il y en a un particulier pour le *Pape*. C'est assez de les nommer *Belvedere*, pour en donner une idée, car on ne peut gueres rien voir de plus beau, par la liberalité tant de la nature que de l'art, par sa situation & ses fontaines. Entre quelques belles pieces antiques de Sculpture du *Jardin des Statuës*, je me contenterai de citer le *Lacoon* si vanté par *Pline*, le *buste d'Hercule*, le desespoir d'un Pere qui s'efforce de delivrer ses deux enfans d'un gros serpent qui les tient liez par ses plis, si naturellement exprimé, qu'il ne lui manque que la réalité des soupirs, & la belle *Nymphe* nue & endormie près d'une fontaine.

Palazzo di Monte Cavallo.

Le Palais *Quirinal*, ou comme le peuple d'à present le nomme,

———

(a) Le Grand Bibliothecaire est toûjours un Cardinal.

D'A. D. L. M. ROME, &c.

Palazzo di Monte (a)*Cavallo*, est aussi bien que le *Vaticano*, digne de loger en tout tems un des plus grands Monarques du monde, & loge en Eté le plus grand des Prêtres. Il est incomparablement plus regulier, mais plus petit, n'ayant que mille sept cent chambres, en y comprenant les cabinets; il y a d'excellentes Peintures & en bonne quantité; sur tout dans la galerie & dans la *Sale Royale*, où se tiennent les Consistoires & les Congregations pour la *Canonisation des Saints*; les emmeublemens de ce Palais répondent parfaitement bien à sa magnificence, aussi bien que le jardin. *Sala Regia.*

La Chancellerie *Apostolique* peut avoir le troisieme rang entre les Palais, pour l'ordre de l'Architecture, la disposition de ses appartemens & les ornemens des Peintures & des Statues. Les connoisseurs y donnent le prix, entre les Peintures, aux deux *Christ de Raphaël*, à la Vierge de *Guido Reni*, & à l'*Adonis de Spagnoletto*. *Cancellaria Apostolica.*

On y vante le portrait de la Reine *Christine* en marbre, comme le plus beau qui ait été fait à *Rome* pour elle. La *Bibliotheque* est une des plus belles de cette Ville; elle a quatre sales d'une habile ordonnance; & contient dix-sept mille volumes, entre lesquels sept mille sont de la Bibliotheque de cette Reine, qui consistoit en neuf mille volumes imprimez, outre les mille neuf cents Manuscrits déja marquez. L'Eglise de St. *Laurent*, qui est renfermée dans ce Palais, & le jardin qui l'accompagne, en sont tout à fait dignes. Il a été bâti des plus nobles restes de l'Arc triomphal de *Gordien*, & de ceux d'un Amphithéatre de *Vespasien*. C'étoit près de ce Mont qu'étoit le *Senatulum Matronarum*, ou petit Senat des Dames *Romaines*, où elles s'assembloient pour les affaires tant religieuses que civiles qui regardoient leur Sexe.

L'ancien *Capitole*, si celebre, ne reste presque plus que dans l'Histoire, où c'est très peu de chose en comparaison de ce que c'étoit autrefois. Ce n'est proprement aujourd'hui qu'un hôtel de Ville, où se tiennent les assemblées de la *Police*, dont le Prévôt ou President s'appelle *Senateur*, & les autres Membres *Conservatori*, conservateurs. Sa situation agreable merite d'être remarquée. Entre les Antiquitez qu'il renferme, où qui l'accompagnent, on admire les deux grands Lions de marbre *Egiptien*, qui vomissent de gros jets d'eau; deux colosses appellez *Castor* & *Pollux*, avec deux figures de chevaux de marbre *Oriental* au haut des dégrez qui conduisent dans la place du côté du midi, avec les trophées de *Marius* & de *Trajan*, & la statue équestre de *Marc-Aurele*, de bronze doré, qui est élevée sur un beau piedestal au milieu de cette place, & qui passe pour un chef-d'œuvre de l'art, le modele le plus parfait, & la seule Statue de cette sorte qui reste de *Rome* ancienne dans *Rome* moderne. Une Piramide élevée en l'honneur d'*Innocent XII*, pour avoir reparé cet édifice, a son merite, & passe pour une belle imitation de l'Antiquité. A main droite, après avoir monté les dégrez, on trouve à une extremité de la Balustrade une colomne *milliaire*, qui selon une Inscription *Latine* avec N. I. fut remise sur pied par l'Empereur *Vespasien*, & marquoit le premier Mille au delà d'une porte de la Ville sur la voye *Appie*, & qui ayant été *Campidoglio.*
Piramide d'Innocent XII.
Colomne milliaire & autres antiquitez.

Tome I. F

(a) *Monte-Cavallo*, autrefois *Mons Quirinalis*, est ainsi nommé aujourd'hui, à cause de deux chevaux de marbre blanc d'une beauté exquise, & tenus par deux hommes de même marbre qu'on voit devant ce Palais: ils ont, dit-on, été tirez des *Thermes de Constantin* & placez là par les ordres & aux dépens du *Pape Sixte V*.

1696.
Chap. II.

été trouvée dans les Fauxbourgs fut transferée au *Capitole*. J'en ai vû une autre assez semblable à la *Villa Guistiniani* avec N. III. , mais dont l'Inscription étoit trop mutilée pour être luë, ou au moins entenduë. De l'autre côté, vis à vis de la premiere, il y en a une autre avec une Inscription qui fait entendre que les cendres de *Trajan* étoient renfermées dans une boule de bronze qui est dessus. La Statue de *Junon*, de *Faustine* la vieille, & d'*Agrippine*, qui sont aux deux côtez de l'escalier, frappent les yeux. J'en dis de même de celles d'*Adrien*, en habit de Sacrificateur, & de *Jupiter* fulminant. La *Loi Royale*, gravée en caracteres d'or sur les tables de bronze, est une piece remarquable & curieuse de l'Antiquité.

Belles antiquitez du Capitole.

Entre les autres Antiquitez qui se voyent dans les chambres, & qui frapent extraordinairement les yeux curieux, sont les *Fastes consulaires*, representant la suite des anciens Magistrats en marbre, avec les triomphes; la tête du Roi *Mitridate*, les Statuës de la Déesse *Taciturnité* ou du *Silence*, de *Cibele*, de *Cerès*, d'*Hercule* en bronze, celle d'un *Soldat*, aussi de bronze, qui se tire une épine du pied qu'il s'y étoit mise, dit l'Histoire, en courant pour porter au *Senat* la nouvelle d'une victoire gagnée, & qu'il n'avoit pas voulu ôter qu'il ne l'eût annoncée, de peur de retarder par la perte du tems qu'il y auroit employé, la joye que cette nouvelle étoit capable de causer au Public.

Entre les Pieces modernes de fonte & de sculpture, on donne de grandes louanges aux bustes de bronze d'*Urbain VIII*, de *Leon X*, d'*Alexandre Farnese*, du *Chevalier Barbarin*, aux grandes Statues d'*Innocent XI*, & au Portrait de la Reine *Christine* en marbre, accompagné d'une Inscription *Latine*, qui dit „ que cette Reine ayant „ triomphé de soi-même, & preferant la Religion *Catholique* au Trô „ ne de ses ancêtres, après avoir rendu ses soumissions au *St. Siege*, „ monta au *Capitole* en admirant l'ancienne *Majesté Romaine* dans „ ses nobles restes, fit les honneurs Royaux au Senat & à trois Con „ suls seants la tête couverte.

Palais Giustiniani.

Le Palais *Giustiniani*, près de la *Rotonde*, passe pour renfermer le plus grand nombre d'Antiquitez & de rares Peintures. On est frappée en entrant dans sa belle cour, des bas-reliefs & des Statues qui l'ornent, principalement de la *Marciana*, representée sous la figure de la *Santé*, du *Scipion l'Africain*, du *Cajus Cestius*, & de la *Cerès*. En montant les dégrez la curiosité est arrêtée, à droite & à gauche, par le *Gallien*, le *Septimus Severus*, l'*Antoninus*, le *Titus Vespasianus*.

Quand on est au haut des dégrez on apperçoit d'abord avec beaucoup d'admiration le buste d'*Agrippine*, femme de *Germanicus*, ceux de *Jupiter*, de *Maximilianus*, d'*Antoninus*, de *Berenice* en cheveux, & un excellent bas-relief de *Jupiter*, assis sur le mont *Olympe*, & buvant du lait de la chevre *Amaltée* dans une corne, avec un petit *Satire*, jouant d'un instrument, & dansant. On vante dans les appartemens les deux *Gladiateurs*, la *Minerve* trouvée près de l'Eglise de ce nom, estimée soixante mille écus, *Rome Triomphante*, le Consul *Marcellus*, la *Sibile*, un *Hercule* de bronze petit, mais fort beau, une admirable *Vestale*, & la tête de *Neron*, qui passe pour la plus belle qu'il y ait à *Rome*.

Entre les Peintures prophanes, on donne le prix à la belle tête de
Ju-

Jupiter Ammon, à la charmante *Diane d'Ephese*, & à la *Venus Hermaphrodite*; & entre les Chrétiennes, à *Jesus-Christ* parlant à la *Vierge*, au même devant *Pilate*, du *Pinceau de Caracci*, & à la *Vierge* par *Correggio*.

Le Palais *Barbarini*, dit *aux Fontaines*, est d'une magnificence achevée, très vaste. C'est un riche trésor d'Antiquitez; il est orné des meilleures Peintures, & garni des plus prétieux meubles. On y donne le premier rang, entre les pieces de Sculpture antique, à la Statue de *C. Brutus*, à celles de *Diogene*, de *Panthée*, de *Tullia*, & aux têtes de *Julius Cesar* & de *Scipion l'Africain*; la premiere d'un marbre grisâtre, & la seconde d'un *gial'antico*. On ne peut gueres voir de plus belles Peintures, & de plus riches Tapisseries, que celles qui sont dans les appartemens de ce Palais, principalement dans ceux du Prince & de la Princesse, qui étoient estimez, avec leurs autres emmeublemens, jusqu'à deux cens mille écus. On y montre un bon buste d'*Urbain VIII*. de terre cuite, fait par un aveugle, avec ces mots, *Giovanni Gombasio cieco fece*, *Jean Gambasio l'aveugle l'a fait*.

Le Palais *Farnese* est un modele de la plus belle Architecture: ceux de *Borghese*, d'*Altieri*, de *Spada*, de *Colonna*, de *Chigi*, de *Vitelleschi*, de *Pamfili* au cours; & à la place *Navone*, d'*Altemps*, de *Gaetan*, de *Verospi*, & une grande quantité d'autres peuvent faire passer bien d'agreables heures aux curieux d'Architecture, de Sculpture, & de Peinture.

Le premier est generalement connu de tous les voyageurs; on leur fait remarquer sur tout sa belle & magnifique corniche exterieure, & dans la cour le fameux *Hercule*, à qui il donne son nom d'*Hercole Farnese*; sous la galerie, la Statue d'*Auguste*, & sur tout celle de *Dircé* attachée aux cornes du Taureau, avec les figures de ceux qui l'y attachent, le tout d'une seule & prodigieuse piece de marbre, jusques à la corde, & de grandeur naturelle & proportionnée. La *Galerie* est peinte à *Fresque* par *Annibal Carache*: on y voit, outre les Peintures, les Statues d'*Apollon*, d'*Antinoüs*, & le *Ganimede*, & au milieu de la place, les deux admirables vases de *granite* des deux Fontaines, qu'on dit avoir été trouvées dans les bains d'Antonin *Caracalla*. Avant que de s'éloigner de cette place, on ne manque pas, pour peu qu'on soit curieux, de voir dans le Palais *Pichinini*, le bel *Adonis*, estimé quarante mille écus, avec la *Venus*, qui est une des plus belles d'*Italie* après celle de *Medicis*.

On remarque avec bien de la satisfaction, dans le Palais *Colonna*, un prétieux cabinet orné de pierres *Orientales*, de *Camées*, de petites colomnes d'*Ametistes*, hautes d'un pied chacune, toutes d'une piece, & de quatre petites Statues *Moresques* qu'on estime infiniment; les beaux bas-reliefs d'*Homere*, de l'Apotheose de *Claudius*, le buste de *Marcian*, & une *colomne antique* d'un marbre rouge, sur laquelle est representé un triomphe avec une *Pallas*. On ajoûte que cette colomne est une imitation contemporaine de celle qu'on appelloit *columna Bellica*, au pied de laquelle les Empereurs *Romains* avoient coutume de faire assembler le Senat, au sujet d'une déclaration de guerre, & de dessus laquelle un Soldat, après sa resolution, lançoit un dard vers l'endroit où la guerre se déclaroit. Cette ancienne colomne étoit de Porphire, & dreſſée devant la porte du Temple de *Bellone*, ſur les ruines duquel eſt le monaſtere *della Torre di Specchi*. Outre les Peintures d'*Adam* & d'*Eve*, les portraits de deux *Papes*, de dix-neuf *Cardinaux*, & de cinquante-quatre Generaux de la famille *Colonna*, on y compte juſqu'à huit mille Tableaux originaux. Sa belle écurie eſt garnie des plus beaux chevaux d'*Eſpagne*.

Palais Altieri. Le Palais *Altieri* eſt de l'Architecture d'*Antonin de Roſſi*. On y donne le prix aux Statues de *Septime Severe*, d'*Apollon*, d'une *Veſtale*, & de *Pomone*, & entre les Peintures qui y ſont en un très grand nombre, auſſi bien que dans tous les autres, à la *Galatée* de *Raphael*, à la *Sibile* de *Cumes*, à la *Vierge* avec le petit *Jeſus*, par *Michel-Ange*. Les meubles en ſont très magnifiques, ſur tout les tapiſſeries; on y eſtime au moins quatre-vingt mille écus un miroir garni d'or, enrichi de diamans, ſaphirs, & émeraudes. Ce Palais contient une des plus grandes & des plus curieuſes Bibliotheques de *Rome*. La Cour du Palais *Borgheſe*, dont les portiques appellez *Loggie*, ſont ſoutenus par cent colomnes de *granite Oriental*, annonce aſſez la majeſté de l'édifice; il renferme une infinité de Peintures des meilleurs maîtres: on en compte dans un ſeul de ſes appartemens trois cents, tant de *Raphael* que du *Titien*: elles ſont eſtimées plus de deux millions d'écus. On donne une profuſion de louanges à la *Vierge*, & à la Sainte *Catherine* de *Raphaël*, à la femme *Adultere*, à *Venus*, aux trois *Graces*, à la *Pſyché*, & au *Luther* du *Titien*. On ne ſçauroit refuſer

Palais Spada. le même éloge, dans le Palais de *Spada*, à la fameuſe Statue de *Pompée*, à celles de *Seneque* & de *Flore*, & entre les Peintures, à *Didon* qui ſe tue, à *Helene* s'enfuyant avec *Paris*, & à *Lucrece*.

Palais de Chigi au Cours. Dans le Palais *de Chigi* au cours, on ne ſe peut preſque laſſer de regarder un *Gladiateur* moribond, l'*Agripine* un ſceptre à la main droite, & entre les Peintures, *Diane* avec *Adonis*, *Lucrece*, *St. Pierre* gueriſſant un eſtropié, & le *Chriſt* fouetté.

Palais Capranica. Dans le Palais de *Capranica*, où ſe tient l'*Academie Françoiſe*, on voit, outre la magnificence du bâtiment, les copies des plus belles Statues, & des meilleures Peintures.

Palais Mazarini. Dans le vaſte Palais *Mazarini*, on admire les bas-relief & l'*Aurore* peinte à *Freſque* par *Guido Reni*, les grands Tableaux d'*Armide*, & de *Renauld*, d'*Adam* & d'*Eve*.

Palais Vitelleſchi. On voit avec une pareille ſatisfaction dans celui de *Vitelleſchi*, les belles Statues de *Pertinax*, de *Cerès*, de *Diogene*, d'*Apollon*, de *Ganimede*, la grande tête d'*Antonia*, une de *Scipion l'Africain*, faite d'une pierre de touche, les buſtes de *Matidia*, de *Marciana*, & de *Plotina*, avec pluſieurs excellentes Peintures de *Carache*, du *Titien*, & de Paul *Veroneſe*.

Palais Voroſpi. Dans celui de *Voroſpi*, on remarque principalement la Déeſſe *Nenia*, *Jupiter Ammon*, une Idole d'*Iſis*, les Statues de *Minerve* & de *Mars*.

De ſix mois & plus que je reſtai tant dans la Ville que dans ſes dépendances, j'en employai la moindre partie dans ces dernieres. Je faiſois, à la vérité, de tems en tems des promenades fort curieuſes, tantôt à une *Villa*, tantôt à une autre. Je fis même des voyages aſſez longs, juſqu'à traverſer une fois toute la botte de l'*Italie*, pour aller à *Loretto*, dont je parlerai ci après, mais je retournois toûjours à *Rome*, comme au centre le plus riche en curioſitez *Italiennes*.

Tou-

Toutes les *Villas*, ou belles maisons de campagne des Cardinaux & autres Seigneurs *Italiens*, ont pris, je crois, ce nom du Latin *Villa*, metairie, à cause des jardins délicieux qui les accompagnent, & des champs fertiles qui les environnent. L'utile y est heureusement joint à l'agréable: leur situation est charmante & infiniment au dessus de ce que nous avons coutume d'entendre par ce mot. Ce sont de magnifiques Palais, de secondes retraites des *Dieux*, & des *Déesses* de *Rome* ancienne, qui contiennent d'autres amples parties de ses plus considerables restes.

1696.
CHAP. II
Villas.

On ne peut voir dans l'enceinte, ni dans le voisinage d'aucune autre Ville du monde, tant de si beaux Palais, ornez de tant de differentes raretez antiques, de si beaux jardins où la Nature ait repandu plus de dons, & que l'art ait mieux disposez. On ne voit au moins nulle part ailleurs un si grand nombre de colomnes & de Statues, de si superbes raretez, tant de sortes de prétieux marbres *Orientaux* ou *Egiptiens*, de *Serpentin*, *verd'antico*, *giall'antico*, *Jaspe* &c.; non plus que tant d'habiles Architectes & Sculpteurs, qui approchent si près de la perfection ancienne, s'ils ne la surpassent pas à l'égard de l'Architecture; car pour la Sculpture, il n'y a que peu de Statuaires modernes, & de Graveurs de coins qui ayent encore pu arriver à celle de donner à leurs ouvrages cette ame; que les Anciens ont si heureusement sçû donner aux leurs.

Excellence de la Sculpture ancienne sur la moderne.

Ces *Villas*, avec les delicieux bourgs de *Tivoli*, & *Frescati*, les superbes ou somptueux aqueducs tant modernes qu'anciens, réparez ou restes d'anciens non reparez, les cascades & jets d'eau, annoncent de loin aux voyageurs la magnificence de la Ville qu'ils vont voir. Ici dans ce jardin on admire la Sculpture qui paroît animer une groupe de *Nayades*, un *Neptune*, une *Thetis* des *Tritons*, & le goût de l'Antiquité dans un bassin qu'elle a fait pour des bains; & que le goût moderne fait servir si à propos à l'ornement d'une fontaine; ces allees à perte de vuë, bordées de *Deitez* champêtres, ou autres, soit de bronze ou de marbre; là dans ce Palais la belle Architecture qui répond à la richesse des materiaux.

Le Païsan, soit Jardinier ou Laboureur, se pique d'être *Virtuoso*, sans le secours des Lettres; il a apris par Tradition jusqu'aux anciens noms de plusieurs choses, & en rend quelquefois un aussi bon compte que les Antiquaires. Il est humble, officieux, & fait voir que toute la civilité de *Rome* n'est pas renfermée entre ses murs; s'il apperçoit un Etranger sans Antiquaire, regarder par exemple l'Aqueduc moderne, qui conduit l'eau, qu'on apelle *Paola* ou *Paule*, du lac *Bracciano* à *Rome*, c'est à dire l'espace de trente-quatre ou trente-cinq Milles, il l'abordera d'une maniere aussi respectueuse qu'obligeante; lui fera remarquer les restes considerables de l'ancien Aqueduc, dont quelques-uns sont incorporez dans le moderne; lui apprendra, s'il ne le sçait, que cette eau s'appelloit autrefois *Claudienne*, du nom d'un de ses premiers Conducteurs, l'Empereur *Claudius*; qu'elle a pris son dernier nom de *Paul V. Pape*; qui a le plus contribué à la faire tomber du haut de la montagne appellée *Janiculus* par les anciens, & *Montorio* par les Modernes, dans de grands bassins de marbre par les *gueules* de dragons de même matiere, à travers cinq arca-

Civilité officieuse jusques dans le Païsan Romain.

L'Eau Paule.

F 3   des

46 VOYAGES

1696.
CHAP. II.

des soutenuës par des colomnes aussi de marbre, & former la plus magnifique & la plus riche fontaine de *Rome*.

Aqua Virgo.
L'eau Vierge.

Il lui montrera les sources abondantes de *l'eau vierge* (*a*) à *Frescati*, lieu delicieux par les *Villas Borghese*, *Aldobrandini*, & *Ludovisi*. C'est là qu'étoit, selon l'opinion la plus commune, le *Tusculum* de *Ciceron*, quoi que selon quelques Auteurs ce fût à *Grotta Ferrata*, à un Mille & demi de *Frescati*, où on doit voir le fameux Couvent de *St. Basile*, dont les Religieux conservent beaucoup de l'ancien rite *Grec*.

Villas de Tivoli.

Ceux-ci lui feront remarquer aux environs de *Tivoli* d'agréables plaines, avec quelques ruines des *Villas* de *Titus*, du Dictateur *Marcellus*, du Triumvir *Metellus*; près de *Vellitri*, celles d'*Auguste*, &c. Ceux-là lui en montreront près de *Frescati* d'autres de *Fabius Cunctator*, de *Cinna*, de *Caton*, & sur les Frontieres *Sabines* un autre des *Curiaces*, &c.

Fontaines.

A propos de *Fontaines*, il y en a à revendre dans & hors *Rome*, sur tout quantité de sources, mais moins qu'autrefois, aussi bien que d'Aqueducs, à cause que les bains n'y sont plus en usage, si on en excepte très peu de particuliers. L'eau *sainte*, l'eau *salée*, & l'eau *aigre*, sont encore en grande réputation; la premiere pour sa legereté, sa douceur, & sa qualité bienfaisante, quelque quantité qu'on en boive; les deux autres pour leurs vertus purgatives & aperitives.

L'Eau Sainte, l'eau salée, & l'eau aigre.

Eau de Mercure.

Il me souvient à ce sujet de celle de *Mercure*, dont *Ovide* met la source près de la porte *Capene*, aujourd'hui de *St. Sebastien*, à laquelle le peuple alloit en foule le 22. de Mai s'en *asperger* la tête avec un goupillon, ou branche de laurier, lui attribuant la vertu de purger des faux sermens, ou d'effacer les pechez, sur tout celui du parjure, avec les fraudes commises dans le commerce, & celle d'y procurer du gain. On m'a fait remarquer dans le Palais de *Medicis*, une petite Statue de ce Dieu qui y presidoit, pour la même qui avoit, disoit-on, été placée sur le bord de cette fontaine, & trouvée là; mais elle ne me parut pas assez grande pour un lieu public.

Frescati Tivoli, &c.

Je ratifiai dans mon esprit toutes les louanges que divers Auteurs donnent dans leurs Livres à *Frescati*, *Tivoli*, *Capraoli*, &c. Je trouvai même dans les *Villas* qui y sont beaucoup plus de beautez que je n'en avois lues, mais j'admirai, entre autres somptueuses marques de la magnificence de *Sixte V*, tant au dehors qu'au dedans de *Rome*, l'Aqueduc qui prend à *Bracciano* l'eau *felice*, & la conduit au Capitole.

Aqua Asiatina, aujourd'hui Felice, nom de bâtême de ce Pape.

Terni.

Je ne vis rien à *Terni* de plus remarquable que sa situation, qui est des plus agréables entre deux bras de la riviere *Nera*, au milieu d'une riche variété de champs, diversifiez çà & là par des especes de bocages, tant d'oliviers, que d'autres arbres fruitiers, ou sauvages, de lauriers, de mirthes, &c. outre l'antiquité de sa fondation mise par une Inscription sous *Numa Pompilius*, & quelques voûtes souterraines, avec deux colomnes encore entieres, l'une de marbre *granite* d'*Egipte*, & l'autre d'un beau *Parien*.

Spoletto.

Spoletto est grand, mais n'est pas assez peuplé pour son étenduë, &
le

(*a*) Elle a été ainsi nommée pour avoir été montrée, selon quelques-uns, par une Vierge à des Soldats qui avoient soif.

le nombre de ses maisons. Rien ne m'y frappa davantage que la hauteur de son Aqueduc ; de fabrique *Gothique* ; qui a plus de trois cents brasses en quelques endroits ; & lui amene de l'eau du mont *St. François* ; le vaste vaisseau de sa Cathedrale ; & la longueur de son pont de pierre.

Etant arrivé à *Loretto* au commencement de Septembre, j'y vis le 8. auquel se celebra la fête de la Vierge, toutes ses richesses dans leur plus avantageuse exposition. La profusion d'or & d'argent dont sont faits tant d'utenciles Ecclesiastiques, *calices, patenes, croix, lampes, chandeliers*, avec quantité de *Statues*, en est la partie la moins prétieuse ; ou la plus commune ; si on la compare avec les pierreries, comme diamans, rubis, saphirs, émeraudes, perles, &c. dont sont enrichis la plûpart de ces calices, patenes & les couronnes ; ses paremens d'autels ; & les habits de la *Vierge* & de l'Enfant *Jesus*, &c. qui sont inestimables pour la grosseur & la qualité de quelques-unes. Ce ne sont par tout que *vœux* ou dons pieux d'*Empereurs* & d'*Imperatrices* ; de *Rois* & *Reines*, *Princes* & *Princesses* & autres personnes riches ; qui y ont reconnu & qui y reconnoissent encore tous les jours les faveurs qu'elles croyent avoir reçues de la protection de la *Vierge*. [Loretto.]

Mais on a décrit si amplement & si souvent ces *vœux*, aussi bien que les autres choses de ce lieu, ou ce lieu même, que je me contenterai de raporter les suivans : premierement l'Enfant d'or de l'Empereur *Ferdinand III*, avec un rang de beaux diamans. II. L'Aigle *Imperial* de l'Imperatrice Mere de l'Empereur *Leopold* ; avec neuf gros diamans sur le ventre ; neuf semblables sur ses deux couronnes & sur ses ailes ; ses cuisses & sa queue, & plus de quatre-vingt tant grands que petits : c'est une piece rare, & par l'ouvrage & par la matiere. III. Une colombe d'or du Prince *Pamfili*, avec deux couronnes au dessus, toutes couvertes de diamans, de rubis, d'émeraudes & autres pierres prétieuses. IV. Une admirable coupe de *Henri III*. Roi de *France* & de *Pologne* ; elle est de *Lapis Lazuli*, avec un couvercle de cristal de roche ; sur le sommet duquel regne un Ange en relief, tenant un lis de diamans ; les bords de ce couvercle sont ornez de quatre gros diamans ; & d'autant de plus gros rubis ; le pied partie de *diaspro oriental*, partie d'or artistement alliez ; & enrichis de diverses pierres prétieuses. Il y a trois *Satires* d'or assis dessus, tout brillans de rubis & de diamans entremêlez de perles : il a pour base trois *Syrenes* aussi d'or, tenant chacune un enfant ; & au dessous le distique suivant ; qui dit, que ce Prince offrit cette coupe avec des prieres à la *Vierge* pour un Successeur. [Prétieux present d'Empereurs, d'Imperatrices &c. à la Vierge de Loretto.]

Ut quæ prole tuâ mundum, Regina, beasti,
Et regnum & Regem prole beare velis.

Henricus III. Franc. & Polon. Rex Christianissimus. 1589.

V. Deux couronnes en forme de *Thiare*, que *Louis XIII* lui envoya, pour un semblable sujet ; la plus prétieuse & triple couronne pour elle, & l'autre simple avec un seul cercle, comme les anciennes *Thiares* dont j'ai parlé, pour l'Enfant *Jesus* ; toutes deux d'or, & enrichies de gros diamans & de belles perles. VI. Un autre *vœu* que le même Roi lui pre-

presenta après la naissance de *Louis XIV*, consistant en un Ange d'argent, qui tient entre ses bras un jeune Enfant tout d'or, & l'offre à la Vierge. VII. Deux belles & riches lampes faites en cornes d'abondance, toutes d'or massif, de la Grande Duchesse de *Florence*, *Marie Magdelaine d'Autriche*.

> 1696, CHAP. II.
> Lampes d'or qui brulent perpetuellement devant la statue de la Vierge.

Je comptai jusqu'à douze *Lampes d'or*, toutes de differentes formes, & curieusement travaillées, qu'on peut apeller *perpetuelles*, puis qu'elles brulent continuellement devant la Statue de la Vierge, & qu'elles lui ont été presentées, non seulement comme les autres *vœux*, mais que les Donateurs ont fondé à *perpetuité* des rentes pour les entretenir. Outre ces lampes d'or, il y en a plus de cinquante d'argent, pendues çà & là dans l'Eglise.

> Autres d'argent.

Entre quantité de gros *chandeliers* aussi d'argent, un me parut principalement remarquable par sa grandeur; il pese, m'a-t-on dit, jusqu'à quatre-vingt-dix livres, & a été presenté par un Duc de *Baviere*.

> Beaux chandeliers d'argent.

Entre les Statues d'or, celle d'un Duc de *Savoye* à genoux en manteau Royal, le sceptre à terre, est d'un beau jet; celle de *St. Stanislas*, ou d'un Roi de *Pologne*, ne lui cede point ou en peu de choses.

> Statues d'or.

Entre celles d'argent, les huit *Anges*, à sçavoir quatre aux deux côtez de celle de la *Vierge*, & autant derriere l'Autel, sur tout celle d'une Duchesse de *Baviere*, qui pese, dit-on, plus de cent soixante livres, meritent l'attention des curieux.

> Autres d'argent.

La plus grosse des *pierreries* est une perle en forme de petit bateau, avec une figure de femme, qu'on dit être de la *Vierge*.

> Pierreries.

Le plus riche des *paremens* d'Autel est celui qui a été presenté par une grande Chancelière de *Pologne*; les pierreries qui en relevent la broderie sont estimées jusqu'à quinze mille écus.

> Paremens d'Autel.

Les *Sacristies*, au nombre de trois, sont abondament garnies de vases sacrez & d'ornemens Sacerdotaux de toutes sortes de façons. On fait compte qu'il se dit chaque jour jusqu'à cent vingt-trois Messes *votives*, ou fondées, tant dans l'Eglise que dans la *Santa Casa*; outre un très grand nombre de casuelles. Et le gouvernement de la *Sainte Maison* entretient septante à quatre-vingt *Chapelains* extraordinaires pour cela.

> Vases, autres utenciles & ornemens Ecclesiastiques.

Cette Eglise a divers revenus de terres ou biens immobiliers, bois, vignes, &c. pour l'entretien de ses Prêtres, qui sont en un nombre proportionné à celui de ces Messes & au delà. Elle est telle qu'on l'a representée dans diverses Relations, aussi bien que la *Santa Casa*, qui n'est proprement qu'une chambre longue de trente-neuf à quarante pieds, sur dix-neuf à vingt de largeur, & environ trente en hauteur, avec une seule fenêtre, par laquelle on dit qu'entra l'*Ange* annonciateur de la grossesse miraculeuse de la *Vierge*.

La fête fut celebrée avec toute la solemnité accoutumée en tels jours; la *Vierge* & l'Enfant *Jesus* avoient leurs plus riches habits, & leurs plus belles robes relevées d'une prétieuse broderie d'or, avec des perles & autres pierres prétieuses, aussi presentées par *Louis XIII*, & leurs Thiares sur la tête. La lumiere que repandoient quantité de cierges assis sur les chandeliers d'or & d'argent, & celle des lampes, augmentant l'éclat des pierreries, éblouissoient les yeux.

> Habillemens de la Vierge & de l'Enfant Jesus.

Après ce voyage & ces promenades, & avoir passé à *Rome* l'espace du du tems que j'ai marqué, & vû non seulement toutes les places & choses que je viens de nommer, & même beaucoup plus, mais non pas ce qu'il y a à voir, car il faut non des mois, mais des années pour cela.

Je formois tous les jours la resolution de quitter tout à fait cette grande Ville, pour en aller voir d'autres, dans d'autres Etats d'Italie, mais je la rompois aussi souvent. Je portois même quelquefois cette resolution jusqu'à aller prendre congé de quelques amis particuliers que j'avois faits, mais j'étois accablé de questions. L'un me demandoit, *avez-vous vû tel ou tel* Cabinet? Un autre me disoit, *avez-vous vû un tel* Palais, *telles* Statues? &c. Et comme il m'arrivoit toujours de dire non à quelques-unes de ces questions, on ajoûtoit, *ah, il ne faut pas partir exposé au reproche que vous feroit votre curiosité d'avoir négligé de la satisfaire; sur des sujets qui le meritent si fort, sur tout étant aussi à portée que vous l'êtes encore.*

Je me laissois ainsi persuader de rester de jour à autre, jusqu'à ce qu'un Gentilhomme *Milanois*, grand *Virtuoso*, avec qui j'avois lié une connoissance qui insensiblement étoit devenuë amitié, m'aida à combattre toutes les nouvelles tentations qui étoient capables de me retenir plus long-tems en des lieux si pleins d'attraits, ou pour ainsi dire à m'en arracher. Il me vanta extraordinairement la Ville de *Milan* sa patrie, où il se préparoit à retourner à la fin de cette année, qui en finissant laissoit une joye assez generale à *Rome* pour la Paix particuliere entre la *Savoye* & la *France*, qu'on regardoit comme un acheminement à la generale, & à laquelle le *St. Pere* avoit, disoit-on, beaucoup de part. Il m'invita à l'y accompagner, & me fit le plan d'un voyage fort curieux par là jusqu'à *Venise*, me proposant de me faire voir en chemin *Florence, Pise, Luques, Genes, Pavie*, &c. avec un très beau Païs où un autre monde de raretez, & de belles choses dans ces Villes. Je lui objectai la guerre qui regnoit encore dans le *Milanois*, comme un obstacle pour moi, mais il me répondit, qu'il prenoit tout le danger sur lui ; qu'il avoit assez de credit pour me proteger, & il m'offrit de me faire inserer comme son Secretaire dans un passeport, qu'il dit qu'il prendroit pour l'amour de moi, n'en ayant pas besoin pour lui-même, & de me donner des recommandations pour *Brescia*, & *Venise* même, si je voulois. Je ne pus résister à des offres si obligeantes. Il fit ce qu'il m'avoit promis, & je n'eus que lieu d'en être content, comme je dirai ci-après.

Nous fixâmes notre départ au 1er de Janvier 1697, mais je vis auparavant le commencement du *Carnaval* de *Rome*. J'appris le reste tant de ce compagnon de voyage que d'autres qui l'avoient vû tout entier.

Voici à peu près comme on y passe ce tems consacré aux plaisirs. La *Strada del Corso*, ruë du cours, est le principal théatre où s'en jouent les scenes burlesques, mais moins tumultueuses, & les exercices moins violens qu'ailleurs. On y voit passer & repasser quantité d'équipages magnifiques, dont tout est souvent masqué, ou déguisé, maîtres, valets, chevaux, jusqu'aux carosses ; de superbes chariots, des gens à pied marchant avec une gravité naturelle à la nation, sous diverses sortes d'habillemens antiques ou extraordinaires, quelques-uns chantant & jouant sur des guittares & autres instrumens, des airs tendres & gais. On y court le *palio*, prix annuel que les *Juifs* payent,

payent, c'est-à-dire, qu'on fait courir ordinairement des chevaux barbes, mêmes des bœufs ou bufles seuls, sans Cavaliers, d'un bout à l'autre de la ruë *del Corso*, à peu près en la maniere suivante.

Course de chevaux; de bœufs, &c.

On leur lie sur le dos deux especes de vessies attachées l'une à l'autre en forme de besace, & remplis de paille, avec de petites pointes de clous, comme des poils de herisson, chaque sac ou vessie pendant sur un flanc du cheval; puis on en fouette deux ou trois ensemble, les abandonnant à la course; dont le mouvement faisant agir les pointes comme des éperons augmente leur vitesse. Celui des chevaux, des bœufs ou bufles qui arrive le premier au but, a gagné le prix pour son maître. Il y a aussi des gens qui courent à cheval & d'autres à pied. Tout *Rome* est alors dans la joye: les *Religieux* & les *Religieuses* mêmes, qui ne peuvent partager avec le Public ces divertissemens, en ont de particuliers dans leurs Monasteres; on y laisse les mortifications, on pend pour ainsi dire au croc les disciplines pendant tout ce tems-là, qui finit par la serieuse ceremonie assez connuë par tout le Monde *Catholique-Romain*, qui est de recevoir le premier jour du Ca-

Distribution des Cendres.

rême des *cendres* sur la tête, de la main du Prêtre: le *Pape* les distribue ordinairement le même jour aux Cardinaux &, autres Prelats &c. dans l'Eglise de Sainte *Sabine*, autrefois le Temple de *Diane*.

Repassant dans mon imagination les differens objets dont mes yeux avoient été si agréablement frappez çà & là, & y comparant ce que je venois de voir de la magnificence de *Rome* moderne, avec ce que j'avois vû des restes de celle de *Rome* ancienne, tant de somptueuses Eglises avec les Temples, tant de beaux & superbes Palais qu'elle a avec ceux qu'elle avoit, enfin tant de monumens remis si avantageusement sur pied, ou réparez par ses maîtres spirituels, sur tout par *Sixte V*, je doutois si, au nombre de ses habitans près; qui n'est rien en comparaison de ce qu'il étoit, elle n'avoit pas gagné au change.

CHAPITRE III.

Voyage à *Venise* par *Viterbe*, *Monte-Fiascône*, *Sienne*, *Florence*, *Pise*, *Luques*, *Genes*, *Pavie*, *Milan*, *Brescia*, *Verone*, *Vicence*, *Padoue*. Puis de *Venise* jusqu'à *Verone*, avec des remarques sur toutes ces Places, &c.

Voye Emilie.

Nous sortîmes le 7. de Janvier de *Rome* par la porte du *Peuple*, prenant la voye de *Florence*. J'admirai entre *Rome* & *Viterbe* divers superbes restes de la voye *Emilie*, aussi bien conservez que s'ils avoient été nouvellement faits ou réparez: ce sont des pierres rougeâtres, épaisses, quarrées, uniformes, & très étroitement jointes ensemble, avec des bords appellez en Latin *marginationes viarum*, & consistant en d'autres pierres plus larges, plus unies, & plus élevées, pour ceux qui marchoient à pied. Je trouvai que ces restes ainsi conservez avoient douze pas & au delà de largeur. Ils me parurent d'authentiques attestations de l'ancienne grandeur & splendeur de *Rome*.

Viterbo.

Il n'y a rien à voir à *Viterbo* que sa *Cathedrale* & sa maison de Ville, qui sont assez belles. Le vin y est mauvais, mais l'eau fort legere & douce. Nous y couchâmes, & poursuivant le lendemain de grand ma-

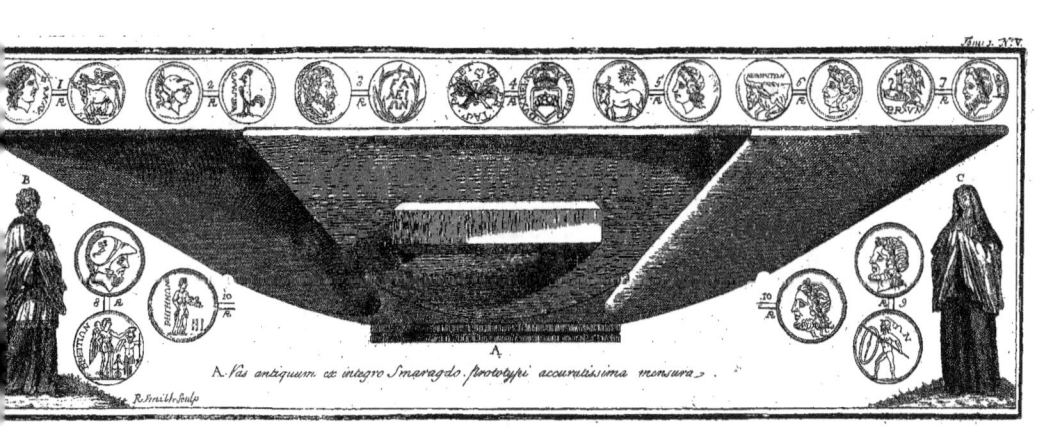

A. Vas antiquum ex integro Smaragdo prototypi accuratissima mensura.

matin notre voyage, nous traversâmes *Monte Fiascone*, fameux par son excellent muscat, & par l'Epitaphe de l'Abbé *Allemand*, qui y mourut pour en avoir trop bû. Nous passâmes au Sud-Est du Lac *Vico*, le *Cyminus*, ou *Vulsinus* des Anciens dans lequel *Pline* fait danser des Isles; ensuite par *Aquapendente*, derniere Ville *Papale*, ainsi nommée à cause de ses sources de bonne eau, & parce quelle paroît pendue à un rocher : ensuite par *Radicofani*, premiere Ville frontiere de *Toscane* de ce côté-là, deffendue par un Château bâti à l'antique aussi sur un rocher, qu'elle couvre de tous côtez, toutes deux sans aucune chose de plus remarquable. Le 10. nous gagnâmes *Sienne* : je trouvai cette Ville aussi grande & aussi dépeuplée ; sa *Cathédrale*, sa *Bibliotheque*, & ses autres édifices, aussi superbes que diverses Relations me les avoient déja repréfentées. Je ratifiai dans mon esprit les louanges qui y sont données à sa grande *place publique*. Ce qu'on m'a raconté de l'usage annuel qu'on fait de cette place, me semble assez digne d'être ici rapporté ; à sçavoir, qu'elle sert d'*hippodrome* de quatorze chevaux, d'autant de paroisses qui y envoyent le second de Juillet, si je m'en souviens bien, chacune un cheval, avec un homme pour le monter. Chaque Cavalier est vêtu d'un habit court, & bigarré de differentes couleurs propres à designer les armes de la Paroisse qui l'envoye. Le cheval est magnifiquement paré, jusqu'à avoir la corne des pieds dorée. Quand tout est prêt pour la course, on la commence au son de quantité d'instrumens, & on la reïtere quatre fois tout autour. Celui qui fait plûtôt ses quatre tours remporte le prix, que les paroisses des vaincus à la course payent ; il consiste en un riche *brocard*. Il y a outre ces chevaux deux *chariots* en forme de chars de *triomphes*, qui fait plusieurs fois le tour de la place, ce qui doit avoir un air magnifique. L'élegance & la prononciation *Romaine* subsiste encore là. On parle ensuite de la gorge, comme en *Egipte* ou en *Arabie*, par toute la *Toscane*, ce qu'on a retenu apparemment des *Sarrazins*. On ne prononce en aucun Etat d'*Italie* si bien qu'à *Rome*, dans l'Etat *Ecclesiastique* & aux environs.

Nous trouvâmes à notre arrivée à *Florence* toute la Ville plongée dans les divertissemens du Carnaval. Ce n'étoient que *mascarades*, qu'assemblées, que comédies, courses & autres jeux, entre lesquels celui qu'on appelle *il calcio* étoit le plus remarquable. J'en parlerai ci-après. Mon compagnon de voyage avoit toute la complaisance imaginable pour ma curiosité. Quoi qu'il eût déja vû ce qu'il y avoit de curieux dans cette Ville, il voulut m'accompagner par tout où il y avoit quelque chose de plus digne d'être remarqué, ou au moins dont il pouvoit me rendre compte, sans secours d'*Antiquaire*.

Nous commençâmes par l'ancien Temple de *Mars*, aujourd'hui petite Eglise consacrée à *St. Jean Baptiste*, sous le nom de *Battisterio*, dans le voisinage duquel nous étions logez. Ce Temple, ou cette Chapelle est de figure *Octogone*, de moyenne grandeur, incrustée de diverses sortes de marbres, & ornée d'un assez beau *Mosaïque* percé de trois entrées : devant la plus grande de ces entrées sont élevées deux magnifiques colomnes de porphire : les portes qui les ferment sont superbes, étant toutes couvertes d'un bronze, auquel le peuple fait l'honneur de l'appeller *metal Corinthien*, avec diverses figures historiques du *Vieux* & du *Nouveau* Testament en relief ; le travail en est

1697.
Chap.
III.

est fort estimé. Quoi qu'il en soit, les connoisseurs vantent l'architecture de cet édifice qui est à peu près dans le même goût que le *Pantheon* de *Rome*. Seize hautes colomnes de *granite Oriental* soûtiennent ou paroissent soûtenir le Dôme au dedans, où leur disposition produit un fort bel effet.

Santa Maria del Fiore.

Vis-à-vis de celui-ci, j'admirai la *Cathedrale*, qui est dediée à la *Vierge*, sous le nom de *Santa Maria del Fiore*, incrustée & agréablement diversifiée au dehors de marbre blanc, noir, & rouge, avec sa belle & haute tour, revêtue & ornée de même, qui n'en est séparée que de quelques pas. Cette Eglise est soûtenuë de divers gros & hauts piliers de pierre dure, équivalente à du marbre, pour la dureté & le beau poli. Il y a, comme dans les autres, quantité de Statues & de Tableaux pour ornemens & objets de veneration. Entre les premieres, celles qui sont placées sur le grand Autel, representant le *Pere Eternel*, avec *Jesus-Christ* étendu mort sur une Croix à ses pieds, & un Ange auprès qui le soûtient, & celle d'*Adam & d'Eve*, avec le *Serpent*, qui sont derriere, plaisent beaucoup, quoi que plusieurs trouvent la premiere trop colosse, ou trop audessus de la grandeur naturelle. Si le fameux *Baccio Bandinelli*, qui les a toutes faites, vivoit, il pourroit répondre à ceci, que personne n'ayant vû la *Divinité*, on ne sçauroit lui donner une exacte taille, & que la plus grande paroît la plus convenable.

Il y a encore dans l'enceinte de cette Ville plus de trente-cinq autres *Eglises*, dont on vante les beautez tant naturelles qu'étrangeres; entre les premieres, la richesse des materiaux, l'architecture, & entre les secondes les Peintures, les Statues, les autels, l'argenterie, les pierreries &c. sans parler de plus de cinquante autres attachées à des *Monasteres* qui ont leur merite.

Chiesa del San Spirito. Santa Maria la Novella.

Entre toutes ces Eglises, les deux que j'ai nommées ci-devant, celles du *St. Esprit*, de Sainte *Marie la nouvelle*, de Sainte *Croix*, de *St. Laurent* avec la *Bibliotheque* qui y est annexée, m'ont paru les plus remarquables, & les plus dignes de l'observation des voyageurs. L'architecture de la troisieme, d'ordre *Corinthien*, est hardie, & pleine de majesté.

Bibliotheca Lorenziana.

Celle de *St. Laurent* est la plus grande; les jours y sont bien entendus: le bâtiment qui renferme la *Bibliotheque* qui y est jointe & à laquelle elle donne son nom de *Bibliotheca Lorenziana*, est digne de ce qu'il renferme, comme un grand nombre de *Manuscripts* rares & curieux, entre lesquels on ne manque pas de montrer aux voyageurs quelques Fragmens de *Tacite* & d'*Apulée*, & un bien plus grand nombre de *Livres* imprimez du meilleur choix & des plus belles impressions, ce qui lui donne rang entre les plus riches Bibliotheques d'*Italie*.

La Capella di Medici.

La Chapelle de ce nom, & à laquelle on donne plus communément celui de *Capella di Medici*, promettoit dans ce qu'il y avoit d'achevé dès lors d'être une des merveilles du monde, & ce qu'on y avoit ajoûté, quand je la revis vers la fin de 1710. le confirmoit. Elle est incrustée de marbres aussi prétieux que rares; il est difficile de déterminer ce qu'il y a de plus riche, l'art ou la matiere qui semblent avoir combattu ensemble pour la gloire de se surpasser. Cette Chapelle est consacrée

sacrée à la *sepulture*, où à la mémoire des *Grands Ducs*, aux dépens de qui elle a été commencée, & se continuoit alors sans intermission, quoi qu'avec bien de la lenteur. On y voit rangez tout autour, des tombeaux de *granite*, que couvrent des tapis de serpentin, *verd'antico*, *lapis lazuli*, &c. enrichis de différentes pierreries qu'on y inseroit fort artistement, & dans un bel ordre, avec des franges : ces tapis sont de si parfaites representations de la Nature, qu'il prendroit presque envie d'y porter la main, pour se convaincre que ce ne sont pas de réels tapis. Ils couvrent la partie superieure des tombeaux, & ne pendent pas trop bas, laissant voir ce qu'il faut du *granite*.

Sur des coussins de marbre noir étendus dessus, regnent des couronnes enrichies de pierreries. On m'a assuré que chaque coussin coute seul avec la couronne plus de cinquante mille écus. Les Statues des *Grands Ducs*, passez au nombre des morts, depuis *Cosme II*. toutes de bronze doré, de grandeur un peu audessus de la naturelle, sont placées dans des niches du mur, contre lequel sont rangez les tombeaux.

A sçavoir 1. celle de *Cosme II.* le premier de la famille regnante, & qui succeda au Duc *Alexandre* premier du nom, & le dernier de la ligne de (*a*) *Cosme le Grand*, & cela plus par le crédit & le secours d'un Gentilhomme, nommé *Francesco Guicciardini*, que par la cruelle trahison d'un faux ami *Lorenzo de Medicis*, qui poignarda ce Duc dans son lit. (L'Histoire dit, que *Cosme II.* avoit promis, avant son élevation, *Guicciardini* d'épouser sa fille, mais qu'il s'en excusa d'abord après, disant que l'égalité de partis cessoit par cette élevation. Quoi qu'il en soit, il épousa *Leonora*, fille du Vice-Roi de *Naples Dom Pietro de Toledo*, de laquelle il eût huit garçons & trois filles.) 2. Celle de *François I.* son fils ainé & son Successeur immédiat. 3. Celle de *Ferdinand I.* frere de celui-ci, qui fut *Cardinal*, puis *Grand Duc*, par la mort de *François*, & Pere de *Cosme III*. Ce Cardinal étoit un grand *Virtuoso*, qui a beaucoup contribué à enrichir la fameuse galerie de ce qu'elle a de plus rare en fait d'Antiquité. Il enleva, pour ainsi dire, l'admirable *Venus d'Athenes*, surnommée de *Medicis*, que les *Papes* n'avoient jamais voulu laisser sortir de *Rome*. Il n'y avoit alors que les Tombeaux des deux premiers *Ducs* tout à fait achevez ; le troisieme étoit fort avancé. On voit, entr'autres ornemens de cette Chapelle, les Villes de la *Toscane Ducale*, ou réduites sous l'obéïssance Despotique des *Medicis*, qui y sont représentées, & leurs armes blazonnées de couleurs convenables en pierres prétieuses de rapport, sur des fonds de

jaspe

(*a*) On n'est pas bien d'accord, même en *Italie*, sur la Famille des Ducs de *Toscane*. Plusieurs prétendent que *Cosme* dit le *Grand*, étoit fils de Marchand, & Marchand lui-même ; qu'il avoit des talens extraordinaires, non seulement pour le négoce, par lequel il se rendit, disent-ils, le plus riche sujet de la République de *Florence*, mais encore pour le Gouvernement, avec une ambition extraordinaire ; que la fortune ou plûtôt le *Pape Jean III.* du nom, déposé par le *Concile de Constance*, lui vouloit tant de bien, qu'il lui laissa en mourant tout son bien, qui consistoit presque tout en argent comptant, & qu'il fut mis par là en état de devenir le plus puissant maître, du plus riche sujet qu'il étoit. D'autres jugeant par le peu de cas qu'on fait aujourd'hui en *Italie* & dans les Etats Despotiques, de la profession de Marchand, de celui qu'on en faisoit autrefois lorsque ce Païs étoit *Républicain*, & voulant donner à cette Famille une origine plus relevée, la font sortir de Medecins, profession qui a toûjours été réverée, même des plus grands Princes, outre que l'Antiquité a mis *Esculape* au nombre des Dieux.

jaspe & de porphire. L'autel qui revenoit déja à près d'un million, & étoit encore dans le vieux Palais, est aussi un ouvrage de rapport des plus fines pierreries, & on en faisoit monter la dépense à près de deux millions, lors que je le vis pour la seconde fois en 1710.

Galerie du Grand Duc.

La fameuse galerie du *Grand Duc* a la forme d'un L. & contient la plus copieuse, la plus curieuse, & la plus riche collection des beautez de la Nature, de l'Art, & de l'Antiquité, qu'il y ait au monde dans un même lieu; ou il n'y a point au moins aujourd'hui de Prince qui en puisse montrer ensemble tant & de si rares que le *Grand Duc.*

La description des chambres dont cette *gallerie* est accompagnée, aussi bien que des choses qu'elles contiennent, ayant déja été faite, je me contenterai d'en nommer quelques-unes qui m'ont paru les plus prétieuses; par exemple, entre environ deux cent Statues de marbre, la plûpart antique, la *Venus de Medicis*, ne reconnoît point de pareille; celle de *Bacchus* peut bien avoir le prix après elle; le *Faunus*, & la mêlée des *Luteurs* plaisent infiniment; les bustes d'*Alexandre*, d'*Adrien*, de *Caligula*, de *Didius Julianus*, d'*Albinus*, de *Gordianus Africanus*, d'*Othon*, de *Pertinax*, d'*Antonia*, de *Julia Mæsa*, de *Plotina*, de *Ciceron*, & de *Seneque*, sont admirables.

Statues & bustes antiques.

Têtes de pierres prétieuses & antiques.

Entre les raretez de plus petit volume, & plus prétieuses par la matiere, sont les têtes de *Tivere* & de *Juno Sospita*; la premiere d'une turquoise de vieille roche, grosse comme un œuf d'oye, & la seconde d'un *hiacinthe*, égalant en grosseur un petit œuf de poule; le buste de *Cleopatre*, d'une belle & vive couleur de saphir: ces trois pieces sont impayables pour leur beauté.

Autres Antiquitez, comme Idoles, vases prétieux, &c.

On voit aussi plusieurs autres choses prétieuses par leur antiquité, & la rareté de la matiere, ou par l'excellence de l'Art, comme vases prétieux d'*Agathe Calcedonienne*, & d'*aqua Marina*, garnis d'or; divers Idoles, lampes prétendües perpetuelles, & utenciles pour les anciens Sacrifices.

Tribune & prétieux Cabinet.

Entr'autres précieux & remarquables Cabinets, celui de la Chambre appellée *Tribuna*, l'est tant pour la matiere ou plûtôt les differentes matieres dont il est construit, que pour ce qu'il contient. Il est composé de pierres très rares & prétieuses, de toutes sortes, arrangées & raportées avec une simetrie & une industrie inconcevables, & soûtenu de quatorze petites colomnes de *lapis lazuli*, avec des bases & des chapiteaux d'or massif garni de perles & de turquoises. Le corps qui est entre les colomnes est orné de bas-reliefs de même. Sur le sommet de ce prétieux Cabinet regne une admirable perle unique par sa grosseur & sa belle eau. Il renferme plus de trois mille *Cammez*, & pierres pour la plûpart prétieuses par leur nature, & encore plus par l'art, les meilleurs burins anciens & modernes y ayant taillé les têtes des Empereurs, des Imperatrices, des hommes & femmes illustres, ou de diverses figures historiques des *Dieux Payens*, & d'animaux &c. Ces pierres sont toutes montées en or, outre une belle collection de *medailles*. On assure que ce Cabinet coute un million d'écus.

Pierre d'Aimant.

On me fit remarquer, entre autres choses, une pierre d'*Aimant*, qui soûtint en ma presence des clefs & d'autres pieces de fer pesant bien quatre livres, & on m'assura qu'elle en avoit pû soûtenir autrefois jusqu'à quarante, tant sa vertu attractive est diminuée. Le dénombrement

&

D'A. D. L. M. FLORENCE, &c.

& la description de ce que contient de rare & de curieux cette *galerie*, de ses *Tables* de pierres prétieuses & rapportées d'une maniere qui imite la plus belle Peinture, feroit la matiere d'un ample volume, que je n'ai pas entrepris de faire sur un sujet qui est si voisin de nous, & si connu ; une seule table à fond de parangon coute, m'a-t'on dit, plus de deux cent mille écus. Mon compagnon de voyage me procura la permission de voir le gros *Diamant* de *Son Altesse*, il pese entre cent trente-huit & trente-neuf carats : l'eau tire à la vérité un peu sur le jaune, mais l'éclat en est des plus vifs.

1697. CHAP. III.

Tables & autres ouvrages de pierres de raport.

Je ne sçai si l'histoire de ce *diamant* est bien connuë generalement, mais je ne l'ai point vue imprimée ; voici ce qu'on m'en a raconté. Il y a à *Rome*, dans la place *Navone*, des vendeurs de vieilles monoyes de cuivre ou *medailles*, de diverses sortes de pierres rares comme morceaux d'*Agathes*, *Cornalines*, & autres antiquailles qui se trouvent dans la terre, ou entre des ruines, & qu'ils exposent sur un especé de table ou boutique portative. „ Un *Jesuite* de la maison Pro-
„ fesse de *Rome*, s'étant arrêté par hazard à une de ces boutiques,
„ porta la main sur le *diamant* en question, qu'il prit pourtant d'a-
„ bord pour un morceau de cristal de roche, mais dont l'éclat extra-
„ ordinaire qu'il jettoit, quoi qu'encore brute, le frappa assez pour
„ l'engager à le marchander. L'*antiquailler*, ou vendeur de ces restes d'an-
„ tiquité, en demanda deux *Jules*. (a) Le *Jesuite* en offrit un, &
„ l'obtint. Après un second examen plus particulier, il soupçonna
„ la pierre d'être quelque chose de plus que du cristal : il alla chez un
„ *Lapidaire*, ou tailleur de diamans, sous prétexte de la faire tailler,
„ pour en entendre son opinion, & lui demanda seulement ce qu'il
„ vouloit avoir pour la tailler & polir : Le *Lapidaire* l'ayant touchée à
„ la meule, & considerée avec une attention qui se convertit en ad-
„ miration, dit, *mon Pere, ce diamant est gros, & il requiert beaucoup*
„ *de peine, & merite un soin particulier ; je ne le puis tailler à moins de*
„ *cent cinquante écus.* Le *Jesuite* contenant sa joye en soi-même,
„ dit que c'étoit trop, mais qu'il y penseroit, & reviendroit. Il s'en
„ alla répandre cette joye dans le sein du *Superieur* de la maison, qui
„ fut charmé de cette bonne fortune. Ils resolurent de faire venir le
„ Lapidaire, & d'accorder avec lui, pour tailler le *diamant* dans une
„ chambre de la *maison Professe*, ce qui ayant été accordé & execu-
„ té, on pensa à un prix, & à un acheteur capable de le donner. Le
„ *Grand Duc* ayant la réputation de payer très genereusement tout
„ ce qui étoit curieux & prétieux, on jetta les yeux sur lui. Le *Je-*
„ *suite* qui avoit trouvé la pierre la lui porta. *Son Altesse* la fit exa-
„ miner par ses jouailliers, qui la jugerent très prétieuse pour sa gros-
„ seur & son éclat, sans pourtant déclarer leur jugement devant le *Je-*
„ *suite*, & après avoir bien marchandé avec lui, elle l'achetta pour
„ septante-cinq mille écus. Quelques-uns ajoûtent une circonstance
„ que j'ai de la peine à croire, quoi que communément affirmée. Ils
„ disent, que *Son Altesse*, pour lui fixer d'une maniere despotique
„ un prix qui n'excedât pas la raison, tel qu'on ajoûte qu'étoit celui
„ que le *Jesuite* demandoit, le pria de lui laisser le *diamant* jusques
„ au lendemain matin ; ce que celui-ci n'ayant osé refuser, elle fit
„ tailler & polir pour ce tems-là par un Lapidaire un cristal de roche

Diamant du Grand Duc & son histoire.

exac-

(a) Le *Jule* fait environ huit sols, il y en a huit à l'écu Romain.

1697.
CHAP.
III.

„ exactement de la même groſſeur, & en la même maniere ; que le
„ *Jeſuite* revenant le lendemain à l'heure marquée, & demandant toû-
„ jours un prix fort audeſſus de ce que le *Grand Duc* vouloit donner,
„ il lui rendit le criſtal poli au lieu de ſon diamant, en lui diſant *re-*
„ *prenez votre pierre, c'eſt trop cher ; je n'en veux donner que ſeptante-*
„ *cinq mille écus* ; que ſoit que le *Jeſuite* trouva de la difference, quant
„ à l'éclat entre la pierre qu'on lui rendoit & celle qu'il avoit donnée,
„ ou qu'il deſeſperât de trouver un autre Prince qui lui en donnât da-
„ vantage, accepta la ſomme. On le conſerve dans le Treſor privé
du *Grand Duc*.

Du Palais du *Grand Duc*. Premierement de celui qu'on appelle *Palazzo di Pitti*

Les Palais Ducaux ſont dignes de loger des *Rois* ; les emmeublemens y ſont de la derniere magnificence ; & le Peintre & le Statuaire y
ont déployé toutes les richeſſes de leur Art. Le plus grand, qu'on appelle *Palazzo di Pitti*, eſt la réſidence la plus ordinaire de Son Alteſſe : la façade en eſt Gothique, & les piliers & colonnes avec leurs
chapitaux ſont d'ordre *Toſcan*. Il a aſſez de l'air du *Luxembourg* de
Paris, bâti par *Marie* de *Medicis*, ou celui de *Paris* paroît bâti ſur le
modelle de celui de *Florence*. Il ne plaît pas extérieurement aux yeux
de tout le monde ; mais il les dedommage auſſi generalement qu'agreablement par la belle ordonnance & la diſpoſition des appartemens.

Riches emmeublemens.

On y voit çà & là de curieux *buffets*, de riches *cabinets*, de magnifiques *tables de jaſpe*, ou de marbre de *Calcedoine* ; revêtues d'autres pierres plus prétieuſes, comme *agathes*, *topaſes*, *lapis lazuli*,
émeraudes, &c. qui y ſont ſi ingenieuſement enchaſſées, qu'imitant la
Peinture, elles repréſentent des Villes, des Batailles, des parterres de
fleurs, comme font d'autres qu'on voit dans la galerie.

Palazzo Vecchio. Belles Peintures, Statues, &c.

Celui qu'on appelle *Palazzo vecchio*, ne cede pas à l'autre en l'architecture, & peu en grandeur & en ornemens interieurs. On y voit dépeintes les victoires & les plus grandes actions de la Maiſon de *Medicis*, les ſiéges & les priſes de *Piſe* & de *Sienne*, & autres pareilles
entrepriſes d'éclat. Il le ſurpaſſe ſans contredit par ſes Tableaux, &
ſes Statues, dont la plûpart ſont du fameux *Michel Ange*. La belle
Victoire faiſant un priſonnier ; les forces d'*Hercule*, écraſant *Antée*,
tuant le *Centaure*, preſentant *Diomede* aux chevaux pour être dévoré,
aidant à *Atlas* à ſupporter le Ciel ; & vainquant la Reine des *Amazones*, & deux *Papes* de marbre en habits Pontificaux, dont l'un à ſçavoir *Leon X*, eſt repreſenté couronnant *Coſme I*, ſont des pieces admirables.

Outre l'Autel que j'ai déja nommé au ſujet de la Chapelle de *Medicis*, j'en vis là un autre preſque tout d'or maſſif & revêtu de pierreries artiſtement diſpoſées. Au milieu de cet Autel eſt le portrait de
Coſme II. en émail enrichi de pierres pretieuſes, auſſi bien qu'une
Couronne qu'il a ſur la tête, avec cette Inſcription,

COSMUS SECUNDUS DEI GRATIA MAGNUS
DUX ETRURIÆ EX VOTO, &c.

Sur quoi on raconte que ce Prince fit vœu dans une grande maladie
de preſenter cet Autel à *St. Charles Boromée*, s'il en revenoit ; mais
que la mort l'empêcha de l'accomplir. On nous montra auſſi un Calice du plus rare jaſpe avec un pied d'or ; il n'eſt pas conſacré & ne le
ſera

fera point, car depuis quelques siecles on ne celebre qu'avec des Cali- 1697.
ces d'or ou d'argent. On nous fit voir ensuite la Couronne *Ducale*, CHAP.
qui est d'or massif, celle avec laquelle le *Grand Duc* a coûtume de III.
couronner lui-même l'épouse de son fils ainé, ou plus proche heritier
le jour de ses nôces. Elle est aussi d'or, & ornée de grosses pierreries d'un grand prix, avec le Trône ou fauteuil d'argent massif, sur
lequel elle s'assied pour cela, qui est estimé jusqu'à cent quatre-vingt
mille écus. On porte tous les ans ce Trône dans la place connue sous
le nom de *Loggia dei Pisani*, où le *Grand Duc* assis dessus reçoit *Loggia dei Pisani.*
l'hommage annuel de ses principaux Officiers, comme Généraux, Gouverneurs de Places, Magistrats, &c. Je n'aurois jamais fait, ou je re-
peterois trop de ce qu'on sçait déja par diverses Relations, si j'entreprenois de faire un détail de toutes les raretez & richesses qu'on nous
fit voir. Je ne nommerai donc que les suivantes. I. Un ample service
de table tout d'or battu. II. Un grand bassin à laver avec un aiguiere,
ornez de *Turquoises* &c. aussi d'or massif & battu, avec une prodigieuse quantité de belle vaisselle d'or & d'argent, dont diverses armoires sont remplies. III. Un *Hengiar* ou couteau avec un sabre *Turc*; le
manche & la gaine du premier, & la poignée & le fourreau du second
sont d'or massif & enrichis des pierres les plus prétieuses. IV. Une
selle avec les étriers d'or, enrichis de même. V. Un magnifique lit,
dont les colomnes sont d'argent & enrichies de pierreries. Enfin on
ne peut gueres voir de plus riches emmeublemens de toutes les sortes
que ceux de ce Palais.

Le Palais de *Medicis* n'est pas beaucoup inferieur à ceux-là; si ce *Palazzo de*
n'est en grandeur. La façade en est même plus belle, où plaît davan- *Medicis.*
tage, quoi que depuis le pied jusqu'aux premieres fenêtres elle soit
Gothique; mais elle est bien relevée par l'ordre *Dorique*, & le *Corinthien*, qui ont été suivis dans le reste: les appartemens en sont reguliers & bien entendus, & très richement meublez. J'en trouvai la galerie, qu'on dit avoir été peinte par *Jordain* le *Napolitain*, tout à fait
digne de l'attention des curieux.

Entre les principales & plus considerables places de la Ville, qui en *Places pu-*
a jusqu'à dix, est celle qu'on appelle *Piazza del Gran Duca*, avec la *bliques.*
Statue équestre de bronze, plus grande que nature, faite pour *Cosme I. Piazza del*
sur un piedestal de marbre, orné de bas-reliefs, qui representent la re- *Gran Duca. Statue E-*
duction de *Sienne*, se soumettant à ce Prince. *questre.*

Celle qu'on appelle la *Loggia dei Pisani*, avec les Statues de *Judith Loggia dei*
de bronze, l'enlevement des *Sabines*, consistant en trois figures plus *Pisani & Statues.*
grandes que le naturel, d'une seule piece de marbre, & un *Perse* de
bronze, la tête de *Meduse* à la main, le corps & les pieds de bronze,
tout cela beaucoup audessus du naturel est d'un excellent dessein. Cet- *Hommage*
te place est également magnifique & étenduë. Le *Grand Duc* revêtu *annuel qui*
des plus pompeux habits de sa dignité, l'honore tous les ans de sa *Grand Duc*
presence, le 23. de Juin avec toute sa Cour, pour y recevoir, comme *sur cette*
j'ai déja insinué, l'hommage annuel des Gouverneurs, Magistrats, & *place.*
autres Officiers des Villes de son obéissance; & cet hommage consiste
à passer à cheval, comme en revuë, devant le Trône dont j'ai fait
mention, où est assise *Son Altesse*, en s'inclinant du corps, le chapeau à la main, & à lui presenter quelque galanterie, pour tribut de
leurs devoirs, & de leur soumission.

Son Alteſſe fait le même honneur à celle qu'on appelle *Piazza di Santa Maria Novella*, où ſe renouvellent le 24. du même mois les anciennes courſes *Romaines*, en chariots magnifiques, attelez chacun de deux chevaux. Il y a deux beaux *Obeliſques* de marbre, dreſſez pour buts par le Grand Duc *Coſme*. Le *point Vainqueur*, ou l'adreſſe qui remporte le prix, conſiſte à courir quatre fois ſucceſſivement autour de ces buts, paſſer le plus vite, & le plus proche, & éviter de les toucher, ſous peine de perdre; en la maniere dont parle *Horace* dans ſa premiere Ode,

> *Metaque fervidis evitata rotis,*
> *Terrarum Dominos evehit ad Deos.*

Les chariots ſont ordinairement au nombre de quatre, avec chacun deux chevaux à côté l'un de l'autre; ils commencent à courir en même tems enſemble; ils ſe renverſent quelquefois l'un l'autre, au grand avantage du renverſeur, quoi que ſouvent au grand danger de celui qui eſt renverſé; le prix conſiſte en une belle piece de damas. On prétend que ce ſpectacle a été inſtitué en memoire de ce qu'à pareil jour *Florence Payenne* devint *Chrétienne*, ou embraſſa publiquement la foi de *Jeſus-Chriſt*. Quelques-uns la font pourtant une continuation des jeux & courſes des Anciens.

La place de *Sainte Croix*, eſt le principal théatre du Carnaval, & ſur tout du divertiſſement que j'ai déja nommé *Calcio*, qui a été décrit par divers voyageurs, & dont je ne dirai autre choſe, ſinon que c'eſt une eſpece de jeu de ballon. Les deux partis, qui doivent jouer, choiſiſſent chacun leur Chef, qu'ils appellent *Principe del Calcio*, qui tiennent leur cour comme de véritables Princes dès qu'ils ſont élûs : on élit toûjours les plus riches Seigneurs, & les plus capables de faire figure. Les deux partis magnifiquement & diverſement vêtus, ayant chacun ſon Prince à la tête, ſe rangent comme en ordre de bataille entre des barrieres. Le ballon eſt jetté au milieu, & ils s'entremêlent ou s'empreſſent à qui le recevra au bond, & celui qui le fait ſauter par deſſus la barriere du parti oppoſé, gagne la victoire.

De *Florence* nous paſſâmes à *Piſe*, où je fus ſurpris de voir un plus grand vuide d'habitans qu'à *Sienne*, & de l'herbe au milieu de quelques ruës; car de plus de cent cinquante mille hommes adultes que cette Ville pouvoit, dit l'hiſtoire, compter autrefois dans ſon enceinte, il ne lui en reſte pas douze mille. *Livourne* en lui enlevant ſon commerce, l'a dépouillée de la meilleure partie de ſes habitans, & a profité de tous ſes avantages à cet égard.

Entre ſes plus conſidérables édifices ſont le *Baptiſtere*, la *Cathédrale*, avec ſa tour penchante, & l'Egliſe des Chevaliers de *St. Etienne*, ordre qui comme celui de *Malte*, jure une guerre éternelle contre les *Mahometans*. Ces trois édifices, qui ont toutes les beautez que leur donnent quantité de Relations, ſont ſituez ſur une grande place, comme des parties quoi que détachées d'un même tout. Les plus curieux ornemens de la *Cathedrale* ſont le chœur, la chaire de marbre *Parien*, quantité de belles figures de Saints en relief, les lutrins & les orgues. On me fit remarquer dans cette Cathedrale un excellent bas-relief ſur un marbre, qui, quoi que rompu & mutilé, n'a pas perdu toutes ſes beautez. Il repréſente l'hiſtoire de *Domitien* tuant un ſanglier; on y rencontre tout l'eſprit & toute l'ame que l'habile Antiquité

té donnoit à ses ouvrages. On donne cela pour un tombeau, mais il faut avoir bien de la foi pour le croire, ces figures étant une chasse, à moins qu'on ne pousse l'hiperbole, jusqu'à dire que c'est celui de ce sanglier. L'Histoire ancienne & la moderne nous parlent bien de quelques honneurs faits à des bêtes; mais c'étoit des bêtes de merite, & amies des hommes; comme le cheval de *Neron* fait Consul, le Rossignol mort d'une Dame *Romaine*, pour lequel on peut lire dans la *Villa Giustiniani*, près de *Rome*, l'élegie suivante:

Fabretti p. 332.

DIS AVIBUS
LUSCINIÆ PHILUMENÆ
EX AVIARIO DOMITIORUM SELECTÆ
VERSICOLORI PULCHERRIMÆ
CANTATRICI SUAVISS.
OMNIBUS GRATIIS AD DIGITUM PIPILLANTI
IN POCULO MURRHINO CAPUT ABLUENTI
INFELICITER SUMMERSÆ.
HEU MISELLA AVICULA
HINC INDE VOLITABAS,
TOTA GARRULA, TOTA FESTIVA:
LATITAS MODO
INTER PULLA LEPTYMIS LOCUMENTA
IMPLUMIS FRIGIDULA CLAUSIS OCELLIS
LUSCINIA PHILUMENA
DELICIÆ SUÆ
QUAM IN SINU PASTILLIS ALEBAT,
IN PROPRIO CUBICULO
ALUMNÆ KARISSIMÆ* LACRUMANS POS.
HAVÆ AVIS JUCUNDISSIMA
QUÆ MIHI VOLANS OBVIA
BLANDO PERSONANS ROSTELLO
SALVE TOTIES CECINISTI
CAVE AVIS AVIA AVERNA,
VALE ET VOLA PER ELISIUM.
CAVEA PICTA SALTANS QUÆ DULCE CANEBAT
MUTA TENEBROSA NUNC JACET IN CAVEA.

Tome I. H 2 Cet-

* *Nota* que je raporte l'Inscription telle que je l'ai lue dans la *Villa Giustiniani*; c'est à dire, avec la barbarie de cette Ortographe.

Cette élegie me fait souvenir d'un charmant petit chien, les délices de sa maitresse pendant qu'il vivoit, & le sujet de ses pleurs après sa mort, honoré d'un superbe Tombeau, par l'amour d'un *Prelat*; tant pour la consolation de cette affligée, que pour une preuve de son amour pour elle; ou de la part qu'il prenoit à tout ce qui la touchoit, mais je n'ai pas vû de tels monumens élevez à des bêtes feroces.

Tombeau d'Henri VII. empoisonné avec une Hostie.

Avant que de sortir de cette Eglise, on me fit voir le Tombeau d'*Henri VII.* de la maison de *Luxembourg*, Tombeau qui n'a rien de plus remarquable que de perpetuer la memoire de ce Prince, empoisonné par le *Dominicain Bernardo Politiano*, dans une *Hostie*; en recevant la communion de sa main. Je vis aussi là Tour appellée *Panchante*, pour le malheur qu'elle a d'être mal assise d'un côté, où ses fondemens s'étant affaissez la font pancher. L'opinion commune s'est accoûtumée à regarder ce défaut comme une perfection; ou une merveille de l'art, qui a sçû, dit-elle, trouver le moyen d'élever contre les regles ordinaires, & de faire subsister debout, depuis plus de cinq cents ans, un si grand & si pesant édifice. Cependant selon ce que d'habiles Architectes m'ont assuré, ce n'est que l'effet d'un accident semblable à celui qui fait pancher d'un côté la nouvelle Eglise de *Westminster* proche la *Tamise* : je ne sçai si elle subsistera aussi long-tems; on paroît au moins en douter en *Angleterre*, puis qu'elle est abandonnée.

Tour panchante.

Cette tour est de huit ordres de colomnes, les unes sur les autres, & revêtuë de marbre. L'escalier par lequel on monte au sommet, est de cent quatre-vingt-quinze dégrez, & fort bien entendu.

Battisterio.

Le *Battistere*, qui regarde la grande porte de l'*Eglise* à une distance de cinquante pas, est tout de marbre, de l'Architecture de *Jean Pisani*. Il est décoré au dedans de bonnes Peintures de *Gazzoli* & terminé par un Dôme comme celui de *Florence*. Les dehors en sont admirables. Il a au milieu un beau bassin, d'un marbre rouge & antique, où on baptisoit, dit-on, autrefois par immersion.

Une tradition, ou superstition fabuleuse, veut qu'il y ait eu premierement au même endroit une colomne de marbre, dont le poli formoit une espece de glace ou miroir, qui découvroit toutes les conspirations & les entreprises qui se tramoient contre la Ville : c'étoit au reste assez que le peuple crût cela pour être retenu dans son devoir.

Campo Santo.

Le Cimetiere public, appellé ordinairement *Campo Santo*, est une espece de Cloître rectangle, qui entoure un vaste quarré. Les galeries en sont larges & fort curieusement peintes à *Fresco*. Entre les Peintures on fait remarquer les véritables Portraits, dit-on, de *St. Thomas*, de *Castrucio Castracani*, & du Jurisconsulte *Aretin*, & entre les Tombeaux, ceux du fameux Jurisconsulte *Decius* & de *Bartole*.

On pourroit distinguer ce Cimetiere en deux parties, ou deux Cimetieres differens, par raport à l'usage, & apeller le premier, qui consiste dans les *galeries*, *Cimetiere particulier* pour les personnes élevées par leur merite, leur rang, ou leurs richesses, au dessus du commun, puis qu'on les enterre ordinairement là ; & le second, consistant dans le grand quarré découvert, *Cimetiere public*, où on enterre le commun peuple. Il y a pourtant quantité de personnes de la premiere volée, qui croyant comme on fait generalement là, que la terre de

ce

D'A. D. L. M. LUQUES, &c.

ce quarré, a été apportée de la *Terre Sainte*, & qu'elle a des vertus particulieres, y ordonnent leurs sepultures par leur Testament. C'est cette croyance qui le fait appeller *Campo Santo*; elle a au moins entre autres qualitez, celle de consumer les corps plûtôt qu'à l'ordinaire; mais on m'a dit que cette vertu n'étoit qu'un effet naturel de la chaux qu'on y a mêlée; & qu'on y mêloit en plus grande quantité, quand la Ville étoit peuplée. Au reste, on est si fort persuadé qu'il y a une grande quantité de Terre Sainte, qu'on assure que cinquante galeres envoyées par la *République* au secours de *Frederic Barberousse*, au tems de la *Croisade*; en revinrent chargées.

1697.
CHAP.
III.

L'Université qui est encore assez bien fréquentée; & les Monasteres des deux sexes, & autres communautez Religieuses, sont les parties les mieux peuplées de cette Ville; sur le sujet de laquelle je n'ajoûterai rien, sinon que ses maisons sont generalement bien bâties, ses ruës uniformes; ce qui avec la magnificence de quantité de somptueux édifices publics, la rend une des plus belles d'*Italie*.

Université.

Ayant passé la nuit du 17. dans cette Ville, & prenant la poste de bon matin le 18; nous en sortîmes par la porte de *Luques*; & apperçûmes bien-tôt après être sortis, un bel Aqueduc; qui conduit à *Pise* de l'eau; qui, à ce que me dit mon directeur de voyage, prend sa source entre les montagnes qui separent le *Pisan* du *Lucquois*. Ces deux Païs sont peu étendus, mais également fertiles, entremêlez, sur tout le dernier, de quantité de maisons de plaisance; de belles plaines; de vignes; d'oliviers, & autres arbres fruitiers, objets qui récréent agréablement les yeux par leur varieté, mais que la saison ne nous permettoit pas de voir alors dans tous leurs avantages.

Aqueduc.

Nous nous rendîmes à *Lucques* entre midi & une heure; nous nous y arretâmes jusqu'à quatre. C'est l'unique Ville *Catholique* un peu considerable de toute la *Toscane* qui ait conservé sa liberté, & où il n'y ait point de *Jesuite*: il n'y en avoit au moins point alors. On la fait plus ancienne que *Rome*; dont elle a été dans la suite *Colonie*: Elle est aussi bien peuplée que *Pise* l'est mal; mais ses maisons sont moins bien bâties, les ruës plus étroites, moins droites, & moins regulieres: Sa Cathédrale est un somptueux vaisseau: elle est servie par des Chanoines; qui ont le privilege d'officier en chappes violettes, & en mitres; comme ceux de *Lion* en *France*, privilege que leur accorda *Alexandre III* en 1172.

Luques.

La Chapelle nommée *delli Angeli*, est également magnifique, par les materiaux qui la composent, & par l'art qui les a mis en ordre & ornez. On y fait remarquer aux Etrangers le *Crucifix* miraculeux appellé *Volto Santo*; dont on attribue la façon, au moins pour la tête aux Anges, & pour le reste du corps à *Nicodeme*. Cette façon, sauf le respect dû à la sainteté des ouvriers, est fort commune, & ne plaît gueres; mais la couronne d'or, enrichie de diamans, qui est sur la tête, & les autres prétieux ornemens des autres parties du corps, quoi que faits par des mains moins venerables, sont fort estimez, tant pour la délicatesse de l'ouvrage que pour les pierreries, qu'on fait monter à plus de quinze mille écus; & cette Chapelle avoit déja reçû, me dit-on, de la pieuse liberalité & dévotion de diverses personnes jusqu'à soixante mille écus de rente. Une autre Chapelle de la Famille *Brocella*, dans l'Eglise de *St. Augustin*, n'est pas moins

Eglises.

H 3 ce-

1697.
Chap.
III.

célebre, par les rares marbres de ses colomnes & de ses Statues, & autres ornemens, que par une Image de la *Vierge*, qu'on y révere, pour avoir, dit-on, répandu autrefois miraculeusement du sang, après avoir été frapée d'une pierre que lui jetta un joüeur desesperé d'avoir perdu son argent. On raconte un semblable miracle d'un *Crucifix* qui se voit à *Santa Giulia*, pour avoir aussi été frappé de la même maniere par un Soldat, & on ajoûte que ces deux Percusseurs furent engloutis sur le champ, par la terre qui s'ouvrit sous leurs pieds, pour punition de leurs impietez.

Genes.

Nous nous rendîmes à *Genes* le 19. L'Antiquité de cette *République*, sa puissance passée qu'elle a étendue jusqu'au *Palus Mæotide*, sont aussi connuës que sa décadence; son *Doge* est choisi d'entre les *Senateurs*, & ne regne que deux ans. On lui met après son élection une Couronne *Royale* sur la tête & le sceptre à la main, à cause que la *République* est souveraine du Royaume de *Corse*. Son habit consiste en une robbe de velours, ou de satin cramoisi, le premier pour l'hiver & le second pour l'été, un bonnet pointu de même étoffe, & en la forme qui est representé par la planche I.

Situation avantageuse de la Ville & sa force.

La Ville est aussi avantageusement qu'agreablement assise sur le panchant du mont *Apennin*, & descend jusqu'au bord de la Mer. Ses moles qui ferment son port n'empêchent pas que le vent violent ne fasse danser quelquefois dangereusement les Vaisseaux. Elle est bien fortifiée, tant du côté de la Terre que de celui de la Mer. Elle ne paroît pas avoir grand sujet de craindre un long siége, puis que ceux qui l'entreprendroient ne pourroient se dispenser de l'assiéger premierement, ou de la bloquer par Mer, avant que de le faire par Terre, & mettroient leur Flote en grand danger, à cause de plusieurs rochers couverts, qui sont aux environs & du vent d'*Ouest*, qui les y exposeroit en soufflant entre les Moles s'ils y entroient; outre qu'ils auroient à essuyer une grosse & nombreuse artillerie, dont ses Remparts sont abondamment garnis. Il n'y a d'ailleurs point de retraites voisines, où cette Flote pût se mettre à couvert, en cas de tempête. Une Armée de Terre ne pourroit s'en approcher du côté de Terre que par des défilez bien gardez & bien deffendus par quantité de petits Forts revêtus de briques, dont les Bastions sont herissez pour ainsi dire avec des Redoutes; & ces Forts avec ces défilez, ne rendroient pas la rétraite moins difficile & moins dangereuse que les approches, en cas qu'elle fût réduite à abandonner l'entreprise.

Elle conserve encore à son *Occident* plusieurs tristes vestiges de treize cent bombes foudroyantes, lancées en 1683, par la colere du *Jupiter des Gaules*, qui ne fut appaisée que par l'intercession du Souverain Pontife, & par la soumission de la *République*, dont le *Doge* accompagné de quatre Senateurs alla à *Versailles* faire excuse à Sa Majesté *Très-Chretienne* d'avoir provoqué cette colere, en favorisant les intérêts d'*Espagne* au préjudice de la *France*. Deux Medailles frappées en l'honneur du Roi en transmettent la memoire à la posterité.

Medailles frappées en France en memoire du Bombardement de Genes.

Sur l'une paroît son Armée Navale en ordre de Combat devant le Port, & le Roi en *Jupiter* accompagné de son Aigle, le foudre à la main, au dessus; la Legende est,

VIBRATA IN SUPERBOS FULMINA.

Foudres lancez sur les superbes.

Et dans l'Exergue sont ces deux mots,

GENUA EMENDATA.

Genes châtiée.

Avec la date, M. DC. LXXXIV.

L'autre représente le Roi debout sur le marchepied de son Trône, & devant lui, au bas des dégrez, le *Doge* avec quatre Senateurs en posture de suppliant, avec cette Legende,

GENUA OBSEQUENS

Genes soumise :

On lit dans l'Exergue ces mots,

DUX LEGATUS ET DEPRECATOR,

Le Doge envoyé par la République pour implorer la clemence Royale.

Avec la date MD. LXXXV.

Je n'ai rien à ajoûter aux descriptions qui ont été faites de l'Arsenal, qui contient des armes pour beaucoup plus de Troupes que la *République* n'est aujourd'hui en état d'en entretenir. Je trouvai dans cette superbe Ville, si vantée de tant de voyageurs, un défaut que les habitans veulent faire passer pour une de ses perfections ; c'est d'avoir ses rues trop étroites, à la réserve de cinq, à sçavoir *la strada Nuova, la Balbina, la Lomelina, la Lanieri, & celle di San Domenico.* La raison de ceux-ci est, que les ardeurs du Soleil étant fort incommodes en été, pour ceux qui sont obligez par leurs affaires de marcher dans la Ville, pendant qu'il y regne avec le plus de force, peuvent passer, aller & venir sous la protection ou à l'ombre, que leur fournissent les maisons, qui sont par tout fort élevées ; & quand j'objectai que ces rues étoient pour la plûpart inaccessibles aux carosses, on crut me fermer la bouche, en me découvrant une double commodité, où je trouvois une simple incommodité, en me disant, que les Litieres qui sont là le plus à la mode, & que deux mules supportent gravement, & sans bruit, étoient, avec les chaises à porteurs, d'incomparablement plus douces voitures que les carosses, qui étourdissent ailleurs tant les personnes qui sont dedans, que celles qui sont obligées d'aller à pied. Comme je n'étois pas venu là pour critiquer, je ne fis plus aucune objection sur un sujet auquel ils ne trouvoient rien à redire eux-mêmes. Ce n'est pas qu'il n'y ait des carosses à Genes, mais ils y sont en très petit nombre.

On feroit tort à cette Ville de lui refuser rang entre les plus belles. La magnificence de ses Palais, de ses Maisons, & de ses Eglises, est ce qui l'a fait apparemment surnommer la *superbe* ; car pour ses conquêtes,

64 VOYAGES

1697.
CHAP.
III.

quêtes; elle n'en conserve plus que le souvenir, si on en excepte *Corse*, & ce souvenir n'est gueres propre qu'à inspirer des sentimens d'humilité.

Eglises de Gones.

Les *Eglises* y plaisent extraordinairement; la *Cathedrale* a de grandes beautez, quoi qu'elle ne plaise pas le plus. Mon compagnon de voyage m'y procura la vue de la prodigieuse *Emeraude* pour sa grandeur, représentée sur l'Estampe V, à la tête de ce Chapitre. C'est un espece de plat, pour la forme, qui a plus de quinze pouces de diametre, & six de profondeur; il est tout uni sans ornemens ni figures. On débite diverses Histoires fort incertaines sur cette prétieuse pierre; comme que ce fut un des presens de la Reine de *Saba* à *Salomon*, qu'il servit à *Jesus-Christ* pour donner son dernier souper à ses disciples. Quelques *Virtuosi* m'ont dit, comme une chose assez probable, qu'il fut trouvé à *Cesarée*, & cedé aux *Genois*, en partage du butin pris dans cette Ville par les *Croisez*. Quoi qu'il en soit; c'est une très riche production de la nature, & l'unique Antiquité qu'ait *Genes* avec son *Rostrum*, ou bec d'un vaisseau *Romain*, qu'on voit au dessus de la porte de son Arsenal. Ce *Rostrum* n'a que son antiquité pour prix; il est tout de fer, & sa pointe se termine par la figure d'un museau de Sanglier. L'*Emeraude* se conserve dans la Sacristie de la Cathedrale; on ne la montre pas facilement au premier venu, mais on ne refuse point cette faveur aux Etrangers, qui ont la recommandation de personnes connues, ou plûtôt qui portent la leur avec eux dans leurs manieres. Un *Ecclesiastique* en surplis se la pend au col, par le moyen d'un cordon d'or & de soye, tissus ensemble, qui y est attaché, & l'offre ainsi avec une décente ceremonie à voir, & non à toucher. NB. Monsieur *Talman* fut balotté dans le *Senat*, pour la liberté d'en tirer le dessein, tel qu'il est représenté sur ladite Planche, c'est-à-dire, dans la grandeur naturelle de l'original en profil. C'est la plus grande Emeraude qui soit aujourd'hui connue dans le monde, & qui y ait été connuë par le passé, à moins qu'on ne fasse voir que la Statue de *Serapis* de neuf coudées, qui étoit, dit l'histoire, dans le *Labyrinthe*, & la belle colomne qu'*Herodote* prétend avoir vue dans le Temple d'*Hercule*, chacune aussi d'une seule Emeraude, ayent existé réellement.

Emeraude d'une prodigieuse grosseur.

Je ratifiai à l'Eglise de l'*Annonciade* des *Peres Mineurs*, & à celle de *St. Ambroise* des *Jesuites*, la préference qu'on leur donne, & à quantité d'autres les loüanges qu'elles avoient déja reçues de divers voyageurs, tant pour l'Architecture, la Sculpture & la Peinture, qui s'y sont distinguées, que pour la richesse des materiaux, & pour leurs prétieux ornemens mobiles, utenciles Sacrez d'or & d'argent, enrichis de pierreries, pour la plûpart, comme dans les autres lieux d'*Italie* que j'ai marquez.

Peu de Reliques Saintes

Les Eglises *Catholiques-Romaines* se font un grand merite de la varieté & de la quantité de leurs saintes Reliques, sur tout en *Italie* & en *Espagne*. On accuse celles de *Genes* & de *Verone* d'en manquer, & on pousse l'exageration où la malice de parti Religieux, jusqu'à leur reprocher de n'avoir qu'un *âne*, entr'elles, pour Reliques, à sçavoir, celui avec lequel *Jesus-Christ* fit son entrée triomphante en *Jerusalem*. On y ajoûte même, que *Genes* n'en a que la queue; mais pour dire la vérité, ce reproche n'est fondé que sur ce que ces

Villes

D'A. D. L. M. GENES, &c. 85

Villes en ont, peut-être, moins pour leur grandeur & le nombre de leurs Eglises, que diverses autres plus petites. Au reste, quant à *Genes*, à ce qu'on m'a assuré très serieusement, elle n'a rien qui ait raport à cette queue d'*âne*, ni même aucune autre partie ou membre de la bête, & tout cela n'existe que dans la jalousie des autres Villes d'*Italie*, moins belles & moins magnifiques. Elle a au contraire non seulement quantité de membres humains, mais aussi des corps entiers de Saints, même d'entre ses habitans; par exemple, dans la belle Eglise des *Théatins*, ceux de *San Felice*, *San Siro*, *San Romulo*, *San Valentino*, qui ont été, suivant la Chronique du Païs, Evêques de cette Ville; les corps de *St. Michael*, & *de Sainte Marie de Genes*, Religieuse; dans celle de *Giesu Maria* & dans la Cathedrale, les cendres de *St. Jean Baptiste*, aportées, dit-on, de *Smirne* en 1098; par la Flote *Genoise*.

1697. CHAP. III.

Après avoir vû autant de *Genes* & de ses environs, que quatre jours que nous y restâmes me le permettoient, outre quelque part que nous prenions les soirs aux divertissemens du Carnaval, nous prîmes la poste pour *Milan*. Nous ne trouvâmes sur la route rien de considerable à voir, où la diligence avec laquelle nous voyagions ne nous permit au moins de voir que l'Université de *Pavie*, avec sept Colleges, dont celui de *St. Charles Boromée* remporte le prix de la beauté, dans l'opinion de tous ceux qui le voyent. La Cathedrale, la belle Statue équestre de bronze, faite pour *Antoninus Pius*, selon les *Antiquaires*, & selon d'autres pour *Constantin le Grand*, ou selon l'opinion commune, pour *Charles I*. Le beau pont, qui est sur la riviere *Tecin*, de laquelle la Ville portoit anciennement le nom; à quelque cinq Milles plus loin le celebre & beau Couvent des *Chartreux*, qui passe pour un des plus anciens de cet Ordre, & dans le voisinage duquel on prétend que *François I.* perdit la Bataille & la liberté en 1525. L'Eglise qui accompagne ce Couvent est un fort beau vaisseau, bien entendu, les Chapelles sont très richement decorées : le Tabernacle du maitre-autel a couté, dit-on, plus de cent mille écus; sa *Sacristie* est très riche en utenciles sacrez.

Pavie.

Nous arrivâmes le 29 à *Milan*, qui me parut pour sa grandeur une seconde *Rome*, & beaucoup plus peuplée que la premiere. On y comptoit jusqu'à quatre cent mille ames, c'est-à-dire, près d'une fois autant qu'à *Rome*, à quoi pouvoit contribuer alors la guerre, qui y avoit fait doubler les Garnisons & y attiroit quantité d'Officiers, outre que le *Carnaval* y amenoit plusieurs habitans des environs. Elle a neuf à dix Milles de circuit, & plus de deux cents Eglises dans son enceinte. La Religion fait à *Milan* la plus belle figure d'*Italie* après *Rome*, tant par ses ceremonies que par la magnificence, les ornemens de ses Eglises, la richesse des habits Sacerdotaux, & des utenciles sacrez qui y sont.

Milan.

Il *Domo*, ou la Cathedrale, dédiée à la Vierge, passe, après la Basilique du *Vatican*, pour le plus beau & le plus grand édifice de tout ce Païs en ce genre. Je crois pourtant avec plusieurs, qu'on peut se contenter de dire le plus grand, & qu'on peut expliquer *beau*, par la quantité de ses riches materiaux; car j'y ai vû un bon nombre d'Eglises, qui plaisent beaucoup plus par la noble quoi que plus simple majesté de l'Architecture, & de leurs ornemens, que celle-ci

Il Domo.

Tome I.   I   avec

1697.
Chap.
III.

Riches materiaux du Dôme.

Richesse & abondance des vases & autres utenciles sacrez.

Oblation des Vieillards & des vielles.

Messe Ambroisienne.

avec la profusion des siens. C'est à la vérité un immense travail, & du plus beau *Gothique*, & ses cent quatre-vingt-dix-huit belles & grosses colomnes de marbre *Oriental*, estimées seules plus d'un million d'écus *Romains*, avec plus de six cent Statues de Saints & de Saintes qui ne le sont pas moins, y sont une superbe figure, outre que tout l'édifice est incrusté de marbre tant au dedans qu'au dehors jusqu'au clocher; ses deux grandes & grosses colomnes, qui sont à la grande porte de la façade, sont du plus beau granite; & ont une noble apparence. C'est dommage que cette façade, commencée depuis quelques siècles, ne soit pas achevée: elle ne le sera, à ce que j'ai entendu dire, de long-tems, à moins que quelque grand Prince, ou quelque personne assez riche n'en fasse toute la dépense; car pour les dons particuliers, ou les contributions de la dévotion publique pour cela, on les employe à d'autres usages; & quelques-uns disent, que ne la pas finir est un moyen dont les *Prêtres* se sont avisez fort utilement pour eux-mêmes, lequel perpétue ces contributions. D'autres colomnes de différents marbres rares, & les autels d'une Architecture plus moderne que le corps de ce vaste édifice, plaisent extraordinairement: la richesse & le travail, & la quantité des utenciles sacrez & ornemens mobiles, sont extraordinaires; on en expose, à ce que m'ont assuré des personnes dignes de foi, aux grandes Fêtes, tant en calices, patenes, croix, que chandeliers, lampes, reliquaires &c! le poids de plus de deux mille onces en or; & de plus de cent mille en argent, sans y comprendre le nombre prodigieux de pierreries, dont plusieurs sont enrichis. Entr'autres, le *pectoral* d'or de l'*Archevêque*, revêtu d'un rose de rubis, au milieu desquels régne une grosse topaze qui est d'une beauté achevée; sa *bague* avec un des plus beaux saphirs (*a*) qu'on puisse voir ailleurs; un *Missel*, dont la couverture est non seulement d'or massif, avec de belles figures en bosse des Apôtres &c., mais encore enrichi de diverses pierres très prétieuses & fort ingenieusement disposées.

Entre les vases d'argent, on en voit dans la *Sacristie* une sorte particuliere au *Rite Ambroisien*, on les appelle vases d'*Oblation*. Leur forme est telle que la représente la figure B, de la Planche V, qui en contient deux. Voici leur usage; un Vieillard & une Vielle en portent ainsi chacun deux, avec du vin dedans, au Prêtre qui celebre la Messe *Ambroisienne*, & les lui offrent, comme font deux autres des deux sexes deux hosties, selon la représentation de la figure C, ce qui se pratique au tems de l'*Offertoire*, & en la manière suivante. Les hommes s'avancent jusqu'aux degrez de l'autel, & les femmes jusqu'aux balustrades qui l'enferment; les uns & les autres font chacun & chacune une profonde reverence à leur maniere, & prononcent tour à tour, *Reverendissime Pater, benedic*, & il dit, *benedicat te deus & hoc munus tuum, in nomine Patris, Filii, & Spiritus Sancti*; puis donne à chacun & à chacune son *manipule* à baiser; on appelle cette *Hostie*, & ce vin, le pain, & le vin de l'*Oblation*; le Prêtre consacre ensuite ce pain & ce vin.

La coûtume du pain de la *Liturgie*, que les Prêtres *Grecs* distribuent après la consécration, & celle de porter les Dimanches du pain aux Prêtres *Latins* celebrants, pour être benit & qu'on distribue ensuite

(*a*) Le *Pape Sixte IV*. fit present de ce saphir à *St. Charles Boromée*.

suite au peuple dans quantité de paroisses *Catholiques Romaines*, pourroient avoir donné lieu à cette ceremonie, ou en être des imitations. Quoi qu'il en soit, la Messe *Ambroisienne* cite pour son Auteur *St. Augustin*, qui vouloit, dit-elle, que tant les hommes que les femmes offrissent du pain & du vin aux Prêtres celebrans, pour être beni, & puis distribué entre les Fidelles. Le *Rite Ambroisien* n'est reçû que dans le Diocese de *Milan*, dont *Montza* qui y est renfermé est excepté & s'est excusé de le recevoir, par son indépendance de l'*Archevêque*, à plusieurs égards, & en vertu de ses prérogatives, prétendant qu'elle n'est pas une fidelle imitation de l'usage prescrit par *St. Augustin*. Une autre coûtume qu'a l'Archevêque, de porter le Sacrement ou l'Hostie consacrée en procession avec la *Mitre* sur la tête, n'a non plus aucuns imitateurs. Le *Pape* même ne la porte jamais ainsi, quoi qu'il le lui permette, en vertu de l'antiquité de cette coutume.

<small>1697. CHAP. III.</small>

<small>Coutume particuliere à l'*Archevêque* de porter l'Hostie consacrée la Mitre sur la tête.</small>

Les vieillards & les vieilles dont je viens de parler, forment à *Milan* une Congrégation, vouée à la ceremonie de l'*Oblation*; ils ont une Croix particuliere, portée par un Novice dans les processions publiques, & précedent le Clergé *Metropolitain* en l'ordre suivant. Les Femmes suivent immediatement cette Croix; les hommes marchent après, chantant, ou répétant à voix peu élevée les mêmes Cantiques & Litanies que ce Clergé. L'habit des hommes consiste en une robe longue & noire, assez semblable à la soutane des Prêtres, qu'ils lient sur les reins d'une ceinture de cuir: ils portent ordinairement un bonnet applati ou plié sur le sommet de la tête, & un petit rabbat semblable au leur; & quand ils doivent offrir le pain & le vin, ils mettent au lieu de ce bonnet un espece de *Camail*, avec un surplis à manches larges, & une sorte d'écharpe apellée *Fanone*. Tout cela est representé par ladite Figure B. Les Femmes ont aussi une robbe noire, mais plus ample que celle des hommes, avec une ceinture semblable à la leur, & portent la cappe noire à l'*Espagnole*, avec un voile blanc de linge, comme C. L'Eglise de *St. Ambroise* a de grandes beautez, tant d'Architecture, que d'ornemens intérieurs. Le Cloître de *Citeaux* & la Bibliotheque *Ambroisienne*, sont dignes de la curiosité des voyageurs, sur tout cette Bibliotheque, qui contient, dit-on, septante-deux mille cent & treize volumes imprimez, & douze cent & deux manuscrits. Le bâtiment qui les contient est orné de Peintures des meilleurs pinceaux du tems, qui y ont représenté, entr'autres, les plus grands hommes de la *République des Lettres*. Le Cloître de *Citeaux* (a) est un bel édifice.

<small>Procession de la Congregation des vieillards & des vieilles.</small>

<small>Bibliotheque Ambroisienne.</small>

Après avoir employé six jours à *Milan*, que la complaisance de mon Gentilhomme *Milanois*, le Carnaval, & les curiositez du lieu, tant particulieres dans les Cabinets des *Virtuosi*, que publiques dans les Eglises, me firent trouver fort agréables, je le remerciai de ses honnêtetez, & lui demandai ses conseils sur la route de *Venise*, dont le voyage m'alloit priver de sa compagnie. Il me les donna fort obligeamment avec une Lettre pour un Officier de ses amis à *Brescia*, & un autre à *Venise*.

Ce que Mr. *Talman* m'a dit depuis de *Montza*, petite Ville à 10. ou 12. Milles de *Milan*, sur la riviere *Lambra*, & du tresor de raretez

<small>Modoïtia ou Montza.</small>

qu'il

(a) L'Ordre de *Citeaux* fut établi en 1095.

qu'il y a vu, & la description qu'il m'en a faite, m'ont fait repentir de n'y avoir pas été, & il faut que ce Gentilhomme *Milanois* qui fut un peu accablé d'affaires à son retour à *Milan*, ait oublié de m'en parler. C'est dans cette petite Ville qu'on conserve la *Couronne de fer*, dont les Empereurs se faisoient couronner à *Milan*. Cette Couronne est d'or, & n'est appellée *de fer*, qu'à cause d'un Cercle de fer qui la traverse, que plusieurs veulent avoir été fait d'un des clous dont *Jesus-Christ* fut attaché à la Croix. Mr. *Talman* a tiré les desseins des Couronnes d'*Ageluphe*, Roi des *Lombards*, & de la Reine *Theodolinda*, toutes deux enrichies de pierreries d'un grand prix ; d'une admirable coupe de la même Reine, qui est faite d'un seul saphir, excepté le pied qui est d'or; d'une Croix d'or fort curieusement émaillée, avec de saintes figures, representant entr'autres *Jesus-Christ* monté sur un âne, & donnant sa benediction au peuple; de la *Vierge* avec *Theodolinda* prosternée à ses pieds, qu'elle baise ; & l'histoire de *St. Jean Baptiste*, jusqu'à sa décolation. On prétend que cette Croix est un present que fit *St. Gregoire* au Chapelain de la Reine. J'ay trouvé les desseins de ces choses, & d'autres que renferme ce lieu si parfaits, qu'ils m'ont en quelque façon consolé de l'oubli de mon Compagnon de voyage, & de n'avoir pas été voir les originaux.

Brescia.

Je pris le 5. de *Fevrier* ma route par le district de *Brescia*, autrefois dépendance de *Milan*, maintenant de *Venise*. Il est aussi agréable & fertile que la *Lombardie* l'est en general, & c'est assez dire à sa louange. J'arrivai le 8. à la Ville de ce nom, après avoir traversé la riviere *Adda* qui se va perdre dans le Lac de *Como* que *Virgile* a nommé *Larius*; elle est agréablement située dans une petite plaine environnée de diverses montagnes & collines. Elle paroît assez forte par l'Art & par la Nature. Ses remparts sont bons : elle a un espece de triple Château qui a pour fondement ou assiette un gros rocher ceint de trois cercles de murs, qui font comme trois Châteaux; ces murs sont bien garnis d'artillerie, aussi bien que ses ramparts.

L'Ami du Gentilhomme *Milanois* étoit absent, mais je trouvai un de ses parens à qui je rendis la Lettre: ils étoient tous deux Officiers de la Garnison dans la Ville ; celui-ci m'offrit, & me rendit tous les petits services que je pouvois désirer.

Brescia, dit l'histoire, a été bâtie par les *Gaulois*, de qui les *Romains* la prirent: elle se rendit libre dans la décadence de l'Empire *Romain*; les *Milanois* lui ôterent sa liberté en se la soumettant, & enfin, les *Venitiens* lui ayant aidé à secouër la domination *Milanoise*, l'ont retenue sous la leur, où elle est restée jusqu'aujourd'hui. La maison de Ville est des plus belles, sur une spacieuse & agréable place ; il y a plusieurs Eglises assez belles entre lesquelles la *Cathedrale* appellée, comme generalement les autres d'*Italie*, *il Domo*, merite le premier rang. L'Evêque porte le titre de *Duc*. On y revere particulierement une Croix de couleur bleue celeste, qu'on appelle l'*Orosiamma*,

Orosiamma.

& que quelques-uns prétendent être la même pour la forme & couleur que l'histoire Chrétienne dit être apparue à *Constantin*, pendant qu'il combattoit contre *Maxencius*. L'Eglise de *Sainte Julie* est fort

Santa Giulia

riche en argenterie & vases précieux. *Brescia* est au reste une place forte, tant par l'Art que par la Nature.

Verona.

Je passai de là à *Verone* en moins de vingt-quatre heures: cette Ville le fut bâtie, dit-on, par les *Toscans* ; elle se vante d'avoir donné le jour à *Catullus* & à *Cornelius Nepos*, & est très agreablement située sur l'*Adige*, qui y forme l'Isle de *San Thomaso*, réunie à la Ville par quatre beaux ponts de pierre. C'est une des plus fortes Places qu'ayent les *Venitiens*. Les Eglises sont peu considerables en general : celle de *San Giorgio* m'a paru la plus belle, & celle de *S. Athanasia* après elle, pour sa Chapelle *di Giano Fregoso* avec ses Statues & autres ornemens de marbre. Sa Cathedrale est petite, mais ses Chanoines des plus grands Seigneurs de ce rang qu'il y ait en *Italie*. Pour ses maisons elles sont pour la plûpart assez mal bâties. Entre les Antiquitez de cette Ville, on ne sçauroit refuser son admiration à son *Amphitheatre* qui est magnifique, tant par sa grandeur que par la richesse des materiaux de marbre blanc, partie de *Bisalta*, sorte de marbre *Egiptien*, ou pierre rougeâtre ainsi nommée. Il est des mieux conservez qu'il y en ait peut-être aujourd'hui dans le monde. Sa forme est ovale, comme celle du *Colisée Romain*, il est trop connu pour que j'entreprenne d'en dire davantage. L'*Arc Triomphal*, élevé à l'honneur de *Flaminius*, n'a pas été si heureux, puisqu'il est presque tout à fait ruiné. Je ne restai pas plus de trois heures en cette Ville, & me rendis le 10. à *Vicence*, fondée selon *Tite-Live* par les *Gaulois Senonois*, où je ne m'arrêtai gueres plus long-tems. Elle me plut beaucoup plus que *Verone*, par la beauté de ses Palais & de ses maisons, dont la construction est plus reguliere. Entre les Palais, celui *della Raggione*, proprement la maison de Ville, entre ses Eglises *St. Etienne* & *St. Laurent*, entre ses places la *Piazza* avec ses *Porticos*, sont superbes.

1697. CHAP. III.

Amphithéatre de *Verone*:

Vicenza:

Quittant cette Ville après-diné, j'allai coucher à *Padoue*, qui n'en est qu'à dix-huit ou dix-neuf Milles, où me levant à la pointe du jour je visitai cette autre Ville qu'on met entre les plus anciennes du monde, jusqu'à lui donner *Antenor* pour fondateur. Son *Université*, autrefois si celebre, est aujourd'hui peu fréquentée. Le plus grand nombre de ses Ecoliers est de ceux qui aspirent à la *Prêtrise*, l'état le plus generalement recherché en *Italie*, & pour lequel on requiert moins de science ; car l'intelligence de la Langue *Latine* le plus souvent très imparfaite, semble suffire dans un Païs où les disputes sur la Religion sont presques inouies par la raison que j'ai donnée ailleurs.

Padoa:

Cette Ville a plusieurs belles Eglises, entre lesquelles *St. Antoine de Padoue*, *Sainte Justine*, *St. Augustin*, & *St. François* sont les plus belles. On admire particulierement dans la premiere, la *Capella del Santo*, la Chapelle du *Saint*, par excellence. Elle est une des plus riches en marbre & en ornemens d'Architecture & de Sculpture qu'on puisse voir ; l'autel dans lequel on dit que ses Reliques sont renfermées, est d'une magnificence achevée.

Capella del *Santo*:

On ne peut refuser une profusion de loüanges à l'excellent ciseau, qui y a representé sur le marbre diverses actions miraculeuses de la vie du *Saint*, & à des miracles qu'on croit qu'il a faits entre sa mort & sa canonisation. La dévotion publique paroissoit en reconnoître d'autres canonisez depuis, & lui en demander d'autres par des vœux ou Tableaux votaires, qui sont communément de miserables Peintures, que les pauvres gens n'ont pas moyen de faire plus belles, & qui font tort aux beaux endroits où ils sont placez, aussi-bien que les

1697.
CHAP.
III.

jambes, les bras, les têtes, & autres membres de cire & de plâtre, les bequilles de bois &c.

On voit encore autour de l'autel de cette Chapelle, quarante-deux lampes d'argent massif, & fort grandes, brulantes nuit & jour; qui avec celles de *Lorette* renouvelloient magnifiquement dans mon esprit l'idée de ce que j'avois lû touchant les *Lampes sepulchrales* des Anciens, que je crois avoir été également perpetuelles. Le chœur de l'Eglise est somptueux, & d'une belle maniere d'Architecture; il y a entr'autres ornemens, un chandelier de cuivre, haut de quinze pieds, estimé la plus belle piece, par le travail en ce genre, qu'il y ait en *Italie*, avec deux autres d'argent, qui pesent plus de trois mille onces, & dont l'ouvrage répond parfaitement bien à la matiere. Un Neveu du maître de Poste, Etudiant qui m'accompagna fort obligeamment & me servoit d'*Antiquaire*, me fit remarquer dans la grande sale du Palais *della Raggione*, qui est proprement la maison de Ville, entr'autres antiquitez assez connuës, un beau buste, qu'on croit communément fait pour *Titus Livius*, avec cette Inscription qu'il appelloit l'Epitaphe de cet Historien.

V. F. LIVIUS LIVIÆ F. QUARTÆ L. HALYS CON-
CORDIALIS PATAVI SIBI ET SOCIIS OMNIBUS.

CHAPITRE IV.

De Venise, *de ses Eglises & Palais, du Trésor de* St. Marc, *de l'Arsenal, de l'Eglise* Grecque, *de* Ravenna, Rimini, Pesaro, Fano, Seniglia *&* Ancona.

Carnaval de Venise.

J'Arrivai à *Venise* lorsque le grand Carnaval alloit expirer, je dis le grand Carnaval, car *Venise* en a plusieurs. Je n'ai jamais vû dans une même Ville, un déguisement si général, & plus magnifique, une si grande variété d'habits, si singuliers les uns par la nouveauté de l'invention, les autres par l'imitation des anciens, de ceux des *Grecs*, des *Turcs*, & d'autres peuples éloignez. La gravité *Italienne* étoit là plus animée qu'ailleurs, ce qu'on peut bien attribuer à l'affluence d'Etrangers de differentes nations; sur tout de jeunes gens, qui se rendent exprès dans cette Ville, pour partager ces divertissemens avec les *Venitiens*. Il n'est pas extraordinaire d'y voir des Princes de la premiere volée. Je trouvai pendant quatorze à quinze jours que j'y restai, que tout y répondoit bien à l'idée que m'en avoient donnée de bouche plusieurs personnes, aussi bien que les Relations que j'en avois déja luës.

Comme la *Religion* est ce qui fait par toute l'*Italie* la plus belle figure, je commence ordinairement mes remarques par les *Eglises*, & je continuerai en la même maniere. L'Eglise de *St. Marc* est toute de marbre & de pierres dures qui ne lui sont gueres inferieures en beauté. L'Architecture en est *Grecque*, elle est des plus riches en materiaux: plus de trois cents soixante colomnes de marbre de differentes sortes, grandeurs & couleurs, le riche *Mosaïque* de sa voûte, la curieuse marqueterie de son pavé & son Chœur, en font des ornemens ou des parties qu'on voit avec beaucoup de satisfaction, aussi bien

San Marco.

bien que le maitre-autel, avec la ΔΙΚΕΡΙΑΣ ou contretable admirable tirée de *Sainte Sophie*, lorsque les *Venitiens* furent obligez d'abandonner *Constantinople*. Elle est embellie de pierreries, & représente *Jesus-Christ* en habit de *Patriarche Grec*, & donnant la benediction au peuple. Le *Tabernacle* avec quatre belles colomnes d'albatre, & d'autres de marbres rares qui les accompagnent ; celles sur lesquelles sont les Statues de la *Vierge*, & des *Apôtres*, toutes de bronze avec le *Crucifix*; & un *St. Marc* d'argent massif ; les deux riches lutrins, l'un pour chanter l'Epitre & l'autre pour l'Evangile ; ses majestueux *peristiles* avec ses portes de bronze ; tout cela & tant d'autres belles parties, si on les prend ou considere chacune en particulier, sont des perfections de l'Art, aussi bien que des richesses de la Nature, mais ne composent pas un tout bien accompli, puis que le corps du bâtiment est mal éclairé, pour n'être pas assez élevé ni dégagé. Chacune des belles parties de ce tout, que je viens de nommer, meriteroit une description particuliere, si elles n'avoient été déja décrites. J'en dis de même de la grande & fameuse place, à laquelle cette Eglise donne son nom de *San Marco*, & qui regne entre elle, & celle de *St. Gemiana*, autre Eglise digne d'être vue, comme aussi du Palais *Ducal*, superbe & somptueux édifice.

Les Peintures de ce Palais sont belles, & retracent dans l'imagination le souvenir des actions les plus memorables de la *République*, entr'autres les honneurs *Royaux* rendus à ses *Ambassadeurs*. Elles representent ces Ministres d'une maniere qui répond à la dignité Royale qu'elle soutient ; étant couverts en presence des *Empereurs*, d'*Orient* & d'*Occident*, parmi lesquels se trouve *Frederic Barberousse*; lors qu'elle lui déclara la guerre en faveur du Pape *Alexandre III* ; le glorieux succés de cette guerre; le Prince *Otton*, fils de cet Empereur, emmené prisonnier au *Doge* qu'on voit assis sur la poupe d'une galere avec ses habits *Ducaux*, ayant une cuirasse dessous, que les deux devants de son manteau jettez en arriere, laissent voir; l'*Empereur* par pitié paternelle pour un fils qu'il voit entre les mains de ses Ennemis ayant la tête nue, & prosterné de son long devant le *Pape*, qui est assis sur un siege magnifique, & à qui il baise le pied droit, pendant que Sa Sainteté lui met le gauche sur le col, ou plûtôt sur les épaules pour le fouler, en vertu de ces paroles, *super basilicum ambulabis, conculcabis leonem & draconem.* (a) Le même *Pape* allant audevant du *Doge* victorieux, & lui mettant une bague (b) au doigt pour signe du droit, & de la possession qu'il lui donne de la Mer *Adriatique*, & que lui merite la glorieuse guerre qu'il vient de faire ; le *Pape* & l'*Empereur* avec des parasols d'or selon l'ancienne coûtume, & Sa Sainteté en ordonnant un troisieme pour le *Doge*, qui le porte encore dans les occasions solemnelles.

On ne peut voir sans beaucoup de satisfaction la riche *Bibliotheque* de ce Palais, non plus que le *grand Arsenal*, l'admirable pont *Rialto* avec une seule Arche au milieu de quelques cinq cents autres plus petits ponts sur les canaux, qui coupent ou partagent la Ville en tant de

---

(a) Ce fut dans *St. Marc* que le *Pape* mit le pied sur le col de l'*Empereur*, & une platine de cuivre qui est près de la porte, éternise cette action, & en marque le lieu.
(b) C'est, dit-on, l'Epoque de la coûtume qu'ont les *Doges* d'épouser solemnellement tous les ans au jour de l'*Ascension*, la Mer *Adriatique*, en jettant une bague dedans.

1697.
CHAP.
IV.

Le Bucentaure.

Le Primicero & ses prerogatives.

de differentes petites Isles, ses *Gondoles*, tant celles du commun que des personnes distinguées; le superbe *Bucentaure*, espece de galere magnifique, avec laquelle le *Doge* va épouser la Mer, & tant d'autres merveilles de l'Art qui se voyent à *Venise*. Mais je retourne pour un moment à l'Eglise de *Saint Marc*; c'est proprement la Chapelle du *Doge*; le *Primicero* qui y officie, est comme le Chapelain, & le Doyen des Chanoines qui la desservent constamment; il porte le *Rochet*, le *Gand*, la *Bague* à celebrer, la *Mitre*, la *Crosse*, & les habits *Episcopaux*, peut accorder quarante jours d'*Indulgences*, donne la benediction comme un Evêque, quoi qu'il ne le soit pas: privileges qui lui ont, dit-on, été accordez par le Pape *Alexandre V.*, & confirmez par ses successeurs.

Trésor de S. Marc & ses principales richesses.

On voit dans le Trésor de *St. Marc*, qu'on peut diviser en *Ecclesiastique* & *Ducal*, une riche variété de choses rares & prétieuses pour le travail & la matiere; dans le premier, quantité de beaux *Calices*, avec les *Patenes* d'or & de vermeil, & autres utenciles sacrez, ornemens d'autel, comme *Chandeliers*, *Croix*, *habits Sacerdotaux*, *Paremens d'Autel*, & entre ces derniers, un *devant-d'autel* estimé trente mille écus; une chasuble que le *Primicero* met les jours solemnels, qui surpasse cette somme en valeur; la *Bague* à celebrer du *Primicero*, avec une rose de pierreries parfaites, & montées à l'antique;

M. S. de l'Evangile de S. Marc crû de la main de cet Evangeliste.

sa Crosse; un Manuscrit qui n'est pas lisible, & qu'on donne pour l'original Grec de l'Evangile de St. Marc, écrit de sa propre main, dont la couverture d'or massif est un très curieux ouvrage d'orfevrerie, revêtu de diverses pierres très prétieuses; deux belles *Paix d'or*, dont une est revêtuë de perles, avec les figures en relief de *Jesus-Christ* à genoux, & priant au milieu de ses Disciples endormis. L'autre est plus riche en pierreries, a une prétieuse Croix de diamans au milieu, & est surmontée d'un petit Crucifix d'or.

Indice di San Marco.

L'*Indice* de *St. Marc*, dont on voit la representation sur la Planche III. No. 3. est d'argent, & doré à la main, au milieu & à la poignée; les *Venitiens* donnent pour Epoque à cet *Indice*, l'apparition miraculeuse d'une main en l'air, de cette forme, qui indiqua le lieu où étoit caché le corps de *St. Marc*. On ajoûte que cette main apparut au *Doge* même (il y a plus de trois siecles) & lui presenta un anneau d'or, qu'il porte tous les ans à pareil jour, dans une procession solemnelle. Son usage est d'être tenu par un Diacre qui montre au *Primicero*, lors qu'il celebre solemnellement, les commencemens des Oraisons qu'il doit lire, *Rite* particulier à l'Eglise de *St. Marc*.

Vases antiques & prétieux.

On voit dans le second, les originaux des deux vases des Planches No. VI. & VII. qui y sont tous representez d'après leur grandeurs originales: No. 2. est le fond de VII.

Le premier est tout entier d'un seul *Grenat*, couleur de hiacinthe, sans aucune addition que l'anse, qui est d'argent, & le second d'une seule *Turquoise*, orné d'un cercle d'or, qui entoure ses bords, & enrichi d'émeraudes, de rubis, & de perles. Mr. *Talman*, ayant obtenu la liberté de dessiner ce vase, aussi bien que l'autre qu'il a fait graver au nom de son Pere, l'a dedié au Cardinal *Ottoboni*, en reconnoissance de la faveur obtenuë par la recommandation de ce Cardinal, de dessiner tout ce qu'il y a de plus rare en ce genre, dans les deux trésors.

On

s ex integrâ Gemmâ Turcicâ.

N.° VII. Prototyp. acc. mensur.

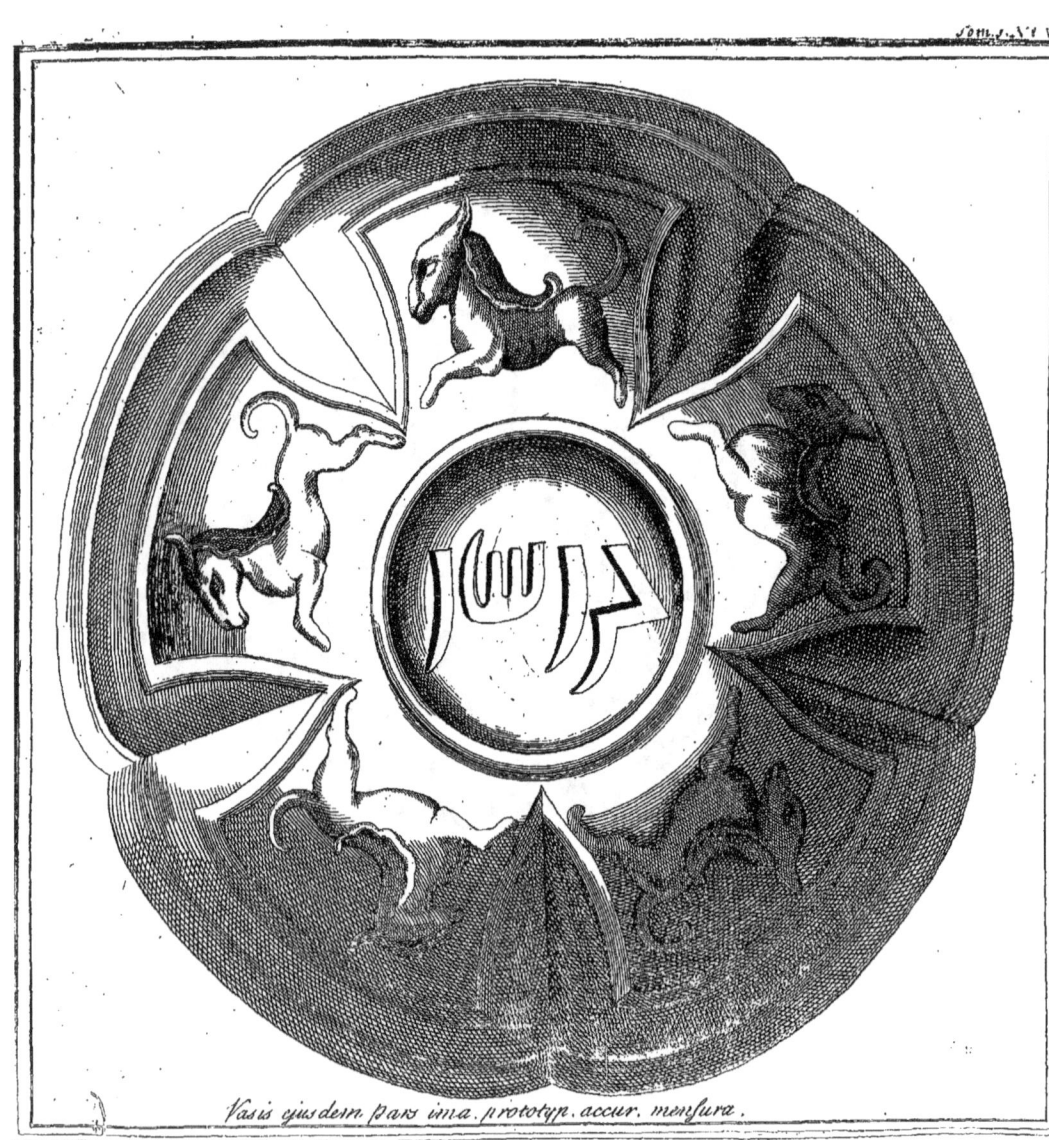

Vasis ejusdem pars ima, prototyp. accur. mensura.

On débite plusieurs histoires de leur acquisition ; l'une dit qu'ils furent pris avec la Ville de *Constantinople* par les Venitiens en l'an 1200, & transportées dans la suite avec diverses autres riches dépouilles à *Venise*, comme la *Dikerias* de *Ste. Sophie*, & en même tems que les quatre chevaux de bronze qui sont devant la grande porte de *St. Marc*, qu'on prétend être de métal *Corinthien* ; mais cette prétention est mal fondée, puis que s'ils étoient de ce métal, qui est une mixtion ou mélange que les Curieux préferent à l'or, ils ne feroient pas dorez : un autre veut qu'un Roi de *Perse* en ait fait present à la *République* ; d'autres en parlent encore diversement.

Entre douze *Couronnes d'or* de diverses formes, ornées de differentes pierres les plus prétieuses, est le *Bonnet Ducal*, en la forme de la Figure *b* de la premiere Planche, & enrichi des plus grosses, comme est l'*Escarboucle*, qu'on appelle *il Carbone*, qui est jugé, dit-on, presqu'inestimable pour son éclat & sa perfection. Cette *Escarboucle* est placée sur la pointe du *Bonnet Ducal*, & le *Doge* met toûjours sous ce bonnet une coëffe ronde, en forme de beguin à l'antique, de toile fine empesée. Voici l'histoire de cette coëffe, ou au moins elle m'a été racontée comme je la vais rapporter. Un Chef de conspiration contre la *République* nommé *Bajamonte Chepolo*, étant la nuit avec quelques-uns des conjurez dans la rue, directement sous une fenêtre de la maison où logeoit une bonne vieille femme, parla assez haut pour exciter la curiosité naturelle à son sexe d'écouter ce qu'ils disoient, & cette femme en ayant entendu assez pour découvrir la trahison, qui étoit de tuer le *Doge* & de se rendre maîtres du *Trésor* & de la *Souveraineté*, jetta un gros pot à fleurs selon quelques-uns, selon d'autres un mortier de marbre, qui tomba sur la tête du Chef de la conspiration, la lui cassa, lui ôta la vie sur le champ, au grand étonnement des autres, qui se jugeant découverts, s'enfuirent ; après quoi elle alla au Palais Ducal, demanda à parler au *Doge*, pour une affaire de laquelle dépendoit, disoit-elle, son salut, avec celui de l'Etat. Il étoit couché, & se leva en robe de chambre, lui donna audiance, & après qu'il eut entendu le tout, il en envoya informer les *Senateurs*, & fit assembler ses Gardes & les Soldats qui étoient dans la Ville, pour éteindre entierement le feu de la conspiration qui y pouvoit rester. Il offrit de l'or ou une pension pour grande récompense à cette femme, ce qu'il abandonna à son choix, & qu'elle refusa, en disant, *Je suis vieille, j'ai plus qu'il ne m'en faut pour le reste de mes jours* : hé bien, répondit le Doge, *donnez-moi la coëffe que vous aviez, quand vous avez jetté le pot à fleur ; je la veux porter plus proche de ma tête que mon* Corno, *entre lesquels je la mettray toûjours, quand je paroîtray en public, & je recommanderay que mes successeurs, en memoire d'une si genereuse action en fassent de même.* On garde cette coeffe dans le tresor, & tous les *Doges* en ont porté depuis une, faite de la même maniere sous leur bonnet, comme la figure de la Planche I. On ajoûte que cette Conspiration a donné lieu au petit *Arsenal* qui est dans le Palais, afin qu'en cas d'une autre on y ait toujours des armes à portée, pour se deffendre ; aussi bien qu'au petit tribunal *della Logietta*, qu'on a établi près de la Tour de S. *Marc*, où il y a toujours quelque *Procurateur* en garde, pendant que le *Senat* est assemblé. On montre dans le même tresor, l'épée d'*Henry III*. Roi de France avec laquelle il ga-

Tome I. K gna

1697.
CHAP.
IV.

Chevaux de bronze.

Couronnes & bonnet Ducal.

Histoire du *Beguin* que le *Doge* porte sous le *Corno*.

1697.
CHAP.
IV.

gna la Bataille d'*Ivry*, & qu'il envoya pour préfent au *Senat*, en reconnoiffance des fecours d'argent que la *Republique* lui avoit fournis. Elle eft faite à la maniere du tems, & n'a rien de plus remarquable que l'hiftoire.

Principales Eglifes de Venife.

Entre feptante Eglifes Paroiffiales, foixante Conventuelles, ou qui accompagnent des Monafteres d'hommes & de femmes, & vingt-trois autres attachées à des hôpitaux, generalement fomptueufes dans leur fabrique & dans leurs décorations, & riches en ornemens mobiles, utenciles d'or & d'argent, &c. on me fit remarquer & diftinguer principalement celles de *Santa Maria Celefte*, de *Santa Maria Gloriofa*, *Santa Maria di Miracoli*, *Santa Maria della Salute*, *di Santa Giuftina*, avec fon autel magnifique au fuprême dégré, *della Therefia à S. Nicolo*, *il Domo*, ou la Cathédrale dediée à *St. Pierre*. On voit dans celle-ci un fiége de marbre blanc, & deffus, des caracteres *Arabes* ou *Siriaques* que perfonne ne pouvoit, me dit-on, expliquer à *Venife*. On dit qu'il a été pris à *Antioche*, & que c'étoit le trône des Anciens *Patriarches* de cette Ville. L'Eglife attachée à l'Abbaye des Peres *Benedictins*, a de grandes beautez. Ces Peres comptoient alors, qu'il y avoit eu de leur Ordre, depuis fon inftitution, trente-huit *Papes*, vingt-neuf *Apôtres* ou Chefs des *Miffions* étrangeres, trente-un *Saints*, trois *Empereurs*, vingt-fept *Rois*, huit *Doges*, trois cent-un *Comtes* ou *Marquis*. Les *Religieufes* Veuves, ou Filles du même Ordre, comptoient douze *Imperatrices*, quarante-huit *Reines* qui ont quité les Monafteres, par la permiffion des *Papes*, pour la Couronne.

Ce qui eft renfermé de prétieux & de rare dans le Tréfor de *St. Marc*, & les autres richeffes de la République, lorfque fon Commerce fleuriffoit, peuvent avoir acquis à *Venife* l'épithete de *Venetia la Ricca*, titre qu'elle foûtient aujourd'hui bien foiblement. Ses conquêtes l'ont épuifée & appauvrie par les dépenfes d'Armées & de Garnifons qu'elle a été obligée de faire pour fe les conferver, fur tout par la négligence du Commerce, l'ame des Etats. Les perfonnes qui s'y étoient enrichies s'étant enyvrées ou éblouïes par les idées vaines d'une fterile gloire, ont laiffé le certain pour l'incertain, en retirant l'argent qu'elles y avoient pour en fixer, ou plutot enterrer le profit, en faifant des acquifitions en Terre ferme, que les anciens propriétaires pouvoient reprendre un jour, ou ont déja repris pour la plûpart, témoin la *Morée* que les *Turcs* ont reconquife en dernier lieu avec quantité d'Ifles, en quarante jours.

Etat prefent de l'Eglife de Venife.

Force de Venife.

L'Eglife n'eft pas fi puiffante, ni fi riche là qu'ailleurs, fur tout en revenus fixes de terres; fi on en excepte quelques Abbayes, entr'autres celle que j'ay nommée, la République ayant trouvé à propos de les borner. Pour la Place, elle eft auffi forte par la feule nature fans l'art qu'on puiffe fouhaiter, quoy qu'elle foit ouverte de toutes parts; car comme quelqu'un a deja remarqué avant moy, fans portes, & fans murailles, ni ramparts, ni fortifications, ni citadelle, & fans garnifon, elle eft affurément une des plus fortes Villes de l'*Europe*, & j'ajouteray, des plus agreables, & des plus magnifiques. La mer qui remplit les foffez que la nature luy a creufez, & qui par fon flux & reflux remue, & change continuellement fes fables, en rend les approches impraticables, fans le fecours de fes *Pilotes Jurez*.

L'Arfenal de Venife.

Le grand *Arfenal* que je n'ai fait que nommer, merite ce titre

par

par excellence au dessus de tous ceux de l'*Europe*, & peut-être du monde, par son étenduë de deux Milles en circuit, & audelà, & par la varieté des édifices,& des choses qu'il contient, comme outre des armes blanches & à feu, tant antiques que modernes, pour plus de cent mille hommes, la grosse artillerie consistant en Mortiers, Canons, Fauconneaux, &c. des chantiers pour bâtir, le *Bucentaure*, les Vaisseaux de guerre, les Galeres, Galeaces, &c. avec un Port pour la plus grande partie de la Flote; & des Magasins pour les voiles, les cordages, & autres choses qui y appartiennent; des Boulets, Bombes, Grenades, &c. toutes sortes de munitions de guerre & de bouche, tant pour les Armées de terre que pour celles de mer.

1697. Chap. IV.

On ne peut refuser des louanges particulieres aux Lions de marbre que représente la Planche VIII., qui furent, selon l'Inscription, tirez du Port *Pirée*, après la prise d'*Athenes* & transportez à *Venise*, où par arrêt du *Senat* ils ont été placez au vestibule de l'*Arsenal*. Je m'étonne que tant de voyageurs qui ont écrit de cet Arsenal, les ayent passez sous silence.

Je liay connoissance, pendant mon sejour à *Venise*, avec des *Grecs*, qu'on appelle à *Rome Schismatiques*, parcequ'ils ne reconnoissent pas le *Pape* pour *Patriarche* des *Patriarches*, & qui appellent ainsi eux-mêmes, à leur tour, ceux qui le reconnoissent pour tel. Il y en avoit un qui aspiroit à la prêtrise, & devoit, disoit il, aller en recevoir l'Ordre du Patriarche de *Jerusalem*. Il étoit des moins ignorans de cette nation, que j'aye vûs dans la suite; il parloit bon *Italien*, & entendoit le *Grec* litteral, ce qui est être aussi sçavant qu'un Prêtre ordinaire *Catholique*, qui entend en *Italie*, ou en *Espagne*, le *Latin*, ou un *Iman*, ou Prêtre *Turc*, l'*Arabe*. Il se dechaînoit fort publiquement contre l'*Evêque Grec* de Cephalonie, *Theobaldos*, qui prenoit le titre de *Patriarche Grec à Venise*, & avoit reconnu le *Pape* pour *Patriarche des Patriarches*, & Chef de l'Eglise universelle. Il le blâmoit d'autant plus que la *République* n'a jamais, disoit-il, exigé cela d'aucun de ses Sujets *Grecs*, à qui elle accorde liberté de conscience malgré les plaintes de l'*Inquisition*, à laquelle, comme j'ay déja dit ailleurs, elle lie tellement les mains, qu'elle n'incommode personne. Il ne vouloit pas même assister au service *Grec*, ni prendre la *Communion* dans l'Eglise, où il celebroit. Je luy demanday, si cet *Evêque* ne celebroit pas selon le *Rite Grec*; il me répondit qu'ouy, mais qu'aucun *Grec Orthodoxe* ne pouvoit assister en conscience à l'Office qu'il celebroit, puis que le *Pape* étant excommunié par l'*Eglise Grecque*, celui qui le suivoit ou reconnoissoit pour tel qu'il faisoit, étoit censé excommunié lui-même.

Grecs de *Venise*.

Evêque de Cephalonie à *Venise*.

Comme je le trouvois fort animé & fort passionné, je ne me soucios pas d'entrer avec lui en discussion sur cette matiere: j'aimois mieux garder une tranquille neutralité, & l'entendre disputer contre d'autres *Grecs*, qu'il appelloit *Papalini, Theobaldini, & Schismatici*.

Ce *Grec* se preparoit, avec trois autres de mêmes sentimens que lui, à faire le voyage de *Jerusalem*, & se promettoit d'y faire excommunier *Theobaldos* en forme, par le *Patriarche* du lieu, & par ceux d'*Alexandrie*, d'*Antioche*, & de *Constantinople*. Il parloit si haut & si publiquement que cet Evêque le fit menacer de l'*Inquisition*, par une voye pourtant indirecte, & au nom du *Pape*; mais celui-là soup-

Resolution d'un voyage à *Jerusalem* formée par quatre Grecs non Latinisez.

Tome I. K 2 çonna

1697.
CHAP.
IV.

çonna d'où partoient ces menaces, & il en porta, me disoit-il, ses plaintes au Senateur, Président du St. Office, qui lui répondit: *Demeurez toûjours fidelle à la République, sans rien dire ni faire directement ou indirectement contre l'État, & soyez en repos sur votre Religion, mais je vous conseille de ne point inquiéter l'Evêque, & ceux de son parti, de peur qu'il ne vous arrive quelque affaire fâcheuse, quelque coup secret que personne ne pourroit parer.*

La connoissance que j'avois acquise de l'humeur serieuse, grave, taciturne ou retenue des *Italiens*, particulierement de tels Seigneurs, ne me permit pas de croire tout à fait ce que me disoit le Grec; mais je pensois, que le peu de pouvoir qu'a l'Inquisition à *Venise*, étoit capable de luy faire mettre à la bouche du *Senateur Président* de telles paroles, outre que la Nation Grèque a la réputation de ne se faire pas scrupule de sacrifier la verité à la vanité. Mais comme je n'avois encore un coup aucun intérêt à le contredire, je ne le fis pas. Au reste il ne manquoit pas d'esprit: il me conta mille belles choses de la *Palestine*, où il avoit déja été; m'en vanta le voyage qu'il se proposoit d'y faire, comme très agréable, curieux, commode, & de si peu de dépense, qu'il me fit naître l'envie d'y aller avec lui; & redoublant ensuite les efforts de son éloquence, il me porta à satisfaire cette envie. J'avois encore assez d'argent avec ce qui me restoit d'un crédit que j'avois transferé de *Rome* à *Venise*, pour l'entreprendre sur ce qu'il me disoit de la dépense; je lui alléguai néanmoins, avant que de m'y résoudre tout à fait, la guerre entre la *République* & la *Porte*. Il me répondit qu'il n'y avoit point d'autres dangers que ceux de la Mer; qu'un Vaisseau *Ragusois* étoit un Bâtiment neutre, & ami des deux nations, qui nous porteroit avec divers autres passagers jusqu'à *Jaffa*, d'où ce même Bâtiment devoit passer à *Alexandrie*, & à *Tripoli*, pour y porter quelques marchandises, & y en prendre d'autres, avec les Esclaves que les Peres de la *Trinité* auroient délivrez dans ces quartiers-là. Un Capitaine *Turc*, fait prisonnier, à qui on donnoit la liberté d'aller çà & là avec un Soldat, & que j'ai vû depuis *Pacha* en *Turquie*, comme je dirai ailleurs, fréquentoit ce *Grec*. Il se trouva present lors que je fis mon objection de danger. Il m'y répondit en *Italien*, Langue dans laquelle il pouvoit passablement bien s'expliquer, ayant été déja quelques années à *Venise*, ,, Que je n'avois aucune raison d'apprehen-
,, der; que je ne connoissois pas ses Compatriotes *Turcs*, qu'ils n'é-
,, toient pas si *Barbares* qu'on les representoit; que les *Venitiens* tra-
,, fiquoient autant en *Turquie*, même avec leurs propres Vaisseaux,
,, qu'au cœur de la Paix; qu'il n'y avoit d'autre changement ou diffe-
,, rence, que le Pavillon de *Raguse*, ou de quelque autre Nation, ce
,, qu'on faisoit pour sauver les apparences; que la *Porte* le sçavoit, &
,, ne vouloit pas le sçavoir.,, La raison qu'il donnoit de cette tolerance, étoit que si elle confisquoit aucun de ces Vaisseaux, la *Douane* & le Public y perdroient, puis que la premiere auroit moins de revenus, & que le second seroit obligé de payer beaucoup plus cher ce que les *Venitiens* y enverroient par des Vaisseaux étrangers plus éloignez d'eux. Il ajoûta qu'il avoit été Officier de la Douane de *Scanderonne*, & qu'il connoissoit bien tout cela. Il m'assuroit même que ce Bâtiment qui devoit partir pour l'*Egipte* étoit d'*Ancone*, ou de quelque autre endroit, & non pas véritablement *Ragusois*. Je trouvai dans

Je résous moi-même de faire le voyage de la Palestine.

Raisons par lesqu'elles un Turc prisonnier fortifie ma résolution.

le discours, & les raisons de ce *Turc*, tant d'ingenuité, & un air si sincere, que je ne balancai plus dans la résolution que j'avois formée de partir. Après l'avoir remercié des lumieres qu'il me donnoit sur l'honnêteté de son Païs, je me formai le plan de mon retour en *France*, par quelque Vaisseau que j'esperai de trouver à *Alexandrie*, ou mon pis aller étoit de repasser en *Italie* par la même voye; mais on m'assuroit que le premier moyen ne m'y manqueroit pas. Cependant ma complaisance ne prenoit pas assez de part au ressentiment du *Grec* avec l'Evêque, non plus qu'à ses disputes, pour me détourner de l'envie de voir l'Eglise *Grecque*, & la maniere d'y officier. Cette Eglise n'a rien de remarquable, que de n'avoir qu'un *autel*, avec la table de *préparation*, comme dans toutes les Eglises *Grecques* & *Armeniennes* d'*Orient*, usage que les *Grecs* & les *Armeniens* prétendent avoir retenu de l'Eglise *Primitive*; & ils sont si constans à cette unité d'autel, que j'ai vû officier & celebrer la Liturgie qui répond à la Messe, par quatre *Patriarches*, en même tems, sur celui de l'Eglise *Patriarchale* de *Constantinople*, espece de quadruple Messe, que je décrirai en son lieu. Au reste, l'Eglise *Grecque* de *Venise* étoit décorée des Peintures de *Jesus-Christ*, de la *Vierge* & de leurs *Saints* favoris, comme de *St. George*, à qui elle est dediée, de *St. Michel*, de *St. Nicolas*, de *St. Demetrius* &c. Il n'y avoit aucune image en bosse, ou en relief, ni Statue, non plus qu'il n'y en a dans celles d'*Orient*; autre usage que les *Grecs* disent avoir conservé de la même *Primitive* Eglise. La raison qu'ils donnent de peindre, & non pas de tailler des images, est que le Décalogue defend, disent-ils, ce dernier, & non pas le premier: je ne sçay si *Theobaldos* qui reconnoissoit le *Pape*, admettoit dans sa croyance la *Procession du S. Esprit*, & la *Transubstantiation*, dans le sens des *Catholiques-Romains*, l'exclusion du pain & du vin dans l'Eucharistie, & quelques autres dogmes crus par eux & niez par les *Grecs*; mais il donnoit la communion sous les deux especes, & baptisoit par *immersion*: en un mot, il conservoit tout l'exterieur *Grec*, dans l'Office *Eclesiastique*.

Quoiqu'on ait assez entendu parler de leur coutume d'administrer le *Baptême* par *immersion*, je dirai pourtant ici en peu de mots, pour ceux qui n'en sont pas informez, comment elle se pratique, & cela tant par les *Grecs*, que par les *Armeniens*; mais principalement par les premiers. On a de l'eau tiede dans une cuve, ou vaisseau de marbre, ou d'autre matiere, tel qu'il est representé par la Planche No. I. Le *Patriarche*, l'*Evêque*, ou le *Prêtre* ordinaire, selon la condition riche ou pauvre des parens, prend l'enfant nud, par dessous les bras, comme paroît faire le *Patriarche Armenien* de la même Planche, & le plonge à trois differentes reprises, jusques par dessus la tête, dans cette cuve. La premiere *immersion* se fait au *nom du Pere*, en disant, *serviteur ou servante de Dieu*, en le nommant par le nom que le Parrain donne, *sois Baptisé au nom du Pere à cette heure & pour toûjours*; à la seconde *au nom du Fils*, avec les mêmes paroles, & à la troisieme au nom *du St. Esprit* &c, & le Parrain répond à chaque fois *Amen*. Après quoi on lui oint la bouche, le nez, & les oreilles, avec du *Miron*, ou huile benite, comme les *Catholiques-Romains* font ces mêmes parties, avec de la salive, une huile appellée le *St. Créme*, & du sel, à ceux qu'ils baptisent selon la coutume d'*Occident* par *aspersion*. Ensuite de quoi on lui donne la Communion, en lui mettant dans la bouche, que le Parrain ou la Maraine lui tient ouverte, un peu de pain & de vin consacrez, l'un détrempé ou delayé avec l'autre, comme une espece de bouillie, en disant, *reçois le Très Saint Corps & le Très Saint Sang de Jesus-Christ pour la vie éternelle*. J'ai demandé depuis aux Prêtres *Grecs*, pourquoi ils ne prononçoient pas à la premiere personne, *je te baptise*, comme les autres; ils m'ont répondu qu'aucun homme n'étoit digne de le faire depuis *Jesus-Christ*, que par souhait & prieres. Pour la Messe, je la vis celebrer par cet Evêque, en la maniere que je l'ai vû faire depuis par les *Grecs*, qui s'estiment les plus *Orthodoxes*. Le bonnet de ceremonie, les ornemens, & habits Sacerdotaux, sont en l'Eglise *Grecque* de *Venise*, semblables à ceux que j'ai vûs en *Orient*.

Le *Grec* & le *Turc* ayant levé tous mes scrupules, de la façon que je viens de dire, je me préparay à partir. Je proposay au *Grec*, qui m'avoit mis en tête ce voyage, & aux autres qui le faisoient avec luy, de passer à *Ancone* par terre, comme la voye la plus certaine pour y arriver à temps. La raison que j'avois de faire cette proposition, étoit l'envie de voir les Villes, & autres lieux dignes d'être vûs sur la route. Le premier y consentit, mais ses compagnons, dont quelques-uns étoient marchands errans & portoient en *Palestine* de quoi se défrayer, & au delà, s'en excuserent là-dessus, ajoûtant qu'ils avoient déja arrêté un petit Bâtiment, qui devoit les porter par eau avec divers passagers *Italiens*, & que ce Bâtiment pouvoit avancer avec les rames, quand le vent leur manqueroit, ou seroit contraire. J'étois plus content de n'en avoir qu'un avec moi, que plusieurs: celui que j'avois leur laissa ses hardes, & nous nous mîmes en chemin le 18. de Février.

Notre départ de Venise pour Ancone.

La premiere Ville qui me parut digne d'être considerée, fut *Ravenne*, autrefois siége des *Exarques*, qu'y avoient les Empereurs de *Constantinople*. Son Port, qui dans l'histoire passe pour le plus fameux qu'ayent eû les *Romains* dans la Mer *Adriatique*, où ils tenoient leur Flote *Orientale*, n'existe plus réellement, ou du moins il n'y a que du sable & de la boue où il y avoit de l'eau. Elle est *Archiepiscopale*; a un grand nombre d'Eglises, entre lesquelles *il Domo*, *St. Vital*, & *St. André*, ont beaucoup de quoi plaire, & sont fort riches en colomnes de marbres rares, & somptueux autels, utenciles, & ornemens prétieux, &c. Celle de *St. Vital* me plut au dessus de toutes les autres, par sa structure, & la belle disposition de ses décorations. On me fit remarquer entr'autres choses prétieuses, qui sont dans la *Sacristie*, trois Mitres anciennes, singulieres pour leur forme, à peu près semblables à 10 de la Planche XVI. Tome II. Leurs ornemens sont de divers camées, & autres pierres plus prétieuses, tirées, dit-on, de la robbe avec laquelle *Sainte Placide* fut enterrée. A la porte de cette *Sacristie*, se voit le bas relief de la Planche VIII. ci-jointe No. 1. La Chaire a, entr'autres ornemens, deux colomnes du plus beau *verd'antico* qu'on puisse voir. La Statue du Pape *Alexandre VIII*. de bronze representé sur un beau *piedestal*, donnant la benediction, fait une belle figure au milieu d'une grande place, comme fait dans une autre plus petite, celle de la *Vierge* couronnée, & ayant un sceptre à la main sur une haute colomne. Je n'oubliai pas de voir hors de la Ville une Chapelle ou petite Eglise qui lui est consacrée sous le nom de

Ravenne.

Riche Sacristie de St. Vital.

Belles Statues de la Vierge & du Pape Alexandre VII.

Santa

Santa Maria Rotonda, qui selon quelques-uns étoit autrefois un Temple d'*Hercule*, & selon d'autres un Tombeau; mais ils ne s'accordent pas sur les noms des personnes, pour qui il avoit été fait en qualité de Tombeau. Les uns disent, que c'étoit pour *Theodoric*, Roi des *Ostrogoths*; les autres pour deux personnes noyées par un naufrage. Une pierre, sur laquelle est gravée une Inscription un peu gâtée à la vérité, semble insinuer ou favoriser cette derniere opinion, en disant que la maison de *Renia* leur a donné la vie en un même jour, & que le naufrage leur a donné la mort en un autre, & en un même instant. Il y en a qui contredisent cette opinion, en prétendant que cette pierre a été apportée là d'ailleurs, & n'appartenoit pas à cet édifice. Ce qu'il y a de plus singulier, c'est que le *Dôme* est tout d'une piece de marbre de *Dalmatie*, & des gens qui disoient l'avoir mesuré, m'ont assuré qu'il a cent treize pieds trois quars & demi de circonference sur cinq seulement d'épaisseur : c'est une belle piece, & c'est dommage qu'il soit fendu. Au reste, sa forme orbiculaire qui lui a fait donner son nom moderne de *Rotonde* ou ronde, peut aussi bien faire juger que c'étoit un Bain qu'un Temple ou un Tombeau, ces trois sortes de bâtimens ayant eu, à leur grandeur differente près, une telle forme chez les Anciens, & ayant encore chez les *Turcs* qui en ont même de beaucoup plus grands, comme je le dirai en tems & lieu.

1697. CHAP. IV. Tombeau de Theodoric.

Après avoir traversé une Forêt de pins, nous passâmes sur un haut Pont (*a*) de pierre la riviere de *Rubicon*, (*b*) connue sous le nom plus moderne de *Luso*, & plus communément de *Fiumicello*, petit fleuve, dernier nom qu'elle merite le mieux, étant aujourd'hui très petite. Elle me parut au moins trop petite pour ce Pont: je le témoignai aux premiers *Virtuosos* que je rencontrai ensuite, qui m'en donnerent pour raisons la grande secheresse de *l'Eté* & de *l'Automne*, qui avoient précédé *l'Hyver* qui expiroit, ajoutant que la largeur & la hauteur du Pont deviennent nécessaires aux passans, dans le tems des neiges fondues & des grandes pluyes qui enflent & font souvent déborder la riviere, aussi considerablement que *Lucain* nous dit qu'elle faisoit autrefois en ces termes ;

> *Fonte cadit modico parvisque impellitur undis*
> *Punicus Rubicon, cum fervida canduit æstas ;*
> *Perque imas serpit valles & Gallica certus*
> *Limes ab Ausoniis disterminat arva colonis.*
> *Tunc vires præbebat hyems atque auxerat undas,*
> *Tertia jam gravido pluvialis Cynthia cornu*
> *Et madidis Euri resoluta flatibus Alpes.*

Suetone nous fait entendre que *Julius Cæsar* approchant du *Rubicon*, avec son Armée, dans la vuë secrete de s'emparer de l'Empire, fit faire halte à son armée & la harangua sur un *Suggestum*, selon la coutume, pour l'engager à passer cette riviere : ce qu'elle fit nonobstant un arrêt du *Senat*, qui le deffendoit aux Generaux sous peine d'être déclarez

---

(*a*) Ce Pont, selon une Inscription *Latine* de son parapet, fut bâti par les soins de *Tibere*, sous l'Empire d'*Auguste*.
(*b*) Le *Rubicon*, l'ancienne limite entre la *Gaule Cisalpine* & l'*Italie*.

rez, avec tous ceux qui le fuivoient, ennemis du *Peuple Romain*, & leur ordonnoit de céder leur Armée à ceux que le Senat envoyoit pour la commander, ou de ne rien entreprendre fans leur avis & confentement. La *République de Hollande*, qui lie fouvent par des Députez les mains à fes Généraux prêts à donner Bataille, n'auroit-elle point emprunté cette coutume de la *République-Romaine*, elle qui n'a pas acheté moins cher fa liberté, tant par rapport à la longueur du tems qu'à la quantité de fang répandu pour cela?

Rimini, Arminium des Anciens.

Quant à nous, ayant paffé cette riviere fur le même pont que lui, felon l'hiftoire, & fans danger, nous nous rendîmes à *Rimini*. Je vis & j'admirai en y arrivant un *Arc Triomphal* affez bien confervé, qu'on dit être d'*Augufte*, & qui tient lieu à cette Ville d'une trop majeftueufe porte, pour fon état prefent. Je dis au fingulier, *je vis & j'admirai*, car mon *Grec* n'ayant aucun goût pour les Antiquitez, n'en paroiffoit pas prendre la moindre connoiffance. Nous traverfâmes enfuite la riviere *Marechia*, fur un Pont long de quatre-vingt quatre pas fur fix de largeur, auffi l'ouvrage de *Tibere*, comme l'autre, felon une Infcription de fon parapet. On prétend que ce fut à ce Pont qu'*Augufte* réunit la voye *Emilia* avec la *Flaminia*. Au refte *Rimini*, ou *Arminium*, ancienne Ville Frontiere de la *Gallia Togata*, n'a aujourd'hui pour fa deffenfe qu'un affez foible mur, avec un foffé peu profond. Son Port autrefois auffi bon que celui de *Ravenne*, & auquel il ne cédoit qu'en étendue, eft fi enfablé qu'il ne peut recevoir que de petits bâtimens.

Pont de Rimini.

Un Antiquaire me fit remarquer dans la *Piazza del Mercato* une pierre, efpece de piédeftal, à peine affez large pour y placer une Statue de grandeur naturelle, pour le *Suggeftum* fur lequel *Cæfar* harangua fon Armée; ce que confirme une Infcription que je crois pourtant moderne. Sur quoi je rapporterai l'objection que je lui fis, à fçavoir „ que les *Suggeftums*, ou élevations fur lefquelles les Généraux d'Ar- „ mées haranguoient leurs Soldats, n'étoient pour l'ordinaire que de „ bois, c'eft-à-dire, de planches clouées enfemble en forme d'échaf- „ faut ou d'eftrade, telles que les pouvoient marquer les Medailles que „ j'avois vuës à *Rome*, qui repréfentoient jufqu'aux têtes des clous: de „ forte qu'on les portoit apparemment fur des chariots avec les baga- „ ges, pour s'en fervir dans l'occafion.

Il répondit à cela, „ qu'il y avoit des *Suggeftums* fixes, auffi bien „ que des mobiles, & que les fixes pouvoient être de pierre comme „ celui qu'il me montroit, pour haranguer l'Armée, lors qu'elle étoit „ en quartier d'hiver ou campée pour quelque tems, & qu'on laiffoit „ vraifemblablement ceux-ci pour monuments des harangues pronon- „ cées deffus. Il ajoûta, qu'il avoit vû des Medailles, repréfentant de „ ces *Suggeftums* fans clous, qu'il croyoit avoir été de pierre ou de „ terre. Pour dire la vérité, j'en ai trouvé depuis de telles dans mes voyages, entr'autres celle de *Galba*, mais où le *Suggeftum* eft un quarré plus long que large, & incomparablement plus fpatieux que celui de *Rimini*, puis que cet Empereur y eft repréfenté debout, avec un efpece de fiége pliant derriere lui. Devant ou au pied de ce *Suggeftum* paroiffent fix Officiers auffi debout avec des enfeignes *Romaines*, & dans l'*Exergue* fe lit ADLOCVT. Que dis-je? Celui-ci même eft des plus petits, car d'autres médailles en ont pour revers qui repréfentent deux, trois, ou plus d'Officiers à côté ou derriere rière le Général haranguant; & cela sûr un même *Suggestum*; mais j'en laisse le jugement à de plus versez dans l'Antiquité que je ne suis, pour voir les Eglises qui sont ce qu'il y a de plus curieux dans le moderne. *Il Domo* & *Sant' Agostino* l'emportent sur toutes pour l'Architecture, & *San Marino*, pour l'excellence des Peintures &c. La Statue du *Pape Paul I.* qu'on voit dans la *Piazza*, est selon les connoisseurs une bonne piece de fonte.

1697. Chap. IV.

De *Rimini* nous passâmes à *Catholica*, petit Bourg assez joli, à environ cinq lieuës plus loin, qui a, dit-on, tiré ce nom de la retraite qu'il donna aux *Catholiques*, persécutez par les *Arriens* dans le quatrieme siecle; puis, sans nous y être arrêtez, à *Pesaro*, qui n'est qu'à un peu plus de trois lieuës au delà.

Catholica.

C'est une jolie Ville assez forte avec un bon Port, dans lequel se précipite l'*Isaurus*, aujourd'hui la *Foglia*, après avoir coulé proche de ses murs. Le *Domo* est une belle Eglise avec de bonnes Peintures; il y a plusieurs maisons qui meritent le nom de Palais, comme celles qu'on appelle l'une *Barchetto*, & l'autre *Millefiori*; qui est dans le voisinage de la Ville. Cependant je n'y remarquai aucuns vestiges de son antiquité; mais *Fano* qui est environ à huit Milles de là, m'en laissa voir plusieurs de la sienne, comme un triple arc de triomphe, dont j'eus peine à dechiffrer les Inscriptions, qui font pourtant encore assez clairement entendre, qu'*Auguste* l'a fait faire.

Pesaro, Pisaurum, ancienne colonie Romaine.

Fano, Fanum Fortuna.

L'Inscription moderne dit, qu'il fut en partie ruiné par les guerres du *Pape Paul.* Cet Arc est des plus magnifiques & des plus hauts; il a trois arches, ce qui me le fait appeller *triple*. C'est tout ce que cette petite Ville a de remarquable, avec son Port qui est assez bon; sa situation, & la richesse de la campagne voisine. Cette campagne y est, aussi-bien qu'autour de *Pezaro*, un agréable & utile mélange de champs fertiles, de vignes, d'oliviers, figuiers, & d'autres arbres fruitiers. La Ville s'appelloit autrefois *Fanum Fortunæ*, ou *Temple de la Fortune*, à cause que cette Déesse imaginaire y avoit un fameux Temple, dont on prétend montrer encore quelques vestiges, mais si incertains, qu'ils paroissent autant ceux d'un bain, où les fondemens de tout autre édifice, que de celui-là. On peut pourtant bien dire qu'elle y en meritoit un, si le Sexe y étoit aussi beau du tems des *Payens* qu'il l'est aujourd'hui en cette Ville, ce qui a donné lieu au Proverbe, *si puo veder in* Fano *il più bel sangue* Italiano.

Seniglia par où nous passâmes ensuite est, à ce qu'on croit generalement, bâtie sur le champ de Bataille où *Dolabella* défit les *Gaulois*, ce qui la fit appeller *Sena Gallica* en *Latin*. Il *Domo* & l'Eglise de *St. Martin* ont beaucoup de quoi plaire. Son Port est bon & ses fortifications ne sont pas mauvaises.

Seniglia.

Nous nous rendîmes le 24 à *Ancone*. Cette Ville est mieux peuplée que toutes les autres que je viens de nommer: son Port autrefois si fameux & magnifique par ses *Moles*, ses *Colomnes* de marbre à attacher les Vaisseaux, est encore assez bon, quoi qu'il ait perdu presque toute son ancienne magnificence & beaucoup de sa prémiere étendue, par la négligence de ses habitans; mais il lui est plus que suffisant, tel qu'il est, pour le Commerce qu'elle fait, depuis que le *Pape Clement VII.* se la soumit, sous prétexte de la deffendre contre les *Turcs*. Celui qu'elle faisoit, lorsqu'elle étoit Ville libre, étoit des

Ancone.

Tome I. L plus

1697.
Chap.
IV.

plus confidérables d'*Italie*. La *Bourſe* des Marchands, appellée *Loggia di Mercanti*, me parut digne de ce Commerce ancien. Je trouvai le fameux Arc triomphal de *Trajan*, qui eſt tout de marbre, à un côté du *Mole*, aſſez bien conſervé, auſſi bien qu'une Inſcription, qui fait connoître qu'il fut élevé en l'honneur de cet Empereur, pour avoir réparé, & rendu le Port ſûr, à ſes propres dépens. Cet Arc, avec le Palais *Papal*, la *Bourſe*, la Citadelle, élevée par ſon nouveau maître ſur les ruines du Temple de *Venus*, ſelon qu'on le dit communément, pour tenir la Ville en bride, ou la deffendre ; le Port & la Douane, ſont les choſes qui m'ont ſemblé les plus remarquables à *Ancone*, avec ſa charmante ſituation. Pour les Egliſes & les maiſons, elles ſont peu conſidérables : les premieres ſont au reſte, comme generalement par tout, bien riches en utenciles d'or & d'argent, & autres ornemens mobiles. La Province dans laquelle elle eſt ſituée, eſt aſſez connue par le nom de *Marche d'Ancone*, la plus étendue de l'Etat *Eccleſiaſtique*. Toutes les Villes, quelques petites qu'elles ſoient, y ont *Archevêché* ou *Evêché* ; & pour dire la vérité, la plûpart de celles d'*Italie*, tant ſoit peu conſidérables, ont la même choſe, avec un prodigieux nombre d'*Eccleſiaſtiques*. Il me ſemble qu'on doit chercher la cauſe & la raiſon de la Campagne négligée, ou mal cultivée, & des Villes ou Villages mal peuplez, comme preſque par toute l'*Italie*, dans ce grand nombre d'*Eccleſiaſtiques*, de *Religieux* & *Religieuſes*, & d'autres gens liez par le vœu de chaſteté ou de celibat ; outre que les Femmes ſont moins fécondes dans les Païs chauds qu'ailleurs.

Cauſes du peu d'habitans dans les Villes d'Italie, & celles de la négligence tant du Commerce que de l'Agriculture.

Le Bâtiment deſtiné pour *Jaffa* n'attendoit que des *Religieux* qui devoient aller, les uns faire caravanne de *Miſſion* en *Egipte* & en *Barbarie*, les autres racheter des Eſclaves. Ils arriverent là trois jours après nous, avec des *paremens d'Autel*, des *chaſubles*, *ſurplis*, & autres choſes pour leur Egliſe de *Jeruſalem*, & leurs Chapelles d'*Alexandrie*, de *Tripoli*, &c. & avec une bonne caiſſe d'argent monnoyé.

CHAPITRE V.

Contenant mes voyages à Jaffa, *à* Rama, *à* Alexandrie, *& à* Tripoli; *des remarques ſur toutes ces Places, auſſi bien que ſur le feu ſacré du S. Sepulchre, & une diſpute entre un* Turc *& un* Juif *ſur la Religion.*

Départ d'*Ancone*.

NOus fimes voiles le 3. de mars, avec le lever du ſoleil, & un vent à ſouhait, au bruit zelé & Religieux des *ave Maria*, *ave maris ſtella*, & autres prieres & hymnes que récitoient en *Latin* les *Catholiques Romains* à la Vierge de *Loretto*, & les *Grecs* à la *Panagia*, ou la *Toute Sainte*, en leur langage, pour obtenir un heureux voyage. Cette devotion dura bien une heure, puis recommença de tems en tems, & fut obſervée régulierement tous les jours juſqu'à *Jaffa*. Le vent s'étant renforcé ſans violence vers les 14 heures, ſelon la maniere *Italienne* de meſurer le temps, qui pouvoit répondre alors à nos ſept heures & trois quarts & demi du matin, ou environ, le Pilote nous dit aux vingt-quatre, c'eſt-à-dire, au coucher du Soleil, ſelon la même maniere, que nous n'avions gueres moins fait de dix Milles par heure. Nous nous trouvâmes le huitieme à la vuë des Iſles de *Sapienza*, & de

Iſles de *Sapienza* & la *Morée, Capo Spada*.

la

la *Morée*, & le vent qui avoit été jufqu'après minuit *Nord-Oueſt*, inclinant vers le *Sud-Eſt*, fut nommé par le Pilote *Garbino*, & nous fit paſſer le 9. vers le ſoir devant *Capo Spada*, puis tourna tout à fait *Oueſt* pendant la nuit, & ſembloit un vent de terre ſortant d'entre les montagnes de *Morée*, qui nous pouſſa le long des Côtes *Septentrionales* de l'Iſle de *Candie*. Il nous fournit tout le lendemain un agréable ſpectacle des Villes ou Villages, & du terrain de cette Iſle entremêlé de montagnes, de plaines, d'arbres &c. Après avoir paſſé le 12. les détroits de *Standia*, de *Spina Longa*, Pavillon déployé, ſans qu'on vînt examiner, nous vîmes le lendemain matin, aſſez loin derriere nous, le *Cap Sanſidera*, ſelon les *Italiens*, & *Jeniſſari*, ſelon les *Turcs*. Nous éprouvâmes une aſſez complaiſante, ou heureuſe inconſtance du ſubtil élement, qui nous avoit conduits ſi vîte, & s'étoit changé en *maëſtro* ou Nord-Oueſt, juſqu'à ce que nous ayant portez le 16. après-midi vis à vis, quoi qu'aſſez loin du *Cap Bianco*, ou pointe de l'Iſle de *Chipre*, ainſi nommée, vers ſon Sud-Oueſt, il devint aſſez violent pour rompre le bout du grand mât. Je n'entreprendrai pas de repreſenter ici la conſternation & la peur que cet accident répandit entre les paſſagers, principalement entre ceux qui n'avoient pas encore voyagé par mer, ni de rapporter les *vœux*, & les prieres extraordinaires qui furent faites au Ciel. Je ne ferai pas non plus le *Gaſcon* juſqu'à dire que je fus ſans émotion. Le premier accès d'une fievre intermittente ou tierce, qui me ſaiſit la nuit ſuivante avec bien de la violence, ſembloit m'en accuſer; quoi qu'à dire la vérité, j'euſſe ſenti déja quelques friſſons auparavant, qui en étoient des ſimptômes. Cependant, quoi que nos voiles fuſſent ferlées & retranchées à deux fort courtes, nous faiſions ſi grande diligence vers la Côte de *Paleſtine*, que nous arrivâmes le 18. au ſoir à neuf ou dix Milles de *Jaffa*, & y demeurâmes toute la nuit dans un calme, qui avoit ſuccédé à la tempête. Notre Capitaine voyant cela, & craignant quelque coup plus malheureux de l'inconſtance du vent, fit remorquer le Bâtiment par ſes deux Chaloupes, & avec un *Oueſt* moderé, qui ſoufla foiblement vers le ſoir, nous allâmes mouiller l'ancre le lendemain ſuivant, dans la rade de *Jaffa*, qui eſt fort expoſée. Notre arrivée retentit d'actions de graces, comme notre départ avoit retenti de prieres, & les Religieux dirent chacun une Meſſe à bord; les uns en l'honneur de la Vierge de *Loretto*, les autres en celui de *St. Marc* ou de *St. Antoine de Padoue*; de ſorte que notre Bâtiment pouvoit paſſer pour une Chapelle flottante: les *Grecs* ne manquerent pas de leur côté de remercier la *Panagia*. Ils étoient charmez de ſe voir en ſureté, & arrivez aſſez à tems, pour voir la cérémonie du feu ſacré à *Jeruſalem*, le *Samedi Saint*. Pour moi, j'eus un autre accès de fievre, qui ſe déclara tierce, encore plus violent, ce qui m'inquiéta, & me fit craindre, plus que n'avoit fait la tempête, de n'être pas en état de voyager par terre. Ma crainte ne fut que trop bien fondée, comme je vais le dire. La plûpart des paſſagers allerent à *Jaffa*, pour ſaluer, diſoient-ils, la *Terre Sainte*, ce qu'ils firent, en ſe mettant à genoux & la baiſant, & envoyer un Exprès à *Rama*, pour notifier au *Sou-Bachi*, ou ſous-Gouverneur du lieu, pour le *Pacha* de *Gaza* & de *Ceſarée*, Ville à près de cinquante Milles de *Jaffa*, &c. notre arrivée & le nombre de ceux qui devoient aller à *Jeruſalem*.

1697.
CHAP.
V.

L'Iſle de *Candie*.

Standia, Spina longa, Cap Sidera.

Chipre.

Arrivée à *Jaffa*.

1697.
CHAP.
V.

Pour moi j'étois si malade, que je restai à bord du Vaisseau, ayant apris que je trouverois beaucoup moins de commodité à terre, où j'allai pourtant pour en respirer l'air & voir *Jaffa*. Le Capitaine étoit fort civil, il s'applaudissoit du bonheur de notre prompt passage, assurant qu'il n'avoit jamais eu une si courte navigation, & si successivement secondée du vent. Pour la tempête, qui avoit tant allarmé les passagers, il la comptoit, disoit-il, pour rien, en comparaison de bien d'autres qu'il avoit essuyées. Les passagers, après avoir rendu leurs premiers respects à la *Terre Sainte*, revinrent à bord pour y attendre le retour de l'Exprès de *Rama*, ou plûtôt celui d'un autre que le *Sou-Bachi* devoit expédier au *Pacha* pour son *Ferman* ou passeport. Cependant j'étois bien fâché de me trouver ainsi arrêtée par ma fievre, qui ne me laissoit qu'après de plus en plus violens accès, & cela dans une foiblesse & une fatigue generale par tout le corps. J'avois beaucoup plus de courage & de curiosité que de forces, mais un mal de tête violent m'étourdissoit le plus. Cependant le *Grec*, qui m'avoit mis le voyage de *Jerusalem* en tête, me sollicitoit de le poursuivre; il me donnoit un conseil qu'il avoit, disoit-il, pratiqué en pareille rencontre avec succès, qui étoit de surmonter la maladie par le jeûne & l'exercice. Il ne m'étoit pas difficile d'executer la premiere partie de ce conseil, n'ayant aucun appetit, même pendant les relâches que me donnoit ma fievre; mais pour la seconde, cela me paroissoit impossible, vû ma foiblesse & mon mal de tête, qui me faisoit chanceler, quand j'étois debout, comme un homme ivre.

Restes de Jaffa.

Je n'ajoûterai rien à ce qui a été dit par tant de voyageurs sur *Jaffa*, sur son antiquité qu'on met avant le *Deluge*, si non qu'il ne merite pas même aujourd'hui le nom de Village. Il ne reste plus de cette ancienne Ville qu'une assez grosse tour à demi ruinée, avec deux autres plus entieres, sur le sommet d'une montagne voisine, & quelques grotes, plûtôt que des maisons, creusées dans le sein de cette montagne. Il n'y en a qu'une pour les Etrangers, à laquelle on puisse donner ce nom, & elle est située sur le bord de la Mer.

Son Port doit plûtôt être mis entre les mauvais qu'entre les bons: il devient pire tous les jours, faute d'être entretenu. Quelques vestiges de gros murs bien cimentez, qu'on voit encore élevez au dessus de l'eau près de terre, semblent être les restes d'un *Mole*, dont il auroit encore grand besoin aujourd'hui, étant fort exposé au *Nord-Est*, qui y met les Bâtimens en danger quand il souffle avec violence. Je parle au present, quoi qu'il y ait bien vingt-huit ans que j'y étois, ne croyant pas qu'on en ait rien réparé depuis. L'Exprès du *Sou-Bachi* ne fut pas plûtôt de retour avec un *Ferman* du *Pacha*, qu'il nous envoya un de ses gens accompagné de l'Interprete d'un petit Couvent, qu'ont quelques Religieux *Italiens* à *Rama*, sous le nom de *Casa di Sion*, avec des Païsans qui nous amenerent quantité d'ânes & quelques chevaux pour nous porter. Il faut remarquer que les ânes sont bien plus communs par tout là que les chevaux, & que c'est, peut être, la raison pour laquelle *Jesus-Christ* fit son entrée en *Jerusalem* monté sur un âne. J'en voulus risquer le voyage malgré mon indisposition, & on me conseilla de choisir un des derniers, comme la monture la plus commode, & la plus ordinaire. J'eus bien de la peine, avec toute cette commodité, de gagner *Rama*, qui n'est pas tout à fait éloigné de treize Milles de *Jaffa*. J'y succombai à la violence redoublée de
ma

ma fiévre. L'Ecrivain du Vaisseau qui étoit à côté de moi monté sur un autre âne, y alloit rendre compte à un Marchand *Juif* de ce qu'il avoit pour lui à bord, & en reçevoir un autre de ce qu'il voudroit envoyer de retour, il me conseilla de ne passer pas outre, & me proposa de me procurer une Maison par le moyen de ce *Juif*, s'il ne me reçevoit pas lui-même, où je serois bien traité. J'acceptay son offre, & le priai de me faire sçavoir quand le Vaisseau partiroit, affin que je m'y fisse porter en Chariot, si je n'y pouvois retourner comme j'étois venu, ne voulant pas, s'il étoit possible, rester seul dans ce pays avec l'attente incertaine d'un autre Vaisseau pour m'en tirer. Il me le promit, mais ajouta que je pouvois rester en repos là-dessus à *Rama*, y attendre des *Religieux* qui devoient venir de *Jerusalem*, & passer sur le même Bâtiment à *Alexandrie*, & à *Tripoli* de *Barbarie*, pour le rachat des Esclaves *Catholiques*. Le *Juif* ayant des Etrangers de sa nation chez lui, & ne pouvant me loger, me promit de me mettre chez un de ses amis, où je serois bien traité; mais l'homme du *Sou-Bachi* entendant ce dont il s'agissoit, dit d'un ton despotique, *il faut que ce* Franc (a) *loge chez* Hadgi Mehmmed; *c'est un fort honnête homme, de mes amis qui parle la Langue* Franque (b), *& qui sçait la Medecine*. (c) Le *Juif* ne trouvoit pas à propos de contredire à cet arrêt absolu de mon Logement, en présence de celui qui le prononça; au contraire il y applaudit, & ajouta que je ne pourrois être mieux. Cependant je restois encore sur mon âne, fort las, mal à mon aise, & très impatient de descendre : je le témoignai à ce *Turc*, en acceptant le parti qu'il proposoit. Il me conduisit chez son ami, auquel il me recommanda bien, je lui fis un present. Il ne poursuivit que le lendemain matin le voyage de *Jerusalem*, avec la *Caravane Spirituelle* ou *Religieuse*. Le *Grec* me vint voir à mon Logis, & me trouvant seul étendu sur un petit (d) *Sopha* à la maniere du païs dans une sale, il redoubla ses efforts pour m'engager à passer à *Jerusalem*, où il disoit qu'il me procureroit chez ses compatriotes beaucoup plus de soulagement que je n'en pourrois rencontrer à *Rama*. Je lui déclarai qu'il m'étoit impossible de suivre son Conseil, quelque violent desir que j'en eusse. Il n'osoit m'en presser devant le *Turc*, de peur qu'il ne crût qu'il vouloit me détourner de loger chez lui. Il parut affligé de me quitter, m'exhorta à me rendre à *Jerusalem*, dès que je serois rétabli, il m'y donna même son addresse que je reçus sans l'assurer pourtant positivement que je le ferois, à moins que notre Bâtiment qui n'attendoit, à ce que m'avoit dit l'Ecrivain, que 5. ou 6. passagers, & des Marchandises de *Rama* pour faire voile, ne restât pas assez long-temps pour cela. Après mon retablissement, j'eus chez mon Hote *Turc* toutes les douceurs que son ami m'y avoit fait esperer, une bonne petite cham-

(a) *Franc*, nom que les *Turcs* donnent en general à tous les Etrangers *Européens*, soit *Italiens*, *Anglois*, *Espagnol*, *François*, *Hollandois*, &c.
(b) La Langue *Franque* est un mélange d'*Espagnol*, & d'*Italien*.
(c) Les *Turcs* sont de pauvres Medecins, ils entendent environ autant de la Medecine que les vieilles femmes, qui s'en mêlent chez nous à la campagne, mais assez pour le peu de maladies auxquelles ils sont sujets.
(d) *Sopha*, espece d'Estrade faite de planches, élevée de quelques pieds contre le mur & sur laquelle sont des *minders*, especes de matelats couverts de pieces de drap ou d'autres étoffes que leur usage fait nommer *Maccates*, avec des coussins couverts de même & rangez contre la muraille de la chambre, pour s'appuyer le dos en croisant les jambes comme font les tailleurs.

86 VOYAGES

1697.
CHAP.
V.

Quebab.

chambre, avec un *Sopha* pour m'affeoir, & me coucher, fuivant le double ufage de ces fortes de lits ou commoditez *Turques*; des mets préparez à la maniere du païs appellez *Quebab*, *Pilave*, *Tchorba*, qui font les principaux mets parmi les *Orientaux*, & qui ne manquoient jamais à fa table. Le premier eft proprement ce que nous appellons roti, qui eft le premier plat chez eux. Il confifte en petits morceaux de viande foit mouton, veau, bœuf ou autres fortes, embrochez comme des allouettes: mais avec des oignons & des aulx qui font fi bons en *Egypte* que c'eft peut-être la raifon pour laquelle les anciens *Egiptiens* les ont mis au nombre des *Dieux*. Il paroît que c'eft au moins celle pour laquelle les *Ifraëlites* les regrettoient fi fort dans les *deferts* ou l'hiftoire Sacrée dit que les conduifit *Moyfe*. On arrofe de beurre ces morceaux de viande ainfi enbrochez & entre mêlez d'oignon ou d'ail, & quand ils font à demi roties on les faupoudre de *Sel* & de *Poivre*. Le fecond

Pilave.

Tchorba.

eft de *Ris* bouilli avec une poule ou autre volaille, & des raifins fecs, à quoi on joint un peu de *Saffran*, aufli avec du *Sel* & du *Poivre*. Le troifieme qui répond à notre foupe, car les *Turcs* finiffent par les mets liquides, & ne boivent même qu'après le repas, confifte en de la viande ou du poiffon, qu'on coupe en plus petits morceaux que le *Quebab*, & cuite quelquefois avec du *Ris* ou des racines, fur tout celles de *Perfil*, ordinairement dans le bouillon qu'on a tiré du *Pilave*. On l'affaifonne avec du *Gingembre*, du fel & du poivre, auxquels on ajoûte quelquefois de la *Mufcade*. Remarquez qu'on appelle *Tchorba* toutes fortes de viande bouillie, de laquelle on ne retire pas le bouillon, mais qu'on mange avec la cuilliere, car pour le refte on le mange avec les doigts d'une main, dont les *Turcs* ne doivent toucher, felon leur loi, que les parties vifibles ou les plus propres du corps, l'ufage des fourchettes leur étant inconnu.

Comme je n'avois aucun appetit, je ne faifois que gouter un peu de tout ce que mon Hôte me donnoit à manger, mais j'avois au contraire une foif infatiable, & il me recommanda de boire autant que je voudrois d'un *Tcherbet*, ou boiffon fort agréable, mais trop douce, felon mon goût, qu'il me prépara avec des *dates*, des *figues*, & autres fruits fecs qu'il fit bouillir enfemble. Le plus riche eft de firops ou de fruits confits, de jus de citron, &c. l'ordinaire de raifins fecs bouillis avec de l'eau. J'aurois volontiers préferé à ce *Tcherbet* de l'eau pure & fraîche, qu'il me deffendoit.

Rama & fes
environs.

Après fept ou huit jours, pendant lefquels fes foins avec le repos ayant contribué à rendre les accès de ma fievre moins violens, je me fentis affez de force pour me promener dans la Ville, & aux environs. Les maifons en font baffes & fe terminent en terraffes, comme font generalement celles de ce Païs. Les habitans couchent la plus grande partie de l'année deffus ces terraffes: les nuits qui y font toûjours, ou peu s'en faut, fereines, ont, dit-on, donné lieu & occafion à la contemplation ou obfervation des aftres, & des étoiles, dans laquelle les *Egiptiens* & *Arabes*, fe font principalement fignalez autrefois. Quelques reftes d'anciens bâtimens qu'on voit çà & là, à une affez large diftance, des pieces encore confiderables de marbre, & d'autres pierres, qui ne lui font gueres inferieures en beauté & dureté, atteftent qu'elle a été autrefois plus étendue & plus magnifique qu'elle n'eft aujourd'hui. Ses principaux édifices font cinq *Mofquées*,

quées, entre lesquelles il n'y en a que deux de passablement belles. Ses habitans sont *Arabes*, avec quelques *Mores*, & *Juifs* transfuges d'*Espagne*, *Grecs* & *Armeniens*, & ces derniers, en plus petit nombre. La Campagne de ses environs, & d'entre elle & *Jaffa*, est agréable, assez fertile & diversifiée d'Oliviers, Datiers, Figuiers, de Jardins, Champs, & Prairies, que le Printems commençoit alors à émailler de verdure & de fleurs, sur tout de *Thim*, fort commun par tout là. Le *Juif* me venoit souvent visiter, & m'apprit, qu'il y avoit un Envoyé de *Tripoli* en *Barbarie*, qui se préparoit à passer en *France*. Je fus fort consolé par cette nouvelle, me flattant d'y repasser avec lui, si j'étois assez heureux d'arriver à *Tripoli* avant son départ. Je commençai à attendre avec impatience les passagers de *Jerusalem*, qui devoient en partir le lendemain des Fêtes de *Pâques*, c'est à dire, le 29. vieux stile. (*a*) J'avois, outre les visites de ce *Juif*, celle d'un des Religieux du petit Couvent de *Sion*, ainsi nommé, à cause qu'il dépend de celui du Mont de *Sion*, qui me dit, que s'il avoit osé me tirer d'où j'étois, sans encourir la jalousie des *Turcs*, il l'auroit volontiers fait. Il étoit grand zelateur des Conversions, me contoit les conquêtes qu'il avoit faites en son particulier sur les *Armeniens*; mais il se plaignoit, qu'il n'y avoit rien à faire sur les *Grecs*, si endurcis, disoit-il, dans leur *Schisme*, & leurs erreurs, qu'ils poussoient la fausseté & la tromperie, qui leur étoit reprochée par les Anciens, jusqu'à la Religion, & me cita pour exemple, l'imposture Patriarchale & publique, c'est ainsi qu'il appelloit le prétendu feu sacré du *St. Sepulchre*. (*b*) Comme j'avois entendu souvent parler de ce feu sacré, sans pouvoir être bien informé de ce que c'étoit, je lui demandai, s'il sçavoit en quoi il consistoit. Il me répondit, qu'il en avoit vû avec horreur la superstitieuse ceremonie, & découvert l'artifice. Je le priai de me la raconter, ce qu'il fit, à peu près en la maniere suivante.

„ Le Vendredi au soir on commence à préparer toutes choses
„ pour l'artifice *Græco-Armenien*, que j'appellerai, dit-il, ainsi, parce
„ que les Patriarches de ces deux sortes de *Schismatiques*, & des
„ autres Sectes qui sont comme des branches de ces deux arbres, en
„ sont les principaux operateurs. Car quoi que ces deux Nations
„ different en quelques points de *Religion*, ils s'accordent, ajoûta-t-
„ il, en cette fraude pieuse. Ces Patriarches donc, assistez de leurs
„ *Clergez*, font le *Samedi Saint* une *triple Procession*, qui est une des
„ plus magnifiques qu'on puisse voir, en faisant trois fois le tour du
„ *St. Sepulchre*, où la crédulité & la superstitieuse dévotion amasse
„ une affluence extraordinaire de peuple, pour voir brûler le feu
„ prétendu celeste. I. Le *Clergé Grec* fait la tête de la *Procession*, pré-
„ cédé de quantité de bannieres, qui ont plus la forme militaire
„ qu'*Ecclesiastique*. Après ces bannieres marchent deux hayes régu-
„ lieres de *Sous-Diacres*, en riches Tuniques, tenant des cierges allu-
„ mez, qui paroissent des colomnes pour leur longueur & leur gros-
„ seur. Ceux-ci sont suivis des *Diacres*, plus richement vêtus, puis

des

Ceremonie du feu sacré du S. Sepulchre.

(*a*) Le vieux stile étant celui des *Chrétiens Orientaux* par toute l'*Egipte* & la *Turquie* en general, je le suivrai tant que j'y resterai.
(*b*) Prétendu feu celeste qui s'allume miraculeusement de soi-même dans le *St. Sepulchre* de *Jerusalem*, selon les *Grecs* & *Armeniens*, mais qui y est allumé naturellement par leurs Patriarches, selon les *Latins*.

„ des *Prêtres*, des *Evéques*, des *Archevéques* en chappes magnifiques de brocard d'or, fermées par devant comme à la figure de la Planche XXIII. 2. Le *Clergé Armenien*, auſſi magnifiquement vêtu, fait comme le corps & marche dans le même ordre. Enfin le *Syrien*, le *Coptien*, ſuivis chacun de leurs *Patriarches*, font avec le *Patriarche Grec* la queuë ; ce dernier à la droite du *Patriarche Armenien*, comme le Patriarche *Syrien* à celle du *Coptien*, ayant tous la (*a*) Mitre ſur la tête & le *Patoriſco* ou bâton Paſtoral (*b*) à la main gauche, & donnant la benediction de la droite. Des Diacres les encenſent durant toute la marche, pendant que le reſte du Clergé & le Peuple chantent chacun en ſon langage *Kyrie Eleiſon*. Au troiſieme tour le *Patriarche Grec* entre dans le *St. Sepulchre*, où regnent les tenebres, avec le *Patriarche Armenien*, qui l'ouvre & la referme d'abord, ſans y admettre d'autres témoins. Cependant des *Janiſſaires* payez contiennent tous les autres dans une reſpectueuſe diſtance de la porte, pendant que le quadruple Clergé, pour ainſi dire, chante aſſez haut pour empécher qu'on n'entende le bruit que les deux operateurs du prétendu miracle font pour tirer d'un caillou le feu qu'ils débitent comme procedant du Ciel, dont ils allument une *triple bougie*, ou plûtôt trois bougies cordelées enſemble juſqu'au milieu, & ſe ſeparant en haut en trois branches également diſtantes, pour repréſentation de la *Trinité*. Ils chantent à chaque branche qu'ils allument, le Grec φως ȣ χριsȣ & l'*Armenien Louſé Chriſtoſin*, c'eſt-à-dire, lumiere de Chriſt, la premiere fois à voix baſſe, la ſeconde plus haut, & la troiſieme auſſi haut qu'ils peuvent, ce qui eſt un ſignal du prétendu miracle, & qui entendu dehors eſt repeté par ces Nations avec des *alleluias* & des actions de graces par chacune en ſon langage. Aprés quoi ils en allument tous les cierges & toutes les lampes du *St. Sepulchre*, dont ils ouvrent toutes les portes, tenant chacun à la main droite une triple bougie, qu'ils prétendent avoir été allumée du *feu celeſt* deſcendu à travers la voûte, ſans avoir été apperçu que d'eux ſeuls. Alors les *Eccleſiaſtiques* y entrent les premiers & tous ceux des Séculiers qui le peuvent, pour allumer chacun un petit cierge qu'ils ont apporté exprès avec eux, ce qui eſt accompagné de grandes acclamations de joye, &c." Il ajoûta, qu'eux autres Religieux Miſſionnaires tâchoient de déſabuſer les peuples *Chrétiens* là-deſſus, mais que la prévention étoit trop forte en faveur de l'impoſture. J'ai eu enſuite la curioſité de demander à pluſieurs *Grecs*, s'ils croyoient que ce feu fût véritablement deſcendu du Ciel. La plûpart ont été pour l'affirmative, & quelques-uns en doutoient. Les premiers m'ont aſſuré „ que cela a été regardé de tout tems comme un miracle indubitable, & qu'il n'y a eu que les Prêtres *Francs*, qui par jalouſie, & parce qu'ils ne ſont pas admis à la ceremonie, & ne peuvent recouvrer la garde du *St. Sepulchre* ſur eux, publioient le contraire; même

(*a*) La Mitre Patriarchale des *Grecs* eſt un tiſſu d'or & d'argent, avec des figures de *Cherubins*, comme celle de la Planche IX. Elle eſt Imperiale comme on voit, les *Patriarches Grecs* s'eſtimant Empereurs ſpirituels, auſſi-bien que les *Papes* : celle de l'*Armenien* a la forme de celle que porte la figure marquée x. ſur la Planche I.

(*b*) Le bâton Patriarchal des *Grecs* eſt fait comme celui que tient la figure de la Planche XXIII. & celui des *Armeniens* comme une canne à bec, telle que les Peintres & les Statuaires donnent à *St. Antoine*.

Nº 9. Tom. I. *Ex Collectione Johannis Talman.*

Tiara Patriarchalis Græca

„ même contre leur confcience ; que leurs ancêtres ont vû à pareil
„ jour defcendre autrefois ce feu, en une longue flamme, qui pene-
„ troit la voûte de l'Eglife, & cela fi publiquement, que tous ceux
„ qui étoient à *Jerufalem*, & avoient des yeux, le pouvoient voir, &
„ que cette flamme y allumoit les lampes.

Ce difcours me remit dans l'idée que j'avois vû à *Milan*, entre les utenciles Sacrez & ailleurs, divers chandeliers à trois branches, où on met à pareil jour trois cierges qui font le même effet, & fignifient la même chofe, & qu'on allume fucceffivement, en chantant en *Latin*, ce que les *Grecs* chantent en leur langue, en faifant reluire fans miracle, mais publiquement avec un morceau d'acier, & un caillou, la lumiere bannie de l'Eglife. Cette lumiere éteinte à l'office appellé *Tenebres*, eft regardée tant par les *Latins* que par les *Grecs*, comme le Symbole de la mort de *Jefus-Chrift*, & lorfqu'elle eft rallumée, comme celuy de fa *Refurettion*, quoi qu'en une maniere differente en apparence. Mon hôte, dont la famille avoit été chaffée d'*Efpagne*, aimoit à difputer de Religion, contre la coûtume des *Turcs*, qui ne difputent avec perfonne, & ne veulent pas qu'on difpute avec eux, & contre celle des *Efpagnols*, à qui l'*Inquifition* ferme la bouche là-deffus. Il prétendoit être mieux inftruit dans la fienne, que ne font generalement les *Turcs*, mais il faut dire qu'il avoit l'avantage, que les *Juifs* & les *Chrétiens*, qu'il railloit fur la leur, n'ofoient attaquer la fienne.

Cependant un *Grec* revenant de *Jerufalem*, m'apporta une Lettre de celui qui m'avoit fait entreprendre le voyage que je n'avois pû achever, & m'invitoit à l'aller trouver. Il ne fut pas épargné par ce *Turc* qui le railla, fur la crédulité à l'égard du prétendu feu Sacré, auquel il venoit d'affifter. Il lui demanda s'il l'avoit vû defcendre du Ciel, & quel avantage il avoit retiré du miracle. Ce *Grec* répondit,
„ qu'il ne l'avoit pas vû defcendre, mais qu'il croyoit qu'il étoit def-
„ cendu; qu'il avoit été vû de tout *Jerufalem* autrefois, & que c'é-
„ toit encore un affez grand miracle, qu'il allumât les lampes étein-
„ tes, à la vue du Patriarche ; *Hé oüi, oüi, le Patriarche & vos Prêtres, vous en donnent bien à garder: ce font eux qui le font, en battant le fufil, enfermez feuls.* Il ne répondit autre chofe, finon qu'il ne croyoit pas être trompé. C'eft un reproche que font aux *Grecs*, non feulement les *Turcs*, mais auffi les *Catholiques-Romains*, comme non feulement les *Turcs*, mais auffi les *Catholiques-Romains*, comme comme la Relation du Religieux le témoigne. Cependant il n'eft pas poffible de les diffuader. Ce *Grec* s'en alloit, difoit-il, chercher un embarquement à *Alexandrie* pour *Conftantinople*; il étoit Diacre, & avoit été ordonné tel par le Patriarche même, à ce qu'il me dit ; il parloit *Italien*.

Mon hôte *Turc* ne pouvoit laiffer en repos les *Juifs*, il en étoit appellé le fleau ; mais ces *Juifs* étant devenus infenfibles, comme tous les autres, à tout ce que nous appellons points d'honneur, & affronts, ne s'en embaraffoient pas beaucoup, tant que leur intérêt temporel n'en fouffroit point. Il parloit *Efpagnol*, & comme c'étoit la derniere langue que j'avois étudiée, quoi que depuis peu, quand je partis de *France*, je pouvois l'entendre paffablement bien, & être entendu. Il reprochoit un jour à celui à qui j'avois été recommandé par l'Ecrivain du Vaiffeau, qui me venoit voir, & à deux autres avec lui,

Tome I. M

1697.
Chap.
V.

Mon hôte de *Rama*, Sarazin ou *Maure* d'extraction, attaque un *Grec* fur le prétendu feu miraculeux.

Réponfe du *Grec*.

Replique du *Turc*.

Difpute entre mon hôte *Turc* & un *Juif* fur la Religion.

1697.
CHAP. V.

lui, qu'ils prétendoient avoir un Privilége ou droit Divin, pour voler, & tromper tous ceux d'une Religion differente de la leur. A quoi le premier repartit, ,, Comment donc? quel est ce Privilége? Vos ancê-
,, tres, ajoûta t il, qui s'appelloient le peuple fidele & favori de Dieu,
,, n'ont-il pas prétendu avoir son conseil & sa permission pour em-
,, prunter & emporter des Egiptiens leurs bijoux, leurs vases d'or &
,, d'argent, les brasselets & bagues d'or de leurs femmes? N'ont-ils
,, pas trompé & méconnu ensuite après ce vol, jusqu'à ce *Dieu invi-*
,, *sible & immateriel*, qu'ils faisoient auparavant profession de recon-
,, noître comme le seul *adorable*, en lui préferant un autre Dieu *Apis*,
,, sous la figure d'un *Veau*, qu'ils se firent avec l'or de ceux qu'ils
,, traitoient d'Idolâtres, pour avoir adoré ce faux *Dieu* avant eux,
,, sous celle d'un bœuf, ainsi nommé.

Reponse du Juif.

Le *Juif* répondit, ,, que le vrai & unique Dieu leur avoit présen-
,, té ces choses en vertu du droit Souverain qu'il a sur la terre, &
,, sur tout ce qu'elle contient, & dont les *Egiptiens* s'étoient rendus
,, indignes, & qu'il pouvoit citer des passages des Livres Sacrez, qui
,, authorisoient cela, s'il les vouloit croire tels.

,, Hé oüi, dit le *Turc*, en l'interrompant, c'est sur ces prétendus
,, passages que vous fondez ce Privilége. Le *Juif* ajoûta, que quant
,, au *Veau d'Or* tous les *Israëlites* n'en étoient pas tous coupables, mais
,, qu'ayant vêcu si long-tems parmi les *Egiptiens* Idolâtres, & s'en-
,, nuyant de l'absence de *Moïse* leur Législateur, quelques-uns avoi-
,, ent insensiblement cherché un objet d'adoration semblable au leur
,, & qu'*Aron* craignant que leur mécontentement ne devînt une ré-
,, volte generale, avoit fondu leurs vases, les brasselets & chaînes
,, d'or, que les Femmes, comme le sexe le plus foible, lui don-
,, nerent, & en avoit fait ce veau pour les amuser, en attendant le
,, retour de ce Législateur, ou plûtôt porteur de la Loi Divine.

Replique du Turc.

Mais, repliqua le *Turc*, dites tout, car j'ai lû votre *Bible*, dites que ce fut
,, *Aron* qui les leur demanda ces vases, ces brasselets, ces chaînes
,, d'or, pour en faire cet objet d'adoration, lui qui devoit em-
,, ployer toute son éloquence pour les détourner de l'Idolâtrie. Au
,, reste, ajoûta-t-il, il est aisé de deviner pourquoi tout cet or fut
,, converti en *Veau*, puis en poudre, & si ce fut cette poudre qui
,, fut jettée à l'eau qu'on leur fit boire, ou bien des cendres du bois
,, qu'on y avoit employées, ou si elle ne resta pas comme la plus pe-
,, sante aux fondeurs, pour leurs peines. Quoi que vous puissiez dire,
,, vous ne sçauriez justifier vos ancêtres de corruption de la Loi Di-
,, vine, premierement par le *Vol*, & en second lieu, par l'*Idolâtrie*,
,, puis la *Plume*, en y inserant des passages qui n'y étoient pas,
,, pour justifier de telles actions. Car par ce que je vois de contra-
,, dictoire dans votre *Bible*, vous y avez ajoûté & diminué, & vos
,, directeurs spirituels ont comme ceux de tant d'autres Nations jetté
,, de la poussiere aux yeux du peuple, & les ont repus de vent & de
,, fumée, pour leur or & leur argent &c. Vous faites permettre &
,, deffendre le vol à Dieu dans cette *Bible*, vous injuriez sa miseri-
,, corde, sous prétexte d'exalter sa justice, en lui faisant condamner
,, *Adam* à la mort, pour avoir mangé d'un fruit deffendu, ou que
,, les plumes de vos *Rabbins* ont donné pour tel, comme si l'homme
,, n'eût pas été créé mortel. Le *Juif* au lieu de répondre directement

ment à la question, la tourna contre les *Chrétiens*, & dit, Vous nous „ imputez les fautes des Chrétiens, qui par leurs additions & inter- „ prétations, ont fait Dieu injuste & cruel, jusqu'à condamner non „ seulement à la mort éternelle le premier homme pour ce fruit des- „ fendu, mais encore tout le genre humain à perpétuité, & à ne „ pouvoir être appaisé & satisfait, que par le sang d'un prétendu Fils , unique, qu'ils lui font engendrer.

A quoi mon hôte repliqua, „ Ce pretendu Fils unique étoit Prophete, & „ non Fils de Dieu qui n'engendre point dans le sens propre de ce terme; „ mais il annonça la véritable Loi Divine au genre-humain, que vous aviez „ corrompue, & que vous n'avez pas voulu reconnoître, ni suivre, „ après vous avoir été exposée dans sa pureté originale. Vous l'avez „ accusé de prendre le titre de *Dieu*, que lui donnent ces *Chrétiens*, „ & qu'il n'a jamais pris. Vous l'avez sur cette accusation condamné „ à la mort, comme Imposteur, & encouru la malediction Divine; „ étant errans, méprisez, & sans souveraineté sur la Terre pour vo- „ tre punition. Vous avez fait trop peu pour lui, & les *Chrétiens* „ à la vérité beaucoup trop, c'est pourquoi ils sont divisez, & in- „ quiets, se détruisent par eux-mêmes, & perdront un jour comme „ vous la domination, & leur puissance sur la Terre, pour avoir „ donné son nom & son titre, à son serviteur, en la place duquel „ *Muhammat* (*a*) a été envoyé pour reprêcher & confirmer son éter- „ nelle & immuable Loi dans sa primitive pureté: Loi qu'aucun „ *Muphty* ni Docteur, ne peut & ne doit alterer ni changer, sous „ des peines très rigoureuses: & cette puissance dont ils jouissent en- „ core, passera au peuple fidèle, à qui Dieu l'a promise. „ Il s'éten-dit ensuite beaucoup sur les persécutions, qu'avoit, disoit-il, causé la Religion *Chrétienne*, qu'il appelloit comme les Empereurs *Payens*, *Infidelité Chretienne*, ou plûtôt il nommoit ainsi les explications des Docteurs Chrétiens en general. Il accusa ceux-ci d'embrouiller la Loi Divine, ou Spirituelle, de la rendre obscure, & misterieuse au peuple, au lieu de la luy exposer telle qu'elle est. Il en donna une comparaison très peu honorable aux Jurisconsultes; en ajoûtant com-me les Juges, Avocats, & Procureurs *Francs*, embrouillent la Loi Civile, jusqu'à faire durer pendant plusieurs années, & souvent jusqu'à l'épuisement, ou la ruine des deux parties plaidantes; des pro-cès qui se jugeroient en dernier ressort chez les *Musulmans* (*b*) disoit-il, en moins de deux semaines, & ceci avec de très mediocres frais. En un mot il paroissoit avoir une idée de la conduite des Prê-tres, & des *Avocats*, à peu près semblable à celle qu'on m'a raconté qu'un Prêtre *Tory* d'*Angleterre* temoigna un jour pendant la derniere guer-re, avoir du Duc de *Malbourough*, à un Officier, ou à celle que cet Officier paroissoit avoir du Clergé. Les voicy tant l'une que l'autre, ou c'est la même, quoy qu'à differents égards. Le Prêtre disoit à cet Officier, „ Il y a dix ans que le Duc est victorieux, & cinq qu'il refuse de faire „ la paix avec la *France*, qui a offert des conditions raisonnables, qui „ soulageroient le peuple oppressé de taxes, & il est visible qu'il ne „ cherche qu'à prolonger la guerre pour son propre interêt, aux dé-

Tome I. M 2 pens

(*a*) Il prononçoit *Muhammat*: les *Arabes* prononcent *Muhammeden*, les *Turcs Mehmmed*.
(*b*) *Musulman*, signifie proprement *fidele*, nom que les *Mahometans* prennent, préten-dant être par excellence les fidelles observateurs de la Loi *Divine*.

1697.
Chap.
V.

La promptitude avec laquelle s'administre la justice entre les Turcs, & la longueur des Procès dans l'Europe.

„ pens du Public, & qu'il n'a aucune envie de la finir. Qu'est ce que
„ 10 ans, dit l'Officier, en comparaison de plus de 17 siecles qu'il y a
„ que le Clergé la fait au Diable avec un plus grand profit, & elle ne
„ semble pas plus proche de la conclusion que le premier jour „ Sur
quoi je ne puis m'empêcher de faire icy une petite digression, pour
dire que j'ay remarqué depuis à ce dernier égard, un grand avantage
qu'ont les *Turcs* au dessus des *Chrétiens* qui n'aiment pas à plaider.
Car on sçait que c'est une passion comme de joüer en plusieurs de
ceux-cy. Cet avantage est la prompte décision des causes. Si un *Turc*,
par exemple, a prêté de l'argent à quelque autre, dont il n'a pas de
billet, la parole étant la plus ordinaire obligation, mais qui refuse de
payer, il le cite devant le juge du lieu appellé *Cadis*. Le cas arrivant que ce
juge corrompu par le debiteur, ou prévenu en sa faveur par ses raisons, ou par ignorance, ou sur le faux témoignage de quelques coquins gagnez par l'argent du *debiteur*, l'acquite, le demandeur en
appelle au *Visir*, & même au *Grand Seigneur*, si c'est à *Constantinople*, ou à un *Pacha*, si c'est ailleurs, & cela par des Requêtes qu'il
leur presente sur le sujet dont il s'agit. Il ne paye que la peine de
ceux qui luy écrivent ces Requêtes, s'il ne peut les écrire lui-même.
Si le *Pacha* le condamne, il fait le voyage de *Constantinople*, pour
en appeller au grand *Divan*; & après leurs raisons ouies de part &
d'autre, on ordonne un examen de leur vie & de leur conduite, & de
celle des témoins, s'ils en ont. Cet examen étant fait, on compare ces raisons & les caracteres des uns & des autres, & on juge en
faveur de celui qui a meilleure réputation. Entre ceux qui le connoissent ou qui ont eu affaire avec lui, après un semblable examen des
témoins, ceux qui sont jugez faux par leur maniere de vivre, sont
envoyez aux galeres. Si le debiteur après être condamné jure qu'il n'a
pas dequoi payer, il est envoyé pour quelques mois en prison, à la
réquisition du Creancier, qui est obligé de le nourrir; & si après
cela il fait voir assez clairement qu'il est réellement dans l'impuissance de payer, il est libre, jusqu'à ce qu'il se mette en état de le faire
par son industrie, ou travail. Au reste les *Chrétiens* & les autres Nations qui sont en *Turquie*, ont recours à la même justice. Mr. Strafford, Marchand *Anglois*, que j'ai connu ensuite à *Gallata*, m'a
conté, à propos de la prompte & bonne administration de la justice
entre les *Turcs*, qu'un *Renegat* lui devant dix-sept mille écus qu'il lui
demandoit, produisit des faux témoins, qui jurerent qu'ils les avoient
vû payer, sur quoi le *Cadi* prononça sentence en faveur du debiteur; mais qu'il en appella au *Divan*, où son caractere étant examiné
aussi bien que sa cause, & les témoins & le debiteur étant reconnu
coupables, ce dernier fut mis en prison, où il resta jusqu'à ce qu'il
eut payé, & les deux témoins envoyez aux galeres, sans que la dépense qu'il fut obligé de faire allât à vingt écus. Le même m'a assuré
qu'il a eu un procès en *Angleterre*, pour la valeur de cent livres sterling, qui a duré près d'un an, & dont les frais montoient plus haut
que cette somme.

Un Gentilhomme François Réfugié, qui passa l'année 1687. en *Turquie* avec Monsieur l'Ambassadeur *Trumball*, m'a fait voir quelques-unes de ses remarques sur les *Turcs* communiquées à un Ami, à qui
il en écrit, entre lesquelles j'ai trouvé celles-ci. „ Si vous voulez que
je

„ je vous parle de cette Nation, je veux bien vous obéir. Je trouve
„ les *Turcs* generalement bons, droits, affables, inviolables dans leur
„ parole, interessez véritablement, mais non assez pour meriter le
„ nom d'avares, dont on les qualifie ordinairement. N'est-ce pas
„ qu'ils sont plus naturels & plus ingénus qu'on n'est chez nous ? Si
„ vous avez besoin de leur secours dans quelque affaire; ils vous di-
„ ront franchement, *il faut que je mange, ou que mangerai-je? ce sont
„ leurs expressions; il faut tant, c'est mon present*, &c. Au lieu que nous al-
„ lons par des voyes détournées, tendantes pourtant aux mêmes fins,
„ que dis-je ? aux mêmes fins. Ce qu'on leur donne n'est qu'une baga-
„ telle en comparaison de ce qu'il nous faut donner par exemple à un
„ Procureur, à un Avocat &c. Je ne sai même s'il n'est pas plus or-
„ dinaire parmi nous d'aquerir des richesses par le tort, & par l'injustice
„ que parmi cette Nation, qui a pour principe l'équité & la justice
„ envers tous les hommes. Que vous dirai-je de leur prompte distri-
„ bution de la justice ? N'appellerons-nous pas heureuse la Nation chez
„ qui on ne voit ni Procureurs, ni Avocats ? Chacun dit son fait ici
„ devant le Juge, produit ses témoins ou ses preuves, & à la pre-
„ miere apparition vous êtes hors de Cour & de Procès. Vous allez
„ me dire qu'il en resulte bien des inconveniens: comparez-les avec
„ la longueur de nos Procès, qui se perpetuent quelquefois d'une
„ generation à l'autre, avec des dépenses immenses qu'il faut faire, &
„ si on les gagne au bout du compte, on n'en remporte le plus sou-
„ vent que le chagrin d'avoir dépensé le meilleur de son bien pour
„ engraisser quelques personnes. Ne vaut-il pas mieux souffrir par
„ fois quelque tort présent, & être tout d'un coup hors d'affaire ? Ne pen-
„ sez pas que les injustices soient si fréquentes & si impunies que chez
„ nous. Il en coute le plus souvent la vie aux Juges qui se sont laissé
„ corrompre, quand les plaintes sont portées aux Tribunaux supe-
„ rieurs.

Je ne jugeai pas à propos d'entrer dans les questions que le *Turc*
mettoit sur le tapis, où il faisoit triompher si librement sa Religion,
étant sur son paillier, comme on dit. J'avois toûjours beaucoup plus
de curiosité d'écouter les disputes, que de disputer moi-même sur un
sujet si délicat. Je me contentai de dire en termes generaux, „ que
„ les peuples qui étoient trompez par leurs Conducteurs ou guides
„ Spirituels, dans des lieux où il ne leur étoit pas permis d'examiner,
„ me paroissoient fort innocens, & que s'ils ne croyoient pas ce qu'ils
„ devoient croire, c'étoit la faute des Conducteurs; qu'au reste, la
„ foi étant un *don de Dieu*, nous ne devions pas forcer ni persécuter
„ ceux qui croyoient autrement que nous, pour cette difference de
„ croyance, & que plusieurs Puissances *Chrétiennes*, aussi bien que
„ les *Mahometans*, paroissoient avoir été portez par cette considera-
„ tion, aussi bien que pour l'intérêt public, à accorder cette liberté
„ de conscience dans leurs Etats. Ce qui flattant ce *Turc*, & le
Juif, comme tous deux persécutez en *Espagne* pour ce sujet, au
moins dans leurs ancêtres, les en fit convenir facilement. Le premier
me dit, pour me montrer jusqu'où les *Turcs* étendent cette tolerance, „ Persuadez que Dieu est le seul maitre des consciences, nous ne
„ forçons pas même nos Esclaves & nos Concubines à embrasser no-
„ tre Religion, nous contentant d'y élever celles que nous achetons

Liberté de Conscience du goût des *Turcs*.

„ avant qu'elles soient fixes dans aucune, avec les Enfans que nous a-
„ vons d'elles, & de montrer aux autres qu'elle est meilleure que la
„ leur. Les *Chrétiens*, qui disent que notre Religion a été établie
„ par le fer & le feu, nous attribuent leurs propres actions, & cela
„ par la plus grande des injustices. Comme je pouvois mieux entendre la langue *Espagnolle*, que la parler, il me donna à lire un Manuscrit dans cette langue, dont on trouvera la version à la fin de ce volume, & cela pour me faire voir, disoit-il, la pureté de la foi *Mahometane* dans les commandemens de *Dieu*, & les Prieres que les *Musulmans* lui adressent. Je le trouvai assez curieux pour desirer de l'acheter, n'ayant pas le tems de le copier, à cause que cela arriva justement le jour qu'on attendoit les passagers. Il me le vendit à un prix assez raisonnable, d'autant plus volontiers qu'il le sçavoit par cœur, & en avoit une copie en *Arabe*. Un *Juif* m'apporta le petit *Apis* de bronze 4, l'*Isis* de terre cuite 5 de la Planche VIII. avec diverses medailles de la Planche XIV. à sçavoir, trois comme (1) avec la tête de *Jupiter Ammon*, quatre comme (10) avec celle de *Cleopatre*, & les deux *Aigles* pour revers, deux de *Cesarée*, comme (11) de la Planche XIX. cinq comme (27) de l'Estampe XXVI, frappées pour *Trajan* avec le Dieu *Canope* pour revers.

Idôles & Medailles.

Le Dieu *Apis* me fait souvenir de ce que j'ai lû du prodigieux nombre & de la variété des Divinitez des *Egiptiens* : ils en avoient non seulement entre les hommes & les bêtes de toutes sortes d'especes, mais entre les vegetaux, les plantes, les legumes &c. La bonté des aulx & des oignons est telle, comme j'ai déja insinué, qu'en ayant une aversion naturelle que je n'avois pû vaincre en *France*, ni en *Italie*, je me reconciliai avec eux par la curiosité que m'inspira d'en goûter mon *Grec*, qui les élevoit jusqu'au Ciel par ses louanges. Je justifiai même bientôt après dans mon cœur les regrets des *Israëlites* à cet égard, tant ils sont bons là, & je me souviens avec quelque plaisir de la raillerie de Juvenal là-dessus.

O Sanctas gentes quibus hæc nascuntur in hortis
Numina !

O Saintes Nations dans les Jardins de qui il croît de telles Divinitez !

Apis, *Isis*, & les Medailles marquées ci-dessus, ne me couterent pas vingt *Nuzzafaddas*, petite monoye d'argent, dont une piece ne fait pas un sol de *France*. On l'appelle aussi *zarampara*, comme on fait à *Constantinople*, & dans la *Turquie* en *Europe*, & presque par toute la *grande* & *petite Asie*, comme je le dirai ailleurs. Remarquez que quoi que les caracteres *Turcs* ne different que peu ou point des *Arabes*, les paroles sont plus éloignées que les *Latines* de l'*Italien*, comme on en peut juger par le peu de termes que je vais rapporter.

Un Ducat d'or en *Arabe Dehep*, est exprimé par *Altunm* en *Turc*, *Kirche* un écu, par *Gruch*, *nuz* demi, par *iaram*, un sou *nasty*, par *para*, *Fluz-entaché* vieille monoye de cuivre, par *esky manghir*, *wetched* un, par *bir*, *Teneihn* deux, par *iky* &c.

On connoît assez la Religion des *Juifs*, il n'y a point d'endroit où ils en ayent un plus libre exercice que dans les Etats du *Grand Seigneur*,

& comme ils y sont traitez plus doucement à l'égard du temporel & du spirituel, & vivent à meilleur marché, payant moins d'impôts que dans les Pays *Chrétiens*, ils sont moins exposez à la tentation d'user du privilége divin, que le *Turc* leur reprochoit. Quoi qu'il en soit, ils se sont rendus si nécessaires, non seulement aux *Turcs*, mais aux autres Nations qui traitent ou négotient avec eux, qu'il ne se fait aucun marché sans eux; que la *Douane* où ils sont employez generalement se ferme, & toutes les autres affaires de négoce cessent, le jour de leur *Sabbat*, même entre les *Turcs*, & les *Chrétiens*, à quoi contribue beaucoup leur humilité, leur soumission à tout souffrir, comme affronts, injures, & jusqu'aux coups, sans en marquer de ressentiment sur leur visage, ni plaintes &c.

J'eus la curiosité d'aller un *Samedi* voir leur Service Divin, dans leur Synagogue de *Rama*, avec le *Juif* dont je viens de parler. Elle n'avoit non plus que la plûpart de celles que j'ai vuës ailleurs, ni architecture, ni peintures, mais elle étoit fort semblable aux lieux d'assemblée des *Non Conformistes d'Angleterre*, si on en excepte une espece de *tribune*, qui répondoit plus aux Chœurs des Eglises *Catholiques*, qu'à aucune autre chose. C'étoit là que le *Cacaum*, ou Prêtre, lut la Loy, entonna les Cantiques, & les Pseaumes, que chanta ensuite l'assemblée; ce qu'elle fit sans ordre, & sans mesure, mais avec une confusion de voix hautes & basses, & une irregularité de tons qu'elle composoit, plus propre à representer des gens qui se querellent que des gens qui prient. J'ay du penchant à croire que ce bruit confus a donné lieu aux *François* d'appeller *Sabbat*, le tintamarre que font les chats, & les chates en chaleur sur les tôits, & les goutieres des maisons, ou que quelques-uns imaginent dans les prétendues assemblées des sorciers. Quoy qu'il en soit, les mouvements du corps répondoient aux tons des voix; ils faisoient de tems en tems de contorsions qui sentoient fort *l'Enthousiasme*, & qui auroient paru danses, s'ils avoient changé de place. Ils avoient une espece de voile sur la tête, dont je demanday l'usage à mon introducteur. Il me dit que c'étoit pour éviter la distraction dans les prieres; & quand je luy témoignay combien leurs tons de voix avoient peu plû à mes oreilles, il me répondit que la langue *Hebraïque* requeroit tous ces tons & ces accens que j'apellois murmures, & que si je voulois me trouver dans quelques-unes de leurs Sinagogues aux jours solemnels, comme aux fêtes des Tabernacles & entendre leur musique, je changerois de sentiment. En effet je l'ay fait depuis en *Turquie* & en *Chretienté* & ai trouvé cette musique assez harmonieuse.

Ils débitent au reste bien des contes & d'étranges Histoires sur l'origine & la naissance de *Jesus-Christ*, pour inspirer à leur jeunesse de l'aversion pour sa Religion: ,, Entr'autres qu'il étoit né de parens si
,, pauvres qu'ils n'avoient pas les moyens de luy faire apprendre à lire,
,, mais qu'un *Rabin* l'ayant pris chez luy par charité, le fit, & que luy trou-
,, vant de riches dispositions de la nature il prit plaisir à les cultiver,
,, & l'instruisit dans les Livres de *Moyse* & des Prophetes; que ce jeu-
,, ne disciple avoit une si heureuse memoire qu'il les apprit bientôt
,, par cœur, & se distingua entre les plus sçavans, mais que la vanité
,, & l'ambition le faisant rougir de son origine, il se mit en tête de la
,, tirer immediatement de *Dieu* même, jusqu'à dire qu'il l'avoit fait

naître

1697.
CHAP.
V.

„ naître d'une maniere toute extraordinaire, en paſſant à travers le
„ corps d'une Vierge, comme les rayons du Soleil paſſent à travers
„ le verre (*a*) ſans le rompre ni en élargir les pores, & ſans qu'elle
„ eût eu commerce avec aucun homme; qu'il avoit un don de per-
„ ſuader ſi efficace que ſon maître ne ſçavoit qu'en penſer; qu'il trouva
„ croyance dans l'eſprit de pluſieurs amateurs du merveilleux, &
„ s'acquit une telle réputation, ſur tout parmi le Peuple, qu'il en fut
„ regardé comme *Prophete*, puis comme *Fils unique de Dieu* : ce qui étant
„ rapporté aux Docteurs de la Loi, il fut arrêté & examiné, mais qu'il
„ déclara qu'il n'avoit jamais pris le titre qu'on lui donnoit dans un
„ autre ſens que celui où tous les hommes pouvoient s'appeller enfans du
„ Pere ou Créateur de toutes choſes, & qu'il fut rélâché. D'autres di-
„ ſent que la Vierge ſa Mere étoit bien mariée à *Joſeph*, mais que
„ l'ayant été long-tems ſans devenir groſſe, on le regardoit comme
„ impuiſſant; que cette femme l'étant enſuite devenue, quelques-
„ uns déclarerent que c'étoit d'un jeune inconnu qu'ils avoient vû,
„ diſoient-ils, entrer une nuit par la fenêtre de ſa chambre, pendant
„ la fête des *Tabernacles*. Sur quoi *Joſeph* qui l'aimoit, voulant la
„ garantir de la peine portée par la Loi contre les adulteres, prit
„ l'enfant ſur ſon compte, & elle jura de ſon côté qu'elle n'avoit ja-
„ mais écouté de propoſitions contraires à ce qu'elle devoit à ſon ma-
„ ri; que le *Rabin* aimant autant ſon diſciple qu'il l'admiroit, avoit
„ donné les mains à leur juſtification, lui deffendant de tenir dans la
„ ſuite de tels diſcours, & de ſouffrir qu'on lui donnât le titre de
„ Fils unique de *Dieu*, en quelque ſens que ce fût, ou qu'on l'appel-
„ lât Prophete; mais que celui-ci ayant contrevenu long-tems après
„ à la deffenſe de ce bon maître, & étant accuſé de nouveau d'avoir
„ ſoutenu ſon origine d'une Vierge ſans commerce d'homme, ou
„ plûtôt, diſent les plus moderez, trop de gens le concluant de ſes
„ diſcours & de ſes actions, où ils croyoient voir quelque choſe de *Di-*
„ *vin*, il fut arrêté une ſeconde fois & condamné au ſupplice le plus
„ infame de la Croix, comme blaſphémateur & uſurpateur d'un titre
„ Divin. Ils débitent encore d'autres contes auſſi blaſphematoires
„ contre *Jeſus-Chriſt*, que je ne rapporterai point; ce qu'ils n'oſent pas
„ faire devant tous les *Turcs*, qui ne croyant pas cela, le regardent
„ generalement comme Prophete, & dont quelques-uns veulent
„ qu'il n'ait pas ſouffert ce ſupplice, mais qu'il ait été enlevé en corps
„ & en ame au Ciel; que les *Juifs* n'ayent crucifié qu'un phantôme
„ ou un criminel que *Dieu* leur ſuſcita en ſa place, & que leur inten-
„ tion de crucifier ce Prophete ſoit la raiſon pour laquelle ils ſont er-
„ rans & maltraitez par tout. Ces mêmes *Turcs* accuſent les *Chrétiens* de
„ l'avoir fait *Dieu*, en corrompant la Loi qu'il a prêchée ou apportée
„ aux hommes, qui eſt, diſent-ils, la même que *Mahomet* a prê-
„ chée, & ils prétendent que c'eſt pour cela qu'ils ſont ſi diviſez entr'eux,
„ & ſe font tant & de ſi longues guerres, dont les plus violentes ſont,
„ diſent-ils, celles de Religion.

Moſquées des Turcs, les plus ſomptueux & ſolides édifices qu'ils ayent, & leurs raiſons pour cela.

Pour les Moſquées, il n'eſt pas ſi facile d'y entrer là, & ſur la Côte de *Barbarie*, que dans la *Turquie Européenne*. Elles y ſont generale-ment, & incomparablement moins belles, quoi que tant ici que là,
les

(*a*) Les *Armeniens*, ſur tout les *Eutychiens*, prétendent qu'il eſt né de cette maniere.

D'A. D. L. M. RAMA, &c. 97

les plus solides, les plus somptueux, & les plus reguliers édifices qu'a- 1697.
yent les *Mahometans*: à propos de quoy, quand j'ay temoigné ensuite Chap.
mon étonnement à quelques *Turcs* de *Constantinople*, de ce qu'ayant V.
tant de riches materiaux, & des Isles presque toutes de marbre, ils
n'en bâtissoient pas leurs Palais comme leurs *Mosquées*, pour rendre
leur Ville plus magnifique, mais seulement de bois, du moins pour la
plus grande partie, ils m'ent repondu que la Divinité étant éternelle, on
ne pouvoit bâtir rien de trop solide ou trop durable pour son service,
mais que pour eux qui étoient mortels, leurs maisons quelques fragiles
qu'elles fussent suffisoient. La belle maniere *Grecque* de bâtir ne paroît plus que dans la simple construction de ces *Mosquées*. Leurs ornemens interieurs consistent, pour toute peinture, en de grands caracteres *Arabes* longs de quelques pieds, qui annoncent le nom de
Dieu, avec quelques-uns de ses attributs, comme sa *Toute-Puissance*,
sa *Justice*, sa *Misericorde*; qu'il est seul *Adorable*, & *Unique Dieu*,
& que *Mahomet* est son Envoyé (*a*). Les prieres se font dans toutes,
ordinairement cinq fois par jour, extraordinairement une sixieme le
Vendredi à seize heures, qui répondent à nos neuf, car les *Turcs*
comptent leurs heures à l'*Italienne*, & pendant la Lune du jeûne,
appellé par les *Arabes Ramadan* & par les Turcs *Ramazan*; une septieme à six, c'est à dire à minuit, selon le même calcul.

Le respect, la ponctualité, l'attention & l'application avec lesquelles les *Mahometans* y entrent, & y prient, ne sont presque pas imaginables. Il m'est arrivé, comme à plusieurs autres, d'entrer pendant
la priere, sans que j'aye remarqué qu'aucun jettât les yeux sur moi; &
il est inoui, & sans exemple, qu'un *Turc* y parle à un autre. Ceux qui
voyagent, & qui ne se trouvent pas voisins des *Mosquées* pour y prier
aux tems marquez, ne manquent pas de descendre de cheval auprès
de quelque riviere, fontaine, ou puis, de se laver, & puis de se prosterner, & de prier autant de fois ; & ceux qui ne le font pas, comme
quantité de *Renegats*, sont méprisez, & aussi peu fréquentez par les
Musulmans, ou Fidelles, que des Excommuniez chez les *Chrétiens*.
Je parlerai plus amplement de leur Religion, dans l'article de *Constantinople*. Nonobstant la difficulté que j'ai marquée qu'il y avoit de voir l'inté-
rieur des Mosquées de *Rama*, & de la Côte, mon hôte qui étoit *Muezine*,
(*b*) me fit voir celui de la plus belle, qui est hors de la Ville, & Mosquée
s'appelle *Yeni-Dgiami*, ou *Mosquée-Neuve* ; mais comme elle n'appro- neuve hors
che pas de celles de *Constantinople* & d'*Andrinople*, non plus que d'u- de la Ville
ne infinité d'autres que j'ai vues depuis en *Orient*, je n'en dirai autre de *Rama*.
chose, sinon que c'est un bâtiment dont le corps est quarré, & dont la
voûte consiste en six petits *dômes*, au milieu desquels régne un plus
grand, & plus haut. Les ornemens sont comme dans les autres plus
belles, qui ont été décrites dans plusieurs Relations, avec des Lampes suspendues, comme sur la Planche XVII, qui est le *Tekke* (*c*)
des *Derviches* de la *Mer Noire*.

Cependant je me trouvois moins quitte de ma fievre que soulagé ;
Tome I. N ses

(*a*) Ces caracteres sont toûjours gravez ou peints au *Kibla* de la *Mosquée*, point qui répond à la *Mecque*, comme les autels des Eglises *Chrétiennes* sont à *Jerusalem*.
(*b*) *Muezine* est celui qui crie du haut des *minarets* ou tours des *Mosquées*, pour appeller
le peuple aux prieres.
(*c*) On appelle *Tekke*, & non *Dgiami* ou *Mosquée*, le lieu d'assemblée des *Derviches* ou
Moines *Turcs*, pour leurs pieuses danses &c. dont je parlerai ailleurs.

98 VOYAGES

1697.
Chap.
V.

ses accès étoient moins violens, parce que j'étois plus foible. Les passagers étant arrivez à *Rama* le 29. au matin, je résolus de me mettre en chemin avant eux, à cause de la lenteur d'une voiture que mon hôte me conseilla de prendre, comme la plus commode en l'état où j'étois, à sçavoir, un chariot avec deux chameaux. Je suivis son conseil, le satisfis, pris congé de lui, & montai en un chariot couvert, qui fut tiré avec une gravité naturelle à ces animaux. Je n'arrivai à *Jaffa* qu'après ces passagers, qui étoient déja à bord, & je m'allai embarquai sur le champ. Le vent souffloit un *Nord-Est* depuis plusieurs jours, & devint le 2. d'Avril tout à fait *Nord*, mais moderé.

Départ pour *Alexandrie*.

Alexandrie.

Nous fîmes voiles ce jour-là, & fûmes si favorisez de cet Elément, qu'il nous rendit sans tempête le 6. dans le Port d'*Alexandrie*. La figure de ce Port est exactement représentée sur ma Carte B. Tome I. de la *Mediteranée*, & n'a pas besoin de description J'ajouteray seulement, que l'entrée qui peut avoir un Mille de largeur en est defendue au *Nord-Est* par une vieille Tour, & au *Sud-Ouest*, par un Château peu fort, appellé *Pharissar*, ou Château du *Phare*, nom qu'il a pris de l'ancienne Isle *Pharos*, sur laquelle il est situé, ou du fameux *Phare* ou Fanal. Cette Isle est devenue *Presque-Isle*, par des débris d'un Pont ruiné, qui la joignoit, dit-on, autrefois au Continent, & par les sables que les ondes de la mer y ont apportez, & amassez. Si nous en croyons la tradition du pays, le *Phare* qui y étoit autrefois, fut bâti sur le modele de celuy d'*Ostie*. Ce qui frappa plus ma curiosité en mettant pied à terre, fut un admirable *Obelisque* de granite encore debout, auquel on donne plus de cent pieds de hauteur, plus gros de la moitié qu'aucun de tous ceux que j'ay vûs à *Rome*, & tout couvert de *Hyerogliphes*, & un autre tout semblable, mais rompu. On ajoûte qu'ils étoient tous deux devant la façade du Palais de *Cleopatre*, dont on voit encore quelques ruines assez riches pour leurs materiaux.

Prétendu Palais de *Cléopatre*. Obelisques Egiptiens.

Les *Turcs* qui ne sçavent pas même le nom de *Cleopatre* appellent ces ruines en leur langue *Vieux Palais*, mais les *Francs* veulent que ç'ait été le Palais, les uns de cette Reine, les autres de *Cesar*, les *Grecs* celuy d'*Alexandre*, &c. Je ne decideray pas lesquels ont raison, ils peuvent se tromper tous. Ces *Obelisques*, avec les anciens murs doubles flanquez de Tours à d'égales distances, comme ceux de *Rome*, commencerent à tracer dans mon imagination une haute idée de l'ancienne magnificence d'*Alexandrie*, mais cette idée fut bien augmentée par une grande diversité de colomnes debout, ou abatues, ou rompues, d'Architraves, de Chapiteaux, de Piedestaux de differens marbres, & principalement par la vue de la fameuse colomne de *Pompée*. Cette colomne paroît haute de plus de cent empans, & a jusques à seize pieds de circonference: elle est d'une seule piece de granite, comme les *Obelisques*. Je fus charmé des admirables citernes, qu'on comptoit encore alors dans cette Ville au nombre de plus de quatre cents, passablement bien conservées, de quelques milles qu'on y a comptées, dit-on, autrefois. Ces citernes sont incrustées d'un ciment semblable à celui de la *Piscine* admirable de *Puzzolo*; les voûtes en sont pour la plûpart soutenues de colomnes semblables à celles du reservoir de *Constantinople*, représentées par l'Estampe N°. XIX. Quantité d'appartemens ou logemens souterrains aussi de marbre, ou de briques, & soutenus de colomnes, paroissent avoir formé

Colomne de *Pompée*.

&

& fourni autrefois de rafraichissantes retraites contre les chaleurs de l'Eté, en faisant comme une Ville souterraine, ou inferieure, qu'on pouvoit appeller *Ville d'Eté*, comme la superieure qui étoit bâtie dessus, *Ville d'Hiver*. Mais si ces magnifiques restes donnent une si haute idée de l'état d'*Alexandrie*, ils inspirent en même tems une juste horreur des fureurs de la guerre, qui renverse, ou détruit souvent en peu d'heures, ou peu de jours, ce qui a couté des siecles entiers, avec des sommes immenses, à élever ou à bâtir.

L'ancienne Ville peut avoir eu dix à douze Milles de circuit, selon qu'on en peut juger par les restes, la nouvelle n'en a pas deux en longueur, ni plus d'un demi en largeur. Ses maisons sont generalement basses, les *Mosquées* fort simples & mal bâties. La colomne de *Pompée* est environ à un demi quart de Mille de la Ville, sur une éminence vers le Midi. On peut découvrir de là les Palmiers qui sont autour du Lac *Bouchir*, autrefois *Mareotis*. La Campagne qui regne autour de la Ville est fort basse, marécageuse en quelques endroits, sablonneuse, & peu fertile : au moins ce que j'en ai vû m'a paru tel, si on en excepte quelques jardins assez agréables. Les Datiers, les Citronniers, les Orangers, & Figuiers, sont les principaux arbres dont elle est agréablement diversifiée; sur tout sur les bords d'un profond & large canal, creusé, dit-on, par l'art, pour conduire l'eau du *Nil* dans les citernes dont je viens de parler. Les eaux de ce Fleuve se débordant tous les Etez, comme on sçait assez, & lavant les marécages ou les purgeant de leurs vieilles eaux qu'elles remplacent ou renouvellent, empêche, disent les gens du Païs, qu'ils ne soient mal sains, comme ils paroissent devoir naturellement être. L'histoire & le nom de cette Ville disent, qu'*Alexandre* la bâtit pour être un monument de ses conquêtes, en la cent douzieme *Olimpiade*, c'est à dire, cent vingt-neuf ans avant l'*Ere Chrétienne*. Quelques-uns veulent qu'il n'ait fait que la réparer, & qu'elle s'appellât avant cela *Nô*. Quoi qu'il en soit, elle devint non seulement la Capitale d'*Afrique* après la destruction de *Carthage*, mais la premiere du monde, après *Rome*, & les *Ptolomées* la choisirent pour leur résidence. Elle a subi divers siéges, & sacs, qui l'ont réduite en l'état où elle est. Le plus furieux fut quand les *Sarazins* la prirent sur les *Grecs*. Comme c'étoit alors l'unique Place forte qui leur restât, ils la deffendirent en desesperez, mais les Vainqueurs, ennemis jurez des figures, aussi bien que des *Grecs*, briserent selon leur coutume statues, bas-reliefs, &c. Quoi que je ne fusse pas encore tout à fait quite de ma fievre, ses accès étoient moins violens, & quelque foible que je fusse, ma curiosité sembloit me donner des forces pour faire certains jours jusqu'à trois ou quatre Milles de chemin, tant dans la Ville, qu'au dehors. Le *Grec*, dont j'ai parlé, m'accompagnoit presque toûjours, n'ayant rien à faire que d'attendre quelque Bâtiment pour son voyage. Le Capitaine du Vaisseau, avec quelques Peres de la *Merci*, qu'on appelle *Mathurins* ou *Trinitaires* en *France*, qui cherchoient à racheter des Esclaves, me menerent un jour voir ce qu'ils appelloient la Chaire de *St. Marc*. Elle est dans une petite Eglise *Grecque*, assez mal bâtie, à laquelle ils donnoient le même nom, & où ils me disoient que cet *Evangeliste* fut décapité par ordre d'*Herode*. Cette chaire est de pierre dure, avec quelques pieces de marbre, & n'a

Chaire de St. Marc.

1697.
CHAP.
V.

rien que de fort commun. Ils ajoûtoient, que son corps avoit été tiré de cet endroit, & porté à *Venise*. Sur quoi je leur dis, que je m'étonnois que la *République* n'eût pas cette Eglise en sa possession, puis qu'ayant tant fait que de quitter la protection de *St. Theodore*, pour se mettre sous celle de *St. Marc*, elle auroit dû avoir cet égard pour celui-ci, d'acheter la Place des *Turcs* ou des *Grecs* : ce qui auroit été d'autant plus facile & convenable, qu'*Alexandrie* étoit un Port libre, où le commerce pouvoit entretenir toûjours quelques Religieux, tant pour le rachat des Esclaves que pour le service des Marchands & équipages des Vaisseaux qui y viendroient. Ils me répondirent qu'ils s'en étonnoient encore plus que moi, & que cela avoit été proposé au *Senat*, mais que la guerre, qui étoit survenue en ce tems-là, l'avoit pû empêcher d'y donner l'attention qu'on eût pû souhaiter.

Rachat d'Esclaves.

Les Peres ayant racheté divers Esclaves de leur Religion en cette Ville, avoient dessein de continuer leur voyage jusqu'à *Tripoli*, puis à *Tunis*, & par la Côte de *Barbarie*, pour le même œuvre pieux & charitable. En quoi ces Esclaves *Catholiques-Romains* ont un grand avantage sur ceux d'un autre Religion; car ils sont bien plûtôt délivrez, & à meilleur marché, y ayant presque toûjours des *Missionnaires* sur les lieux, avec un crédit, ou de bonnes sommes d'argent comptant, outre les Peres de la *Trinité*, qui y vont la bourse bien garnie des charitez publiques pour ce sujet; de sorte que ces Esclaves sont souvent de retour chez eux, avant que les autres, tels que sont les *Hollandois* & autres *Protestans*, puissent donner avis de leur captivité; où ils sont réduits à traiter de leur rançon à des conditions exorbitantes, par le moyen des *Juifs*, qui y gagnent considérablement. Il me souvient d'un *Hambourgeois*, qui desesperant de sa liberté par cette voye longue & onereuse, se fit *Catholique*, & fut délivré alors par ces Peres. Les *Catholiques* ne sont pas privez du libre exercice de leur Religion pendant leur captivité, comme les Protestans de la leur, les *Missionnaires* ayant des Chapelles jusques dans les prisons où on les renferme, y disant la Messe, & leur administrant la Communion.

Messe ou Liturgie Grecque en Langue Arabe.

Le *Grec* continuant sa complaisance envers moi, me mena un jour à une Eglise *Grecque*, consacrée à la *Panagia*, qui étoit la plus belle que ceux de sa Religion eussent alors à *Alexandrie*. J'y ouis celebrer la Liturgie en *Arabe*, la langue la plus naturelle & la plus commune aux Prêtres, & à leurs Auditeurs de ce Païs, qui n'entendent pas & ne sçavent pas même lire le *Grec*. Tous leurs Livres, & ceux de leur Auditoire sont écrits à la main en langue *Arabe*.

Ornemens Ecclesiastiques des Grecs & des Coptes.

Le Prêtre étoit habillé comme la Figure *c* de la Planche XXIV. d'un Evêque qui va celebrer la Liturgie, avec (*a*) l'*Hipogonate* pendu au côté droit, le *Polo* (*b*) sur le dos; les vêtemens, comme sont generalement ceux des *Grecs* & des *Armeniens*, de brocard d'or & d'argent, mais fort sales par la malpropreté si ordinaire à ces deux Nations, que les *Turcs* les appellent *Murderler*, impurs. Quand nous entrâmes dans l'Eglise, il étoit déja retiré pour la préparation du pain & du vin dans le *Thyrasterion* ou *Sanctuaire*, marqué *e* sur la Planche XXIII. (lieu où aucun *Laïque* n'est admis, & qu'on appelle pour cela

---

(*a*) Ὑπογονάτον, l'*Hypogonate* est une riche piece d'étoffe, & ferme, sur laquelle sont brodées deux Croix de chaque côté.
(*b*) Πέλω, le *Polo* n'en a qu'une.

cela le lieu des *Sacrez misteres*. Il y a deux tables dans ce *Sanctuaire*, non pas autels, comme il plaît à quelques-uns de les appeller, toutes les Eglises Orientales n'ayant qu'un seul autel ; la premiere à droite, appellée en Grec *Trapesa*, sur laquelle on prepare le pain & le vin, avant que de le porter sur l'autel pour le consacrer ; la seconde à gauche, nommée *Skenophilakion*, pour les Livres & les vases, & autres utenciles sacrez. La préparation se fait en cette maniere. Le Prêtre prend du pain levé, appellé *Prosphora* en *Grec*, & *Mahoui* ou *Zrem* en *Arabe*, avec une impression semblable à O ou P, aussi de la Planche XXIII. Il le coupe, & leve avec un couteau, nommé en *Grec Agialogky*, & *Herby* en *Arabe*, de la figure q, ou du fer d'une lance, la croûte sur laquelle est l'impression, qu'il met ensuite sur une espece d'assiette ou *patene* d'argent, appellée *Agios Discos* en Grec, & *Skence* en *Arabe* : ensuite il met du vin dans le Calice qu'il couvre avec l'*Asterisk*. Cela étant fait, il coupe la croûte en diverses parcelles ou petites pieces qu'il offre l'une après l'autre, au nom de la *Vierge*, & des douze Apôtres, ou d'autres *Saints*, sur la pointe du couteau, & les remet ensemble sur la *patene*, en les rejoignant comme si elles n'avoient pas été séparées ou coupées. Ensuite il met par dessus l'*Asterisk*, & couvre tout cela, avec le Calice qu'il met auprès de la patene. Remarquez qu'un Diacre, *Diaco* en Grec, *Tchemmes* en *Arabe*, habillé comme la Figure *e* de l'Estampe XXIV, tenant un Encensoir, *Baccour* en *Arabe*, d'une main, & le *Ripidion*, espece d'écran, *Meharhola* en *Arabe*, de l'autre, de la forme de *r* sur l'Estampe XXIII, encense continuellement, & évente, comme pour empêcher la poussiere, ou les mouches de tomber dans le Calice, *Kessz* en *Arabe*. Ce *Ripidion* répond au *Flabellum Latin*, quoi que l'usage en soit autre dans les Eglises *Grecques* que dans les *Latines*, comme on le peut voir par ce que j'ai déja dit de celui du *Pape*. Il est ordinairement fait d'une plaque d'argent ou de cuivre, ou de fer blanc, orné de Cherubins, avec un manche de même, ou de bois. Le Prêtre ayant préparé le pain & le vin, sortit du *Sanctuaire*, & fit trois signes de croix, avec trois doigts joints ensemble, en l'honneur de la *Trinité*, les portant premierement au front, puis à l'épaule droite, & enfin à la gauche, en disant *Dieu Saint, Dieu Puissant, Dieu Immortel, aye pitié*, & s'inclinant profondément à chaque fois, comme fit en même tems tout le Peuple assistant, qui avoit déja fait la même chose selon la coutume en entrant à l'Eglise, avec la posture de *f, g*, de la Planche XXIV chacun saluant ainsi les Images de *Jesus-Christ*, de la *Vierge*, & des autres Saints, & le Prêtre même comme on voit à *b* qui represente un Evêque avec sa Mitre ordinaire, ou espece de *capuchon*, tel que le portent les (*a*) *Caloieros* ou Moines *Grecs*, qui ressemble assez bien à celui des *Dominicains*. Après quoi le Celebrant commença la *Liturgie* en la Langue susdite, entonnant quelques Cantiques qui furent répondus par le Chœur, ce qui ayant duré près d'une demi heure, il alla prendre le pain & le vin, préparez dans le *Sanctuaire*, & puis restant quelques minutes à la

Oblation ou Offertoire.

___

(*a*) Καλόγεροι en *Grec*, & *Kaheb* en *Arabe*, signifie proprement bons vieillards, non parce qu'ils sont tous vieux, car on appelle ainsi les plus jeunes, mais parce que ceux qui embrassent l'état *Monastique* doivent avoir la sagesse & la bonté de la vieillesse.

1697.
Chap.
V.

porte, & les préfentant au peuple, la *patene* dans la main droite, & le *Calice* dans la gauche, il les éleva auffi haut que fon front, en les lui montrant face à face, & non à reculons comme les *Latins*, après la *Confecration* & faifant enfuite un mouvement de tout fon corps à droite & à gauche, ce qui formoit une efpece de croix imaginaire, comme fait le *Diacre* qui adminiftre la Communion au *Pape*. Cependant

Benediction.

le peuple faifoit des fignes de Croix, & chantoit *alleluia*, feul mot que j'entendis de commun avec les *Latins*, & les *Grecs*; après quoi il les porta à l'autel, fur lequel il les plaça fort refpectueufement, le chœur & le peuple continüant de chanter, & un Sous-Diacre ne ceffant d'encenfer. Les ayant placez fur l'autel, il prit l'encenfoir des mains du *Diacre*, les encenfa, puis rendit l'encenfoir au *Sous-Dia-*

Confecration.

cre. Peu après il découvrit le *Calice*, y verfa encore un peu de vin & d'eau, puis découvrant le pain il confacra ou acheva de confacrer, étant continuellement encenfé par le Sous-Diacre; & rompant le plus gros morceau de la croûte en quatre, il le détrempa dans le Calice, le mangea, puis bût à trois diverfes reprifes, & donna trois des au-

Communion.

tres parcelles auffi détrempées dans le Calice au Diacre, puis mit tout le refte dans le Calice, en purifiant, ou faifant tomber de fes doigts, par le moyen d'un éponge, les particules qui s'y étoient attachées, qui formerent une efpece de foupe froide au vin, que j'appelle ainfi, puis qu'il y avoit à boire & à manger tout enfemble, le pain étant délayé dans le vin. Il n'y eut point d'autres communians qu'un *Laïque* avec un petit enfant qu'il tenoit entre fes bras, & qui étoit fon fils, âgé de trois ou quatre mois, & qui paroiffoit malade. Le *Prêtre* prenant une *cuillerée* (a) de ce qui étoit refté dans le Calice la donna au Pere, qui demeura toûjours debout, en difant *Créature de Dieu, reçois la Communion, au nom du Pere, du Fils, & du St. Efprit*, au moins felon qu'on me l'interpréta après. Puis prenant entre fes deux doigts quelques miettes du pain détrempé, il le mit en prononçant les mêmes paroles dans la bouche de l'enfant, que le Pere lui tenoit ouverte, & après trois fignes de Croix, & autant de reverences à ce *Prêtre*, qui lui donna fa main à baifer, j'entends fon Pere, il fe retira. Le Prêtre avala enfin tout ce qui reftoit dans le Calice, qu'il frotta avec trois doigts, & les lecha: enfin il donna fa main à baifer à quiconque s'approcha, & diftribua ce qui étoit refté du pain de préparation.

Quelques *Grecs d'Egipte* & *d'Abiffinie* font accufez non feulement les premiers de *Neftorianifme*, & les feconds *d'Eutichianifme*, mais de retenir encore quelques ceremonies *Judaïques*, du nombre defquelles on met la *Circoncifion*. Tout ce que j'ai pû entendre touchant ce dernier article, eft qu'il y en a fi peu aujourd'hui, qu'on peut à peine en convaincre cinquante familles *Armeniennes*, dans toute l'*Afie* & l'*Afrique*. Les Religieux *Miffionnaires de Rome* s'en attribuoient la gloire, quelques-uns de ceux qui étoient fur notre Bâtiment m'affurant, que s'ils n'avoient pas converti autant de cette Nation à la foi *Catholique*, qu'ils auroient fouhaité, ils y avoient au moins réformé beaucoup d'abus, fur tout entre les *Armeniens*, qu'ils difoient être plus finceres & plus zelez pour la vérité que les *Grecs*, d'entre la plûpart defquels ils ne pouvoient, difoient-ils, déraciner le *Neftorianifme*,

---

(a) La cuilliere avec laquelle on donne la Communion aux Laïques *Grecs*, s'appelle Λαβίδα en *Grec*, & *Melacha* en *Arabe*.

nisme, ni la proceffion du St. Efprit feulement du Pere. Ils fe van- 1697. toient, entr'autres chofes, d'avoir aboli la coutume de circoncire juf- CHAP. qu'aux Filles des *Coptes*, qui fe pratiquoit, difoient-ils, encore en V. *Abiffinie*, il n'y avoit pas trente ans.

La principale différence des ceremonies que j'ai remarquées enfuite en *Turquie* entre les *Armeniens* & les *Grecs*, à l'égard de la *Meffe* ou *Liturgie*, eft que les premiers fe fervent de pain fans levain un peu moins épais que le leur, & ne mettent point d'eau avec le vin de la *Communion*, difant que *Jefus-Chrift* n'en mit point dans fon dernier fouper, dont elle doit être une imitation exacte, quoi que plufieurs difent que c'eft la repréfentation d'une feule nature en *Jefus-Chrift*; qu'ils évoquent, pour ainfi dire, ou femblent évoquer le corps de *Jefus-Chrift* du Ciel en Terre, en chantant à haute voix *Corps de Jefus-Chrift foit prefent devant nous*, pendant que des Diacres frappent affez harmonieufement des plaques rondes de cuivre l'une contre l'autre; que le Prêtre porte enfuite le pain & le vin en proceffion autour du Sanctuaire, étant accompagné d'*Acolites* ou *Sous-Diacres* avec des cierges allumez, puis ayant pofé l'un & l'autre fur l'*Autel*, prononce deffus les paroles de la *Confecration* d'un ton peu élevé, pendant lefquelles un *Diacre* l'évente d'un *Flabellum* de cuivre ou d'argent, comme celui des *Grecs*, ou plûtôt qui n'en differe que par de petits grelots attachez autour, felon que les repréfente *s* fur la Planche XXIII; il prend de nouveau ce pain & ce vin entre les mains & les montre au Peuple, en fe tournant à droite & à gauche, faifant la Croix comme les *Grecs*, & difant, *voici le Corps de Jefus-Chrift avec fon fang livrez pour vous*.

Il faut remarquer que les *Grecs* montrent ainfi le pain & le vin avant la *Confecration*, & que tant eux que les *Armeniens* ne témoignent pas plus de refpect pour l'un & l'autre après qu'avant cette Confecration, & quand on leur demande s'ils croyent l'anéantiffement du pain & du vin, ils répondent auffi bien que les *Grecs*, fans fe donner la peine d'expliquer leur croyance, ,, Nous croyons qu'en vertu des pa- ,, roles *confecratoires*, le Corps de *Jefus-Chrift* eft où il n'y avoit que ,, du pain. Nous ne le comprenons non plus que l'union de la Nature ,, Divine à la Nature Humaine, & nous le mangeons en communiant; ,, nous ne fçavons pas fi *St. Pierre*, ou les autres *Apôtres* en croyoi- ,, ent plus que nous, & s'ils en pourroient donner d'autres raifons. Tout ce que j'ai pû recueillir ou conclure de leurs réponfes, eft qu'ils admettent la *Confubftantation* ou l'Impanation des *Lutheriens*, fans en fçavoir les termes. Au refte, ceux qui difent qu'il n'y a plus de pain après la confecration, mais un total changement d'une fubftance en l'autre, ou *Tranfubftantiation*, font accufez non feulement par les *Proteftans*, mais par leurs propres Compatriotes attachez à leurs anciennes opinions, d'avoir apris ce langage des *Latins*, qui embrouillent, ajoûtent-ils, les paroles de *Jefus-Chrift*, fous prétexte de les expliquer. Pour dire ce qui en eft, ils font les uns & les autres, j'entends les *Armeniens* & les *Grecs*, dans un tel cahos, tant à cet égard qu'à celui de *l'unité de nature* en *Jefus-Chrift*, & de divers autres, auffi bien que les *Neftoriens*, touchant les deux perfonnes, qu'il faudroit être quelque chofe au deffus de l'homme pour en tirer quelque lumiere. Ils fe contredifent non feulement eux-mêmes dans leurs réponfes aux quef-

Ignorance des *Grecs* & *Armeniens* à l'égard de leur Religion.

1697.
CHAP.
V.

questions qui leur sont faites, mais encore n'ont, comme les *Grecs* en general, presque conservé de leur ancienne Religion que l'exterieur, les ceremonies avec certaines formules de prieres, de chants, & y ont ajoûté quantité de jeûnes. Et quoi qu'ils prient tous en une langue connuë, ils le font avec incomparablement moins de dévotion ou de zele que les *Catholiques-Romains*, ou avec très peu d'attention & de réverence, même les *Prêtres* & les *Diacres*, dont les regards qui errent çà & là pendant *l'Office Divin*, témoignent qu'ils sont occupez de toutes autres pensées que de celles qu'il exige.

Diverses Sectes entre les *Grecs* & les *Armeniens*, & leurs noms.

Les *Armeniens* different encore des *Grecs* à l'égard de la forme des habits Sacerdotaux, portant leurs *Etoles* plus étroites, & leurs *Chappes* presque à la *Latine*, comme (x) de la Planche (1). Au reste, ils sont divisez en diverses branches, qui s'appellent les uns les autres *Héretiques*, à sçavoir, *Eutichiens*, *Jacobites*, &c. comme les *Grecs* en *Coptes*, *Nestoriens*, &c, & chaque parti prétend être le seul *Orthodoxe*. Ils s'accordent generalement à l'égard des *Images peintes* & non taillées, & des *abstinences* fréquentes de viandes, beurre, lait, poisson, &c. Ces branches ou ces Sectes ont leurs *Patriarches* distincts, qui prennent les mêmes titres que ceux des corps dont elles se sont séparées, quoi qu'ils ne résident pas aux mêmes endroits.

Le *Pape* donne aussi de semblables titres à ceux qui reconnoissent son autorité, quoi qu'ils soient déja créez, ou qu'il les ait créez lui-même. Ceux-ci résident ordinairement à *Rome*, & sont appellez generalement *Patriarches* ou *Evêques in partibus infidelium*, car il fait autant des uns & des autres, qu'il y a de Patriarcats & d'Evêchez en *Asie* ou *Afrique*, & dans *l'Europe Turque*, & ceci tant pour les *Armeniens* que pour les *Grecs*. Plusieurs même résident sur les lieux, sur tout où il y a des *Francs* établis, comme l'*Evêque* de *Constantinople* qui réside à *Pera*.

Batême par Immersion.

Les Prêtres *Armeniens* administrent le *Batême* par *immersion*, non seulement en plongeant dans la cuve, comme j'ai déja dit, l'enfant trois fois, mais encore & assez fréquemment dans des rivieres. Les personnes riches sont fort magnifiques dans la ceremonie de ce *Sacrement*. Ils la font faire par le *Patriarche*, ou quelque *Vertabiet*, ou Docteur de consideration, accompagné du Clergé en habits Sacerdotaux, & l'on choisit, dis-je, au lieu de la *cuve*, une *riviere*, ou quelque fontaine assez profonde. Si c'est une riviere, on s'y rend sur des bateaux ornez de branches d'arbres, avec des fleurs, & le Patriarche avec son manteau Pontifical, comme sur la Planche (1) plonge trois fois l'enfant dans la riviere; après quoi il l'oint avec le *Myron* ou l'huile benite. La ceremonie finie, tant ceux qui l'ont faite que les assistans, se rendent au logis du Pere, & passent le jour à bien manger & boire.

Pour la *Communion* ils la donnent non seulement jusqu'aux plus jeunes enfans, comme les *Grecs*, mais même quelques-uns d'eux la mettent dans la bouche des personnes nouvellement mortes, ce qu'ils appellent, comme les *Catholiques* font que la derniere *Communion* qu'ils donnent aux malades avant de mourir, *Saint Viatique*, le considerant comme un espece de Passeport pour le Ciel. Cette superstition des *Armeniens* paroît tirer son origine aussi-bien que son nom de l'*obole*, ou piece de Monoye, que les *Payens* mettoient dans la bouche de leurs

leurs morts pour payer à *Caron* leur passage dans les Champs *Elisées*. Un autre usage superstitieux & plus commun entre les *Armeniens* est d'oindre les corps morts de leurs Ecclesiastiques de *Myron* ; ce qui répond assez à l'*extréme-onction* qu'administrent les *Catholiques* aux *Agonisans*. Un de nos Religieux entendant qu'on oignoit ainsi un Prêtre de cette nation mort à *Alexandrie*, lorsque nous y étions, en prit occasion de déclamer contre cet usage, qu'il appelloit Sacrilege, & qu'il mettoit au nombre des *abus* que les *Missionnaires* n'avoient pû encore deraciner.

J'avois entendu dire, & lû, que les *Coptes* se vantoient d'avoir quelques parties du nouveau Testament inconnues aux autres *Chrétiens*, qu'ils nommoient *les secrets de St. Pierre* : j'ay demandé à plusieurs ce que c'étoit, & en quoy elles consistoient, & si elles contenoient quelque chose de plus *orthodoxe*, & de plus extraordinaire que les autres. Je n'en ay pas trouvé deux en cent qui eût entendu parler de l'existence de ces *Secrets*. Ceux qui prétendoient en sçavoir quelque chose, ayant apparemment honte d'apprendre des Etrangers, ou d'ignorer qu'il y eût dans leur Eglise un tel tresor, m'ont dit positivement que l'original étoit en *Abissinie*, & que leur Patriarche d'*Alexandrie*, qui reside au *Caire*, en avoit une copie, & c'étoit tout. Mais je crois que leur vanité leur fournissoit cette réponse, & qu'ils ne sçavoient pas plus que moy là-dessus.

Secrets de St. Pierre.

Remarquez que les *Armeniens* qui sont en ces lieux, y sont generalement étrangers, comme à *Constantinople*, mais en un incomparablement plus petit nombre. Ils y apportent par terre diverses marchandises des *Indes*, comme de la *Rubarbe*, des *Bijoux*, du *Caffé*, &c. Et c'est ce *Caffé* qu'on appelle ordinairement *Caffé de Turquie*, que les *Arabes* prononcent *Cahoua*, & le *Turcs Cahvé*, quoy qu'il n'en croisse point dans les Etats du grand Seigneur. S'il est estimé meilleur que tout autre, c'est à cause qu'il vient par terre jusques à *Alexandrie*, ou qu'on le vend, & transporte après en *Turquie*, ou dans l'*Europe Chretienne*, & qu'ayant été moins long-tems sur la mer, il perd moins de sa vertu que celui qui vient directement des *Indes* par mer : ainsi ces deux sortes de Caffé sortent du même pays, mais ils prennent differentes routes.

Des Marchandises qu'apportent les Armeniens à Alexandrie.

Alexandrie a perdu les avantages qu'elle tiroit de son commerce des *Indes*, qu'elle faisoit autrefois par la *mer rouge*, depuis que les *Portugais* en ont découvert le chemin par le Cap de *Bonne-Esperance*. Après un séjour de six jours à *Alexandrie*, nous partîmes pour *Tripoli*, où nous arrivâmes en neuf autres, sans toucher à aucun Port, & sans autres accidents, que celui qui arriva à un *Religieux* qui fut attaqué d'une fievre tierce, semblable à celle dont je n'étois pas encore tout à fait guéri.

Elle a perdu son Commerce des Indes.

CHAPITRE VI.

De Tripoli ; *son* Port , *ses* Antiquitez ; *passage de là sur un Vaisseau* Venitien , *par* Port-Mahone , *& Gibraltar , à* Lisbone ; *retour de là, sur un Vaisseau de* Nantes, *en* France, &c.

Tripoly

ETant arrivé à *Tripoli*, j'y eus d'abord la mortification d'apprendre que l'Envoyé destiné pour la Cour de *France*, étoit déja parti.

Son Port.

Le Port de *Tripoli* est pour la forme tel qu'il est réprésenté sur ma Carte B; un des plus beaux , des plus sûrs , & des plus commodes de la Mer *Mediteranée.* Les approches en sont gardées ou defendues à l'*Orient* par un Fortin appellé *Engles-Hissar*, *le Fort Anglois*; (*a*) & au *Sud-Ouest* par une chaîne de Rochers , sur laquelle sont élevez divers autres Fortins , ou Tours , garnis de bonnes pieces d'Artillerie. Cette chaîne lui tient outre cela lieu de Mole. Un assez bon Château qui commande l'interieur de ce Port , & la Ville , ne fait pas la force la moins considerable de la Place. Mais tout cela n'empecha-pas que la Flote *Françoise*, commandée par Mr. l'Amiral d'*Etrées*, ne luy causât en 1685. par ses bombes un dommage , qui n'étoit pas encore réparé lorsque j'étois dans cette Ville. Les maisons se terminent en terrasses , comme celles de *Rama , d'Alexandrie* , &c. Je trouvay les rues étroites , & mal pavées. Les *Mosquées* , & après elles les *Bains*,

Mosquées.

Bains.

y sont comme par toute la *Turquie* les plus magnifiques , & les plus somptueux édifices. Je ne vis que l'exterieur des premieres ; il fallut m'en contenter pour juger de leur beauté , car je ne pus entrer dans aucune ; mais j'entray dans le plus beau des bains. C'est un bâtiment fort solide , & quarré , sur lequel est assise une *Coupole* ; cette Coupole est percée de divers trous sur lesquels sont des vitres , en forme de cloches à couvrir les Melons dans les pays froids , pour laisser passer la lumiere , & empecher la saleté d'y tomber : la planche X réprésente assez bien l'interieur, & ce qui s'y passe, pour en donner une idée. Je n'y ay vû les femmes qu'en imagination , ou par le rapport de quelques-unes d'elles ; car il est deffendu aux deux sexes de s'y rencontrer ensemble , sous des peines très rigoureuses. Mais chaque sexe y va à ses heures distinctes , & marquées , au moins pour les bains publics , car pour les particuliers , que les gens riches ont chez eux, ils y peuvent aller avec leurs femmes , ou Concubines , s'ils veulent , & s'y faire froter & laver par des filles esclaves , quoi qu'ils le fassent rarement.

Description du plus considerable Bain de Tripoli.

On traverse ordinairement deux sortes d'antichambres, ou Salles médiocrement chaudes , la premiere moins , la seconde plus , pour entrer dans celle qu'on appelle proprement le Bain , qui est très chaude. Toutes ces Salles & les autres , s'il y en a , comme j'en ay vû plusieurs depuis à *Constantinople*, où il y en avoit jusqu'à douze , & au delà , en y comprenant les petites Chambres particulieres à laver , sont terminées par des Dômes tels qu'à celui-ci, & percez de même , pour y laisser entrer la lumiere. Dans la premiere est une espece de *Sopha*, ou d'Estrade,

(*a*) On ne m'a pû dire d'autre raison du nom que porte le Fortin du côté de l'*Orient* sinon qu'on le croyoit bâti par les *Anglois* pendant les guerres de la *Terre Sainte.*

trade, élevée tout autour contre les murs. Le *Sopha* est ordinairement fait de planches, mais il étoit de pierres dans le Bain de *Tripoli*. On se deshabille dessus, & on s'attache à la ceinture une grande piece de toile de cotton bleuë, ou brune, appelé *Esthimale*, telle qu'on voit attachée à l'esclave noire de la même estampe, pour couvrir ce que la bienséance ne parmet pas de montrer. On passe ainsi de là, par la seconde Salle, dans la troisieme qui est proprement l'étuve, & ordinairement toute pavée de marbre. Là est une grande pierre, ou table quarrée, qui couvre une Estrade. Celle du Bain de *Tripoli* avoit sept pieds de longueur, sur quatre de largueur, & étoit élevée d'un & demi. On s'etend tout de son long dessus, où on se sent bien-tôt couler la sueur de tout le corps. Il se presente d'abord un Valet de Bain, Esclave, ou libre, tout nû, si on excepte le tablier, ou linge noué à sa ceinture, comme celui que j'ay déja marqué. Il allonge, detire les bras, les pieds, les doigts, frotte les épaules, & presque toutes les parties du corps de celui qui est étendu, comme je viens de dire ; le fait tourner tantôt sur le dos, tantôt sur un côté, tantôt sur l'autre, & sur le ventre, le presse de ses genoux, lui fait craquer tous les os, en lui maniant le corps, & cela sans lui faire de mal, & avec une dexterité incroyable ; ce qui est estimé fort sain, & un remede général contre tous les maux en *Turquie*, où les maladies sont incomparablement moins nombreuses qu'ailleurs. Après qu'il a autant sué qu'il a voulu, & a été ainsi bien detiré, frotté, pressé, tourné, viré, on lui rase la tête, & le poil de dessous les aisselles, & on lui donne le rasoir pour se raser ailleurs. Il se retire pour cela dans quelque petite Chambre voisine menagée dans le corps du Bain. On met sur la porte de cette Chambrette un linge, pour signal à tout autre de n'y pas entrer ; ensuite dequoy on appelle quelcun pour le froter de nouveau, & le décrasser, ce qui se fait avec un petit sachet de crin, ou de barbe de Chevre, appellé *Tellek*, ce qui répond aux *étrilles* des Anciens. Ensuite on le savonne, & on le lave d'eau chaude, mêlée avec de la froide. Ces eaux sortent toutes deux des Robinets qu'il y a tant dans les Chambrettes que dans la grande Salle, & on les puise avec de grandes écuelles de cuivre, des Bassins, ou Cuvettes de marbre qui sont dessous, comme on voit sur l'Estampe X. L'eau chaude est ordinairement échauffée par le feu, & quelquefois elle est chaude par elle-même, telle qu'est celle du Bain dont je parle, qui procede d'une source éloignée de près d'un demi quart de lieue de là, où elle est d'une chaleur à cuire des œufs ; mais elle se tempere, ou se raffraichit en chemin dans le Canal qui la conduit à ce Bain. Enfin après avoir été frotté de nouveau, rasé, étrillé, ou savonné, lavé, s'être fait couper les ongles des pieds, s'ils sont trop longs, l'homme qui prend les Bains est revetu d'une longue robbe, ou chemise de toile épaisse, mais veloutée, & fort douce. Il repasse ainsi dans la premiere Salle, où il se r'habille, fume s'il veut, boit du Caffé, & paye la depense du Bain, qui n'est qu'une bagatelle.

Les femmes sont traitées de même par des esclaves, ou servantes de Bain generalement noires, à *Alexandrie*, & à *Tripoli*, excepté qu'au lieu du rasoir elles se servent d'un Dépilatoire, appellé *Zerna* en *Turc*, se teignent les sourcils de noir, appellé *Rastick*, & les extremitez des cheveux, & les ongles tant des pieds, que des mains,

Maniere dont on est servi dans les Bains.

Teintures des Femmes pour leurs Cheveux, sourcils, ongles, &c.

1697.
Chap.
VI.
Dépilatoire.

d'un rouge d'*Egipte* appellé *Kna*. Les matieres dont sont composez le Dépilatoire, & les teintures, sont telles que je vais dire. Le Dépliatoire consiste en un espece de mineral assez commun en *Turquie*, nommé *Rasma*, d'un verd obscur, & en un peu de chaux vive. Après les avoir réduits en poudre, on en fait un mortier, ou pâte molle, en les détrempant avec de l'eau, & les maniant & mêlant bien ensemble. On applique de cette pâte sur les parties qu'on veut dépiler, & après l'y avoir laissée quelques minutes, on y met par dessus d'une terre grasse, & molle, ou rendue telle avec de l'eau. Les Anciens l'appelloient *Terra Chia*, ou *Lampsacia*, terre de *Scio*, ou de *Lampsaco*, qui n'est pas moins commune en *Afrique*, qu'en ces endroits-là, & par toute l'*Asie*. Cette Terre appliquée par dessus le Dépilatoire, sert à le détacher plus facilement avec le poil qu'il entraine avec elle : elle est d'ailleurs fort estimée pour plusieurs autres vertus qu'on lui attribue, comme de décrasser mieux que le savon, d'adoucir, conserver & blanchir la peau. Les femmes s'en servent avec succès pour se décrasser sur tout les cheveux, dont elles se piquent d'avoir beaucoup de soin, & qu'elles se font tresser par les esclaves, ou servantes du Bain, appellé *Tellekgis*, ou froteurs & froteuses, & après qu'elles les ont bien lavez, & dessechez avec des serviettes chaudes.

Rastick, ce que c'est & son usage.

Le *Rastick* est composé de fiel de bœuf, *d'æs adustum*, *Amphacitis*, *Feraro d'Espagne*, & *Galle d'Istrie* ; on pulverise bien dans un mortier les quatre derniers ingrediens, puis on les delaye, ou mêle avec le premier. On en remplit jusqu'au quart une sorte de cuilliere de terre qui resiste au feu, ou de cuivre mince, puis d'eau les trois quarts restans, & après avoir bien delayé les ingrediens reduits en poudre très fine, on tient le petit vase qui les contient sur une lampe allumée jusqu'à ce qu'ils bouillent ; puis avec un espece de pinceau on se teint ce qu'on veut avoir noir, & tant cette couleur que la rouge s'attachent si fortement, qu'on peut les laver même avec du savon quelques heures après sans qu'elles s'enlevent. Il y a des vieillards qui pour paroître plus jeunes qu'ils ne sont, se servent de *Rastick* pour teindre leurs sourcils, & leur barbe ; car pour les cheveux on sçait qu'ils n'en portent point ; mais ils se font raser la tête trois fois la semaine, & quelques-uns tous les jours. Les *Chrétiens Orientaux* y ajoutant de la poudre à Canon, en tracent sur les bras, & autres parties du corps, les figures de *Jesus-Christ Crucifié*, ou tout ce qu'on veut. Les *Mahometans* se font marquer le nom de Dieu en *Arabe*, ou autres signes, & noms qu'ils veulent, sur l'estomac, ou ailleurs ; les femmes des fleurs sur les bras, & les plus libres, en des endroits plus retirez. Voici de quelle maniere on fait ces marques. On emmanche deux aiguilles fines ensemble ; comme un burin puis on les trempe dans le *Rastick*, & on pique legerement la peau, où on veut imprimer les figures, après les avoir dessinées dessus.

Les Bains & ablutions d'ordonance Religieuse.

Les deux Sexes *Mahometans* sont si étroitement obligez de frequenter les Bains, & de se laver souvent, qu'ils ne doivent faire aucune priere sans cela ; les femmes ou Concubines, par exemple, après avoir couché avec leurs Maris, ou Maîtres, doivent aller se purifier au Bain, comme eux. Elles doivent de même & outre cela se laver comme eux les mains, les pieds, la bouche, le nez,

les

les oreilles, &c. avant que de prier, & elles prient souvent dans leurs appartemens, pour prévenir dans les *Mosquées* la distraction que leur paroît capable d'y causer le mélange des deux Sexes. Les Concubines qui restent dans une Religion qui n'exige pas cela d'elles, le font par devoir pour leurs maîtres.

Le Bain n'est pas proprement d'obligation religieuse pour les jeunes filles qui n'ont pas encore été touchées d'aucun homme; jusqu'à ce qu'elles commencent à payer à la Nature le tribut périodique qu'elle exige de toutes les femmes nubiles, car le Sexe est reputé impur par *la Loi*, & hors d'état de prier, non seulement pendant le tems qu'il dure, mais même avant que de s'être baignées, & bien lavées. Au reste, les autres ablutions leur sont ordonnées dès qu'elles sont capables de prier; on leur fait néanmoins frequenter les Bains aussi bien qu'aux Concubines non *Mahometanes*, pour la propreté, & la santé.

Les *Mosquées* de *Tripoli* sont plus belles que celles d'*Alexandrie* : la plus considerable porte le nom de son Fondateur *Osmandey*. L'Architecture en est simple, mais noble; le portique est de marbre, & plaît beaucoup; elle est terminée en haut par divers *Dômes*. On peut juger de l'interieur que je n'ay pas eu la liberté de voir, par ce que j'ay dit de celui de la *Mosquée* neuve de *Rama*, au moins par rapport aux ornemens, & aux Tribunes, qui sont à peu près de même pour la forme dans toutes.

Mosquées de Tripoli.

Le plus beau reste d'antiquité qu'avoit alors *Tripoli*, étoit un *Arc-Triomphal* tout de marbre, avec quatre arcades, orné à son Orient de divers Bas-reliefs représentant les bustes de quelques Empereurs, plusieurs groupes d'enfans & festons mal conservez; à l'Occident d'autres encore plus mal conservez, & la *Louve Romaine*, avec les *deux Jumaux*, & cette petite Inscription, ou ces mots au moins tels que je pus les lire;

Arc Triomphal de Tripoli.

VIRO ARMENIACO SILVIO FLAMEN PERPET.
MARMORI SOLIDO FECIT, &c.

Sur une même ligne orbiculaire, au Midi ;

IMP. PERPET. FECI.

D'autres figures d'hommes, d'oiseaux, & de festons en relief, si gâtées que je ne pus reconnoître ce que c'étoit, ornoient les Pilastres. Je dis *ornoient* au passé, car je ne sçai si les *Turcs*, qui ont tant ruiné de belles Pieces de Sculpture, & de Peinture, dans les Villes tombées sous leur domination, & cela par aversion pour les figures des choses animées, en appellant les Auteurs, Ministres de l'*Idolâtrie*, ou pour en bâtir les fondemens de quelque *Mosquée*, ne l'auront point ruiné depuis ce tems-là, puis qu'ils en avoient déja fait alors un des Magazins de leur Amirauté, par le moyen d'une maçonnerie de pierres, & de briques, qui fermoit les arcades. Un *Coiumgi*, ou Orfevre, *Juif* de Nation, offrit de me vendre diverses Medailles d'argent, à sçavoir quatre d'*Armeniacus*, six de *Gordianus Pius*, & cela pour si peu de chose eu égard à leur valeur naturelle, que je les pris. Un autre *Juif* qui étoit present m'offrit de me conduire chez un *Cazengi*, ou Chauderonnier,

1697.
CHAP.
VI.

nier, en me difant qu'il en avoit quantité de cuivre que je pourrois avoir à bon marché. J'y fus & en rachetai du fieu, pour peu de chofe au deffus de la valeur du poids ; favoir deux battues pour *Tripoli*, comme (*a*) trois de *Marc Aurele*, comme (30) cinq de *Ptolomée*, comme (xσ) fept de *Julia Mammea*, comme (xγ) huit d'*Antiochus*, femblables à (xϛ) dix de *Claudius*, telles que (33 & λϑ) chacune defquelles fe trouve repréfentée avec les dits nombres *Grecs* & *Latins* fur la Planche XIV.

Habillemens des Tripolitains.

Quant aux habillemens du Païs, les *Tripolitains* de la premiere claffe portent des *Turbans* à la *Turque*, mais plus petits & plus legers, avec de longues robes ouvertes par derriere, comme le bufte *r* de la Planche No. 1. Cette ouverture eft bordée aux deux côtez, & fe réunit avec de petites agraphes d'argent ou de cuivre doré. Ceux de la feconde claffe n'ont qu'une petite calotte rouge fur la tête, & une capote à la matelotte qui leur couvre tout le corps. Enfin ceux de la troifieme & derniere claffe, couvrent leur nudité génerale d'un efpece de linceul de laine blanche & mince. Pour ce qui eft des femmes & des filles, celles du premier rang portent un petit bonnet enrichi de broderie, & font entierement couvertes en public d'un drap de même forme & couleur que celui des derniers, mais plus fin, & avec cette difference qu'elles ont des chemifes avec des caleçons de toile fine, qui leur defcendent jufqu'à leur chauffure, & même quelquefois un petit jupon fimple & très mince, qu'elles mettent quand le vent du *Nord*, ou *Nord-Eft* fouffle. Elles ne fortent gueres que pour aller au Bain public, & elles font bien gardées par des vieilles femmes, Meres, ou Parentes de leurs maris (ou maitres, fi elles font Efclaves Concubines) ne faifant rien voir de leur vifage dans les rues. Les femmes du commun fe donnent plus de liberté ; elles entrouvrent de tems en tems leur voile, pour montrer leur vifage, auffi bien que leurs pieds nuds, parce que ceux à qui elles appartiennent n'ont pas moyen de les faire obferver de fi près. Mais fi les premieres & les dernieres peuvent fe rencontrer feules avec quelque homme, qui ait les mêmes inclinations qu'elles, elles font generalement tant là, que par toute la *Turquie*, fi communicatives, fi peu fcrupuleufes, & fi ignorantes de ce qu'on appelle vertu, & des ceremonies de l'amour, qu'il peut dire, en un autre fens, comme *Cæfar* ; *je fuis venu, j'ai vû, j'ai vaincu*. Au refte, il paroit que le Soleil, ennemi de la blancheur du teint, a eu beaucoup de part dans l'introduction du voile entre les femmes, qui y font le plus expofées. Les Efclaves *Noires* du commun, ne fe voilent point, ou au moins très rarement, non plus que les vieilles femmes, qui ont paffé le tems de plaire aux hommes. Les jeunes *Noires* qui croyent au contraire devoir à cette Planette leur beauté, dont la perfection confifte dans la plus grande noirceur, recherchent encore fes ardentes impreffions, & fous ce prétexte montrent affez liberalement leur vifage, leur gorge, leurs bras, leurs jambes. Elles ont foin de relever l'éclat de cette couleur par des colliers & des braffelets de perle, ou de verre, que

les

(*a*) *Nota* que le Ν∞θ de (σ) & les deux bonnets, femblent marquer que cette Medaille a été frappée non feulement pour les habitans de *Tripoli*, mais encore pour ceux d'*Alexandrie*, appellée Νδ, comme j'ai déja dit, avant qu'elle prît celui qu'elle porte aujourd'hui ou qu'elles étoient Villes confederées.

les *Venitiens* leur apportent. Quelques-unes de celles qui sont plus à leur aise ont des brasselets d'argent jusqu'aux chevilles des pieds, & de gros anneaux de même pendus aux oreilles, comme celle de la Planche X. Il y a peu ou point de différence entre les habits de *Rama*, d'*Alexandrie*, de *Tripoli*, pour les deux Sexes, si ce n'est que dans les deux premiers endroits les *Turbans* sont plus communs. Les *Juifs* y portent la *Sesse* (*a*) violette, ou blanche rayée de noir, les *Grecs* blanche rayée de rouge, les *Armeniens* généralement de bleu, ceux de *Tripoli* à peu près de même, sur tout les Etrangers qui gardent la coutume de leur Patrie.

1697. Chap. VI.

Les *Religieux* qui étoient venus là de *Jerusalem*, racheterent quantité d'Esclaves de differentes Nations *Catholiques*, comme *Italiens*, *Maltois*, *Siciliens*, *Calabriens*, &c. Ils me menerent voir les *Bagnos*, nom que les *Italiens* ont donné aux prisons des Esclaves. C'est un long Bâtiment obscur, irrégulier, partie de brique, partie de pierre, & terminé par des voûtes. Je ne sçay si ce nom de *Bagnos*, qui signifie Bains, ne leur vient pas de ce que, comme les étuves, ils ne reçoivent la lumiere que par des trous percez dans les voûtes: au moins ceux de *Tripoli* ne la recoivent qu'ainsi. Ils ressemblent beaucoup à des Ecuries, les lits ou nattes, qui en tiennent lieu à ces Esclaves, y étant rangez pour la plûpart comme les rateliers & les auges des chevaux, le long des murs, avec cette difference qu'il y a divers étages d'échafauts faits de planches, entre les arcades qui soutiennent la voûte. Il y a dans ceux-ci deux Chapelles, où les *Missionnaires* disent la *Messe*, & font les exercices de la Religion *Catholique*, pour ceux qui sont de cette Religion, ou à qui ils persuadent de l'embrasser. Il faut leur rendre la justice de dire, comme j'ai déja insinué, qu'ils montrent un plus grand zele pour la *Propagation* de leur Religion, que les *Prêtres* d'aucune autre. Ces *Bagnos*, aussi bien que le *Port*, sont gardez la nuit par des chiens qu'on y nourit exprès, comme dans la Ville de *St. Malo* en *France*, qui en a un certain nombre qu'on tient enchainez, & liez tout le jour, & qu'on lâche le soir sur les remparts à certaine heure. On sçait assez par expérience, ou par les Relations qu'on en a, combien il est dangereux de sortir pendant que ces animaux sont déchainez.

Les *Bagnos* & le Port de *Tripoli* gardez par des chiens.

Ma fievre ne me quitant point encore, & ma foiblesse ne me permettant pas de marcher beaucoup, je bornai là ma promenade & mes observations. J'étois las de voyager avec une si mauvaise compagnie, & je commençai à souhaiter avec une extrême impatience de me rendre en *France*.

Comme il n'y avoit à *Tripoli* aucun Bâtiment pour *Marseille*, on me conseilloit de passer à *Tunis*, où j'en pourrois, disoit-on, trouver. J'aurois été bien-aise de voir cette Ville, mais je craignois de succomber à ma foiblesse, & de manquer d'argent dans un Païs où je n'avois point de crédit. Mon honnête Capitaine, à qui j'exposai mes inquietudes, me conseilla de retourner avec lui en *Italie*, ou de profiter de l'occasion que m'offroit un Vaisseau *Venitien* qui étoit dans le Port, & qui devoit partir pour *Lisbonne*, avec le premier vent. Il connois-

soit

(*a*) *Sesse*, piece de mousseline ou de toile de Coton, dont les *Orientaux* entourent leur bonnet, qui ainsi entouré s'appelle en un mot *Tulbend*, ou *Turban*, selon notre prononciation. *Tulbend* signifie proprement mousseline, dont cette coeffure prend son nom. Le bonnet seul s'appelle *Kaouk*.

1697.
**CHAP.
VI.**

Je prends la résolution de retourner en France par Lisbonne.

foit le Capitaine, il m'offrit de me recommander à lui. J'acceptai son offre, je convins avec ce Capitaine, qui fut fort raisonnable, & qui m'encouragea à prendre ce chemin, quoi que long, me disant que je ne manquerois pas là de Bâtimens pour la *France*. Ces raisons me déterminerent, & je fis porter mes hardes à bord de son Vaisseau, où je trouvai deux Religieux *Portugais*, ou qui au moins appartenoient à un Couvent de *Portugal*, avec quelques Esclaves de cette Nation, & *Espagnols*, qu'ils avoient rachetez. J'aurois bien voulu apprendre d'eux plus de choses que je n'en avois vû dans *Tripoli*, & ce que je n'avois pas vû aux environs. Je leur fis quelques questions sur l'état du Païs, les mœurs, les coutumes de la Nation que nous allions quitter ; mais soit qu'ils les ignorassent, ou qu'ils les sçussent moins que moi, ou qu'ils ne m'en voulussent rien apprendre, ils me firent entendre ,, que leur voyage avoit pour unique objet la *Propaga-*
,, *tion*, & preservation de la *Foi Catholique* dans ces Païs d'infidélité,
,, & le rachat des Esclaves ; & qu'ils regardoient tout le reste com-
,, me des vanitez. J'eus soin après une telle déclaration de ne leur plus faire de semblables questions.

Départ pour Lisbonne.

Le vent étant bon le 3. de *Mai*, nous mîmes à la voile. Le 5. nous passâmes le midi de *Lampadosa* & de *Pantalaria*, que nous perdîmes de vue la nuit, aussi bien que le *Cap Bona*, que nous laissâmes à main gauche. Le vent s'étant renforcé considérablement, nous nous trouvâmes le 6 au matin au Sud-Est de *Sardaigne*, mais ayant soufflé le 8. un peu trop du *Sud*, & notre Pilote craignant la tempête pour la nuit, ou qu'il ne devînt contraire, demanda la permission d'aller à *Port Mahon*, où il disoit que nous étions menez presque en poupe, & qu'il y pourroit prendre terre les yeux fermez, tant il le connoissoit bien. Le Capitaine approuva son dessein, & nous y mouillâmes avant minuit, après avoir essuyé un furieux vent, qui pouvoit passer pour une tempête.

Port-Mahon.

Je fus charmé le lendemain matin de la beauté du Port, qui est des meilleurs de la *Mediterranée*, étant sûr, profond & assez étendu pour contenir plus de cent Vaisseaux de guerre. C'est tout ce que ce petit Royaume, aujourd'hui sous la domination *Britannique*, a de considerable. Le terrain en est peu fertile selon toutes les Relations. Un bateau du Fort *St. Philippe* vint nous examiner & ne s'approcha pas plus près de nous qu'il le falloit, pour mettre un Officier à portée de nous demander d'où nous venions ; ce qu'ayant apris, il nous deffendit de mettre pied à terre. Le Capitaine lui répondit qu'il n'en avoit aucune envie, quoi que nous eussions des attestations autentiques de santé, & qu'il n'y eût ni contagion, ni apparence de contagion à *Tripoli*. J'avoue que mon cœur n'applaudissoit pas à cette réponse ; j'attendois ce jour-là mon accès de fievre, & je fus aussi heureusement qu'agréablement trompé dans mon attente. Je commençai donc à en être tout à fait quite, & le vent ayant soufflé *Nord-Est*, l'onzieme nous remîmes à la voile, & nous en fûmes si bien secondez jusqu'au 15, que nous arrivâmes ce jour-là avant la nuit à la vue de *Gibraltar*, avec un *Sud-Est*, qui nous y abandonna, & faisant place au calme nous planta auprès d'une des *Colomnes d'Hercule*, pour parler le langage de la Fable, ou du Mont *Calpe* des Anciens. Les opinions different sur ce qu'on a appellé Colomnes d'*Hercule*. Quelques-uns veulent que ce fussent les Monts *Calpe* & *Abila* ; d'autres des Isles voisines

fines de ces Monts, d'autres encore des Colomnes de Bronze qui étoient dans le Temple qu'avoit *Hercule* fur le même terrain, où est aujourd'hui la Ville de *Cadix*.

Le Capitaine, craignant que quelque vent contraire ne fuccédât à ce calme, & ne nous obligeât à retourner en arriere, fit remorquer le Vaiffeau dans la Baye de *Gibraltar*, & jetter l'ancre. Je remarquai que ce Capitaine & fon Pilote étoient fort prudens. Le dernier étoit accufé par quelques Matelots de l'être jufqu'à la timidité, mais il méprifoit leurs reproches, difant que c'étoient des temeraires, des chairs à gros poiffons. Nous étions affez près de la Ville pour la voir. Sa force naturelle, fecondée de l'art, me la faifoit envifager comme imprenable; c'étoit auffi le nom qu'on lui donnoit. L'hiftoire m'avoit bien dit que la Flote *Hollandoife* avoit brûlé celle d'*Efpagne* jufques dans fon Port en 1607; que celle de *France* avoit bravé en 1693. l'artillerie de fon Château & de fes Forts, pour y bruler quelques Vaiffeaux *Anglois* & *Hollandois* (a) de la Flote de *Smirne*, la plûpart marchands; mais ni les uns ni les autres n'avoient rien gagné fur la Place. Les *Anglois* qui en font aujourd'hui les maîtres, ont fait voir qu'elle pouvoit être prife, & l'ont rendue, dit-on, telle par les Fortifications qu'ils y ont ajoûtées, qu'ils ne la peuvent perdre que faute d'une bonne Garnifon, qui n'y a pas manqué jufqu'ici, ou quand ils ne le voudront plus garder. Nous pouvions entendre de là les coups de Canon de *Ceuta* en *Afrique*, affiégée par les *Maures*.

Le vent s'étant déclaré contraire, comme l'avoit craint le Capitaine, nous retint là trois jours; ce qui nous donna plus de tems que nous n'en fouhaitions pour contempler *Gibraltar* fans y entrer, pour des fcrupules femblables à ceux du *Port-Mahon*, que le Capitaine ne chercha pas à lever, comme il auroit pû faire avec nos atteftations de fanté, parce qu'il n'y avoit aucune affaire; mais j'avoue que j'aurois été bien aife qu'il y fût entré.

Nos Religieux paffagers eurent quelques vifites de ceux d'un Couvent de la Ville, fi on peut appeller *vifiter*, parler d'un bateau à ceux qui font dans un Vaiffeau voifin, fans fortir de ce Bâtiment, ni y recevoir ceux qui font fur l'autre. Ils leur y jettoient quelques rafraichiffemens d'oranges, & de fruits fecs, comme figues, raifins, &c. Nous en achetâmes auffi avec du vin, de quelques-uns des habitans, qui nous le donnerent de même, & reçûrent notre argent fans nous toucher. En un mot, on nous traitoit en gens infectez ou malades, quoi que nous nous portaffions mieux à bord qu'on ne faifoit dans la Ville, puifque nous apprenions qu'il y regnoit beaucoup de fievres. Pour moi j'étois tout à fait libre de la mienne depuis le *Port-Mahon*: il fembloit qu'une tempête me l'eût apportée, & qu'une autre l'eût chaffée.

Le 18. au matin un vent de terre nous tira de la Baye, & étant devenu *Sud-Eft*, nous porta affez gaillardement jufqu'à la hauteur du *Cap S. Vincent*, puis fe rallentit, & devint fi foible que nous craignîmes le 21. à deux heures après-midi un autre calme. Mais comme il commença à foufler du *Sud* fur les neuf heures, & puis à incliner vers l'*Oueft*,

Tome I. P

(a) On a frappé fur ce fujet une Médaille en *France*, qui reprefente ce Détroit par deux colomnes, & au milieu un Vaiffeau à *l'antique*, fur lequel paroît la *Victoire* avec un foudre à la main. La Legende eft COMMERCIA HOSTIBUS INTERCLUSA; l'Exergue, *Navibus capt. &c. incenfis ad fret. Gaditan.* MDCXCIII.

1697.
Chap.
VII.

Nous arrivons dans le Port de Lisbonne.

l'Ouest, il nous fut assez favorable pour nous porter heureusement avant pareille heure jusques dans le Port de *Lisbone*. Quoi que je n'aye rien dit des Prieres & des Litanies qui se chantoient ou se recitoient sur ce Vaisseau, on peut assez supposer qu'elles n'y étoient pas plus négligées que sur l'autre. La *Vierge*, les Patrons de *Venise* & de *Portugal*, & autres *Saints* souvent invoquez pour un heureux passage, furent remerciez avec bien de la dévotion & de la reconnoissance, après l'avoir obtenu tel. Nos *Religieux*, qui avoient fait fort régulierement l'office de Chapelains du Vaisseau, ne contribuerent pas peu à donner du poids & du credit à nos Lettres de *santé*, & obtinrent la *pratica** pour eux-mêmes, & par conséquent pour nous, en moins d'un jour.

De la Ville de Lisbonne.

Je ne trouvai rien à ajoûter à ce que j'avois déja lû ou entendu dire de cette Ville, sur son Port, son avantageuse situation, la beauté de ses Palais, de ses Eglises & autres édifices publics, & sur l'étendue de son Commerce. Ses rues étroites contre lesquelles quelques-uns ont écrit, peuvent avoir été ainsi faites, pour les raisons que m'ont données les *Genois* des leurs; mais il faut avoüer qu'il y en a un bien plus grand nombre de larges à *Lisbonne* qu'à *Genes*. On y voit plus de gens à cheval ou plûtôt sur des mules qu'en carosse, ce qui paroît un reste de la coutume *Moresque*, & une imitation des *Orientaux*, des *Turcs* sur tout, qui ne vont point en chariots, le Grand Seigneur même, ni

Montures ordinaires des Portugais.

les Princes *Ottomans* ou *Tartares*; à moins qu'ils ne soient malades, vieux ou prisonniers, comme je le dirai ailleurs, avec les circonstances. On préfere en *Portugal* les mules aux chevaux, quoi qu'il y en ait de bons en ce Royaume. Il n'est pas extraordinaire de voir six mules atteleés à un carosse. Il n'y a pourtant que le Roi & les Ambassadeurs qui puissent avoir ce nombre dans la Ville: les autres personnes de distinction n'ont pas la liberté d'en avoir plus de quatre dans la Ville; mais on en peut atteler tant qu'on veut dehors. Les Litieres qui sont portées ordinairement par deux de ces animaux, ne sont que pour les personnes de quelque consideration, pour la plûpart vieillards ou femmes. On voit jusqu'aux Religieux, sur tout ceux qui ne font pas vœu d'aller nuds pieds, ou de pauvreté, à cheval, ou plus communément sur des mules dans les rues. On en amena deux belles à mes deux compagnons de voyage, pour les porter du Port au Couvent.

Du Palais Royal.

Le Palais Royal a de grandes beautez, tant en Architecture qu'en Sculpture. Je dis la même chose de plusieurs Eglises, entre lesquelles celles de la *Vierge de Loretto*, de *St. Dominique*, des *Benedictins*, avec l'Abbaye, m'ont paru meriter le plus d'attention. La Cathedrale semble demander le second rang par son antiquité, mais cette antiquité ne frappe pas beaucoup.

Severité de l'Inquisition envers les Juifs.

On sçait déja avec quelle severité l'*Inquisition* punit ceux qu'elle appelle *Heretiques*, sur tout les *Juifs* qu'elle brule vifs. Comme ceux-ci sont en grand nombre, & originaires du Païs, où l'interet & la richesse du commerce les attachent, ils affectent d'être bons *Chrétiens*, ont leurs poches pleines de Livres de dévotion, leurs maisons tapissées d'Images de *Jesus-Christ*, de la *Vierge* & des *Saints*, & s'engagent même souvent dans l'Etat Ecclesiastique. J'ai vû un Medecin de cette Nation, & de ce Païs en *Turquie*, où il professoit le *Judaïsme*, selon la liberté générale de conscience qui y regne. Il m'a avoüé qu'il avoit dit trois ans la Messe en *Portugal*.

Le

---

* C'est à dire la permission de descendre, & d'avoir commerce avec les habitans.

D'A. D. L. M. LISBONNE, &c.

Le *Patriarche* de *Lisbonne* à ce que j'ai apris il n'y a que peu d'années, fait aujourd'hui dans l'Eglise une plus pompeuse figure que l'*Archevêque* même du lieu; le Roi d'à présent lui ayant obtenu du *Pape Clement XI.* la prérogative de celebrer pontificalement avec les ornemens affectez au *Pape*, excepté la cuilliere; & le *Sanguifuchello*, jusqu'à faire porter devant lui la Croix (a) de vermeil qui se porte dorée seulement devant le *Pape*, & par sa permission devant le Chapitre de *St. Pierre*, & jusqu'à se faire administrer les trois *Lotions* ou *ablutions Missales*, par trois personnes nobles; qu'il lui plaît de nommer ou de choisir. M. *Talman*, que j'ai revû à *Londres* depuis, prétend avoir vû la Bulle que le *Pape* en a accordée à ce Patriarche, dont le sceau est, ajoûtoit-il, d'or, de la valeur de septante écus *Romains*, au lieu du plomb qui en est la matiere ordinaire, sur laquelle on imprime le sceau Pontifical. Un Gentilhomme *Suedois* m'a raconté qu'il y étoit Consul pour sa Nation, quand ce *Patriarche* y fit la premiere *Cavalcade*, ou sortie publique de son Palais, pour aller celebrer pontificalement dans la *Chapelle Royale*, après avoir reçu cette Bulle. Il m'en a décrit la pompe à peu près ainsi. ,, Ce Patriarche ,, étoit, disoit-il, revêtu de ses plus riches habits Pontificaux, la *Mi-* ,, *tre* sur la tête. Il montoit une *haquenée blanche* très richement ca- ,, paraçonnée; huit Barons vêtus de velours noir portoient sur sa tête ,, un superbe dais; la bride de la haquenée étoit tenue par deux ,, Comtes *Portugais*, que precedoit immediatement un grand nombre ,, d'*Ecclesiastiques*, au milieu desquels la *Croix* étoit portée; & de- ,, vant ces Ecclesiastiques marchoient plus de cent Gentilshommes ,, tant *Barons* que *Chevaliers*. Il étoit suivi de quantité de Domesti- ,, ques de la maison du Roi & de la sienne, en riches livrées, & ,, cotoyé par une Compagnie des Gardes de Sa Majesté. '' On dit que le Pape *Clement XI.* à qui le Roi de *Portugal* avoit fourni quelques Vaisseaux de guerre contre les *Turcs*, en a voulu montrer sa reconnoissance, & gratifier le zele de Sa Majesté pour la deffense de l'*Etat Ecclesiastique*, & pour l'éclat & la splendeur des augustes ceremonies de l'Eglise, par cette recompense spirituelle, en la personne de son *Patriarche*, qui avoit à peine avant cela les prérogatives d'un *Primicero* de *St. Marc.*

1697
CHAP. VI.

Cavalcade du Patriarche de Lisbonne pour celebrer Pontificalement &c.

La triple *ablution* étoit avant la *Reformation* en usage en *Angleterre* (selon que m'en ont assuré des personnes dignes de foi qui prétendoient en être bien informées) & administrée au Cardinal *Wolsey*, la premiere fois par un *Baron*, la seconde par un *Comte*, & la troisieme par un *Duc*. Elles m'ont raconté comme une indubitable circonstance, que ce *Cardinal* ayant nommé un jour pour la troisieme *ablution* le Duc de *Buckingham*, qu'il n'aimoit pas, & dont il sçavoit qu'il n'étoit pas aimé, pour le mortifier, plûtôt que pour l'honorer, ce *Duc* lui donna à la verité à laver, mais versa ou laissa tomber, peut-être moins par mégarde que par malice, un peu d'eau sur sa pantoufle; sur quoi *Son Eminence* lui dit d'un ton de voix un peu élevé, *I shall sit on your skirts*, ou *Je m'assierai sur vos basques*; ce qui répond à peu près au dicton *François*, *vous me le payerez*. Quelques autres cependant rapportent la chose differemment, sans pourtant contredire

Magnificence du Cardinal Wolsey

Tome I. P 2

(a) La Croix dorée, mais simple, a succedé à la triple qui ne se portoit ainsi autrefois que devant les *Papes*, ou devant ceux à qui ils le permettoient.

tredire la pratique de cette éminente coutume, à sçavoir que le *Duc* étant Gentilhomme de la chambre du *Roi*, & ayant donné en cette qualité à laver à Sa Majesté avant que de se mettre à table, le Cardinal qui avoit l'honneur d'y manger avec elle, étendit les mains sur le même bassin, & que le Duc qui le haïssoit mortellement pour sa fierté & sa vanité, eu égard à sa basse extraction, car il étoit fils de Boucher, tourna le bassin, & versa, comme par mégarde, l'eau qui avoit servi à laver les mains du Roi, sur les pantoufles de *Son Eminence*. Quoi qu'il en soit, cette méprise ou petite malice, & la raillerie qu'y ajoûta le Duc, ou tout cela ensemble, couta la vie à ce Seigneur, qui chercha à éluder le sens litteral de la menace, en la maniere suivante. Il parut le lendemain à la Cour avec ses basques coupées. Le premier Courtisan qui l'apperçut lui en ayant demandé la raison, en riant d'une chose qui lui paroissoit si ridicule, le *Duc* lui allégua la menace du *Cardinal*. Ces basques coupées, qui sembloient défier le ressentiment de Son Eminence, allumerent dans son cœur une vengeance qui n'y fut assouvie que par la mort du *Duc*, dont la fin tragique a fait voir, entr'autres exemples, combien il est dangereux de railler, d'insulter ou de montrer qu'on hait ceux qui gouvernent le cœur & les passions du Prince, ou qui ont en main le pouvoir de se venger, & qui ne sont pas assez genereux pour pardonner : défaut de générosité, ou esprit vindicatif, qu'on s'est plaint depuis fort long-tems, de rencontrer plus communément entre les Ecclesiastiques qu'entre les Laïques. Je ne dirai pas ici à cet égard, comme fait à d'autres Mr. de la *Chapelle* dans sa *Bibliotheque Angloise*, que cet esprit de vengeance ou ce zele exterminant est l'esprit specifique de la *Religion Romaine*, ni même de toute autre Religion. Je ne ratifierai pas non plus, sans bien des exceptions, le dicton *Anglois* qui semble attacher cet esprit à tout le corps *Ecclesiastique* en général, en ces termes, *Priests of all Religions are the same*, c'est-à-dire, les *Prêtres de toutes sortes de Religions sont semblables*. J'en ai connu un très grand nombre qui n'en étoient point animez, ou qui n'avoient pas ce défaut qu'on reproche au Clergé. Je distingue entre l'esprit de la Religion de quelque sorte qu'elle soit, & quelques sortes de Ministres qu'elle ait, soit *Catholiques-Romains*, soit *Protestants*, *Grecs*, *Juifs*, *Mahometans*, qui déchirent pour ainsi dire cette Vierge, & partagent cette fille unique & toute chaste du Ciel ; je distingue, dis-je, entre l'esprit de douceur & de liberté qui n'empiete pas sur l'équité naturelle, en un mot, qui ne veut pas que nous fassions aux autres ce que nous ne voudrions pas qu'on nous fît, & qui est un signe de la véritable Religion, & entre l'esprit de quelques-uns de ces Ministres, esprit corrupteur de la Religion & destructeur de l'équité, qui ne respire que la vengeance. Il n'y en a que trop de ce nombre dont on peut avancer sur leurs écrits, ou discours, que s'ils avoient sous leur direction ou à leur commandement le bras seculier, ils se porteroient à d'aussi cruelles actions que les Conseillers de la persécution & que les persécuteurs mêmes. Mais je n'ai garde d'attribuer à la Religion ce qui est tout entier leur ouvrage, la suite & l'effet de leur intérêt, de leurs passions, & d'un faux zele qu'ils font passer pour Religion.

Au

D'A. D. L. M. LISBONE, &c.

1697.
CHAP.
VI.

Au reste, pour reprendre le fil de mon discours interrompu par cette digression, dans laquelle la force de la verité m'a entraîné par occasion, on ajoûte, pour circonstance de la fin tragique du Duc de *Buckingam*, que l'Empereur ayant une amitié particuliere pour lui, & apprenant que sa perte étoit aussi solemnellement resolue dans le Conseil de Conscience & dans le Cabinet, que les executions pour lesquelles un *Muphty* a donné son *Fetfa*, écrivit une Lettre en *Latin* au Roi d'*Angleterre* en sa faveur, mais qui arriva trop tard, & du contenu de laquelle on rapporte, entr'autres expressions, celles-ci: *Audivimus quod vestra Regia Majestas traditura est suum Damam Macellario occidendum:* Nous avons apris que V. M. va mettre la vie de son *Daim* (*a*) entre les mains du *Boucher*.

Mais si la naissance du Cardinal *Wolsey*, qu'on prétend être fils d'un Boucher, étoit basse, son merite personnel l'avoit bien relevée. Ses Dignitez dans l'Eglise & dans l'Etat furent des plus éminentes & des plus éclatantes. Il eut, outre celle de *Legat* & de *Cardinal*, les Evêchez de *St. Albans*, de *Durham* & de *Winchester*, comme à ferme: il fut Archevêque d'*York*, Primat & Grand Chancelier du Royaume. Ses Revenus annuels montoient à plus de cent mille liv. *Sterling*; ce qui étoit alors plus que le double d'aujourd'hui en *Angleterre*. Jamais aucun autre de sa robbe n'a fait après le *Pape* une si belle figure, n'a eu un si nombreux & si magnifique Cortege, tant en Ecclesiastiques qu'en Seculiers, en quoi un de ses Gentilshommes-Huissiers (*b*) qui a écrit sa vie, remarque qu'il surpassoit le Roi même. Deux *Ecclesiastiques* de la plus riche & plus haute taille qu'il y eût dans le Royaume, portoient dans les occasions solemnelles ses deux Croix; à sçavoir celle d'*Archevêque*, & celle de *Legat*, toutes deux d'argent massif. D'autres portoient, l'un son *benitier*, l'autre son *aiguiere*, un autre ses deux *grands Bassins* de même metal, & un autre enfin ses coussins de drap d'or, avec des Tapis de *Perse*. Sa Livrée étoit à la verité de couleur d'orange obscure, mais riche, avec le chapeau de Cardinal brodé sur les habits de ses Pages, & de ses Valets de pied. Deux cents Gentilshommes de 800. qu'il avoit tant à son service que *ad honores*, precedoient ses processions, ou marches tant Spirituelles que Temporelles, en habits de velours noir, avec une chaîne d'or penduë au col.

P 3

Pour

(*a*) Pour entendre cette allusion, il faut savoir qu'en *Angleterre* on appelloit ce Seigneur le Duc de *Bucks*, & *Buck* en *Anglois*, signifie un *Daim*; & que le Cardinal *Wolsey* étoit fils de Boucher.

(*b*) His house was always resorted unto like a Kings house with Noblemen and Gentlemen. And when it pleased the Kings Majesty (as often it did) he would for his recreation resort himself unto his Eminency, who against his Majesty's coming wanted no preparations of the richest Furniture and victuals of the finest sort that could be had for money and Freindship. He lived a long season ruling all things in this Realm, as also other matters of foreign Regions with whom the King had any occasion to meddle. All Ambassadours of foreign Potentates were ever disposed by the Cardinal's wisdom, to whom they had continual acces for their dispatch. *Life of Card. Wolsey, Ch. VIII. written by one of his own servants, being his Gentleman usher.* C'est-à-dire, en substance, „ Que sa Maison ressembloit à celle d'un Roi; qu'elle étoit tous les jours remplie de l'élite de la Noblesse qui „ lui faisoit la Cour; que Sa Majesté s'y rendoit souvent, & y étoit reçuë dans des appar„ temens qui par la richesse des ameublemens n'étoient pas moins dignes d'elle que la „ table où elle étoit traitée par le choix & la délicatesse des mets, des vins & des liqueurs; „ qu'il avoit le maniment des plus considerables affaires, tant celles de l'Etat que des étran„ geres; qu'il donnoit audience & des dépêches aux Ambassadeurs. *Ch. VIII. de la vie du* „ *Card. Wolsey, écrite par son premier Huissier.*

Pour revenir à *Lisbonne*, on y difoit qu'il étoit furvenu quelques differents entre les *Portugais*, & les *François*, au fujet d'un Fort que les premiers avoient bâti fur le bord *Septentrional* de la Riviere des *Amazones*, où les feconds prétendoient qu'ils n'en devoient pas bâtir. On ajoûtoit qu'ils en étoient déja venus à des hoftilitez, ce qui, s'il étoit vrai, pouvoit devenir le fujet d'une rupture entre les deux Cours. Je le craignis du moins, & cette crainte me fit hâter mon retour. Je m'étois déja informé s'il y avoit quelque Bâtiment *François* dans le Port, & j'avois appris qu'ouï. Je fus moi-même à bord d'un, qu'on me dit être prêt à partir pour *Nantes*; je convins de mon paffage avec le Capitaine; je m'embarquay & nous fîmes voiles le 6. avec un bon vent qui foufloit depuis deux jours, à ce que le Capitaine me dit, & qu'il regretoit; mais quelques affaires l'avoient empeché d'en profiter. Ce vent fut admirable & très fort, jufqu'au Cap *Finifterre*, où il ceffa par un calme. Ce calme fut fuivi d'un *Nord-Eft*, qui nous fit louvoyer, & tenir la Mer pendant 24 heures; mais il changea fi bien en notre faveur, qu'il nous porta dans l'embouchure de la *Loire* en 5 jours, & nous arrivames à *Nantes* le 15.

CHAPITRE VII.

De Nantes, *de la* Trape, *de* Port-Royal *des champs*, *de* Verfailles, *de* Paris, *&c.*

Nantes.

ON a affez de defcriptions de la Ville de *Nantes*, qui felon quelques *Geographes* eft bâtie fur les ruines de *Condovicum* des Anciens. Elle eft belle, bien peuplée, fort marchande, & fameufe dans l'hiftoire des *Proteftans de France*, par *l'Edit* qui en porte le nom, donné en leur faveur par *Henri IV.* en reconnoiffance des fervices qu'ils lui avoient rendus pour lui aider à monter fur le Trône, & révoqué par fon Petit-Fils *Louis XIV.* Voici ce qu'on en débite. Les Confeils de Confcience & de Politique de ce Prince les firent regarder comme des gens animez d'un efprit Républicain, comme des amis fecrets de tous les Proteftans ennemis de la *France*: comme les principaux inftrumens des troubles & des guerres civiles dont ce Royaume avoit été agité: comme des gens qui s'y étoient déja maintenus, pendant trois regnes confecutifs, par des Edits extorquez, les armes à la main, & s'y étoient fortifiez jufqu'à ne recevoir de leur *Souverain* que les Loix qui leur plaifoient, ou jufqu'à mettre fa Religion & fa Couronne en danger, &c. Ce Prince rempli de cette confidération, où fur ces repréfentations, les affoiblit en détail & par des voyes d'abord affez douces; comme en excluant des charges & des emplois publics ceux qui ne profeffoient pas fa Religion, deffendant de bâtir de nouveaux Temples, & faifant abatre ceux qu'ils avoient bâtis fans permiffion. Enfin il deffendit par un Edit du mois d'Octobre 1685. l'exercice public de leur Religion par tout le Royaume, ordonnant la démolition de tous leurs Temples; en memoire de quoi on a frappé en *France* trois *Medailles*. La premiere répréfente la *Religion Chrétienne*, fous la figure & les habits ordinaires d'une femme voilée avec la Croix à la main, qui foule aux pieds une Furie, tenant un flambeau éteint &

cou-

couchée par terre sur des Livres déchirez, avec cette Legende,

EXTINCTA HERESIS,

L'Heresie éteinte.

L'Exergue,

EDICTUM OCTOBRIS M. D. C. LXXXV.

Edit du mois d'Octobre 1685.

La seconde la représente plantant la Croix sur de riches ruines de Temples, avec ces mots,

RELIGIO VICTRIX,

La Religion victorieuse.

Et ces autres dans l'Exergue,

TEMPLIS CALVINIANORUM EVERSIS M. DC. LXXXV.

Les Temples des Calvinistes demolis 1685.

La troisieme représente encore la Religion, mettant une Couronne de Laurier sur la tête du Roi, qui tient un gouvernail semblable à ceux qu'on voit sur les Medailles antiques: sous ce gouvernail est une Furie terrassée avec son flambleau qu'il éteint du pied droit ; les mots de la Legende sont,

OB VICIES CENTENA MILLIA CALVINIANO- RUM AD ECCLESIAM REVOCATA.

Pour avoir ramené au sein de l'Eglise deux millions de Calvinistes.

L'Exergue marque la date M. DC. LXXXV.

Il est vrai qu'un très grand nombre de *Reformez* embrassa la *Religion Catholique*, pour conserver leurs biens & leurs emplois, ce qui fit esperer que tout le reste feroit de même ; mais on s'est trompé, car si deux millions changerent, selon cette Medaille, il y en a eu au moins un aussi grand nombre, tant d'entre ceux-ci que des autres tels sujets du Royaume de toutes professions, qui après avoir converti ce qu'ils pouvoient de leurs biens en argent comptant, se sont retirez en *Hollande*, en *Angleterre*, en *Allemagne*, pour y professer la Religion Reformée, & ont augmenté le nombre des Sujets de ces Etats, de leurs Officiers, Marchands, Artisans, &c. & par consequent leurs richesses au préjudice de la *France*.

La campagne qui regne autour de *Nantes*, est des plus fertiles & si agréable qu'on l'appelle *l'œil de la Bretagne*. Je ne restai qu'un jour en cette Ville où où j'admirai, entre ses édifices publics, *l'Hôtel de Ville*, dont l'Architecture moderne est superbe & de bon goût. Les Eglises y sont generalement assez belles, quoi que l'Architecture en soit *Gothique*. Les Tombeaux des anciens Ducs de *Bretagne* meritent d'être vus : celui de *François II*. est un bel ouvrage de *Michel Colomb*.

Je résolus de faire toute la diligence possible pour me rendre à *Paris*, mais de m'arrêter pourtant aux Abbayes de la *Trappe*, & de *Port-Royal des Champs*, qui avoient fait tant de bruit dans le monde ; à la premiere, sur la nouvelle que le Roi d'*Angleterre Jaques II.* y faisoit actuellement une retraite par dévotion, ce qui augmentoit ma curiosité à cet égard ; & à la seconde, parce que je connoissois par mes amis l'Abbesse, & Mr. *Eustasse*, un des Directeurs spirituels des *Religieuses*. Un Officier qui étoit present, quand on me dit la nouvelle de la retraite du Roi *Jaques* à la *Trappe*, qu'il sçavoit déja, & qui ne paroissoit pas édifié de la dévotion de ce Prince, répliqua, *Vous ne sçavez pas tout ; son zele est si ardent qu'il a pensé consumer le Couvent & les Moines*: ce qu'il expliqua, en disant que ses gens y avoient mis le feu par accident, & qu'on avoit eu bien de la peine à l'éteindre. Un autre Officier qui n'admiroit pas plus cette dévotion que sa conduite Politique & Militaire, entendant les louanges que quelques-uns donnoient à sa pieté, leur dit, *J'aimerois mieux le voir à la tête d'une Armée de ses braves* Irlandois, *vaincre & recouvrer sa Couronne, ou perir glorieusement, & meriter celle du martyre*. Comme c'étoit dans une *Auberge* que cela se passoit, où chacun disoit ses sentimens, je les écoutai sans dire les miens ; mais je trouvai que le nombre des admirateurs de la pieté de ce Roi, étoit le plus grand, quoi qu'ils l'eussent aussi-bien que les autres souhaité plûtôt à *Rome*, ou en *Angleterre*, qu'en *France*, où ils n'ignoroient pas que son séjour ou son entretien leur coutoit bien des contributions extraordinaires.

Abbaye de la Trappe.

Je pris la poste le 17, & me rendis le 21. aux environs de cette Abbaye. Elle est dans le *Diocese de Sez*, agréablement située, au milieu de divers petits lacs ou étangs, qui me donnoient l'idée de larges fossez creusez par la Nature pour la deffence de quelque Place. Diverses montagnes revêtues de bois l'entourent de tous côtez, & la cachent tellement aux voyageurs, que je fus obligé de prendre un guide pour m'y conduire, mon postillon qui étoit un jeune garçon, n'y ayant jamais été. Les *Religieux* de cette Abbaye sont originairement de l'Ordre de *Citeaux*. Elle fut fondée en 1140 par le Comte de *Perche*, *Robert second* du nom, & sa femme *Tolende* de *Cochiac*. Son premier Superieur fut l'Abbé régulier *Adam*.

La maniere dont je fus reçu en cette Abbaye.

Etant arrvé à la premiere Cour, le Fermier, ou Receveur des rentes de l'Abbaye tira la corde d'une clochette, pour faire ouvrir la Porte qui sépare cette Cour de celle des Religieux, qu'ouvrit un *Frere* seculier, habillé simplement, comme les *Trembleurs d'Angleterre*, mais de la plus grosse étoffe grisâtre qu'on fasse je crois, en *France*. Il me salua en s'agenouillant, sans prononcer un mot ; ensuite dequoi il marcha devant moi les yeux fixez contre terre, après m'avoir fait signe de la main de le suivre. Il me conduisit ainsi à la Porte du *Monastere*, où il tira encore une autre Clochette, & cette Porte fut ouverte par un autre *Frere* habillé de même, qui se prosterna à mes pieds sans remuer les levres. Cette humilité me rendit confus ; je le pris

par

par le bras, pour le faire relever, après quoi il me fit signe de le suivre, & me mena dans une Salle, où il m'en fit un autre de m'asseoir, & me quitta pour en aller faire un troisième au Pere *Portier*, qu'on peut appeller le Pere *Parleur*, parce qu'il est le seul qui ait la permission de parler, pour reçevoir les *Etrangers* qui ne sçavent pas le langage muet des *signes*. Il faut remarquer qu'il y a plusieurs Ecriteaux attachez dans cette Salle, qui les avertissent de ne lui faire aucunes questions, & de ne lui dire aucunes nouvelles mondaines, en un mot de tout ce qu'ils ont à faire, ou à observer pendant leur sejour, ou leur retraite, comme les heures du *Service Divin*, celles d'aller au *Refectoire*, au *Lit*, &c.

Le Pere *Portier* étant arrivé me fit une profonde inclination, à laquelle je repondis par une autre, après quoi il me dit que j'étois le bien venu; me demanda si je venois faire une retraite, ou si quelqu'autre sujet plus ou moins pieux m'avoit attiré dans cette solitude. Je répondis que retournant d'un voyage de plus d'une année, je n'avois pû passer près d'un lieu si celebre par la *Reforme* que Mr. l'Abbé de *Rancé* y avoit introduite, & par la vie digne de cette Reforme qu'on y menoit, sans le voir. J'ajoutai que l'accueil que j'avois appris que cet Abbé avoit fait à plusieurs personnes de ma connoissance, m'avoit fait naître l'envie de lui rendre mes respects. Il repliqua que quoi que ce *St. Reformateur* eût resigné, à cause de son grand âge, & de ses infirmitez corporelles, l'Office d'Abbé à un autre Religieux, il ne laissoit pas de voir les Etrangers, & de les entretenir des choses qui regardoient la vie spirituelle, comme auparavant. Je lui en temoignay ma joye, sur quoi il m'avertit que la coutume étoit de n'observer aucune ceremonie avec lui, & de ne faire ni complimens, ni reverences. Il satisfit à son offre, & à mon desir, & m'introduisit auprès de cet *Abbé*, que je trouvai fort affable, sans user d'aucunes ceremonies. Il me parut parler si bien, que je jugeai qu'il auroit fait fort mal de se condamner soi-même au *silence*, comme il y avoit condamné ses Religieux. Il étoit habillé comme la Figure 1 de la Planche XI. & c'est l'habillement général des Religieux qui ont fait leurs vœux.

Ce *silence* est monté à un dégré où personne ne l'a jamais porté. Il leur a deffendu de parler, & même de lire, d'écrire, de regarder personne, sur tout au visage, mais seulement la terre pour se conduire où ils doivent aller, & à leur travail. Quoi que l'Abbaye soit assez riche pour nourrir une fois autant de Religieux, sans travailler, il en a obligé les plus robustes, qui n'ont pas apris à tourner, ni aucun art qu'ils puissent exercer au profit des pauvres, à cultiver les terres, les jardins, à couper du bois &c. pendant les intervales du *Service Divin*. Sur quoi on m'a assuré, que cette Abbaye donnoit jusqu'à quarante mille écus d'aumônes par an. Ces Religieux qui travaillent ainsi ne vivent, non plus que tous les autres, que de legumes, ou d'herbes, & racines cuites sans beure & sans huile, de pain très bis, & ne mangent jamais ni chair, ni poisson. Enfin si j'en excepte les *Caloyeros* du Mont *Athos*, du Golphe de *Cardia*, & autres, dont je parlerai en leur lieu, jamais abstinence n'a été portée à un plus haut point, par les plus austeres *Anachoretes*: j'entends à l'égard du boire & du manger, & de la qualité des vivres, car les Moines *Grecs*, ni même les *Armeniens*, qui sont les plus fameux *Jeuneurs* d'aujourd'hui, ne font point vœu de silence, & parlent assez, au lieu que ceux de la *Trappe* ne parlent que pour confesser leurs mauvaises pensées à leur Directeur de con-

1697.
Chap.
VII.

Ceremonie appellée Proclamation.

Des malades à l'Agonie.

Maniere de vivre du Roi Jaques à la Trappe.

conscience, qui est ordinairement l'Abbé, & pour s'accuser en plein Chapitre, & cela à haute voix, des fautes qu'ils croyent avoir commises contre les Reglemens du *silence*, de la vie, du travail &c. Cette Ceremonie s'appelle là, *se proclamer*, & se fait par exemple en ces termes. ,, Je N. (*nom de batême*) me proclame, & m'accuse d'avoir travaillé ,, avec paresse, de n'avoir pas fait tout ce que je pouvois faire, & d'avoir man- ,, gé une pomme dans le jardin hors des tems du repas &c." Après quoi il se prosterne, baise la terre, & y reste couché sur le ventre, jusqu'à ce que l'Abbé frappe du pied, ce qui est pour lui le signal de se relever. Ils dorment sur des paillasses sans draps, & quand ils sont à l'article de la mort, on les porte au milieu du Chœur, où on les étend sur de la paille, sur laquelle l'Abbé ou le Superieur après lui, répand de la cendre en forme de croix, &c. On leur donne là l'extrême-onction, en les exhortant à passer courageusement dans l'Eternité, sans regret de la vie temporelle qu'ils vont quitter, s'ils y sont encore sensibles, & on prie pour eux jusqu'à ce qu'ils ayent rendu l'ame : ensuite on les enterre, sans aucune pompe, & avec leur propre habit, en faisant d'autres prieres pour le repos de leurs ames. Cet habit consiste en une longue robbe de laine blanche liée d'une Ceinture de cuir, en un Scapulaire noir, & un ample Capuchon semblable à celui des *Feuillans*, pour ceux qui ont fait profession, car les Novices portent une espéce de Capote de laine brune, plus grossiere, & sans manches, comme je viens de dire. L'ancien Abbé, à qui je rendis visite, ayant appris le voyage que je venois de faire, me demanda des nouvelles de *l'Eglise de Jesus-Christ*, pour me servir de ses propres termes dans les lieux *d'infidelité* par lesquels j'avois passé. Il apprit avec une satisfaction extraordinaire, que les *Mahometans* la favorisoient plus qu'ils ne la maltraitoient ; qu'ils accordoient aux Religieux *Missionaires* toute liberté d'entretenir les Esclaves dans leur Religion, de faire des conversions entre les *Chrêtiens*, *Armeniens*, & *Grecs*, & d'exercer tant d'autres Actes de charité, & d'humanité : choses si contraires à ce que plusieurs relations ont publié d'eux. Comme je le felicitois sur le *Royal Hôte* de l'Abbaye, il me dit, ,, Que je pouvois dire le ,, *Royal Saint*, puis qu'on ne pouvoit montrer plus d'humilité, plus de ,, resignation aux decrets du Ciel, & une pieté plus exemplaire qu'il ,, faisoit ; que j'en pourois juger si je voulois l'observer à l'Eglise, où ,, il se rendoit cinq à six fois en 24 heures, jusques à se lever à deux ,, heures après minuit, pour assister à *Matines*." En effet je le vis à la *Messe*, que le nouvel Abbé dit sur les onze heures. Il resta toûjours à genoux ; il avoit les yeux continuellement fixez sur l'autel, & sur le Celebrant ; en un mot sa dévotion me parut serieuse jusqu'à la melancolie. Il dina ensuite dans le *Refectoire public*, ne mangea que des legumes, ne but que deux verres de petit Cidre, rejetta deux œufs frais qu'on avoit envoyé chercher chez des païsans ; car on ne nourit dans l'Abbaye ni poules, ni autres animaux dont la chair se mange. Le poisson même, comme trop delicieux au goût, en est banni, mais on en donne aux Etrangers qui ne veulent ou ne peuvent pas manger si austerement que les Moines, comme on faisoit à ses gens.

Après le dîner qui dura une petite demi-heure, ce Prince eut avec l'ancien Abbé une conference de plus de deux heures, jusques aux Vépres

aux-

auxquelles il assista, aussi-bien qu'à *Complies*, aux *Litanies*, à l'*Ave Maria*, & au *Salve Regina*, toûjours avec la même dévotion. Pour les Religieux qui les chantoient, ils ressembloient à des *Automates*, ou à des machines qui se remuoient comme par art, & avec des ressorts, & un ordre admirable. Ils chantoient l'Office sans livre, les yeux fermez, ou fixez vers la terre, les mains croisées devant eux, baisoient la terre en entrant, & en sortant, avec la même humilité & regularité, que je l'ai vû faire depuis aux *Derviches Turcs*, après leurs danses de devotion. Le Pere *Portier* m'aprit le soir, que l'ancien Abbé avoit dit au nouveau d'avertir le *Frere Cuisinier*, que le *Roi* avoit demandé qu'on ne lui servît plus rien à table, que ce qu'on servoit aux Religieux, & absolument les mêmes choses. Il me raconta touchant la pureté de la vie *Monastique*, & la chasteté qu'on y observe & qui s'étend sur les regards mêmes, entr'autres circonstances, ,, Que si une *Femme* ,, mettoit seulement le pied dans la Cour des *Religieux*, on jetteroit ,, sept seaux d'eau pour laver la place, comme cela étoit arrivé à l'oc- ,, casion d'une paysane, qui ayant trouvé la porte ouverte y entra & ,, fut apperçue par les Portiers, & chassée: après quoi on purifia ainsi ,, la place où elle avoit été, & le chemin qu'elle avoit fait dans cette ,, Cour." Je ne pus m'empêcher de lui objecter, à propos de ceci, que Madame de *Guise*, à ce que j'avois ouï dire, entroit non seulement dans la Cour, mais encore dans le Cloître, & jusques dans les cellules, & cela accompagnée de quantité d'autres personnes de son Sexe. Je lui demandai là-dessus si on jettoit sept seaux d'eau pour chacune. Il me répondit ,, Qu'on n'en jettoit aucun, & que cette visite étoit une ,, exception de la Regle, ou un Privilege accordé à elle seule, par ,, l'Instituteur de la *Reforme*, dont jouissoient le jour qu'elle y entroit, ,, ce qui arrivoit très-rarement, toutes les Femmes, & filles, qu'il ,, lui plaisoit d'associer à sa Compagnie, & cela en reconnoissance ,, des bienfaits que le Monastere avoit reçus de la Maison de *Guise*; ,, mais que pas un Religieux ne paroissoit alors dans les endroits où ,, elle se trouvoit. Il ajoûta même qu'un Frere Jardinier, que le ha- ,, zard fit rencontrer un jour dans une même Galerie où elle passoit, ,, ayant jetté par megarde les yeux sur le bas de sa juppe, qui étoit ,, violette, s'accusa en plein *Chapitre*, *d'avoir vû le bas de la robbe* ,, *d'un Evêque*, qu'il prit pour telle, à cause que les Evêques portent des ,, Soutanes de cette couleur. A cette histoire il en ajouta une autre, qui y a- voit assez de rapport; la voici. ,, Deux *Freres* ayant mené pendant plusieurs ,, années une vie fort libertine dans le monde, l'Aîné dit au Cadet qu'il ,, sentoit un remords de conscience qui l'invitoit à se retirer à la *Trappe*, ,, comme au seul endroit propre à faire une penitence proportionnée ,, aux desordres de sa vie, & lui conseilla d'en faire autant; mais ce- ,, lui-ci ne sentant pas alors, dit il, le même remords, négligea son ,, avis, desorte que le premier partit, & le second resta, & ne s'y ,, rendit que trois mois après lui. Ils y étoient depuis près de deux ,, ans sans que l'Aîné sçût que son Cadet avoit suivi son exemple, lors ,, qu'allant un jour au travail ensemble, le dernier laissa tomber sa bê- ,, che, & le devoir de la Charité *Chrétienne* ayant dicté au premier, ,, qui se trouvoit tout proche, de la relever, & de la lui presenter, ,, il regarda son visage, contre l'article de continence des yeux, & ,, reconnut son Frere. Il cacha sa joye, mais il s'en accusa publiquement

1697.
CHAP. VII.

L'entrée de l'Abbaye interdite aux Femmes, & exception.

Exemple surprenant de la retenuë de la Langue & des regards.

,, dans

1697.
CHAP. VII.

Histoire du Réformateur de la Trappe.

Mort de Madame de Montbazon crue l'occasion de la réforme de la Trappe.

„ dans le *Chapitre*, en *se proclamant*, & en se prosternant à terre ; sur
„ quoi l'Abbé qui jugea que la *Providence* lui avoit voulu donner
„ cette consolation, frappa d'abord du pied pour le faire relever.

L'histoire de Mr. l'Abbé *Bouthillier* de *Rancé* n'est pas moins connue que sa famille : aussi en dirai-je peu de chose. Son merite & son érudition, vivront toûjours dans la *République des Lettres* : il a brillé long-tems à la Cour de *France* ; pendant qu'il ne tenoit l'Abbaye de la *Trappe* qu'en *commande*. La mort de Madame la Duchesse de *Montbazon*, un des plus beaux esprits & des plus beaux corps de *France*, qu'il aimoit éperduement, fut, dit-on generalement, l'occasion de la réforme surprenante de cette Abbaye. Elle n'eut pas plûtôt fermé les yeux, & fut à peine enterrée, qu'il ne songea plus qu'à s'enterrer soi-même tout vif, après avoir donné à cette aimable Dame les larmes que son amour, ou son estime & sa reconnoissance lui tirerent des yeux. Il forma dans son imagination & dans son cœur penitent le plan de cette *réforme* ; qui est la plus austere & la plus singuliere qu'ait toute l'*Eglise Latine*: Il se transporta à l'Abbaye, dont il trouva les *Religieux* aussi irréguliers à beaucoup d'égards, sur tout par raport au Vin & au Cidre, & à la bonne chere en poisson, qu'il l'avoit été par raport à l'amour, & aux autres plaisirs du monde. Il étoit informé de leur vie ; il tâcha de les faire rentrer en eux-mêmes, leur remontra avec douceur les fautes que tant lui qu'eux avoient commises contre les devoirs de leur vocation ; la necessité d'en faire penitence, pour en obtenir le pardon, & le moyen qu'il avoit trouvé d'édifier le monde autant qu'ils l'avoient scandalisé. Ce moyen étoit la réforme qu'il proposa, même plus austere, à ce qu'on assure, qu'elle n'est en effet. Il effaroucha d'abord si fort les esprits, par les articles qu'il

Objection des Religieux sur ce dessein.

en donna par écrit, que plusieurs lui demanderent s'il vouloit reformer sur *St. Bernard*, ou changer sa regle, & s'il ne suffisoit pas d'observer religieusement cette regle. Ils furent si peu satisfaits des raisons qu'il leur donna, comme „ que ce n'étoit pas changer une regle, que
„ de faire plus qu'elle ne prescrivoit, & qu'on ne pouvoit faire trop
„ bien, &c. qu'ils protesterent qu'ils quitteroient plûtôt le Monastere, que d'accepter tous ces articles, & il y en eut qui le quitterent effectivement ; mais d'autres embrasserent la réforme, & leur exemple a été si bien suivi qu'il y avoit dans cette maison plus de cent Religieux quand j'y passai, & que le nombre en croissoit tous les jours.

Travail manuel des Religieux.

Personne n'est oisif à la *Trappe* : ceux qui sçavent quelque metier l'exercent ; ceux qui ne peuvent supporter, par exemple, les fatigues de la bêche ou du hoyau, s'occupent à tourner, ou à quelque autre ouvrage moins penible, comme font diverses personnes de qualité qui y embrassent la vie *Monastique*. Le Portier me presenta une cuilliere & une fourchette d'ivoire, qu'il me dit être de la façon d'un jeune Novice de distinction. On a accoutumé d'en presenter à tous les Etrangers, qui ne manquent pas au charitable & reconnoissant devoir, de laisser entre les mains du Receveur des revenus, quelque argent pour les pauvres, car les Religieux ne manient jamais d'argent. Enfin personne n'est exempt du travail manuel, où rien n'en dispense qu'une grande maladie. Quand ces Religieux vont bêcher la terre, cultiver les jardins, couper du bois, tant pour l'usage du Monastere, que pour en vendre le superflux aux habitans du voisinage,

ils

ils ôtent le grand capuchon, ne gardent de leurs habits qu'une chemise de serge blanche, & mince, avec leur longue robbe de même étoffe, mais plus épaisse, la retrousssant & l'enfermant avec les bouts ou extremitez du scapulaire, sous leur ceinture de cuir ; en un mot comme la Figure 2 de ladite Planche. Quand une cloche sonne à certaines heures, qui sont reglées pour les exercices de pieté, ils s'agenouillent, & se prosternent tous pour prier.

Je demandai au Pere Portier s'il n'y avoit point d'imitateurs d'une telle réforme. Il me dit qu'il y avoit à quelques lieues de là une Abbaye de Dames qui l'avoit embrassée, suivant les regles que leur avoit dictées l'ancien *Abbé*, qui y alloit de tems en tems, & qui les avoit servies en qualité de Directeur spirituel, jusqu'à ce que ses infirmitez l'eussent mis hors d'état d'en remplir tous les devoirs, aussi bien que ceux de la *Trappe*. Il ajouta que le nouvel Abbé leur rendoit les mêmes devoirs ; qu'elles travailloient même au jardin, & faisoient tous les autres ouvrages manuels de leur maison. Ceux qui pensent que les femmes aiment plus à parler que les hommes, regarderont l'article du *silence* comme la plus grande mortification de ces Religieuses ; cependant il m'assura qu'elles l'observoient aussi regulierement qu'on faisoit à la *Trappe*. On m'a dit depuis dans mes voyages, qu'il y en a encore d'autres qui ont embrassé cette réforme, comme une Abbaye de *Bernardins*, appellée *Beaupré* près de *Luxembourg*, une autre en *Lorraine*, une troisiéme sur le *Rhin*, & une quatriéme en *Toscane*, sur le mont *Apennin*.

Je quittai cette Abbaye le 23, après avoir pris congé des deux Abbez, & je me rendis le 26. à celle de *Port-Royal*, sans avoir fait à l'*Aigle* & autres lieux où je passai, aucunes remarques qui méritent d'être rapportées.

Port-Royal est fameux par la retraite, & la vie exemplaire de diverses Dames de qualité. Le peu qu'il y en restoit alors avoient signalé leur patience & leur fermeté, dans la derniere persecution qui leur avoit été suscitée, disoient-elles, par les *Jesuites*, en les accusant de *Jansénisme* ; car les *Jansenistes* aussi bien que les *Reformez*, veulent generalement que ces Peres ayent été les principaux auteurs des maux dont ils se plaignent. Quoi qu'il en soit, leurs Apologistes ou leurs amis disoient qu'elles avoient subi toutes sortes d'indignitez & de violences du bras seculier, que ces Reverends Peres avoient armé contre elles, en obtenant des ordres de la Cour pour les chasser de leur Monastere, après avoir fait gronder long-tems les foudres du *Vatican*, pour me servir de leurs termes, tant contre ces *Vestales Chrêtiennes* que contre les défenseurs de la doctrine de *Jansenius*, que ces Peres y avoient dépeints comme d'abominables & de dangereux heretiques. On disoit,, que les executeurs de ces ordres étoient de leur choix, & qu'ils ,, avoient rompu les portes qu'elles refusoient de leur ouvrir, selon ,, les loix de leur retraite ; qu'ainsi investies & assaillies jusques dans ,, leurs cellules par la force, elles avoient fui la plûpart dans les jar- ,, dins & les bois, pour se dérober à la violence de leurs persécu- ,, teurs, auxquels les unes se livroient, sans opposer à leurs poursui- ,, tes que des larmes, pendant que les autres embrassoient des arbres ,, pour leur deffense, disant à ceux qui mettoient leurs mains propha- ,, nes sur elles, pour les arracher & les emmener, *tuez-nous ici, ou* ,, *laissez-nous finir le reste de nos jours entre les animaux qui habitent ces* *bois,*

1697.
CHAP. VII.

Des cinq Propositions qui font le Jansénisme.

„ *bois, plus humains que vous,* &c. On ajoûtoit, que plusieurs mem-
„ bres de la *Societé*, qui n'avoient jamais été auparavant à ce Mo-
„ nastere, s'y étoient rendus pour être les spectateurs & les Directeurs
„ de cette *scene tragique*, & que ce qui avoit attiré ce traitement à
„ ces Dames, étoit le refus qu'elles avoient fait d'avouer & de signer que
„ cinq *Propositions* que les *Jesuites* avoient extraites, ou plûtôt créés & for-
„ gées, pour me servir encore des termes de ceux qui m'en ont fait le re-
„ cit, d'un Livre ou Commentaire de *Jansenius*, intitulé *Augusti-*
„ *nus*, lesquelles avoient été condamnées par le St. Siege comme *he-*
„ *retiques*, étoient véritablement dans ce Livre; qu'elles s'en deffen-
„ doient d'abord, en alléguant que ce Livre étoit écrit en *Latin*
„ qu'elles n'entendoient pas toutes; que quand ces Propositions leur furent
„ expliquées en *François*, elles dirent qu'elles les rejettoient, & les con-
„ damnoient, en quelques Ecrits qu'elles se trouvassent, mais qu'elles
„ ne pouvoient pas jurer en conscience qu'elles étoient dans *Jansenius*,
„ jusqu'à ce qu'elles en fussent assurées d'une maniere évidente; que les
„ *Jesuites* & autres *Théologiens* semblables, expliquoient ce refus
„ comme un entêtement rebelle contre la Sainte Eglise *Catholique*.
On attribuoit ce refus aux conseils de Messieurs de *Port-Royal*,
ainsi appellez à cause qu'ils avoient des maisons dans le voisinage du
Monastere de ce nom, où quelques-uns avoient des parentes, & qu'ils s'y é-
toient retirez pour écrire; & *Jansenistes*, pour avoir deffendu ce
Commentaire de *Jansenius* sur *St. Augustin*. Il est vrai, dit-on, que
ces Messieurs leur avoient du moins donné l'exemple d'un tel refus,
en s'exilant volontairement plûtôt que de signer ce *Formulaire*, &
qu'ils les avoient assurées de la maniere du monde la moins suspecte d'intérêt & de partialité, que ces Propositions n'étoient point réellement, ni
quant au sens, ni quant aux termes, dans *Jansenius*; outre que quelques-
unes d'entre elles qui entendoient le *Latin*, croyoient en être convain-
cues par leurs propres lumieres. Elles avoient de plus appris d'eux que la
Doctrine de cet Evêque ne differoit en aucune façon de celle de *St.
Augustin* même, non plus que de tout autre *Pere de l'Eglise*, des
plus Orthodoxes. Les Partisans de ces *Jansenistes*, c'est-à-dire, *Nova-
teurs* ou *Heretiques*, dans la bouche de leurs ennemis, vouloient que
leur plus grand crime fût d'avoir écrit contre la Doctrine des *Jesuites*,
alors tout puissans à la Cour de *France*, où leur Superieur gouvernoit
le cœur du Prince. Cependant cette fermeté, cette constante répugnance, ou cette délicatesse de conscience dans ces *Religieuses*,
quelque effort que l'on eût fait pour la faire regarder comme une rebellion, rencontra néanmoins, ajoûte-t-on, tant de compassion & de
grace à la Cour, par l'intercession de leurs amis qui les réprésenterent
avec des couleurs propres à toucher, qu'elles en obtinrent la liberté
de passer le reste de leurs jours dans ce lieu, mais sans celle de prendre de *Novices*, ou d'y recevoir des veuves. Quoi qu'il en soit, Messieurs de *Port-Royal* s'étant retirez dans les Païs étrangers, où ils
pouvoient penser tout haut ou écrire librement, y firent imprimer
quantité d'Ouvrages pour la deffense de *Jansenius*, touchant la Grace.
Ils fronderent de là plus violemment que jamais, la Morale des Reverends Peres *Jesuites*. On vit paroître bien-tôt le *Phantôme du Jansénisme*, la *Morale pratique des Jesuites*, par Mr. *Antoine Arnaud*;
les *Visionnaires & Imaginaires* par Mr. *Nicole*. Leurs Amis ou Partisans les plus moderez qui restoient en *France*, en faisoient d'autres sur
le

le même sujet qu'ils y faisoient imprimer secretement, ou qu'ils envoyoient imprimer ailleurs ; comme entr'autres les *Lettres Provinciales* de Mr. *Pascal*, sous le nom de *Montalte* &c.

Je vis encore la plûpart des maisons que ces Messieurs avoient bâties & occupées aux environs du *Monastere*. Elles me parurent fort propres pour l'étude & la méditation, étant accompagnées de Jardins, de petits Bocages, de Grotes naturelles & autres charmes innocens de la solitude. Ils y sacrifioient, outre leur tems aux belles Lettres, une grande partie de leurs Revenus, au soulagement des pauvres ; comme faisoient de leur côté les *Vestales* que j'ai nommées. On leur rendoit encore ce témoignage aussi reconnoissant que public, par tout aux environs jusqu'à dix lieuës à la ronde, „ Que *Port-Royal* ne „ souffroit personne jeûner faute de nourriture, être malade ou mou„rir faute de remedes„. En effet cette Maison avoit des *Pourvoyeurs*, pour distribuer du pain & les autres choses nécessaires à la vie des indigens ; & des *Medecins*, des *Chirurgiens* & des *Apoticaires* pour secourir les malades.

Cependant les *Constitutions* des Papes *Innocent X*. & *Alexandre VII*. contre la Doctrine de *Jansenius*, la premiere en date du 31. de Mai 1653. la seconde du 16. d'Octobre 1656. sur lesquelles étoit fondé & dressé le *Formulaire*, que les Messieurs & les Dames de *Port-Royal* avoient refusé de signer ; l'exil volontaire de ceux-là, & la persécution de celles-ci, n'avoient pas étouffé en *France* les semences du *Jansenisme*. Au contraire tout cela sembloit ranimer les disputes sur la *Grace* beaucoup plus qu'il ne les calmoit, & augmentoit même le nombre des *Jansenistes* avec celui de leurs antagonistes. Les *Jansenistes* entassoient librement au dehors, & leurs amis secretement au dedans du Royaume, écrits sur écrits, livres sur livres, pour justifier *Jansenius* d'heresie ; & leurs Antagonistes, sur tout les *Jesuites*, réponses sur réponses pour l'en convaincre lui & tous ses Apologistes, qu'ils traitoient de rebelles à l'autorité infaillible du St. Siege. Quantité de *Théologiens* & d'autres personnes sçavantes prenoient parti, ceux-ci pour les uns, ceux-là pour les autres, jusqu'à ce que *Clement IX*, qui succeda à *Alexandre VII*., trouvant que son autorité sur ses Sujets spirituels de *France* ne suffisoit pas pour réunir leurs sentimens, eut recours à celle de leur Souverain temporel, qui fit cesser au moins en public toutes disputes, en imposant silence aux deux partis sous des peines rigoureuses. On a frappé sur ce sujet une Medaille en son honneur, laquelle réprésente un Autel moderne avec une *Bible* ouverte dessus. On voit sur cette *Bible* deux clefs en sautoir, qui avec le Sceptre & la main de Justice forment ensemble une Croix de *St. André*. Le *St. Esprit* paroit descendre tout rayonnant du Ciel pour présider à cette action, ou à ce concours de la puissance *Pontificale* & de l'autorité Royale, désignées par ce que je viens de nommer. La Legende est,

RESTITUTA ECCLESIÆ GALLICANÆ CONCORDIA,

La Concorde rétablie dans l'Eglise Gallicane.

Et dans l'Exergue, M. DC. LXIX.

Les Cours de Rome & de *France* vivoient alors, c'est-à-dire en 1669, dans la meilleure intelligence du monde. *Clement IX.* avoit obtenu de Sa Majesté *Très-Chrétienne* que la Piramide élevée dans *Rome* en reparation de l'affront fait à son Ambassadeur par la Garde *Corse* du Pape *Alexandre VII.* fût abbatue; mais on a transmis à la posterité cette reparation avec ses circonstances, aussi-bien que la suppression de ce monument, par deux Médailles battues en *France* en l'honneur de ce Prince.

La premiere représente *Rome*, comme on la voit sur les Médailles antiques, sous la figure d'une femme avec un casque en tête, vis-à-vis de la Piramide qu'elle regarde tendrement, avec un long Javelot à la main gauche, accoudée sur un bouclier, sur lequel se lit ROMA. La Legende est,

OB NEFANDUM SCELUS A CORSIS EDITUM IN ORATOREM REGIS FRANCORUM.

Pour l'expiation de l'horrible attentat commis par les Corses *contre l'Ambassadeur du Roi des* François.

A l'Exergue, M. DC. LXIV.

La seconde représente la Religion *Chrétienne* avec une Croix dans la main droite & un Livre dans la gauche, & à côté droit un Autel à l'antique, sur lequel fume de l'encens, & de l'autre côté paroît la Piramide à demi renversée, avec cette Legende,

VIOLATÆ MAJESTATIS MONUMENTUM ABOLITUM,

Abolition du monument de l'attentat commis contre la Majesté Royale.

Dans l'Exergue,

PIETAS OPT. PRINCIPIS ERGA CLEMENTEM IX. M. DC. LXVIII.

Pieuse tendresse du meilleur des Princes envers Clement IX.

Maniere de vivre & hospitalité de *Port-Royal.*

Avant cette dispersion de Messieurs de *Port-Royal*, & cette persécution des *Religieuses*, il y avoit dans les appartemens exterieurs du Monastere diverses tables ouvertes, & quantité de lits pour les voyageurs & autres personnes qui passoient par là. Ils y étoient parfaitement bien reçus, quelque étrangers qu'ils fussent, aussi bien que ceux qui y vouloient faire de pieuses retraites pour plusieurs jours. Il y avoit encore une table pour une vingtaine de couverts lors que j'y passai, qu'on appelloit la *table des hôtes*, ou *d'hospitalité*, avec divers lits, si non pour tous allants & venans, au moins pour ceux qui avoient la moindre connoissance ou recommandation de quelque ami de la Maison. Elles entretenoient encore un Medecin & un Apoticaire pour les pauvres, qu'elles assistoient autant que le permettoient les Revenus de la Communauté, extraordinairement diminuez par la desertion

sertion des *Religieuses*, qui n'avoient pû resister à la persecution, & qui s'étoient laissées transferer de là, avec les biens qu'elles y avoient apportez, à *Port Royal* de *Paris*, Monastere du même ordre, qui est comme une colonie de celui-là, & qu'on en a distingué depuis par le surnom *des Champs* en l'appellant *Port-Royal des Champs*, ou en dernier lieu, suivant quelques-uns, *le Jansenistè* ; outre qu'on a encore considerablement retranché les revenus de cette derniere Communauté, à cause que le nombre des Religieuses qui y diminuoit de jour en jour, augmentoit à proportion dans le *Port Royal* de *Paris*.

1697.
CHAP.
VII.

Il y a dans la construction du *Monastere*, aussi bien que dans celle de l'*Église*, une simplicité d'ordre, & d'ornemens qui plaît. Mr. de *Santeuil*, Moine de *St. Victor* à *Paris*, assez connu par la vivacité de son esprit, & par ses excellentes Poësies *Latines*, parlant de cette Eglise & du *Cimetiere*, qui sont presque tout pavez, au moins pour la premiere, des tombes de quantité de personnes celebres par leur pieté, mortes & enterrées là avant les troubles, comme Messieurs de *Saint Cyran*, de *Sainte Marthe*, de *Sacy*, &c. ou d'autres qui avoient obtenu de leurs amis, en mourant dans les Païs étrangers, d'y faire porter & enterrer leurs cœurs, disoit un jour à Mr. *Eustase* & à quelques autres, en y passant avec eux, *on ne peut faire quatre pas ici sans marcher sur un Saint*. *Santeuil* ne vivoit pas fort saintement, mais il montroit beaucoup d'estime & de consideration pour ceux qui le faisoient, sur tout si c'étoient des gens de merite. Il disoit après la mort de Mr. *Arnaud*, Docteur de *Sorbonne*, qu'il se presentoit naturellement aux yeux de son imagination comme brillant au nombre des *Saints*, & que quand il recitoit leurs *Litanies*, il ne pouvoit presque s'empêcher de s'écrier, *Sancte Arnalde, ora pro nobis.* L'Epitaphe qu'il fit pour lui, après que le Pere *Quenel* eut apporté secretement son cœur du lieu de sa mort dans une boete d'argent, à *Port-Royal*, pour l'y mettre en dépôt, selon que ce Docteur l'en avoit requis en mourant, lui attira à dos les *Jesuites*, qui le menacerent de lui faire ôter sa pension de la Cour. J'en ai perdu la Copie, mais je me souviens assez bien des termes qui y choquoient ces Peres, les voici.

Construction du Monastere.

Epitaphe de Mr. Arnaud par Mr. de Santeuil.

.... *Hoste triumphato qui ejectus & exul,*
— *Veri defensor, & arbiter æqui.*

Qui fut rejetté & exilé, après avoir triomphé de l'ennemi ; deffenseur de la verité, arbitre de l'équité, &c.

Ils vouloient que la pensée du Poëte leur appliquât l'*hoste triumphato*, & donnât à ce Docteur la victoire sur la *Societé* dans ses écrits contre elle. Ils ne voulurent pas qu'on appellât *deffenseur de la verité*, un defenseur de *Jansenius*, condamné à la Cour de *Rome* comme Heretique, & ils interesserent assez subtilement le Roi dans leurs plaintes, en disant que Sa Majesté n'avoit jamais exilé Mr. *Arnaud*. M. de *Santeuil* fut plus allarmé du pouvoir du Pere de la *Chaize*, qu'il appelloit *grand maître de l'oreille du Roi*, que des bruits que faisoit toute la *Societé*, & il craignoit pour sa pension. Il l'alla donc trouver, & lui dit, » Qu'il n'avoit point eu en vuë d'offenser en aucune façon cette *Societé*;

Comment les Jesuites l'entendent au desavantage de l'Auteur.

Tome I. R qu'il

» qu'il n'y avoit pas un mot qui la regardât ; que *l'hoste triumphato*
» signifioit le *Calvinisme*, que Mr. *Arnaud* avoit combattu si glo-
» rieusement ; qu'il n'avoit pas crû lui pouvoir refuser à cet égard le
» *defensor veri* ; que pour l'exil, il entendoit la retraite volontaire de
» ce Docteur, ou sa fuite dans le Païs Etrangers, pour n'être pas
» obligé au silence, ou de se retracter à l'égard de ce qu'il avoit écrit
» en faveur de *Jansenius*. « Le Pere parut être content de son explication, quoi qu'il ne le fût pas trop de son admiration pour le Docteur. Cependant soit qu'il restât neutre, ou que les amis de Mr. de *Santeuil* représentassent au Roi l'innocence du fait, il conserva avec sa pension les bonnes graces de Sa Majesté.

Mr. *Eustasse* étoit nouvellement relevé d'une maladie fort longue, qui avoit commencé par une fievre semblable à celle qui m'avoit quité à *Port-Mahon*. Il témoigna bien de la satisfaction d'entendre le recit de mon voyage, par les questions qu'il me faisoit à cet égard, & Madame l'*Abbesse*, à qui il me presenta, n'en montra pas moins. Je fus retenu par leurs civilitez jusqu'au 29. au matin, que je quittai le Monastere, & me rendis à *Versailles* vers le soir, où je couchai. Mes yeux furent enchantez le lendemain par la vue du Palais du Roi, que l'on nomme communément & simplement le *Château*. Quoi que je l'eusse vû avant que de quitter la *France*, je l'admirai d'autant plus que j'avois vû ceux d'*Italie*. Je le trouvai tout à fait digne de la grandeur de *Louis XIV*. & je ne crois pas exagerer de dire, après quantité de gens qui en ont fait la description, qu'il est le plus magnifique, le plus régulier, & accompagné des plus beaux jardins qu'on puisse voir. On a frappé pour ce Palais une excellente Medaille, qui en représente la façade du côté des Jardins, avec cette Legende,

REGIA VERSALLIARUM.

& cette date, M. DC. LXXX. dans l'Exergue.

Après avoir fait un tour dans les Jardins & diné à *Versailles*, j'en partis pour *Paris*, où je me rendis vers le soir. Après quoi je visitai mes amis, qui m'ayant ensuite rendu ma visite, m'apprirent diverses sortes de nouvelles, tant *Ecclesiastiques* ou *Spirituelles*, que *Temporelles*, ou regardant tant l'*Eglise* que l'*État*. Au moins elles étoient nouvelles pour moi, qui avois été si long-tems absent ; sçavoir entr'autres, I. Que la Princesse Royale *Adelaïde* de *Savoye*, âgée d'onze ans, étoit arrivée en *France* depuis six mois, pour cimenter ou confirmer par son mariage avec le Duc de *Bourgogne*, la Paix conclue entre le Roi & le Duc de *Savoye* ; que cette Paix particuliere, qui étoit regardée comme l'avant-courriere de la Paix géneräle, n'étoit pas moins avantageuse à Son Altesse, par raport à l'honneur qu'à l'interet, puis que tous ses Ambassadeurs devoient à l'avenir être traitez en *France* sur le même pied, ou avec les mêmes ceremonies que ceux des Têtes couronnées, qui est d'être conduits à l'audience par un Prince au lieu d'un Maréchal de *France*. La République de *Venise* a obtenu depuis la même prérogative pour les siens, par les remontrances qu'elle a fait faire à la Cour sur de pareils honneurs qu'elle avoit reçûs autrefois de la part des Empereurs même, sur son ancienne souveraineté Royale, son ancienne

alliance avec la *France*, & fur le pas que le *Senat* avoit donné à l'Ambaſſadeur de cette Couronne avant celui d'*Eſpagne*, exemple qui avoit été fuivi, difoit-elle, par le *Pape*, qui n'avoit jamais ofé être le premier à le faire. II. Que le Prince de *Conti* étoit allé prendre poſſeſſion de la Couronne de *Pologne*, qui l'avoit choiſi pour ſon Roi. III. Que les Comediens *Italiens* ayant oſé entreprendre de jouer une Comedie appellée la *Fauſſe-Prude*, qui étoit regardée comme une Satire contre Madame de *Maintenon*, & pour pluſieurs autres offenſes contre la *Cour*, avoient été chaſſez. IV. Qu'entre diverſes nouvelles Affaires de Religion, il s'en étoit élevé une tout recemment, qu'on nommoit le *Janſeniſme reſſuſcité* par le Pere *Quenel*, qui avoit fait un Livre intitulé l'*expoſition de la Foi Catholique* à l'égard de la *Grace* & de la *Predeſtination*, lequel Mr. du *Quay* attaquoit & combattoit comme heretique. V. Qu'un *Mandat* de l'Archevêque de *Rheims* avoit été publié pour deffendre de donner à la *Vierge* les *Epithetes de Mere de Dieu, Mere de la Grace Divine, Reine du Ciel*, &c. VI. Que l'Evêque d'*Arras* avoit cenſuré un Moine de ſon Dioceſe, pour avoir avancé diverſes propoſitions qu'il traitoit d'impies & de prophanes, comme entr'autres, ,, que le Bienheureux *Simon Stocka* avoit re-
,, çû le Saint ſcapulaire de la propre main de la *Vierge du Mont Car-*
,, *mel*, comme un ſigne indubitable de *Predeſtination* ou d'*Election* à
,, la vie Eternelle ; que la devotion au *St. Scapulaire* étoit une des
principales marques de Salut; *qu'un Frere du Scapulaire qui s'opiniatreroit à pécher juſqu'à mourir impenitent avec le ſcapulaire ſur lui, ne le pouroit faire, puiſque la Vierge le lui ôteroit plûtôt que de le laiſſer mourir reprouvé avec ce ſaint preſervatif.* Ce *Mandat* de l'Archevêque de *Rheims* & cette cenſure de l'Evêque d'*Arras*, me parurent fort propres à faire voir que l'Egliſe *Gallicane* ne favoriſoit pas la ſuperſtition comme quelques autres. VII. Qu'une nouvelle maniere de ſervir Dieu, éteinte en *Italie*, où elle avoit pris naiſſance, ſe répandoit en *France*. Elle conſiſtoit, diſoit-on géneralement, & autant que je pus comprendre, ,, dans une abſtraction de l'eſprit d'avec le corps, ou
,, un détachement des penſées des choſes terreſtres & mondaines,
,, pour s'attacher & s'unir à *Dieu*: de telle maniere, qu'à force de
,, s'abandonner à la contemplation de ſa puiſſance, de ſa bonté, de ſa
,, juſtice, de ſa miſericorde, & de ſes autres attributs, il étoit tellement épris de l'amour de cet Etre tout puiſſant, que toutes ſes penſées en étoient occupées & ſes deſirs tout remplis, & en un mot
,, qu'il jouiſſoit déja par avance en quelque maniere, ou avoit, pour
,, ainſi dire, un avant-goût de la glorieuſe & ineffable viſion de la
,, *Majeſté Divine*, qu'on croit faire l'unique bonheur de tous
,, les vrais croyans après la mort, & que cet avant-gout s'appelloit
,, *l'état de quietude*, &c.

Cette nouvelle ſorte de *pieté* faiſoit beaucoup de bruit, non de la part de ceux qu'on appelloit *Quietiſtes*, mais contre eux, de la part de leurs *Antagoniſtes*, qui paroiſſoient vouloir troubler leur *quietude*, en combattant cette eſpece de ſeparation de l'ame d'avec le corps, ou immediate union de l'ame avec Dieu pendant cette vie. Ces *Antagoniſtes* commentoient cette nouvelle ſorte de pieté, à peu près en la maniere ſuivante.

,, Ils prétendoient montrer qu'elle anéantiſſoit la mediation des Saints

1697.
CHAP. VII.

„ Saints entre *Dieu* & l'homme, & même la Confeſſion. Ils vou-
„ loient que ce fut une production du *Carteſianiſme*, cette dangereu-
„ ſe & *heretique* Philoſophie, comme ils l'appelloient, qui apprenoit aux
„ *Calviniſtes* à faire un uſage de leur raiſon, qui leur faiſoit nier la preſence
„ réelle du corps de *Jeſus-Chriſt* dans le *Sacrement*, & qui apprenoit
„ auſſi aux *Quietiſtes* cette deſunion, ou cette intermiſſion prétendue de

Carteſianiſ-
me.

„ l'union du corps & de l'ame. En effet quelques *Carteſiens* prétendent que les Bêtes ne ſont proprement que des *Automates*, ou de
pures machines; qu'un chien, par exemple, qu'on bat, & qui crie,
ne ſent pas plus de douleur qu'un tambour qu'on frappe, ou des orgues qu'on touche, parce que n'ayant point d'ame, il ne peut avoir
la perception dans laquelle conſiſte la douleur. Ils citent pour preuve
de cela des perſonnes dont l'eſprit s'eſt tellement aliené du corps, par
la meditation & la comtemplation des objets *metaphiſiques*, qu'on leur
peut crier en vain aux oreilles, ſans qu'ils l'entendent, leur pincer ou
piquer les mains ſans qu'ils temoignent ſentir du mal. „ Que de
„ même les *Quietiſtes* ſoutenoient, que leur ame parvenue à leur
„ prétendu état de *quietude*, par la contemplation des attributs di-
„ vins, ne participoit aucunement, ou ne prenoit aucune part à ce
„ que faiſoit le corps, & que même s'il tuoit ou commettoit quelque
„ autre action criminelle contre les Loix divines ou humaines, elle
„ n'en étoit aucunement reſponſable devant Dieu, & que ce n'étoient
„ tout au plus que de ces péchez que quelques Docteurs ont appellez
„ *Philoſophiques*.

Peché Phi-
loſophique.

Peut-être que pluſieurs de ceux qui me feront l'honneur de lire ces
remarques, n'entendront pas ce que c'eſt que *peché Philoſophique*. C'eſt
pourquoi j'en rapporterai ici l'explication, au moins de ce que les *Jan-*
ſeniſtes veulent que les *Jeſuites* entendent par là. Les premiers ont prétendu faire voir par les Extraits de pluſieurs Livres de ces Peres, que
leur Morale eſt relâchée, juſqu'à ſoutenir que ce qui paroît naturellement & géneralement le plus grand crime au reſte du genre humain,
n'eſt pas un péché devant Dieu, ou n'eſt qu'un péché *Philoſophique*,
ce qu'éclairciront ſuffiſamment les Couplets ſuivans, d'un Dialogue entre un Confeſſeur *Jeſuite* & un *Penitent*, qui ont été chantez en *Fran-*
ce.

Le Penitent. Mon Pere, j'entends dire,
Que vous n'ignorez rien,
Voulez-vous bien m'inſtruire,
Pour être homme de bien?

Le Confeſſeur. Vous ne ſçauriez mieux faire,
Que de venir à nous,
Il n'eſt point de nos Peres,
Qui ne ſoit tout à vous.

Le Penitent. Mais j'ai tué mon Pere,
Pour avoir tout ſon bien,
Empoiſonné ma Mere,
De peur qu'elle en dît rien.

Une Sœur jeune & ſage
Evita le poignard,
Mais je lui fis l'outrage,
Qu'*Hamon* fit à *Thamar*.

Le Confeſſeur. Oh! ce que vous me dites
Eſt mal aſſurément,
Mais ſçavoir s'il merite,
L'éternel châtiment. . . .

Le Penitent. Or dites-moi, mon Pere,
Où vous avez trouvé,
Qu'on puiſſe ſi mal faire,
Sans être reprouvé?

Le Confeſſeur. Ce n'eſt qu'en nos écoles,
Qu'on apprend ce ſecret,
Et deux ou trois paroles
Vont éclaircir le fait.

Peché *Philoſophique*,
Eſt contre la raiſon,
Peché *Theologique*,
Eſt d'un autre façon.

Le

Le Confesseur. Or dites-moi, mon Frere, Quand cela s'est passé, Avez-vous cru rien faire, Dont *Dieu* fut offensé?

Le Penitent. Non je n'avois en tête Que mon ambition,

Et je suivois en bête, Ma folle passion.

Le Confesseur. Tant mieux, Dieu ne s'offense, Que quand on pense à lui, Voyez donc l'ignorance, Des pêcheurs d'aujourd'hui.

Plusieurs personnes versées dans le *Théologie*, qui me paroissoient tout à fait desinteressées & libres de préjugez & de passions sur le sujet en question, & qui prétendoient avoir examiné ce qu'on appelloit *Quietisme*, m'en parloient ainsi. ,, Il n'y a, disoient-elles, dans les sentimens des ,, *Quietistes* rien de la corruption & de la perversité qu'en publient ,, certains *Casuistes*. C'est un autre phantôme semblable à celui du ,, *Jansenisme*, qu'ils se forment pour le combattre de gayeté de cœur, ,, & pour trouver à redire à ce que font ceux qui leur déplaisent. Ce ,, qu'il y a de réel, est une pieté extraordinaire, accompagnée d'une ,, vie bien réglée, selon les maximes du *guide spirituel* de *Molinos*. On ,, ne peut nier pourtant qu'il ne s'y glisse des abus comme dans les meilleures ,, choses, par l'ignorance du peuple ou la mauvaise foi des guides. *Explication du Quietisme.*

Ces personnes appelloient encore *Molinos, Exemple, ou Pere de la pieté*, comme il l'avoit été d'abord en *Italie*, & par tout où parut son Livre intitulé *guide spirituel*; jusques là que quantité d'Evêques en avoient recommandé tant de bouche que par écrit la lecture à leurs Diocesains, comme celui de *Palerme*, entr'autres, avoit fait à toutes les Religieuses du sien, jusqu'à ce que le malice de ses ennemis eussent empoisonné, disoient elles, l'esprit & la pureté de ses maximes, à tel point que de faire saisir sa personne par l'*Inquisition* &c. *Molinos.*

On sçait, je crois, l'Histoire de *Molinos*, & son Livre a été traduit en tant de langues qu'on ne peut gueres ignorer les maximes qu'il contient: aussi n'en ajouterai-je ici que peu de chose. Il étoit *Espagnol* d'extraction: sa conversation & ses écrits, sur tout son Livre, lui acquirent des amis du premier ordre, jusques là que le *Pape Innocent XI.* voulut qu'il prît son logement dans le Palais du *Vatican*; mais soit que cette faveur, & les applaudissemens que le Public donnoit à son Livre, excitassent de la jalousie contre lui, & lui attirassent des ennemis capables de lui faire plus de mal, que ses amis ne lui pouvoient faire de bien, ou que l'*Inquisition* trouvât dans son Livre une corruption de Morale *Chrétienne* que d'autres, le *Pape* même tout éclairé du S. Esprit & tout infaillible qu'il est estimé, n'y pouvoient découvrir, elle le saisit, & le condamna à une prison perpetuelle, où il mourut en 1696. le jour des *Innocens*, ce qui fut interpreté par ses amis comme un signe de son innocence, ou de la pureté de ses sentimens. *Son caractere; l'estime d'Innocent XI. pour lui.*

Ceux qui me parloient du *Quietisme* en la maniere que je viens de marquer, ou tels autres *Apologistes* des sentimens de *Molinos*, étoient traitez eux-mêmes de *Quietistes* ou *d Heretiques*, & on m'a assuré que quelques Predicateurs s'emporterent publiquement contre eux en Chaire, jusqu'à souhaiter tout haut qu'il y eût une *Inquisition France* pour les bruler, & les extirper comme des pestes de l'Eglise; mais que M. l'Archevêque de *Paris*, si je m'en souviens bien, trouvant leurs souhaits contraires aux libertez de l'*Eglise Gallicane* & à l'aversion naturelle des *François* pour ce Tribunal, leur imposa silence, les menaçant

1697.
Chap. VII.
La Paix de Ryſwik.

naçant de les interdire, s'ils faiſoient jamais publiquement de tels vœux en ſa faveur, leur permettant au reſte de declamer tant qu'ils voudroient contre *Molinos*, & les *Quietiſtes*.

Avant la fin de *Septembre* la paix generale fut conclue, à l'excluſion du Roy *Jaques II. d'Angleterre*. Comme ſa Majeſté Très *Chretienne* rendoit par cette Paix preſque toutes ſes conquêtes, les *François* en murmererent tout haut. Entr'autres couplets de chanſon qui coururent ſur ce ſujet, ſelon l'humeur de la nation qui chante juſqu'à ſes chagrins, & ſes peines, je me ſouviens des ſuivans.

> *Trois Miniſtres habiles,*
> *En un ſeul jour,*
> *Ont rendu trente-deux Villes*
> *& Luxembourg;*
> *A peine ont-ils gardé Paris &c.*

Les plus zelez pour l'Egliſe *Catholique* diſoient, qu'une ſuite ſi prodigieuſe de conquêtes auroit demandé qu'une des premieres conditions eût été le rétabliſſement du Roi *Jaques* en *Angleterre*. D'autres mieux initiez dans les miſteres de la Politique diſoient, que ce rétabliſſement n'étoit pas tout à fait abandonné, mais ſeulement ſuſpendu juſqu'à une plus favorable occaſion. Ils admiroient la ſageſſe preſque *Prophetique* du Roi, dont le plan étoit de donner deux nouveaux Rois à l'*Europe*, à ſçavoir un à la *Pologne*, le Roi *Jean Sobiesky* étant mort, & un autre à l'*Eſpagne*, dont le Roi étoit moribond, & cela en deſarmant par la Paix ceux qui étoient le plus en état & qui avoient le plus d'intereſt de s'y oppoſer, pour travailler enſuite plus fortement à rétablir le premier.

Voyage du Prince de Conti en Pologne & ſon retour en France.

Cependant le Prince de *Conti* étoit à la vérité allé en *Pologne*, comme j'ai déja dit, pour prendre poſſeſſion de cette Couronne, mais l'*Electeur* de *Saxe* ayant fortifié ſon parti par le ſacrifice de ſa Religion, qui lui rendoit le *Pape* favorable, auſſi-bien que l'*Empereur*, l'emporta, & Son Alteſſe revint en *France* au commencement de Décembre.

Mariage du Duc de Bourgogne.

On celebra en ce tems-là le mariage de la Princeſſe *Adelaïde* de *Savoye*, avec le Duc de *Bourgogne*, le plus ſolemnellement & le plus magnifiquement du monde. La conſommation en fut remiſe & fixée à trois ans, à cauſe de la trop grande jeuneſſe de la Princeſſe : on les mit ſeulement au lit pour la forme, où ils reſterent pendant une demi heure, les rideaux ouverts.

M. de Fenelon accuſé de Quietiſme &c.

Sur ces entrefaites M. de *Fenelon*, Precepteur du Duc de *Bourgogne*, fut accuſé de *Quietiſme* à *Verſailles*, auſſi bien qu'au *Vatican*. Les admirateurs de ſon érudition & de ſes ſentimens dirent que ſes accuſateurs en vouloient moins à ſa doctrine qu'à ſon Evêché, & à ſa penſion. Il avoit compoſé peu auparavant un Livre intitulé *la pratique de devotion*, qui avoit été repreſenté à la Cour de *Rome* comme un autre *guide ſpirituel*, & ſon *Telemaque* à celle de *Verſailles*, comme un Livre heretique en Politique.

Ma nouvelle reſolution de voyager.

Cependant mes voyages avoient plus excité & augmenté mon deſir de voyager, qu'ils ne l'avoient ſatisfait. La paix qui venoit d'être conclue avec l'*Angleterre* le favoriſoit, & ce Païs fut le premier objet qui ſe preſenta à mon imagination. Mais avant que d'y paſſer & de quitter la

Fran-

France pour plus de vingt-sept ans, comme j'ai déja fait à l'heure que je prepare ceci pour l'impreſſion *Françoiſe*, je ne puis gueres me diſpenſer d'en dire quelque choſe, quoi qu'une infinité de plumes meilleures que la mienne en ayent laiſſé peu à dire, & je commencerai par *Louis XIV*, qu'elle avoit alors pour Souverain, ſurnommé le *Grand* par excellence, &c.

La grandeur de ce Prince a commencé par ſa naiſſance, auſſi bien que celle d'*Alexandre le Grand*, qui ne reconnoiſſoit pour Pere que *Jupiter Hammon*. Cette naiſſance fut un ſujet de joye d'autant plus grand qu'on s'y attendoit le moins, car il y avoit plus de vingt-deux ans que *Louis XIII.* ſurnommé le *Pieux*, le *Juſte* &c. étoit marié avec *Anne d'Autriche*, quand elle arriva. Elle fut regardée comme un *préſent du Ciel*, qui accordoit à l'union de leurs eſprits ou de leurs vœux, & de leurs prieres, ce que la nature ſembloit refuſer depuis ſi long-tems à celle de leurs corps. La voix publique le nomma *Deodat*, don de Dieu, nom qu'une *Medaille* qu'on a frappée ſur cette naiſſance lui confirme par la Legende de ſon revers comme on va voir. Cette Medaille repréſente d'un côté le buſte de *Louis XIII.* avec cette Inſcription,

LUDOVICUS REX CHRISTIANISSIMUS.

& de l'autre, la Reine ou la *France* ſous la figure d'une femme, à genoux avec un manteau Royal, parſemé de Fleurs de Lis, & une Couronne ſur la tête, les bras ouverts & tendus vers le Ciel, pour recevoir un petit enfant qu'un Ange paroît lui apporter de là, avec la viteſſe que ſes ailes étendues peuvent faire imaginer. La Legende eſt,

COELI MUNUS,

Préſent du Ciel.

On lit autour,

LUDOVICUS DELPHINUS,

Louis Dauphin.

Et M. D. C. XXXVIII. dans l'Exergue.

La pieuſe reconnoiſſance que reſſentit *Louis XIII.* d'un tel préſent, lui fit envoyer à la Vierge de *Loretto* ceux dont j'ai fait mention dans l'article d'*Italie*. Le Cardinal *Mazarin* eut l'honneur d'être ſon Parrain, & le nomma *Louis*. Il monta ſur le trône avant l'âge de cinq ans, ſous le nom de *Louis XIV.* par la mort de *Louis XIII.* qui arriva le 14. de Mai 1643.

Environ trois ans après, *Anne d'Autriche* ſignala ſon zele, & ſes obligations au Ciel, par la fondation du *Val de Grace*. Elle lui fit poſer de ſes tendres mains la premiere pierre de la magnifique Egliſe qui porte ce nom, & y fit enfermer dans les fondemens une Medaille d'or d'or pesant 13. onces, sur laquelle elle étoit representée, tenant entre ses bras un jeune enfant, avec cette Legende,

ANN. AUSTR. FRANCORUM. ET NAVARRÆ REGINA MATER LUDOVICI XIV. D. G. FRANCORUM ET NAVARRÆ REGIS CHRISTIANISSIMI.

Et dans l'Exergue,

OB GRATIAM. DIV. DESIDERATI ET SECUNDI PARTUS. V. SEPT. M. DC XXXVIII.

Elle dedia cette Eglise à la naissance de *Jesus-Christ* & à la Vierge sa Mere, comme cette Inscription *Latine* qui est sur le Frontispice, le témoigne en ces termes,

JESU NASCENTI VIRGINIQUE MATRI.

Inscription critiquée par les Théologiens.

Cette Inscription trouva des Critiques entre les plus celebres Docteurs de *Sorbonne*, comme insinuant, disoient-ils, que *Louis XIII*. n'étoit que le *Pere putatif* de *Louis XIV*, tel que *Joseph* l'avoit été de *Jesus-Christ*, comparaison qu'ils trouvoient trop hardie. Je laisse à l'histoire le detail des troubles & de toutes les traverses & difficultez qui accompagnerent les commencemens du Regne de *Louis XIV*. Je lui laisse dire avec quelle sagesse le Cardinal *Mazarin*, son Parain & son fameux Ministre d'Etat, sçut les surmonter; combien de dangers ce Ministre eut à essuyer pour cela, jusqu'à être obligé de s'exiler pour ainsi dire luy-même, ou de conseiller à la *Reine Regente* de le banir ; ensuite comment il retourna comme en triomphe avec les applaudissemens presques generaux, personne ne sçachant paroître & disparoître plus à propos que luy. La même l'histoire dira à ceux qui la consulteront sur les actions de ce Prince, par quels degrez il parvint au faîte de cette puissance, qui luy a acquis le nom de *Grand*; comment en faisant dépendre la fortune des Nobles des services qu'ils luy ont rendus dans ses Armées, ou dans le Cabinet, & leur fermant les autres voyes de s'enrichir, telles que le négoce & les arts mechaniques, il a éloigné d'eux toutes tentations d'entreprendre rien de contraire à l'obéïssance qu'il en attendoit. Elle dira que son autorité sur eux & sur le reste de ses Sujets n'ayant point eu d'autres bornes que sa volonté, & que ce Prince ne manquant jamais de récompenser le merite, il ne se les rendit pas moins attachez par inclination que par devoir; qu'il sçut toûjours, quand il lui plut, augmenter le nombre de ses Soldats, en invitant à son service des Etrangers, par la réputation de sa generosité, & en réduisant, sans apparence de violence, les plus paresseux & les moins ingenieux de ses Sujets à prendre le mousquet, qui leur fournissoit la subsistance que leur refusoit leur paresse, & les autres à faire de nouveaux efforts de diligence & d'industrie, pour lui fournir les moyens de payer ses Armées, efforts qui leur ont fait prendre la premiere place entre les plus ingenieuses Nations. Quelque cher que leur

Le Commerce & les arts méchaniques deffendus à la Noblesse de France.

coutaſſent les victoires de leur Souverain, ils n'en apprenoient pas plûtôt la nouvelle, qu'ils ſignaloient leur joye par des Vers & des Chanſons à ſa loüange, l'appellant le *plus grand des Rois*, & ſe conſiderant eux-mêmes comme les plus glorieux peuples de l'Univers. On n'a point vû, ou au moins entendu parler de mecontens entr'eux, ſi ce n'eſt les *Réformez*, qu'il a obligez de quitter ou la profeſſion de leur Religion, ou le Païs. En un mot, je ne ſçai ſi l'Hiſtoire peut nommer un autre Prince qui ait été mieux ſervi, mieux obéï, & qui ait regné plus long-tems & plus heureuſement que lui. Les Sçavans, & les plus zelez de ſes Sujets & même des Etrangers, admirateurs de ſes grandes qualitez, n'ont pas manqué de confier au papier, au marbre & aux métaux, les plus glorieux évenemens de ſon regne. Car outre les Livres que nous en avons, les ſuperbes *Monumens* qu'on en voit dreſſez dans les places publiques de la Capitale & des autres Villes, on en a frappé des *Medailles* qui en donnent une hiſtoire auſſi ſuccincte que claire. On y voit par exemple, des Batailles gagnées, des Villes jugées imprenables priſes avec le *veni, vidi, vici* de *Cæſar*; des *Academies* fondées pour faire fleurir tous les beaux Arts & toutes les Sciences, qui contribuent ſi fort à la ſplendeur d'un Royaume; de ſomptueux édifices élevez, les uns à la magnificence, les autres à l'hoſpitalité publique; de grands chemins pavez d'une maniere & à une diſtance digne de la magnificence des anciens *Romains*; de beaux Ports; de ponts ſuperbes conſtruits pour l'embelliſſement & la commodité de *Paris*. De cent cinquante Medailles frappées ſur tout cela depuis ſa naiſſance juſqu'à ſa mort, je ne rapporterai que les ſuivantes.

1. Celle qui fut frappée en 1672. pour la priſe de quarante-deux Villes ſur les *Hollandois*, en vingt-deux jours. Elle répreſente ce *Monarque* aſſis ſur un Char de *Triomphe*, conduit à toutes brides par la *Victoire*, avec cette Legende,

BATAVIA VICTORIIS PERAGRATA.

Et dans l'Exergue,

XL. URBES DIEBUS XXII. CAPTÆ M. DC. LXXII.

2. Pour la Campagne de 1696.

Cette Medaille le repréſente ſous la figure de *Mars* dans le Champ ennemi, appuyant ſa main gauche ſur un bouclier avec les armes de *France*, & ayant derriere ſoi un Cheval paiſſant: la Legende porte,

MARS IN HOSTILI SEDENS.

Et l'Exergue, M. DC. XCVI.

3. Sur la priſe génerale de trois cent cinquante Villes depuis 1646. juſqu'en 1697.

Elle repréſente un amas confus de Canons, Mortiers, & d'autres armes & machines qui ſervent à prendre des Villes, avec une Couronne murale au-deſſus, & cette Legende,

VOYAGES

VICTORI PERPETUO.

Au Vainqueur Perpetuel.

Et dans l'Exergue,

OB EXPUGNAT. TER CENTUM ET QUINQUA-
GINTA URBES AB ANNO M. D C. XLVIII.
AD AN. M. DC. XCVII.

Pour avoir pris trois cents cinquante Villes depuis l'an 1643 jusqu'en 1697.

4. Sur l'établissement de l'*Acadmie des Sciences*, Assemblée particuliere des personnes les plus sçavantes en *Géometrie*, en *Astronomie*, en *Phisique*, en *Mechanique* & en *Chimie*.

Cette Medaille représente *Minerve* assise & entourée d'un fourneau avec un alambic, d'un squelette & d'une sphere, avec ces mots pour Legende,

NATURÆ INVESTIGANDÆ ET PERFICIENDIS
ARTIBUS.

Et dans l'Exergue,

REGIA SCIENTIARUM ACADEMIA, M. D C. LXVI.

C'est-à-dire,

L'Academie Royale des Sciences, destinée à rechercher les secrets de la Nature, & à perfectionner les Arts.

5. Sur l'institution de l'*Academie des Inscriptions*.

Cette Medaille représente *Mercure*, tenant un *Stile* à l'antique, avec lequel il paroît vouloir écrire sur une table d'airain, ayant à ses pieds un carton & un vase rempli de Medailles, avec cette Legende,

RERUM GESTARUM FIDES.

Monumens fideles des grandes actions.

Et dans l'Exergue,

ACADEMIA REGIA INSCRIPTIONUM, M. DC. LXIII.

6. Sur celle de l'*Academie de Peinture & de Sculpture*.

Cette Medaille représente deux *Genies*, l'un s'exerçant à peindre, ayant auprès de lui un chevalet, sur lequel paroît un Tableau ; l'autre travaillant à un buste, & ayant auprès de soi le *Torse*, fameux Frag-
ment

ment de l'Antiquité: dans le lointain paroît le *Coliſée Romain* avec cette Legende,

SCHOLÆ AUGUSTÆ.

Ecoles Royales.

Et dans l'Exergue,

ACADEM. REGIA. PICT. ET SCULPTURÆ, LU-TETIÆ ET ROMÆ INSTITUTA, M. DC. LXVII.

Academie Royale de Peinture & de Sculpture, établie à Paris & à Rome.

7. Sur la fondation d'un *Hopital géneral*, qui a pour but de purger *Paris* du libertinage & de la faineantiſe qui avoient attiré dans cette Ville des eſſaims de gueux, qui incommodoient par une importune mandicité les habitans, dont ils émouvoient la pitié par de mauvaiſes inventions, après quoi ils menoient impunément une vie licentieuſe, avec les fruits qu'ils en recueilloient.

Cette Medaille repréſente une Femme avec un Enfant entre ſes bras & deux autres auprès d'elle, & dans l'éloignement le Dôme avec une aile de *l'Hopital.* La Legende eſt,

ALENDIS ET EDUCANDIS PAUPERIBUS.

Et l'Exergue,

ÆDES EXTRUÆTÆ ET FUNDATÆ, M. DC. LVI.

C'eſt-à-dire,

Maiſons bâties & fondées pour l'entretien, la nourriture & l'éducation des Pauvres.

C'eſt un très magnifique édifice, accompagné de quantité de maiſons pour loger les pauvres. Des Gardes, nommez *Archers de l'Ecuelle*, ſont poſtez aux portes des Egliſes, ou parcourent les ruës de *Paris* & les chemins les plus fréquentez, pour ſaiſir tous les mandiants de profeſſion, qu'on fait travailler ſelon leur capacité & leurs forces, pour le pain que la liberalité Royale leur donne. Il ſeroit à ſouhaiter que cela ſe pratiquât en *Allemagne* & en *Angleterre*; Païs qui fourmillent de cette ſorte de fainéans, qui avec l'argent qu'ils peuvent attraper par de ſemblables moyens, vont s'enivrer, ſur tout à *Londres*, d'eau de vie &c.

8. Sur l'Hôtel des *Invalides*, dont je parlerai ci-après en ſon lieu. Cet Hôtel eſt repréſenté ſur cette Medaille avec cette Legende,

MILITIBUS SENIO ET VULNERE INVALIDIS.

Pour les Soldats que la vieillesse ou les blessures ont mis hors d'état de servir.

Et dans l'Exergue, M. DC. LXXVI.

9. Sur le nouveau pavé de *Paris*, qui étoit mauvais auparavant.

On voit sur cette Medaille une Femme vêtuë à l'antique, debout, ayant un niveau dans la main droite, pour marquer que le Roi a fait applanir les ruës, & appuyant la gauche sur une roüe pour désigner la facilité presente du charroi. La Legende est,

URBS NOVO LAPIDE STRATA.

La Ville pavée de nouveau.

Et l'Exergue, M. DC. LXIX.

10. Sur l'agrandissement & l'ornement de la Ville.

Cette Medaille représente les portes de *S. Martin* & de *St. Denis*, en l'état où elles sont, & la Ville sous la figure d'une femme couronnée de Tours & assise entre deux, tenant de la main gauche un Navire qu'elle a pour armes, & ayant la droite appuyée sur une Corne d'abondance qui est sur son giron: on voit au bas la riviere de *Seine*. La Legende porte,

ORNATA ET AMPLIATA URBE.

Paris *embelli & augmenté.*

Et l'Exergue, M. DC. LXX.

11. Sur un beau Pont de pierre appellé le *Pont-Royal*, par lequel le *Louvre* communique avec le Fauxbourg *St. Germain*, au lieu de celui de bois, appellé *Pont-Rouge*, qui y étoit auparavant.

On voit le Pont & ses environs bien représentez en perspective sur cette Medaille, qui a pour Legende,

URBIS ORNAMENTO ET COMMODO.

Pour l'ornement & pour la commodité de la Ville.

Et ces mots dans l'Exergue,

PONS AD LUPARAM. M. DC. LXXXV.

Pont bâti près du Louvre.

12. Sur la liberalité du Roi envers tous ceux qui excellent dans les beaux Arts. Cette

Cette Medaille repréſente une femme vetue à l'antique, tenant de la main droite le *Genie* de l'éloquence, qui appuye la ſienne ſur une Lire : on voit derriere lui celui de la Poéſie, un autre qui a une Trompette à la main gauche, & qui met avec la droite une Couronne de Lauriers ſur ſa tête. De l'autre côté derriere cette femme ſont d'eux autres *Genies*, l'un de l'*Aſtronomie* qui meſure un Globe celeſte ; & l'autre de l'*Hiſtoire*, qui paroît écrire ſur un Livre. La Legende eſt,

BONÆ ARTES REMUNERATÆ.

Beaux Arts recompenſez.

Et l'Exergue, M. DC. LXVI.

13. Sur l'établiſſement des Manufactures en diverſes Villes du Royaume.
On voit ſur cette Medaille *Minerve* avec des Fuſeaux, des Pelotons de laine, & une piece de Tapiſſerie auprès d'elle, & cette Legende,

MINERVA LOCUPLETATRIX.

Pour marquer que les Arts dont *Minerve* eſt le Symbole, enrichiſſent un Royaume,

L'Exergue eſt, ARTES INSTAURATÆ, M. DC. LXIV.

14. Sur les quarante Galeres de *Marſeille*.
Cette Medaille repréſente le Port, avec une Galere toute appareillée. La Legende porte,

ASSERTUM MARIS MEDITERRANEI IMPERIUM.

Et l'Exergue,

QUADRAGINTA TRIREMES, M. DC. LXXXVIII.

C'eſt-à-dire,

Que ſeptante Galeres aſſurent au Roi l'Empire de la Mer Mediteranée.

15. Sur l'aſile & la reception de *Jaques II.* Roi d'*Angleterre* en *France*.

Cette Medaille repréſente la *France* ſous la figure d'une *Pallas*, qui donne la main à ce Prince, revêtu d'habits Royaux, la tête nue, & accompagné de la Reine avec un enfant entre les bras. La Legende eſt,

PERFUGIUM REGIBUS.

L'aſile des Rois.

Et l'Exergue,

JACOBUS II. MAGN. BRITANNIÆ REX CUM RE-
GINA CONJUGE ET PRIN. WALLIÆ IN
GALL. RECEPT. M. DC. LXXXIX.

Jaques II. Roi de la Grande-Bretagne *reçû en France avec la Reine son épouse, & le Prince de* Galles.

16. Sur la Paix avec la *Savoye*.

On voit sur cette Medaille *Minerve* avec un Javelot dans la main droite, & une branche d'Olivier dans la gauche ayant son *Egide* derriere elle, à ses pieds devant elle l'*Hymen*, qui a son Flambeau allumé, s'appuyant sur un écusson aux armes de *France* & de *Savoye*. La Legende porte,

MINERVA PACIFERA.

Minerve Pacifique.

Et l'Exergue,

SABAUDIÆ PAX, M. DC. XCVI.

17. Sur celle de *Ryswick*.

Cette Medaille représente l'*Equité* & la *Valeur*, tenant ensemble une Couronne d'Olivier. La Legende est,

VIRTUS ET ÆQUITAS.

La Valeur & l'Equité.

Et l'Exergue,

PACATA EUROPA, M.DC. XCVII.

L'Europe pacifiée.

Il n'est pas nécessaire de dire que toutes ces Medailles ont d'un côté l'Effigie du Roi, avec cette Inscription,

LUDOVICUS XIV. REX CHRISTIANISSIMUS,

Et que l'Histoire est sur le revers.

L'*Academie* des *Inscriptions* a poussé l'histoire metallique de ce Prince jusqu'à la fin du dix-septieme Siecle, marqué par l'avenement du Duc d'*Anjou* à la Couronne d'*Espagne*.

Les François imi-tent les An-ciens à l'é-gard des Medailles.

Les *François* ont imité en cecy les anciens *Grecs*, & *Romains*, qui avoient coutume de transmettre, par cette voye, à la posterité, les actions les plus remarquables de leurs Empereurs, Rois, Reines, & autres personnes illustres, avec cette difference, que les Anciens faisoient

ent de ce que nous appellons aujourd'hui Medailles antiques, leur monoye courante, dans la vue apparamment de rendre les évenemens qui y étoient ainfi reprefentez, plus durables & plus publics, ou plus generalement connus de toutes les claffes du peuple, c'eft à dire des grands & des petits, des ignorans & des Sçavans. Ils diftribuoient non feulement les premieres frappées à ceux qui avoient part dans ce qui y avoit donné lieu; mais pour exciter de plus en plus leur courage, & l'émulation des autres, ils y joignoient d'autres récompenfes proportionées au merite de l'action, comme des honneurs, & des employs confiderables. Ainfi on a vû fous le regne de *Louis le grand* la valeur, l'induftrie, & l'émulation animées par la generofité des récompenfes. Quoy qu'il ne fût pas fçavant, les fciences ont trouvé en luy un *Mecene*; les arts liberaux, & mechaniques ont été portez au plus haut degré de perfection qu'ils euffent jamais été, par fa liberalité; des Etrangers de differentes qualitez, & profeffions, qui avec des talens extraordinaires étoient oubliez, & negligez dans leur païs, ont trouvé auprès de ce Prince des employs, avec des avantages proportionnez aux fervices qu'ils luy ont rendus. Je paffe à prefent au Royaume de *France* en géneral.

1697.
CHAP.
VII.

Le Royaume de *France* abonde géneralement en toutes fortes de fruits delicieux, de vins exquis, & de diverfes fortes de grains, quoy qu'à cet égard la quantité ne réponde pas toujours à la fueur, à la diligence, & aux foins du laboureur. Car quelque fois on y manque jufques à la famine, de celuy qui eft le plus propre à la nourriture des hommes. Mais en ce cas la navigation en fournit des Pays étrangers, comme des Côtes de *Barbarie*, & du *Levant*. Ses Ports font bons, en affez grand nombre, & bien fituez pour le commerce. Les avantages que fes Negotians ont fur d'autres confiftent principalement en ce que les ouvriers des manefactures y font plus laborieux, & fe contentent de moins pour leur fubfiftance, & pour leur peine. Divers Edits Royaux n'y permettent l'entrée que des feules marchandifes étrangeres dont on ne fçauroit abfolument fe paffer, & defendent en même temps la fortie de l'argent du Païs, ou mettent de tels droits fur ces marchandifes qu'ils ne font gueres moins d'effet que de réelles defenfes. Ses Villes font bien peuplées, mais elles l'étoient beaucoup plus avant la defertion de quantité de Sujets perfecutez, pour avoir refufé de fe conformer à la pratique, ou à la profeffion exterieure du culte Religieux établi, & feul permis par le Souverain. Au refte les Etrangers trouvent les habitans de ce Païs géneralement prévenants, affables, civils, avec l'avantage d'y être mieux traitez pour leur argent qu'en quantité d'autres. Je n'entreprendray la defcription d'aucune de ces Villes: je me contenteray de donner une idée fuperficielle de la Capitale du Royaume.

Richeffe de la France

On contoit alors dans *Paris* c'eft à dire en 1697. jufqu'à 700000 habitans, avec 34.000. maifons, outre divers magnifiques Palais, & quantité de maifons Religieufes habitées par les deux fexes. Cette Ville pouvoit avoir trois lieues de circonference, en y comprenant fes Fauxbourgs, qui en font la plus magnifique, & la plus confiderable partie, & s'etendoit de jour en jour par les nouveaux Bâtimens qu'on y faifoit conftruire. Ceux qui en font venus depuis peu, me difent qu'elle eft aujourd'huy d'une lieue en circuit plus grande quelle n'étoit alors. La Riviere de *Seine* la coupe en deux parties prefque

Ville de Paris

1697.
CHAP.
VII.

Le Palais.

que égales, & forme trois Isles; la plus éloignée est vers l'*Orient*, & les deux autres environ au milieu.

La vieille *Lutetia*, qu'on appelle proprement la Cité, est sur la plus grande de ces Isles, & fait la plus petite partie de *Paris*. Elle n'a rien de remarquable qu'une belle Eglise appellée la *Ste. Chapelle*, & un vaste Palais, où la Cour a fait sa residence pendant quelques siecles. Cette Isle en tire son nom, & s'appelle *l'Isle du Palais*. La *Sainte Chapelle* passe pour une des plus hardies, & des plus belles productions de l'Architecture *Gothique*. Le Palais qui est consacré à la Justice, n'est qu'un amas fort confus d'appartemens, peu conformes au goût de ces derniers siecles. Il y en a cependant quelques-uns qui plaisent assez, comme une *Salle* où les *Rois* donnoient autrefois des audiences aux *Ambassadeurs*, des Spectacles, & des Festins publics, dans des occasions extraordinaires. Cette Sale est admirée pour la hardiesse & la delicatesse de sa haute voûte de pierre de taille. Une chambre voisine moins spatieuse où le *Parlement* s'assemble, est bien éclairée, & fort propre à cet usage. La chambre des *Enquêtes*, celle des *Requêtes*, avec un appartement où la *Cour des Aides* tient ses Séances, trouvent aussi des admirateurs de leurs plat-fonds dorez. La plûpart des maisons qui couvrent cette Isle ont jusqu'à sept étages.

L'Eglise de Notre-Dame.

La plus grande Isle après celle-ci, s'appelle l'Isle de *Notre-Dame*. L'Eglise Cathedrale qui y est consacrée sous ce nom à la *Vierge*, peut bien avoir rang entre les plus belles du Royaume. Un voyageur curieux, & alerte en même tems, qui voudra prendre la peine de monter 389. degrez jusqu'au sommet d'une des Tours de cette Eglise, jouira d'une agréable perspective & de la vue generale de la Ville. Il y distinguera avec bien de la satisfaction une riche varieté d'Edifices publics de differentes grandeurs; & après être descendu, il pourra considerer en détail, & de plus près, les objets qui l'auront frappé davantage de loin, & qui lui auront paru les plus dignes de ses remarques, comme par exemple, & entr'autres, l'Eglise du *Val-de-Grace*.

Le Val-de-Grace.

Cette Eglise semble avoir emprunté son dessein de la belle maniere de bâtir des *Grecs* & des *Romains*; mais son Portique & son Dôme sont beaucoup plus chargez d'ornemens exterieurs, que n'avoient coutume d'être les anciens. Les meilleurs Architectes, Sculpteurs, & Peintres de ce tems y ont déployé comme à l'envi toutes les finesses de leur Art, pour le rendre admirable tant au dehors, qu'au dedans. Un Monastere de *Vestales Chrêtiennes*, qui y est annexé, y répond parfaitement bien par sa magnificence.

L'Eglise de la Sorbonne.

Le rapport & la ressemblance d'Architecture, que j'ai remarquez entre cette Eglise & celle de la *Sorbonne*, qui est accompagnée d'une maison consacrée à l'étude de la *Théologie*, me porte insensiblement à la nommer la seconde. L'Eglise de la *Sorbonne* n'est pas à la vérité si grande, ni si embarrassée, pour ainsi dire, d'ornemens, mais elle plaît d'avantage à beaucoup de connoisseurs, par sa simplicité même. Elle a pour le goût de l'Architecture beaucoup de l'air de quantité d'autres, que j'ai vues en *Italie*. On y voit au milieu du Chœur un somptueux *Mausolée* de marbre, où le Cardinal de *Richelieu*, son principal Bienfaiteur, est representé à demy couché, soutenu par la *Religion*, plaint par la *Science* pleurante à ses pieds, avec deux *Genies* derriere, qui tiennent les armes de *Richelieu* couronnées d'un chapeau de Cardinal,

D'A. D. L. M. PARIS, &c.

dinal, & entourées du Cordon du *St. Esprit*. Tout cela est d'un excellent ciseau. Quant à la maison qui y est jointe, elle n'a rien de remarquable que la commodité de ses appartemens pour loger trente-six *Docteurs*, & autant ou plus de jeunes *Disciples*, qui y sont initiez dans les misteres du Ciel, outre deux *Bibliotheques* publiques. La plus grande qui étoit celle du Cardinal, est estimée pour la rareté & le choix de ses Manuscrits. L'Ecole publique, appellée l'*Ecole de Sorbonne*; est séparée de la maison, & regarde la *Place de Sorbonne*, qui est un quarré qu'entourent cette Ecole, le peristyle ou la principale façade de l'Eglise, & celle d'une autre vieille Eglise mal bâtie, avec quantité de maisons de la Ville. La cour de la maison est fermée par les appartemens dont j'ai fait mention, & par une autre façade ou peristyle de l'Eglise, moins magnifique que celui qui regarde sur la *place*. Cette maison ou ce College appellé communément d'un seul mot *Sorbonne*, doit sa premiere fondation à *Saint Louis*, & son nom à *Raoul de Sorbonne*; son Confesseur, qui prit soin de la bâtir, mais elle doit son Eglise, & ses plus considerables Revenus & embellissemens au Cardinal de *Richelieu*.

1697. Chap. VII.

Place de Sorbonne.

L'Eglise & le College des *Quatre Nations* sont dignes, par leur magnificence, de leur fondateur & bienfaiteur le Cardinal *Mazarin*. La premiere est à peu près d'un même dessein que les précedentes. Ce Cardinal y a un tombeau qui ne cede pas en beauté à celui du Cardinal de *Richelieu*. Son Eminence y est représentée en marbre à genoux, plus grande que le naturel, au milieu de *trois Vertus* de bronze, assises dans d'heureuses attitudes, & d'un jet également parfait & hardi. La maison ou le College portent plus communément le nom de *Quatre Nations*, dans la bouche du Public, que celui de *Mazarin*, qui est écrit en *Latin* sur la porte, à cause de soixante pauvres Gentilshommes de quatre Nations differentes qui y sont entretenus, logez & instruits des Revenus que son fondateur y a attachez, avec des Professeurs & des Regens, non seulement pour eux, mais pour autant d'Ecoliers externes, que les classes qui sont larges & longues en peuvent contenir. Ils y sont enseignez *gratis*. On y en comptoit de mon tems environ deux mille, j'entends d'externes. Les amateurs de la belle Architecture trouveront l'un & l'autre de leur goût ; les personnes sçavantes ou studieuses y visiteront avec satisfaction la *Bibliotheque*, composée de trente-six mille volumes, qui occupe une très spatieuse sale de la maison ; elles jouiront, si elles veulent, de la liberté publique d'y entrer deux fois la semaine, d'y demander, & lire ceux d'entre ses *Livres* & ses Manuscrits, pour lesquels elles se sentiront plus de curiosité.

College, Eglise & Bibliotheque des Quatre Nations.

Je ne parlerai plus que d'une Eglise de cette nature, qui est celle des *Invalides*, nom qu'elle prend d'une maison qu'elle accompagne. Elle est consacrée à l'hospitalité, en faveur des Officiers & des Soldats que leurs blessures & leur âge ont mis hors d'état de servir. Cette *Eglise* l'emporte de beaucoup sur les trois précedentes, par sa grandeur, & ses ornemens exterieurs, qui, pour me servir des termes de quelques Architectes *Italiens*, y sont multipliez sans nécessité, ou prodiguez jusqu'à l'affectation, & sur tout par sa dorure extraordinaire. Mais il faut dire pourtant que cette dorure sert à faire distinguer le Dôme de fort loin, par l'éclat que le Soleil y ajoûte. Toutes ces E-

Hopital & Eglise des Invalides.

Tome I. T glises,

1697.
Chap. VII.

Maison des Invalides.

Autre Eglise.

Le Louvre.

L'Academie Françoise.

glises, excepté celle de *Notre-Dame*, sont en *Croix Grecque*, c'est-à-dire plus rondes que longues.

L'Hotel des *Invalides* est fort vaste, puis qu'il couvre jusqu'à seize arpens de terre, & comprend diverses belles cours, entourées de logemens d'un beau dessein. Les Officiers ou Soldats estropiez ou *Invalides*, y sont bien entretenus, & le nombre en est tel, que l'Eglise dont je viens de parler a été ajoûtée à une autre plus ancienne en Croix *Latine*, qui n'est pas à beaucoup près si belle.

Entre quantité de Palais très magnifiques que renferme *Paris*, je ne ferai mention que de celui où *Louis XV*. fait ordinairement sa résidence, & auquel *Louis XIV* preferoit *Versailles*. On l'apelle le *Louvre*: il est divisé en vieux & nouveau *Louvre*, ayant été bâti à diverses reprises, & en differens tems, même assez éloignez; ce qui peut faire imaginer qu'il n'est pas exempt de la corruption de l'Architecture *Gothique*; mais excepté quelques inégalitez peu considerables, & à peine remarquables dans les décorations exterieures de sa belle *galerie* qui regne le long de la riviere, il en est fort heureusement preservé. La belle maniere de bâtir brille dans toutes ses parties. La *Galerie* que je viens de nommer n'a pas moins de 800 pieds en longueur sur 14 de largeur, & joint le vieux *Louvre* avec le palais des *Tuilleries*. Ce *Louvre*, fait pour loger ensemble des *Rois*, des *Reines*, des *Princes*, & *Princesses*, & même les *Ambassadeurs* des *Puissances Etrangeres*, n'étoit pas encore achevé de mon temps. Il fournissoit alors à quatre fameuses *Academies* des lieux d'assemblées, & même des logemens à divers de leurs membres, & à quantité de personnes, qui excelloient dans les Méchaniques.

La premiere de ces *Academies* étoit celle qu'on appelle *Academie Françoise*. Elle est composée de 40 Membres, dont l'aplication & les soins principaux sont de polir la langue du Païs, de laquelle elle bannit les termes qu'elle juge surannez, ou impropres, pour y en substituer de nouveaux qu'elle fait, ou de vieux qu'elle remet à la mode; en un mot de spiritualiser pour ainsi dire, ou rafiner cette langue, en sorte qu'elle ne lui laisse pas assez de corps, comme j'ai entendu s'en plaindre quantité d'Etrangers qui l'aprenoient; sur tout les *Anglois* dont la langue est, je crois, la plus copieuse de l'Univers. Ceux-ci par exemple l'accusent de retrancher plus qu'elle n'ajoute & d'être reduite à manquer de quantité de termes; de faire souvent signifier à un même mot trois ou quatre choses differentes, ou de se servir de circonlocutions, pour exprimer ce qu'ils expriment dans la leur en un, ou deux. Ils disent que, s'ils n'ont pas ces termes, ils les empruntent de quelque autre langue qui les a. En effet, c'est par ce moïen qu'ils ont enrichi si considerablement *l'Angloise*, telle qu'elle est aujourd'hui, & qu'ils l'enrichissent de jour en jour. Avec tout cela la langue *Françoise* est fort à la mode, a beaucoup de douceur, plaît generalement, & ceux qui la possedent parfaitement ne manquent point d'expressions aussi propres que riches pour la parler, & pour écrire avec la meilleure grace du monde tout ce qu'ils veulent, sans le secours d'aucune autre langue.

Cette *Academie* venoit de donner au Public un ample *Dictionnaire*, après cinquante-trois ans d'attente, & promettoit une *Grammaire* plus facile & plus courte que toutes celles qui avoient paru jusqu'alors,

avec

avec un bon traité de *Rhetorique*. L'un & l'autre de ces Ouvrages ont paru depuis mon départ avec l'applaudiffement univerfel. Elle fut premierement établie par *Louis XIII*. qui lui accorda de grands privileges, & lui donna pour Protecteur le Cardinal de *Richelieu*, qui merita & foutint glorieufement ce nom par les foins qu'il en eut. Elle élut en fa place & en cette qualité, après la mort de ce Savant Prelat, le Chancelier *Seguier*, homme diftingué par fon merite, & un des quarante Membres qui la compofoient. Mais celui-ci étant mort, elle pria le Roi *Louis XIV.* de vouloir bien l'honnorer de fa protection, & Sa Majefté ne dedaigna non feulement pas de lui accorder fa demande, mais ce grand *Mecene* la combla de fes graces, jufqu'à lui affigner dans le *Louvre* un appartement magnifique qu'elle avoit de mon tems, pour y tenir fes Seances.

On a frappé une Medaille fur cette faveur Royale, où on voit ce Prince fous la figure d'*Apollon*, avec fa *Lire* appuyée fur un *trepied*. Dans le fond paroît la principale façade du *Louvre*. La Legende eft,

APOLLO PALATINUS,

Apollon du Palais.

Ce qui fait allufion au Temple d'*Apollon*, bâti dans le Palais d'*Auguste*. L'Exergue porte ces mots,

ACADEM. GALLICA INTRA REGIAM EXCEPTA. M. DC. LXXII.

L'Academie Françoife reçue dans le Louvre 1672.

La feconde eft l'*Academie des Infcriptions*, dont j'ai déja parlé. Elle s'applique aux *Emblêmes*, aux *Infcriptions*, aux *Devifes*, aux *Legendes* de Medailles; en un mot à écrire beaucoup & bien en peu de mots. Elle n'avoit que neuf Membres.

La troifieme s'efforce à faire renaitre la belle maniere de bâtir qui fleuriffoit fous *Auguste*, & à former des difciples qui la perpetuent. Elle fournit les plans avec les directions des plus fameux édifices.

La quatrieme comprend la *Peinture*, la *Sculpture* & la *Gravure*; elle avoit jufqu'à quatre-vingt-huit Membres, & un nombre proportionné d'Eleves. Cette *Academie* entreprend de faire revivre les *Caraches*, les *Titiens*, les *Michels-Anges*, les *Canetias*, &c.

Les appartemens fur lefquels la *Galerie* du *Louvre* eft affife fervoient à loger plufieurs Membres de ces quatre Corps, & quantité de ceux qui excelloient, comme j'ai déja infinué, dans les *Arts Mechaniques*, tels que Joualliers, Orphevres, Orlogers, qui y avoient des boutiques.

L'*Imprimerie* qu'on appelle par excellence l'*Imprimerie du Louvre* ou *Royale*, y en avoit un des plus étendus. On peut juger combien elle merite ce titre par les caracteres magnifiques qu'elle a donnez au *Public*. Je dis la même chofe des poinçons ou coins pour les *Medailles* qui s'y frappoient, & qui s'y frappent encore.

Verfailles que le feu Roi a preferé au *Louvre*, a été trop fouvent & trop bien décrit pour que j'entreprenne d'en dire plus que je n'ai fait. Je paffe en *Angleterre*.

CHAPITRE VIII.

De l'Angleterre; sa Religion, son Gouvernement; Mœurs & Coutumes de ses habitans &c.

Mon départ pour l'Angleterre.

MOnsieur le Comte de *Tallard*, nommé Ambassadeur de Sa Majesté *Très-Chrêtienne* à la Cour *Britannique*, étant sur son départ pour s'y rendre, je resolus de le joindre à *Calais* pour passer en même tems en *Angleterre*, & je me mis en chemin au commencement de *Fevrier*.

Je ne m'arrêtai nulle part qu'à *Beauvais* & à *Amiens*, comme les plus considerables Places de la route que je pris. Je ne fus qu'un jour à la premiere, & deux à la seconde.

Beauvais.

Beauvais est l'ancien *Cæsaro Magus Bellovaci*, situé sur la riviere *Therin*. Sa *Cathedrale* est un superbe bâtiment pour son élevation, & pour son Architecture, qui est du meilleur *Gothique*. Ses jours y sont bien entendus; son chœur passe pour le plus beau de la *France*, ce qui fait dire par excellence, *Chœur de Beauvais*. Il y a encore quantité de belles Eglises, mais les plus considérables ornemens de la Ville après celle-ci, sont divers Monasteres ou maisons Religieuses, avec l'Evêché ou la maison *Episcopale* & celle de la *Ville*, car pour celles des Habitans elles sont pour la plûpart de bois, mal bâties & desagréables.

Amiens.

La Ville d'*Amiens*, l'*Ambianum* ou *Samarobriva* des *Romains*, plaît incomparablement davantage par cet endroit, ses maisons étant generalement belles & régulierement bâties. Elle ne cede en rien à la précedente pour la somptuosité & la magnificence de ses Eglises & de ses Couvents.

La Cathedrale est un grand & superbe vaisseau, & passe pour la plus belle & la plus richement ornée. On m'y fit remarquer sur ses vitres qui sont peintes avec beaucoup d'art, selon le goût & la maniere des premiers siecles Chrétiens, le Portrait d'un nommé *Piquet*, qu'on dit en être l'ouvrier, & avoir excellé en la maniere de peindre le verre. On ajoûte qu'il vit un jour la *Vierge* dans les nuées, qui le regardoit travailler; que là-dessus il ôta dévotement son chapeau & se mit à genoux, & qu'elle lui dit de se couvrir. Quoi qu'il en soit, il est représenté en cette humble posture, & la *Vierge* sur une nuée, avec ces paroles peintes, sortant de sa bouche, *couvrez-vous, Piquet*; & cette réponse de la sienne, *Madame, je sai trop le respect que je vous dois*. Au reste, ces deux Villes ont quantité de bonnes manufactures de Laines du Païs. *Cæsar* en parle fort avantageusement, il dit que la premiere pouvoit fournir de son tems jusqu'à cent mille Soldats. Il fit de la seconde un magasin pour son Armée, & son plus agréable séjour pendant qu'il resta dans les *Gaules*, comme plusieurs Rois de *France* & quelques-uns d'*Espagne* ont fait depuis.

Je trouvai dans le Port de *Calais* un magnifique *Yacht*, Vaisseau particulier à la Nation *Angloise*, ou au moins de son invention, qui surpasse l'autre sorte de Vaisseaux en richesse d'ornemens, tant exterieurs qu'interieurs, & en équipages. Les Matelots étoient comme sont ceux des barges ou bateaux de la Cour & de la Noblesse, habillez

d'é-

Tom. 1. Nº XII.

d'écarlatte avec des basques à l'ancienne maniere *Romaine* &c. Les *Yachts* sont particulierement employez à transporter les *Monarques*, les *Princes* & *Princesses Britanniques*, ou leurs Ministres, & les Etrangers qu'ils distinguent, ou veulent honorer extraordinairement, d'un côté de la Mer à l'autre.

Celui-là n'attendoit que le vent & les ordres du Comte de *Tallard*, qui venoit d'arriver en cette Ville, pour le porter à *Londres*. Je trouvai moyen de convenir avec le Capitaine pour mon passage sur le même *Yacht*; & le vent étant contraire pendant quatre ou cinq jours, me donna le tems de voir *Calais* & le Port.

Les Anciens appelloient ce dernier *Portus Iccius*: il est sûr & à l'abri des vents par le moyen de deux bons Moles, & d'une éminence &c. La Ville est bien fortifiée. Les *Anglois* l'ont possedée pendant plus de deux cent sans, & l'appelloient leur clef de *France*, mais ils la perdirent sous le regne de la Reine *Marie*. Ils n'y tenoient qu'une foible Garnison, parce que leurs Finances ne leur permettoient pas d'y en avoir une plus forte, & la jalousie ou la défiance qu'ils avoient de *Philippe II. d'Espagne*, son époux, qui offroit d'y mettre quelques Troupes *Espagnoles* à sa solde, leur fit refuser cet offre. La Reine ne survécut gueres à cette perte, qui contribua beaucoup, dit l'Histoire, à sa mort.

Il y a en cette Ville quantité de belles Eglises & de maisons fort régulieres; les ruës en sont droites; en un mot, elle peut avoir rang entre les plus jolies Villes de la *France*; je dirois les plus belles si elle étoit plus grande.

Le vent étant devenu bon le sixieme jour de mon arrivée, Mr. le Comte envoya tout son monde à bord. Je m'y rendis un peu après, & y eus une petite cabane pour laquelle je payai une guinée, piece d'or *Angloise* de vingt-un shellings & six sous alors, aujourd'hui seulement de vingt-un, c'est-à dire, quatre écus & demi de France. Son *Excellence* s'étant enfin embarquée au son de la Musique ou des Instrumens, qui sont ordinairement à bord de ces *Yachts*, & au bruit des coups de canon de la Ville & de ce *Yacht* même, on fit voile. Mais le vent cessant d'être aussi favorable qu'il étoit d'abord, ne nous rendit qu'en cinq ou six jours à l'embouchure de la *Tamise*, & après qu'il nous eut portez quarante-cinq à cinquante Milles plus haut. Je vis avec beaucoup de satisfaction cette riviere bordée de divers Bourgs ou petites Villes, Villages, maisons de Campagne, de Jardins, de Chantiers, de Bassins à travailler à la Quille des Vaisseaux: on appelle ces bassins *Docks* en la langue du Païs.

Entre les Bourgs, *Gravesend*, à vingt ou vingt-quatre Milles au-dessous de *Londres*, est agréablement situé sur la rive Meridionale; mais il est peu considerable par le nombre & la construction de ses maisons de briques, comme sont generalement presque toutes celles d'*Angleterre*. Il est assez bien peuplé. Les Vaisseaux Marchands qui vont porter le Commerce *Britannique* dans les Païs étrangers, ou qui en reviennent, s'y arrêtent, & les passagers vont ordinairement s'y embarquer, ou y débarquent. Celui qu'on appelle *Grenwich* est encore plus avantageusement situé sur la même rive environ quatorze Milles plus haut & est bien plus beau que *Gravesend*. Il a de meilleures maisons, une belle Eglise & pour principal orne-

1697.
Chap.
VIII.

nement un fomptueux & fupertbe édifice, qui étoit confiderablement a-vancé. Cependant il n'eſt pas encore entierement achevé, mais il promet dans ce qu'on en voit, d'être un des plus beaux du fiecle. Cet édifice eſt confacré à *l'Hofpitalité* en faveur des matelots que leur âge & leurs bleſſures mettent hors d'état de fervir, comme l'eſt un autre femblable, quoy que moins magnifique, à deux Milles au deſſus de *Londres*, fur la rive feptentrionale de la riviere, dans un autre village appellé *Chelſea*, en faveur des foldats *Invalides*, qui ont prodigué leur fang, & leurs années pour le fervice public.

Chelſea.

La perfpective de l'hopital de *Grenwich* feroit excellente, fi une grande & longue fale, qui fait une de fes plus belles parties, n'étoit prefque toute éclipfée derriere une de fes ailes. Au reſte il a dans fon voifinage un delicieux parc, & un Obfervatoire avec quantité de maifons de plaifance.

Londres.

En m'approchant de *Londres* j'apperçus à travers une forêt de mâts, dans les endroits où elle étoit moins épaiſſe, deux chaînes de maifons qui me parurent comme deux petites Villes qui vont fe joindre à la grande, pour n'en faire qu'une feule avec elle, qu'on pouroit appeller triple & même *Quadruple*, fi on y ajoute *Weſtminſter* qu'on diſtingue par le nom de Ville. Ces quatre grandes parties du tout qu'on appelle ordinairement d'un feul mot *Londres*, & qui s'augmente tous les jours comme *Paris*, a une étendue de plus de huit Milles d Orient à l'Occident, & en a près de trois de largeur du Nord au Midi. On compte en cette Ville cent dix mille maifons.

On peut juger de la richeſſe du Commerce des *Anglois* par les Revenus de la Douane, qui montent, felon un calcul qu'on m'en a montré, a un million cent quarante-trois mille fept cents quatre-vingt-fix livres ſterling par an, mais felon d'autres feulement ou le plus ordinairement à 800000 l. dont la plus grande partie fe tire de la Douane de *Londres*. Je ne crois pas, que cela fe monte à davantage; en retranchant le *Drawback*, ou ce que la Douane rend de ce qu'on a payé d'entrée pour les marchandiſes étrangeres, comme tabac, étoffes des *Indes* &c. qu'on fait reſortir du Royaume. Les bateaux dont la riviere eſt ordinairement toute couverte, font en fi grand nombre qu'ils femblent entreprendre de dérober aux yeux jufqu'à fes eaux. Je mis pied à terre entre un ancien Château appellé communément *La Tour*, & la Douane, beau bâtiment tout à fait propre pour les ufages auquel il eſt appliqué. A une petite diſtance au deſſus on voit un admirable pont ou plûtôt une grande rue longue de 800 pas, & large de 30, fufpendue pour ainfi dire en l'air par 19 arches, & bordée à droite & à gauche de deux rangs de belles & hautes maifons, qui empêchent les paſſans de voir qu'ils marchent fur un pont, & qui joignant la partie feptentrionale de la Ville avec la meridionale, unit deux Provinces enfemble. C'eſt un des plus hardis bâtimens qu'on puiſſe voir en ce genre : la profondeur de la riviere qui admet ou pourroit admettre jufques là, s'il étoit neceſſaire, les plus gros Vaiſſeaux, le flux & reflux de la mer qui augmente cette profondeur, en portant les eaux de celle-cy jufqu'à 20 Milles au deſſus, fembleroit rendre la conſtruction d'un tel pont impratiquable, fi l'experience n'en montroit ici la poſſibilité. *Briſtol* en la Province appellée *Sommerſetshire*, en a un autre à peu près femblable, & fort hardi. A quelques cents pas du bout Septentrional

tentrional du premier pont s'eleve une fort belle colomne, semblable pour la forme aux Colomnes de *Trajan* & d'*Antonin* à *Rome*, auxquelles elle ne cede gueres ni en hauteur, ni en grosseur, ni en beauté, à leurs bas-reliefs près. Elle est élevée à l'endroit où commença, dit-on, la derniere & grande incendie de *Londres*, qui réduisit en cendres plus de treize mille maisons, plus de cent Eglises, quantité de Colleges, & plusieurs édifices publics, au nombre desquels étoit la *Bourse*. Une Inscription qui se lit sur son piedestal, dit que ce fut par la malice & la méchanceté de quelques *Catholiques-Romains* que ce feu fut allumé; elle finit ainsi, *furor papisticus qui tot mala patravit nondum extinguitur: la fureur Papistique qui a fait tant de ravages n'est pas encore éteinte*.

La *Tour* est bâtie à l'antique, & n'a rien de plus considerable ou de plus remarquable, que de renfermer un très bel Arsenal, avec des armes en fort bon état, & dans un ordre très curieux, pour plus de cinquante mille hommes, & quantité de fort belles pieces d'artillerie; outre les balanciers pour la Monnoye, & les Medailles, les ornemens & les signes de la *Royauté*, comme de riches Couronnes, des Sceptres, des Epées, des Globes, garnis de differentes pierres très prétieuses; les archives du Royaume, & plusieurs assez beaux appartemens qui ont logé autrefois des Rois, dont quelques-uns servent aujourd'hui à loger des prisonniers d'Etat.

En traversant la partie Meridionale des Fauxbourgs, si on peut appeller tels de grands espaces de terrain, couverts d'un assez grand nombre d'édifices publics, & de maisons, pour en composer plus d'une Ville, j'entrai dans ce qu'on appelle la *Cité*, par une de ses portes nommée *Aldgate*. Je remarquai sur cette porte quelques têtes & autres membres de Conspirateurs contre la vie du Roi regnant alors, qui avoit été élevé sur le trône par la genereuse reconnoissance de la plus grande, où au moins de la plus puissante partie des Sujets *Britanniques*, pour être venu deffendre leur *Religion*, leur *Liberté*, & leurs *Loix*, qu'ils croyoient en danger sous son Prédecesseur.

Les *Hollandois*, chez qui ce Prince a pris naissance, & dont il a commandé si glorieusement les Forces en qualité de *Stadthouder*, se reconnoissant aussi redevables qu'on sçait à sa Famille, de leur liberté tant *Spirituelle* que *Temporelle*, sûr tout à lui en particulier, en ont témoigné leur reconnoissance par des Arcs de Triomphe & des Medailles, dont je me contenterai de rapporter ici huit des principales.

La premiere qu'ils frapperent en 1650. au sujet de sa naissance, representé d'un côté son buste avec une *toque* sur la tête, couronnée de branches d'Oranger; & de l'autre un *Phenix* sur un bucher, pour signifier qu'il étoit né après la mort de son Pere, & comme sorti de ses cendres: avec ces mots,

GUILLIELMUS III. D. G. PRINCEPS ARAUS, &c.

La seconde fut frappée en 1671. sur la charge de Capitaine Général que la *Hollande* lui offrit, & qu'il accepta pour commander ses Armées contre la *France* & l'*Angleterre*, dans cette Guerre qu'elles commencerent en 1672, & qui mit cette République dans le danger qu'on sçait,

sçait, & dont il l'aida si heureusement à se tirer; il y est représenté d'un côté en buste cuirassé, avec cette Legende,

GUILLIELMUS D. G. PRINCEPS AUR. C. NASS.

On voit de l'autre, c'est-à-dire, sur le Revers, *Pallas* debout, tenant de la main droite une demi pique, au pied de laquelle est un *Phœnix* sur un bucher ardent, & appuyant la gauche sur un bouclier, auprès duquel est un Oranger, avec ces mots,

NEC SORTE, NEC FATO.

La troisieme sur son élevation à la charge de *Stadthouder*, avec son effigie d'un côté, & cette Inscription :

GUILLIELMUS. D. G. P. AUR. HOLL. ET WESTFR. GUB.

Sur le Revers sont ses Armes accompagnées de l'Ordre de la Jarretiere, avec la Devise,

HONNI SOIT QUI MAL Y PENSE.

La quatrieme sur la delivrance de la *Hollande*, par la conduite & la valeur du même Prince. Cette Medaille le représente armé de pied en cap, l'épée à la main droite, & avançant la gauche, comme pour recevoir une Orange pendante au bout d'une branche que lui tend une main sortant des nues, & qui semble vouloir prendre par la patte droite le *Lion Belgique*, dressé & percé d'une fleche, & empoignant de sa patte gauche sept autres fleches qui sont attachées par un Cordon au pied de ce Prince : on lit ces mots autour :

HINC HOSTES DEPELLO.

Sur le Revers sont ses Armes avec la Jarretiere, comme celui de la précedente, & cette Legende en cercle :

GERMINI QUOD AURIACO FIDAT LEO BELGI-
CUS GALLO LÆSUS.

La cinquieme sur son mariage contracté en 1677, avec *Marie Stuart*, fille ainée du Duc d'*York*, depuis Roi d'*Angleterre*. Elle le représente d'un côté en buste, avec ces mots,

GUILLIELMUS D. G. PRINC. AUR. HOLL. ET
WESTFR. GUB.

Et de l'autre, la Princesse aussi en buste, avec ceux-ci,

MARIA D. G. PRINC. NATA DE YORK.

La

La sixieme sur sa descente en *Angleterre*, où il est appellé pour en deffendre la liberté Spirituelle & Temporelle. On le voit sur cette Medaille en habit de Heros, une épée nuë à la main droite, tenant de la gauche celle de la *Grande-Bretagne*, qui y est représentée sous la figure d'une Imperatrice avec trois Couronnes : au dessous de leurs mains ainsi unies est un autel à l'antique, avec du feu flamboyant, pour marquer qu'il lui jure par ce qu'il y a de plus sacré, de la deffendre. Un Prêtre Seculier & un *Jesuite* y paroissent fuir dans le lointain avec leurs ustenciles *Ecclesiastiques* dans les mains. Derriere la *Grande-Bretagne* est un oranger entrelacé de roses, & chargé des armes d'*Angleterre*, d'*Ecosse*, d'*Irlande* & de *France*, avec cette Inscription,

1697.
CHAP.
VIII.

DEO VINDICE, JUSTITIA COMITE.

Sur le revers cette descente est figurée par une nombreuse Flote qui debarque des Troupes, & par le Prince qui les range en ordre de Bataille sur le rivage &c., avec ces mots,

CONTRA INFANTEM PERDITIONIS,

Ce qui est appliqué au Prince, dont la Reine d'*Angleterre* étoit accouchée pendant l'emprisonnement des sept Evêques à la *Tour*, qui devoient, selon les Loix du Païs, se trouver alors dans son antichambre. L'Exergue porte,

EXPEDITIO NAVALIS PRO LIBERTATE ANGLIÆ.
M. DC. LXXXVIII.

La septieme sur son entrée dans la Ville de *Londres*, où il est représenté en buste, avec cette Devise autour,

GUILLIELMUS III. D. G. PRINC. AUR. RELIG.
LIBERTATISQUE RESTITUTOR.

On voit sur le Revers la Ville avec un Aigle volant au dessus, & portant à son bec une branche d'Oranger, de laquelle pendent des fruits : cette Legende est autour,

ALIS NON ARMIS VENIT LIBERATOR.

Et dans l'Exergue,

PRINC. AUR. INGREDITUR LONDINUM.
M. DC. LXXXVIII.

La huitieme sur le Couronnement du Prince & de la Princesse en qualité de Roi & de Reine de la *Grande-Bretagne*, représentant l'un & l'autre en buste d'un côté, avec cette Inscription,

Tome I.   V   GUIL-

GUILL. ET MARIA D. G. MAG. BRIT. FRANC. ET
HIB. REX ET REGINA.

De l'autre côté L. M. font à genoux fous un dais avec le Sceptre à la main, & couronnez par deux Evêques; & cette Legende autour,

IDOLOLATRIA, SERVITUTE PROFLIGATIS,
RELIG. LEGIB. LIBERTATE RESTITUTIS.

Londres plus peuplé que Paris.   Je trouvai tant dans la Cité que dans les Fauxbourgs une telle affluence de monde, que je jugeai d'abord *Londres* plus peuplé que *Paris*. Auſſi ceux qui prétendent en avoir fait un denombrement exact, donnent à cette premiere Ville trois cents mille ames de plus, & je crois que leur calcul eſt aſſez juſte. Quoi que les rues y ſoient generalement fort larges, le grand nombre de ceux qui ſe font trainer en caroſſe, & qui eſt au moins double de celui qu'on en voit à *Paris*, ou qu'il y en avoit de mon tems, les fait trouver ſouvent trop étroites à ceux qui marchent à pied. Elles ne ſont pas ſi bien pavées qu'à *Paris*, mais elles ont aux deux côtez en recompenſe, & pour la commodité de ceux-ci, des eſpaces qui le ſont mieux, & de belles pierres quarrées & larges, & ſeparées par de petites colomnes de la demi hauteur d'un homme. Cela répond aſſez bien aux *Jupes de baleine.*   *marginationes viarum*, dont j'ai parlé ailleurs au ſujet de la voye *Emilie*. Je dois pourtant dire que cette commodité eſt diminuée depuis quelques années par l'invention des *hooppetticoats*, ou juppes de baleine, dont la mode eſt principalement duë aux *Angloiſes*, & qui ſont d'une ſi large circonference qu'une ſeule remplit toute la largeur d'un de ces eſpaces. Cette diminution de commodité ſe fait ſentir davantage dans les caroſſes de louage deſtinez aux voyages, où deux Dames occupent la place de ſix, & dans leſquels, pour voyager au nombre ordinaire, il faut être emballé pour ainſi dire, & extraordinairement preſſé, comme on peut aſſez s'imaginer.

Les maiſons ſont generalement de briques, fort hautes & uniformes. Une grande propreté ſans affectation regne au dedans, auſſi bien que dans les habits de la Nation. Les boutiques ſont grandes, & auſſi richement qu'abondamment garnies de toutes ſortes de marchandiſes, tant du produit du Païs que d'ailleurs. Quantité d'Egliſes y fourniſſent, avec d'autres ſomptueux édifices, une agréable varieté d'objets.

La Cathedrale.   Entre les premieres, brille la Cathedrale nommée *Pauls-Church*, ou l'Egliſe de *St. Paul*, qu'on voit repréſentée ſur la Planche XII. On commença à la bâtir peu après la grande incendie, ſur les cendres d'une autre de même nom, & ſelon le modele de *St. Pierre de Rome*. C'eſt un ſuperbe bâtiment, qui a beaucoup de la belle Architecture. Cependant les connoiſſeurs Critiques diſent, que ce n'eſt pas une aſſez digne copie d'un ſi admirable original, & qu'il eſt trop maſſif pour le peu de capacité du Vaiſſeau. Pour dire ce qui m'en ſemble, *St. Paul de Londres* eſt non ſeulement bien inferieur à *St. Pierre de Rome* en largeur & en hauteur, mais encore par la delicateſſe de l'Architecture, par le dégagement des parties, par le menagement des jours, &

par

D'A. D. L. M. LONDRES, &c.

par la richesse des materiaux & des ornemens tant exterieurs qu'inte- 1697.
rieurs. Il n'y avoit alors qu'environ deux tiers d'achevez, & il ne l'est CHAP.
tout à fait que depuis peu. VIII.

Entre les seconds, le *Change Royal* ou la *Bourse*, est un autre fort La *Bourse*.
beau morceau d'Architecture, où des Marchands de presque toutes
les parties du monde, semblent s'être donné rendez-vous sans se connoître: c'est là qu'on se trouve tous les jours de la semaine si on se
cherche, & même sans se chercher.

Entre les maisons consacrées à l'*hospitalité*, celle qui l'est à la *Folie*, Bedlem, où
paroît par la régularité de son Architecture & par sa magnificence, maison des
plus propre à loger des *Dieux* ou des *Rois*, tels que quelques uns de insensez.
ceux qui y sont renfermez s'imaginent être, comme on le leur entend
dire, que des Foux & des Visionnaires tels qu'ils sont réellement. On
l'augmente de deux ailes, ou au moins on travailloit à une l'Eté
passé.

Pour les *Maisons Royales* tant dans la Ville qu'au dehors, elles ne Maisons
paroissent pas assez dignes de ce titre à ceux qui ont vû celles d'*Ita-* Royales &
lie & de *France*, quoi qu'elles ayent leurs beautez, au moins quant autres.
à celles du dehors, comme *Hamptoncourt, Kensington, & Windsor*. Le
Palais Royal nommé *White-Hall*, qui avoit logé la Cour depuis plus
de deux Siecles, avoit été brulé quelques années avant mon arrivée.
C'étoit, dit-on, autrefois en premier lieu le Palais du Cardinal *Wolsey*,
à qui *Henry VIII*. le prit. Il étoit magnifiquement meublé, mais ce n'étoit,
ajoûte-t'on, qu'un amas confus d'appartemens mal entendus, ou de
chambres bâties à diverses reprises, selon les besoins qu'en avoient ses
nouveaux hôtes. La plus belle partie de ce Palais a échapé au feu, &
elle semble l'avoir merité le plus. C'est une très belle & grande salle,
appellée la *sale des Banquets*, où la belle Architecture s'est assez heureusement signalée, & qui est ornée de bonnes Peintures au dedans.
Elle a tiré ce nom des Festins splendides & des trois Assemblées qu'y
donnoit le Cardinal à toute la Cour. Il y recevoit des mascarades dans
le tems: on y jouoit, on y dansoit, & le Roi y paroissoit souvent déguisé avec les personnes du premier rang de l'un & de l'autre Sexe. (*a*)

Celui de la Ville, nommé *St. James* en *Anglois*, ou *St. Jaques* en
François, est devenu ensuite la demeure Royale. C'est un autre assemblage confus d'appartemens, où la plûpart des chambres sont

Tome I. V 2 pe-

(*a*) Such pleasures were here devised for the Kings delight, as could be invented or
imagined; Banquets set with Masquers and Mummers, in such costly manner, that it was
glorious to behold, there wanted no Damsels meet to dance with the Masquers, or to
garnish the place for the time, with variety of other pastimes. Then was there divers
kinds of Musick, and many choice men and women-singers appointed to sing, who had
excellent voices. I have seen the King come suddenly thither in a Masque, with a dozen
Masquers all in garments like Shepheards, made of fine cloth of gold and silver wire, and
six torchbearers, besides their drummars, and others attending on them with Vizards, and
clothed all in Sattin.

C'est-à-dire en substance,,, Que c'étoit comme un Théatre où se donnoient au Roi, ou-
,, tre les plus splendides festins, tous les plus magnifiques jeux qu'on pouvoit imaginer,
,, pour le divertissement de Sa Majesté, comme *Mascarades, Comedies, Opera, Concerts* de
,, la meilleure Musique, des assemblées composées de l'élite des deux Sexes; Que l'Au-
,, teur y a vû ce Prince venir lui-même en masque, accompagné d'une douzaine de per-
,, sonnes déguisées en Bergers & Bergeres, avec des habits d'étoffes d'or & d'argent, é-
,, clairé de six masques portant des torches; outre des Tambours & autres suivans déguisez
,, & vêtus de Satin. *Chap. VIII. de la vie du Cardinal* Wolsey, par un de ses Huissiers, pag.
,, 26. &c.

156 VOYAGES

1697.
Chap.
VIII.

Le Parc.

petites. Son principal agrément est le *Parc* qui porte son nom, où le Souverain peut voir sans sortir de ce Palais pendant les beaux jours, un prodigieux nombre de ses Sujets passer comme en revuë dans ses belles allées, & quantité de bêtes fauves bondir sur l'herbe. Ce *Parc* est un endroit delicieux, qui fournit les plaisirs de la Campagne, entre le Palais & la petite Ville de *Westminster*.

La Ville de Westminster.

Cette petite Ville qui paroît faire partie de la grande, lui est uniè par les restes de *White-Hall*, & tire son nom d'un ancien Monastere ainsi appellé, dont il ne reste d'entier, ou au moins rien de plus considerable qu'une grande Eglise de construction *Gothique*, hardie & des plus belles de cette sorte. On voit encore dans cette petite Ville les restes d'un *Palais Royal*, dont on met la Fondation en 1089, & qui fut brûlé en 1512. Ces restes consistent principalement en deux grandes chambres, & une sale plus grande, qui n'a pas moins de deux cents septante pieds de longeur, sur septante-quatre de largeur. Le Lambris de sa voûte est remarquable pour être d'un bois auquel les araignées ne s'attachent jamais.

Le Parlement.

Dans les deux Chambres se tient le Parlement, cette *auguste Assemblée* du plus sage Gouvernement qui ait jamais été, si judicieusement temperé du *Monarchique* dans le Roi, de l'*Aristocratique* dans les Grands, ou Pairs du Royaume, & du *Democratique* dans le Peuple, sans avoir les inconveniens d'aucun. Au moins si le contraire arrive, ce n'est que par la corruption interessée ou ambitieuse de quelques-uns de ses Membres, & non par aucun defaut de la *Constitution*, ni des *Loix*, qui sont l'élite de celles sous lesquelles *Rome* a été la plus heureuse. Ces *Loix* lient réciproquement le *Souverain* & le *Sujet*, sans ôter rien à l'honneur du premier. Elles n'ont rien d'amer ni de dur pour un bon Prince, & ne paroissent faites que pour ôter le pouvoir de faire du mal à celui qui n'est pas tel. Quoi qu'elles ne lui donnent aucun droit Despotique sur les biens, ni sur la vie de ses Sujets, ceux-ci les prodiguent aussi genereusement que volontairement dans les besoins publics, pour soutenir, par exemple, les frais & les dangers d'une Guerre, où l'honneur Royal, inseparable du leur, leurs libertez, & leur Religion sont interessées; pour garantir leurs amis, ou leurs alliez du joug & de l'oppression d'un voisin trop puissant & trop remuant.

Flote d'Angleterre.

La plus belle Flote de l'Univers, qui peut porter jusqu'à cinquante-deux mille hommes en Mer, avec neuf à dix mille Canons, quand la necessité le requiert, est toûjours prête, ou le peut être en peu de semaines, à conserver sous son obéïssance trois Royaumes, avec diverses vastes parties de l'*Amerique*; à entretenir le monde *Chrétien* dans un juste & tranquille équilibre; en un mot à justifier à un Roi de la *Grande-Bretagne* le titre d'*Empereur de la Mer*, contre quiconque voudroit le lui disputer. Les *Anglois* témoignent leur respect & leur attachement à leurs Souverains, non seulement en les servant à genoux quand ils mangent, mais encore en buvant generalement & ordinairement à sa santé dans chaque famille, & dans chaque compagnie, immediatement après avoir diné, ou soupé, & rendu graces; en celebrant l'Anniversaire de leur naissance fort long-tems après sa mort, comme font encore les venerateurs des cendres de la Reine *Elisabeth*, de celles des Rois *Charles I*, *Charles II*, & *Guillaume*

laume *III*, & de la Reine *Anne*, ce qui se fait par des illuminations, en sonnant les cloches & en buvant à leur memoire.

1697.
CHAP. VIII.

On appelle ordinairement la Chambre où les Pairs du Royaume vont en robbes de ceremonies, & s'assemblent, *la Maison des Seigneurs*. Ils y alloient à cheval, avant que la mode des carosses l'eût emporté jusqu'au point qu'elle fait aujourd'hui sur les Cavalcades. Cependant ces Cavalcades avoient quelque chose de majestueux. Le Cardinal *Wolsey* s'y distinguoit de son tems par la magnificence de son nombreux Cortege, dont j'ai deja parlé dans l'article de *Portugal*. Il étoit alors vêtu de ses habits de Cardinal faits de velours ou de drap décarlate en hiver, & de satin ou de taffetas cramoisi en été, ayant un camail de même, doublé de zibelines. Il étoit monté sur une de ses mules, superbement caparaçonnée selon la maniere de ce tems-là, & dont il avoit un bon nombre aussi bien que de chevaux. Vingt de ces mules aussi richement caparaçonnées étoient conduites par autant de palfreniers en livrée, comme des chevaux de main dans les plus solemnelles occasions. Les marques de ses dignitez Temporelles & Spirituelles, comme *le Grand Sceau*, *la Masse d'Armes* &c. *ses Croix* &c. étoient portées devant lui. Quatre estaffiers, avec sa plus riche livrée, tenant chacun une hache d'armes, cotoyoient la mule sur laquelle il étoit monté. La Cavalcade descendoit à la porte de la grande Sale, où Son *Eminence* étoit reçue par quantité de Seigneurs qui l'accompagnoient à pied à la Chambre Haute en un bel ordre. Il se rendoit premierement, dit l'Historien de sa vie, à la *Chancelerie*, & restoit quelque tems à la barre qui y étoit faite pour lui, & après s'être entretenu quelquefois avec des Juges ou autres personnes il montoit à l'Office, où il prenoit sa séance de Chancelier jusqu'à 11 heures, pour entendre debattre les causes & les juger. Il passoit ensuite à la Chambre étoilée, où si l'occasion le requeroit, il prononçoit son jugement, sans avoir égard à la qualité des personnes, mais selon le droit qu'il croyoit qu'elles avoient (*a*).

La Chambre des Pairs.

Magnificence du Cardinal Wolsey.

Il y a dans cette Chambre un Trône sur lequel s'assit le *Roi*, & aux deux côtez de ce Trône deux fauteuils pour ses deux premiers fils, s'il en a, & au devant, à une distance respectueuse, sont des bancs matelassez pour les Pairs Spirituels & Temporels. Au milieu de la même chambre sont plusieurs sacs de laine sur lesquels s'asseient les *Juges* du Royaume, les *Conseillers Privez*, & les *Secretaires d'Etat* qui ne sont pas Pairs, & qui ne sont là par conséquent que comme Ministres de l'Assemblée, & non pas comme Membres. Cette coûtume de faire asseoir ces derniers sur de tels sacs, est non seulement pour les distinguer des *Pairs*, mais pour montrer, dit-on, le cas qu'on fait du *Commerce*, qui a tiré ici de tout tems ses plus grands avantages de la laine, & que les Cadets des Nobles, qu'on appelle *Esquirs* en Anglois, *Armigeri* en Latin, ce qui est un peu plus que *Gentilman*, ou simple Gentilhomme, ne croyent pas indignes d'eux, comme d'autres font ailleurs. Je remarquerai à propos de cela, que tous ceux qu'on appelle *Esquirs* en *Angleterre* ne sont pas fils de Nobles, ni Nobles, quoi que ce titre ne convienne de droit qu'aux fils de Nobles. Quantité de particuliers sans extraction, mais relevez par les biens qu'ils ont amassez, ou par quelque poste, le prennent par un droit de la liberté *Angloise*, sans que personne s'avise de le leur contester,

Noblesse Britannique.

V 3

(*a*) *Chap. VII.* de la vie du Cardinal que j'ai déja citée.

1697.
Chap.
VIII.

tefter. Au refte c'eft ce Commerce qui à procuré à l'*Angleterre* de fi grandes richeffes, & qui lui fournit les moyens de foutenir fa prétention à l'Empire de la Mer.

Les Communes.

Dans la feconde Chambre, appellée *Maifon des Communes*, fe rendent & s'affemblent au nombre d'environ cinq cents, plus ou moins, les Députez des Provinces, des Citez, des Villes & des Bourgs. Ils font choifis tant parmi les Bourgeois qu'entre les fils ou autres Parens des Pairs, & repréfentent la feconde claffe des habitans du Païs ou du Peuple, du pouvoir & de la voix defquels ils font comme les dépofitaires. Je dis environ cinq cents, car on y en voit rarement ce nombre. Ces Députez étoient alors cinq cents treize, & ils doivent être depuis l'Union cinq cents cinquante-huit. Il eft à remarquer,

Pairs du Royaume.

au fujet des *Pairs*, qu'ils font proprement parlant les feuls Nobles de la *Grande-Bretagne*; que leur titre n'eft dévolu à leurs fils ainez, ou au deffaut de freres à leurs plus proches parens, qu'après leur mort, & que ce titre n'eft hereditaire que dans les familles des Pairs *Temporels*, & non pas dans celles des *Spirituels*; car lorfque la dignité de Pairs du Royaume eft attachée à l'*Epifcopale*, elle meurt avec eux. Par exemple, les titres de *Duc* & *Pair* pour l'*Archevêque* de *Cantorberi*, de *Comte* pour celui d'*York*, & de *Baron* pour les Evêques, ne paffent point à leurs enfans, à moins que ceux-ci ne foient après élevez aux mêmes poftes.

Principaux Palais des Lords, ou Seigneurs d'Angleterre &c.

La Nobleffe a, foit à la Ville, foit à la Campagne, divers Palais où regne le gout de la belle Architecture, & dont plufieurs renferment quantité de prétieufes Reliques de l'Antiquité, & de bonnes Peintures. Il y a dans divers quartiers de la Ville des places appellées quarrez, à caufe de leur forme, qui n'en font pas le moindre ornement, étant entourez de belles maifons fort régulierement bâties. Entre les Palais que les Nobles ont dans *Londres*, je ne nommerai que ceux de *Montmouth*, de *Burlington*, de *Montagu*, de *Povis*, & de *Buckingham*, quoi qu'il y en ait un bon nombre d'autres qui meritent d'être vûs, pour le goût de l'Architecture, pour la Peinture, & pour la richeffe des emmeublemens. Entre ceux de dehors, celui du Duc de *Devonshire* à *Chatworth*, & un autre de Milord *Pembrok* à *Wilton*, font de petits *Frafcatis* &c. Celui de *Blenheim* bâti pour le Duc de *Marlborough*, eft plus digne d'un Souverain que d'un Sujet.

La fumée du charbon qu'on brule géneralement à *Londres*, & les brouillards de la *Tamife*, forment enfemble un double voile, qui cache quelquefois fi bien la Ville aux yeux de ceux qui s'en approchent, que plufieurs voyageurs fe font plaints de s'être trouvez dedans avant que de l'avoir apperçûe. Cependant outre que la fumée feule ne produit pas toûjours cet effet, fur tout en Eté qu'on fait moins de feu, ces brouillards ne font pas fi continuels qu'il n'y ait quantité de jours fereins, qui la laiffent voir affez avantageufement dans toute fa beauté. Et fi pour changer d'objet ils paffent de *Londres* à la Campagne, & dans les autres Villes, ils trouveront rarement le même fujet de plainte, & tout le Païs leur paroitra des plus charmans, quoi que le Soleil ne s'y montre pas fi fréquemment qu'ailleurs.

Villes d'Angleterre.

Ils ne pourront refufer le titre de très belles Villes, entr'autres, à *York* & *Norwich*, ni à *Nottingham* leur admiration. Celles d'*Oxford* &

& de *Cambridge*, par exemple, font remarquables fur toutes, pour être les deux plus celebres *Écoles* du Païs, ou peut être du monde, n'y en ayant, dit-on, point ailleurs qui produifent tant & de fi folidement habiles gens, & fi profondément inftruits dans toutes fortes de Sciences & dans tant de Langues.

1697. CHAP. VIII. Univerfitez.

La premiere eft très ancienne; & fans exageration une charmante & admirable place par la régularité de fes maifons, par la curieufe varieté d'objets qu'offrent à la vûe douze ou treize Eglifes plus ou moins, vingt-cinq magnifiques *Colleges*, une fameufe *Bibliotheque* publique, outre les particulieres que renferme chaque College, un fuperbe Théatre, un *Mufæum*; dont l'ingenieufe conftruction eft tout à fait agréable à la vûe, & eft très propre à contenir les prétieufes raretez & reliques de l'Antiquité qu'on y conferve, une excellente *Imprimerie*, un riche jardin de fimples &c. Cette Ville eft peuplée de plufieurs milliers d'Etudians, outre fes habitans, dont le nombre eft encore augmenté par les Etrangers que le defir de la voir y amene.

Oxford.

La feconde n'eft pas, dit-on, moins ancienne, & a plus confervé de fon premier état, mais elle n'a pas tant de magnificence, parce qu'elle n'a pas reçû tant de dons que celle-là. Elle eft plus grande, a plus d'Eglifes, mais moins de *Colleges*, & ceux-ci pour la plûpart font hors de fon enceinte & de l'autre côté de la Riviere *Cam*, qui baigne fes murs, & qui avec le pont fur lequel on la paffe, appellé en langue du Païs *bridge*, compofe fon nom. Les Colleges ont à leurs portes de beaux jardins, des belles campagnes fertiles, qui offrent aux maitres & aux difciples les plaifirs récréatifs de la promenade. Le Roi de la *Grande-Bretagne*, George I, lui a fait prefent, depuis fon avenement au Trône, de la *Bibliotheque* du feu Docteur *More*, Evêque d'*Ely*, qui a couté à Sa Majefté plus de fix mille livres *fterling*.

Cambridge.

Dans le tems que je me prépare (en l'année 1724.) à paffer en *Hollande*, pour y faire imprimer mes Voyages en *François*; Sa Majefté vient de donner une égale marque de fa faveur Royale à ces deux fameux Seminaires d'érudition, par l'établiffement dans chacune d'une chaire de Profeffeur en Hiftoire moderne, avec un Affiftant, pour enfeigner les Langues étrangeres & vivantes, à fçavoir l'*Allemande*, l'*Efpagnole*, la *Françoife*, & l'*Italienne*, à vingt jeunes Etudians d'entre fes Sujets *Britanniques*. Ces jeunes gens feront dans la fuite employez felon leurs capacitez, par exemple premierement en qualité de Secretaires des Miniftres *Britanniques* dans les Cours étrangeres, & enfuite élevez par dégrez aux Emplois publics, felon qu'ils s'en rendront dignes. Les deux Profeffeurs, felon la fage inftitution de ce Royal *Mecene*, auront chacun quatre cents livres d'appointemens, dont ils feront obligez d'entretenir leurs Affiftans, qui doivent être bien verfez dans ces Langues, pour inftruire fous leur infpection ce nombre d'Etudians dans chaque Univerfité. Ils doivent au refte avoir foin de rendre compatibles tant leurs Leçons publiques que les repetitions des ce Affiftans avec les autres études *Academiques* de leurs difciples, en forte qu'une étude n'empêche pas l'autre, &c.

La *Religion* dominante s'appelle *Eglife Anglicane*, ou plus ordinairement en un mot feul, l'*Eglife*. On la nomme quelquefois la Religion *Proteftante* en parlant d'elle, mais tous les *Proteftans* ne font pas *Anglicans* ou Membres de cette *Eglife*. Bien qu'elle ait renoncé au

1697.
CHAP.
VIII.

Pontife Romain, elle prétend conserver l'esprit Divin envoyé par *Jesus-Christ* à ses *Apôtres*, en reconnoît la transmission successive, & non interrompue, même par le canal des *Pontifes* ou *Evêques* de *Rome*, depuis *St. Pierre* jusqu'à present. Enfin elle retient la Hierarchie & l'ordination Episcopale & Sacerdotale, comme une institution Divine. Elle témoigne les regarder pour telles même dans l'Eglise *Romaine*, en n'ordonnant pas de nouveau les Prêtres *Catholiques Romains*, qui passent dans sa Communion, comme elle ordonne de nouveau les *Presbiteriens*, par exemple, & les autres *Anti-Episcopaux*. Elle garde encore plûtôt par une coutume que par devoir, certains jours de Fête, non des Saints canonisez par *Rome Catholique*, mais d'autres reconnus pour tels par la primitive Eglise, comme par exemple, des *Apôtres* & autres *disciples* de *Jesus-Christ*. Cependant elle ne leur attribue aucun pouvoir sur la Terre depuis qu'ils l'ont quitée, & ne leur adresse aucunes Prieres, se contentant d'enseigner que tout ce qu'on doit faire pour eux est de les y imiter. Au reste, aucune autre sorte de *Chrétiens* ne paroît observer mieux le Dimanche ou le jour du Seigneur, appellé communément ici de son ancien nom Payen, *jour du Soleil*, que le font en general tous les *Protestans Anglois*. On ne voit ce jour-là ni jeux, ni spectacles, ni danses; on n'entend ni chansons, ni musique mondaine; on ne fait aucune sorte de travail & de négoce, & on ne peut payer que le boire & le manger.

Epoque de la Reformation Anglicane.

Elle cessa de reconnoître le *Pape* pour Chef de l'*Eglise* & Vicaire de *Jesus-Christ* environ la vingt-cinquieme année du Regne d'*Henri VIII*. ce qui surprit d'autant plus l'*Europe Chrétienne* que ce Prince avoit deffendu l'autorité Pontificale contre *Luther*, jusqu'à recevoir du St. Siege le titre de *Defenseur de la Foi*. Voici en peu de mots l'occasion que l'Histoire nous donne de cette Revolution.

Ce Prince étant devenu éperduement amoureux d'*Anne de Boulen*, se mit en tête de l'épouser, & de répudier la Reine son épouse, *Catherine d'Autriche*, Tante de *Charles-Quint*. Il en fit demander la permission au *Pape*, par son Ambassadeur à *Rome*. Mais *Sa Sainteté* non seulement la lui refusa, mais voyant qu'il persistoit dans sa résolution, elle lui fit entendre par la bouche du Cardinal *Wolsey* qu'il encourroit infailliblement l'Excommunication, s'il ne s'en desistoit. Le Cardinal qui avoit été jusques-là tout-puissant sur l'esprit du Roi, trouva qu'*Anne de Boulen* l'emportoit sur son cœur; car quoi qu'il presentât à Sa Majesté ces menaces sous l'humble manteau de *Chrétiennes Remontrances*, elles firent, aussi bien que celles du reste du *Clergé*, un effet tout contraire à ce qu'on en attendoit, & devinrent le commencement de la chute de Son Eminence, chute qu'acheva la haine qu'*Anne*, les *Lords* de *Norfolk* & de *Suffolk*, avoient pour ce Prelat. Quoi qu'il en soit, tout cela semble n'avoir servi qu'à fortifier *Henri* dans son dessein, & à lui faire naître la pensée de se soustraire avec ses Etats à l'autorité Pontificale. Il répudia *Catherine*, épousa *Anne*, & se déclara *Chef de l'Eglise*, & jetta, pour ainsi dire, les fondemens de cette Reformation qu'on appelle *Eglise Anglicanne*, qui tient en quelque façon le milieu entre celles de *Luther*, & de *Zuingle*, & de quelques autres Reformateurs de ce tems-là, quoi qu'elle ait plus de la premiere que de toute autre. La conduite du Pontife de ce tems-là fut blâmée ensuite à cet égard, même par ses

Suc-

Succeſſeurs, entr'autres par *Sixte V.* contemporain de la Reine *Elizabeth*, ſous le Regne de laquelle l'Egliſe *Anglicane* a été portée au point de la Reformation où elle eſt aujourd'hui. Ce *Pape* connu par ſon Eſprit, dit, *Si j'avois été Pape alors, j'aurois donné la liberté à Henry d'épouſer toutes ſes Maitreſſes, & d'entretenir autant de Concubines que* Salomon, *ou que les* Sultans Orientaux, *plûtôt que d'expoſer le St. Siege à la perte de l'*Angleterre.

1698. Chap. VIII.

Elle a conſervé, outre l'*Epiſcopat*, pluſieurs ceremonies, quelques ornemens & habits Sacerdotaux qu'elle montre avoir été en uſage dans la *primitive Egliſe*, & le ſigne de la *Croix* en quelques rencontres. En un mot, elle retranche de tout ce qu'elle a conſervé de commun avec l'Egliſe *Catholique - Romaine*, ce qu'elle accuſe celle-ci d'y avoir attaché de ſuperſtitieux. Il n'y a que la ſeule Egliſe Cathedrale de *Durham*, où l'uſage de la *Chappe Latine* ait été conſervé, outre le ſurplis.

Durham.

On obſerve dans celle de *Cantorbery* une coutume qu'on prétend être fort ancienne, & qui eſt entierement contraire au cerémoniel des Eccleſiaſtiques, tant *Proteſtans* que *Catholiques*. Car au lieu que, ſelon eux, la place d'honneur eſt à la queue des Proceſſions, cette coutume la met à la tête. Ainſi l'Archevêque de *Cantorbery* marche toûjours le premier de tout ſon Clergé.

Cantorbery.

Les lieux où les exercices publics de Religion ſe font ſelon le Rite *Anglican*, jouïſſent ſeuls du Privilege d'avoir des Tours & des cloches, & de porter le nom d'*Egliſes*. Ces Egliſes ont chacune un autel ſur lequel ſes Prêtres conſacrent du pain levé, & du vin. Mais quoi qu'ils prononcent les mêmes termes, tirez des Livres Sacrez, que les *Catholiques-Romains*, au langage près, qui eſt celui du Païs, ils n'admettent point la *Transſubſtantiation*. Ils attribuent ſeulement à ce pain & ce vin une vertu *Myſtique, Sanctifiante & Juſtifiante*. Ils mangent de l'un & boivent de l'autre à genoux. Ils exhortent ceux qui veulent en manger & boire après eux, à ne le faire qu'avec des cœurs pleins de repentir de leurs fautes paſſées, & avec de ſinceres intentions de n'en plus commettre de ſemblables à l'avenir, s'ils ne veulent pas manger & boire leur damnation. Enſuite ils les diſtribuent à ceux qui ſe ſont mis dans une poſture humiliée, ou à genoux, pour les recevoir. Ils appellent cela *Communion*, comme les *Catholiques-Romains*. Les loix ne permettent la poſſeſſion des meilleurs emplois du Royaume qu'à ceux qui la reçoivent deux fois l'année des mains de ces Prêtres. Pendant le Celibat du Clergé, les Prêtres étoient beaucoup plus riches qu'il ne le paroiſſoit neceſſaire; n'ayant, ou ne devant avoir ni femme, ni enfans à nourrir. Ce que j'ay dit dans l'article de *Portugal* touchant le Cardinal *Wolſey*, en eſt une preuve. Au contraire la Reformation qui leur a donné des femmes, ſemble avoir trop diminué leurs Revenus Eccleſiaſtiques. J'ai dit que c'étoit la coutume de tous les *Anglois* en général de boire la ſanté du Roy après le repas. Les *Torys* en particulier, dont je parleray ci après, en ont une autre qui eſt de boire cette ſanté à l'Egliſe.

Communion.

Les *Presbiteriens* appellez ici *Non-conformiſtes*, en France *Huguenots, Religionnaires, Pretendus Reformez*, ou *Calviniſtes* rejettent l'*Epiſcopat* en général. Ils prétendent que l'inſtitution de leurs *Anciens*, & de leurs *Miniſtres* eſt deſignée plus clairement dans les Livres ſa-

Presbiteriens.

Tome I.   X   crez

crez, & sur tout dans les Epitres de *St. Paul*. Voici principalement en quoi ils different des *Anglicans*, ou *Episcopaux*. Les lieux où ils s'assemblent pour les exercices publics de devotion sont simples, sans peintures, & souvent sans orgues, & s'appellent *Congregations*. On y donne les noms de *Table* & de *Cene*, à ce qu'on nomme dans les *Eglises*, *Autel* & *Communion*. Ils ont pourtant aujourd'hui des Eglises, des Cloches, &c, dans les lieux où leur Religion domine, comme en *Hollande*, dans le *Brandebourg*, à *Cassel* &c.

François Refugiez.

Les *Protestans François* ont trouvé ici un très genereux asile contre les persecutions qui leur ont été suscitées dans leur Patrie, pour n'avoir pas voulu embrasser la Religion de leur Souverain. Ils ont à *Londres* jusqu'à trente-cinq ou trente-six lieux d'assemblée. Plusieurs se sont conformez à l'Eglise *Anglicane*, à l'exemple de leurs *Ministres*. Ceux-ci ont renoncé par consequent à la coutume de prêcher le chapeau sur la tête, quoi que quelques-uns des *Non-Conformistes* la retinssent encore dans le tems que j'y étois pour la premiere fois, mais ils continuent tous de prêcher par cœur, & ne lisent pas leurs Sermons comme les *Anglicans*.

A propos de cela, on m'a raconté ce que je vais rapporter du fameux Comedien *Anglois*, *Betterton*. C'étoit un autre *Dominique*, qui par son merite faisoit oublier sa profession à ceux qui le frequentoient. Il ne plaisoit pas moins dans la conversation serieuse que sur le théâtre, & il étoit bien venu chez les Sçavans du premier rang. Comme il étoit un jour à diner chez l'Archevêque de *Cantorbery*, en une grande compagnie de *Virtuosos*, cet Archevêque qui l'étoit lui-même lui temoigna de l'étonnement, de ce que les représentations de la Fable sur le théâtre faisoient plus d'impression sur les esprits que l'exposition de la verité dans la chaire. *Betterton* lui demanda la liberté d'en dire une raison qu'il en avoit trouvée, & il l'obtint à condition qu'il garderoit le respect dû à la *Religion*. C'est, dit-il, *Monseigneur*, *que le Clergé en lisant ses sermons expose les veritez comme des Fables, & que la Comedie par ses declamations de mémoire représente les Fables comme des veritez.*

Je reviens aux *Presbyteriens*. Ils different peu des *Anglicans* & des *Lutheriens* quant à la Doctrine, si on en excepte la *Predestination absolue*, mais ils ne veulent admettre aucune des ceremonies *Anglicanes*. Ils benissent, prennent, & donnent le pain & le vin de la Communion debout, sans inclinations, ni genuflexions. La liberté tant spirituelle que temporelle qui regne ici, donne lieu à quantité de personnes de declarer & de professer les differens sentimens qu'elles forment sur la Religion, & de faire quelquefois bande à part.

Anabaptistes.

Tels par exemple sont ceux qu'on appelle *Anabaptistes*, ou *Anti-pædobaptistes*, ou *Quakers* dans la langue du Païs, & *Trembleurs* en celle dans laquelle j'écris. Car pour les autres, connus sous les noms d'*Adamites*, de *Famillistes*, de *Mughletoniens*, &c. ce ne sont gueres que des êtres de raison. On m'a assuré en effet qu'on trouvera à peine deux cents personnes qui fassent profession des sentimens qu'on leur attribue, entre plus d'un million d'habitans que comprend cette grande Ville. Les *Anabaptistes* different principalement des autres *Protestans* que j'ai nommez, en ce qu'ils rejettent le batême que tous les autres *Chrétiens* administrent aux petits enfans. Ils pretendent qu'on ne ne doit l'administrer à personne avant l'âge de discretion ; & la raison qu'ils en donnent, c'est que J. C. ne fut baptisé qu'à trente ans ; qu'on n'a point d'exemples que lui, ni ses Disciples, ou *St. Jean Baptiste* ayent baptisé de petits enfans. Au reste ils ne recitent par cœur aucune priere usitée, mais ils prient & prêchent, comme ils disent, de la plenitude de leur cœur, & selon les lumieres de leur foy.

Les *Trembleurs* semblent être ceux qui ont le plus spiritualisé la *Religion Chrétienne*, puis qu'ils n'admettent ni Prêtres, ni autels, ni sacrements, & rejettent tout culte exterieur & toutes sortes de ceremonies, & même celles qu'on appelle *Civiles* dans la societé humaine ; comme de s'entre-saluer, & de s'entredonner des titres respectueux de superiorité &c. Ils citent, pour justifier leur conduite, plusieurs passages des Livres sacrez qu'ils reconnoissent, avec les autres *Chrétiens*, pour être écrits par inspiration divine. Ils prétendent qu'on ne les sçauroit entendre, ni expliquer exactement, sans le secours d'une lumiere surnaturelle infuse dans le cœur de tous les hommes ; que cette lumiere est J. C. au moins selon le sentiment de la plûpart ; qu'elle conduit sûrement à une vie éternellement heureuse, ceux qui la reconnoissent pour ce qu'elle est, & qui la prennent pour guide & pour regle de leurs actions. Ils disent que chacun peut trouver en soi-même une certaine portion de *l'Esprit divin*, qui lui dicte ce qu'il doit dire & faire. Ils ont dans divers Quartiers de *Londres* & des autres Villes plusieurs grandes sales où ils s'assemblent, & où il n'y a que des bancs confusément placez. Là les hommes & les femmes assis, ou debout, gardent d'abord un profond silence, & semblent mediter. Puis on les entend gemir, on les voit s'agiter & trembler, ce qui leur a fait donner le nom de *Trembleurs*. Le premier ou la premiere *que l'Esprit meut*, pour me servir de leurs termes, monte sur un banc, ou sur quelque degré voisin Là cet *Enthousiaste* parle beaucoup, mais avec peu ou point de suite, contre la corruption humaine en général, & contre tous les vices dont les noms se presentent à sa memoire, aussi bien que sur differents sujets qu'il croit que *l'Esprit Interieur* lui suggere. Après que celui-ci a cessé de parler, un autre prend sa place. Il y a pourtant entr'eux depuis quelques années des Predicateurs, dont les discours sont reguliers, & dont l'érudition & l'éloquence sont generalement estimées. Ils ont quelques lieux d'assemblée assez bien bâtis. On remarque sur leur visage, une modestie accompagnée de gravité, beaucoup de retenue dans tous leurs discours, & une simplicité, qui va jusqu'à l'affectation, sur leurs habits. On ne les entend jamais se quereller, ni jurer ; car pour affirmer, ou nier les choses du monde qu'ils ont le plus d'interêt qu'on croye ou qu'on ne croye pas, ils ne disent autre chose que *oui*, & *non, cela est ainsi*. Au reste on les pourroit nommer *Quietistes*, à cause de leur tranquilité à l'égard du *Gouvernement Temporel & Spirituel*, car ils ne troublent pas plus l'Eglise par des Controverses, ou le *Gouvernement* par des Factions, qu'ils ne veulent en être troublez. J'en ai fréquenté quelques-uns qui m'ont paru observer assez exactement les devoirs de la societé civile, qui ôtent le chapeau, rendent *vous* à ceux qui le leur donnent, sans y montrer la moindre repugnance. On n'entend parler parmi eux ni de Courtisannes, ni de Voleurs, ni de Mandians publics ; non plus qu'entre les *Juifs*, dont le nombre est fort considerable en *Angleterre*, & sur tout

164 VOYAGES

1698.
CHAP.
VIII.
Etat des Catholiques-Romains en Angleterre.

à *Londres*, & qu'on pourroit dans le même sens appeller *Quietistes*.
　Les *Catholiques-Romains* ont ici moins de liberté que tous les autres, & même que les *Juifs*, à cause de la réputation qu'ils ont d'être trop remuans, de vouloir être toûjours le parti dominant, & d'avoir causé par leurs conseils ou actions, les plus grands troubles qu'on ait vus dans le Royaume. On leur doit pourtant la justice d'avouer qu'ils sont assez tranquilles aujourd'hui. Leurs *Prêtres*, sur tout ceux qu'on appelle *Jesuites*, sont regardez comme les Auteurs de ces conseils, & les instrumens de ces troubles. Ils n'y paroissent que déguisez, & sous la protection de quelques Ambassadeurs *Catholiques-Romains*, chez qui seuls ils ont un libre exercice de Religion dans la Ville. Ils ont plus de liberté à la Campagne, chez quelques personnes de la Religion *Catholique-Romaine*, qui voulant être connues pour telles, & payant pour cet effet doubles taxes, peuvent la professer sans être inquietées. Pour dire la vérité, on peut croire & pratiquer telle Religion qu'on veut en ce Païs, pourvu qu'on ne fasse aucune entreprise contre la dominante, ni contre l'Etat. Les Prêtres *Anglicans*, & ceux des autres *Protestans*, expliquent non seulement les Livres Sacrez au Peuple, mais ils l'exhortent aussi à les lire, en lui en procurant des versions en la Langue du Païs.
　Les Sciences & les Arts semblent avoir été portez en *Angleterre* au plus haut degré de la perfection, si on excepte la Peinture & la Sculpture, qui n'y ont pas été fort cultivées depuis que la *Reformation* a retranché des Eglises les images & les statues.
　La *Societé Royale* est assez connue par ses *Transactions Philosophiques*, & elle n'a pas besoin de preuves plus authentiques du merite des Membres illustres dont elle est composée. Celle d'*York* a encore des fort habiles gens pour Membres, & une belle galerie de raretez dans son *College*.

La Noblesse d'Angleterre savante,

La Noblesse *Angloise* qui ne paroît pas s'imaginer, comme on fait presque par tout ailleurs, & en *France* même, que la haute naissance tient seule lieu de tout merite, s'applique ici aux belles Lettres, & sur tout à l'étude du Droit, & des loix, avec un progrès qu'on ne sçauroit s'empêcher d'admirer dans quantité d'excellens Ouvrages d'esprit qu'elle a donnez, & qu'elle donne tous les jours au *Public*, où la netteté, la politesse du stile, la justesse, la nouveauté & le tour des pensées, témoignent assez qu'ils viennent d'une source illustre. Il se fait souvent dans le *Parlement*, des Discours qui pourroient aller de pair avec ceux des plus fameux Orateurs *Romains*. Entre quantité de ces Sçavans de qualité, le Duc de *Devonshire*, les Comtes de *Pembrok*, & de *Burlington*, & les Lords *Harley*, *Orery*, *Cartevet*, *Townshend* brillent dans la Republique des Lettres. Les deux premiers sont de grands amateurs des beaux restes de l'Antiquité, sur tout des *Medailles*, & tiennent le premier rang entre les *Virtuosos* de ce Païs.

Beauté des habitans d'Angleterre des deux Sexes.

Les ouvrages méchaniques que l'industrie, & la diligence d'un très grand nombre d'artisans qui sont ici, fournissent à presque toutes les parties du monde, n'en sont pas moins admirez que recherchez. Ces peuples en général tant d'un sexe que de l'autre, soit dans les Villes, soit dans les villages, sont bien faits, & d'une très riche taille. Ils ont sur tout le tein si frais & si vermeil, qu'au premier coup d'œil on les croiroit peints, non de bleu, ou d'autres couleurs propres à effrayer, comme autrefois, mais de celles du lis & de la rose, pour
plaire.

plaire ; de sorte qu'en ce sens on les pourroit encore appeller *Pictes* de leur ancien nom, à quoi ne contribuent pas peu l'abondance de tout ce qui est nécessaire à bien nourrir, & couvrir le corps, & le climat où le Soleil qui hâle & noircit ailleurs les peuples, ne se montre gueres qu'à travers quelques nuages ou quelques brouillards, comme s'il respectoit la blancheur du tein des habitans.

1698. CHAP. VIII.

La jalousie qui trouble le repos de tant de Nations, est regardée fort généralement par celle-ci, comme une folie, ou du moins comme une foiblesse, qui procure & hâte souvent le mal qu'on craint, & qu'on veut prévenir. En effet, on remarque que la liberté dont jouit le beau Sexe, a des effets bien moins fâcheux ici que dans les endroits où il en a le moins. C'est un usage de civilité assez fréquent pour un mari, que de presenter sa femme à un Etranger connu qui le visite, & à celui-ci de la baiser à la bouche, ce qui se fait avec une modestie aussi innocente que respectueuse, & s'appelle *saluer les Dames*. Comme je m'en tenois à la reverence *Françoise* dans les premieres visites que je faisois au beau Sexe, mes introducteurs me dirent, que je devois l'accompagner du baiser, si je ne voulois pas passer pour incivil, & je suivis leur avis. Il est assez ordinaire au mari de prier son ami de tenir compagnie à sa femme en son absence; de la mener à la promenade, & aux spectacles, pendant qu'il vaquera à ses affaires, ou qu'il sera engagé dans quelqu'autre partie de plaisir, comme il le fait lui-même dans l'occasion pour la femme de quelque autre. Cela pourroit bien être venu d'une ancienne coutume des *Pictes*, qui étoit d'avoir en commun un certain nombre de femmes, & de se servir de l'une & de l'autre à leur choix, ou selon que le penchant pour la diversité les entrainoit. Mais cette coutume est maintenant purifiée par la vertu & par l'éducation. Les anciens *Pictes* qui sont les *Ecossois* d'aujourd'hui, ont tellement reformé cette coutume, en sacrifiant le *Paganisme* au *Christianisme*, qu'ils ont fait de l'*Adultere* un crime punissable de mort, & que même on ne baise gueres chez eux que les personnes qu'on connoît déja.

La jalousie traitée de folie en Angleterre.

Les Peuples *Britanniques* sont braves au delà de l'imagination, tant sur mer que sur terre, & ils temoignent par quantité d'actions & d'exemples, craindre moins la mort qu'aucune autre nation, & il y en a quantité qui meprisent la vie jusques à se l'ôter de leurs propres mains. Il n'y a rien de si commun que les exemples tragiques que les *Anglois* en fournissent. Il ne se passe point de mois, ni même de semaine, que quelque homme ne se pende, ou ne se precipite dans la *Tamise*, ne se coupe la gorge, ou ne se tire un coup de pistolet dans la tête. En trois voyages que j'ay faits en *Angleterre*, qui composent à peine depuis 1698 jusqu'en 1724 un sejour de cinq ans, j'y ai vû des personnes de tout sexe, de tout âge, & de toute qualité, finir leurs jours par quelqu'une de ces voyes. Je ne sçai si, outre ce mepris de la vie, il ne faudroit point chercher la cause de cette violence sur soy-même, dans la nature du climat humide & nebuleux, capable de produire cette humeur hypocondriaque, qui s'emparant des esprits rend la vie ennuyeuse jusqu'à ce point. En effet on a vû des Etrangers, & j'en pourrois citer quelques-uns de ma connoissance, qui ayant demeuré long-tems en *Angleterre*, y ont contracté cette humeur dominante, & qui se sont defaits de la même façon. Cependant il a y des gens qui m'ont

Bravoure des *Anglois*.

Melancolie *Angloise*: ses causes & ses effets.

1698.
Chap.
VIII.

m'ont dit que le climat n'y avoit pas tant de part que le courage de la Nation, le mepris de la vie, la liberté, un reste du sang des anciens *Romains* & *Goths* qui ont peuplé ce Païs par leurs invasions, ou une imitation de la coutume de ces peuples qui se donnoient génereusement la mort, plûtot que de mener une vie assujettie aux miseres humaines, en se precipitant du haut des rochers dans les *Enfers*, ou dans les *Champs Elisées* où ils croyoient aller par ce chemin. Quand on leur demande si leurs loix Religieuses & Civiles ne deffendent pas cette cruauté sur soi, ils répondent qu'oui; mais plusieurs disent qu'elles sont si enclines à écouter la justification des *Parens* vivans en faveur des morts, qu'elles leur permettent presque toûjours de les faire passer pour *Lunatiques*, ou pour foux. Ils ajoûtent que cette action même en est une preuve évidente, quand même ils n'en auroient donné que de sagesse & de prudence, pendant toute leur vie. Quelques-uns même traitent les Loix des autres Nations *Chrétiennes* d'injustes & de barbares ; les Spirituelles, pour condamner l'ame du meurtrier de soi-même aux flammes éternelles; & les Temporelles, pour faire trainer indignement son corps sur la claye, le jetter à la voirie ou le priver de la Sepulture, & confisquer ses biens qui appartiennent si naturellement & si legitimement, disent-ils, à ses heritiers.

Courses à cheval & à pied.

Leurs courses à cheval ou à pied, sont des plus promptes, & ne désignent pas moins la bonté des chevaux que l'adresse des Cavaliers. J'ai vû, entr'autres, dans la Province d'*Hertfordshire*, jusqu'à neuf chevaux courir ensemble, dont sept firent douze Milles en moins de trente-six minutes. Celui qui remporta le prix, qui consistoit en cinquante *livres sterlings*, ne devançoit au but le plus proche de lui, que de la moitié du corps, les cinq autres d'un peu plus que de tout le corps, & les deux plus lents d'une ou deux minute. Outre les prix qui consistent plus souvent en vaisselle d'argent, qu'en argent monoyé, les *Lords* ou les Seigneurs, & quelques Gentilshommes qui s'étoient rendus sur les lieux, firent des paris de cent, de deux cents, jusqu'à mille *livres sterlings*, sur l'opinion qu'ils avoient les uns d'un cheval, les autres d'un autre. Ce sont eux qui font ordinairement la dépense des prix qu'on court en divers tems de l'année, & quelquefois c'est la *Cour*. Il y a aussi des courses d'hommes à pied pour un prix que la Cour ou la Noblesse du Païs donnent, & de gros paris sur les differentes opinions qu'on a sur un coureur, ou sur l'autre.

Combats à la Lute.

Le Peuple tant des Villes que de la Campagne est robuste & laborieux. Le Charpentier, le Forgeron, le Matelot, le Laboureur, le Jardinier, après avoir travaillé & sué tout le jour, se divertissent le soir à la *Lute*, au *Pugilat*, & à d'autres exercices qui demandent beaucoup de vigueur, & qui conviennent à l'humeur de la Nation. On les voit éprouver leurs forces les uns contre les autres, combatre à coups de poing & de tête, à force de bras, & de jambes ; en un mot sans employer d'autres armes que les naturelles, & pour le seul plaisir de vaincre, ou pour vuider quelque differend qui sera survenu entr'eux. Dès que la victoire s'est déclarée d'un côté, le vainqueur & le vaincu s'embrassent, vont boire ensemble, & noyer dans le verre, ou dans le pot à biere, boisson la plus commune ici, tout ressentiment, & toute rancune. Ils prennent plaisir à exciter de jeunes garçons qui ont querelle ensemble, à imiter ces exemples. Il n'est pas même extraordinaire de voir

des

des femmes & des filles aussi aux mains, mais sans se dépouiller que 1698.
jusqu'à la ceinture, comme on peut assez juger. Enfin, il n'y a de Chap.
forces permises que les seules naturelles des bras, des jambes, & des VIII.
reins: les ongles, & les dents ne doivent point être de la partie.

 Outre cela il y a une sorte de Gladiateurs de profession, qui imitant Gladiateurs.
ceux des anciens *Romains*, se font des defis à l'épée & au bouclier,
uniquement dans l'esperance d'une récompense volontaire de la part
des Spectateurs, pour le vainqueur. Cependant le vaincu est souvent
si dangereusement blessé, que s'il n'en meurt pas, il lui faut plusieurs
semaines pour se guerir.

 Quant aux *Duels*, dès qu'un des combattans a blessé son adversai- Duels.
re, ou que cet adversaire a tiré le premier ses pistolets sans lui faire
de mal, il lui offre la vie, & tire les siens en l'air. Alors ils se battent
à l'épée s'il n'accepte pas la vie, ou s'embrassent s'il l'accepte, vont
boire ensemble & deviennent ordinairement meilleurs amis.

 Le courage, le mépris de la mort, la generosité naturelle à cette Voleurs.
Nation, brillent jusques dans les voleurs de grand chemin, ou mal-
faiteurs de profession, & ne leur permettent pas d'ajoûter, par la
crainte d'être découverts, le meurtre au vol, comme ailleurs. Que
dis-je? Cette generosité les porte très souvent à rendre aux voyageurs
une partie de ce qu'ils ont trouvé dans la bourse qu'ils leur ont demandée civilement, afin qu'ils puissent continuer leur voyage, que
ces voleurs leur souhaitent heureux, le chapeau bas. Ils le font
sur tout, si ces voyageurs ne leur ont fait aucune violence ; car en ce
cas, ils se deffendent, & quoi qu'ils ne veulent que blesser ou vaincre, ils tuent quelquefois par malheur, pour éviter d'être tuez eux-
mêmes; ce qui arrive pourtant fort rarement. On n'entend presque
jamais parler de vols de nuit, non plus que d'assassinats dans les rues
de *Londres*, comme dans celles de *Paris* & d'autres Villes de l'*Europe Chrétienne*, quoi qu'il n'y ait ni guet, ni archers armez comme en
ces Villes, mais seulement quelques gens du commun peuple dispersez dans les divers Quartiers de cette grande Ville, marchant seuls,
& tenant un bâton d'une main, & une lanterne de l'autre, comme
on fait à *Constantinople* & autres Villes de la *Turquie*, pour prendre
garde au feu. Les premiers, en rodant ainsi, annoncent à haute voix *quel
tems il fait, quelle heure il est*, à chaque fois que l'horloge sonne ;
poussent de leurs bâtons les portes des maisons, pour voir si elles sont
fermées, & appellent ceux qui y logent, pour les fermer si elles ne le
sont pas.

 Le Seigneur ou le maître n'a point le droit du bâton sur le valet.
La liberté est aussi grande pour l'un que pour l'autre, pour le riche
que pour le pauvre, pour le puissant que pour le foible, & même
plus grande, sur tout celle de la langue, qu'en tout autre Païs du
monde. Si quelqu'un est insulté par son Domestique, ou que ce Domestique lui ait desobéi d'une maniere qui merite punition, la Justice
du Païs le doit punir. Le maître seroit puni lui-même d'entreprendre sur l'office de *Themis*, de quelque dignité qu'il fût, & cela selon la
violence qu'il auroit exercée envers ce Domestique.

 On m'a raconté divers exemples de tout ceci, entr'autres d'un Seigneur qui revenant de la Campagne dans sa chaise, & rencontrant un
passage occupé par deux chariots vuides, fit dire aux Charetiers par un de ses
gens

1698.
Chap.
VIII.

gens de se détourner, & de le laisser passer. Comme ils n'en voulurent rien faire, il les menaça, mais ils se mocquerent de lui, & l'irriterent par leurs paroles insolentes jusqu'à l'obliger de leur presenter le pistolet. Mais au lieu d'être intimidez, ils le defierent de tirer, & l'un d'eux ajoûta même, *Mylord, si vous avez de la force dans les jarrêts, dans les bras, & dans les reins, & que vous vouliez l'éprouver avec moi & que vous veniez à bout de me vaincre, vous passerez devant nous; autrement vous n'aurez point le pas.* Le Seigneur ne trouva pas à propos de se commettre avec le Manant, quoi qu'il y en ait d'aussi haute qualité qui ne font aucune difficulté de mettre bas le chapeau, la perruque & l'épée, & d'éprouver ainsi leurs forces avec celles du porteur de chaise &c. aussi communément que de se mettre à la place de leur cocher, pour conduire leur carosse. Cependant un des valets accepta le deffi pour son maître qui ne sçavoit peut-être pas luter, ou qui se deffioit de ses forces. Il terrassa plusieurs fois le Païsan, jusqu'à ce que celui se confessât vaincu. Alors le vainqueur deffia l'autre Charetier qui n'étant pas bon Luteur le refusa. Mais rendant tous deux à Sa Grandeur le respect qu'elle avoit en vain voulu exiger d'eux, & renonçant au fruit de la victoire que son homme avoit remportée pour elle, ils cederent le pas à sa chaise, selon la parole donnée.

Des Loix d'Angleterre.

Les Loix n'épargnent pas plus le plus grand que le petit, le riche que le pauvre, s'il y a du sang répandu, ou si la vie est mise en danger par l'un ou l'autre, comme les exemples suivants le témoignent. On m'a raconté qu'un grand Prince se trouvant *incognito* à bord d'un Vaisseau de guerre *Anglois*, & entendant parler d'une espece de supplice appellé *Keelhalling*, (a) en *Anglois* (je ne sçai si ce n'est pas *Estrapade maritime en François*) demanda au Capitaine qu'on lui en donnât le spectacle. Mais celui-ci ayant répondu qu'on n'avoit personne qui eût merité cette punition, qui coutoit quelquefois la vie, ce Prince offrit un de ses gens. Sur quoi le Capitaine lui dit, *Pierre, vous n'êtes pas maître ici de la vie de vos Sujets: nos Loix la protegent autant que la vôtre, & la leur ôteroient malgré vous, s'ils l'avoient merité.* Un Comte *Italien* se trouvant à *Londres*, fit plus, & en souffrit, puis qu'ayant tué un de ses valets, Etranger comme lui, il fut pendu, malgré les mouvemens que quelques Princes se donnerent pour obtenir sa grace. Je remarquerai à propos de cela que plusieurs Etrangers croyent, que les supplices ne sont pas assez bien proportionnez aux crimes en *Angleterre*. Ils disent qu'être pendu, par exemple, pour avoir assassiné, comme un voleur de grand chemin pour avoir volé, est un supplice trop doux pour le premier, puis que le meurtrier ne souffre pas à proportion de ce qu'il a fait souffrir, la personne assassinée recevant souvent divers coups de pistolet & d'épée, & souffrant de grandes douleurs avant que de mourir. Ces Loix si jalouses de la liberté du Peuple paroissent en cela même deffectueuses, c'est-à-dire, trop indulgentes à certains égards : en voici un exemple. Un Ambassadeur du *Czar* ayant été arrêté pour dettes dans les ruës de *Londres*, après son audience de congé de la *Reine Anne*, & traité d'une maniere aussi peu respectueuse

---

(a) Le *Keelhalling* consiste à lier le coupable sous les bras ou par la ceinture avec une longue corde, à le descendre en cet état sous l'eau, & à le trainer sous la quille d'un Vaisseau à diverses reprises d'un bout à l'autre.

tueuse que contraire au droit des gens, Sa Majesté *Britannique* en entendit la nouvelle & les plaintes avec le dernier déplaisir, premierement de la part de ce Ministre, ensuite de Sa Majesté *Czarienne*. Ce Prince en demandoit une satisfaction authentique, & la punition exemplaire des auteurs d'un tel attentat. Mais les Loix ne le permettant pas, la Reine lui écrivit une Lettre pleine d'excuses, dans laquelle elle lui donnoit le titre de *Majesté Imperiale*, qu'il n'avoit pas encore pris entre les autres Puissances. Sa Majesté *Britannique* lui marquoit, tant par écrit que par la bouche d'un Ambassadeur Extraordinaire qu'elle lui envoya exprès, que le chagrin qu'elle en avoit lui étoit d'autant plus sensible que *the insufficiency*, *of our Laws* (ce sont ces termes) c'est-à-dire, *le deffaut des Loix*, qui autorisoient le moindre des Sujets à exiger ce qui lui étoit dû par le plus grand Seigneur, & d'elle-même si elle lui devoit de l'argent, lui lioit les mains à l'égard de la satisfaction que demandoit Sa Majesté Imperiale, & qu'elle souhaiteroit de la lui pouvoir donner. La Reine prioit le Czar de vouloir bien pardonner le passé en cette consideration, promettant d'employer toute son autorité pour faire rectifier ce défaut des Loix par un Acte exprès de son *Parlement*, qui mît dorenavant le caractere des Ministres étrangers à couvert de pareilles indignitez. En effet, cet Acte a été fait, mais quelques-uns de ces Ministres semblent s'en prevaloir jusqu'à en abuser d'une maniere fort prejudiciable au bien & au droit Public. C'est que non contens d'être eux & leurs Domestiques exempts des poursuites de la *Justice de Paix* pour leurs dettes, ils vendent ou laissent vendre par leurs Secretaires leur protection à quantité de gens, qui la mettent ensuite à toute sorte d'usage avec autant de liberté que d'impunité. Les Membres du Parlement jouissent aussi de ce Privilege, & en ont abusé de même & trop souvent, jusqu'à ce qu'un autre Acte le restreignît à leurs personnes, & à ceux-là seuls qui sont véritablement & effectivement leurs Domestiques. Il seroit à souhaiter que ce Parlement le renfermât dans de semblables bornes à l'égard des Ministres.

Mais je reviens aux divertissemens des *Anglois*, sur tout de la populace. Un des plus ordinaires est de faire battre des coqs l'un contre l'autre, jusqu'à la mort de l'un, & souvent de tous deux. Un autre est de faire battre des chiens ensemble. Ces animaux sont terribles en *Angleterre*, & quand ils sont une fois acharnez l'un contre l'autre, ils ne lâchent point prise, qu'un des deux ne reste sur la place. Cette sorte de chiens s'appelle *Bull Dogs* en *Anglois*, ou *Chiens à Taureaux*; mais on a remarqué qu'ils dégenerent & perdent considerablement de ce courage, aussi-bien que les coqs, s'ils sont transportez dans le Païs Etrangers.

Les occupations les plus ordinaires des femmes de la Campagne sont de filer la laine, de faire du beurre, du fromage, de recueillir la moisson &c. Divers nombreux troupeaux de gros & de menu betail errent librement nuit & jour çà & là, dans les prairies, & dans les champs moissonnez, sans crainte des Loups, & sans avoir d'autres ennemis que le boucher. A propos des Loups, on m'a assuré qu'une Loi qui n'est pas encore abrogée, quoi que superflue aujourd'hui, & à laquelle on a attaché une recompense pour chaque Loup qu'on tueroit, est ce qui en a purgé le Païs.

Tome I. Y Les

1698.
Chap.
VIII.

Les depouilles du gros betail, sçavoir les *cuirs*, font estimées & recherchées des Etrangers, comme les meilleurs qu'il y ait en ce genre. La laine du menu betail après avoir passé par les manufactures, & habillé, outre les habitans du Païs, la plûpart des *Européens*, va jusqu'aux extremitez du monde en habiller d'autres; ce qui raporte tant de richesses à ses proprietaires, qu'ils peuvent se vanter d'avoir en elle une véritable *Toison d'Or*.

Metaux &
Mineraux.

La Terre renferme dans son sein divers riches metaux, comme *l'argent*, le *cuivre*, le *fer*, l'*étain*, le *plomb*, &c. Ces deux derniers surpassent non seulement en qualité, mais aussi en quantité, ce qu'on en peut trouver dans d'autres Païs. Et comme cette abondance s'étend au delà des besoins que les *Anglois* en ont, ils en envoyent le surplus en diverses parties du monde, où on en manque, & cela leur produit des sommes considerables. J'en dis autant de la *calamine*, du *vitriol*, de l'*alun*, du *sel de montagne*, de l'*ocre*, & du *charbon* de terre. Ce dernier est si abondant qu'il employe seul jusqu'à vingt mille Matelots, ce qui compose une espece d'*Ecole de Marine*, de laquelle le Gouvernement tire dans le besoin quantité d'éleves experimentez. La Province de *Cornowall* est principalement celebre par l'*étain* & le *plomb*. Mais je prevois que l'on me fera une objection sur les mines d'argent. On va demander pourquoi, s'il y en a, elles ne sont pas cultivées. La réponse est facile, & la voici: le terrain qui les renferme est si fertile qu'il rapporte des avantages plus qu'équivalens, n'y ayant point d'exemple d'aucune famine dans le Païs. Il fournit au contraire beaucoup du superflu de ses grains à d'autres, & le Commerce qui échange le produit ou les Marchandises du Païs contre ce metal avec ceux qui l'ont, & qui le cherchent dans le sein de la terre, le rend plus commun parmi les *Anglois* qu'entre ces Peuples. On peut répondre à peu près de même à une autre objection à l'égard du fer qu'ils vont chercher en *Scandinavie*, quoi qu'ils en ayent des mines suffisantes chez eux, & ajoûter que ce qu'ils en tirent ou peuvent tirer de leurs mines, ne convient pas à tous égards à toutes les Provinces. Ils trouvent que leurs Vaisseaux les leur apportent de là ou d'ailleurs, dans les lieux où il est le plus nécessaire, avec des dépenses inferieures à celles qu'ils seroient obligez de faire pour le transporter d'une Province à l'autre par terre, & pour rendre le leur propre aux differens usages auquel celui là l'est, comme pour des ancres &c. outre que les bois qu'il faudroit planter pour cela occuperoient fort desavantageusement & trop du terrain *Anglois*, aussi riche en champs labourables qu'en pâturage, ce qui l'appauviroit infailliblement.

Cette Nation, avec un Roi de son choix, avec une si excellente constitution, des Loix si bonnes, tant d'avantages que nous avons raportez, tant d'autres aussi connus, quoi qu'obmis, en un mot avec toutes les raisons imaginables d'être heureuse, ne paroissoit pas telle au moins pour une grande partie; ou il sembloit qu'elle ne fût ni connoître son bonheur, ni en jouir: car quelques-uns regretoient le Roi détroné, d'autres étoient attachez au regnant, quelques autres sans regretter le passé, ni aimer le present, étoient pour un Gouvernement *Aristocratique* ou *Democratique*. La Religion servant de manteau à cette division, & faisant comme long-tems auparavant, & comme elle fait encore aujourd'hui deux partis de trois sortes de gens, plusieurs

sieurs *Anglicans* déclamoient contre la grande tolerance du Gouvernement pour les *Presbiteriens*; & tous les autres compris sous les noms de *Dissenters*, ou *Non-Conformistes*, disoient que leur discipline étoit une *Democratie Spirituelle*, qui tendoit naturellement à la Temporelle, & menaçoit par consequent l'Eglise & la Monarchie. Plusieurs de ceux-ci au contraire accusoient l'Eglise *Anglicanne* d'employer son pouvoir à l'extirpation du *Protestantisme* en géneral, & d'être une fille mal convertie de l'Eglise Romaine, dont elle avoit en partie conservé les habits, & les inclinations. Ces deux partis se faisoient une guerre civile par la plume & par la langue, & se distinguoient par les noms de *Torys* & de *Whigs*, si connus par leur ignominieuse étimologie, comme ils sont encore aujourd'hui que je prépare ceci pour l'Imprimeur, & comme ils seront encore long-tems, selon les aparences. On comprenoit même entre les *Whigs* divers Membres de l'Eglise *Anglicanne*, qui n'étoient tels, disoit-on, que pour avoir part aux honneurs Temporels, que divers actes du Parlement refusent à ceux qui ne le sont point. De sorte que si je ne' m'étois pas engagé à ne reflechir que le moins qu'il me seroit possible, je pourrois diviser ces deux Partis autrement que par les noms de *Whigs* & de *Torys*, en disant que *l'un est celui qui a les Emplois, ou les places les plus honorables, & les plus lucratives de l'Etat, & que l'autre est celui qui les voudroit avoir*. J'ajoûterois même que s'il y en avoit assez pour tout le monde, ces deux Partis se réduiroient bientôt à un seul.

Quant à l'origine des noms de *Whig* & de *Tory*, ce sont les termes du monde les plus injurieux, dans le sens que les plus violents des deux Partis se les appliquent les uns aux autres. Le premier fut donné aux *Presbiteriens d'Ecosse* comme Partisans *d'Olivier Cromwell*, & signifie dans la bouche d'un violent *Tory*, un *homme faux, double, hypocrite, & ennemi juré de la Monarchie & de la Hierarchie*; & dans celle d'un *Whig*, *un ami du bien public, un zelé deffenseur de la liberté Temporelle & Spirituelle, sur tout de la Religion Reformée*. Le second, qui signifie proprement un Sauvage & un voleur *Irlandois*, étant appliqué par un *Whig* des moins moderez à son adversaire, veut dire *un cruel & implacable persecuteur de quiconque n'agit pas selon ses principes; qui ne sert pas Dieu & le Roi en la même maniere que lui; un ennemi de cette double liberté dans tout autre qu'en soi-même & dans le Monarque qui l'y maintient, & auquel il veut que tout autre obéisse aveuglement & sans murmure, quelque persecuté qu'il en soit &c.* Cet odieux nom étant au contraire donné par un *Tory* à son Partisan, designe *un Sujet fidele & soumis à Dieu, au Roi, & à la Patrie, & un deffenseur des Priviléges & des Libertez du peuple*.

Le Regne de *Charles I.* est comme l'époque de ces deux noms, ou au moins de leur application. Les *Whigs* à qui les *Torys* reprochent jusqu'aujourd'hui la mort de ce Prince, retorquent cette accusation. Ils disent que ce sont les *Torys*, Ministres violens de ce malheureux Roi, qui de concert avec les *Catholiques-Romains* ont été, quoi qu'indirectement, les premiers instrumens de son suplice, en le portant à violer les Loix & la liberté Temporelle & Spirituelle du Païs, ou au moins en ne l'en empéchant pas, sous prétexte d'une *obéissance passive* qu'ils affectoient de lui rendre, parce que leurs interêts particuliers n'en souffroient pas. Ils citent, entr'autres preuves de cette te imputation, le massacre des Protestans d'*Irlande*. Ils blâment cependant en même tems *Cromwell* de l'avoir fait mourir, & ils ajoûtent que tout le parti zelé pour la liberté Spirituelle & Temporelle, & pour le bien Public qui en a souffert, n'aprouvoit pas plus qu'ils ne font, si on en excepte quelques Particuliers, un pareil traitement envers le Souverain, quelque coupable qu'il puisse être d'ailleurs.

Charles II. montant enfin sur le Trône de son Pere, parut en être persuadé, & gouter leurs raisons, mais cependant il ne trouva pas qu'il fût de la bonne Politique d'en témoigner son ressentiment. Il forma son Ministere de gens choisis de tous les deux; ou plûtôt il se fit un troisieme Parti d'entre les *Whigs* & les *Torys* moderez, qu'on appella le Parti de la Cour; & ce fut par cette voye qu'il se maintint assez heureusement jusqu'à sa mort.

Jaques II. son Frere & son Successeur, étant *Catholique-Romain*, favorisa ceux de sa Religion jusqu'à violer quelques Loix. Sur quoi les deux Partis en prirent tant d'ombrage, & en conçurent une si grande jalousie, qu'ils se réunirent pour quelque tems comme en un même Parti, dans la vue de deffendre ces Loix & leurs Libertez, ce sont leurs termes. Ils appellerent pour cet effet à leur secours le Prince d'*Orange Guillaume III.* en la maniere qu'on sçait assez. Il y vint, ou plûtôt il y accourut. *Jaques* craignant un sort pareil à celui de son Pere, ou se croyant trop foible pour se maintenir sur le Trône par ses amis, le quitta & s'enfuit en *France*, où il croyoit trouver des forces suffisantes pour y remonter. Cependant les deux Partis reünis offrirent la Couronne à *Guillaume* & à la Princesse son Epouse, fille du Monarque fugitif, ou abdicateur, comme ils l'appelloient, & ce couple illustre l'accepta.

Le nouveau Roi venant à regner dans des tems fort épineux, & ayant sur les bras une guerre très onereuse contre la *France*, à l'occasion de l'exil de *Jaques II.* témoigna plus de confiance pour les *Whigs* qu'il regardoit comme les plus animez contre ce Monarque, les plus fermes, les plus habiles Politiques, & sur tout les meilleurs œconomes, & qui possedoient d'ailleurs les plus grandes richesses: secours si necessaires pour soutenir cette guerre. Il les mit à la tête des affaires de l'Etat, & dans les principaux Emplois, preferablement aux *Torys*. Cette distinction ayant renouvellé la premiere division & la haine de Parti, ces derniers qui le jugeoient *Whig* & *Presbyterien*, parce qu'il étoit né parmi les *Hollandois*, le contrecarrerent en toutes les occasions qu'ils purent en trouver, & traiterent les *Whigs* de *Guillaumites*, dans le sens des Partisans de *Cromwell*, & ceux-ci appellerent les autres *Jacobites*. Mais ces noms odieux firent place aux noms plus doux de *haute & basse Eglise*, sous la Reine *Anne*, dont le Parti avoit passé pour être tout *Tory* sous le Regne précedent, aussi-bien qu'elle même. Cette Princesse eut recours aux *Whigs* pour la guerre qu'elle commença de faire à la *France* & à l'*Espagne*, en montant sur le Trône, & cela pour des raisons pareilles à celles du Roi son Prédecesseur. Elle ne finit cette guerre que par la conversion de quelques-uns de ses Ministres au *Torisme*, & en congediant ceux qui lui paroissoient contraires à la Paix qu'elle vouloit faire, & qu'elle a faite telle qu'on sçait.

Le Ministere du Roi d'aujourd'hui avec le reste du Parti de la
Cour

Cour, passe pour *Whig*. Au reste cette division de Partis, est selon le sentiment des personnes judicieuses, moins préjudiciable qu'avantageuse à l'Etat, en ce que le *Tory* veillant sur la conduite & sur les actions du *Whig* en place, & le *Whig* faisant de même à son tour, chacun se pique de se rendre irreprochable, & cherche à se maintenir dans son poste, en servant la Patrie. Pour dire la vérité, il y a d'aussi honnêtes gens d'un Parti que de l'autre, & en très grand nombre, qui ne meritent pas les idées qu'on a attachées à ces noms.

1698. Chap. VIII.

Comme ce Païs est déja fort connu par d'amples Relations, je ne m'y arrête pas beaucoup. Ce que j'en fais aussi-bien qu'à l'égard de la *France*, est plûtôt pour l'ordre & la connexion de mes Voyages, ou pour ne pas passer par une aussi considérable partie de l'Europe *Chrétienne*, que l'est la *Grande-Bretagne*, sans en dire quelque chose, que dans le dessein d'en donner de nouvelles découvertes. Je me contenterai seulement d'ajoûter ici deux mots sur quelques-unes de ses Antiquitez.

Stonehenge, dans la Province nommée *Wiltshire*, est une grande quantité de pierres differentes pour la forme & pour la grosseur, mais assez égales pour la qualité & pour la couleur: elles sont dressées dans la plaine de *Salisbury*, en cercle de trois rangs, à des distances presque égales, & deux à deux. Chaque couple de pierres dressées en soutient une troisieme couchée dessus par ses deux extremitez, en forme d'Architrave. Les plus grandes d'entre les premieres qui composent le cercle du milieu sont hautes de vingt-un à vingt-deux pieds, larges de sept à huit, & épaisses de quatre à cinq. Les plus grandes de la troisieme, j'entends celle qui tient lieu d'Architrave, ont quinze à seize pieds de longueur, trois à quatre de largeur, & autant d'épaisseur. Celles des autres cercles sont hautes depuis six jusqu'à quinze pieds, larges depuis deux & demi jusqu'à sept, & épaisses depuis un & demi jusqu'à trois. Plusieurs couples de pierres dressées en soutiennent une troisieme couchée en travers, comme celles-là, & d'autres montrent en avoir soutenu. Il y en a quelques-unes par terre qui paroissent avoir été renversées par le poids de celles qu'elles soutenoient, ou entraînées par la chute de celles qui en étoient voisines. La plus considerable de celles-là est de 15. pieds & trois quarts, vers *l'Orient*. Toutes ces pierres sont brutes & si dures qu'il seroit presque impossible de les polir. Leur couleur est grisâtre, & n'est pas fort differente du plus commun granite, quoy qu'on ne puisse pas dire que c'en soit. Comme on ne trouve point d'inscriptions sur toutes ces pierres, on ne peut savoir que par conjecture, à quoi un pareil bâtiment a pû être employé.

Antiquitez d'Angleterre en Wiltshire.

Quelques-uns veulent que ç'ait été un Temple de *Druides*; mais l'Histoire qui nous dit que les endroits les plus épais des forêts, ou des cavernes creusées ordinairement par la Nature, & revetuës de lierre, ou de broussailes, dans ces forêts, étoient les seuls Temples qu'ils eussent, combat cette pretention, parce qu'il n'y a ni forêt ni bois dans l'endroit où ces pierres se trouvent. Quelques autres croyent que ça été un Temple bâti & dedié au *Ciel* par les *Romains*. La situation de *Stonehenge* dans une plaine aussi ouverte & aussi éclairée de tous côtez qu'est celle-là, jointe à sa forme orbiculaire, paroît favoriser un peu cette opinion; mais ce qui nous reste des plus anciens bâtimens *Romains*, n'a rien de si brute, ou de si grossierement cons-

Y 3

truit

1698.
CHAP.
VIII.

truit que celui-là. Enfin d'autres qui prétendent voir plus clair, ou penetrer plus avant dans l'Antiquité, difent que c'eſt un ouvrage des premiers *Goths*, qui ont paſſé en *Angleterre*, & qu'il a été fait pour un Tombeau de quelque grand Heros, & avant l'uſage de leurs caracteres *Runniques*; ce qui excuſe le défaut d'inſcription. Tout ce que je puis répondre à cela, c'eſt qu'il a plus l'air d'une premiere ébauche de l'Architecture *Gothique* que de l'Architecture *Romaine*. Ceux qui conſiderent la couleur particuliere, la groſſeur, la dureté, & la peſanteur de ces pierres, & qu'il n'y en a point de ſemblables dans le voiſinage, ni même dans diverſes Provinces bien loin à la ronde, ne peuvent s'imaginer que la Nature les ait produites en cet endroit, & ils concluent qu'elles ont dû y être tranſportées. Les Viſionnaires veulent que ce ſoit par des *Geans*, & ils portent le même jugement des *Mightyſtones* auprès de *Briſtol*, des *Pollrichſtones* dans le voiſinage de *Witney* en *Oxfordshire*. Ils veulent, en effet, qu'elles y ayent été toutes tranſportées de quelques-unes des *Orcades*, où on trouve, diſent-ils, de ces ſortes de pierres, ſingulieres pour leur groſſeur, leur couleur, & leur dureté.

J'ai vû dans la Province de *Hertford* cinq éminences toutes de terre, l'une près de l'autre, qu'on croit aſſez géneralement être d'anciens Tombeaux des *Goths*, ou des *Anglo-Saxons*. Elles reſſemblent aſſez aux *Tumuli* des *Latins*. Cependant diverſes perſonnes ſoutiennent le contraire, & veulent qu'elles n'ayent ſervi que de *Suggeſtums* fixes, pour élire les Rois *ſub dio*, ſelon l'ancienne coûtume, ou pour haranguer le Peuple en des occaſions extraordinaires.

Le *Czar*, à ce qu'on me dit, étoit en *Angleterre* lors que j'y arrivai, mais je ne ſçai s'il y étoit encore quand j'en ſortis. Quoi qu'il en ſoit, ce grand Prince étoit le plus ſouvent ſur la *Tamiſe* à quelque *Dock* ou chantier, & à bord de quelque Vaiſſeau de guerre. Il y faiſoit tantôt le perſonnage de Charpentier, tantôt celui de Matelot, & rarement celui de Gentilhomme, excepté lors qu'il alloit auprès du Roi *Guillaume*. Ceux qui m'apprirent ceci me donnerent la Harangue qu'il lui avoit faite à la première entrevue qu'il eut avec ce Prince: je n'en crois pas l'Extrait aſſez long pour qu'il ſoit à propos de le renvoyer à l'appendix. Le voici.

TRES RENOMMÉ MONARQUE.

Diſcours du *Czar* au Roi *Guillaume*.

,, CE n'a pas été tant le deſir de viſiter les celebres Villes de l'*Empire d'Allemagne*, & la puiſſante *République* de l'Univers, qui
,, m'a fait quitter mon Trône, & m'abſenter de mes Armées victo-
,, rieuſes, que celui de voir le plus grand & le plus brave Heros du
,, ſiecle. Ce deſir eſt ſatisfait, & je recueille le fruit de mon voya-
,, ge, en me trouvant admis en votre Royale preſence. Vos géne-
,, reux & tendres embraſſemens m'ont fait plus de plaiſir que la pri-
,, ſe d'*Aſoph*, & mes victoires ſur les *Tartares*; mais je vous ſuis re-
,, devable de la conquête de cette importante clef de la *Mer Noire*.
,, C'eſt votre *genie martial* qui a dirigé mon épée. L'émulation de
,, vos exploits a inſpiré à mon cœur les premieres penſées d'a-
,, grandir mes Etats. Ma véneration pour votre Perſonne Sacrée eſt
,, au deſſus de toute expreſſion. Ce voyage même n'en eſt qu'une foible

,, ble preuve. La saison est si avancée & la Paix de l'Europe est sur
,, un tel pied, que je n'ose me flatter de l'avantage & de l'occasion que
,, je voudrois avoir de combattre sous vos Etendards. Cependant si
,, la guerre continuoit, je suis prêt de suivre vos ordres avec mon
,, Armée; & soit en tems de Paix ou de guerre, si vos ingenieux Su-
,, jets veulent négotier par toute l'étendue de mes Etats, tous les
,, Ports leur y sont ouverts, & ils y jouiront des plus grands Privile-
,, ges & immunitez que ceux dont jouissent actuellement les plus fa-
,, vorisez d'entre les Etrangers dans quelques-unes de mes Places, &
,, qu'aucuns autres ayent eus avant eux. Et ces Privileges & ces im-
,, munitez seront enregitrez authentiquement dans les plus prétieuses
,, Annales de *mon Empire*, en témoignage éternel de cette vénera-
,, tion & de cette estime que j'ai, & que j'aurai toûjours pour le plus
,, digne des Rois.

1698.
Chap.
VIII.

On sçait assez les avantages que ce Prince a tirez de ses voyages, & de ses differens personnages, sans que je m'étende là-dessus. La belle flotte qu'il a bâtie depuis à *Asoph*, & qu'il a été obligé de sacrifier avec cette Place, & *Taganrote* &c. à sa delivrance d'entre les mains des *Turcs* sur le *Pruth*, & celle qu'il a actuellement dans la Mer *Baltique*, & qu'il augmente de jour en jour, en sont des preuves suffisantes.

Au mois d'*Août*, les Rois de *France* & d'*Angleterre* conclurent ensemble un Traité de partage à l'égard des Etats d'*Espagne*, après la mort de *Charles* qu'on s'attendoit d'apprendre à chaque moment. On disoit que le dernier avoit formé le plan de ce partage, & que le premier l'avoit approuvé, pour prevenir une nouvelle guerre, à l'occasion de la succession d'*Espagne*, parceque S. M. *Catholique* ne laissoit point de posterité. En vertu de ce Traité, le *Dauphin de France* devoit avoir pour sa part les Royaumes de *Naples*, & de *Sicile*, avec toutes les Isles & Places situées sur les Côtes de *Toscane*, les Villes de *Fontarabie*, & de *St. Sebastien*, toute la Province de *Guipuscoa*, une partie du Royaume de *Navarre*, &c. Par le même Traité, le Duché de *Milan* devoit être donné à l'Archiduc *Charles d'Autriche*, & le reste de la Monarchie avec ses dependances tant en *Europe* qu'en *Afrique* & dans les *Indes*, au Prince Electoral de *Baviere*.

Traité de partage à l'égard des Etats d'*Espagne*.

Vers la fin d'Octobre je resolus de faire un voyage à *Constantinople*, & même d'y former une espece d'établissement: la plupart de mes meilleurs Amis combatirent ce dessein, mais inutilement. Le conseil & l'exemple d'un Ministre *François*, qui y étoit appellé pour y precher l'Evangile à quelques Refugiez de sa Nation, m'ayant fait naître cette envie, elle fut bientôt tellement fortifiée par ma curiosité naturelle, & par l'idée avantageuse que j'avois conçue de cette fameuse Ville, aussi bien que de l'humanité & de la droiture des *Turcs*, que rien n'eût été capable de m'empêcher de la satisfaire.

CHA-

CHAPITRE IX.

Voyage en Turquie. *Remarques sur* Pathmos, Smirne, Ephese, Scio, Samos &c.

Gravesend.
Départ pour la Turquie.
Portsmouth
Port de Ste. Helene.

NOus nous rendîmes vers la fin de Novembre à *Gravesend*, où nous nous embarquâmes sur un Vaisseau *Anglois* destiné pour *Smirne*. Nous fîmes voiles le 24. avec un vent qui nous fut assez favorable l'espace de quelques lieues audessus de *Portsmouth*. Mais comme il devint contraire, & un peu fort, nous relâchames au Port de *Ste. Helene*, dans l'Isle de *Wight*. Le Ministre ayant pris ce changement de vent pour une tempête, il en fut si épouvanté qu'il changea le dessein qu'il avoit formé d'aller prêcher l'Evangile en *Turquie*, en celui de repasser en *Angleterre*. Il y retourna effectivement, & j'ai apris depuis, par differentes Lettres, qu'il avoit fait à *Londres* un Sermon si pathetique sur cette prétendue tempête, qu'il tira des larmes des yeux de la plûpart de ses Auditeurs, qui l'accablerent ensuite de complimens de felicitation & d'applaudissemens sur son heureux retour, & sur la prudence qui l'avoit fait renoncer à ce perilleux voyage.

Pour moi, je restai ferme dans ma résolution, & le vent étant redevenu favorable, & moins violent, nous gagnâmes le 27. avant la nuit le Port de *Falmouth*, où nous mouillâmes. Le 28. avant le jour, nous fîmes voiles de nouveau avec le même vent, qui nous rendit le 3. de Decembre en *Portugal*, à la hauteur du *Cap St. Vincent*, où un calme qui lui succeda nous retint jusqu'au 12. L'après-midi un vent favorable qui se leva, nous fit passer le détroit de *Gibraltar* la nuit du 15 au 16. Nous vîmes alors plus distinctement les flammes & la fumée du canon qu'on tiroit presque continuellement à *Ceuta*, que je ne les avois vues l'année précedente. Le 16. vers les 9 heures, le vent étant devenu aussi bon que nous le pouvions desirer, nous étions déja le 29. fort avancez dans l'*Archipel*. Mais ayant cessé de souffler, le 30. il nous y abandonna à un calme de 5 ou 6 heures, proche l'Isle de *Pathmos*.

Cap St. Vincent.
Gibraltar.
Ceuta.

Pathmos, Zapsila, & Kala, bons Ports.

Cette Isle a environ vingt Milles d'étendue. Il n'y en a point dans tout l'*Archipel* qui soit si riche en Ports, dont *Zapsila* & *Kala* sont les meilleurs. Nous en étions si proche que je demandai au Capitaine la liberté d'aller à terre, dans le bateau d'un pêcheur, qui nous apporta du poisson à achetter. Il me le permit, à condition que je reviendrois d'abord que le moindre vent viendroit à s'élever. Je mis pied à terre au fond du Port appellé *Diacorti*, qui est peu profond. Je me fis conduire de là au Couvent de *St. Jean*, parce que c'est la principale chose qu'il y ait à voir dans cette Isle. C'est une espece de Château flanqué de diverses Tours, avec une Eglise mal bâtie, & encore plus mal peinte au dedans, mais assez bien voutée, comme le sont generalement les autres que j'ay vues ensuite à *Scio*, au *Mont Athos* &c. Les *Caloyeros* ou Moines *Grecs*, retirez dans ce Monastere, étoient au nombre de 93. Il y a dans l'Isle, à ce qu'on m'a dit, plus de cent Eglises, ou plûtot Chapelles, tant anciennes que modernes. Il ne s'y trouvoit alors que 10 ou 11 Prêtres Seculiers qui avec les

Moi-

Moines étoit un trop grand nombre, eu égard à celui des habitans, qui n'alloit pas à quatre mille. Je vis encore l'hermitage appellé par les gens du Païs, *Apocalipsis*, sur ce qu'ils prétendent que c'est là que *St. Jean* écrivit son *Apocalipse*. Il n'est pas fort éloigné du Couvent. Un defilé coupé dans le Rocher conduit droit à une petite Chapelle dont la voûte est assez jolie, & d'où l'on passe dans la grotte. C'est là qu'on croit que *St. Jean* se retiroit pour recevoir ses révelations. Un *Papa* qui m'y conduisit, me montra au haut de la roche une fente, par laquelle il disoit assez affirmativement, que la voix de *Dieu* se faisoit quelquefois entendre à cet Evangeliste. Cette grotte d'ailleurs est un miserable trou.

Tout ce que je trouvai de plus remarquable après cela dans cette Isle, c'est l'habit des femmes, qui me parut le moins désagréable des Isles de l'*Archipel*. On le voit représenté sur l'Estampe XIII. Fig. 2. Comme je m'apperçus que l'air commençoit à s'agiter, & que je connoissois l'humeur impatiente du Capitaine, je hâtai mon retour à bord où il ne laissa pas de gronder un peu, de ce que je m'étois arrêté près de quatre heures à terre.

Cependant le vent qui n'étoit pas encore assez fort pour nous permettre de faire un Mille en une heure, renforça assez considerablement quelques heures après minuit pour nous porter en moins de quatre jours au delà du Cap *Carabournout*. Mais comme il devint contraire en cet endroit, nous fûmes obligez de jetter l'ancre entre les Isles de *Vourla*, représentées, avec le Port de *Smirne*, marque S sur ma Carte C, T. II. Nous fîmes le lendemain matin une espece de descente sur une de ces Isles, où nous ne trouvâmes pour tous habitans que beaucoup de gibier, & de gros betail à corne, que nous jugeâmes sauvage, parce qu'il s'enfuit à notre vue, & qu'il erroit sans conducteur. Le Canonier ayant apporté des armes, un Matelot *Ecossois* qui tiroit fort bien, & ce Canonier, tirerent tous deux, & tuerent en même tems un jeune Taureau d'un coup de mousquet chargé à balles. On l'apprêta sur le champ, & la plus grande partie de l'Equipage qui en mangea avec appetit, trouva à sa chair quelque goût de venaison, soit par prévention, soit qu'elle l'eût contracté effectivement par une vie errante, & par la nourriture devenue commune à ce betail avec les bêtes fauves. Nous le crûmes ainsi le Capitaine & moi en la goûtant. Cependant nous apprîmes ensuite que ce betail appartenoit à des Païsans de Terre-Ferme, qui le mettoient là à la pâture. Le Capitaine blâma les *Tauricides*, & comme il étoit fort conscientieux, il auroit, dit-il, payé ce Taureau, s'il avoit sçû où trouver le Maître. Il fit jetter le lendemain matin des filets qu'il avoit à bord, & la pêche se trouva aussi bonne d'un côté que la chasse l'étoit de l'autre. Nous retournâmes en effet à la chasse, non pas des bêtes à corne, mais du menu gibier, & nous tuâmes deux lievres, & quantité de grives, avec lesquelles nous fîmes bonne chere pendant deux jours que nous restâmes là. Nous allâmes avec la grosse chaloupe du Vaisseau, à un Village en Terre-Ferme. Il se nomme *Vourla*, soit qu'il ait pris son nom des Isles, soit qu'il le leur ait donné : c'est-là que plusieurs veulent que fût l'ancienne *Clazomene*.

Cette fameuse & puissante Ville, qui donna autrefois des Loix à *Smirne*, tenoit sous sa domination tout le Païs circonvoisin, mais il

1698.
CHAP.
IX.

ne lui refte plus de toute cette fplendeur que fon nom que l'Hiftoire a confervé. Le Village eft affez grand, & bien peuplé de *Turcs* & de *Grecs*, qui y ont les premiers une bonne *Mofquée*, & les feconds une jolie *Eglife*. Je n'y remarquai aucun refte d'antiquité qui temoignât que ç'ait été autrefois une Ville. On pourroit plûtôt prendre la petite Ifle de *St. Jean*, qui eft jointe au Continent par une chauffée, pour la place où étoit *Clazomene*, à caufe de quelques ruines confiderables qui s'y voyent, quoi que fans Infcriptions.

Baye & Port de Smirne.

Le vent nous étant devenu favorable le (*a*) 6. de *Janvier* 1699. nous paffâmes devant le Château qui deffend l'entrée de la Baye de *Smirne*, que nous faluâmes de cinq coups de canon. Cette Baye avec les Côtes voifines, eft fidellement réprefentée par S fur ladite Carte C. Ce Château eft flanqué de deux baftions feulement, avec dix-huit pieces de gros canon, tirant à fleur d'eau. Un calme nous ayant arretez au milieu de la Baye, nous y retint toute la nuit, mais le lendemain avant midi, partie avec l'aide d'un petit vent de terre, partie avec la grande Chaloupe, avec laquelle le Capitaine fit remorquer notre Bâtiment, nous gagnâmes la Baye de *Smirne*. Le Port de *Smirne* eft affez grand: il peut contenir cent Vaiffeaux de guerre, outre ceux des Marchands qui y abordent de toutes parts. Les Côtes voifines lui fervent de moles naturels, qui les y tiennent à couvert des tempêtes. Les Marchands ayant reçû leurs Lettres furent agréablement furpris de les trouver auffi fraiches, que s'ils les avoient reçues par la voye de *Marfeille*, par où on écrit d'*Angleterre* en *Turquie* en tems de Paix, comme par celle de *Vienne* en tems de guerre. Le Capitaine leur dit qu'il n'avoit jamais eu un paffage plus court, par raport à un fi long voyage, & que fi ce n'avoit été les differens calmes dont nous avions été furpris, nous ferions arrivez en moins de trente jours. J'admirai l'humanité des Officiers de la *Douane*, qui loin de fouiller dans les poches des paffagers, comme on fait prefque par toute la *Chrétienté*, ne mirent pas même la main dans mon coffre, que je leur ouvris. Le Château qui deffend le Port eft fitué près de la Douane, & eft plus grand que celui qui deffend l'entrée de la Baye: il a quatre baftions avec une grande Tour au milieu, & eft affez bien fourni d'Artillerie.

La Ville de Smirne.

La Ville de *Smirne* eft à l'extremité de la Baye, ou au fond du Port, & s'étend environ l'efpace d'un demi Mille fur le penchant d'une montagne, qui les commande l'un & l'autre. Les maifons des Confuls, & de la plupart des Marchands des Nations *Franques*, nom que les *Turcs*, comme je l'ai déja infinué, donnent à tous les *Européens* étrangers, font rangées le long du Port, & ont d'agreables galeries fur la mer. La rue, qui eft du coté de la montagne, s'appelle la *Rue des Francs*, à caufe que les maifons qui la bordent de part & d'autre, font habitées par des *Francs*. Les *Catholiques-Romains* y ont 3. Couvents, fçavoir un de *Jefuites*, un autre de *Francifcains François*, & un autre d'*Italiens*, fous le nom de Peres de la *Terre Sainte*, outre un Evêque, qui prend le titre d'Evêque de *Smirne*, que perfonne ne s'avife de lui difputer: il eft payé de la Cour de *Rome*. Quant aux Nations *Angloife*, & *Hollandoife*, elles fe contentent d'avoir chacune un Chapelain.

(*a*) Je conferve le vieux *ftile* que j'ai pris en *Angleterre*, & qui eft obfervé en *Orient* comme j'ai dit ailleurs, par les *Chrétiens Orientaux*.

pelain. On comptoit alors dans la Ville outre les *Francs*, au nombre de deux cents & davantage, douze à quatorze mille *Turcs*, huit mille *Grecs*, quatre cents *Armeniens*, & quinze cents *Juifs*. Les premiers y ont dix-sept *Mosquées*, les seconds deux *Eglises*, les troisiemes une, & les quatriemes cinq *Sinagogues*. *Smirne* est le plus riche Magasin de toute la *Turquie*, en prétieuses Marchandises que l'on y transporte de *Perse*, & de diverses autres parties d'*Asie*; & le rendez-vous le plus fréquenté des Marchands *Francs*. Les *Anglois* y chargent seuls plus de Soye de *Perse*, de *Poil de Chevre* d'*Angora*, & plus de *Coton*, que tous les autres Marchands *Francs* ensemble; & ce sont eux qui y déchargent les Draps les plus fins.

Marchands Anglois. Leur Commerce.

Le Commerce *Britannique* doit être d'un Revenu fort considerable en *Turquie*, puisque la Compagnie du *Levant*, qui est à *Londres*, en paye l'Ambassadeur, les Consuls & leurs Interprêtes, les Chapelains, les Tresoriers, les Secretaires, les Chanceliers, les *Janissaires*, & autres de ses Officiers, tant en *Turquie* qu'en *Angleterre*, outre les presens, soit ordinaires, soit extraordinaires, que la Nation fait à la *Porte*, ce qui monte tous les ans à une dépense de plus de cent mille livres sterling.

Cette Compagnie exige de ses Commissionaires deux choses qui leur paroissent d'autant plus rudes, qu'aucune autre Compagnie ne les exige des siens. La premiere est un Serment qu'ils doivent faire à leur arrivée devant ses Ambassadeurs, ou ses Consuls, de ne point vendre à credit, de peur de contracter de méchantes dettes; en voici la raison. Il est constant que tous les *Turcs* sont naturellement de très religieux observateurs de leur parole, qui est aussi solide que les Ecrits les plus authentiques des *Chrétiens*. Mais les changemens ou dépositions des *Visirs*, des *Pachas* & autres Officiers de la *Porte*, qui font les plus gros achats pour leur maison, soit des *Francs* immediatement, soit des Marchands *Turcs* qui achettent d'eux, pour leur revendre, les mettant souvent hors d'état de payer ce qu'ils ont acheté ou emprunté, il a paru nécessaire de prévenir ces pertes par un pareil expedient. Cependant on n'en a point tiré tout le fruit qu'on en attendoit, & il semble que quelques-uns de ces Marchands, en prêtant ce Serment, en fassent un autre en eux-mêmes, qui est de ne le point observer. Effectivement j'en ai vû deux, entr'autres, qui après s'être emportez contre cette Loi, & avoir juré qu'ils ne s'y soûmettroient jamais, prêterent enfin ce Serment & le rompirent bientôt après. Ils disoient, pour s'excuser, qu'il leur étoit impossible de commercer avec avantage sans risquer quelque chose avec les Acheteurs, qui n'avoient pas toûjours de l'argent comptant ; & ils en donnoient pour exemple les autres *Francs*, qui n'étant pas obligez de ne point vendre à credit, se défaisoient des plus mauvais draps, pendant que ceux qui observoient leur Serment ne pouvoient vendre les meilleurs.

Le second article que la Compagnie *Angloise* exige de ses Commissionaires, est de n'épouser aucune Sujette du *Grand Seigneur*; voici ce qui a donné lieu à cette autre loi de cette Nation. Un Marchand ayant épousé une *Greque*, & étant venu à mourir, cette femme autorisée en cette qualité par les Loix du Païs, se déclara heritiere universelle de tout ce qu'il laissa, sans excepter même ce qu'il n'avoit qu'en Commission de ses Correspondans. Elle s'adressa pour cet effet

Demêlé au sujet de la succession d'un Marchand Anglois.

au *Cady* de *Smirne*, digne créature d'un des plus avares, des plus injustes, & des plus cruels *Vifirs* qui ayent gouverné l'Empire *Ottoman*. Elle le pria d'interposer son autorité pour lui assurer la possession de ce bien, & la proteger contre l'entreprise de deux Marchands *Anglois*, que son mari avoit nommez ses Executeurs Testamentaires, & qui avoient déja mis le scellé sur tous ses Effets. Le *Cady* dépêcha d'abord un de ses gens à *Cara-Mustapha Pacha* (*a*). C'est ainsi que s'appelloit le *Vifir* (*b*), dont je pourrai rapporter ailleurs quelques particularitez. Dès qu'il eut été instruit de l'affaire en question, il envoya à *Smirne* un des Ministres de ses extorsions, sous le nom de *Capigi-Bachi*, avec ordre de s'emparer, de concert avec le *Cady*, de tous les Effets du deffunt, & de demander aux deux Marchands quatre cents *Bourses* (*c*), destinées à servir à la Veuve de nantissement pour la succession de son mari, & même plus, si elle faisoit voir que ces Effets valoient davantage. Effectivement, soit qu'on l'eût consultée sur ce sujet, soit que ce fût un effet naturel de l'avarice du *Cady* & du *Capigi-Bachi*, aussi-tôt que ce dernier fut arrivé à *Smirne*, on demanda aux Marchands cinq cents *Bourses*. Ceux-ci alleguerent contre cette demande les Capitulations qui devoient maintenir les Correspondans du deffunt dans tous leurs droits, & leur faire rendre toutes leurs Marchandises, soit en argent, soit en nature. Ils ajoûterent que le bien qui lui appartenoit en propre, & sur lequel la Veuve pouvoit former quelque prétention, ne montoit pas à la moitié de ce qu'on exigeoit; & ils demanderent, que l'on eût à séparer de cette prétention ce qui appartenoit aux Marchands d'*Angleterre*. Mais ils eurent beau dire, & beau faire, toutes leurs sollicitations & tous les mouvemens qu'ils se donnerent ne servirent qu'à les faire mettre en prison, d'où ils ne purent se tirer qu'en consentant que l'on fît une vente générale de tous les biens du deffunt. Mais quand cela fut fait, on trouva que l'argent qui en provenoit, & celui qui étoit dans la caisse, ne faisoient pas à beaucoup près la somme que l'on avoit demandée. Le *Cady* frustré du fruit qu'il attendoit de sa violence, s'emporta contre les Marchands, & les accusa d'avoir souftrait la meilleure partie des Effets. Mais ceux-ci demontrerent si clairement le contraire, qu'il fallut bien qu'il parût être content de leurs raisons. Cependant il envoya au Tresor de la *Porte* tout le bien du deffunt, du moins il le leur dit ainsi, de même qu'à la Veuve. Il l'y envoya, dis-je, pour y rester en dépôt jusqu'à ce qu'on eût examiné dans le Divan, de part & d'autre, les droits & les raisons des interessez.

Le Consul *Anglois* qui étoit à *Smirne*, informé du cours que prenoit cette affaire, écrivit à ce sujet à Mr. le Chevalier *Finch*, alors Ambassadeur d'*Angleterre* à la Cour *Ottomane*, & les deux Marchands se transporterent eux-mêmes à *Constantinople*, pour y plaider leur Cause. Ce Ministre, instruit de tout à fonds, alla trouver le *Vizir*, & lui fit là-dessus toutes les réprésentations qu'il crut les plus raisonnables, & qu'il appuya sur les Capitulations dont j'ai déja parlé. Mais celui-

---

(*a*) *Pacha*, & non *Bacha*, comme nos Voyageurs l'écrivent indifferemment. Le premier de ces noms ne se donne qu'à ceux qui sont ou qui ont été Gouverneurs de Provinces, Ministres d'Etat, ou élevez aux plus hautes dignitez de l'Empire; au lieu que le second se donne indistinctement à tout le monde, comme en *Espagne* le *Sennor Cavalliero*.
(*b*) Les *Turcs* prononcent *Vezir*.
(*c*) Une *Bourse* est de cinq cens écus.

celui-ci, au lieu de lui répondre, demanda à voir ces Capitulations, & Son Excellence les envoya chercher dans fa Chancellerie. *Cara Muſtapha* ne les eut pas plûtôt entre les mains qu'il ſe leva de ſon *Sopha*, & dit, en les remettant à ſon *Kiahia: Hè bien je les examinerai.* Comme tout le monde ſavoit que *Cara Muſtapha* étoit devenu d'une fierté inſuportable, depuis qu'il étoit *Vizir*, Mr. l'Ambaſſadeur ne fut point ſurpris de la maniere bruſque dont il ſe retira. Ce *Vizir* étoit en effet d'un humeur ſi altiere qu'il n'y avoit point d'Ambaſſadeur qui n'eut reçû de lui quelque affront. Mr. *Finch* ne crut pourtant pas qu'il les retiendroit comme il fit, & lorſque Son Excellence les redemanda quelque tems après, il lui fit répondre qu'il s'en manquoit ſoixante *Bourſes*, que la ſomme qu'il avoit fait demander aux deux Marchands de *Smirne* ne fût complette; que ce Miniſtre devoit les obliger à fournir encore cet argent, s'il vouloit ravoir ſes Capitulations; & qu'après cela on feroit juſtice aux deux Parties intéreſſées à la ſomme que l'on avoit miſe en dépôt. L'Ambaſſadeur & les Marchands ſe déterminerent à donner les mains à cette propoſition, quelque injuſte qu'elle fût, & les Capitulations furent renduës. Mais on vit bien par les délais qu'on apporta au jugement de cette Affaire, & par les détours qu'on oppoſoit aux ſollicitations que les Marchands faiſoient pour qu'elle fût évoquée au Divan, que *Cara Muſtapha* n'étoit diſpoſé en aucune façon à leur rendre juſtice ſuivant les Capitulations, non plus qu'à la Veuve, ſuivant la Loi des *Turcs*. Le Procès traina donc en longueur juſqu'à ce que Milord *Chandois*, ayant ſuccédé à Mr. *Finch*, en la même qualité, le remit de nouveau ſur le tapis. Il répreſenta aux Miniſtres de la *Porte*, ,, que le Roi ſon Maître avoit apris avec ,, chagrin ce qui s'étoit paſſé à l'égard des biens ſéqueſtrez de ſes Mar- ,, chands, & des Capitulations; qu'il eſperoit qu'en vertu de l'an- ,, cienne amitié qui ſubſiſtoit depuis ſi long-tems, & ſans la moindre ,, interruption, entre la *Porte* & la *Grande-Bretagne*, & que Sa Ma- ,, jeſté ſouhaitoit de voir durer, on leur feroit ſatisfaction. " La fierté du *Vizir* fut un peu démontée par ce Diſcours. Il le promit; & craignant peut-être que l'odieux article des ſoixante *Bourſes*, pour lequel la Loi *Turque* ne l'autoriſoit nullement, ne parvînt juſqu'aux oreilles du *Sultan*, que ſes plaiſirs n'avoient point encore rendu tout à fait ſourd à la voix de la Juſtice, il les fit auſſi reſtituer. Cependant comme il ſe diſpoſoit à aller en Campagne, il remit l'examen de l'Affaire & des droits des Parties juſqu'à ſon retour. Mais il ne revint point comme on ſait, & ſa mort qui ſuivit de près le ſiége de *Vienne*, ou dont ce ſiége fut la cauſe, ſuſpendit encore une fois de telle maniere ce Procès, que ni Milord *Chandos*, ni les autres Ambaſſadeurs qui vinrent après lui, ne purent obtenir à cet égard aucune ſatisfaction des *Vizirs*, ſes Succeſſeurs, qui ne trouverent peut-être pas que la ſomme qu'il avoit reçuë de *Smirne* fût en dépôt dans le Treſor, ou qui ne voulurent point ſe mêler d'une Affaire ſi épineuſe.

Peu après mon arrivée à *Conſtantinople*, la Veuve qui ſe voyoit denuée de tout, pour avoir peut-être voulu trop avoir, ſuplia Milord *Paget* de demander Juſtice à la *Porte*; mais Son Excellence trouvant la choſe fort embrouillée, par le changement des Miniſtres, qui avoient eu cette Succeſſion entre les mains, & qui avoient ſelon les apparences pêché en eau trouble, ou cette affaire ne lui plaiſant pas, comme

1699.
Chap.
IX.

comme il l'avouoit lui-même, ne s'en mêla que foiblement. Mr. le Chevalier *Sutton*, qui fucceda à *Mylord Paget*, & de qui elle implora la protection, ne fit pas plus pour elle, fi ce n'eft qu'il fe donna peut-être plus de mouvement pour cela, mais auffi en vain. Car je ne crois pas qu'elle en ait jamais rien tiré avant fa mort, ni qu'une fille qu'elle a laiffée, & qui a continué fes follicitations, en ait tiré davantage jufqu'aujourd'hui.

Marchands François. Leur Commerce.

Les Marchands *François* ont, par leur proximité, un grand avantage fur les *Anglois* à l'égard du Commerce, & fourniffent aujourd'hui deux fois autant de draps qu'eux, & les autres Nations enfemble. Ils donnent même à plus de la moitié meilleur marché qu'eux, tant les fins que les gros. Il eft vrai qu'il y a de la différence entre les uns & les autres pour la qualité, mais non pas pour l'apparence, & les *Pachas* qui habillent de neuf tout leur monde au moins une fois l'an, préferent pour cette raifon les draps de *France* à ceux d'*Angleterre* & de *Hollande*. Les Marchandifes que les *François* tranfportent hors de *Turquie* confiftent principalement en laines de *Metelin* & des environs, qui ne coutent prefque rien. On les mêle avec celles de *France*, & on les rapporte manufacturées en *Turquie*, & c'eft ce qui contribue à cette abondance de draps de *France*, qui s'y vend à un prix qui a déja coupé la gorge dans le *Levant* à plufieurs Marchands Hollandois, & a fait un tort très confidérable aux *Anglois*. Les *Juifs* font là les feuls, comme je l'ai dit ailleurs, qui faffent le métier de Courtiers. On ne conclut aucun marché fans eux, & les Marchands de toutes fortes de Nations obfervent en quelque façon le *Sabbat* avec eux, au moins à l'égard de la ceffation de toute œuvre mercenaire. La plûpart font à la *Douane*, & ils paffent pour être plus honnêtes gens en *Turquie* qu'ailleurs, comme je crois l'avoir déja infinué.

On pouvoit alors avec raifon appeller cette Ville la *nouvelle Smirne*, l'ancienne ayant été prefque entièrement abimée par le terrible Tremblement de Terre, qui arriva au mois de Juillet 1688. Voici ce qu'on m'a raconté de ce trifte évenement.

Hiftoire du Tremblement de Terre de 1688.

Il faifoit depuis long-tems une grande fechereffe. L'*Ebate*, forte de vent, qui s'élevant tous les jours à 9 ou 10 heures du matin, duré jufqu'au foir, & répand dans l'air une fraicheur agréable pendant les plus grandes chaleurs de l'année, ne s'étoit point fait fentir depuis plufieurs jours; ce qui engageoit les Marchands à refter plus longtems qu'à l'ordinaire dans leurs Maifons de Campagne. Le 30. de Juillet, dans le tems que chacun s'alloit mettre à table pour diner, on entendit un fiflement pareil à celui d'un grand vent qui s'élève avec fureur. On fentit en même tems des fecouffes qui renverferent bufets, tables, chaifes & autres meubles des maifons, & même les perfonnes qui s'y trouvoient. Ces fecouffes redoublées avec une extrême violence qui augmentoit de moment en moment, renverferent bientôt la plûpart des Maifons qui fervirent de Tombeau, ou plûtôt de Bucher à plus de quatre mille perfonnes qui furent enfevelies fous leurs ruines. Car le vent qui étoit furieux ayant en peu de tems répandu le feu des Cuifines, ou quelque autre feu fouterrain que le Tremblement alluma apparemment, le feu prit à la Ville de tous côtez, & confuma beaucoup de monde. Heureufes ou moins malheureufes les perfonnes qui fe trouverent alors à la Campagne! La plûpart

ne

ne perdirent que leurs biens ou leurs Marchandises ; mais les maisons de quelques autres qui étoient trop près de la Ville, ne furent pas exemptes du ravage que fit ce Tremblement de Terre. Il y en eut une, entr'autres, où quelques *Anglois* avoient passé la nuit, qui fut renversée, avant qu'ils fussent revenus de la chasse où ils étoient heureusement allez le matin. Les Vaisseaux qui étoient au Port furent agitez par ce Tremblement de Terre avec plus de violence que par la plus furieuse tempête. Mr. *Rey*, Consul *Anglois*, m'a assuré que la Nation *Angloise* n'y perdit que trois ou quatre personnes, mais beaucoup plus d'Effets qu'aucune autre ; que Mr. *Faire*, Consul *François*, y perit avec quantité de Marchands de sa Nation, & de Domestiques *Armeniens* & *Grecs* ; que celui de *Hollande*, nommé Mr. *Van Dam*, en échapa par la porte de sa Maison qui donnoit sur la Mer, un moment avant qu'elle fut renversée, comme on dit qu'il avoit déja eu le bonheur d'échaper à un autre Tremblement de Terre à *Raguse* ; mais que plusieurs autres *Hollandois* y perdirent la vie. Feu Mr. de Hochepied m'a raconté qu'il arriva le lendemain de ce malheur à *Smirne*, où il venoit prendre la place de Mr. *Van Dam*. On peut s'imaginer la surprise où il fut de ne trouver que des ruines, du feu & de la fumée, où il s'attendoit à trouver une belle & grande Ville. Il fut donc obligé de rester quelques jours sur le Vaisseau qui l'avoit amené, & il se retira ensuite à une Maison de Campagne, où il séjourna jusqu'à ce que celle du Consulat eût été rebâtie.

1699.
Chap. IX.

Mais je laisse ce triste objet pour aller voir un vieux Château assis sur le sommet de la Montagne, que j'ai dit qui commandoit la Ville, & sur le penchant de laquelle la plus grande partie en est assise. Ce Château est à moitié ruiné : il porte un caractere notable d'antiquité, dans un buste d'une Femme qui se voit sur la porte, tel qu'il est representé sur la planche XXVII. N. 10. suposé pourtant que ce soit celui de l'*Amazone Smirna*, qui a donné son nom à la Ville, comme le prétend presque tout le monde, à l'exception des *Grecs* qui veulent que ce soit celui de l'Imperatrice *Helene*, à qui ils font honneur de la fondation de ce Château. Comme je ne vois gueres plus de raisons pour une opinion que pour l'autre, je resterai neutre là-dessus. Ce buste, ou plûtôt cette tête avec le col, a un peu moins de trois pieds en hauteur, & est fort mutilée.

Vieux Château de *Smirne*.

A une petite distance plus bas, en descendant vers le *Sud-Est* de la Ville, on trouve ce qu'on appelle le Tombeau du Martyre St. *Policarpe*, disciple de *St. Jean Baptiste*, dévoré selon quelques-uns, pour la Foi Chrétienne par des Lions, auxquels il fut exposé au milieu d'un *Cirque*, dont on voit encore quelques restes à l'*Occident* de la Montagne. Ce Tombeau est accompagné d'une Chapelle, ou plûtôt ce n'est qu'un amas confus de voûtes tombées, & de restes très incertains de ce qu'on veut que c'étoit autrefois, aussi bien que ceux du *Cirque*, où d'autres prétendent qu'il fut brulé à l'âge de quatre-vingt-quinze ans, après avoir gouverné l'Eglise de *Smirne* pendant quarante ans en qualité d'Evêque. Au reste il y a peu de fonds à faire, à l'égard de ce Bâtiment, sur le témoignage des habitans, ou des Voyageurs qui l'ont pû voir dans un meilleur état, & qui ajoûtent que les *Turcs* en ont enlevé les materiaux pour en bâtir un grand *Bezestenn* dans leur Ville.

Tombeau de St. Policarpe.

1699.
Chap.
IX.

Bezaztenn de Smirne, ce que c'est.

Medailles Latines, monnoye Turque.

Civilité des Francs & leur union.

Bezaztenn est une espece de grand Magasin ou Edifice public, bâti en voûte, tout de pierre, avec des portes & des volets de fer, & à l'épreuve du feu. Il répond assez à nos Bourses, mais les gens du Païs y ont des boutiques, où ils vendent les plus prétieuses choses qu'ils ayent, j'entends celles qui ne sont point d'un gros volume. Ces boutiques ressemblent à celles des salles du Palais de *Paris*, & de *Westminster* à *Londres*. J'achetai là d'un *Grec* pour quarante *Atches* ou (a) *Aspri*, quarante à cinquante Medailles, entr'autres celles de *Caracalla*, de *Marcus Aurelius* & d'*Antonius Pius*, qui étoient d'argent, & celles de *Severus*, de *Gordianus*, de *Gallienus*, de *Valentinianus &c*. Mais quoi qu'elles soient nécessaires pour faire une Collection complette, je n'ai pas cru qu'elles meritassent que je les fisse graver. Les *Turcs* multiplient leur monnoye en une infinité de parties, non pas imaginaires, à la maniere des *Portugais*, mais réelles. Un sou, qu'ils appellent *Paras*, se divise en trois *Aspres*. Et comme il n'y a chez eux que de la monnoye d'argent ou d'or, ces *Aspres* sont si petits, qu'il faut mouiller le bout du doigt pour les ramasser de dessus une table. D'ailleurs on compte par *Aspres*, au lieu de compter par *Ezéiotes*, ou *Tultes*, qui valent les premieres quatre-vingt *Aspres*, & les secondes quarante, ou par *Grutches* ou *Piastres*, qui font cent vingt *Aspres*, ou par *Ducats*, qui en font trois cents quinze. Par exemple, au lieu de dire dix *Grutches*, on dit mille deux cents *Aspres*, ce qui fait que dans les grandes ventes publiques, comme sont celles des maisons à l'encan, on n'entend parler que de millions d'*Aspres*. On compte aussi les grosses sommes par *Kessées* ou *Bourses*, qui valent, comme j'ai déja dit cinq cents écus. La monoye *Turque* est sans aucunes figures selon leur Loi qui les deffend comme on sait, & elle n'a d'autre marquè que le nom de l'Empereur. La monnoye étrangere est la seule chose sur laquelle ils souffrent des figures des choses vivantes, ce qui paroit être une contravention à cette Loi. Je communiquai un jour mes scrupules là-dessus à un *Turc*, avec qui j'étois familier, & que je connoissois scrupuleux observateur de la Loi. Il me répondit qu'on le toleroit dans le Commerce pour les attirer dans le Païs, où on les refrapoit au coin *Musulman*, & il me fit remarquer, que la *Porte*, ni les *Mosquées* ne donnoient jamais d'or, ni d'argent marqué au coin étranger. Mais je passe à notre reception, par laquelle j'aurois dû commencer.

Les *Francs* établis en *Turquie* sont extrêmement civils envers les Etrangers. Les Capitaines des Vaisseaux qui ont conduit à bon port les Marchandises de leur Nation, ne sont pas les seuls à qui ils fassent bon accueil. Tous les Etrangers qui ont quelque merite, ou la moindre recommandation, sont parfaitement bien reçus chez eux. Les Ambassadeurs & les Consuls vivent en Princes dans la *Turquie*, & les Marchands en petits Seigneurs, sur tout les *Anglois*, les plus riches de tous les Négocians de ce Païs, & qui sont en géneral des enfans de famille. J'en ai même connu quelques-uns qui étoient fils ou freres de Lords, ce qui confirme ce que j'ai dit ailleurs du cas que l'on fait du Commerce en *Angle-*

(a) Les *Turcs* disent *Akche*, les *Arabes Akcha*, & les *Grecs Aspro* : les *Francs* se servent géneralement dans leur langue, de ce dernier terme. *Aspro*, signifie aussi *Blanc* en *Grec* vulgaire ; ce qui vient peut-être de ce que cette monnoye est d'argent & par conséquent blanche, comme les anciens *Blancs* en *France*.

gleterre. La plûpart ont des maisons de Campagne, aussi bien que plusieurs chevaux, & des chiens avec lesquels ils font assez souvent de grandes parties de chasse: plaisirs innocens auxquels les invitent l'abondance des bêtes fauves & du menu gibier, & la liberté que l'on a de les tuer. Ils tiennent presque tous table ouverte, soit qu'ils mangent chez eux, soit qu'ils n'y mangent point : en un mot ils se font un plaisir sensible de voir les Etrangers & de leur procurer toutes sortes de divertissemens. Ils donnent la matinée toute entiere à leur négoce, & le reste du jour à ces divertissemens, & à la bonne chere, qu'il est aisé de faire dans un Païs où le pain, la viande, le poisson, le vin, les fruits & toutes les vivres qui sont excellentes, se donnent presque pour rien. Ils vivent d'ailleurs entre eux dans une union très particuliere, sans que la difference de Religion, ou de Nation, ou quelque interêt de parti, l'altere jamais même pendant la guerre.

1699. CHAP. IX.

Nous dinâmes le jour de notre arrivée chez Mr. *Rey*, Consul *Anglois*. C'étoit un Gentilhomme très poli & de fort bonne mine, qui nous traita très splendidement, & lorsque je sortis de chez lui il me dit que je serois toûjours bien venu à sa table. Mrs. *Royer* & de *Hochepied*, Consuls des Nations *Françoise* & *Hollandoise* que je visitai le lendemain, me firent le même compliment, aussi bien que leurs Marchands.

Je pris mon logement chez feu Mr. *Charles Cooke*, qui étoit alors Marchand, & qui fut fait depuis Sherif, Chevalier, & Commissaire de Commerce en *Angleterre*. J'en ai reçu toutes sortes d'honnêtetez. J'ai logé ensuite chez un *Grec*, qui d'ailleurs me servoit de guide, lorsque je voulois satisfaire ma curiosité par la vue de quelques raretez. Celui-ci me conduisit un jour à travers une petite forêt d'Oliviers à des bains d'eau chaude, mais qui étoient ruinez & peu fréquentez, quoi qu'on attribue des grandes vertus à cette eau. Il n'en reste que deux caveaux, dans l'un desquels elle passe. L'autre est destiné pour la froide qui sert à la rafraichir, ce qui lui est si nécessaire pour être suportable, que l'on pourroit y cuire des œufs à sa source, comme dans celle de *Tripoli*. Entre *Smirne* & ces bains on voit les ruines d'un vieux Temple *Payen*, avec quelques restes à la *Mosaïque*.

Bains d'eau chaud

La promenade est charmante aux environs de *Smirne*, surtout à l'*Ouest* de la *rue des Francs*, où l'on trouve de petites forêts de Citronniers & d'Orangers dans les jardins. Ils y croissent sans culture, & sont toûjours couverts de feuilles vertes, de fleurs, & de fruits en même tems : avantage qu'ils ont, comme on sait, au dessus des autres arbres. Des melons excellens croissent aussi de même dans toute la Campagne voisine, sans qu'on les cultive. Ces jardins sont traversez par le ruisseau *Meles*, sur les bords duquel les anciens habitans de *Smirne* ont prétendu qu'étoit né *Homere*, contre la prétention de ceux de *Scio*, de *Rhodes*, de *Colophon*, d'*Argos*, de *Salamis*, & d'*Athenes* ; qui s'attribuent toutes l'honneur de lui avoir donné la naissance (*a*).

Campagne aux environs de *Smirne*.

Les vignes dont sont couvertes quantité de petites collines, fournissent aussi dans la saison un agréable spectacle, & une prodigieuse abondance de vins delicieux, à six *aspres l'Ocka*, mesure de près de trois livres ; car on vend en *Turquie* le vin au poids comme l'huile.

Tome I. Aa Ces

(*a*) *Septem Urbes certant de stirpe insignis Homeri,*
Smirna, Rhodos, Colophon, Salamis, Chios, Argos, Athenæ.

1699.
Chap.
IX.

Ces collines & les plaines sont diversifiées, outre ces vignes, par de petites forêts d'Oliviers, & d'autres arbres fruitiers, par des champs fertiles, & par plusieurs maisons de plaisance, où les *Francs* se retirent pendant les grandes chaleurs.

Voyage à Ephese. Des esclaves des Turcs,

Je liai partie vers la fin de Fevrier avec Messieurs *Eaton* & *Kembell*, *Anglois*, pour aller à *Ephese*, qui n'est qu'à une bonne journée de *Smirne*. Mr. le Consul d'*Angleterre* nous donna un de ses *Janissaires* pour nous accompagner. Je remarquerai à cette occasion, que c'est le seul emploi que les *Turcs* prennent auprès des *Chrétiens*, chez qui ils ne veulent point être comme Domestiques; car quelque pauvre que fût un *Turc*, il ne voudroit jamais entrer au service d'un *Chrétien*, quand même il y trouveroit de grands avantages, si ce n'est pour leur garde & comme *ad honores*, quoi qu'il ne fasse point scrupule de servir ceux de sa Nation. En cette qualité le *Turc* marche toujours devant lui, & jamais derriere. La plûpart des Domestiques sont des Esclaves *Chrétiens*, ou des *Payens*, qui ne sont pas Sujets du *Grand Seigneur*. Il en est de même des servantes & concubines, qu'il ne leur est pas permis de prendre parmi les Sujets du *Grand Seigneur*, de quelque Religion qu'elles soient. Il faut qu'ils les achettent parmi celles qui ont été prises à la guerre, ou vendues par leurs propres parens, ou par leurs Princes; comme cela se pratique en *Mingrelie*, en *Géorgie*, & en *Circassie*, & chez d'autres Nations, dont les Princes vendent leurs Sujets, & les peres & meres leurs enfans, de la même maniere que l'on vend chez nous les chevaux. Je parlerai plus amplement ailleurs de cette coutume. Au reste les valets ou servantes esclaves sont plutôt affranchis & ont moins d'ouvrage chez un *Turc* que chez un *Chrétien*, & que n'en ont nos Domestiques dans l'*Europe Chrétienne*. J'ai vu des esclaves, que des *Chrétiens* avoient achetez, demander à être revendus aux *Turcs*, ou parce que ces *Chrétiens* les maltraitoient, ou parce qu'ils y avoient trop à travailler. Ce qui fait qu'un Domestique aime mieux servir chez les *Turcs*, c'est qu'outre leur humanité naturelle, ils ont l'ambition d'avoir un grand nombre d'Esclaves; de sorte que les travaux de la maison étant partagez entre eux, il se trouve que chacun n'a pas beaucoup d'ouvrage à faire. Tel n'aura pour tout emploi que celui de faire le *Sherbet* & le *Caffé*, & ainsi des autres, à proportion de ce qu'il y aura à faire dans la maison. De plus ils les habillent & les nourrissent très bien. Quant aux *Chrétiens* qui pourroient servir, l'abondance est si grande en *Turquie* qu'il est rare d'en voir qui soient réduits à cette extrémité. Aussi ceux d'entre les *Francs* qui ont besoin de Domestiques de l'un & de l'autre Sexe, ne s'attendent gueres à en trouver parmi les *Chrétiens*. Ils achettent des filles esclaves; & pour ce qui est des valets, s'ils ne veulent pas en acheter, ils en trouvent facilement parmi les *Armeniens* qui ne font pas difficulté de servir les *Francs*: ce sont même les meilleurs Domestiques de tout l'Orient. Je reviens à présent à notre voyage d'*Ephese* dont cette digression m'avoit éloigné.

Nous partîmes le 25. Nous étions tous habillez à la *Turque*. Le *Janissaire* nous précedoit marchant devant nous selon la coutume, armé d'un mousquet & d'un sabre, que les *Turcs* ne portent jamais dans la Ville, mais seulement quand ils vont à la Campagne, ou à la guerre; outre deux Domestiques armez de même avec les fusils de leurs maî-

maitres deftinez à fervir à la chaffe, qui eft par tout là très abondante. 1699.
Nous fuivîmes pendant quelque temps la voye *Militaire* (*a*), dont je Chap.
vis avec un beaucoup de plaifir quelques parties encore auffi bien con- IX.
fervées que celles des voyes *Appia* & *Emilia*. Mais ces parties con-
ftruites de même de pierres larges & quarrées, ne font pas fi confidérables, ni fi longues que celles que j'ai vûes en *Italie*. Le terrain
n'eft pas généralement bien fertile entre *Smirne* & *Ephefe*, & il eft plat
jufqu'au village nommé *Tzerpekoy*. On voit dans ce village un refte *Tzerpe-*
d'un vieux & long mur bien cimenté, mais dont je ne pus deviner *koy.*
l'ufage, tant le bâtiment dont il a fait autrefois partie avoit été déguifé
par le temps. Nous avions tué 3 lievres & quelques becaffines. Nous les fîmes
toutes rotir avec un lievre & nous y paffâmes la nuit. Le jour fuivant nous
traverfâmes le refte d'une grande plaine, au milieu de laquelle fe trouve ce village, autant que j'en pûs juger. Le *Janiffaire* & les valets y
chargerent à balle, précaution qu'ils crurent neceffaire pour paffer des
montagnes mêlées de bois & d'Oliviers, qui fourniffent à la vérité un
agréable fpectacle, mais où on dit qu'il fe rencontre quelquefois des voleurs, & toujours des fangliers. Cependant nous n'eumes d'autre rencontre que celle de ces animaux, fur tout après avoir gagné le fommet
d'une de ces montagnes. Nos valets tirerent & tuerent une laye a-
vec trois marcaffins; mais ils ne prirent que les marcaffins, & laiffe-
rent la mere fur la place. Nous avions une cuifine avec un gardeman-
ger, & une cave portative, felon la coutume de voyager en *Turquie*,
pour les *Francs* qui aiment la bonne chere à leur maniere; c'eft à dire
des plats, des affiettes, du beurre, du fromage, des langues fumées,
du poivre, du fel, du vinaigre, du pain & du vin, partagez dans des
efpeces de befaces de cuir appellez *Heibez*, qui étoient attachées derriere les felles des valets. Ces provifions fervoient fort à propos dans
le befoin.

Environ à trois quarts de lieüe en deçà d'*Ephefe* nous traverfâmes
la Riviere *Cayfter* fur un pont ancien, partie de marbre, partie d'autres pierres qui l'égalent en dureté, & prefque en blancheur. Nous
entrâmes enfuite dans une plaine fermée par une chaîne de montagnes, & nous apperçûmes à notre gauche la Ville d'*Ephefe*, j'entends
la moderne. Nous allâmes mettre pied à terre chez un Prêtre *Grec*,
les maifons des Prêtres étant pour les *Chrétiens* les meilleurs gîtes de
toute la *Turquie*. Nous y fûmes reçus avec toute l'hofpitalité fouhai-
table. Après avoir mangé un morceau, & bû quelques verres de vin,
nous vifitâmes la Ville, qu'on doit diftinguer en *Chrétienne* & *Mahometane*, baffe & haute Ville, avec d'autant plus de raifon qu'il y a un
bon intervalle entre le quartier des *Grecs* & celui des *Turcs*.

Ephefe Chrétienne ou la Ville baffe, n'a aujourd'huy qu'une pauvre *Ephefe*
Eglife avec 50. à 60. maifons; car c'eft tout au plus le nombre de celles *moderne.*
qui meritent ce nom dans la baffe Ville. *Ephefe Mahometane* ou la
haute Ville a un Château de mediocre apparence, mal gardé, & peu
fourni d'artillerie. Elle n'eft gueres plus magnifique ni plus abondante
en maifons, fi on en excepte cinq ou fix où logent les principaux
Turcs, & la *Mofquée* qui eft ce qu'on y voit de plus beau. Cette *Mofquée* étoit autrefois, felon la tradition du Païs, une Eglife confacrée
à *St. Jean*. Ce fut là, dit-on, que fe tint en l'année 431. de l'Ere

Tome I. Aa 2 *Chré-*

(*a*) *Via militaris Romanorum.*

1699.
Chap.
IX.

Chrétienne un Concile où *Nestorius*, Patriarche de *Constantinople*, fut condamné pour l'hérésie que nous avons rapportée ailleurs, & qu'il soutint, aussi bien que *Dioscore*, Patriarche d'*Alexandrie*, dans un Sinode par lequel il fit déclarer *Orthodoxes* les sentimens d'*Eutychès*, entr'autres celui-ci, qu'après l'union hipostatique il n'y avoit qu'une nature en *Jesus-Christ*, composée de la *Divine*, & de l'*Humaine*.

Ayant quitté *Ephese moderne*, pour aller voir les ruines d'*Ephese ancienne*, qui en sont assez éloignées, un vieux *Grec*, mais alerte pour son âge, nous conduisit aux fondemens d'un *Amphithéatre* & d'un *Cirque*; au moins ces fondemens, quoi que peu considerables, nous en donnerent de pareilles idées. Ce vieillard cependant vouloit que ce fussent ceux de quelques anciennes Eglises. Il se piquoit d'être *Virtuoso*, du moins en Antiquitez *Chrétiennes*, & baptisoit à sa fantaisie presque toutes les ruines que nous rencontrions. Il nous en fit remarquer, entr'autres, deux amas confus peu éloignez l'un de l'autre, qu'il assuroit être celles des maisons où la *Vierge* & *St. Jean Baptiste* s'étoient retirez après la mort de *Jesus-Christ*. On voit encore sur une éminence vers la Mer quelques ruines qui paroissent être celles d'une vieille Tour, & qu'il nous donna pour la prison de *St. Paul*, mais il n'avoit point d'autres raisons d'assurer tout cela, sinon qu'il le croyoit ainsi, parce qu'il l'avoit appris de son grand-pere, de sa grand' mere, & d'autres personnes, qui n'en avoient pas apparemment de meilleures raisons que lui. Sur le témoignage de cette tradition domestique, il appelloit un trou avec quelque reste de voûte, *le lit des sept dormans*. Le Prêtre *Grec*, dont je sondai les sentimens à notre retour sur tout cela, paroissoit être de la même opinion. Mais tout ce qu'on en peut conclure, c'est que les *Chrétiens Orientaux* sont encore plus ignorans dans l'Histoire que dans leur Religion.

Ephese ancienne.

L'ancienne Ville d'*Ephese* fut brulée, dit l'Histoire, pour la premiere fois, le même jour que *Socrate* mourut, c'est à dire 400 ans avant l'*Ere Chrétienne*, & ensuite rebâtie par le Roi *Lysimacus* qui lui donna le nom de sa mere *Arsinoe*, non pas cependant au même endroit où elle étoit, ajoûte cette Histoire, mais dans l'endroit où est *Ephese moderne*. Quelques ruines qui sont aux environs, comme celles du Cirque, & de l'Amphithéatre dont je viens de parler, peuvent servir à appuyer cette conjecture; mais il en faut excepter le Temple de *Diane*, cette merveille du monde d'alors, qui fut brulé par *Erostratus* la même nuit qu'*Alexandre* vint au monde, dans un tems où la Ville avoit repris son ancien nom d'*Ephese*. Car on ne voit nulle part aux environs aucunes ruines qui puissent passer pour celles d'un édifice aussi considerable, à moins qu'on ne veuille prendre les fondemens qui nous parurent être ceux d'un Amphithéatre, pour les restes d'un nouveau Temple de la *Déesse*, ce que je ne trouve pas fort vrai-semblable. Quoi qu'il en soit, ces ruines, les plus éloignées de la nouvelle Ville, meritent toutes seules la peine que l'on fasse ce voyage, & sont tout à fait dignes de l'attention des Curieux. Quelles admirables voûtes souterraines encore entieres, qui semblent par leur ciment & leur solidité deffier le fer & le feu, & le tems même! Quels solides fondemens! Quelle étendue! En un mot quel immense ouvrage, & que la belle maniere de bâtir paroît encore avantageusement dans ces superbes restes!

Je

Je n'ajoûterai rien à ce qu'a dit Mr. *Spon*, avec tant d'autres, des ruines d'*Ephese ancienne* en géneral, sinon que ce qui me frappa le plus après ces voûtes souterraines, & les fondemens du Temple, ce fut une porte, ou plutôt un Arc *Triomphal* d'une grande magnificence. On y voit des bas-reliefs entassez sur son cintre, représentant un *Bachanal* d'enfans qui jouent entre des treilles, des gladiateurs nuds, de gens armez d'écussons, & des femmes. Tout cela, quoi que mutilé, paroît d'un excellent ciseau. Je ne sçus qu'en penser, parce que je n'y trouvai point d'inscriptions. Celles qu'on lit ailleurs sur le mur d'un édifice qui a une porte encore fort entière, avec ces mots, en Lettres *Romaines*, *Accenso Rensi & Asia*, ne me rendirent pas plus sçavant.

Notre guide me vendit quantité de Médailles d'argent & de cuivre; entr'autres, celles de *Diadumenianus*, comme N°. 34 & λ, avec le revers d'*Ephese*, & celles de *Faustina*, comme 26 de la Planche XIV. Nous employâmes à roder çà & là entre les ruines environ cinq heures, pendant lesquelles nos valets nous préparerent un bon soupé, en faisant rôtir un marcassin avec un lievre. Nous bûmes assez abondamment du *vin orthodoxe* du *Papas*; car c'est ainsi que les plus enjoüez de ceux de cette robe appellent le vin excellent; ou autrement *vin de Liturgie*, selon leur proverbe *Oriental*. En effet, comme je l'ai déja remarqué, c'est chez les Prêtres que l'on trouve ce qu'il y a de meilleur en tout genre, & c'est en conséquence de cela qu'en designant une beauté, on dit, *belle comme la Papadia*, ou Prêtresse, à cause qu'ils ont géneralement de fort jolies femmes. Lorsqu'on sort de chez eux, on leur fait à eux ou à l'Eglise un présent convenable.

Nous quitâmes enfin la nouvelle *Ephese* le 28. & nous reprîmes le chemin de *Smirne*. Nous allames diner au Village où nous avions couché la nuit précedente, & où nous avions envoyé devant nous un Domestique pour nous y préparer notre diné, afin de n'y rester qu'autant de tems qu'il nous en faloit pour le manger, & aller coucher à *Smirne* le même jour, comme nous fîmes.

Un séjour de cinq mois que je fis à *Smirne*, me donna le tems d'en voir tous les environs. Cette Ville me fourniroit assez de quoi écrire, mais comme on en a déja donné des descriptions assez amples, je n'en dirai pas davantage. Je passai au commencement de *Mai* aux Isles de *Scio* & de *Samos*, dont je puis dire la même chose. Quelques-uns donnent cent Milles de circuit à *Scio*, d'autres cent & vingt, & d'autres jusqu'à cent trente; mais comme l'inégalité de ses Côtes, ses pointes, & ses caps, en rendent la mesure difficile, il la faut deviner. L'Isle est fertile en fruits, comme *Citrons*, *Oranges*, *Olives*, *Grenades*, & grains, & en vins, entre lesquels il y en a une sorte de rouge qui approche beaucoup pour le goût de celui de *Monte Policiano* en *Toscane*: les gens du Païs l'appellent vin d'*Homere*. Un *Papas Grec* chez qui je logeai, en avoit qui me parut surpasser en bonté celui-là, & il m'encouragea par son exemple à ne le pas épargner: il ne lui revenoit, me disoit-il, qu'à 4 *aspres l'Occa*, dans sa cave. Il ajoûtoit que c'étoit ce bon vin qui avoit inspiré à *Homere* ses beaux Vers: surquoi je lui dis que je m'étonnois que les *Grecs* qui en buvoient tant ne nous donnassent plus de belles pieces d'éloquence, & de poësie, comme leurs Ancêtres. Il me répondit fort naïvement, qu'ils avoient

perdu

perdu les sciences en perdant leur puissance, & en tombant sous une domination qui ne les encourageoit point par son exemple. Je repliquai qu'un mauvais exemple ne devoit pas être suivi, & qu'il me sembloit que cette domination ne leur ôtoit ni la liberté ni le temps d'étudier. Il en convint, & fut obligé de se jetter sur d'autres raisons de l'ignorance des *Grecs*, mais elles étoient si foibles & si absurdes qu'elles ne meritent pas d'être rapportées. Au reste cette ignorance ne peut être plus grande. Ils ont perdu jusqu'à la Langue *Grecque*, qui est aujourd'hui aussi differente chez eux de ce qu'elle étoit chez leurs Ancêtres, que l'*Italienne* l'est de la *Latine*. Voici quelques exemples de cette difference. Au lieu que l'ancienne Langue *Greque* avoit des *Preterits*, des *Aoristes*, & des *Futurs*, la moderne employe des Verbes auxiliaires. Pour dire, *j'ai écrit*, ce que les anciens Grecs exprimoient par εγραφα, les modernes disent, εχω γραμμενον : au lieu de γραψω, *j'écrirai*, ils disent θελω να γραφω, *je veux que j'écrive* : εχω χαμενον, *j'ai fait*, pour εχαμα, & ainsi du reste. Outre cela ils ont perdu une infinité de mots, auxquels ils en ont substitué de nouveaux : entr'autres, κρατζη, *du vin*, a pris la place de οινος ; & ενερο, *de l'eau*, celle de υδω, &c.

L'Isle produit beaucoup de Soye & de Coton, dont on manufacture la plus grande partie dans la Ville & dans quelques villages. Les *Turcs* appellent *Scio*, en leur Langue, *Sakis*, qui veut dire *Mastic* : nom qui lui a été donné, à cause qu'elle produit une grande quantité de cette sorte de gomme. Le *Grand Seigneur* se reserve pour lui seul la proprieté de ce Mastic. D'ailleurs il exempte de tribut les *Grecs* qui le recueillent, & leur donne des privileges particuliers pour les encourager à le faire fidellement, comme de ne payer qu'un demi *Haratch*, c'est à dire une demie capitation, de porter la *fesse* blanche comme les *Turcs* à un petit *Turban* blanc. Il y envoye un *Turc* en quantité d'Inspecteur au temps de la récolte. Mais les *Grecs* ne laissent pas de tromper cet *Argus*, avec quelque attention qu'il les observe & quelque rigoureuse qu'en soit la peine, car s'ils sont decouverts, on les envoye aux *Galeres*. Cependant on m'en voulut vendre dans un seul village pour environ 200 *Ockas*, parcequ'après que la *Porte* en est fournie, les Officiers du *Serail* ont la liberté de vendre leur portion ou leur superflu au *Public*. Ce superflu est considerable, puisqu'elle en tire tous les ans près de 80 mille *Ockas*. L'arbre duquel le *Mastic* distille, s'apelle *Lentisque*, du *Latin Lentiscus*. Il croît plus en circonference qu'en hauteur, & forme une espece de pavillon, ou de *Dôme* naturel. Les plus hauts excedent à peine la hauteur d'un grand homme. Les feuilles en sont toûjours vertes, & fort semblables à celles de la *Cervice*. On le distingue en *mâle*, & *femele*. Le *mâle* fleurit, mais ne porte pas de fruits : ses fleurs sortent par grappes sous les feuilles, & elles sont d'une couleur entre le purpurin & le verd : il fleurissoit lorsque j'y étois. Quant à la *femelle*, elle porte des fruits en grappes à peu près de la même forme, & qui étant rouges au commencement, deviennent ensuite toutes noires quand elles sont mûres, ce qui arrive en hiver ; j'en vis quelques-unes qui avoient été cueillies depuis plus de deux mois. Pour tirer le suc ou la gomme, on fait des entailles dans le tronc de l'arbre avec des couteaux pointus & trenchans des deux côtez, après avoir bien netoyé le terrain qui est à l'entour. La premiere entaille ou incision se fait à *Scio*, en découpant l'écorce en long & en croix, au commencement

cement de *Mai*. Quelques heures après, cette gomme coule en larmes épaisses, ce qui dure jusqu'à la fin de *Juin*. La seconde incision se fait dans la même Isle au milieu d'*Août*, & le suc en découle jusqu'à la fin de *Septembre*. La troisieme se fait au commencement d'*Octobre*, & par conséquent voilà trois récoltes comme autrefois, mais en differens tems à la vérité, à cause de la difference des climats.

Jam vero semper viridis, semperque gravata,
Lentiscus triplici solita est grandescere fletu;
Ter fruges fundens, tria tempora monstrat arandi.

Le *Lentisque* est toûjours verd, & toûjours chargé de fruits, de fleurs, ou de gomme. Ses petites branches ne rendent point de gomme, & pendent presque jusqu'à terre, en forme de pavillon. On croit encore géneralement en *Turquie*, que son bois est aussi bien que la gomme ami des gencives, & propre à faire les meilleurs curedents, comme l'on en faisoit autrefois, selon *Martial*.

Lentiscum melius, sed si tibi frondea cuspis
Defuerit, dentes penna lavare potest. Ep. 22. 1 14.

La gomme qui distille du *Lentisque*, paroît avoir tiré le nom de *Mastic* de ce que l'on le mâche, sur tout les femmes, pour se tenir les dents nettes, & se rendre l'haleine douce. On lui attribue, entr'autres bonnes qualitez, celle de fortifier les gencives. On en met dans les parfums qu'il tempere par sa douceur. On regarde son odeur comme la meilleure qu'il y ait pour le cerveau, & quand on a mal à la tête, on l'en parfume sans y mêler d'autre ingredient.

Puisque je suis insensiblement tombé sur les parfums, je placerai ici ce que j'ai à en dire. Ils sont fort en usage dans tout le *Levant*, & il ne se fait gueres de visites serieuses sans qu'ils s'en mêlent. Voici l'ordre des céremonies qui se pratiquent dans ces sortes d'entrevues. On sert d'abord du **Caffé** & des Confitures; ensuite on apporte les parfums & de l'eau rose ou de fleur d'orange, comme cela est représenté par les figures 1, 2 & 3. de la Planche XXII. Le vase qui contient l'eau rose, ou celle de fleur d'orange, est de vermeil en forme de bouteille à long col, telle qu'elle se voit dans la main droite de la Figure 9. Cette bouteille est percée au goulot de divers petits trous, comme un arrosoir. Un Esclave encense avec cette bouteille celui ou celle qui rend la visite, de sorte qu'à chaque mouvement le visage de cette personne est arrosé de plusieurs goutes de cette eau odoriferante. La cassolette qui sert à donner le parfum est semblable à celle que la même figure tient de la main gauche. J'oubliois de dire que l'on presente d'ordinaire en même tems un petit mouchoir brodé, avec lequel on peut s'essuyer le visage mouillé par les aspersions dont je viens de parler. Cette derniere céremonie du mouchoir se pratique sur tout à l'égard des personnes étrangeres, lorsqu'on a été long-tems sans les voir, & elles doivent emporter ce mouchoir avec elles.

Outre cet usage du *Mastic*, on en mêle dans la pâte du pain avant que de le cuire, & il lui communique une douceur très agreable.

Comme

Parfums.

1699.
CHAP.
IX.
Nouvelle mode des Angloises de mâcher du tabac.

Comme j'avois remarqué que l'envie d'avoir les dents blanches & de se fortifier les gencives contre les influences scorbutiques du climat de l'*Angleterre*, avoit introduit jusques chez le beau sexe la mode desagréable de mâcher du tabac, j'ai conseillé à quelques Demoiselles de cette Nation de se servir pour cela du mastic, qui, outre qu'il est d'une saveur très douce, produit au moins un aussi bon effet. Elles l'ont éprouvé & s'en sont fort bien trouvées.

Miel.

On remarque que le *miel* du *Midy* de l'Isle où sont ces arbres est excellent, ou incomparablement meilleur que celui des autres endroits où il n'y en a point, ce qu'on attribue aux fleurs du *Lentisque* dont les abeilles tirent le suc. On y recueille aussi par des incisions faites dans le mois de Juillet la *Terebentine* des arbres qui en portent, mais c'est en petite quantité. Ces derniers arbres croissent par tout sans culture, au lieu qu'il faut provigner les pieds du *Lentisque*, comme on fait la vigne.

La Ville & le Château de Scio.

La Ville est à l'*Orient*, & la mieux peuplée de toutes celles de ces mers. Les maisons y sont pour la plûpart de pierre, & terminées par des terrasses, enduites d'un bon ciment, comme en *Afrique*, ou par des combles de charpente couverts de tuile. Le Château qui est d'une ancienne architecture a une bonne garnison *Turque*. La plûpart des habitans sont *Grecs*. Les *Turcs* qui regardent ailleurs les Langues *Chrétiennes* ou étrangeres comme indignes d'eux, parlent tous *Grec à Scio*, & sont d'ailleurs d'un agréable commerce. Les *Venitiens* s'étoient rendus maîtres de cette Place & de toute l'Isle en 1694, mais les *Turcs* la leur reprirent l'année d'après. Il y avoit encore en cette Ville quelques Religieux & quelques Prêtres *Latins*, tant *François* qu'*Italiens*: ces derniers sont protegez par la *France* en tems de guerre. Il y en avoit beaucoup plus auparavant, mais leur nombre a diminué par l'affaire que nous allons raporter, & qui arriva pendant la guerre que le Traité de *Carlowiz*, auquel on travailloit alors, a terminée.

Falaca, & en quoi cette peine consiste.

Les Prêtres *Grecs* ayant accusé les *Jesuites* devant le *Pacha* ou Commandant du Château, de debaucher leurs Ouailles, en les attirant à leur croyance & dans leurs Eglises, un Interprete au service de *France*, mais qui étoit un *Grec Latinisé*, entreprit de deffendre ces Peres; mais il reçut la *Falaca*, ou bastonade, par ordre du *Pacha*, pour récompense de son zèle. Voici ce que c'est que ce suplice. On fait asseoir le criminel qui y est condamné, & pendant qu'un *Janissaire* lui tient les pieds liez & élevez en l'air, un autre le frape sur les plantes des pieds avec une baguette grosse comme le doigt, en criant *bir, iki, utch*, &c. *un, deux, trois*, &c. jusqu'au nombre ordonné par le Juge. On l'applique aussi aux femmes surprises dans quelque galanterie, mais on les frape sur les fesses, & par dessus leur *Tchintiane* (*a*) ou caleçon. Mais c'est le châtiment ordinaire des Interpretes qui parlent avec trop de liberté, ou qui font quelque commission désagréable aux *Turcs*, sur tout lors qu'ils sont nez Sujets de la *Porte*, tel qu'étoit celui-ci, que la *France* n'employoit qu'à cause de son habileté & sur tout de sa fermeté: vertu aussi rare dans les *Rayas* ou Sujets du *Grand Seigneur*, qu'elle est nécessaire en certaines rencontres. Car cette Couronne n'a gueres d'autres Interpretes en *Turquie* que des

Fran-

(*a*) *Tchintiane*, sorte de caleçons ou de culottes que les femmes portent, & qui leur descendent jusqu'à la cheville des pieds.

François. Ce qui l'a déterminé à prendre ce parti, c'est que les Ambassadeurs ont remarqué que le respect & l'attachement que les Interpretes du Païs ont pour leur Nation, quoi que protégez par des Puissances étrangeres, les engageoient souvent à avoir pour les *Turcs* des ménagemens préjudiciables à ses interêts. Sa Majesté Très-Chrétienne fait pour cet effet élever à *Constantinople* de jeunes *François* qui y apprennent le *Turc*, afin d'être en état de servir d'Interpretes à ses Ambassadeurs.

Pour revenir au Patient en question, il se plaignit à la *Porte* de la maniere dont on l'avoit traité, alleguant que, selon les Capitulations, la punition d'une faute pareille à la sienne étoit du ressort de l'Ambassadeur qu'il servoit. Mais comme il continua de plaider la cause des *Jesuites*, il leur fit autant de mal qu'il esperoit leur faire de bien, & tous ses mouvemens n'aboutirent qu'à déterminer le *Sultan* à donner satisfaction aux plaintes que lui firent de ces Peres le Patriarche de *Constantinople*, & une infinité de Prêtres tant *Grecs* qu'*Armeniens*. Sa Hautesse fit donc publier pour cet effet le *Haticheriph* (*a*) suivant.

„ NOus avons été informez par *Ibrahim-Pacha*, notre *Serasquier*,
„ du procédé seditieux & clandestin des Prêtres *Francs* de *Sa-*
„ *kis*, qui ne sont pas seulement Agens du Pape de *Rome*, mais font
„ même le métier d'Espions dans notre Empire, tâchant de séduire
„ nos *Rayas* (*Sujets*) *Chretiens*, tant *Grecs* qu'*Armeniens*, & de les
„ détourner de leur attachement à notre sublime *Porte* & à leur Re-
„ ligion. Nous avons été assurez qu'ils ont trouvé moyen d'obtenir,
„ pour ces vues perfides, des Passeports sous divers prétextes, princi-
„ palement sous celui des Capitulations accordées par nos Prédeces-
„ seurs à divers Princes adorateurs de *Jesus*, & des Privileges obte-
„ nus de la sublime *Porte* par leurs Ambassadeurs, en faveur du libre
„ exercice de leur Religion dans toute l'étendue des Terres *Ottoma-*
„ *nes*; qu'avec de pareils Passeports, & sous ce prétexte & autres,
„ ils courent de Province en Province, pour porter nosdits *Rayas* à
„ embrasser la Religion *Romaine*, ce qui a donné lieu à de fréquen-
„ tes plaintes que nos fideles *Rayas* en ont portées à notre sublime
„ *Porte*. Pour faire cesser ces sujets de plaintes, nous vous ordon-
„ nons à vous, *Serasquiers*, *Pachas*, Commandans de Châteaux &
„ de Places, & autres Officiers établis dans nos Provinces, & nous
„ vous chargeons d'obliger ceux d'entre nosdits *Rayas*, soit *Grecs*,
„ *Armeniens*, *Syriens*, *Maronites* ou autres, qui se trouveront avoir
„ abandonné leur Religion & leurs anciens Rites Religieux pour sui-
„ vre ceux de *Rome*, à les reprendre, selon que leurs Patriarches &
„ *Papas* le requereront, & de punir par emprisonnemens, amendes,
„ & autres telles peines que vous trouverez justes, les Seducteurs &
„ Perturbateurs de nosdits *Rayas*, & ceux des *Rayas* qui les y en-
„ couragent, leur prêtent la main dans ces pratiques clandestines, &
„ qui s'opiniatreront dans cette disposition. *Donné dans notre Ville*
„ *d'Edrene* (*Andrinople*) *le* 15 *de la Lune* Rabi el Avel 1107. C'est-
„ à-dire vers la fin du mois de Mai 1695 de l'Ere *Chrétienne.*

Mr. de *Châteauneuf*, alors Ambassadeur de *France* à la *Porte*, à
 qui

(*a*) Le *Haticheriph* est un Edit du Grand Seigneur, signé de sa propre main.

1699.
CHAP.
IX.

qui un merite diftingué avoit attiré l'admiration & l'amitié des *Turcs*, confeilla aux *Jefuites* & autres Prêtres *Latins* de ceder au tems, du moins tant que l'orage dureroit, pour éviter de tomber dans un malheur plus grand, & dont peut-être il ne pourroit pas les tirer.

La campagne de *Scio*, comme on peut le préfumer par ce que j'ai déja dit de fa fertilité, eft agréablement diverfifiée de Cotoniers, d'Oliviers, de Meuriers &c, fur tout de ces derniers qu'on employe fi utilement à la nouriture des vers à foye. Ces infectes en produifent une grande quantité, qui eft affez bonne. On en manufacture la meilleure partie dans l'Ifle, comme je l'ai déja dit, & l'autre fe vend crue aux Etrañgers. On voit encore avec plaifir ça & là de grands jardins remplis de Citronniers, d'Orangers &c, qui accompagnent les Maifons de campagne ou les Metairies, fur tout aux environs, ou au moins à une petite diftance de la Ville. Ces Metairies, qu'on nomme *Birgos*, font comme autant de petits Forts, ou de Tours quarrées faites de pierre.

Gayeté & liberté des Habitans de *Scio*.

Il n'y a point d'endroit dans toute la *Turquie* où les *Turcs* foient en auffi grande focieté avec les *Chrétiens* que dans cette Ifle. Les *Grecs*, à ce qu'ils m'ont dit eux-mêmes, y ont onze cents Chapelles, & diverfes bonnes Eglifes. Ils ont conservé la liberté de fonner les cloches, comme du tems que les *Venitiens* en étoient les Maîtres. Ils y jouiffent d'ailleurs de toute la liberté qu'ils peuvent raifonnablement fouhaiter, tant dans le fpirituel que dans le temporel. Les hommes & les femmes de cette Nation font là d'un enjouement & d'une gayeté extraordinaire. Ils paffent non feulement toutes les après-dinées des Dimanches & des Fêtes, mais même les nuits qui fuivent ces jours-là, à dancer & à chanter. Souvent même ces divertiffemens commencent la veille: ils dancent en chaîne, comme le repréfentent les figures des planches XIII & XXVI. Ils chantent à gorge déployée, & le vin n'y eft pas épargné; deforte qu'ils juftifient le Proverbe *Latin* des Anciens, *Rifus Chius, le ris & la gayeté de Scio*. Voici l'explication de la Planche XIII. La figure 1 eft une femme habillée à la maniere des *Greques de Smirne*; elle

Habillement des infulaires.

mene la danfe. 2. Une femme de *Pathmos*. 3. Une de Scio. 4. & 6 qui eft la même repréfentée par devant & par derriere, une femme de *Bulgarie* dont je parlerai en fon lieu: 5 Une de *Tino*, & des autres Ifles voifines. 7 Une petite fille vetue à la *Smirnienne*. Quant à la Planche XXVI. elle repréfente une nopce *Grecque* ou *Armenienne*, dont je parlerai auffi en fon lieu, & la figure 4 eft une *Greque Conftantinopolitaine* ou de quelque autre Ville *Turque*. A propos de quoi il eft à remarquer, que fa coëffure eft beaucoup plus large que celle de la *Smirniote*, qui eft prefque femblable à celle que les fem-

Coeffure des femmes Grecques dans les Villes principales.

mes *Turques* portent. Cette coeffure confifte en une efpece de *mitre*, qui eft le nom que les Anciens lui ont donné, & qu'elle retient encore parmi les *Grecs*. Il n'y a en effet aucune difference entre cette coeffure & une mitre Epifcopale, fi ce n'eft dans la maniere de la mettre. Les femmes *Turques* en rabatent la pointe fort bas au deffous d'une oreille, & la lient galamment avec un mouchoir brodé, qui fait le tour de leur tête. Les *Grecques* des Villes en géneral la portent non feulement plus large, mais elles l'applatiffent davantage, & plus également en circonference. Au refte les habits des *Grecs*, dans les Villes, font tels que 5 de la même Planche; ceux des hommes, dans les Ifles & à la Campagne, comme 10; ceux des *Bulgariens* comme 9; des *Armeniens*

meniens comme 2, 3, 7. &c. ceux des femmes de *Naxia* & autres Isles, comme 8. Je parlerai ailleurs plus amplement de ces dernieres femmes.

1699.
Chap.
IX.

La liberté qui regne à *Scio* est la même par toute le *Turquie*, quoiqu'il n'y ait point d'endroit où l'on en fasse un plus grand usage qu'en cette Isle, à cause de la gayeté extraordinaire & naturelle de ses Habitans; à quoy peut contribuer l'abondance du bon vin & la beauté du climat. Les rejouissances les plus solemnelles des *Grecs* en géneral se font pendant les fêtes de la semaine de Pâques: la *Porte* leur accorde en ce tems-là par un *Haticheriph* exprès la permission de boire du vin, même au milieu des carefours ou autres places publiques, de s'y enivrer, de danser, & de chanter dans toutes les ruës des Villes, & des fauxbourgs, comme ils avoient coutume de le faire avant la ruine de leur Empire. On entend alors jusques bien avant dans la nuit un bruit d'instrumens mêlé de voix, ou plûtôt de hurlemens tels que des gens yvres peuvent en pousser. On croit que ces rejouissances extraordinaires ont tiré leur origine de celles que les premiers *Chrétiens* firent sur la nouvelle de la resurrection de *Jesus-Christ*. Ces divertissemens commencent ordinairement le premier jour de *Pâques*, au Soleil levant, dans les Eglises *Grecques* & *Armenienes*, où le peuple fait differentes décharges d'armes à feu, en chantant avec les Prêtres des Cantiques & des Hymnes convenables. Tous les *Grecs* & *Armeniens*, soit Ecclesiastiques, soit Séculiers, se baisent lorsqu'ils se rencontrent en voyage ou dans les ruës, ou en quelque autre endroit que ce soit. Parmi les *Grecs*, celui qui donne le baiser dit, χριστος ανεστη, *Jesus-Christ est ressuscité*, & celui qui le reçoit répond, αληθως ανεςη ο Χριςος, *en vérité*, Jesus-Christ *est ressuscité*. Les *Armeniens* disent *Christu es harihal Imery luhes siez miez Havidire*. Quant aux *Chrétiens d'Egipte* & *d'Afrique*, où la Langue *Arabe* domine, ils disent, *Hilmsihacham Mehmben Helahm Heuhete ghene Calor*; ce qui signifie la même chose. Cette civilité dure depuis *Pâques* jusqu'à la *Pentecôte*.

Les femmes de *Scio* tiennent le premier rang pour la beauté, aussi-bien que pour la gayeté, & selon quelques-uns pour la complaisance, entre toutes celles de l'*Archipel*. L'Isle se vante non seulement, comme les autres Places nommées dans les Vers *Latins* que j'ai citez, d'avoir donné la naissance à *Homere*, mais elle prétend même avoir eu pour Prophetesse la *Sibille Erithrée*. On veut qu'un Rocher peu élevé & connu sous le nom d'*Hierthro*, qui est à un peu plus d'un quart de mille de la Ville, ait été le théatre de ses *Oracles*. Ce Rocher qui semble avoir été ainsi appellé par corruption du nom de cette *Sibille*, est, je crois, l'unique fondement de cette prétention. On y trouve quelques dégrez pour monter dessus, & des sieges sur son sommet; mais tout cela est si grossier qu'il n'est gueres vrai-semblable que ce soit un ouvrage de l'Art.

Je pris le 9. l'occasion d'un grand Bateau *Grec* qui alloit à *Samos*, pour voir cette autre Isle, qui, à ce que dit l'Histoire, a donné le jour à la *Sibille Erophile*, à *Pitagore*, à *Policrates*, & à d'autres grands hommes. Nous y abordâmes par le Port de *Tigano*, où je pris un guide pour me conduire à *Cora*, l'unique Ville qu'elle ait aujourd'hui. Nous traversâmes des ruines encore très considérables de l'an-

Mon départ de *Scio* pour *Samos*.

Tome I.   Bb 2   cienne

1699.
Chap.
IX.

cienne Ville de *Samos*, que les *Grecs* appellent, comme toutes les autres ruines dont ils ignorent le nom, *Paglycora*, *vieille Ville*. On y voit encore des pans de murailles épaisses de dix à onze pieds, avec quelques Tours, de grosses pierres quarrées de marbre, & quantité de morceaux de Colomnes, d'Architraves, de Bases, de Chapiteaux, & des marbres fort beaux & très rares. Les *Turcs* en ont tiré les materiaux les plus entiers, & les Colomnes qui n'étoient pas rompues, pour en bâtir leurs *Mosquées*, aussi bien que les *Grecs* leurs Eglises & Monasteres. Mais ces derniers ne les ont pas employez avec autant d'avantage que les premiers. Je ne pus découvrir aucune Inscription dans ces ruines. Ainsi ma curiosité n'étant point satisfaite, je demandai à mon guide, qui étoit de l'Isle, & qui parloit la Langue *Franque*, s'il n'en connoissoit pas quelques autres. Il m'indiqua celles du Temple de *Junon*, qu'il appelloit *Paglyklesia*, *vieille Eglise*. En effet, ces restes paroissent témoigner que c'étoit un Temple, & c'étoient là toutes les lumieres qu'on en pouvoit tirer. Je m'y fis conduire avant que d'entrer dans *Cora*, que nous laissâmes à notre droite. Je n'y rencontrai, non plus que dans celle de la vieille Ville, aucune Inscription, mais seulement quelques Colomnes rompues, d'un marbre admirable. Les *Turcs* & les *Grecs* en ont enlevé, comme de la premiere Ville, les meilleurs materiaux, pour en construire leurs Edifices publics.

Prétendu Temple de Junon.

Nous retournâmes donc sur nos pas, & nous nous rendîmes à la Ville que j'ai nommée où il m'y logea chez un Prêtre *Grec* de sa connoissance, après quoi il me quitta. Je commençois, avec l'aide du *Grec* ancien que j'avois appris en *France*, & l'application que j'apportois au moderne dont je recueillois les mots qui étoient differens du premier, à entendre & à me faire entendre passablement. J'interrogeai ce Prêtre qui ne parloit point d'autre Langue que celle-ci, sur les ruines que j'avois vues; mais il n'en sçavoit pas plus que mon guide.

Cora.

Cora signifie *Ville* en *Grec* vulgaire. Celle qui porte ce nom par excellence est la seule qui ait ce privilege, comme étant la plus grande, depuis la ruine des anciennes, telles que *Samos* & plusieurs autres dont on ne sçait pas même le nom, & qu'on ne juge avoir existé, que par les beaux restes qu'on en rencontre en differens endroits; car on n'a pas même bâti des villages en leur place. Cependant cette Ville ne merite gueres que le nom de *Corio*, que les *Grecs* donnent à tous leurs villages, comme les *Turcs* celui de *Koi*. Elle est peu étendue, & mal peuplée, & ses maisons sont mal bâties. Il y a dans l'Isle divers villages plus beaux & mieux peuplez: on y comptoit alors jusques à 14 mille habitans tous *Grecs*, excepté un *Sou-Bachi* qui les gouverne, & deux autres *Turcs* employez à recueillir le tribut. Parmi ces habitans, il y avoit bien cent tant Prêtres que *Diacres* & quatre cents *Caloieroi* & *Caloierai*, noms que portent les Religieux & Religieuses *Grecs*, & qui signifient comme j'ai deja insinué, *Bons Vieillards*, & *Bonnes Vieilles*, non pour le nombre de leurs années; car je le repeterai, il y en a de tous âges, même de seize & de dix-huit ans, mais pour la sagesse & la vertu qui éclate dans leur genre de vie. Les uns & les autres de ces deux Sexes Religieux font des abstinences incomparablement plus séveres que celles des Moines & des Religieuses *Catholiques-Romains*, si on excepte la nouvelle Réforme de la *Trappe*. Ils subsistent de leur travail

Moines & Religieuses Grecques.

&

& des charitez qu'on leur fait; car leurs maisons ne sont point rentrées comme dans l'Eglise Romaine. Aussi ne sont-ils pas obligez à la retraite; ils ont la liberté de sortir pour vaquer aux affaires temporelles. Ces *Caloyeroi* & *Calayerai* suivent géneralement la regle de *St. Basile*, mais leurs Eglises sont pour la plûpart consacrées à la *Vierge*, à *St. Jean*, à *St. George*, dont leurs Couvents portent les noms: il y en a jusqu'à huit ou neuf dans l'Isle. J'achetai d'une Religieuse les Medailles des *Samiens* N°. 24. & les trois *Gordiens*, marquez 18, 19 & 20 sur la Planche XIV. le premier frappé pour la Ville d'*Ephese*, le second pour *Tomi*, le troisieme pour *Perinthe*. Elle voulut me les donner pour rien, & les appelloit *Paliaes Pholes*, c'est-à-dire, *vieilles monoyes*, en *Grec* vulgaire. Mais je ne les acceptai qu'en lui faisant un autre present de cinq ou six *paras*. Elle avoit trouvé, disoit-elle, ces Medailles, en travaillant au jardin de sa Communauté.

Cette Isle ne cede à *Scio* qu'en étendue. Elle produit toutes les mêmes choses, excepté le *Mastic*, mais elle fournit de meilleur vin *Muscat*, de meilleure *cire*, & en plus grande quantité, & de la *Soye* bien plus fine, quoi qu'en moindre abondance. Le *Nitre*, l'*Ocre*, l'*Emeri*, y sont communs & négligez, aussi-bien que les Mines de *Fer*, & d'autres richesses de la Nature. Il n'y manque que des Cuisiniers pour y faire bonne chere & à bon marché; car outre les Vins exquis, le gibier y abonde, & y est très delicat. Ses Perdrix sont autant estimées que celles de *Scio*, & plus que celles de *Smirne*, & elles ne coutent, comme en ces Villes-là, que deux *paras* la piece.

Après être resté là trois jours, je m'embarquai pour retourner à *Smirne* sur une petite Barque *Grecque*, appellée *Tchecoleva*, qui y alloit. C'est un Bâtiment avec lequel on peut voguer à la rame, quand le vent ne permet pas de le faire à la voile. J'y arrivai le 17. de *Mai*.

Ce fut en ce tems-là que *Madame de Hochepied*, épouse du Consul des Etats Généraux en cette Ville, forma le dessein d'aller à *Constantinople*, pour y voir Mr. de *Collier* son frere, Ambassadeur de Leurs *Hautes Puissances* à la *Porte*, sur l'avis qu'elle avoit reçu qu'il étoit en chemin pour y retourner du Congrès de *Carlovitz*, auquel il avoit assisté en qualité de Ministre Mediateur; & elle me fit l'honneur de m'inviter à y passer avec elle. Cette Dame est si connue, & Mr. *Du Mont* le voyageur, un de ses Panegiristes, a si peu laissé à dire sur ses belles qualitez, que je me contenterai de rapporter ici ce que m'en dit un jour Mylord *Paget*, qui étoit alors en chemin avec Mr. *Collier*, pour retourner à *Constantinople*, après la conclusion de la Paix, savoir, *qu'elle avoit autant d'esprit que toute sa famille ensemble, & plus de politesse qu'aucune personne de son Sexe qui eût été élevée en* Turquie. La Cour de *Vienne*, pour le dire en passant, ayant offert à Mylord *Paget*, qui étoit Baron d'*Angleterre*, le titre de *Comte du St. Empire*, en reconnoissance de ses bons offices, par raport à cette Paix; ce Seigneur le refusa. Cependant Mr. de *Collier*, à qui cette Cour faisoit la même offre pour la même considération, accepta ce titre: ce dernier, qui vient de mourir en 1725, étoit d'une famille *Ecossoise*, dont il a conservé le nom. Il avoit succedé à Mr. son Pere en qualité de Résident des Etats Généraux à la Porte, & en 1688. Leurs Hautes Puissances le nommerent leur Ambassadeur en la même Cour.

Nous nous embarquâmes vers la fin de *Mai* sur un Vaisseau *Fran-*

1699.
CHAP. IX.

Mon départ de Smirne pour Constantinople.

fois qui étoit dans le Port de *Smirne*, mais le vent qui étoit devenu contraire & un peu trop fort à la hauteur de l'Isle de *Metelin*, & la Mer en même tems, incommodant Madame de *Hochepied*, aussi-bien qu'un jeune fils qu'elle avoit, qui est aujourd'hui Consul à *Smirne*, à la place de Mr. son Pere, mort il n'y a pas long-tems, le Capitaine eut la complaisance de relâcher dans le Port de *Castro*, Capitale de l'Isle de *Metelin*. L'ancienne *Mitylene*, sur les ruines de laquelle elle est bâtie, & qui a donné à l'Isle le nom qu'elle porte aujourd'hui, est illustre par la naissance de *Pythagore*, d'*Alcœus*, de *Théophraste* & de quantité d'autres grands hommes. *Castro*, nom que la Ville moderne a pris d'un Château qui la commande, est peu considérable, mais bien peuplée tant de *Turcs* que de *Grecs*. On la peut distinguer en haute & basse Ville. La premiere est ceinte de murs flanquez de huit Tours, & est couchée sur le penchant d'une Montagne, au sommet de laquelle est un Château. La seconde est toute ouverte, & borde le Port.

L'Isle de Metelin.

Cette Isle, qui a porté, selon *Horace*, le nom de *Lesbos*, est aussi grande seule que les deux dont j'ai parlé ci-devant ensemble. Elle n'est pas moins fertile, sur tout en excellent bled, qui a fait dire à ce Poëte,

> *Lesbia farina nive candidior;*

Et en vin très sain, dont il a dit,

> *Hic innocentis pocula Lesbii*
> *Duces sub umbrâ, nec Semeleius*
> *Cum Marte confundet Thionæus*
> *Prælia.*   L. 3. Od. 17.

Aussi-bien que *Virgile*,

> *Non eadem arboribus pendet vindemia nostris,*
> *Quam Methymnæo carpit de palmite Lesbos.*

On dit qu'*Aristote*, à l'article de la mort, ayant gouté premierement le vin de *Rhodes*, & ensuite celui de *Lesbos*, prononça en faveur de ce dernier. Les *Provençaux* y chargent de la laine & du bled. Son huile & ses figues passent pour les meilleures de l'*Archipel*. On y voit çà & là quantité de beaux morceaux de differens marbres, de Jaspe, de Porphire, mais mutilez & rompus, comme à *Samos*. Ces restes témoignent qu'il y a eu autrefois de somptueux édifices dans cette Isle; mais je n'y trouvai point d'Inscriptions, non plus que dans les autres.

Medailles.

J'y achetai deux Medailles *Grecques*, frappées pour la Ville ancienne, comme 18 de la Planche XIV. & une de *Tranquillina*, semblable à 44 de la même Planche, outre quantité de Medailles *Latines* de *Germanicus*, de *Valentinianus*, de *Marcus Aurelius*, d'*Agrippina*, de *Sabina*, &c.

Le vent s'étant changé en notre faveur le 2. de *Juin*, nous poursuivîmes notre voyage assez heureusement pour entrer le 3. dans l'*Hellespont*, ou le canal des *Dardanelles*. C'est là que l'*Asie* & l'*Europe* sont si

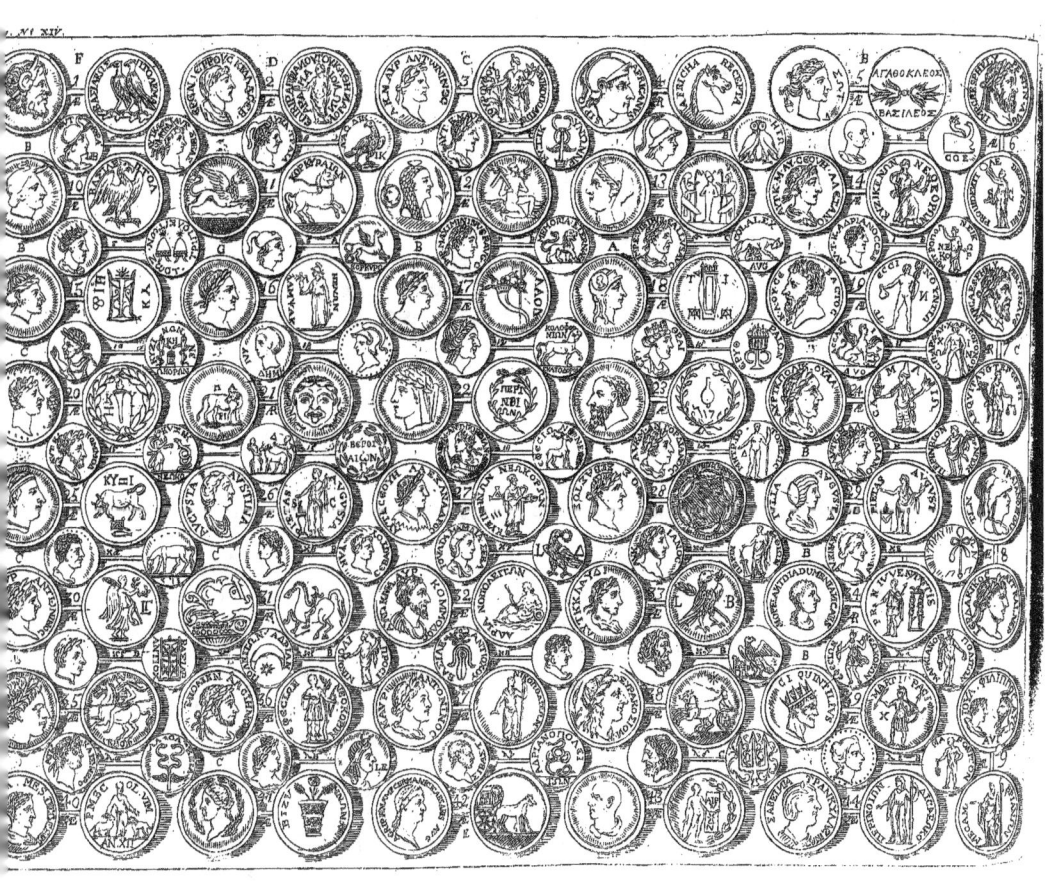

voisines qu'elles semblent, à une petite distance près, ne faire qu'un même Continent & se toucher. Ce Détroit, comme le savent les personnes un peu versées dans la *Geographie*, semble empêcher la *Mer Noire* de se mêler avec la *Blanche*, nom que les *Orientaux* donnent à la *Mediterranée* en général, que nous divisons comme en plusieurs parties sous differens (*a*) noms. Nous ne nous arretâmes qu'aux seconds Châteaux, où le Capitaine mouilla près de celui d'*Asie*, qui est bâti selon l'opinion de plusieurs, aussi-bien que la petite Ville qui l'accompagne, sur les ruines de l'ancienne *Abidos*. On ne voit pourtant aucuns restes qui le témoignent. Des ruines qui sont à quelque Milles au dessus de celui de *Thrace*, dont je parlerai ailleurs, peuvent bien être ceux de *Sestos*, mais on dit qu'il y en a d'autres d'*Abidos* en *Asie*, à une bonne distance du Château dont j'ai deja parlé. Le 4. de grand matin le vent soufflant du *Sud*, & inclinant vers l'*Ouest*, nous fîmes voiles, & nous passâmes entre *Gallipoli* & *Lampsaco* sur les dix heures. Enfin après avoir traversé la Mer de *Marmora*, nous arrivâmes le lendemain devant cette fameuse Ville, où *Constantin* réunit autrefois deux grands Empires, & qu'il appella la *nouvelle Rome*. Nous mouillâmes du côté de *Galata*, près de la Douane.

La beauté de la situation de *Constantinople* est au dessus de toute expression, & par conséquent de ce qu'on en a dit, & de ce que j'en pourrois dire. Les avantages que cette situation lui donne pour commercer dans toutes les parties du monde, sont tels qu'on les a déja representez.

CHAPITRE X.

De Galata, *du Port, du* Bosphore *de* Thrace, *ou Canal de la Mer Noire: des Palais & Maisons de plaisance qui le bordent jusqu'à la Colomne de* Pompée; *de* Sainte Sophie, *& autres* Mosquées, &c.

MR. l'Ambassadeur de Hollande n'étant pas encore arrivé, Madame de *Hochepied* qui m'avoit promis de me recommander à lui, me tint parole, dès qu'il le fut; & il me donna dans la suite diverses marques de sa bienveillance. Entre autres connoissances qu'il est aisé de lier dans un Païs où les Etrangers sont extraordinairement carressez sur tout des *Francs*, j'en liai une avec le Chancellier & avec le Secretaire du Comte *Tekely*, & par leur moyen avec le Comte lui-même. A la premiere visite que je lui fis, il m'arrêta non seulement à dîner, mais même à souper. Il avoit une des plus heureuses phisionomies du monde. Il parloit mieux *Latin* qu'aucun homme de qualité que j'aye rencontré dans tous mes voyages. Du reste, il étoit aussi mal traité de la goute que de la Fortune. Il venoit d'être abandonné par le Traité de *Carlowitz*, pour n'avoir pas suivi le Conseil que Mylord *Paget* lui avoit fait donner avant le Congrès, de renoncer à tout Commerce avec la *France*. Il en témoigna du regret, mais Madame son Epouse, Veuve après ses premieres noces, du Prince

Particularitez touchant le Comte Tekely.

(*a*) l'*Archipel*, la *Mer Adriatique* ou le *Golphe de Venise*; l'*Hellespont* ou les *Dardanelles* qui regnent depuis les premiers Châteaux jusqu'à *Gallipoli*, & la *Mer de Marmora* ou *Propontide* qui s'étend depuis *Gallipoli* jusqu'à *Constantinople*; où la Mer noire se mêle avec elle.

Ragotsky, ancien Waivode de Transsilvanie, montroit un courage superieur à sa mauvaise fortune. Il avoit une assez belle maison que la Porte lui donnoit à *Constantinople*, dans un quartier appellé *Baluta*, avec cinquante ou soixante écus par jour en especes, & autant en provisions de bouche, tant pour lui que pour ses gens, ce qui s'appelle en *Turquie*, *Thaine*. Mais quoi que cet argent fût plus que suffisant dans un Païs où les vivres sont aussi abondantes & à aussi bon marché que je l'ai déja insinué, il n'en avoit pourtant pas assez pour payer des intelligences qu'il entretenoit en *Hongrie*, & des Couriers qui y alloient & en venoient pour son service, en ajoutant même le produit qu'il retiroit du superflu de ces provisions, & du vin que quelques-uns de ses gens vendoient dans sa maison, soit aux *Turcs*, soit aux *Chrétiens* qui vouloient en boire ou en emporter chez eux. Je dirai en passant que les premiers y en buvoient plus que les seconds, malgré la defense que leur loy leur en fait, & le risque qu'ils couroient, si la Garde les avoit rencontrez, au sortir de là, & qu'elle eût remarqué qu'ils fussent yvres.

La magnificence de la Porte est si grande, aussi-bien que l'hospitalité *Turque* en géneral, comme je le diray ailleurs, que dès qu'un Ambassadeur, ou un autre Etranger de consideration met le pied sur les Terres *Ottomanes*, elle lui fait donner pour lui & pour toute sa suite de chevaux de poste; avec des chariots pour son bagage & des provisions. En un mot elle le defraye de tout, non seulement pendant le chemin jusqu'à *Constantinople*, mais même pendant le sejour qu'il y fait. Il n'y a que les Ambassadeurs de *France*, d'*Angleterre*, de *Hollande*, & de *Venise*, qui après leur arrivée en cette Ville ne veulent plus être defrayez, parce que leurs Maîtres se mettent au dessus de cela.

Je vis chez le Comte un *Italien* qui le servoit en qualité de Medecin. Son visage me frapa & je me ressouvins de l'avoir vû dans une Place faire le metier d'*Operateur*. Comme il ne me connoissoit pas, j'eus la curiosité, après diner, de demander au Secretaire, depuis quand il étoit auprès du Comte. Il me dit qu'il n'y avoit que peu de temps, & me raconta ses avantures de *Turquie* qui m'ont paru assez singulieres pour m'engager à en dire quelque chose.

Histoire d'un prétendu Neveu du Pape Innocent XII.

Il étoit venu à *Constantinople*, il y avoit environ un an, avec deux *Chevaliers d'industrie*, dont il se servit, avant que de se montrer en public, pour se faire annoncer par tout comme Neveu du *Pape Innocent XII*, qui regnoit alors. Mais l'Evêque Latin de *Constantinople* qui étoit *Romain* d'extraction, si je ne me trompe, ou qui du moins connoissoit la famille de *Pignatelli*, l'ayant reconnu pour un imposteur, empêcha Mr. de *Chateauneuf*, Ambassadeur de *France*, de lui accorder la protection qu'il lui demanda. Car c'est la coutume que les Etrangers prennent en arrivant à *Constantinople*, la protection de quelque Ambassadeur, ce qui les met en possession d'une *Franchise* génerale, qui je crois leur a fait donner le nom de *Francs*, dans les Capitulations de diverses nations Européennes avec la *Porte*. Ce prétendu Neveu du *Pape* ne se rebuta pas. Il fit si bien qu'il obtint celle de *Hollande*. Il avoit la langue si déliée, & tant de confiance en la credulité du plus grand nombre, en un mot il joua si bien son rôle pour soutenir ce qu'il avoit avancé, que malgré le temoignage de cet Evêque, il s'empara de l'esprit de plusieurs bons *Catholiques-Romains*, qui crurent ce qu'il leur disoit, parce qu'ils le souhaitoient. Il avoit fait dire

sous

CONSTANTINOPLE, &c. 201

fous main par ſes precurſeurs, & il ſe diſoit lui-même, qu'il attendoit des Lettres de change de *Rome*, pour des ſommes conſiderables & qu'il auroit aſſez de credit, s'il vouloit, pour faire rapeller l'Evêque qui l'avoit traité ſi indignement. Un chef de famille *Flamande* des plus ſoumis à Sa Sainteté, & des moins ruſez, donna de ſi bonne foi dans le panneau, que non ſeulement il crut que le *Signor Franceſco* (a) *Pignatelli* étoit de la Maiſon du Pape, mais qu'il lui avança même une groſſe ſomme d'argent, ſur les prétendues Lettres de change qu'il attendoit de *Rome*. Il fit plus; il lui donna ſa Belle-ſœur en mariage, que notre Avanturier lui demanda, pour l'honorer, diſoit-il, de l'alliance du *St. Pere*, en reconnoiſſance de ſes civilitez. Les Lettres de change ne venant point, & le prétendu neveu du *Pape*, devenu Beau-frere de ce Marchand, lui demandant de nouveaux ſecours d'argent, celui-ci qui n'étoit pas riche, commença à douter de tout ce qu'il avoit crû fermement. Il eut recours à *Mr. Iſaac Rombouts*, Beau-frere de l'Ambaſſadeur de *Hollande* & ſon Deputé, qui protegeoit la Nation en ſon abſence, pour avoir ſatisfaction de cet impoſteur, & le faire arrêter. Mais l'Avanturier prévint l'orage, abandonna ſa femme groſſe de quelques mois, & ſe ſauva chez le Comte *Tekely*, qui ayant pris preſque autant de confiance en ſon art de guérir la goute, que le Marchand *Flamand* en avoit eu pour ſon *Nepotiſme*, lui accorda ſa protection. Ce Comte continuoit à le proteger contre toutes ſortes de pourſuites, quoi qu'il eût apris ſon Hiſtoire, & le perſonnage que je lui avois vû faire à *Milan*. Je lui parlai *Italien*, & lui racontai quelque choſe de mes voyages en *Italie*. Je lui demandai enſuite s'il n'avoit point quelque frere à *Milan*, où j'avois vû en 1697. un homme qui paroiſſoit être ſon frere jumeau: il me dit que non, & évita depuis autant qu'il put de ſe trouver où j'étois.

Environ ce tems-là un jeune *Anglois* ayant quité un Vaiſſeau de ſa Nation, dans le deſſein de ſe faire Mahométan à cauſe de quelque mécontentement que lui avoit donné le Capitaine, fut circoncis chez le *Vaivode* de *Gallata*, ſans qu'on eût obſervé les formalitez que les Capitulations tant d'*Angleterre*, que de *France* & des autres Nations Franques avec la *Porte*, exigent en ces ſortes de rencontres. Ces Capitulations veulent que le *Franc* qui offre de ſe faire *Mahométan*, ne ſoit point reçu ni circoncis, qu'il n'ait confeſſé devant un Interprete de ſa Nation, qu'il le fait de ſon propre mouvement, & ſans y avoir été porté par conſeil, ni par force, ni par quelque autre moyen que ce ſoit, & qu'il perſiſte dans ſon deſſein, & cela dans l'eſpace de vingt-quatre heures avant la céremonie. *Mylord Paget* qui n'étoit pas encore de retour de *Carlowitz* à *Conſtantinople*, ayant été averti à ſon arrivée à *Andrinople*, par de Lettres de ſon Deputé, du procedé irregulier du *Vaivode*, demanda à la *Porte* qu'elle lui remît publiquement le jeune homme entre les mains, & qu'on bannît le *Vaivode*. Le *Viſir*, qui étoit alors *Huſſeine Pacha*, (b) homme fort ſage, & d'une humeur douce, répondit à l'Ambaſſadeur qu'il auroit la ſatisfaction qu'il demandoit, quant à l'exil du *Vaivode*; que pour le jeune homme, s'il ſe repentoit de ce qu'il avoit fait, il lui ſeroit remis en particulier, & non en public, pour ne cauſer aucun ſcandale dans la Religion; mais

1699.
CHAP.
X.

Et d'un *Anglois* qui ſe fait Turc.

Tome I. Cc que

(a) C'étoit le ſurnom qu'il avoit pris d'abord; mais d'ordinaire il ne ſe faiſoit appeller que le *Signor Franceſco*.
(b) *Huſſeine Pacha* étoit, diſoit-on, de la race de *Cuprogli*, & par conſequent le troiſieme *Viſir* de cette famille.

1699.
CHAP.
X.

que s'il perſiſtoit dans la réſolution d'être *Muſulman*, devant autant de *Dragomans* qu'il voudroit envoyer pour l'interroger, il ne pouvoit ſelon la Loi *Mahométane* être livré en aucunes mains *Chrétiennes*. *Mylord* repliqua qu'il le vouloit avoir, ſoit qu'il ſe repentît, ſoit qu'il ne ſe repentît pas. *Huſſeine Pacha* ayant continué de lui repréſenter combien cela cauſeroit de ſcandale dans la Religion, & étoit peu praticable, ſans pouvoir pourtant l'engager à ſe contenter de ce qu'il lui offroit, lui dit, „ Nous avons toute la reconnoiſſance qui vous eſt „ dûe pour les bons offices que vous venez de nous rendre dans la „ Paix conclue à *Carlowitz*; mais n'en exigez pas une qui ſoit con- „ traire à notre Religion, qui ne nous eſt pas moins chere que la vô- „ tre, vous qui lui avez ſacrifié juſqu'à ceux de vos Rois, qui vous „ paroiſſoient vouloir y donner quelque atteinte. " *Mylord* ſe contenta de répondre là-deſſus, que le cas étoit tout different; que les Capitulations ayant été violées, le jeune homme ne devoit pas être cenſé *Mahométan*; qu'il devoit être rendu publiquement, pour être à l'avenir un exemple authentique de l'obſervation inviolable de ces Capitulations. Comme ce Miniſtre qui étoit naturellement fixe & inébranlable dans ſes premieres réſolutions, parut vouloir toûjours demeurer ferme dans celle-ci, ſans admettre aucun adouciſſement, le *Viſir* lui dit qu'il propoſeroit l'affaire au *Muphty*, qui étoit l'Interprete de la Loi. Il le fit, & celui-ci s'étant d'abord fort recrié ſur cette demande, prononça que toute la faveur qu'on pouvoit faire, étoit de remettre le jeune homme ſecretement, s'il ſe repentoit de ce qu'il avoit fait. Le *Waivode* fut donc banni, & le jeune homme examiné & interrogé devant deux Interpretes. Comme la crainte d'être châtié pour ce qu'il avoit fait, le faiſoit perſiſter dans ſa premiere déclaration, ils lui repréſenterent qu'il ne devoit rien craindre, puis qu'on lui pardonnoit; qu'on ne lui feroit aucun mal, & que *Mylord Paget* ſe chargeoit de l'envoyer en *Angleterre*. Ces aſſurances & quelques autres promeſſes dont on les accompagna, ayant diſſipé ſa crainte, il avoua qu'il n'avoit été porté à embraſſer la Religion *Mahométane* que par le mauvais traitement du Capitaine, & par d'autres chagrins particuliers, & il fut remis, ſecretement à Son Excellence, qui agréa enfin le temperament qu'on avoit pris, & en remerçia le *Viſir* & le *Muphty*.

Gallata.

Avant que de parler de *Conſtantinople*, je dirai quelque choſe de *Gallata*. Ceux qui n'ont pas vû *Gallata* le regardent géneralement comme un Fauxbourg de *Conſtantinople* : Mais c'eſt plûtôt une petite Ville fermée de murs, qui ont été ſouvent abbatus. Ils furent en dernier lieu rebâtis par les *Genois*, qui s'en emparerent pendant les diviſions de l'Empire d'*Orient*. On voit encore les armes de pluſieurs Seigneurs *Genois* en quelques endroits de ſes murs, ou ſur les Tours dont ils ſont flanquez, & principalement ſur une d'entre elles qui eſt extraordinairement élevée, & qu'on appelle *la Tour de Gallata*. Elle joint une porte qui conduit à *Pera*, qui eſt comme le Fauxbourg de cette petite Ville.

Couvents & Egliſes des Franci à Gallata & à Pera.

La plûpart des Marchands étrangers logent à *Gallata*. Les *Catholiques-Romains* y ont trois Egliſes, jointes à trois Couvents. La principale eſt celle des *Jeſuites*. Les deux autres appartiennent, l'une aux *Dominicains*, & l'autre aux *Cordeliers* ou *Franciſcains François*. Les *Italiens* de cet Ordre y en avoient une fort grande, & aſſez belle,

dé-

CONSTANTINOPLE, &c.

dédiée à *St. François*, qui étoit comme la paroisse Catholique de *Gallata*, depuis quelques siecles. Mais après que cette Eglise eut été brulée, avec le Couvent qui y étoit joint, les *Turcs* de *Gallata* s'étant plaints à la *Porte* que ces Moines avoient fait une taverne de leur Couvent, en y vendant du vin & de l'eau-de-vie, elle s'empara du terrain. La *Validé* (ou Reine Mere) y faisoit bâtir une *Mosquée* qui n'étoit pas encore achevée quand j'arrivai là. Cependant comme ces Moines se plaignoient, par la bouche des Interpretes, du tort qu'on leur faisoit, le (a) *Caïmacahm* leur fit répondre, que le feu ayant détruit & purifié un lieu de scandale & d'abomination, cette pieuse Princesse y vouloit élever un édifice de pureté & de dévotion. Les complaignans n'osant plus rien demander après cette réponse, se sont établis à *Pera*, où ils font leurs fonctions dans la sale d'une maison particuliere. Leur Superieur est ordinairement Vicaire du Patriarche ou Evêque *Latin*, que le *Pape* envoye à *Constantinople*.

Il n'y a point de Païs au monde où l'exercice de toutes sortes de Religions soit plus libre, & moins sujet à être troublé, qu'en *Turquie*. Tous ces Religieux font leurs fonctions, leurs processions, chantent leurs Messes, leurs Vêpres, & portent leurs differens habits aussi publiquement qu'ils pourroient le faire à *Rome*. Ils ont des Chapelles pour les Esclaves *Catholiques* jusques dans les *Bagnos*. Quant aux *Grecs* & *Armeniens*, condamnez aux Galeres, ils vont les confesser & leur donner la Communion jusques sur les Vaisseaux & sur les Galeres du *Grand Seigneur*.

Mylord Paget, qui avoit son Palais à *Pera*, comme les autres Ministres *Francs*, faisoit alors bâtir dans ce Palais une jolie Chapelle, à peu près sur le modele de celle de *Windsor* en *Angleterre*; ou plûtôt il faisoit réparer & agrandir celle qui y étoit déja. Les *Calvinistes François* & *Genevois* en ont fait bâtir une pour eux dans le jardin de Mr. l'Ambassadeur de *Hollande*, qui leur a donné le terrain nécessaire pour cela, comme je le dirai ci-dessous. Ils y chantent leurs Pseaumes aussi haut qu'ils le souhaitent. Mr. l'Ambassadeur de *France* les protege pour le temporel, & cela ne lui donne pas peu d'affaires, comme on en peut juger par ce passage d'un voyageur Italien: *Li Ugonotti Francesi, e altri Genevrini Calvinisti (per la maggior parte Orloggieri e molti ammogliati) sono frà se stessi in risse e contese quasi perpetue, e spesso ridicole; convengon'si il più delle volte per differenza d'un o duoi scudi, o d'alcune parole offensive d'una Donna à l'altra, avant'il Signor Ambasciator: di modo che la Cancellaria di Francia in* Constantinopoli *abbonda più dei litigi di quella sorte di gente in duoi mesi, che del resto del Commercio in dieci anni. A segno ch'un Ambasciator passato nel render conto al Rè del suo Ministerio, suggerì con facetia, che per lor fosse necessario il mandar in* Constantinopoli *un Ambasciator à parte.* (b)

(a) *Caïmacahm*, Gouverneur de *Constantinople* en l'absence du *Visir*.
(b) C'est-à-dire. Les *Calvinistes François & Genevois*, qui sont pour la plûpart Horlogers, & mariez, ont presque toujours entr'eux des querelles les plus ridicules du monde. Ils comparoissent le plus souvent devant l'Ambassadeur pour des disputes qui ne roulent que sur un écu ou deux, ou pour quelques injures que des femmes se sont dites. De sorte que la Chancelerie *Françoise* de *Constantinople* est plus occupée en deux mois de tems à ces sortes de disputes, qu'elle ne l'est en dix ans aux procès des Negocians. C'est à cette occasion qu'un Ambassadeur rendant compte au Roi du succès de ses negotiations, lui dit plaisamment, qu'on ne feroit pas mal de leur envoyer à *Constantinople* un Ambassadeur à part, & qui ne travaillât que pour eux.

1699.
Chap.
X.

Ils sont en effet si fort portez à la discorde, & vivent ensemble en si mauvaise intelligence, que Mylord *Paget* fut obligé de leur deffendre de mettre le pied dans sa Chapelle *Angloise*, où ils avoient coutume de s'assembler pour leurs exercices de pieté. La raison de cette defense, ou plutôt les raisons, car il en avoit, disoit-il, plusieurs autres, c'étoit qu'ils s'y étoient querellez & même batus pour le rang & les places. Il me nomma lui-même deux femmes qui s'y étoient souffletées & décoëffées, en se disputant l'une à l'autre la place de Me. *Pierce*, qui étoit en secret son Épouse, selon quelques-uns, ou sa Maitresse, si on en croit la medisance ; mais qui faisoit publiquement l'Office de Gouvernante de sa Maison.

Mr. l'Ambassadeur de *Hollande* leur permit ensuite de s'assembler dans son Palais. Mais ils n'y vinrent pas long-tems sans donner de nouvelles preuves de leur mesintelligence. La premiere Fête qu'ils y célebrerent, & qui fut celle de *Noël*, à ce que je crois, fut troublée par une querelle fort vive qui s'éleva entre eux au sujet du *Stile*. Les uns vouloient se conformer au nouveau que les *Hollandois* suivent ; les autres, surtout les femmes, nées pour la plupart *Grecques*, ou qui étoient des Esclaves *Cosacques* ou d'autres Nations qu'ils avoient épousées après les avoir achettées, ou qui étoient filles d'Esclaves, prétendoient absolument s'en tenir au vieux *Stile* ; & elles déclarerent qu'elles ne s'assembleroient qu'à cette condition. Le Chapelain *Hollandois* eut beau leur dire, que ce n'étoit point là un Article de foi ; & qu'il étoit honteux à des *Chrétiens* de se diviser d'une maniere si scandaleuse pour une discution qui ne rouloit que sur le Calendrier, cette raison ne gagna rien sur leur entêtement, auquel les plus raisonnables furent enfin contraints de céder. L'Ambassadeur, las de ces debats, & qui ne vouloit ni en répondre, ni y entrer en aucune façon, eut la complaisance de leur assigner un coin de son jardin, pour y bâtir une Chapelle, où il leur laissoit, disoit-il, *la liberté de prier, de chanter, de se quereller, & même de se battre tant qu'ils voudroient* ; ce qu'ils accepterent.

Pour ce qui est de Mr. l'Ambassadeur de *France*, il a pour sa commodité une Chapelle dans son Palais, de laquelle il se sert quand il ne veut pas sortir pour aller dans les Eglises *Catholiques* de *Gallata* & de *Pera*.

Passion des Francs pour les femmes & filles Turques.

Si les *Francs* jouissent d'une grande liberté en ces deux endroits à l'égard du spirituel, ils n'en ont pas moins quant au temporel. *Pera* & *Gallata* sont pour eux comme la rue qu'ils ont à *Smirne*. On y court en masque pendant le Carnaval ; on y chante, on y boit, en un mot on y fait tout ce qu'on veut. J'en excepte cependant la Religion & les femmes *Turques*, auxquelles les *Mahométans* ne veulent pas que les *Francs* touchent, comme ils ne se soucient point eux-mêmes de toucher à la Religion & aux femmes des *Francs*. A propos des femmes, j'ai entendu dire à plusieurs *Turcs* qu'ils s'étonnoient que les *Chrétiens*, surtout les *Francs*, eussent tant de passion pour les femmes & les filles *Turques*, pendant qu'ils peuvent en avoir de *Chrétiennes* : *S'ils n'ont pas le moyen*, ajoutoient-ils, *d'acheter des Esclaves, n'ont-ils pas la permission de prendre des Greques & des Armeniennes libres, & cela par le moyen du Kebbin, comme nous le faisons nous-mêmes ?*

Politique des Turcs à l'égard des femmes.

Le *Kebbin*, sur lequel je m'étendrai davantage en parlant du mariage des *Turcs*, est, pour le dire en passant, un Contract civil fait par de-

devant un *Cady*. Il ne lie l'homme & la femme qu'autant & aussi long-tems qu'ils veulent. L'homme peut même, en vertu de cet accord, l'entretenir dans une maison qu'il loue pour cet effet. Cette maison, au reste, est sacrée pour tout autre, & personne n'y ose entrer que celui à qui elle appartient, si ce n'est avec lui-même. Car si quelqu'un y entroit en son absence, il seroit saisi par les voisins, ou par la Garde *Turque*, dès qu'elle en auroit été avertie, & ce temeraire étranger, quel qu'il fût, seroit condamné à une amende & à la *Falaca*, aussi-bien que la femme. J'en ai vu plusieurs exemples, les *Turcs* étant fort rigides à cet égard, parcequ'une de leurs maximes principales est de ne tolerer aucun lieu public de débauche, ni même aucune intrigue clandestine.

La Poligamie que la Loi permet à tous les *Ottomans*, & cette liberté dont je viens de parler, paroissent avoir pour fondement plusieurs raisons politiques, & entr'autres trois qui sont importantes. La premiere, c'est la multiplication des Sujets, dont l'abondance fait le bonheur & la richesse des Etats. La seconde, de couper cours à toutes débauches publiques, & la troisieme, de prévenir l'inconvenient que les Bâtards ou héritiers illégitimes apportent ailleurs dans les familles. Car il faut remarquer que les Enfans nez de femmes prises par le moyen du *Kebbin*, ou d'Esclaves achetées, sont aussi légitimes, en vertu des Loix *Turques*, que ceux qui proviennent du mariage le plus autentique, parmi les *Chrétiens* & autres Nations.

Le Port de *Constantinople* est des plus spatieux, des plus beaux, & des plus avantageusement situez qu'il y ait au monde. C'est le rendez-vous des deux Mers, & quelque vent qu'il souffle, il y entre & il en sort à tous momens des Bâtimens. On pourroit regarder, selon quelques-uns, le *Propontide*, & le Canal de la *Mer Noire*, comme faisant un seul & même Port avec celui que je viens de nommer, puis que les Vaisseaux y trouvent par tout, en cas de vent contraire, un ancrage sûr ; mais ce seroit l'étendre trop, & comprendre plusieurs Ports sous un seul. On a fait commencer autrefois ce Port d'abord du côté de la *Mer Blanche* en *Asie*, à *Phanary-Kiosk*, ainsi appellé à cause d'une Lanterne ou *Phanal* destiné à éclairer les Navigateurs, & d'un *Kiosk* ou Pavillon du *Grand Seigneur*, près duquel est le petit Village qui porte encore le nom de *Calcedoine*, ancienne Ville dont je parlerai ci-après. Depuis, c'est-à-dire, sous le regne de *Theodose*, on en mit le commencement dans le lieu qu'on appelle à présent *Odoun-Capi*, où étoit le rendez-vous des Galeres de cet Empereur, & où quantité de petits Bâtimens qui font voile vers le Golfe de *Bithinie*, & vers les Isles de *Marmora*, des *Princes*, d'*Alonia* &c. mouillent encore aujourd'hui ; mais je me contenterai, à l'exemple de quelques Auteurs, de le faire commencer à la pointe du *Serail*, & à cette partie de *Gallata* qui lui fait face, où est une vieille Tour qu'on appelle *Curchun-magazini*. C'est à cet endroit que l'Histoire dit qu'on tendoit autrefois une chaîne, pour en fermer l'entrée. Je ne lui donnerai pour étendue que tout le Golfe qui regne entre *Constantinople* & *Gallata*, avec *Cassumpacha*, jusqu'à l'embouchure d'une petite Riviere appellée par les Anciens *Babyses*, & *Lycus*, & aujourd'hui par les *Turcs*, *Kiehathana-sou*, ou *Eau de la maison à papier*, nom moderne, qu'elle a emprunté d'une vieille maison, où on a fait autrefois du papier.

Cassumpacha. *Cassumpacha* passe pour un Fauxbourg de *Constantinople*, quoi qu'il en soit separé à son *Midi* par la largeur du Golfe, & à son *Occident* par un assez large espace de terrain, & par la petite Riviere que je viens de nommer. Je ne crois pas cependant qu'on puisse lui contester le titre de *Ville*, qu'il merite si bien par quantité de belles maisons, par diverses *Mosquées*, petites mais jolies, & entr'autres par un des plus beaux bains qu'il y ait en *Turquie*.

Flotte Turque. C'est le long de ce Fauxbourg que se range la Flotte du *Grand Seigneur*. Lorsque j'arrivai à *Constantinople*, elle étoit composée de trente-deux Vaisseaux de ligne, & de trente-quatre Galeres, outre quelques Brigantins, en y comprenant les Galeres de l'*Archipel*, qui hivernent tantôt à *Rhodes* ou à *Chipres*, & tantôt à *Smirne*, ou à *Scio*. Ces dernieres ne desarment jamais, & selon les ordres de la Porte, elles doivent toûjours se tenir prêtes à se mettre en Mer en cas de besoin. *Mezzomorto*, Renegat, & *Majorquain*, dit-on, d'extraction, mais d'ailleurs bon Matelot, & homme de courage, étoit alors *Capithan-Pacha*, ou Grand-Amiral de cette Flote.

Magnificence des Galeres Turques. Les Galeres de *Constantinople* sont fort grandes, & toutes brillantes par la dorure dont leurs ornemens de Sculpture sont enrichis. Ces ornemens faits à la maniere du Païs, sont d'un goût admirable, ce qui n'est point étonnant, puisque leurs meilleurs Sculpteurs, comme leurs plus excellens Ouvriers pour la construction des Vaisseaux, sont tous Renegats. Ces Galeres sont fort proprement entretenues. Les Esclaves, & autres gens condamnez à ramer pour quelque faute, y sont bien nourris & bien habillez; & les rameurs à louage bien payez. Quand elles vont en Mer, ou qu'elles en reviennent, elles sont ornées d'un grand nombre de bannieres magnifiques, & de banderoles de diverses couleurs; ce qui fait un beau spectacle. Le *Grand Seigneur* ne manque pas, s'il est à *Constantinople*, de se trouver alors dans un de ses *Kiosques*, qui est situé vis-à-vis de *Gallata* sur la pointe du *Serail*, pour les voir passer comme en revue, comme il fait pour voir toute la Flote.

Kiosque ou Pavillon magnifique. Ce *Kiosque* est un Pavillon superbe, soutenu de quatorze belles colomnes de marbre, d'un beau poli. Il est lambrissé en or, & en azur, & garni d'un *Sopha*, dont les coussins & *minders* sont couverts des plus prétieuses étoffes. On raconte qu'un Renegat *Genois* en fut l'Architecte, & que ce fut *Soliman I.* qui le fit bâtir. Comme le toît qui est de plomb, aussi-bien que tous ceux des Palais & autres *Kiosques* du *Grand Seigneur*, a assez la forme d'un chapeau dont les bords sont rabbatus, par ses avances attachées au bas d'une espece de Dôme par lequel il se termine, *Soliman I.*, à ce que l'on prétend, dit à ce Renegat, *Ce toît ressemble au Chapeau d'un Franc, cependant j'en suis content*. Ces avances au reste sont communes à tous les toîts des maisons du Païs, & elles sont faites pour mettre les habitans à couvert du Soleil & de la pluye. Ce *Kiosque* qui joint les murs du *Serail*, est situé sur un espece de quai, ou de terrasse qui regne devant, de sorte qu'il donne sur le Golphe, & sur le Canal de la *Mer Noire*, de même que sur *Scutary*. Il a aussi vue sur une infinité de beaux petits bateaux, que les *Turcs* appellent *Kaïkes*, & qui cedent aux Gondo-

les de *Venise* pour la dorure, mais non pas pour la pro- 1699.
preté. Ces bateaux font incrustez en dedans de bois de noyer & fort CHAP.
legers. Lorsque les rameurs *Turcs* les conduisent, ils font presque tous X.
en chemise de soye, avec une petite calote d'écarlate sur la tête. Ils Beaux ba-
leur font fendre les eaux avec une dexterité & une vitesse incroyable, teaux des
ce qui fournit aux personnes qui sont à terre un spectacle aussi agréa- *Turcs*
ble, que l'est pour celles qui sont dedans le plaisir de voguer avec tant
de rapidité.

Que le Lecteur se figure que nous en prenons un, pour aller voir la
prétendue colomne de *Pompée*, & pour jouir en passant de la magnifique vue des deux côtez du Canal. Si nous tournons les yeux du
côté de l'*Europe*, nous verrons *Topehana*, c'est-à-dire, la fonderie *Topehana*.
des Canons, qui n'a rien de plus considérable au dedans que son usage. On voit sur le bord de la Mer, à environ cinquante ou soixante
pas de cette fonderie, une centaine de pieces d'Artillerie de bronze,
comme Mortiers & Canons. Ces derniers font le plus grand nombre. Ils sont d'une longueur extraordinaire, & l'emportent quant au
calibre sur tous ceux que j'ai vus ailleurs. Les Mortiers sont aussi
d'une grosseur prodigieuse. Ces Canons se tirent dans les réjouissances publiques, pendant le *Baïram*, à la naissance des Princes & Princesses du Sang, à la circoncision de ceux-là, & au mariage de celles-
ci. Les *Turcs* ont de l'Artillerie à revendre, & c'est la plus belle &
la meilleure que l'on puisse voir. Leurs munitions de guerre ne sont
pas moins abondantes. Ils tirent leur cuivre & leur fer d'*Anatolie*;
& sur tout des côtes de la *Mer Noire*, entre *Synope* & *Amastro*, où
ils ont pour la culture de leurs Mines tous les avantages qu'ils peuvent
souhaiter, à l'égard du bois qui y est nécessaire. L'*Egipte* qui abonde
en Salpêtre leur fournit de quoi faire d'assez bonne poudre, & les
Anglois & autres Nations *Européennes* leur apportent l'étain & le plomb,
qui leur manquent.

Topehana est accompagné de quantité de bonnes maisons. Une chaîne de pareils Bâtimens, qui ne leur cedent en rien, s'étend à plus
d'un quart de lieue vers *Bechicktachekoy*, autrement le village de *Be-* Bechicktā-
chiktache, qui pourroit passer pour une petite Ville, quoy que les chekoy.
Turcs ne lui donnent que le nom de *Koy* qui veut dire village. Il est
situé à trois quarts de lieues au dessus de *Gallata*. On y voit un beau
Palais Imperial appellé de son nom *Bechicktache-Sarai*, Palais de *Bechick-
tache*. Le plus bel appartement de ce Palais est un salon assis sur une
chauffée de pierre qui s'avance dans la mer, & qui lui procure la
vûe du grand *Serail*, & d'une partie du Port & du Canal. On pourroit
appeller ce salon l'appartement des *Porcelaines*, parcequ'il en est
orné & revetu de tous côtez tant au dedans qu'au dehors. Les plafonds de ce Palais, & ceux des autres appartemens qu'il a sur le derriere, sont en dedans aussi superbement decorez selon le goût *Turc*, qu'on
puisse se l'imaginer. Ce village semble marquer le commencement du
Canal de la *Mer Noire* en *Europe*, comme *Scutary*, situé à peu près vis Canal de la
à vis, paroît le marquer en *Asie*. Mer Noire.

En continuant notre promenade marine sur le Canal dont nous
tiendrons le milieu, nos yeux seront agréablement frapez de la magnifique perspective que fournissent de côté & d'autre divers villages &
plusieurs Palais du *Grand Seigneur*, & de quelques particuliers, en-
tre-

1699.
CHAP.
X.
Prétendue colomne de Pompée.

tremêlez de jardins, de vignes, de quantité de bâtimens à la voile, ou liez à des ponts ou quays contigus aux maisons qui bordent le Canal. Pour ce qui est de la colomne de *Pompée*, on en sera peu content. Ce n'est qu'un morceau de colomne ordinaire, d'une pierre blanche & dure, qui merite à peine le nom de marbre. En un mot on lui fait trop d'honneur de l'appeller *colomne*. Peut-être y en a-t'il eu une autre au même endroit; mais il faut croire qu'elle étoit plus digne de ce fameux Consul *Romain*. Il y a aussi lieu de s'imaginer que les *Turcs* pourroient bien avoir employé ce Monument de ses Victoires contre *Mithridate*, Roi de *Pont*, à construire quelqu'une de leurs Mosquées, comme ils y ont employé plusieurs autres restes de l'Antiquité. Quoiqu'il en soit, celle-ci est élevée sur un mauvais Piedestal quarré, où paroissent quelques lettres mal gravées & pour la plupart effacées. Celles que l'on peut encore lire, & qui ne présentent aux yeux aucun mot intelligible que celui d'*Augusto*, ne paroissent pas avoir pu servir à composer le nom de ce Conquerant. Ce Piedestal est assis sur la pointe d'un Rocher escarpé, où l'on ne trouve d'autres degrez pour y monter, que quelques pointes, à l'aide desquelles j'ai encore eu assez de peine à en atteindre le sommet. Ce Rocher, ou cet Islot, passe parmi les personnes enêtées de la fabuleuse Antiquité, pour une de ces Isles flottantes, appellées *Cyanées* par les Poetes. Mais s'il a jamais été mobile, il est du moins bien fixe depuis plusieurs siecles que l'on sait qu'il a été battu par les tempêtes, auxquelles la *Mer Noire* est si fort sujette qu'elle en a tiré son nom. Cette colomne est peu éloignée d'un *Fanal* qui sert de *Phare* aux Bâtimens, qui viennent de cette Mer pour entrer dans son Canal. Au reste on appelle aussi ce Canal, *Bosphore de Thrace*. Il a deux Châteaux assez bien pourvus d'Artillerie à six ou sept Milles de son embouchure, & deux autres qui ne le sont pas moins, à huit ou neuf Milles plus bas.

Maisons de plaisance.

Si on veut mettre pied à terre en retournant, & s'arreter à regarder l'interieur de quelques Palais, maisons de plaisance, on les trouvera dignes d'attention. J'en ai vû quelques-unes dont la dorure des platfonds coutoit, à ce qu'on m'a assuré, autant que tout le reste. Il est vrai qu'elles sont pour la plûpart de bois, matiere qui n'est gueres plus commune en *Turquie* que le marbre, & les autres pierres propres à bâtir, mais qui ne demande pas tant de temps & de peine à mettre en œuvre. Ces Palais sont assis sur des murs hauts de quelques toises. Leurs toits en géneral sont fort écrasez, & ont des avances comme celles dont j'ai parlé à l'occasion des *Kiosques*. Ils sont éclairez par quantité de fenêtres, pour lesquelles les *Venitiens* leur fournissent le verre que les Marchands de cette Nation transportent dans le *Levant*, & qui n'est pas la moindre branche de leur Commerce. Ces fenêtres, outre les vitres, sont ordinairement fermées de *Caffesses*, que nous appellons *jalousies*. Autour de plusieurs beaux salons, qui donnent les uns sur l'eau, les autres sur les jardins, regnent des galeries toutes fermées de vitres & de jalousies. En sorte que ces Bâtimens sont fort riants, sans avoir rien de la belle Architecture. Le plus grand nombre de ces Palais, ou maisons de plaisance, est sur la côte de l'*Europe*, qui est par tout là si près de l'*Asie*, qu'on peut avoir son diné cuit dans une de ces deux parties du monde, & l'aller manger chaud dans l'autre. Il y a aussi divers beaux Palais sur la côte d'*Asie*, qui meritent beaucoup d'attention,

CONSTANTINOPLE, &c. 209

tion, comme entre ceux du *Grand Seigneur*, *Scutary-Sarai*, ou le *Palais de Scutary*, qui est des mieux situez, & des mieux bâtis. Il est accompagné d'un beau jardin, rempli d'une grande quantité de jolis berceaux d'arbres, qui y forment comme autant de boccages agréables. La Ville de *Scutary*, qui est l'ancienne *Chrysopolis*, ne contribue pas peu à l'agréable varieté d'objets que présente aux yeux tout ce que j'ai rapporté. Elle a quantité de belles *Mosquées*, & de *Bezassins*, deux bons *Hans*, avec de jolies maisons, accompagnées de jardins. Tout en plaît jusqu'au Cimetiere des *Turcs* qu'on voit à son Orient, & qui est une vaste plaine plantée, pour ainsi dire, d'un nombre prodigieux de demi-colomnes de marbre, surmontées pour la plûpart par des figures de Turbans. Entre ces demi-colomnes, sur lesquelles sont gravez les noms & les professions des personnes enterrées dessous, on voit çà & là des monumens terminez en Dômes, & que l'on pouroit appeller *Mausolées*. Ils s'élevent au dessus des autres Tombeaux, autant que les *Mosquées* s'élevent dans une grande Ville, au dessus des maisons des Particuliers. Il faut remarquer, à cette occasion, qu'un grand nombre de *Turcs*, prévenus pour une prétendue Prophetie d'un de leurs *Derviches*, qui porte qu'un jour les *Ottomans* perdront toute la *Turquie* en *Europe*, & *Constantinople* même, ordonnent en mourant qu'on les enterre dans ce Cimetiere, *pour n'être pas sous la domination des Chrétiens, même après leur mort*.

1699. CHAP. X.

Nous sommes trop près de *Calcedoine* pour n'aller pas jusques-là, avant que de quitter la côte d'*Asie*, & de retourner en *Europe*. Les *Turcs* l'appellent *Cadikoy*, *Village des Juges*, nom qu'ils lui ont apparamment donné, sur ce qu'ils ont entendu dire qu'il s'y étoit tenu des Conciles sous l'Empire des *Grecs*. Il merite à peine aujourd'hui le nom de Village: il y a très peu de maisons, qui encore sont d'une fort chetive apparence, avec une petite Eglise *Grecque*, peu digne d'arrêter les regards d'un Curieux. Cette Eglise est le seul reste d'Antiquité *Payenne* ou *Chrétienne*, que l'on y trouve, si les opinions des Voyageurs à cet égard sont bien fondées. Car les uns en font un Temple de *Venus* ou d'*Apollon*: les autres qui pénetrent moins avant dans l'Antiquité, la regardent comme la Sacristie, ou comme une partie de l'Eglise consacrée à *Sainte Euphemie*, où se tint le quatrieme Concile Oecumenique. Quoi qu'il en soit, les *Grecs* du lieu s'en servent aujourd'hui pour leur *Liturgie*, & autres parties de leur Office Religieux. Elle est basse, & surmontée d'un petit Dôme qui paroît ancien. Je n'ai trouvé à *Calcedoine*, à deux diverses fois que j'y ai été, aucun autre vestige de son antiquité: je n'y ai vu non plus aucune Inscription. Mais un *Grec* m'y vendit la petite Idole de *Venus* de bronze N°. 3. de la Planche XXVII. & diverses Medailles, savoir, de *Philippe le Jeune*, avec *Serapis*, comme N°. 9. de la Planche XIV. & trois de *Chisique*, comme *k* de la Planche XIX. Il me dit qu'on les avoit trouvées dans des ruines qui sont au Nord-Ouest de *Calcedoine*, mais qui ne meritent pas la curiosité d'un Voyageur.

Calcedoine.

Le *Grand Seigneur* a près de *Calcedoine* un beau *Kiosque*, appellé *Phanary-Kiosk* (*Kiosque du Phanal*). Il est dans une situation agréable, & a un petit jardin qui ne cede point en beauté au Bâtiment. Ce *Kiosque* tire son nom du *Phanal* voisin, qui avertit pendant les nuits obscures les Vaisseaux qui viennent par la Mer de *Marmora*, de ne

Tome I. Dd pas

pas prendre la mechante rade de *Calcedoine*, pour l'entrée du Port de *Constantinople*. L'Histoire *Turque* raporte que toute cette Mer & une grande partie de la *Mer Noire*, furent gelées vers la fin du huitieme siecle. Un *Turc* fort âgé, & qui a vécu jusqu'en 1712, m'a assuré qu'il avoit passé sur la glace pendant huit jours de suite de *Bisistachekoi* à *Scutary*, & pendant trois semaines, de *Gallata* à *Constantinople*. Surquoi il est bon de remarquer, que quoi que les hivers ne durent pas aussi long-tems en *Turquie* qu'en *France*, ils y sont aussi rudes; & que ce n'est pas une chose rare que de voir des *Turcs* vivre plus d'un siecle. En effet, j'en ai vu moi-même une vingtaine qui avoient cent dix, cent quinze, cent vingt, cent vingt-cinq ans, & même davantage.

Sainte Sophie.

Pour continuer dans l'ordre, que j'ai assez généralement observé jusqu'ici, & qui est de commencer mes Relations par la description des lieux sacrez, je dirai quelque chose de *Sainte Sophie*. C'est le plus bel Edifice & le mieux conservé qui nous reste aujourd'hui de l'Antiquité *Chrétienne*; comme le *Panthéon* de *Rome*, de l'Antiquité *Payenne*; avec cette différence que *Sainte Sophie* est devenue *Mahometane*, & le *Panthéon*, *Chrétien*. Cette Eglise qui étoit dediée à la Sagesse Eternelle, conserve encore son nom. Les *Turcs* l'appellent *Sophia-Giami*, *Mosquée de Sophie*. Ils ont retranché de l'interieur de *Sainte Sophie*, la plûpart des Peintures les plus remarquables, parcequ'elles sont contraires à leur Culte, & ont ajoûté quatre *Minarets*, ou Tours, à ses dehors. Le Dôme de *Sainte Sophie* passe dans l'esprit des connoisseurs pour un chef-d'œuvre de l'Art. Rien ne sçauroit être, à mon avis, plus hardi. Il est comme bâti en l'air, il est large de dixhuit toises sur trois de profondeur, de sorte qu'il semble qu'il soit écrasé. Aussi tomba-t-il plusieurs fois avant que d'être porté à cette merveilleuse perfection, dans laquelle il subsiste depuis le regne de *Justinien*. Le Corps du Bâtiment n'est ni tout à fait rond, ni tout à fait quarré: en un mot il est fait en Croix *Greque*. On a publié mille fois que les *Turcs* ne souffroient pas que personne y entrât, si ce n'étoit très secretement, & en faisant pour cela de grandes dépenses. Cependant j'y suis entré assez souvent, & j'y ai même accompagné trois ou quatre voyageurs à la fois, sans qu'il nous en ait couté plus de deux écus entre nous tous. Nous avons eu d'ailleurs toute liberté d'y rester, & de l'examiner à loisir, de monter dans le *Ginaiticon* des *Grecs*, ou *Galerie des Femmes*, les *Chrétiens Orientaux* ayant observé de tout tems de séparer les deux Sexes dans les Temples, comme ils le font encore aujourd'hui, pour empêcher les distractions, ou le partage entre l'amour du Créateur, & celui de la créature, dans des lieux où l'on doit se livrer entierement au Créateur.

Diverses postures des Mahometans dans leurs prieres.

La description que Mr. *Grelot* a faite de *Sainte Sophie* est si fidele, que je n'ajoûterai rien à ce que je viens d'en dire, que le plan de ce *Ginaiticon*. Il est représenté sur l'Estampe XV, avec les differentes postures des *Turcs* lorsqu'ils prient, soit dans ce Temple, soit dans les autres. La premiere Figure No. 8, représente un *Mahometan Africain* premier ordre, ayant les deux pouces dans les oreilles, & les yeux fermez. C'est de cette maniere qu'ils commencent toutes leurs prieres, ce qui signifie qu'on a les sens fermez à tous les objets mondains. Cette posture est suivie d'une autre telle qu'est celle de la Figure No. 7. qui représente par l'habillement un *Alvedgi*, ou Confiturier du

CONSTANTINOPLE, &c. 211

Serail. A celle-ci succedent les postures des Figures No. 9, 4, 5, 6, & 2, qui sont des *Turcs* habillez à l'ordinaire ; de la Figure No. 3. qui représente un *Bostangi*, ou *Hasseki* du *Serail*, c'est à dire un des gardes du *Serail*, & des autres Palais & Jardins du *Grand Seigneur*, & de la Figure 1. qui représente le *Capithan-Pacha*, & qui est la derniere posture. Chaque *Turc* est obligé de les faire toutes à chaque priere.

1699. CHAP. X.

Pour revenir à ce que je disois tout à l'heure de la prétendue difficulté d'entrer dans *Sainte Sophie*, il faut avouer qu'il y eut en 1711. une espece de deffense à cet égard, sur ce que le bruit courut alors que le *Czar*, à la tête d'une puissante Armée, avec laquelle il marchoit contre les *Turcs*, vouloit y rétablir la Liturgie *Greque*, & y être enterré ; & soit que ce fût lui qui l'eût déclaré effectivement, soit que quelqu'un l'eût publié pour lui, le *Visir* deffendit d'y laisser entrer aucun *Chrétien* ; mais je connois des Voyageurs qui y sont entrez un mois après, en donnant au Portier quelque chose de plus qu'on n'avoit coutume de lui donner. J'ai vû avec beaucoup plus de facilité, & presque pour rien, les autres *Mosquées Imperiales*. Ces *Mosquées* qui sont les plus considerables, sont celles qui ont été bâties par des Empereurs, ou des Imperatrices Douairieres. Elles meritent ce titre, non seulement par rapport à leurs Fondateurs & à leurs Fondatrices, mais aussi par la somptuosité de leurs materiaux, par leur construction, par leur grandeur majestueuse, par une grande quantité de belles colomnes antiques de marbres rares, & d'un excellent poli, qui soutiennent leurs superbes *Porticos*, & par la hardiesse & la beauté de leurs Dômes couverts de plomb. Ces Dômes, accompagnez en forme de rose par plusieurs autres Dômes plus petits, & couverts de même, & sur tout leur hautes Tours, qui ont la figure de fleches, & qui sont quelquefois au nombre de six, comme à la *Mosquée* du *Sultan Akmet*, font une admirable figure dans une Ville, sur laquelle ils attirent de loin les regards du Voyageur. On en peut juger par les Estampes, & les descriptions qu'on a déja de *Constantinople*, d'*Andrinople*, de *Broussa*, de *Jerusalem* moderne, &c.

Magnificence des *Mosquées Imperiales*.

On voit dans les *Porticos* qui environnent les vastes cours qu'il faut passer, avant que d'entrer dans ces *Mosquées*, une infinité de belles colomnes de marbres curieux & rares, comme *Verd'Antico*, *Jaspe*, *Porphire*, *Granite*, & autres restes de l'ancienne magnificence d'*Ephese*, de *Samos*, d'*Athenes*, de *Troye*, de *Calcedoine*, &c. qui n'ont couté aux *Turcs* que la dépense du transport, & la peine de les placer aussi avantageusement qu'ils le sont. Le milieu des cours est occupé par de belles Fontaines employées aux ablutions ordinaires. Cependant les amateurs de la Sculpture & de la Peinture, ne trouveront pas dans ces *Mosquées* les beautez qu'ils admirent ailleurs. Tous leurs ornemens interieurs, comme je crois l'avoir déja dit, ne consistent qu'en quelques gros caracteres, ou Inscriptions *Arabes* à la gloire de Dieu, en des Lustres, des Lampes, des œufs d'Autruches, de grosses boules d'ivoire, suspendus à des cercles, tels qu'on peut voir sur l'Estampe du *Teké* des *Derviches* No. XVII.

Celle qui porte le nom de *Validé-Giami*, ou *Mosquée de la Reine Mere*, qui a été bâtie par la Grand-Mere de l'Empereur regnant, sur le bord de la Mer, vis-à-vis de *Galata*, est revêtue au dedans d'une fort belle

Autres belles Mosquées.

Tome I. Dd 2

belle fayance, & on y voit un grand nombre de ces ornemens dont je viens de parler. Celle du *Sultan Akmet*, ainſi nommée d'*Akmet I.* ſon Fondateur, en contient plus qu'aucune autre, & ce ſont les plus curieux que l'on puiſſe voir. Ce ſont, entr'autres, des globes de criſtal qui augmentent l'éclat & la lumiere des lampes allumées auxquelles ils ſont joints. Deux de ces globes ſont remarquables par ce qu'ils renferment: dans l'un eſt la figure de la *Moſquée* même, & dans l'autre une galere avec toutes ſes parties. Tout cela eſt d'un travail ſi beau & ſi exact, qu'on peut regarder ces ouvrages comme des preuves autentiques de la patience & du flegme de la Nation *Turque*, outre qu'ils font voir juſqu'à quel degré de perfection elle pourroit porter les Arts & les Sciences, ſi elle s'y appliquoit comme les peuples plus civiliſez. La *Moſquée* de *Soleiman-Giami*, que les *Francs* appellent d'un ſeul mot *Solimanie*, du nom de ſon Fondateur *Soleiman II.* ſuivant la prononciation *Turque*, ou *Soliman II.* ſelon la nôtre, lequel fut ſurnommé *le Magnifique*, plaît extraordinairement aux Curieux. Les belles colomnes n'y ont pas été épargnées, & ſon Dôme eſt à mon goût, le plus hardi & le plus beau qu'il y ait en *Turquie*, après celui de *Sainte Sophie*. Il a d'ailleurs beaucoup de raport avec celui-là. Il eſt vrai qu'il eſt plus petit, mais il a les mêmes proportions, auſſi-bien que les douze petites coupoles qui l'accompagnent. Son *Portique* ne cede qu'en étenduë à celui du *Sultan Akmet I.* Cette *Moſquée* a quatre Tours, qui font un bel effet. Le Tombeau de *Soliman II.* & celui de ſa Mere, en ſont tout proches.

Tombeaux. Les Tombeaux des Empereurs, & ceux des autres *Turcs* de conſideration, ſont fort ſomptueux. Ce ſont des eſpeces de Chapelles toutes de marbre, avec quelques colomnes terminées en Dômes, couverts de plomb. Après que le corps y a été enterré, on éleve deſſus une eſpece de *Mauſolée* de bois, en forme de cercueil, mais fort gros, couvert d'un drap fin, ou de velours. On met ſur un petit pilier attaché au devant du Tombeau, un *Turban* avec des aigrettes ornées de quelques pierreries, ſi c'eſt un Empereur; ou un ſimple *Turban*, & ce qui deſigne le plus la charge que le deffunt a euë, ſi c'eſt un particulier. Le *Turban* ſert à diſtinguer les Tombeaux des hommes de ceux des femmes, où l'on ne met rien, ſi ce n'eſt un *Sorgoutché* ou *Aigrette*, lorſque c'eſt celui d'une *Khaſſeky* (Sultane) ou d'une fille d'Empereur. Cette Aigrette eſt comme celle d'une des femmes repréſentées ſur la Planche XXV. Nº. 1. Aux deux extremitez de ce Cercueil de parade, ſont placez deux gros cierges de cire, avec pluſieurs lampes, ſuſpendues ſous le Dôme, comme celles des *Moſquées*, & auprès des fenêtres des copies de l'*Alcoran* enchaînées, comme les Livres de la Bibliotheque d'*Oxford* en *Angleterre*. Il y a des gens entretenus pour les lire. Ceux qui font bâtir ces Tombeaux fondent des rentes pour payer l'huile, la cire, & les Lecteurs. Les Tombeaux ordinaires des Cimetieres conſiſtent, comme j'ai déja inſinué, en deux demi-colomnes de marbre ou de pierres communes, plantées l'une à la tête de la perſonne enterrée, & l'autre à ſes pieds. La premiere, ſi c'eſt un homme, eſt ſurmontée d'un *Turban*, avec le nom du mort en relief. Sur la ſeconde, pour l'ordinaire, eſt une Inſcription, ou Epitaphe le plus ſouvent dorée, qui marque ſa profeſſion & ſes bonnes qualitez. J'entends ſi c'eſt une perſonne qui avoit quelque rang,

car

car on ne fait point d'Epitaphe pour les gens de la lie du peuple.

Les enterremens, & même ceux des grands hommes, font fort simples, & fort tranquilles. On n'y entend ni cris, ni lamentations, comme à ceux des *Chrétiens* & des *Juifs*. On n'y voit point de Pleureuses de profession à gages, accompagner la femme, la sœur, ou les Parens du mort, ni ceux-ci ou leurs amis gemir ou pousser des cris & des soupirs lamentables, comme on fait aux enterremens des *Grecs*, des *Armeniens*, & des *Juifs*. En effet, il n'y a rien de plus lugubre & de plus tumultueux que ces sortes de ceremonies chez ces trois differentes Nations.

Les femmes *Greques*, croyant apparemment que leurs pleurs & leurs gemissemens ne suffisent pas pour remplir les derniers devoirs qu'elles rendent à leurs Maris, à leurs enfans, ou à leurs autres Parens, s'associent, lorsqu'elles vont à leur enterrement, des Pleureuses auxiliaires, qui leur ayant vendu leurs cris, leurs larmes, & toutes les folles douleurs, dont leur imagination est capable, les suivent au Tombeau tout échevelées, en s'arrachant ou en faisant semblant de s'arracher les cheveux, & en se donnant de grands coups de poing dans l'estomac.

Les *Armeniennes*, non contentes de faire ainsi parade de leur affliction, depuis la mort de la personne qu'elles pleurent, jusqu'à ses funerailles, recommencent sur nouveaux frais cette triste Comedie à certains jours solemnels, surtout aux fêtes de *Pâques* & de la *Pentecôte*. Alors elles portent aux Cimetieres les habits des personnes mortes dont la mémoire leur est chere, les étendent sur leurs Tombeaux; & après avoir donné un libre cours à leur douleur, par des mouvemens exterieurs qui ont tout l'air de convulsions, elles assemblent deux ou trois familles, & se consolent par de bons repas, qu'on leur a appretez dans leurs Maisons, & qu'on leur apporte dans le Cimetiere, & où le vin n'est pas épargné. Cette bizare coutume paroît leur être venue des Anciens, dont *St. Ambroise* fait mention à peu près en ces termes. ,, Ils ,, vont aux Tombeaux des *Martyrs*, y boivent & y mangent jusqu'au ,, soir, s'imaginant que leurs vœux ne peuvent être exaucez autre- ,, ment. O foux! ajoute-t-il; ils regardent l'ivresse comme un Sa- ,, crifice. ,, Au reste pour revenir aux *Armeniens*, leurs *Prêtres* ne manquent pas d'assister à ces ceremonies, non pas à la verité pour pleurer, mais pour prier, chanter & boire.

Il y a dans les cimetieres de cette Nation, & particulierement dans celui de *Beyoglou*, qui est à l'extremité de *Pera*, où j'ai vu plus d'une fois ces funebres ceremonies, quelques Tombeaux des Patriarches & autres Docteurs *Armeniens*, qu'on fait passer pour Saints. Les Prêtres de cette Nation y font répandre de l'eau, qui selon eux est sanctifiée par l'attouchement de ces Tombeaux. C'est de cette *eau benite* que les personnes affligées de quelque maladie, ou les femmes steriles, se lavent dévotement certaines parties du corps, pendant que ces Prêtres tenant en main une petite Croix de cuivre, récitent en leur Langue des prieres qui conviennent à cette ceremonie, & pour lesquelles on les paye sur le champ. Je me souviens, à propos de cette Croix, qu'un Prêtre étranger étant venu prier dans ce Cimetiere, ou pour les morts, ou pour les vivans, & ayant été reconnu par un de ceux qui ont jurisdiction sur la place, fut troublé dans ce pieux exercice par

1699.
CHAP.
X.

Enterremens des Grecs, des Armeniens, & des Juifs.

des *Anafenckficktims*, (injures *Turques* qu'une bouche pure ne doit pas prononcer) & chaffé du Cimetiere à grands coups de Croix.

Quant à leurs prieres, elles ont pour but d'obtenir du Ciel pour les perfonnes décedées, le pardon des offenfes qu'elles peuvent avoir commifes avant que de mourir, & une prompte jouïffance de la gloire éternelle. Les *Armeniens* & les autres *Orientaux* ne s'accordent pas avec les *Catholiques* fur l'état des ames après la mort; non plus qu'à l'égard des fignes de *fainteté*. Car au lieu de leur faire expier leurs crimes en *Purgatoire*, comme font ceux-ci, ils les mettent comme en l'air, entre l'Enfer & le Ciel, fans autre peine que l'attente impatiente & inquiete de cette gloire, qui ne commencera, felon quelques-uns, qu'après que la *Providence* aura été flechie par des prieres, & felon d'autres, qu'au jour du jugement univerfel. Mais les mêmes prieres, ajoûtent-ils, leur en procurent quelques avant-gouts imparfaits. Ce font les fentimens de leurs Théologiens, ou des moins ignorans d'entr'eux. Les autres, fur tout le commun Peuple, croyent que les prieres des vivans font utiles aux morts, fans fçavoir en quoi, & les Prêtres les entretiennent dans cette opinion, parce que leur interêt le demande. C'eft tout ce qu'il y a de plus clair dans leur croyance à cet égard. Pour ce qui eft des fignes de *fainteté*, entre lefquels on met chez les *Catholiques* *l'incorruptibilité* des Corps, c'eft-à-dire, que quand des Corps qui ont été enterrez ne fe putrefient pas, & fe confervent entiers fans fe corrompre, ils font réputez *Saints*; c'eft le contraire chez les *Grecs*, qui regardent cela comme un effet & un figne d'excommunication. Ils m'en ont conté divers exemples, dont les plus récents étoient, difoient-ils, deux Corps qu'on trouva entiers en creufant une foffe dans un endroit uni, & où l'herbe avoit crû en fi grande abondance, qu'on pouvoit juger qu'on n'avoit enterré perfonne en cet endroit depuis long-tems. On en avertit le *Patriarche*, qui s'y rendit avec une nombreufe fuite d'Ecclefiaftiques, pour lever l'*Excommunication*; après quoi perfonne ne doutoit plus qu'ils n'euffent le fort des autres Corps. Cela a affez de raport avec la fuperftition des *Payens*, qui croyoient que les ombres des Corps privez de fepulture, erroient fur les bords du *Stix*, fans pouvoir le traverfer, ni paffer dans les champs *Elifées*, & que ces Corps reftoient ainfi entiers jufqu'à ce que quelqu'un les enterrât.

Pour ce qui eft des femmes *Juifves*, elles font aux enterremens des mouvemens qui ont affez l'air de danfes. Mais elles ne font pas moins de bruit que les premieres, & paroiffent moins pleurer que gronder. On les entend crier à un Corps mort de leur Sexe, fi c'eft une femme mariée; *Pourquoi mourois-tu? N'avois-tu pas un mari qui t'aimoit, qui te donnoit de beaux habits, des bijoux? &c.* Si c'eft une fille, *N'avois-tu pas des charmes pour te faire aimer, des Parens qui te cheriffoient & te fournissoient tout ce dont tu avois befoin, & qui te preparoient une bonne dote? &c.* Si c'eft un homme marié, elles lui crient, *N'avois-tu pas une femme fidelle qui t'aimoit uniquement? N'avois-tu pas toûjours une longue pipe, avec du meilleur Tabac, qu'elle t'allumoit elle-même?* A chaque queftion, elles répetent, *hé pourquoi mourois-tu, tu, tu, tu?* Les *Turcs*, au refte, fe moquent de toutes ces fortes de cris & de lamentations. Ils difent que ce font autant de murmures contre la Providence; & ajoûtent que c'eft ce qui fait qu'ils n'aiment point à être voi-

voisins des *Chrétiens*, ni des *Juifs*, chez qui une seule femme est plus incommode par le bruit qu'elle fait, qu'une centaine de femmes *Turques*.

Pour les *Turcs*, auxquels je retourne, ils portent leurs morts en terre, avec presque aussi peu de cérémonie que ceux qu'on appelle *Quakers* en *Angleterre*. Ils lavent premierement le corps, le rasent par tout excepté au visage, lui bouchent avec du coton tous les conduits naturels, le parfument, l'ensevelissent, & le mettent dans une bierre qu'ils ferment, & qu'ils couvrent d'un poile ou drap blanc. Si c'est un homme, ils mettent un *Turban* par dessus. Quatre hommes d'entre les amis ou voisins l'enlevent sur leurs épaules, précedez d'un *Immaum*, ou de plusieurs, & suivis des Parens. Quatre autres d'entre eux, ou d'entre les passans que l'on rencontre sur le chemin qui conduit au lieu de la Sepulture, relayent volontairement les premiers porteurs, qui sont ensuite relayez par d'autres, auxquels d'autres succedent encore, & cela jusqu'à la fosse. C'est un dernier devoir que les vivans se croyent obligez de rendre à leurs Confreres morts dans la Foi *Mahometane*; & ils ne reçoivent point d'argent pour cela, ce qui seroit contre la Loi & contre leur charité naturelle. Après que l'on a dit quelques prieres qui regardent plus les vivans que les morts, rendu graces à Dieu de ce qu'il a permis que le deffunt vécût & mourût dans la pureté de sa Loi, on l'enterre. La différence entre les enterremens des Empereurs ou des personnes riches, & ceux du commun peuple, consiste en ce que le Convoi des premiers est plus nombreux, en ce que ce sont les premiers Officiers de la *Porte*, qui portent le Corps, & qui se relayent les uns les autres, & en ce qu'on brûle de l'ambre gris & d'autres prétieux parfums le long du chemin, comme je l'ai vû faire à la pompe funebre du *Sultan Mustapha*, mort en prison, dont je parlerai amplement ci-après.

Les *Mosquées* sont toûjours accompagnées de quelque Hopital, College, ou autre pieuse Fondation, avec des Revenus qui consistent en Terres, Magasins publics à feu, & autres édifices aussi durables, comme entr'autres celle du *Sultan Soliman*. Cet Empereur ne s'est pas contenté de la faire bâtir, il y a joint un Hôpital appellé *Timar-Hana*, & un College, qui peuvent avoir le premier rang entre les Edifices publics après les *Mosquées*.

L'Hopital est destiné aux personnes privées de leur bon sens, dont les *Turcs* ont un soin tout particulier. En effet, ils disent que c'est leur devoir de supléer par le secours de la Raison que Dieu leur a donnée, & conservée, au deffaut de celle dont il prive ces malheureux, en les traitant avec toute l'humanité possible, & en leur rendant la vie plus douce. Cet Edifice est tout de pierre, & terminé par quantité de petits Dômes couverts de plomb : c'est le plus magnifique logement pour de pareilles gens, que j'aye jamais vû, après celuy qu'on appelle *Bedlam* à *Londres*, quoy qu'il soit bâti dans un autre goût.

Le College est consacré, comme tous les autres, à l'instruction des jeunes gens, en qui on decouvre d'heureuses dispositions de la Nature, & dont les Parens ne sont pas assez riches pour leur donner des maîtres capables de les cultiver. On leur enseigne dans cette Ecole à lire & à écrire l'*Arabe*, l'*Alcoran*, l'Histoire *Turque*, & quelques autres

tres choses. Ils y sont entretenus, aussi bien que ceux qui les enseignent, des Revenus qui y sont annexez. Le *Grand Visir Husseine-Pacha*, en faisoit bâtir un alors pour deux cents cinquante Etudians. Ce qui en étoit déja fait promettoit un beau Corps de bâtiment, tel que je l'ai vû après qu'il a été achevé. Pour ce qui est de la *Mosquée* de laquelle il dépend, & que ce *Visir* a fait bâtir en même tems, elle est petite, mais fort jolie.

Soliman a non seulement merité le nom de *Magnifique* par les Bâtimens que j'ai marquez, mais par plusieurs autres, entre lesquels sont les admirables *Aqueducs* qui portent de l'eau à *Constantinople*, & ceux d'un Village appellé *Belgrade*, qui en est éloigné de dix à douze milles. Ils lui doivent du moins leur conservation, & leur agrandissement.

CHAPITRE XI.

Du grand Serail, *& autres Palais du* Grand Seigneur; *de l'*Hyppodrome, *&c.* Courses de chevaux; mariage des Turcs, *&c.*

Le grand Serail.

L'Absence du *Grand Seigneur* qui étoit encore à *Andrinople*, me fournit l'occasion de voir dans le grand *Serail* beaucoup plus de choses qu'on n'a coutume d'en voir. Comme on attendoit incessamment Sa Hautesse, on disposoit toutes choses, tant pour son entrée publique dans *Constantinople*, que pour sa reception dans ce Palais. Un horloger *François* avec qui j'avois fait connoissance, fut appellé pour monter les pendules qui étoient derangées. Il favorisa ma curiosité en m'associant à lui, comme un homme de sa profession, sous prétexte de lui aider. Pour le rendre plausible, il remplit mes poches d'outils que je lui devois donner quand il me les demanderoit, & je m'habillai à la *Turque* comme lui. Nous y entrâmes par la grande Porte, qui donne son nom à l'Empire, ou à la Cour *Ottomane*, qu'on appelle la *Porte* par excellence, comme on nomme *Serail*, le Palais Imperial, & *Sultan*, l'Empereur des *Ottomans*, que nous appellons *Grand Seigneur*. Quand on dit simplement la *Porte*, on entend la Cour *Ottomane*, en quelque endroit qu'elle soit. On dit aussi la *Porte* du *Visir*, la *Porte* d'un *Pacha*, & du *Muphty*, dans le même sens. Quoy qu'il en soit, la *Porte* du grand *Serail* en son sens naturel, n'a d'autre magnificence que le marbre dont elle est construite, avec deux tourillons, & une Inscription en caracteres *Arabes* qui porte, suivant l'explication qu'on m'en a donnée, *que c'est l'ouvrage* de Mahomet II. *aussi bien que le Palais*. Cependant quelques-uns veulent qu'il n'ait que commencé l'aggrandir, & que ce sont ses Successeurs qui l'ont rendu aussi vaste qu'il est. Ceux qui croyent pénétrer plus avant dans l'Antiquité, assurent que l'Empereur *Justinien* avoit son Palais au même endroit. Ils prétendent que la partie qui regarde le Jardin est toute bâtie sur ses fondemens; qu'on a même conservé plusieurs de ses appartemens, & que ce Palais s'appelloit *Sophia*, du nom de l'epouse de cet Empereur, ce que semble appuyer le Poëte *Agathias* en ces termes:

La Porte

*Quà resonante freto fluctus cava littora tundunt,
Et duplici Pontus nomine scindit humum,*

CONSTANTINOPLE, &c.

Inclitus Uxori celebranda Palatia struxit
Rex Sophiæ, multus quem decoravit honos.
Quàm bene, Roma potens, tua gloria constitit unde
Europa atque Asiæ fertilia arva patent!

1699.
CHAP.
X.

La grande porte du *Serail* est continuellement gardée par cinquante *Capigis*, qui se distinguent par des bonnets semblables à celui que porte la figure *i* de la Planche I. Leur corps est de trois cents, dont cent font successivement la garde, à deux endroits du Palais du côté du *Midi*; à sçavoir cinquante à cette porte, & cinquante autres à celle de la seconde cour. Le *Capigi-Bachi*, & les Officiers portent le *Turban* tel que la figure *g*; ils n'ont pour toutes armes qu'un petit bâton à la main, rien n'étant plus contraire à l'humeur ou à la coutume *Turque*, que de porter des sabres ou des armes à feu en Ville; si ce n'est en la traversant à cheval, pour aller en Campagne. Les Etrangers nouveaux venus de *France*, ou des autres Païs de la *Chrétienté*, qui marchent avec leurs épées au côté dans *Constantinople*, s'attirent ordinairement par là les railleries des *Turcs* du commun, qui d'ailleurs n'insultent pas les Etrangers. Quand ces *Turcs* les rencontrent ainsi armez, ils leur demandent s'ils veulent faire la guerre aux chiens, à cause que plusieurs les ont tirées contre eux, lorsqu'ils s'en voyoient assaillis, soit que ces animaux ne s'accoutument pas à la vûë des habits *Francs*, ou que, comme leurs maîtres, ils ayent les yeux choquez de voir des gens armez dans les rues. En effet il est assez ordinaire d'en voir une troupe aboyer après un *Franc* qui a l'épée au côté. Au reste la *Porte* employe les *Capigi-Bachis*, ou les principaux Officiers, Chefs des Portiers, à ses commissions les plus considerables, comme pour déposer un *Pacha*, ou l'étrangler &c.

Capigis, & leurs Chefs & Officiers.

On sçait assez par diverses relations, que les murs qui entourent ce que les *Chrétiens* appellent communément le *grand Serail*, & que les *Turcs* appellent *Buiuk-Sarai*, ou *grand Palais*, avec un Jardin qui l'accompagne, sont semblables à ceux de *Constantinople*. Ils semblent en faire une autre Ville, telle qu'est *Westminster* à l'égard de *Londres*. Je ne sçai si l'étenduë de ce Palais cede à celle de cette petite Ville, tant il est vaste. C'est plûtôt un amas de Palais, de maisons, & d'appartemens, ou de Corps de logis ajoûtez les uns aux autres en divers tems, & à diverses reprises, selon le besoin, ou le caprice de plusieurs Empereurs, qu'un seul Palais. Il est donc appellé à juste titre *grand Palais*, puis qu'il est peut-être le plus vaste qu'il y ait au monde; qu'il loge celui qu'on appelle par excellence *Grand Seigneur* (a) & qui se qualifie lui-même le *premier des Empereurs, distributeur des Royaumes & des Principautez, maître absolu des Mers Blanche, Noire, & Rouge*, &c. Les materiaux de ce Palais sont très riches, & c'est dommage qu'ils ne soient pas employez plus avantageusement, ou mis comme les autres dans un plus bel ordre. Mais il est du goût des *Turcs*, & cela suffit. Il ne leur plairoit peut-être pas tant, s'il étoit bâti selon le nôtre. Il est couvert de plomb comme les autres Palais

Vaste étenduë du Serail.

Tome I.   Ee   du

(a) Les plus polis des *Turcs*, au lieu de dire le *Sultan*; en parlant de lui, ou *Sultanum, Seigneur*, en lui parlant, disent *Hunchiar*.

1699.
CHAP.
X.

Premiere cour du Serail.
Infirmeries.

du *Sultan*, ce qui les distingue de ceux des particuliers, à qui cela est deffendu, sous peine de confiscation.

Tout le monde peut entrer en tout tems dans la premiere cour du *Serail*, aussi bien que dans la seconde. La premiere cour est faite en Croissant, & l'on y voit entr'autres choses à droite les Infirmeries, qui font un Corps de logis plus commode que beau, & où les malades sont si bien entretenus, qu'il y a, dit-on, des gens qui feignent de l'être pour s'y reposer ; & à gauche un vieux Bâtiment rond, terminé en coupole, qui, selon quelques-uns, étoit autrefois une Chapelle *Chrétienne* ; mais elle est à present employée à renfermer quelques armes & dépouilles des Ennemis de l'Empire *Ottoman*. Au reste je n'ai jamais vu l'interieur de cette Chapelle. Tout près de là sont les balanciers de la monoye. On voit d'ailleurs dans cette cour, tant d'un côté que de l'autre, quantité de logemens qu'occupent les Domestiques ordinaires du *Serail*.

Seconde cour.

La seconde cour est très agréable. Les chemins en sont pavez de marbre : diverses Fontaines, & un gazon verd avec quelques arbres en occupent le reste. Tout autour de cette cour regne une longue galerie, d'un assez bon goût, quoi que basse, & qui est soutenue par quantité de belles colomnes de marbre.

La Treforerie.

Le *Hazna* ou Tresor, consistant en chambres dans lesquelles se garde le Tresor du *Grand Seigneur*, est à la droite avec son Ecurie privée. Ce dernier Bâtiment n'a rien de remarquable, quant à sa construction, mais il renferme les plus beaux chevaux qu'on puisse voir ; & quand le *Grand Seigneur* les monte, leurs harnois, comme brides, selles, &c. sont enrichis de pierreries, & leurs caparaçons sont brodez en or, ou en argent, de la maniere du monde la plus magnifique.

Les Cuisines.

Les Cuisines sont à gauche, elles sont grandes & belles, terminées en Dômes, mais sans cheminées. On y fait le feu au milieu, & la fumée sort par un trou, dont chaque Dôme est percé.

Provisions annuelles de bouche.

On peut juger du nombre de gens qui vivent dans le Palais Imperial, par la quantité prodigieuse de provisions de bouche qui s'y consument. Un *Achedgi-Bachi*, ou Chef de Cuisine, m'a assuré que cette consommation se montoit par an à plus de trente mille bœufs, vingt mille veaux, soixante mille moutons, seize mille agneaux, dix mille chevreaux, plus de cent mille dindons ou dindonneaux, & oisons, deux cents mille tant poules que poulets, cent cinquante mille pigeons ou pigeonneaux, sans y comprendre le gibier & le poisson, dont il ne m'a dit autre chose, sinon qu'on y mangeoit par an cent trente mille *Calcane-Balouguis*, ou Turbots. Les poissons sont aussi delicieux qu'abondans à *Constantinople*, aussi bien que tous les autres poissons, dont les *Turcs* ne mangent que les meilleurs. Pour ce qui est des Coquillages, je n'ai point remarqué qu'on en servît sur leurs tables.

Silence des Turcs.

Personne ne paroît à cheval dans la seconde cour que le *Grand Seigneur*. Il y regne un aussi profond silence, qu'à l'Abbaye de la *Trappe*, malgré le grand nombre de gens qui y sont continuellement. Il en est de même de la premiere cour, quoi que quantité de Domestiques s'y trouvent assemblez ordinairement, en attendant leurs maîtres, qui sont au *Divan*, ou dans quelque autre partie du Palais :

de

CONSTANTINOPLE, &c.

de sorte qu'un aveugle qui y entreroit, & qui ne sçauroit pas que le langage le plus civil parmi les *Turcs*, est celui de parler bas, ou comme les *Muets*, qu'on appelle *Dilsisler*, sans langue, par des signes, que les gens du Païs entendent generalement, croiroit être dans un lieu inhabité. Je leur ai entendu dire plusieurs fois à cette occasion, que deux *Grecs*, par exemple, s'entretenant de bagatelles, faisoient plus de bruit que cent d'entr'eux qui traitoient d'affaires. Ils ajoûtoient, pour critiquer notre maniere de saluer, en ôtant le chapeau, & de tirer les pieds en arriere pour faire la reverence, qu'il sembloit que nous voulussions chasser les mouches, & essuyer nos souliers. Le mouvement de nos chapeaux a même donné lieu entr'eux à cette comparaison, *inquiet comme le chapeau d'un* Franc. Mais ils exaltoient leur maniere de saluer, qui est de mettre la main droite sur le cœur, en faisant avec la tête une petite inflexion, qui paroît aussi raisonnable que naturelle. Quand ils rendent leurs devoirs à une personne élevée en dignité, ils lui prenent le bas de sa robbe en se courbant, & le baisent avec beaucoup de respect. Au reste cette seconde cour est le *non plus ultra* des *Turcs*, qui n'appartiennent point au *Serail*, aussi bien que des autres Nations, excepté les jours d'Audience & de *Divan*.

1699.
CHAP.
X.

Leur maniere de saluer.

Dans la Sale d'Audience est le Trône du *Grand Seigneur*. Ce Trône est une espece de petit *Sopha* quarré, d'un seul coussin de velours à fond d'or. La matiere qui en fait le tour est toute incrustée de pieces de raport, de nacre de perle, & de lames d'or & d'argent enrichies de pierreries. Lorsque le *Sultan* est assis sur ce Trône pour donner audience, on ne peut en aprocher que desarmé, & qu'en se courbant trois fois presque jusqu'à terre: mouvemens auxquels deux Officiers appellez *Cagidgiler-Kiahiassi*, ou Portiers des appartemens du *Serail*, ne contribuent pas peu, en tenant chacun par un bras l'Ambassadeur, ou tout autre Etranger qui la reçoit, pour le conduire auprès de *Sa Hautesse*, & en lui appuyant chacun une main en même tems sur le col. Ces trois profondes reverences se font, la premiere à la porte, la seconde au milieu de l'espace qui est entre elle & le Trône, & la troisieme au pied du Trône. Elles se répetent de même lorsqu'on se retire; ce qui se fait à reculons, pour ne pas tourner le dos au *Sultan*. Les Gentilshommes de la suite de l'Ambassadeur, qui ont la permission de saluer le *Grand Seigneur*, n'en font que deux, l'une au commencement de l'Audience, & l'autre après, & cela dès l'entrée de la porte où ils se tiennent. Deux *Capigis* ou Portiers leur mettent aussi les mains sur le col, mais avec plus de force, de sorte qu'ils semblent leur vouloir faire baiser le plancher. Le Trône étoit couvert d'un drap rouge, lors que je le vis. Un *Kasseky* ou Officier des *Bostangis* du *Serail*, qui nous fit traverser cette Sale, eut la complaisance d'en découvrir une partie pour nous la faire voir, & cela à la sollicitation de l'Horloger. Les lambris de la chambre d'Audience sont peints en or & en azur, outre plusieurs Peintures à la *Persane*.

Audience des Ministres étrangers.

Cette coutume de tenir les bras de ceux qui prennent Audience, & de ne les y admettre même que desarmez, fut introduite, dit-on, à l'occasion d'un *Derviche*, ou Moine *Turc*, qui s'approchant de la personne du *Sultan Bajazet II*, sous prétexte de lui dire quelque chose, le frappa & le blessa legerement d'un *Hangiar*, petit poignard, que portent à leur ceinture les *Turcs* & sur tout les *Janissaires*, & dont ils

Tome I.   E e 2   se

220 VOYAGES D'A. D. L. M.

1699.
CHAP.
X.

Divan ou Grand Conseil.

se servent ordinairement pour couper le pain, les fruits, &c.

Le *Divan* est une grande Salle au fond de la seconde cour, mais trop basse par raport à sa grandeur & à son étendue. Dans cette Salle est le *Cubbé*, banc placé précisément au dessous d'un (*a*) *Caffesé*. C'est sur ce banc que le *Visir Azem*, ou *Grand Visir*, prend séance, & en son absence le *Caimacan*, ou Vice-Gouverneur de *Constantinople*, avec les *Cubbe-Visirs*, les deux *Rumely* & *Anatholy Cadyleskirs*, ou grands Juges d'*Europe* & d'*Asie*, le *Muphty*, le *Nissangy-Bachi*, Secretaire d'Etat & Garde du Sceau privé, le *Reys-Effendi*, Grand Chancellier, & le *Byouk-Testerdar*, Grand Tresorier, assis chacun selon leur rang. Dans une Chambre voisine & separée seulement par des balustrades, sont les *Divan-Yazedgiler*, ou Ecrivains du *Divan*.

Harem.

Le même *Kasseky* nous laissa entre les mains d'un Eunuque noir, de ceux qui ont la garde du *Harem*, ou appartemens des femmes, dans lesquels il y avoit deux pendules à remonter. Nous n'osâmes lui demander aucune grace qui pût satisfaire ma curiosité, car nous craignîmes à son air fier & severe, de ne pas trouver en lui la moindre complaisance. Je me contentai de ce que le hazard & l'occupation de mon Introducteur me permirent de voir de ce *Harem*. On sçait assez la coutume des *Turcs*, pour s'imaginer qu'il n'y avoit alors aucune femme. Il faut remarquer, que le mot de *Harem* se donne non seulement aux appartemens des femmes, mais aux femmes mêmes. Il est aussi ordinaire de dire entre les *Turcs* qu'un d'eux a un *Harem*, qu'entre nous de dire, qu'un *Chrétien* est marié. Il n'est d'ailleurs pas possible de voir ces appartemens, qu'en jouant le personnage que je jouois alors, ou quelque autre semblable. L'Eunuque nous mena dans la Salle du *Harem*, qui me parut la plus belle, & la plus agréable qu'il y ait dans tout le *Serail*, & où une pendule d'*Angleterre* derangée demandoit le secours de l'horloger. Cette Salle est incrustée de porcelaines fines; & le lambris doré & azuré, qui orne le fond d'une coupole qui regne audessus, est des plus riches, aussi bien que celui de tout le platfond. Une Fontaine artificielle & jaillissante, dont le bassin est d'un prétieux marbre verd, qui m'a parû serpentin ou jaspe, s'élevoit directement au milieu, sous le Dôme. Comme les femmes étoient absentes elle ne jouoit point alors. Ces Fontaines artificielles sont au moins aussi communes dans les appartemens *Turcs*, que dans nos jardins les jets d'eau. Elles servent non seulement à récréer la vue, mais aussi aux ablutions qui precedent les prieres, sur tout dans les *Harems*, car les femmes ne vont point aux *Mosquées* comme les hommes. Celles du *Serail* font leurs prieres dans cette Salle, qui leur sert de Chapelle pour cela, & où les Eunuques leur expliquent l'*Alcoran*. Ces Eunuques sont incorruptibles: ce sont des Esclaves achettez, à qui on retranche dès l'enfance avec un rasoir toute cette partie qui distingue l'homme de la femme. Cette operation est si dangereuse, que de cent il n'en réchape pas souvent cinquante. Ils sont réduits pour uriner à se servir d'une canule, en forme d'entonnoir qu'ils appliquent à l'endroit où étoit le tuyau ou conduit naturel; ce qui leur facilite le moyen de faire de l'eau sans salir leurs hardes. Car c'est une espece de pollution que de laisser tomber une

Salle du Harem.

Eunuques Noirs.

(*a*) Le *Caffese* est une fenêtre fermée d'une *jalousie*: il y a derriere un rideau à la faveur duquel le Grand Seigneur peut quand il lui plaît tout entendre & tout voir, sans être ni vu, ni entendu.

une goute d'urine sur la chemise, ou sur les habits qu'on porte, & dans ce cas un bon *Musulman*, ne doit pas entrer dans la *Mosquée*, ni faire sa priere, à moins qu'il ne se soit purifié auparavant.

1699.
CHAP.
X.

La même Salle est percée de diverses fenêtres fort hautes, & fort larges. Au bas des vitres qui sont garnies de Jalousies, sont des enfoncemens en forme de petits Dômes, où sont placez de petits *Sophas* de trois coussins chacun, qui étoient alors couverts de toiles peintes pour les garentir de la poussiere. C'est apparement sur ces *Sophas* que les Dames s'asseyent pour prendre l'air, & se récréer la vue, à travers les Jalousies.

Après que l'horloge de cette Salle fut mise en l'état où elle devoit être, l'Eunuque nous fit passer devant plusieurs petites chambres dont les portes étoient fermées, semblables à des cellules de Moines, ou de Religieuses, à en juger par le dehors, & par l'interieur d'une de ces cellules, qu'un autre Eunuque ouvrit, & qui est la seule que je vis. Il y avoit dans cette chambre une fort belle pendule à remonter, dont la boëte étoit de pieces rapportées d'écaille, de nacre de perles, d'or, & d'argent. Elle étoit posée sur une table à la *Franque*, d'argent massif, devant un miroir, dont la bordure étoit de vermeil & relevé de feuillages en relief: tout cela étoit travaillé avec beaucoup d'art. Il y avoit un autre miroir plus grand vis-à-vis, attaché à la muraille; la bordure étoit de glace peinte, avec des ornemens en Sculpture d'un travail exquis. Deux gueridons fort hauts, aussi d'argent massif, étoient placez aux deux extremitez d'un riche *Sopha* de sept coussins: ce *Sopha* étoit couvert comme ceux de la Salle. Je levai un bout de la toile qui étoit étendue dessus, pendant que les deux *Eunuques* qui étoient alors avec nous, avoient le dos tourné, & je trouvai que les *Macates*, ou couvertures des *Minders*, étoient d'une très riche étoffe à fond d'or, avec des fleurs de soye de differentes couleurs. Cette chambre, quant aux peintures, & à la dorure, est plus magnifique que la Salle. Le bas de ses fenêtres est au dessus de la portée du plus grand homme. Les vitres sont peintes de diverses couleurs, à peu près comme celles de plusieurs Eglises *Chrétiennes*, à l'exception des figures de choses animées, dont la représentation est, comme on sçait, deffendue par l'*Alcoran*. En comparant les chambres des femmes du *Grand Seigneur* aux cellules des Religieuses, il faut excepter la richesse des emmeublemens, aussi bien que l'usage de ces chambres, dont on imagine assez la difference, sans qu'il soit besoin de l'expliquer.

Chambres des Concubines du Sultan.

Il n'y avoit rien à faire à l'horloge que de l'avancer, car elle retardoit d'une heure en vingt-quatre. Cependant l'horloger y employa assez de tems pour me donner celui de considerer cette chambre. Quand cela fut fait, les Ennuques nous reconduisirent, & nous remirent sous la conduite de deux *Kassekis*, qui nous menerent à la porte d'une Salle qui donnoit sur le jardin, où une autre horloge étoit en si mauvais état que l'horloger dit qu'il falloit qu'il l'emportât chez lui, pour y raccommoder des pieces qui étoient rompues. On l'ôta pour cet effet de sa place. Ces horloges ou pendules, cette table, ces gueridons, & les miroirs dans le goût *Franc*, avec quantité d'autres choses semblables qu'on trouve çà & là dans le *Serail*, sont des presens que font les Ambassadeurs, quand ils prenent audience du *Grand Seigneur*.

Présens des Ambassadeurs.

Ee 3

(*b*) *Musulman* signifie *Fidele* comme je crois avoir déja explique.

gneur. La coutume de faire des presens avant que de prendre audience, a fait dire à quelques-uns que c'est l'achetter, ou que c'est un honnête tribut qu'on paye à la *Porte*, pour les exemptions, & les prerogatives dont jouïssent les *Francs* en *Turquie*. Mais on doit remarquer que les Ambassadeurs *Turcs* en font de même dans les Cours où ils sont envoyez; temoin les riches presens que *Ibrahim-Pacha*, entr'autres, fit à celle de *Vienne* après la paix de *Carlowitz*. On trouvera donc que c'est plûtôt une genereuse reconnoissance de l'honneur qu'on reçoit, & une marque du cas qu'on en fait. L'exemple de Mr. le Marquis de *Feriol*, à qui ceux qu'il avoit envoyez avant que de se presenter au *Serail* pour l'audience, furent renvoyez, parce qu'il ne l'eut pas, comme je dirai ci après, montre assez que ce n'est pas un tribut que l'on paye pour les exemptions, ou privileges, dont on jouït. Car quoi que ce Marquis n'ait jamais eu audience du *Grand Seigneur*, & qu'il soit resté dix ans en *Turquie*, la Nation en a joui également.

Sans temoigner aucune envie d'aller ailleurs que dans les lieux où l'on nous conduisoit, nous traversâmes diverses belles Salles, & chambres, foulant aux pieds les riches tapis de *Perse* étendus presque par tout, & en assez grand nombre pour nous faire juger du reste. Je me trouvai la tête si pleine de *Sophas*, de pretieux plafonds, de meubles superbes, en un mot, d'une si grande confusion de materiaux magnifiques, mais irregulierement disposez, au moins selon notre goût, qu'il seroit difficile d'en donner une idée claire. D'ailleurs je n'y restay pas assez long-temps pour être en état d'en faire une description exacte.

On porta l'horloge par le jardin, & on la mit dans le premier bateau qui se trouva à la porte de la Marine, avec lequel nous nous en retournâmes à *Galata*, après l'avoir nous-mêmes traversé. Ce jardin n'est qu'un amas de bocages, & une forêt de Cyprès & autres grands arbres toûjours verds. Il y a environ à une vingtaine de pas de l'escalier par lequel on y descend du *Serail*, une colomne de granite d'un seul jet, qui est au moins d'un tiers plus haute que la Colomne *Marcienne*, & plus grosse. Elle est sur un piedestal quarré, avec quelques festons mutilez, & des Lettres *Latines* effacées, dont celles qui étoient entieres faisoient INIANO. Je jugeai que c'étoit une partie du nom de *Justinien*, mais je n'oserois assûrer que j'aye deviné juste.

<small>Persécution des Huguenots à Constantinople.</small>

L'horloger *François* étoit du nombre des Sujets *Protestans* de *France*. Il me dit, ,, qu'il étoit établi à *Constantinople* avec quantité ,, d'autres, avant la persecution qui leur avoit été, ajoûtoit-il, suscitée ,, par les *Jesuites*, " car ils veulent generalement que les *Jesuites* soient les principaux auteurs de cette persecution. Celui-ci qui étoit dans ce sentiment, me raconta, pour l'appuyer, ,, que ces Peres ayant ,, écrit au Roi qu'il y avoit beaucoup de ses Sujets *Huguenots*, qui ,, sans égard pour les deffenses de Sa Majesté *Très-Chrétienne*, perseveroient jusqu'en cette Ville, dans la profession de leur Religion, ,, même sous la protection de son Ambassadeur, Son Excellence re,, çut là-dessus de la Cour toutes les reprimandes imaginables, avec ,, ordre de renvoyer en *France* tous ces Sujets; que cet Ambassadeur, ,, qui étoit, je crois, Mr. de *Nointel*, les fit d'abord embarquer avec ,, leurs familles, mais que le *Visir* en ayant été averti par les amis de

son

,, son horloger qui en étoit du nombre, l'envoya non seulement ré-
,, clamer par un de ses Officiers, mais le chargea de dire à Son Ex-
,, cellence, que s'il ne le remettoit en liberté avec tous les autres, la
,, *Porte* chasseroit de *Turquie* tous les (*a*) *Carapapasser*; que Mr. de
,, *Nointel* fit appeller là-dessus le Superieur de leur Couvent de *Gala-
,, ta*, à qui il fit part de la menace du *Visir*; qu'ils convinrent ensem-
,, ble qu'il falloit suspendre l'execution de l'ordre, & écrire à la Cour
,, de le révoquer; pour éviter les fâcheuses conséquences qui en ré-
,, sulteroient, au préjudice de la propagation de la Foi *Catholique* par-
,, mi les *Chrétiens Orientaux*; qu'ils furent relâchez d'abord; que le
,, Superieur écrivit au Pere de la *Chaize*, & l'Ambassadeur au pre-
,, mier Ministre d'Etat; & que les réponses de la Cour furent accom-
,, pagnées d'un contr'ordre, selon lequel Son Excellence pourroit
,, continuer aux *Huguenots* sa protection pour le temporel, sans les
,, inquieter pour le spirituel ;,. En effet, ils ont été depuis assez
,, tranquiles: du moins les Ambassadeurs de *France*, ni les *Jesuites*, ne
,, se sont pas plaints d'eux à cet égard.

Quelques jours après ma visite au grand *Serail*, ce même horloger *Avai-Sarai*.
qui servoit le *Visir* & quelques autres Ministres de la *Porte*, me mena
voir l'*Avai-Sarai*, ou *Serail des miroirs*, sous un semblable pretexte.
C'est une maison de plaisance, où *le Grand Seigneur* passe ordinairement une partie des beaux jours de l'Eté. Elle est située près de
Cassun-Pacha. On l'appelle *Serail des mirois*, à cause de quelques gla-
ces de *Venise* dont les murs d'un grand salon, & ceux d'un autre chambre, sont revêtus. Ce salon est bâti sur pilotis, au moins quant à sa
plus grande partie qui s'avance dans la mer. C'est là que *Sa Hautesse*
respire le frais sur un magnifique *Sopha*, dont les coussins étoient d'un
brocard velouté à fond d'or, avec des *Macats* de même. Il est terminé en haut par une belle Coupole, ornée au dedans de riches peintures à la maniere du Pays. Cette Coupole est couverte de plomb; aussi
bien que presque tout le reste du Palais; ce qui distingue les Palais
& autres maisons du *Sultan* & celles des Princesses du sang, d'avec les
autres qui n'en peuvent être couvertes sous peine de confiscation. Il
n'y a que deux bains dans cette maison, à cause qu'elle est des plus
petites. Car il y en a au moins trois dans les plus grandes; à sçavoir
un pour *Sa Hautesse*, un autre pour son *Harem*, & le troisiéme pour
ses Officiers. Le premier de ces Bains dans cette maison est
tout incrusté de porcelaines au dedans & de marbres au dehors. Elle
est d'ailleurs accompagnée d'un jardin & d'un parc assez agréable.
Derriere le parc est une grande place appellée, *Okmeydan*, ou *place de
la fleche*, dans laquelle les Pages du *Sultan*, & autres jeunes gens du
Serail, appellez *Ilchoglans*, *Adgiamoglans* &c. s'excercent à tirer de
l'arc, aux courses à cheval & au *Dgirith*. *Sa Hautesse* vient quelquefois
se divertir à regarder ces exercices que j'expliqueray ailleurs.

Vis-à-vis d'*Avei-Sarai*, de l'autre côté du golfe est *Velide-Serai*, *Valide-Sa-*
Palais de la Reine mere; ainsi appellé à cause que la *Sultane* mere *rai*.
s'y retiroit l'Eté avec sa fille, soeur du *Sultan* regnent, mariée
à *Hapane-Pacha* avant qu'il fut *Visir*. Je n'en ay pas vû l'interieur, mais
il plaît assez exterieurement. Il est fort agréablement situé, sur le bord
de la Marine, ou plûtôt sur le quai qui regne entre les murs de *Constantinople* & l'eau du golfe. Ce quai est bordé de quantité de belles

mai-

(*a*) *Prêtres noirs*; c'est le nom que les *Turcs* donnent aux *Jesuites*.

maisons des *Grecs*, du (a) *Phanal*, & de plusieurs vaisseaux marchands qui y mouillent tout auprès, jusqu'au *Kiosque*; mais je retourne à *Constantinople*.

L'*Hippodrome*, que les *Turcs* appellent de même en leur langage, *Atmeydan*, *place des chevaux*, est ce qu'ils ont conservé de plus entier des antiquitez de *Constantinople*, aussi bien qu'une partie de son ancien usage. Cette place est belle, & regne devant la *Mosquée d'Akmet*. Des Cavaliers s'y rencontrent en certains jours; ils s'y placent les uns derriere l'*Obelisque* 6. de la Planche XVI; les autres derriere un autre à demi ruiné, représenté sur la même Planche & marqué 7; d'autres entre la colomne serpentine 10 & l'arbre 9. & y exercent leurs Chevaux à la course, aussi bien qu'à *Okmeydan*, en se jettant le *Dgirith*. Ce *Dgirith* est une baguette à peine de la grosseur du pouce, & tout au plus de la longueur d'une verge d'*Angleterre*; laquelle ces Cavalliers tels que 8, 8, de la même Planche se jettent l'un à l'autre. Tantôt ils courent à toute bride, tantôt ils s'arrêtent tout court au milieu de la plus violente course. L'adresse avec laquelle ils se jettent ce bâton; l'agilité avec laquelle ils se courbent pour le reprendre à terre, même en galoppant, ne paroissent pas comprehensibles dans une Nation grave, & qui a même la réputation d'être pesante. Mais ce caracollement, & cette vitesse interrompue au milieu d'une violente course, gâtent aussi bientôt les meilleurs Chevaux, sur tout les *Arabes* qui sont les plus delicats, comme ils sont aussi les plus beaux; & à propos de cela je ne puis m'empêcher de faire en passant une remarque sur ces chevaux, & sur leurs maîtres. C'est qu'il semble que la Nature ait mis le temperamment des hommes dans les chevaux; & celui des chevaux dans les hommes. Ce n'est qu'avec des précautions extraordinaires qu'on les empêche de prendre du froid, & de s'estropier, après une course ou quelque autre fatigue. On les couvre alors pour cet effet d'une housse; on les promene en les tenant par la bride, pendant une demie heure, & ensuite on les abbreuve. Pour les hommes, ils mangent des fruits & des melons, qui, comme je crois avoir deja dit, croissent par tout le Païs aussi facilement que les citrouilles, sans autres soins que celui de les planter & de les arroser. Ils boivent ensuite de l'eau, tout autant que leur soif en demande; & cela, lors même qu'ils suent, & sont le plus échauffez: enfin ils couchent sur la dure, sans en être jamais incommodez. Je n'ay pas vû, je le repeterai encore, de Nation sujette à si peu de maladies, qui vive generalement plus long-temps que les *Turcs*, & qui jouissent d'une santé plus constante. Si la peste ne les visitoit de temps en temps, & n'en emportoit un grand nombre, le Païs seroit trop peuplé. Quoi que l'*Hyppodrome* ait été décrit par plusieurs Auteurs, je joindrai quelques remarques à ce qui en a deja été dit.

L'Obelisque 6 est d'une seule piece, & du plus beau granite; il est quarré, & couvert d'*Hiérogliphes Egyptiens*, d'animaux &c. Deux inscriptions qu'on lit sur son piedestal, l'une *Latine*, & l'autre *Greque*, temoignent que ce monument fut dressé par ordre de l'Empereur *Théodose* en 32. jours. Ce piedestal est embelli de divers bas-reliefs assez bien conservez, qui représentent les machines par le moyen desquelles

---

(a) Quartier de *Constantinople* où demeure l'ancienne Noblesse *Greque*.

CONSTANTINOPLE, &c. 225

quelles il fût élevé, la premiere forme de l'*Hyppodrome*, les courses 1699. des chevaux, les buts, ou marques, aussi-bien que l'Empereur au CHAP. milieu qui met lui-même une Couronne sur la tête du vainqueur. On XI. l'y voit entouré de ses gardes, ayant ses deux fils *Honorius* & *Arcadius* à ses deux côtez, & quantité d'Officiers de sa Cour derriere eux.

L'autre Obelisque 7, paroît avoir été une des bornes de la Course. Autre Obe-
Il a perdu sa pointe piramidale. Il est d'ailleurs fort mutilé, & n'a lisque de di-
plus aucun reste de beauté, étant composé d'une maçonnerie de pier- verses pierres ordinaires, mais bien cimentées. Cependant une Inscription Gre- res.
que encore lisible, qui est sur sa base, en fait une merveille du tems,
& dit que *Constantin*, fils de *Romanus*, l'a reparé, & conservé. Cette
Inscription porte ΚΑΛΚΟΣ ΘΑΜΒΟΣ, *merveille de bronze*; mais
on ne peut gueres imaginer pourquoi il est ainsi appellé, à moins qu'il
n'ait été incrusté ou couvert de bronze, ou que la colomne serpenti- Colomne
ne 10, qui est plantée en terre sans piedestal au milieu de 6 & 7, n'ait serpentine.
été autrefois élevée sur son sommet, comme quelques-uns le prétendent. En effet ce deffaut de piedestal montre qu'elle n'a pas été faite
pour le lieu où elle est, outre qu'on ne la voit point sur le bas-relief
où est représentée la forme de l'ancien *Hyppodrome*. Les trois têtes de
serpent écartez en triangle, en la maniere qu'elles sont représentées
sur la même Planche, ont fait penser à plusieurs que c'étoit un trepied d'*Apollon*. *Herodote*, qui dit que le trepied d'or que ce Dieu
Payen avoit à *Delphes* étoit supporté par trois têtes de serpent, semble les confirmer dans leur pensée. D'autres vont jusqu'à prétendre
que ce trepied de *Delphes* fut transferé par *Constantin* à *Constantinople*, & par conséquent que cette colomne spirale, sur les trois têtes de
laquelle ils assurent qu'il étoit soutenu, y fut aussi transportée en même tems.

Cette place a quatre cents vingt-trois pas en longeur, sur cent trei- Anciennes
ze de largeur. C'est la seule qui ait été preservée dans son entier, à Places.
moins que la *Mosquée* voisine d'*Akmet* n'ait diminué sa largeur. Celles
d'*Arcadius*, de *Constantin*, de *Marcien*, &c. n'ont pas eu un sort si
heureux, ayant perdu jusqu'à leurs noms, & étant toutes couvertes
de maisons; de sorte qu'on ne sçauroit pas aujourd'hui où elles étoient,
si leurs colomnes n'y étoient pas restées. Je dois excepter de ces colomnes celle d'*Arcadius*, appellée la *colomne historique*, à cause de ses Colomne
bas-reliefs, qui représentoient les victoires & les actions memorables d'*Arcadius*.
de cet Empereur d'*Orient*, & quelques-unes de son frere *Hono-
rius*, qui l'étoit d'*Occident* en même tems; car elle a été abbatue depuis mon départ, après avoir été souvent endommagée par les incendies, ce qui faisoit craindre aux *Turcs* qu'elle ne tombât un jour d'elle-même, & que cette chute ne fût fatale à un grand nombre de maisons & d'habitans. Ils ont donc jugé à propos de la demolir. Je crois
qu'ils seront obligez d'en faire de même de celle de *Constantin*, qui a De *Con-
aussi essuyé plusieurs incendies, ce qui l'a fait nommer, *Colomne brû- stantin*.
lée*. Il est vrai qu'étant d'une seule piece de porphire, elle peut resister plus long-tems; & pour celle de *Marcien*, qui est aussi d'une seule piece, & dans le jardin d'un particulier, elle est si petite, qu'il y a
peu de danger à la laisser debout.

On remarquera sur la même Planche la représentation d'une Noce,
Tome I. Ff que

que je vis paſſer par cette place, lorſque j'allai voir la *Moſquée d'Ah-met*. La Figure à cheval N°. 1. eſt l'épouſe: elle eſt à peine viſible, parce qu'elle eſt ſous un canapé dont les rideaux ſont tirez, & ſoutenus par 2, 2, comme ceux d'un lit, & que ſon viſage eſt voilé, comme ceux des femmes qui ſuivent, & marquées 9 ; 3 ſont des *Dervi-ches* qui jouent de leurs Flutes traverſieres ; 4 les Timbales ; 5 des *Janiſſaires* qui precedent comme la garde, avec le Trophée pira-midal, auquel ſont attachez des mouchoirs brodez, des clincans ou fils d'or, des bijoux, & autres galanteries qui ſont des preſens que le mari & les amis ont faits à la mariée.

Comme tout le monde ne ſçait pas en quoi conſiſte le mariage des *Turcs*, qu'ils appellent *Kebbine*, j'en dirai quelque choſe. Ce n'eſt qu'un Contract civil entre les parens de l'époux & de l'épouſe, auquel ni la Religion, ni les Prêtres n'ont aucune part. L'amour même ne s'en mêle pas d'abord, car ſuivant le Proverbe *Latin*, *ignoti nulla cupido*, il n'eſt pas naturel d'aimer ce qu'on ne connoît pas. En ef-fet l'époux & l'épouſe ne ſe voyent que lorſqu'ils ſont dans le même lit, & que leur Contract eſt fait, ſans que ni l'un ni l'autre ſache s'il eſt marié, ni avec qui. Voici à peu près comment cela ſe pratique. Un *Turc* qui a un fils en âge de prendre une femme, c'eſt-à-dire, or-dinairement à quatorze ou quinze ans, demande à ſon voiſin, ou à quelque autre d'une condition à peu près égale à la ſienne, s'il a une fille qui ſoit nubile, c'eſt-à-dire, qui ait onze, douze ou treize ans, plus ou moins, & s'il la veut donner à ſon fils. En cas que celui-ci y con-ſente, ils conviennent des conditions. Enſuite prenant chacun un té-moin ou deux, ils vont chez le *Cady* du lieu qui fait écrire le Con-tract. Lorſqu'ils ſont de retour chez eux, ils avertiſſent l'un la mere du garçon, l'autre celle de la fille, du Contract qu'ils ont fait. Là-deſ-ſus, ces meres ſe viſitent, invitent leurs amies aux noces, & les peres en font de même à l'égard de leurs amis. Lorſque tout eſt prêt pour la céremonie, les femmes vont au bain & y menent l'épouſe, comme les hommes, de leur côté y menent le garçon. Les deux ſexes ſe divertiſſent ſéparément à chanter & à dancer, & mangent & boivent à leur maniere. Enfin on conduit la mariée à la maiſon du mari, avec la pompe que repréſente la Planche, pour peu qu'elle ſoit diſtin-guée du commun. Dès qu'elle eſt arrivée à la maiſon deſtinée pour ſa demeure, elle eſt deshabillée par de vieilles femmes, & miſe au lit, ſans que l'époux ſache que par le rapport de ſa mere ou de quelqu'u-ne de ces vieilles femmes, ſi elle eſt jeune, ou vieille, belle ou lai-de, ſi elle a deux yeux, ou ſi elle eſt borgne ou aveugle. Auſſi-tôt qu'elle eſt au lit, les vieilles femmes en avertiſſent les hommes, qui deshabillent l'époux juſqu'à la chemiſe & aux caleçons ; après quoi la porte de la chambre où eſt le lit nuptial eſt entr'ouverte, & ils le pouſſent doucement dedans. Un Eunuque, s'il eſt aſſez riche pour en avoir, ou une vieille, ferme la porte : le reſte ſe peut imaginer. Une des raiſons qui portent les *Turcs* à marier leurs enfans ſi jeunes, c'eſt, diſent-ils eux-mêmes, la neceſſité de prévenir le libertinage & la debauche qui uſent la jeuneſſe, & la rendent moins propre à la gé-neration. Si le jeune marié eſt riche, il peut par les Loix civiles prendre juſqu'à quatre femmes de cette maniere, & acheter autant d'*Odaliques* ou Eſclaves qu'il veut, ces Lois n'en limitant point le nom-

nombre. Les enfans qui en proviennent font, comme j'ai dit ailleurs, auffi legitimes que ceux de ces quatre femmes. Je dis *Efclaves*, car il n'eft permis de prendre aucune fille *Turque*, ni même aucune autre Sujette de la *Porte*, foit *Chrétienne* ou *Juive*, fur le pied de Concubine, c'eft-à-dire fans ce Contract. Pour les Sujettes non *Mahometanes*, il eft rare qu'elles fe marient ainfi aux *Turcs*, à caufe que les enfans doivent être élevez dans la Religion *Mahometane*, & qu'elles font excommuniées par les Prêtres. J'en ai pourtant vû des exemples en *Candie*, & en d'autres endroits où il y a peu de *Turcs*, & beaucoup de *Chrétiens*. Il eft vrai que les Prêtres y excommunioient de même les filles de ces derniers, qui contractoient des mariages par la voye du *Kebbine*, mais elles rentroient bientôt en grace avec eux, en faifant quelque prefent confiderable aux Eglifes, qu'elles ne laiffoient pas de frequenter toûjours avec autant de liberté que leurs maris frequentoient les *Mofquées*; car un mari & une femme ne s'inquiettent jamais l'un l'autre fur la difference de leur Religion.

Cependant les *Turcs* n'ufent gueres de la liberté que la Loi de *Mahomet* leur donne de prendre jufqu'à quatre femmes, & ils aiment mieux acheter des Concubines, quelques cheres qu'elles foient. Quoique le *divorce* & la *Poligamie* foient auffi libres l'un que l'autre, on en voit plufieurs qui fe contentent d'époufer une feule femme, ou d'acheter une feule Concubine, & ils les gardent volontiers toute leur vie, comme les *Chrétiens* qui ne peuvent faire autrement. La Loi, ou le *Kebbine* oblige un *Turc*, de quelque qualité qu'il foit, à rendre tant de fois par mois les devoirs conjugaux à chacune de fes femmes, comme cela étoit autrefois ordonné par la Loi des *Juifs*.

La liberté du *Divorce* établi en *Turquie* eft commune au mari & à la femme. Comme l'on eft convenu dans le *Kebbine* de la maniere dont un époux doit traiter fon époufe, & même des habits & de la nourriture qu'il doit lui donner; s'il vient à manquer à ces conditions, elle peut demander la permiffion de fe féparer, & elle l'obtient. Cette féparation eft fur tout facile, lorfque fes plaintes roulent fur quelque grief important, comme par exemple, s'il étoit arrivé que fon mari, non content des plaifirs légitimes qu'une femme peut fournir abondamment, eût voulu lui arracher les infames voluptez qu'une paffion brutale fait chercher hors des voyes de la Nature. Alors elle s'adreffe à fa mere, fi elle en a une, ou à fes plus proches parentes, & elles vont enfemble trouver le *Cady*, devant lequel le Contract a été paffé. La Complaignante, pour lui faire entendre ce qu'elle lui veut communiquer, lors qu'elle eft dans le cas que nous venons de toucher, ne fait autre chofe que lui montrer fa pantoufle fens deffus deffous. Après quoi elle lui dit le nom & la profeffion de fon mari. Le *Cady*, à qui ce figne eft familier, le fait venir, & prononce le *Divorce* fans autre forme de procès. Les conditions qui regardent les enfans, s'ils en ont, & la dote de la femme, ayant été reglées auparavant, aucune difficulté n'accroche cette féparation, & dès que le mari a fatisfait à ces conditions, & fubi la peine attachée à la nature de la faute qu'il a faite, il eft maître de prendre une autre femme, s'il veut, & la femme peut auffi prendre un autre mari.

Au refte la pluralité des femmes ou des Concubines, qu'on regarde parmi nous comme une debauche, paffe chez les *Turcs* pour une vertu,

1699.
CHAP.
XI.
Concubines.

Liberté du Divorce pour le mari & pour la femme.

De la pluralité des femmes.

Tome I. Ff 2

1699.
Chap.
XI.

vertu, qui, outre la propagation de l'Espece, a pour but de prevenir le libertinage ou le peché, entr'autres celui de prendre d'une femme enceinte les plaisirs même legitimes, ce qui est regardé par eux comme un peché, aussi bien que par certains Casuistes rigides qui exigent cette continence des personnes qu'ils dirigent ; avec cette difference pourtant que ces derniers ne leur permettent point, comme on fait en *Turquie*, de se satisfaire avec quelque autre. C'est pour cette raison que les *Turcs* en général prenent au moins deux femmes, s'ils en ont les moyens. Je vais placer ici ce qu'un Gentilhomme qui a été en *Turquie* avec Mr. le Chevalier *Trumball*, a écrit à ses Amis, sur la prétendue debauche que les *Chrétiens* attribuent aux *Turcs* à cet égard, aussi-bien que sur leurs bonnes qualitez.

„ On accuse, *dit-il*, les *Turcs* de libertinage, mais on leur fait un
„ tort qu'ils n'ont pas merité. La pluralité des femmes & la liberté
„ de faire usage de leurs esclaves, sont les fondemens de cette accu-
„ sation. Mais quoi que leur Loy les leur permette, il ne faut pas s'i-
„ maginer qu'ils s'en prévalent. Au contraire, il y en a incompara-
„ blement plus qui n'ont qu'une ou deux femmes, que de ceux qui en
„ ont davantage. Ils ne souffrent point de B...., les Cabarets y sont en
„ petit nombre & seulement sous la protection des *Francs* ; sous pre-
„ texte d'être des magazins pour leur usage, & on les ferme & sup-
„ prime même au moindre desordre qui en arrive. Ils ne sçavent ce
„ que c'est que des dez, & des cartes, de jouer pour de l'argent &c. jeux
„ qui gâtent, disent-ils, l'amitié ou la societé. Car on est fâché de
„ perdre, & celui qui gagne le doit être de voir son ami fâché. Les
„ jeux de coquilles, & d'une espece d'échecs sont leurs innocents passe-
„ temps, qui ne faisant point de tort a la bourse entretiennent cette
„ societé ou cette amitié.

„ Ils ont la réputation, *ajoute t'il*, d'être *Sodomites* : ils le sont
„ moins qu'en quelques Païs de la *Chretienté*, & ce vice est plus connu
„ dans le *Serail* & parmi ceux qui y ont reçu leur éducation, que par-
„ mi le peuple qui ne l'a pas moins en horreur que nous. Ils ne sont
„ ni inquiets sur les affaires de leurs voisins, ni medisans, ni querel-
„ leurs. Si quelqu'un fait tort à l'autre, il est cité devant le premier *Cady*, &
„ est bientôt obligé à lui donner satisfaction. Rien n'est plus rare que
„ d'en voir parmi la Soldatesque se battre pour quelque differend. Ils
„ ignorent ce brutal point d'honneur qui porte nos braves à s'aller
„ couper la gorge sur le pré, pour une Courtisane publique, ou pour
„ quelque sujet qui le merite aussi peu. Ici le brave se signale seule-
„ ment contre l'ennemi de la patrie, c'est en quoi il fait consister sa
„ plus grande gloire. La vie des *Turcs* est des plus régulieres. Quelle
„ Nation observe plus scrupuleusement & plus ponctuellement sa Re-
„ ligion ? Si vous considerez leur abstinence de vin & d'autres liqueurs
„ fortes, leur temperance dans le boire & le manger, où ils se por-
„ tent moins par coutume & par temperament que par conscience, la se-
„ verité de leur *Ramazan*, ou jeûne d'une *Lune*, durant chaque
„ jour de laquelle il ne leur est pas permis tant qu'elle dure, pas mê-
„ me à l'artisan qui travaille pour son pain, de prendre une goute
„ d'eau pour se rafraichir, quelque chaleur qu'il fasse ; les ablutions
„ continuelles qui doivent preceder la priere qui leur est ordonnée de
„ faire cinq fois le jour, & ce dont ils s'acquittent exactement, lais-

sant

„ fant ou interrompant pour cela les affaires les plus ſerieuſes aux
„ heures marquées; leurs charitez frequentes, ſe croyant obligez de
„ donner aux pauvres une partie de leurs Revenus, & tous les autres
„ actes de Religion qu'ils pratiquent avec beaucoup plus de zele que
„ nous? &c. Si vous appellez tout cela libertinage & hypocriſie;
„ comment appellerons-nous notre relâchement & notre froideur?
„ On dit qu'ils mepriſent tout ce qui n'eſt pas de leur ſecte; ſoit,
„ mais n'eſt-ce pas un defaut trop general de l'éducation dans toutes
„ les Religions de ſe mepriſer? &c." Pour moi je dirai plus, on ſe
hait l'un l'autre pour la difference de culte, defaut plus ancien que le
Mahometiſme & même que le *Chriſtianiſme*. Mais ce mepris ne fait
aucun mal chez les *Turcs*, qui n'inquiettent perſonne dans ſa Religion,
quelque differente qu'elle ſoit de la leur. Heureux s'eſtimeroient tant
de peuples de notre *Europe*, ſi la haine de Religion s'en tenoit au ſimple mépris, ou n'étoit pas plus active! Je dirai encore quelque choſe de la
Religion *Mahometane* dans le chapitre ſuivant.

CHAPITRE XII.

Du Prince Tekely. *Sentimens d'un* Mulla *Turc ſur l'*Alcoran, *la* Bible, *les* Derviches *& la deffenſe de boire du vin. Digreſſion ſur l'établiſſement des* Jeſuites *dans les Iſles* Eſpagnoles. *De la Religion des* Turcs *&c.*

J'Etois ſi bien dans l'eſprit du Prince *Tekely*, que lorſque je laiſſois paſſer ſix jours ſans diner ou ſouper une fois avec lui, il m'envoyoit demander ſi je lui avois declaré la guerre. Je répondois que non, mais qu'on me la faiſoit toujours chez lui à coups de verre; puiſque j'étois ordinairement au moins vingt-quatre heures malade, après être ſorti de chez lui. J'ajouterai que ſi j'ai pu boire dans la ſuite ſans l'être, j'en ai quelqu'obligation à ſes conſeils; car quand je le revoyois, il me diſoit que je devois apprendre à ſurmonter le vin par le vin même, à force d'en boire. Il me diſoit encore que ſi je perſeverois dans ma paſſion pour les voyages, ou ſi j'allois jamais en *Hongrie*, & en *Pologne*, je ne pourois me diſpenſer de boire, ſans faire un affront à ceux qui m'inviteroient à manger chez eux. En effet on regarde comme ſuſpect, & comme ennemi dans une compagnie *Hongroiſe*, celui qui refuſe de boire. On a même des exemples de combats arrivez à l'occaſion de ce refus; au lieu que le plus agréable compliment qu'on puiſſe faire à celui chez qui on a ſoupé & bû à la *Hongroiſe*, ou à la *Polonoiſe*, c'eſt de dire qu'on n'a de ſa vie été ſi yvre.

Il eſt vrai que le Prince *Tekely* ne pouſſoit pas tout à fait ſi loin la civilité *Hongroiſe* à l'égard du vin, ni la deffiance à l'égard de mon amitié. Il ſe contentoit de me donner un grand vaſe comme l'*Agathedaimon* des anciens *Grecs*, & la Princeſſe un autre, pour me mettre en train. Il me recommandoit enſuite au Chancelier, & au Secretaire, deux vrais Champions dans la Milice de *Bacchus*, qui par leur exemple, & par de fréquentes raſades qu'ils me verſoient, & les differentes ſantez qu'ils me portoient, me faiſoient reſter ſouvent ſur le champ de bataille. Pour le Prince, il n'oſoit boire beaucoup à cauſe de ſa goute. La Princeſſe buvoit plus que lui, & plus hardiment,

mais

mais pourtant fans fortir des bornes de la modeftie de fon fexe. Si je me plaignois ou difois, *c'eft affez boire*, une efpece de Médecin Hongrois qu'on appelloit le Médecin de la Princeffe, homme très brave & très habile fur ce chapitre, me difoit le verre à la main, ,, voilà la meil- ,, leure médecine que vous puiffiez prendre. C'eft le plus excellent ,, préfervatif du monde contre la pefte qui tue tant de ces *Turcs*, qui ,, lui preferent l'eau fur les melons & les fruits qu'ils mangent en quan- ,, tité. " Il eft bon de remarquer que le *Signor Francefco* ne paroiffoit gueres où j'étois, depuis que je lui avois parlé de *Milan*, ou qu'il avoit entendu dire que je lui avois vû jouer en cette Ville le perfonnage de *Charlatan*. Il trouvoit des prétextes pour manger dans fa Chambre, ou pour faire diete, outre que le Médecin & lui ne s'accordoient pas.

Je ne fçai fi c'étoit cette confideration qui engageoit un *Turc*, qui avoit été efclave en *Italie*, à aller fouvent fouper chez le Prince & à y boire plus qu'il ne mangeoit. Ce *Turc*, au refte, étoit un homme d'efprit qui expliquoit en fa faveur la deffenfe de l'*Alcoran* à l'égard du vin, comme je le dirai ci-deffous plus amplement. Il n'en bûvoit pas le jour, pour éviter, difoit-il, de caufer du fcandale à ceux qui n'en croyent pas devoir boire. Il étoit affez de l'humeur de mon hôte de *Rama*, fur le fujet de la Religion. Il aimoit à en difputer, & étoit le premier à mettre cette matiere fur le tapis, & cela contre la coutume des *Turcs*, qui ne veulent pas être plus troublez par des Controverfes; qu'ils ne troublent les autres. Il donnoit carriere à fa foi, & à fes lumieres fur ce fujet, quand il fe trouvoit avec des gens avec qui il croyoit pouvoir penfer tout haut; mais auffi il fouffroit qu'on lui fît contre l'*Alcoran*, toutes les objections qu'il faifoit contre la *Bible*. Il attaquoit quelquefois le *Signor Francefco* qui ne l'avoit pas lue avec autant d'attention que lui; & comme ce dernier n'étoit pas habile *Theologien*, il l'embarraffoit fouvent, ce qui faifoit autant de plaifir au Prince que de chagrin à la Princeffe qui étoit *Catholique*. Mais il étoit auffi quelquefois embaraffé lui-même, au grand contentement de tout le monde, par un Prêtre *Lutherien*, & par le Secretaire qui étoit *Calvinifte*. Ces difputes précedoient ordinairement de quelques heures le fouper, où on ne combattoit plus qu'avec des rafades, & qui étoit fouvent fuivi de danfes, comme pour confirmer le Proverbe, *nemo faltat fobrius*.

Explication du Paradis des Turcs par eux-mêmes.

Je le trouvai un jour feul dans la Salle d'audiance avec le Prince, pendant que fes gens étoient allez enterrer un Courier *Hongrois*, ce qui nous donna occafion de parler du *Paradis*. Sur quoi je lui dis, entr'autres chofes, ,, Pour vous qui bûvez du vin en ce monde, ,, vous ferez un peu attrapé en l'autre, où votre *Alcoran* ne vous pro- ,, met que des fontaines d'eau claire; à moins que vous n'obteniez de ,, tems en tems quelque miraculeux changement de l'eau en vin. " Mais comme il fe déclaroit amateur du Sexe par des chanfons *Italiennes* qu'il chantoit avec bien de la joye, lors qu'il avoit trois ou quatre coupes *Hongroifes* dans la tête, j'ajoûtai: ,, Au refte, je vous felicite ,, fur l'avantage qu'il vous fait dans ce fejour bien-heureux, d'y avoir ,, des filles d'une beauté parfaite, fur lefquelles le tems n'aura ,, aucun pouvoir, & qui refteront toûjours jeunes, belles, & pucel- ,, les.

CONSTANTINOPLE, &c. 231

A ces paroles, il prit un air serieux, & me dit, „ Ne nous impu- 1699.
„ tez pas à la legere un aveuglement aussi grossier que de prendre CHAP.
„ ainsi les choses à la lettre. Si l'*Alcoran* parloit à des esprits sans XII.
„ corps, il pourroit leur donner des idées toutes spirituelles des biens
„ éternels ; mais il s'accommode à la portée des hommes corporels,
„ pour leur inspirer de l'amour pour les biens futurs, par les compa-
„ raisons & les images des biens presens. Autrement je pourrois à
„ ce compte vous feliciter à mon tour, ajoûta-t-il, sur le lait & le
„ miel que votre *Bible* fait couler dans les lits des fleuves de la cité
„ éternelle ; votre *Jerusalem* celeste, toute bâtie de pierres prétieu-
„ ses, qui vous est promise pour sejour éternel. Venez dans nos Col-
„ leges, entrez dans nos *Mosquées* habillé à notre maniere, ce que
„ vous pouvez faire facilement *incognito*, & entendez les explications
„ de l'*Alcoran*. Elles vous satisferont au moins autant que les in-
„ terprêtes de votre *Bible* vous satisfont en l'expliquant ; & vous
„ prendrez des sentimens plus raisonnables, & des idées tout autres
„ de notre *Paradis*. Dites-moi, je vous prie, sans préjugé, si vo-
„ tre *Jerusalem* celeste, l'inceste de *Loth*, les expressions tendres &
„ amoureuses de *Salomon* dans son *Cantique*, que nous ne pouvons
„ considerer que comme adressées à ses Concubines, l'Agneau de
„ l'*Apocalipse* sur un trône, & autres visions plus monstrueuses de
„ votre *Saint Jean*, meritent mieux d'avoir place dans ce Livre que
„ vous estimez sacré, que de belles pucelles, & de belles fontaines,
„ dans l'*Alcoran*.

Je répondis, que l'exemple de *Loth* y étoit cité comme un exemple à éviter, & non pas à suivre ; que le cantique de *Salomon*, & les
révelations de l'*Apocalipse* étoient des allegories, &c. „ Et bien nos filles
„ & nos fontaines en sont aussi, repliqua-t-il ; & dire des premieres
„ qu'elles seront toujours vierges, n'est-ce pas exclure les plaisirs char-
„ nels de ce sejour bien-heureux. Mais, ajoutai-je, vous ne pouvez dis-
„ convenir que votre *Alcoran* n'ait pillé beaucoup de choses de nos Li-
„ vres sacrez. " Je lui en donnai pour preuve la Circoncision, la naissance
de *Jesus-Christ* d'une vierge, quoi qu'ils ne le reconnoissent que comme Prophete, & même la coutume qu'ont les *Derviches* de servir Dieu
en dansant, ou en tournant, ce qui me paroissoit une imitation de *David*
dansant devant l'*Arche* d'alliance, &c.

Cette sorte de danses en usage parmi les *Derviches* est assez singu- Danses Ré-
liere pour être rapportée. Mais comme diverses Relations en ont dé- ligieuses
ja appris bien des choses, j'en parlerai assez succinctement. Après que le Mahome-
Cheith ou Superieur marqué *a* sur la planche XVII, a fait une espece *tans*.
de sermon, & lû plusieurs prieres, il entonne quelques Cantiques en
l'honneur & à la louange de Dieu. Alors la musique des tambours
de *Basques*, des petites timbales, & des flutes traversieres marquées *b*
commençant à se faire entendre, le Superieur marqué *a* se leve de
son siege, & marchant en cadence & comme à pas comptez au milieu
du (*a*) *Teke*, il passe devant les *Derviches* qui sont rangez en haye &
immobiles comme des statues, & leur fait à chacun une reverence à
laquelle ils répondent par une profonde inclination de corps. Alors
les

(*a*) C'est une espece de *Mosquée* qui est terminée par une Coupole : l'interieur du *Teke* de *Pera* est répresenté sur la même Planche.

les *Derviches*, paroissant comme saisis d'enthousiasme, s'agitent par dégrez, & font d'abord deux fois le même tour qu'a fait le Superieur, mais plus promptement que lui. Dès qu'il est retourné à son siege, le son des Instrumens croissant, leurs mouvemens s'augmentent à proportion, sans qu'ils s'arrêtent davantage, si ce n'est pour saluer le Superieur une troisieme fois, & s'entre-saluer les uns les autres. Ensuite ils commencent à tourner sur la pointe des pieds, avec une vitesse qui devient aussi rapide que celle des sabots, que des enfans fouettent de toutes leurs forces; de sorte que pendant ce mouvement, une espece de juppe attachée à leur ceinture, se remplissant de l'air qu'ils agitent, forme la figure d'une cloche, ou de ces vastes juppes de baleine, que l'on voit en *Angleterre*. Ils sont réprésentez en cet état sur la Planche, aux lettres *c*, *c*, *c*. Ce violent pirouettement dure un quart d'heure & plus sans interruption, & cela d'une maniere à faire tourner la tête à ceux qui n'y seroient pas accoutumez. Il se répete d'ailleurs pendant plus de deux heures à differentes reprises qui durent aussi long-tems, & pendant lesquelles ils gardent toûjours un profond silence. A la fin de chaque pirouettement, ils se courbent comme on voit à *d*, *d*, & baisent la terre. Malgré cette violente agitation, ils paroissent aussi tranquilles que s'ils avoient été assis toute la journée. Les femmes *Turques* du commun ont beaucoup de penchant pour cette espece singuliere de devotion, & se rendent en foule, mais voilées, au *Teke*, aux heures qui y sont destinées.

Le *Turc* disoit, que le rapport qu'il y avoit entre plusieurs passages de la *Bible* & de l'*Alcoran*, étoit une preuve que les *Chrétiens* avoient corrompu la Loi Divine, dans les endroits où ces deux Livres differoient l'un de l'autre. Mais je lui répondois, que cela étoit bien plus facile à avancer, qu'à prouver. Cependant comme je voyois que ces disputes sur des matieres où la Foi seule étoit requise, ne pouvoient servir qu'à satisfaire la curiosité, je ne m'y engageois que le plus rarement qu'il m'étoit possible.

Il y a entre *Hortakoi* & *Churuchesmy* qui sont deux beaux villages situez sur le Canal de la *Mer Noire*, un autre *Teke* aussi magnifique, où le même exercice de Religion se pratique le Mercredi & le Samedi. On trouve aussi à *Besistachekoy*, dont j'ai parlé, une Salle fort étendue, mais simple, où s'assemble une espece de confrairie de *Laïques*, qui different des *Derviches* tant par les habits que par leurs mouvemens, & en ce qu'ils ne gardent pas le silence comme eux. Tantôt ils marchent en cercle & en cadence en se tenant par les bras; tantôt ils se rangent en deux hayes fixes, se courbent & se dressent comme des scieurs de bois, en prononçant à haute voix mais sans articuler, divers attributs de *Dieu* comme *Allakebir*, *Dieu est un Allahouaes*; *Dieu est grand*, & ainsi du reste: ce qu'ils font pendant des heures entieres. Je dis *sans articuler*, car ils souflent leurs paroles du gosier & de l'estomac, après les avoir aspirées avec beaucoup de force. J'ai vû quantité de ces sortes de *Sectaires* dans d'autres Villes de la *Turquie* jusqu'à *Bender*.

Apologie du vin.

Le *Turc* en question avouoit, que quoi qu'il n'y eût pas plus de superstition dans cette maniere de servir *Dieu* que dans les Instrumens de *Musique* que les *Chrétiens* y employent dans leurs Eglises, & quoi qu'elle n'eût rien de contraire à la Doctrine de l'*Alco-*

ran;

coran, elle n'étoit pas du goût de tous les *Musulmans*. Au reste il expliquoit selon le sien la Loi à l'égard du vin, comme j'ai déja insinué. Il disoit, ,, qu'elle n'en pouvoit justement
,, condamner que l'abus & les mauvais effets, comme l'indis-
,, crétion, les emportemens, les querelles, qui procédoient moins de
,, cette boisson que du mauvais temperament de ceux qui en buvoient;
,, que cette Loi se déclareroit contraire à l'ordre de la Providence qui
,, a créé le vin pour l'usage de l'homme, aussi bien que les autres
,, choses necessaires à la vie, si elle en faisoit un crime à ceux en qui
,, il produisoit des effets tout contraires, comme la gayeté innocente,
,, la guerison du chagrin, de la melancholie, des inquietudes & des
,, autres dispositions préjudiciables à la santé; en un mot que si c'étoit
,, un poison dangereux pour les uns, c'étoit un souverain remede
,, pour les autres. " Cependant il insinuoit adroitement, que comme dans le tems de la publication de l'*Alcoran* le vin causoit de grands desordres parmi les Nations, chez qui il étoit commun, il avoit été necessaire de faire une loi sévere pour en interdire l'usage. Mais ce qu'il n'osoit avancer, c'est qu'elle renferme plus de politique & d'économie que de Religion, & que *Mahomet* n'en fit un article de Religion que pour lui donner plus de poids sur l'esprit de ses Sectateurs.

En effet, portons les yeux de notre imagination jusqu'au fond de l'*Arabie*, où il ne croît jusqu'aujourd'hui que peu ou point de vin, non plus que des autres choses capables d'entretenir le luxe & la débauche qui régnoient parmi les Nations, chez qui tout cela regorgeoit, nous remarquerons que l'abstinence du vin étoit aussi facile que naturelle & nécessaire aux *Arabes*; qu'elle épargnoit à *Mahomet* de la dépense, & favorisoit le dessein qu'il avoit de jouer en même tems le double personnage de *Prophete* & de *Conquerant*. Envisageons-le des mêmes yeux sortant de son Païs accompagné d'un bon nombre de ses Sectateurs, pour jetter les fondemens de cette puissance spirituelle & temporelle, qui a inondé avec une prodigieuse rapidité tant de vastes parties du monde, & qui s'est assujetti tant de Nations plongées dans l'abondance de ce qui manquoit à la sienne. Ecoutons avec les oreilles de la même imagination les harangues qu'il faisoit sur ce sujet, comme de la part de Dieu. Ne concevons-nous pas qu'il parloit à peu près en ces termes?

,, Non contens de nous abstenir de cette dangereuse boisson, con-
,, damnée par le Ciel, profitons des desordres qu'elle cause entre ces
,, Nations, à qui il a donné une puissance & des avantages dont ils se
,, rendent indignes par l'abus qu'ils en font. Conquerons-les pour les
,, réformer; le luxe, la volupté où les a plongées leur abondance ou
,, cet abus, & qui les ont endormis sur leur propre sûreté, joint à
,, leurs querelles & à leurs guerres civiles, seront contre ces Nations
,, des armes qui ne peuvent que nous procurer d'heureux succès. Le
,, Ciel dont nous observons la Loi par une conduite opposée à la leur,
,, benira nos efforts. Nous jouirons de nos conquêtes tant que nous
,, ferons l'usage qu'il permet de faire des richesses que nous rencontrerons
,, chez elles. Nous mangerons les fruits aussi doux (*a*) qu'innocens
,, dont elles tirent le *jus* qui empoisonne leur Raison &c.

Tome I. Gg L'heu-

(*a*) En effet les *Mahometans* ne laissent pas d'avoir des vignes, & ils en mangent le raisin avec plaisir, ou le vendent aux *Chrétiens* & aux *Juifs*, qui en font le vin que la Religion leur deffend.

1699.
CHAP.
XII.
Douceur du Gouvernement des Turcs.

L'heureux succès de l'entreprise de *Mahomet*, tant de peuples differens rangez sous l'obéïssance des *Mahometans*, qui ont augmenté le nombre de ses Sectateurs, jusqu'à surpasser incomparablement celui des *Chrétiens*, ou qui sont restez dans leurs anciennes Religions, semblent autoriser cette imagination & ces conjectures. Ce succès qui paroissoit tenir du miracle, a donné du credit à sa Secte, & a porté la plûpart de ces peuples à l'embrasser, outre qu'ils ont pû y être encouragez par le double avantage de partager la Souveraineté avec leurs Conquerans, & d'être soulagez à l'égard des tributs ; car il faut remarquer en passant, que les sujets *Mahometans* n'en payent point à leurs Souverains. Ces peuples trouvant celui que les *Turcs* exigent d'eux, incomparablement au dessous de ce qu'ils étoient obligez de payer aux Princes de leur Nation & de leur Religion ; considerant encore que les Princes *Mahometans* leur laissoient la liberté de Conscience, & celle de vivre à leur maniere, comme de boire, de chanter, de danser &c., ils se sont aisément consolez de leur changement de Maîtres. On sçait assez d'ailleurs combien l'humeur inquiete & les divisions des *Grecs*, par exemple, ont servi aux *Turcs*, pour se les assujettir ; & quelles raisons les *Grecs* ont euës jusqu'à present de préferer leur domination à celle des Princes de leur Religion. Il y a environ 16. ans que voyageant dans un Païs de la *Grece*, qu'une certaine Puissance *Chrétienne* avoit soumise à sa domination, j'entendis plusieurs habitans regretter celle des *Turcs*. Ceux qui se plaignoient de leurs nouveaux Maîtres, avec plus de moderation, parloient à peu près de la maniere suivante. ,, En payant (*a*) aux *Turcs* par an
,, depuis trois ou quatre écus, jusqu'à dix qui est la plus grosse con-
,, tribution, pendant la guerre comme pendant la Paix, nous jouïs-
,, sions de toute la liberté imaginable, soit pour le spirituel, soit à l'é-
,, gard du temporel. Si un Soldat de leur Armée ou tout autre d'en-
,, tr'eux, vouloit avoir une pomme & le moindre fruit de nos jardins,
,, il falloit qu'il le payât, à moins que nous ne voulussions lui en faire
,, present. Si (ce qui n'arrivoit point ou presque jamais) quelques-
,, uns même des plus élevez en autorité entroient en notre absence
,, chez nous, pour voir sous quelque prétexte nos femmes & nos
,, filles, & qu'ils fussent surpris par nous ou par nos voisins, ils étoi-
,, ent punis très severement, sur les plaintes que nous en pouvions por-
,, ter aux *Cadys*. Au lieu de cela, nos nouveaux Maîtres nous
,, font payer impôts sur impôts, & mettent jusques sur les vivres des
,, taxes inouïes chez les *Turcs*, & dont la moindre couteroit le Trône
,, au *Sultan*, s'il l'imposoit à son Peuple. On nous fait loger & nou-
,, rir des Soldats, & des Officiers, qui débauchent nos femmes ou
,, nos filles avec la derniere impunité ; & pour comble de malheur,
,, on nous envoye des *Prêtres Latins*, pour nous rendre suspecte notre
,, créance, & nous porter à embrasser la leur.

Une personne impartiale m'a écrit de *Constantinople*, que ce mécontentement des *Grecs* a été si favorable aux armes de la *Porte Ottomane*, qu'elle a réduit en quarante jours de tems sous son obéïssance tous ces *Grecs* & leur Païs, dont la conquête avoit couté aux *Chrétiens* tant de tems, & tant de sang. Enfin, pour peu qu'on veuille examiner avec attention ce qui s'est passé depuis l'établissement du *Mahometisme*,

---

(*a*) Il faut remarquer que dans les Païs soumis aux *Turcs* les tributs ne regardent que les hommes, & que les femmes en sont exemptes.

metifme, on doit être étonné du prodigieux nombre de Proſélites qu'il a fait, ſans le ſecours de la violence & des Miſſionnaires.

Je liſois dernierement à la fin du ſecond Tome des voyages de Mr. *Frezier* un Mémoire touchant l'établiſſement des *Jeſuites* au *Paraguay*. L'Auteur de ce Memoire prétend que ces Peres ont ſuivi l'exemple & la methode de *Mahomet*, pour y planter leur Miſſion & augmenter le nombre de leurs Sujets. Cette Miſſion eſt devenue, ſelon lui, par de ſemblables moyens, une très puiſſante Souveraineté, dans les Indes *Eſpagnoles*. Voici en abregé comme il en parle. ,, Les *In-*
,, *diens* ne boivent point de vin, ni d'autres liqueurs chaudes. Les
,, bons Peres ſuivent en cela les maximes de *Mahomet* qui deffendit ces
,, boiſſons, pour ne point exciter ſes Sujets à des mouvemens qui pour-
,, roient nuire à ſon gouvernement deſpotique, & les écarter du joug
,, où il les avoit réduits. Ils marient les *Indiens* de bonne heure pour
,, les faire peupler plus vîte. Le premier Cathechiſme qu'ils appren-
,, nent aux enfans eſt la crainte du Pere *Jeſuite*, le dégout des biens
,, temporels, la vie ſimple & humiliée, &c. Ils ont la précaution de
,, ne point leur apprendre la langue *Eſpagnole*, & de leur faire un cas
,, de Conſcience de fréquenter les *Eſpagnols*, lorſqu'ils vont travailler
,, dans les Villes pour le ſervice du Roi. Ces Peuples ſont doux,
,, adroits, laborieux. Ils ſont à préſent diviſez en quarante-deux Pa-
,, roiſſes diſtantes depuis une juſqu'à dix lieues l'une de l'autre, & s'é-
,, tendent le long de la rivière de *Paraguay*: il y a dans chaque Pa-
,, roiſſe un *Jeſuite* qui gouverne ſon peuple ſouverainement, & jamais
,, peuple n'a été plus ſoumis.

,, La moindre faute eſt punie avec la derniere ſeverité: l'uſage du
,, châtiment eſt un nombre de coups de fouet proportionné à la fau-
,, te. Ceux qui ont les premieres charges de la guerre & de la po-
,, lice, n'en ſont pas exempts, & ce qu'il y a de ſingulier, c'eſt que
,, celui qui a été rigoureuſement châtié vient baiſer la manche du Pe-
,, re, convient de ſa faute & le remercie du châtiment qu'il a reçu (*a*).

,, Cette maniere de gouverner eſt égale dans toutes les Paroiſſes de
,, la Miſſion. A cette exceſſive ſoumiſſion eſt joint un déſintereſſe-
,, ment ſi grand, dont les *Jeſuites* ont pris ſoin de pénétrer leurs Sujets
,, *Indiens*, ſous l'eſperance des felicitez du Ciel dont ils leur font la re-
,, partition dès ce monde, que ces *Indiens* ſe contentent de la vie &
,, de l'habit, & que tout le produit de leur travail tourne au profit des
,, bons Peres, qui tiennent à cet effet de grand magazins dans chaque
,, Paroiſſe, ou ces *Indiens* ſont obligez de porter des vivres, étoffes &
,, generalement toutes choſes, ſans rien excepter, n'ayant pas mê-
,, me la liberté de manger une poule de celles qu'ils elevent dans leurs
,, maiſons, de ſorte que l'on ne peut mieux appliquer qu'à ces gens
,, les Vers de *Virgile*,

Sic vos non vobis fertis aratra boves, &c.

,, L'on doit concevoir en même temps les grands avantages que
,, retirent ces *ſouverains Peres* du travail de tant de gens, entr'autres
,, ceux de l'herbe du *Paraguay*, qui ne croît que dans les terres de la

Tome I. Gg 2 Miſ-

1699.
CHAP.
XII.
Puiſſance des Jeſuites dans le Paraguay.

(*a*) Ceux à qui on donne la *Falaka* chez les *Turcs*, ſur tout les Eſclaves, baiſent le bas de la robbe de leurs Maîtres & promettent de ſe mieux comporter à l'avenir.

„ Miſſion, & qu'on prend à peu près comme du *Thé*. On eſtime que ce
„ Commerce monte à plus d'un million de *Piaſtres* par an, dont ils retirent
„ au moins la moitié net; ce qui joint aux autres marchandiſes qu'ils ven-
„ dent auſſi avantageuſement, & à la poudre d'or que leurs Sujets *In-*
„ *diens* vont chercher dans les ravines où l'eau a couru, après que
„ les debordemens des rivieres ſont écoulez, produit aux *Jeſuites*, un
„ Revenu de *Souverain*.

„ Toutes ces marchandiſes, les matieres, & eſpeces d'or & d'argent
„ que ces Peres tirent de leurs mines, ſont tranſportées par eau des Miſ-
„ ſions à *Santa Fé*, qui eſt le magazin d'entrepos, où il y a un Procu-
„ reur Général de l'ordre, & par terre de *Sante Fé* à *Buenos Aires*,
„ où il y a auſſi un Procureur Géneral. C'eſt de ces deux endroits que
„ l'on diſtribue les marchandiſes dans les trois Provinces de *Tuque-*
„ *man*, du *Paraguay* & de *Buenos Aires*, & dans les Royaumes de
„ *Chilly* & du *Perou*; & l'on peut dire avec aſſurance, que la Miſſion
„ des *Jeſuites* fait ſeule plus de Commerce que ces trois Provinces en-
„ ſemble.

„ Le Gouvernement militaire y eſt auſſi bien établi que la Politi-
„ que. Chaque Paroiſſe doit avoir un certain nombre de Soldats
„ diſciplinez, par Régimens de Cavalerie & d'Infanterie, ſuivant la
„ force de cette Paroiſſe; chaque Régiment eſt compoſé de ſix
„ Compagnies de cinquante hommes, avec un Colonel, ſix Capitai-
„ nes, ſix Lieutenans & un Officier Géneral, qui fait faire l'exercice
„ tous les Dimanches après *Vêpres*. Ces Officiers qui ſont élevez de
„ pere en fils à la guerre entendent fort bien à diſcipliner leurs Sol-
„ dats, lorſqu'ils vont en detachement. Ce n'eſt qu'en cette occaſion
„ que les Paroiſſes ſe communiquent, pour former un corps d'Ar-
„ mée que le plus ancien Officier Général commande, ſous un Pere
„ *Jeſuite*, qui eſt le *Géneraliſſime*. Les armes de ces *Indiens* conſiſ-
„ tent en fuſils, épées, bayonnettes & frondes, dont ils s'en ſervent
„ fort adroitement.

„ Les Miſſions enſemble peuvent mettre ſoixante mille hommes
„ ſur pied, en huit jours de tems, pour la garde & la deffenſe de
„ leurs Conquêtes. Ces quarante-deux *Jeſuites* qui ont chacun leur
„ Paroiſſe à gouverner, ſont indépendans l'un de l'autre, & ne répon-
„ dent qu'au Principal du Couvent de *Cordua*, dans la Province de
„ *Tuqueman*. Ce *Pere Provincial* vient faire ſa viſite une fois l'an
„ dans les Miſſions, eſcorté d'un grand nombre d'*Indiens*. Lors qu'il
„ arrive, tous les *Indiens* font des demonſtrations de joye & de reſpect
„ inconcevables. Les principaux ne s'approchent qu'en tremblant &
„ toûjours la tête baiſſée, & les autres peuples ſont à genoux, les
„ mains jointes lors qu'il paſſe; il fait rendre compte pendant ſon ſe-
„ jour au *Jeſuite* de chaque Paroiſſe de tout ce qui eſt entré dans les
„ magaſins, & de la conſommation qui en a été faite depuis ſa derniè-
„ re viſite.

Son origine.

„ Cet établiſſement a commencé par cinquante familles d'*Indiens*
„ errans, que les *Jeſuites* ramaſſerent & fixerent ſur le rivage de la
„ riviere *Japſur*, dans le fond des terres. Il a tellement augmenté
„ qu'il compoſe à preſent plus de trois cents mille familles qui occu-
„ pent les meilleures, les plus fertiles, & les plus belles terres de tout le
„ Païs. Ces terres ſont traverſées par quantité de rivieres; les bois

„ de haute futaye, les arbres fruitiers, les legumes, le bled, le lin,
„ l'*indigo*, le chanvre, le coton, le sucre, le *Machecacuana*, l'*Hype-*
„ *cacuana*, le *Galapa*, l'*Autrabanda*, & autres Simples merveilleux
„ pour les remedes, y viennent abondamment & dans la plus grande
„ perfection.

L'Auteur du Memoire dit, „ que le pretexte dont se servent les
„ Peres pour tenir toûjours un si gros corps de Troupes est pour
„ s'opposer aux Courses que les *Portugais Paulistes* y vien-
„ nent faire, pour enlever des *Indiens*, mais que les *Espagnols* les
„ plus sensez en jugent autrement, & décident que c'est pour empé-
„ cher à tout le monde sans exception la communication de leur Mis-
„ sion. " Il cite pour temoins de ce qu'il dit deux *François* de l'équipage d'un Vaisseau commandé par le Sieur de la *Solliette*, *Escajeau*
de *Nantes*, qui ayant été laissez à terre, où ils étoient à la
chasse, lors que ce Vaisseau qui étoit dans le Port des *Maldonades* à
l'ancre en sortit, gagnerent après plusieurs jours de marche une des
Paroisses de la Mission. Il ajoûte qu'ils y furent à la vérité traitez
avec bien de l'hospitalité, de la part du *Jesuite* qui y commandoit,
mais qu'il les retint toûjours dans l'enclos du *Presbitere* pendant quatre mois qu'ils resterent là, & cela sous prétexte de civilité; ne leur
conseillant pas pour leur propre sûreté, leur disoit-il, de s'en éloigner seuls, ni
de converser avec les *Indiens* qu'il leur dépeignoit comme ennemis de la
Nation *Françoise*, quoi qu'ils en soient, dit l'Auteur, naturellement amis.
Enfin il leur donna un détachement d'*Indiens* pour les conduire à *Buenos Aires*, selon que l'avoit demandé le Gouverneur. Il rapporte les
remarques qu'ont faites ces *François* sur la maison du Pere de la Paroisse, & sur l'Eglise, qu'ils devoient être las de voir si continuellement & sans changer d'objet: les voici.

1699.
Chap.
XII.

„ Le Presbitere ou la maison du Pere consiste en plusieurs grandes
„ Salles garnies de beaucoup de Tableaux & d'Images. C'est là que
„ les *Indiens* attendent que le Pere sorte de son appartement pour
„ donner audience. Cette maison renferme de grands magasins où
„ les *Indiens* apportent tout le fruit de leur travail. Le reste consiste
„ en cours, jardins, & plusieurs logemens pour les *Indiens* Domesti-
„ ques; & le tout, y compris l'Eglise, fait un enclos de murailles
„ d'environ soixante arpens.

„ L'Eglise de cette Paroisse est longue & large à proportion. A
„ l'entrée principale est un portail, où il faut monter plusieurs dégrez
„ au haut desquels sont huit colomnes de pierre travaillées avec bien
„ de l'art. Ces colomnes soutiennent une partie de la face du portail.
„ Au dessus de l'entrée de l'Eglise est un *Jubé* fort grand, pour y
„ chanter la musique dans le tems du Service. Cette musique est
„ composée de soixante personnes tant voix qu'instrumens. Le quar-
„ tier des femmes est entouré de balustrades, les hommes s'asseyent
„ selon leurs charges & leurs âges sur des bancs régulierement placez.
„ Le grand Autel est fermé d'une balustrade d'un bois des *Indes* fort
„ bien travaillé; à gauche de l'Autel est un banc pour le *Cachique* &
„ les Officiers de Police, & à la droite un autre pour les Officiers de
„ guerre. La face de cet Autel est superbe: trois grands Tableaux
„ d'une Peinture exquise avec de riches bordures d'or & d'argent
„ massif; en font la premiere magnificence. Au dessous de ces Tableaux

" bleaux font des lambris & des bas-reliefs d'or, & au deſſous juſqu'à
" la voûte regne une Sculpture de bois enrichie d'or. Aux deux cô-
" tez de l'Autel ſont deux piedeſtaux de bois couvert de plaques d'or
" ciſelé, ſur leſquels il y a deux *Saints* d'argent maſſif. Le *Tabernacle*
" eſt d'or; le *Soleil* où on expoſe le *St. Sacrement* eſt auſſi d'or enri-
" chi d'Emeraudes & autres pierres fines. Le devant & les deux cô-
" tez de l'Autel ſont garnis de drap d'or & d'argent, dont on l'or-
" ne lors qu'on fait ſolemnellement le Service, avec un grand nom-
" bre de cierges ſur des chandeliers d'or & d'argent. Il y a deux au-
" tres Autels à la droite & à la gauche, qui ſont ornez & enrichis à
" proportion, & dans la nef vers la baluſtrade eſt un chandelier d'ar-
" gent à trente branches garnies d'or, avec une groſſe chaine d'argent
" qui va juſqu'à la voûte.

La fertilité des terres & la richeſſe des Egliſes de la Miſſion, me fait ſouvenir de ce qu'un celebre Poëte *Anglois* dit de la Societé dans ces deux Vers,

> *No Jeſuite e'er took in hand,*
> *To plant a Church in barren land.*

C'eſt-à-dire,

> *Nul Jeſuite n'a jamais entrepris de planter la foi, ou bâtir une Egliſe en un Païs ſterile.*

Sans décider ſi la comparaiſon que l'Auteur du Memoire fait de ces bons Peres avec celle de *Mahomet* eſt tout à fait juſte, j'ajoûterai ſeulement que ſi tout ce qu'il dit du ſort des Sujets de la Miſſion eſt vrai, on conclura naturellement que ce ſort eſt non ſeulement plus dur que celui des Sujets conquis, ſoit *Chrétiens* ſoit *Juifs*, mais mê-me des Eſclaves des *Turcs*, qui ſont bien habillez & bien nourris, ſans beaucoup travailler.

Religion des Turcs.

Je laiſſe cette digreſſion qui n'eſt que trop longue pour retourner à mon *Turc Italianiſé*. Je dirai, avant que de le quitter, quelque choſe de la Religion *Mahometane*. Cette Religion eſt partie civile, partie canonique: le *Mulphty* en eſt le Chef & ſouverain Interprete: l'*Alco-ran* qui la contient fait Dieu ſeul autheur des loix divines & humaines, qui ne ſont chez les *Turcs* qu'une même loy. Car ils diſent ſelon qu'il leur eſt enſeigné par ce Recueil de maximes, que n'y ayant qu'un ſeul Dieu, il n'y a qu'une Loy; que ſa divine Legiſlature étant la ſeule veritablement juſte, il n'y a que lui qui en puiſſe dicter une infaillible; & que cette loy s'etend à tout ce qui regarde le Ciel & la terre. Elle eſt divi-ſée en Chapitres intitulez differemment, qui commencent tous par quelques ſentences à l'honneur de Dieu, qui exaltent ſa toute puiſ-ſance, ſa bonté, ſa miſericorde, & ſes autres attributs, le repreſen-tant comme un Etre qui n'a été ni créé, ni engendré, & qui n'engen-dre point, mais qui a créé toutes choſes, à qui rien n'eſt ſecret ni in-comprehenſible, qui comprend tout, & eſt par tout la verité même, & ſeul adorable. Elle déclare impies, idolâtres, & Payens, ceux qui partagent à d'autres ſa divinité, & qui lui égalent quelque Etre ou quelque perſonne que ce ſoit. Elle appelle miniſtres d'idolatrie les Peintres,

tres, & Statuaires, & deffend toutes figures des choses animées ; déclame contre les *Juifs*, comme j'ai dit ailleurs, pour avoir méprisé, & rejetté la loy apportée aux hommes par *Jesus*, qu'elle nomme fils de *Marie*, & le souffle de Dieu, & pour l'avoir traité comme un Imposteur. Elle accuse les *Chrétiens* d'avoir corrompu cette loy, pour faire Dieu celui qui n'étoit que serviteur de Dieu, ou Prophete, tel qu'a été *Mahomet* après lui, ce qu'elle appelle blasphême, injure impie, contre le seul & unique *Dieu*. Elle enseigne que ce *Dieu* par sa bonté, & sa misericorde, a envoyé ensuite *Mahomet* pour prêcher aux hommes cette même loy, dans cette premiere pureté, avec laquelle *Jesus* l'exposa ; & qu'ils comparoitront tous deux au jour du jugement, pour reprocher aux *Juifs* leur infidelité, & leur incrédulité, & aux *Chrétiens* leurs traditions humaines, contraires aux préceptes divins &c.

1699. Chap. XII.

Elle établit la subordination à l'égard des dégrez de beatitude éternelle dans Ciel, sur le pied de celle des dignitez passageres: elle proportionne cette beatitude à la pratique des vertus religieuses sur la terre, à sçavoir de la Charité &c. Elle enseigne une *Predestination* en Dieu qui regle, & détermine tous les évenemens humains, le commencement & la fin de toutes les choses du monde, jusques à un instant.

Mon *Turc Italianisé* ou plutôt *desitalianisé* blâmoit fort la pompe, & le luxe des habits, avec lesquels les femmes paroissoient le visage découvert dans les Eglises *Chrétiennes*, exposées pêle-mêle aux yeux des hommes. Il disoit qu'il avoit remarqué qu'elles y alloient plûtôt pour étaler leurs charmes, comme à des spectacles, dans la vue d'attraper des amans, ou des maris, que pour prier ; qu'au moins il ne croyoit pas que ce mêlange des deux sexes fût compatible avec l'attention que demande la priere ; mais qu'il étoit persuadé que l'amour de la créature y avoit beaucoup plus de part que celui du Créateur. En un mot, il représentoit ces Eglises comme des rendez-vous, d'où la plûpart passent dans des lieux, dont le nom n'est pas même connu parmi les *Mahometans*, ou dont l'usage est séverement puni chez eux.

Pensées des Turcs sur le mélange des deux sexes dans les Eglises.

Je lui répondis, que cela n'étoit pas vrai à tous égards, & qu'il devoit regarder les choses du bon côté, plutôt que du mauvais ; que s'il avoit fait ces remarques avec des yeux équitables & destituez de prévention, ils lui auroient découvert un très grand nombre de personnes des deux sexes, aussi attentives à leurs prieres, & aux exhortations des Prêtres, qu'on peut l'être dans les *Mosquées Turques* ; qu'il n'y avoit rien de criminel dans les ajustemens ; que la beauté du corps & celle de l'esprit étoient des dons de la Nature qui faisoient admirer le Créateur dans ses œuvres, sans en concevoir des désirs criminels, & qu'il y avoit plus de vertu dix fois dans nos femmes *Chrétiennes* avec toute la liberté dont elles jouissoient, que dans les leurs, que leur jalousie avoit assujetties à une captivité si grande que cela alloit jusqu'à les exclure des *Mosquées*. Il repliqua là-dessus en soufriant. ,, Quelle chimere m'allegues-tu là que cette prétendue ,, vertu ? Ce n'est qu'un effet de l'éducation que les *Européens* don- ,, nent aux filles, laquelle tend à faire parade d'un prétendu hon- ,, neur qui ne consiste que dans les apparences, mais dont le motif
réel

"réel est ou l'esperance, comme je viens de dire, d'avoir un mari, "ou la crainte de perdre l'amant qui leur fait la cour.

"Mais supposé que cela soit, ajoûtai-je, & que cette éducation, que "vous refusez d'appeller *vertu*, resserre nos filles entre les bornes de "leur devoir, comme elle fait sans doute, elle produit du moins l'effet "que l'on en attend, & elle est par conséquent préférable à celle que "vous donnez aux vôtres, à qui on apprend ce que nous regardons "comme un vice, & qui l'est effectivement, comme de *caresser les* "*hommes, de chanter, & de danser de la maniere la plus immodeste, pour* "*exciter leurs desirs & leurs passions amoureuses.* Il répondit à cela qu'on "leur apprenoit a réserver ces attraits & ces caresses pour ceux à qui "elles appartiendroient un jour, & qu'on avoit soin d'empécher qu'elles "n'en fissent quelque usage avant cela.

Conduite des Turcs envers leurs femmes ou Concubines.

"Quant à la jalousie, ajoûta-t-il, que vous nous reprochez, il n'y "a point de Nations qui en soient plus exemptes que nous. On nous "fait tort de nous appeller *jaloux*, à cause que nous renfermons nos "femmes & nos Concubines, & que nous ne leur permettons pas "d'aller aux spectacles publics, si ce n'est sous la garde de nos Eunu- "ques, ou de quelques vieilles femmes, ni de se montrer à d'autres "qu'à nous. Nous en agissons ainsi parce que nous connoissons notre "foiblesse pour une jeune femme; nous n'ignorons pas l'incli- "nation naturelle qu'elle peut concevoir pour un homme qui lui "plaît, & quelles preuves réelles elle est capable de lui en don- "ner, si l'occasion la favorise. Enfin nous prenons toutes les "précautions que nous jugeons propres à garantir nos fem- "mes de pareils accidens, que nous ne voulons pas souffrir. Si "malgré nos gardes, nos *Caffesses* (*a*) & tous nos soins, elles de- "viennent infideles, de maniere que nous les en puissions convain- "cre, on ne nous voit point battre en duel avec nos rivaux, les faire "assassiner, battre ces femmes adulteres comme font les *Chrétiens*. "Si ce sont des femmes prises au *Kebbine*, nous avons rarement recours "à la rigueur de la loy, qui punit l'adultere. Le divorce est le plus "court moyen & le plus tranquille. Les voiles qui cachent nos "femmes au Public nous donnent cet avantage sur les *Chrétiens*, "qu'il n'y a qu'elles, & leurs galants, qui sçachent que nous sommes "Cocus, & que l'on ne peut par conséquent nous montrer au doigt, "comme je l'ai vû faire en *Italie*. Si ce sont des Esclaves, nous les en- "voyons au marché pour les revendre à d'autres: notre amour est "même souvent si fort, & par conséquent si indulgent pour une fem- "me infidele, que nous lui pardonnons sa faute pour le passé, nous "contentant de redoubler nos précautions pour l'avenir. De sorte "qu'il n'y a pas plus de cruauté dans cet amour que de jalousie. Au "reste nous traitons bien nos femmes, & nos *Odaliks* & nous n'exi- "geons point d'elles des ouvrages penibles; nous leur laissons seule- "ment le soin des affaires domestiques du dedans, comme de tenir "propres leurs appartemens, de nous apprêter à manger &c. pen- "dant que nous vaquons aux affaires exterieures. Si nous sommes "assez riches pour leur acheter des esclaves qui fassent tout le gros "ouvrage, elles n'ont qu'à commander, & si elles font quelque cho- "se, comme de broder, c'est un amusement volontaire: elles ont leurs

jeux,

(*a*) C'est ce qu'on appelle *Jalousies* en *François*, comme j'ay, je crois, déja dit.

„ jeux, leurs comédies représentées par des actrices qui s'habillent en
„ hommes, & elles ont la liberté de visiter les *Harems* de nos parens,
„ & amis, où elles partagent ces plaisirs, & de recevoir leurs visites."

1699.
CHAP.
XII.

Ce *Turc* ne pouvoit, disoit-il, concevoir comment un homme pouvoit se lier pour toute sa vie à une seule femme, qui ordinairement se trouvoit d'une humeur si contraire à la sienne, que cette différence étoit capable de les plonger dans toutes sortes de malheurs, ou du moins d'exciter entre eux ces querelles & ces divisions éternelles, qui scandalisoient si fort les *Turcs*, qu'ils avoient jugé à propos d'assigner aux *Chrétiens* des quartiers éloignez des leurs. Ensuite passant au divorce, qu'il alleguoit comme le souverain remede à ces inconveniens, il m'en parloit à peu près en ces termes:

„ Le divorce est aussi ancien que naturel. Rien ne contribue da-
„ vantage à l'attachement mutuel du mari & de la femme, car la li-
„ berté de se separer l'un de l'autre lorsqu'on le souhaite, les engage
„ à se ménager & à se suporter réciproquement. Si nous avons des
„ femmes steriles, ou qui soient d'une humeur incompatible avec la
„ nôtre, nous nous separons, au lieu de nous emporter continuelle-
„ ment l'un contre l'autre. Cependant nous n'abusons point de cette
„ liberté, & nous avons moins de penchant pour le divorce que les
„ Nations chez qui il n'est point en usage. La raison de cela est na-
„ turelle. Plus l'amour est libre, moins il soupire après le change-
„ ment. La deffense du divorce chez les *Chrétiens*, si opposée au
„ caractere des hommes qui n'aiment point à être captivez, est juste-
„ ment ce qui les y porte. Mais ce n'est pas encore ce qu'il y a de
„ plus mauvais dans cette deffense. Un autre inconvenient, c'est la
„ quantité prodigieuse de mauvais mariages qu'elle produit, & une
„ perte considerable pour le genre humain, lorsqu'il se trouve dans le
„ mari ou dans la femme des dispositions contraires à la génération.
Sur quoi on pourra remarquer en passant, que tant que les divorces étoient permis à *Rome* on n'en vit pas un exemple en cent cinquante ans, & que *Caton* ne vit pas plûtôt sa femme répudiée au pouvoir d'un autre, qu'il languit pour elle & la regretta.

Du Divorce.

Il m'a fait diverses autres peintures de leur maniere de vivre, qui sont assez connues sans que je les rapporte ici; mais au lieu de cela, je dirai ce qu'il m'a apris des avantures qui l'ont fait *Esclave*. Il me dit, „ qu'il avoit été pris par un Vaisseau *Maltois*, comme il vouloit
„ passer de *Constantinople* à *Alexandrie*; qu'il servit quelque tems un
„ jeune *Chevalier* de *Malte* qui le commandoit, & qui le présenta
„ ensuite à un autre d'environ quarante ans, *Piemontois* de naissance,
„ & qui se retira dans son Païs; que ce dernier le prit en affection,
„ & le traita avec toute l'humanité imaginable, & que comme il étoit
„ plus devot dans sa Religion que son premier maître, il fit tous les
„ efforts possibles pour le lui faire embrasser; qu'il avoit alors son *Al-
„ coran* avec lui, qui avec ses habits étoit la seule chose que lui eus-
„ sent laissé ceux qui l'avoient pris, & par le moyen duquel il se for-
„ tifioit contre tous les assauts que les *Chrétiens* pouvoient livrer à sa
„ foi; que cependant son maître lui avoit fait apprendre à lire & à
„ écrire l'*Italien*; qu'un jour qu'il le pressoit extraordinairement d'a-
„ bandonner le *Mahometisme* comme une fausse Religion, il le pria,
„ au nom de Dieu, de lui laisser une entiere liberté de conscience,

Histoire de l'esclavage du même *Turc*.

Tome I.   Hh   &

„ & de ne l'obliger pas à embraſſer une autre Religion, fans con-
„ noiſſance de cauſe; mais que comme il avoit été élevé pour être
„ *Immaum*, qu'il ſçavoit la ſienne, & qu'il avoit l'*Alcoran* qui la con-
„ tenoit, & qui le confirmoit dans la profeſſion de cette Religion, il
„ lui fit la grace de lui donner le Livre qui contenoit la Religion
„ *Chrétienne* pour l'examiner, & les comparer toutes deux enſemble,
„ & qu'il ſe determineroit volontiers à l'embraſſer, s'il la trou-
„ voit meilleure que la *Mahometane*. Il ajoûta, que ce maître, con-
„ tent de ces diſpoſitions, lui procura avec un peu de tems & de
„ peine une *Bible* en *Italien*, n'en ayant aucune lui-même; qu'il lui
„ donna un fort honnête Prêtre pour la lui expliquer; mais qu'après
„ l'avoir lue, & en avoir même entendu de la bouche du Prêtre les
„ explications les plus favorables, il ſe ſentoit une plus grande répu-
„ gnance pour le *Chriſtianiſme* qu'auparavant; qu'il le dit un matin
„ les larmes aux yeux à ſon maître, le conjurant de ne le forcer en
„ rien ſur un point qui regardoit Dieu, le ſeul maître des cœurs, &
„ qu'il le laiſſât en repos là-deſſus; que l'ayant ſervi environ deux ans,
„ il lui donna génereuſement la liberté, avec de l'argent pour retour-
„ ner chez lui; qu'il avoit eu la curioſité de garder cette *Bible*, &
„ qu'il l'avoit encore.

Cependant un *Renegat* de *Livourne* m'a dit qu'il s'étoit retiré ſans le conſentement de ſon maître, & qu'il lui avoit procuré un embarquement en ce Port-là pour *Conſtantinople*; mais comme je n'avois aucun interet dans la vérité, ou dans la fauſſeté de cette circonſtance, je ne lui en parlai jamais. D'ailleurs la ſinceritè que je trouvai en lui pouvoit me faire croire, ſur ce rapport, que ſon maître lui avoit donné ſecretement la liberté, & lui avoit dit de faire comme s'il s'échapoit, pour ne pas s'attirer les reproches que le Clergé lui auroit faits, d'avoir laiſſé aller un *Turc* hors de ſon ſervice, ſans l'avoir converti.

Renegat Italien.

Ce *Renegat* étoit un grand faiſeur de projets, & un de ceux qui mirent dans la ſuite en tête au *Viſir Rami-Pacha* d'ériger des manufactures de draps. Il lui repréſenta que la Porte en retireroit de grands avantages, à cauſe de l'abondance des laines qu'il y avoit en *Turquie*, les *François* qui en faiſoient un grand négoce, y trouvant un profit très conſidérable, malgré les dépenſes qu'il leur faloit faire pour la tranſporter crue en *France*, & la rapporter manufacturée en *Turquie*. Ce projet fut goûté, & encouragé par la *Porte*, qui fit venir pour l'executer, quantité de *Grecs*, de ceux qui font à *Salonic* une groſſe étoffe blanche appellée de ce nom. Elle fit bâtir des maiſons, y invita des ouvriers étrangers, en leur promettant des récompenſes & des priviléges; elle y employa des Eſclaves qui en avoient quelque connoiſſance, & divers pauvres ouvriers des frontieres de *Pologne*, qui ſe rendirent pour cet effet en *Turquie*: mais comme les commencemens ſont difficiles en toutes choſes, & que les profits ne les ſuivent qu'avec le tems, ces Manufactures ne produiſoient pas aſſez de drap en un mois pour faire des *Tamomlouks*, ou manteaux, à une Compagnie de *Janiſſaires*; & ce drap coutoit beaucoup plus cher que s'il avoit été fait en *France* ou en *Angleterre*. Ces raiſons jointes au changement des *Viſirs*, qui ſe contrecarrent ordinairement, & au petit nombre d'ouvriers dont on étoit pourvû, & la Peſte qui
en

CONSTANTINOPLE, &c. 243

en emporta un grand nombre, firent entierement tomber cette entre- 1699.
prise en moins de quatre ans.

Vers la fin du mois d'Août, les Ambassadeurs d'*Angleterre* & de CHAP.
Hollande, qui avoient fini toutes leurs Négociations, étant revenus à XII.
Constantinople, tous ceux de leurs Nations & toutes les personnes Retour des Ambassa-
qu'ils protégeoient, allerent au devant d'eux; & s'étant joints à leur deurs
cortége, ils rendirent plus nombreuse & plus magnifique leur entrée à d'*Angleter-*
Pera, qui est le lieu de leur résidence ordinaire. J'assistai à cette cé- *re* & de
rémonie, & j'eus l'honneur d'être présenté à Mylord *Paget*, par le *Hollande*.
Député de la Nation, & à Mr. de *Colyear*, par Madame de *Hochepied*. Leurs Excellences, qui me firent dès lors un accueil des plus gracieux,
m'ont donné dans la suite des marques réelles de leur bienveillance.

CHAPITRE XIII.

Entrée du Sultan Muſtapha *dans* Conſtantinople, *à ſon retour d'*Andrinople, *après la Paix de* Carlowitz. *L'ordre de ſa marche: dignitez
& offices de ceux qui la compoſoient.*

LE 10. de Septembre à la pointe du jour, le *Harem*, ou les *Sulta-* Harem du
nes Concubines du *Grand Seigneur*, & la *Validé*, ſa mere, avec *Sultan.*
les Eſclaves, ſervantes de ces *Sultanes*, formerent un Convoi particulier, depuis *Dahout-Pacha*, juſqu'à l'extrémité du Golfe, qui ferme le beau Port dont j'ai parlé. Elles étoient dans des chariots aſſez
ſemblables, pour la forme, à ceux de *Hollande*, mais avec cette conſiderable difference, qu'ils étoient couverts les uns de drap verd, les
autres de rouge, enrichi de broderie; que les portieres étoient fermées
de *Jalouſies* peintes de verd, avec des fleurs d'or, & que leurs roues étoient
toutes revêtues de plaques d'argent, &c. Ces chariots étoient tirez chacun
par quatre chevaux avec des harnois des plus brillans & entourez d'un
prodigieux nombre d'Eunuques noirs montez ſuperbement, qui leur
ſervoient d'eſcorte, & qui voltigeoient à l'entour, pour écarter les
ſpectateurs curieux qui auroient voulu s'approcher de trop près. Lors
qu'elles eurent mis pied à terre, elles paſſerent entre ces Eunuques
noirs rangez en deux hayes, dans divers Bateaux fermez de *Jalouſies*,
qui les attendoient pour les porter au grand *Serail*.

Environ trois heures après commença la marche ou Cavalcade du Cavalcade
Sultan, en l'ordre ſuivant. I. Dix-huit Compagnies de *Spahis*, (*a*) pré- du Grand
cedées de leurs étendarts verds, jaunes, rouges & blancs, marchoi- Seigneur.
ent en deux colomnes; chaque Cavalier portant une lance, au bout Spahis.
de laquelle étoit attachée une petite banderole de ſoye, des mêmes
couleurs, les unes vertes ou jaunes, & les autres rouges ou blanches,
ſelon le Régiment auquel il appartenoit.

Tome I. Hh 2 II.

_____

(*a*) Il faut remarquer que les *Spahis* compoſent l'ordre de la Cavalerie le plus ancien de
l'Empire Ottoman, après les *Zaims* & les *Timariots*, dont je parlerai ci-après. Le *Sultan
Orkan*, fils d'*Ottoman I.* l'inſtitua d'abord pour ſa garde, & en forma enſuite deux *Brigades*, l'une ſous le nom de *Spahis*, & l'autre ſous celui de *Zeleictars*, chacune de ſept mille
Cavaliers. Ses Succeſſeurs y en ont ajouté quatre autres de quatre mille chacune, mais
ces brigades ne ſont gueres completes à préſent, & ont perdu beaucoup de leur réputation
de bravoure, car les Grands y enrôlent leurs Domeſtiques ou leurs créatures qu'ils diſpen-
ſent de ſervir, ou d'aller en Campagne, en les faiſant *payes mortes*, moyennant quelques
con-

244　VOYAGES D'A. D. L. M.

1699.
Chap.
XIII.

Janissaires.

II. Après ces Cavaliers marchoient quinze Compagnies de (*a*) *Janissaires*, avec des bonnets, comme 5 de la Planche XVI. Leurs *Tchorbadgis*, ou Capitaines, en portoient d'assez semblables pour la forme au *Corno* du *Doge de Venise*, mais de fer blanc, couvert de drap d'un brun clair. Ils sont ceints par en bas d'un cercle de vermeil, & terminez en haut par des plumages blancs en crête de coqs: en un mot, comme ceux des *Solacks* No. 6. sur la Planche XVIII.

Des Queues & leur histoire.

III. Les *Tughs*, Queues (*b*) du *Sultan*, portées par des Cavaliers bien montez. On nomme ainsi ces Enseignes, à cause qu'elles ont beaucoup de la forme des queues de chevaux; elles consistent en crins peints de rouge, de verd, & d'autres couleurs, attachez à de longues perches, aussi peintes, & terminées par une pomme dorée. On en voit la figure sur la Planche No. 4.

Le Tresor du *Sultan*.

IV. L'*Hasna*, ou le Tresor, dans des Coffres (*c*) couverts d'écarlate, portez gravement, comme aussi les Pavillons de la maison du *Sultan*, par environ trois cents chameaux.

V. Le *Tefterdar*, ou grand Tresorier de l'Empire, & le *Asnadar-Aga*, ou le grand Tresorier du *Sultan*, qui étoit un Eunuque blanc ha-

---

contributions secretes qu'ils en retirent. Ils ne portoient d'abord que les banderoles jaunes & rouges, c'est-à-dire, lors qu'il n'y en avoit que deux Brigades. Ceux qui portent aujourd'hui les banderoles vertes & blanches se distinguent des autres par le nom de *Spahi-Oglanter* (jeunes Cavaliers). Leurs armes en général sont le sabre, la lance & le bouclier.

(*a*) Remarquez que les *Turcs* varient fort dans leur tradition ou dans leurs Annales MS. touchant le tems de l'établissement de cette infanterie. Les uns le mettent sous *Ottoman*, les autres seulement sous *Amurat II*; mais ils s'accordent assez à dire qu'elle a succedé à celle qu'on appelloit *Yaga*, & ensuite *Coulha*; qu'elle fut d'abord composée de jeunes gens pris pour la plus grande partie d'entre les Sujets conquis dans la *Macedoine* & dans la *Bulgarie*, & après cela d'*Enfans de tribut*, qu'on tiroit tant de ces Provinces que de celles qu'on enlevoit aux *Grecs*. On les élevoit, ajoûtent-ils, dans la Religion *Mahometane*, leur grande jeunesse ne leur permettant pas d'être encore fermes dans aucune. On leur apprenoit les exercices qui regardoient l'état auquel on les destinoit, sous le nom d'*Adgiamoglans*, jeunes étrangers. Mais soit que les parens des *Enfans de tribut* fissent là-dessus à leurs Conquerans les remontrances que le sang & la Religion leur dictoient, & que ces Conquerans craignissent de leur côté de rendre par là leur domination non seulement odieuse à ces Sujets conquis, mais redoutable à eux-mêmes, & par conséquent plus difficile à imposer aux autres Peuples qu'ils se proposoient de conquerir, ils abolirent ce tribut, & leur accorderent toute la liberté tant temporelle que spirituelle, dont ils jouïssent aujourd'hui. Ce tribut aboli, on ne composa plus ce corps que de volontaires, qui faisoient une espece de noviciat, & qui devoient donner des preuves de leur valeur, avant que d'être admis dans le Corps, ou au moins avant que de recevoir aucune solde, & on commença à les appeller, comme on fait en *Turc*, *Ieni-Tcheri*, nouveau Soldat, ou nouvelle milice, & par corruption *Janissaires*, comme on le dit en François. La plûpart, sur tout ceux de ce Corps même, attribuent les beaux reglemens de cette milice à un certain *Becktache*, dont la memoire leur est jusqu'aujourd'hui en grande veneration. C'est un descendant de cette famille qui ceint le sabre du feu Prophete *Mehemet* à un Empereur qu'on installe. Leur Général se nomme *Janissair-Aga*, & les Commandans en Chef des détachemens & des Garnisons prennent abusivement le même titre, dans les lieux où ce Général ne se trouve pas.

(*b*) On varie beaucoup sur l'histoire de ces Queues. La voici telle que me l'a raconté un *Turc* qui prétendoit en être bien informé. ,, Les *Musulmans*, disoit-il, ayant perdu
,, toutes leurs Enseignes dans une Bataille, étoient dans la derniere confusion, & fuyoient
,, déja, pour éviter d'être passez au fil de l'épée par l'Ennemi, lorsque quelques-uns de
,, leurs Généraux s'avisant de couper les Queues de leurs chevaux, les attacherent au bout
,, de leurs piques; & les montrant aux Soldats, en invoquant le secours du Ciel par les
,, cris repetez d'*Allha*, Dieu, les ranimerent si heureusement, sous ces nouvelles Enseignes, qu'ils remporterent une victoire complete.

(*c*) Ils contenoient, à ce qu'on m'a dit, outre l'argent monoyé, des Pelisses de Zebelines & autres peaux pretieuses, des *Caffetans*, longues & riches robbes ou vestes, des Sabres enrichis de pierreries, &c. dont le *Sultan* ou le *Visir* fait present à ceux qui se distinguent par quelques actions d'éclat, ou à ceux à qui il donne audience; & les registres, tant de la Tresorerie que de la Chancellerie.

habillé comme 2 de la Planche XVIII. Ils étoient tous deux montez sur des chevaux *Arabes*, très richement caparaçonnez, & dont les brides, les selles, & autres parties de leur harnois, étoient couvertes d'or & de vermeil massif, & enrichies de pierreries.

VI. Divers *Agas* ou Officiers du *Serail*, les uns employez & les autres hors d'emploi, avec des *Turbans* ou des bonnets plus étroits par en bas que par en haut, tous bien montez.

VII. Cinq à six cents *Zebedgis*, armuriers à pied, avec des *Turbans* ordinaires, armez de demi piques & de sabres. (*a*)

VIII. Quelques six cents *Topidgis*, Canonniers (*b*).

IX. Environ quatre cents *Baroutgis*, Mineurs, en coëffure, jaques de maille, & brassars d'acier (*c*).

X. Le *Zebedgi-Bachi*, Chef des *Zebedgis*, le *Topidgi-Bachi*, Grand Maître de l'Artillerie, & le *Baroutgi-Bachi*, Maître des poudres, tous trois bien montez.

XI. Cinq cents *Bostangis*(*d*), Jardiniers, avec des bonnets, comme *q*, de la Planche I, vetus comme 3 de la XV. Ils avoient à leur tête leurs *Hassekis* ou Officiers, qui ne sont distinguez que par la finesse du drap de leurs habits.

XII. Le *Spahiler-Agassi*, Général des *Spahis*, monté sur un fort beau cheval *Circassien*, & le *Bostangi-Bachi*, Chef des Jardiniers, avec le *Turban* comme *g* de la Planche I, sur un cheval *Arabe* Isabelle: ces chevaux étoient richement caparaçonnez, & tout leur harnois brilloit de dorure & de pierreries.

XIII. Un grand nombre d'*Achedgis*, Cuisiniers, de *Reikepters*, Ecuyers tranchans, les premiers avec des bonnets comme *o* de la Planche I. les seconds en ayant de semblables à *n*, mais un peu moins longs & sans tresses de cheveux postiches. (*e*)

XIV. L'*Achedgi-Bachi*, Chef des Cuisiniers, avec un bonnet comme *o*, mais traversé d'un tissu d'or, ayant le *Balouk-Bachi*, espece de Maître-d'Hotel avec un bonnet comme *i*, à sa droite, & le *Reikeptarga* (Grand Ecuyer tranchant) à sa gauche.

XV. Soixante & dix *Halvadgis* (Confituriers) avec des bonnets de feutre fin, & brun clair, vêtus comme 7 de la planche XV. avec un pareil nombre de *Tcherbetgis* (faiseurs de *Tcherbet*.)

XVI. Le *Halvadgi-Bachi*, Maître des Confituriers) & la *Tcherbetgi-Bachi* (Chef des faiseurs de *Tcherbet*) superbement montez.

XVII. Deux cents *Baltagis* (hommes de haches) ayant des bonnets de feutre plus bruns, comme *n* de la Planche I. pour la forme, mais sans tresses de cheveux postiches. (*f*)

(*a*) Ces *Zebedgis* composent un Corps d'Infanterie de huit mille hommes, divisez par Compagnies, dont l'office est de faire des armes, de les raccommoder, de les netoyer & de les garder avec les autres munitions de guerre.

(*b*) C'est un autre Corps d'Infanterie divisé de même & fort considerable : son emploi est de fondre la grosse artillerie en tems de Paix, de la garder & de la servir en tems de guerre : ils campent ordinairement à l'entour.

(*c*) Leur fonction est de faire la poudre d'où ils tirent leur nom, *Barout*, signifiant en *Turc* poudre à canon, de travailler à la sape & de miner les fortifications des places assiégées &c.

(*d*) Leur principal emploi est de garder les Palais & les Jardins du *Grand Seigneur*.

(*e*) Remarquez que la coeffure fait la principale distinction des Offices.

(*f*) Leur principal emploi est de fendre du bois pour les appartemens du *Serail*.

XVIII. Quarante *Capidgis* (Portiers ou Gardes ordinaires des Portes du *Serail*).

XIX. Trois *Capidgi-Bachis*, ou premiers Officiers de ces Portiers, superbement montez, sur trois beaux chevaux Isabelles.

XX. Soixante & dix *Hamamangis*, Baigneurs, & à peu près un pareil nombre de *Tellackgis*, Etrilleurs, pour les Pages & autres Officiers du *Serail*.

XXI. Trois *Hamamangis-Bachis*, Chefs des Baigneurs.

XXII. Deux *Bach-Hamamangis-Agas*, Grands-Maîtres du Bain, (*a*) avec chacun un *Tellackgi-Bachi* (*b*), à sa droite (*b*), magnifiquement montez.

XXIII. Divers *Ternakgis*, Coupeurs d'ongles, ayant à leur tête deux *Ternakgis-Bachis* (*c*), bien montez.

XXIV. Quarante *Khodgias*, Précepteurs (*d*).

XXV. Vingt *Imaums*, ou Chapelains, tous superbement montez.

XXVI. Le *Bonioukoda-Aghaſſi* (*e*), avec le *Cuciukoda-Bachi* (*e*) à sa droite, sur de beaux chevaux *Arabes*, richement caparaçonnez.

XXVII. Cinquante *Berbergis*, Barbiers, & dix *Ekims*, Medecins, avec seize autres Officiers de santé ou Chirurgiens (*f*).

XXVIII. Deux *Ekim-Bachis*, Chefs des (*g*) Medecins, & deux *Berber-Bachis*, Maîtres des Barbiers (*g*).

XXIX. Trois *Beirackgiler*, Porte-Enseignes, avec des Etendarts triomphaux de soye, à fleurs d'or.

XXX. Deux Compagnies de *Spahi-Oglanter*, en coeffure & jaques de maille, avec des gantelets d'acier bien polis.

XXXI. Trois cents soixante *Tchiaouzes* (*h*) avec des *Turbans*, comme *f* de la Planche N°. I.

XXXII.

(*a*) Ils sont les seuls Officiers employez au Bain du *Grand Seigneur*. Ce sont des Eunuques blancs, comme tous ses autres Officiers du Bain. Les Bains de son *Harem* sont servis par des femmes, & il y a des *Hamamaucadems*, Maîtresses des Bains, & des froteuses, pour les Sultanes, outre les Eunuques noirs qui gardent la porte du Bain, pendant qu'elles y sont.

(*b*) Il faut remarquer que la gauche est la place d'honneur chez les *Turcs*.

(*c*) L'un pour le service du *Sultan*, & l'autre pour celui de ses Officiers.

(*d*) Ils enseignent aux Pages & autres jeunes gens du *Serail*, à lire & à écrire, & les exercices du sabre, du *Dgirith* &c.

(*e*) Gouverneur & Sous-Gouverneur de la Jeunesse du *Serail*.

(*f*) Ils sont employez pour les mêmes jeunes gens & autres Domestiques du *Sultan*.

(*g*) Il y en a un pour le *Grand Seigneur* & l'autre pour ses gens. Tous ces Officiers du *Serail* sont aussi des Eunuques blancs, excepté l'*Ekim-Bachi* du *Sultan*, & peu d'autres. Les Medecins de ses femmes sont des Eunuques noirs, aussi bien que ceux de la *Validé* & des autres femmes des Empereurs ses prédecesseurs, retirées dans l'*Elky-Sarai*, vieux Serail. C'est, comme je crois l'avoir déja dit, un grand Palais fermé de très hauts murs sans fenêtres, qui a assez l'air d'un Monastere. Il semble qu'on a retenu en *Espagne* des *Sarazins* la coutume d'une telle retraite pour les Reines Douarieres, excepté qu'elles n'y restent plus que jusqu'à quarante ou quarante-deux ans, au lieu que celles-là restent toute leur vie dans l'*Elsky-Sarai*; à moins qu'il ne plaise au *Sultan* regnant d'en marier quelques-unes de celles que ses prédecesseurs n'ont pas touchées, ou dont ils n'ont pas eu d'enfans, à des *Pachas*.

(*h*) Les *Tchiaouzes*, espece d'Officiers *ad honores*, font en quelque sorte l'office d'Huissiers dans le *Serail*, & de Sergens dans les Armées. Les premiers d'entr'eux sont employez à aller au devant des personnes de consideration, comme les Princes de *Tartarie*, de *Valaquie*, de *Moldavie*, &c. les *Pachas*, les Ambassadeurs &c. Ils sont chargez de les conduire à *Constantinople* & de les accompagner jusques dans leurs Palais. Il y en a qui servent dans le *Divan*, & qui pour cela s'appellent *Divan-Tchiaouzes*. D'autres se tiennent à la porte du *Duor*, ou seconde cour du Serail, pour y recevoir les personnes de distinction. Ils se nomment *Duor-Tchiaouzes*: ils portent dans la main gauche des especes de Caducées d'argent. Ceux de l'Armée qu'on nomme *Askiar-Tchiaouzes*, servent à porter les ordres du *Sultan* ou du *Visir* aux Pachas ou Généraux; à publier les suspensions d'armes, & à faire chez les Ennemis les commissions dont on charge chez nous les Trompettes, &c.

XXXII. Le *Tchiaouz-Bachi*, Chef des Huissiers de la *Porte*, & l'*Orta-Tchiaouz*, premier Sergent Général ou Huissier d'Armée, distinguez par de plus gros *Turbans* & des aigrettes plus grandes que n'en ont les *Tchiaouzes* ordinaires ; tous deux très superbement montez.

XXXIII. Environ deux milles *Taims* & *Timariots*, précedez de quatre *Tughs*, Queues, sous la conduite des *Pachas* de *Trebisonde* & d'*Erzerum*, tous deux sur des chevaux *Circassiens* d'une beauté exquise, & des plus richement enharnachez, marchant en deux colomnes. (*a*)

XXXIV. Six *Tughs*, portées par autant de Cavaliers, ayant des *Turbans* ordinaires, & parfaitement bien montez.

XXXV. Le *Kiahia* du *Visir Azem*, Secretaire & Conseiller Privé du Grand *Visir*, accompagné du *Nisçangi-Aga*, Secretaire d'Etat : leurs chevaux étoient des plus richement caparaçonnez.

XXXVI. Le *Jenitsar-Agassi*, Général des *Janissaires*, avec le *Kiahia-Bey*, Lieutenant-Général de cette milice : le premier avoit un *Turban* comme la figure 5 de la Planche XXI; le second en avoit un ordinaire, & ils étoient tous deux magnifiquement montez.

XXXVII. Douze *Sellam-Aghassis*, Messagers d'honneur ou Maîtres de ceremonie (*b*).

XXXVIII. Le *Bachcapi-Aga*, Sur-Intendant des Portiers, ou Maîtres des portes des appartemens du *Serail*, avec quantité de *Capi-Agas*, Maîtres des portes, avec un *Turban* assez semblable à 3 sur la Planche XXV, ou plûtôt comme la figure 2 de la Planche XVIII. superbement monté au milieu de deux hayes de *Capigis* ordinaires.

XXXIX. Le *Mysir-Cadyleskier*, grand Juge d'*Egipte*, accompagné d'un grand nombre d'Eunuques (*c*) avec des

Tur-

(*a*) Les autres Milices de ces ordres étoient retournez dans leurs *Timars*, selon la liberté qu'on leur en donne ordinairement, à la fin de chaque Campagne. Leurs armes ne different de celles des *Spahis* que par la mesure des piques, qu'ils portent plus longues & sans banderoles. Ils portent aussi des pistolets, ce n'est que depuis peu, avec un sabre attaché au cheval, outre celui qu'ils ont à leur côté.

Les premiers Conquerans *Mahometans* assignerent dans diverses Provinces, des Villages, & des Terres, avec des logemens & des Revenus fixes, à ceux de leurs Officiers & Soldats qui s'étoient le plus signalez par leur courage dans les occasions. Ils les obligeoient de resider dans ces Provinces, pour les garder, les deffendre, en cas qu'elles vinssent à être attaquées par l'Ennemi, & pour les garantir de surprise. On appelle ces Villages & ces Terres *Kiticliks*, Fiefs d'épée, nom qui marquoit le moyen de leur acquisition, & en même tems le but de la donation. Les Revenus furent nommez *Hilchisticks*, portions annuelles, pour marquer leur constante durée. Ceux qui ont ces Fiefs & ces portions sont obligez non seulement de veiller à la sûreté des Provinces où ils les ont, aussi-bien que leurs logemens, mais encore de marcher en Campagne en tems de guerre, sous la conduite de leurs *Alley-Beys*, Chefs de marche ; de s'équiper generalement de pied en cap, eux & un nombre de Serviteurs proportionné aux Revenus dont ils jouissent, c'est-à-dire, de se pourvoir à leurs propres dépens, de chevaux, d'armes, d'habits, &c. & de suivre les *Pachas* de ces Provinces au moindre ordre qu'ils en reçoivent : & ceux que ces *Pachas* y laissent pour les gouverner en leur places & en recueillir les Revenus, doivent pourvoir à l'entretien des *Taims* & des *Timariots* dans leurs quartiers d'hiver sur la frontiere, & cela à l'issue de chaque Campagne, si le Théatre de la guerre est trop éloigné des lieux de leur residence. Le nombre de ces Cavaliers, au moins de ceux qui servent, est bien diminué, aussi-bien que celui des *Spahis*, par la connivence interessée des *Pachas* & des *Alley-Beys*, qui procurent des Fiefs & des portions à leurs favoris & domestiques qu'ils dispensent d'aller en Campagne.

(*b*) Ils introduisent les Ambassadeurs & autres personnes de distinction dans la Ville, & à la *Porte*. Le feu Roi de *Suede* en eut toûjours un à *Bender*, avec sa garde *ad honores*.

(*c*) Il est le Chef de ces sortes d'Eunuques. Il a aussi l'inspection sur tous les Maîtres & Gouverneurs des Pages du *Sultan*.

Turbans comme 3 de la Planche XXV., & au milieu de deux *Muzefer-Cadyler*, Juges militaires, ayant tous trois de gros *Turbans* ronds d'une prodigieuse grandeur.

XL. Le *Stambole-Effendi*, (*a*) grand Juge de *Constantinople*, & le *Reys-Effendi*, grand Chancelier, tous deux superbement montez, portant aussi des *Turbans* qui n'avoient pas moins de trois pieds de diametre.

XLI. Quatre *Cube-Visirs* (*b*) aussi remarquables par la largeur de leurs *Turbans*, & aussi magnifiquement montez que les précedens.

XLII. Quatre *Mutvelis*, Intendans des *Mosquées*, avec des *Turbans* comme *l* de la Planche No. I. Ils étoient bien montez & suivis de trente *Mullas*, Docteurs, avec divers *Immaums* (*c*) ou Prêtres.

XLIII. Six Enseignes avec les *Tughs*, Queues du *Visir*, portées chacune par un Cavalier bien monté.

XLIV. Les *Pachas* de *Broussa* & de *Nicomedie*, avec chacun une nombreuse suite.

XLV. La Musique du *Visir Azem*, ou *Grand Visir*, consistant en Clairons, Tambours, Timbales, & autres Instrumens particuliers aux *Turcs*, comme deux especes d'assiettes de cuivre, à peu près de la forme de celles dont se servent les *Armeniens* dans leurs Eglises, qui sont attachées de même par le dos aux paulmes de leurs mains, & qu'ils frappent les unes contre les autres en cadence, comme eux.

XLVI. Soixante Gardes du *Visir*, appellez les uns *Delys* ou *Foux*, les autres *Tzerdan-Gugnulis*, braves avanturiers, la plûpart *Albanois* d'extraction, & habillez selon la maniere de leur Païs, avec des bonnets semblables à celui de la figure *u* de la Planche I. & armez de haches, comme 6 de la Planche XVI. du Tom. II.

XLVII. Vingt *Chatirs*, valets de pied, avec de larges ceintures, revêtuës de pieces de vermeil.

XLVIII. Quarante *Tchoadars* ou porteurs de manteaux, avec des ceintures de même, & trente Pages, formoient deux colomnes, au milieu desquelles étoient le *Vizir Azem* (*d*) & le *Muphty* (*e*), à côté l'un de l'autre, parfaitement bien montez sur des chevaux *Arabes* des mieux faits, avec des harnois, & des caparaçons des
plus

(*a*) C'est proprement le Chef des *Cadys* ou Juges des Villes.
(*b*) Ce sont les Conseillers du *Grand Visir* dans le *Divan*.
(*c*) Ceux-ci sont comme les Curez des grandes *Mosquées*.
(*d*) *Azem* signifie *élevé*, *grand par excellence*. Le grand *Visir* est le Lieutenant de l'Empereur, ou plûtôt l'Empereur en pratique tant qu'il a le sceau: tout lui obéït, *Beyglerbeys*, *Cadyleskirs*, *Pachas*, Armées, &c. Il fait la guerre & la Paix; enfin il n'y a point ailleurs d'exemple d'un Sujet si puissant. Mais on peut dire de lui avec raison ce qu'on applique d'ordinaire aux Favoris.

*. . . Tolluntur in altum
Ut lapsu graviore ruant;*

Plus l'élevation est grande, plus la chute est dangereuse. Le *Sultan* qui l'a élevé à ce haut faîte ou degré de pouvoir & qui semble ne s'être reservé que celui de l'abaisser, l'en fait descendre souvent aussi vite qu'il l'a fait monter, ou plûtôt l'en precipite, le bannit ou le fait étrangler.

(*e*) Le *Muphty* est le souverain Interprete & Juge de la Loi, tant Civile que Spirituelle. On l'appelle *Cheikhuliflam*, Chef de la Foi *Orthodoxe*. Le Grand Seigneur même le traite outre cela de *Baba*, Pere, & se leve pour le recevoir, quand il entre dans un lieu où Sa Hautesse est assise.

CONSTANTINOPLE, &c. 249

des plus riches, revêtus de petites pieces rapportées de vermeil, enrichies de pierreries. Les Etriers étoient d'argent maſſif, comme tous ceux des autres perſonnes de quelque conſideration, de la forme de 1, 2, 3, 4, 7. de la Planche XVIII. Le pommeau auſſi bien que le dos de leurs ſelles étoient auſſi couverts d'argent maſſif avec des pierres pretieuſes. Des Sabres dont la poignée & le fourreau étoient auſſi richement ornez, étoient attachez au côté droit de chaque cheval, auſſi bien que le *Topouz* ou maſſe d'armes de vermeil, avec une hache enrichie de même, qui s'attache à l'arçon, comme on le peut voir ſur les mêmes figures.

1699.
CHAP. XIII.

XLIX. Dix *Tulbentgis*, ou Porte-*Turbans* bien montez, portant les *Turbans* de leurs maîtres envelopez dans une étoffe claire comme de la gaze, à fleurs d'or, & les tenant de la main gauche, comme fait le *Tulbentgi-Bachi* du *Grand Seigneur* No. 2. ſur la même Planche.

L. Le *Retkiabe-Caimacan*. (*a*)

LI. Le *Boucuk* & le *Cuciouk-Imrahore*, Grand & petit Ecuyer du *Viſir*, ſur de chevaux *Arabes* blancs, d'une beauté extraordinaire, avec douze chevaux de main richement enharnachez, & conduits par autant de Palfreniers, avec douze *Divan-Tchiaouze*, ou Huiſſiers du *Divan*, magnifiquement montez.

LII. Le *Roumely-Cady-Leskier*, & l'*Anatoly-Cady-Leskier* (*b*), ou le grand Juge de la *Turquie* en *Europe*, & celui d'*Anatolie*, avec des *Turbans* d'une prodigieuſe grandeur.

LIII. Les *Beyglerbeys* (*c*), ou Sur-Intendans des mêmes parties de la *Turquie*, avec de ſemblables *Turbans*, quoi qu'un peu plus petits.

LIV. *Haſſann-Pacha*, beau-frere du *Grand-Seigneur*, ſur un cheval pommelé des plus beaux qu'on puiſſe voir, avec un harnois tout à fait riche, accompagné de divers *Agas* bien montez.

LV. Une cinquantaine d'*Aſſur-Tchiaouze*, Huiſſiers ou Sergens d'Armée.

LVI. Deux Compagnies de *Janiſſaires*, précedées de leurs Etendards & de leurs *Tchorbagis*.

LVII. Un *Emir*, ou un des deſcendants du Prophete *Mahomet*, avec un *Turban* verd comme k de la Planche No. I, portant l'Etendard (*d*) de *Mahomet*.

Tome I. Ii LVIII.

(*a*) C'eſt proprement le Vice-Viſir, qui accompagne le *GrandViſir* en campagne, & qui lui ſert de premier Miniſtre. Il en eſt de lui comme du *Caimacan* de *Conſtantinople* qui gouverne cette Ville, pendant que le *GrandViſir* eſt abſent.

(*b*) Ils ſont comme les Coadjuteurs du *Muphty*, & juges des cauſes qu'il a intimées au *Divan*: ils ſont auſſi Juges des Cours martiales, ſans appel.

(*c*) Ils ont autorité & inſpection ſur la conduite des *Pachas*, ou Gouverneurs de Provinces, tant en *Europe* qu'en *Aſie*.

(*d*) C'eſt un Etendard verd, appellé Etendart de *Mahomet*, à cauſe d'une petite piece de celui qu'on conſerve à *Eijup*, & que les *Turcs* croyent par tradition être celui de leur Prophete.

On a écrit ſouvent qu'ils avoient perdu l'Etendard de *Mahomet* en diverſes occaſions. Cependant ils ne pourroient le perdre qu'une fois, à moins que leurs Ennemis ne le leur rendiſſent, ou que par un miracle un autre ne prît ſa place; mais voici comme ils le perdent, & le conſervent pourtant. Ils attachent une petite piece coupée de cette Relique d'*Eijup*, Moſquée dont je parlerai ailleurs, à un Drapeau, ou Enſeigne, de la même couleur, qu'ils appellent Etendard de *Mahomet*. Si on le leur prend dans une Bataille, ils ne le perdent qu'en détail, une autre petite piece coupée de l'original leur en compoſe bientôt un autre.

LVIII. L'*Alcoran* dans une boëte d'or couverte d'une gaze d'or, à fleurs de foye verte, portée très gravement par un chameau, dont la houffe verte à fleurs d'or pendoit jufqu'à terre, & fur le dos duquel étoit attachée la boëte. Il étoit accompagné de *Tcheks*, Prédicateurs ou Docteurs de la Loi.

LIX. L'*Emir-Bachi-Makis*, Chef des defcendans de *Mahomet*, portant aufli un *Turban*, comme *k* de la même Planche, mais plus large que tous ceux des autres.

LX. Quantité de *Peiks* (*a*), à pied, en habits courts de brocard d'or, affez femblables à ceux que portoient les anciens *Romains*. Ils avoient des bonnets de vermeil, furmontez de petites aigrettes noires, ayant le carquois, l'arc & les fleches fur l'épaule, & la demi-pique à la main; en un mot comme ils font repréfentez à *m* fur la Planche I, & à 7 fur la Planche XVIII.

LXI. Le *Grand Seigneur* monté, comme la figure 9, fur un beau cheval *Arabe*, au milieu d'environ quarante *Solacks*, ou Gardes du Corps, comme 6, 6, 6, de ladite Planche, entremêlez d'*Adgiamioglans*, & d'*Ifchoglans*, en veftes de brocard à fleurs d'or, plus longues que celles des *Peiks*, portant le bonnet de vermeil de la forme de *p*, fur la Planche No. I. & marchant autour du cheval de *Sa Hauteffe*. Les *Solacks* étoient rangez en deux hayes, de forte que les plumages dont leurs *cornos* font furmontez, cachoient le *Sultan*, qui portoit fur fon *Turban* trois aigrettes ornées de rofes de pierreries. Dans le milieu de celle du devant brilloit un gros (*b*) diamant, remarquable

(*a*) Efpece de Pages & de gardes à pied.
(*b*) Ce Diamant fut trouvé entre des ruines près d'*Andrinople*, par un Berger qui cherchoit quelque caillou pour faire du feu, & allumer fa pipe. Comme cette pierre étoit brute, il ne la crut rien moins que quelque chofe de prétieux. Il l'effaya contre fon fufil, comme il auroit fait un caillou ordinaire, & il fut ravi de voir par les étincelles qu'il jettoit en le frapant, qu'il avoit fi heureufement rencontré. Il s'en fervit près de deux ans à cet ufage, jufqu'à ce qu'un vitrier de fa connoiffance, à la boutique duquel il s'arrêta, pour battre fon fufil, & allumer fa pipe, voyant le feu que cette pierre jettoit, la lui demanda, pour effayer fi elle couperoit le verre, comme font diverfes fortes de cailloux, dont j'ai vû quelques vitriers de *Turquie* fe fervir pour cela. Comme il vit qu'elle le coupoit admirablement bien, il engagea le Berger à la lui vendre pour une *Izelotte*. Une fomme fi confiderable pour une pierre dans laquelle il ne connoiffoit point d'autre qualité que celle de faire du feu, & de couper mieux du verre que d'autres, charma le Berger. Le Vitrier y trouvoit d'ailleurs fon compte, fans pourtant favoir ce que cette pierre étoit en elle-même. Ils furent donc contens tous deux. Quelque tems après, un *Juif*, pour qui il raccommoda quelques panneaux de Vitres, ayant remarqué cette pierre, qui ne manquoit pas d'éclat, quoi qu'elle ne fût pas polie, & jugeant par fa vertu à couper le verre qu'elle n'étoit pas une pierre ordinaire, la marchanda à tout hazard. Le Vitrier fit d'abord quelque difficulté de s'en deffaire, à caufe des prompts fervices qu'il en tiroit, mais quatre *Izelottes* que le *Juif* lui offrit pour une chofe qui ne lui en coutoit qu'une, avec un petit diamant à couper du verre, qu'il lui fit faire à notre maniere, le tenterent affez pour l'engager à lâcher fa proye. Ce *Juif* qui fe connoiffoit en pierreries l'ayant fait polir par un Lapidaire de la *Porte*, celui-ci reconnut bientôt ce que c'étoit, en informa le Jouaillier du *Sultan Mehemet IV.* qui étoit alors à *Andrinople*, & lui en parla comme du plus beau diamant qu'il eut encore vû. Ce dernier en ayant fait raport à la *Porte* en de femblables termes, le *Juif* reçut ordre de l'y porter, pour le montrer à *Sa Hauteffe*; ce qu'il fit, croyant le vendre fur le champ, mais le Vitrier ayant eu vent de ce qui fe paffoit, reclama la pierre. Il fut écouté, on lui demanda comment il l'avoit acquife, & toute l'affaire ayant été éclaircie, on fit venir le Berger, à qui on donna 12 *Bourfes*. On rendit au Vitrier fon *Izelotte*, que l'on accompagna d'un prefent de vingt écus : on rembourfa auffi le *Juif* de ce qu'il avoit donné en l'acchetant, & pour la faire polir, outre le prix de fon petit diamant. Quant à ce gros diamant, on l'eftime plus de deux cent bourfes. Un Armenien d'*Andrinople*, dont le pere l'a eu entre les mains, m'en a donné le deffein : & m'a apris ce que j'en rapporte ; ce qui m'a été confirmé par plufieurs autres perfonnes

Sur

marquable par son éclat & sa grosseur extraordinaire, tel qu'il est re- présenté sur la Planche II. No. 7. Le harnois de son cheval étoit superbe; car outre une admirable émeraude qu'il avoit sur le front, l'or, le vermeil & la broderie de ce harnois étoient ornez d'une infinité de belles pierreries.

1699. CHAP. XIII.

LXII. Immediatement après la personne du *Sultan* suivoient à sa droite le *Selichtar-Aga*, Porte-épée, marqué 6, & à sa gauche (*a*) l'*Ibriktar-Aga*.

Ensuite venoit un Eunuque blanc, Officier de la Tréforerie, qui jettoit de tems en tems au peuple des poignées de *Paras* & d'*Aspres* neufs, sur tout quand le *Sultan* (*b*) entra dans la Ville.

LXIII. Le *Tulbentgi-Aghassi*, premier Porte-*Turban*, tenant de la main gauche un *Turban* ordinaire, enveloppé d'une gaze d'or, repré- senté par la figure 4. ayant à sa gauche le *Castangi-Bachi*, valet de chambre No. 3, Planche XVIII; tous deux bien magnifiquement montez.

LXIV. Le *Kesler-Aga*, premier maître des filles, ou Chef des Eu- nuques noirs, qui ont la garde des *Sultannes*, avec le *Bach-Immaum*, autre Eunuque blanc, leur premier Prédicateur; chacun sur un beau cheval Isabelle, superbement enharnaché.

LXV. Quatre *Oda-Agas*, maîtres des appartemens, Eunuques blancs, bien montez & suivis de quantité (*c*) d'*Ichoglans* & (*c*) d'*Ad-*

Tome I. Ii 2

Sur le *Turban* ordinaire du *Grand Seigneur* est une rose de pierreries avec une seule ai- grette, comme on le voit au buste du *Sultan Mustapha* marqué *d* sur la Planche I. Au milieu de cette rose regne un autre diamant de cent quarante-huit carats, qu'on dit avoir été trouvé aussi brute par le fils d'un Masson, qui lui aidoit à mettre à part & en ordre des materiaux d'une maison brûlée dans le voisinage des ruines du Palais des Empereurs Grecs. On ajoute qu'il se donna pour deux *Paras* à un de ces vendeurs de cristaux, de Cornalines & autres anticailles, qui se tiennent dans la Cour de la *Mosquée* du *Sultan Bajazet*; qu'un Jouaillier l'achetta de lui un an après pour cinq ou six, & que celui-ci l'ayant reconnu pour ce que c'étoit & fait polir, cherchoit à le vendre, mais que *Cara Mustapha* alors *Vi- sir*, s'étant informé comment il l'avoit acquis, s'en empara, & qu'il échut enfin au *Grand Seigneur* avec les autres dépouilles de ce *Visir*, après le siege de *Vienne*.

(*a*) C'est une espece de Grand Echanson, qui donne à laver & à boire à *Sa Hautesse*, & la suit toûjours quand Elle sort, avec un pot de vermeil ou d'or qu'il tient au bout d'un bâton revêtu de même metal, de la maniere que cela est représenté par la figure 5 de la Planche XVIII.

(*b*) Il faut remarquer que depuis *Edrene-Capi*, porte d'*Andrinople*, par laquelle *Sa Hau- tesse* fit son entrée, jusqu'à la grande porte du *Serail*, les rues étoient bordées à droite & à gauche par deux hayes fixes de *Janissaires*, & que l'*Arsenal*, la Floté &c. ne cesserent point de faire des décharges de canon jusqu'à ce qu'Elle eût mis pied à terre dans la cour du *Duor*; & qu'il n'entroit dans le *Serail* que les Officiers de la *Porte*, & que les autres se retiroient en bon ordre chacun chez soi.

(*c*) On éleve sous ces noms, comme on faisoit autrefois ceux qu'on destinoit à être *Janissaires*, quoi que dans des vues differentes, quantité de jeunes gens, qui sont la plupart Esclaves de naissance, ou qui ont été enlevez ou achetez dans leur tendre jeunesse, parmi les *Cosaques*, *Georgiens*, *Mingreliens*, *Circassiens*, soit qu'ils ayent été vendus par leurs propres parens ou que les Princes dont ils sont tributaires, soit qu'on les tienne des *Tarta- res* qui les ont fait prisonniers dans la guerre, sur d'autres Nations que les *Grecs* ou autres Sujets du *Grand Seigneur*; car il n'est pas permis de vendre les Sujets de *Sa Hautesse*. Il y a d'ailleurs des *Turcs* mêmes qui devouent volontairement leurs enfans au service du *Grand Seigneur*, pour les avancer. Ils sont instruits dans les choses pour lesquelles on leur trouvé le plus de disposition, comme à lire, à écrire, à monter à cheval, à tirer de l'arc, à ma- nier d'autres armes &c. par des Eunuques blancs qui sont originairement Esclaves. Ces Eunuques ne sont pas mutilez comme les Eunuques noirs, car on ne leur a retranché que ce qui est absolument nécessaire à la generation. Ils ont été élevez & instruits eux-mê- mes, sous le nom d'*Adgiamioglans*, dans toutes les choses qu'ils enseignent.

Au reste les *Ichoglans* & les *Adgiamioglans* sont comme la pepiniere des Officiers de la *Porte*, ou des creatures du *Sultan* qui les éleve, à la recommandation de ses Ministres & Favoris, jusqu'aux plus grandes charges. J'en ai vû trois *Visirs* qui avoient été achetez; le premier étoit *Circassien*, le second *Georgien*, & le troisieme *Cosaque* ou *Moscovite*.

d'*Adgiamioglans*, les premiers en jaques de mailles par dessus leurs longues vestes de brocard d'or, avec des bonnets comme *n* de la Planche I, & les seconds avec les leurs, & des tresses de cheveux postiches, comme *p* de la même Planche.

LXVI. La *Musique* du *Grand Seigneur* composée des mêmes instrumens que celle du *Visir*, mais en plus grand nombre, outre quantité de flutes traversieres.

LXVII. Quarante chevaux de main avec de riches caparaçons, chargez d'une broderie d'or & de pretieux harnois, tous revêtus de pieces de vermeil, & tout brillans de pierreries dont ils sont enrichis ; en un mot équippez comme celui de la Planche V. Tome II. qu'un *Capidgi-Bachi* présenta, avec d'autres beaux chevaux nuds, au Roi de *Suede* peu après son arrivée à *Bender*.

LXVIII. Cinq cents *Zebedgis* avec des jaques de maille bien travaillées, ayant des gantelets aux mains, des boucliers de même, & conduits par autant de palfreniers à pied.

LXIX. Le *Doghangi-Bachi*, ou Chef des Fauconniers, avec quantité de *Doghangis*, chasseurs à faucon, ayant chacun un faucon sur le poing, accompagné du *Zapardgi-Bachi*, Chef de venerie ou grand Veneur. Ils étoient suivis d'un grand nombre de chasseurs tenant des chiens en lesse.

LXX. Soixante *Dilsizler* ou *Birzibanes*, Muets qui sont aussi sourds, sur de beaux chevaux *Circassiens*.

LXXI. Cinquante *Guigeler*, Nains, sur des dromadaires couverts de riches & longues housses.

LXXII. Environ deux cents *Baroutgis*, Mineurs, ayant des jaques de maille & des gantelets d'acier damasquinez & dorez.

LXXIII. Quantité d'*Yazedgis*, Ecrivains des Janissaires & des autres Corps, tant d'Infanterie que de Cavalerie, marchant en trois colomnes.

LXXIV. Les *Kiaha-Immaums*, Aumoniers ou Prédicateurs des mêmes Corps, au nombre de vingt, marchant deux à deux.

LXXV. *Bosna-Askier*, milice d'*Albanie*, au nombre de deux cents Cavaliers, portant des bonnets comme *u* de la Planche I. avec deux *Tughs* & trois étendards.

LXXVI. Un *Pacha*, accompagné du *Samsongi-Bachi* & du *Zerpargi-Bachi*, du premier Major-Géneral des *Spahis*, & du second des *Janissaires* ; suivis de quantité d'Officiers des *Timariots*, Spahis, *Zebedgis*, *Topidgis* &c.

LXXVII. Deux Compagnies de *Janissaires*, vêtus & coeffez à l'ordinaire, à savoir comme 2 de la Planche XX.

LXXVIII. Cinq (*a*) chariots, aussi richement couverts & de la même

---

(*a*) On me dit que ceux qui se trouvoient alors dans ces chariots étoient le frere du *Sultan Mustapha*, qui regne aujourd'hui après lui sous le nom d'*Akmet*, & trois fils de ce Sultan, savoir, 1. *Mustapha-Oglou*. 2. *Isa*, Jesus. 3. *Mehemet*, selon quelques-uns, ou *Selim*, selon d'autres, avec leur Cousin *Ibrahim*. Je dis que le troisieme fils du *Sultan Mustapha* s'appelloit *Mehemet* ou *Selim*, parcequ'on ne sait pas au juste lequel de ces deux noms il avoit. La raison de cette incertitude est l'obscurité où l'on tient ces Princes, & le profond silence que ceux qui les approchent sont obligez d'observer. Cette vie si contrainte dure toujours, à moins qu'ils ne parviennent au Trône. D'ailleurs tout le monde sait qu'on ne laisse jamais ces Princes à *Constantinople* en tems de guerre, mais qu'on les conduit à *Audrinople*

me forme que ceux du *Harem*, portant les Princes du Sang, & entourez de *Zuluſly-Baltagis*, tous Eunuques (*a*) blancs.

LXXIX. Trois Compagnies de *Janiſſaires* armez de mouſquets, de ſabres &c. comme s'ils étoient à l'Armée, ſuivoient ces chariots.

LXXX. Un Corps de mille *Topidgis*, autour de diverſes pieces de Campagne, tirées par des chevaux, & de pluſieurs chariots & caiſſes chargez de munitions de guerre, comme boulets, poudre &c.

LXXXI. Environ mille *Spahis*, ſuivis d'un pareil nombre de *Zebedgis* en jaques de mailles, avec leurs Enſeignes pliées. Ces derniers marchoient en deux colomnes, ayant au milieu d'eux quelques chariots remplis de munitions de guerre, & de petites armes à feu. Ils étoient immediatement ſuivis de leurs Cuiſiniers.

LXXXII. Cent trente Domeſtiques ordinaires du *Viſir*, ſuivis de quantité d'autres des *Pachas*, &c.

LXXXIII. Le *Ley-Hane-Bachi*, Inſpecteur Géneral des chariots, ou Chef de ceux à qui le ſoin en eſt commis, accompagné du *Mectar-Aga*, maître des Tentes, ou Chef des (*b*) *Mectars*, bien montez. Les *Mectars* marchoient en deux colomnes, ayant au milieu d'eux des chariots & des chameaux chargez de Pavillons & d'autres ſortes de bagages.

LXXXIV. Plus de trois cents chameaux & dromadaires, chargez des bagages & tentes des Troupes de la Cavalcade, & accompagnez de leurs Cuiſiniers & des Domeſtiques des Officiers.

LXXXV. Quantité de *Sakas*, Porteurs d'eau, conduiſant des chevaux chargez d'outres ou de ſacs de cuir préparé, qui étoient remplis d'eau, fermoient la marche.

Je ne donne qu'une liſte peu circonſtantiée des perſonnes qui compoſoient cette Cavalcade : la ſeule deſcription des harnois des chevaux du *Sultan*, du *Viſir* & autres Grands de la *Porte*, occuperoit plus de place que la liſte que je donne. Ces chevaux étoient plus richement & plus magnifiquement équippez que leurs maîtres, & brilloient incomparablement plus qu'eux par leurs ornemens.

Pour parler en géneral de l'habillement *Turc*, on peut dire qu'il eſt majeſtueux, mais ſimple, juſques dans le *Serail*; car ſi on en excepte celui des *Ichoglans*, & des *Peiks* ou Pages, ſa plus grande magnificence conſiſte en une ceinture ornée de pierreries que les hommes ne portent que dans les grandes ceremonies ou dans des fêtes; en un *Hangiar* enrichi de même, en fourures de Zebelines, & autres peaux prétieuſes. Il faut avouer pourtant que la valeur de cet habillement ſurpaſſe de beaucoup celle des habits galonnez ou brodez d'or & d'argent des Officiers de notre partie d'Europe, & qu'il répond bien à l'air majeſtueux & grave des *Turcs*, & ſur tout à leurs barbes, venerables dans les vieillards par leur longueur & leur blancheur; qu'il ſied fort bien aux jeunes gens, & enfin qu'il a de quoi plaire ſans être aſſu-

1699.
CHAP.
XIII.

Habillement des *Turcs*.

jetti

---

d'*inople*, où la Cour ſe tient alors, en cas que le *Sultan* n'aille point lui-même en campagne; car en ce cas, on les mene à ſa ſuite, afin que Sa Hauteſſe puiſſe toûjours avoir les yeux ſur eux.

(*a*) La principale fonction de ces Eunuques eſt de ſervir & de garder les Princes du Sang, à peu près comme les noirs gardent les femmes.

(*b*) Ce ſont eux qui accommodent les tentes, & qui les dreſſent aux lieux marquez pour les campemens. Les Officiers de l'Armée ont toûjours deux Pavillons, afin qu'ils puiſſent en trouver un tout prêt, lorſqu'ils arrivent à l'endroit où l'on doit camper.

jetti à l'inconstance & aux variations de la mode, comme le nôtre. Quant aux differences qui se trouvent dans les habits des *Turcs*, par raport au rang & à la dignité des personnes, depuis les gens de la premiere volée jusqu'à ceux du plus bas étage, elles ne consistent que dans le plus ou le moins de beauté du drap & des fourures. Je dis du *drap*; car quoi qu'on n'en fasse point en *Turquie*, & qu'il y soit excessivement cher, je n'ai point vû de Païs où on en porte tant, & où le peuple soit mieux vêtu & plus propre. En effet tout leur habillement est de drap; comme le *Caouk*, espece de bonnet qui, avec la mousseline appellée en *Turc Tulband*, compose le *Turban*; les couvertures de pelisses; les *Tchiarchis*, longues & amples culotes qui descendent jusqu'à la cheville du pied; le *Caffetan*, large robe semblable à la soutane des Prêtres *Catholiques-Romains*; le *Keriké*, large mousseline, telle qu'elle est représentée sur la Planche XVIII. aux marques 2, 3, & 4. Elle s'attache avec une petite agraffe d'or, qui avec les petits boutons de vermeil dont le *Caffetan* est garni, fait tout l'ornement de ces habits. Car pour ce qui est des agrémens de galon ou de broderie d'or en forme de boutonnieres, dont nos Peintres chamarrent l'habillement des *Turcs*, ils n'existent que dans leur imagination, ou sur la toile qu'ils ont peinte. Ces habits ne sont cependant pas toûjours de drap; & en Eté leur *Caffetan* & leur *Keriké* sont de camelot, ou de quelque étoffe legere.

Le *Sultan*, les Officiers du *Serail*, & les Grands de l'Empire, portent plus de drap que personne, & toûjours d'*Angleterre*. Sur quoi il est à remarquer que ce drap est un des plus agréables presens qu'on puisse faire en *Turquie*; jusques là que les Ministres étrangers des autres Nations à la *Porte* en font acheter des Marchands *Anglois*, pour en faire des présens dans les audiences qu'ils ont du *Grand Seigneur*, du *Visir*, & autres à qui on a coutume d'en faire. J'ajoûterai à ce que j'ai dit de la grande quantité de drap que l'on consume en *Turquie*, que les femmes mêmes en ont des couvertures de pelisses pour l'Hiver, car pour celles d'Eté elles sont d'hermines comme la figure 1, 2, 4. sur la Planche XXII. & de camelot ou de quelque étoffe de soye. Leurs *Feredgez* sont aussi de drap; ce sont de longues robbes qu'elles mettent par dessus leurs habits quand elles sortent, & qui les couvrent depuis le col, qu'elles ont alors voilé, aussi bien que la tête, jusqu'au bout des pieds, & dont les manches sont si longues qu'elles s'étendent au delà du bout des doigts qu'elles couvrent, ces femmes, comme on sait n'ayant pas la liberté de laisser voir en public la moindre partie de leur corps à nu.

Mais si les hommes brillent peu en public, à moins que ce ne soit par la richesse des harnois de leurs chevaux, les femmes brillent par l'or & les pierreries en particulier, c'est-à-dire dans leurs appartemens, où en quittant leurs *Feredgez* elles étalent tous leurs charmes. Leur habillement y paroît dans tout son lustre: les diamans, les rubis, les perles & autres pierres des plus pretieuses de leurs *Colans*, ou ceintures, de leurs *Tarpouz*, ou coeffures, de leurs coliers, de leurs brasselets &c. semblent disputer comme à l'envi aux plus riches étoffes dont elles sont vêtues, à qui les ornera plus avantageusement, ou à qui relevera mieux le prix de leur beauté, pour les mettre en état de plaire selon leur desir & leur éducation. Enfin c'est là que l'art seconde si heureusement en

cela

CONSTANTINOPLE, &c. 255

cela la nature, que tout jufqu'aux chemifes de gaze qui laiffent voir leur fein, favorife ce defir & cette éducation.

1699.
CHAP.
XIII.

Les *Sultanes* du *Serail* & les principales Concubines des Grands de l'Empire portent à leur coeffure des filets de perles, & des bouquets de pierreries qui font attachez avec fimetrie. Elles ont outre cela des *Sourgoutz* ou aigrettes, avec une rofe des pierres les plus pretieufes & les plus brillantes, comme I. de l'Eftampe XXVI; ce qui fait un fort bel effet, & rend la coeffure *Turque* la plus belle & la plus galante qu'il y ait au monde. Ces pierreries font ordinairement ce que le *Grand Seigneur* laiffe aux femmes & aux filles de ceux qu'il fait étrangler ou dépouiller de leurs biens. Je dis *femmes*; car fi ce font des *Odalikes*, non feulement on les leur prend, mais on les vend fouvent elles-mêmes avec les autres Efclaves, au moins celles qui n'ont point d'enfans vivans de leurs maîtres.

Ceux qui ne font pas informez de l'abondance naturelle & generale du vafte Païs que poffede le *Grand Seigneur*; abondance qui eft telle que moyennant l'abftinence du vin prefcrite par l'*Alcoran*, cent mille hommes en campagne coutent moins à la *Porte* que trente mille à un Prince *Chrétien*, s'imagineront qu'il doit avoir d'immenfes Revenus pour foutenir cette fplendeur, & ces nombreufes Armées qui marchent en tems de guerre. Cependant ces Revenus, j'entends les Revenus annuels dont *Sa Hauteffe* peut jouir felon les Conftitutions de l'Empire, ne montent pas à plus de trente fix-millions de *Piaftres*, en y comprenant les Douanes & même le cafuel, comme les confifcations des biens de ceux qu'Elle fait étrangler. Ils font de quatre fortes, qu'on a connues & pratiquées depuis la fondation de cet Empire.

Revenus du Grand Seigneur.

Le premier s'appelle *Moucata*, qui eft proprement le domaine de la Couronne, qu'on fubdivifa en trois portions au tems du partage des conquêtes; à fçavoir, I. Celle du *Padicha*, Empereur, qui comprend les Revenus des terres dont la proprieté a été laiffée à leurs anciens maîtres, à la charge d'en payer la dixme, *in naturâ*, comme une certaine quantité de miel d'*Athenes*, par exemple; d'huile de *Candie*, du bled de *Crimée*, de ris, outre les logemens pour la milice d'Egipte, & les métaux des Mines. II. Celle des *Mofquées* & des Hôpitaux qui fe tire à peu près des mêmes fonds, au moins de ceux de la terre, des maifons &c. III. Celle des *Zaims* & des *Timariots*, qui a une femblable fource & qui eft incomparablement plus confiderable.

Le fecond eft le *Havaritz*, qui répond à ce qu'on appelle en France les Tailles, & qui s'impofe fur tous les maîtres des fonds: il n'y a que les habitans des Frontieres qui en foient exempts.

Le troifieme eft le *Bache-Haratche*, tribut de tête, ou efpece de capitation & contribution des *Rayas*, ou Sujets conquis, ou autres qui s'établiffent volontairement dans les Terres & Villes *Ottomanes*, excepté les *Francs*; car ceux-ci ne payent pas un fou à la *Porte*, fi ce n'eft la Douane, dont les *Turcs* ne font pas exemptez; mais cette Douane n'eft rien, comme j'ai déja dit, en comparaifon de ce qu'on paye pour cent aux Princes *Chrétiens*, & elle eft la même pour tout le monde. Quoi que les femmes foient exemptes de cette capitation, leurs biens de terre, & leurs marchandifes, fi elles en ont, font fur le pied du *Moucata*.

Le

1699.
CHAP.
XIII.

Le quatrieme eft le *Guelebe-Quefan*, Droit établi pour la provifion des viandes pour la maifon du *Sultan*, pour les *Janiffaires* & autres qui fuivent ordinairement fa perfonne, dans les occafions publiques. Cette provifion fe donnoit autrefois *in naturâ*, & confiftoit en un certain nombre de moutons, mais elle a été convertie en autant de *Piaftres*. L'*Egipte* en eft affranchie, en donnant une quantité ftipulée de *Lin*, de *Caffé*, de *Ris*, & autres femblables denrées, & elle ne paye au Trefor que quatre cents mille *Piaftres* tous les ans; mais elle eft obligée d'entretenir un certain nombre de Troupes réglées pour la garde & la deffenfe du Païs, de réparer les chemins & les édifices publics, comme *Caravanfarais*, Châteaux, Fortifications &c. d'envoyer à la *Meque* des provifions de bouche qu'on y donne gratuitement aux Etrangers, ou Pelerins, à caufe que ce Païs ne produit que peu des chofes neceffaires à la vie. Le Gouvernement de *Bagdat*, ou *Babilone*, n'eft taxé qu'à trois cents mille *Piaftres*, & entretient les forces qu'on y a toûjours fur pied, en cas de rupture avec la *Perfe*.

On a ajoûté à cela trois autres fortes de Revenus, à fçavoir, le *Hyauche-Haratche*, le *Naufoule* & le *Zurfat*.

Le premier n'eft proprement que le *Bache-Haratche*, qui ne s'exigeoit autrefois que des *Rayas*, tant *Juifs* que *Chrétiens*, établis dans les Villes, & proprietaires de maifons, lequel on étend jufqu'à ceux de ces Nations qui font fans domicile, & à ces Marchands errans d'un Païs à l'autre pour commercer. On leur fait payer dans les Villes où ils paffent le *Haratche* fur le même pied qu'aux autres; mais après avoir bien payé en une Ville, ils doivent prendre & garder la quittance que leur en a donné le *Haratchi*, Collecteur de Capitation, qui y eft établi pour examiner les paffans & exiger ce tribut de ceux qui ne l'ont pas payé; afin de la pouvoir montrer à un autre *Haratchi*, & n'être pas obligez à payer plus d'une fois, faute de cette précaution.

Le fecond, qui fignifie fortie ou marche de guerre, confifte aujourd'hui en quinze cents mille Piaftres que toutes les Provinces, excepté celles qui font fituées fur les Frontieres de l'Empire, font obligées de payer, lorfque le *Sultan* ou le *Vifir* fait quelque marche extraordinaire. On fourniffoit autrefois la valeur de cette fomme en provifions de bouche, & autres chofes néceffaires à la vie.

Le troifieme fignifie tranfport de vivres à vendre: il confiftoit d'abord dans l'obligation où étoient les habitans des Provinces les plus proches des grands chemins, ou routes des Armées, de porter leurs vivres, ou provifions de bouche au Camp. Le *Vifir Akmet Kuprogli* changea cette obligation particuliere & accidentelle de quelques Provinces, auxquelles elle étoit fort onereufe, en une générale pour toutes celles de l'Empire, à l'exception des Frontieres & des Ifles de *l'Archipel*, qui étoit de payer au lieu de cela une fomme d'argent, qui eft affermée aujourd'hui à environ deux millions de *Piaftres*.

Le Vendredi qui fuivit le jour de l'entrée du *Sultan*, je vis *Sa Hauteffe* aller à *Sainte Sophie*: il faut remarquer en paffant que le Vendredi eft le jour de la femaine que les *Turcs* confacrent particulierement au Service Divin. Voici l'ordre dans lequel fe fit cette marche.

Quel-

Quelques Compagnies de *Janissaires*, & leurs *Tchorbadgis*, tous avec leurs bonnets de cérémonie, formoient deux hayes fixes, depuis la grande porte du *Serail* jusqu'à celle de la *Mosquée*.

I. Quarante ou cinquante *Chiaoux* à pied, précedez par le *Chiaoux-Bachi* à cheval, commençoient la marche.

II. Quantité de *Bostangis*, avec leur *Bostangi-Bachi*, aussi à cheval à leur tête.

III. Le *Reis-Effendi*, & le *Slumbol-Effendi*, à cheval.

IV. Deux *Cadyleskiers*.

V. Six *Immaums*.

VI. Divers *Mullas*.

VII. Le *Muphty* bien monté.

VIII. Le *Kislar-Aga*.

IX. Trente *Ichoglans*, & autant de *Peïks*, en deux hayes mobiles.

X. Le *Grand Seigneur* entre deux hayes de *Solaks*, aussi magnifiquement monté que le jour de l'entrée. Il avoit un *Turban* comme d, sur la Planche I, avec une aigrette, surmontée d'une belle rose de diamans, rubis, & autres pierreries.

XI. Le *Selictar-Aga* à sa droite, & l'*Ibrickdar* à sa gauche, comme sur la Planche XVIII.

Cette marche étoit terminée par quantité d'Eunuques blancs, & autres Officiers de la *Porte*. Le *Grand Seigneur* descendit de cheval à la porte qui conduit à la tribune, où il se met ordinairement. Ce fut tout ce qu'il me fut permis de voir, & je dois dire à l'honneur des *Janissaires*, qu'ils avoient la complaisance de me laisser voir cette Cavalcade au travers de leurs rangs, en me permettant de passer la tête entr'eux.

CHAPITRE XIV.

Des Bezastenes, Hans, *postes & antiquitez de* Constantinople; *de l'arrivée d'un Vaisseau* Moscovite *d'*Asoph, *avec un Envoyé du* Czar, *& de* Mr. *de* Feriol *en qualité d'Ambassadeur de France. Refus que fait celui-ci de prendre audience du Sultan sans épée. D'autres Ambassadeurs d'*Allemagne, *de* Venise, *&c.*

PEndant que le *Grand Seigneur* étoit dans *Sainte Sophie*, je passai dans un vieux bâtiment voisin, terminé en Dôme, qui selon quelques-uns étoit autrefois un Temple *Payen*, & selon d'autres une Eglise *Chrétienne*. Il est fait en partie de pierres, & en partie de briques si bien cimentées ensemble, qu'elles semblent défier le tems. Il n'y a aucune Inscription ni au dehors, ni au dedans qui en dise des nouvelles, & ce que je viens d'en dire ne me paroît appuyé que sur de pures conjectures. Je croirois avec autant de fondement que c'étoit un bain. Quoi qu'il en soit, on y conserve des bêtes sauvages. Il s'y trouvoit alors deux *Lions* dont l'un étoit vieux, & avoit été présenté à l'Empereur *Mahomet IV*. le second à *Soliman III.*; trois *Tigres*, deux *Leopards* d'une fierté, & d'une beauté extraordinaire, dont les deux premiers avoient été, disoit-on, apportez d'*Alger*, & les deux seconds de *Tunis*. Divers *Tchiacals* ou Loups-cerviers, qui avoient été pris aux environs de la *Mer Noire*. C'est une espece de

Antiquitez & bêtes sauvages.

Renards, qui ne different des autres que parce qu'ils ont la gueule semblable à celle du Loup, & le poil rude & épais. C'est, je croi, l'Hyenne des Anciens. Il déterre les morts, & mange les cadavres comme les Loups.

Bezastenes ou Magasins à feu. Les *Bezastenes*, dont j'ai déja dit quelque chose dans l'article de *Smirne*, sont consacrez à la sûreté publique, & les *Hans* à la commodité des voyageurs. Ceux de *Constantinople* sont fort vastes, & magnifiques. Leurs coupoles couvertes de plomb, sont soutenues d'arcades, & de pilastres proportionnez à leur grandeur. On vend dans celui qu'on nomme *Esky-Bezastene*, ou vieux Magasin, de riches *Maccates* & autres garnitures de *Sopha*, des *Harnois* de chevaux enrichis de pierreries, & revêtus de petites plaques de vermeil, des vases à parfumer, des sabres, des *hangiars*, des boucles, des ceintures de prix, des pierreries de toutes sortes; & dans le *Yegni-Bezastene*, ou le nouveau *Bisistri*, on vend quantité de riches étoffes d'or, d'argent, & de soye, des Camelots d'*Angora*, dont les plus beaux surpassent en lustre & en finesse, tous les Camelots des autres Païs.

Les marchandises ne peuvent être nulle part en plus grande sûreté, que dans ces *Bezastenes*, contre le feu qui fait, comme on sçait, de frequens ravages en cette grande Ville, où les maisons sont presque toutes de bois. C'est aussi l'unique ennemi qu'elles ayent à craindre, & qui oblige les Marchands étrangers à bâtir, ou à louer des magasins à l'épreuve du feu déja bâtis. Les *Mosquées* en tirent une bonne partie de leurs Revenus, car les fondateurs ont soin, comme je crois avoir déja insinué, de rendre ces Revenus aussi durables qu'elles.

Quant aux voleurs, ils sont très rares à *Constantinople*, puisque pendant près de quatorze ans de tems que j'ai été en *Turquie*, je n'ai pas entendu dire qu'on en ait puni en cette Ville. La punition des voleurs de grand chemin est le pal. Je n'en ai compté que six d'empallez, pendant mon sejour en ce Païs: encore étoient-ils *Grecs de Religion*. On ne sçait ce que c'est que les filoux, & les poches n'y ont rien à craindre de la subtilité des mains. Cependant pour prévenir toute tentation & toute occasion de vol, on ferme les magasins publics, & particuliers, avec de bonnes clefs, qui restent entre des mains fideles, pendant la nuit. Les Merciers se contentent de fermer leurs boutiques, avec de petits cadenats dont ils emportent les clefs, après quoi ils dorment en repos.

Probité des Turcs. Je ne puis m'empêcher de rendre la justice que je dois aux *Turcs*, par raport à leur honnêteté. Il est arrivé, à plusieurs personnes de ma connoissance, & à moi plus souvent qu'à aucun autre, par une absence d'esprit qui ne m'est que trop naturelle, d'oublier dans des boutiques, au milieu de diverses choses, dont j'en marchandois quelqu'une, ma bourse que j'avois tirée pour payer, ou ma montre, après avoir regardé quelle heure il étoit. Il m'est aussi arrivé de payer le double de ce que je devois, & de m'en aller ensuite sans donner le tems au Marchand de replier ses marchandises déployées, qui cachoient ce que je laissois, ou de voir l'erreur que j'avois commise à mon désavantage. Cependant je n'ai jamais perdu un sou chez les *Turcs* par cette distraction; car les Marchands faisoient en ce cas courir après moi, & m'ont fait même souvent chercher jusqu'à *Pera* où je demeurois, pour me rendre ce qui m'appartenoit, lorsque je n'étois

point

point retourné chez eux, après m'être aperçu de l'effet de ma diftraction. Je m'arrêtai un jour, entr'autres, à une petite boutique *Turque*, qui n'étoit garnie que d'éventails, que les hommes portent en *Turquie* pendant les chaleurs de l'Eté. Je m'en fis montrer plusieurs, dont les plus beaux étoient comme celui qui eft repréfenté à Nᵒ. 9. de la Planche XVI. Tome II. J'en achetai un tout uni en parchemin, & des plus communs, que je payai, après quoi je m'en allai. Pendant que le maître de la boutique me les montroit déployez l'un fur l'autre, j'avois regardé quelle heure il étoit à ma montre, & l'avois laiffée fur le contoir. Il ne me connoiffoit point, & j'aurois à peine pû retrouver fa boutique, fi j'avois crû y avoir laiffé ma montre. Je m'imaginai au contraire qu'elle étoit tombée de ma poche, ou que je l'avois laiffée par tout ailleurs, fur tout chez un *Grec* où j'avois paffé plus d'une demi heure. J'y avois été pour me faire tailler un habit à la *Turque*, & je me reffouvenois de l'y avoir tirée. Je defefperois de la retrouver jamais, lorfque paffant par accident trois femaines après par devant la boutique où j'avois acheté cet éventail, le maître qui me reconnut m'appella, & me fit voir ma montre. Je lui demandai comment elle étoit tombée entre fes mains; il me dit qu'il l'avoit trouvée parmi fes évantails déployez, & il me la rendit. Je pourrois compter cent exemples de cette probité *Turque*, & j'en ai eu moi même des preuves plus de trente fois, fans que jamais ils fe foient dementis à cet égard. Je fuis fâché de ne pouvoir donner ces louanges aux *Grecs*; mais ils ne fe font pas un grand fcrupule de manquer de parole, & de tromper, nonobftant la baftonade, & autres peines que les *Turcs* leur infligent. Il n'eft pas rare de voir un *Kazap*, Boucher, ou un *Bacal*, vendeur de denrées, de cette Nation plûtôt que d'aucune autre, attaché pendant quelques heures par l'oreille qu'on lui a clouée à fa boutique, pour avoir été convaincu de vendre à faux poids & à fauffe mefure, ou d'avoir debité des vivres qui ne valoient rien. Voici ce qui fe pratique pour découvrir ces fupercheries. Un *Turc* à cheval, accompagné de cinq ou fix autres à pied qui ne portent pour toutes armes que des bâtons, va examiner leurs poids, & les vivres, & s'il reconnoît de la fourberie, il ordonne d'abord la punition que la fraude merite. Voici ce que m'a dit fur ce fujet un Gentilhomme dont j'ai déja allégué ailleurs le témoignage:

1698, CHAP. XIV.

„ Le pain, la viande & autres denrées ont ici leurs poids & leurs
„ mefures. Tant s'en faut que les Magiftrats ayent là-deffus la moin-
„ dre tolerance, qu'au contraire ils puniffent féverement & fans mife-
„ ricorde tout Marchand qu'ils furprennent en fraude, comme nous en
„ avons nouvellement vû un exemple à *Pera*. Le *Boftangi-Bachi* fai-
„ foit fa ronde, comme Maître de la Police des environs de *Conftan-*
„ *tinople*; il étoit entré chez un Boulanger *Grec*, & ayant trouvé que
„ fon pain n'avoit pas le poids requis, il le fit, fans autre façon,
„ clouer par les oreilles à la porte de fa boutique, où il refta ainfi ex-
„ pofé pendant plufieurs heures. C'eft par ces exemples de feverité
„ qui infpirent la crainte aux Marchands *Grecs*, qu'on les tient dans le
„ devoir; car pour les *Turcs*, ils font de la meilleure foi du monde
„ dans le Commerce. Quant à leur probité, ajoûtoit-il, ils fe ren-
„ dent exactement les uns aux autres ce qu'ils fe doivent. Sinceres
„ & fideles dans leurs engagemens, ils fe piquent de tenir inviolable-

Police des *Turcs* à l'égard des Marchands.

Tome I. Kk 2 ment

1699.
Chap.
XIV.
» ment leur parole, & si le contraire arrive, c'est un cas si rare que
» l'on n'en peut tirer aucune conséquence. Que vous dirai-je de plus?
» En un mot, je trouve le *Chrétien* superstitieux & libertin, & le *Turc*
» dévot & sage; le premier vain & peu fidele, & le second modeste
» & cherissant la probité. Cette comparaison pourroit, je vous assu-
» rer, être poussée bien loin en faveur du *Mahometan*.

Les *Turcs* ont une si mauvaise idée de la foi *Grecque*, que si on
demande à quelqu'un d'eux avec qui on traite, s'il tiendra la parole
qu'il donne, il répond *Ben ouroum dehifim*, *je ne suis pas Grec*. Cependant comme il n'y a point de regle sans exception, il ne faut pas
porter le même jugement de tous les *Grecs*. Il y a d'honnêtes gens
parmi eux; mais comme cette Nation est la plus nombreuse dans le
Païs, il n'est pas étrange qu'il s'y rencontre plus de vices que parmi
les autres; car je crois qu'il y a bien quatre ou cinq *Grecs*, contre
trois autres Sujets du *Grand Seigneur*, tant *Turcs* & *Armeniens* que
Juifs, sur tout dans la *Turquie* en Europe, & dans les Isles.

Marché d'Esclaves.

Avant que de quiter les *Bezastenes*, je dirai quelque chose du *Yes-
zer*, ou *Avret-Bazar* (a), ou marché d'hommes & de femmes, qui
n'en est gueres loin. C'est une grande place entourée de petites
chambres, où l'on trouve des Esclaves des deux Sexes séparez l'un de
l'autre, & c'est là que tout homme qui a besoin d'un valet, d'une
servante, ou d'une concubine, les va marchander & examiner.

Quant à la derniere sorte, j'entends celles qu'on destine au lit, du
moins les plus belles, les Marchands les tiennent ordinairement dans
des maisons particulieres, où ils leur font apprendre à plaire aux hommes, & à exciter leurs desirs amoureux, comme à danser d'une maniere lubrique, à chanter des chansons amoureuses, & à jouer de divers Instruments, comme celles de la Planche XXII.; car ce sont les
femmes qui caressent les hommes en *Turquie*, comme je crois l'avoir
déja insinué. Elles disent à leurs maris ou à aux maîtres qui les ont
achetées, toutes les douceurs les plus tendres; elles les appellent *Empereurs*, & *Rois de leurs cœurs*, les *ames de leurs ames*. Mais malgré toutes ces leçons amoureuses que les Marchands donnent aux Esclaves,
ils ont grand soin d'en prévenir la pratique, avant que de les avoir
vendues, car le prix d'une pucelle est souvent le double de celui que
coute une fille qui ne l'est pas, quoi qu'égale en beauté. Il y a de
vieilles Matrones jurées qui les vont examiner pour les acheteurs.

Hans.

Il y a à *Constantinople* plusieurs *Hans* bâtis de pierres dures, couverts de plomb; & il faut remarquer qu'il n'y a que ces sortes d'édifices publics, les Palais, & maisons Imperiales, & les *Mosquées*, qu'il
soit permis de couvrir ainsi. Ces *Hans* sont à l'épreuve du feu, comme les *Bezastenes*, au moins ceux des grandes Villes. Ils renferment
des chambres pour loger les Marchands étrangers & voyageurs, qui
en trouvent dans toutes les Villes, ou dans des Villages, à de raisonnables distances. Ceux des Villes sont magnifiques, & tous bâtis
comme ceux de *Constantinople* de pierres dures, & couverts de plomb.
Quelques-uns ressemblent à des Monasteres, par leurs petites chambres
semblables à des Cellules, & où l'on peut chercher une retraite agréable contre le fracas du grand monde. Mais on n'y trouve gueres
d'au-

(a) Le dernier nom est celui qu'on lui donne plus communément, parce qu'on y vend plus de femmes que d'hommes.

d'autres lits, que de la paille, & des nattes. Ceux de la Campagne font comme de longues granges, ou des Eglises en Croix *Latine*, où on loge en commun, jusqu'aux chariots, & aux chevaux, qui ne font feparez des hommes que par des banquettes, ou eftrades élevées le long des murailles, en forme de *Sophas*; avec des cheminées menagées dans ces murailles à des diftances de cinq ou fix pas. Les *Handgis*, ou maîtres des *Hans*, fourniffent auffi des nattes pour étendre fur ces eftrades où l'on dort, fi on n'a pas de chariot dans lequel on puiffe dormir. Plufieurs font cuire leur diné, ou leur fouper, à ces cheminées. Le *Handgi* fournit le fourage. Il y a ordinairement des cuifiniers *Turcs* dans le voifinage, où l'on trouve du *Kebach*, ou du *Chorba*, toûjours prêt fi on veut s'en accommoder.

Le plus magnifique & le plus vafte de ceux de *Conftantinople* eft le *Validé-Han*, dont les galeries ont plus de cent vingt pas de longueur. Elles font furmontées de quarante-fix Dômes.

L'inftitution de ces *Hans*, auffi bien que leur nom, eft due à un certain *Ibrahim Pacha*, Vifir de *Soliman le Magnifique*, felon la tradition qu'on debite dans le Païs. Voici ce qui m'en a été raconté par plufieurs *Turcs* qui prétendoient en être bien inftruits, avec l'Hiftoire de ce *Vifir*, telle qu'elle eft conservée dans leurs Annales Manufcrites, car les *Turcs* n'ont point d'Imprimeries pour les raifons que je dirai ailleurs. *Soliman le Magnifique* ayant affiégé *Zigeth*, Place affez connue par fa force, & par le courage que le Comte *André Zerin* y fit paroître en la deffendant, tomba malade pendant ce fiege, dont la longueur & les fatigues pouvoient avoir contribué à fon indifpofition: du moins, c'eft le bruit qu'*Ibrahim* répandit dans l'Armée. La mort du Sultan ayant fuivi de près la maladie & précédé la prife de la Place, ce *Vifir* lia fi bien, avec des chaines d'or, la langue de ceux qui approchoient de *Sa Hauteffe* pendant fon indifpofition, qu'il tint fa mort fecrete. Il le fit vifiter par fon Medecin, & fervir en apparence comme s'il eût été en vie. Enfuite, ayant voltigé à cheval dans tous les rangs de l'Armée, il harangua les Soldats, & les exhorta à faire les derniers efforts de courage pour emporter la Place. Il leur dit „ que la maladie de l'Empereur
„ s'augmentoit, & qu'elle ne procedoit que de la crainte qu'ils ne fe
„ rebutaffent, & qu'ils ne vouluffent plus retourner à l'affaut, à caufe
„ qu'ils en avoient déja été repouffez trois fois avec quelque perte, &
„ que fon chagrin lui donneroit infailliblement la mort, fi après avoir ac-
„ quis tant de gloire par le paffé, à la tête d'une Armée fi nombreu-
„ fe, & fi brave qu'étoit celle qu'ils compofoient, il étoit obligé d'a-
„ bandonner le fiege d'une petite Place : c'eft ainfi qu'il l'appelloit,
„ quoi qu'elle fût une des plus fortes d'alors. Il ajoûta, que le nom
„ *Ottoman* en feroit terni. Enfin il dit aux *Pachas* & aux Comman-
„ dans à qui il adreffoit principalement fa Harangue, qu'il craignoit
„ pour eux, en cas qu'il furvecût à cette honte, ce qu'il devoit crain-
„ dre pour lui après un fi mauvais fuccès, qui feroit infailliblement
„ attribué aux Officiers, quoi qu'il eût moins de fujet que perfonne
„ de craindre la mort, à laquelle fa barbe blanche, & le nombre de
„ fes années, l'avertiffoient qu'il devoit bientôt arriver naturellement.
Cette Harangue, & celle que firent de leur côté les Généraux & autres Officiers, qui l'accompagnerent de grandes promeffes de récompenfes aux Troupes, eurent un fi heureux fuccès, qu'après avoir, d'u-

ne commune voix, crié *vive Sultan Soliman, & son suprême Visir*, & ajoûté qu'ils emporteroient la Place, ou qu'ils periroient là devant, ils l'attaquerent avec tant de fureur, & d'intrepidité, que le Comte *Zerin*, & même son épouse, Heroine, qui y fit des miracles de valeur, ayant été tuez, ils la prirent. Cependant le *Visir* avoit envoyé un de ses *Agas* le plus affidé à *Andrinople*, où étoit le reste de la Cour, & sur tout la famille *Ottomane*, pour demander, avec son ordre par écrit, *Sultan Selim* pour Successeur. Il fit ensuite marcher l'Armée à *Belgrade*, après avoir mis bonne Garnison dans *Zigeth*. Il fit porter le corps du *Sultan*, prétendu malade, après l'avoir fait embaumer, dans un chariot couvert, ou deux Officiers, l'un à la tête & l'autre aux pieds, recevoient ce qu'on portoit de la cuisine pour lui, & le mangeoient. *Sultan Selim*, qui étoit le premier des Princes du Sang *Ottoman*, partit d'*Andrinople*, & ayant joint l'Armée à *Belgrade*; le *Visir* y publia la mort de *Soliman*, qu'il avoit tenue secrete, & toute l'Armée fut si contente de cette sage tromperie, qu'après lui avoir donné mille louanges, elle cria, *vive Sultan Selim, notre Empereur, & que tous les Infideles de la Terre se soumettent*. Après cela le nouveau *Sultan*, par l'avis du *Muphty*, & des *Visirs* du Banc, donna les plus grandes prérogatives à *Ibrahim Pacha*, & à ses descendans, qui eussent jamais été données à aucun autre Sujet de l'Empire, savoir entr'autres, qu'on ne feroit jamais aucune entreprise sur leur vie, ni sur leurs biens, quoi que revêtus des charges qui donnent ce droit (*a*) au *Sultan*, & qu'ils pouroient refuser ces charges, s'ils vouloient. Il ajoûta à ces prérogatives pour lui, & pour ses descendans mâles, celle de succeder à l'Empire, après le *Han* des *Tartares*, en cas que la Ligne *Ottomane* vînt à manquer; & enfin que les *Visirs* le recevroient debout lui & ses descendans, comme Sa Hautesse Elle-même, & ses Successeurs, ont fait depuis; jusqu'aujourd'hui: ce qui est un honneur que les Empereurs *Ottomans* ne faisoient auparavant qu'au *Tartare-Han*, & au *Muphty*. La generosité de *Selim* ne se bornant pas à cela, il le combla de presens en argent, & en terres.

Ibrahim-Pacha enrichi, & devenu *Ibrahim-Han*, fit bâtir ces espèces d'hotelleries connues aujourd'hui sous son nom, avec des *Mosquées*, & des hopitaux, & attacha à ces fondations pieuses, des Revenus fixes & inalienables. Comme il connoissoit l'instabilité de toutes les charges & des grandeurs de cet Empire, & les révolutions auxquelles il est sujet, qui font que l'on ne peut assurer quasi rien de positif sur la politique, & le gouvernement des *Turcs*, ce qu'on en diroit aujourd'hui pouvant être trouvé faux demain; comme il connoissoit, dis-je, cette

in-

(*a*) La reconnoissance que le *Sultan* & le peuple ont eue pour les bons offices que les *Cuproglis* ont rendus à l'Empire, qui doit ses plus glorieuses conquêtes au fameux *Achmet Cuprogli*, a mis en possession des mêmes avantages cette famille qui en jouit encore actuellement. Il y avoit déja eu, lorsque je quittai la *Turquie*, trois *Visirs* de ce nom, outre deux *Caimacans*. Les *Cuproglis* se sont toûjours distinguez dans tous les Emplois de l'Etat par leur bonne & sage conduite, par la connoissance qu'ils avoient des Loix, & par leur exactitude à les faire observer, sans se laisser jamais aveugler par l'interêt, ni par la passion. Il n'y a point d'exemple dans les Annales *Turques*, que jamais *Visir* ait gouverné si longtems, si glorieusement & si sagement que le premier de cette famille, ni qu'il y ait aucuns Sujets qui ayent maintenu si constamment leur credit, leur réputation & leur fortune, & cela contre la Politique même des *Turcs*, qui ne souffre point que des Ministres & Officiers puissans s'agrandissent, & conservent tranquilement leurs biens & leur vie, pour les raisons que je toucherai ailleurs.

nconstance qui paroît ici mieux qu'en aucun lieu du monde, il donna sa malediction dans son Testament à ses enfans, & à tous ses descendans qui se mêleroient des affaires d'Etat, qui brigueroient aucunes charges; & il ordonna de plus qu'ils se contenteroient d'être les Directeurs de ces Fondations pieuses; qu'ils jouiroient à perpetuité des Revenus qu'il y avoit annexez, sans songer à s'élever plus haut; & qu'on nourriroit toûjours dans la famille, où son nom subsisteroit, mille personnes, ce qui se pratique effectivement.

Ces *Hans* sont des monumens très autentiques de l'hospitalité des *Turcs*. On y loge *gratis*, on reçoit même dans plusieurs, si on veut l'accepter, du pain, du *Pillow*, ou Ris bouilli, de la viande, & de la paille pour les chevaux; mais les vivres sont à si bon marché dans les Villes, & dans les Villages, qu'il n'y a gueres que les gens pauvres qui acceptent ces charitez. Les *Chrétiens* peuvent avoir du vin chez ceux de leur Communion, ou chez les *Juifs*, à un *Paras*, ou quatre *Aspres l'Oke*, & ils mangent même chez eux *gratis*, pour peu qu'ils les connoissent; comme font les *Turcs* chez les personnes de leur Religion, même les moins connues, à la table desquelles ils vont s'asseoir par droit d'hospitalité, sans invitation ni ceremonie preliminaires, après quoi ils se retirent sans même les remercier.

La charité est non seulement bien recommandée par l'*Alcoran*, & par les *Immaums*, ou Prêtres *Turcs*, mais elle est encore si religieusement & si universellement pratiquée, qu'on ne sçait ce que c'est que de voir des mandians, ou des gueux de profession, dans toute la *Turquie*, ni dans la *Tartarie*. Quelqu'un est-il en prison pour une dette, qu'il est dans une véritable & réelle impossibilité de payer; si son creancier ne la lui remet: Ceux qui sont dans la prosperité vont le delivrer, & l'acquitent de sa dette. Un autre a-t-il perdu sa maison par le feu, comme cela arrive assez souvent, ce qui entraîne la perte de tout ce que plusieurs possedoient au monde? On n'entend ni pleurs de femmes ni d'enfans: au contraire on remarque une entiere résignation à la Providence, dans les personnes qui ont été ainsi dépouillées de leurs biens, & le Public charitable contribue bientôt suffisamment, & quelquefois plus qu'il ne faut, à faire rebâtir la maison, & à racheter d'autres meubles. Les *Mosquées* soutiennent de leurs Revenus tous les indigens, & tous les malades de leur dépendance. Si la peste regne en quelque endroit de la *Turquie*, jamais on n'abandonne ceux qui en sont attaquez, soit étrangers, soit parens. Le maître n'enverra pas hors de chez lui son Esclave qui sera dans le cas, mais il le secourera lui-même, ou le fera secourir par ses enfans, comme s'il avoit la maladie la plus indifferente & la moins contagieuse. En sorte que sacrifiant la prudence humaine à la predestination Divine, ils deviennent souvent les causes probables ou apparentes de leur propre mort, & de celle de plusieurs autres.

Les autres Nations qui vivent parmi les *Turcs*, que l'émulation porte à imiter ces beaux exemples de charité, au moins à l'égard des pauvres d'entr'eux, subviennent aussi à leurs besoins, de sorte que, comme je viens de dire, on ne voit presque point de mandians en toute la *Turquie*. La principale raison de cela, c'est que tout ce qui est nécessaire à la vie y est presque pour rien, un boisseau de bled ne se vendant

dant pas plus de soixante *Aspres*, ou vingt sous à *Constantinople*; un de Ris, à peine cent cinquante *Aspres*, une *Oke* de mouton douze, une de bœuf six, une d'huile vingt, une de raisin deux, un gros melon quatre, & ainsi du reste à proportion. Tout cela, excepté le Ris & le bled, est du double meilleur marché hors de la Ville : le vin surtout, qui s'y vend neuf à douze *Aspres*, n'en coute ailleurs que cinq, j'entends le meilleur, & même le muscat de *Tenedos*. Je dirai plus ; il ne revient pas même à ce prix aux *Francs*, qui ont la liberté d'en faire provision sans payer aucuns droits. Ce n'est gueres que sous le nom de ceux-ci, que les *Grecs* & autres Sujets du *Grand Seigneur* en font venir de dehors, en faisant quelques presens aux Secretaires, Valets de Chambre, ou Maîtres d'Hôtels des Ambassadeurs; car chaque Ambassadeur a un *Ferman*, ou commandement de la *Porte*, pour en faire entrer autant qu'il leur plaît, ou au moins beaucoup plus qu'il ne leur en faut pour eux & leurs Nations, aussi bien que des Porcs, & autres choses deffendues par la Loi *Mahometane*. Les *Chrétiens* & autres Sujets de l'Empire qui n'ont pas ces Priviléges, négotient ces *Fermans* avec leurs gens, moyennant la protection de leurs Excellences, sous le manteau desquelles ils en vendent publiquement aux *Francs*, & secretement aux *Turcs* qui boivent du vin, ce qui leur raporte un profit considérable. Ils s'engagent outre cela d'en fournir *gratis* aux Ministres, autant qu'il leur en faut pour leurs maisons, aussi bien qu'à leurs Nations, à raison de cinq ou six *Aspres* l'*Oke*. Au reste il ne leur est pas deffendu d'acheter des raisins des *Turcs*, de faire du vin chez eux pour leur propre usage, avec ces raisins achetez, ou avec ceux de leurs vignes, s'ils en ont, comme font les *Juifs* qui ne boivent que celui qu'ils font eux-mêmes, qu'ils appellent *vin de Loi*. Car ils sont de si exacts observateurs de leur Loi en *Turquie*, qu'ils ne boivent point de vin fait par les *Chrétiens*. Pour revenir aux *Fermans*, ils sont si avantageux, que Mr. *Funk*, Envoyé de *Suede*, n'en voulant pas gratifier ses gens, vendoit le sien jusqu'à mille écus aux *Chrétiens* du Païs, outre sa provision qu'ils lui fournissoient. J'ai vû des Ambassadeurs dont les Parens, ou les Domestiques avoient des Tavernes ouvertes au Public, comme faisoient ceux du Prince *Tekely* même. J'ai dit ci-devant que les Cabaretiers faisoient un profit considérable en donnant du vin aux *Turcs*, & j'ai dit vrai, puis que ceux-ci à qui il est deffendu d'en boire, comme à ces Cabaretiers de leur en donner, sous peine de la bastonnade, le leur payent ce qu'ils veulent à cause du danger reciproque des buveurs & des vendeurs. C'est, je crois, l'article de leur Religion le moins généralement bien observé, car je ne crois pas exagerer, si je dis qu'ils en boivent plus à proportion que les *Grecs*, ou que les *Armeniens*, ou *Juifs* qui leur en vendent secretement. Les plus sages, & même ceux qui donnent pendant le jour la bastonnade à ceux qui violent la Loi à cet égard, ou qui paroissent ivres en public, en boivent eux-mêmes pendant une bonne partie de la nuit, jusqu'à s'enivrer. Mais le matin avant que d'aller à la *Mosquée* ils se lavent bien, ils mangent des pommes cuites, & boivent du Caffé pour dissiper l'odeur du vin. Pour cet effet ils expliquent la Loi en leur faveur, en disant que le seul peché est le scandale public, & le desordre qui est causé par le vin, qu'ils évi-

CONSTANTINOPLE, &c.

tent en le buvant la nuit, & fecretement, & fans faire de tort à perfonne.

Puis que les *Hans* m'ont donné occafion de parler des voyageurs, on ne fera peut-être pas fâché d'apprendre quelque chofe de la maniere de voyager en *Turquie*. Je n'ai point encore vû de Païs où on le faffe à fi peu de frais, à caufe du bon marché des vivres & des chevaux. Si un *Franc*, par exemple, veut faire un voyage, l'Ambaffadeur qui le protege, n'a qu'à envoyer un Interprête demander à la *Porte* un *Menzil Ferman*, ou *Yol Ferman*, c'eft-à-dire, un *Commandement de Pofte*, ou *Commandement de Voyage*, & elle ne refufe jamais ni l'un, ni l'autre. En vertu du premier il eft deffrayé à l'égard des chevaux, des vivres, & du logement pendant tout le voyage, aux dépens du *Grand Seigneur*, qui entretient dans tout l'Empire à la diftance de trois ou quatre lieues, des maifons de relais, avec un grand nombre de chevaux pour le fervice de fes Couriers, & autres perfonnes à qui *Sa Hauteffe* ou fon *Vifir* trouvent bon d'en permettre l'ufage. Il eft bon de remarquer qu'il n'y a point de poftes publiques pour les Lettres en *Turquie*, où la *Porte* n'écrit pas tant en un mois, que la plus petite Cour d'*Allemagne* fait en une femaine. Le plus gros Marchand *Turc* de *Conftantinople* fe contente, par exemple, d'envoyer à fon correfpondant de *Teffalonique* tant de marchandifes, avec le compte, & fes ordres, & à peine lui écrit-il une autre Lettre avant que fes marchandifes foient vendues. Et à propos de cela, j'ai vû quelques-uns d'eux extrêmement étonnez des fréquens Exprès, & des gros paquets de Lettres que les Marchands *Francs* envoyent, par exemple, à ceux de *Smirne*, d'*Alep*; & je leur ai même entendu demander où ils trouvoient tant à écrire, & s'ils étoient en liaifon avec tout le monde. Les *Turcs* ne font pas plus grands nouvelliftes qu'écrivains; ils n'impriment rien, ils parlent moins en un mois, que les *Chrétiens* en un jour; ce qui procede de leur indifférence, ou du peu de curiofité qu'ils ont de favoir ce qui fe paffe tant dans le Païs que dehors. En effet, ils ne demandent pas plus de nouvelles qu'ils n'en difent, & on ne parle pas tant parmi eux d'un *Vifir*, d'un *Pacha*, d'un Miniftre d'Etat, ou de quelque autre Miniftre de la *Porte* étranglé ou banni, que d'un homme qu'on pend ailleurs. Ils fe contentent de dire alors, qu'il y a un nouveau *Vifir*; un nouveau *Pacha* d'un tel gouvernement, & de le nommer. En un mot jamais Peuple ne fut moins curieux que les *Turcs*; jamais *Quietiftes* ne furent plus tranquiles, ou plus grands amateurs du repos. Ils ne peuvent goûter notre maniere de nous promener en allant & venant à diverfes reprifes, dans une même allée, ou dans une même falle; & ceux qui le remarquent pour la premiere fois, s'en étonnent fi fort, que s'ils connoiffent la perfonne, & qu'ils prennent quelque part à ce qui peut la toucher, ils lui demandent ferieufement quel chagrin, quelle inquietude la tourmente; & fi elle répond qu'elle n'en a point, ils ne la veulent pas croire, mais ils jugent qu'elle en a tant qu'elle n'ofe les découvrir. Ils l'exhortent en termes generaux à fe confoler par une entiere réfignation aux decrets du Ciel, réfignation qu'ils ont toûjours à la bouche dans leurs plus grands malheurs, en difant, *la volonté de Dieu foit faite, Dieu foit beni, que le malheur n'eft pas plus grand!* Je n'ai

1699.
Chap.
XIV.

n'ai jamais vû aucun d'eux faire un double tour d'allée, si ce n'est par accident, ou parce qu'il ne pouvoit retourner par un autre chemin au lieu d'où il étoit venu.

Un *Turc* riche, & à son aise, qui a par exemple un beau jardin, ira visiter quelques parterres de fleurs, & après cela il cherchera à s'asseoir sur le *Sopha* d'un *Kiosk*, s'il y en a. Après un autre mouvement pour voir d'autres parterres, il s'en retournera dans sa maison, par un autre chemin que celui par lequel il étoit venu, & s'asseyera d'abord sur un *Sopha* ; de sorte qu'ils paroissent faire consister le souverain bien dans le repos. Alors il fera signe à un valet de lui apporter une pipe de Tabac, & ce valet la lui presente toute allumée, après en avoir essuyé avec un mouchoir le bout qu'il a mis dans la bouche. Comme leurs pipes sont longues ordinairement d'une aune & demie, quelquefois plus, ils ont pendant qu'ils fument la tête posée sur une grande piece ronde de cuir de roussi, étendue sur l'estrade du *Sopha*. Ces pipes dont la longueur empêche qu'il ne tombe du feu, & de la cendre sur le *Sopha*, rendent d'ailleurs la fumée moins chaude à la bouche, que les nôtres. Les deux sexes fument communément chez eux, dès leur jeunesse, & leur Tabac est plus agreable au palais, & à l'odorat, que celui des *Indes Occidentales*, & les femmes y mêlent du bois d'*Aloes*, ou du *Mastic*, pour le rendre encore plus doux. Si quelques étrangers viennent visiter un *Turc* en cet état, le premier compliment est, *autour*, *asseyez-vous* : & quand la Compagne témoigne vouloir se retirer, ou quand on veut qu'elle se retire, on apporte le Caffé, les Confitures, le *Sherbet*, & les parfums, ce qui est le signal de la retraite.

Fameux Aqueduc & diverses colomnes.

Entre les antiquitez de la Ville de *Constantinople*, je fus frappé du fameux Aqueduc, qui s'étend depuis *Sainte Sophie* jusques sous l'*Hippodrome*, & dont la fabrique est telle qu'elle est représentée sur la Planche XVII qui précede ce Chapitre. Elle a plus de deux cents colomnes de deux pieces chacune, & on peut aller en bateau entre ces colomnes. L'Empereur *Valentinien* qui a élevé plusieurs des Aqueducs qui sont au delà d'un Village appellé *Belgrade*, à dix ou douze Milles de *Constantinople*, vers la *Mer Noire*, peut l'avoir fait bâtir. Il y en a un autre plus petit & plus moderne près des *Sept Tours* entre les *Mosquées* de *Mehemet II.* & de *Chazadar*, un troisieme à *Galata* & attribué à *Soliman le Magnifique*, reparateur de ces Aqueducs, auxquels il en ajoûta d'autres dignes de lui. On le pouvoit appeller le *Sixte V.* de la nouvelle *Rome*, quoi que *Turc*, par rapport aux beaux édifices qu'il a élevez. Je m'étonne que Messieurs *Spon*, *Wheller*, *Grelot*, & tant d'autres ne nous ayent pas parlé de ce beau morceau d'antiquité, que le tems a si heureusement preservé. Au reste ces Messieurs ont donné une idée si exacte de la colomne historique d'*Honorius* & d'*Arcadius*, qui est détruite depuis mon départ de *Turquie*; de la colomne de Porphire de *Constantin*, appellée communément la colomne brulée; de celle de *Marcien*, & des bas-reliefs de la porte des *Sept Tours*, & des murs de la Ville, qui la firent appeller *Cyropolis*, du nom de celui qui les éleva, que je n'ai rien à ajoûter à leurs remarques.

Vaisseau Moscovite venu d'Asoph.

Cependant un Vaisseau de guerre *Moscovite* étant venu du Port d'*Asoph* dans celui de *Constantinople*, ayant à bord un Envoyé de cet-

CONSTANTINOPLE, &c.

te Nation, furprit plus les *Turcs* qu'ils ne le montrerent, & leur ouvrit affez les yeux fur les confequences de la perte qu'ils avoient faite de cette Place, pour leur faire craindre une vifite moins civile de la part du *Czar*, à la premiere brouillerie. On s'apperçut bientôt après de leur crainte, par le foin qu'ils eurent de fortifier le *Bofphore Cimmeric*, ou le détroit de *Taman*, dont je parlerai ailleurs.

1699.
Chap.
XIV.

Envoyé du Czar.

Cet Envoyé n'étoit proprement, à ce qu'on difoit, que le precurfeur d'un Ambaffadeur, qui devoit être chargé de la ratification du Traité de *Carlowitz* par le *Czar*, & de quelques Lettres & Plans fur le reglement des limites aux environs du *Boriftene* ou *du Nieper*. Il fut logé & deffrayé par la *Porte* dans une maifon de *Conftantinople*. Il prit d'ailleurs fes audiences fans pompe; & en un mot, il n'agit que comme un homme venu pour des affaires de peu d'importance.

Le Capitaine du Vaiffeau qui l'avoit amené étoit *Hollandois*: il aimoit à boire, & comme il fe trouvoit dans un Païs où le vin eft excellent, & fe donne prefque pour rien, auffi bien que les autres chofes propres à la bonne chere, il traita Monfieur l'Ambaffadeur de *Hollande*, fa famille, & toute la Nation à diverfes reprifes. Les foupez qu'il donnoit duroient fouvent jufqu'à une heure après minuit. Il accompagnoit toutes les fantez, qui étoient fréquentes, d'autant de divers coups de canon. En un mot, il faifoit lui feul plus de bruit, que tous les autres Vaiffeaux, tant du *Grand Seigneur* que des Nations étrangeres qui étoient dans le Port, ce qui n'étoit rien moins que du gout d'une Nation qui a fi peu de Salpêtre & de Mercure dans la tête, & qui aime fi fort la tranquilité. Le *Vifir* en ayant fait porter fes plaintes à l'Envoyé, Son Excellence lui deffendit de tirer à des heures indues, difant entr'autres raifons, qu'il y avoit des *Sultanes* prêtes d'accoucher, qu'il effrayoit. Mais comme il étoit hardi, & obftiné, fur tout quand il avoit bû, il ne fit aucun cas de ces plaintes. Il dit au contraire, qu'il étoit le maître fur fon Vaiffeau, & que chacun pouvoit commander chez foi. Quoi qu'il en foit, fon obftination, & la fureur qu'il avoit de faire jouer fon artillerie, alla fi loin, que le *Boftangi-Bachi* fut obligé de lui aller fignifier de la part du *Grand Seigneur*, que s'il tiroit après la Priere du foir, il feroit mis hors d'état de le faire, même pendant tout le jour. L'Envoyé ayant appuyé ces menaces par une autre qu'il lui fit, de le faire châtier à fon retour par le *Czar*, il fut obligé d'obéir & de faire ce qu'on vouloit.

L'Envoyé ayant fini fes affaires à la *Porte*, s'en retourna par terre, fe contentant de renvoyer fon bagage par le même Vaiffeau à *Afoph*.

Pendant que cela fe paffoit, c'eft-à-dire, le premier de Décembre, deux Vaiffeaux de guerre *François* arriverent dans le Port de *Conftantinople*, ayant à bord Monfieur de *Feriol*, qui avoit commandé en *Hongrie* un Corps de Troupes *Françoifes* en faveur du Prince *Tekeli*, & qui avoit été nommé par la Cour de *France* pour fucceder à Mr. de *Châteauneuf*, en qualité d'Ambaffadeur à la *Porte*. Ces Vaiffeaux faluerent de plufieurs coups de canon le *Serail* qui ne leur répondit point, la *Porte* ne rendant pas aux *Chrétiens* qui paffent devant fes Châteaux le falut qu'elle en reçoit. C'eft, dit-on, la raifon qui empêche les *Anglois* d'y paffer, & qui les engage à refter ordinairement au deffous, ou au dehors, à quelque diftance, fans faluer.

Tome I.   Ll 2   Mr.

1699.
CHAP.
XIV.

Mr. de *Feriol* alla à une maison de *Pera*, qui avoit été meublée pour lui, & où il devoit loger jusqu'à ce qu'il eut pris possession de l'Ambassade, qui le rendoit maître du Palais que la Couronne de *France* a fait bâtir pour loger ses Ambassadeurs. Il envoya d'abord selon la coutume son Secretaire, avec un Interprête, au *Visir*, pour lui donner part de son arrivée, & ce Ministre lui envoya quelqu'un pour le feliciter à cette occasion. Mr. de *Feriol* ayant aussi notifié la même chose aux Ministres des Puissances étrangeres en Paix avec la *France*, ils lui envoyerent faire les mêmes complimens. Le Prince *Tekeli* ne fut pas oublié, car il fut le premier, après le *Visir*, à qui il fit savoir son arrivée, & il lui rendit même une visite particuliere avant que d'avoir son audience du *Visir*.

Admis à l'audience du *Visir*.

Le jour marqué pour cette audience, qui fut le 14. étant arrivé, Mr de *Feriol* envoya à la *Porte* les presens destinez pour le *Visir*, & il alla joindre Mr. de *Châteauneuf* au Palais de *France*, avec sa suite, accompagné des Marchands, & autres personnes protegées par l'Ambassade, outre plusieurs Gentilshommes volontaires qui étoient venus sur les deux Vaisseaux. Les deux Ambassadeurs étant descendus avec leur suite, à la Marine, leur nombre y fut grossi par quantité d'Officiers de Mer. Ils y trouverent divers bateaux de la *Porte*, avec lesquels ils devoient traverser le *Golfe*, & ils furent saluez en le traversant de quarante-deux coups de canon que tirerent les deux Vaisseaux, outre quantité de Vaisseaux Marchands de leur Nation. Deux beaux chevaux richement enharnachez pour Leurs Excellences, & cinquante autres pour leur suite, les attendoient de l'autre côté du Golfe, & comme ce nombre qu'on avoit sû d'avance par le rapport des Interprêtes, n'étoit pas suffisant, Mr. de *Châteauneuf*, & les Marchands y avoient envoyé les leurs. Chacun étant monté à cheval, on forma une belle Cavalcade, avec les *Turcs* qui étoient beaucoup plus nombreux.

Les Ambassadeurs furent reçus en débarquant par le *Chiaouz-Bachi* & un *Selam-Aghassi*, & on marcha en l'ordre suivant.

I. Une Compagnie de *Janissaires* à pied, avec leurs bonnets de ceremonie.

II. Le *Chiaouz-Bachi*, ou Chef des Huissiers, avec quarante *Chiaouz* à cheval.

III. Six Janissaires de la garde de Mr. de *Châteauneuf*, & autant pour celle de Mr. de *Feriol*.

IV. Quarante-huit valets de pied, à sçavoir vingt-quatre de chacun, avec leurs livrées à la *Françoise*.

V. Douze Gentilshommes bien galonnez, avec les deux Commandans des Vaisseaux.

VI Les Interprêtes & enfans de Langue.

VII. Six Pages magnifiquement vêtus à la Françoise.

VIII Leurs Excellences, Mr. de *Châteauneuf* à la droite, & Mr. de *Feriol* à la gauche, entourez de quantité de valets de pied, vêtus à la maniere du Païs.

IX. Leurs Chanceliers & Secretaires, avec quantité d'Officiers de Marine & Volontaires.

X. Les Marchands.

XI. Le reste de la Nation ou des personnes protegées fermerent la marche.

Les

Les *Janissaires* & les *Chiaoux*, se rangerent chacun en deux hayes depuis la Porte de la premiere cour, jusqu'à celle de la Chambre d'audience. Les deux Ambassadeurs ayant mis pied à terre, furent reçus au bas de l'Escalier par Mr. *Nicolas Mauro Cordato*, le fils; & au haut, par Mr. *Alexandre Mauro Cordato* le pere. Quelques *Agas* les introduisirent dans la salle d'audience, où ils trouverent deux tabourets couverts de velours rouge sur lesquels ils s'assirent. Messieurs *Mauro Cordato* les suivirent, & furent suivis des premiers Interprêtes de la Nation, des deux Commandans, des gentilshommes, & des principaux Officiers de la suite, au nombre de 35. qui resterent debout derriere les Ambassadeurs. Le *Visir* étant entré par une autre Porte, leurs Excellences se leverent pour le saluer à leur maniere, quoy que sans oter le Chapeau, & ils en furent saluez à la sienne, c'est-à-dire par une inclination de tête.

Le *Visir* s'assit au coin du *Sopha*, la place la plus noble chez les *Turcs*, le *Chiaoux-Bachi*, le *Chancelier*, & le *Kiaia* du *Visir*, furent les seuls *Turcs* de distinction qui entrerent dans la Sale d'Audience. Mr. de *Châteauneuf* lui presenta Mr. de *Feriol* pour son Successeur. Celui-ci remit au *Visir* une Lettre de creance du Roi son Maitre, & lui fit des complimens de la part de Sa Majesté, & pour soi-même, auxquels le *Visir* répondit fort obligeament. Aprés quelques discours qui roulerent sur la disposition où les deux Puissances étoient de continuer à vivre en bonne intelligence, on leur servit à chacun une tasse de Caffé, les Confitures, & puis le *Sherbet*, avec les parfums. Pendant ce tems-là on fit passer comme en revue les presens de l'Ambassadeur, qui étoient portez par des Officiers du *Visir*; aprés quoi les deux Ministres & trente-cinq personnes de leur suite, qui étoient entrées dans la Sale d'audience furent revêtus de Caffetans (*a*) selon la coutume usitée en pareille occasion. Ensuite ils se retirerent dans le même ordre qu'ils étoient venus, si ce n'est que le nouvel Ambassadeur prit la droite. Mr. de *Feriol* étant ainsi reconnu Ambassadeur alla loger au Palais de *France*, & Mr. de *Châteauneuf* à une autre maison.

Quelques jours aprés, Son Excellence fit une visite particuliere au *Visir*, & le pria de demander au *Grand Seigneur* le tems auquel il plairoit à *Sa Hautesse* de lui accorder son Audience, & le 26 ayant été marqué pour cela, le premier Ministre le fit sçavoir à Mr. l'Ambassadeur.

Son Excellence sortit de grand matin de son Palais avec le même cortege, & même plus nombreux qu'il ne l'avoit à l'Audience du *Visir*, & ayant traversé le Golfe en la même maniere, il trouva le *Chiaoux-Bachi* prés du rivage qui le reçut à l'ordinaire, & soixante chevaux de selle des Ecuries du *Sultan*, entre lesquels celui qui étoit destiné pour Son Excellence se distinguoit par la richesse de son harnois. Ceux de Mr. de *Feriol* y étoient aussi, de même que ceux des Marchands, afin qu'il y en eût pour toute sa suite.

La Cavalcade s'avança de là en bon ordre jusqu'à la porte de la seconde

M. de *Feriol* regalé dans le *Divan*.

(*a*) *Caffetans*, longues robbes de brocard d'or & d'argent, ou tout de soye, que le *Grand Seigneur* & le *Visir* font presenter à ceux à qui ils donnent audience, le premier avant que de la donner; le second aprés. Il faut remarquer qu'on prend toûjours audience du *Visir* avant que de l'avoir du *Grand Seigneur*.

1699.
Chap.
XIV.

conde Cour du grand *Serail*, appellée *Duor*, où l'Ambaſſadeur mit pied à terre, ſelon la coutume qui ne permet à perſonne qu'au *Sultan* d'aller plus loin à cheval. Son Excellence y fut reçue par deux *Divan-Tchiaouſes*, ou Maîtres des ceremonies, tenant chacun à la main un bâton d'argent, aſſez ſemblable à un Caducée, & Elle paſſa juſqu'au *Divan*, au milieu de deux hayes de pluſieurs milliers de *Janiſſaires*, rangez ou plûtôt collez à droite & à gauche contre la muraille, & qui paroiſſoient auſſi immobiles que des ſtatues. L'élite de la ſuite de l'Ambaſſadeur entra avec lui dans le *Divan*, où le *Viſir Azem* arriva par un autre porte en même tems que Son Excellence ; & ils ſe ſaluerent l'un l'autre. Le *Viſir*, les *Cubbe-Viſirs*, les *Rumely* & *Anadoly-Kadileskiers*, & les autres Membres du *Divan*, prirent leurs places ordinaires, & l'Ambaſſadeur s'aſſit ſur un tabouret deſtiné pour lui, & qui étoit couvert de velours à fleurs d'or. Après que le *Divan* eut prononcé ſoutence ſur differentes cauſes, qui avoient déja été examinées, on donna à laver à toute cette illuſtre Aſſemblée, dans de grands baſſins d'argent ; & enſuite on ſervit. Il y avoit cinq tables differentes. L'Ambaſſadeur & le *Grand Viſir* mangerent ſeuls à la premiere ; les *Cadileskiers* auſſi ſeuls à la ſeconde ; & les Capitaines des Vaiſſeaux de guerre, & les Officiers & Gentilshommes de Son Excellence aux trois autres, avec les *Kubbe-Viſirs*, le *Niſſengi-Bachi*, le *Reys-Effendi*, le *Teſterdar*, le *Janiſſair-Aga*, le *Tchiaouz-Bachi*, &c. Le reſte de la ſuite de l'Ambaſſadeur mangea à diverſes tables dreſſées dans la Cour du *Duor*.

On ſervit trente à quarante plats differens à chaque table. Ces plats ſont petits & de porcelaine. Tout mets ſolide eſt coupé par petits morceaux, d'une bouchée chacun, qu'on prend avec les deux doigts, car les *Turcs* ne connoiſſent point l'uſage de nos fourchettes. Quant aux choſes molles & liquides ils ont des cuilliers, non d'or ni d'argent, metaux que la Loi leur deffend de porter à la bouche ; mais les principales ſont ordinairement d'Agathe, d'Ambre, ou de quelque matiere rare : le manche eſt garni d'or ou de vermeil, enrichi de quelques pierreries, car tout ce qui ne touche pas la bouche, peut être de ces metaux. Les *Sophras*, ou tables à la *Turque*, ſont ordinairement toutes d'argent chez les perſonnes riches. Ces plats étoient ſervis ſelon la coutume l'un après l'autre ſur chaque table, & retirez auſſi-tôt qu'on en avoit pris une bouchée, ou une cuillerée ou deux de chacun. On ſervit du *Sherbet* pour boiſſon dans des vaſes de porcelaines, dont les *Turcs* ſont fort curieux. Il n'eſt pas neceſſaire de dire qu'on ne donna point de vin ; ce que j'ai dit de la Loi *Mahometane* le fait aſſez ſuppoſer.

Preſens de la Cour de France.

Avant qu'on ſe levat de table, les preſens de la Cour de *France* pour la *Porte*, furent apportez dans le *Divan* ; ſavoir un miroir dont la glace avoit environ quatre-vingt-dix pouces de hauteur, & plus de ſoixante de largeur, une très belle pendule, une autre piece d'horlogerie très curieuſe qui marquoit, outre les heures, & les minutes, le mouvement de la Lune, les dégrez du chaud, & du froid, avec les variations des Saiſons ; diverſes riches étoffes, & quelques autres du plus fin drap d'*Angleterre*, verd, rouge, ou couleur de citron.

Après le repas on ſervit le caffé, & encore à laver ſelon la coutume. Alors le *Viſir* écrivit au *Grand Seigneur* par un *Telkedy*, ou meſſager

CONSTANTINOPLE, &c. 271

fager de la *Porte*, pour fçavoir quand il lui plairoit qu'on introduisît Mr. l'Ambaffadeur au pied du trône. *Sa Hauteffe* ayant envoyé fa réponfe par écrit, le *Vifir* la mit fur fon front, & là baifa avant que de la lire; après quoy Son Excellence fût menée dans une Chambre voifine où on le revetit d'un *Caffetan* à fond d'or, & à fleurs de foye; & 56 de fes Officiers de chacun un autre moins riche.

1699.
CHAP.
XIV.

Jufques là tout s'étoit paffé dans l'ordre ordinaire, mais le *Chiaoux Bachi* ayant apperçu une longue épée d'Officier que portoit Mr. l'Ambaffadeur, laquelle relevoit fon *Caffetan* d'une maniere qui choquoit les yeux des *Turcs*, & qu'il jugeoit ne pas pouvoir plaire à ceux du *Grand Seigneur*, qui n'étoit pas accoutumé à un tel fpectacle; dit à *Mauro Cardato* qu'il devoit avertir Son Excellence de l'oter, parce que ce n'étoit pas la coutume de paroître en la prefence du *Sultan* ainfi armé. *Mauro Cordato* le fit, mais Monfieur l'Ambaffadeur répondit en portant la main fur fon épée, qu'il n'y avoit que le Roi fon maître qui eut droit de la lui faire oter, & que tout autre lui oteroit plutot la vie. *Mauro Cordato* ajouta qu'il falloit s'accommoder aux Céremonies, & aux manieres reçues dans le Païs où on étoit; que c'étoit combatre celle des *Turcs* que de porter des armes dans la Ville, à plus forte raifon devant le *Grand Seigneur*. Son Excellence repliqua que l'habillement à la *Turque* y pouvoit être contraire, auffi bien que la coutume, mais que pour celui des *François*, l'épée en faifoit partie, & en étoit le principal ornement, fur tout pour un Officier Militaire, tel qu'il étoit; & qu'il étoit inutile d'exiger de lui qu'il l'otat, parcequ'il avoit abfolument refolu de n'en rien faire. Cette difpute ayant été rapportée au *Grand Vifir*, qui étoit refté dans le *Divan*, celui-ci fit dire à l'Ambaffadeur qu'il ne pourroit avoir audience du *Grand Seigneur*, à moins qu'il ne la quittât. Son Excellence fit répondre que Mr. de *Châteauneuf* l'avoit affuré qu'il avoit pris audience avec la fienne, & qu'il ne voyoit pas pourquoy on le vouloit chicaner là-deffus. Le *Vifir* nia le fait, mais Mr. de *Feriol* affura qu'il l'avoit entendu dire à Mr. de *Chateauneuf* lui-même. Sur quoy le *Vifir* fit repartir, qu'il faloit donc quelle eût été fi petite & fi éclipfée par le *Caffetan*, qu'elle n'eût pas été apperçue, & il ajouta qu'on y prendroit garde à l'avenir, & que l'Ambaffadeur de l'Empire qu'on attendoit ne feroit pas non plus admis à l'audience du *Grand Seigneur*, s'il prétendoit la même chofe.

Difficulté au fujet de l'épée que portoit l'Ambaffadeur.

Après quelques autres conteftations fur ce fujet, Mr. l'Ambaffadeur reftant toujours inflexible dans fa refolution, que *Mauro Cordato* s'efforçoit en vain de vaincre, le *Janiffair-Aga* s'en mêla, & lui repréfenta que ni le grand *Vifir* même qui gouvernoit tout l'Empire Ottoman, comme Lieutenant du *Grand Seigneur*, ni lui qui étoit General de la premiere milice de cet Empire, ni aucun autre, n'étoient jamais entrez avec des armes dans aucun des appartemens de *Sa Hauteffe*. Mr. l'Ambaffadeur répondit, *Vous etes Sujets, mais moi j'ai l'honneur de repréfenter un grand Prince qui m'affranchit de cette foumiffion, & qui ne l'exige pas de moi.*

Les *Vifirs du Banc*, & les *Cadileskiers* ayant enfuite mis en oeuvre tous les efforts de leur éloquence, fans rien gagner fur fon efprit, on fit comme fi on s'étoit rendu à fa fermeté, & on lui dit, *hé bien marchez à l'audience comme vous êtes.* Alors l'Ambaffadeur tira de fa poche

Surprife qu'on lui veut faire.

1669.
CHAP.
XIV.

che la Lettre du Roi qu'il tint de la main droite. Deux *Capigi-Bachis* le conduisirent vers l'appartement du *Sultan*. *Mauro Cordato* & six de ses gens, au lieu de 15 qu'il avoit nommez pour y entrer avec lui, le suivirent. Son Excellence ayant remarqué cela en regardant derriere Elle, soupçonna que le *Chiaouz-Bachi* les avoit retenus, & jugea qu'on le vouloit surprendre, & il mit la main gauche sur la garde de son épée, tenant toujours la Lettre du Roi de l'autre. En approchant de la porte de la Chambre d'audience les deux *Capigis* le prirent par dessous les bras, suivant la coutume, & un troisieme se baissant subtilement porta le main sur son épée pour l'enlever; mais Mr. l'Ambassadeur transporté de colere, lui donna un coup de genouil, & de coude qui l'eloignerent de lui, & dit à *Mauro Cordato*, *C'est donc ainsi qu'on viole ici le droit des gens*; & se debarassant des deux *Capigi-Bachis*, par une secousse des deux bras qu'il fit, il tira son épée à demi, & ajoûta, *sommes-nous amis ou ennemis?* Mauro Cordato, répondit, *amis; mais on ne veut pas vous laisser entrer avec votre épée*. *Je n'entrerai donc pas*, repliqua-t-il. En même tems un *Capigi-Aga*, qui avoit remarqué la violence qu'on lui vouloit faire sortir de la sale, & ordonna qu'on ne lui en fit aucune pour le faire entrer sans armes. Il lui déclara en même tems, que s'il vouloit entrer sans épée, il seroit bien venu, sinon, qu'il pourroit s'en retourner aussi librement, qu'il étoit venu; ce qui ayant été expliqué par *Mauro Cordato*, à l'Ambassadeur, il se defit de son *Caffetan* en le donnant au premier Officier de la Porte qu'il vit le plus près de lui; & criant à ceux de sa suite, *que ceux qui ont des* Caffetans *les rendent*. Après quoi Mr. de *Feriol* se retira, & traversa à pied la Cour du *Divan*. Il fut arrêté assez brusquement à celle du *Duor* par une Compagnie de *Janissaires*, qui passant par dessus les mesures de la civilité *Françoise* l'obligerent d'attendre ce qu'ils eussent passé; il traversa enfin cette Cour que je viens de nommer, où il monta à cheval accompagné de sa suite. On leur fournit bien les mêmes chevaux du *Grand Seigneur* qui l'avoient amené, mais le *Chiaouz-Bachi* qui l'avoit accompagné en venant, ne le reconduisit point en s'en retournant, comme il fait à tous les Ambassadeurs qui ont reçu audience.

Il s'en retourne sans prendre audience.

Le *Grand Visir* cependant envoya dire à Son Excellence qu'Elle eût à faire reprendre ses presens, ce qui fut executé le lendemain. Ceux de la Nation qui n'avoient pas mangé au *Divan*, & ceux qui ne s'étoient pas accommodez des mêts *Turcs*, trouverent au Palais de *France*, où ils reconduisirent Mr. l'Ambassadeur, plusieurs tables abondamment fournies de tout ce qu'il y avoit de meilleur à manger, & à boire.

M. de *Feriol* a toujours donné depuis des repas aussi magnifiques qu'on les puisse faire en *Turquie*. La magnificence de sa table n'étoit pas bornée aux mêts, car il avoit une plus belle argenterie, & en plus grande quantité qu'aucun autre Ambassadeur de la Nation ait, dit-on, jamais eue, aussi bien qu'un plus grand nombre de valets de pied, toujours très bien habillez. En un mot, il y a fait une des plus belles figures, & a fait assez heureusement les affaires du Roi son maître, & de la Nation à la *Porte*, quoi qu'il n'ait jamais pris audience du *Grand Seigneur*, jusqu'au malheur que je rapporterai en son lieu, & qui fut suivi de son rappel en 1710.

Quel-

CONSTANTINOPLE, &c.

Quelques favorables couleurs qu'on ait données à la fermeté de l'Ambassadeur en cette occasion, on n'a pû, & on ne pourra jamais empécher les *Turcs*, qui comme j'ai déja dit, ne sçavent ce que c'est que point d'honneur, de la traiter de folie, comme ils n'ont fait que trop publiquement, & ni *Ciceron*, ni *Demostene*, s'ils vivoient, ne l'en justifieroient pas avec toute leur éloquence dans leur esprit. Ce qui ne le témoigne que trop, c'est le malheur qui arriva quelques années après à Son Excellence. Mr. l'Interprête *Brue*, qu'il avoit fait Chancelier, en ayant donné part au *Visir Ali-Pacha*, en disant, *Bisum elchi Dely oldu*; notre Ambassadeur est devenu fou; ce *Visir* répondit avec le flegme *Turc*, il y a long-tems qu'il l'est, il s'est déclaré tel dès son arrivée ici.

1699. CHAP. XIV. Remarques sur cette affaire.

La Cour de *France* n'a jamais pris grande connoissance de ce different à l'égard de l'audience, non plus que des rudes traitemens qu'ont soufferts ses Ambassadeurs ou Consuls en *Turquie*, comme celui de Mr. de la *Haye* & de son fils, & d'un de ses Consuls au *Caire*, qui reçut deux cents coups de *Falaca*. Le Roi *Très-Chrétien* paroît avoir les mêmes sentimens des *Turcs*, que le feu Roi *Guillaume III. d'Angleterre*, qui répondit un jour sur quelque chose de semblable, à quelqu'un qui lui disoit, qu'il auroit fallu aller bombarder & bruler *Constantinople*: *Il ni a ni honneur à attendre, ni deshonneur à craindre de la part des* Turcs. En effet, si on a tout à fait la justice de son côté, dans une affaire de quelque consequence, il la leur faut demander hardiment; ils se piquent de la faire, & d'être gens de parole, & c'est tout.

A la fin de Janvier le Comte *d'Ottinghen*, Ambassadeur Extraordinaire de la Cour de *Vienne* à la *Porte*, arriva à *Constantinople*, pendant qu'*Ibrahim-Pacha* alloit en la même qualité de la *Porte* à cette Cour. Le premier fit son entrée publique en la maniere suivante.

1700. Ambassadeur Extraordinaire de la Cour de *Vienne*.

I. Deux cents *Spahis* formoient la tête de la marche.

II. Un *Pacha* avec sept ou huit cents hommes, entre lesquels ses Musiciens faisoient entendre leurs Instrumens, comme Clairons, Tambours, & Tymbales, &c.

III. Quelques *Chiaoux*.

IV. Les Secretaires & les Interprêtes bien montez, & quarante Valets de pied des Ambassadeurs d'*Angleterre* & de *Hollande*.

V. Les Ecuyers & Palfreniers de leurs Excellences, les premiers bien montez, & les seconds tenant chacun un cheval de main richement enharnaché & caparaçonné.

VI. Divers *Agas*, & autres Officiers de la *Porte* du *Visir*.

VII. L'Ecuyer de Mr. l'Ambassadeur, à la tête de quinze Palfreniers avec autant de chevaux de main, magnifiquement équipez à la *Françoise*.

VIII. Sa Musique, consistant en Haubois, Trompettes, & Timbales, &c.

IX. Divers Interprêtes & enfans de Langue.

X. Sa Chancellerie avec ses Secretaires.

XI. Son homme de Chambre, avec divers Officiers de sa maison.

XII. Quatre Chapelains.

XIII. Un Etendard Imperial rouge, porté par un Officier militaire.

XIV.

XIV. Le jeune Comte, fils ainé de Son Excellence, accompagné de son Gouverneur.

XV. Un Prince de *Holstein*, avec divers autres personnes de qualité, comme Comtes, Barons, &c.

XVI. Un Etendard blanc, porté comme le précedent.

XVII. Deux *Capigi-Bachis*.

XVIII. Deux *Cagigiflar-Kiahiaffis*.

XIX. Quatre Enseignes déployées.

XX. Le *Chiaouz-Bachi*, le *Capitan-Aga*, & le *Sellam-Agaffi*.

XXI. L'Ambassadeur bien monté, avec une longue robbe à manches larges, doublée de Zebelines, ayant un bonnet fourré de même, & une aigrette ornée d'une rose de diamants, sur une petite perruque d'Abbé, & montant un très beau cheval richement caparaçonné, entouré de divers gardes du Corps, de six Pages, & de dix-huit Valets de pied.

XXII. Une Compagnie de Grenadiers *Allemands*.

Cette Cavalcade étoit fermée par quantité de Domestiques ordinaires de l'Ambassadeur, quelques carosses vuides, une centaine de chariots, ou environ, avec des lavandieres & autres servantes dans un ordre assez confus.

La *Porte* lui assigna à *Pera* un assez grand Palais, qu'un Domestique du Comte *Alexandre Coliers*, qui y vendoit du vin depuis plusieurs années, ceda moyenant un dedommagement, & un loüage raisonnable de la part de la *Porte*, qui le fit garnir magnifiquement à la *Turque*: elle accorda outre cela un *Thaim* honorable à Son Excellence pour son entretien, & celui de sa suite. Ceux qui ne pouvoient y être logez, le furent dans diverses maisons dans le voisinage, qu'elle loua de ceux qui les habitoient. Un Officier du *Serail* me proposa de ceder la mienne qui y étoit, mais je m'en excusai sur l'embarras de demenager.

Arrivée d'un Ambassadeur de Venise.

Peu de jours après arriva Monsieur le Chevalier *Soranzo*, en qualité d'Ambassadeur Extraordinaire de la Serenissime République de *Venise*. Entre plusieurs prisonniers *Turcs* que ce Ministre avoit avec lui pour les rendre à la *Porte*, étoit celui que j'avois vû en cette Ville l'an 1697 & dont *Mylord Paget* avoit demandé & obtenu la liberté, même avant la conclusion de la *Paix* de *Carlowitz*, à la requisition d'un Ministre de la *Porte*, Parent de ce prisonnier. On l'avoit non seulement traité d'abord avec beaucoup de consideration, mais même on l'avoit invité à attendre l'occasion du voyage d'un Ambassadeur, afin qu'il revînt plus commodement. Nous renouvellâmes connoissance chez Mylord *Paget*, où je le rencontrai. Il témoignoit à Son Excellence bien de la reconnoissance de ses bons offices. Nous nous vîmes de tems en tems pendant qu'il resta à *Constantinople*, & fumes bons amis. Il fut fait Capitaine des *Spahis*, & puis *Pacha* de *Bosna d'Albanie*: je ne l'ai revû depuis qu'au *Pruth*, comme je dirai dans le Tome second.

Il faut remarquer que c'est une coutume des Ambassadeurs de ramener à la *Porte* les prisonniers *Turcs* qui se trouvent dans leur Païs; comme en revanche, c'en est une pareille de la *Porte* de presenter à ces Ambassadeurs, quand même ils n'en auroient aucun de leur Nation, quelques Esclaves de ceux qu'on appelle *Beylicks* ou d'*Etat*,

qui

CONSTANTINOPLE, &c. 275

qui font pris fur fes Ennemis par fes Vaiſſeaux de guerre, ou par fes Troupes de terre, & qui comme tels ne peuvent être rachetez pour de l'argent.

1700.
CHAP.
XIV.

Cette remarque me fait reſſouvenir que j'ai oublié de dire, qu'il y avoit à bord du Vaiſſeau *Anglois*, ſur lequel je paſſai à *Smirne*, trois *Turcs* qui s'étoient ſauvez des Galeres de *Marſeille* à *Londres*, & que le Roi d'*Angleterre* renvoyoit libres au *Grand Seigneur*, qui eut, à ce qu'ils m'ont dit depuis, la curioſité de les voir. Ce Prince étoit plus affable & moins ſolitaire que les *Sultans* n'ont coutume de l'être, comme je dirai ailleurs. Ils ajoûtoient pour circonſtances, ,, que *Sa* ,, *Hauteſſe* leur avoit demandé, ſi c'étoient les *François* qui les avoi- ,, ent fait Eſclaves, & qu'ils avoient répondu que c'étoient des Che- ,, valiers de *Malte* de leur Nation, qui les avoient envoyé ſervir ,, ſur les Galeres de *France*, où il y avoit actuellement quantité de ,, *Muſulmans* achettez des *Maltois*, ou des *Eſpagnols*; mais qu'ayant ,, apris qu'on n'employoit perſonne comme Eſclave en *Angleterre*, & ,, qu'au contraire on y jouïſſoit d'une liberté entiere, dès qu'on y mettoit ,, le pied, ils avoient trouvé le moyen de s'y ſauver; qu'on les y avoit ,, habillez tout de neuf & bien nourris, & enſuite mis à bord d'un ,, Vaiſſeau qui paſſoit dans le *Levant*, & qu'on les avoit deffrayez de ,, tout par ordre & au dépens de Sa Majeſté *Britannique*. Ils me di- ,, rent enfin que *Sa Hauteſſe* dit là-deſſus, *les Anglois ſont les plus* ,, *ſinceres & les meilleurs amis de notre ſublime Porte*, & qu'il leur fit ,, donner à chacun une *bourſe*.

CHAPITRE XV.

Du Ramazan *& du* Bairan; *des Ambaſſadeurs Extraordinaires de* Pologne *& de* Moſcovie; *du Prince* Tekeli *banni à* Nicomedie, *& pourquoi. Mon voyage en cette Ville & ma reception auprès de ce Prince & de la Princeſſe ſon épouſe. De* Firarly Haſſan-Pacha. *Mon retour par* Brouſſa. *Remarques ſur cette Ville, & ſes bains. D'une ſorte de galanterie* Turque. *Nouvel Ambaſſadeur d*'Angleterre *à la* Porte.

L'Onzieme de *Mars* commença le *Ramazan* ou *Ramadan*, ſelon la prononciation des *Arabes*: *Carême* des *Mahometans*, qui dure pendant la *Lune*, dont il prend le nom. C'eſt le plus ſevere Carême qui ſoit obſervé par aucune Nation, ſur tout pour le commun Peuple, qui eſt obligé de travailler pour vivre, puiſque perſonne ne doit boire, manger, ni fumer, en un mot mettre aucun rafraichiſſement à la bouche depuis le lever du Soleil juſqu'à ce qu'il ſoit couché. Pour ce qui eſt des riches, ils peuvent faire du jour la nuit, c'eſt-à-dire, dormir le jour, en donnant ſeulement ordre à leurs Domeſtiques de les éveiller aux heures de Priere. Pour la nuit, perſonne n'eſt obligé à l'abſtinence d'aucune viande que ce ſoit, & on en mange autant que l'on veut. Un jour de Bataille n'exempte pas le Soldat de ce jeûne, & celui qui mettroit quelque choſe à la bouche ſeroit reputé *Infidele*. Pendant ce tems-là, un prodigieux nombre de Lampes allumées ſont attachées aux *Minarets*, ou Tours des Moſquées, avec aſſez d'huile pour bruler toute la nuit.

Ramazan.

Tome I. Mm 2 Ces

Ces Lampes sont rangées, & disposées dans un ordre des plus curieux, autour des balcons d'où les *Muesins* ont coutume d'appeller le Peuple aux Prieres. Les *Minarets*, ou Tours des grandes *Mosquées*, ont chacun jusqu'à trois de ces Balcons, & paroissent alors environnez d'autant de Couronnes, ou ceintures de feu. Outre ces especes de couronnes flamboyantes, il y a des cordes attachées d'un *Minaret* à l'autre avec d'autres lampes plus petites, qui y sont suspendues en guirlandes de feu, quelques-unes plus haut, d'autres plus bas, en telle maniere qu'elles forment des caracteres *Arabes*, avec differentes devises à la gloire de *Dieu*, du *Prophete*, du *Sultan*, & des fondateurs de ces *Mosquées*, & rien n'est plus agréable à la vue, à une certaine distance, sur tout dans les grandes Villes comme *Constantinople*, *Andrinople*, &c.; car plus il y a de *Mosquées*, plus les illuminations sont considérables, & plus elles font un bel effet. Outre cela, les dedans des *Mosquées* sont si bien éclairez par les lampes, qui y sont suspendues, comme sur l'Estampe XV, pendant les Prieres qui si font, qu'on y voit aussi clair qu'en plein jour.

Aussi-tôt que la *Lune* se renouvelle, le *Bairan*, qui répond à la *Pâque* des *Chrétiens* est annoncé au Public par le bruit du canon, des Tambours, des Timbales, & des Instrumens de la Musique *Turque*. Cette Fête qui dure trois jours, commence par des louanges à *Dieu*, des Prieres, & des Cantiques, & se termine par des actions de grace extraordinaires, telles que sont celles-ci.

„ Nous te remerçions, ô Seigneur, seul infini, seul parfait, seul
„ Éternel, seul Tout-puissant, tout misericordieux, juste &c. de ce
„ que tu nous as communiqué ta sainte vérité, & ta Loi dans sa pre-
„ miere pureté, par ton Serviteur, Ambassadeur, & Prophete *Ma-*
„ *homet*, à qui soit salut, & benediction, comme aussi à tes autres
„ Prophetes, *David*, *Salomon*, *Jesus*, &c.

Après la premiere Priere, le *Grand Seigneur*, assis sur son Trône, reçoit les complimens de tous les Grands de la *Porte*, à qui il donne sa main gauche à baiser. On m'a assuré que les *Sultanes* sont introduites ce jour-là dans son appartement, pour lui rendre un pareil hommage, après que les hommes se sont retirez. On ajoûte même, qu'il fait à quelques-unes la grace de les admettre à sa table ; mais en ce cas il n'est servi que par des Eunuques noirs.

Les rues fourmillent alors de *Turcs*, la plûpart vêtus de neuf ou du moins de leurs plus beaux habits, qui s'embrassent, & se donnent la main l'un à l'autre, en signe d'amitié, ou de reconciliation ; car il se fait en ce tems-là une infinité de raccommodemens, suivant l'ordre que l'*Alcoran* leur en donne. Au reste, cette coutume a beaucoup de raport au *Christos anesti* des *Grecs*, & paroît en être une imitation ; mais il y a une exception à faire à cet égard, c'est que les réjouissances des *Turcs* se font avec beaucoup plus de tranquilité que les leurs. Cependant les *Turcs* se regalent alors les uns les autres, & sont ensemble de grandes parties de plaisirs. Les plus riches font des *Courbans*, ou Sacrifices, qui consistent à tuer des boeufs, des moutons, & des agneaux, & après avoir peint leurs têtes de rouge d'*Egipte*, & d'autres couleurs, ils en font distribuer la viande aux pauvres. Ils envoyent même des agneaux entiers peints de cette maniere, à certaines gens pour les tuer eux-mêmes, comme aux maîtres qui enseignent à lire,
&

& écrire à leurs fils, & autres personnes qui leur rendent service.

Les femmes ont alors plus la liberté de sortir, qu'en aucune autre occasion : aussi ne manquent-elles pas d'en profiter. Ces illuminations, & ces réjouissances se pratiquent aussi à la naissance des enfans du *Grand Seigneur*, & aux mariages de ses filles, comme je dirai ailleurs.

Le *Ramadan* & le *Bairan*, s'étant écoulez de la maniere que je viens de dire, l'Ambassadeur de l'*Empereur* prit ses Audiences avec les ceremonies accoutumées. Il avoit comme le jour de son entrée une longue pelisse, qui ne s'accordant pas avec l'épée, suivant le Proverbe *cedant arma togæ*, lui avoit servi de prétexte pour aller à l'audience sans la porter; ce qui le mit à couvert des contrarietez désobligeantes que Mr. de *Feriol* avoit essuyées. Tous les autres nouveaux Ambassadeurs que j'ai vûs depuis l'ont imité en cela. Les Missionnaires obtinrent par sa Mediation le *Haticheriph* suivant.

„ L'Illustre & incomparable Ambassadeur de l'Empereur des *Romains* & des *Allemands*, à notre sublime *Porte*, le modele
„ de sagesse & de prudence entre les grands hommes de la Commun-
„ nion de *Jesus*, nous ayant très humblement représenté par un Me-
„ moire, qu'en vertu de la Capitulation de l'an 1095., les Prêtres &
„ Moines de la Religion de *Rome* ne doivent point être inquietez,
„ ni traversez dans leurs habitations, ni dans leurs voyages, soit par
„ terre, soit par mer; mais peuvent au contraire observer en toute
„ liberté les rites & ceremonies de cette Religion, tant en public
„ qu'en particulier, & tant dans leurs Eglises & leurs maisons, que
„ dans les rues & ailleurs, sans payer de *Haratch* (Capitation) ni au-
„ cunes taxes, quelles qu'elles soient, excepté celles de la Douane :
„ & de plus que suivant la même Capitulation, en cas qu'ils apportent
„ ou emportent des marchandises, ou qu'ils viennent à mourir, on ne
„ doit point toucher à aucun de leurs effets, ni exiger aucun *Droit*
„ *de sang*, sous quelque pretexte que ce soit, s'il se fait quelque
„ meurtre dans les quartiers où ils demeureront, & qu'il ne sera point
„ permis aux Evêques *Grecs* de *Servie* & de *Bulgarie*, ni autres, de les
„ troubler dans leurs cultes & ceremonies, ni à quelque personne que
„ ce soit de leur faire quelque insulte, ou de leur causer quelque dé-
„ pense injuste : ledit Ambassadeur nous ayant en outre remontré
„ qu'en l'année 1076, notre *sublime Porte* avoit accordé un *Ferman*
„ pour les maintenir dans tous ces Privileges & immunitez : Nous les
„ leur confirmons par le present *Haticheriph*, ordonnant qu'ils en
„ jouïssent comme ci-devant, sans aucun changement contraire, & que
„ personne n'en pretende cause d'ignorance, & s'y conforme exacte-
„ ment & avec tout le respect possible. *Donné* en notre Ville de
„ *Constantinople* en la Lune de *Rabi el Achir* de l'an 1112.

Au commencement d'*Avril* le Comte *Lesinski* (*a*) Palatin de *Po-sen*, arriva à *Constantinople*, en qualité d'Ambassadeur du Roi & de la République de *Pologne*. Son entrée fut des plus magnifiques : il avoit une suite de plus de six cents hommes la plûpart Officiers, revêtus de jaques de mailles, même de celles qui furent prises devant *Vienne*, lorsqu'on en fit lever le siége aux *Turcs* par cette éclatante Victoire,

Arrivée d'un Ambassadeur de *Pologne*.

(*a*) C'étoit le Pere du Roi *Stanislas*.

à laquelle le Roi de *Pologne* eut tant de part. Cela parut fort extraordinaire à ceux de cette Nation, fur tout à quelques vieux *Spahis*, qui s'étoient trouvez à ce fiege, fi funefte pour eux. Ils reconnurent quantité de ces jaques de mailles, qu'ils avoient vues à leurs Confreres tuez, ou faits prifonniers. Mais comme les *Turcs* font generalement civils & humbles, outre que les pertes qu'ils avoient faites dans cette derniere guerre, leur avoient infpiré beaucoup de modeftie, ceux-là ne témoignerent point de reffentiment de cette efpece de bravade, & fe contenterent de dire entr'eux, *back, back, guidi guiaourler, Vois, vois, ces Cornards d'Infideles*.

Son Excellence étoit très bien montée, & habillée à la *Polonoife*, avec un bonnet & une peliffe très riche. Elle étoit précedée par des *Turcs* & par quantité de Gentilshommes *Polonois*, entourée de fes Pages & Valets de pied, & fuivie d'autres Domeftiques avec des *Turcs*, dans un ordre à peu près femblable à celui de l'entrée du Comte d'*Ottinghen*. Ce Miniftre étoit logé dans un grand Palais, avec des coupoles, marqué II. fur l'Eftampe XV. *d'Almeïdan*, qui regarde cette place, & il reçut fes audiences avec les ceremonies ufitées.

Cet Ambaffadeur fit, quelque tems après fon entrée, un coup incomparablement plus hardi que celui des cottes de maille. Un de fes gens s'étant fait *Mahometan*, & ne pouvant renoncer à l'amour qu'il avoit pour le vin, & pour l'eau-de-vie, que ceux de cette Religion ne peuvent boire dans les Cabarets fans rifque, & fans qu'il leur en coute beaucoup d'argent, alla vifiter fes compatriotes pour en boire avec eux. Quoiqu'il eût coutume de dire qu'il étoit ivre quand il fe fit faire circoncire, il n'en temoignoit pourtant pas beaucoup de repentir, & ne trouvoit, difoit il, d'autre défaut dans le *Mahometisme* que la defenfe du vin. La premiere fois qu'il y alla, Son Excellence ne fit pas femblant de le favoir, mais à la feconde il lui fit trancher la tête, & la fit jetter la nuit avec le corps au milieu de la place que je viens de nommer. Les *Turcs* furent fort furpris le matin en allant à leur *Sabaketannamas*, ou Priere du matin, de voir leur nouveau *Profelite* ainfi martirifé: mais n'ayant aucunes preuves du fait, ou n'ofant accufer Son Excellence, ni perfonne de fa Cour, quelques foupçons qu'ils euffent des véritables auteurs de ce meurtre, ils l'enterrerent tranquillement.

Au mois de Juin la colomne *Serpentine*, à laquelle il reftoit encore deux têtes de fes Serpens cordelez ou entrelacez, les ayant perdues pendant une nuit obfcure, les *Turcs* ne firent non plus aucune perquifition pour découvrir ceux qui pouvoient les avoir abatues. Je remarquerai à cette occafion, qu'il eft étonnant que leur antipatie pour les figures des chofes animées, ne leur ait pas fait enlever il y a quelques fiecles toute la colomne, pour la fondre, & en faire une piece d'artillerie. Cependant les *Francs* foupçonnerent quelques-uns des gens de l'Ambaffadeur d'*Allemagne* de les avoir rompues & emportées.

Le 20. d'Août un des fils du *Grand Seigneur* mourut, & fut mis dans un des Tombeaux voifins de *Sainte Sophie*, fans autre ceremonie extraordinaire que celle de brûler de l'ambre gris, depuis le *Serail* jufques là, pendant qu'on l'y tranfportoit & qu'on le mettoit en terre.

Le 26. le Tonnerre fendit & gâta tellement la flêche de la petite

Mosquée, bâtie par la *Validé* alors vivante, sur les ruines de l'Eglise brulée de *St. François* à *Gallata*, dont j'ai déja parlé, qu'il falut la refaire entierement. Les Religieux à qui ce terrain avoit été pris, de la maniere que j'ai dit, publierent cela comme un miracle du *Saint*. Les *Anglois* disoient en riant, que c'étoit parce que *St. François* s'étoit fait *Mahometan*.

1700. CHAP. XV.

Vers le milieu de Septembre le Comte d'*Ottinghen* prit ses audiences de congé du *Grand Seigneur*, & du *Visir*, pour retourner à *Vienne*, où *Ibrahim-Pacha* s'étoit déja rendu en qualité d'Ambassadeur de la *Porte*. Cet Ambassadeur fit en cette Cour, à ce qu'on dit, une action bien genereuse en faveur d'un *Allemand*, qui lui presenta à vendre une Imprimerie *Turque*. Après lui avoir bien fait peur, il fit briser en sa presence tous les caracteres, & demanda à celui qui les avoit faits ce qu'il en vouloit avoir. Celui-ci le lui avoyant dit en tremblant, le *Pacha* lui donna cinquante ducats au delà de ce qu'il demandoit, & lui conseilla de ne plus travailler à des caracteres pour les *Turcs*, disant, que ce seroit ôter le pain à des milliers de Copistes, à qui l'Ecriture à la main donnoit à vivre, & un moyen pour introduire plus de livres en *Turquie* qu'il n'en falloit lire, si l'on y vouloit conserver la tranquilité politique.

Mr. de *Feriol* reçut en ce tems-là des Lettres de *France* qui lui marquoient le retour de Monsieur d'*Iberville* qui avoit decouvert en en *Amerique* la fameuse riviere de *Misissippi*, que l'on regardoit comme un nouveau *Pactole* pour la *France*. Elles lui apprirent en même tems la condamnation du Livre de la *Theologie Mistique* de Mr. l'Archevêque de *Cambray*. Un certain Ecclesiastique qui étoit alors à *Constantinople*, & qui avoit de bonnes corespondances en *France*, conta à *l'Eveque Latin*, dont j'ai déja fait mention, avec quelle soumission pour le *Saint Siege l'Archevêque* avoit appellé tous les *Chanoines*, & les principaux Ecclesiastiques de *Cambray*, & du Diocese, & jetté au feu en leur presence tous les Exemplaires qu'il en avoit chez lui, les exhortant à en faire de même à l'égard des autres qu'ils avoient entre les mains. Cet Ecclesiastique ajouta que quelques-uns ayant dit à M. de *Cambrai*, qu'ils ne trouvoient rien que d'*Ortodoxe* dans sa *Theologie*, cet Evêque répondit que puisque le *St. Pere* l'avoit condamnée, il faloit obéir, & croire qu'il voyoit plus clair qu'eux. Le même Ecclesiastique dit dans quelques Compagnies ou il croyoit pouvoir parler librement, que ce sacrifice avoit trompé quelqu'un de ses plus puissans accusateurs, qui avoient plus en vue son Archevêché que la perte de son Ouvrage, & que c'étoit ce même Evêque *Latin* qui avoit denoncé auparavant à la Cour de *France* le *Telemaque* comme un Livre heretique en Politique, afin d'engager cette Cour à le faire condamner par celle de *Rome*.

Remarques sur M. de Fenelon, Archevêque de Cambrai.

Quelques semaines après, la peste faisant de grands ravages à *Constantinople* & à *Pera*, je restois la plupart du temps à la Campagne; & quand mes affaires m'appelloient en Ville je logeois dans la maison de la Sœur ainée de Mr. l'Ambassadeur de *Hollande*, qui s'étoit retirée dans une autre qu'elle avoit sur le Canal de la *Mer Noire*, & où il n'y avoit qu'un Domestique *Grec*. Le feu ayant pris pendant la nuit à une maison voisine de celle-ci, & du même côté où j'avois mon lit, sçavoir sur le jardin, je fus éveillé par le bruit du voisinage allarmé.

Embrasement à Constantinople.

J'é-

1700.
Chap.
XV.

J'étois presque suffoqué par la chaleur & la fumée du feu, pendant que le valet qui couchoit en bas, & qui étoit moins près du feu que moi, étoit enseveli profondément dans les vapeurs du vin, qu'il avoit accoutumé de boire tous les soirs en fort grande quantité, avant que de se mettre au lit. Je sautai de mon lit en chemise; & de ma chambre où je voyois aussi clair qu'en plein midi, je courus en bas pour l'appeller: je le tirai avec bien de la peine de son sommeil, & l'envoyai dans le voisinage appeller du secours, pour sauver les meilleurs meubles & de belles Peintures qu'il y avoit dans cette maison. Je remontai ensuite pour m'habiller, mais je trouvai avec frayeur que les flammes avoient déja penetré le mur, fait en partie de bois & en partie de plâtre & de briques, & que la maison voisine étoit déja presque toute réduite en charbons & en cendres. N'ayant pû prendre que la moitié de mes habits, j'enfonçai la porte d'une chambre où étoient deux excellens Tableaux, que je portai moi-même dans le jardin. Le Valet étant enfin venu avec quelques autres, ils y sauverent ce qu'ils purent. Mais c'étoit peu de chose, car la maison fut bientôt toute en feu & consumée, & le feu gagnant les autres maisons tant d'un côté de la rue que de l'autre, les *Janissaires*, les *Topedgis*, les *Zebedgis*, les *Bostangis*, qui étoient accourus dès que la Garde de nuit eut crié *au feu*, étoient occupez sous les ordres de leurs Chefs, à couper & abatre, pour tâcher d'arrêter le cours de l'incendie. Le *Grand Seigneur* même, le *Visir* & les autres principaux Officiers de la *Porte*, étoient déja arrivez pour animer par leur presence les Soldats & autres à employer toute leur adresse & leurs efforts pour cela, & empêcher le vol & le desordre. *Sa Hautesse* & le *Visir* se mirent dans le jardin voisin de celui où j'étois, & ne purent empêcher qu'il n'y eût dix-huit grandes maisons brulées en moins de six heures, entre lesquelles étoient le Palais de Mr. l'Ambassadeur de *Hollande*, & celui de Madame sa Mere. Le tems de la Priere du matin appellé *Sabhanumas*, survenant, *Sa Hautesse* se mit à genoux dans un *Kiosque* ou Berceau du jardin où elle étoit. Il appartenoit au Consul de *Raguse*, qui craignit alors qu'on ne lui enlevât ce terrain pour y bâtir une *Mosquée*, comme cela étoit arrivé à d'autres en pareil cas, mais sa crainte étoit vaine.

Mort de Charles II. Roi d'Espagne.

Au mois d'Octobre un Vaisseau de *Marseille* aporta la nouvelle de la mort du Roi d'*Espagne*, & du Testament qu'il avoit fait en faveur du Duc d'*Anjou*, petit-fils du Roi *Très Chrétien* ; ce qui donna lieu de parler de la nouvelle guerre qu'on prévoyoit qui alloit se déclarer à ce sujet entre la *France*, & l'Empereur. Monsieur de *Feriol* rendit alors au Comte *Tekely* de frequentes visites, qui firent juger qu'il y avoit sur le tapis quelque projet pour une nouvelle Revolution en *Hongrie*. Du moins Mylord *Paget*, bon Imperialiste, & qui avoit la meilleure part dans la conclusion de la paix, qu'il tâchoit d'entretenir entre la *Porte*, & la Cour de *Vienne*, disoit, qu'il étoit informé par ses amis à la *Porte* que cet Ambassadeur y sollicitoit une nouvelle rupture avec l'*Empereur*, & qu'il y depeignoit les *Hongrois* tout prêts à reprendre les armes contre l'Empereur, en faveur de la *Porte*, & de la *France*, & pour leur liberté. Un Internonce de la Cour de *Vienne* qui arriva à la fin de ce mois, si je ne me trompe, à *Constantinople*, confirma ce projet par des Lettres du Comte *Tekely*, interceptées, disoit-il, par ses gens sur les frontieres, où ils avoient arrêté un de leurs Emissaires.

Le

CONSTANTINOPLE, &c. 181

Le *Capitan Pacha Mezzo Morto* étant mort au mois de Novembre, un certain *Circaſſien* d'extraction, nommé *Cirkel-Mehemet*, qui avoit été ſon Eſclave, & avoit embraſſé le *Mahometiſme* ; & obtenu ſa fille en mariage, avec ſa liberté, après avoir apris de lui la navigation, lui ſucceda en cette charge.

1700.
CHAP.
XV.

Monſieur de *Feriol* ayant reçu de *France*, peu de tems auparavant, un bateau couvert, & qui étoit magnifique par la ſculpture, la dorure, & la couverture ; ſe diſtingua des autres Miniſtres publics, & de tous les Sujets de l'Empire *Ottoman*, à qui il n'eſt pas permis d'en avoir de couverts, excepté le grand *Viſir*, comme repréſentant le *Grand Seigneur*. Mais la ſeconde fois qu'il alla ſe promener dans ce bateau ou même la premiere, à ce que diſent quelques-uns, on le lui enleva ou du moins on lui ota la liberté de s'en ſervir. Cela arriva, ajoute-t-on, dans le tems qu'il revenoit de chez le Comte *Tekely*, & ſe fit de cette maniere. Le *Boſtangi-Bachi* ayant été averti qu'il avoit paſſé le Golfe, dans ce bateau couvert, pour viſiter ce Comte, épia le retour de l'Ambaſſadeur, le laiſſa mettre pied à terre, & fit donner à chacun des bâteliers cinquante coups de *Falaca*. Après quoi il ſequeſtra le bateau, & Son Excellence ne s'en eſt jamais ſervie depuis, au moins en *Turquie*, car on dit qu'il a été renvoyé en *France*.

Nouvelle mortificati-on que M. de Feriol eſſuye.

Cependant les limites furent reglées à l'amiable avec la *Porte* ; tant de la part du *Czar*, que de celle de l'Empereur, malgré les efforts qu'on accuſoit Mr. de *Feriol* de faire pour l'empêcher, ſur tout à l'égard du dernier.

Au commencement de Janvier 1701. Monſieur *Tolſtoy* arriva à *Conſtantinople* en qualité d'Ambaſſadeur Extraordinaire de Sa Majeſté *Czarienne* : il y fit une magnifique entrée avec une ſuite de plus de cent cinquante perſonnes, toutes habillées à la *Franque*, excepté deux Prêtres. Il reçut ſes audiences comme les précedens.

1701.
Arrivée d'un Ambaſſadeur du Czar.

Vers la fin d'*Août*, le *Grand Seigneur*, ſoit pour ſe delaſſer des audiences qu'il avoit données ; ſoit par un effet de la paſſion qu'il avoit pour la chaſſe ; ſoit, comme les *Turcs* le prétendent, par le conſeil du *Muphty Feſulla Effendi* qui le gouvernoit, ſe retira à *Andrinople*, au grand mécontentement des *Conſtantinopolitains*, comme je dirai dans la ſuite.

Mr. de *Feriol*, qui voyoit déja le feu de la guerre allumé entre l'Empereur & le Roi ſon maître, & prête à s'enflamer davantage contre Sa Majeſté *Très-Chrêtienne*, par l'union de l'*Angleterre* & de la *Hollande* avec Sa Majeſté Imperiale, conſeilla, dit-on, au Comte *Tekely* d'aller à *Andrinople* demander audience à *Sa Hauteſſe*, pour lui propoſer de recouvrer tout ce qu'il venoit de perdre, par la derniere guerre, en profitant de cette occaſion pour en recommencer une autre. On dit même que l'on dreſſa un Memoire, dans lequel étoient expoſées les favorables diſpoſitions des *Hongrois*, les ſecours d'armes & d'Officiers que la *France* leur devoit fournir, & que ce Comte fut chargé de la preſenter en main propre au *Sultan*.

Diſgrace du Prince Tekely.

Ce Comte écouta d'autant plus volontiers ce conſeil, qu'il ſouhaitoit de voir changer la rigueur de ſon ſort. Le voyage fut donc reſolu, & fixé au commencement de *Juillet*. Mr. *Bru*, qui étoit l'Interprête de confiance, eut ordre d'accompagner ce Comte, ou ce Prince, car on lui donnoit en *Turquie* ce titre, que l'Empereur lui

Tome I. Nn avoit

avoit ôté en *Hongrie*. Son Excellence l'accompagna, dit-on, jusqu'à une lieue de *Constantinople*.

Son Altesse en approchant d'*Andrinople* fit prendre les devants à son Secretaire & à son Interprête, qui étoit *Albanois* d'extraction, & *Mahometan* de Religion, & qui entendoit le *Hongrois*, pour donner avis au *Visir* de son arrivée, & chercher un logement. Le *Visir* surpris qu'il eût entrepris ce voyage, sans en avoir demandé & obtenu la permission de la *Porte*, lui en envoya demander le motif par son *Kiaia Firaly Pacha*, dont je parlerai dans la suite. Son Altesse répondit qu'Elle avoit quelque chose de consequence, & de fort avantageux pour l'Empire, à proposer au *Grand Seigneur*. Sur quoi celui-ci lui déclara, qu'il ne lui seroit pas permis de voir *Sa Hautesse*, à moins que le *Visir* ne sçût au juste de quoi il s'agissoit. Mr. *Bru* qui vit qu'il n'y avoit rien à faire, si on ne mettoit le *Visir* & le *Kiaia* dans le secret, en fit à ce dernier une ouverture particuliere. Le *Kiaia*, sans témoigner pour cela plus de curiosité, se contenta de dire au Prince *Tekely*, en prenant congé de lui, qu'il lui conseilloit en ami de s'en retourner sur ses pas, parce qu'il craignoit, ajoûta-t-il, que le *Grand Seigneur* surpris, & irrité d'un voyage qu'il avoit entrepris sans permission, ne lui donnât quelque triste marque de son indignation. Après quoi le *Kiaia* se retira avec assez de précipitation. Quoi que l'Interprête fut fort allarmé de la demarche du *Kiaia*, il n'osa pourtant combattre l'envie que le Prince avoit de poursuivre son voyage, de peur de déplaire à Mr. de *Feriol*, & d'essuyer les reproches sanglans qu'on lui auroit faits, si on l'avoit pû soupçonner d'avoir fait échouer le projet par trop de timidité. Ainsi le Prince, sans se rebuter, continua son voyage jusqu'à une lieue & demie d'*Andrinople*, où il reçut un Exprès de la part du *Visir*, qui lui conseilloit encore plus positivement de s'en retourner, s'il ne vouloit essuyer quelque disgrace. Mais ayant méprisé ce conseil, il fut fort surpris de recevoir, à son arrivée aux portes de la Ville, un ordre du *Grand Seigneur*, qui portoit qu'il eût à rebrousser chemin, & à s'embarquer pour *Nicomedie*, dès qu'il seroit arrivé à *Constantinople*. Un *Capigi-Bachi* qui étoit chargé de cet ordre, étoit escorté de quelques Officiers qui devoient le faire executer. Ils le firent en effet, sans accorder à Son Altesse la liberté d'entrer dans sa maison de *Galata*, qui n'étoit pas à cent pas du lieu où il s'embarqua. Il obtint seulement la permission d'envoyer un ou deux de ses Domestiques à la Princesse son Epouse, pour lui porter la triste nouvelle de son Exil, qu'elle alla partager avec lui.

Monsieur *Commaromi*, Secretaire du Prince, m'écrivit peu de jours après les circonstances de cet évenement, & m'invita de la part de Leurs Altesses infortunées de les aller voir à *Nicomedie*, où au nom d'*exilez* près, ils étoient aussi bien traitez qu'à *Constantinople*. Il ajoûta que le Prince son maître avoit quelque chose à me communiquer de bouche. Je lui répondis que je ne manquerois pas de me rendre auprès de Son Altesse le plûtôt que je pourrois, & je joignis à ma réponse une Lettre *Latine* pour le Prince, dans laquelle je lui marquois la part que je prenois à sa disgrace, & que je me donnerois bientôt l'honneur de le lui aller témoigner de vive voix. Il me fit réponse en la même Langue par une Lettre écrite de sa propre main, & signée

Toköly Princeps. (*a*) Il me marquoit, que je lui ferois plaisir, & me remercioit des sinceres marques d'affection que j'avois témoignées par mes Lettres, tant à lui même, qu'à son Secretaire. Il m'assuroit que ma presence seroit aussi agréable à la Princesse son Epouse, qu'à lui même. Je partis donc au commencement de *Decembre* pour me rendre auprès de lui. Je m'embarquai sur une *Tzaccoleva* (*b*) de *Nicomedie*, qui fit voile l'après-midi sur les trois heures, & arriva le lendemain vers les quatre heures au fond du Golfe, où est située la Ville dont il porte le nom, & où il avoit une bonne maison : & outre l'agrément d'y être aussi bien entretenu qu'à *Constantinople*, il pouvoit plus épargner du *thaine* que la *Porte* lui accordoit, parceque les provisions de bouche y étoient à beaucoup meilleur marché. Quelques-uns de ses gens y vendoient du vin au Public, comme ils avoient fait à *Constantinople*. On ne peut être mieux traité que je le fus par Leurs Altesses & par leurs gens, tant par raport aux honnêtetez qu'à la bonne chere. Le gibier, le bon poisson, & le bon vin, qui sont par tout là excellents, ne manquerent jamais à leur table. Que dis-je ? Ils y étoient en profusion : cependant cet exil étoit si dur au Prince, que sa barbe encore noire la derniere fois que je l'avois vû, étoit devenue presque toute grise. Quant à la Princesse, son courage heroïque ne l'avoit point abandonnée, & elle ne contribuoit pas peu à lui faire prendre patience. Comme la goute du Prince avoit redoublé malgré les protestations, & les promesses à perte de vue que lui avoit faites le *Signor Francesco*, on le tiroit toutes les après-dinez de son fauteuil, qui étoit sa prison du jour, pour le mettre sur une petite chaise roulante, & lui faire prendre l'air aux environs de la Ville ; & comme la chasse y étoit des plus abondantes, sur tout des *Becasses* & des *Faisans*, il en tiroit & en tuoit souvent plusieurs de dessus cette chaise, trainée par une couple de chevaux, qui étoient accoutumez au bruit & au feu.

1701. Chap. XV.

Ce Charlatan leurroit depuis long-tems ce Prince de l'esperance de le guerir de la goute ; mais n'ayant pû même le soulager, il entreprenoit de le guerir de la pauvreté, par de grands secrets qu'il prétendoit avoir découverts dans l'*Alchimie*. Il lui promettoit de faire couler bientôt les eaux du *pactole* dans sa cour, par le canal de la transmutation des metaux. Comme il n'est que trop naturel de croire ce qu'on souhaite, le Prince avoit donné un peu legerement dans le paneau ; ce qui lui étoit d'autant moins pardonnable, qu'il avoit toutes les raisons de le soupçonner d'imposture à cet égard, comme il en étoit déja convaincu par raport au *Nepotisme* & à la *Medecine*. Le *Signor Francesco* ne bornoit pas là son ambition. Malgré ses cinquante à soixante ans, & sa figure de *Don Quichote*, il sentoit ou feignoit de sentir dans son cœur le feu de cet amour, que *Guarini* dépeint dans celui des vieillards de son *Pastor Fido*. Sa *Dulcinée*, ou l'objet de cette passion, étoit une nommée *Catherine Seleuci* ; femme du Maître-d'Hôtel du Prince ; la même à la beauté de qui Mr. *Paul Lucas*

Des amours du *Signor Francesco*.

Tome I. Nn 2 donne

(*a*) C'est ainsi que doit s'écrire son nom, & que nous écrivons *Tekely* comme nous le prononçons.

(*b*) *Tchaccoleva*, petit bâtiment *Turc*, inferieur en grandeur à une Saïque, mais à peu près de même, en forme de grand bateau, avec un pont.

donne de si grands éloges, dans la partie de ses voyages qui regarde *Nicomedie*, mais à laquelle il attribue une faculté de boire, & de supporter une prodigieuse quantité de vin, qu'elle n'avoit pas ; car je dois lui rendre cette justice que je ne l'ai jamais vu boire qu'avec moderation, pendant cinq ans que je l'ai connue. Quoi qu'il en soit, notre *Dom Quichote Italien* ne pouvoit cacher sa passion pour elle : il l'appelloit à table, & publiquement la Reine de son cœur, & de ses desirs, & lui disoit cent autres douceurs dont elle se divertissoit aussi bien que toute la Cour, & son mari même, qui les connoissoit trop bien l'un & l'autre pour être jaloux. Je l'ai vû à genoux devant elle lui faire des protestations, & des offres à perte de vue ; & quoi qu'elle se mocquât de lui aussi ouvertement qu'intelligiblement, il étoit si fort aveuglé par son amour, qu'il ne s'en apperçevoit pas, ou qu'il faisoit semblant de ne le pas voir. Elle lui dit un jour en ma presence d'aller trouver son Oncle le *Pape*, à quoi je répondis qu'il devroit donc mourir pour cela, puisque le *Pape Pignatelli* qu'il avoit appellé tel, étoit dans l'autre monde depuis plus d'un an. Elle repliqua, ,, le Neveu est assez vieux pour cela, & il a tué assez de gens ,, par son art imposteur en Medecine, pour meriter la mort. D'ail,, leurs il est trop connu à present dans ce monde, pour en imposer ,, plus long-tems ; " Ce passionné supliant, sans se demonter de cela, non plus que de bien d'autres reproches aussi piquans, me disoit, *veda V. S. con che crudeltà sono trattato dalla mià Deità incarnata ; con tutto ciò l'adoro*, ,, vous voyez avec quelle cruauté me traite ma Divinité incar,, née ; avec tout cela je l'adore. Les divinitez incarnées, lui répon,, dis-je, se font ordinairement beaucoup prier avant que d'exaucer ; ,, mais je vois que votre amour est constant, courageux, & à l'épreu,, ve de tous les obstacles. La victoire, si vous l'obtenez, en sera ,, d'autant plus glorieuse ; à quoi il repliqua, *così credo e spero*, Je le croi & je l'espere aussi. Il faut remarquer que le *Signor Francesco* me faisoit alors des caresses extraordinaires, & qu'il recherchoit autant mon amitié qu'il avoit fui autrefois ma compagnie. Sa maîtresse me demanda si j'avois vû jamais un plus grand fou à son âge. ,, Il faut, me ,, dit-elle une autrefois, que tout le feu de son amour dont il m'é,, tourdit, brûle dans son cerveau blessé ; car pour son cœur, il doit ,, être refroidi par l'âge. ,, Cependant comme elle n'étoit pas toûjours d'humeur d'écouter quelques impertinences qu'il lui disoit à l'oreille, elle lui appliqua un jour un bon soufflet, & lui dit en même tems, avec un air sérieux, que s'il les continuoit, elle en avertiroit son mari, qui lui appliqueroit une volée de coups de bâton sur les épaules, & le Prince, qui le chasseroit de sa Cour. Le divertissement de la Cour du Prince cessant à cet égard à force d'être trop commun, ou de vieillir, & cette belle le maltraitant assez pour lui faire ouvrir les yeux, & lui persuader qu'elle n'avoit que du mépris pour lui, son amour se changea enfin en une secrete & triste haine, comme je dirai ailleurs. Au reste, le *Signor Francesco* ne faisoit pas de plus grands progrès dans l'*Alchimie*, que dans la *Medecine* ; mais c'étoit, disoit-il, faute de l'argent nécessaire pour acheter les ingrediens dont il avoit besoin, & à cause que le Secrétaire du Prince avoit représenté à Son Altesse, qu'un *Hongrois* de leur compagnie, plus sçavant que lui n'avoit rien avancé, après bien des peines & des dépenses, auxquelles

Elle

elle avoit contribué autant que ſes moyens le lui avoient permis.

1701. CHAP. XV.

Avant de quiter ce ſujet, je dirai quelque choſe de cet autre *Alchimiſte Hongrois*. C'étoit un des plus grands mécontens qu'il y eût entre eux: il l'étoit de l'*Empereur*, par rapport à la perſecution des *Proteſtans Hongrois*, dont il étoit un des plus zelez. Il étoit mécontent du *Prince*, par raport à la maniere dont Son Alteſſe s'étoit comportée, tant envers lui qu'à l'égard de la Cauſe commune. Enfin il étoit mécontent de la *Porte*, par ce qu'elle ne lui accordoit pas un *Thaine* particulier, & n'avoit pas plus fait pour lui & pour les compagnons de ſon refuge. Il avoit ſuivi le Prince en *Turquie*, & s'étoit ſeparé de ſa ſuite en 1699, après une forte querelle ſur les affaires de *Hongrie*, où il manqua de reſpect pour Son Alteſſe. Il vivoit ſeul dans un Galetas à *Conſtantinople*, où il exerçoit la Medecine pour ſubſiſter, après avoir conſumé tout ce qu'il avoit apporté d'argent (ce qui étoit peu de choſe) en charbon, & au moins la moitié de ſon cerveau ſur ſes fourneaux. Il me venoit voir pendant la derniere année de ſes operations *Alchimiques*; il me communiquoit les grandes eſperances qu'il avoit d'une fortune éclatante, fondée ſur ſa Science, & s'offroit de partager avec moi ſon bonheur futur. Mais je l'en remerciai bien humblement; & comme je voiois qu'il s'alloit précipiter par là dans la derniere pauvreté, je pris la liberté de l'en avertir. Je lui repréſentai, ,, que la *fixation du Mercure*, l'*impregnation*, & la *tranſmuta-*
,, *tion* des metaux, avoient mis à l'hôpital, ou réduit dans une ex-
,, trême miſere quantité de riches perſonnes, qui avoient d'ailleurs
,, beaucoup de merite, & cela pour avoir trop d'ambition, & trop
,, bonne opinion d'une ſcience la plus trompeuſe du monde: ſcience
,, qui ne pouvoit encore fournir aucune preuve certaine qu'elle eût
,, fait un ſeul *Creſus* viſible, lors qu'au contraire, on pouvoit comp-
,, ter une grande quantité de mandians réels qu'elle avoit faits, &
,, qu'elle continuoit de faire tous les jours. Je lui dis, que ce que je
,, croyois de poſſible ou de faiſable à cet égard, étoit d'extraire quelque
,, peu d'or ou d'argent d'une grande quantité de cuivre, d'étain,
,, de mercure, de plomb, & d'autres choſes ſur leſquelles les Alchi-
,, miſtes exerçoient leur art; mais que la dépenſe & la peine ſurpaſ-
,, ſoient infiniment le profit. J'ajoûtai que de prétendre les changer
,, en or, ou en argent, c'étoit entreprendre ſur le pouvoir celeſte,
,, puiſque c'étoit tirer ou faire quelque choſe de rien, & créer com-
,, me le Créateur quand il fit le monde ; qu'en un mot, c'étoit un
,, auſſi grand miracle, que celui de la Tranſubſtantiation, laquelle
,, en qualité de bon *Calviniſte*, tel qu'il étoit, il ne croioit pas. " Mais au lieu d'entrer dans mes ſentimens, il diſoit qu'il avoit pitié de mon ignorance. Mr. *Williams*, Chapelain de la Nation *Britannique*, qu'il viſitoit ſouvent, & à qui je donnai part de ſes viſions là-deſſus, tâcha en vain de prévenir la miſere à laquelle il couroit avec tant de rapidité, & dans laquelle il eſt mort, comme je dirai dans la ſuite. Comme je vis que le ſerieux ne faiſoit aucun effet ſur ſon eſprit, j'employai le burleſque, & je le raillai en toute rencontre ; mais ce fut auſſi vainement. Il vendit juſqu'à la couverture de ſon lit, pour acheter des ingrediens, & il ſeroit mort de faim, & de froid, ſi ce bon Eccleſiaſtique ne lui eût fait part de la bourſe des pauvres, ou

Remarques ſur un *Alchimiſte Hongrois*.

1701.
Chap.
XV.

des Collectes qu'on faifoit les Dimanches à l'Eglife, pour le rachat des captifs. Quelques Marchands *Anglois* lui donnerent de tems en tems, à notre follicitation, quelques ducats, dont il employoit les trois quarts à fes fourneaux, auffi bien que prefque tout ce qu'il pouvoit gagner à exercer la Médecine parmi les *Turcs*. Je l'allai voir un jour, à l'inftigation de Mr. *Williams*, pour lui dire que s'il continuoit à fouffler, il ne devoit plus s'attendre que nous lui procuraffions aucune affiftance: je le trouvai occupé de fon Alambic, de fes fourneaux & autres inftrumens de fa mifere, & je lui fis les menaces que j'avois à lui faire. Il en fut touché, & me pria de n'en rien dire à cet ami, à qui il vouloit facrifier, difoit-il, fon cher foufflet & toutes fes efperances; & en même tems prenant de l'eau dans une grande *Jarre* (a) qui étoit dans fon laboratoire, je commençai par éteindre le feu. Surquoi il mit lui-même la main à l'œuvre, pour me montrer la fincerité de fes intentions, & nous détruifîmes plufieurs fourneaux. En effet, je n'ai pas remarqué qu'il en ait fait depuis aucun ufage, de forte que fe trouvant gueri par la néceffité, plûtôt que par la Raifon, de la pratique, & non de la *Theorie* de l'Alchimie, il fe jetta à corps perdu dans la Poëfie pour chanter fes louanges, & il fit fur cette matiere plufieurs méchans Vers *Latins* qu'il me montra, & que je ne lui pus faire envifager comme tels. Il avoit une legion de Lutins dans la tête; il prophetifoit que le *Grand Seigneur* & le *Pape* feroient bons *Proteftans* en 1709. Mais ce nouvel illuminé n'a pas vecu affez long-tems pour voir la vérité ou la fauffeté de fa Prophetie, comme cela eft arrivé à tel autre qu'on pourroit regarder comme fon modele. Il aimoit beaucoup à difputer de Religion, & il alloit voir fouvent le *Turc Italianifé* dont j'ai parlé, qui avoit la même paffion, & qui ayant donné dans fes vifions *Alchimiques* dépenfa en fumée une fomme de deux à trois cents écus avec lui. Mais comme il reconnut que ce foufleur s'étoit trompé de bonne foi lui-même le premier, & qu'il n'avoit aucun deffein de tromper perfonne, il le plaignit, & rendit graces à Dieu, comme font les *Turcs* dans leurs malheurs, de ce qu'il ne lui étoit pas arrivé pis. S'ils s'accordoient dans leurs difputes à cet égard, c'étoit uniquement fur la matiere de la *Predeftination abfolue*; mais avec cette diftinction, que les *Turcs* ne l'étendent pas aux affaires du falut; car s'ils croyent que ceux qui obfervent la Loi font fauvez, & que ceux qui ne l'obfervent point font damnez, ils penfent en même tems qu'il eft au pouvoir de chacun de faire le bien & de fuir le mal.

Monfieur *Commaromi* me pria de rafraichir la memoire de tout cela au Prince, & de railler le *Signor Francefco* en fa prefence, fur fes projets. Je le fis, & Son Alteffe joignit en apparence fes railleries aux miennes, mais Elle ne laiffa pas de le garder auprès d'Elle, & de lui donner de tems en tems quelques ducats fecretement, comme je l'apris de ce Secretaire, qui peftoit contre la facile & foible credulité de fon maître.

L'affaire dont le Prince vouloit m'entretenir de bouche, étoit de faire en forte d'infpirer de meilleurs fentimens pour lui à *Mylord Paget* que ceux que Son Excellence avoit; à quoi je répondis, que je

---

(a) C'eft un vafe de terre, qui peut contenir fix ou fept feaux d'eau, dont on fe fert en *Turquie* dans toutes les maifons, au lieu de barils ou de fontaines.

je n'avois pas assez de credit pour cela sur l'esprit de ce Seigneur, qui étoit au moins aussi ferme dans la haine, que dans l'amitié. Il faut observer que *Mylord Paget* avoit promis de le comprendre dans la Paix de *Carlowitz*, s'il avoit suivi les conseils qu'il lui fit donner par Mr. *Williams*, qui étoient de renoncer à tout commerce avec la *France*. Mais ce Prince n'ayant pas observé la condition, il en fut exclus, comme je l'ai déja insinué ailleurs. Son Altesse voyant donc que je ne lui pouvois point rendre le service qu'elle me demandoit, me pria de saluer Mr. *Williams* de sa part, & de tâcher de l'engager à prendre ses intérêts auprès de *Mylord*. Enfin comme il sçavoit que Madame *Pearse* avoit beaucoup d'influence sur l'esprit de Son Excellence, & qu'elle aimoit les presens, il me pria de lui en offrir. La Princesse qui étoit seule témoin de notre conversation, me dit là-dessus, qu'elle avoit encore quelques pierreries du Prince *Ragotzki* son premier époux, dont je pouvois l'assurer qu'elle lui feroit part. Je ne pus me dispenser civilement de promettre que je ferois mon possible pour remplir ses esperances; & cette assurance parut augmenter la bonne humeur, où la Princesse étoit de la nouvelle qu'elle venoit de recevoir, que son fils s'étoit sauvé de sa prison, & étoit arrivé sain & sauf en *Pologne*.

1701. CHAP. XV.

Pendant que j'étois à *Nicomedie*, *Hassane-Pacha*, surnommé depuis (a) *Firary*, *Kiaia* du *Visir*, le même qui avoit conseillé au Prince *Tekeli* de prévenir les suites fâcheuses de son voyage à *Andrinople*, y arriva avec une suite de plus de cinq cents hommes. Il avoit été fait *Pacha* de *Cherrezsul* en *Asie*. Il campa pour un jour dans le voisinage de la Ville: je l'avois vû chez Mylord *Paget* & chez Mr. le Comte de *Colliers*, chez qui il mangeoit quelquefois à la maniere des *Chrétiens*, de laquelle il s'accommodoit assez. On lui servoit alors à boire, dans un vase de porcelaine, une espece de *Ponche* fait avec du *Visna* de *Smirne*, qui est une sorte de rossolis de cerises, & du jus de citron; ou avec du vin & des oranges ameres roties, un peu de *Bezoart*, de muscade & de canelle rapez dessus.

Hassane Pacha Firary.

Il avoit un Domestique affidé qui étoit au dessus des scrupules, & qui ayant appris des *Anglois*, & des *Allemands* à composer ce prétendu *Scherbet*, lui procuroit chez lui le vin deffendu par la loi. Je l'allai voir & le felicitai sur sa nouvelle dignité: sa tente étoit magnifique. Il me reçut le mieux du monde, & me retint à manger chez lui, en me disant qu'il me donneroit du *Guiaour-Coffé*, nom que les *Turcs* donnent au vin, & à nos autres liqueurs fortes. Il ajouta qu'il étoit fâché de l'exil du Prince, mais que c'étoit sa faute, puis que s'il avoit voulu suivre son Conseil, il seroit retourné sur ses pas à *Constantinople*, quand il l'en avertit. Au reste il me pria de le saluer de sa part. Je le fis, & le lendemain matin, avant qu'il decampât pour poursuivre son voyage, Son Altesse lui envoya faire un compliment par son Secretaire que j'y accompagnai. Il fut reçu avec la civilité ordinaire de ce *Pacha*. Nous bumes le Caffé, & l'on nous donna les confitures & les parfums, & après lui avoir souhaité un bon voyage, & reçu un autre Compliment pour le Prince, nous retournames à la Ville que je visitay ensuite.

Ni-

(a) *Firary* signifie *fugitif*. Il fut ainsi surnommé pour s'être enfui, après avoir fait couper la tête à un *Capigi-Bachi*, que le Sultan lui avoit envoyé pour lui demander la sienne, comme je le dirai en son lieu.

Nicomedie, Capitale de *Bithinie*, est fort spatieuse, & bien peuplée. Ses principaux habitans sont les *Turcs*, & les *Grecs* : le reste consiste en *Armeniens*, & quelques *Juifs*. Les premiers y ont vingt Mosquées, les *Grecs* sept Eglises, les *Armeniens* quatre, & les *Juifs* deux *Sinagogues*. Au moins cela étoit ainsi alors. Les premieres sont pour la plûpart assez belles, & doivent leurs plus considerables ornemens en colomnes, & en quantité de riches materiaux, à l'ancienne magnificence de cette Ville, qui outre plusieurs incendies qu'elle a essuyez a été saccagée plus d'une fois. Pour les Eglises, & les Synagogues, elles sont fort communes. On voit çà & là quantité d'architraves, & de chapitaux d'Ordre *Corinthien*, enclavez dans les murs de quelques maisons *Turques*, qui sont généralement toutes de bois, comme dans les autres Villes, excepté les fondemens, & environ une toise ou deux de murs de pierre, sur lesquelles elles sont assises. On voit des pieces de marbre même entre les pierres qui pavent les rues. Quant aux Inscriptions, je n'y en trouvai aucune entiere, & si *Mr. Grelot* qui a dit dans son voyage qu'il y en a quantité, avoit pris la peine de les recueillir, & de les donner au Public, on lui auroit été plus obligé. Pour moi je n'en vis aucune plus entiere que ces mots *Grecs* ΠΡΟΤΗ ΠΟΝΤΟΝ ΚΑΙ ΒΕΙΤΙΝΙΑΣ ΜΕΤΑ, sur une piece de marbre, enclavée dans le mur d'une maison *Armenienne*. Le peu de respect, ou plûtôt le mépris qu'ont les *Turcs* pour les monumens de l'Antiquité, tant *Payenne* que *Chrétienne*, est assez connû. Ils taillent, fondent, & brisent de jour en jour, selon le besoin qu'ils en ont, les marbres où sont ces Inscriptions, ou autres, & les incorporent avec autant d'indifference, & avec aussi peu de distinction, que les materiaux les plus communs, dans leurs édifices, que les fréquents incendies les obligent à refaire souvent. Pour avoir donc à présent des Inscriptions entieres, il faudroit ramasser ensemble tous les fragmens de marbre qui sont dispersez çà & là, les uns dans les murs d'un *Grec* ou d'un *Armenien*, & d'un *Juif*, les autres dans ceux des *Turcs*, ou entre les pavez de leurs cours, comme par exemple, celle d'un Palais bâti pour le *Sultan Amurat*, à son retour de la prise de *Babilone*, sur une piece de pavé, de laquelle on lit encore les mots suivants mutilez Α. Ν. Τ. ΚΡ.. ΑΤ. ... Σ...ΒΕΙΤΙΝΗ. Je ne puis même assurer qu'on y reüssît par ce soins, & par cette peine infinie : il faudroit pour cela une resurrection generale de l'antiquité dans son état primitif, qui fit rendre à la mer, & à tous les bâtimens, rues, & cours, tous les morceaux qui y sont dispersez sans suite & sans ordre.

Un Prêtre *Grec* qui passoit entre les *Hongrois* pour avoir été *Latinisé* entierement par les *Jesuites*, & pour être des mieux versez dans les antiquitez de cette Ville, & des environs, fut celui qui me montra dans *Nicomedie* les deux inscriptions tronquées que je viens de raporter : il me conduisit à une petite distance au dehors de la Ville : il me fit remarquer deux arbres gros & elevez joints ensemble, dont les troncs fendus par en bas renfermoient deux pierres ordinaires longues, & plates, plantées dans la terre, à une certaine distance, & dressées comme celles qu'on voit aux deux extremitez des fosses du commun peuple, dans les cimetieres *Turcs*.

Turcs. Il m'aſſura que c'étoit le tombeau de *Sainte Barbe* qui fut decapitée pour s'être declarée *Chrétienne* pendant la plus violente perſecution: il ajoutoit, fondé apparemment, comme je le ſuppoſe, ſur l'Hiſtoire que les *Jeſuites* lui en avoient fournie, que ce fut ſous *Diocletien*, qui fit bruler plus de vingt mille *Chrétiens* un jour de *Noel* dans leurs grotes, où ſes Eſpions, ou Inquiſiteurs ſpirituels les decouvrirent, lors qu'ils y étoient aſſemblez pour adreſſer leurs voeux, & leurs prieres à *J. C.* & à ſa mere. En effet il eſt certain que cet Empereur ſignala ſon zele *Payen* contre les *Chrétiens* d'une maniere extraordinaire, & qu'en memoire de ſes cruautez il fit fraper pluſieurs Medailles qu'on trouve çà & là avec ces legendes:

1701.
Chap.
XV.

DELETO CHRISTIANORUM NOMINE,

SUPPRESSA CHRISTIANORUM SUPERSTITIONE.

Pour avoir aboli juſqu'au nom, & à la ſuperſtition des Chrétiens.

Après avoir ſatisfait ma curioſité ſur cette Ville, & ſes Environs, autant que je viens de dire, & fait bonne chere chez le Prince, je m'embarquay ſur un petit bâtiment ſemblable à celui ſur lequel j'étois venu, qui alloit à *Montagnac*, petite Ville qu'on pretend être l'ancienne *Apamée*, dans le deſſein de paſſer de là juſqu'à *Brouſſe*. Ce bâtiment me rendit dans le Port de *Montagnac*, à une heure après minuit. Je paſſai le jour ſuivant à voir cette Ville, qui n'eſt pas moins peuplée que *Nicomedie*, de *Turcs*, *Grecs*, *Armeniens*, & *Juifs*, à proportion de ſon étendue, qui n'eſt pas ſi conſiderable. Je n'y trouvai d'autres reſtes de ſon antiquité que quelques pieces de marbre diſperſées çà & là, comme dans la premiere, mais ſans aucune Inſcription. Son Commerce avec *Conſtantinople* eſt fort conſiderable; elle en eſt comme le principal jardin, d'où cette Capitale de l'Empire d'*Orient* tire ſes fruits, avec des Soyes, du Cotton, du poil de Chevre, & autres choſes conſiderables qu'elle fait charger à *Brouſſe*, qui eſt le Port le plus proche de *Conſtantinople*.

Montagnac.

Je quittai *Montagnac* de bon matin le jour ſuivant, & me rendis de bonne heure l'après-diné à cheval à *Brouſſe*. Cette Ville a été comme la Capitale de l'Empire, avant la priſe de *Conſtantinople* par *Mahomet II*. Elle eſt ſituée ſur pluſieurs Montagnes, au pied du fameux Mont *Olimpe*, dont divers Montagnes ſubalternes ſont comme les dégrez, par leſquels on commence à monter à ce Ciel des Poëtes; elle eſt plus étendue & plus peuplée que *Nicomedie* ſa rivale. Je n'en ai point vû dans l'*Orient* qui fuſſent plus favoriſées de la nature à l'égard des eaux, car elle reçoit celles que lui envoyent quantité d'intariſſables & abondantes ſources de ce Mont, entre leſquelles celle qui coule du côté de l'*Oueſt* paſſe pour la plus douce, & la meilleure à boire. Elle eſt diſtinguée par un conduit de marbre, par lequel elle paſſe dans la Ville; cette Ville a de très belles *Moſquées*, des *Caravanſarais* (a) magnifi-

Brouſſa.

Tome I. Oo ques,

(a) *Caravanſarai*, ſignifie Palais ou grande maiſon de Caravannes: c'eſt là que les Marchands étrangers trouvent des logemens pour eux-mêmes & des magaſins pour leurs marchandiſes.

ques, qui répondent aux *Hans*, dont j'ai fait mention, ou qui en sont des modeles, & entr'autres un *Besaſtin* qui ne cede ni en grandeur, ni en beauté au plus conſiderable qu'il y ait à *Conſtantinople*.

Ses anciens murs font aſſez bien conſervez par la ſolidité de leur ciment, & de quantité de Baſtions ou de Tours quarrées dont ils font flanquez à des diſtances égales; & c'eſt, avec une Egliſe *Greque* convertie en *Moſquée*, & ſes bains dont je parlerai ailleurs, tout ce qui lui eſt reſté de plus remarquable de ſes antiquitez.

On voit ſous le portique de cette *Moſquée* un Tambour d'une prodigieuſe groſſeur, dont *Orchan* ſe divertiſſoit à battre, à ce que dit l'Hiſtoire. On y voit auſſi ſon *Techeſpy*, (a) dont les grains ſont du moins auſſi gros que de groſſes noix. Son Tombeau eſt des plus beaux. Les autres *Moſquées*, bâties, ou enrichies pour la plûpart des dépouilles des Egliſes *Payennes* ou *Chrétiennes*, ou du moins des plus belles colomnes antiques, ſont d'une magnificence extraordinaire, ſur tout les *Moſquées Imperiales*, entre leſquelles celle d'*Adelaïm* remporte le prix, quant à ſa grandeur & à ſa beauté. Elle eſt ſurmontée de plus de vingt coupoles de plomb.

Galanterie cruelle des Turcs.

Comme je paſſois un ſoir par hazard dans une des rües les moins fréquentées de *Conſtantinople*, je fus témoin de la galanterie ſanglante d'un jeune *Janiſſaire*, qui ſe perça le bras de ſon *Hangiar* devant la fenêtre d'une fille qui lui fit voir ſon viſage, comme cela eſt repréſenté ſur la Planche XIX. Je crois avoir déja dit, que lors qu'une fille ou une femme *Turque* ſe laiſſe voir à viſage découvert à un homme, c'eſt une marque qu'il lui plaît, & qu'elle deſire de lui donner de plus grandes faveurs. Cette inciſion que ſe fait l'Amant, eſt une preuve qu'il l'aime plus que ſon ſang, & qu'il eſt prêt de le verſer pour elle juſqu'à la derniere goute. Comme ils me prirent pour *Turc*, parceque je portois un *Calpa* (b) verd, ils diſparurent dès qu'ils m'eurent apperçu; la fille en mettant une Jalouſie à ſa fenêtre & le garçon en prenant la fuite. La raiſon de cela, c'eſt que ſi j'avois été *Turc*, j'aurois été obligé de dénoncer le *Janiſſaire* à la garde, qui l'auroit ſaiſi, & lui auroit donné la *Falacca*, & d'avertir les parens de la fille pour les engager à veiller ſur ſa conduite. Car ces ſortes d'intrigues clandeſtines ſont un ſcandale pour le Public, & ſont mêmes punies par les raiſons que j'en ai raportées en un autre endroit. Il y a des *Turcs* qui ſe font des cicatrices très dangereuſes, non ſeulement en ſe perçant le bras, comme ce *Janiſſaire*, mais même la poitrine, & cela pour des filles qu'ils n'ont jamais vues, & qu'ils ne connoiſſent que ſur le

(a) C'eſt une eſpece de *Chapelet* long dont les *Turcs* font couler un grain à chaque attribut de Dieu qu'ils nomment dans leurs Prieres; par exemple *Dieu eſt éternel*, *infini*, *unique*, *&c.* comme les *Catholiques* font couler les grains de leurs Chapelets à chaque *Pater noſter* ou à chaque *Ave Maria*. Ceux d'entre les *Turcs* qui ne ſavent pas lire s'en ſervent à calculer des ſommes qu'ils ont à donner ou à recevoir. Il y en a une autre ſorte qui ſont plus courts, & faits ordinairement d'ambre ou de quelques petites oranges ſechées & garnies de clous de girofle enfoncez dedans, ou de *Laudanum*. Ils le portent par forme de contenance, ou pour les ſentir en tems de peſte. Les *Francs* ont auſſi coutume d'en porter pour ce dernier effet. Voyez-en la figure ſur la Planche II. du Tome II. aux Lettres A & B.

(b) Il faut remarquer que beaucoup de *Mahometans* portent un bonnet d'une étoffe verte, dont les bords ſont de *Zibeline* ou d'autres peaux. Cette couleur les diſtingue des *Chrétiens* habillez comme eux, qui ne doivent pas la porter, ſi ce n'eſt les *Francs*, à qui il eſt permis de l'avoir par tout, auſſi bien que le *Turban* blanc ou noir en voyage; car pour le *Turban* verd, j'ai déja dit qu'il n'y a que les *Emirs* qui ſoient en droit de le porter.

le raport de quelques revendeuses *Juives*, représentées N°. 2. de la même Planche, ou d'autres vieilles femmes qui circulent de *Harem* en *Harem*, sous prétexte d'y vendre mille choses aux personnes de leur sexe, qu'elles avertissent de se trouver derriere leurs *Jalousies* à certaines heures pour voir leurs amans, dont elles leur ont fait le portrait, exprimer leur amour par leur sang. Ces entremetteuses, qui sont bien payées par ceux qui les employent, sont aussi punies dès que les parens des filles, ou les maris des femmes viennent à les découvrir.

Il y a une autre voye plus polie & plus douce de se faire l'amour, sans se parler ni se voir, si ce n'est par le canal de ces Revendeuses. Elle consiste à s'envoyer réciproquement des *manets* ou *signes*, tels que ceux que je vais rapporter, & qui sont expliquez par des especes de Vers ou de Bouts-rimez, que les deux Sexes aprennent secretement & comme par tradition, de sorte qu'on peut leur appliquer ce Vers Latin,

Hoc discunt juvenes ante αλφα *&* ϛητα *Puellæ.*

Voici donc quelques-uns des *signes* des hommes, qui répondent aux Lettres d'amour que l'on écrit chez nous.

I. *Mavi*, quelque chose de bleu. *Mail sen oldummi.* C'est-à-dire, *je suis charmé de toi.*
II. *Indgi*, perle. *Ghienz-lerin Ghentchi.* Les plus beaux des yeux.
III. *Sakiz*, Mastic. *Sent severem dilberkez. Je t'aime, o charmante fille.*
IV. *Zindgefil*, Gingembre. *Senden gairy dostumm yok Senndebil. Sois assuré que mon amour ne brule que pour toi.*
V. *Oud-agatchi*, Bois d'aloes. *Iureguium iladgi. O doux remede de mon cœur.*
VI. *Usum*, Grape. *Iky ghieusum. Mes deux yeux.*
VII. *Courchionn*, du plomb. *Muhabetum sende doursoun. Tout mon amour est fixé en toi.*
VIII. *Meersinn*, Mirthe. *Allah sene banaff versinn. Que le Ciel te livre à mes desirs!*
IX. *Selvi*, du Ciprès. *Ieter ettuguin dgevry. Tu m'as fait assez souffrir.*
X. *Avoutche*, carotte. *Senin le sevinmek giutche. Ton cœur fait une cruelle resistance.*
XI. *Jesaminn*, Jasmin. *Seni seumeck ettun zemin? As-tu juré d'être insensible à mes peines?*
XII. *Indgir*, figue. *Beni kim adgir? Qui me soulagera?*
XIII. *Ekser*, un clou. *Seninn yesir*, votre *Esclave.*

Voici les réponses des filles ou femmes.

I. *Armout*, une poire. *Al ben deu bir omoud. Tu peux avoir quelque esperance.*
II. *Calem*, une plume. *Gisiunlum zaparum Tchekmé elem. Ne crains point, tu seras soulagé.*
III. *Toprack*, terre. *Esky dostum brack. Defai toi seulement de toutes tes vieilles amours.*

Tome I. IV.

IV. *Bal*, miel. *Guel bende cal.* Vien prendre possession de mon cœur.
V. *Soghann*, oignon. *Seni alerin bana colan.* Tes bras me tiendront lieu de ceinture.
VI. *Satche*, cheveux. *Bachime iladge.* O toi couronne de ma tête.
VII. *Ainap*, jujube. *Sen ne ysterfen zap.* Fai de moi tout ce que tu voudras.
VIII. *Iplik*, fil. *Sesen odalyck.* L'Esclave fidele de ton lit.

Il y a aussi pour les deux Sexes des *signes* qui riment à leurs noms. En voici des exemples pour les noms d'hommes.

I. *Mouche mulla*, nefle, pour *Abdulla*.
II. *Ainsefa*, graine de Soleil, pour *Mustapha*.
III. *Pelim*, absinte, pour *Selim*.
IV. *Suszane*, lis, pour *Hassane*.

En voici d'autres pour les noms des femmes.

I. *Asma*, feuille de vigne, pour *Fatima*.
II. *Chiché*, verre, pour *Khatidge*.
III. *Szurman*, noir à noircir les sourcils, pour *Mareham*. (*a*)

Les *signes* suivans ont plus l'air de Lettres. Voici ceux des femmes.

I. *Clabidan*, fil d'or. *Seni giumedin Tchioctan.* Il y a long-tems que je ne t'ai vu.
II. *Gulgul*, couleur de rose. *Luregium gulgul.* Doux Rossignol de mon cœur.
III. *Ibrickdar*, ambre jaune. *Iky ghieuzler baska sen var.* Tu as d'autres yeux que les miens.
IV. *Ustupi*, filasse. *Iureguium bahna kiusluk? Alacai benden Kestrimi?* Mon cœur est-il fâché contre moi? m'auroit-il abandonné?
V. *Alma*, pomme. *Jasum benden acrilma.* Ne t'éloigne pas de moi, ô Printems de ma vie.
VI. *Tar*, concombre. *Rakibler corcarim bahna kebler.* Les rivales me vont desesperer.
VII. *Menevis*, couleur de vin. *Tarbenden neidge Usannis?* Pourquoi t'absentes-tu de moi.
VIII. *Boiulgey*, feve. *Yumadum ben guedge.* Je n'ai pas dormi cette nuit.
IX. *Ake*, craye. *Asklimis adunack.* Puisque tu m'as ôté la raison.
X. *All*, couleur d'aurore. *Dgianum dahibal.* Otez-moi aussi la vie.
XI. *Zeitun*, olive. *Capundan kessun meiting.* J'aimerois mieux voir porter ton corps mort devant ma porte, que de te voir vivre inconstant.
XII. *Cumur*, charbon de bois. *Ben ulleim Saghna calsum chiok omour.* Mais non que je meure & que tu vives long-tems!

Voici

(*a*) *Mareham*, signifie *Marie*; sur quoi il est à remarquer que les *Turcs* regardent la femme de St. *Joseph* comme la mere de *Jesus-Christ*, qu'ils regardent comme Prophéte, & qu'ils donnent souvent ce nom à leurs filles, comme celui d'*Isa*, *Jesus*, à leurs garçons.

Voici les réponses des hommes.

I. *Tchaï*, Thé. *Bagha olding bir gunesch ia bir ai.* *O toi Soleil de mes jours les plus clairs, & Lune de mes nuits les plus sereines.*

II. *Cardasti-kani*, sang de Dragon. *Umbrumi gianum.* *Ame de mon ame.*

III. *Thouz*, sel. *Seni severem guedge gunduz.* *Le feu de mon amour brule pour toi jour & nuit. Le Soleil & tous les Astres m'en sont témoins.*

IV. *Arpa*, orge. *Idumis ugradi Sarpa.* *Si je ne t'ai pas vu hier, c'est une nuit pour mon amour qui a rencontré des obstacles insurmontables.*

V. *Tuttun*, Tabac. *Chalbimis buttum.* *Mon cœur est sincere & fidele.*

VI. *Muscurum*, du musc. *Dehilum ben bir y alandgi urum.* *Je ne suis pas Grec pour tromper & mentir.*

VII. *Fingian*, Tasse à Caffé. *Corban Sahna bin gian.* *Je te sacrifierois plutôt mille vies, si je les avois.*

VII. *Mergian*, Corail. *Malhimmim hargian.* *Je mets tout ce que j'ai à tes pieds.*

IX. *Darcin*, canelle. *Tchekerim hargin.* *Disposes-en absolument.*

X. *Nar*, grenade. *Scsen es metkiar.* *Ton Serviteur.*

On envoye ces signes dans un mouchoir, & le mot fait entendre ce que la personne qui l'envoye veut dire.

Une forte gelée, & ma curiosité naturelle m'encourageoient à marcher & à répondre aux instances d'un *Grec* chez qui j'étois logé. Il avoit fait partie avec un de ses voisins d'aller pecher des truites dans une petite Riviere qui sort avec tant de rapidité des entrailles du Mont *Olimpe*, que la gelée n'a jamais aucune prise sur ses eaux. Je me joignis à eux, & nous nous mîmes en chemin de bon matin, après avoir pris des provisions, c'est-à-dire, du pain, du vin, du beurre, & du sel, nous reposant entierement pour le reste sur la fortune de la pêche. Nous traversâmes quelques vignes, & des especes de petites forêts de Cerisiers, de Meuriers, & d'autres arbres fruitiers, dont la vue doit faire un effet fort agréable dans le Printems & dans l'Eté. Nous passâmes à pied sec divers ruisseaux gelez, que forment les sources dont je viens de parler. Après avoir marché environ une heure & demie, nous nous assîmes pour déjeûner; après quoi continuant de marcher, nous arrivâmes vers les 9 heures sur le bord *Occidental* de la petite *riviere aux Truites*, où en moins de deux heures les voyageurs *Grecs* qui m'accompagnoient en pêcherent assez pour faire sur le champ un bon & abondant repas. Ma curiosité me conduisit vers le sommet de la Montagne, dont la plus grande partie est couverte d'une éternelle neige. C'est la glaciere publique de *Constantinople* & des environs: on en transporte la glace sur des chariots jusqu'à *Montagnac*, & de là sur des bateaux jusqu'à *Constantinople*.

Le jour suivant j'allai voir les Bains que les *Grecs* appellent *Calipsa*, nom auquel les *Turcs* ont ajoûté celui d'*Esky*, qui signifie *Vieux*. Ils sont situez environ à une demi-lieue de la Ville du côté du *Sud-Ouest*,

Bains de *Calipsa*.

auprès d'un petit Village, auquel ils donnent leur nom. Ils sont grands & magnifiques, étant incruftrez de marbre au dedans, & terminez en haut par des coupoles, comme ceux dont j'ai parlé ailleurs. Leur eau eft naturellement chaude, comme celle des Bains de *Tripoli*: elle s'y rend par des canaux femblables à ceux-là, dans un grand baffin de marbre fitué au milieu de chaque Bain, & affez grand pour y pouvoir nager. Ces eaux font proprement médicinales, & on s'en fert pour guerir des foibleffes de nerfs & autres indifpofitions. Quant aux Bains employez aux ablutions qui précedent la Priere, & qui font uniquement deftinez à la propreté du corps, ils font fituez dans la Ville même, & les eaux s'y rendent de la même maniere que dans ceux de *Conftantinople* & des autres Villes, & ils ne font gueres moins beaux en ce qui regarde l'Architecture.

Du *Vieux Calipfa* je me rendis au *Nouveau*, qui n'a peut être été ainfi appellé, qu'à caufe de quelques reparations que les *Turcs* y ont faites. Ces Bains ne font gueres moins magnifiques que les autres; leurs eaux font auffi chaudes, & on ne leur attribue pas de moindres vertus pour la guerifon des maladies du corps. Il y a environ trois quarts de lieue du *Vieux* au *Nouveau Calipfa*. Les eaux de ces deux Bains font également chaudes à leur fource, & on y peut faire durcir des oeufs en moins de 15 minutes. Mais elles fe rafraichiffent comme celles de *Tripoli* dans leur cours, de forte qu'elles arrivent aux Bains avec le degré de chaleur neceffaire pour pouvoir s'en laver fans fe bruler. Il y a des gens qui en boivent, & qui trouvent qu'elles leur font du bien; elles font d'ailleurs affez douces au gout, mais elles ont une odeur de foufre affez forte.

Je retournai du *Nouveau Calipfa* à *Montagnac*, où je m'embarquay pour *Conftantinople*, après y avoir paffé la nuit. A mon retour en cette Ville, je ne manquay pas de faire part à M. *Williams* de la converfation que j'avois eue avec M. le Prince *Tekeli*, & dans laquelle S. Alteffe m'avoit témoigné beaucoup d'envie de regagner les bonnes graces de Milord *Paget*: mais Mr. *Williams* me confeilla de ne lui en point parler, non plus qu'à Madame *Pearfe*. Il ajoûta que quelques tentatives que fuffent pour elle les pierreries de la Princeffe, elle étoit trop rufée, & connoiffoit trop bien Milord *Paget* pour fe mêler de cette affaire; que pour lui, l'experience lui avoit apris combien il y avoit peu de fonds à faire fur ce Prince, que fon inconftance naturelle faifoit inceffamment voltiger de ptojet en projet.

Milord *Paget* alla bientôt après à la rencontre de Mr. le Chevalier *Sutton* fon Succeffeur, qui étoit déja depuis quelque tems à *Andrinople*. Cependant ce nouveau Miniftre ne reçut fes Audiences qu'au commencement de Mars: mais *Sa Hauteffe*, en lui accordant la fienne, lui donna une marque toute fingulière de fa bienveillance pour la Nation *Britannique*: ce fut de répondre directement & de vive voix au difcours de Son Excellence. Le *Sultan* dit affez haut pour être entendu de tous ceux qui étoient prefens, & en regardant ce Miniftre: *Les Anglois font nos anciens & bons Amis, & nous leur donnerons en toutes occafions des preuves que nous fommes dans les mêmes difpofitions, & nous ne manquerons pas de donner fur tout au Roi des marques de notre reconnoiffance pour fes bons offices, & de la confiance que nous avons en fon amitié.*

CONSTANTINOPLE, &c.

Il faut remarquer ici que le *Grand Seigneur* ne répond jamais lui-même aux Ambaſſadeurs, dans les Audiences publiques qu'il leur donne. Voici de quelle maniere cela ſe fait. *Sa Hauteſſe* ayant dit à l'oreille du *Viſir*, en peu de mots, la réponſe qu'Elle veut faire, ce lui-ci la communique auſſi à l'oreille au premier Interprête de la *Porte*, qui l'explique à l'Ambaſſadeur même en *Italien* où en *Latin*, lorſque Son Excellence entend ces Lanques: ſinon il s'addreſſe à l'Interprête du Miniſtre, qui le lui rapporte. Comme ces Audiences ſont purement ceremonielles, on n'y parle d'aucune affaire, & tout ce qui regarde les intérêts des Puiſſances étrangeres ou de leurs Sujets, eſt renvoyé au *Divan*, ou au Grand *Viſir*. Milord *Paget* s'étant mis en chemin à *Andrinople* pour retourner en *Angleterre*, fut eſcorté & défrayé aux dépends de la *Porte* juſqu'aux frontieres de *Turquie*.

Ce fut après ſon départ que le Chevalier *Sutton* reçut à *Conſtantinople* la nouvelle de la mort du Roi d'*Angleterre*, qui étant malheureuſement tombé de cheval, s'étoit rompu la nuque du col. Ce Prince qui ne ſurvequit pas long-tems à cet accident, conſerva juſqu'à ſon dernier ſoupir cette preſence d'eſprit admirable qui lui étoit ſi naturelle. Il dit à la Princeſſe *Anne* qui alloit lui ſucceder, ,, que ,, comme il y avoit toute apparence que ſon Regne commenceroit par ,, la guerre, de même que le ſien, elle ne pouvoit choiſir pour commander ſes Armées un meilleur Général que Milord *Churchil*, qui ,, depuis a été connu ſous le nom de Duc de *Marlboroug*. Sa Majeſté ajoûta, qu'*il avoit la tête froide & le cœur chaud*." Cet éloge, qui donnoit en peu de mots une idée du caractere de Milord *Marlboroug*, faiſoit d'autant plus d'honneur à ce Général que *Guillaume III.* n'avoit pas lieu d'être tout à fait content de lui, depuis le mauvais ſuccès d'une affaire importante qui avoit échoué par ſon indiſcrétion. On aprit preſqu'en même tems à *Conſtantinople*, que la Princeſſe *Anne*, devenue Reine de la *Grande Bretagne*, avoit déclaré la guerre à la *France*.

Mr. *Bru*, grand admirateur des bons mots, & ſur tout de ce qui venoit d'un auſſi grand Roi, dont il admiroit toutes les actions & les paroles, publia que Sa Majeſté *Très-Chrétienne*, apprenant cette déclaration de guerre avoit dit galamment à Madame de *Maintenon* & à quelques autres Dames de la Cour; *Vous voyez ce que c'eſt que d'être vieux, votre Sexe nous déclare la guerre*. Ce Prince fut plus ſerieux, ſelon d'autres perſonnes, lorſqu'il aprit que les *Hollandois* avoient ſuivi l'exemple de cette Princeſſe, en diſant avec quelque reſſentiment, *je mortifierai ces Marchands de fromage, qui m'ont trompé*. Les mêmes perſonnes ajoûtoient, que les *Hollandois*, fameux par leurs brochures, firent battre ou imprimer en *Hollande* une Medaille repréſentant un large fromage qui éclipſoit le Soleil. (*a*)

Vers la fin de Mai, *Firary Haſſane* fut fait Gouverneur de *Gontucka* & de *Schureſull* en *Aſie*, & *Ibrahim Pacha* le fut de *Meſopotamie*. En ce tems-là, ſi je ne me trompe, où peu après, Monſieur *Paul Lucas*, *François* de naiſſance, Jouaillier, Medailliſte, & Medecin, avec penſion & commiſſion de la Cour de *France*, pour la recherche des raretez de l'antiquité, étoit à *Conſtantinople* logé chez

une

1702.
CHAP. XV.

Mort de *Guillaume III.* & avenement de la Princeſſe *Anne* au Trône.

Le jeune Paleologue amené en *France*.

(*a*) *Louis XIV.* avoit pris le Soleil pour ſa deviſe.

une *Grecque*, nommée *Keratſa Magdalena*, ou Madame *Madelaine*, par les gens du Païs, & plus communément par les *Francs*, *la belle hôteſſe*, parce qu'elle avoit aſſez de beauté. Il l'engagea à lui donner un jeune garçon nommé *Paleologue*, âgé de huit à dix ans, qu'elle avoit, pour l'emmener en *France*, où il lui devoit, diſoit-il, faire ſa fortune. Son mari, Inſulaire de l'*Archipel*, qui vendoit du vin en tems de Paix ſous la protection de *Veniſe*, & en tems de guerre ſous celle de *France*, ne s'y oppoſa pas. Le jeune *Paleologue* fut habillé de neuf, à la maniere du Païs, aux dépens de ſon bienfaiteur, qui a prétendu avoir penetré aſſez avant dans ſa généalogie, pour avoir trouvé qu'il deſcendoit des Empereurs *Grecs*. Comme il l'emmenoit en *France* en cette qualité, un Armateur *Anglois* prit le Vaiſſeau ſur lequel ils paſſoient à *Marſeille*. Mr. *Paul Lucas* qui avoit déja tant fait pour ſon *Telemaque* ne ſe déconcerta pas ; il dit quantité de belles choſes de ce jeune homme à l'Armateur. Il lui raconta comment ſon illuſtre origine & ſes belles diſpoſitions avoient engagé ſes parens à l'envoyer en *France*, pour y être élevé d'une maniere convenable à ſa qualité, aux dépens de Madame la Ducheſſe de *Bourgogne*, à laquelle il devoit le preſenter. Il le pria le plus éloquement qu'il put, de lui laiſſer ſes habits à la *Greque*, & promit de faire valoir cette civilité auprès de Son Alteſſe, à ſon arrivée en *France* ; en un mot, il en dit tant, & il le dit ſi à propos que l'Armateur lui accorda non ſeulement ſa demande à cet égard, mais même il ne ſouffrit pas qu'on touchât à aucune choſe qui leur appartint. Quoi qu'il en ſoit, le prétendu Prince *Paléologue* étant arrivé en *France*, y a été regardé comme tel par la plûpart, & a été mis en penſion chez les RR. PP. *Jeſuites*. Il promettoit beaucoup d'abord, mais il eſt tellement déchu depuis, qu'il ne paroît non ſeulement rien d'Imperial, ou de Royal en lui, mais qu'il n'a pas même la conduite, ni les qualitez d'un bon Sujet, ce qui a été cauſe qu'on lui a donné une modique penſion, avec le petit collet & le titre d'Abbé, de ſorte que boire, manger, & dormir, c'eſt toute l'occupation de ſa vie preſente. On deſeſpere même qu'il parvienne jamais à la Prétriſe, état auquel on ne ſacrifie que trop ſouvent, comme *Caïn*, ce qu'on a de pire.

CHAPITRE XVI.

Nouveau Viſir ; *inſtallation de* Hadgi-Selim *pour* Han *des* Tartares. *Divers* François *embraſſent le* Mahometiſme : *ceremonie de la Circonciſion. Le Prince* Tekely *transferé de* Nicomedie *à* Tchidgeck-Meydan. *Mort de la Princeſſe. Second voyage auprès de lui. De là à* Angora, *à* Sinope, *&c.* Firary Haſſane-Pacha *prend la tête d'un* Capidgy-Bachi, *qui lui eſt envoyé pour prendre la ſienne. Remarques ſur le Gouvernement & la Religion des* Turcs *à cette occaſion. Nouveaux troubles entre les* Armeniens *au ſujet de la Religion. Revolution qui coute au* Sultan *le Trône & au Mufty la tête. Le* Sultan Ackmet, *ſon frere, élevé au Trône, & ſon Couronnement.*

SUr la fin de Decembre *Huſſein Pacha* demanda au *Sultan* la permiſſion de ſe demettre du *Viſiriat*, & l'obtint. Ce *Viſir* avoit la probité de la famille dont on le faiſoit deſcendre, & il faiſoit actuellement

ment bâtir une Mosquée avec un College pour une centaine de *Sophtas* ou Ecoliers, avec son tombeau tout proche : il mourut peu de temps après ; & un certain *Altaban Muftapha*, *Pacha* de *Babilone*, ou de quelque gouvernement voisin, homme hardi, entreprenant, fier, sans aucune politesse, & sans Lettres, reçut le sceau Imperial. Il ne sçavoit pas même écrire son nom, & il signoit avec la paume de la main, selon une ancienne coutume des premiers Empereurs, & Ministres *Ottomans*, qui ne sçachant ni lire, ni écrire, donnoient cette marque exterieure de la sureté de leur parole, & de leurs ordonnances. Il fut étranglé le 5. ou le sixieme de *Janvier* 1703. Son corps fut jetté & exposé devant la porte du *Serail d'Andrinople* pendant 24 heures. On conjecturoit (car la *Porte* ne donne jamais de raisons de ces sortes d'executions au public à l'egard de ses creatures) qu'il s'étoit querellé avec le *Muphty*, qui s'opposoit à la guerre qu'il vouloit faire recommencer au *Grand Seigneur*. Quinze cents *Bourses* qu'on trouva dans ses coffres, firent dire à quelques *Allemands*, & *Moscovites* (aussi par conjecture) que c'étoit de l'argent de *France*. Quoi qu'il en soit, le *Reis-Effendy Ramy Pacha* lui succeda au *Visiriat*.

1702.
CHAP.
XV.

Sur ces entrefaites les *Turcs* embrasserent les interêts de *Hadgi* (*a*) *Selim Gheray*, *Han* des *Tartares*, & le premier de ce nom, qui avoit abdiqué peu après la Paix de *Carlowitz* pour faire le voyage de la *Meque*, (pelerinage que font les *Mahometans*, comme les *Chrétiens* celui de *Jerusalem*, excepté qu'ils n'y adorent pas *Mahomet*, mais qu'ils se contentent de remercier Dieu de le leur avoir envoyé). *Sultan Galga*, fils de *Selim*, qui lui avoit succedé en cette dignité, ayant été deposé par l'inconstance de la *Porte* qui en avoit revetû l'*Horbey*, ou le Seigneur de *Precop*, son second fils, elle pressa si fort *Selim* de la reprendre, qu'il y consentit. Mais le fils la disputa au pere, les armes à la main, après s'être refugié parmi les *Tartares* de *Noghai*, & les *Circassiens* d'entr'eux, ou de la plaine, dont je parlerai ailleurs, qui se rangerent de son coté, au nombre de 30 à 40000 hommes, & que ce fils rebelle flatoit de l'esperance de les rendre tout à fait independans de la *Porte*. *Hadgi Selim* envoya *Sultan Galga* avec une nombreuse armée de *Tartares* de *Crimée*, & de *Bodgiac* contre lui ; & pendant ce tems là il fut installé *Han* avec les ceremonies ordinaires. Voici en substance ces ceremonies. Le *Grand Seigneur* envoye à celui qu'il a nommé *Han*, un sabre enrichi de pierreries avec un bonnet de *Zibelines*, car les *Tartares* ne portent pas le *Turban*. A ce bonnet est attachée une aigrette, avec une rose de diamans, de la forme de celui qu'a le *Han* de la planche 11. Ces presens sont accompagnez d'un *Hatty-Cheriph*, qui lui donne une pleine & entiere autorité sur les *Tartares d'Akerman*, *Bodgiack*, d'*Ozakow*, de *Crimée*, de *Nogkay*, & de *Circassie*; & ce *Hatti-Cheriph* est lû par un *Capigi-Bachi* qui en est porteur à tous les *Cherimboys*, ou grandes assemblées, qui sont les plus nobles *Tartares* après le *Han*. Sur quoi le Prince deposé resigne ou remet ordinairement sa dignité avec autant de tranquillité que si c'étoit une chose concertée par avance entre son successeur, lui, & eux, & on n'a point d'autre exemple de resistance dans les Annales *Turques*, & *Tartares*, à ce qu'on m'a assuré, que celui-ci. *Sultan Galga* l'ayant vaincu l'amena prisonnier à son pere, qui lui

Réinstallation du *Han des Tartares.*

Tome I. Pp

(*a*) *Hadgy*, nom qu'on donne à ceux qui ont fait le voyage de la *Meque*.

1703.
Chap.
XV.
Mort de la Princesse Tekely.

lui pardonna. Mais la *Porte* le bannit à *Rhodes*, prison ordinaire des *Hans* deposez.

Vers la fin de Decembre le Prince *Tekely* fut transferé à un *Chiflick* ou maison de Campagne, appellée *Tchidgeck-Meydan*, c'est-à-dire, *Champ des fleurs*. La Princesse son épouse y mourut le 17. de Fevrier 1703. La valeur de cette heroine a été assez connue. Elle avoit persisté dans la Religion *Catholique*, & formé le dessein de faire un voyage à *Jerusalem*, & elle avoit reservé, & destiné à cela & à des Messes pour le repos de son ame 4000 ducats, avec quelques bijoux dont le Prince *Ragotsky*, son premier époux, lui avoit laissé un assez grand nombre, mais dont elle avoit sacrifié la meilleure partie aux besoins du second. Elle avoit enfermé cet or, & ce peu de bijoux, dans une petite cassette fermée, dont elle avoit la clef, & qu'elle avoit mis en depôt entre les mains des RR. PP. *Jesuites* de *Galata*, ses directeurs de Conscience, à qui elle avoit déclaré son intention, qui étoit, à ce qu'ils ont dit depuis, qu'en cas que la mort prevint son voyage, ils gardassent le tout pour le payement des Messes dont je viens de parler. Elle avoit fait tout cela à l'insçu du Prince *Tekely*, parceque ce Prince étant *Lutherien*, & ayant un si grand besoin d'argent pour ses affaires temporelles, l'auroit empechée de faire une dépense si considerable pour les spirituelles, ou l'auroit peut être inquietée là-dessus. Un seul Domestique, Confident de cette Princesse, & de sa Religion, en avoit connoissance, & lui servoit de messager pour aller chercher de temps en temps un Prêtre de la societé qui venoit dire la *Messe* pour elle, & lui administrer la Communion dans le lieu de son exil. Cette Dame étant tombée tout d'un coup dangereusement malade d'une fievre violente, avec une espece de transport au cerveau, en sorte qu'on desesperoit de sa convalescence, le Confident peu discret declara au Secretaire le depôt qu'elle avoit chez les Peres *Jesuites*, dont il avoit, ajoutoit-il, été le porteur. Le Secretaire le dit au Prince, & on tint un petit Conseil là-dessus, dont le resultat fut qu'on enverroit ce Valet comme non suspect, demander aux PP. *Jesuites* de la part de la Princesse, cette cassette qu'il leur avoit portée; qu'il diroit qu'elle y vouloit ajoûter quelque chose, & que comme elle se trouvoit mal, elle souhaitoit qu'un Prêtre la vint trouver dans trois ou quatre jours. Le Prince donna donc commission à ce Domestique, à qui il promit une bonne recompense, s'il l'executoit adroitement. Celui-ci s'en chargea volontiers, & le Valet du Secretaire qui étoit *Protestant*, alla aussi à *Constantinople* sous un faux prétexte, mais dans le fonds pour observer ses demarches, & le preserver de la tentation qui l'auroit pu prendre de s'enfuir avec le depôt, quand une fois il en seroit en possession. Tout réussit à souhait; la cassette fut transferée de chez les RR. PP. *Jesuites*, au *champ des Fleurs*, & la Princesse étoit déja morte quand ils y retournerent. Le Confesseur arriva trois jours après, & fut fort surpris de trouver déja son corps enterré, à la reserve de son cœur, qu'elle avoit, lui dit-on, voué à leur Couvent pour y être enterré, & il le fut en effet. Les funerailles de cette Princesse furent d'ailleurs celebrées avec assez de pompe. Le Secretaire presenta au Superieur cent ducats qu'il refusa, mais ce Pere envoya demander la cassette qu'elle avoit destinée pour des Messes; que Son Altesse ne donna pas, disant,
„ que la Princesse son Epouse avoit destiné cet argent pour le voyage

,, de la *Jerusalem* terrestre, mais qu'elle n'avoit pas besoin d'argent pour ,, celui de la *Jerusalem* celeste. " C'est du moins ce que j'en ai apris du Secretaire qui étoit un *Réformé* des plus animez contre les *Jesuites*; & qui rioit de tout son cœur, de ce qu'ils avoient ainsi été frustrez de leur prise. J'écrivis une Lettre de condoleance au Prince sur la perte qu'il avoit faite, & il m'en remerçia par une autre de sa main, dans laquelle il me prioit de l'aller voir au Printems, à sa nouvelle maison.

Sur ces entrefaites le Patriarche *Soupy* alla lui-même rétablir à *Andrinople* les trois Prêtres que le Metropolitain *Ephraïm* avoit demis de leurs Emplois; ce qui, avec les nouvelles conquêtes spirituelles des *Jesuites* sur cette Nation, irrita tout le corps du parti *Anti-Catholique*, & attira à ce Patriarche des chagrins, & des mortifications sans nombre, aussi bien qu'aux Prêtres, & autres *Armeniens Latinisez*, ou convertis à la Foi *Catholique*. Les *Anti-Catholiques* voyoient avec des yeux jaloux & vindicatifs, les *Jesuites* prêcher en *Turc* sous sa protection, jusques dans les Eglises *Armeniennes*. Ils l'accuserent, avec quantité de *Vertabiets* de ses adherans, non seulement d'avoir pour des sentimens conformes à ceux de ces Peres, mais aussi d'entrer dans leurs mesures pour réduire toute l'Eglise *Armenienne* à l'obeïssance du *Pape*, & d'être bien payez pour cela. Là-dessus, pour empêcher que cette derniere partie de l'accusation, qui ne couroit encore qu'entre les *Armeniens*, ne parvint jusqu'aux oreilles de la *Porte*, il tâcha d'appaiser les principaux par des belles paroles. Il leur dit, qu'il deffendroit aux *Jesuites* de prêcher davantage dans leurs Eglises. En effet, il leur fit représenter le danger qu'il y avoit, qu'il ne survint quelque tempête qui pourroit endommager leurs plantations dans la vigne du Seigneur. Ces Remontrances firent quelque effet, & ces bons Peres s'abstinrent bien de prêcher, mais non pas de frequenter les familles *Armeniennes*, comme celles-ci de leur côté frequentoient les Eglises *Catholiques* de *Pera*, & de *Gallata*. Les *Jesuites* fâchez des oppositions qu'ils trouvoient, publierent le Memoire suivant.

Troubles dans la Nation Armenienne.

,, LA premiere cause de ces Troubles sont les abus & erreurs gros-
,, sieres ordinaires parmi cette Nation.
,, Les principaux de ces abus consistent en de certains Sacrifices
,, qu'ils ont coutûme de faire à deux divers temps de l'année, en im-
,, molant des animaux à la maniere de l'ancienne loi, & en plusieurs
,, fautes qu'ils commettent dans l'administration des Sacremens, &
,, sur tout de l'*Extrême-Onction* qu'ils n'administrent qu'aux seuls Prê-
,, tres, & seulement après leur mort. Leurs erreurs se réduisent la plu-
,, part à l'Heresie d'*Eutyches* & de *Dioscore*. Il est fort ordinaire de
,, trouver parmy les *Armeniens* des gens qui à l'exemple de ces He-
,, resiarques n'admettent qu'une Nature en *Jesus-Christ*. Ils avouent
,, que *Jesus-Christ* est vrai Dieu & vrai homme, qu'il est né, mort &
,, ressuscité pour notre salut, mais sans se mettre en peine d'expliquer
,, ce Dogme de notre Foi. Ils soutiennent au contraire que la nature
,, humaine ayant été absorbée par la Divine, au moment de l'Incarna-
,, tion, il n'est resté qu'une nature en *Jesus-Christ*. Leur malheur pro-
,, vient de ce qu'ils n'adherent pas au Concile de *Calcedoine*, où les

„ six cents trente Prelats qui s'y trouverent, sçurent si bien demêler la
„ Vérité de l'Heresie d'*Eutyches* & de celle de *Nestorius* : & firent
„ sur cela ces beaux Decrets, qui sont encore aujourd'hui également
„ respectez de toutes les Nations qui font profession du *Christianisme*,
„ à la reserve de ces seuls Docteurs *Armeniens*, dont je parle. Ce-
„ pendant l'obstination de ces ignorans va si loin, qu'ils maudissent &
„ excommunient à de certains jours de l'année le Concile de *Calce-*
„ *doine*, & les Peres qui s'y trouverent, & même le Pape *Leon*, dont
„ la savante Lettre y fut reçuë avec applaudissement, & regardée
„ comme la Regle de ce qu'on doit croire en cette matiere. Et
„ l'on croit communément, que c'est pour perpetuer ces erreurs dans
„ leur Nation, qu'ils ne celebrent point de Fête de la Nativité de
„ Notre Seigneur, distincte de l'adoration des Rois, & qu'alterant le
„ fameux *Trisagion* des *Grecs*, au lieu de dire, *Dieu Saint*, *Dieu*
„ *Fort, Dieu Immortel, ayez pitié de nous*, ils disent, *Dieu Saint,*
„ *Dieu Fort, Dieu Immortel, qui avez été crucifié pour nous, ayez pi-*
„ *tié de nous*, comme si la Divinité avoit été crucifiée & non pas
„ l'humanité sainte du Fils de Dieu. C'est encore, à ce qu'on croit,
„ par le même principe qu'ils ne mêlent point d'eau au vin à la Mes-
„ se, parce que ce mélange de deux liqueurs marque l'union de
„ deux Natures en *Jesus-Christ*, ce qu'ils ne veulent point admettre.
„ Ils en sont venus jusques à chanter des Hymnes sacrez à l'honneur
„ de *Dioscore*, & à faire mention à la Sainte Messe de *Gregoire Dat-*
„ *tevatsi*, de *Jean d'Osnie*, & de quelques autres zelez Deffenseurs
„ de ces erreurs, comme si c'étoit autant de Saints. Cela est d'au-
„ tant plus surprenant, que toute l'Eglise *Armenienne* reconnoît
„ aussi pour Saints les Patriarches *Niersez, Gregoire de Marech, Je-*
„ *zer, Gregoire de Ghelay*, & quelques autres qui ont reçu le Conci-
„ le de *Calcedoine*, & reconnu l'autorité du St. Siege : & que de
„ neuf Conciles Nationnaux, dont il est fait mention dans les Anna-
„ les *Armeniennes*, il n'y en a que deux qui ayent favorisé les er-
„ reurs dont nous avons parlé, savoir celui de *Therin*, qui fut six
„ vingts ans après condamné par celui de *Chame*, & celui de *Manas-*
„ *chiert*, qui a été condamné par quatre Conciles posterieurs de la
„ même Nation, savoir ceux de *Tharse*, de *Sis*, d'*Adana* & de *Cher-*
„ *nac*.

„ Au reste, il est à remarquer que les *Armeniens* n'ont point de
„ dispute entre eux au sujet du Rite. Tous conviennent du nombre
„ des Jeûnes qu'ils doivent garder tous les ans, & de la maniere de
„ les observer, & ainsi comme le nom de *Franc* ne se donne en ce
„ Païs-ci qu'à ceux qui observent le Rite *Latin*, c'est-à-dire, qui
„ font l'Office Divin en cette Langue, ou en quelque autre Langue
„ de l'*Occident*, & suivent pour les Fêtes & pour les Jeûnes l'ordre
„ établi à *Rome*, ou en quelque autre Etat de l'*Occident*; il est évi-
„ dent, que lorsque les *Armeniens* se donnent l'un & l'autre le nom
„ de *Franc*, ils ne savent ce qu'ils disent, puisque personne parmi
„ eux ne pense à embrasser le Rite *Latin*.

„ Il y a même bien de l'apparence, que la diversité de croyance,
„ dont j'ai parlé ci-dessus, ne causeroit pas de grands troubles dans
„ cette Nation, l'une & l'autre opinion se trouvant parfaitement éta-
„ blies dans leurs Livres, n'étoit que l'ambition & l'avarice se mettent

pour

„ pour l'ordinaire de la partie. Car comme leurs *Vertabiets* ou Doc-
„ teurs concourent souvent avec beaucoup d'ardeur pour les Prelatu-
„ res, si l'un des concurrants s'est déclaré avec un peu de chaleur
„ pour l'une de deux opinions, & que l'autre croye pouvoir se faire
„ un Parti en embrassant la contraire, il ne manque pas de le faire
„ avec tout l'éclat qu'il peut. Et les Seculiers, qui sont les maîtres
„ des Revenus de l'Eglise, au moyen des avances qu'ils font pour ob-
„ tenir ces benefices, prennent aussi parti pour l'ordinaire avec l'un
„ ou avec l'autre, selon qu'il leur convient.

1703.
Chap.
XV.

„ C'est ce qui a paru bien clairement dans les troubles arrivez re-
„ cemment à *Andrinople* & à *Constantinople*. Les nommez *Sujus* & *E-*
„ *phrem* concouroient pour rentrer dans le Siége Patriarchal de *Cons-*
„ *tantinople*, d'où ils furent chassez tous deux, il y a quelques années.
„ *Soupy* ayant été le plus heureux, obtint son *Barrat*, l'Automne der-
„ niere, & se montra favorable à la Doctrine du Concile de *Calce-*
„ *doine*. *Ephrem*, qui est Evêque d'*Andrinople*, crut devoir fortifier
„ son Parti, en faisant éclater la haine contre cette Doctrine. Pour
„ cela il dressa une nouvelle formule de profession de Foi, où le
„ Concile de *Calcedoine* étoit condamné, & *St. Leon* anatematisé. Trois
„ Prêtres de son Eglise refuserent constamment de souscrire cette
„ Formule, mais lui sans garder aucune mesure les chassa de son E-
„ glise. Ceux-ci eurent recours à *Soupy*, qui en qualité de Patriar-
„ che de *Constantinople*, a quelque Jurisdiction sur l'Evêque d'*Andrino-*
„ *ple*. Celui-ci les reçut comme des gens persecutez par son ennemi,
„ & leur promit de les reconduire lui-même à *Andrinople*. Il les y
„ ramena effectivement après *Pâques*, & toute chose étoit sur le point
„ de s'accommoder, lors que tout à coup une sedition survenue a
„ tout renversé, & a fait condamner ces trois Prêtres aux galeres,
„ parce que, dit le Commandement du *Grand Visir*, quinze Prêtres
„ de la Nation *Armenienne* ont déclaré en Justice que ces trois avoient
„ communiqué avec les *Francs* dans les choses de Religion, & avoient
„ ainsi été l'occasion des troubles & des divisions. Le parti contraire
„ au parti du Patriarche *Soupy* a commencé sur cela à s'animer contre
„ ceux qui lui sont favorables, & à mettre en fuite par leurs menaces
„ les Prédicateurs *Armeniens*, zelez pour la Doctrine du Concile de
„ *Calcedoine*.

„ Enfin comme il y a à *Pera* une Imprimerie *Armenienne* qui a fait
„ quelques profits ces années dernieres, par le moyen des Livres que
„ les Docteurs Orthodoxes y ont fait imprimer, un *Persan* de la même
„ Nation, qui a aussi une Imprimerie de même caractere dans le
„ *Visir-Chan* à *Constantinople*, s'est jetté dans le Parti contraire avec ses
„ associez, & ils s'efforcent d'augmenter les Troubles, ce qui est
„ d'un grand poids dans cette affaire, parce qu'ils sont riches &
„ gens d'esprit. On assure même qu'ils ont un dessein très perni-
„ cieux, qui est de réimprimer les plus celebres ouvrages des Au-
„ teurs *Armeniens*, en y retranchant malicieusement tout ce qu'ils
„ trouveront de favorable à la doctrine Orthodoxe. Voilà au vrai la
„ source des troubles, dont nous parlons. Voici s'il me semble les
„ consequences qui en suivent naturellement. Premierement le nom
„ de *Francs* servant en ce Païs-ici pour exprimer le rite des *Occiden-*
„ *taux* qui sont exempts de *Heresche*, c'est une calomnie que les *Ar-*
meniens

„ meniens font à leurs Freres, lors qu'ils les accusent d'être *Francs*,
„ puisqu'ils professent tous le même Rite, & ne disputent que des points
„ de foi.

„ II. Le Concile de *Calcedoine*, qui est le quatrieme Concile E-
„ cumenique étant reçu & reveré de toutes les Nations qui font pro-
„ fession du *Christianisme*, à la reserve de ce peu d'*Armeniens*, dont
„ nous venons de parler, il semble que nous devons, tous tant que nous
„ sommes d'*Europeans* en ce Païs-ci, regarder ceux de cette Nation,
„ qui sont persecutez pour la defense de ce Concile, comme nos
„ freres en *Jesus-Christ* persecutez pour la Verité.

„ III. Les *Turcs* même devroient sans doute avoir en horreur ceux
„ qui soutiennent une doctrine contraire, & qui osent enseigner que
„ Dieu est mort pour les Hommes, sans pouvoir expliquer sa mort
„ de la nature humaine unie à la Divinité, puis qu'ils ne reconnoissent
„ pas que cette nature soit restée distincte dans *Jesus-Christ* après l'in-
„ carnation. Qui n'auroit horreur d'entendre dire, que *Dieu* est
„ mort & a souffert, en autre sens que selon l'humanité. Les *Turcs*
„ sur tout, croiroient faire tort à *Jesus-Christ*, de dire qu'il est
„ mort veritablement sur la Croix, quoi qu'ils ne le reconnoissent
„ pas pour fils de *Dieu*, mais seulement pour un grand Prophete:
„ comment n'ont-ils point de honte de se faire Ministres de la ven-
„ geance de ceux qui enseignent, que *Dieu* même est mort, dans le
„ sens que nous venons de l'expliquer.

„ IV. Il n'y a pas lieu de douter, qu'on ne soit extrêmement sur-
„ pris en *Chrétienté*, d'entendre les cruautez que les *Turcs* exercent
„ en ce Païs-ci à ce sujet; que le bruit n'en penetre jusques dans les
„ Cours de Princes Souverains, & ne trouve même un jour place
„ dans l'Histoire. Et ainsi, ce qui paroit peut-être une bagatelle
„ aux *Turcs*, suffit pour animer toute l'*Europe* contre le Gouverne-
„ ment present de la *Porte*.

„ V. Et ainsi il semble, que tous les représentans des Princes *Chré-*
„ *tiens* pourroient donner à entendre au *Grand Visir* & au *Caimacan*,
„ qu'ils trouvent fort étrange, que la *Porte* qui a fait jusqu'à mainte-
„ nant profession de tolerer toute sorte de Religions, sans inquieter
„ personne pour ce sujet, s'avise de persecuter d'honnêtes gens pour
„ favoriser une erreur, ou plûtôt un blasphême aussi ridicule que celui
„ des *Monophysistes*, & des *Theopascites*, qui est le nom qu'on a
„ toûjours donné aux Heretiques, dont nous parlons.

„ VI. Enfin il faudroit au moins faire dire au plûtôt à toutes les
„ Eglises des *Armeniens*, qu'on s'interesse dans cette affaire, & qu'ils
„ prennent bien garde à ce qu'ils disent, & à ce qu'ils font sur cette
„ matiere, & prendre des mesures pour rompre les pernicieux des-
„ seins de l'Imprimeur *Armenien* au *Visir-Chan*.

Ce Memoire étoit adressé à tous les Ambassadeurs des Puissances *Chré-*
tiennes, soit *Catholiques*, soit *Protestans*, pour leur demander leur protection à la *Porte*, qui donne la liberté de conscience à tout le monde,
& ne prend pas, disoient-ils, assez d'interet dans la foi des *Chrétiens*,
pour leur donner la permission de detruire, ou d'extirper les erreurs
de l'Eglise *Armenienne*, dont ils donnent dans ce Memoire une assez
ample liste; mais aucun Ministre ne trouva à propos de s'en mêler.

Mr.

Mr. de *Feriol* même jugea qu'il falloit temporifer, & que c'étoit une affaire delicate que de demander à un Souverain la permiſſion de faire changer de Religion à ſes Sujets, à moins que ce ne fût pour embraſſer la ſienne. Cependant ils ne ſe rebuterent pas; ils engagerent les plus riches *Armeniens* à mettre le *Kiaia* du *Viſir* dans leurs interêts, par des preſens. Ils le firent ſans lui en dire le ſujet, afin que quand on lui porteroit des plaintes contre eux pour ſon Maître, il les écoutât avec indifference, ou qu'il ne permît pas qu'elles paſſaſſent juſqu'à ce premier Miniſtre. Il eſt certain que ces Peres avoient converti un nombre extraordinaire d'*Armeniens*, ſur tout depuis deux ou trois ans, & qu'il ne paroiſſoit leur manquer que la tolerance de la *Porte*, pour faire une converſion preſque générale à *Conſtantinople*; & aux environs. Ce qui favoriſoit ſurtout leur zèle, & leur entrepriſe, c'étoit que les plus pauvres *Armeniens* s'étoient plaints depuis long-tems, des droits qu'il leur falloit payer à leurs Egliſes pour l'entretien des Prêtres, qui n'ont point de Revenus fixes, auſſi-bien qu'au Patriarche, afin qu'il s'aquitât des dettes qu'il avoit contractées pour parvenir au Patriarchat; car cette dignité eſt venale, auſſi bien entre les *Armeniens* qu'entre les *Grecs*, & celui qui fait plus de preſens, en eſt cenſé le plus digne. Les plus riches ne s'accommodoient pas des fréquens jeûnes & de l'abſtinence de viande, d'œufs, de beurre, de fromage, & de poiſſon &c. que leur ancienne Religion exigeoit. *A quoi nous ſervent nos richeſſes*, diſoient-ils, *s'il nous faut vivre comme des* Tantales *au milieu des eaux ſans pouvoir boire?* Il n'étoit pas beſoin de plus forts raiſonnemens pour inſpirer à des gens auſſi dégoutez de leur Egliſe, de l'amour pour une autre, qui tendoit une main liberale, ou au moins déſintereſſée aux pauvres, en les exemptant de ces droits; en offrant aux riches mille douceurs innocentes, & en ne leur impoſant qu'un Carême de quarante jours, adouci par le lait, le beurre, le fromage, le poiſſon, &c. choſes deffendues par l'Egliſe *Armenienne*, preſque les deux tiers de l'année. Ils firent plus; ils publierent une Prophetie déterrée je ne ſçai où, qu'on attribuoit à *Nyerſes*, un de leur premiers Patriarches, promettant en termes expliquez à leur avantage, qu'une Nation *Romaine* de gens appellez *Francs*, & belliqueuſe, viendra un jour chaſſer les Maîtres de l'*Armenie*, & rétablir les *Armeniens* dans leur ancienne puiſſance. On ne ſçauroit croire l'effet que cette Prophetie produiſit ſur l'eſprit de quantité de ceux mêmes qui étoient le plus contraires aux *Jeſuites*: elle n'empêcha pas néanmoins pluſieurs *Vertabiets Anti-Catholiques*, irritez du Memoire préſenté par les *Jeſuites*, aux Ambaſſadeurs contre eux, auſſi bien que de la deſertion de leur Egliſe par les *Armeniens* qui les fréquentoient auparavant avec le plus d'aſſiduité, d'en porter leurs plaintes à la *Porte*. Ils allerent pour cet effet à *Andrinople*, ayant *Ephraïm* à leur tête. Ils s'adreſſerent au *Kiaia* du *Viſir*, & lui repréſenterent, ,, que leur Patriarche & quan-
,, tité d'autres *Vertabiets* dévouez au *Pape*, favoriſoient & appuyoi-
,, ent les troubles, & les diviſions entre les Sujets *Armeniens* de la
,, ſublime *Porte*, en les debauchant de la Foi *Armenienne*, pour les
,, engager à ſe faire *Catholiques*. " A ce mot de *Catholique*, le *Kiaia* dit *ny thor bou Catholick? Guiaour dchil? Qu'eſt-ce que c'eſt que* Catholique? *n'eſt-ce pas* Infidèle? (Epithete odieuſe que les *Turcs* donnent aux *Chrétiens*) *Oui*, répondit *Ephraïm*. *Et bien*, repartit le *Kiaia*, *ſi*

un cochon est blanc, noir, ou roux, c'est toûjours un cochon. La sublime Porte ne se soucie pas plus de la Religion d'un Infidele Armenien, que d'un Infidele Catholique. L'Orateur sans se déconcerter à ces méprisantes & dedaigneuses expressions du *Kiaia*, tourna la chose du coté de l'interêt, & ajouta, ,, Je n'ai pas la presomption de vous rom-
,, pre les oreilles par la différence d'un Chretien *Armenien*, d'avec
,, un *Catholique* ; mais je vous prie seulement, au nom de tous
,, mes Confreres, que les Prêtres noirs n'ont pas encore sé-
,, duits, de nous procurer quelques ordres de la *Porte*, pour deffen-
,, dre à ces Religieux de troubler parmi nous cette liberté de Con-
,, science, qu'elle accorde à toutes les Nations qui vivent sous son Em-
,, pire. Il y va de son interêt aussi bien que du nôtre, puisque par
,, le vuide, & les desertions que causent les *Jesuites* dans nos Egli-
,, ses, en attirant les principaux *Armeniens* aux leurs, les nôtres s'ap-
,, pauvrissent d'une maniere, qu'il sera bientôt impossible aux Prêtres
,, de payer le *Haratche* ou tribut. Outre cela ces deserteurs *Arme-
,, niens*, ou convertis à la Foi *Catholique*, envoyent par le conseil de
,, ces Prêtres noirs, leurs Enfans en *France*, en *Italie*, &c. pour y
,, être élevez dans la même Religion, & ils reviendront *Francs* sous
,, la protection de quelque Ambassadeur ; de sorte que c'est autant de
,, Sujets tributaires que la *Porte* perdra. Le Patriarche *Soupy* qui de-
,, voit deffendre la cause que je prens en main, à la requisition de
,, quantité de nos Confreres Sujets de la *Porte*, qui demeurent cons-
,, tants dans leurs devoirs, tant envers la *Porte*, qu'envers notre Re-
,, ligion, est pensionnaire du *Pape*, & a plus de part que personne
,, dans les divisions presentes. Hé bien, dit le *Kiaia*, en l'interrom-
,, pant ici, & prenant un ton de voix plus doux qu'auparavant, j'en
parlerai au *Visir*. Ephraim, s'inclinant bien bas, se retira, & nous apprîmes qu'il presenta ensuite un Memoire au *Visir*, & un autre au *Mufty*, signez des *Vertabiets* qui l'avoient accompagné, & de quantité d'autres, où leurs raisons étoient étalées Quelques *Francs* ajoûtoient, que pour leur donner plus de poids, ils avoient fait de beaux presens à leurs *Kiaias*. Quoi qu'il en soit, leurs plaintes eurent cet effet, que le *Visir* fit poster des gardes aux environs des Eglises *Catholiques*, pour saisir tous les *Armeniens* qui les frequenteroient, & plusieurs furent pris, eurent la bastonnade, payerent des grosses aemndes, & furent envoyez aux galeres. Le Patriarche *Soupy*, & divers *Vertabiets* furent emprisonnez aux *Bagnos*, où ils n'eurent que la liberté de voir leurs amis, & de dire leur Messe à la *Latine*, ou à l'*Armenienne*.

Le Metropolite *Ephraim* pensa être fait Patriarche, pour recompense de son éloquence efficace ; mais n'ayant pas assez d'argent pour acheter la pluralité des voix du Clergé pour son élection, ni pour donner à la *Porte* de quoi obtenir le *Barrat*, il se vit preferer le *Vertabiet Avidick*. Ce *Vertabiet* avoit à la verité toûjours passé pour *Anti-Catholique*, mais il ne fut pas assez scrupuleux Casuiste, pour refuser une bonne somme d'argent qui lui étoit offerte par l'autre parti pour monter au Patriarchat, à condition qu'il le protegeroit indirectement autant que les conjonctures épineuses d'alors le permettroient, ou du moins qu'il ne troubleroit point les conversions des Peres *Jesuites*. Quoi qu'il en soit, il fut fait Patriarche, & au lieu de donner aucune
mar-

CONSTANTINOPLE, &c.

marque de reconnoissance aux *Jesuites* qui lui avoient fait fournir de quoi le devenir. La premiere chose qu'il fit, fut d'ordonner dans toutes les Eglises la publication d'une deffense à tous les *Armeniens*, sous peine d'excommunication, de recevoir aucuns Prêtres *Francs* dans leurs familles ou maisons, & de fréquenter leurs Eglises; mais cette ingratitude envers ces Peres lui couta cher, comme je dirai ailleurs.

1703. CHAP. XV.

Au commencement de Mars, trois cents jeunes *Armeniens d'Erzerum*, qui étoient nouveaux *Catholiques* & disciples des *Jesuites*, aïant été accusez à la *Porte* par ceux du parti contraire, de les avoir non seulement maltraitez de paroles, mais même de les avoir batus, le Grand Seigneur envoya ordre à (a) *Calaicos Pacha* (b) *Beïlerbeï d'Anatolie*, qui se trouvoit alors à *Trebisonde*, de faire fermer le College des *Jesuites*. Ce *Beïlerbeï* transmit cet ordre au Pacha d'*Erzerum*, qui l'executa ponctuellement. Les *Jesuites* allarmez, & qui craignoient que cette mortification n'eût des suites encor plus facheuses, sortirent secretement de cette Ville & se retirerent les uns en *Perse*, & les autres à *Constantinople*.

Tumulte à *Erzerum*.

Peu après, un Prêtre *François*, âgé de quarante à cinquante ans, & qui étoit venu à *Constantinople* par la voie de *Marseille*, alla se presenter au *Divan* à *Andrinople*, où la Cour Ottomane faisoit alors sa Residence. Il y fit une Harangue pleine des invectives les plus violentes & les plus outrées contre la Religion *Catholique-Romaine*. Il déclara le dessein qu'il avoit formé d'embrasser le *Mahometisme*; & fonda cette resolution sur des revelations qu'il disoit avoir eues. Ce fanatique pretendoit qu'un Ange lui étoit apparu à diverses reprises, & lui avoit parlé en ces termes: ,, Abandonne la profession qui tu fais de ,, l'imposture, de l'idolatrie & de la superstition; passe en *Orient*, & ,, embrasse la loy Divine, telle qu'elle a été publiée en dernier lieu ,, dans toute sa pureté par le Saint Prophete *Mahomet*, l'Envoyé de ,, Dieu. " Il tâcha enfin de décrier la Religion qu'il abandonnoit: il l'appella une *source d'abominations*, une *Politique infernale*; & vomit contre elle une infinité d'autres injures grossieres, plus dignes d'un Porte-faix que d'un Ecclesiastique, à ce que me dit le Docteur *Timon*, fils du premier Interprête *Anglois*, qui y étoit present. Ce déclamateur exagera avec une fureur extrême le reproche que les ennemis de cette Religion font au Pape & aux Prêtres, de créer leur Dieu en prononçant sur du pain ces paroles *Latines*, *Hoc est enim Corpus meum*; *car ceci est mon Corps*; & de le manger ensuite, & de le faire manger aux autres. Quand il eut épuisé toutes les bruïantes saillies de son zele fanatique, il tira de sa poche une boëte remplie d'Hosties consacrées, qu'il avoit, disoit-il, déifiées lui même en qualité de Prêtre, & qu'il n'avoit pû garentir de la corruption malgré leur Divinité. Sur le champ il les jetta par terre en s'écriant, *Voila le faux Dieu que les* Catholiques Romains *créent eux-mêmes; foulons-le aux pieds*. Il le fit en effet, en criant, *Echedu la ilahe illahah muhamedem resul Alla*: en vérité il n'y a qu'un *Dieu*, & Mahomet est son

Prêtre *François* qui se fait *Mahometan*.

Tome I. Qq Pro-

(a) *Calaicos*, signifie *Etameur* : c'étoit le métier du Pere de ce *Beïlerbeï*, qui étoit *Circassien* d'origine. Les *Turcs*, comme j'ai déja dit, n'ayant point de nom de famille, prennent quelquefois ceux de leur profession.
(b) Les *Beïlerbeïs* ont inspection sur les *Pachas* ou Gouverneurs des Provinces.

Prophete & fon Envoyé. Ce font là les paroles que les *Turcs* font prononcer à leurs Profelites, & qu'il avoit tirées de quelques relations, & apprifes par cœur; car d'ailleurs il n'entendoit pas dix mots *Turcs*. Le *Vifir* & tout le *Divan* écouterent patiemment toutes fes extravagances, quoi qu'ils ne les entendiffent pas; car il parloit *Latin*, & les *Turcs* n'apprennent point d'autres Langues que l'*Arabe*, dont la leur eft derivée: encore ne font-ce que les Perfonnes qui en ont befoin pour entendre la loi & l'expliquer aux autres. Le Docteur *Timon*, de qui je tiens toutes ces particularitez, m'apprit encore que le *Vifir* ayant demandé à *Mauro Cordato* l'explication de la Harangue de ce Prêtre, celui-ci en adoucit beaucoup les expreffions, & la traduifit de maniere qu'elle étoit moins injurieufe à la Religion *Catholique*. *Mauro Cordato* lui dit, entr'autres chofes, que c'étoit un Prêtre qui prétendoit avoir eu une revelation, par laquelle Dieu lui ordonnoit de la quitter, à caufe de divers abus qui s'y trouvoient, de paffer en *Orient* & de fe faire *Mahométan*. Le *Vifir*, fans témoigner à ce fujet ni admiration, ni mépris, fe contenta d'ordonner qu'on le conduifit à fa *Porte*, & qu'on le fît circoncire.

<small>Jeunes François qui embraffent le Mahometifme.</small>

Environ trois femaines après, cinq jeunes *François* de dix-huit à vingt-cinq ans, 3 defquels fe difoient Capitaines de Cavalerie, & les deux autres Gardes-Marines, vinrent en pofte de *Durazzo* à *Conftantinople*. Ils mirent pied à terre devant la *Mofquée* du Sultan *Bajazet*, & y refterent jufqu'à ce que les *Turcs* qui y faifoient leurs Prieres, en fortiffent. Alors s'addreffant à l'*Immaum*, ils prononcerent la Confeffion de Foi que je viens de rapporter; fur quoi ce Prêtre *Turc* les ayant conduits dans fa maifon, envoya chercher, felon la coutume, un Interprête *François*, devant lequel ils renouvellerent cette Confeffion de Foi; & le lendemain un Barbier leur fit l'operation de la Circoncifion avec les formalitez ordinaires.

<small>Céremonies de la Circoncifion.</small>

Puifque l'occafion s'en prefente naturellement, je placerai ici tout ce qui regarde cette Ceremonie. Il faut remarquer que c'eft toûjours un Barbier qui fait l'operation dont il s'agit, & que l'inftrument le plus ordinaire qu'on y employe eft un rafoir. Mais comme on ne trouve dans l'*Alcoran* aucun précepte qui regarde cet ufage, il y a lieu de croire que les *Turcs* l'ont emprunté de la Loi *Mofayque*, auffi-bien que quelques *Coptes Armeniens* qui s'y font affujetis fur l'exemple des *Juifs*, parmi lefquels ils vivoient.

L'âge propre à la Circoncifion n'eft point fixé parmi les *Turcs*, & quoi qu'on leur faffe ordinairement cette operation à neuf ou dix ans, il y en a pourtant que l'on circoncit plûtôt ou plus tard. Pour cet effet on marque certains tems, où tous les enfans qui font en âge d'être circoncis, s'affemblent dans le même lieu pour l'être. Les perfonnes riches dont les enfans font de ce nombre, font la dépenfe de la Cavalcade & du feftin que l'on fait dans cette occafion, tant pour les enfans des pauvres que pour les leurs; & tous les Parens y affiftent. On habille magnifiquement ceux qui doivent être circoncis: on leur met un bonnet brodé à fleurs d'or, & couvert de perles, avec une Ceinture dont la boucle eft de vermeil ou d'or, & garnie de pierreries. On peut voir la forme du bonnet & de la Ceinture, auffi bien que la maniere de circoncire, fur la I. Planche aux lettres *y* & *z*. Ceux qui ne font pas en état d'achetter de pareils bijoux, ou qui ne

veu-

veulent pas en faire la dépense, les louent; & les pauvres en portent de faux. Quand ces enfans sont ainsi habillez, on les met sur des Chevaux richement harnachez, & ils se mettent en marche, ayant chacun deux hommes à leurs cotez. Cette Cavalcade est précédée de *Janissaires*, de *Derviches* jouant de leurs flûtes traversieres, & de timbales: le reste du cortege est à peu près semblable à celui du mariage représenté sur la Planche XVI. Après avoir été ainsi promenez en Procession dans plusieurs Quartiers de la Ville, ils sont tous conduits dans la maison de celui qui fait la dépense. On les fait asseoir sur un *Sopha*, en la maniere que cela est représenté sur la planche I. à la lettre *y*; & pendant qu'un *Immaum* leur fait prononcer la Confession de foi *Mahometane*, le Barbier pinçant le prepuce avec les deux doigts, le coupe tout d'un coup, & le montre aux Assistants qui crient en *Arabe*, *Alla vauhet*, *Alla hack*, *Alla blie*, *Alla furr*, &c. *Dieu est un*, *Dieu est Grand*, *Dieu est bon*, *Dieu est misericordieux*. Ensuite l'*Immaum* fait un discours aux Circoncis, pour les exhorter à perseverer dans la profession de la vraye loi prescrite par l'*Alcoran*, à prier constamment, & avec l'attention necessaire, sans souffrir qu'aucun plaisir ni aucunes affaires temporelles leur fassent omettre le moindre Priere, ni transgresser le moindre article de cette loi. Après cela il leur fait lever un doigt pour signe qu'ils ne reconnoissent qu'un seul Dieu, à qui ils promettent tout cela.

La Circoncision semble avoir été instituée pour entretenir cette netteté que l'*Alcoran* exige, & qui ne permet pas qu'on laisse tomber une seule goute d'urine sur les habits, non plus que sur le corps; ce qui paroît presque incompatible avec la conservation du prépuce. La bonne chere & les jeux suivent de près la ceremonie (*a*).

(*a*) Je placerai ici ce qu'on m'écrivit de *Constantinople* en 1720; savoir, entr'autres choses, que le *Grand Seigneur* avoit fait circoncire quatre de ses fils en même tems, quoi que le plus jeune n'eût pas plus de quatre ans. On ajoûtoit qu'on n'avoit jamais vû en cette Ville de Cavalcade plus magnifique que celle qui se fit à ce sujet. En voici le recit en substance, tel qu'on me l'envoya.

,, Deux de ces Princes dont l'aîné pouvoit avoir 12. à 14. ans, étoient à cheval, superbement montez, avec une Garde de *Peiks* & de *Solacks* à pied. Les deux autres étoient accompagnez d'Eunuques blancs, dans deux magnifiques Chariots à la *Turque*, dont non seulement les roues, mais aussi le dessus & les coins, étoient tout couverts de plaques d'argent. Tout le bois de ces chariots étoient peints en verd avec des fleurs d'or, & de diverses autres couleurs. Ils étoient tirez chacun par quatre chevaux richement enharnachez. Les quatre fils du *Sultan* étoient accompagnez d'un grand nombre de jeunes gens, dont les Parens profitoient de l'occasion pour les faire circoncire, & qui étoient tous à cheval. Ceux-ci avoient l'âge competent pour cette ceremonie. Les principaux Officiers de la *Porte*, entr'autres, grossissoient considerablement cette Cavalcade, & brilloient par la magnificence des harnois de leurs chevaux. Le *Grand Seigneur* entouré de sa Garde, étoit seul, dans un petit *Kiosque* vitré, bâti exprès dans la Place qui est entre *Sainte Sophie* & le *Vieux Temple*, où sont logez les Lions & autres animaux sauvages. Les jeunes Princes, en passant devant, saluerent Sa Hautesse, qui étoit assise sur un riche Sopha, & qu'une fenêtre ouverte laissoit voir. Ils firent cette reverence le plus respectueusement & de la meilleure grace du monde; les deux premiers en mettant la main droite sur le front, ensuite sur le cœur, & enfin presqu'à l'étrier; & les deux autres qui étoient dans les chariots, dont les portieres étoient ouvertes, en posant de même la main au front; ensuite sur le cœur & enfin jusqu'au genou droit. Toute la Cavalcade alla camper à *Okmeydan*, où étoient de superbes & magnifiques Pavillons qu'on y avoit dressez, & sous lesquels ils resterent, pour la plûpart (au moins ceux qui devoient être circoncis) avec les principaux Officiers de la *Porte* & leurs Parens, pendant l'espace de quarante jours; ce qui paroît répondre à la Quarantaine, pendant laquelle les filles qu'on devoit marier, avoient autrefois coutume d'aller pleurer leur virginité en certains endroits marquez pour cela,

1703.
CHAP.
XV.

Les cinq *François* furent conduits chez le *Caïmacan* qui plaça entre ses *Choadars* les trois prétendus Capitaines, & envoya les deux Garde-Marines à l'Arsenal. Comme personne parmi les *Turcs* ne les connoissoit, ils pouvoient dire tout ce qu'ils vouloient. Cependant il y avoit lieu de croire que les deux derniers avoient dû moins servi sur quelque Vaisseau : car ils entendoient assez bien la navigation.

Pour ce qui est du Prêtre d'*Andrinople*, il but & mangea chez le *Visir*. Il perseveroit toûjours dans ses Visions, & sans faire attention à son âge avancé, il avoit résolu d'aprendre l'*Arabe*, dans la vûe, à ce qu'il disoit, de devenir *Immaum* ; & d'être d'autant plus en état de travailler à la propagation de la Foi *Mahometane*. Mais la mort arrêta bientôt tout à fait le cours de ses projets chimeriques.

Grand nombre d'autres Catholiques qui se font Mahometans.

Il sembloit que l'on eût fait cette année une conjuration contre la Religion *Catholique*. Mr. *Gouin*, *Irlandois* d'origine, & qui est aujourd'hui Medecin du *Grand Seigneur* ; le second valet de Chambre de Mr. de *Feriol*, & un de ses Valets de pied, se firent *Turcs* dans le même tems à *Constantinople*, & à cette occasion Son Excellence disoit, qu'il y avoit apparence que Dieu vouloit purger la Religion *Catholique* de ses mauvais Sujets. Outre ceux là, un grand nombre de Matelots & même plusieurs Prêtres de *Smirne*, l'abandonnerent & la décrierent. Nous apprîmes encore vers le milieu de Decembre que deux *Francifcains*, *Italiens* de Nation, qui avoient quité *Constantinople*, pour aller travailler à la Conversion des *Armeniens* en *Perse*, n'y étoient pas plûtôt arrivez qu'ils préfererent la Loi de *Mahomet* & d'*Haly* à celle de *Jesus-Christ*, & se firent circoncire.

Un *François* du même Ordre, qui avoit quitté le froc, pour embrasser la Religion *Protestante* à *Londres*, où il prêchoit de la maniere du monde la plus violente contre le Roi de *France* & contre le *Catholicisme*, envoya à *Constantinople* un Perruquier & sa Femme de la même Nation, pour le même motif, après leur avoir persuadé que la Religion *Mahometane* étoit la meilleure de toutes les Religions, & celle qui faisoit le plus de bien à ses Proselites. Il leur promit qu'il les suivroit incessamment ; & aussi-tôt qu'ils lui auroient procuré de la part du *Mufty*, ou de quelque *Mulla*, de quoi subvenir aux frais de son voyage. Mais ces gens-ci, ayant été informez, après leur arrivée en *Turquie*, qu'il n'y avoit que ceux qui eussent quelques talens, ou qui sçûssent quelque profession utile au Public, qui pussent esperer d'être avancez en *Turquie*, & ne jugeant pas que la leur y fût d'un fort grand usage, ne dirent d'abord rien du sujet de leur voyage. Ils se contenterent, en qualité de Refugiez *Protestans*, de demander la protection de Mr. le Chevalier *Sutton* ; & se mirent à exercer leur metier parmi les *Francs*, qui portoient des Perruques. Ensuite les *Jesuites* les ayant sollicitez d'embrasser la Religion *Romaine*, ils abjurerent le *Protestantisme* dans la Chapelle du Palais de *France*. Mr. le Marquis de *Feriol* leur accorda sa protection, & ce fut alors qu'ils publierent le conseil que le Ministre de *Londres* leur avoit donné ; ce qui ne contribua pas peu à augmenter la mauvaise opinion que les gens raisonnables ont conçue de quantité de Prêtres, à qui l'interêt ou le libertinage fait ainsi abandonner leur Religion, au grand scandale de ceux qui y sont fidelement attachez.

L'Auteur va voir le

Vers la fin de Mars, le beau tems, joint à la priere que le Prince *Tekely*

Tekely me fit faire par un de ses Domestiques, de l'aller voir dans le lieu de son exil, m'engagea à en entreprendre le voyage; je le fis par terre avec cet homme, qui avoit ordre de m'accompagner. Nous traversâmes le *Bosphore*, & après avoir pris des chevaux à *Scutary*, nous continuâmes notre chemin, en voyageant nuit & jour par le plus beau Païs du monde, jusqu'à *Nicomedie*, où nous arrivâmes le lendemain après-midi. Nous ne trouvâmes rien de remarquable sur la route, si ce n'est la beauté & le fertilité du Païs que nous traversions, & qui surpasse l'imagination. Nous mîmes pied à terre dans la maison où le Prince avoit logé auparavant, & que la *Porte* lui avoit laissée, avec la permission à quelques-uns de ses gens de vendre du vin comme à *Ballata*. Mon Compagnon de voyage m'y fit préparer un bon repas; & comme ses affaires l'obligeoient d'y rester, il me donna, pour me conduire à *Tchigeck-Meydan*, un autre *Hongrois* avec lequel je partis, après avoir pris un peu de repos. Je trouvai ce lieu digne du nom qu'il porte, & qui signifie *champ des Fleurs*. En effet, les prairies dont il est environné sont toutes émaillées d'une infinité de fleurs de toute espèce. Mais la maison du Prince étoit fort médiocre, & avoit tout l'air d'une maison de Campagne des plus communes. Elle étoit toute de bois, & faite de longs arbres couchez les uns sur les autres en quarré; & des planches telles que la scie les avoit rendues, c'est-à-dire, sans être rabotées, ni polies, en composoient le plancher & le toît. Il avoit fait construire, à un coin de la sale où il demeuroit, une petite clôture de planches, où étoient son lit & une table. C'étoit une Ferme, accompagné de diverses hutes; dignes de ce Bâtiment, où logeoient les Domestiques de Son Altesse. Ce Prince me donna audience un quart d'heure après mon arrivée. Il étoit, selon sa coûtume, assis dans une chaise à bras, ayant un tapis sous ses pieds, qui étoient toûjours aussi malades que lorsque le *Signor Francesco* entreprit de les guérir. Sa barbe avoit blanchi très sensiblement depuis que je l'avois vû à *Nicomedie*. Sa disgrace & la mort de la Princesse son Epouse pouvoient en être la cause. Il me fit un accueil très gracieux, & me dit, *que je faisois une œuvre de charité, de visiter les Exilez, non pour leurs crimes, mais pour leurs malheurs*; & il m'en remercia très civilement. Notre conversation ayant roulé sur divers sujets indifférens, il me demanda si je n'avois jamais parlé de lui à Mr. le Chevalier *Sutton*, qui venoit de succeder à Milord *Paget*, & si je ne croyois pas qu'il fût dans de meilleures dispositions pour lui que n'avoit été ce Seigneur; & qu'il voulût prendre ses intérêts auprès de *Sa Hautesse*, pour le faire rappeller de son exil, où à la Cour de la *Grande-Bretagne*, pour lui procurer quelque pension de celle de *Vienne*. Je répondis au Prince, que je n'avois presque pas l'honneur d'être connu de Son Excellence, & que je ne l'avois vûe que pour la féliciter sur son arrivée. Son Altesse me pria de sonder ses sentimens, quand je serois plus connu de lui, ou d'engager Mr. *Williams* à le faire. Le Prince ajoûta que si Mr. le Chevalier *Sutton* vouloit avoir la bonté de demander son rapel à la *Porte*, Elle ne le refuseroit pas, parce qu'elle n'avoit pas coûtume de rien refuser de ce que lui demandoient les nouveaux Ambassadeurs, à qui Elle avoit même souvent accordé les Prisonniers de guerre; qu'il lui en auroit une obligation éternelle, & ne feroit jamais rien à l'avenir sans le consulter. Je promis donc à Son Alteſſe d'en faire la propoſition à Monſieur *Wil-liams.*

Cet infortuné Prince étoit fort mécontent de la Cour de *France*, dont il diſoit qu'il étoit la victime: il ſe plaignoit qu'il n'avoit jamais reçu plus des deux tiers du ſubſide de quatre cents mille écus qu'elle lui avoit promis de lui donner tous les ans, pour l'obliger à faire une diverſion en *Hongrie* pendant la derniere guerre. Je répondis qu'elle pouvoit bien avoir payé toute cette ſomme, mais que cet argent paſſoit par tant de mains, avant que d'arriver entre les ſiennes, qu'il étoit impoſſible qu'il ne diminuat, & qu'il y avoit apparence que chacun en gardoit quelque choſe; qu'au reſte cette Couronne s'imaginoit apparemment que les obligations étoient réciproques, & que ce n'étoit pas ſa faute, ſi le ſuccès n'avoit pas répondu aux eſperances de Son Alteſſe, puiſqu'elle avoit donné des Troupes & de l'argent pour cela; que Mr. de *Feriol* prétendoit lui avoir rendu de grands ſervices, pendant qu'il commandoit en *Hongrie*. *Mais*, me dit le Prince *Tekely*, en m'interrompant, *tout l'avantage a été pour le Roi ſon Maître, & tout le malheur pour moi, qui ſuis ici négligé, mepriſé & banni pour avoir ſuivi ſon conſeil; & il ne m'a pas procuré un preſent de dix écus de ſa Cour, depuis qu'on m'y croit inutile*. Je repliquai qu'il ne devoit pas ignorer ce que c'étoit que l'amitié Politique, puiſqu'il en faiſoit une ſi facheuſe experience. Alors quitant cette triſte matiere ſur laquelle je n'étois guere en état de lui donner quelque conſolation, il me demanda des nouvelles publiques. Je lui dis celles que je ſavois, & le ſouper étant prêt, on apporta une table qu'on mit devant lui & qu'on couvrit de mets aſſez delicats. Nous parlâmes de choſes indifferentes avec la Compagnie qui ſe mit à table avec nous, & qui étoit compoſée de ſon Chancelier, de ſon Secretaire, de ſon Treſorier, & de la Femme de ce dernier. Après le ſoûpé on ôta la table, & le Secretaire me dit à l'oreille de prendre congé du Prince, qui ſe couchoit de bonne heure à cauſe de ſes infirmitez, & de paſſer dans la Chambre du Treſorier. Je ne fus pas long-tems ſans ſuivre cet avis, & nous étant tous rendus chez Mr. *Seluzi*, nous nous y divertîmes juſqu'à minuit, en buvant à la *Hongroiſe*.

Le lendemain matin je me promenai à cheval par tout aux environs; mais je n'y trouvai aucunes Antiquitez, excepté deux Tours à moitié ruinées, mais ſans Inſcriptions qui puſſent m'aprendre à quoi elles ſervoient autrefois. Elles ſont aſſiſes ſur une éminence, du pied de laquelle coule une petite riviere très rapide, qui va avec précipitation porter ſes eaux dans le Golfe de *Nicomedie*. Ce riviere abonde en excellentes Truites, comme *Tchigeck-Meydan*, & toute la Province abonde en Faiſans, & en toutes ſortes de gibier. Cette abondance eſt telle que pendant quatre jours que je reſtai chez le Prince, il y avoit toûjours deux plats de poiſſon & de gibier ſur ſa table, à chaque repas. Son Alteſſe ſe promenoit en caleche les après-dinez, & tiroit quelquefois de ſes Faiſans, qui ne ſont pas farouches. Ce Prince en avoit dans ſa baſſe-cour un aſſez grand nombre, qui étoient auſſi apprivoiſez que des poules.

Comme j'apris pendant mon ſéjour en cette maiſon de Campagne, que le *Pacha* envoyoit un *Aga* de la connoiſſance du Secretaire, à *Angora*, je priai ce dernier de faire enſorte que l'*Aga* me permît de l'acl'accompagner, parce que j'avois une extrême envie de voir cette Ville. Le Secretaire me promit cette grace & l'obtint.

Le 2. Avril au matin, je pris congé du Prince, qui me pria de repasser par sa maison de Campagne en revenant; mais je le supliai à mon tour de m'excuser, en cas que ma curiosité me fît prendre une autre route, pour retourner à *Constantinople*. Je partis avant-midi pour *Nicomedie*, où le Secretaire voulut me conduire. Nous allâmes d'abord trouver l'*Aga*, auquel il me recommanda de nouveau, & qui me dit qu'il falloit que je me tinse prêt pour une heure avant les 24; & que nous voyagerions toute la nuit. Je répondis que je ne manquerois pas de le venir joindre vers ce tems-là au *Menzil-Hane*, ou Maison de Poste. Mr. *Comaromi* me mena diner à la *Maison Hongroise*: c'étoit le nom qu'il donnoit à celle que la *Porte* laissoit encore en cette Ville aux Domestiques du Prince.

Après le diner, nous fîmes un tour de promenade dans *Nicomedie*, & ensuite je le quitai peu après l'*Ikindi-Namas* (tems de la Priere de l'après-midi qui se fait vers les quatre heures,) pour me rendre au *Menzil-Hane*, & avertir le maître de la Poste de me tenir un cheval prêt pour partir avec l'*Aga* du *Pacha*; & on me répondit qu'il avoit déja eu ce soin. Je me reposai donc sur un *Sopha* jusqu'à ce que cet *Aga*, qui ne tarda pas, fût arrivé. Avant que de partir nous fumâmes une pipe avec le *Menzilgi* (Maître de Poste) après quoi nous montâmes à cheval, & nous suivîmes la route marquée par des lignes sur ma Carte B. Je ne vis rien de plus digne de remarque sur toute la route que la fertilité de la Campagne, qui regne entre *Nicomedie* & *Angora*. A cinq lieues environ de cette Ville je commençai à voir briller sur le corps des Chevres ces beaux poils argentez, dont on fait les plus beaux Camelots qu'il y ait au monde. Ce poil ou cette laine d'*Angora* est tellement particuliere aux Chevres de cette Ville, qu'elle dégenere d'une maniere aussi sensible que surprenante sur les Chevres qui paissent environ à la distance d'une journée à la ronde.

Comme il étoit nuit quand nous arrivâmes à *Angora*, l'*Aga* ne voulut pas que je prisse un logement ailleurs qu'avec lui, chez le *Pacha* qui étoit couché. Le lendemain matin, il m'introduisit auprès de ce *Pacha*, qui me reçût très gracieusement, & me fit quelques questions sur le sujet de mon voyage. Il parut être surpris que la curiosité en fût le seul motif. Nous prîmes le Caffé avec lui, après quoi je me promenai dans la Ville, dans l'esperance de trouver de quoi me satisfaire chez les Prêtres *Grecs*, quoi qu'ils soient en general d'une ignorance très profonde. J'en visitai un, pour lui faire quelques questions sur les Antiquitez de la Ville. Heureusement il n'étoit pas des moins éclairez: il me fit une reception fort honnête, & m'offrit un lit que j'acceptai. J'en allai aussi-tôt donner part à l'*Aga*, qui me dit que je ferois un sensible plaisir au *Pacha* de rester chez lui, mais qu'il voyoit bien que je preferois le *Giuaour-Caffé* au *Caffé-Musulman*, c'est-à-dire, le vin au Caffé ordinaire. Sur quoi je lui apris la raison qui m'avoit fait accepter ce parti, ajoûtant que je ne voulois pas abuser de sa bonté, & il parut content de mon excuse.

Angora ou *Angouw*, comme les *Turcs* l'appellent, qui étoit l'*Ancyra* des Anciens, est fameux dans l'Histoire, par la Victoire que *Pompée* remporta sur *Mitridate*, Roi de *Pont*, aussi bien que par celle le où *Tamerlan* vainquit *Bajazet*. Il ne reste, des Antiquitez de cette Ville, rien de plus entier; & en même tems de plus remarquable que le Monument d'*Auguste*, & quelques Colomnes, sur tout celle qu'on nomme (je ne sais sur quel fondement) la *Colomne de la Pucelle*. Il y en a eu quantité d'autres fort belles qui ont été employées dans quelque *Mosquée*. Le plus vaste morceau d'Antiquité n'est pas le mieux conservé: il consiste en une espéce de *Porche*, dont il reste une porte quarrée, avec quelques pans de murailles dont les materiaux sont tout à fait riches.

J'eus tout lieu d'être content de mon voyage, aussi bien que de mon Conducteur; car je vis alors beaucoup plus d'Antiquitez que je n'en avois encore vu ailleurs depuis que j'étois en *Orient*. Une infinité de belles pieces de Marbres rares, de Colomnes, de Chapitaux, d'Architraves, & de Piedestaux, & sur tout d'Inscriptions *Greques* & *Latines*, me fit passer trois jours fort agréablement. Et j'y en serois resté davantage, si je n'eusse rencontré des *Armeniens* qui partoient pour *Sinope*, & avec qui je fis une autre partie de voyage, comme je dirai dans la suite.

Inscriptions.

Je ne pris par le peine de transcrire toutes les inscriptions *Greques*. Le Prêtre *Grec* chez qui je logeois, & qui, nonobstant le peu de curiosité des personnes de sa Nation, les avoit entre les mains, m'en donna une copie. Pour ce qui est des *Latines*, je les copiai moi-même.

Voici quelques-unes des inscriptions qui ont été déja toutes communiquées au Public; & je ne les rapporte que pour corriger les fautes que les Copistes y ont faites dans les differentes éditions qu'on en a données.

I.

ΔΙΙ ΗΛΙΩ ΜΕΓΑΛΩ ΣΑΡΑΠΙΔΙ

ΤΟΙΣ ΣΥΜΜΑΧΟΙΣ ΘΕΟΙΣ ΕΩ-

ΤΗΡΑΣΙ ΔΙΟΣΚΟΥΡΟΙΣ ΥΠΕΡ

ΤΗΣ ΤΩΝ ΑΥΤΟΚΡΑΤΩΡΟΝ ΣΟΤΗΡΙΑΣ

ΚΑΙ ΝΙΚΗΣ ΚΑΙ ΤΟΙΣ ΑΙΩΝΙΟΙΣ ΔΑΙΜ...

ΑΥΡΗΛΙΟΥ ΑΝΤΟΝΕΙΝΟΥ. ΚΑΙ Μ.

ΑΥΡΗΛΙΟΥ ΚΟΜΜΟΔΟΥ. ΚΑΙ ΤΟΥ

ΣΥΜΠΑΝΤΟΣ ΑΥΤΩΝ ΟΙΚΟΥ ΚΑΙ

ΥΠΕΡ ΒΟΥΛΗΣ ΚΑΙ ΔΗΜΟΥ ΤΗΣ

ΜΕΤΡΟΠΟΛΕΩΣ ΑΓΚΥΡΑΣ ΑΠ.

ΠΟΛΛΩΝΙΟΣ ΑΠΟΛΛΩΝΙΟΥ.

Cette inscription est sur un Piedestal qu'on a creusé pour en faire un abreuvoir. Elle signifie qu'*un nommé* Apolonius *fils d'*Apolonius *a élevé ce Monument en faveur de* Jupiter, *du Soleil, & du grand* Serapis, *& de toute la Compagnie des autres Dieux, des Protecteurs* Castor *&* Pollux, *enfans de* Jupiter, *& des Dieux éternels & domestiques, pour le Salut & la Victoire des Empereurs* MM. Aurelius, Antoninus, *&* Aurelius Commodus, *pour toute leur Famille, le Senat & le Peuple de la Metropole d'*Ancyre.

II.

II. DOMINO TOTIUS ORBIS JULIANO AUGUS-
TO EX OCEANO BRITANNICO VI PER BAR-
BAR... GENTES STRAGE RESISTENT. VI PATE-
FAC...

Je croi qu'on peut expliquer de cette maniere cette Inscription mutilée.

Au Maître de l'Univers l'Empereur Julien, *qui s'ouvre par la force un chemin depuis l'*Ocean Britannique, *à travers des Nations Barbares, & malgré leur resistance.*

III. ΦΛΑΝΙΩ ΣΑΒΕΙΝΩ ΤΩ ΓΕΝΕΙΤΗΣ

ΝΙΚΟΜΗΔΕΙΗΣ ΘΥΓΑΤΗΡ ΤΗΝ ΤΗΣ

Σ'ΤΗΛΗΜΝΕΙΑΣ ΚΑΡΙΝ ΟΣΑΝ

Δ'ΕΣΚΥΛΕΝΙ ΤΟΜΝΙΜΑ ΔΟΣΕΙ ΕΙΣ ΤΟΝ

ΦΙΣΚΟΝ Β. Φ.

Ce Monument a été érigé en Memoire de Flavius, natif de Nicomedie, par la fille de Stilinmneia. *Quiconque volera ou gâtera ce Tombeau, payera deux mille deux cents sous d'amende.*

Voici les fautes que l'on a commises dans ces Inscriptions.

Dans la premiere ΣΙΝΝΑΧΟΙΣ pour ΣΥΜΜΑΧΟΙΣ; ΣΟΤΙΡΑΣ pour ΣΟΤΙΡΑΣΙ; ΔΙΟΣΚΟΥΡΟΥΣ pour ΔΙΟΣΚΟΥΡΟΙΣ.

Dans la troisieme, Δ'ΕΣΚΥΛΗ, pour Δ'ΕΣΚΥΛΕΝΙ.

Pendant ce tems-là je ne laissois pas de rendre visite à mon *Aga*. Je prenois du caffé avec lui, & le lendemain nous dinames ensemble chez le *Pacha*. Il eut la complaisance de me faire voir le Château, qui n'est pas bien fort pour le tems present. Il est entouré d'un triple mur, & situé sur une éminence, d'où il pourroit commander toute le Ville, s'il étoit muni de plus de canon qu'il n'y en avoit alors. Il y a dans ce Château une espece de petit Arsenal, avec de petites pieces d'artillerie, sur lesquelles on lit des Inscriptions *Arabes*. On voit dans des chambres diverses sortes d'armes tant *Turques* que *Tartares*, qu'on dit avoir été prises par les *Persans* dans la Bataille que *Tamerlan* gagna sur *Bajazet* près de cette Ville en 1401.

Les murailles du Château d'*Angora* sont un melange de pieces de differens marbres, ou de briques & de pierres ordinaires, attachées avec du ciment, à des morceaux de colomnes, d'Architraves, & de Chapiteaux, faits d'une espece de pierre rouge & dure comme celles des *Voyes Militaires Emiliennes*, & qui n'ont pas assez d'éclat pour qu'on puisse les appeler du marbre.

On jugeroit à une certaine distance que ces murs sont magnifiques, mais à mesure qu'on en approche, on ne découvre en eux que de tristes restes des ravages de la Guerre. Il en est de même des murs de la Ville, quoi qu'ils ne soient pas enrichis d'une si grande quantité de ces magnifiques ruines, qui paroissent n'y avoir été ajoutées en certains endroits que pour les reparer, & qui avec les inscriptions qui sont sur les Portes, temoignent d'une maniere authentique qu'ils sont beaucoup plus anciens que les murs mêmes. Les Bastions & les Tours dont ils sont flanquez à d'égales distances, sont moins differents de ce qu'ils étoient autrefois. On voit sur les portes de *Cesarée* & de *Smirne* diverses, inscriptions mutilées ou à de demi effacées, qu'il est très difficile d'expliquer. Sur la premiere près des Lions de marbre qui sont mutilez de même, on lit ces mots ΚΑΙΡΕ ΠΑΡΟΔΕΙΤΑ; & au dessous on voit une tête en bas-relief qui est presque toute défigurée, & qui tient le milieu entre cette premiere Inscription & la suivante:

ΜΑΡΚΕΛΛΟC

CΤΡΑΤΟΝΕΙΚΗ

ΓΛΥΚΥΤΑΤΗ

ΥΝ.... ΜΝΗΜΗC

...... ΚΑΡΗΝ.

Sur un morceau d'Architrave qui sert de linteau, on lit ces mots tronquez.... ΒΑΣ Τ'Ω ΕΥΣ ΕΒΕΙ ΕΥΤ.

Particularitez touchant l'Evêque Grec d'Angora.

Les habitans d'*Angora* sont, comme dans la plupart des autres Villes, un mélange de *Turcs*, de *Grecs*, d'*Armeniens* & de *Juifs*. Il s'y trouve aussi quantité de Marchands *François*, *Anglois* & *Hollandois*; ou plûtôt ce sont des Commissionaires de ces Nations, qui achettent le poil de Chevre pour l'envoyer aux Marchands de *Smirne*. Les Communions *Greques* & *Armeniennes* y ont chacune leur Evêque. Celui des *Grecs* étoit absent; & comme cette Nation est naturellement fort médisante, un Marchand revenu de *Smirne*, qui soupa un soir avec nous chez mon Hôte, nous dit que ce Prelat étoit actuellement auprès d'une belle femme *Greque*, qui étoit mariée à un Marchand *Heretique*: c'est le nom que les *Grecs* donnent aux *Protestants*, aussi bien que les *Catholiques-Romains*; mais ils les appellent plus communément *Lutheriens*, soit qu'ils soient *Reformez*, soit qu'ils soient *Anglicans*. Le Prêtre *Grec* chez qui je demeurois, dit là-dessus d'un air malin, que c'étoit apparemment pour l'entretenir dans l'*Orthodoxie*. Comme je ne connoissois aucun Marchand de *Smirne* qui fût marié, au moins publiquement, à une *Greque*, je supposai qu'il falloit que ce mariage eût été fait depuis mon départ, & je n'entrai en aucune façon dans cette matiere. En effet, j'ai apris depuis qu'il y avoit en cette Ville un Marchand qui s'étoit marié secretement à une femme de cette Nation, ce qui lui fit perdre le Commerce qu'il avoit en *Angleterre*, en vertu de la défense à laquelle un semblable mariage à donné occasion, comme je l'ai dit en un autre endroit.

Quelques années après je vis cet Evêque à *Constantinople*: c'étoit un homme de bonne mine; il parloit la Langue *Franque*, & entendoit passablement bien le *Grec* litteral. Il lisoit peu & disoit fort ingenuement

ment que la science étoit devenue un meuble fort inutile parmi ceux de sa Nation.

Les *Grecs* n'ont que trois Eglises à *Angora*, & ce n'en est que trop pour le nombre qu'ils sont. Les *Armeniens* qui y sont en plus grande quantité, à cause de leur grand Commerce, y en ont cinq ou six qui sont assez égales en beauté à celles des *Grecs*, c'est-à-dire fort communes, excepté celle qui appartient à un Monastere connu sous le nom de *Ste. Marie Egiptienne*, de même que les *Armeniens Latinisez* en ont une à *Rome* dediée à cette Sainte, & dont je parlerai ailleurs. Ce Monastere est situé environ à deux Milles de la Ville. Je l'allai voir, & le trouvai plus beau qu'aucun autre, soit des *Grecs*, soit des *Armeniens*, que j'eusse vû dans tout le Païs. C'est la Residence de l'Evêque. Celui-ci étoit un *Anti-Catholique* outré, & il avoit, à ce qu'on me dit, excommunié publiquement tous les Patriarches, Prêtres & Proselites de sa Nation, qui reconnoissoient le Pape pour Chef visible de l'Eglise. Son nom, ajoutoit on, se trouvoit parmi ceux qui étoient au bas du Memoire d'*Ephraïm*. Il étoit tout nouvellement revenu d'*Andrinople*. Je trouvai là deux Marchands *Armeniens* qui lui venoient demander sa benediction, avant que de partir pour *Sinope*. Dès que je fus informé de leur dessein, j'entrai en conversation avec eux, & leur fis diverses questions sur ce sujet; comme par exemple, en combien de jours on pouvoit aller d'*Angora* en cette Ville, & de là à *Constantinople*; & ce qu'il y avoit de curieux à voir à *Sinope*. Ils me répondirent qu'on pouvoit facilement faire cette route en dix ou douze jours, & même plûtôt, en quittant la voye de terre & en s'embarquant à *Sinope*; que *Sinope* étoit une bonne Ville assez peuplée, jolie & Marchande. Cette réponse me fit naître l'envie de m'en retourner à *Constantinople* par ce chemin. Je leur demandai donc quand ils partiroient, & s'ils vouloient me permettre de les accompagner. Il me répondirent que cela leur feroit plaisir, & un d'eux ajoûta même que s'il pouvoit finir promptement quelques affaires qu'il avoit à *Sinope*, il m'accompagneroit jusqu'à *Constantinople*. Après être convenus de partir le lendemain, je promis de les aller trouver dans leur maison qu'ils m'indiquerent à notre retour en Ville, & où nous soupâmes ensemble.

Les Moines *Armeniens* ne cedent en austerité à ceux de la *Trape* qu'à l'égard du silence, mais leur Regle est beaucoup plus rigide que celle des Moines *Grecs*. Ils ne mangent non plus qu'eux ni viande, ni poisson, ni lait, ni beurre, ni fromage, ni huile: ils vivent seulement de racines, de legumes & de pain. On trouve aux environs du Monastere de *Ste. Marie Egiptienne* une grande quantité de beaux restes d'antiquitez, comme Architraves, Bas-reliefs, Chapiteaux, Collomnes, Piedesteaux, &c.

Je communiquai d'abord à l'*Aga* avec lequel j'étois venu, la resolution que j'avois prise de m'en retourner à *Constantinople* par *Sinope*: il me conseilla de prendre un *Tol-Ferman*, ou Passeport du *Pacha*. Je lui témoignai beaucoup de reconnoissance du bon conseil qu'il me donnoit, & le priai de le demander lui-même pour moi; il le fit & l'obtint sans difficulté.

Après avoir rendu mes respects au *Pacha* & pris congé de l'*Aga*,

& les avoir tous deux remerciez de leurs honnêtetez, je partis le 11. de bon matin avec ma Compagnie.

Nous ne trouvâmes rien de remarquable sur la route, si ce n'est le Païs même, qui est par tout extraordinairement agréable & fertile. On y voit divers bons Villages, entremêlez d'une grande quantité de petites Forêts d'Oliviers & d'Ormes, auxquels sont attachées des Vignes qu'ils suportent, & qui serpentent entre leurs branches. On fait de leurs raisins un vin excellent. On les cultive en liberté, ce qui n'est permis que très rarement ailleurs en *Turquie*. Ordinairement on ne se sert que d'échalas pour soutenir la Vigne, & on la coupe generalement tous les ans à un demi pied de terre.

Synope. Le 17. nous arrivâmes à *Synope* que les *Turcs* nomment *Synasie*. Cette Ville est celebre par la naissance du grand *Mitridate Eupator*, & par celle de *Diogene* le *Cinique*, & de *Dephilus* le Comique. Elle est plus forte par la Nature que par l'Art, quoi qu'elle ait un double mur; mais ce mur n'est ni épais, ni bien entretenu, non plus que ceux du vieux Château, où deux Compagnies de *Janissaires* sont en Garnison. Elle est située sur l'Isthme d'une presqu'Isle qui a un bon Port de chaque côté. C'est-là que commencent les agréables Plaines de *Themistyra*, petit Royaume que l'Histoire a donné aux *Amazones*.

Je ne trouvai pas là beaucoup de quoi contenter ma curiosité en fait d'Antiquitez, & je n'y vis que quelques morceaux de Colomnes, d'Architraves, & de Chapiteaux enclavez, les uns dans les murs de la Ville, les autres dans ceux de quelques maisons des Habitans, mais sans aucune Inscription. J'y achetai d'un *Grec* un assez grand nombre de Medailles, telles que 2, 19, 26, 27, 28 & 29, de la Planche XIV. Un de mes Compagnons de voyage m'en procura quelques autres plus communes, comme d'*Alexandre*, de *Lisimachus*, d'*Antoninus* &c; & les Medailles *a* & *e* frapées, la premiere par les anciens habitans d'*Amisus*, & la seconde par ceux de *Synope*, lesquelles sont représentées sur la Planche XIX. L'*Armenien* qui m'avoit flaté de l'esperance de m'accompagner jusqu'à *Constantinople*, ne se trouvant pas prêt à partir, & une *Saccoleva* étant sur le point de faire voile pour *Pendrachi* avec un vent favorable, je le laissai avec les autres dans un *Caravansaray* où nous logions, & je m'embarquai. Mais comme le vent qui avoit soufflé d'abord avec assez de force, avoit presqu'entiérement cessé, sans pourtant devenir contraire, nous sortîmes du Port *Meridional* & prîmes un peu le large, avec le secours des grandes rames & du vent de terre. Une tramontane, qui lui succeda, nous porta pendant la nuit au delà du Cap *Pisello*, qui est le *Carambis* des Anciens.

Amastro. Le 21 comme elle souffloit trop violemment, nous jettâmes l'Ancre dans le Port d'*Amastro*, Village situé sur l'Isthme où étoit l'ancienne Ville appelée *Amestris*, du nom de sa Fondatrice. Cette Place est dans la même situation que l'ancienne; mais il ne lui en est rien resté, non pas même ses deux Ports qui étoient si fameux dans l'Histoire, puis que celui de sable où nous ancrâmes ne peut contenir que de petits Bâtimens à peu près de la grandeur de celui sur lequel je me trouvois.

Le vent continuant à souffler avec violence, je louai deux Chevaux, l'un pour moi & l'autre pour un Guide, afin de me rendre par terre à à *Pendrachi*, où j'arrivai le 23. au soir, à travers une Campagne delicieuse; & après y avoir pris un logement chez un Prêtre *Grec*, j'y fis un tour de promenade.

1703.
CHAP.
XV.
Pendrachi.

Pendrachi est bâti, selon l'opinion generale, sur les ruines de l'ancienne *Héraclée* de *Pont*. Plusieurs pans de murailles presque tous de marbre, qui lui sont restez du côté de la Mer qui les baigne, & quantité de Chapiteaux, de Colomnes & d'autres pieces aussi de marbre, que l'on rencontre çà & là couchées par terre, ou enclavées dans les murailles de quelques maisons, sont des preuves authentiques de son ancienne magnificence. Je n'y trouvai néanmoins aucune Inscription, mais seulement quelques caracteres *Grecs* gravez sur une Porte de la vieille Ville, qui est toute de marbre, & passablement bien conservée, aussi bien que sur une piece de Granite incorporée dans le mur d'une maison *Turque*; mais je ne pus les déchiffrer. Les murs de la nouvelle Ville ont assez l'air d'avoir été construits par les *Genois*, si on les compare avec ceux qu'ils ont élevez à *Taman-Caffa*. Pour ce qui est du Môle que l'Histoire vante, & qui devroit être situé auprès de la Caverne d'*Acherusias*, par laquelle la Fable dit qu'*Hercule* descendit aux Enfers, pour en tirer le *Cerbere*, il n'en paroît pas le moindre vestige. J'y achettai d'un Chaudronnier *Turc* diverses Medailles, comme 43, γ, δ, ε, & κεγ de la Planche XIV, & un Orfévre *Grec* m'en vendit trente-cinq autres d'argent, mais toutes communes, entr'autres trois de *Cesar Auguste*, deux d'*Athenes*, deux d'*Alexandre le Grand*, quatre de *Faustine*, six de *Septime Geta*, deux de *Drusilla*, trois de *Sabina*, deux de *Valerien*, deux d'*Antonin le Pieux*, trois de *Severe*, & cinq de *Diocletien*. Elles étoient bien conservées, & ceux qui les avoient entre les mains, les avoient condamnées au feu, pour les faire entrer dans la composition de quelques Ouvrages de leur façon; & je les en sauvai pour une bagatelle, qui pourtant excedoit leur valeur réelle.

Comme je trouvai dans le Port divers Bâtimens prêts à faire voile pour *Constantinople*, je m'embarquai le 24. sur un des plus petits, afin que je pusse toujours faire route à force de rames, si le vent devenoit contraire. L'après-diné, la nuit suivante & le 25. pendant toute le journée, il fut assez favorable, de sorte que le 26. nous passâmes devant la prétenduë colomne de *Pompée*. Mais le calme nous ayant arrêtez tout d'un coup, nous eumes recours aux rames pour entrer dans le Canal, où favorisez du courant & d'un petit vent de terre nous gagnames *Scutary*, avant trois heures du soir, & y mouillames. Je pris là un petit bateau qui me porta à *Tophana*, d'où je me rendis à *Pera* où je logeois.

Le jour qui suivit mon retour à *Constantinople*, j'apris que le Prince *Ragotsky* faisoit en *Hongrie* le personnage que le Prince *Tekely* y avoit fait auparavant, & qu'il n'étoit plus en état de soutenir, ayant perdu son credit en ce Royaume aussi bien qu'à la Cour *Ottomane*, & par consequent à celle de *France*, comme cela paroissoit assez par les plaintes qui lui échapoient à ce sujet. Le Prince *Ragotsky* étoit donc à la tête des Mecontens de *Hongrie*, contre l'Empereur, & recevoit de la *France* les mêmes subsides que recevoit avant lui le Prince *Tekely*, & dont Mr. de *Feriol* lui avoit déja fait toucher la plus grande partie par Mr. *Bru*, qui étoit avec Mr. *Desalleurs* auprès de ce Prin-

Le Prince *Ragotsky* à la tête des Mécontens de *Hongrie*.

ce.

ce. Ce dernier jouoit à la suite de Son Altesse le même rôle que Mr. de *Feriol*, connu alors sous le nom de *Marquis de Loras*, avoit fait pendant la guerre précedente auprès du Prince *Tekely*.

Mr. *Williams*, à qui je fis part, comme la premiere fois, de la conversation que j'avois eue avec le Prince *Tekely*, me dit encore qu'il le connoissoit trop pour vouloir se mêler de ses affaires, outre que les *Hongrois*, quoi que sous un autre Chef, étant actuellement armez contre l'Empereur, qui étoit Allié de l'*Angleterre*, la conjoncture n'étoit rien moins que favorable pour lui. J'écrivis à Son Altesse sur ce sujet, & lui alléguai cette derniere raison qui me mettoit hors d'état de pouvoir lui rendre le moindre service, & je ne l'ai pas revu depuis.

Peu de tems après, on trouva un matin devant la Porte du grand *Serail* d'*Andrinople*, la tête d'un *Capigi-Bachi*, que le *Grand Seigneur* avoit envoyé à *Hassane-Pacha*, pour lui apporter la sienne. On ne put deviner qui avoit eu la hardiesse de la jetter en cet endroit, mais on comprit bien qu'il falloit que ce fût ce *Pacha* qui l'avoit fait couper au *Capigi-Bachi*. Exemple de désobéïssance aussi rare en *Turquie*, que contraire à la Loi *Mahometane*, comme je vais le faire voir.

Remarques sur les Officiers & Sujets de la Porte.

On a en general des idées assez fausses du Gouvernement des *Turcs*, parce que l'on confond les Officiers, Domestiques, ou Creatures du *Sultan*, & qui se disent ses Esclaves, au nombre desquels est le *Visir* même, avec ses Sujets libres, qui ne veulent jamais avoir aucun emploi auprès de *Sa Hautesse*, tels que sont les Marchands, les Ouvriers, les Païsans, & autres qui vivent de leur industrie, ou des Revenus de leurs terres.

Pour les premiers, ce sont ordinairement des gens de basse naissance, & qu'on a souvent élevez dans le *Serail*, après les avoir achettez au *Tessir-Bazar*. Ce sont eux à qui le grand Seigneur donne les emplois les plus lucratifs: aussi quand ils se sont enrichis, il ne manque gueres de leur enlever la plus grande partie de leurs biens, & souvent de leur envoyer demander leur tête, lorsqu'il se trouve quelque ennemi, envieux de leur bonheur, qui leur attire l'indignation de *Sa Hautesse*, ou que les peuples qu'ils oppriment pour s'enrichir lui ont porté quelques plaintes contre eux. Ce qu'il y a de fâcheux pour les complaignans, c'est qu'ils n'en reçoivent point d'autre satisfaction. Alors les enfans de ces Tirans, qu'on a dépouillez de leur emplois, ou punis de mort pour quelque crime vrai ou supposé, sont reduits à entrer au service de quelques *Pachas*, ou autres Officiers de la *Porte*, parce qu'ils n'ont aucun metier, ni aucun autre moyen qui les puisse faire subsister. Si par leur industrie, ou par quelque coup du hazard, ils parviennent aux mêmes dignitez que possedoient leurs peres, ils courent le même danger; mais la Predestination absolue leur ayant apris à regarder le bien & le mal, comme un arrêt irrevocable de la Providence, & la felicité que l'Alcoran promet dans l'autre vie aux Martirs leur frapant l'imagination, ils regardent leur élevation & leur chute d'un œil tranquille, de même qu'ils les regardent comme des évenemens inevitables.

La Politique qui porte le Grand Seigneur à faire si souvent de grands changemens, parmi les *Visirs* & les *Pachas*, est fondée sur cette raison, que si ceux qui possedent les emplois les plus considerables

bles de l'Empire, & qui gouvernent tant de Provinces, lesquelles étoient autrefois autant de Roiaumes, en étoient les Maîtres constans, ils seroient en état, avec les richesses qu'ils y auroient amassées, de les rendre hereditaires dans leur famille, & de lever des Troupes pour se soustraire à l'autorité du Souverain.

Quant à ceux qui n'ont aucun de ces emplois, petits ou grands, & qui ne mangent point le pain du Grand Seigneur, comme on dit en *Turquie*, ils n'ont rien à craindre, ni à l'égard de leur vie, ni à l'égard de leurs biens. Ils ne payent non seulement aucunes contributions, s'ils sont Sujets *Mahometans*, mais il n'est pas même au pouvoir du *Sultan* d'imposer, outre la douane, la moindre taxe extraordinaire sur aucune chose qui leur appartienne, non pas même d'augmenter les droits de douane au delà de trois à quatre pour cent; autrement il courroit risque de voir tout l'Empire se revolter contre lui. Et si le Grand Seigneur violoit quelque coutume établie par ses Prédecesseurs, il pourroit s'attendre à être déposé, comme cela arriva au *Sultan Mustapha*, qui résidoit à *Andrinople* en tems de Paix, ce qui étoit une infraction à un de ces usages respectables.

Les *Rayas* ou Sujets conquis & Tributaires, comme les *Armeniens* & les *Juifs*, jouissent de toute la liberté & de tous les Priviléges qu'ils pourroient avoir, s'ils étoient encore sous la domination de leurs anciens Maîtres, & même davantage: & cela moyennant un tribut très mediocre qu'ils payent au *Sultan*; ce qui avec les biens de ses Creatures qu'il demet, ou qu'il fait mourir, & le provenu des Douanes, fait son principal Revenu. Ce tribut, appellé *Haratch*, ne consiste qu'en deux, trois, quatre, ou cinq Piastres par an, & il est toûjours le même, soit pendant la guerre, soit pendant la Paix. Les plus riches n'en payent que dix, & si quelqu'un se fait *Turc*, ce qui arrive assez souvent, sur tout parmi les *Grecs*, il en est d'abord quitte. A l'égard de leurs femmes & de leurs filles, quelque riches qu'elles soient, elles en sont toûjours exemptes, & leurs garçons ne le payent que lors qu'ils sont censez en état de gagner leur vie. De maniere que le Gouvernement n'est proprement tirannique, qu'envers ceux qui servent le *Grand Seigneur*, ou qui ont quelque emploi dépendant de lui, ne fût-ce que le metier de Soldat à six ou sept *aspres* par jour. La Loi leur enseigne, ,, que Sa Hautesse les ayant tirez du néant, pour les ,, élever à des dignitez éclatantes, il peut les replonger dans ce neant, ,, & les dépouiller de ces dignitez qu'ils tiennent de sa seule generosi- ,, té, & leur enlever tous les biens qu'ils ont amassez par l'autorité ,, dont il les a revêtus. " D'ailleurs la Predestination & l'obéissance passive dans laquelle on les a élevez pour le Souverain, font une si forte impression sur leur esprit, qu'il n'a besoin ni d'Archers, ni de Troupes pour les arrêter, les emprisonner & les étrangler. Et rien n'est plus rare que de les voir resister aux ordres de Sa Hautesse, & se retirer dans les Païs étrangers, comme cela est arrivé à *Hilhal Pacha*, dont je parlerai en un autre endroit, à *Firary Hassane Pacha*, à *Ibrahim Pacha* de *Mesopotamie*, & à un petit nombre d'autres, qui se sont retirez en *Perse*. Cependant ce petit nombre d'exemples est cause que le *Sultan* accorde aux *Capigi-Bachis* le droit de prendre quelques Soldats, que le *Cadi* du lieu leur doit fournir, ,, sur

1703.
CHAP.
XV.

Maniere dont on procede au châtiment des Grands de Turquie.

l'ordre qu'ils lui en donnent, s'ils jugent ce secours nécessaire pour executer leur Commission. Mais ils ne se servent gueres de cette permission que lorsque le *Pacha* qu'on doit punir, ne passe pas pour un homme fort attaché aux devoirs de la Religion *Mahometane*, sur quoi on consulte auparavant les *Immaüms*, qui sont comme les Inquisiteurs des *Musulmans*. Voici au reste à peu près comment cela se pratique.

Lorsqu'un *Pacha*, ou un autre Officier ou Creature du Grand Seigneur, est coupable, ou accusé de quelque crime, ce qui est la même chose, on n'en dit point les raisons, & on ne produit contre lui ni témoins, ni accusateurs, non plus que devant le Tribunal de l'Inquisition des *Catholiques-Romains*. On ne l'oblige pas même à s'accuser ou à confesser sa faute; mais sans lui donner le tems de se justifier, quand il seroit l'homme du monde le plus innocent, on lui expedie un *Capigi-Bachi*, avec un ordre du *Sultan*, qui lui enjoint de donner sa tête au Porteur, & un *Fetfa* du *Muphty*, qui est une espece de Sentence par écrit, par lequel l'ordre de *Sa Hautesse* est déclaré juste & conforme à la loi. Le *Sultan* ne fait aucune entreprise considerable sans une cette approbation du *Muphty*, & elle lui est, entr'autres, absolument necessaire pour déclarer la guerre.

Le *Capigi-Bachi* étant donc arrivé au lieu, où reside le criminel, ou l'innocent condamné à la mort, va d'abord trouver le *Cadi*, & lui aïant montré l'ordre dont il est chargé, on y assemble un Conseil, composé de *Mullas* & d'*Immaüms*; & si l'accusé est reconnu bon *Musulman*, comme étoit *Firary Hassane Pacha*, qui connoissant la haine mortelle qu'avoit pour lui le *Mufty Fezulla Effendi*, *Persan* d'extraction, avoit affecté de paroître très attaché à la Religion, le *Capigi-Bachi* se rend auprès de lui, accompagné seulement de quelques Domestiques. Aussi-tôt il lui presente l'ordre, & le coupable le reçoit; & l'apliquant d'abord à son front, le baise, & le lit, & dit, *la volonté de Dieu & de l'Empereur soit faite!* Alors sans proferer aucune plainte, il ne demande pour tout delai qu'une heure ou deux pour mettre ordre à ses Affaires domestiques, prendre congé de sa famille, & rendre compte de ses richesses & autres effets. Après quoi il donne au *Capigi-Bachi* sa montre, ou quelque autre bijou de prix, lui demande le cordon de soye dont ces sortes de Messagers sont toujours munis, le lie avec un seul noeud à son col, comme une cravate, se met à genoux, & fait sa priere. Ensuite les Domestiques que le *Capigi-Bachi* a amenez prenant les deux bouts du cordon, le tirent jusqu'à ce qu'il soit étranglé. Cela étant fait, on lui coupe la tête, on l'écorche & on en embaume la peau, si c'est en Eté ou dans un lieu éloigné de la Cour *Ottomane*. Puis après l'avoir remplie de foin, on la coud pour rendre au visage sa premiere forme. On la porte en cet état au *Sultan*, & dès qu'il a vu cette preuve de l'execution de ses volontez, on la jette devant le *Serail*, où elle reste deux ou trois jours, & quelquefois davantage, suivant l'ordre que *Sa Hautesse* en donne.

Voici les circonstances de la desobeïssance de *Hassane Pacha* en pareille occasion, telles qu'elles m'ont été racontées par des personnes, qui prétendoient les avoir aprises de lui même.

Sultan Mustapha lui envoya demander sa tête par un *Capigi-Bachi*, connu & celebre par l'adresse avec laquelle il s'acquittoit de ces sortes

de

de commissions tragiques. *Hassane-Pacha* s'attendoit à ce coup depuis long-tems, parce qu'il savoit, comme je l'ai dit ci-dessus, à quel point le *Muphty* le haïssoit, & quel credit il avoit sur l'esprit du *Grand Seigneur*. Mais outre l'amitié particuliere qu'il avoit liée avec le *Cady* de la Place, il traitoit avec tant de douceur les peuples soumis à sa jurisdiction, & faisoit ses Prieres dans les Mosquées avec tant de dévotion & de regularité, qu'il étoit generalement estimé de tout le monde. Ses Domestiques à l'égard desquels il exerçoit souvent de grands actes de generosité l'élevoient jusqu'au Ciel. De maniere que lorsque le *Capigi-Bachi* se fut adressé au *Cady*, le Conseil des *Mullas* & des *Immaüms* s'étant assemblé à l'ordinaire, ils lui dirent unanimement, comme ils en étoient en effet persuadez, qu'il n'avoit pas besoin de main forte. Sur ces assurances, il alla trouver le *Pacha*, accompagné seulement de deux Domestiques. *Hassane* le reçut avec un visage serain & avec un air affable qui lui étoit fort naturel. La *Capigi-Bachi* lui ayant présenté l'ordre du *Sultan*, le *Pacha* le baisa & le lut selon la coutume, & fit ensuite son Testament en faveur du Grand Seigneur, suivant l'ordre que lui en donna l'Executeur; c'est-à-dire qu'il rendit compte de ses effets, & déclara où étoit son argent. Ensuite il fit apporter une pipe, du Caffé, les confitures & les parfums, & demanda une heure pour mettre ordre à ses affaires particulieres. Le *Capigi-Bachi* lui en ayant offert deux qu'il ne voulut pas accepter, il lui laissa son *Kiaia* pour lui tenir compagnie, en fumant avec lui.

Cependant *Hassane Pacha* communiqua aux plus fideles de ses Domestiques le sujet de la visite du *Capigi-Bachi*, & leur fit comprendre que c'étoit une suite de la haine que le *Muphty* avoit pour lui, & la plus grande injustice du monde. A ce discours du *Pacha*, qui leur dit le nom du *Capigi-Bachi*, nom déja odieux par lui même, les Domestiques repondirent, *Seigneur, nous sacrifierons plûtôt nos têtes que de souffrir qu'il emporte la tienne. Au contraire nous sommes résolus à prendre celle de ce Messager d'injustice & de cruauté, qu'il n'a portée que trop long-tems sur ses épaules, & nous la porterons jusqu'à la place où il a dessein d'exposer la tienne.* Le *Pacha* leur ayant demandé s'il pouvoit compter sur leur parole, ils répondirent tous unanimement qu'il devoit en être assuré, & ils en jurerent sur leurs barbes, ce qui est un Serment des plus autentiques. Là-dessus, il leur fit quelques presens, & les quitta après être convenu avec eux d'un signal pour les faire entrer dans la Chambre, où le *Capigi-Bachi* s'attendoit de l'étrangler.

Toutes ces mesures étant prises, il alla rejoindre le *Capigi-Bachi*, & après l'avoir entretenu sur la résignation à la volonté & aux décrets immuables de la Providence, il se leva tout d'un coup de dessus son *Sopha*, comme pour aller se mettre à genoux & faire sa derniere Priere. Alors frapant du pied, ce qui étoit le signal pour ses Domestiques qui écoutoient à la porte, & qui regardoient par le trou de la serrure, quatre ou cinq hommes entrerent aussi-tôt d'un air résolu. Ils saisirent d'abord le *Capigi-Bachi*, & ses deux Domestiques, leur ôterent leurs *Handgiars*, prirent le cordon qu'il avoit sur lui, & lui ordonnerent de se mettre à genoux & de faire sa Priere. Le *Pacha* sortit en ce moment, & alla dans une grande Sale où il appella tous ses autres Esclaves, auprès desquels il n'eut pas besoin de beaucoup

Tome I. Ss d'éd'éloquence, pour juſtifier ce qui ſe paſſoit dans la Chambre d'audience qu'il avoit quittée. Il les combla de liberalitez, & convint avec eux qu'ils ſe ſauveroient tous pendant la nuit, & que chacun s'en iroit de ſon côté chercher fortune ailleurs.

Cependant le *Capigi-Bachi*, ſurpris, comme on le peut penſer, du compliment des Domeſtiques du *Pacha*, demanda grace, & promit de s'en retourner la nuit ſans faire aucun mal à leur Maître, & ſans voir le *Cady*. Il ajoûta que pour ſureté de ſa promeſſe, ils pourroient l'accompagner auſſi loin qu'ils voudroient, & que le *Pacha* ſeroit maître d'aller où il lui plairoit, pour ſe derober au reſſentiment du *Grand Seigneur*. Mais tout ce qu'il put dire ne ſervit de rien, il fallut ſe ſoûmettre à la deſtinée que la force lui preſcrivoit, & il fut étranglé avec le même cordon qu'il avoit apporté pour étrangler le *Pacha*. Celui de ſes fideles Domeſtiques qui avoit offert de porter ſa tête à *Andrinople*, le fit, après l'avoir préparée de la maniere que j'ai dit qu'on fait, quand on eſt éloigné de la Cour *Ottomane*.

Dès que la nuit fut venue, le *Pacha* ſe diſpoſa à la retraite, & ordonna à ſes Domeſtiques de partager entr'eux ce qu'il y avoit de meilleur dans ſa maiſon. Il faut remarquer qu'il avoit laiſſé ſon *Harem* à *Conſtantinople*, & qu'il n'avoit avec lui qu'une *Odalyck* & un Eunuque pour la ſervir, parce qu'il s'attendoit à la Scene qui venoit d'arriver, & pendant laquelle un ſi grand nombre de femmes ne lui auroit cauſé que de l'embarras. Il la remit donc entre les mains de cet Eunuque, qui lui étoit fort affidé, avec ordre de la conduire auprès de ſes autres femmes. Chacun ſe retira pendant la nuit, & le *Pacha* croyant ne pouvoir être mieux caché qu'à *Conſtantinople* dans ſon *Harem*, il réſolut de s'y rendre déguiſé, & envoya ordre à ſes femmes de changer de quartier. Tout cela fut executé ponctuellement & ſans peine.

La tête du *Capigi-Bachi* fut bien-tôt reconnue à ſa barbe qui étoit friſée, & aux traits de ſon viſage qui étoient bien marquez. Là-deſſus la *Porte* expedia divers ordres, pour ſe ſaiſir de *Haſſane-Pacha*, qui merita par ſa fuite le ſurnom de *Firary*, & le traiter comme un Sujet rebelle à la Loi. Il étoit condamné à être empalé, s'il étoit atrapé. Mais comme on le cherchoit dans toutes les Villes, excepté dans celle où il étoit, on ne put le trouver.

Il eſt à remarquer, que quoi que les *Harems* ſoient des aziles auſſi reſpectez que quelques Egliſes *Catholiques* à l'égard des Debiteurs, Meurtriers, Voleurs, & autres coupables, il en faut excepter les crimes commis contre le *Sultan*. Car dans ce dernier cas, on envoye des Eunuques noirs avec un ordre de *Sa Hauteſſe* & un *Fetfa* du *Muphty*, qui ſaiſiſſent le criminel au milieu de ſon Serail, & les femmes ainſi privées de leur mari ou de leur maître par ſa mort, ne peuvent conſerver de ſes biens que ce qu'elles ont ſur elles, ſoit en argent, ſoit en bijoux, & l'on vend ſouvent juſqu'aux Eſclaves, & cela au profit du *Grand Seigneur*.

Je ne puis mieux placer qu'en cet endroit les Remarques qu'a faites ſur le Gouvernement des *Turcs* le Gentilhomme qui étoit à *Conſtantinople* avec M. le Chevalier *Trumball*, & qui ſont conformes à ce que j'en ai déja dit, & à ce que j'en dirai dans la ſuite.

„ Le Gouvernement des *Turcs* eſt Deſpotique. La volonté du Sou-

„ Souverain est une Loi, mais cependant elle n'est point sans bornes; car je trouve qu'on croit ici, comme ailleurs, que le Prince est fait pour les peuples, & que lorsqu'il ne gouverne pas selon les maximes établies, & qu'au lieu d'être le Pere & le soutien de son peuple, il en devient le *Tyran* & l'oppresseur, on est en droit de le changer, comme on vient de faire (*a*) on vous êtes, & sans s'attacher à une succession rigide, élever à sa place son Frere, son neveu, & tel autre de quelque Branche Collaterale de la famille Imperiale, comme leur histoire nous en fournit des exemples (*b*) assez frais.

„ Ils avoient mis à mort, dit-il en un autre endroit, le *Sultan Ibrahim* à peu près dans le même tems qu'on trancha la tête en *Angleterre* à *Charles I*. Cela fait, continue-t'il, que les Sujets vivent assez doucement sous les Empereurs *Ottomans*. Les *Turcs* sont riches; les autres Sujets de l'Empire, comme les *Grecs*, les *Armeniens*, & les *Juifs*, sont à leur aise. Ceux-ci sont seulement obligez de contribuer aux charges ordinaires & extraordinaires, qui sont toujours assez modiques; & moyennant cela ils ont toute la liberté de conscience qu'ils peuvent souhaiter: ils vont dans leurs Eglises, à leurs Pelerinages, & pratiquent tous les autres excercices de Religion sans crainte & sans trouble. Il en est de même de leur negoce ou de leurs autres affaires temporelles; ils n'ont point à craindre qu'on les frustre du fruit de leurs travaux, & ils en jouïssent sans embarras & sans contrainte; buvant, mangeant, riant, chantant, dansant autant qu'il leur plaît. Ils transmettent sans aucune difficulté leurs richesses à leur Posterité. Le Grand Seigneur n'est en droit de s'approprier que les biens de ceux qui possedent les Emplois publics, & la plûpart enfans du *Serail*, ou de quelque Riche orgueilleux qui aveuglé par ses Richesses, aura donné de la jalousie aux Ministres. Quant à ceux dont j'ai parlé ci-devant, pourvû qu'ils ne se mêlent point des affaires du Gouvernement, ils n'ont point à craindre de pareils malheurs. Et même s'il arrive que les *Pachas* ou Gouverneurs des Provinces, ou autres Officiers de la *Porte*, fassent quelques extorsions dans des lieux éloignez de la Cour *Ottomane*, ils leur en coute tôt ou tard la tête; ce qui rend leurs Successeurs plus circonspects.

„ Au reste les *Grecs* & les autres Peuples conquis, de quelque qualité qu'ils soient, sont traitez avec beaucoup plus de douceur que la plûpart des Sujets de notre *Europe*: aussi cherissent-ils si fort leur condition, que les Conquêtes de l'Empereur & des *Venitiens* ne sont point du tout pour eux un sujet de joie, & qu'ils seroient bien fachez de changer de Maître. " Nous allons raporter un exemple éclatant du danger auquel s'expose un *Sultan*, lors qu'il méprise les plaintes de ses Sujets.

Vers la fin du mois de Mai, les Habitans de *Constantinople* commencerent à se plaindre du long sejour que le Grand Seigneur faisoit à *Andrinople*, contre la coutume de ses Prédécesseurs qui residoient à *Constantinople* en tems de Paix. On murmuroit hautement contre le *Muphty*, & on l'accusoit de traiter encor le *Sultan* comme son disciple,

(*a*) En *Angleterre* dans la personne du Roi *Jaques II*.
(*a*) Il faut remarquer que lorsque l'on écrivoit ceci, il n'y avoit pas long-tems que le *Sultan Mahomet IV*. avoit été déposé, & qu'à sa place on avoit élevé sur le Trône son frere *Soliman II*.

& cet Empereur d'avoir trop de condefcendance pour lui, & de fe laiffer gouverner par fes confeils. Ils porterent leurs plaintes fur le premier Article au *Caïmacan*, & le prierent d'écrire au Grand Seigneur pour l'exhorter à fe rendre dans fa Ville Capitale. Ce *Caïmaccan* promit de faire ce qu'ils demandoient ; mais quoique fort honnête homme, & de la famille de *Cuprogli* que le Peuple réveroit beaucoup, fa qualité de Gendre du *Muphti*, fur lequel tomboient principalement les plaintes du Peuple, l'empêcha de tenir fa parole. Il n'écrivit qu'au *Muphti* qui ne répondit pas d'une maniere favorable aux Habitans de *Conftantinople* ; & il leur fit accroire que cette réponfe venoit du Grand Seigneur même, qui ne pouvoit fe déterminer à revenir dans fa Capitale avant l'Hiver.

Comme ils attribuoient au *Mufti* l'abfence de *Sa Hauteffe*, qui les chagrinoit fi fort, il tournerent toute leur haine contre lui, & jurerent fa perte. Ils ne fe contraignoient point, & dans toutes leurs converfations, & même en public, ils l'accabloient de toutes fortes d'injures & de malédictions. Ils difoient „ qu'il gouvernoit l'Empereur par lui-
„ même, & l'Empire par fes Creatures ; qu'il avoit à fa difpofition
„ toutes les charges lucratives, lefquelles le Grand Seigneur ne donnoit
„ qu'à ceux que ce chef de la Religion lui recommandoit, après y avoir
„ été engagé par des prefens confiderables ; que les meilleurs Emplois
„ & les moins dangereux, étoient exercez par fes fils, par fes gen-
„ dres, ou par les Creatures qui lui étoient le plus devouées. (Il faut remarquer qu'il avoit trente à quarante fils & autant de filles nubiles, ou mariées pour la plûpart).

Les Complaignans ajoûtoient, „ que le *Mufti* donnoit fans fcrupu-
„ les des *Fetfas*, pour perdre les plus anciens & les plus fidelles Sujets
„ de la *Porte*, qui n'avoient pas partagé avec lui les richeffes qu'ils
„ avoient juftement amaffées pendant leurs longs fervices.

Les gens de Loi, comme les *Effendis*, les *Mullas*, les *Cadis*, & les *Immaüms*, qu'il fembloit qu'il auroit dû menager plus que les autres, n'étoient pas traitez moins tiranniquement.

Les Soldats qui fe trouvoient à *Conftantinople* & aux environs, n'étant pas plus contens du Gouvernement que les habitans de cette Ville, parce qu'ils étoient mal payez, fe joignirent à eux, & refolurent enfemble de remedier à leurs maux de la maniere fuivante.

Commencement de la Revolte.

Le 15. de Juillet environ trois cents *Zebedgis* s'étant affurez des difpofitions du Peuple, déployerent leur Etendart fur la place d'*Atmeydan*, en criant, *Que tout bon* Mufulman, *ayant à cœur l'obfervation de la Loi & l'inviolabilité des coutumes de l'Empire, & des Privileges du Peuple, vienne fe ranger fous cet Etendart pour les deffendre.*

A ce fignal & à ces cris, ils furent bientôt joints par un grand nombre de ceux de leur Corps, & par les *Topidgis* & les *Janiffaires* mêmes. Le Chef des *Topidgis*, qui étoit une créature du *Mufty*, fe cacha pour ne pas partager le danger, ou pour n'être pas forcé à embraffer les interêts des Mécontens. Le nombre de ces Rebelles s'étant bientôt confiderablement augmenté, ils marcherent droit au Serail pour s'en rendre maître ; & rencontrant le *Vice-Janiffair-Aga*, autre creature du *Mufty*, qui y couroit pour s'oppofer à leur entreprife, ils crierent aux *Janiffaires, Cardachler, Freres, où allez-vous avec ce* Muphtifte ? *Embraffez la bonne caufe, & joignez-vous à nous*

pour

pour délivrer le Peuple de la Tiranie mercenaire & sanglante du Kysilbache Fesulla, *ce violateur de la Loi de Dieu.* Le mot de *Kysilbache*
est un nom de mepris que les *Turcs* donnent aux *Persans*, quand ils
veulent leur dire une grosse injure.

En même tems les Revoltez se rangerent devant le *Vice-Janissair-Aga*, pour s'opposer à sa marche, & les *Janissaires* qui l'accompagnoient, au lieu de le deffendre en se faisant passage au travers des Rebelles, lui demanderent leur petit Etendart, que ceux qui ont le commandement des *Janissaires*, portent ou font porter sans bâton sous leur robe, roulé comme une serviette, & qui sert à les rallier en cas de besoin. Celui-ci répondit qu'il ne pouvoit le donner, parce qu'il l'avoit laissé dans sa maison. Sur quoi un des *Janissaires* qui savoit, ou qui soubçonnoit le contraire, tira son sabre, & lui en déchargea un coup sur la tête, qui l'étendit à demi mort à ses pieds, en disant, *l'Infidelle le tient caché dans son sein;* & en effet y ayant porté la main, il en tira l'Etendart. Il faut remarquer que c'est le seul homme, outre le *Muphti*, qui fût tué dans cette sédition. On mit cet Etendart au bout de la premiere perche que l'on trouva. Un *Janissaire* qui fut chargé de le porter, se mit alors à crier à haute voix, *Que tout Soldat de notre Corps qui est ici present, ou dans le voisinage, & qui sachant notre dessein ne viendra pas se ranger sous cet Etendart*, Caresi Boschanmis Ossun, *c'est-à-dire*, „ qu'il soit réputé separé de sa femme, „ & incapable d'habiter avec aucune. „ C'est une espece de malediction qui n'est pas moins infamante que l'Excommunication parmi les *Chrétiens*, lors qu'elle est prononcée par la voix du Peuple, ou par quelque *Mulla* ou *Immaüm*, ou autre Officier civil ou canonique.

Tous les *Janissaires* répandus çà & là s'étant aussi-tôt rangez sous l'Etendart, suivirent les *Zebedgis* au *Serail*, pour s'en saisir, aussi-bien que de la personne du *Caïmacan* qui venoit de s'y retirer avec tout son monde. Les *Zebedgis* investirent la grande porte qui étoit fermée, & les *Janissaires* celle de fer qui l'étoit aussi. Ils y fraperent très rudement, & sans attendre de réponse ils jurerent de passer tout au fil de l'épée, si on les mettoit dans la nécessité d'entrer par force. Les *Bostangis*, qui ne furent pas fachez d'avoir un prétexte de leur laisser le passage libre, ouvrirent les portes du *Serail*, après avoir représenté au *Caïmacan* & au *Bostangi-Bachi*, qu'ils n'étoient pas assez forts ni en assez grand nombre pour resister aux Rebelles, sur quoi ces deux Officiers leur répondirent qu'ils n'avoient qu'à faire ce qu'ils voudroient. Alors le *Caïmacan* & le *Bostangi-Bachi*, qui étoit aussi une creature du *Muphty*, s'enfuirent par une autre porte.

Dès que les *Janissaires* eurent apris leur évasion, ils blamerent fort les *Bostangis* de les avoir laissé échaper. Et quelqu'un ayant dit qu'ils pourroient bien n'être point encore embarquez, on courut à la *Porte de la Marine*, où l'on trouva le *Bostangi-Bachi* qui alloit monter dans un bateau. Ils l'arrêterent, & lui ayant promis qu'ils le maintiendroient dans son Emploi, & qu'ils ne lui feroient aucun mal, s'il vouloit entrer dans leur Parti, il y consentit sans difficulté. Quant au *Caïmacan*, il avoit fait plus de diligence, & s'étoit échapé.

D'un autre côté les *Spahis* se joignirent aux *Zebedgis* & aux *Janissaires*, de sorte que le nombre des Rebelles s'étant considérablement augmenté, tant par l'arrivée de leurs Camarades, que par celle de quantité de jeunes gens, qui prenoient volontairement parti dans leur Corps, ils composerent bientôt une Armée considérable. Après avoir laissé dans le *Serail* une Garnison affidée, & suffisante pour le garder, ils tinrent conseil, & resolurent d'aller camper à *Etmeydan*, ou *Marché de la chair*, où sont tous les *Odas* ou Chambres des *Janissaires*. Leur armée grossissoit à chaque moment comme une pelotte de neige qui tombe du haut d'une Montagne qui en est couverte. Un grand nombre de *Sophtas*, ou Etudians, & d'Apprentifs des Boutiques, armez de sabres & de piques rouillées, qui venoient de leurs Ancêtres, vinrent aussi se joindre aux Révoltez.

Nomination d'Officiers Généraux par les Rebelles

Le même jour plusieurs *Effendis*, *Mullas* & *Immaüms* les étant venus trouver, ils choisirent pour Officiers ceux qu'on jugea propres à soutenir leur entreprise, & même à gouverner pendant l'interregne. Ils nommerent pour *Visir* un certain *Ibrahim Hane Oglou*, petit-fils de cet *Ibrahim Han* dont j'ai parlé ailleurs. Ils déclarerent même qu'il succederoit à l'Empire, en cas que le *Sultan Mustapha* detruisit toute la famille Imperiale, lorsqu'il croiroit ne pouvoir se conserver le trône que par ce moyen. Mais quelque flateuses que pussent être de pareilles dispositions pour un homme qui auroit été ambitieux, *Ibrahim Hane Oglou*, se souvenant des maledictions que son Ayeul avoit prononcées contre ceux de sa famille qui accepteroient aucunes charges dans le Gouvernement, ne voulut point de cette dignité & se cacha. Le *Divan* d'*Etmeydan* aprenant son évasion, nomma à sa place un certain *Gurgy Achmet Pacha*. C'étoit un Esclave, *Georgien* d'extraction. Il avoit servi en cette qualité le *Visir Usseine Pacha*, & étoit parvenu aux Emplois les plus considérables, dont enfin il s'étoit vû dépouillé sans autre châtiment. Il menoit alors une vie fort tranquile sur le *Bosphore*, à quelques Milles de *Constantinople*. Il avoit été en dernier lieu *Pacha d'Angora*. Dès que les Rebelles l'eurent élu *Visir*, ils lui envoyerent des Députez à sa maison de Campagne, d'où on l'amena à *Etmeydan*. Il auroit bien souhaité de pouvoir se dispenser d'accepter le *Visiriat*; mais il craignit de passer pour un des Partisans du *Muphty*, & que ses biens n'en souffrissent. Les Révoltez nommerent ensuite *Muphty* un certain *Pazemadizade Effendi*, & *Janissair-Aga*, *Izalick Achmet*. Ils choisirent en même tems les autres Officiers de l'Armée, les *Visirs du Banc*, le *Reis-Effendi*, en un mot tous les Ministres & Officiers Civils & Militaires. On dressa après cela un Manifeste, par lequel le Peuple sommoit le *Grand Seigneur* de comparoître devant *Char-Allah* ou la *Justice de Dieu*: citation si sacrée parmi les *Turcs*, que quiconque ne s'y soumet pas est regardé comme un *Infidele*. On sommoit en même tems *Sa Hautesse* de livrer le *Muphty* aux Mecontens. Ce *Manifeste*, accompagné d'un *Fetfa* du *Muphty* de leur creation, fut envoyé à *Andrinople*, après avoir été lû à haute voix devant toute l'armée qui y avoit applaudi.

Vers le soir le nouveau *Visir* fit appeller les Interprêtes des Ministres étrangers, & leur ordonna d'avertir leurs Maîtres qu'ils eussent à defendre à ceux de leur Nation, & à toutes les personnes qu'ils protegeoient de sortir pendant quelques jours de leurs maisons, ni d'ouvrir aucune des tavernes qui étoient sous leur protection. Il fit aussi publier par des *Telars*, ou Crieurs publics, la même deffense à tous les Cabaretiers, sous peine de la bastonade & d'une grosse amende, tant

pour

pour ceux qui vendroient du vin que pour les *Turcs* qui en boiroient. Enfin il n'y eut que les boutiques où l'on vendoit de la viande, & les autres deurées necessaires à la vie, qui eussent la permission de rester ouvertes.

Le 7. on publia dans tous les villages qui bordent le *Bosphore*, que tout *Musulman*, capable de porter les armes, & engagé dans quelqu'un des Corps militaires, qui refuseroit de se rendre au Camp d'*Etmeydan*, seroit réputé *separé de sa femme*. Cette publication qui étoit accompagnée du *Fetfa* du même *Muphty*, fit tout l'effet qu'on en attendoit. Le jour suivant quelques Troupes *Asiatiques* s'étant défaites de leurs Chefs *Muphtistes*, joignirent les Rebelles à *Etmeydan*.

Le 19. le Patriarche *Grec* reçut ordre du *Visir Achmet*, de publier dans la Cathédrale & de faire publier dans toutes les autres Eglises *Grecques*, que tous *Rayas*, ou Sujets de sa Nation qui auroient des armes chez eux, eussent à les apporter à sa *Porte*.

Le même jour les Prêtres *Armeniens* ayant perdu le Patriarche *Avedic*, que les *Catholiques* avoient fait arrêter, l'accusant d'être *Muphtiste*, ou d'avoir entre les mains une grande partie des effets de *Fieballa Effendy*, eurent ordre de publier la même chose dans les leurs.

Le 27. les *Cacams*, ou Prêtres *Juifs*, reçurent un semblable ordre de ce premier Ministre des Mécontens, & ils le publierent aussi dans leurs *Sinagogues*. On paya fort ponctuellement tous ceux qui apportoient des armes chez lui, où ses gens les recevoient.

Il faut remarquer qu'on prit du Tresor des *Mosquées* la plus grande partie de l'argent nécessaire pour l'entretien des Troupes, & que les habitans les plus à leur aise de la Ville & des environs, contribuerent volontairement, en donnant d'assez grosses sommes, de sorte que sans piller & sans fouler le Peuple, cette Armée fut entretenue dans le meilleur ordre du monde, comme on en jugera par ce que je vais ajouter.

Le 19. les Emissaires du vieux *Muphty*, que je me contenterai de distinguer par son nom de *Fesulla Effendi*, & que les Mécontens n'appelloient plus que *Kysil-Bache*, firent courir par tout le bruit, que *Sultan Mustapha* l'avoit déposé, & avoit quité *Andrinople*, pour venir donner à son Peuple la satisfaction qu'il demandoit; mais ce bruit n'avoit été répandu que pour endormir les Mécontens, car le même jour on fut informé de bonne part que *Sa Hautesse* rassembloit autant de Troupes qu'Elle pouvoit, pour venir les châtier.

Le 26. ce dernier bruit ayant été confirmé, ils tirerent de *Tophana* soixante & dix pieces de Canon de bronze : ils les embarquerent avec quantité de munitions de guerre, comme poudre, boulets, &c. pour *Selivry-Selimbria*, petite Ville située sur le bord du *Propontide*, dont je parlerai ailleurs : ils fixerent le nombre des *Caiques* ou bateaux à Constantinople, avec ordre de ne laisser passer personne de suspect, ou qui ne fut connu pour être dans les interêts du Parti *Constantinopolitain*, promettant une recompense à ceux qui découvriroient les ennemis de ce Parti.

Le 27. divers *Emirs* assemblez à *Gallata*, envoyerent appeller les Interprêtes des Ministres Etrangers, & leur ordonnerent d'avertir leurs Maîtres, qu'ils eussent à n'écrire nulle part durant la Révolution, sous peine de perdre leurs Lettres si elles étoient interceptées, & de deffendre la même chose à ceux qui étoient sous leur protection.

1703.
Chap.
XV.

Le même jour un nouveau bruit répandu par les Emissaires de *Fe-sulla-Effendi* portoit, que le *Sultan* l'envoyoit aux Mécontens pour le punir, selon qu'ils le trouveroient coupable, & que *Sa Hautesse* devoit suivre immediatement ; mais ce nouveau bruit avoit le même but que le premier, & fut bientôt détruit par des Deserteurs de l'Armée d'*Andrinople*, & celle de *Constantinople* témoigna n'y ajoûter aucune foi, en continuant ses préparatifs de guerre.

Le 28. des Lettres d'*Andrinople* marquoient que les Deputez qui y avoient porté le *Manifeste* dont j'ai parlé ci-devant, avoient été emprisonnez par ordre du *Sultan*; & que *Sa Hautesse* grossissoit son armée, qui étoit déja forte de plus de 60 mille hommes, par la convocation des *Zaïms* & des *Timariots* de la *Romelie*, & par les *Arnautes* ou *Albanois* à qui le *Sultan* faisoit esperer de grands privileges.

Le même jour un *Capigi-Bachi*, depêché d'*Andrinople*, se rendit à *Etmeydan*, avec un ordre de *Sa Hautesse* aux Mécontens de se separer & de mettre bas leurs armes. Cet ordre étoit accompagné d'une Amnistie générale, & de promesses de donner au Peuple toute la satisfaction raisonnable. Mais ils ne voulurent point se fier à ces promesses, & ils arrêterent le Porteur, en lui disant, que quand on leur renverroit leurs Députez, ils le renverroient.

Selon d'autres rapports, le *Sultan* au lieu de se mettre en état de donner cette satisfaction, avoit fait prêter Serment de fidelité à toute son Armée, qui étoit déja forte de plus de soixante & dix mille hommes avec les *Albanois*. Ce Serment se fit en cette maniere.

Serment de fidelité que le *Sultan* fait prêter à ses Soldats.

On planta l'Etendart de *Mahomet* au milieu du Camp, & on étendit au pied de cet Etendart un tapis, sur lequel on mit l'*Alcoran* avec un petit pain & un sabre. Les Officiers & les Soldats s'étant mis à genoux l'un après l'autre en bon ordre, baiserent l'*Alcoran* & jurerent par ce Livre sacré, ce pain & ce sabre, de deffendre l'Empereur contre ses Sujets rebelles ; mais ils parurent bientôt n'avoir fait ce Serment qu'avec une réservation mentale.

D'un autre côté *Fesulla Effendi* avoit répandu un *Fetfa* dans toute la Ville d'*Andrinople* & dans toute l'Armée, par lequel il déclaroit tous les *Constantinopolitains* & leurs adherans Conspirateurs, Rebeles, separez de leurs femmes, Payens & indignes du nom de *Musulmans*, mais dignes au contraire de toutes sortes de suplices, d'être taillez en pieces sans quartier, & exhortoit tous les bons *Musulmans* à prendre les armes contr'eux pour les exterminer, avec leur faux *Muphty* (c'est ainsi qu'il appelloit *Pazemadyzade*.) Ces deux faisoient à peu près le personnage des *Anti-Papes*, avec cette difference que leur double regne a été plus court. *Pazemadyzade* traitoit *Fesulla*, d'Infidelle (*Kysilbache*) dans ses *Fetfas*, & en publioit à peu près de tels pour la destruction de ses Partisans.

Le 30. on se disoit par tout à *Constantinople* & à *Gallata*, que *Fesulla* avoit fait offrir aux *Janissaires* de l'armée des Mécontens sept cents Bourses s'ils vouloient detruire les *Zebedgis*, comme les auteurs de la revolte, avec un pardon du Grand Seigneur accompagné de son *Fetfa*. On ajoutoit que quelques-uns des porteurs de ces offres avoient été pris, & appliquez à la question pour leur faire avouer où ils devoient prendre cet argent ; qu'ils avoient déclaré qu'il étoit chez des Changeurs *Juifs* & *Armeniens*, & qu'on avoit saisi de grosses sommes chez ceux-ci qui appartenoient

CONSTANTINOPLE, &c.

partenoient veritablement à *Fefulla-Effendi*, & pour lesquelles on pretendoit qu'ils lui payoient un gros interêt contre la Loi. Un autre rapport disoit qu'il avoit envoyé des Coquins pour empoisonner les eaux des Aqueducs qui les portent à *Constantinople*. Je ne puis pas dire que tous ces rapports fussent vrais; mais ils servoient à nourrir la haine publique contre *Fefulla-Effendi*; & soit qu'on eût découvert quelque empoisonneur, ou qu'on en craignît quelqu'un, on fit bien garder ces eaux, aussi bien que la Ville pendant la nuit contre les Incendiaires, dont un autre rapport la menaçoit.

Je ne puis m'empêcher de dire ici, à propos de cette garde, que je n'ai jamais remarqué une plus grande tranquillité & plus de sureté à *Constantinople*, qu'il y en paroissoit pendant cette Révolution; qu'on n'apprit pas qu'aucun Soldat commit le moindre desordre, ni prît aucune chose des boutiques qui furent toujours ouvertes. Dès que l'Armée fut formée & mise dans l'ordre admirable où elle demeura jusqu'à la fin de la Révolution, on pouvoit vaquer à ses affaires, & aller librement dans les ruës. La Justice étoit administrée au Public; & les poids, la qualité des vivres &c. examinez à l'ordinaire; en un mot la Police étoit extraordinairement bien mise en execution; à quoi les *Immaüms* des *Mosquées*, & les Chefs de la Révolution ne contribuoient pas peu par leurs exhortations aux Troupes, de prendre garde à ne pas rendre une bonne cause mauvaise, en faisant quelque desordre, ou quelque tort au Peuple, & aux amis de l'Empire.

Il ne se passa rien de remarquable, au moins que nous apprissions, jusqu'au huitieme d'Août que les *Constantinopolitains* voyant que les promesses & offres prétendues du *Sultan*, n'avoient eu pour but que de les amuser, pour gagner du tems & les surprendre avec une force superieure, s'ils avoient eu la foiblesse de compter dessus, & de ne pas prendre leurs mesures, tinrent un grand *Divan*, où il fut jugé & déclaré que ce Prince ayant laissé passer trois Vendredis sans comparoître au Tribunal de *Char-Alla*, étoit déchu du Trône par ce mépris de la Loi. On résolut d'aller à *Andrinople* mettre un autre *Sultan* sur le Trône, & de l'emmener résider à *Constantinople* selon la coutume.

Ce jugement & cette résolution du *Divan* étant digerez par écrit & accompagnez d'un *Fetfa* de *Pazemadizade-Effendi*, fut publiée, & l'instrument qui la contenoit attaché à une pique, qu'on porta par toute l'Armée & la Ville; & la voix publique y répondit *Amen*, aussi bien qu'à la Publication qu'en firent les *Muesins* de dessus les *Minarets*.

Le 9. fut marqué pour la marche des Troupes, mais comme on ne jugea pas à propos de laisser *Constantinople* sans un homme de tête, de courage & de confiance, on jetta les yeux sur *Hassan-Pacha-Firarly*, & soit qu'on jugeât qu'il fût caché dans cette Ville, ou qu'il l'eût fait entendre sous main. le *Visir* ordonna à des *Telars* ou *Crieurs* publics d'aller par tous les quartiers, les ruës, les Fauxbourgs, & les environs, *sommer à haute voix ce Pacha, de se montrer & de venir embrasser la cause du Peuple, qui le protegeroit, aussi bien que le Divan, contre le* Kysilbache & l'Empereur; *& qui alloit les punir de leurs injustices à* Andrinople.

Il sortit vers le soir d'une petite maison qu'il avoit louée vers les *Sept Tours*,

Tours, & se rendit auprès du *Visir*, qui le reçut fort bien, & il fut déclaré en plein *Divan Caïmacan* de *Constantinople*, avec l'applaudissement de tout le Peuple. Le jour suivant il assista au *Divan* qui se tint au sujet du *Sultan* qu'on mettroit sur le Trône; & comme quelques-uns qui avoient entendu, disoient-ils, d'un des Eunuques blancs qui avoient servi *Sultan Achmet*, Frere de *Sultan Mustapha*, que c'étoit un Prince d'un très mauvais temperament, passionné, vindicatif, & par conséquent cruel, & qu'on devoit préferer *Sultan Ibrahim* son Neveu, qui n'étant encore qu'un enfant se laisseroit gouverner par le *Divan* & le Peuple. *Firarly Hassane Pacha*, dit que ce seroit violer l'ordre de la Succession, & gâter une bonne cause; que ces rapports des serviteurs du *Sultan Achmet* pouvoient proceder de quelque faute en lui, où le Serviteur avoit plus de tort que le maître; qu'au reste, ce Prince étant en âge de jugement & de Raison, il s'en serviroit pour éviter un sort semblable à celui de son Frere, en se défiant de tous les conseils qui tendroient à lui faire violer quelque article de la Loi, ou quelque coutume de l'Empire. Le *Visir* & la plus grande partie de ceux qui composoient le *Divan*, furent de son avis, & il fut suivi comme on verra ci-après.

Le 12. toutes les Troupes se mirent en marche, excepté vingt-cinq mille hommes qu'on laissa pour la garde de la Ville, & elles allerent camper auprès de *Dahout-Pacha*, où elles furent renforcées de sept à huit mille *Szegbans* *, venus d'*Asie*.

Le 13. l'Armée continua sa marche avec assez de diligence, & arriva à *Selivry*.

Le 15. Toute l'Artillerie étoit arrivée quelques jours auparavant.

Le 16. & le 17. furent employez à faire la Revue générale des Troupes qui se trouverent au nombre de soixante-cinq mille hommes, & le *Visir* leur fit prêter Serment, qu'ils ne mettroient point les armes bas qu'elles n'eussent élevé *Sultan Achmet* au Trône, & puni *Fesulla*.

On dit que ce *Muphty* & les autres Conseillers du *Sultan Mustapha* lui représentoient l'Armée des Mécontens comme un mélange d'Etudians, de Boutiquiers, & de Courtisans sans experience, à la reserve de quelques *Janissaires*, *Zebedgis*, & *Spahis*, qui avoient servi, mais qui n'étoient pas assez nombreux pour faire tête à ses Troupes, qui étoient les meilleures de l'Empire. Ils ajoûtoient, que la seule vue de ces braves Troupes épouvanteroit d'abord les premiers qui se sauveroient à leurs Colleges, & à leurs boutiques.

Cependant les *Constantinopolitains* s'étoient à peine avancez à quinze lieues au delà de *Selivry*, lors que deux *Pachas* se presenterent à la tête de vingt à trente mille hommes d'élite, faisant mine de leur vouloir livrer Bataille, sans qu'aucun montrât la moindre frayeur: au contraire, ils firent tous les mouvemens de ceux qui cherchent à combattre. Sur quoi les *Pachas* qui trouvoient plus de risque à attaquer une Armée plus nombreuse qu'ils ne l'avoient crue, & qui pouvoit être aussi courageuse, s'avancerent avec une petite suite & un

Eten-

(a) *Szegbans*. Milice qui se leve seulement en tems de guerre, & qui s'enrolle pour une Campagne ou plusieurs, & qu'on congedie toûjours dès qu'elle est finie: on leur donne une paye plus ou moins grande, selon la distance de leur Païs, de laquelle ils puissent épargner de quoi les y reconduire quand on ne veut plus de leurs services.

Etendart blanc, porté devant eux comme pour capituler, & s'approcherent du *Visir*, qui avoit d'abord fait venir auprès de lui le *Janissair-Aga*, le *Zebedgi-Bachi*, &c. pour écouter les propositions que cet Etendart signifioit. Etant arrivez à la portée de la voix, ils déclarerent que le *Sultan* ne les envoyoit pas pour combattre, mais pour écouter leurs plaintes & traiter avec eux. Le *Visir* & le *Janissair-Aga*, répondirent au nom de toute l'Armée, *Il y a long-tems que le Sultan connoît le sujet de nos plaintes; nous ne voulons pas traiter avec des Pachas, ni même avec lui: il est trop tard.* Sur quoi les *Pachas* se retirerent.

Nous n'entendîmes plus de nouvelles jusqu'au 24. que les *Muesins* publierent que *Sultan Achmet* étoit proclamé Empereur par l'Armée, & on recommença le *Selam* ou la Priere pour l'Empereur régnant, qui avoit été omise depuis que *Sultan Mustapha* avoit refusé de se rendre à *Constantinople*.

Les Lettres & autres avis d'*Andrinople* nous donnerent pour circonstances de la déposition de ce Prince, qu'au retour des deux *Pachas* auprès de lui, il avoit fait marcher presque toute son Armée, composée d'environ quatre-vingt mille hommes, contre celle des Mécontens, avec ordre de l'attaquer; que lors que le *Kiaia-Bey* & les autres Généraux qui la commandoient se virent à portée de livrer Bataille, ils donnerent leurs ordres pour en disposer les rangs; mais qu'ils s'apperçurent bientôt combien ces ordres étoient mal executez, & que quantité de *Janissaires*, & de *Spahis* desertoient, & passoient en foule du côté des Ennemis; au lieu qu'au contraire les ordres de ceux-ci étoient ponctuellement executez, puisque non seulement leurs Troupes étoient rangées, & prêtes à recevoir les attaquans, avant que celles qu'ils commandoient pussent les attaquer, mais aussi qu'elles étoient en état d'attaquer les premieres. Sur quoi ils demanderent aux Troupes qui leur restoient, si elles vouloient obéir & combattre pour l'Empereur, ou non. La plûpart, au moins ceux qui entendirent la demande, répondirent qu'ils ne se battroient pas contre leurs Freres les *Musulmans*, pour aucun Empereur, non plus que pour le *Muphty*. En même tems on les vit voler par legions vers les Mécontens & les embrasser, à la réserve de quelques Troupes *Albanoises*, qui allerent porter par leur retraite précipitée à *Sultan Mustapha*, campé près d'*Andrinople*, la nouvelle de son malheur. Les deux Armées n'en faisant donc plus qu'une en moins d'une heure, sous le commandement des Chefs & Officiers des *Constantinopolitains*, firent une décharge générale de leur Mousqueterie, en signe de leur union. Cette Armée combinée s'étant avancée en bon ordre, & avec un même dessein environ à la portée du Canon de la Tente du *Sultan Mustapha*, tira plusieurs coups, dont quelques-uns, sur tout les derniers, en approchoient de si près, qu'il trouva à propos de décamper, & que montant à cheval, il donna à ceux qui étoient auprès de lui le signal de la retraite, pour aller attendre dans le *Serail* la derniere periode de sa destinée. Ses amis, comme son *Visir Rami-Pacha*, & son *Muphty*, ne voyant plus de sûreté pour eux dans ce lieu, s'allerent cacher les uns d'un côté, les autres de l'autre.

Cette Armée étant arrivée au Camp que ce Prince venoit d'abandonner, s'y arrêta; & on tint un grand *Divan*, où on convint que le

Janiſſair-Aga, le *Boſtangi-Bachi*, le *Zebedgi-Bachi* & le *Spahilar-Agaſſi*, iroient chacun avec deux mille de leurs gens au *Serail*, pour en tirer *Sultan Achmet*, & l'emmeneroient à l'Armée, qui reſteroit campée où elle étoit, ſans qu'il fût permis à un plus grand nombre d'entrer dans la Ville, pour n'y pas répandre l'allarme ; & qu'on le proclameroit & le ſalueroit enſuite pour Empereur.

Ces quatre Chefs étant arrivez à la porte du *Serail* avec leurs huit mille hommes, un *Janiſſaire* cria à haute voix par ordre de ſon Chef; *Que* Sultan Achmet, *choiſi Empereur par le Peuple de* Conſtantinople *& par l'Armée*, *ſorte & vienne gouverner l'Empire ſelon ſes Loix & ſes Coutumes.* Au lieu de *Sultan Achmet*, Sultan Muſtapha ſe montra ; mais le *Janiſſair-Aga*, ſelon quelques-uns, ou le *Zebedgi-Bachi*, ſelon d'autres, lui dit, *Tu n'es plus notre Empereur, mais tu es déchu du Trône, nous voulons ton Frere, & ſi tu ne nous l'envoyes, nous irons le prendre par force.* Là-deſſus il rentra & alla prendre ſon Frere dans la priſon où ſont tenus les Princes du Sang, le leur emmena, & s'alla mettre dans la même place ſans proférer une ſeule parole.

L'*Aga* des *Janiſſaires*, meilleur Soldat qu'Orateur, fit un court compliment à *Sultan Achmet*, & lui demanda, *s'il vouloit gouverner le Peuple ſelon la Loi, reſider en tems de Paix à* Conſtantinople, *& livrer le* Muphty Feſulla *à l'Armée, qui étoit prête à le proclamer à ces conditions.* Il répondit oui à tout cela, & d'abord les quatre Chefs & leurs Troupes à leur exemple, crierent, *vive & regne long-tems & heureuſement* Sultan Achmet! Lorſque cela fut fait, ils l'inviterent à ſe rendre avec eux à ſon Armée ; & un cheval très richement enharnaché ayant été amené pour cela, il monta deſſus, & marcha au milieu de ces huit mille hommes. Dès qu'il y fut arrivé, le *Viſir Achmet-Pacha* lui fit une harangue convenable au ſujet, & lui paya ſon premier hommage, en lui baiſant le bas de ſa robe. Les autres principaux Officiers en firent de même, & en même tems ils crierent trois fois, *vive & regne long-tems* Sultan Achmet, *Empereur des* Muſulmans! Proclamation que toute l'Armée repeta d'une commune voix. Il fut enſuite reconduit & ſervi comme tel au *Serail*.

Cependant le *Viſir Ramy-Pacha*, le *Cadyleskier*, & les principaux Officiers de la Porte de *Sultan Muſtapha*, avoient non ſeulement pris le Parti de la retraite, mais ils avoient même, à ce qu'on diſoit, plié la toilette, & mis à couvert leurs principaux effets, dans la crainte d'être rançonnez par les Mecontens.

Le Muphty arrêté & puni de mort.

Le *Muphty*, qui courroit le plus de danger, avoit été le premier à prendre la fuite. On le chercha en vain tout ce jour-là dans *Andrinople* & aux environs, & le lendemain, ſur un avis qu'il s'étoit retiré à *Philippopolis*, on y envoya un detachement de *Spahis*. Mais ceux-ci apprenant à leur arrivée, qu'il en étoit parti la nuit, ſans qu'on pût dire quelle route il avoit priſe, ce detachement ſe partagea en deux Troupes, dont l'une marcha vers la *Mer Blanche*, & l'autre vers la *Noire*; & il fut pris ſur le bord de cette derniere, dans le moment qu'il cherchoit un bâtiment pour ſe ſauver, ſans penſer apparemment, ou ſans paroître penſer qu'il violoit par ſa fuite l'ordre de la predeſtination, dont ſon *Feïfa* avoit fait un ſi grand crime à *Haſſan Pacha Firarly*. Après s'être ſaiſi de lui, ils le mirent ſur le premier chariot de Paysan qu'ils rencontrerent. *Sultan Achmet*, pour le degrader, le fit *Pacha de Sophie*; ensuite il fut mis en prison, où on lui fit faire son testament & rendre compte de tout son argent & de ses pierreries, pour rembourser les *Mosquées* des sommes qu'elles avoient avancées pour le maintien de l'armée. Après quoi, il fut mis entre les mains des *Janissaires* & des *Zebedgis*. Ils le firent monter sur un âne, aïant le visage tourné vers la queue, qu'ils l'obligerent de tenir, comme on fait faire en quelques parties de la *Turquie* aux filles de joye surprises en flagrant delit. Dans cette posture il fut exposé & promené par toute la Ville par un pauvre *Juif*, qu'ils obligerent de tenir le licou, pendant que plusieurs des Mecontens crioient à diverses reprises, sur tout dans les Carrefours & dans les marchez par où il passoit: *C'est ainsi qu'on doit traiter ceux qui donnent de mauvais conseils aux Empereurs; qui violent la loi qu'ils doivent deffendre & s'enrichissent aux depens du Public.* Ou bien, *voilà l'infidelle* Kysill-Bache. Lorsque cette grotesque cavalcade fut arrivée au *Bitbazar*, ou *Marché aux poux*, (nom que les *Turcs* donnent à la *Fripperie*) deux Prêtres *Armeniens* qui venoient d'enterrer quelqu'un, & qui avoient encore leurs encensoirs portez par deux jeunes Diacres, s'y étant trouvez dans ce moment, ils les forcerent de marcher derriere l'âne, d'encenser & de chanter ce qu'ils voudroient, en leur langue. Arrivez au milieu du marché, ils firent descendre le nouveau *Pacha de Sophie*, & le firent mettre à genoux; puis lui aiant ôté son *Turban*, un de la Troupe degaina son sabre & lui enleva la tete d'un seul coup. C'est le supplice ordinaire en *Turquie* & le plus infamant, de répandre le sang du Criminel dans le même lieu où le crime a été commis. On y laisse ordinairement le corps exposé pendant vingt quatre heures, avec la tête sur ses genoux entre ses deux mains. Mais on fit enlever l'un & l'autre par des porteurs *Armeniens*, pour les promener par toute l'Armée en faisant marcher les Diacres *Armeniens* devant en chantant, sur le même ton qu'ils chantent, quant ils vont enterrer leurs morts, quelques imprecations contre le *Kysill-Baché*. Après avoir repu les yeux de l'Armée de ce Spectacle, ils jetterent la tête & le corps dans la riviere. Ainsi perdit la vie *Fesulla Effendy*, une des meilleures têtes de l'Empire *Ottoman*. Il avoit beaucoup de merite personnel, mais son avarice obscurissoit toutes ses belles qualitez, & enfin après y avoir immolé un grand nombre d'innocents, il en fut lui même la victime.

Tout s'étoit passé jusques-là le plus tranquillement du monde, comme on vient de voir; mais lors qu'on parla de congedier les *Seibans*, tant ceux que les Mécontens avoient reçus à leur service, que ceux que le *Sultan* detroné avoit invitez dans le sien, avec quantité de *Zaimli* & *Timarlis* qu'il avoit convoquez, ils déclarerent qu'ils ne partiroient point sans être payez, non seulement pour être venus, mais pour s'en retourner. Les *Janissaires* d'un autre côté demandoient le *Bacchiche* (present de vingt-cinq écus par tête qu'on leur donne à chacun, à l'élevation d'un Empereur au Trône) & les *Zebedgis* & *Spahis*, leurs arrerages. Le *Visir* craignant quelque tumulte dangereux, si les autres Troupes s'avisoient de former aussi quelques prétentions, & voyant leur prodigieux nombre, & que les armes qu'elles avoient encore à la main les mettoient en état de parler despotiquement, conseilla au nouveau *Sultan* de les satisfaire. *Sa Hautesse* suivit son conseil, & on y employa tout l'argent qui étoit dans le Trésor, & ce qu'on tira du *Muphty* & de deux de ses fils qu'on étrangla, pour avoir caché de grandes sommes, qu'on découvrit. On licentia les premieres Troupes à mesure qu'on les payoit, & les *Janissaires* eurent leur *Bacchiche*.

Dès que cela fut fait, le *Sultan* se mit en marche le 7. de Septembre avec le reste de l'Armée, & arriva le 15. à *Dahout-Pacha*, où il resta trois jours; & le 18. il s'alla faire ceindre le Sabre du Prophete *Mahomet* dans la *Mosquée d'Eiub*, où on le conserve. C'est en cela que consiste principalement le Couronnement des *Sultans*: les *Turcs* au lieu de *couronner*, disent, *ceindre le Sabre*. Ce Sabre de *Mahomet* est une vieille sorte d'armes *Arabes*. L'*Adgi-Bectasse*, qui en fait l'office, est, dit-on, un descendant d'*Eiub* ou *Job*, qui selon les Annales ou la Tradition des *Turcs*, étoit un grand Capitaine & un zelé *Musulman*. On voit son Tombeau dans la *Mosquée* à laquelle il a donné son nom. Cette *Mosquée* est à la distance d'un demi Mille ou environ des murs de *Constantinople*, vers le Nord-Ouest, dans une espece de Fauxbourg appellé *Ipte*.

<small>Cavalcade du nouvel Empereur.</small> La Marche ou Cavalcade du *Sultan*, depuis le Palais de *Dahout-Pacha* jusqu'à *Eiub*, & delà jusqu'au grand *Serail*, n'étoit pas moins magnifique que l'entrée de son Frere, trois ans auparavant.

Elle commença par ce Frere infortuné, qui fut enfermé à sept heures du matin dans un chariot couvert, à *Dahout-Pacha*, comme il l'avoit été depuis *Andrinople* jusques là. Ce chariot étoit environné de quantité de *Zulufgi-Baltagis*, & précédé d'une Compagnie de *Janissaires*, qui le conduisirent au grand *Serail*, dans la prison des Empereurs déposez.

La *Validé*, sa Mere, sa Sœur, & sa Fille unique, suivoient dans deux autres chariots couverts de même, avec quelques Esclaves, & entourez d'une Troupe d'Eunuques noirs à cheval. Ensuite venoient trente autres chariots portant son *Harem*, qu'il ne lui étoit plus permis de voir depuis le moment de sa déposition. Ils étoient entourez d'un nombre proportionné d'Eunuques noirs, & escortez de quelques Compagnies de *Janissaires*. Toutes ces femmes furent conduites à *Elsey-Saraï* (a) ou *Vieux Serail*, aussi bien que la *Validé* même, qui eut un ordre exprès de l'Empereur son fils, d'y rester, pour laisser passer l'animosité du Public, qui l'accusoit d'avoir autant contribué que le *Muphty* à retenir *Sultan Mustapha* à *Andrinople*, & de plusieurs autres choses dont elle n'étoit peut-être point coupable; car il est difficile de savoir ce qui se passe dans les entrevues des *Sultans* avec le Sexe. Quant au *Sultan* déposé, il n'eut plus d'autre Compagnie que celle des Eunuques blancs qui le servoient.

Sultan Achmet sortit de *Dahout-Pacha* sur les huit heures & demie, au travers de deux lignes ou hayes de *Spahis*, de *Zebedgis*, de *Topidgis* & de *Janissaires*, qui bordoient les deux côtez du chemin jusqu'à la *Mosquée*. Ces hayes étoient entremêlées des Députez des *Rayas Armeniens*, *Grecs* & *Juifs*, qui avoient apporté des presens, consistant en riches étoffes de soye, pour *Sa Hautesse*, lesquels ils tenoient

sur

(a) C'est un vieux & vaste Bâtiment, qui ressemble à un Couvent, entouré de hauts murs sans fenêtres. On y met, comme je crois avoir déja dit, les *Harems* des *Sultans* déposez, sous la garde d'Eunuques noirs.

CONSTANTINOPLE, &c. 335

sur les deux mains, & que des Officiers du *Serail* avoient soin de recevoir, dès que la Cavalcade avoit passé devant eux. Cette Cavalcade étoit à peu près semblable pour l'ordre à celle que j'ai déja décrite, excepté que le *Sultan* n'avoit qu'une aigrette à son Turban, comme *c* de la premiere Planche.

1703. CHAP. XV.

Ce Prince étoit monté sur un beau cheval, dont le harnois étoit extraordinairement riche: sa maniere de se tenir à cheval répondoit bien à son éducation, car il n'avoit tout au plus que la theorie de cet exercice. Il avançoit son ventre vers le pommeau de la selle, sur lequel il avoit les yeux fixez. Sa barbe qu'il n'avoit la liberté de laisser croître que depuis qu'il avoit été proclamé Empereur, étoit assez courte, comme on le peut penser. En effet, c'est la coutume de raser les Princes *Ottomans* avant leur avenement au Trône, ce qui est une marque de leur sujetion à l'Empereur regnant. En général ceux qui servent se font aussi raser la barbe, & portent simplement des moustaches, n'y ayant que ceux qui ont quelque autorité, comme les Peres de familles qui vivent par leur travail, & les Officiers qui ont quelqu'un sous leur commandement, qui puissent porter de barbe.

Sa *Hautesse* étant arrivée à la *Mosquée d'Eiub*, descendit de cheval à la porte, entre dix & onze heures. On lui tira ses bottes pour y entrer en vrai *Musulman*, c'est-à-dire, avec le respect d'un Sujet de Dieu, quoique Souverain des hommes. Lorsqu'il y fut entré, il y fit sa Priere, & après que l'*Immaüm* eut recité celles qui se disent en pareilles occasions, *Adgibectasse* lui ceignit le sabre en la maniere représentée sur la Planche XXI. Prenant ensuite des mains du *Tulbentgi* le Turban à trois aigrettes, avec lequel il est représenté sur la même Planche, il le lui mit sur la tête en la place de celui qu'il avoit, lequel il donna au *Caftangi*, ou valet de Chambre de *Sa Hautesse*, qui le remit ensuite au *Tulbentgi*. Après ces ceremonies qui furent fort courtes, le *Muphty* fit une Priere, par laquelle il demanda à Dieu, *de faire tomber la pluye de ses benedictions sur la tête de l'Empereur, & de rendre ses armes toujours heureuses contre les Infidelles*. Ensuite apostrophant l'Empereur, il l'exhorta *à deffendre de tout son pouvoir la Foi Mahometane, & à animer par son exemple ses Sujets à l'observation de la Loi & de la Justice*. Puis lui ayant presenté l'*Alcoran*, qu'il tenoit ouvert, comme on le voit sur ladite Planche, *Sa Hautesse* promit tout cela, en le prenant de ses mains, & en le portant à son front & à sa bouche; après quoi le *Muphty* lui embrassa les genoux, & le *Visir*, le *Janissair-Aga*, & le *Chiaouz-Bachi*, lui baiserent les manches pendantes de sa Pelisse de Zebeline, comme la Planche XX. le montre. J'ai apris toutes ces particularitez de mon *Mulla Piemontois*, ou *Turc Italianisé*.

Couronnement d'*Achmet*.

Lorsque cela fut fait, les Canons de *Tophanna* & des autres endroits de la Ville & des Fauxbourgs, se firent entendre; & le *Sultan* sortit de la *Mosquée* au milieu des acclamations du Peuple, des Officiers de la Porte & des Soldats, & passa entre deux hayes de *Spahis*, de *Zebedgis*, & de *Janissaires*, qui s'étendoient depuis la porte de la *Mosquée* jusqu'à celle du *Serail*. Pendant ce tems-là deux Eunuques blancs ne cessoient depuis l'une jusqu'à l'autre porte, de jetter à la populace des poignées de *Paras* & d'*Aspres*. Le *Sultan* étant arrivé dans son apartement,

tement, & ayant quité le sabre de *Mahomet*, un *Immaüm d'Eiub* alla le reprendre & le reporta dans cette *Mosquée*.

CHAPITRE XVI.

Du Harem, *ou de la maniere particuliere de vivre des* Turcs *avec leurs Femmes & Concubines. Du Mariage des Princesses du sang. Du* Baile *de Venise. Cavalcade du nouveau* Sultan *à* Eiub. *Du Patriarche* Armenien Avedick. *Deposition du* Janissair-Aga. *Digression historique touchant le regne de* Mahomet IV, *de ses deux Freres & de son Fils.*

Du *Harem* des *Turcs.*

PEndant la ceremonie que j'ai raportée dans le Chapitre precedent, le *Sultan* deposé & les autres Princes du sang furent conduits dans leurs appartemens du *Serail*, aussi bien que le *Harem* ou les *Odalicks* du nouveau *Sultan* dans les leurs. Je dis le *Harem du nouveau Sultan*; car quoiqu'il n'eut pas même la liberté d'avoir une seule fille, avant que d'être proclamé Empereur, cela n'étant permis à aucun des *Heritiers* des *Sultans*, ou Empereurs déposez, on m'assura qu'avant que de quitter *Andrinople*, il en avoit déja plus de cent, dont on lui avoit fait present, & qui étoient toutes jeunes & pucelles. Ces presens viennent des personnes qui aspirent à quelque emploi, ou à être confirmées dans les leurs. Ce sont ordinairement des *Circassiennes*, comme les plus belles qu'on puisse acheter; je dis *acheter*, car les *Sultanes* doivent toujours être esclaves achetées, soit *Payennes* ou *Chretiennes*. Le *Sultan* les fait *Sultannes* en les honorant de ses embrassemens. Ses Sujettes ne peuvent l'être selon la Loi, & il ne reçoit en mariage les filles d'aucun Prince *Mahometan*, fût-il Empereur, comme il ne donne les siennes à aucun de ce rang. On m'a dit pourtant à l'égard de ses Sujettes, qu'il y a quelques *Turcs* plus ambitieux que riches, qui aïant de tres belles filles, leur font aprendre à danser, à chanter, en un mot à plaire, & les confient à des marchands d'esclaves qui les vendent pour le lit de *Sa Hautesse*; mais que cela doit être bien secret, & seroit puni s'il étoit decouvert, comme une infraction de la Loi, qui defend de vendre aucune personne, née Sujette du *Grand Seigneur*, de quelque Religion qu'elle soit, sur tout de la *Mahometane*. Quoi qu'il en soit, ce n'est pas le *Sultan* qui viole la loi en cas-là; ce sont les parents de la fille qui sont les infracteurs. La premiere esclave qui donne un fils au *Sultan* est appellée *Asseky*, ou *Sultane* Imperiale, ou mot pour mot *premiere des Sultanes*. Si le fils meurt, la premiere qui lui en donne un autre, prend le même titre que la mere du defunt perd par sa mort, & ainsi du reste.

Ces femmes se divertissent entre elles en jouant des instrumens, dançant, aïant des comediennes & des joueuses d'instrumens pour les divertir. On a dit, & je crois même qu'on l'a écrit, que quand le *Grand Seigneur* passe dans son *Harem*, elles se rangeoient en deux hayes dans la même posture que les deux figures 10 sur la planche XXII. & que les aïant envisagées, il jettoit un mouchoir à celle que lui plaisoit davantage, avant qu'elle allat s'asseoir auprès de lui sur un *Sopha*, comme la figure 2 par exemple fait auprès de N°. 1. Mais un Ennuque de ma connoissance m'a assuré que cette coutume du mouchoir est abolie dans

le grand *Serail* depuis long-tems, ou que du moins elle s'y pratique très rarement; que *Sa Hauteſſe* ſe contente de lui envoyer ordre par le *Keſlar-Aga* de le venir trouver dans une Chambre, telle que celle dont j'ai parlé dans l'article du *Serail*; qu'il y avoit cependant de riches *Turcs*, qui pratiquoient encore en partie cette coutume en la maniere ſuivante. Un *Pacha* qui a deſſein d'aller à ſon *Harem* après dîner, ou après ſouper, s'envoye annoncer par un Eunuque à ſes concubines. Celles-ci cherchant à lui plaire ſelon leur education, s'habillent, compoſent leur viſage, & leurs yeux le plus avantageuſement qu'il leur eſt poſſible, ſe rangent en la poſture des deux figures 10, 10. Il paſſe entre les hayes, jette le mouchoir, s'il veut, à celle qui remporte ce jour-là le prix de la beauté dans ſon cœur, ou lui fait quelque autre ſignal. Alors elle va s'aſſeoir auprès de lui à 1; le careſſe ſelon ſon devoir, l'appelle ſon Empereur, & lui dit toutes les douceurs ordinaires, & extraordinaires dont elle s'aviſe. L'éducation, comme j'ai déja dit ailleurs, enſeigne au ſexe en *Turquie* à careſſer les hommes, & c'eſt la mode là, comme le contraire chez nous, au moins entre les honnêtes femmes. Si c'eſt en Eté, la revue amoureuſe ſe fait dans une ſalle telle que celle de mon plan, qui repréſente fort fidélement l'interieur de ces ſortes de bâtimens *Turcs*. Une des *Odaliques* prend un éventail de plumes fait comme celui de la Planche XVI. No 9. Tom. II. & les évente comme fait la Figure, 3 de la Planche XXII. Les fenêtres ſont ouvertes, & des Eunuques y font la garde dans le jardin. Si pour échauffer ſa paſſion, il ordonne aux autres de chanter, & de jouer des inſtrumens, elles ſe poſtent pour le faire comme les figures 5, 5, 5. S'il veut qu'elles danſent, elles s'en acquitent d'une maniere fort lubrique comme, 4, & les chanſons des premieres y repondent. D'autres ſe tiennent debout, comme 10. prêtes à recevoir des ordres de celle à qui une d'elles en pourra donner le jour ſuivant dans une pareille rencontre. Car elles ſont toutes égales, ſinon en jeuneſſe, & en beauté, au moins en autorité; mais elles doivent ſervir celle que leur maître choiſit, comme celle-ci doit ſervir à ſon tour les autres. A un ſignal qu'elle donne, l'Eunuque 7, apporte le caffé, les confitures, & les parfums qu'il remet à 8, pour être preſentez à 1, 2. Cela fait, le *Pacha* voulant être ſeul avec ſa Maitreſſe, frappe doucement d'une main dans l'autre, & les Eunuques 6, 7, & tous les autres qui ſont dans les avenues, donnent un ſecond ſignal de retraite en ſifflant comme des ſerpens, ſur quoi toute la compagnie chantante & danſante diſparoît comme un éclair: cependant les Eunuques font toujours la garde autour de l'appartement, & aux portes. Quant à ces *Odaliques*, les enfans qui en proviennent ſont cenſez auſſi legitimes que ceux des femmes le plus ſolemnellement épouſées. Elles ſont fort bien habillées, & fort bien entretenues: on ne les oblige point à changer de religion, ſi elles en ont une fixe. Après 9 à 10 ans d'eſclavage ou de concubinage, on leur donne la liberté (il en faut excepter celles du *Serail*), où on les marie à quelque homme eſclave ou Affranchi de leur religion. Les femmes *Turques*, ou élevées pour les *Harems* des *Turcs*, ne ſont pas ſenſibles à cette grande liberté, que celles de l'*Europe Chrétienne* goutent, comme à nos ſpectacles, & feſtins publics, mais elles ne ſont malheureuſes à cet égard, que dans notre imagination. Leur éducation leur a appris à trouver excellens leurs divertiſſemens en-

Tome I. Vv tr'elles,

tr'elles, comme leurs chansons, leurs danses, le son de leurs instrumens. Il est difficile de s'imaginer avec quel respect, avec quelle civilité elles se traitent reciproquement dans leurs visites. Leurs servantes esclaves portent cette civilité, & ce respect, au delà de ce qu'on peut croire, comme m'en ont assuré plusieurs Dames *Franques*, & *Greques*, qui ont visité les *Harems* les plus considerables de *Turquie*. Il n'y a point de Religieuses, disoient elles, point de novices, plus soumises à la volonté de leur Abbesse, que ces filles le sont à leurs maitresses: le silence, ou le langage par signes, est une chose aussi sacrée entre ces femmes, qu'entre les hommes. Au moindre clin d'œil, au moindre mouvement des doigts de leurs maitresses, elles rendent aux étrangeres tous les petits services qu'elles peuvent souhaitter : elles apportent le Caffé, les Confitures, l'eau d'Orange, les Parfums, comme 9. de ladite Planche ; & cela avec un ordre, & une promptitude admirable. Quoi que ce soit la maniere en *Turquie* que les Femmes caressent les hommes, ceux-ci ne sont pas sans complaisance : ils ne sçavent ce que c'est que de crier, de quereller, de battre une femme, & ils s'en separent plûtôt que de la maltraiter. Si quelque femme grosse du commun, passant dans les rues voilée, selon la coutume, loue assez haut pour être entendue, quelques fruits, que le *Visir* ou un *Pacha*, ou tout autre envoye à la table du *Sultan*, celui qui les porte ne manque pas aussi-tôt de mettre bas son pannier, ou sa petite corbeille, & de lui dire, *prens & mange de ce que tu aimes le plus*. C'est ce que j'ai vû faire plus d'une fois, & même à des femmes qui n'avoient pas l'air d'être enceintes.

Du mariage des Sultanes.

Le *Grand Seigneur* marie à des *Visirs*, à des *Pachas*, & autres favoris des plus riches les *Sultanes* ses Sœurs, ses Cousines, ses Nieces, ses Filles, même les *Odaliques* de ses predecesseurs, c'est-à-dire, les *Odaliques* non meres d'Enfans mâles, ou de Princesses vivantes ; car en cas qu'elles le soient, elles ne doivent non plus sortir de l'*Esky-Serail* que des Nonnes de leurs Couvents, ni avoir commerce avec aucun homme tant qu'elles vivent.

Dès que le *Sultan* annonce à ses favoris l'honneur qu'il leur destine, ils doivent repudier toutes les femmes que la loy leur permet, & se defaire des concubines qu'elle ne leur defend pas, s'il le requiert ; meubler de riches palais pour leurs nouvelles épouses, leur entretenir un grand nombre d'Eunuques pour leur garde, & de filles Esclaves pour les servir, & leur faire de riches presens, sur tout en pierreries. Si elles sont trop jeunes pour la consommation du mariage, il leur donne une *Odalique* pour s'en servir en attendant. La volonté de *Sa Hautesse* est le seul contract qui les lie, & elle donne à leurs épouses une autorité particuliere sur eux ; elles portent à leur ceinture pour marque de cette autorité, un petit *Handgiar*, ou poignard, dont le manche est garni de diamans. Si par exemple une *Sultane* Princesse du sang, que le *Grand Seigneur* donne en mariage à un *Pacha*, est d'un âge propre à la consomnation du mariage, & que *Sa Hautesse* veuille lui expedier un ordre de coucher avec elle, sans lequel il ne doit pas l'entreprendre, cet ordre est toujours accompagné d'un *Topouz* d'or garni de diamans : c'est la seule dot qu'il reçoive. Le *Topouz* est une espece de massue semblable à 8. de la Planche XVI. Tom. II. Les *Turcs* en attachent une à l'arçon de leur selle, quand ils vont en
cam-

campagne, laquelle est ordinairement de vermeil ou de cuivre doré. Il met l'ordre qui est addressé à la *Sultane*, dans son sein, & tenant le *Topouz* à la main droite, il marche à la porte de l'appartement de la *Sultane* qui lui est donnée pour épouse: dès qu'il y paroît toutes ses esclaves & autres femmes disparoissent. Une troupe d'Eunuques noirs restent aux avenues dans une posture respectueuse, les mains croisées sur leur ceinture, & les yeux baissez contre terre. Pendant qu'elle se tient assise sur son *Sopha*, il fait trois profondes reverences; la premiere à l'entrée de la porte, la seconde au milieu de la Chambre, la troisieme au pied du *Sopha*, où il declare son amour, & le bonheur auquel il aspire. A ces mots, elle se leve sans lui donner le tems de continuer sa harangue; & affectant une grande colere, comme si elle n'étoit pas prevenue de ce dont il s'agit, elle empoigne son petit *Handgiar*, comme pour le punir de sa temerité. Sur quoi il tire de son sein l'ordre du *Grand Seigneur* qu'il baise, & porte à son front, & le lui presente. Elle en fait de même après l'avoir reçu, le lit, ou fait semblant de le lire, & dit, *la volonté de l'Empereur soit faite!* Puis il baise le bout de de son *Caffetan*, ou de sa pelisse, & se retire à reculons, pour ne lui pas tourner le dos. Alors elle est mise dans un Carosse fait à la maniere du Païs, & semblable à ceux dont j'ai fait mention, & conduite avec une pompe & une Cavalcade magnifique dans un Palais qu'il a fait meubler aussi richement que ses facultez le lui ont permis. Le tems de se mettre au lit étant venu, elle s'y met la premiere. Le mari en étant averti y entre par les pieds, en se glissant doucement entre les draps. Tirons le rideau sur le reste qu'on peut assez imaginer. S'il commet quelque infidelité, ou s'il lui déplaît par quelque endroit sensible, il est souvent étranglé, ou au moins dépouillé de ses biens, sur la moindre plainte qui en est portée au *Grand Seigneur*: ou s'il est disgracié de *Sa Hautesse*, sous quelque autre prétexte ou pour quelques autres raisons & envoyé en exil, elle ne le suit pas, mais elle est mariée à un autre. S'il reste en grace, il est envoyé à un autre Gouvernement ou Office éloigné de plus de trente à quarante lieues de *Constantinople*: elle ne le suit pas non plus, mais il est obligé de l'entretenir de ses revenus, elle & ses Esclaves, en cette Ville. Au reste, le Sultan régnant donne ses Filles ou celles de son Prédecesseur dès leur enfance à un *Visir*, ou un Favori, comme *Sultan Achmet* donna, peu de tems après son avenement au Trône, sa Niece, âgée de quatre à cinq ans, à un nommé *Tchiourly Ali-Pacha*, & en 1708. sa propre Fille aussi jeune à *Cumurgi* ou *Dgin-Ali-Pacha*, dont je parlerai ci-après. Le premier a été ainsi appellé à cause qu'il étoit natif de *Tchiourlou*, petit, mais très joli Bourg, entre *Constantinople* & *Andrinople*, où son Pere faisoit le metier de Barbier. Voici quelques circonstances qu'on raconte de son avancement.

Mehemet IV. passant un jour par *Tchiourlou*, & appercevant *Aly*, qui étoit encore fort jeune, sur la porte de la boutique de son Pere, qui étoit Barbier, fut frappé de sa phisionomie: & s'arrêtant pour un moment, il le fit appeller; & comme ce Prince étoit plus affable, ou moins reservé que ne le sont ordinairement les *Sultans*, qui croyent trop s'abaisser que de se communiquer à leurs Peuples, il lui fit plusieurs questions, & fut charmé de ses réponses. Entr'autres il lui demanda s'il vouloit servir dans le *Serail* entre les *Adgiamoglans*

Remarques sur la fortune de *Tchiourby-Aly-Pacha*, & de *Cumurgi-Aly-Pacha*.

giamoglans, (*a*) où on auroit soin de son éducation & de son avancement. Le jeune garçon en s'inclinant profondément, répondit qu'oui,

(*a*) On n'éleve plus, à ce qu'on m'a dit, les *Adgiamoglans* dans le grand *Serail*, comme on faisoit de mon tems, mais le *Visir Dgin* ou *Cumurgi Ali-Pacha*, ayant fait reparer *Gallata-Sarai*, vieux Palais ou corps de bâtimens ainsi appellé, qui est très agréablement situé entre *Gallata*, *Tophana* & *Pera*, où on élevoit autrefois ces sortes de jeunes gens, aussi bien que les Enfans de Tribut, abolis en peu de tems comme j'ai dit ailleurs, avant que de les mettre au nombre des *Ichoglans* ou des *Janissaires* &c. on y éleve, ajoûte-t-on, aujourd'hui de jeunes *Turcs* que leurs Parens veulent bien sacrifier au service de la *Porte*, ou de jeunes Esclaves instruits dès leur enfance dans la Religion *Mahometane*. En un mot, c'est comme la pepiniere ou l'Academie de la *Porte*, où on leur enseigne les Loix & les Coutumes, à lire & écrire, à monter à cheval, à jetter le *Dgirit* & autres exercices selon leurs dispositions & inclinations. Ils sont au nombre de sept à huit cents sous la direction d'un nombre proportionné d'Eunuques blancs, avec un *Sarai-Aghassi*, Intendant du Palais. Ils ont de petites chambres distinctes & separées les unes des autres, comme des cellules de Moines, avec chacun un petit lit particulier, & ces Eunuques ont soin qu'ils couchent seul à seul, pour prévenir un vice, qui n'est gueres moins commun en *Turquie* qu'en *Italie*. Cette Academie a été portée à sa plus grande perfection par *Ibrahim-Pacha*, aujourd'hui *Visir* en 1725. qui étoit *Retkiap-Caimacan*, espece de *Vice-Visir*, ou premier Conseiller du *Grand Seigneur*, qui suit *Sa Hautesse* en Campagne, & se tient toûjours auprès de sa personne pendant que le grand *Visir* marche à la tête de l'Armée, comme un *Caimacan* est vice-Gouverneur de *Constantinople* en l'absence du même. On appelle aussi *Caimacan* tout autre Gouverneur d'une grande Ville. Lors que *Cumurgi-Ali-Pacha* fut tué à la Bataille de *Peterwaradin* en 1716. il épousa la veuve de celui-ci, qui étoit fille du *Sultan* dont j'ai parlé, & qui étoit encore pucelle. Je veux dire, que feu son premier mari n'avoit pas eu le *Haticheriph* avec le *Topouz*, pour la consommation du mariage. Il gouverna ensuite le *Grand Seigneur* & deux *Visirs*, en qualité de *Retkiap Caimacan* & de Favori. Le premier étoit un imbecille, qui ne gouverna que peu de mois. Le second étoit assez brave & s'appelloit *Halbil-Pacha*, qui ayant perdu la bataille qui couta en 1717. *Belgrade* aux *Turcs*, fut d'abord banni; mais la *Porte* qui pretend estre infaillible, ou que ses armées sont invincibles, & que si le contraire arrive, c'est par la faute des Chefs, envoya peu après un *Capigi-Bachi* pour l'étrangler. Surquoi *Halbil* qui en jugeoit autrement, ou qui en fut averti par ses amis, se deguisa en Berger & s'alla cacher dans son *Harem*, à *Constantinople*, où il demeura pendant cinq ans sans qu'on sçut ce qu'il étoit devenu, jusqu'à ce qu'un Domestique le trahit & le denonça au *Visir Ibrahim*, qui lui avoit succedé en qualité de *Visir*, à la paix de *Passarowitz*, & dont il attendoit une recompense pour sa trahison. Ce *Visir* le fit bien arrêter, mais lui obtint son pardon du *Grand Seigneur*, avec le commandement d'une place, où il vit tranquillement. Ce *Visir* qui est, assure-t'on, très poli, doux, liberal & genereux, a fait reprendre à ce *Sultan* le parti de la douceur. On raconte mille belles choses de sa generosité & de sa douceur qui lui ont rendu l'amour de ses peuples auxquels il le fait paroître liberal, au lieu d'avare, nom qu'ils lui donnoient de mon tems avec celui de cruel, en repandant des bienfaits sur ceux qui le meritent, & lui conseillant de ne faire mourir de ses creatures que celles qui sont veritablement coupables. Il lui meritera même peut-être le nom de *Magnifique* comme *Soliman*, par les édifices publics qu'il fait élever à *Constantinople* & aux environs; car ce *Visir* a fait reparer les aqueducs & augmenter magnifiquement les *Odas* des *Janissaires* qu'il visite de tems en tems, & à qui il laisse des marques de sa liberalité, n'y allant point qu'il ne leur donne quelques Bourses d'argent. Il les fait payer exactement, aussi bien que les autres Troupes de l'Empire. Il a fait élever divers beaux édifices au *Thirsena* où est la flotte. Il a soin que les Vaisseaux & les galeres soient bien entretenus, & d'en augmenter le nombre, aussi bien que celui des matelots & de les faire payer ponctuellement. Il a rendu *Kiathana* un lieu de plaisance accompli, ou plutot il l'a rendu doublement agréable, en faisant bâtir sur les bords de la riviere, divers *Kiosques* très propres, où le *Sultan* va souvent respirer le frais avec sa cour. Il ne paroît point en public qu'il ne jette de l'argent au peuple: il fait du bien sans distinction aux *Turcs*, aux *Chrétiens* & aux *Juifs*. Il fit present il y a quelques années à un Ministre étranger, qui étoit dans un pressant besoin d'argent, de la valeur de sa maison qu'il vouloit vendre. Sa politesse va jusqu'à la galanterie. Un Neveu de feu Comte de *Colyers*, Ambassadeur de Leurs Hautes Puissances à la *Porte*, m'a raconté à la Haye, que ce galant *Visir* passant un jour à cheval par le village de *Belgrade*, & rencontrant la famille de Son Excellence, à sçavoir deux de ses Nieces avec les leurs, & ce Neveu, qui faisoient bien quatorze à quinze personnes, & qui se promenoient, il s'arrêta pour leur parler: il leur fit diverses questions obligeantes, & leur fit presenter en les quittant, pour marque de faveur, selon la maniere *Turque*, des poignées de Ducats tout neufs. Le même dit qu'il en eus dix pour sa part. En un mot il donne tout ce qu'il a & le partage entre le *Sultan* & le peuple. C'est le moyen de rester toute sa vie *Visir*. Il traite souvent *Sa Hautesse*, qui a donné à un fils ainé, que ce *Visir* a eu d'une *Odalique*, une de ses filles, d'entre six qui sont deja mariées. Il n'y en a, dit-on, pourtant que deux qui soient nubiles, ou dont les maris ayent reçu le *Hatticheriph* avec le *Topouz*, pour la consommation du mariage.

qu'oui, pourvû que son Pere en fût content. *Sa Hautesse* ayant envoyé demander au Pere son consentement, celui-ci l'accorda après quelques objections du sang ou de la nature, & quelques difficultez que le desir du fils, secondé par de belles promesses du Messager, applanit. Il fut conduit au *Serail*, où il trouva tout l'encouragement, que ses bonnes qualitez meritoient, de sorte qu'il est enfin monté par differens dégrez au plus haut, à sçavoir celui du *Visiriat* sous le *Sultan* regnant, comme je dirai en tems & lieu.

On raconte diversement l'extraction & l'histoire de l'avancement de *Cumurgi-Ali-Pacha*, que j'ai vu ensuite favori & gendre de ce *Sultan*, & depuis *Selictar-Aga*, & *Visir*, & qui a été tué comme j'ai dit. Des *Turcs* qui prétendoient en être bien instruits, m'ont dit qu'il étoit fils d'un Charbonnier, & qu'il vivoit avec son Pere sous une miserable hute, dans des bois peu éloignez d'*Andrinople*, & que le même *Sultan* qui venoit de tirer *Aly-Tchiourly* de la boutique de son Pere, étant à la chasse (sa passion dominante, sur tout vers la fin de son regne) & passant devant cette Charbonniere, l'en tira à peu près par une semblable avanture, pour le faire élever dans le *Serail*. D'autres le font sortir de la famille des *Cuprulis*, & veulent qu'il n'ait été surnommé *Cumurgi*, le Charbonnier, que parce qu'il avoit le poil & les yeux noirs comme du jais. On l'appelloit même plus communément, sur tout entre les *Chrétiens*, *Dgin Ali-Pacha*, c'est-à-dire, *Ali-Pacha* le *Diable*, peut-être à cause qu'ils dépeignent le Diable noir, au moins les *Chrétiens* qui sont blancs; car on sçait que ceux d'*Ethiopie* & autres Noirs le représentent blanc. Il fut aussi fait *Visir* en 1713. Il enleva aux *Venetiens* la *Morée* en 1715., mais j'ai remarqué que l'autre *Ali-Pacha* avoit le poil aussi noir. Au reste, il est assez ordinaire entre les *Turcs* qui n'ont ni surnoms de famille, ni titres de Noblesse, d'être distinguez par ceux de la profession de leurs parens, par quelque deffaut du corps, ou quelques blessures &c., comme par exemple *Tchalick*, Taillade, nom que portoit un *Janissaire-Aga*, que les Mécontens de *Constantinople* choisirent pour tel, quand ils déposerent *Sultan Mustapha* : & *Topal*, Boiteux. On ajoûte plus communément à ceux de leurs Peres, *Oglou*, fils, comme *Ali Mehemet Oglou*, Ali fils de *Mehemet*: *Zuliman Achmet Oglou*, Salomon, fils d'*Achmet* &c., qui répondent aux *Johnsons, & Richardsons d'Angleterre*, qui y étoient aussi communs avant l'introduction des autres surnoms. Les jeunes *Sultanes* que le Grand Seigneur donne ainsi à ses favoris ou à ses principaux Officiers & Ministres (je dis *donne*, car il n'entre, comme j'ai déja fait entendre, dans cette sorte de mariages, que sa volonté pour tout contract & toutes conditions) sont le plus souvent femmes de cinq ou six maris, sans cesser d'être pucelles, comme l'ont été celles-ci.

Le nouveau *Sultan* commença son regne par la douceur, & la moderation, mais cela ne dura pas long-tems. Il caressa extraordinairement les Chefs de la revolution, leur continua leurs emplois pour quelque tems, donna le poste de grand Tresorier à *Assan Firarly Pacha*. Il écrivit selon la coutume des Lettres au Roi de *Perse*, & à tous les Potentats, tant *Mahometans* que *Chrétiens*, en paix avec la *Porte*, pour leur notifier son avenement au trône, & les intentions où il étoit de cultiver, & d'entretenir avec eux les liens de la bonne intelligence qui subsistoit entre leurs Nations, & la sienne.

1703.
CHAP.
XVI.

Dispute pour la préséance entre les Ambassadeurs de Venise & de Hollande.

Vers le milieu d'*Octobre* Mr. *Giustiniani* se rendit à *Constantinople*, pour y resider en qualité de *Baile* de *Venise*, en la place du Chevalier *Sorenzo*, Ambassadeur extraordinaire de cette Republique. Il arriva que tous les Ministres étrangers ayant demandé audience du *Visir*, pour le feliciter sur son retour, & sur l'élevation de *Sultan Achmet* au trône, Mr. le Comte de *Colyers*, Ambassadeur de leurs Hautes Puissances les *Etats Generaux* des Provinces-unies, y fut appellé contre la coutume, & l'ordre du *Ceremonial*, avant le nouveau *Baile*. Sur quoi celui ci envoya un Interprete protester à la *Porte* du *Visir* contre cette preference, que la Republique de *Hollande* n'avoit jamais pretendue sur sa Soeur ainée; mais il n'en put avoir de satisfaction, & le *Visir* n'en voulut point demordre. Mr. de *Colyers* eut son audience avant Mr. *Giustiniani*, qui aima mieux prendre la sienne après que de n'en point avoir, esperant que cela ne tireroit à aucune consequence sous un autre *Visir*, comme en effet cela est arrivé. La *Republique* de *Hollande* à qui le Senat de *Venise* en écrivit, repondit qu'elle n'avoit eu aucune part dans ce qui s'étoit passé, & qu'elle ne pretendoit point lui disputer le pas à la *Porte*. Au reste elle n'a pas eu les mêmes égards pour son autre Sœur ainée la *Republique de Genes*, dont l'Ambassadeur le disputa en vain au sien, quand elle rechercha l'amitié de la *Porte*, avec qui elle étoit en guerre depuis long-tems, sans pourtant se la faire que par quelques Corsaires, ou par rencontre.

Un *Baile* est proprement un Resident de la Republique de *Venise*, auquel le *Senat* laisse une espece de pouvoir arbitraire de depenser ce qu'il trouve à propos de depenser, pour des intelligences. Elle lui envoye pour cela tout l'argent qu'il demande, sans exiger de lui aucunes particularitez sur l'usage qu'il en fait. Il peut lui mettre en compte par exemple un *Zequin* pour chaque étranger qui mange à sa table, quoi qu'il ne lui en coute pas la dixieme partie, comme j'ai remarqué ailleurs, à cause du bon marché & de la grande abondance des vivres, outre que le vin, & le porc ne lui coutent rien, non plus qu'aux autres Ministres étrangers. Il en est de même du *Caffé* & du *Tabac* qu'il donne à un *Turc* qui le visite, & de bien d'autres petites depenses qu'il grossit comme il lui plaît. On m'a raconté à ce sujet qu'un *Baile* étant de retour à *Venise*, après une residence de plusieurs années à la *Porte*, fit monter si haut ses dépenses & ses pretentions d'arrerages, qu'un jeune *Senateur* ne pût s'empêcher de lui demander en plein Senat à en voir le compte. Ce Baile sans se troubler, & sans alleguer les prérogatives de la charge qu'il venoit de remplir, qui l'en exemptoient, le promit pour le lendemain aussi matin qu'il voudroit l'envoyer chercher. Il tint sa promesse, & mit dans un seul article quarante mille écus de Salade (article propre à faire voir le ridicule de la demande, comme opposée à ces prérogatives.) Le *Senat* qui ne les avoit accordées que parce qu'il sçavoit que les *Bailes* prudens devoient faire en tems & lieu milles petites dépenses secretes, pour gagner les Ministres de la *Porte* & prevenir une rupture, lui fit compter jusqu'au dernier sol toute la somme qu'il pretendoit, sans lui faire ni reproches, ni autres questions.

Mr. *Giustiniani* avoit apporté avec lui en *Turquie* des inclinations de *Virtuoso*: il y achetoit des Medailles. Un *François*, rechercheur errant de ces Reliques de l'Antiquité *Payenne*, reconnut que ce Seigneur

CONSTANTINOPLE, &c. 343

gneur, auprès de qui il alloit souvent, & à la Table & dans le Cabinet duquel il étoit bien venu, n'en avoit qu'une connoissance imparfaite ou theorique, & il resolut de profiter de son ignorance, ce qu'il fit en la maniere suivante.

1703. CHAP. XVI.

Un Medailliste *François* ayant avec lui quelques-unes des Medailles qu'on a contrefaites ou imitées en *France* & en *Italie*, entr'autres d'*Othon*, de *Pescennius Niger*, *Vitellius*, &c. en grand bronze, avec les meilleurs revers, il en envoya un jour trois à Son Excellence, par un certain Renegat *Provençal*, connu sous le nom *Mahometan d'Aptula-Bacha*, au reste un des plus grands fripons que la *Provence* ait peut-être produit. Il lui avoit donné toutes les instructions nécessaires pour signaler son art à cet égard, comme de dire à Son Excellence, qu'il étoit au service d'un *Pacha* en *Asie*; que des Massons demolissant quelques vieilles masures dans le jardin de ce *Pacha*, pour en faire un bain, ils y avoient trouvé un vase rempli de quantité de ces antiquailles tant en or & en argent, qu'en cuivre; que ce *Pacha* avoit gardé celles d'or & d'argent, & négligeoit les autres comme inutiles; mais qu'un *Juif* de ses Courtiers lui avoit dit que les *Francs* donnoient jusqu'à une Bourse pour une seule des trois (*a*) qu'il montra en même tems au *Baile*, entre plusieurs autres fort communes, mais bien conservées; & que le prétendu maître d'*Aptula*, avoit choisies telles apparemment pour accompagner celles qu'il vouloit vendre. Il ajoûta, ,,que le *Pa-* ,,*cha* l'envoyant à *Constantinople* pour ses affaires, l'avoit chargé de ,,les faire voir à ceux qui étoient curieux de ces sortes d'antiquailles, ,,& de ne prendre pas moins que deux cents *Zequins* (*b*) pour ces ,,trois, & ce qu'il pourroit pour les autres, ou bien de les lui rap- ,,porter; que lui *Aptula* apprenant à son arrivée que Son Excellence ,,en faisoit rechercher, il les lui apportoit avant que de les avoir fait ,,voir à personne.

Le *Baile* consulta ses Livres de Medailles & trouva que celles-ci bien conservées & avec de tels revers, valoient plus de deux fois autant que le Renegat en demandoit: il marchanda pourtant, se recriant contre le prix. Le Renegat n'ajoûta autre chose, sinon que pour lui il n'en voudroit pas donner un *Zequin*, mais qu'il étoit un Domestique, & qu'il devoit obéir, & que son maître lui avoit dit qu'il devoit demander outre cela quelque chose pour sa peine, & qu'il ne les laisseroit pas même aller à ce prix-là, s'il n'avoit cinquante Piastres pour lui. Là-dessus Son Excellence envoya chercher l'Antiquaire errant, pour avoir son jugement & son approbation. Celui-ci arrivant & voyant ces Medailles, ne répondit que par des exclamations outrées d'admiration ,,Ah, que cela ,,est beau, que cela est bien conservé, quels riches revers, que ne ,,puis-je rencontrer un tel Trésor! Si Votre Excellence ne les prend ,,pas que je puisse les avoir à quel prix que ce soit pour le cabinet ,,du Roi de France, &c. " Mr. *Giustiniani* dit, *je les ai déja achetées*, & conta au Renegat les deux cents *Zequins*. L'admirateur fut retenu à souper, & dit plusieurs fois, ,,Votre Excellence peut se vanter d'a- ,,voir rencontré en rareté & en perfection dans un jour, sans chercher, ,,ce que je n'ai pû faire en dix ans de recherches " L'Antiquaire errant se retira, sous prétexte de quelques affaires, pour suivre le Ministre de sa

four-

(*a*) Il y avoit un *Othon* en grand bronze, un *Pertinax* en moyen bronze, & un *Pescennius Niger*. Les autres étoient du bas Empire.
(*b*) Ducats de *Venise* qui valent à *Constantinople* trois Piastres la piece.

fourberie, de peur apparemment qu'il ne s'enfuît avec l'argent, & décampa le lendemain de grand matin sans prendre congé de personne.

Le *Baile* chez qui j'étois bien venu, & qui savoit que je commençois à avoir quelque goût pour cette sorte d'antiquitez, quoi que je ne m'y attachasse pas encore, autant que j'ai fait depuis que j'ai connu leur utilité pour l'*Histoire* & la *Geographie*, m'envoya chercher par son homme de Chambre pour diner le lendemain avec lui, comme je faisois de tems en tems, sans autre invitation que la premiere qu'il m'avoit faite, en disant que je serois toûjours bien venu. Je m'excusai d'y aller à midi, & promis d'y aller le soir. J'y fus: il me prit d'abord familierement par la main, & me mena dans son Cabinet de *Curiositez*, me disant, je veux vous faire voir des plus rares Reliques d'Antiquité *Payenne* que vous ayez encore vues, & me montra les Medailles en question. Je les considerai & les soupçonnai d'être contrefaites, & Son Excellence de vouloir éprouver ma connoissance. Je le lui témoignai: il me répondit, *vous ne connoissez pas les Medailles*. J'avouai que je ne m'en piquois pas, mais qu'il me souvenoit d'en avoir vu à *Rome* qu'on y vendoit de bonne foi pour contrefaites par le *Padouan*, à un écu tout au plus la piece, qui avoient tout l'air de celles que Son Excellence me faisoit l'honneur de me montrer. Mais Elle me ferma la bouche, en ajoûtant que l'Antiquaire errant qui connoissoit parfaitement bien les Medailles, l'avoit assuré qu'elles étoient antiques. Comme il m'assuroit cela aussi positivement que serieusement, & qu'il en paroissoit aussi convaincu, je ne repliquai rien, & croyant m'être trompé, je le felicitai sur ce Tresor. Mais le Docteur *Spoletti*, grand *Virtuoso*, & juge infaillible là-dessus, qui étoit à la Campagne depuis quelques semaines pour sa santé, étant de retour, le tira de sa chere erreur, que la retraite subite de l'Antiquaire errant lui confirma: car il étoit décampé dès le lendemain sans dire adieu à personne. L'indisposition de ce Docteur avoit été causée ou plûtôt augmentée par le tragique accident que je vais rapporter en peu de mots. Il étoit au lit avec une petite fievre: un jeune homme qu'il avoit seul auprès de lui, épiant le tems qu'il sommeilloit, lui coupa une partie de la gorge, & dès qu'il vit couler son sang le laissa pour mort comme il feignit d'être, de peur qu'il ne redoublat le coup de couteau. Le meurtier ouvrit son coffre, & lui vola environ sept cents Ducats qui y étoient, en donna la moitié à une Moine son Confesseur, & Conseiller de cette action, qui lui promit de le suivre en peu de tems & de se faire *Turc* avec lui. Le Docteur ayant appellé au secours, dès qu'il fut parti, on envoya après, & on l'attrapa le lendemain à *Scutary*: il confessa le tout & on saisit le Moine. Le *Baile*, les envoya tous deux par le premier Bâtiment en *Italie* pour y être punis selon leurs merites.

Je rapporte ceci dans cet endroit, quoi qu'il ne soit arrivé que quelques années après.

Vers la fin de *Novembre*, le *Grand Seigneur* retourna à *Eiub*, avec un autre Cavalcade magnifique, mais incomparablement moins nombreuse que la precedente. C'étoit, me dit un *Mulla*, le premier jour du mois Lunaire des *Turcs*, 1115. suivant leur *Epoque*, qui commence par la naissance de *Mahomet* leur Prophete, & non pas par l'*Egyre*,

comme

comme la plûpart prétendent. (*a*) Enfuite demandant au *Mulla* fi c'étoit là le fujet de cette Cavalcade, il me répondit, que c'étoit la coutume *Ottomane* que les Empereurs aillent à cette *Mofquée* rendre graces à Dieu de leur élévation au Trône, la premiere année de leur regne, & à pareil jour, fur quoi quantité de *Francs* qui ne fçavoient pas qu'il avoit été couronné le jour de fon entrée, écrivirent eu *Chrétienté* qu'il ne l'avoit été qu'au mois de Novembre.

1703.
Chap.
XVI.

Cependant on ne fçavoit ce qu'étoit devenu le Patriarche des *Armeniens*, *Avedick*, dont j'ai parlé ci-devant. Ses amis vouloient que les *Jefuites* l'euffent fait enlever, en fe fervant pour cela d'*Armeniens* de leur converfion, qu'il croyoit de fon Parti, comme ils feignoient d'être. ,, Ces faux freres, difoient-ils, l'avoient intimidé, en lui fai-
,, fant accroire, que la *Porte* le recherchoit pour le dépouiller & le
,, perdre, fur de malicieufes informations de fes ennemis, comme
,, une Creature du *Muphty*, dont ils l'avoient accufé d'avoir
,, des fommes confidérables en dépôt. Ils lui avoient confeillé, quel-
,, qu'innocent qu'il fût, de paffer en *Candie* fur une barque *Françoife*,
,, prête à faire voile pour cette Ifle, où il pourroit, lui faifoient-ils
,, dire, fe tenir caché, ou plûtôt paffer de là en *Morée*, en fe difant
,, *Catholique Armenien* perfecuté, s'il le trouvoit convenable, & y ref-
,, ter en fureté jufqu'à ce que la tempête fût diffipée, lui offrant mê-
,, me leur bourfe en cas qu'il eût befoin d'argent. Ils ajoûtoient, que
,, là-deffus il s'étoit embarqué, mais que cette barque l'avoit porté
,, ailleurs, fans qu'on pût dire encore où: d'autres vouloient que cet-
,, te barque l'eût noyé. " Quoi qu'il en foit, *Oder-Sary* fut fait Patriarche en place, & l'Eglife *Armenienne* fut affez tranquille pour quelque tems.

Du Patriarche *Avedick*.

Vers la fin de Decembre le dernier *Vifir*, *Ramy-Pacha*, & Mrs. *Mauro Cordato*, Pere & Fils, que la crainte d'être pillez par les Mécontens, fur la réputation qu'ils avoient d'être riches, avoit retenus cachez, furent rappellez par ordre du nouveau *Sultan*. Le premier fut fait *Pacha* de *Chipre*, & les deux autres furent remis dans leurs poftes & charges. Le Patriarche *Grec* de *Conftantinople* ; ceux de *Jerufalem*, d'*Alexandrie* & d'*Antioche*, tant Grecs qu'*Armeniens*, qui s'étoient rendus en cette Capitale, furent confirmez dans leurs dignitez, felon qu'ils les requeroient, & la *Porte* les exhorta à vivre en paix & en union, les affurant de fa faveur & de fa protection.

Au commencement de Janvier, le *Grand Seigneur* s'invita à diner chez le *Janiffair-Aga Tfalick*, dont j'ai déja parlé, fur ce qu'on avoit fait entendre à *Sa Hauteffe* qu'il s'étoit fort enrichi des dépouilles du *Muphty Fefulla*, à qui il avoit pris fur foi de faire rendre compte de fes Trefors. Ce General regala magnifiquement le *Sultan*, & le fervit à table. Le prefent fut mis felon la coutume derriere le couffin du *Sopha* fur lequel étoit appuyé le *Grand Seigneur*, & le Treforier de *Sa Hauteffe* eut foin de le prendre, dès qu'Elle fut levée de table. Ce prefent qui confiftoit en fix mille ducats, ne répondoit pas à ce qu'on avoit dit au *Sultan* des prétendues richeffes de ce General, mais on l'avoit trompé, puis qu'il avoit été obligé d'en emprunter quatre mille. Il y ajoûta deux beaux chevaux *Arabes*, richement caparaçonnez, fur lefquels *Sa Hauteffe* jetta un œillade gracieufe en paffant, outre un cha-

Des préfens que font au Grand Seigneur les Officiers chez qui il mange.

Tome I. X x

(*a*) L'an *Turc* confifte en douze Lunes, à favoir, 1. *Muharrem*. 2. *Sefer*. 3. *Rebi-Ewel*. 4. *Rebihul-Akhir*. 5. *Dgemaziul-Ewel*. 6. *Dgemaziûl-Akhir*. 7. *Redgeb*. 8. *Chaabane*. 9. *Ramazane*. 10. *Chewval*. 11. *Ziledé*. 12. *Zilhidge*.

chariot couvert, attelé de deux autres, dans lequel étoit une fille *Circaſſienne*. C'eſt une voye honorable dont ſe ſert le *Sultan* pour faire paſſer l'argent de ſes Creatures dans ſon treſor; mais ſoit que *Sa Hauteſſe* trouvât ces preſens trop peu conſidérables, de la part d'un homme qu'on lui avoit dépeint comme un *Creſus*, ou qu'il ſe repentît de honneur qu'il lui avoit fait de diner chez lui, & de l'avoir continué dans l'emploi auquel la revolution l'avoit élevé, non ſeulement il le lui ôta peu après pour le donner à un certain *Aptullah-Aga*, mais même il le bannit dans l'Iſle d'*Imbro*, où il l'envoya étrangler quelque tems après par un *Capigi-Bachi*. On a remarqué que ce *Janiſſair-Aga*, qui étoit un très honnête homme, & fort brave, a été comme l'Epoque de la longue cruauté, en laquelle ce nouveau *Sultan* changea tout d'un coup ſa courte douceur. En effet, ſa deffiance, & la crainte qu'il avoit d'être traité comme ſon frere, lui ont fait immoler depuis ce tems-là juſqu'en 1711. plus de quinze mille hommes. C'eſt au moins ce que j'ai apris de bonne part, au *Pruth*, en cette année-là. On veut même, mais ce n'eſt qu'une conjecture, qu'il ait fait empoiſonner ſon Couſin *Sultan Ibrahim*. Quoi qu'il en ſoit, peu de jours après, l'infortuné *Sultan Muſtapha* mourut dans ſa priſon par le poiſon, ſelon quelques-uns, & d'hidropiſie, ſelon d'autres, de même que ſon Pere *Sultan Mehemet* IV. mais incomparablement plus long-temps après ſa depoſition, puis qu'il vit auparavant monter ſur le Thrône ſes deux freres. Le Lecteur ne ſera peut-être pas faché que je faſſe ici une digreſſion hiſtorique, & que je retrograde ſur les cauſes & les diverſes circonſtances de la depoſition de ce *Sultan*, fils d'un Pere detrôné, & Pere d'un fils detrôné, & ſur quelques actions particulieres de ſon regne, & de ceux de ſes freres, & de ce fils qui ont été omiſes ou peu fidellement rapportées en *Chrétienté*. Les voici telles que je les ai apprises des Vieillards du Païs, qui pretendoient en être parfaitement bien informez.

DIGRESSION HISTORIQUE

Sur les Predeceſſeurs du Sultan Muſtapha.

Du Sultan Achemet IV. & du Viſir Achemet Cupruli

On ſçait que *Mehemet IV.* n'avoit gueres plus de ſept ans, quand il fut élevé au Trône de ſon Pere *Ibrahim*, mis à mort en 1666 par ſes Sujets, las des deſordres de ſon regne & des debauches de ſa vie; qu'il l'a occupé pendant quarante ans: le plus long regne dont on ait d'exemples dans les Annales *Turques*. Ce regne a été auſſi un des plus glorieux & des plus heureux, tant que ce *Sultan* a eu pour *Viſirs* les *Cuprulis* Pere & fils. Le premier appellé *Mehemed Cupruli*, Pacha de *Damas*, homme conſommé dans les affaires & verſé dans la connoiſſance des loix & des coutumes de l'Empire, par les principaux emplois duquel il avoit paſſé, fut appellé au *Viſiriat* en 1656 à l'âge de 78 à 79 ans. C'étoit tard à la verité, mais encore à tems & fort à propos pour prevenir par ſa prudence la ruine entiere de cet Empire dechiré au dehors par des guerres malheureuſes, & au dedans par la jalouſie, par les factions des Miniſtres & les revoltes des Soldats, qui venoient de ſe deffaire d'un *Viſir* de leur propre choix. Il ſçut gagner le cœur & la confiance du *Sultan* par ſes manieres mêlées d'enjoument jouement & de sagesse, qui le rendoient un des plus agreables Vieillards, jusqu'à en être appellé *Baba*, Pere. Il étoit juste jusqu'à la severité, desinterressé, liberal & brave. La confiance de son maître lui aïant attiré des ennemis entre les Ministres & Officiers de l'Empire, qui étoient dans les emplois & qui machinoient sa perte, il resolut la leur. Il recommanda pour *Muphty* à *Sa Hautesse* un vieux *Cady* de sa connoissance, homme integre & aussi justement severe qu'il l'étoit lui-même. Ce nouveau *Muphty* donna ses *Fetfas* pour l'execution de ce dessein. Il purgea l'Etat des sangsues qui l'avoient pillé, rechercha jusqu'à ceux qui avoient eu le plus de part dans le malheur de *Sultan Ibrahim*, qui furent étranglez comme les principaux instrumens de ses desordres, & depouillez du fruit de leurs rapines qu'il appliqu'a aux besoins du Gouvernement. Il remplit les emplois de ses creatures, ou de gens d'une probité & d'une capacité connues. Et aïant remarqué que le changement de *Visirs* mettoit l'Empire dans la confusion, & étoit la principale cause de ses malheurs passez; & jugeant que la meilleure ou plus sure maxime pour retenir les Soldats, sur tout les *Janissaires* qui étoient devenus insolens & redoutables, étoit de les gagner par la liberalité & de les exciter à la gloire en se mettant à la tête d'une puissante armée, cette maxime lui réussit fort heureusement. Il commença par la guerre de *Transilvanie*. Cette guerre fut courte, mais glorieuse: il la termina par la defaite du Prince *Ragotsky*, & la prise du grand *Waradin*, & il étoit sur le point d'aller cueillir de nouveaux Lauriers en *Hongrie*, contre laquelle il avoit resolu la guerre, lors que la mort l'enleva après cinq ans de *Visiriat*. Son fils *Achmet* lui succedant immediatement dans cette dignité à l'âge de trente-trois ans, aussi bien que dans la confiance du *Sultan*, suivit la maxime qu'il lui avoit laissée pour se maintenir, & marcha sur ses glorieuses traces, quoi qu'avec moins de severité, cela n'étant pas alors si necessaire. Il commença la guerre projettée contre la *Hongrie*, la poursuivit avec le succès extraordinaire, qui est assez connu, & fit en 1664. la Paix avec l'Empereur, pour pousser avec plus de vigueur celle de *Candie*, qu'il termina en trois ans, par la prise de la Ville & de l'Isle de ce nom. Il entreprit celle de *Pologne*, qui ne lui fut pas moins glorieuse, ni moins avantageuse à la *Porte* par l'acquisition de *Caminiek*, & en réduisant la République à lui payer quatre-vingt mille écus de tribut annuel. Enfin son *Visiriat* ne fut presque qu'une suite de bonheur & de prosperité pour les armes *Ottomanes*. Il étoit civil, affable, liberal, d'une gravité douce & modeste. La Nation *Françoise* ne lui donne pas generalement ce caractere. La maniere dont il traita Messieurs de la *Haye*, Pere & fils, paroît à cette Nation une preuve du contraire. Mais les *Turcs* & d'autres Nations le lui confirment, & justifient le procedé de ce *Visir*, en disant qu'il avoit des preuves certaines, que non seulement la *France* envoyoit en *Candie* des secours d'argent & de Troupes à la République de *Venise* contre la *Porte*, mais que l'Ambassadeur que cette Couronne avoit alors à *Constantinople*, entretenoit une correspondance secrete avec le Général de l'Armée *Venitienne*, & lui donnoit avis des desseins & des mesures qu'il voyoit prendre à la *Porte*. Ils en citent entr'autres preuves un gros paquet de Lettres en chifres que ce Général envoyoit à Son Excellence par un Officier *François*, qui au lieu de le lui rendre le porta au *Visir*, lui dit de bouche ce qu'il sçavoit de cette correspondance, en reçut une bonne recompense, & se

fit *Mahometan* pour sa sureté. Ce fut, dit-on, là-dessus que cet Ambassadeur s'excusant d'aller auprès du *Visir*, qui l'envoya chercher, sur une indisposition feinte ou véritable, son fils y alla en sa place pour tâcher de justifier cette correspondance, ,,mais qu'il allegua, a-
,, joûtoient les mêmes, des raisons si contraires à la droiture &
,, à la connoissance du *Visir*, à l'égard de ce qui se passoit, en sou-
,, tenant hautement & d'un air fâché, comme si on accusoit son pere
,, avec le plus grand tort du monde, que cette correspondance *ne re-*
,, *gardoit rien moins que les affaires de la* Porte, & qu'il parla avec si peu
,, de respect à ce grand homme, qu'il lui donna le soufflet qu'on sçait,
,, & le fit mettre aux arrêts; que bien loin d'être détrompé à l'égard
,, des pratiques secretes de la *France* avec les ennemis de la *Porte*,
,, par les excuses que le Pere & le fils purent faire, cette Cou-
,, ronne se crut obligée de les rappeller, & d'envoyer un autre Am-
,, bassadeur, qui ayant fait des protestations d'une véritable & cons-
,, tante amitié des *François* pour les *Turcs*, *Achmet-Pacha* répondit, *je*
,, *ne sçai en quoi elle consiste, car nous les rencontrons toûjours parmi nos*
,, *ennemis tant par Mer que par Terre.*

Ce digne fils d'un si grand Pere n'en avoit pas à la vérité la severité, comme je viens d'insinuer, car jamais *Visir* n'a moins fait mourir de monde; mais il en avoit le courage, le désinteressement, & l'amour pour la justice, avec la connoissance des Loix & des Coutumes de l'Empire; il exerça sa charge pendant treize ans, & n'en fut privé, non plus que le Pere, que par une mort naturelle. C'est le plus long *Visiriat* dont on ait d'exemple en *Turquie*.

On m'écrit de *Constantinople* du 20. d'Octobre 1724. que le *Visir* d'aujourd'hui *Ibrahim-Pacha*, qui l'est comme j'ai déja dit, depuis la Paix de *Passarowitz*, en suit l'exemple par rapport au désinteresse-ment & à la liberalité, & ne se fait pas moins aimer du peuple tant *Mahometan* que *Chrêtien* & *Juif*, par le même endroit & par l'administration de la Justice : il pourra donc avoir le même sort. La perte que fit en 1674 *Mehemet IV*. de ce sage & brave Ministre, auquel il étoit redevable du juste titre de Conquerant toûjours victorieux, fut comme l'Epoque des malheurs & des desordres qui, avec le mauvais choix des *Visirs* & d'autres Ministres, & l'amour de ses plaisirs, lui firent perdre le Trône en 1687.

Cara-Mustapha-Pacha, qui succeda à *Cupruli Achmet-Pacha*, verifia le Proverbe Latin qui dit, *honores mutant mores*, les honneurs changent les mœurs. C'étoit une creature de ses deux Prédecesseurs, qui s'étoit à la vérité bien comporté dans les differens emplois qu'ils lui avoient procurez, tant qu'il avoit eu devant les yeux leurs bons exemples. Il les imita même encore pour quelques tems après leur mort, mais remarquant l'aversion naturelle du *Sultan* pour les affaires à la tête desquelles il se voyoit, & son penchant pour les plaisirs, il le favorisa non seulement en mettant auprès de sa personne des gens qui lui étoient devouez, & qui encensoient à ce penchant, ne lui parlant que de la chasse & de l'amour des femmes, ses deux passions dominantes. Il se vit bientôt par là plus Empereur que l'Empereur même, qui plongé dans ses plaisirs se reposoit de tout le soin du Gouvernement sur lui, & souscrivoit aveuglément à tout ce qu'il vouloit. Heureux *Visir* s'il avoit mis en pratique les vertus des deux precedens, & qu'il avoit affectées pendant leur vie; mais il leva le masque

que, se montrant dans son naturel qu'il avoit caché jusques là, c'est à dire insolent, cruel, injuste, interessé jusqu'à la plus vile avarice. Il mit les charges les plus lucratives à l'enchere, ou ne les confera qu'à des personnes qui lui étoient tributaires, de sorte qu'il gouvernoit seul l'Empire, pendant que l'Empereur étoit gouverné par les Ministres des deux passions que je viens de nommer, dont il en donnoit l'exemple à ses deux fils *Mustapha* & *Achmet*, sur tout de la chasse, où il les menoit aussi bien qu'en toutes les occasions publiques. Des amis de *Constantinople* m'écrivent, que le dernier de ces Princes, aujourd'hui regnant, qui n'est pas au reste dominé par ces deux passions, mene à son exemple quatre de ses fils à cheval, dont le plus âgé(*a*) peut avoir 19 ans, & le plus jeune 9. quand il va à la *Mosquée*, où qu'il se montre en public.

Des *Turcs* de ce tems-là m'ont raconté qu'il avoit plus de quinze cents *Odaliques*, & du moins autant d'autres filles Esclaves pour les servir; six à sept cents Eunuques noirs pour les garder; des milliers d'hommes, de chevaux, de chiens, d'oiseaux de proye; ce qui absorbant enfin la meilleure partie de ses revenus, fit manquer d'argent pour les besoins publics, & les dépenses de la longue & par conséquent malheureuse guerre, dans laquelle l'embarqua bientôt *Cara Mustapha*. La mort de ce *Visir* vangea & consola un peu le public qui le haïssoit souverainement, de la fatale levée du siége de *Vienne*. Ce Prince fut bien délivré par là de ce *monstre*, mais non des autres qui l'obsedoient, ni de ses déreglemens, qui le reduisirent à la necessité de mettre des taxes aussi inouies jusqu'alors, que contraires à la Loi, sur ses peuples dont il devint la haine, après en avoir été l'admiration & l'amour. Il fit *Cubbe-Visir* son premier Favori à l'âge de vingt ans, puis *Capitan Bacha*, & son gendre, avant celui de trente. On a calculé que ce Favori consumoit seul des deniers publics jusqu'à mille Bourses par an. Moins malheureux *Sultan*, si ayant des qualitez propres pour bien gouverner, il les avoit mises en pratique, ou si le mauvais exemple de *Cara Mustapha* l'eût porté à ne faire choix que d'honnêtes & habiles Ministres, & qu'il eut moins aimé ses plaisirs que le bonheur de ses sujets, mais le mal augmentoit au lieu de diminuer. Ce ne fut au dehors qu'un enchainement presque continuel de malheurs, de batailles & de places perduës, de déreglemens & de débauches au dedans depuis 1683. jusqu'en 1687. Cette année l'*Empereur d'Allemagne* se vit maître de la *Hongrie*, & en fit couronner Roi l'*Archiduc Joseph* son fils ainé. Les *Venitiens* s'emparerent d'*Athenes* avec toutes ses dépendances, & de *Castel-Nuovo* en *Dalmatie*. L'Armée *Ottomane* fut deffaite à *Sicklos*, & la guerre se termina par la déposition de ce *Sultan* en la maniere suivante. Cette Armée presque toûjours battuë, mal payée & considerablement diminuée par la perte qu'elle fit à *Sicklos*, se sauva par pelotons à *Belgrade*, où elle ne se rallia que pour se revolter. Le premier objet contre qui elle tourna sa rage fut le *Visir S'oliman-Pacha*, à la mauvaise conduite de qui elle attribuoit sa derniere deffaite, & qui n'évita d'être mis en pieces que par une prompte fuite, mais qui n'évita pas pour cela la mort qu'il souffrit peu après. Elle se crea d'abord un autre grand *Visir*, & prenant pour raisons & pour causes de sa revolte la mauvaise administration de la plûpart de ceux qui avoient le maniment des affai-

res

(*a*) L'ainé, qui auroit 20 ans, en la presente année 1725 que je prepare ceci pour l'impression, est mort.

res & des finances, l'indolente négligence & la vie desordonnée du *Sultan*, elle resolut d'user de toute la force qui lui restoit en main pour mettre fin à tout cela. Après s'être fait dans cette resolution des chefs & des Officiers à sa fantaisie ou qu'elle se crut devouez, elle borna l'autorité de son *Visir*, & s'assura de sa conduite, en lui associant sept collegues en autorité, choisis d'entre les principaux moteurs de cette revolte, sous le nom de *Seigneurs Reformateurs*, sans l'avis & le consentement de qui il ne devoit rien entreprendre.

L'esperance d'une longue & constante possession des emplois de la *Porte* dans les nouveaux Chefs, celle d'une exacte paye pour les Soldats avec le *Bacchese* ordinaire au changement de *Grand Seigneur*, & l'abolition des impôts sur le peuple, unissant ces trois especes d'Etats, favorisoit l'entreprise des *Revoltez*. Ceux-ci tinrent un grand Conseil de guerre dans lequel on s'entrejura solemnellement, en s'embrassant, de ne point quitter les armes qu'on n'eût detrôné le *Sultan*, exterminé tous ses favoris & mauvais Conseillers, avec ceux qui oseroient s'y opposer. Ensuite on se mit en marche vers *Constantinople* où ce Prince étoit resté au milieu de ses plaisirs, & ceci encore contre la coutume qui veut qu'un *Sultan* aille au moins jusqu'à *Andrinople* en tems de guerre. Il se reveilla, mais trop tard, de son voluptueux assoupissement, à la nouvelle qu'il en reçut, & se flatta de les appaiser, en confirmant non seulement le choix du *Visir* qu'ils s'étoient fait, mais encore leurs Officiers jusqu'aux *Reformateurs* & par le Sacrifice du *Visir* fugitif *Soliman-Pacha*, par celui de ses favoris & des Officiers de la *Porte*, même de ses plus fideles amis qu'il croyoit leur donner le plus d'ombrage. Il fit chercher & étrangler le premier, puis le *Gumroucgi-Bachi*, ou maître des douanes, son *Kuzler-Aga*, le *Doghangi-Bachi*, le *Zugargi-Bachi*, le *Bostangi-Bachi*, & l'*Afnadar Aga*, & quantité d'autres dont il leur envoya les têtes. Il n'épargna pas un certain *Regeb-Pacha*, *Caïmacan*, homme hardi & entreprenant qui lui conseilloit de prendre une resolution masle & vigoureuse, d'assembler le *Nephran*, ou milice de *Constantinople*, & de marcher contre les Revoltez. Il fut étranglé comme les autres, son corps fut jetté devant la grande porte du *Serail* où il resta exposé pendant plusieurs jours. Il fit payer de leurs depouilles six mois de paye à l'Armée, & offrir toutes sortes de satisfactions possibles sur ses griefs, & publier l'abolition des taxes, mais tout cela fut en vain, & ne servit, non plus que sa cruelle ingratitude, qu'à assurer ou hâter sa perte. Le sort en étoit jetté, les autres de ses Ministres & Officiers qui pouvoient garder encore dans le cœur quelques restes d'affection & de pitié pour lui, les perdirent, & craignant d'être sacrifiez de même que ceux-là, ils se tinrent non seulement sur leurs gardes, mais de plus traiterent sous main avec les Conjurez, par des Emissaires à qui ils promirent de favoriser leur entreprise. Il n'y eut pas jusqu'à *Mustapha Cupruli Oglou*, second fils du vieux *Cupruli*, qu'il avoit envoyé chercher aux *Dardanelles*, où il étoit *Pacha*, pour le faire *Caïmacan*, qui ne prît ce parti.

Voyant que tout ce qu'il avoit fait ne faisoit pas changer de resolution à l'Armée, qui s'approchoit à grandes journées, il voulut passer d'une grande cruauté à une plus grande, jusqu'à entreprendre de faire perir ses deux Freres pour laisser au moins le Trône à son fils aîné, selon que l'ordre de la succession l'y auroit appellé en tel cas. *Mustapha Cupruli Oglou* qui en eut le vent, courut d'abord *incognito* au Se-

CONSTANTINOPLE, &c.

rail dire au nouveau *Boſtangi-Bachi* & au *Capigi-Aga* de veiller bien aux démarches deſeſperées de *Mehemet*, de doubler la garde des appartemens où étoient ces Princes, & de n'y laiſſer entrer que des ſerviteurs affidez pour leur porter à manger & à boire, & qui goutaſſent auparavant ce qu'on leur ſerviroit. Tout cela fut ſi bien exécuté que l'autorité Imperiale expira dès lors juſques dans le *Serail*, car ce Prince ayant ordonné, ſous de grandes recompenſes de faveur particuliere à des Eunuques blancs, qui avoient coutume de ſervir le *Caffé* aux Princes ſes Freres, d'y mêler du poiſon, non ſeulement ils refuſerent d'obéir, mais lui firent comprendre, qu'il avoit déja lui-même le *Serail* pour priſon; que d'autres ordres que les ſiens y paſſoient, & que ſon deſſein étoit découvert. Il commença à craindre un ſort pareil à celui de ſon Pere, pour avoir formé ce barbare deſſein. En effet, on dit que cette nouvelle irrita ſi fort l'Armée, qu'elle jura de lui ôter la vie s'il trouvoit moyen de l'executer. Quoi qu'il en ſoit, elle hâta extraordinairement ſa marche, & arrivant aux portes de *Conſtantinople*, elle tint un grand Conſeil, où le *Muphty*, les *Cadyleskiers*, le *Caïmacan*, le *Tchiaouz-Bachi*, & le *Boſtangi-Bachi*, aſſiſterent; il y fut réſolu, „ que ceux-ci ſe rendroient au *Serail*, pour déclarer à *Mehemet*, „ que le Peuple & l'Armée ne vouloient plus pour Empereur un „ Tiran, dont le regne & les extravagances n'avoient duré que trop „ long-tems dans l'impunité." Enſuite ils l'enfermerent, & tirant ſon Frere *Soliman* de la priſon l'emmenerent à l'Armée, ce qui fut exécuté ſans le moindre tumulte. Ce fut le *Muphty* qui porta la parole, & le *Sultan* infortuné ayant perdu toute eſperance du côté du Trône, tant pour ſon fils que pour lui, & craignant même pour ſa vie, demanda qu'on la lui conſervât, ce qui lui fut accordé. On l'enferma dans l'appartement d'où on tira *Soliman*, qu'ils emmenerent avec eux accompagné d'une petite Cavalcade des Officiers du *Serail*. Ce Sultan fut proclamé Empereur par la voix du peuple, dans les rues où il paſſa, puis par l'Armée, qui lui fit promettre „ qu'il gouverneroit ſes „ Sujets en Pere, ſelon les Loix & les Coutumes de l'Empire; qu'il feroit „ ſon principal ſoin de veiller à leur protection & à leur deffenſe, à „ quoi il devoit employer ſes revenus, & non pas au luxe & à la de- „ bauche, comme venoit de faire ſon Frere dépoſé. " Il promit tout ce qu'on exigea de lui, & n'eut garde d'imiter ce Frere, ou plûtôt il n'avoit pas les mêmes inclinations, ayant été enfermé depuis quarante ans & plus, ſans voir aucune femme que ſa mere, ſeule perſonne de ce ſexe qui par le droit du ſang ait la liberté d'approcher les Princes priſonniers. Il n'en pouvoit gueres avoir plus de deſirs que de connoiſſance: à peine ſentoit-il ceux que la nature ſeule inſpire pour le ſexe, puis qu'on dit qu'il ne penſa pas même à voir ou à toucher aucune des jeunes *Odaliques* qui lui furent preſentées ſelon la coutume à ſon avenement au Trône, ſi ce n'eſt pluſieurs jours après qu'elles furent dans le *Harem*, d'où on avoit transféré toutes celles du *Sultan* dépoſé dans l'*Esky-Seraï*, ſelon la même coutume.

Pour retrancher la grande depenſe neceſſaire à l'entretien d'un ſi grand nombre, tant de ces veuves pour ainſi dire d'un mari vivant, que de leurs eſclaves ſervantes, *Soliman* en diſpoſa par le Conſeil du *Viſir* & des Reformateurs en faveur des Grands de ſa *Porte*, ſavoir de celles dont ſon Frere n'avoit point eu d'enfans; car les autres ne ſortent non plus de l'*Esky-Seraï* que des Nonnes d'un couvent où elles ont fait

voeu,

Chap.
XVI.

vœu. On ne laissa à la *Validé* qu'une cinquantaine de personnes tant Eunuques noirs qu'esclaves servantes. On en usa à peu près de même à l'égard des Eunuques noirs, qui en général furent presentez pour la plus grande partie à ceux à qui *Sa Hautesse* maria les Sultanes *Odaliques*. On defendit sous de rigoureuses peines un abus contraire à la loi, consistant en une pratique clandestine & onereuse au Tresor qu'on avoit reconnuë. C'étoit de faire entrer au Service de quelques *Sultanes* favorites de jeunes *Turques* que leurs parents vendoient ou faisoient semblant de vendre pour esclaves, dans la vuë de faire leur fortune, car ces *Sultanes* étant dans l'abondance de tout ce qui peut orner le plus avantageusement le corps, & devenues liberales par les frequents presens qu'elles recevoient du *Sultan*, leur faisoient part de ce dont l'amour du changement ou le superflu les lassoit, & les renvoyoient après quelques années, chargées de pretieux butin, sous pretexte de les affranchir, suivant la loi, ou de les marier. Quant à l'attirail de chasse il ne fut pas exempt de reforme. On conserva bien les charges de *Doghangi-Bachi*, de *Zapargi-Bachi*, mais on les ôta à ceux qui les avoient, pour les donner à d'autres de la faction des *Reformateurs*. Le *Sultan* temoigna même moins de penchant pour cette recréation que pour le sexe; car on a remarqué qu'il ne lui a pas même pris une seule fois envie d'aller chasser, pendant qu'il a regné: il est vrai que ce n'a pas été long tems.

Cette année ne finit pas les malheurs de la guerre avec le Regne de *Mehemet* IV. Quelque doux que fût le commencement du Regne de *Soliman II.* par sa deference aux avis de son Ministere, & sa temperance, il fut bientôt, troublé par une nouvelle revolte, qui fut causée au commencement de 1688. par la division & la jalousie des Chefs, sur tout par la deffiance dans laquelle entrerent contre leur *Visir* les membres du Conseil Septemviral, s'il m'est permis d'user de cette expression.

Au commencement de cette année ce *Visir* cherchoit à se soustraire aux avis & à la tutele des *Reformateurs*, honteux de partager avec eux une autorité qui avoit toujours été absolument independante, ou plûtôt de n'en avoir aucune, & de dependre lui même entierement d'eux. Ils s'apperçurent de son dessein, & que ce dessein les menacoit de leur perte, aussibien que les principaux moteurs de la derniere revolte: ils songerent à s'en garantir. Le *Janissair-Aga* gagné par ce *Visir*, & quelques autres Ministres de la *Porte* ayant fait étrangler & jetter à la mer un *Zerdar*, ou Colonel des *Janissaires*, le principal instrument de la derniere revolte, ce fut pour eux une occasion de faire entendre aux autres Officiers de la faction le danger où ils étoient, s'ils ne prenoient des mesures pour s'en garantir. Ceux-ci representerent aux *Janissaires*, qu'on cherchoit sinon à les detruire, tout au moins à reduire leur brave Corps en de vils esclaves du Ministere. Cette milice émue par ces representations prend les armes, va d'abord mettre le *Janissair-Aga* en pieces, puis se ranger sous son étendart dans la place d'*Atmeydan*, où les *Spahis* à qui on avoit inspiré une semblable deffiance, se rendirent presque aussitôt. On tint un Conseil de guerre dans lequel on resolut d'aller mettre en pieces le *Visir*, de changer les Officiers de la *Porte*, & d'exterminer ceux qui s'opposeroient à ce dessein, & de ne mettre en leurs places que des gens de confiance & attachez à la cause de la *Reforme*, & qui auroient juré par leurs têtes ou leurs barbes

bes de ne la jamais trahir, soit qu'ils craignissent que le *Caïmacan Cupru-* | Chap.
li *Muſtapha Oglou* ne fût du nombre des oppoſans, ou qu'ils fuſſent déja in- | XVI.
formez qu'il en étoit ; mais ne voulant pas (par la veneration générale qui
dure juſqu'aujourdhui pour la famille de laquelle il deſcendoit,
toucher à ſa vie ni à ſa liberté, ils demanderent qu'il fût renvoyé à ſon
Gouvernement des *Dardanelles*, & il le fut. Enſuite il paſſa par ordre du
Sultan en *Candie*, pour éteindre une autre revolte qui étoit ſurvenue entre
les Soldats de la garniſon qui demandoient leur paye. Il y reuſſit plus
par ſa ſageſſe, & par la prudence preſque hereditaire dans cette famille,
que par la force. Il conſeilla, dit on, avant que de partir, au *Sultan* de
pardonner à beaucoup, & de ne faire mourir que le moins de monde
qu'il pourroit.

Les revoltez allerent aſſaillir le *Viſir* dans ſon Palais où il s'étoit retiré avec environ cinq cents hommes armez, & en forcerent les Portes. Il
tomba ſur eux avec ſa poignée de monde, reſolu de leur vendre ſa vie
auſſi cher qu'il pourroit : il ſe deffendit comme un lion le ſabre à la
main, mais n'étant pas ſoutenu avec la même vigueur, un Soldat le fit
tomber d'un coup de maſſue qu'il lui donna ſur la tête, & les *Janiſſaires*
acheverent de le tuer à coups de ſabre, après quoi ils pillerent ſon Palais.

Là-deſſus le *Sultan* fit publier une amniſtie générale. Il fit *Janiſſair-Aga*
un jeune *Tchor-Badgi*, nommé *Aptullah-Bachi*, qu'ils aimoient, il leur
promit toute la ſatisfaction raiſonnable & poſſible ſur leurs griefs, & de
leur payer du premier argent qui ſeroit dans le treſor les reſtes du
Bacchefé de couronnement, qu'on n'avoit pû encore payer tout entier
aux Soldats, non plus que quelques arrerages de leur paye. Leur nouveau
Janiſſair-Aga, d'une prudence au deſſus de ſon âge (car il n'avoit pas
plus de trente ans) profitant de l'inclination des *Janiſſaires* pour lui,
les menagea ſi bien qu'il les engagea à ſe remettre à la clemence du
Sultan, & à ne pas rendre leur cauſe mauvaiſe. En un mot il les deta-
cha des *Spahis*, entre leſquels & eux il y a toujours une certaine *Jalouſie* de credit, de rang & de bravoure, nonobſtant leur intelligence
en ces ſortes de rencontres. Les *Spahis* quoi qu'affoiblis par là, s'obſtine-
rent malgré les remontrances tendantes à un pareil but qu'on leur fit,
à reſter ſous les armes, juſqu'à ce qu'ils fuſſent payez ; mais un pur
accident les diſſippa : le voici.

Le Peuple avoit joui juſques là, tant dans la Ville qu'aux environs,
d'une auſſi grande tranquillité que s'il n'y avoit point eu de revolte ;
car les boutiques avoient toujours été ouvertes ; les revoltez payoient
comptant ce qu'ils achetoient ; mais quelques-uns ayant trouvé qu'un
Bacal (*a*) de qui ils vouloient acheter quelques denrées, avoit fermé
la ſienne, ils l'enfoncerent, après avoir frappé & appellé en vain le maître,
que la crainte avoit fait cacher plûtôt que le danger, & y prirent ce dont ils
avoient beſoin. Là-deſſus d'autres Marchands intimidez ayant auſſi
fermé leurs boutiques, les Rebelles en enfoncerent encore une, irritez
de ce qu'on ſe deffioit d'eux, malgré le bon ordre qu'ils avoient toujours
obſervé, & leur exactitude à payer.

Ce procedé allarmant tous les autres, on ferma toutes les Boutiques, & le peuple regardant ces violences comme un brigandage & un
effet du deſſein qu'ils avoient de piller la Ville, s'arma en un inſtant de
bâtons, de piques & de vieux mouſquets ; en un mot de tout ce qu'il

Tome I.   Y y   puſ

(*a*) Vendeur de denrées.

put trouver qui fût propre à sa deffense. Cette populace effrenée s'assembla devant la porte du *Serail*: elle demanda qu'on arborât l'étendart du Prophete, & qu'on invitât tous les bons *Musulmans* à s'y venir ranger, pour purger la Ville des Brigands qui la vouloient mettre au pillage. On le fit, & plus de cent mille hommes se trouverent à ce rendez-vous en peu d'heures. Là-dessus les Revoltez se disperserent d'eux-mêmes, ou s'y vinrent ranger pour la plûpart avec les autres; de sorte que cette nouvelle Armée ne trouva personne à combattre. Pour contenter le peuple, on fit mourir ceux qu'on reconnut avoir été les auteurs du desordre, & quelques autres des plus mutins. Ainsi cessa cette Revolte, mais non pas le malheur des armes *Ottomanes*.

Particularitez sur Ismael Pacha & sur Yeghen-Pacha.

Un certain *Ismael-Pacha*, qui avoit été *Nizangi-Bachi* sous le dernier *Sultan*, fut fait *Visir*; mais comme il étoit vieux & qu'il ne se sentoit ni penchant, ni capacité pour la guerre, il trouva à propos de donner le Commandement de l'Armée, qui étoit sur les Frontieres, à un nommé *Yeghen-Pacha*, qui avoit été en *Asie* Chef de voleurs de *Caravannes*. Après avoir fait bien du mal dans cet indigne metier, il avoit obtenu sa grace de *Sultan Mehemet*, à condition qu'il se devoueroit tout entier à son service. Mais comme il est bien difficile qu'un mauvais naturel se change en un bon, il se mit en marche avec un gros détachement, avec lequel il ne put s'empêcher de commettre beaucoup de desordres sur sa marche, & d'opprimer les peuples, sous prétexte que son Armée n'étoit pas payée. Il fit plus, il ne se contenta pas de son commandement; mais oubliant la clemence & la generosité de son bienfaiteur, il tâcha de le supplanter, en envoyant demander le Sceau Imperial & l'Etendart du Prophete au *Sultan*, comme le seul moyen de retenir l'Armée dans son devoir, & dans l'obéïssance nécessaire dans la presente conjoncture. On prit là-dessus la résolution de se deffaire de lui, comme d'un homme dangereux; mais l'execution en étoit difficile, & il falloit, pour qu'elle réussit, qu'elle fût conduite aussi secretement qu'adroitement. On conseilla donc au *Sultan* de lui offrir le Gouvernement de *Temeswar*, pour l'y enfermer. On dépêcha auparavant des Exprès à tous les *Pachas* & autres Commandans & Officiers de *Romelie*, avec ordre de se saisir de lui pendant sa marche. Mais comme il sentit ce qu'il meritoit, il étoit si bien sur ses gardes qu'on ne trouva pas que l'expedient fût pratiquable, & les *Pachas* ayant tenté de le faire attaquer par la Milice, lorsqu'il étoit campé près de *Sophie*, elle n'osa l'entreprendre: il fallut avoir patience jusqu'à une occasion plus favorable.

Cependant Mr. le Chevalier *Trumball* étoit arrivé en *Turquie*, pour prendre la place de *Milord Chandos*, en qualité d'Ambassadeur du Roi de la *Grande-Bretagne*, précisément dans le tems de la Bataille de *Sicklos*. Mais cette Bataille ayant été suivie de trop près de la déposition de *Sultan Mehemet*, il n'en avoit pu prendre audience, & il ne la prit de *Sultan Soliman* qu'après les troubles que je viens de marquer. *Sa Hautesse* commençant un peu à respirer fit écrire des Lettres à toutes les Puissances en bonne intelligence avec la *Porte*, & même à l'Empereur d'*Allemagne*, malgré la guerre qui duroit entr'eux, pour leur notifier son avenement au Trône. Le *Sultan* marquoit outre cela à Sa Majesté Imperiale, dans celle qu'il lui écrivit par un *Aga*, ,, qu'il étoit extremement mortifié de trouver la guerre allumée

entre

„ entre les deux Empires, & que rien ne lui pouvoit être plus agrea-
„ ble que de la voir finir par une prompte Paix.

CHAP.
XVI.

Soliman se disposa pourtant à partir pour *Andrinople*, afin d'être plus à portée de donner ses ordres pour l'ouverture de la Campagne; mais il déposa auparavant le *Visir*, comme un homme imbecile & sans capacité, temoin l'autorité qu'il avoit commencé de donner à *Yeghen-Pacha*, qui ne s'en servoit, disoit-on, que pour exercer les brigandages auxquels il étoit accoutumé. Le *Grand Seigneur* envoya le Sceau à *Ibrahim-Pacha* qui commandoit pour lors aux *Dardanelles*, & qui avoit la réputation d'être un homme de courage & de beaucoup de jugement, & qui se rendit incontinent à la *Porte*.

Nouveau *Visir*.

Ce nouveau *Visir* fit marcher les Troupes d'*Asie*, & celles de *Constantinople* & des environs, qu'il employa principalement à mettre les Frontieres en état de deffense, & à y faire regner l'ordre par la ruine de *Yeghen-Pacha*. Il cacha son dessein sous le specieux dehors d'une estime & d'une confiance, telles que son prédecesseur avoit montrées pour ce brigand. Il lui envoya un present de deux beaux chevaux richement enharnachez, avec un sabre garni de pierreries; mais comme si l'Empire eût été en combustion, on n'avoit pas plûtôt éteint le feu d'un côté qu'il s'allumoit de l'autre. Un certain *Hyedic*, qui avoit autrefois servi sous *Yeghen-Pacha*, en qualité de Capitaine, s'étoit fait Chef de quatre mille Brigands, avec lesquels il tenoit *Angora* assiégé, après avoir battu deux *Pachas* que la *Porte* avoit envoyez contre lui.

Pendant que cela se passoit, on étoit dans la derniere disette d'argent: il en alloit au moins pour l'Armée, qui demandoit sa paye, & pour payer le *Bacchese* du Couronnement, que le nouveau *Sultan* n'avoit pas encore été en état de donner. Sur ces entrefaites un Renegat de *Livourne*, connu sous le nom Mahometan de *Muftapha-Aga*, d'ailleurs grand projetteur, forma par le secours & les lumieres d'un nommé *Morgan*, le plan des *Mangirs*, petite monoye de cuivre, de la valeur intrinseque d'un des anciens deniers de *France*, que le besoin public fit introduire, & qui passa par ordre du *Sultan* pour un *Aspre*, au grand profit de l'inventeur. Je dis de l'inventeur, car quoi que *Morgan* le fût proprement, à ce que m'ont assuré des *Francs*, *Muftapha* ne le voulut non seulement pas partager avec lui, mais même il n'eut pas plûtôt cessé d'avoir besoin de son secours, & passé à l'execution du plan, qu'il lui chercha querelle, & le fit chasser de la maison de la Monoye, comme un homme inutile. Mais celui-ci aïant fait sçavoir à ses amis de l'Europe *Chrêtienne*, le grand profit qu'il y avoit à contrefaire ces *Mangirs*, & à les envoyer de là en *Turquie*, on en vit bien-tôt, dit-on, une prodigieuse quantité, qui exceda ce qui s'en frappoit dans le *Serail*.

Nouveaux desordres en *Turquie*.

Si les affaires étoient dans ce desordre au dedans, elles ne furent pas sur un meilleur pied au dehors. *Soliman* ne partit pour *Andrinople* qu'au milieu de Juin. La premiere Campagne de son regne ne fut gueres moins malheureuse, que la derniere de celui de *Mahomet*. Les *Imperiaux* lui enleverent *Belgrade*, & gagnerent plusieurs autres avantages en *Hongrie*, d'où le Prince *Tekely* fut reduit à se retirer pour la sureté de sa personne jusqu'à *Andrinople*, pendant que la Princesse son épouse, veuve du dernier Vaivode de *Transilvanie*, *Francois Ragotsky*, étoit conduite prisonniere à *Vienne* après la perte de *Mongatz*. Cette

Tome I. Yy 2

te Heroine dans les veines de qui sembloit couler le sang de son Bisayeul le Comte *Zerin*, avoit defendu cette Place contre les *Imperiaux* plus long tems, & avec autant de valeur que ce Comte avoit defendu autrefois *Zigeth*, mais moins malheureusement, puis qu'il ne lui en couta que la liberté, & à celui-là la vie.

Là-dessus *Sa Hautesse* envoya confirmer à sa *Majesté Imperiale* ses dispositions pour la paix. *Yeghen-Pacha* qui ne la souhaitoit pas, arreta ceux qui en avoient la commission. Mr. le Chevalier *Trumball*, nouvel Ambassadeur d'*Angleterre*, comme j'ai dit, & Mr. *Colliers*, qui de Resident fut fait vers ce temps-là, Ambassadeur de *Hollande*, seconderent de leur mieux ces dispositions entre les Ministres de la *Porte*, & envoyerent des Exprès à la Cour de *Vienne* pour la porter à en profiter. Mais soit que cette Cour, enflée du succés de ses armes portat ses pretentions trop haut, ou que les Consuls de *France*, & les esperances que pouvoit donner le Comte *Tekely* pour les *Hongrois*, relevassent le courage des *Turcs*, on n'entra dans aucune negociation de paix. Ils ouvrirent la Campagne suivante de meilleure heure que la precedente, mais elle ne leur fut pas moins fatale.

Histoire du Baron de Villiers.

Monsieur de *Chateauneuf* arriva à *Constantinople* au commencement de *Juin*, pour succeder dans l'Ambassade de *France* à Monsieur *Girardin*, mort il y avoit quelques mois. On remarqua qu'il ne resta que peu de jours en cette Ville, & qu'il alla joindre le *Visir* campé près de *Sophie*. On dit que la premiere chose qu'il fit après son audience, fut de s'assurer sous main d'un certain Baron de *Villiers* qui avoit, ajoute-ton, pris le titre d'Agent des affaires de *France*, & étoit entré dans la confiance du *Visir*, jusqu'à avoir des tête à tête avec lui. Il mit pour cet effet auprès de lui un Gentilhomme *François*, Capitaine des Gardes du Prince *Tekely*, qui sous prétexte d'amitié ne le quittoit point. Mais soit que l'on eût reconnu que cet Agent favorisoit les interêts de l'*Empereur*, au préjudice de ceux du Roi son Maître; ou qu'une terreur panique le saisit, sur ce que le nouvel Ambassadeur ne montroit pas, peut être, pour lui les égards, dont le flatoient son caractere & son credit auprès du *Visir*, on fut surpris d'aprendre qu'il étoit mort d'un coup de pistolet, qu'il s'étoit donné lui même dans la tête, lorsqu'ils se promenoient ensemble. C'étoit ce que disoit le Capitaine, mais il y avoit des gens qui soupçonnoient ce dernier de l'avoir tué. Cependant comme il n'y avoit point de temoins de l'un ou de l'autre de ces deux cas, quand cela arriva, nous suspendrons notre jugement là-dessus.

Voici, au reste, ce qu'on m'a raconté de plus circonstantié touchant le Baron de *Villiers*, supposé que ce fussent là son nom & sa qualité. Il s'étoit donné au Public en arrivant en *Turquie* pour *Suedois*, sous le nom de *Van Here*. Il prit un maître *Turc* pour apprendre la langue, & il s'y appliqua si bien qu'il la parla en moins d'un an. Il affectoit de haïr les *François*, & n'en fréquentoit aucun. Mais il s'attachoit uniquement aux *Anglois*, & leur donnoit presque tout le tems qu'il n'employoit pas à l'étude. Il étoit bien venu auprès du Chevalier *Trumball*, & ce fut lui qui donna à Son Excellence l'invention des feux d'artifices qu'Elle fit jouer dans son Palais, pour la naissance du Prince connu aujourd'hui sous le nom de Chevalier de *St. George*, ou de *Prétendant*. Mr. *Girardin* ne fut pas plûtôt mort qu'il leva le masque, & prenant le caractere que j'ai dit, il quita son nom de *Van Here*, & se

donna

CONSTANTINOPLE, &c.

donna celui de Baron de *Villiers*. Il falloit cependant qu'il fût muni, des témoignages nécessaires, pour trouver creance, tant auprès de la Nation *Françoise* qu'auprès du *Visir*, car le Tresorier de cette Nation lui remit de l'argent, pour se faire faire des équipages conformes à son nouveau caractere. D'ailleurs M. l'Abbé *Girardin*, Frere de l'Ambassadeur décedé, qui se trouvoit à *Constantinople*, entretenoit publiquement commerce de Lettres avec lui.

Mais c'en est assez sur son sujet, & puis qu'il est mort ne troublons point ses cendres. Quoi qu'il en soit, la Campagne, quoi qu'ouverte de bonne heure, ne procura d'autre avantage que la perte d'*Yeghen*. On trouva enfin moyen de se saisir de lui, & on l'étrangla. Sa tête fut envoyée à *Constantinople*, où elle fut exposée devant le *Serail*, pendant plusieurs jours. Cette execution arriva bien à propos pour épouvanter son Confederé d'*Asie*, qui après avoir mis sous contribution *Angora*, *Nicomedie* & *Broussa*, étoit venu jusqu'à *Scutary*, avec un corps de Brigands prêt à passer à *Constantinople*, pour piller aparemment cette Capitale, qui étoit dégarnie de Troupes par l'absence de l'Armée, ou pour aller joindre *Yeghen*; mais il rebroussa chemin dès qu'il fut informé de son sort. Le reste ne fut qu'un enchainement de malheurs pour les *Turcs*. Les *Imperiaux* prirent *Zigeth*, & remporterent ensuite sur eux trois celebres Batailles; la premiere à *Passarowitz*, la seconde à *Nissa*, qu'ils prirent avec son Château, & la troisieme à *Widin*, qui se rendit aussi avec le sien.

Le Prince *Tekely* qui s'étoit rendu auprès de cette Place avec un petit Corps de Troupes, partie *Hongroises*, partie étrangeres ou Auxiliaires, & Mr. de *Feriol*, connu encore sous le nom de Marquis de *Loras*, qui y avoit le Commandement de ces dernieres, avec le titre d'Envoyé Extraordinaire de la Cour de *France* auprès de ce Prince, ayant partagé avec les *Turcs* tous les dangers de la Campagne, jusqu'à perdre environ trois mille hommes, se retirerent à *Nicopolis*. Environ quatre cents Soldats *François*, qui venoient de deserter de l'Armée *Venitienne*, étant arrivez sur ces entrefaites à *Constantinople*, on les leur envoya pour recruës, à la reserve d'une cinquantaine qui se firent circoncire, & qui voulurent servir sous l'Etendard de *Mahomet*.

Cette année finit par des murmures & des émotions populaires au sujet des *Mangirs*. On se plaignoit de ne voir autre chose, au grand dommage du Commerce.

Dans cette malheureuse crise d'affaires on conseilla au *Sultan* de demettre *Ibrahim-Pacha* du *Visiriat*, & d'envoyer le Sceau à *Mustapha Cupruli Oglou*, qui se trouvoit encore en *Candie*. Cela étant fait, & ce *Pacha* étant arrivé à *Constantinople*, où s'étoit rendu *Sa Hautesse*, il travailla à remedier aux Griefs publics, & commença par ceux que causoient les *Mangirs*. Comme il n'y avoit point de bon argent dans le Tresor, ce *Visir* lui conseilla de convertir en Monoye toute l'argenterie la moins necessaire du *Serail*, comme cuvettes, bassins, aiguieres, tables, gueridons, lustres, & autres choses semblables, données à la *Porte* par les Ambassadeurs des Puissances Européennes. Ce *Visir* envoya aussi à la Monoye la sienne, qui consistoit principalement en quelques tables d'argent massif, & il ne se servit plus que de vaisselle de cuivre étamé. Il fit plus, il se taxa à une somme proportion-

Mustapha Cupruli Oglou Visir. Reforme qu'il fait des abus.

née à ſes revenus. Un exemple ſi frapant ayant fait l'impreſſion qu'il en attendoit, les autres Miniſtres & Officiers de la *Porte*, & les *Pachas* des Provinces furent obligez de faire de même. De cette maniere il diminua la valeur de la monoye de cuivre, en attendant qu'il y eût aſſez de bon argent pour la ſupprimer tout à fait. Il reforma de ſon mieux, & par des voyes douces, tous les abus dont on ſe plaignoit avec quelque fondement, & il eut le bonheur d'abolir inſenſiblement le Conſeil *Septemviral*; qui étoit déja fort affoibli, en laiſſant ſeulement aux Reformateurs leurs titres avec l'ombre de leur pouvoir; mais il les conſola de ce ſacrifice par des emplois qui les éloignoient des affaires de la *Porte*, & qu'ils étoient capables de remplir avec quelque avantage.

Ce digne deſcendant de la famille de *Cupruli* ne brilla pas moins dans le Champ de *Mars*, que dans le Cabinet. Il reprit en la ſeule Campagne de 1690. qui fut la premiere de ſon *Viſiriat*, *Belgrade*, *Niſſa*, & *Widin*, ſur les Imperiaux, qu'il battit à *Caſſiniek*. D'un autre côté, & comme ſi un bonheur devoit être ſuivi d'un autre, de même qu'il arrive ordinairement que les malheurs ſe ſuccedent, ce *Viſir* ayant envoyé un Corps de Troupes réglées en *Tranſilvanie*, où étoient le *Tartar Han Selim Gherai*, avec ſes *Tartares*, & le Prince *Tekeli*, avec ſes *Hongrois*, & les forces Auxiliaires de *France*; & ce Corps les ayant joints près de *Cronſtat*, ils attaquerent ſi vivement & ſi avantageuſement les *Imperiaux*, commandez par le Général *Heyſer*, qu'ils les defirent, & ce Général fut fait priſonnier par les *Hongrois*, avec quantité d'autres. Le Lieutenant Colonel *Raiſing* tomba avec divers Etendards & l'Artillerie entre les mains des *Turcs*. Le Major Général *Frisker*, & le Marquis de *Doria*, furent pris avec pluſieurs autres Officiers de marque par les *Tartares*, qui ſe rendirent auſſi maîtres du bagage. En un mot, ce fut une victoire complette dont le Prince *Tekely* tira beaucoup d'avantage & de gloire. Ce Prince racheta de ces derniers leurs priſonniers de diſtinction pour une bagatelle, parce qu'ils ne les connoiſſoient pas, & mit leur rançon à des conditions proportionnées à leur qualité, entre leſquelles étoit la liberté de la Princeſſe ſon épouſe. Le *Sultan* lui envoya le *Barat* de *Waiwode* de *Tranſilvanie*, avec un bonnet de Zebelines, orné d'une riche aigrette. Ainſi ſe paſſa la Campagne de 1690. auſſi heureuſe pour les *Turcs* que les précedentes avoient été malheureuſes.

Sur ces entrefaites, Mr. le Chevalier *Trumball* & Mr. de *Colliers* firent à la *Porte* de nouvelles offres de leurs bons offices pour la Paix, repréſentant au *Viſir* & aux autres Miniſtres, que les avantages remportez ſur les *Imperiaux* en rendroient les conditions plus honorables. Ils furent écoutez aſſez favorablement, mais Meſſieurs de *Chateauneuf* & le Marquis de *Loras*, qui s'étoit rendu auprès du *Viſir* pour le feliciter ſur le glorieux ſuccès de la Campagne, croyant cette Paix contraire aux intérêts du Roi leur maître, employerent toutes les fineſſes de leur Politique pour en détourner les *Turcs*.

Dans ce tems-là la Révolution d'*Angleterre*, qui avoit fait deſcendre le Roi *Jaques II*. du Trône, & mis en ſa place le Prince d'*Orange* ſous le nom de *Guillaume III*. étant ſurvenue, le nouveau Roi fit notifier au *Grand Seigneur* ſon avenement au Trône, par le Chevalier *Huſſey*, qui ſe rendit à *Andrinople* au commencement de Juin 1691, & les Lettres de Creance

Creance de ce Ministre qui venoit succeder au Chevalier *Trumball*, contenoient des offres que *Sa Majesté Britannique* faisoit de sa Mediation pour la Paix.

CHAP XVI.

On accuse les *François* à *Constantinople* d'avoir violé en cette occasion la coutume genereuse qu'y ont les *Francs* de toutes les Nations *Européennes*, de conserver entr'eux les liens reciproques de l'amitié & de la civilité, même pendant les differens de leurs Souverains. Ils declarerent, dit-on, une espece de guerre domestique aux *Anglois*, en cessant de les frequenter. La *Politique* & la Religion pousserent, ajoute-ton, leur ressentiment jusqu'à insinuer aux *Turcs* que non seulement ils ne devoient pas reconnoître le Prince *d'Orange* pour Roi *d'Angleterre*, mais qu'il falloit qu'ils s'interessassent au retablissement du Roi deposé, & qu'ils sequestrassent les effets de ses Sujets, jusqu'à ce que cela fût fait. Ils promettoient que la *France* alloit travailler à cela avec la plus grande partie de ses forces. Mais comme les *Turcs* trouvoient un trop grand rapport entre la conduite des *Anglois* & la leur, eux qui avoient fait mourir *Sultan Ibrahim* presque au même tems que *Charles* I. fut decapité, & qui venoient de chasser aussi de chasser du trône (a) *Mehemet* IV. son fils, ils parurent sourds à toutes les propositions qu'on leur fit là-dessus. Le nouvel Ambassadeur fut bien reçu, & les offres du nouveau Roi furent acceptées.

Cependant le *Visir* venoit d'ouvrir la Campagne & ne songeoit qu'à cueillir de nouveaux lauriers, lorsque mourut *Sultan Soliman*, dont le frere *Sultan Achmet* monta sur le Trône sans opposition. Ce nouveau *Grand Seigneur* qui n'avoit pas été moins long-tems enfermé & privé de la vue des femmes que son frere, n'en temoigna pas plus d'amour pour elles & se contenta d'un aussi petit nombre d'*Odaliques*. Sa Hautesse continuant à *Cupruli Mustapha Pacha* la dignité de *Visir*, lui envoya porter par le *Chiaouz-Bachi* son Sceau, avec un sabre garni de diamans & une Pelisse de *Zebelines*, pour marques de sa faveur & des assurances de son estime. Mais celui-ci n'en jouit pas long-temps, car il fut tué environ deux mois après, à la bataille de *Salankemen*, où il vendit cher sa vie aux *Imperiaux*, & qui cependant couta aux *Turcs* plus de vingt mille hommes qui resterent sur la place, avec tentes, bagages & artillerie: cette perte fut suivie d'autres moins considerables pour les *Turcs*: la plus sensible parut être celle de ce brave *Visir*. Le Sceau fut donné à un certain *Ali-Pacha*, creature ou plûtôt Conseiller de feu *Cara-Mustapha*, dont il avoit toutes les mauvaises qualitez. Ce *Visir* alla prendre le commandement de l'Armée qui s'étoit retirée sous *Belgrade*.

Mort du *Sultan Soliman* & avenement d'*Achmet* au Trône.

Mort de *Cupruli Mustapha*: *Ali-Pacha* nommé *Visir*.

Cependant le bon argent étant devenu plus rare que jamais, cela causa de nouvelles émotions parmi le peuple qui se plaignoit que le Commerce en souffroit d'une maniere qui n'étoit plus supportable, & parmi la soldatesque qui demandoit son *Becchese* de Couronnement en bon argent.

Le nouveau *Visir* songeant plûtôt à s'enrichir qu'à subvenir aux besoins publics, fit à la verité deposer le *Muphty*, le *Kyzler-Aga*, & divers *Pachas*, qui avoient la reputation d'être riches, mais il s'appropria la meilleure partie de leurs biens, au lieu de les appliquer tout en-

---

(a) On a encore remarqué, pour plus grande conformité d'évenemens en *Turquie* & en *Angleterre*, que le plus terrible incendie qu'il y ait eu à *Constantinople*, arriva presque en même tems que celui de *Londres*.

CHAP.
XVI.

entiers à ces besoins, qu'il allegua pourtant à *Achmet* comme le pretexte de ces depositions. Il avoit surpris d'abord la confiance de *Sa Hautesse*, mais lui ayant demandé un *Haticheriph* pour faire étrangler la *Caimacan*; le nouveau *Muphty*, qu'il croyoit de ses amis & qui l'étoit plus de ce *Caimacan*, refusa non seulement son *Fetfa*, mais il remontra même au *Sultan* que quiconque lui conseilloit de faire mourir un si brave Sujet, & un aussi bon serviteur, ne meritoit pas de vivre.

Le Caimacan fait Visir en la place d'Ali-Pacha qui le vouloit perdre.

Le *Muphti* ayant été secondé par le *Reys effendy* & le *Nizangi-Bachi*, *Sa Hautesse*, au lieu de lui ôter la vie, lui donna le Sceau ; au grand contentement de tous les honnêtes gens ; bannit l'autre & confisqua ses biens qui consistoient pour la plus grande partie, en argent comptant & qui se montoient à la valeur de huit cents Bourses: traitement trop doux, selon le jugement du Public, mais digne de la clemence du *Sultan* qui n'aimoit point le sang, & de la generosité du nouveau *Visir*.

Ce bon *Visir* non seulement ne prit pas un sou des dépouilles de son Predecesseur, mais même il les sacrifia toutes à la satisfaction des Soldats, qui demandoient depuis long-tems, les uns leurs arrerages, les autres le *Bacchese* que *Cupruli Mustapha Oglou* n'avoit pû leur payer tout entier. Il imita bien ce *Visir* dans son desinteressement, en envoyant comme lui son argenterie, qui étoit peu de chose, à la Monoye. Mais n'ayant ni sa bravoure militaire, ni ses autres talens pour le gouvernement, non plus que sa santé, & n'étant pas capable de soutenir les fatigues de la Campagne, il demanda sa demission au *Sultan* qui la lui accorda & qui le retint auprès de sa personne, en qualité de *Retkiap-Caimacan*. *Sa Hautesse* envoya le Sceau à *Hahil-Pacha* qui gouvernoit la *Mesopotamie*, & cela par le conseil du nouveau *Kysler-Aga*, son ami, mais c'étoit un des plus mauvais conseils qu'on

Hahil-Pacha fait Visir. Campagne de 1692.

pût donner au *Sultan*, puisque cet *Hahil-Pacha* ne valoit pas mieux que *Ali-Pacha*, dont nous avons vu la conduite, & qu'il étoit comme lui une digne créature de *Cara-Mustapha*. Quoi qu'il en soit, ce *Visir* n'étant venu que fort tard à cause de la distance des lieux, se rendit à l'Armée sous *Belgrade*, pendant que *Peterwaradin* fut pris par les *Imperiaux*, faute de vivres. Il trouva que la division regnoit entre les *Janissaires* & les *Spahis*, qui ne s'accordoient qu'en ce qui concernoit leur paye, sans laquelle ils protestoient qu'ils ne vouloient plus servir. Cependant les *Imperiaux* profitant de ces desordres faisoient ce qu'ils vouloient, mais non pas tout ce qu'ils auroient pû faire, car leurs exploits se bornerent à fort peu de chose.

Le Chevalier *Husley* étant mort, presque en même tems que *Soliman*, *Herberth* se rendit à *Belgrade* par la voye de *Vienne*, pour prendre sa place, en la même qualité, après avoir sondé en passant les dispositions de la Cour Imperiale, & s'être chargé de quelques propositions Préliminaires de Paix, qui devoient paroître fort raisonnables aux *Turcs* dans le malheureux état où étoient leurs affaires, tant au dehors qu'au dedans. Mais il y trouva Messieurs de *Château-neuf* & le Marquis de *Loras*, qui, à ce qu'on prétend, accompagnant leurs argumens Politiques de certain metail, & de promesses qui avoient un pouvoir invincible sur le cœur avare de ce *Visir*, lui firent regarder avec mepris les propositions toutes nues de l'Ambassadeur *Anglois*. D'ailleurs une fievre chaude ayant surpris cette Excellence, Elle en

mourut

mourut cinq semaines après son arrivée, & cette mort leur laissa le champ libre.

CHAP. XVI.

L'Armée ne fit aucun progrès de ce côté-là, pendant toute la Campagne: au contraire quelques détachemens, ou Camps-volans que le *Visir* avoit envoyez contre ceux du Général *Heister*, qui commandoit en Chef les Troupes *Imperiales* eurent du dessous par tout ; ce qui joint à la nouvelle que l'on reçut que vingt-cinq mille *Turcs* avoient été obligez de lever honteusement le siége de *Soroka* en *Pologne*, dont les assiégez qui n'étoient pas deux mille hommes leur en tuèrent plus de trois mille, aigrit tout le monde contre le nouveau *Visir*. Alors les *Janissaires* & les *Spahis* se reconcilièrent & formèrent le dessein de le déposer. Le *Janissair-Aga* & le *Spailer-Aga* les empêchèrent pourtant de se révolter par de bonnes paroles, & en promettant qu'ils travailleroient sous main à cette déposition. Enfin on les paya & ils se tranquilisèrent entièrement.

L'année 1692. se termina par la naissance de deux jumeaux, fils du *Sultan*, pour laquelle on fit les réjouissances publiques, & les illuminations accoutumées. Mais un furieux incendie étant survenu, au milieu de ces réjouissances, & ayant consumé plus de trois mille maisons, & presque autant de boutiques, les superstitieux, qui ne manquent pas entre les *Turcs*, quoi que plus rares qu'entre d'autres Nations, en tirèrent divers augures sinistres.

L'année 1693. commença par la mort du *Sultan Mehemet*. Milord *Paget* se rendit le 20. Janvier à *Andrinople* avec le caractère d'Ambassadeur & Ministre Plénipotentiaire du Roi de la *Grande-Bretagne*. Mr. *Heemskerke*, qui étoit aussi Ministre Plénipotentiaire & Médiateur de *Hollande*, y étoit arrivé peu auparavant de *Vienne*, pour voir quelles étoient les dispositions de la *Porte* à l'égard de la Paix, qu'elle avoit si souvent témoigné souhaiter. Mais les *Turcs* depuis leurs derniers succès, n'avoient guères fait de demarches sincères pour l'obtenir. Ce Ministre se joignit à Mylord *Paget* & à Mr. de *Colier*. Ils demandèrent une Audience publique du *grand Visir* & des Ministres, & elle leur fut donnée dans la Salle du *Divan*, dont l'Assemblée étoit composée de septante-trois personnes, tant Ministres que *Pachas* & Généraux, & autres Officiers de distinction. On y étala de part & d'autre des sentimens pacifiques & des intentions très favorables, mais on ne s'accorda ni sur les demandes, ni sur les offres.

Le *Visir* haï de l'Armée pour son avarice, & informé apparement des intentions des *Janissaires*, demanda sa démission au *Sultan* qui la lui accorda. Mais comme il avoit eu soin de mettre auprès de *Sa Hautesse* des gens qui lui étoient devouez, ou plûtôt comme il ne passoit pas pour être riche, on ne toucha pas alors à ses biens, non plus qu'à sa vie, qu'il ne conserva pourtant pas long-tems, comme je dirai ci-après.

Son Successeur *Mustapha-Pacha*, qui avoit été *Rethiap-Caimacan* sous *Mehemet IV*, fit divers changemens, & il eut soin d'éloigner les creatures d'*Hahil-Pacha* des emplois qui les approchoient de la personne du *Sultan*. Il ne montra pas plus de penchant pour la Paix que lui. Mylord *Paget*, & Mrs. *Heemskerke* & de *Colier*, l'ayant remarqué dans une audience particuliere qu'ils eurent de lui, & étant informez que Mr. de *Chateau-neuf* en avoit de frequentes, non seulement

Mustapha Pacha fait Visir.

Tome I. Zz

CHAP. XVI.

ment avec ce premier Miniftre, mais auffi avec les autres, en conclurent qu'ils étoient déterminez à continuer la guerre, à moins qu'on ne les payât pour faire la Paix ; de forte qu'ils les abandonnerent à leur Confeil *François* (pour me fervir des termes de *Mylord Paget*) de qui je tiens plufieurs de ces circonftances, & s'en allerent chacun de leur côté ; *Mylord* & *Mr. de Coliers* à leur Réfidence à *Pera*, & *Mr. de Heemskerke* à *Vienne*, où il rendit compte de fon infructueufe négociation. Ils continuerent en effet cette guerre, & ce dernier *Vifir* n'y cueillit pas plus de Lauriers que le précedent, car il ne le fut pas même affez long-tems pour la faire, fi ce n'eft à quelques lievres qu'il ne prit pas ; car le *Sultan* informé par un *Selam-Agaffi*, par lequel il l'envoya chercher pour lui parler d'affaires, qu'il ne fe trouvoit pas chez lui, mais qu'il étoit à la chaffe, *Sa Hauteffe* qui ne montroit pas plus de paffion pour ce divertiffement que fon frere *Soliman*, ou du moins qui ne l'avoit pas encore pris une fois depuis qu'Elle étoit fur le Trône, lui ôta le fceau, & le donna à un certain *Ali-Pacha*, qui avoit été *Kiaia* de *Cupruli Achmet Oglou*. Le *Janiffair-Aga*, le *Caïmacan d'Andrinople*, celui de *Conftantinople*, & plufieurs autres Officiers de la *Porte*, furent demis de leurs charges tout à fois, à la follicitation des *Reformateurs* & autres, qui, quoi qu'éloignez en la maniere que j'ai dit, par *Muftapha Cupruli Oglou*, faifoient encore entendre leurs voix, & faifoient craindre une nouvelle Revolution. Comme les dépofez étoient pour la plûpart des créatures du dernier *Vifir*, & des deux plus méchans, favoir *Ali* & *Hahil-Pacha*, le nouveau n'en eut point de chagrin. Il leur promit fatisfaction fur d'autres griefs, & prevint par là le rétabliffement du Confeil *Septemviral* fur l'ancien pied.

Nouveau Vifir.

S'Il fut heureux en ceci dans le Cabinet, il ne le fut pas plus que fes trois Prédeceffeurs dans le Champ de Mars, ou plûtôt, il fut plus malheureux. En effet, ce *Vifir* s'étant avancé avec l'Armée *Ottomane* jufqu'à la portée du canon de celle de l'Empereur, qui étoit campée près de *Peterwaradin*, & qu'il croyoit inveftir tant par la force que par le nombre, & cela d'autant plus facilement, que les Efpions *Hongrois* lui avoient rapporté qu'elle étoit non feulement peu nombreufe, mais même qu'elle ne s'étoit retranchée que parce qu'elle fe fentoit trop foible pour faire tête aux *Turcs* ; il la fit environner par les Troupes qu'il avoit avec lui, & par les *Tartares*, du côté de Terre, & par plus de cent bâtimens du côté de l'eau, de forte qu'il paroiffoit affieger à la fois la Fortereffe de *Peterwaradin* & l'Armée *Imperiale*. Ses Batteries étant dreffées dans cette vue de côté & d'autre, il les fit jouer avec affez d'avantage, pendant plufieurs jours, jufqu'à ce qu'un Corps de Troupes *Allemandes* lui ayant enlevé fur le *Danube* quantité de fes bâtimens, fur tout de ceux qui étoient chargez de vivres pour fon Armée, & un autre ayant batu les *Tartares*, qui s'enfuirent felon leur coutume, l'épouvante faifit les *Turcs* qui craignoient, peut-être, que leurs Ennemis ne reçuffent de nouveaux renforts, ou de manquer de vivres ; ce qui l'obligea de fe retirer. Il s'appliqua le refte de la Campagne à faire des recruës, à pourvoir *Temefwar* de vivres, & renforça la Garnifon, en quoi les *Imperiaux* affez contens, felon les apparences de leurs conquêtes, ne le troublerent pas.

Les *Venitiens*, d'un autre côté, enleverent aux *Turcs* le Château & toute

toute l'Isle de *Scio*, ce qui causa tout d'un coup une chereté de vivres à laquelle on n'est pas accoutumé en *Turquie*, & qui avec les nouvelles de ces malheurs y repandit une grande consternation. La *Porte* sans argent suffisant pour payer les Troupes, entendit bientôt pour sur-croît ou nouveau sujet d'inquietude celle des murmures de l'Armée qui vouloit être payée. Pour subvenir à ce besoin, on deposa, on étrangla ou on depouilla quantité de *Pachas*, d'entre ceux qui avoient la reputation de s'être le plus engraissez, ou enrichis par des vexations ou voyes enjustes. *Habil-Pacha* qui croyoit jouir en repos, *Düs iratis*, du fruit de ses rapines, dans son Gouvernement de *Tessalonique*, qu'il avoit obtenu par le moyen de quelques amis qui lui étoient restez à la *Porte*, eut le même sort. On paya de leurs depouilles ce qui étoit dû aux Soldats. Un grand incendie arrivant au mois de Janvier 1695 aux environs de la *Colomne Historique d'Arcadius*, consuma un grand nombre de maisons bâties sur la place qui portoit autrefois le nom de cet Empereur, & aux environs; fendit & endommagea, beaucoup ce beau monument ce qui augmenta les visions des superstitieux.

Lors qu'on faisoit les préparatifs de la Campagne, *Mylord Paget* sonda le *Visir* à l'égard de la Paix, & ne l'y trouva pas contraire : il en écrivit à la Cour de *Vienne*, & le Courier par lequel il envoya ses dépêches étoit à peine à moitié chemin, que *Sultan Achmet* mourut, & *Sultan Mustapha* son Neveu, que nous avons vu mourir avant cette digression, lui succeda par son droit d'ainesse. Ce Prince avoit eu une meilleure éducation que n'ont coutume d'avoir les Princes enfermez, par les soins extraordinaires du maître qui lui avoit été donné par son Pere *Mehemet IV*; ce maître étoit *Fesulla Effendi*, dont j'ai rapporté la fin tragique, qui non content de lui apprendre à lire & à écrire, qui est tout ce qu'on apprend ordinairement aux Princes *Ottomans*, avoit fait plus que son devoir, en l'instruisant dans l'*Histoire*, dans la *Geographie*, & dans les affaires du Gouvernement. Outre que *Mehemet IV.* le tiroit quelquefois, comme j'ai déja rapporté, lui & son frere *Achmet*, des appartemens où on les tenoit enfermez, pour les montrer au public, & s'en faisoit accompagner à cheval dans les occasions solemnelles, comme au *Bairam*, en allant à la *Mosquée* &c. faveur qu'il n'avoit jamais faite à aucun de ses Freres, & qu'ils n'avoient point reçue de leur Pere *Ibrahim*, non plus que lui-même.

Quoi qu'il en soit, *Sultan Mustapha* monté sur le Trône se souvint de son Précepteur, qui le redevint plus que jamais sous le nom de *Muphty*, comme nous avons déja vu, & qui lui prêcha la severité. Ce *Muphty* lui conseilla de faire une recherche generale des sangsues du peuple. Cette recherche fut au moins le pretexte sous lequel il donna à *Sa Hautesse* des *Fetfas*, pour faire étrangler le *Visir*, le *Caimacan* de *Constantinople*, déposer le *Janissair-Aga*, le *Kiahia-Bey*, le *Spahiler-Agassi*, le *Kysler-Aga*, le *Beyglerbei* de *Romelie*, les *Pachas* de *Sophie* & de *Thessalonique*, & quantité d'autres, dont Elle devint heritier universel. Elle donna leurs places à ceux que *Fesulla Effendi* lui recommandoit. Le *Capitan-Pacha Mezzo-Morto* alloit avoir un pareil sort, sa tête étoit déja condamnée au Cordon, lors qu'on reçut à la *Porte* la nouvelle qu'il avoit battu deux fois la Flote des *Venitiens*, & repris *Scio* sur eux ; sur quoi l'arrêt de sa perte fut changé en faveur. *Sa Hautesse* lui envoya même un sabre garni de pierreries, avec une peliſſe de *Zebelines*, au lieu du Cordon qui lui étoit deſtiné.

Le *Seraſquier* de *Belgrade* étant fait *Viſir*, & le tems d'ouvrir la Campagne aprochant, le *Sultan* dont les finances étoient miſes ſur un aſſez bon pied par ces executions, voulut marcher en perſonne à la tête de l'Armée, & ayant par une fauſſe marche qu'il affecta de tourner du côté de la *Tranſſilvanie*, fait prendre le change à l'Armée Imperiale, il en evita non ſeulement la rencontre, mais il prit quelques places entre leſquelles étoient *Lippa*, *Palanca*, *Titul*, dont les gouverneurs furent faits priſonniers; il battit un détachement d'environ huit cents hommes commandez par le General *Veteran*, qui demeura ſur le champ de bataille avec la plus grande partie de ſes gens.

Sa Hauteſſe, ſans aller chercher ou attendre le corps de l'Armée *Imperiale*, qui lui auroit apparamment vendu plus cher ſes lauriers, ou qui lui auroit peut être arraché ceux qu'Elle venoit de cueillir, ſe retira pour aller faire une entrée triomphante à *Conſtantinople*, aux acclamations du peuple charmé de ces heureux commencemens.

L'année 1696.ᵉ ne fournit que des ſujets de melancholie & de plaintes. Les *Venitiens* remporterent dans la *Morée* des avantages capables de les conſoler de la perte de *Scio*. Les *Imperiaux* reprirent diverſes places en Hongrie: les *Moſcovites* ſe rendirent maîtres d'*Aſoph* : & il y eut des revoltes en *Aſie*.

La Campagne de 1697 fut auſſi malheureuſe, ſi elle ne le fut plus, car le *Sultan* s'étant avancé au commencement d'Octobre juſques ſur les bords de la *Teiſſe* (*Tiliſeus*) avec ſon Armée, & lui ayant fait paſſer cette Riviere près *Zanta*, dans le deſſein de ſurprendre *Segedin*, eut la mortification de la voir tailler en pieces par le Prince *Eugene*, qui commandoit l'Armée Imperiale, & il ſe ſauva à *Temiſwar*, avec ceux qui purent le ſuivre, laiſſant Tentes, Bagages, & toute ſon Artillerie, avec trente mille hommes tant tuez que priſonniers. Le *Viſir* fut maſſacré par les *Janiſſaires*, & *Haſſane Cupruli Pacha*, dont j'ai déja donné le caractere, fut revêtu de cette dignité.

<small>Nouveau Viſir.</small>

La Campagne étant trop avancée pour que les *Turcs* ſe remiſſent en état de voir l'Ennemi, les *Imperiaux* en employerent le reſte à prendre en *Boſnie d'Oubay*, *Monglay*, avec deux ou trois autres Places, qui ſe rendirent à diſcretion après une foible réſiſtance.

Le nouveau *Viſir* ordonna bien les préparatifs d'une autre Campagne, mais on ne ſongea à rien plus ſerieuſement qu'à la Paix. Le *Muphty* qui gouvernoit toûjours le cœur du *Sultan*, la crut néceſſaire pour prévenir de nouveaux malheurs, & n'eut pas de peine à y diſpoſer *Sa Hauteſſe*, malgré les efforts que Mrs. de *Châteauneuf*, le Marquis de *Loras* & le Comte *Tekely*, qui joignirent la *Porte* à *Belgrade*, firent pour l'empêcher. Meſſieurs les Ambaſſadeurs d'*Angleterre* & de *Hollande* ſeconderent ſi bien par les leurs ces diſpoſitions, qu'on convint entr'eux du lieu du Congrès que j'ai nommé ailleurs, & cette année fut toute employée aux Négociations de la Paix qui fut concluë entre toutes les Puiſſances engagées dans cette guerre, à des conditions plus avantageuſes pour la *Porte* qu'elle n'avoit lieu d'eſperer, par la ſageſſe & la prudence d'*Haſſane-Pacha*, ſecondé de la Mediation d'*Angleterre* & de celle de *Hollande*.

Pour peu d'attention qu'on donne aux affaires de l'Empire *Ottoman*, on

CONSTANTINOPLE, &c. 365

on pourra remarquer pourqoui la famille de *Cupruli* eſt en ſi grande veneration aux *Turcs*. C'eſt encore un *Cupruli* qui vient de remporter en cette année 1725 la fameuſe Bataille de *Tauris* ſur les *Perſans*, qui leur coute près de quatre-vingt mille hommes, avec la perte de cette Place, & promet de nouveaux Lauriers au Vainqueur. La bravoure & la ſageſſe ſont comme hereditaires dans cette famille. Mais comme il n'y a generalement point de ſurnoms, non plus que de titres de Nobleſſe, dans les familles *Turques*, on m'a demandé l'origine de celui de *Cupruli*. J'ai apris de quelques *Turcs* qu'il lui vient d'un fameux pont de pierre conſtruit par les ſoins d'un de ſes Ancêtres. *Cupruli* eſt un adjectif *Turc* qui ſignifie *du Pont*, mais il eſt tems de finir cette digreſſion pour retourner à l'an mil ſept cents & quatre.

CHAP. XVI.

Au milieu de Fevrier le *Viſir Achmet Pacha* de la création des *Mécontens*, fut dépoſé & envoyé à *Lepante*, & *Haſſane Pacha*, Beau-Frere du *Grand Seigneur*, fut élevé au *Viſiriat*.

1704. *Haſſane Pacha fait Viſir.*

Vers la fin de Mars, *Firary Haſſane Pacha* fut fait *Beyglerbey* de *Romelie*.

Le *Zebedgi-Bachi* fut étranglé peu de jours après, & tout ce qu'il avoit fut confiſquée. Un nommé *Ibrahim Aga* fut mis en ſa place.

CHAPITRE XVII.

De la quadruple Liturgie, *celebrée par les quatre Patriarches* Grecs *dans l'Egliſe Patriarchale de* Conſtantinople. *Depoſition du* Janiſſair-Aga *& du* Viſir. *Réjouiſſances & illuminations à l'occaſion de la naiſſance d'une Fille du nouveau* Sultan. *Autre Fête ſemblable pour la naiſſance du Duc de* Bretagne *chez* Mr. De Feriol *à* Pera, *dans le Palais de* France, *& qui eſt troublée par le nouveau* Viſir. *Envoyez de* Pologne *& de* Hongrie. *Viſions du Baron* Szalontai. Ali Pacha Churlouli *fait* Viſir. *Danger que le* Grand Seigneur *court d'être dépoſé, & dont ce* Viſir *le preſerve.* Aptraman Pacha, Capitan Pacha, *étranglé.*

Les Patriarches de *Jeruſalem*, d'*Alexandrie* & d'*Antioche*, qui étoient venus, comme j'ai dit, à *Conſtantinople*, pour ſe faire confirmer dans les dignitez qu'ils avoient obtenues, y reſterent juſqu'aux Fêtes de *Pâques*. Il ſemble qu'ils voulurent donner avant que de partir, une marque publique de l'union que le *Viſir* leur avoit recommandée, en celebrant avec le Patriarche de *Conſtantinople*, une *quadruple Meſſe*, pour ainſi dire, ſur un même Autel, dans l'Egliſe Patriarchale. Cette Egliſe dont on voit le Plan ſur la Planche 23, ne contient rien qui merite que nous en faſſions la deſcription. Tout ce qu'on peut dire à ſon avantage, c'eſt qu'elle eſt une des mieux peintes que les *Grecs* ayent aujourd'hui. Je dis *peintes*, car je croi avoir déja dit que les *Grecs* craignant de pecher contre ce commandement du Decalogue, *Tu ne te feras point d'images taillées*, ſe contentent pour s'y conformer, d'en peindre un bon nombre. Elle eſt ſituée dans un quartier de *Conſtantinople* appellé *Balata*, ou *Phanar*, dans lequel les reſtes de l'ancienne Nobleſſe *Greque* demeurent

De l'Egliſe Patriarchale de Conſtantinople.

pour

pour la plupart: Noblesse dont la *Porte* tire ordinairement les Princes qu'elle donne à la *Valaquie*, & à la *Moldavie*.

La partie du Plan qui est terminée en arc, est appellée par les *Grecs Sanctuaire*, & *a* est l'autel. J'ai déja expliqué dans l'endroit où je parle de l'*Egypte*, les autres parties de ce *Sanctuaire*, avec les vetemens Ecclesiastiques. La lettre *c*, est le trône *Patriarchal*; *d*, *e*, *f*, trois autres pour les Patriarches dont j'ai parlé, & où s'asseient les Princes de *Valaquie*, & de *Moldavie*, quand ils viennent à *Constantinople*, & les interprêtes de la *Porte*; *g*, *g*, sont les sieges des Metropolitains, ou Evêques, & des autres membres du Clergé, selon leur rang, & des personnes seculieres de quelque distinction; *h*, est le *Gynaikion*, ou galerie des femmes, fermée de Jalousies selon la coutume *Orientale*; *k*, *k*, les fenêtres de l'Eglise; *l*, la place du premier interprete de la *Porte*; *m*, la *cuve d'immersion*, ou les fonts *Baptismaux*; *n*, la place où on enregître les revenus casuels de l'Eglise, avec un coffre-fort pour y renfermer l'argent des pauvres. Lorsque les Metropolitains, & les autres Prêtres officient, ou celebrent la liturgie, ils sont vêtus comme les figures *b*, *c*, de l'Estampe XXIV. & les Diacres, & Sous-diacres comme *d*, *e*. J'ai deja dit dans l'article d'*Alexandrie* ce que c'étoit que le *Phelonion*, ou *Chasuble l'Ypogonotaton*, & le *Polo*. Ces ornemens sont ordinairement de brocard à fleurs d'or dans les villes, mais à la campagne ils sont d'une étoffe de soye ordinaire.

Quadruple Messe celebrée par les Patriarches Grecs.

Les trônes étant placez comme j'ai dit ci-devant, le Patriarche de *Constantinople* en habits pontificaux, tenant son *Patoriscon*, ou bâton pastoral à la main, & ayant la tiare sur la tête, en un mot comme il est representé sur la Planche XXIII, entra le premier dans l'Eglise; & croisant, ou doublant les doigts d'une maniere à former les caracteres *Grecs* qui sont au haut du Plan, il benit le peuple qui se courboit comme fait, *f*, devant le Metropolitain, *b*, de la Planche XXIV. Ensuite il s'alla asseoir sur le trône, *a*, de la même Planche, en la posture où il est sur le Plan XXIII. Après quoi le Patriarche de *Jerusalem*, aussi vetu pontificalement, entra benissant le peuple en la même maniere. Dans le tems qu'il s'avançoit vers le trône, *d*, le Patriarche de *Constantinople* descendit jusques sur le pavé au pied des degrez de son trône; & dès que l'autre fut arrivé au même endroit, ils s'entresaluerent chacun par une inclination de tête. Ceux d'*Alexandrie*, & d'*Antioche* étant aussi entrez, & ayant de même donné la benediction, ils descendirent tous deux de leurs trônes, comme avoit fait le premier, & s'entresaluerent de même. Ensuite chacun s'assit, & ils descendirent tous trois pour saluer le quatrieme, qui entra avec les mêmes ceremonies, & qui leur rendit le salut en même tems. Enfin s'étant assis tous quatre sur leurs trônes, en la maniere qu'est la figure du dit Plan, ils y resterent jusqu'à ce qu'ils passassent dans le Sanctuaire, pour se disposer à celebrer la même liturgie, sur le même autel; ce qu'ils firent selon leur maniere, assistez chacun par un Diacre, & un Sous-diacre, qui encensoient, ou lisoient. Ce quadruple office se fit en même tems.

Des habits, des Patriarches Grecs.

C'est à l'Eglise que les Patriarches *Grecs* font la plus belle figure, car ils marchent à pied dans les rues, & sans autre train, que deux ou trois valets seculiers, & autant de Clercs ou jeunes Sous-diacres, précedez d'un Prêtre qui porte le *Patoriscon*. Leur habit ne differe de ceux des *Caloieros*, d'entre lesquels on les choisit, que par ce qu'il y a

plus

plus d'étoffe aux premiers. Ils portent un capuchon à la *Dominicaine* comme la tête, *r*, de la Planche I.

1704.
CHAP. XVII.
Simonie en usage dans les Eglises Grecques.

Après que *Mahomet* se fut rendu maître de *Constantinople*, il continua aux Patriarches les mêmes presens que les Empereurs *Grecs* avoient coutume de leur faire à leur avenement au Trône, à sçavoir un bâton Pastoral de vermeil, un cheval blanc, & quatre cents ducats d'or. Il laissa au Clergé *Grec* en général certains revenus pour l'entretien, & la subsistance des Prêtres, qui les sacrifierent insensiblement à leur inconstance, à leur jalousie, & à leur ambition particuliere. Les premiers Patriarches furent bientôt suplantez par des Metropolitains, & autres Ecclesiastiques leurs rivaux. Ces derniers envoyerent leurs amis à la *Porte* avec des presens, & avec des offres de se contenter, pour remplir les places de l'Eglise, de beaucoup moins qu'elle ne donnoit à ceux qui les avoient. Ils lui représentoient, par exemple, que le Docteur *Demetrius*, Patriarche de *Constantinople*, avoit tant en revenus, & ne pensoit qu'à bien boire, & à bien manger; que le Docteur *Georgius*, homme sobre, & fort aimé du peuple, rempliroit ce poste pour tant de moins. Ils firent les mêmes representations à l'égard des autres dignitez ecclesiastiques. Surquoi la *Porte* qui trouvoit dans ces sortes de propositions un moyen d'épargner son argent, sans violer ses promesses, leur permettoit d'élire celui qui leur plaisoit; & dès que l'élection étoit faite, elle lui donnoit le *Barrat*. Un autre faisant entendre ensuite sous main, qu'il se contenteroit encore de moins, il l'obtenoit. En un mot, par ces rabais faits à l'envi l'un de l'autre, ils sont parvenus jusques là que l'on a mis à l'enchere cette dignité; de sorte que ce n'est plus qu'en offrant au dessus des autres à la *Porte*, qu'on l'obtient aujourdhui. Voici comme j'ai vû pratiquer cette *Simonie*. Un *Caloieros* qui aspire au Patriarchat, ou qui veut succeder à un Patriarche mort, ou en supplanter un vivant, emprunte sur ces revenus futurs, une somme d'argent d'un *Juif*, ou de quelque marchant *Grec*, & cela à un gros interêt. Il en donne une partie à tels, ou tels *Metropolitains*, ou Evêques qui ont le plus de credit, pour les engager à chercher dans le Patriarche regnant, des defauts, & des sujets de plaintes, qui le rendent indigne d'occuper plus long-tems le Trône Patriarchal. Ceux-ci qui ont toujours quelque grief de prêt, portent leurs plaintes à la *Porte* contre sa conduite, sous pretexte du pretendu mecontentement general qu'elle cause au Clergé & aux seculiers. Alors ils lui en proposent un autre qui est le *Caloieros* de leur choix, à qui ils attribuent toutes les perfections qu'ils ôtent à celui qu'ils veulent supplanter. Et pour donner un poids infaillible à la vocation de ce Candidat, on l'accompagne d'une bonne somme d'argent; ce qui ayant fait pancher la balance de la *Porte* en sa faveur, elle lui donne la *Barrat* ou bulle d'investiture. Le nouvel Elû reçoit ce *Barrat* du *Visir*. Il va pour cela prendre audience de ce premier ministre, accompagné des Metropolitains, Evêques, ou Archiprêtres, & autres Ecclesiastiques qui ont contribué à sa promotion par leurs suffrages, ou par d'autres moiens. Il reçoit le *Caffetan* selon la coutume, aussi bien que toute sa suite, avec le *Barrat*, qui est une espece de *Bulle*, ou de provision. Après quoi il va à l'Eglise Patriarchale, precedé d'une Compagnie de *Janissaires*, d'un *Capigi*, de deux *Chiaoux* & suivi de ses partisans.

1704.
CHAP.
XVII.

En arrivant à la *Porte*, on fait la lecture du *Barrat*, qui ordonne à toutes les Eglises de la jurisdiction du Patriarchat de le reconnoître pour duement élû, & inftalé dans cette place par la sublime *Porte*, de lui obeir comme à leur Chef & de lui payer les droits, & autres revenus necessaires à son entretien, & pour soutenir sa dignité. Ensuite il est conduit au Trône, en donnant par le chemin sa benediction à tous les *Grecs* qui se presentent devant ses yeux. Les *Janissaires* attendent à la porte qu'il sorte, pour le conduire à la maison Patriarchale dont il prend possession. Il leur donne le *Bacchese* ou present ordinaire, & ils s'en retournent chez eux. Ce fut *Mehemet* II. qui confirma aux *Grecs* une ancienne coutume, dont j'ai parlé dans l'article de *Scio*, qui est de boire, de s'enyvrer, de chanter à gorge deployée, & de danser le soir dans les rues pendant les fêtes de *Pâques*, dans toutes les Villes, & villages de l'Empire, dont leurs anciens Empereurs étoient autrefois les maîtres. L'Histoire *Turque* raconte de cet Empereur, qu'il se rendit maître de deux Empires, à sçavoir de ceux de *Constantinople* & de *Trebifonde* & de douze Royaumes, & elle raporte d'*Amurat* I. qu'il gagna trente-sept batailles.

Rejouissances & illuminations pour la naissance d'une fille du Grand Seigneur.

Vers le milieu de Juillet une *Sultane* étant accouchée d'une fille, on fit à cette occasion de grandes réjouissances. Il y eut pendant trois jours un grand nombre de ces illuminations qu'on appelle *Donanmas*, sur les *Mosquées*, comme au *Ramazan*, quoiqu'avec des figures & des devises de feu differentes.

Un vieux *Renegat Marseillois*, nommé *Ali-Pacha*, grand projetteur, se distingua par des feux d'artifices aussi curieux qu'extraordinaires, & qui plurent beaucoup aux yeux des *Turcs*. C'étoient des Châteaux flottans, pour ainsi dire, sur le *Golfe*, que forme la Mer entre *Constantinople*, *Gallata* & *Cassum-Pacha* : ils avoient pour fondemens des radeaux. Ils tirerent à l'entrée de la nuit leurs Canons, d'où sortoient quantité de fusées, qui formoient en l'air diverses figures fort curieuses. Mais cette Fête fut un peu troublée par la nouvelle qu'on reçut avant la troisieme nuit, que de vingt Galeres qui avoient été envoyées au détroit de *Taman*, pour les Fortifications d'*Tenicalé*, qui est vis-a-vis, il en avoit peri neuf avec près de huit mille hommes, tant des Soldats & des Esclaves que de l'équipage. On ne laissa pas de continuer les réjouissances.

Le *Renegat* dont il s'agit ici, étoit intrigant, & se mêloit de beaucoup plus de choses qu'il n'en entendoit naturellement. Mais il avoit une vaste imagination. On prétendoit qu'il étoit redevable, sinon des Châteaux flottans, au moins des feux d'artifices, au prétendu Baron *Van Her*, ensuite de *Villiers*, dont j'ai parlé dans ma Digression Historique, & qu'il lui avoit aidé dans l'execution de ceux que ce *François*, encore masqué, inventa pour la fête que donna Mr. le Chevalier *Trumball*, Ambassadeur d'*Angleterre*, au sujet de la naissance du *Prince* qui prend le titre de Roi de la *Grande Bretagne*, & qui est appellé par les amis de celui qui l'est actuellement & réellement, Chevalier de *St. George*.

Cette Fête, selon l'aveu general des personnes de ce tems-là, qui me l'ont racontée, étoit une des plus magnifiques que les *Francs* ayent donnée en *Turquie* au Public. Outre les feux d'artifices du prétendu Baron, deux Fontaines de vin coulerent aux côtez de la porte du Palais

lais pour ceux qui vouloient boire, depuis midi jusques bien avant dans la nuit, & du Caffé pour tous les *Turcs*; outre un bœuf roti avec un gros mouton, tout farci de differentes volailles dans son ventre, pour quiconque en vouloit manger: ce qui passa pour un *Corban* ou Sacrifice chez les *Turcs*, par le rapport qu'ils lui trouvoient avec les bœufs & les moutons qu'ils font tuer pour les pauvres.

1704. CHAP. XVII.

Au commencement de Septembre le *Visir Hassane-Pacha* fut déposé, & fait *Pacha* de *Nicomedie*, poste qu'il préferoit, disoit-on, à cette dignité, comme moins dangereux. On ajoûtoit même, qu'étant fort aimé de la *Sultane*, Sœur (*a*) du *Grand Seigneur*, elle avoit demandé & obtenu la permission de le suivre à ce Gouvernement, qui n'étoit pas audelà de la distance prescrite par la coutume de l'Empire, à l'égard des Princesses du sang, qui n'ont gueres plus de liberté de s'éloigner de la *Porte*, que les Princes.

Nouveau Visir en la place d'Hassane Pacha.

Un nommé *Calaïcos Achmet Pacha*, fils d'étameur, comme son surnom le témoigne, lequel avoit été transferé quelque tems auparavant du Gouvernement de *Trapesund* à celui de *Canée*, & qui se trouvoit à *Constantinople* par ordre du *Sultan*, fut fait *Visir* en sa place. Ce nouveau *Visir* reforma d'abord quantité d'abus. Mais dès le lendemain au soir il troubla une Fête que donnoit Mr. de *Feriol* au sujet de la naissance du Duc de *Bretagne*, premier fils du Duc de *Bourgogne*. Le matin fut employé tranquilement à la dévotion. L'Evêque *Latin* celebra une Messe haute dans la Chapelle du Palais de *France*, & on y chanta le *Te Deum*, en actions de grace. Mr. l'Ambassadeur de *Venise* s'y trouva, aussi bien qu'à un magnifique repas qui suivit le Service Divin. On servit quatre grandes Tables, couvertes de tout ce que le Païs produisoit de plus délicieux, & de toutes sortes de Confitures. Leurs Excellences, l'Evêque & les personnes du premier rang des deux Nations, soit Seculieres ou Ecclesiastiques, mangerent à la premiere; les *Franciscains*, les *Dominicains*, & les *Jesuites* étoient à la seconde; les Marchands avec quantité d'Officiers des deux Cours à la troisieme; les Artisans, comme Orfevres & Horlogers tant *Genevois* que *François*, & autres personnes protegées, à la quatrieme. Le repas fut des plus splendides, & on y but toutes sortes de vins du Païs, & des meilleurs de *France*, outre le Rossolis & le Ratafia & autres liqueurs. En un mot tout étoit digne de la magnificence & de la generosité naturelle de Monsieur de *Feriol*, qui a fait une parfaitement belle figure en *Turquie*, jusques là qu'il avoit des Comediens *François* & *Italiens*. Les Fontaines de vin pour le Peuple *Chrétien*, & du Caffé pour les *Mahometans*, ne manquoient pas aux avenuës du Palais.

Fête à l'occasion de la naissance du Duc de Bretagne troublée par le Visir.

On tiroit des pierriers & des boêtes, à chaque santé. Ces salves avoient duré jusqu'après quatre heures, lorsque *Mauro-Cordato* s'y rendit de la part du *Visir*, avec ordre de dire à Mr. de *Feriol*
„ qu'il eût à cesser de faire tirer, à cause qu'il y avoit des *Sultanes* en-
„ ceintes que ce bruit pouvoit incommoder; mais il n'en reçut point
„ d'autre reponse, sinon que les coups de canon que tiroient tous les
„ jours dans le Port les Vaisseaux, en faisoient incomparablement da-
„ vantage, & devoient par consequent beaucoup plus les incommoder

Tome I. Aaa que

(*a*) Cette Princesse a tant aimé ce *Pacha* qu'elle n'en a jamais voulu être séparé, ni prendre un autre Mari après sa mort, arrivée à ce qu'on m'a écrit, en 1718.

„ que ne pouvoient faire les petites pieces qu'il faisoit tirer dans son
„ Palais. " *Mauro-Cordato* ayant repliqué qu'il fouhaitoit que la repon-
fe de *Son Excellence* qu'il alloit rendre au *Vifir*, pût le fatisfaire, fe retira fans autre inftance.

On tira encore quelques coups, lorfque l'on fe leva de table; après
quoi on commença un Bal, où fe diftinguerent un Gentilhomme *François*, nommé M. de *Marigny*, & Me. fon époufe, qui par fa politeffe
& fes manieres engageantes meritoit bien la qualité qu'elle avoit de
Reine de ce Bal. Enfin tout fe paffa le plus agréablement du monde
jufqu'à l'entrée de la nuit que l'on alluma un prodigieux nombre de
lampions, que l'on avoit arrangez dans un très bel ordre, non feulement fur le Palais, mais auffi fur les arbres qui bordoient les Allées
du Jardin. Ces illuminations, jointes à un grand nombre de fufées
faifoient un très beau fpectacle, & prolongeoient, pour ainfi dire, le
jour aux environs; mais foit que quelques coups qu'on tira encore a-
près le depart de Mr. *Mauro-Cordato* euffent parû autant de marques
de mepris pour les ordres du *Vifir*, ou que ces illuminations lui cho-
quaffent la vue; il détacha le *Boftangi-Bachi* avec main forte pour é-
teindre les lampions & faire ceffer tous les feux d'artifice. Celui-ci ayant
fait pofter fes gens aux portes du Palais de *France*, fit appeller le premier Intérprête, à qui il dit d'avertir Mr. l'Ambaffadeur de faire é-
teindre fes lampions. L'Interprête alla trouver Son Excellence qui étoit
dans la fale du Bal avec Mr. l'Ambaffadeur de *Venife*, & lui ayant dit
à l'oreille la Commiffion du *Boftangi-Bachi*, Mr. l'Ambaffadeur répondit tout haut, „ Quoi! on me cherche encore une nouvelle chica-
„ ne fur mes illuminations qui ne font aucun bruit, après avoir don-
„ né fatisfaction fur mes pierriers. Allez dire au *Boftangi-Bachi*, que
„ ces lampions ne peuvent incommoder les *Sultanes*; & que je veux
„ qu'ils brulent tant qu'il y aura de l'huile, & que s'il entreprend de
„ les venir éteindre, j'oppoferai la force à la force. " En même tems
Son Excellence ordonna à fes gens de fe faifir de toutes les armes
qui fe trouveroient dans le Palais, jufqu'aux broches de la cuifine, &
d'en armer autant de monde qu'ils pourroient; de fermer les portes
au nez du *Boftangi-Bachi*, & de lui en difputer l'entrée. L'Ambaffadeur de *Venife* lui repréfenta en vain, qu'il n'y avoit rien à gagner à
fe piquer d'honneur avec les *Turcs*, & qu'en fa place il ne voudroit
pas les irriter: après quoi il fe retira fous pretexte d'affaires. L'Interprête alla porter au *Boftangi-Bachi* cette réponfe, mais en l'accommodant de maniere que cela fufpendit l'effet de la menace. Mais
quelques-uns de fes gens lui ayant rapporté qu'on avoit fermé les portes, & voyant qu'on n'éteignoit aucun lampion, il envoya ordre au *Topidgi-Bachi* de le venir joindre, & d'amener avec lui une centaine de
fes gens, & deux petites pieces de Canon, pour forcer la porte du
Palais de *France* du côté du jardin, pendant qu'il iroit avec les fiens
enfoncer celle de la ruë. Cependant les plus prudens d'entre ceux
qui étoient dans le Palais, ne prévoyant que de fâcheufes fuites de la
refolution de Son Excellence, trouverent à propos de l'amufer dans
la fale du Bal, en lui difant, que le *Boftangi-Bachi* s'étoit retiré, &
de faire éteindre petit à petit les lampions, fans qu'il s'en apperçut, ou
en lui laiffant penfer, en cas qu'il fortit & s'en apperçut, qu'ils s'éteignoient d'elles-mêmes. L'Interprête qui en avoit donné le Confeil

CONSTANTINOPLE, &c. 371

en sortant, assura en même tems le *Bostangi-Bachi* & le *Topidgi-Bachi*, qui vint bien-tôt après, que Son Excellence avoit donné les ordres pour que l'on éteignît les lampions, & il leur fit remarquer qu'on commençoit actuellement. En effet on éteignoit déja ceux de l'Orangerie, & on en fit bientôt autant à ceux du Palais qui regardoient le *Serail*, ce qui satisfit les *Turcs*. Avant dix heures du soir, que tout le monde se retira, il n'y en avoit plus d'allumez. Enfin on ménagea la chose si adroitement, que Mr. de *Feriol* a toûjours crû qu'ils avoient brulé jusqu'à la consommation entiere de l'huile.

1704.
CHAP.
XVIII.

Ce ne fut pas là la seule mortification que le *Visir* tâcha de donner à Mr. de *Feriol*; & peu de tems après, il redemanda le Patriarche *Avedic* à ce Ministre, sur ce que quelques *Armeniens*, Anti-Catholiques, lui avoient rapporté que c'étoit Son Excellence qui l'avoit fait enlever, comme je l'ai déja dit. Cependant ils n'en avoient d'autres preuves que des ouï-dires, ou conjectures fondées sur ce que cet *Avedic* avoit paru traverser les conversions des *Jesuites*. Le *Visir* menaça même de faire enfermer le Superieur de ces Peres, jusqu'à ce que ce Patriarche eût été rendu. Mais soit que les informations des *Armeniens* fussent trop incertaines, ou même contradictoires, les uns voulant qu'il eût été noyé, les autres prétendant qu'on l'avoit enfermé dans les prisons de l'*Inquisition*, & depuis dans les *Bagnos* de *Marseille*; soit que l'éloquence des Interprêtes, appuyée d'ailleurs par quelques sommes d'argent, l'emportât sur la validité des plaintes du *Visir*, celui-ci se desista de sa demande, & s'en tint à la menace sans l'executer.

Autre mortification que le *Visir* veut faire à Mr. de *Feriol*.

Peu de jours après, les *Armeniens* ayant fait de nouvelles plaintes contre les *Jesuites*, qu'ils appelloient *Perturbateurs des fidelles sujets de la Porte*, & contre un Provençal nommé *Salomon*, qui, à ce qu'on prétendoit, imprimoit à *Pera*, sous la protection de l'Ambassadeur, des Livres seditieux en *Armenien*, lesquels tendoient à les debaucher, à & les soustraire à l'obéissance de leurs Superieurs, tant Spirituels que Temporels, l'orage fondit sur la tête de cet Imprimeur, & sur celles des nouveaux Convertis. Pour cet effet, le *Visir* fit poster des Gardes dans le voisinage de ces Peres, pour arrêter tous les *Armeniens* qui y entreroient, ou qui en sortiroient, & les conduire en prison aux *Bagnos*. Cela fut ponctuellement executé, & ceux qui furent pris ne rachetterent leur liberté qu'en payant une amende, pour la premiere fois. L'Imprimeur fut obligé de fermer sa boutique, après quoi il disparut, & demeura caché jusqu'à la nomination d'un autre *Visir*. Il eut auparavant la précaution de mettre en lieu de sureté ses outils, ses caracteres & ses Presses.

Sur ces entrefaites nous reçumes la nouvelle de la fameuse Bataille de (*a*) *Hochstet*, qui sauva l'Empire. Nous aprimes aussi, qu'un Jesuite de *Vienne* ayant prêché sur cette Victoire, & l'ayant attribuée non seulement aux prieres de la pieuse Maison d'*Autriche*, mais aussi à son zele pour l'extirpation de l'Heresie dans ses Etats, Mrs. *Steptney*, & *Bruyninx*, Ministres d'*Angleterre* & de *Hollande*, qui avoient été invitez à ce Sermon, regardant ces termes d'*extirpation de l'Heresie*, comme un affront qu'on faisoit à leur Religion, & sachant d'ailleurs la part que les armes des Puissances qu'ils representoient, avoient à cette Victoire, sortirent de l'Assemblée, & se plaignirent le soir même

Tome I. Aaa 2

(*a*) Voyez dans l'*Appendix* No. II. un Mémoire là-dessus à *Louis XIV.*

1704.
Chap.
XVII.

Envoyé de Pologne, grand buveur, & Prêtre Hongrois qui buvoit encore plus.

me de l'Orateur; que là-dessus la Cour de *Vienne* le bannit; mais que ce bannissement n'étoit autre chose qu'un ordre doux, qui enjoignoit à ce Prédicateur de passer dans un autre Couvent, dans l'*Autriche*.

Au mois de Mars, un Envoyé du Roi *Auguste* de *Pologne*, ayant apporté une Lettre de félicitation au *Grand Seigneur*, sur son avenement au Trône, on lui donna un honorable *Thaine* avec une maison bien meublée à la *Turque*. Cet Envoyé fut traité d'abord avec bien des égards, mais aimant non seulement fort à boire lui-même, mais à faire boire les autres, & ayant enivré quelques *Janissaires* qu'on lui avoit donnez pour sa garde *ad honores*, ceux-ci en qui le vin produisit un effet contraire à la gayeté qu'il inspire ordinairement, commirent quelque desordre, ce qui étant allé jusqu'aux oreilles du *Visir*, il les lui ôta & lui en envoya d'autres d'une sobrieté conforme à la rigueur de la Loi, à cet égard, avec un *Aga*, qui lui déclara en même tems, ,, que si on apprenoit qu'il offrît dorenavant du vin à au-,, cun *Mahometan*, on lui retrancheroit le *Thaine*. " Comme j'étois present, lors que cela lui fut signifié, je pris la liberté de l'avertir de ne pas mépriser cette menace, mais de promettre au contraire qu'il se conformeroit à cet ordre. Il suivit mon avis quant aux *Turcs*, mais à sa table, il sembloit qu'il voulût se dedommager de la gêne qu'on lui imposoit, en exerçant avec plus de rigueur son *despotisme Bachique* sur les *Chrétiens*, qu'il retenoit à manger. Le Comte R—y, Hongrois de Nation, & qui s'étoit fait *Franciscain*, & qui étoit Chapélain du *Baile*, disoit, pour cet Envoyé qui n'en avoit point, la Messe tous les Dimanches chez lui, & s'enivroit aussi avec lui tous les jours très regulierement. Ce Prêtre buvoit plus seul que trois autres, de sorte que la definition de *Presbiter, præ aliis bibens ter*, *buvant trois fois plus que les autres*, lui convenoit parfaitement. Dès que la nape étoit levée, l'Envoyé se faisoit remplir un grand vase, contenant près d'un pot, & l'ayant vuidé, le faisoit remplir de même pour le *Franciscain*, qui le vuidoit trois fois de suite. Tout le monde étoit obligé de le boire, au moins une fois à la ronde, & quelques-uns imitoient comme par émulation le *Franciscain*. Après ces ceremonies, on renvoyoit les Domestiques, qui auparavant mettoient sur la table un petit baril du meilleur vin, d'environ vingt ou vingt-cinq pots, avec des verres; & on ne laissoit sortir personne que ce baril ne fût mis à sec. Un jour que je voulus me retirer après la grande rasade, sous prétexte de quelque nécessité naturelle, le Portier m'arrêta & m'obligea d'aller rejoindre la Compagnie; mais je déclarai à l'Envoyé avant que de le quiter, que s'il m'ôtoit ainsi la liberté *Angloise*, dont je faisois profession, je ne me trouverois de ma vie à sa table; que je pouvois quelquefois boire autant qu'un autre, excepté le Prêtre s'entend, mais qu'il falloit que je le fisse volontairement & librement. Sur quoi il me protesta que je serois aussi libre que je voudrois dans la suite, & en avertit même le Portier en ma presence. Pour ce qui est du Moine, il ne protesta jamais contre aucune rasade, quelque ample & quelque réiterée qu'elle pût être, & ne parloit de Religion qu'à l'Autel, où il avoit soin d'avoir un grand Calice. Cet horrible buveur n'étoit guere dévot, & je lui ai entendu pousser quelquefois contre le *Christianisme* l'impieté fort loin. Voici ce que j'ai apris de son Histoire.

Il

CONSTANTINOPLE, &c.

,, Il commandoit quelques Troupes des Mecontens de *Hongrie* dans 1704.
,, la guerre qui fut terminée par la Paix de *Carlowitz.* Comme il CHAP.
,, avoit dissipé par ses debauches tout son bien, il se jetta dans un XVII.
,, Couvent de *Franciscains*, où il prit l'habit peu de tems après; & comme il
,, sçavoit assez de *Latin*, il se fit donner l'ordre de Pretrise. Mais ses incli- Histoire de
,, nations libertines l'ayant suivi dans le Couvent, il ajoutoit à l'amour ce Prêtre.
,, du vin celui des femmes, & cela si publiquement qu'il fut obligé
,, de changer de Couvent ; quoi qu'en consideration de sa famille, on
,, lui passât bien des extravagances. Un jour qu'il se trouvoit dans un
,, de ceux de *Venise*, où il commençoit à scandaliser l'Ordre, comme
,, il avoit fait ailleurs, le Superieur lui dit qu'il devoit mener une vie
,, plus reguliere, ou se retirer. Comme cela se passa justement dans
,, le tems que Monsieur *Justiniani* fut nommé *Baile* de la Republique
,, à la *Porte*, il le pria de l'y mener avec lui en qualité de Chapelain. Le
,, *Baile* le prit, mais il se lassa bientôt de lui, & au lieu de s'en servir,
,, dans la qualité pour laquelle il l'avoit pris, il alloit ordinairement en-
,, tendre la Messe, les fêtes & les dimanches, chez les Peres *Italiens*
,, de la Terre sainte à *Pera*; ou bien il faisoit venir quelqu'un de ces
,, Peres qui la lui disoit dans son Palais. L'Envoyé de *Pologne* étant
,, arrivé sur ces entrefaites, le *Baile* lui ceda volontiers ce Moine : il y
,, étoit presque nuit jour, & y dormoit souvent sur son *Sopha*. Mais
,, peu de tems après, cet Envoyé qui s'étoit vu reduit à payer quel-
,, ques-uns de ses creanciers avec les *Sophas* que les *Turcs* lui avoient
,, donnez pour ameublemens, selon la coutume, ayant été obligé de par-
,, tir, ce qui arriva, je crois, au mois d'Aout, ce Prêtre attacha un
,, matin son froc à un clou, sur la porte de la Chambre qu'il avoit chez
,, le *Baile*, avec cette Inscription, *lo lascio a chi vorra portar-lo*: je le
,, laisse à qui le voudra porter ; & s'alla faire circoncire. Mais comme
,, il se lassa bientôt de la gêne où la Religion *Turque* le mettoit à l'égard
,, du vin & des femmes, dont il ne pouvoit user publiquement & de
,, la maniere qu'il étoit accoutumé de faire, il alla, dit-on, en *Hongrie*
,, trouver le Prince *Ragotsky*, qui s'étoit mis, comme j'ai dit ailleurs,
,, à la tête des Mécontens, & dans la derniere guerre entre la *France* & les
,, *Alliez*, sans lui dire apparemment rien de sa circoncision. On ajoute
,, qu'il lui offrit ses services spirituels, que ce Prince accepta.

Au mois d'Avril, une *Sultane* ayant donné un fils au *Grand Seigneur*, on fit d'aussi grandes rejouissances & des illuminations aussi belles, qu'il y en avoit eu à la naissance de sa fille, mais avec cette difference, qu'elles ne furent point troublées par aucun contretemps, comme cela étoit arrivé aux premieres. Le fille fut mariée environ quatre ans après, comme j'ai dit, au *Visir Ali-Pacha Cumurgi*, qui n'a jamais eu le *Topouze*.

Un *Renegat* de *Marseille*, appellé par les *Turcs*, *Aptraman-Pacha*, & par les *François*, *fils de la bouchere de Marseille*, fut fait *Capitan-Pacha* en la place de *Mehemet* élevé à la dignité de grand *Visir*. Pendant que cela se passoit, le Prince *Tekely* étoit fort inquiet de se voir negligé tant par la *France* que par la *Porte*, & de ce que les Mecontens l'avoient comme oublié, & venoient de proclamer le Prince *Ragotsky* Prince de *Transilvanie*. Il écrivit là-dessus à la Cour de *France*, pour la faire souvenir du sacrifice qu'il lui avoit fait, & la prier au moins de solliciter à la *Porte* son rappel à *Constantinople* du lieu de son exil ; ou la liberté de se

374 VOYAGES D'A. D. L. M.

1704.
CHAP.
XVII.
Entrevues des Jesuites & du Prince Tékely.

retirer en *Chrétienté*. Pour cet effet il demandoit une penfion à la premiere, comme cela a paru dans la fuite.

Les *Jefuites*, & fur tout le Pere *Branconnier* leur Supérieur à *Gallata*, faifoient divers voyages à *Nicomedie*, ou plûtôt au *Champ des fleurs*, où demeuroit ce Prince. Quelques-uns regardoient les vifites qu'ils lui faifoient comme un manteau dont ils fe fervoient pour cacher les converfions qu'ils faifoient parmi les *Armeniens*, d'autant plus que la Princeffe étant morte, & n'y ayant plus qu'un ou deux Domeftiques de fa Religion, ils avoient lieu de fe flater qu'on ne les foupconneroit gueres de ce coté là. D'autres croyoient que ces Peres, non moins habiles dans le temporel que dans le fpirituel, exécutoient quelque Commiffion fecrete de la Cour de *France*, ou de fon Ambaffadeur, auprès de lui, par rapport aux affaires de *Hongrie*, defquelles Son Excellence ne vouloit pas paroître fe mêler, de peur de donner quelque ombrage à la *Porte*. Mais la fuite decouvrit bientôt que ces vifites avoient pour unique objet fa converfion au *Catholicifme*, & que le Pere *Branconnier* lui devoit procurer une penfion de la Cour à cette condition.

Eloge d'Alexandre Mauro Cordato Scarlati.

En ce tems-là, Mr. *Nicolas Mauro-Cordato*, qui faifoit fouvent la fonction de premier Interprête de la *Porte*, en la place de fon Pere, *Alexandre Mauro-Cordato* (*a*) alors fort incommodé de la goute, me pria de le fortifier dans la Langue *Françoife*, dont il avoit déja apris quelque chofe d'un *Jefuite*. Je lui donnai quatre heures en deux jours par femaine. C'eft une chofe prefque incomprehenfible que le progrès qu'il y faifoit, malgré fes autres occupations & fur tout fes études dans l'*Arabe* & dans le *Grec* litteral, qu'il poffede maintenant en perfection. Je remarquai que le *Latin* qui lui avoit été d'un grand fecours dans l'*Italien*, ne lui fervoit pas peu dans le *François*. Cette remarque me fit naître l'envie de compofer un petit Traité en *Latin*, que je pourrai un jour publier, pour faire voir combien cette même Langue peut contribuer à faire aprendre facilement ces deux autres, & même l'*Efpagnol*. Je n'ai jamais vu d'homme qui eût une memoire fi vafte & fi heureufe que lui; ce qui faifoit que fon Pere l'appelloit quelquefois *fa Bibliotheque*, comme Mr. *Euftaffe* me raconta à *Port-Royal des Champs*, que l'Abbeffe de *St. Cyran* appelloit un de fes Neveux. Il affuroit même qu'il pouvoit hardiment citer & écrire fur fa parole les paffages, les pages & verfets, dont il avoit befoin, fans fe donner ni l'un ni l'autre la peine de les chercher dans quelque Auteur que ce fût, foit *Latin*, *Italien*, *Arabe* ou *Grec* &c. Enfin, Meffieurs *Mauro-Cordato*, Pere & Fils, font une exception remarquable à ce que j'ai dit ailleurs de l'ignorance des *Grecs*. Je n'ai pourtant garde d'affurer qu'il n'y en ait point d'autres d'entr'eux qui foient dans le même cas. J'en ai connu quelques-uns qui ne meritoient pas le nom d'ignorans, mais ils étoient en petit nombre, & la plûpart étoient de ceux que l'*Angleterre* ou la *France* ont fait élever par charité.

Deffaite des Hongrois.

Au commencement de Mai, le Refident de l'*Empereur* communiqua à la *Porte* & aux Ambaffadeurs de *Hollande*, la nouvelle de la défaite prefque entiere du gros de l'Armée des *Hongrois*, où Mr.

de

(*a*) Mr. *Alexandre Mauro-Cordato Scarlati*, connu dans la République des Lettres par fes études à *Padoue*, & par fes favants Ecrits, étoit non feulement premier Interprête de la *Porte*, mais quoi que *Chrétien Grec*, & fujet de la *Porte*, il fut fait fon Confeiller & Plenipotentiaire à *Carlowits*; ce dont on n'a point d'exemple entre les *Turcs*, qui n'admettent pas même un Soldat *Chrétien* dans leurs nombreufes Armées.

CONSTANTINOPLE, &c.

de *Fierville*, qui commandoit une brigade de Troupes étrangeres au service du Prince *Ragotski*, fut fait prisonnier. Mr. *Desalleurs* étoit pour lors en chemin, avec un quartier des subsides que la *France* accordoit à ce Prince, pour lui aider à suporter les dépenses de la guerre. Il devoit rester auprès de lui, en la double qualité de Ministre & de Commandant en Chef de ces Troupes étrangeres, à peu près sur le même pied que Mr. de *Feriol* dans la guerre précedente. Ces Troupes étrangeres tenant seules ferme, selon leur coutume, y souffrirent le plus; car pour les *Hongroises*, elles firent voir qu'elles ne sont bonnes qu'aux courses & au pillage, & qu'elles cherchent pour l'ordinaire leur salut dans l'agilité de leurs chevaux. Le Prince & le Comte *Berezini* leur donnerent l'exemple de cette fuite, comme avoit fait souvent en pareilles occasions le Comte *Tekely*, selon que quelques-uns de ses gens me l'ont raconté. Ils ne faisoient pas même scrupule de le comparer au lievre & au cerf, animaux connus par leur timidité & leur vitesse. Heureusement pour Mr. *Desalleurs*, & pour l'argent qu'il portoit, il s'arrêta pendant quelques jours à *Belgrade*, je ne sai sous quel prétexte, & il n'étoit avancé qu'à *Temiswar*, quand il aprit cet échec.

1704. CHAP. XVII.

La Cour de *France*, informée de la conduite des *Hongrois*, tant dans cette occasion que dans les autres, lui ordonna de n'en venir aux mains avec les Troupes reglées de l'Empereur que dans la derniere extremité, & de tâcher de les detruire en détail, en les harassant par des Camps-volans, & de donner ce Conseil au Prince *Ragotsky*, ses *Hongrois* étant fort propres à cela; en un mot d'imiter la conduite de *Fabius Cunctator* à l'égard d'*Hannibal*.

Vers la fin du même mois *Chiourlouli Ali-Pacha Berber Oglou*, fils du Barbier de *Chiourlou*, fut fait *Visir*, & une des femmes du *Grand Seigneur* accoucha d'un fils dont la naissance fut celebrée par des rejouissances semblables à celles que nous avons déja rapporté que l'on fit en pareille occasion.

Vers le milieu du même mois le *Grand Seigneur* alla avec une partie de sa Cour & de son *Harem*, prendre l'air & jouir de la belle saison au village de *Belgrade*. Ses tentes étoient placées près d'un reservoir d'eaux, appellé *Validé-Kiosk*, à cause d'un beau *Kiosk* bâti par l'Imperatrice Douairiere, qui est sur le bord de ce bassin. Ce *Kiosk* est de bois, & ouvert de tous côtez, avec une estrade pour un *Sopha*. Le *Sultan* ne pensoit qu'aux plaisirs que la saison & le lieu, qui est des plus agréables, inspiroient, pendant que divers *Janissaires* & *Spahis*, irritez de ce qu'il avoit fait étrangler & jetter dans la mer quantité de leurs Camarades, sur ce qu'*Ali-Pacha* son favori devenu *Visir*, les lui avoit depeints comme ceux qui avoient eu le plus de part à la deposition de *Sultan Mustapha*, son frere, & cela parce qu'apparemment Sa *Hautesse* les croyoit capable de la traiter de même, prirent l'occasion de son absence pour lui faire éprouver ce qu'il craignoit. Ils s'assemblerent dans la place d'*Etmeydan* au nombre de quelques milles, resolus de se saisir du grand *Serail* & d'élever au Trône son Cousin *Ibrahim*. Leur nombre s'étoit deja accru jusqu'à 15000, lors que le *Visir*, qui en fut informé à tems, depecha son *Kiaia* à Sa *Hautesse* pour l'inviter à se rendre au grand *Serail*, pendant qu'il assembla un assez grand nombre de Troupes fideles, non seulement pour faire tête aux Mécontens,

Le Grand Seigneur court risque d'être déposé.

mais

mais même pour les detruire, s'ils ofoient en venir aux mains. Le *Serail* étoit d'un autre coté foigneufement gardé par les *Boſtangis*, & le *Grand Seigneur*, informé de ce qui fe paſſoit, s'y rendit avec la derniere diligence. Mais ceux-ci ne virent pas plûtôt leur deſſein decouvert, & le *Janiſſair-Aga* avec vingt milles hommes s'avancer vers eux, qu'ils fe difperferent d'eux-mêmes, & avec tant de precipitation qu'il n'y en eut pas plus de 50 depris, dont les plus confiderables étoient un certain *Aſſan Effendy*, un *Mulla Nazgir-Aga* qui avoit été Intendant des eaux, un *Cady* de *Gallata*; tous demis de leurs emplois, & qui furent decapitez fur le champ.

Faux bruit fur le changement du Prince Tokely.

Au mois d'Août le motif des vifites des Reverends Peres *Jefuites* au Prince *Tekely*, devint public à *Conſtantinople*, après avoir été publié auparavant en *France* par le Reverend Pere *Branconnier* qui y avoit fait un tour. La Gazette de *Vienne* fut pourtant le premier canal par lequel la Renommée nous l'apprit avec ces circonſtances; ſavoir qu'il avoit abjuré le *Lutheraniſme*, & embraſſé le *Catholichiſme* à l'inſtigation de ces Reverends Peres, dont le zele pour la Propagation de la Foi *Catholique* eſt ſi connu. Mais ſoit par modeſtie, ou parce qu'ils n'avoient encore que ſa promeſſe, & même ſous certaines conditions, ils defavouerent ce bruit à ceux qui leur en firent compliment. Ils dirent qu'ils avoient à la verité fait beaucoup de demarches pour cela, & qu'ils avoient quelque lieu de fe flater qu'ils pouroient réuſſir, mais qu'il manquoit à ce grand œuvre l'abjuration formelle de ſon *Hereſie*, pour me ſervir de leurs termes, & que le bruit public avoit encheri ſur ce que leur Superieur pouvoit avoir dit là-deſſus en *Chrétienté*. Tout cela étant venu aux oreilles de ce Prince, il les reprimanda de leur indiſcretion, mais ceux-ci fe tinrent ſur la négative, en difant que c'étoit ſimplement un raport des Gazettes, qui, comme, chacun ſait n'ont nullement le privilége de dire toûjours la vérité. Je ne fçai ce qu'il en crut, mais étant tombé malade le mois ſuivant, & ſentant ſa vie en danger, au lieu d'abjurer le *Lutheraniſme*, il revoqua toutes les promeſſes qu'il leur avoit pu faire là-deſſus, & cela plûtôt par complaiſance pour ſon Secretaire, ſon Chancelier & autres Champions du *Lutheraniſme* & du *Calviniſme*, que par aucun motif de Conſcience, comme quelques-uns me l'ont avoué.

Sa mort.

Etant mort vers la fin de ce mois, Mr. *Commaromi* m'envoya ſa derniere déclaration en *Latin*, me priant de la communiquer aux Chapelains *Anglois* & *Hollandois*, & à tous les Proteſtans de ma connoiſſance, pour diſſiper les bruits injurieux à la memoire de ce Prince, que l'on avoit repandus mal à propos. Voici la Traduction de cette Déclaration.

Sa derniere déclaration.

,, Moi *Emericus Thököly*, Prince de *Hongrie* & de *Tranſilvanie* &c.
,, déclare que j'ai eu avec les *Jefuites* quelques entretiens dans lesquels
,, ils m'ont repréſenté, que mon féjour en *Turquie* ne m'étant pas auſſi
,, honorable qu'il l'auroit pu être ailleurs, & l'entretien de ma Cour
,, ne répondant pas aſſez à ma dignité; & m'ont offert d'employer
,, leur recommandation & leur credit auprès du Roi *Louis XIV*. &
,, du *Pape*, pour les porter à m'accorder des penſions & les autres
,, moyens convenables, pour paſſer tranquillement le reſte de mes jours
,, en *France* & en *Italie*; pourvû que je vouluſſe embraſſer la Religion

„ gion *Catholique Apoſtolique & Romaine*. J'y avois en quelque façon
„ conſenti, & j'avois demandé un ſecours d'argent comptant, & un
„ Vaiſſeau de guerre, pour me tranſporter en l'un ou en l'autre Païs
„ avec ma ſuite. Mais m'appercevant que ces Peres cherchoient à
„ m'amuſer par des promeſſes ſteriles, pour m'engager dès ici dans la
„ profeſſion de leur *Religion*, & ayant apris que ſans m'avoir procuré
„ aucune partie de ma demande, ni même aucune Lettre d'invitation
„ de la part de ces deux Princes, ils ont eu la vanité de publier dans
„ l'*Europe Chrétienne*, que j'avois déja embraſſé cette Religion, j'ai
„ fait le preſent Ecrit, pour proteſter non ſeulement du contraire de-
„ vant Dieu & devant les hommes, mais encore pour revoquer pu-
„ bliquement tous mes engagemens avec eux à ce ſujet, quels qu'ils
„ puiſſent être : engagemens qui deviennent nuls de ma part, par l'inob-
„ ſervation des conditions de la leur ; déclarant que je n'ai jamais changé
„ de Religion, & n'ai aucun deſſein de le faire ; demandant bien ſin-
„ cerement pardon à ſa Divine Majeſté de la foibleſſe dans laquelle
„ mon triſte ſort m'a fait tomber, de leur donner quelque eſperance
„ là-deſſus ; proteſtant de plus que je ſuis fermement réſolu de vivre
„ & de mourir *Catholique, Apoſtolique & Evangelique*, ſelon la Pro-
„ feſſion *Lutherienne*, ce que je confirme de ma main & de mon
„ Sceau ; & veux que les principaux de ma Cour ſignent après moi.
„ Ainſi Dieu me ſoit en aide ! *Signé*,

    EMERICUS THOKOLY, *Princeps* (LS)
    JOAN COMAROMY, *Secretaire*.
    JOANNES BAI, *Chancelier*.
    PIERRE PAPAI, *Conſeiller Privé*.
    SAMUEL SELEUZY, *Maître d'Hôtel*.

Donné en notre Cour du Champ des Fleurs *près de* Nicomedie, *le dixieme de Septembre* 1705.

On enterra ce Prince ſous un noyer avec les ceremonies que les *Proteſtans* obſervent en pareil cas ; & peu après, le Secretaire s'en retourna en *Hongrie* avec le Chancellier & les autres qui étoient au *Champ des fleurs* ; après avoir laiſſé en dépôt au Palais de *France* ſon argenterie & le peu de nippes qui reſtoient à la Princeſſe, & qui devoient tomber entre les mains du Prince *Ragotsky*, l'heritier le plus proche de Leurs Alteſſes. C'eſt au moins ce que me dirent les deux premiers qui logerent chez moi, deux ou trois nuits avant que de quitter *Conſtantinople*.

Le 14. de Decembre le feu prit au *Tershana* à *Conſtantinople*, où les incendies ſont fort fréquens. Le *Tershana* eſt le lieu où ſe range la Flote du *Grand Seigneur*, & où ſont les chantiers à bâtir des Vaiſſeaux & des Galeres. Le *Sultan*, le *Viſir*, & les principaux Officiers de la *Porte* s'y rendirent, ſelon la coutume, afin de donner les ordres neceſſaires pour éteindre le feu. Quelque ennemi du *Capitan-Pacha*, dont j'ai déja parlé, ayant fait remarquer à *Sa Hauteſſe*, que lui qui en vertu de ſa charge devoit y être le premier, n'y étoit pas encore, ſans dire qu'il n'y pouvoit être, vû l'éloignement conſiderable de ſa maiſon ſituée vers *Tedi-Kully* ou les *Sept Tours*, il n'y parut pas plûtôt qu'il fut saisi & étranglé par son ordre. Il étoit natif de *Marseille*, comme j'ai déja dit: c'étoit un des meilleurs hommes de Mer qu'eût la *Porte Ottomane*. Il entendoit parfaitement bien la Navigation & la fabrique des Vaisseaux. Il avoit mis la Flote *Ottomane* sur le meilleur pied où elle eût encore été. Des Vaisseaux s'étant pourris à la quille, avant que d'être achevez, à cause qu'ils étoient de bois verd, il les avoit mis en état d'aller en Mer, en y faisant faire de nouveaux fonds; mais son habileté ne l'empêcha pas d'être la victime de l'envie de quelques Courtisans qui avoient l'oreille du *Sultan*. Bien des gens prétendent, que ce fut le *Selictar-Aga*, *Ali-Pacha Cumurgi*, depuis *Visir*, tué en 1717. à la derniere Bataille de *Belgrade*, qui fit faire au *Grand Seigneur* la remarque fatale dont je viens de parler.

Au commencement de Février, *Rami-Pacha*, le même qui avoit exercé le *Visiriat* sous *Sultan Mustapha*, fut fait *Muphty-Beglerbey*, ou grand Gouverneur d'*Egipte*. Dans ce même tems quelque differend qui étoit survenu entre le *Czar* & le *Han* des *Tartares*, fut ajusté; & ce *Han* ayant été déposé, les *Moscovites* se firent honneur de sa déposition, jusqu'à dire que c'étoit pour avoir encouragé ou favorisé quelques courses sur les Terres de Sa Majesté *Czarienne*.

Vers le fin de Mars, le *Muphty* fut demis de sa dignité, & relegué à *Prousse*, & un certain *Ibrahim Effendy* en fut revêtu en sa place. Au mois d'Avril, le Baron *Papaï* vint à *Constantinople* en qualité d'Envoyé du Prince *Ragotsky*, accompagné du Baron *Horwatz* & d'une suite de huit à dix personnes, tous habillez à la *Hongroise*. Il prit son logement dans une vieille maison de *Ballata*, appellée *Margiar-Saraï* ou *Palais Hongrois* par les *Turcs*, & maison de *Transilvanie* par les *Hongrois*. C'est-là, à ce qu'on dit, que logeoient les Residents des anciens *Vaivodes* de ce nom, lors que cette Principauté relevoit de la *Porte*.

La Cour *Ottomane* ne parut prendre aucun interêt à cet Envoyé, & ne lui donna pas le *Thaine* qu'elle accorde à ceux qu'elle reconnoît pour Ministres publics. Il eut neanmoins quelques entrevues secretes avec le *Visir*, & sur tout avec son *Kiaia*, à qui il fit des presens; mais il fut fort caressé de Monsieur de *Feriol*, & celui-ci n'épargna rien pour porter la *Porte* à profiter du nouveau soulevement des *Hongrois* en faveur du Prince *Ragotsky*, qui offroit de relever d'elle comme Prince de *Transsilvanie*, en cas qu'elle voulût le maintenir dans cette Principauté par un secours d'hommes, & d'argent. Mais tous les mouvemens de l'Ambassadeur furent inutiles, & la Cour *Ottomane* declara qu'elle vouloit s'en tenir à la Paix qu'elle avoit faite avoit l'*Empereur*.

Vers la fin de Juin, Mr. *Guarienti* arriva à *Constantinople* en qualité d'*Internonce* de l'Empereur. Il fut reçu avec les ceremonies ordinaires & logé dans le même Palais que le Comte d'*Ottinghen* avoit eu, & il eut un *Thaine* proportioné au nombre des gens de sa suite.

Pendant que cela se passoit à *Constantinople*, le Roi de *Suede* avoit non seulement obligé par ses armes le Roi de *Pologne* à quitter ce Royaume, mais encore à renoncer par un Traité solemnel à la Couronne, & fait élire en sa place le Palatin de *Posen*, fils de l'Ambassadeur *Lesinsky*, à qui nous avions vu faire la fameuse entrée de 1700 que j'ai rapportée.

Au commencement de Decembre, le Baron *Szalontaï* me communiqua

niqua un Manifeste du Prince *Ragotsky*, & me temoigna beaucoup de joie du succès des armes *Protestantes* en *Hongrie* (pour me servir de son expression) Sur quoi je lui representai que la plupart des Chefs de l'Armée *Hongroise* étoient *Catholiques*, & qu'ainsi il pouvoit bien omettre le terme de *Protestantes*; mais il repondit que le tems viendroit bientôt qu'ils seroient tous bons *Protestans*, & que le Ciel se servoit deja de leurs bras pour la cause de la verité, sans qu'ils la connussent encore; mais qu'il la leur feroit connoître dans le tems marqué dans ses decrets, & que la Providence toujours admirable en ses voyes, conduiroit ainsi le grand œuvre de la Reformation à sa perfection, par le moïen de ses ennemis mêmes, qui en deviendroient ensuite les Protecteurs; ce qui devoit arriver en 1709. selon l'interpretation qu'il faisoit des écritures, ou plûtôt ses visions, comme j'ai deja insinué quelque part. Je lui dis qu'à la bourse près, je craignois qu'il ne rencontrât pas mieux dans ses *Predictions* que dans l'*Alchimie*. Je lui citai de très habiles *Theologiens* qui s'étoient trompez, & qui avoient perdu par là beaucoup de la reputation qu'ils avoient eue dans le monde. Mais malgré tout ce que je pouvois lui dire, il assuroit cela aussi positivement que s'il étoit venu un Exprès du Ciel lui apporter l'infaillibilité. Il ajouta que ces *Theologiens* avoient mal entendu le sens *Prophetique*, & encore plus mal calculé le temps; mais que pour lui il étoit sûr de ne s'être pas trompé; que pour l'*Alchimie*, il étoit encore aussi persuadé de la realité & de la richesse de ses fruits que s'il les avoit recueillis; & que ce n'étoit que le defaut de quelque argent qui l'avoit empeché d'y parvenir.

Il me traitoit de *Pyrronien*, & d'incredule, malgré la peine que je me donnois pour justifier mon opinion, & témoignoit de la compassion pour mon ignorance.

Les Imperiaux aïant defait quelque temps après environ 4000. *Hongrois* près de *Raab*, je lui demandai ce que lui disoit son esprit *Prophetique* là-dessus. Il me repondit que le tems auquel la pureté *Chrétienne* devoit triompher de la superstition, n'étoit pas encore venu. Mais donc, ajoutai-je, ce triomphe coutera cher à ce prix; & à ce compte la Reformation se plantera avec l'épée, comme elle reproche à son ennemie la *Religion Romaine* d'avoir fait. ,, Encore un coup, le tems n'est pas venu, repliqua-t-il avec quelque ,, émotion. Si vous vivez jusqu'à ce qu'il le soit, vous verrez toutes ,, les Nations se réunir pour ainsi dire miraculeusement en une seule, ,, & animées d'un même esprit; si-tôt qu'elles auront reçu d'enhaut le ,, don d'une même Foi; les guerres & les disputes cesseront, mais il ,, y en aura encore de violentes auparavant, quoi que de peu de du-,, rée, & qui ne serviront que de relief au Triomphe de la vérité sur ,, le mensonge & l'imposture. L'Empire du Diable sera détruit à ja-,, mais; les distinctions de *Calviniste*, de *Lutherien*, de *Catholique-,, Romain*, de *Mahometan*, de *Juif*, &c. seront réduites au seul nom ,, de *Chrétien*. " Je lui avouai que c'étoit là un beau dessein; mais objectai-je, si les disputes & les divisions à l'égard de la Religion cessent; si le Ciel fait à toutes les Nations ce riche present d'une même Foi, les Propheties étant toutes expliquées & applanies, il n'y aura plus besoin de Prêtres, ,, Pardonnez-moi, répondit il, mais en moindre ,, nombre, & ce ne sera que pour en rendre graces à Dieu, chanter ,, continuellement ses louanges, benir son nom comme les bien-,, heureux font dans le Ciel. Enfin il me peignit cette union de la Foi comme un avant-goût qu'on auroit sur la Terre du bonheur celeste & éternel. Cette année fournit, comme on voit, peu d'évenemens à *Constantinople*.

Au mois d'Avril de l'année suivante, ce Baron ayant appris les grands progrès que faisoit le Roi de *Suede* en *Pologne*, il accourut de grand matin chez moi, & me les donna pour preuve de ce qu'il m'avoit dit plusieurs fois, que le Ciel avoit choisi ce Heros pour perfectionner le grand œuvre de la *Reformation* que *Gustave Adolfe* n'avoit fait qu'ébaucher. Comme je voyois qu'il concilioit ainsi les évenemens les plus opposez entr'eux, aussi-bien que les Livres Sacrez, en un mot qu'il vouloit absolument que la chose arrivât ainsi qu'il la desiroit, je lui dis que j'attendrois cette Foi Universelle, & qu'il ne devoit pas me blâmer, si je n'avois pas encore reçu un don qui ne dépendoit pas de ma volonté, quelqu'ardente envie que j'eusse de l'avoir; qu'au reste, je ne doutois pas qu'il ne crût ce qu'il me disoit, parce qu'il le souhaitoit. Il alloit aussi débiter ses visions à Mr. *Williams*, mais il ne prenoit pas la peine d'y répondre, & lui témoignoit seulement & assez brusquement, qu'il avoit pitié de son cerveau. Il s'en venoit plaindre à moi, & j'excusois ce Ministre en disant qu'il n'avoit pas non plus que moi le present de la Foi Universelle qu'il nous dépeignoit, mais qu'il changeroit apparement de sentiment dès qu'il l'auroit reçu, & qu'il falloit avoir patience jusqu'à ce que le tems dont il nous parloit fût venu. Il levoit les épaules à toutes mes raisons, & nous jugeoit, je pense, au moins aussi dignes des Petites-maisons, que nous pouvions penser qu'il l'étoit.

Nouveaux troubles dans la Religion causez par les Jesuites.

Au commencement de cette année le *Muphty Ibrahim Effendy* fut demis de sa dignité, & un certain *Zadisquy Effendy* en fut revetû. Peu après, les *Jesuites* ayant engagé non seulement le Patriarche *Armenien* de *Constantinople*, mais aussi celui de *Jerusalem* qui se trouvoit en cette Capitale, dans leurs interêts, avoient recommencé leurs conversions avec bien du succès, jusqu'à precher de nouveau en *Turc* dans plusieurs Eglises *Armeniennes*. Surquoi une tempête plus violente que la precedente s'éleva contre eux, ou plûtôt contre leurs *Proselites*. Quelques Prêtres *Anticatholiques*, entr'autres les *Vertabiets*, ou Docteurs *Dher Joachim*, & *Dher Joannes*, jaloux de ce succès, accuserent „ à la sublime *Porte*, ces deux Patriarches, & un *Vertabiet*
„ nommé *Dher Gomidas*, d'être devouez au *Pape* de *Rome*, de pro-
„ teger, & favoriser les divisions que ces Peres excitoient entre les
„ *Armeniens*, qui s'augmentoient tous les jours nonobstant les differen-
„ tes deffenses de *Sa Hautesse* à cet égard: ajoutant que ces *Prêtres*
„ *Noirs*, pour me servir de leur expression, non contens de la liberté
„ dont ils jouissoient à l'égard de leur propre Religion, par la bonté
„ de la sublime *Porte*, avoient recommencé à troubler celle de ses fide-
„ les Sujets, jusqu'à les detourner de tout leur pouvoir en leur promettant
„ de les rendre *Francs*, non seulement de l'obeissance qu'ils doivent à
„ leurs directeurs spirituels, mais à la sublime *Porte* même; qu'ils leur
„ faisoient jurer une guerre éternelle contre elle &c. „ Ils renouvellerent leurs plaintes au sujet du Patriarche *Avedic*. Ils pretendoient avoir des avis plus certains que les premiers, de *Scio*, de *Messine*, de *Genes*, & de *Marseille*, que ces Peres l'avoient immolé à leur vangeance, en la maniere dont j'ai touché quelque chose, par des gens apostez qui feignoient d'être de son parti, & ennemis des *Francs*, & par consequent

CONSTANTINOPLE, &c.

quent de fes bons amis, & les plus conftans dans l'*Ortodoxie Arménienne*.
„ Ces faux amis, difoient les Complaignans, l'ayant fait adroitement
„ embarquer fur une Barque *Françoife* qui fe trouvoit à *Scio*, elle le
„ mena droit à *Meffine*, évitant de toucher à aucun Port *Turc*. Le
„ patron qui avoit des ordres fecrets, ne fut pas plûtôt arrivé au Port,
„ qu'il depecha un homme avec un paquet de Lettres dont il étoit
„ chargé, à l'Inquifiteur de *Palerme*. Celui-ci envoya d'abord deux
„ Officiers pour lui amener le paffager. Il ne fut pas plûtôt arrivé
„ à *Palerme*, tant il étoit bien recommandé, ajoutoient les Com-
„ plaignans, qu'on lui coupa honteufement la Barbe, & on l'enferma
„ dans une des prifons de l'*Inquifition*, *comme Heretique*, *Perturbateur*
„ *de la Propagation de la fainte foi Catholique*, *Apoftolique*, *& Romaine*. Ils
„ ajoutoient que trois mois après, il fut conduit fur une Barque *Génoife*
„ jufqu'à *Genes*, & de là fur une autre à *Marfeille*, & qu'on le mit
„ dans les *Bagnos* de cette Place, où il étoit reduit à travailler com-
„ me le plus criminel des efclaves, & à vivre de pain fort mau-
„ vais & d'eau. " La *Porte* fur ces plaintes envoya dire de nouveau à
Mr. de *Feriol*, qu'elle le vouloit ravoir comme un de fes Sujets
qu'il avoit fait enlever contre le droit des gens. S. Ex. nia qu'Elle eût aucune part à cela, quoi qu'un des gens apoftez, qui retourna par repentir, ou par d'autres raifons, dans le parti des *Anticatholiques*, declarât la plupart des circonftances que j'ai rapportées
de l'embarquement. Le *Vifir Ali-Pacha* menaça comme avoit fait
Calaicos Mehemet Pacha, mais avec plus de force, de faire faifir le Superieur des *Jefuites*, & de l'enfermer aux *Bagnos* du *Tershana*, jufqu'à ce
qu'*Avedic* fût relaché. Mais les interpretes de *France* firent, &
dirent tant de chofes pour leur juftification, que tout le reffentiment, & la
punition de la fublime *Porte* tomberent plus rudement fur les *Profelites
Armeniens*. Elle mit en Compagne des efpions, avec des gardes qui faifirent tous les *Armeniens* qui frequentoient les
Eglifes *Catholiques* à *Gallata*. Le Patriarche de *Conftantinople*, *Dher
Sarry*, accufé de *Catholicifme*, fut pris dans la maifon Patriarchale de
Ballata, & conduit aux *Bagnos* avec plus de quarante perfonnes du
même parti, tant Seculiers qu'Ecclefiaftiques. Celui de *Jerufalem* en
fut quite pour perdre fa place, qui fut donnée à *Dher-Joachim*. Le
Haticheriph ci-joint du *Sultan* fut publié là-deffus.

1707.
CHAP.
XVII.

Ordonnan-
ce de la
Porte con-
tre eux.

Soit notoire par ce Commandement à tous *Pachas*, *Cadys*, &
autres Officiers de notre Sublime *Porte*, defquels Dieu éclaire
les pas & les actions & couronne la fin, que certains Prêtres *Francs*,
fur tout ceux qu'on appelle *Jefuites*, qui par notre faveur & clemence ont des habitations & des Eglifes dans nos meilleures Villes, où
ils exercent librement les fonctions de la Religion *Romaine* pour le
fervice des Ambaffadeurs de cette Religion, troublent, divifent &
féduifent nos *Rayas Chrétiens*, principalement les *Armeniens*: que ces
Jefuites non contens de jouir de la liberté que nous leur accordons,
auffi bien qu'à ces *Rayas* & autres étrangers, de faire les fonctions de
leur Religion jufques dans les prifons en faveur de nos Efclaves de
leur croyance, parcourent avec de féditieux & pernicieux deffeins
nos Provinces & nos Villes d'*Afie* & d'*Europe*, & engagent par prefens en argent & par promeffes d'honneurs, & d'un changement de
maîtres, nofdits Sujets à embraffer la Religion de *Rome*, qu'ils ont déja per-
verti

verti un *Patriarche* avec quantité de *Vertabiets*. Sur quoi divers Prêtres *Armeniens* & autres, restans fermes dans leur Religion & dans leur fidélité envers notre Sublime *Porte*, & abhorrant toute autre domonation que la nôtre, se sont souvent plaints de ces troubles & seductions, sans qu'on en ait pris que peu ou point de connoissance; Nous paroissant d'abord assez indifferent si les *Chrétiens* servent *Jesus* en une maniere ou en une autre, vû la liberté de Foi & de pratique que nous laissons à tout le monde. Cependant le sujet de ces plaintes s'augmente, de sorte que par l'inconstance & l'avarice de quantité d'*Armeniens*, par la seduction des Prêtres *Francs* & de divers Docteurs & autres *Armeniens*, qui gagnez par argent & promesses, corrompent par le même moyen un très grand nombre de leurs Confreres, qui ont déja envoyé leurs garçons dans les Païs *Francs* de la Religion de *Rome*; & il arrive d'ailleurs que plusieurs, en embrassant cette Religion, se joignent lachement aux Sujets du *Pape* & aux *Maltois Espagnols* & autres *Italiens* (Nations barbares & injustes qui s'engagent par vœu & Serment de nous faire une guerre implacable, sans entendre jamais à aucune Paix avec notre Nation, mais de détruire notre Sainte Religion, de faire nos Sujets *Musulmans* esclaves & piller leurs effets par mer & par terre par tout où ils les rencontrent. (Dieu Protecteur de l'équité & de la vraye croyance, confonde leurs abominables projets!) Ces *Armeniens* ainsi detournez de la fidelité qu'ils nous doivent & pervertis, pretendent être *Francs* & frequentent hardiment les Eglises des *Francs* jusques dans nos Villes & se soustrayent à notre domination. Divers Prêtres *Armeniens* ont même representé à notre *Sublime Porte* que leurs Eglises apauvries par une telle desertion & corruption, ne peuvent leur fournir de quoi payer leur *Haratch*, & ont imploré le secours de notre autorité Imperiale, pour retrancher les causes de ces troubles & seductions. Aïant egard à leurs justes plaintes & voulant bien continuer notre Protection à nos fideles Sujets, & punir les rebeles, nous avons déja ordonné & ordonnons plus expressément & severement, que tous les *Armeniens* qu'on verra entrer dans les Eglises *Latines* ou en sortir, soient pris & envoyez aux Galeres, & que leurs Prêtres qui celebreront selon le Rite *Latin*, soit dans leurs Eglises, ou dans celle des Prêtres *Francs*, ou qui se joignent à eux pour pervertir nos dits Sujets *Armeniens*, soient emprisonnez dans nos *Bagnos*, & en cas qu'ils persistent dans leur Rebellion tant à l'égard de leur Religion que de notre domination, ils soient mis à mort. Nous vous envoyons cet auguste commandement, afin que vous le mettiez en execution, usant de tout le pouvoir que vous avez reçu de notre faveur Imperiale, pour écouter les plaintes de nos Sujets soit *Armeniens*, *Maronites*, soit *Grecs*, *Coptes* & tous autres Sujets *Tributaires*; leur rendre justice en punissant les coupables; ayant au reste un soin particulier que sous pretexte de rechercher les Coupables, vous ne vous ne vous empariez pas des biens des innocens, ou ne vous laissiez pas corrompre par argent & presens en faveur de ceux qui sont veritablement coupables de sedition & de seduction; sous peine d'encourir notre indignation Imperiale & d'être punis vous-même comme des oppresseurs, & des protecteurs de l'injustice & de la Rebellion. Donné en notre Ville Capitale de *Constantinople* le premier de la Lune *Sefer* 1117.

Monsieur *Brandon*, Consul à *Alep* pour la Nation *Angloise* & *Hollandoise* (a), vint vers la fin du mois de Mars à *Constantinople*, accompagné de divers Marchands des deux Nations, pour se plaindre du *Pacha* & du Douanier de cette Place, qui exigeoient des droits & des taxes sur leurs Marchandises, contraires aux *Capitulations*, comme fit Mr. de *Feriol* pour celui de la *France*, qui lui envoya de semblables plaintes par écrit.

Environ en ce tems-là Monsieur *Papai* notifia au *Visir* que son maître le Prince *Ragotsky* avoit été proclamé Prince de *Transsilvanie* par la plus grande partie des Habitans de cette Principauté ; que le Roi de *Suede* victorieux par tout avoit obligé l'*Empereur* à rendre aux *Protestans* de *Boheme* & de *Silesie* leurs anciens privileges, & avoit pris la cause des *Hongrois* en main. Mais il ne put engager par ses remontrances, la *Porte* à rompre avec l'*Empereur*.

CHAPITRE XVIII.

Voyage dans l'Archipel. *Des nouvelles Isles* Blanche *&* Noire, *reunies en une seule près de* Santorin. *Remarques sur ce Phenomene, ou production de la mer Egée; aussi bien que sur cette ancienne Isle, sur* Amorgos, Naxia, Salonique, Enos, Trajanopoli, Andrinople. *Mariage* Armenien *& les ceremonies de ceux des* Grecs *&c. Le Vertabiet* Dergomidas *decapité.*

AU mois de Juin, le convoi *Anglois* étant arrivé à *Smirne* où j'avois affaire, & la nouvelle surprenante de deux Isles sorties du fond de la mer, se repandant au grand étonnement du public, cela reveilla ma curiosité jusqu'à m'engager à m'y transporter, pour voir cet étrange & nouveau *Phenomene*. M'étant determiné à en faire le Voyage, je pris dans ce dessein un *Ferman* ou Passeport de la *Porte*, & je convins avec le maître *Turc* d'un de ces grands bateaux, appellez *Tzhacolevas* qui chargent des citrons & des oranges à *Scio* pour *Constantinople*, & vont partie à la voile partie à la rame. Je m'embarquai le 19. du même mois sur ce bâtiment pour cette Isle, & j'arrivai le 20. à la pointe du jour aux *Dardanelles* On le fouilla, comme on fait à tous les Batimens qui passent là, pour voir s'il n'y avoit point d'Esclaves fugitifs. Je profitai de ce tems pour aller dîner chez un *Juif* nommé *Abraham*, qui faisoit là l'office de Consul *Anglois*, & me rembarquai pour continuer mon Voyage vers *Scio*, où un vent moderé avec le secours des rames nous rendit pendant la nuit suivante. Ayant appris, là que les Vaisseaux de guerre *Anglois*, que je m'attendois de rencontrer auprès des châteaux voisins de *Vourla*, étoient allez en course, & avoient même déja fait quelques prises *Françoises*, je cherchai un logement dans la resolution de rester à *Scio*, jusqu'à ce qu'ils y fussent de retour. Un de mes batteliers qui étoient tous *Turcs*, & à qui je le dis, m'indiqua un logement chez une vieille femme *Turque*, veuve, qui avoit une bonne maison, avec quantité de Chambres, & un seul fils qui étoit *Janissaire*. J'y en pris une garnie d'un *Sopha*. Deux jours après étant

(a) Le Commerce des *Hollandois* est si peu considerable à *Alep*, qu'il ne peut payer les frais d'un Consul de cette Nation, de sorte que les Marchands sont depuis plusieurs années sous la protection du Consul d'*Angleterre*.

1707.
CHAP.
XVIII.

étant à ma fenetre où je fumois, Mr. *Heyman*, Chapelain du Conful Hollandois de *Smirne*, aujourd'hui Profeffeur de la Langue *Arabe* à *Leyden*, m'apperçut fans que je le viffe. Je l'avois connu pour la premiere fois dans un voyage qu'il fit à *Conftantinople* en 1701. Il ne fut pas plûtôt de retour à fon logis, qu'il m'envoya un Domeftique pour s'affurer que fes yeux ne l'avoient pas trompé. Le Valet me demanda fi je ne m'appellois Mr. de la *Motraye*. Je lui dis qu'oüi, & il me dit que fon maître fe nommoit Mr. *Heyman*; qu'il m'avoit vû à ma fenêtre & me vouloit rendre vifite. Je répondis que je voulois le prévenir, & me fis conduire auprès de lui. Il me dit qu'il avoit penfé me faire demander en paffant fous les fenêtres de la maifon où j'étois logé, mais qu'ayant remarqué que c'étoit une maifon *Turque*, & que je m'étois retiré de la fenêtre où je fumois, un moment après qu'il m'eut apperçu, il avoit craint que fes yeux ne l'euffent trompé, ou qu'il avoit jugé que j'étois-là *incognito*. Je lui répondis, que je ne l'avois pas apperçu, ou que fi je l'avois vu, je ne l'avois pas reconnu, ni diftingué des *Grecs* fous l'habit rouge à la *Turque* qu'il portoit, & qu'il devoit m'excufer. Après le renouvellement de notre connoiffance & les complimens ordinaires, nous nous entretinmes du fujet de cette rencontre imprévüe dans cette Ifle. Il me dit, qu'il y étoit venu chercher un embarquement pour l'*Egipte*, où il avoit deffein de fe fortifier dans la Langue *Arabe* qu'il avoit étudiée depuis fon arrivée à *Smirne*. Je lui apris de mon côté le motif de mon voyage. Il étoit logé dans le voifinage de la Ville à *Mamaky-Birgo* ou *Bourg* de *Mamaky*. C'eft une de ces metairies, qui, comme je croi avoir déja dit, répondent aux *Villas* des *Italiens*, mais qui n'en ont pas la magnificence. Celle-ci comme la plûpart des autres confifte principalement en une Tour quarrée toute de pierre, dans laquelle on a menagé divers appartemens pour le maître, avec quelques maifonnettes attenantes pour les Domeftiques. Elle eft accompagnée d'un jardin avec une efpece de Forêt de Citronniers, d'Orangers, &c. Comme le bâtiment fur lequel il devoit paffer n'étoit pas encore chargé, & que le vent étoit contraire, nous formâmes une partie de promenade dans l'Ifle, pour y voir quelques Villages que je n'avois pas vus dans mon premier Voyage. Nous partîmes le lendemain, qui étoit un Samedi, pour aller coucher à une metairie qui n'étoit éloignée de *Mamaky-Burgo* que d'environ quatorze Milles. Nous étions montez à la *Portugaife* ou à l'*Efpagnole*, c'eft-à-dire, fur des Mules qui font la monture la plus ordinaire de *Scio*. Nous admirâmes fur la route une agreable varieté de jardins, de champs couverts de Coton qui étoit en fleurs, de petits bocages d'Orangiers, d'Oliviers, de Meuriers, &c. Nous prîmes notre logement chez le Prêtre du Village où nous fûmes fort bien traitez; & comme les *Grecs* & les *Greques* affemblez vers le foir dans le cimetiere, chantans & danfans en cercles comme fur les Planches XIII. & XXV. y formoient une autre agréable varieté; après fouper deux filles du *Papa* nous inviterent à aller mêler notre joye à la leur. Mr. *Heyman* étant, comme j'ai déja dit, vetu à la *Turque* ou à la *Greque*, eut la complaifance de s'y rendre avec moi, & nous nous divertîmes avec la compagnie qui s'y trouvoit, & que nous laiffames à une heure après minuit, pour nous aller coucher. Nous parcourumes encore d'autres Villages charmans, & nous rencontrames, auffi bien que fur notre paffage, de nouveaux objets très agreables. Je ne fis aucune autre remarque

que de conſequence ſur cette Iſle, à ajouter à celles de mon premier Voyage, mais j'y paſſai fort agréablement près de deux ſemaines avec Monſieur *Heyman*, & j'y achetai diverſes Medailles des Inſulaires, à ſçavoir deux comme 11 de la Planche XIV, frappées pour les anciens habitans de *Chio* (*a*) ou *Scio*, comme on l'appelle aujourd'hui; trois comme 18 de la même Planche pour les *Erithreans*, dont la Ville étoit ſelon l'ancienne Géographie ſur le bord d'un Port, où eſt aujourd'hui un mechant Village nommé *Sedgeckoi* à environ ſix lieues de *Clazomene*, & vis à vis de *Scio*; trois autres pour les *Mytileniens*, comme Nº. 18; quatre comme Nº. 21. auſſi de la même Planche pour les habitans de *Paros*, avec quantité de *Latines* & de communes de *Divus Auguſtus*, de *Julia Auguſta*, de *Druſilla* & la petite figure de bronze marquée 1 ſur la Planche XXVII. Elle eſt, comme on le peut remarquer, de *Bacchus*, un des Dieux favoris des peuples de *Chio*, ou plûtôt d'*Onophio*, ſon fils, qu'il leur envoya pour leur enſeigner à faire du vin.

Une *Tchaique* (*b*) ſur laquelle Mr. *Heyman* devoit paſſer en *Egypte* étant prête à faire voiles, nous nous ſeparames. Il partit deux jours avant moi de *Scio*, que je quittai auſſi, ſur l'avis que je reçus par des Pêcheurs, que les Vaiſſeaux de guerre *Anglois* étoient retournez auprès des chateaux qui ferment la baye de *Smirne*; & prenant ſix rameurs *Turcs*, je me rendis à bord du Commandant *Tolet*, avec qui j'avois particulierement affaire: il étoit à l'ancre avec le Capitaine *Cowper* qui commandoit le St. *Albans* en deçà des chateaux. La raiſon pour laquelle les Vaiſſeaux de guerre d'*Angleterre* ne paſſent point les chateaux *Turcs*, eſt pour ne pas les ſaluer ſans en être ſaluez, car ceux ci ne rendent jamais le ſalut aux *Chrétiens*.

Après avoir paſſé deux jours auſſi agréablement qu'on le peut, partie à bord du Commandant *Tolet*, partie à bord du Capitaine *Cowper*, je paſſai à *Smirne*, où je reçus de nouvelles honnêtetez de mes anciennes connoiſſances. Une lettre de recommendation que j'avois pour Mr. *Sherrard*, qui étoit aſſez connu par l'intelligence qu'il a des antiquitez, ſur tout en fait de medailles, auſſi bien que des plantes, & qui avoit ſuccedé à Mr. *Rye*, en qualité de Conſul *Anglois*, eut l'effet que j'en pouvois attendre: il me combla d'honnêtetez. Il eſt aujourd'hui membre de la *Societé Royale à Londres*, & prepare au public curieux dans la *Bothanique*, un ouvrage digne de ſes belles recherches & decouvertes dans cette ſcience.

Je reſtai environ trois ſemaines à *Smirne*, après leſquelles je m'embarquai ſur une *Tchaique* de *Candie*, pour aller voir près de *Santorin* le nouveau prodige de la nature que j'ai marqué. Je fis marché avec le (*c*) *Caravokery*, ou maître *Grec* du Batiment, pour me mettre à terre à *Santorin*.

Nous fimes voiles le 21. d'Août & arrivâmes le 25. au Sud-Eſt de *Naxia*, où nous fûmes arrêtez par un grand calme, & retenus preſque immobiles juſqu'au 26. au ſoir que nous commençames à entendre

Tome I. Ccc

_____
(*a*) C'étoit leur monnoye de deux *Acarias*, comme on le peut voir.
(*b*) *Tchaique* eſt un bâtiment *Turc* ou *Grec* aſſez mal conſtruit, qui porte une vaſte voile au milieu, avec laquelle ſeule, quand il a le vent en poupe, il devance les meilleurs de nos voiliers.
(*c*) *Caravokery*, c'eſt-à-dire, main de Vaiſſeau, nom qu'on donne aux maîtres *Grecs* de tels Vaiſſeaux, comme *Reyz* à ceux des *Turcs*.

dre un bruit affez femblable à celui du Tonnerre & du Canon, & quelquefois comme le mugiffement ou fiflement d'une tempête. Ce bruit qui fe faifoit entendre à differentes & fréquentes reprifes, dura jufques bien avant dans la nuit. Le vent fe levant & nous menant plus près des lieux d'où il fortoit, nous apperçûmes des flammes avec de groffes pieces de matiere ardente au milieu, dont les plus petites é-toient pouffées prefque à perte de vue aux environs, & s'éteignoient dans les ondes, où elles tomboient, dès que l'impétuofité avec laquelle elles étoient jettées ceffoit, ou avoit perdu toute fa force. La lumiere que répandoient ces flammes, nous découvrit enfuite deux Rochers, un noir & un blanc : au moins les couleurs differentes nous en mon-troient deux. Le noir, des entrailles duquel fortoit la matiere bitumi-neufe, étoit incomparablement plus étendu & plus élevé que le blanc. En nous approchant plus près, nous obfervâmes qu'une de fes bouches mar-quée 3, fur l'éminence repréfentée au bas de ma Carte B. où eft marqué le Port de *Santorin*, vomiffoit un torrent de matiere arden-te, & liquide, qui repréfentoit cette éminence comme une Monta-gne ardente ou de feu. Je me fentis tout à coup faifi au nez & à la gorge d'une odeur fulphureufe & fort defagreable, qui m'ota la voix, & prefque la refpiration, & à plufieurs des Matelots, & qui nous caufoit un éternument prefque general fur la *Tchaique*. Outre cela j'avois de grands maux de tête & de cœur, avec des envies de vômir, de forte que fi j'avois été moins accoutumé à la Mer que je ne l'étois déja, j'aurois regardé cela comme l'effet de la maladie qu'on appelle de Mer; d'un autre côté le Pilote & les Matelots qui avoient paffé là quelques mois auparavant, étoient fort furpris de voir des Rochers, dans des endroits où il y avoit, difoient-ils, alors jufqu'à trente à quarante braffes d'eau, & plus; tellement, ajoûtoient-ils, que fondant en quelques-uns des endroits qu'occupoient ces Rochers, ils n'avoient pas même trouvé de fond pour ancrer. Sur quoi ils dirent au *Caravokery* de mettre à la Cape jufqu'au jour, pour éviter de s'approcher davantage, pendant l'obfcurité, de ce dangereux voifinage, qui autre-ment nous pouvoit devenir fatal. Quelques-uns des plus timides qui faifoient la plus grande partie de l'équipage, vouloient abfolument qu'il laiffât *Santorin* à côté, & qu'il allât en droiture à *Candie*, igno-rant ou paroiffant ignorer l'accord qu'il avoit fait avec moi de me mettre à terre à *Santorin*. Je proteftai hautement contre leur deffein, les me-naçant de me plaindre d'une telle infraction de parole au *Pacha* de *Candie* ou de *Canée*, s'ils me menoient à l'une ou l'autre place contre mon marché & ma volonté. Sur quoi ce *Caravokery* étant mieux obéi fur fon Batiment que ne le font ordinairement les autres maîtres *Grecs* fur les leurs, m'affura qu'il me mettroit infailliblement à terre à *Sca-ro (a)*, s'il lui étoit poffible, ou à quelqu'autre endroit de l'Ifle, & il donna pour cela au Pilote fes ordres, qui furent executez conforme-ment, fept ou huit heures après, comme je dirai dans la fuite. Par bonheur le vent étoit foible, car s'il eût été fort & tant foit peu con-traire, il auroit été impoffible de refter à la Cape, & de tenir fa pro-meffe, la forme de ces Vaiffeaux (*b*) étant telle qu'ils ne peuvent

lou-

(*a*) *Scaro*, eft la Capitale de *Santorin*, & on lui donne quelquefois ce dernier nom, qui eft celui de l'Ifle.

(*b*) Ces Batimens ont la forme de grands Bateaux ordinaires, appellez *Mahonas*, avec une

loüvoyer avec un vent contraire, mais qu'ils sont obligez de s'abandonner au gré de cet Element.

Un peu après onze heures du soir le bruit diminua de beaucoup, & étoit moins frequent jusqu'entre deux ou trois heures du matin ; où au moins celui qui se faisoit entendre de tems en tems ne ressembloit qu'au sifflement d'une Tempête : les flammes devinrent plus claires & moins mêlées de matiere bitumineuse ou de pieces plus petites : il ne paroissoit plus que de petites flammes de la couleur de l'arc-en-ciel qui s'élançoient dans l'air en fleches de feu, semblables à des éclairs par leur vitesse ; puis elles disparoissoient de même au milieu d'une fumée épaisse qui couvroit notre *Hemisphere*. Les ondes de la Mer étoient toutes troubles, & teintes aux environs des Rochers de verd & de blanc.

Le 27. sur les 6 heures, nous avançames jusqu'auprès de la petite *Camene*, que les gens du païs appellent ordinairement l'Isle bruslée, marquée No. 4. sur la même Carte, sans y rencontrer aucun bateau de *Santorin*. Là le *Caravokery* me preta le sien pour me conduire à *Scaro* : je le priai en même tems de me donner l'addresse de quelque personne de sa connoissance, ne connoissant moi même personne. Il me dit qu'il y étoit étranger, mais il me conseilla d'aller droit chez le premier *Papas Grec*, qui selon l'hospitalité ordinaire à ceux de sa robbe, me recevroit: sur quoi le *Grammaticos*, ou écrivain qui étoit present, dit qu'il avoit un parent dans cette Ville chez qui il m'offrit de me conduire. J'acceptai son offre & nous nous mimes tous deux dans le bateau.

Le Port, si on peut appeller ainsi un endroit où il n'y a aucun bon ancrage, quoi que bien defendu contre les vents par les montagnes, ressemble assez par sa forme de fer à cheval à celui de *Tripoli*, representé à côté sur la même carte. Je fus surpris, en mettant pied à terre, de trouver que *Scaro*, qui m'avoit été representé comme une place fort peuplée, étoit devenu semblable à un desert ; car étant entrez dedans, nous ne rencontrames personne dans les rues. Nous jugeames que la peur avoit mis les habitans en fuite, & desesperames de rencontrer la personne que nous cherchions ; mais mon bonheur voulut que cette personne étant moins timide ou moins à son aise que les autres, qui s'étoient retirez vers l'autre extremité de l'Isle ou dans d'autres voisines, fut restée dans sa maison, qui étoit une des dernieres ou des plus éloignées du coté de terre, & où je fus bien venu. Mon hôte ne fût pas surpris de me voir enroüé d'une maniere à ne pouvoir presque pas parler, ou me faire entendre, & me dit que c'avoit été d'abord une incommodité generale de tous les habitans, & que la fumée sulphureuse qui en étoit cause ternissoit tous les metaux, sur tout l'argent ; & il me montra une cuillere

Tome I. Gce 2

---

une seule couverte, deux mâts avec le beaupré, à sçavoir le *mestre* & la *mezane*, sans hunes : ces mats ne peuvent porter chacun que deux voiles, & n'en portent le plus souvent qu'une. Ces voiles se lient aux vergues qu'on monte par le moyen d'une poulie. Les *Orientaux* sont de pauvres navigateurs qui se conduisent plus par les terres le jour, & la nuit par les étoiles, que par la boussole, dont ils ne se servent gueres que quand le tems est obscur, ou le Ciel couvert de nuages. Ils sont si convaincus de leur ignorance qu'ils ne font jamais de longs voyages en pleine Mer, mais seulement dans l'*Archipel*, dans le Golphe *Adriatique*, *Mare superum* des Anciens, & dans la Mer *Noire*, où ils perdent tous les ans un prodigieux nombre de batimens, quoi qu'ils voyent presque toûjours la terre ; mais c'est ce voisinage même, avec le deffaut de bons Ports, qui en est la cause, comme je dirai ailleurs, lors qu'une Tempête les pousse contre les côtes, parcequ'ils ne peuvent tenir la Mer, comme je viens de dire, ni par la Cape, ni en cotoyant.

1707.
Chap.
XVIII.

liere de ce metal, qui avoit été netoyée le ſoir d'auparavant, & qui étoit déja ſi noire, que cela paroiſſoit à peine croyable.

Un Prêtre *Grec* qui logeoit tout proche m'invita le lendemain à dîner chez lui. J'acceptai d'autant plus volontiers ſon offre, que je me propoſois d'apprendre plus de lui ſur le ſujet qui m'avoit amené là, que des Seculiers, & dans l'idée que j'avois qu'il étoit plus éclairé, je lui fis toutes les queſtions dont je m'aviſai, & il y fit à peu près les réponſes qui ſuivent.

Remarques ſur l'iſle blanche & ſur l'iſle noire.

„ Que l'Iſle blanche marquée N. 3. ſur ma dite carte, qui étoit
„ preſque devenue une même Iſle avec l'Iſle noire, par l'accroiſſement
„ prodigieux de celle-ci, étoit ſortie la premiere du fond de la mer
„ ſans feu & ſans bruit, excepté 2 ou 3 legers tremblemens de terre
„ à *Scaro* & à ſes environs ſeulement ; mais que le 7. de Mai
„ vers le ſoir, on en avoit ſenti un plus terrible par toute l'Iſle, & le
„ 8. un autre encore plus conſiderable que le dernier, après lequel
„ on étoit demeuré aſſez tranquille juſqu'au 12. que des Pêcheurs
„ apperçurent les eaux de la Mer bouillonner & s'agiter, ſur tout aux
„ environs de la petite *Camene* No. 2. Qu'ils crurent que ce bouillonne-
„ ment & cette agitation étoient cauſez par quelques gros poiſſons ;
„ n'y ayant pas le moindre vent dans l'air ; que dans cette penſée ils
„ s'en étoient approchez, en un endroit qui étoit le moins profond,
„ mais qu'au lieu de poiſſons, ils avoient decouvert avec étonnement
„ quantité de pierres blanches, de celles qu'on appelle *Ponces*, qui s'élevoi-
„ ent du fond de la mer & nageoient ſur la ſurface de l'eau, puis s'uniſſoient
„ & s'incorporoient en une maſſe, comme un eſſaim d'abeilles s'unit &
„ s'attache ſur un arbre &c. Que leur étonnement devint d'autant plus
„ grand que pluſieurs d'entre eux avoient paſſé par là avec leurs bateaux le
„ jour precedent; ſans rien appercevoir de ſemblable; que trois jours après
„ ils trouverent encore un plus grand ſujet de ſurpriſe, qui fut de
„ voir quantité de poiſſons morts ſur la ſurface de l'eau, dont l'agita-
„ tion en jetta divers ſur le rivage (ſpectacle qui allarma juſqu'aux au-
„ tres habitans de la Ville) & repandit avec l'odeur du ſouffre une
„ puanteur inſupportable; que la maſſe formée par les *Pierres-Ponces*,
„ après s'être élevée aſſez haut en piramide, ſe renfonça dans la mer &
„ diſparut; mais qu'elle reparut quelques jours après en trois differens en-
„ droits, montrant au deſſus de l'eau 3 pointes, qui s'étendant en-
„ ſuite, & s'accroiſſant par ce qu'il s'y joignit de nouvelles *Pierres-
„ Ponces*, ſe réunirent en une ſeule éminence pyramidale, plus haute
„ & plus large que la premiere ; que cette eminence ceſſa de croître
„ & de s'étendre au commencement de Juin ; qu'on fut de nouveau
„ allarmé par un grand tremblement de terre plus violent & un bruit
„ plus grand qu'on en eût encore ſenti & entendu ; que cela fut ſuivi
„ de pluſieurs morceaux de matieres noires qui s'élevoient du fond de
„ la mer, en des endroits où les pilotes avoient eu bien de la peine à
„ trouver aucun fond; qu'ils nageoient & s'agitoient ſur la ſurface de l'eau,
„ & enſuite ſe réuniſſoient en une maſſe, comme avoient fait les *Pier-
„ res-Ponces*; que ces morceaux de rocher ou de matiere noire réu-
„ nis en une maſſe, avoient diſparu avec un bouillonnement & une a-
„ gitation des eaux de la Mer, ſemblables à ceux qui avoient accom-
„ pagné la naiſſance de la premiere Iſle; qu'ils avoient diſparu & re-
„ paru enſuite de même, mais qu'ils s'étoient accrus bien plus abondamment

" ment & plus vite, & que la masse qu'ils avoient formée croissoit à vûë d'œil chaque jour. "

Pline rapporte que la grande & la petite *Camene* sortirent en cette maniere du fond de la Mer, en la cent trente-cinquieme Olimpiade. La premiere produit un peu d'herbe fort deliée & courte en quelques endroits ; mais la seconde est tout à fait sterile.

Le même Prêtre ajouta " que quelques semaines après, trois grandes bouches s'ouvrirent & vomirent du feu, comme trois grandes fournaises, jettant des pierres ardentes avec des torrens de bitume & de souffre, accompagnez d'un bruit beaucoup plus grand que celui qu'on entendoit encore actuellement ; que tout le changement qu'il remarquoit, étoit que les torrens de fumée, les flammes & les pierres ardentes ne sortoient plus depuis quelque tems que d'une seule bouche, & étoient poussées avec moins d'impetuosité, en moindre quantité & moins fréquemment. "

La fumée qui précedoit, qui accompagnoit,& qui suivoit ces éruptions, remplissoit encore presque tout l'horison de *Santorin*, & incommodoit non seulement les habitans, mais causoit un dommage considerable aux vignes & aux arbres fruitiers.

Nous restâmes assez tranquiles jusqu'au 2. de Septembre qu'un tremblement de terre se fit sentir, avec un bruit plus grand qu'aucun que j'eusse encore entendu ; & la fournaise naturelle, ou plûtôt extraordinaire, jetta plus loin & de plus grosses pieces de matiere enflamée qu'on en eût vues jusques-là ; ce qui épouvanta si fort le peu d'habitans qui étoient restez dans la Ville, & qui avoient montré la plus grande fermeté, qu'ils deserterent presque tous, au moins ceux qui avoient assez de quoi ne pas mourir de faim à la Campagne.

Je contribuai beaucoup à déterminer mon hôte à les suivre, ce qu'il fit à l'exemple du Prêtre même. Pour moi je ne pouvois dormir si près de ce bruit, ni être exposé plus long-tems à l'insupportable puanteur dont toute la Ville étoit infectée.

Pendant trois ou quatre jours que je restai encore sur l'Isle, j'en visitai les endroits les plus remarquables. Elle a 6 autres Villes, outre la Capitale que j'ai nommée, après laquelle *Birgo* est la plus grande. Celle-ci a pris, dit-on, son nom d'une metairie ainsi appellée en *Grec* vulgaire, (comme j'ai dit ailleurs) ou plûtôt d'une maison de Campagne qu'avoit là un ancien Consul ; car *Thera*, c'est-à-dire l'Isle qu'on appelle aujourd'hui *Santorin*, étoit gouvernée autrefois par des Consuls, qui avec le peuple composoient une espece de Parlement ou de Senat, & reconnoissoient la jurisdiction suprême des Empereurs, dans le tems qu'elle portoit le premier nom. L'inscription qui suit en est, entr'autres, une preuve authentique.

ΑΥΤΟΚΡΑΤΟΡΑ ΚΑΙΣΑΡΑ ΣΕΠΤΙΜΙΟΝ
ΣΕΒΗΡΟΝ ΠΕΡΤΙΝΑΚΑ ΣΕΒΑΣΤΟΝ. Η ΒΟΥ-
ΛΗ. ΚΑΙ Ο ΔΗΜΟΣ ΘΗΡΑΙΩΝ.

Cette inscription, qui ne se voit plus là, & qui étoit sur un piedestal d'une statue que l'on en a enlevée avec bien d'autres beaux restes d'Antiquité qui y étoient admirez, témoigne le respect ou la fidelité des habitans envers les Empereurs *Septimius Severus & Pertinax.*

1707.
CHAP.
XVIII.
Des différens noms de cette Ville.

Thera, selon *Pausanias*, étoit le nom d'un Capitaine *Lacedemonien*, qui planta une colonie sur cette Isle qui prit son nom. Cette Ville s'appelloit ci-devant *Callista*, pour avoir donné naissance au Poëte *Callimachus*. Auparavant on la nommoit *Philothera*, qui est le nom que *Pline* lui donne. Les *Italiens* l'appellerent ensuite *Sant' Irena*, puis par corruption *Santerin* & *Santorini* qui est son dernier nom. Les *Bulles Latines* des *Papes* la nomment *Insula Santerinacea*. Irene à ce que dit son Histoire moderne, étoit le nom d'une fille de *Lacinas*, qui commandoit en *Macedonie*, pendant que son Frere *Decius* gouvernoit *Rome*.

Cette fille étoit *Payenne* & connue alors sous le nom de *Penelope*, jusqu'à ce que St. *Theotimus*, qui la convertit à la foi *Chrétienne*, lui fit prendre celui d'*Irene*. L'Histoire des Saints de la Canonization Romaine raporte qu'elle fut mise au nombre des saintes martires, après avoir souffert la mort par ordre de son oncle pour la foi *Chrétienne*, qu'elle refusa d'abjurer, malgré les promesses qu'il lui fit faire.

Les habitans me dirent que ce fut le jour de sa fête que commença le premier tremblement de terre qui fut comme l'avant-coureur ou le signal de la naissance de l'Isle *Blanche*, dont j'ai parlé ci-dessus.

Outre le peu de Medailles que j'avois déja ramassées çà & là, en *Egipte*, à *Ephese*, *Metelin*, *Nicomedie*, *Synope*, &c. lesquelles m'avoient déja fait naître du penchant pour la recherche de ces sortes d'Antiquitez, qui me paroissoient d'un grand secours pour l'Histoire & la Geographie ancienne, ou pour la découverte des Villes dont il nous reste à peine aujourd'hui le nom, M. le Consul *Sherrard* avoit beaucoup fortifié cette inclination, dans les conversations que j'avois eues avec lui, non seulement pour les Medailles, mais aussi pour les Cornalines & autres pierres sur lesquelles le burin des Anciens s'étoit signalé d'une maniere excellente, par la représentation des Dieux & Genies des Villes, & des personnes considerables de leur tems; de sorte que je ne me contentois pas d'acheter celles qu'on m'offroit, car ceux du Païs qui en ont (sur tout des premieres) les regardant comme des coins ou des monoyes des *Francs*, & les appellant ainsi, par la ressemblance qu'elles ont avec les nôtres, nous les offrent ordinairement, ne sachant qu'en faire, quand elles sont de bronze. J'en demandois par tout où je passois, & j'en achetai là pour quelques *paras*, deux, comme 1. de la Planche XIX, trois comme *b*; deux comme *d* de la même Planche, & une comme 7, avec le medaillon 19 de la Planche XXVIII. Je ne trouvai aucuns autres vestiges d'Antiquité dans cette Isle que diverses pieces de marbres, comme de Colomnes, Chapitaux &c. qui montrent, aussi bien que diverses Inscriptions que Mr. *Spon* a données au Public, qu'il y avoit là des édifices considerables. Au reste cette Isle qui peut avoir environ cinquante Milles de circonference, est peu fertile, si ce n'est en vins qui sont sulphureux & forts, en figues, & en grenades. Ses habitans sont generalement *Grecs*, tant de Religion que de Nation. Ils ont un Evêque, & quelques-uns sont *Latinisez* & entretenus dans la profession de la Religion *Catholique* par un Evêque *Latin* & une Communauté de *Jesuites*.

Ayant formé le Plan de mon retour par *Salonique*, *Enos*, *Andrinople* &c. je m'embarquai au Nord-Est de *Santorin*, avec quelques familles qui se retiroient à *Amorgos*, qu'on appelle aujourd'hui *Amorgo*, qui

ARCHIPEL, &c. 391

qui a été la Patrie des *Simonides*, selon *Strabon*. Elles m'affuroient que je n'y manquerois pas de bâtimens pour la premiere place, & ils ne me trompèrent pas dans les efperances qu'ils m'en donnerent, car je trouvai là à mon arrivée une Saique qui n'attendoit que le vent pour y aller, & qui ne devoit s'arrêter à *Naxia* qu'autant de tems qu'il lui en falloit, pour charger quelques effets pour le compte d'un Marchand Grec.

Je n'eus à *Amargos* que le loifir de voir fuperficiellement la Ville capitale qui porte le même nom, & qui n'a rien de plus remarquable que les reftes d'un vieux château des anciens Ducs de l'Ifle. Ce château eft bâti autour de la pointe du rocher, de telle maniere qu'il forme une efpece d'amphiteatre affez agreable. Les maifons y font mauvaifes & mal bâties. Il y a là un couvent de *Caloieros* avec une petite Eglife, dediée à la *Panagia*, qui n'a rien dans fa Conftruction que de fort commun, quoi qu'on pretende que ce foit l'ouvrage de l'Empereur *Comnenus*. On y montre une Image de la Sainte, fort mal peinte felon la maniere des *Grecs* qui font de pauvres barbouilleurs. Elle eft toute noire par la fumée des bougies que fes devôts brulent devant. L'entrée en eft étroite, & il y a deux maffues de bois affez groffes & affez pefantes pour affommer un homme d'un feul coup : c'eft apparement pour deffendre ce lieu contre les Corfaires. On y monte premierement avec une échelle de bois, & enfuite par des dégrez de pierre. Les cellules des Religieux font en partie attachées à une chaine de rochers qui ferme le Port fur lequel elles ont vuë.

Il y a, à ce qu'on m'a dit, un grand nombre d'autres Eglifes ou chapelles dans l'Ifle, & même plus que de Prêtres, comme prefque par tout l'*Archipel*. L'Ifle eft incomparablement plus fertile que *Santorin*, mais prefque de la moitié plus petite. Son vin eft plus agreable que celui de fa voifine. On trouve, outre les fortes de raifin dont on le fait, des grappes dont les grains font prefque auffi gros que des prunes & qui ne font gueres moins fermes: ils font plus longs que ronds avec peu de jus, & peu ou point de pepins, mais excellents au gout. Je crois avoir vu dans la *Turquie* trente fortes de raifins differens en forme, en groffeur, en couleur, & même au gout.

J'achetai là diverfes medailles *Latines* & *Greques*; les premieres d'*Adrianus*, de *Diocletianus*, de *Vefpafianus*, & autres auffi communes; entre les fecondes quatre comme No. 13. 17, 18, de la Planche XXVIII qui peuvent être des anciennes monoyes d'*Amargos*, à en juger par les deux lettres A. M. qu'on voit deffus.

Le 8. le vent étant devenu bon, je m'embarquai pour *Naxia* ou *Naxos*. Nous y arrivames le 9. un peu après midi. Je n'eus gueres plus de tems de voir cette Ifle que la precedente, laquelle elle furpaffe au moins des deux tiers en étenduë. Elle eft des plus fertiles en Citrons, Oranges, Pommes, Grenades, Figues, Meures, Olives, &c.

Son commerce confifte principalement en ces fortes de fruits, en huile tant d'Olive que de Lentifque, beurre, fromage, sel, boeuf, mouton, & bonne quantité d'émeril. Ce fut là que la fouveraineté des *Italiens* fur l'*Archipel* fut pour ainfi dire enterrée, cette Ifle étant la derniere de leur domination, dont s'empara *Soliman* II. après une

vi-

vigoureuse deffense de *Crispus*, vingt-unieme Duc de *Naxie*, qui trouva moyen de se sauver à *Venise*.

La Ville est fort irregulierement bâtie & négligée. Elle est fermée de méchans murs flanquez de diverses Tours quarrées, aussi bien que ceux du château dont quelques-unes tombent en ruine, sans que personne prenne soin de les relever. On y voit au milieu, les restes d'un autre château encore plus vieux, qu'on dit avoir été le lieu de la residence des anciens Ducs.

Les *Grecs* qui sont ses principaux habitans, comme dans les autres Isles, ont pour la plupart leurs maisons hors des murs de la Ville, d'où elles s'étendent jusqu'au bord de la mer & forment une basse Ville assez agreable. Ils ont un Evêque de leur Nation, & un bon nombre de Prêtres, & des Eglises qui ne meritent pas qu'on en parle, si ce n'est pour remarquer la simplicité de leur construction, & leurs mauvaises peintures. Il y a là plus de *Latins* qu'à *Santorin*. Ceux-ci ont leurs habitations au dedans de la partie de la Ville qui est fermée de murs, que j'appellerai la haute-Ville, en y comprenant le château. Ils ont aussi leur Evêque avec une petite Troupe de *Jesuites*, qui goute les plaisirs de la Campagne à une petite distance de là dans une jolie maison.

L'antipathie des *Grecs* & des *Latins* paroît en cet endroit plus grande qu'ailleurs. Les *Jesuites* sont plus haïs des premiers que les *Franciscains* qui sont partagez en deux bandes, dont l'une loge dans la Ville & l'autre au dehors. L'habit des femmes *Naxiotes* est tel que le represente la figure 8. sur la Planche XXV.

Tempête furieuse Feu St. Elme.

La *Tchaique* aïant pris là ce qui manquoit à sa charge en huile, fit voile l'onzieme avec un bon vent, qui devint bientôt si violent qu'il nous fit craindre une tempête En effet nous en essuyames une terrible le 12. vers le soir, avec differens coups de tonnerre. Elle élevoit les vagues en hautes montagnes, devant & derriere nous, & sembloit à tous momens nous ouvrir des abimes pour nous engloutir. Elle jetta tant d'eau dans notre Bâtiment que les matelôts ne pouvoient suffire à la pomper, & elle déchira toutes nos voiles l'une après l'autre, car une seule nous suffisoit alors pour avancer. Cependant un feu celeste que les Anciens appelloient *Castor* & *Pollux*, & que les *Grecs* appellent de *Sainte Helene*, & les *Latins* de St. *Elme*, se posta au haut de notre grand mât; ce qui allarma fort les matelôts qui le regardoient comme un mauvais presage. Mais ils en furent quites pour la peur, & ce feu disparut bientôt sans faire aucun mal. Un deluge d'eau que le Ciel versa ensuite, abaissa considerablement le vent, mais il ne diminua pas l'agitation des ondes. La nuit étoit des plus obscures; cependant un peu après minuit nous decouvrimes à la lueur des éclairs, la terre proche de nous, dans le tems que notre Pilote & tout l'équipage nous en croyoient éloignez de plus de 50 Milles. Je ne sçaurois dépeindre la terreur que cette decouverte repandit dans tous les cœurs. J'entendis un cri presque general qui me disoit, nous sommes perdus; ceux-ci invoquoient la *Panagia*, ceux-là d'autres Saints de l'Eglise *Greque*, & d'autres pleuroient. Là-dessus je dis au *Caravokery* de jetter l'ancre, & il délia lui-même la plus grosse, par desespoir plûtôt que dans aucune esperance; mais notre bonheur voulut que le fond fût bon, quoi que de plus de trente-cinq brasses. Nous restâmes ainsi entre la crainte & un peu d'esperance jusqu'au jour, avec l'impatience qu'on peut ima-

imaginer de le voir paroître, sans pouvoir deviner où nous étions. Cependant le vent étant tout à fait tombé & notre ancre tenant bon, notre esperance croissoit. Le point du jour nous découvrit d'abord trois Rochers autour de nous, dont le plus éloigné n'étoit pas à la distance de trois fois la longueur de notre bâtiment : & , ce que nous n'avions pû deviner, nous étions dans le détroit entre *Andros* & *Negrepont*. Le *Caravokery*, l'Ecrivain & moi, nous allâmes à terre sur l'Isle d'*Andros*, dont les habitans nous félicitérent d'être arrivez à bon port pendant une nuit obscure, dans un lieu où en plein midi plusieurs bâtimens avoient fait naufrage pendant une tempête incomparablement moins furieuse que celle que nous venions d'essuyer.

Cependant les Matelots profiterent du calme pour s'éloigner des dangereux voisins que j'ai nommez, & gagnerent le Port d'*Andros*, nom qu'on donne indifferemment à la Ville, aussi bien que celui de *Cato-Castro*, ou bas-Château. Cette Ville est ainsi appellée pour la distinguer d'un autre Château, qui en est éloigné de quelques Milles & situé sur une haute Montagne qui le fait appeller *Apano-Castro*, ou haut-Château. Le Port est fort ouvert, & a peu de profondeur aux endroits même où il est le plus profond.

L'Equipage regardoit comme un songe le bonheur que nous avions eu d'échaper à un peril si éminent, le Pilote ayant gouverné, disoit-il, d'une maniere à nous tenir éloignez de Terre, au moins de la distance dont j'ai parlé. Leur surprise & le témoignage du Pilote me firent souvenir de l'étrange flux & reflux de l'*Euripe*, & conclure dans mon esprit que c'en pouvoit être l'effet. J'ai été confirmé dans cette pensée par le Capitaine d'un Vaisseau *Venitien*, à qui il m'est arrivé de raconter ceci, & qui m'a assuré qu'il avoit passé ce détroit pendant une nuit obscure, & un vent moins violent, lors qu'il s'en croyoit encore plus éloigné que ce que j'ai marqué.

Pendant que les Matelots étoient occupez à raccommoder leurs voiles, pour continuer le voyage, je vis ce que je pus de cette Isle qui n'est pas moins fertile que la precedente, si ce n'est qu'elle ne produit pas de lentisque : d'ailleurs elle n'est pas si grande. Cette Isle a un *Cady* à *Cato-Castro* avec un *Sous-Pacha*, qui reside dans un petit Fort hors de la Ville, avec un très petit nombre de *Turcs*, la plûpart des habitans étant *Grecs* comme dans les autres Isles, excepté ce petit nombre de *Turcs* & quelques *Latins*, avec un Evêque, & cinq ou six *Capucins*, qui y sont aimez des *Grecs* à cause de leur tranquilité.

Je m'informai si une certaine coutume que j'avois oui dire qu'on y pratiquoit, étoit telle qu'elle m'avoit été représentée, à sçavoir, que quand l'Evêque *Latin* portoit *l'Hostie* en procession, le jour de la Fête-Dieu, il marchoit sur le ventre des *Chrétiens Catholiques*, prosternez pour adorer cette *Hostie*; & tout le monde m'assura que cela étoit vrai. C'est ainsi que chaque Païs a ses coutumes différentes à l'égard du Spirituel, de même qu'à l'égard du Temporel. Ici on voit des Peuples qui se font un devoir & un merite d'être foulez aux pieds par un *Evêque*, &c. On en voit comme en *Espagne*, qui se masquent, qui se dépouillent jusqu'à la ceinture, & qui s'appliquent sur le dos & sur les épaules de grands coups de discipline. On en voit d'autres & dans le même Païs qui, après s'être aussi masquez, dansent & chantent devant celui qui porte *l'Hostie*, & qui marche, non sur des corps vivans, mais

1707.
Chap.
XVIII.

sur les plus beaux tapis étendus par terre, sur les Roses & les Lis, répandus par tout où il passe. Entre les *Mahometans* mêmes, les *Derviches* servent Dieu en dansant au son des Flutes douces & des Timbales.

Avant que de quiter le Port de *Cato-Castro*, j'en dirai encore deux mots. Quoi qu'il soit peu profond à present comme j'ai déja dit, il n'a pas toûjours été tel; les Anciens l'ont vanté comme excellent; ils l'appelloient *Gaurium*, & *Titus Livius*, *Gaureleon*. J'achetai à *Andros* deux Medailles *Greques*, comme 43 de la Planche XIV. avec diverses *Latines* de *D. Augustus*, *Metellus*, *Balbus*, *Drusilla*, *Faustina*, &c.

Nos voiles étant racommodées, & un vent favorable s'étant levé le 14. par dégrez, ce qui le fit juger durable par les Matelots, nous quitames *Andros*. Ils ne se tromperent point, car ce vent nous rendit en vingt-quatre heures dans le Port de *Saloniky*, & me fournit l'occasion d'aller coucher en cette Ville, ainsi appellée par corruption de *Tessalonique*. Elle a été appellée premierement *Therme*, selon quelques Géographes, & en second lieu *Halia*. C'est une des Villes les plus vastes qu'il y ait dans la *Turquie Européenne*: elle a beaucoup de bonnes maisons & assez jolies, outre une plus grande quantité d'autres qui ne sont ni belles, ni bonnes. Les plus beaux de ses édifices, aussi bien que dans les autres Villes de *Turquie*, sont les *Mosquées*, dont quelques-unes étoient autrefois des Eglises *Grecques*. On peut encore voir en quelques-unes des restes de peintures *Chrétiennes* en *Mosaïque*, dans leurs parties les moins exposées. Des Colomnes & des Chapitaux d'un marbre poli & rare, en font les plus beaux ornemens, comme dans celles des autres grandes Villes, où le *Mahometisme* l'emporte sur le *Christianisme*.

Pour les Eglises qu'ont à present les *Grecs*, elles sont là comme presque par tout peu considérables. *Salonique* a un grand Commerce, & est bien peuplée de *Turcs*, *Grecs*, *Armeniens* & *Juifs*. Ses murs sont encore assez bons, malgré la négligence des *Turcs* à les reparer & à les entretenir. Cette Nation s'en empara en 1431. Le Château fut, dit-on, bâti par les *Venitiens*, après qu'ils eurent acheté cette Place d'*Andronicus Paleologus*, Frere de *Constantin*. C'est le Bâtiment que les *Turcs* ont eu le plus de soin de réparer & d'entretenir; il la commande du côté de Terre, aussi bien que deux petits Forts situez du côté de la Mer, qui deffendent le Port.

On peut y voir encore quelques beaux restes d'arcs Triomphaux, avec de curieux bas-reliefs, des morceaux de Colomnes, d'Architraves, Chapitaux & autres semblables restes d'anciennes Villes, repandus çà & là, tant au dedans qu'au dehors de la Ville. J'achetai des Orfevres *Grecs* vingt-trois Medailles d'argent, qui ne me couterent gueres plus que la valeur réelle de leur matiere; mais elles étoient communes, à sçavoir de *Philippe* de *Macedoine*, d'*Alexandre* le Grand, d'*Antoninus Pius*, d'*Adrianus*, de *Diocletianus*, de *Julia Augusta*, de *Faustina*, &c. & d'un *Juif* quatre semblables à celle de cuivre marquée 39. sur la Planche XIV. Tome I. & 9, 11, 13, de la Planche VII. Tome II.

J'étois trop près du Mont *Athos*, appellé par les *Grecs Aghios Oros*, ou *Sainte Montagne*, qui est fameux par sa hauteur escarpée, pour manquer

Saloniky.

Mont Athos.

à

à le visiter. Mais le monde est déja si plein des diverses descriptions qui en ont été faites, que j'en dirai peu de chose. Il y a bien trois mille *Caloïeros* ou autres *Grecs* sur ce Mont, qui vivent de leur travail manuel, & qui jeûnent aussi austerement que les Religieux de la *Trappe*. Ils ne sont pas moins scrupuleux par rapport aux Femmes, jusques-là qu'ils n'admettent aucune femelle, de quelque sorte que ce soit, dans leurs Monasteres, qui sont au nombre de vingt-trois ou vingt-quatre, si je ne me trompe. Ces Monasteres paroissent comme autant de Châteaux qui sont assez forts pour les mettre à couvert des Corsaires. Les Eglises qui sont jointes à ces Monasteres, surpassent toutes les autres des *Grecs* par leur construction, & par les ornemens de Peinture, leurs Images étant l'ouvrage des *Moscovites* ou de quelques autres *Grecs* étrangers, qui ont puisé dans l'*Europe polie* quelque gout & quelque intelligence de ce bel art.

Aghios Oros est en la *Turquie Européenne* le rendez-vous où le centre de la dévotion de toutes les Nations *Grecques*, comme des *Moscovites*, *Mingreliens*, *Georgiens*, &c. qui y ont des Monasteres particuliers, chacun de la leur, où ils s'efforcent de faire briller comme à l'envi leur Religion, en les ornant de ce qu'ils ont de plus curieux dans leur Païs; comme *Jerusalem* est le centre de celle de tous les *Chrétiens* en général.

On peut le regarder comme une pepiniere de Moines d'élite, qui fournit l'Eglise *Grecque* de *Patriarches*, d'*Evêques*, &c. Ces Moines devenus tels n'ont pas pour cela plus d'autorité sur les autres Moines, ni dans le gouvernement des Monasteres, qui ont leurs Superieurs de qui seuls ils relevent. Ils respectent néanmoins la dignité des Evêques; ils reçoivent d'eux les ordres de Sous-Diacres, de Diacres & de Prêtres, & ils choisissent pour cela ceux qu'il leur plaît, sans être obligez de s'adresser à l'un plûtôt qu'à l'autre.

Après avoir employé environ deux jours à voir les principaux endroits de ce Mont, & éprouvé beaucoup d'humanité & d'hospitalité de la part de ses habitans; je retournai à *Salonique*.

Comme je comptois avoir vu tout ce qu'il y a de remarquable dans cette Ville, je m'embarquai le 19. pour *Enos* sur un petit Bâtiment *Grec* qui y alloit charger du poisson, & qui m'y rendit le 21.

Enos n'est aujourd'hui qu'un bon village. Sur la ressemblance de son nom avec celui d'*Enée*, les *Grecs* modernes, malgré leur ignorance dans l'antiquité, veulent que ce *Troyen* l'ait bâtie; mais on n'y voit aucune Inscription qui confirme cette opinion, ni même aucuns restes de bâtimens assez considérables, pour témoigner que ç'ait été autrefois une Ville, si on en excepte quelques pieces quarrées de marbre, qui sont des restes d'une muraille. J'y trouvai cependant quantité de Medailles *Grecques* & *Latines*, la plûpart d'*Agrippa*, de *Neron*, de *Titus*, de *Vespasianus*, de *Plautina*, entr'autres No. 30. de la Planche XIV. 3. & 33. de la Planche XXVIII. Tome I. & 2. comme 39 de la Planche VII. Tome II. frapées pour cette ancienne Ville de *Thrace*. Pline dit, que *Polidorus* y avoit son Tombeau, mais on n'en voit plus rien que des yeux de la foi historique.

Cet endroit étant si sterile en choses remarquables, je le quitai le même jour vers le soir pour passer à *Andrinople*.

1707.
CHAP.
XVIII.

Trajanopolis.

Andrinople.

Différens noms de cette Ville. Mosquée de Sultan Selim.

 Tout ce qu'il y a de plus curieux entre *Enos* & *Andrinople*, est, outre de charmantes & fertiles pleines, les restes de *Trajanopolis* & un Pont de mille deux cents pas en longueur, tout de pierre de taille, couché sur une espéce de lac ou de marais qui étoit presque tout desseché alors. C'est, peut-être, le même marais que les anciens Géographes ont appellé *Palus Stennoris*, quoi qu'il soit plus éloigné d'*Enos* qu'ils ne le placent sur leurs Cartes; les *Turcs* l'appellent *usun Cuprul*. (long Pont.) Aucune Inscription ne dit par qui il a été bâti.

 Quant à *Trajanopolis*, tout ce qu'on en voit encore se réduit à quelques restes de murailles, avec d'autres materiaux peu considerables, épars çà & là aux environs d'un grand Village situé à environ douze Milles du Pont que je viens de nommer; outre diverses pieces de marbres incorporées dans les murs des maisons des Païsans, desquels j'achetai, pour ce que je voulus donner, quantité de Medailles *Latines* de *Trajan*, d'*Antoninus*, d'*Adrianus*, & deux de *Maximinus*, & de *Maximus*, comme *n*, une *Grecque* de *Trajan*, comme 8 de la Planche XIV.

 J'arrivai le 23. à *Andrinople*, où Mr. *Holbrook*, Marchand *Anglois*, qui m'y avoit invité souvent, me reçut d'une maniere à me faire connoître que ma compagnie lui faisoit plaisir.

 Andrinople est la plus belle Ville de la *Turquie Européenne*, après *Constantinople*. Elle est située au milieu d'une vaste & delicieuse plaine, & baignée à son Sud-Est par trois Rivieres, dont deux appellées *Tungia* & *Arda*, perdent leurs noms avec les eaux qu'elles versent dans le lit de la troisieme appellée *Marissa*.

 L'Histoire fait mention de 3 noms que cette Ville a eus successivement, avant que de porter celui qu'elle porte aujourd'hui. Ces noms sont *Oresta*, *Uscada* & *Huscudama*. Ce ne fut qu'après qu'*Adrien* l'eut reparée, embellie & fermée de murs, qu'elle fut appellée *Andrinople*. Ces murs sont de brique, mal entretenus & tout à fait ruinez en plusieurs endroits, & par lesquels on peut s'apercevoir qu'elle étoit bien moins étenduë, lors qu'ils subsistoient dans leur entier, qu'elle ne l'est presentement. Ses plus considerables édifices sont, comme dans les autres Villes *Turques*, ses *Mosquées*, ses bains & ses *Besestins*. Entre les *Mosquées*, on doit donner la preference à celle qui porte le nom de *Sultan Selim*. On en peut voir les *Minarets* ou Tours à la distance de plus de 12. Milles, comme cela m'étoit arrivé en venant du coté d'*Enos*. La Cour en est grande & magnifique. Des Colomnes antiques de marbres rares, & d'un beau poli, forment autour de cette Cour un majestueux *Portico*, & au milieu est une belle fontaine destinée à l'ablution qui précede immediatement la priere. Il y a quatre entrées dans la *Mosquée*, à sçavoir deux par où le *Grand Seigneur* peut passer dans la Tribune Imperiale qui est fermée de *Jalousies*; & les deux autres pour le Public. Diverses Colomnes de Porphire, (marbré de *Paros*) de granite & de serpentin, soutiennent & ornent ce bel édifice. A l'égard de ses autres ornemens interieurs, ils consistent en des Lampes suspenduës comme celle de la Planche XVII & dans les principaux attributs de la *Divinité*, en gros caracteres *Arabes*. Cette *Mosquée* est surmontée de 12. Dômes ou Coupoles couvertes de plomb. Les *Minarets* sont au nombre de quatre, semblables pour leur forme à ceux des autres grandes *Mosquées*, excepté qu'il y en a un

dans

ANDRINOPLE, &c.

dans lequel, quoi qu'il ne paroisse pas plus gros aux yeux que les autres, on a menagé 3 escaliers par lesquels 3 personnes peuvent monter & arriver en même tems aux balcons, d'où les *Muesins* appellent le Peuple à la Priere, & cela sans s'être rencontrez-jusques là.

Jegni-Giami, ou la nouvelle *Mosquée*, peut avoir le rang après celle de *Sultan Selim*. Cette *Mosquée* a jusqu'à vingt coupoles, mais elles sont plus petites que celles de la précedente; entre quantité de belles Colomnes qui la soutiennent & qui l'ornent au dedans, il y en a quatre antiques d'un beau *verd'antico*. Celles de ses *Porticos* qui enferment la Cour, sont aussi antiques & de diverses sortes de marbres d'un excellent poli. Ces *Porticos* sont surmontez de cinquante coupoles, plus larges que celles qui regnent sur le corps de la fabrique. La Fontaine qui est au milieu de la Cour, n'est pas moins belle que la premiere.

Esky-Giami, ou la vieille *Mosquée* n'a, pour ainsi dire, point de cour, mais seulement un long bâtiment de pierre tout proche, comme dans toutes les *Mosquées*, avec differens lieux communs, & une fontaine destinée au même usage que les autres. Cette *Mosquée* est soutenue par des Colomnes de granite. Son Perystile est magnifique, & élevé sur des Colomnes semblables.

Un grand *Besastin* voisin, qui en dépend, & qui fait partie de ses revenus, est soutenu par de gros Pilastres, & contient au moins deux cents boutiques, qui sont garnies de diverses sortes de marchandises prétieuses.

Un Orfevre *Turc*, qui y avoit la sienne, me montra une tête de *Jupiter Ammon*, gravée sur une Cornaline noire, & peu differente de celle que j'ai trouvée depuis dans la *Tartarie Noghaienne*, représentée à No. 5. 5. sur la Planche XXVII; si ce n'est qu'elle étoit plus large & n'étoit pas montée. Je la marchandai, & par le conseil d'un *Juif* il m'en demanda trente Piastres; je lui en offris dix, & les lui aurois données, si un *Grec*, du nombre de ceux qui ont été envoyez en *Angleterre* & qui servoit d'Interprete à Mr. *Holbrook*, ne m'avoit dit qu'il la marchandoit pour le Consul *Sherrard*, qui lui avoit, disoit-il, donné commission d'achetter pour son compte toutes les antiquitez de cette sorte. Il ajouta qu'il esperoit de l'avoir même pour moins que je n'offrois, lors que ce *Turc* ne trouveroit aucun *Franc* qui la marchandât. Je me contentai dont d'en prendre l'empreinte sur de la cire noire, & je la lui envoyai par un Marchand *Grec*, qui alloit à *Smirne*. Il me fit reponse qu'il la trouvoit extraordinairement belle & envoya ordre à son pretendu Commissaire de l'achetter, à quelque prix que ce fût. Mais un Marchand *François* qui se trouvoit à *Andrinople*, en la même qualité que Mr. *Holbrook*, & qui étoit plus curieux à cet égard & plus hardi que l'Interprete, donna au *Turc* ce qu'il demandoit & revendit cette pierre 50 piastres à Monsieur de *Feriol*, qui l'envoya au Roi de *France*, pour son Cabinet, où on lui a donné la place honorable qu'elle y meritoit.

J'achetai des *Juifs* & des *Grecs* diverses Medailles *Grecques*, frappées pour les *Andrinopolitains*, comme, 32, *κξ*, & *λγ*, de la Planche XIV, une comme, 2, de la même Planche, avec quantité d'autres d'argent, d'*Alexandre*, d'*Athenes* & de *Philippopoli*, & un petit nombre de *Latines* des mieux conservées & que je choisis parmi une centaine, tant d'ar-

398 VOYAGES D'A. D. L. M.

1707.
CHAP.
XVIII.

gent que de cuivre, qu'on me montra, d'*Andrien*, de *Commode*, de *Trajan*, de *Sabine*, de *Faustine* &c.

Noce Grecque.

Le troisieme jour après mon arrivée, je fus invité avec Mr. *Holbrook* à une noce *Grecque*. Il faut remarquer qu'il n'y a gueres de difference entre les Ceremonies qui precedent, & qui accompagnent le mariage des *Grecs*, & celles que l'on fait aux mariages des *Armeniens*. Ces ceremonies aprochent assez du *Kebin* des *Turcs* en ce que les hommes ne voyent & ne fréquentent point, non plus qu'eux, les femmes qui leur sont destinées pour épouses, avant que le Prêtre leur ait donné la benediction dans l'Eglise. Voici ces ceremonies.

La mariée demeure assise dans la posture d'une Pagode, comme on le voit representé au N. 1. de la Planche XXV. dans la sale où se fait le festin, ou dans le jardin, lorsque la saison permet que l'on y danse & que l'on y chante, comme on a coutume de faire en ces sortes de cas. Elle ne mange point pendant tout ce tems-là, & ne prend part que par les yeux & les oreilles aux divertissemens des autres. De sa tête pendent des clincants d'or, dont quelques jeunes garçons & filles prennent quelques fils. No. 2. est l'époux; No. 3. est le Compere de mariage; No. 4. est une femme *Grecque* habillée à la maniere de *Constantinople*; No. 5. un *Grec* habillé de même; No. 6. une *Moldavienne*; No. 7. un *Armenien*; No. 8. une femme des Isles; No. 9. un *Bulgarien* qui joue de la Cornemuse; No. 10. un jeune *Grec* Insulaire qui joue d'une espece de guitare, à la maniere du Païs. Leur danse est une espece de *Passe-pied*. Je mets ensemble ces differentes sortes de Nations, pour faire remarquer d'autant mieux la difference de leurs habillemens. Quand l'épouse *Greque* va à l'Eglise, elle est voilée à la *Turque*, comme les figures qui suivent l'épouse *Turque* de la Planche XVI. Pour ce qui est de l'épouse *Armenienne*, on la voile si bien qu'elle ne peut rien voir; & elle est conduite comme une aveugle, à pas de Tortue, par deux femmes telles que No. 11. Nous fumes bien traitez à cette noce, & nous dansames, à leur maniere, même avec l'épouse, après son indolente seance. Quant aux ceremonies *Ecclesiastiques* des uns & des autres, elles ne different en rien d'essentiel. Le *Divorce* n'est pas extraordinaire entre les *Chrétiens Orientaux*, mais le *Patriarche* se reserve le pouvoir de rompre le nœud conjugal.

Le Serail d'Andrinople.

Le *Serail d'Andrinople*, où loge le *Sultan*, n'est pas si vaste que celui de *Constantinople*; mais il en aproche beaucoup par ses beautez & par la richesse de ses emmeublemens. Il est près de la Ville, entouré, outre ses murs, d'une petite Riviere, & accompagné d'un spatieux jardin, qui est champêtre, mais agréable.

Apsa.
Burgos.

Je passai plus de quinze jours fort agréablement à *Caragotz*, qui est un petit, mais beau Village, entouré de vignes & de prairies, à un petit quart de lieue d'*Andrinople*, où Mr. *Holbrook* avoit une maison de Campagne. Je le quitai pour retourner à *Constantinople*. Le premier Village que je rencontrai sur la route fut *Apsa*; & le second, *Burgos*, où je passai la nuit. Quelques Géographes veulent que ç'ait été l'ancienne Ville de *Tzurulum*, où *Turulus*; & d'autres, *Arcus*, ou même *Perinthess*. Quelques Medailles *Grecques*, frappées pour les *Perinthiens*, telles que celles des Planches XIV. & marquées x & 44., & que j'achetai d'un Vigneron en cet endroit-là, semblent favoriser cette opinion, quoi que la plûpart donnent cet ancien nom à l'*Heraclée* du

Pro-

CONSTANTINOPLE, &c.

Propontide, dont je parlerai dans la suite. D'ailleurs comme cette sorte de monoye, aussi bien que celles qui étoient frappées pour les autres Peuples ou Villes, avoit cours par tout l'Empire, il n'y a pas lieu de s'étonner qu'on les trouve encore aujourd'hui enterrées çà & là.

Je gagnai le lendemain *Selivri-Selimbria*, Ville mediocrement grande, & qui paroît l'avoir été davantage autrefois, à en juger par des restes de murs qu'on y trouve çà & là, & par quelques autres assez entiers d'un vieux Château, situé sur le haut d'une éminence, dont le pied est baigné, au Sud & Nord-Est, par les eaux du *Propontide*. Sur le penchant de cette Colline, du côté de la Terre, est la Ville; qui s'étend du Nord au Sud, dans la Vallée qui en renferme la plus considérable partie.

Selivri-Selimbria.

Cette Ville, qui est peuplée de *Turcs*, de *Grecs* & de *Juifs*, en grande abondance, a deux *Hans* plus commodes que beaux. Après avoir couché dans un de ces *Hans*, je partis de là le lendemain un peu avant le jour, continuant ma route le long du *Propontide*, par *Buyuck-Cuprul*, & *Cutchiuk-Cuprul*, que les *Italiens* appellent *Ponte-grande*, *Ponte-Piccolo*, ce qui veut dire la même chose. Ce sont deux petit Bourgs assez jolis, qui ont pris leurs noms de deux Ponts de pierres, dont le premier est en effet plus grand que le second.

Ayant cessé de cotoyer la Mer, à un petit Village appellé *San Stephano*, & m'étant avancé à travers une plaine fort sablonneuse, je gagnai *Dahout-Pacha*, Palais ou maison de Campagne du *Grand Seigneur*, qui n'a rien de remarquable.

J'appris, à mon arrivée à *Constantinople*, que le *Grand Seigneur* avoit deffendu aux *Francs* & aux autres *Chrétiens* de rester à *Belgrade*, & cela sur le rapport qu'on fit à *Sa Hautesse* qu'ils souilloient les eaux qui vont de là se jetter dans les reservoirs de *Constantinople*; (dont j'ai appellé celui de la Planche XIX. *Citerne*), & étancher la soif des *Musulmans*; & cela en mettant rafraichir leur vins dans les sources, ou en y lavant leurs verres.

Retour de l'Auteur à Constantinople.

Quelques jours après, je rendis visité à Mr. *Nicolas Mauro-Cordato* qui me reçut avec les ceremonies extraordinaires que j'ai rapportées dans l'article de *Scio*, à l'occasion du *Mastic*. Il m'obligea même à emporter un mouchoir brodé; & quand je lui en demandai la raison, il me dit qu'il y avoit si long tems qu'il ne m'avoit vû qu'il croyoit me devoir traiter en étranger.

Le 24. Octobre, les prisonniers *Armeniens*, à sçavoir le *Patriarche Sari* & six autres, tant *Vertabiets* ou Docteurs Ecclesiastiques, que Seculiers, ayant été accusez de s'être faits *Francs* furent condamnez par le *Visir Ali-Pacha Chiourlouly*, à être décapitez. Mais ils ne s'entendirent pas plûtôt prononcer leur sentence, qu'oubliant leur zele *Catholique*, ils déclarerent qu'ils preferoient la vie à la Religion *Chrétienne*, en prononçant à haute voix la Confession de foi *Mahometane*, de sorte qu'ils furent circoncis, & on les exhorta à être plus fermes dans le *Mahometisme*, qu'ils ne l'avoient été dans leur ancienne croiance.

Armeniens qui se rachettent de la mort en se faisant Turcs.

J'excepte un certain *Vertabiet*, nommé *Dher-Gomidas*, qui avoit été mis pour quelques mois dans le *Bagno* pour le même sujet, & qui après avoir été élargi, fut accusé de nouveau d'être relaps. Le *Visir* l'ai-

Interrogatoire du Vertabiet Dher-Gomidas.

1707.
Chap.
XVIII.

l'aïant envoyé chercher, avec quelques autres qu'on avoit accusez de la même chose, il se présenta de lui-même à ceux qui le cherchoient & leur dit genereusement, *laissez les autres en repos, & prenez-moi pour victime.* Là-dessus ils se saisirent de lui & le conduisirent devant le *Visir* avec deux autres *Armeniens*, qui s'offrirent aussi courageusement au martire pour la même cause. Il trouva son principal accusateur devant ce Juge: c'étoit le Patriarche *Dher-Joannes* qui étoit accompagné de divers Prêtres, qui se plaignoient de sa desertion, laquelle avoit, disoient-ils, entrané celle de quantité d'autres. *Ali-Pacha* l'envisageant avec un air fier, & imposant qui lui étoit naturel, lui demanda pourquoi il avoit quitté le rite *Armenien*, pour embrasser le *Romain*. L'Accusé répondit que c'étoit parcequ'un mûr examen & sa conscience lui avoient dit que ce dernier étoit preferable au premier. *Mais, repliqua ce Visir, ignores-tu que tu as merité la mort, pour n'être pas rentré dans ton devoir, après avoir obtenu la liberté, & par ta rebellion aux ordres du plus puissant Empereur de l'Univers, lesquels portent,* ,, que chacun de ses Sujets conquis doit de-
,, meurer constant dans la croyance de ses Ancêtres, & que quiconque
,, la trouve mauvaise & la veut quiter, doit embrasser celle des *Mu-*
,, *sulmans.* A quoi *Dher-Gomidas* répondit ,, que *Sa Hautesse* leur ayant
,, de tout tems accordé la liberté de Conscience, il ne devoit pas
,, être regardé comme Rebelle, pour avoir quité un rite qu'il croyoit
,, erroné, afin d'en embrasser un autre qu'il croyoit *Orthodoxe*; & que
,, ses accusateurs étant ses ennemis, & étant moins éclairez que les
,, *Catholiques-Romains*; & ayant de plus resolu sa perte, il appelloit de
,, leur accusation devant le Tribunal de Dieu. " Là-dessus, il lui demanda hardiment, si lui, qui avoit le pouvoir de le faire mourir, avoit celui de juger, laquelle des deux croyances étoit la plus sûre, ou la meilleure. *Je les crois toutes deux mauvaises,* répondit le *Visir, & je te condamne à la mort, pour ta Rebellion. Au reste, que ton sang soit sur eux, s'ils ont avancé la moindre faußeté. Ainsi soit-il,* répliqua *Dher-Joannes, & sur les Prêtres Francs, qui t'ont seduit, avec tant d'autres Membres de notre Eglise.* Alors le *Visir* ayant ordonné qu'on lui coupât la tête, aussi-bien qu'aux deux autres, il fut, pour cet effet, conduit derriere le Palais *Visirial*. Là il exhorta ses Compagnons à souffrir courageusement le Martire; & s'étant mis à genoux, il ôta lui-même le *Turban bleu* qu'il portoit, comme font generalement les Ecclesiastiques *Armeniens*, aussi bien que la plûpart des Seculiers; mais avec cette difference que les premiers le portent plus gros, à peu près de la forme de celui des *Mullas* ou des *Emirs*. Il fit une courte Priere, après laquelle le boureau lui trancha la tête d'un seul coup de cimeterre, & ensuite il la lui mit entre les jambes, le corps étant renversé sur le dos. Les autres furent traitez de même, & les corps de ces Martirs de la Foi *Catholique-Romaine* demeurerent en cet état exposez aux yeux du Public pendant vingt-quatre heures, & ils furent ensuite enterrez par les soins de leurs Parens ou Amis, à qui on ne refusa pas la permission de leur rendre ce pieux & dernier devoir.

Décapité avec plusieurs autres Armeniens.

Mort du Baron Szalontai.

Sur ces entrefaites mourut le Baron *Szalontai*, & assez à tems pour éviter la mortification de voir ses predictions aussi mal accomplies que beaucoup d'autres de cette nature. Le heros qui en devoit

voit être le principal instrument, terminer le cours de ses victoires à *Poltava*, comme je dirai dans la suite.

1707.
CHAP.
XVIII.

Peu de jours après, le Consul *Brandon*, qui étoit resté à *Constantinople* depuis le tems que j'ai marqué, n'ayant pû terminer les affaires qui l'y avoient amené, à la satisfaction des deux nations, quitta cette Ville, laissant au credit de Mr. le Chevalier *Sutton* à la *Porte* à executer ce dessein, comme Son Excellence le fit en effet aussi heureusement qu'on le pouvoit raisonnablement esperer.

Au mois de Decembre, les *Circassiens* refusant de payer au *Han* des *Tartares* leur tribut annuel qui consiste en un present de jeunes filles & de chevaux, moyennant lequel ils jouissoient depuis long-tems de sa protection, & étoient exempts des courses de ces derniers, il marcha contre eux avec une très nombreuse armée, qui fut defaite au milieu de Janvier 1708. de la maniere que je rapporterai dans mon voyage de *Tartarie* & de *Circassie*.

Vers le mois d'Avril, 1718 *Firary Assan-Pacha*, *Beglerbei* de *Romelie* qui avoit fait couper la tête au *Capigi-Bachi*, qui lui avoit été envoyé, comme j'ai dit ailleurs, pour prendre la sienne, fut étranglé: voici les circonstances de cet évenement.

1708.
Les *Tartares* defaits par les *Circassiens*.

Firary Ali Pacha ayant été invité par une Lettre du *Kislar-Aga* qu'il regardoit comme son intime ami, de se rendre auprès du *Sultan*, pour en recevoir de nouvelles marques de sa faveur, & ne s'attendant pas à moins qu'à être fait *Visir*, arriva à la *Porte* au commencement de mars. Il eut l'honneur de baiser la manche pendante de *Sa Hautesse*, qui lui fit present d'un sabre garni de Diamans, & d'une pelisse de zebeline, au lieu du *Caffetan* ordinaire. Mais le jour suivant il fut encore appellé. On l'enferma entre deux portes, & on le mit entre les mains du *Bostangi-Bachi*, qui le conduisit, à travers le jardin, à la porte de la *Marine*, & le fit entrer dans son bateau, à bord duquel il fut transporté à *Calcedoine*, où il n'eut pas plûtôt mis pied à terre, qu'il fut étranglé par deux *Bostangis* qui lui couperent la tête, & la porterent au *Divan*. Le Grand Seigneur l'aiant vue à travers la Jalousie, on la jetta devant la porte du *Serail*, où elle resta deux jours. Ce fut en ce tems-là que le Grand Seigneur donna sa fille en mariage à *Ali Pacha Cumurgi*, son *Selictar-Aga* & favori, quoi qu'elle eût à peine quatre ans: économie de la *Porte*, par laquelle elle épargne la dépense qu'il faudroit faire pour entretenir les Princesses Ottomanes, auxquelles elle ne donne pour dote que quelque emploi lucratif pour ceux qui ont l'honneur d'être leurs maris: honneur très dangereux, car s'il déplait à la Princesse, & qu'il soit riche, il est étranglé, ou banni, & infailliblement dépouillé de tout ce qu'il a, & la Princesse donnée à un autre.

Firary Assan Pacha étranglé.

Quelques jours après, les *Montevelis* des plus riches *Mosquées*, comme de *Sainte Sophie*, de *Sultan Achmet*, de *Bajazet*, de *Soliman*, & divers *Immaums*, qui avoient fourni de l'argent pour l'Armée qui avoit déposé *Sultan Mustapha*, furent étranglez, & jettez dans la Mer, ou bannis.

Rebelles punis.
Changemens dans les Charges.

Sur ces entrefaites une *Sultane* étant accouchée d'un Prince, il y eut de grandes réjouissances dans toute la Ville. Le Patriarche *Grec* de *Constantinople* étant venu à mourir, le Metropolitain ou Evêque d'*Heraclée* fut choisi par une partie du Clergé, & fut presenté à la

Tome I.   E e e   *Porte*

1708.
CHAP.
XVIII.

Porte, pour succeſſeur ; mais comme il avoit beaucoup d'ennemis, ou qu'il avoit pour rival celui de *Ceſarée*, dont la vocation fut appuyée par la pluralité des *Bourſes*, & par la recommandation d'*Alexandre Mauro-Cordato*, celui-ci obtint le *Barrat*. Peu après, *Alibey*, commandant d'une des galeres du *Sultan*, & qui en dernier lieu avoit été fait *Capitan Pacha*, en la place d'*Aptraman Pacha*, fut depoſé, & on lui donna pour ſucceſſeur *Gianum Codgia*.

Hiſtoire d'un pretendu Prince Ottoman.

Environ en ce tems un *Capigi-Pachi* fut envoyé à *Scio*, pour prendre la tête d'un pretendu Prince du ſang *Ottoman*, que le Roi de *Maroc* avoit envoyé priſonnier, à la requiſition de *Sultan Ackmet*. Voici ſon Hiſtoire, telle qu'on la racontoit alors. Une pretendue *Sultane*, groſſe de *Soliman* II. quand cet Empereur mourut, avoit été priſe par une galere de *Malte*, puis rachetée par un Capitaine de *Salé*, qui la revendit à un *Aga de Maroc*, où elle accoucha de ce Prince ſuppoſé. Je dis *ſuppoſé*, car il eſt inouï que les *Sultanes* qui ſont groſſes, ou qui ont des enfans, ſortent d'*Esky Serail*, comme je crois l'avoir deja dit, à moins que leurs fils parvenant au trône, à leur tour, ils ne les en tirent, pour les entretenir dans le *Grand Serail*, en qualité de *Validez*, ou Imperatrices meres.

Le Grand Seigneur gueri de la petite verole.

Au commencement de Mai, le *Grand Seigneur* ayant été attaqué de la petite verole, l'*Echim-Bachi*, ou premier Medecin de *Sa Hauteſſe*, conſulta un certain *Irlandois*, nommé *Gowin*, qui après avoir été Chirurgien de Mr. de *Feriol* à ſon arrivée en *Turquie*, avoit changé ſon nom en celui de *Mehemet Aga*, en abandonnant Son Excellence, & ſa Religion, & qui s'étoit acquis la reputation d'habile Medecin entre les *Turcs*. Il eut le bonheur d'ordonner au *Sultan* un regime, & des remedes qui eurent un ſuccès favorable, & le *Grand Seigneur* étant gueri, *Mehemet Aga* obtint en mariage une fille de l'*Echim-Bachi*, & une penſion, en qualité de Medecin de la *Porte*.

Le *Grand Seigneur* étoit à peine ſorti pour la premiere fois, que deux Vaiſſeaux de guerre d'*Afrique* lui apporterent les clefs d'*Oran*, que les *Maures* venoient de reprendre, après un ſiège de deux ans, ſur les *Eſpagnols* qui l'avoient gardé pendant plus de 2 ſiecles. Comme cette année étoit peu fertile en évenemens, ſur tout à *Conſtantinople*, & que je me trouvois las de me repoſer, je le temoignai à M. *Thomas Cooke*, Treſorier de la Compagnie *Angloiſe*, qui me dit qu'il me fourniroit, ſi je voulois, une nouvelle occaſion de voyager. Il m'offrit le commandement en chef de deux *Tchaiques Grecques* qu'il avoit achetées, & qu'il vouloit envoyer à *Barcelone*, ou à *Livourne*, ſelon que le vent les favoriſeroit; & il ajouta qu'elles porteroient pavillon *Grec* & *Anglois*; l'un pour me garantir des corſaires ennemis de la *Grande-Bretagne*, & l'autre pour tirer quelque ſecours ou quelque protection de ſes amis, en cas de beſoin. La plus grande de ces *Tchaiques* s'appelloit *Anna*, & la plus petite *Margarita*: leurs équipages étoient *Grecs*. J'acceptai l'offre ſans balancer, & reçus peu de jours après, mes patentes de Mr. l'Ambaſſadeur d'*Angleterre*, comme Capitaine en chef de l'une & de l'autre, à bord deſquelles je me rendis le 26. de Juillet au pied de la côte *Europeenne* du *Propontide*, entre *Ponte Grande* & *Selivry*. Un des *Juifs*, courtiers de Mr. *Cooke*, leur avoit deja procuré la plus grande partie de leur cargaiſon qui conſiſtoit en Bled. Mais comme il étoit embaraſſé pour le reſte qu'il n'étoit pas facile de trouver de ce côté-là, je pris l'argent qu'il avoit pour

Petit voyage accidenţel à Malte.

cela

cela entre les mains, afin de l'aller achever ailleurs, & je le renvoyai à Constantinople, d'où il ne se soucioit pas de s'éloigner davantage. Le vent étant Nord, je fis descendre ces Bâtimens jusqu'au dessous de Gallipoli, où nous mouillames, & ayant pris l'écrivain Grec de l'Anna avec moi, je louai des chevaux pour aller chercher 2500 Killos (a) qui nous manquoient. On m'indiqua, sur le bord du Golfe de Cardia, un Grec qui en avoit de fort bon, & je traitai avec lui pour cette quantité. Je lui donnai 50. ducats d'arres, & je m'en retournai à nos Bâtimens, pour les faire passer jusques là : Cela étant fait, je fus bien surpris d'aprendre que le marchand Grec, ayant trouvé un avantage d'environ une centaine d'écus, avoit vendu à une barque Françoise, le bled pour lequel j'avois traité avec lui. Il voulut me rendre mes arres, mais je refusai de les reprendre, & m'en allai en porter mes plaintes au Cady de Gallipoli, qui les ayant ouies, envoya 2 de ses gens pour l'amener devant lui. Comme il trouva ses raisons des plus mauvaises, il le condamna, non seulement à me trouver d'aussi bon bled que le sien, pour le même prix, mais encore à me payer les frais du retardement de mes deux Tchaiques, outre une grosse amende au profit de ce Juge, qui voulut par dessus cela lui faire donner 200 coups de Falacca, que je fis néanmoins réduire à 50, après bien des prieres en sa faveur.

Le patient m'ayant procuré en moins de deux jours la même quantité de bled, & du moins d'aussi bonne qualité que celui pour lequel j'avois fait accord avec lui, & ayant rempli les autres conditions qui lui étoient imposées par le Cady, nous fimes voiles, & à la faveur d'un vent Nordest, nous doublames le 7. d'Aout les caps delle Colonne ou Promontorium Palladis, de Schilli, ou Schilium Promontorium de S. Angelo ou Mallea. Un calme nous arrêta le 8. au matin entre ce dernier Cap & celui de Matapan, autrement Ténaria, où la fable dit qu'Arion trouva un Dauphin pour monture. Nous y rencontrames un Vaisseau Venitien, dont le Capitaine nous tira un coup de Canon pour nous appeller à l'obedience. Mes Grecs en furent allarmez, ils le prirent pour un corsaire de Barbarie, & me dirent que cette nation ne les épargnoit pas toujours, quoi qu'ils relevassent de la Porte; mais qu'au contraire ils les faisoient Prisonniers esclaves, pretendant qu'ils étoient Grecs de Morée, & par consequent Sujets des Vénitiens. Je calmai leur trouble & leur crainte, en leur répondant que c'étoit dans cette consideration, & pour les en garantir, que j'avois pavillon Anglois & des patentes Angloises. Je me fis porter incontinent à bord du Vaisseau, que je reconnus pour Venitien. Le Capitaine s'excusa fort civilement sur l'embaras qu'il me causoit, & me demanda si nous n'avions point apperçu le soir précédent deux Vaisseaux assez gros qu'il avoit pris pour Barbaresques, & qu'il avoit perdus de vue pendant la nuit. Je repondis que nous n'en avions apperçu qu'un seul à la hauteur de Spina-Longa, dont la nuit nous avoit aussi derobé la vue. Il conclut que c'en étoit un, & jugeant qu'ils n'étoient pas ennemis, il me remercia. Je lui temoignai, avant que de le quitter la crainte que j'avois que l'ignorance de mes matelots, qui se regardoient comme dans un nouveau monde, dès qu'ils étoient hors de l'Archipel, ne fût un obstacle à mon Voyage. Je lui dis que j'étois resolu à prendre un pilote Italien, aussi-tôt que je pourrois en trouver un; sur quoi il me répondit qu'il en avoit un

_____
(a) Killo, mesure de bled, ou d'autres grains contenant le poids de 53 à 54 livres.

1708.
Chap.
XVIII.
Zante.

à mon service. Je l'acceptai à des conditions raisonnables, & l'emmenai avec moi, après nous être souhaitez un bon voyage. Le vent s'étant relevé en notre faveur, nous rendit le lendemain 10 à *Zante*, avant le jour. Le *Caravokery* de la *Margarita* m'étant venu trouver à bord de l'*Anna*, où j'étois ordinairement, me représenta qu'elle faisoit de l'eau, & qu'il ne croyoit pas qu'étant vieille, elle pût poursuivre le voyage, sans que du moins la cargaison en souffrît. Je m'y rendis aussi-tôt avec mon nouveau Pilote, & quoi que nous ne trouvassions pas le danger aussi grand qu'il me l'avoit fait, le Pilote me conseilla de me défaire en cet endroit de la charge de ce Bâtiment, ajoutant que je le pourrois faire avec quelque avantage, d'autant plus qu'il voyoit bien que le *Caravokery* & les Matelots n'avoient gueres envie d'aller plus loin. Je suivis son conseil, & me fis porter entre les sept & huit heures près du *Lazaretto*, la *Pratique* de la Ville m'étant refusée, quoi qu'il n'y eût que peu ou point de Peste à *Constantinople*. Je fis prier Mr. *Pauls*, Consul *Anglois*, de me venir parler à la distance ordinaire. Il le fit, & me trouva en moins de deux heures un acheteur. Il me jetta son Obligation pour la sûreté du payement, qu'il me promit de remettre à Mr. *Cooke*, après quoi je donnai ordre à la *Margarita* de remettre à la voile, & de poursuivre son voyage avec l'*Anna*, dès qu'elle auroit été déchargée. Mes Matelots mangeoient tant d'ail cuit & cru, & l'odeur de cet ail qui étoit du voisinage de *Constantinople*, étant incomparablement plus forte que celle de l'ail d'*Egipte*, me devint si incommode, que je me déterminai à en manger moi-même, sur le conseil & à l'exemple de mon Pilote *Italien*, & en deux ou trois jours je trouvai le remede moindre que le mal. Le 15. le vent étant devenu contraire, & assez fort, à la hauteur d'*Agosta*, mes *Grecs* vouloient

Agosta Ville de Sicile.

à toute force que nous entrassions dans le Port, disant qu'autrement nous serions obligez de retourner en arriere. Je m'y opposai, alleguant le danger que ma *Tchaique* y couroit d'être confisquée, la *Sicile* dépendant alors du Roi *Philippe V*. Mais ils répondirent qu'ils en vendroient la charge en leur nom, s'ils y étoient obligez: expedient auquel je ne voulus pas donner les mains, n'ayant pas assez bonne opinion de l'honneur de leur Nation, pour mettre le Bâtiment & ma personne en leur pouvoir. En même tems je demandai au Pilote, où il nous pourroit conduire sans courir ces dangers. Il me répondit, qu'il pourroit gagner *Malte*, & je lui ordonnai de le faire. Ce ne fut pourtant pas sans bien des murmures de la part des *Grecs*, dont deux des plus mutins vouloient lui arracher le gouvernail des mains. Là-dessus je pris dans ma Cabane deux pistolets chargez, & menaçai de tirer sur eux, s'ils ne se retiroient, ou sur quiconque s'opposeroit à mes ordres. Ce mouvement & ces menaces ayant eu l'effet que je desirois, nous gagnames le voisinage du Port de la nouvelle Ville de *Malte*. N'ayant pû y entrer, & ayant trouvé un assez bon mouillage, nous jettames l'ancre & y restames, jusqu'à ce que le vent nous offrît par son changement le moyen de continuer notre course. Mais je n'eus pas plutôt fait lever l'ancre, qu'ils se mutinerent tous, à la reserve du *Caravokery* & de cinq ou six autres, & déclarerent qu'ils n'iroient pas plus loin. Je dis au Pilote de conduire la *Tchaique* dans le Port où je comptois de prendre d'autres matelots, mais je me trompai, & les mutins persistans dans leur resolution, je fus obligé de terminer là le

voyage,

MALTE.

voyage, & de vendre ma cargaison, la *Pratique* m'ayant été accordée après dix-huit jours de quarantaine. Je fis mettre en prison quelques-uns des plus mutins; & comme ils vouloient tous être payez selon l'accord de *Barcelone*, & comme s'ils avoient été jusques-là, je presentai au Grand Maître une Requête *Latine* à ce sujet, dans laquelle je remontrai à Son Altesse l'injustice de leur demande. J'eus l'honneur de lui baiser la main, & Elle me fit un accueil des plus obligeans. Ce Prince lut lui même ma Requête en ma presence, & il ne put s'empêcher de sourire, en lisant cette expression dont je me servois, *Secundum datam fidem (si quæ tamen in Græcis quærenda est fides) ad Barcinonicum usque portum debuerant progredi.* Il me repondit, ,, Vous ,, avez une juste idée de la Foi *Grecque*. C'est de la Canaille qui nous ,, donne bien de la peine, & qui nous trompe tous les jours pour les ,, *Turcs*, en jurant sans scrupule, par tout ce qu'il y a de plus sa-,, cré, que les Bâtimens que nos Galeres prennent, & dont ils ne ,, sont que les matelots, leur appartiennent. ,, Sur quoi je lui contai le tour du Marchand de bled du Golfe de *Cardia*, & combien les *Turcs* les surpassent en bonne foi. Après avoir écouté mes raisons, il me promit sa protection, & envoya ordre au *Consulat* de regler le *Nolis* de mon équipage, selon les loix maritimes. L'interêt aiant fait prendre au *Caravokery* le parti des autres, il plaida contre moi tant pour soy-même, que pour eux. Le procès dura près de deux mois; & il auroit duré davantage, à l'exemple de ceux d'autres *Grecs* qui plaidoient, me dit-on, depuis des années entieres, si Son Altesse, à qui je presentai une seconde Requête, n'avoit interposé son autorité pour le faire terminer; & ce fut en ma faveur. Je ne pus m'empêcher de temoigner à ce Prince, en le remerciant, la surprise où j'étois de voir les *Grecs* si avides de plaider, eux qui n'en avoient point, disois-je, aucun exemple en *Turquie*. Il me repondit, ,, que c'étoit un effet de ,, leur humeur querelleuse, qui a été si souvent reproché à leurs an-,, cêtres, outre que la Cour de *Rome* les gâtoit par la protection ,, veugle qu'elle leur donnoit, pour les attirer à la communion *Ro-*,, *maine*; mais qu'ils la trompoient, aussi-bien que les armateurs *Mal-*,, *tois*; que les procès qu'ils avoient à *Malte* rouloient sur des prises ,, de Vaisseaux *Turcs*, dont ces *Grecs*, qui n'en étoient que les mate-,, lots, s'approprioient les effets, ce qu'ils appuyoient par des sermens ,, qui ne leur coutoient rien; que s'ils étoient condamnez, ils implo-,, roient la protection de sa *Sainteté*, en écrivant au Collège *Grec* de ,, *Rome*, & en faisant des promesses qu'ils ne tenoient qu'autant qu'el-,, le prononçoit en leur faveur, & qu'autant de tems qu'ils restoient ,, sur les lieux. ,,

Mon procès & la vente de la charge de mon Bâtiment ne me permirent de voir que peu de chose de la nouvelle Ville & de la Campagne. Je dis *de la nouvelle Ville*, car je ne vis la vieille appellée, *Civita Vecchia*, qu'à mon second voyage, deux ans après. Je raporterai cependant ce que j'ai vu de cette nouvelle Ville, & ce que les habitans m'en ont apris, me reservant à parler du reste en un autre endroit.

Elle plaît extraordinairement par l'uniformité de ses maisons & par la régularité de ses rues, & sur tout par la somptuosité & la magnificence de ses Eglises. Elles sont toutes belles & richement décorées. Je ne parleray que de celle qui est consacrée à *St. Jean*: c'est

1708.
CHAP
XVIII.

Malta nuova. San Giovanni.

1708.
Chap.
XVIII.

un vaste & majestueux édifice dont les jours sont bien entendus, & l'*Architecture* excellente: Elle a trois nefs, ses ornemens interieurs de sculpture sont superbes; & les peintures dont les sujets sont tirez de l'Evangile, ont merité au peintre l'honneur d'être mis au nombre des *Chevaliers de Malte*. L'Entrée du Port est fort étroite, elle est defendue au *Sudouest* par le Chateau *St. Elme*, & par diverses pieces de canon plantées sur une Eminence qu'un gros mur revêt tout autour, lequel se joint à ceux de la Ville. Cette éminence s'appelle *Baracca Vecchia*. Au *Nord Est* elle est defendue par un Château appellé *Castel Nuovo*, ou *Castello Del Mar*, qui fait face à cette baraque. Ce Château est accompagné de quelques maisons fort jolies. En deçà, & vis à vis de la nouvelle Ville, qui est très belle, s'avancent dans le Port deux langues de Terre, ou d'une Roche réguliere, sur lesquelles sont deux Bourgs petits, mais agréables, avec deux Forts sur chaque pointe de langue. Ces langues forment par leurs distances, depuis *St. Michel*, jusqu'au Rocher voisin, trois petits Ports subalternes, dont celui du milieu sert de retraite aux Galeres. Toute l'Isle est entourée de divers petits Forts, & de Redoutes, principalement vers les bouches de ses Ports, & vers les endroits les plus bas, où l'on pourroit faire des descentes. Elle a d'Orient en Occident environ trente Milles, sur quatorze de largeur. Les Geographes sont partagez sur cette Isle. Ils en font, les uns une Isle d'*Italie*, les autres une Isle d'*Afrique*. En effet, tous les Naturels y parlent *Arabe*, mais le monde poli y parle *Italien*, dans les deux Villes. Le Port de *Lazaretto* a ses commoditez, aussi bien que la maison. Il est destiné principalement pour les Bâtimens du *Levant*. Les femmes y sont fort belles, elles portent dans les rues un voile à la *Moresque*, ou à l'*Espagnole*. Le Château *St. Elme* est sur un promontoire qui commande la Ville. Auprès de ce Château sont les greniers publics creusez dans le Roc. A quelque distance de là, est l'Infirmerie, appellée l'*Hospital*; bâtiment très étendu, fort regulier, & très propre. Les malades y sont fort bien traitez, & servis par des Chevaliers en vaisselle d'argent. Il est accompagné d'une fort belle Apoticairerie.

Feinte maladie du grand Maitre par une vue de charité.

Quand ces Chevaliers font profession, on leur met sur un tapis étendu par terre, un morceau de pain, & un verre d'eau, avec une épée, en leur disant, *voici ce que la Religion vous donne, vous devez vous procurer le reste avec cette épée*. En attendant, ils ont bonne table dans les *Alberghi*, ou Auberges, & même sur les Galeres, où ils doivent faire ce qu'on appelle *Caravanne*. Le bon vin, & les meilleures viandes n'y manquent jamais, quoi qu'en une quantité qui n'est pas contraire à la sobrieté convenable à l'Ordre. Quand le *Grand Maitre* meurt, son Successeur se fait par la voye de l'élection, à la pluralité des voix. Celui qui l'étoit alors s'appelloit *Reymundus* de *Perellos*, *Espagnol* de Nation. Son Altesse se trouvant un peu indisposée, feignit de l'être mortellement, pour procurer des habits à divers Chevaliers qui en manquoient faute d'argent; parceque c'étoit leur donner une occasion de vendre leurs voix, aux Chevaliers *Grands Croix*, entre lesquels on choisit le Successeur. Il fit publier par ses Medecins le pretendu danger où il se trouvoit, & il ne vouloit être vu que d'eux. Les *Candidats* qui le croyoient encore plus mal qu'on ne le disoit, se hâterent d'acheter les voix des autres Chevaliers. Après quoi

quoi le *Grand Maître* ayant fait dire qu'il étoit hors de danger, il se montra bien-tôt en public, & vit avec plaisir les pauvres Chevaliers revêtus. Son Palais est grand; les appartemens en sont d'une belle ordonnance, & bien meublez. Dans ceux d'Eté sont dépeintes les Actions ou Batailles de terre, dans lesquelles l'Ordre de *St. Jean* s'est signalé, & dans ceux d'Hiver, les Combats de Mer. L'Ecurie est belle, & garnie de chevaux bien choisis.

Agrémens du séjour de Malte.

Les habitans étrangers de *Malte*, dont les Chevaliers font la meilleure partie, parlent tous *Italien*, & ils en rendent le séjour très agreable, par rapport aux plaisirs de la societé. L'Isle fournit en tout tems de quoi faire bonne chere, & à un prix mediocre: non seulement à cause de sa fertilité qui est telle qu'elle produit plus qu'il ne faut pour la subsistance de ses habitans naturels, mais encore à cause du vin & des autres provisions qui lui viennent de *Sicile*, qu'on pourroit aujourd'hui appeller le grenier des *Maltois*, comme on l'appelloit autrefois le grenier des *Romains*. Les cailles qu'on y voit voler tous les ans par essains, aidées d'un vent favorable, un peu avant la saison dans laquelle nous étions alors, y sont excellentes. Mais elles n'y paroissent plus après le milieu d'Octobre; ce qui avec l'*Arabe* & le *Moresque*, qui sont la langue naturelle & ordinaire de ces habitans, est assez propre à confirmer l'opinion des Geographes, qui soutiennent que *Malte* est proprement une Isle d'*Afrique*.

Mon procès & mes autres occupations ne m'ayant pas permis de faire de plus amples remarques sur cette Isle, je me reserve à y ajouter en un autre endroit celles que j'y fis l'année 1710 en y repassant. Je la quittai vers la fin de Novembre, après avoir chassé les plus mutins de mes Matelots *Grecs*; que je remplaçai par quelques autres que me fournit la prise que les *Maltois* avoient faite d'un Bâtiment *Turc*; car ils se contentent de mettre à terre les *Grecs* qu'ils y trouvent, & leur laissent la liberté de s'en retourner à la premiere occasion; ne faisant Esclaves que les *Mahometans* & les *Juifs* qu'ils trouvent sur les Bâtimens *Turcs*. Le vent nous fut toûjours si favorable, que nous passâmes en quatre jours jusqu'à *Metelin*, sans nous être reposez nulle part; mais nous fumes arretez auprès de cette Isle par un calme, qui dura vingt-quatre heures, après quoi un vent qui souffloit du Sud, nous permit de gagner les *Dardanelles* au commencement de Decembre. J'y trouvai Mr. *Cooke* avec un *Juif* qui achevoit de faire charger du bled à un Bâtiment *Anglois*, appartenant à des Marchands de cette Nation établis à *Venise*. Il me donna quelques milliers de ducats, avec lesquels il me pria de chercher de quoi charger deux autres Vaisseaux *Venitiens* pour le compte des mêmes Marchands. Ces Vaisseaux étoient à l'ancre devant *Tenedos*, où ils attendoient de nouveaux ordres. Je fis comme j'avois fait à l'égard de mes 2 *Tchaiques*. J'allai sur les bords du Golfe de *Cardia*, où je trouvai un *Turc* qui avoit 8000. *Killos* de bled; & je convins avec lui du prix. Lui ayant voulu donner une cinquantaine d'écus pour arres, il fit difficulté de les prendre, disant que la parole suffisoit entre les *Turcs*. Cela est vrai, repondis-je, *mais rarement entre les* Grecs: surquoi je lui contai l'affaire que j'avois eue avec le *Grec* & que j'ai raportée ci-dessus. Il me dit qu'il l'avoit apprise sans savoir que c'étoit à moi que cela étoit arrivé, & qu'il meritoit bien la peine qu'on lui avoit infligée

Exemple de la bonne foi des Turcs.

pour

pour cela. Ce *Turc* demeuroit à environ deux lieues de là. Mon marché étant conclu, je passai à *Tenedos*, où je trouvai les deux Bâtimens. Je les amenai sous les yeux du *Turc*. Un Vaisseau *Genois* avec banniere *Ragusoise* lui avoit offert 100 ducats plus que moi, pour le bled dont j'avois fait le marché; mais ce *Turc* avoit répondu qu'il ne romproit pas sa parole pour tout l'or du monde. Je fis donc charger les 8000 *Killos*. J'eus quelques difficultez à surmonter pour le reste, tant par la faute des Capitaines *Venitiens*, que par un obstacle que formoient deux Vaisseaux de guerre *Turcs*. Mais je me tirai de cet embarras par quelques presens que je fis aux Capitaines de ces derniers. Après quoi je m'en retournai à *Constantinople* sur la *Tchaique* nommée *Margarita* dont Mr. *Cooke* s'étoit servi pour aller chercher de quoi charger le Vaisseau *Anglois*, & qu'il m'avoit envoyée pour en faire un semblable usage, à l'égard des deux Vaisseaux *Venitiens*.

Succès des armes des Alliez.

Il ne se passa rien de plus cette année à *Constantinople* qui merite d'être rapporté. Les dernieres nouvelles que nous reçumes de la *Chrétienté*, lors quelle expiroit, furent celles que publierent les Ministres des Puissances Alliées, à sçavoir ,, que leurs armes avoient un ,, succès presque continuel contre la *France* & l'*Espagne*; que les *Fran-* ,, *çois* avoient été obligez d'abandonner l'*Italie*, qu'ils avoient perdu ,, *Majorque* & *Minorque*, & une Bataille des plus considerables près ,, d'*Oudenaerde*.

Monsieur de *Feriol* publia au contraire, ,, que le Heros du Nord, ,, *Charles XII*. après avoir fait des miracles de valeur, & de bonheur ,, en *Pologne*, poursuivoit le *Czar*, faisant dans ses Etats qu'il mena- ,, çoit d'un sort pareil à celui du Roi *Auguste*, qui ayant été forcé ,, d'abandonner la *Pologne*, se trouvoit en *Flandres*; où il comman- ,, doit dans l'Armée des Alliez un Corps de ses Troupes *Saxones*, ,, sous le nom de Comte de *Misnie*; que le Général *Mazeppa* avoit aban- ,, le parti de Sa Majesté *Czarienne*, après avoir envoyé son Neveu ,, Mr. *Wontarosky* pour lui remontrer, qu'en ordonnant de bru- ,, ler, ou brulant comme faisoit ce Prince derriere soi, tout ce qui ,, pouvoit contribuer à la subsistance des *Suedois* en *Ukraine*; où ils ,, s'avançoient, il alloit causer la ruine entiere du Pais, & reduire ,, les habitans à mourir de faim, ou à la nécessité de se joindre à ,, l'Ennemi; mais que cette Remonstrance avoit été si mal reçue de ,, Sa Majesté *Czarienne*, qu'Elle avoit ordonné d'arrêter le Messager, ,, & lui auroit coupé la tête, s'il n'avoit trouvé moyen d'échaper. C'est ,, le même *Wontatowsky* qui a depuis été arrêté à *Hambourg* en l'année ,, 1716. par le Resident de *Russie*, & envoyé ensuite à *Petersbourg*, ,, d'où le *Czar* le relegua en *Siberie*, après l'avoir tenu dit-on, pendant ,, trois ans enfermé dans un Cachot avec moins de quoi vivre que de ,, quoi ne pas mourir de faim.

CHAPITRE XIX.

Halvet *ou recreation des Dames du* Serail. *Desertion du General* Mazeppa. *Indisposition de* Mr. *de* Feriol. *Deffaite du Roi de* Suede Charles XII. *à* Poltava. *Sa marche, son arrivée & sa reception en* Turquie. *Négociations de ses Ministres à la* Porte *pendant son sejour en* Turquie. *Deposition du* Visir, *&c.*

AU Printems de l'an 1709, le *Grand Seigneur* donna le *Halvet* à son *Harem*. C'est une permission que *Sa Hautesse* accorde de tems en tems aux Dames de son *Serail*, de se promener & de se divertir dans les Jardins. Ces Dames, comme on pourra remarquer, ont beaucoup moins de liberté que les Religieuses les plus resserrées parmi les *Catholiques-Romains*. Elles ne sortent de leurs apartemens, ou ne passent d'un *Serail* dans un autre, lors que le *Sultan* change de demeure en Eté ; que voilées & entourées d'une troupe d'Eunuques noirs. Elles montent alors dans des chariots, s'il faut aller par terre, ou dans des bateaux, si c'est par eau. Et pour les derober encore mieux aux yeux du public, on met sur leur chemin des marques qui avertissent le peuple de ne passer qu'à une certaine distance des endroits où elles doivent passer ; mais ceci s'observe plus particulierement à l'égard du *Halvet*. Si la *Porte* est, par exemple, à *Constantinople* ; comme elle s'y trouve ordinairement en tems de paix ; quoi que les murs des Jardins soient très élevez, & que ces Jardins soient remplis d'une quantité extraordinaire de pins, de cyprès, de lauriers, suffisans pour cacher les *Sultannes* quand elles y sont, il ne laisse pas d'y avoir des marques de bois attachées à des ancres, & qui nagent sur la surface de l'eau, pour avertir les bateaux du *Bosphore* & du Golfe, dont les eaux baignent ces murs, de ne s'en approcher pas plus près.

Avant que les *Sultanes* ou concubines marquées 1 sur la Planche XXVI. sortent de leurs apartements, pour entrer dans les Jardins, quantité d'Ennuques blancs, habillez comme 3. font divers tours dans les allées, pour voir s'il n'y a personne, & pour faire retirer tout le monde, jusqu'au grand *Visir* même, s'ils l'y rencontroient. Ensuite un d'eux va avertir le *Kisler-Aga*, 2, qui tire ces Dames du *Serail*. Alors tous les Eunuques blancs disparoissent, & elles sont conduites dans les Jardins & gardées par les noirs. Car pour les blancs qui ne sont pas mutilez comme les noirs, ils sont exclus de la garde des femmes, depuis qu'*Amurat I.* remarqua un cheval Hongre qui s'accouploit avec une Cavale. Ce fut la raison pour laquelle il ordonna qu'on mutilât en la maniere que j'ai marquée ailleurs, tous ceux qui auroient cette garde. Au reste, ces noirs n'entrent point dans les *Kiosques*, où les Femmes se reposent après la promenade, pour manger, boire le Caffé & le *Scherbet*, chanter, &c. mais ils se tiennent dehors à quelque distance vis-à-vis de la porte & des fenêtres. Le *Kiosque* où elles se reposent ordinairement, après quelques tours de Jardin, est joint au mur du côté de la Mer, où il n'a aucune entrée, mais seulement en dedans du Jardin. C'est-là que des Comediennes leur donnent le divertissement de certaines pieces de Théatre, selon leur

Tome I. Fff

maniere. Elles y font fervies par des Servantes Efclaves ; car elles n'en ont pas d'autres pour les raifons que je crois avoir déja dites. Ce *Kiofque* eft très grand & magnifique: il confifte en trois fpatieufes chambres avec des fenêtres fermées de *jaloufies*, outre les vitres, pour voir fans être vu. Ces chambres font garnies de riches *Sophas* & autres meubles fuperbes. Celle du milieu qui eft la plus large, eft pavée de marbre avec un tapis de *Perfe* pour marchepied. Les platfonds de toutes les trois font très précieux par l'or & l'azur dont ils font ornez. On jugera affez qu'on ne peut favoir ces particularitez que de la bouche de quelque Eunuque noir: auffi les perfonnes de qui je les tiens, les ont-elles aprifes par une pareille voye.

Peu de jours après, Monfieur de *Feriol* fut attaqué de l'indifpofition à laquelle on a donné le nom de folie, & qui arriva en la maniere fuivante.

Indifpofition de M. de Feriol.

Il avoit invité au village de *Belgrade* plufieurs Dames, & diverfes autres perfonnes de fa nation, avec quelques-unes de celle de *Hollande*. Il faifoit extremement chaud quand il monta à cheval avec la plupart des hommes, ce qui étoit entre neuf à dix heures du matin. Les Dames allerent par eau jufqu'à un village nommé *Buyukdery* fur le bord de la Mer, & peu éloigné du premier, où elles fe rendirent en chariot. Son Excellence traita toute la Compagnie affemblée en cet endroit, avec fa magnificence ordinaire. On fit bonne chere, on danfa, on chanta; en un mot tout fe paffa fort agreablement: mais dans le tems qu'on s'en retournoit comme on étoit venu, il arriva que Mr. de *Feriol* vit ou crut voir un ferpent qui traverfoit le chemin, devant les pieds du cheval de Mr. de *Marigny* qui étoit à fa gauche. Il lui dit, *prenez garde que votre cheval n'écrafe ce ferpent qui traverfe le chemin.* Mr. de *Marigny* ayant répondu qu'il n'y en avoit aucun, cette réponfe deplut à Mr. L'Ambaffadeur, à qui elle paroiffoit avoir l'air d'un dementi, & il lui donna un affez rude coup de fouet fur les épaules. Sur quoi Mr. de *Marigny* dit d'un ton élevé, *Monfeigneur, ce n'eft pas de cette maniere qu'on traite ici un Gentilhomme:* fi fait, repliqua Mr. de *Feriol, quand il parle comme vous faites.* Cette contestation, aïant été fuivie de groffes paroles, & de menaces de la part de Son Excellence, fut interpretée à fon defavantage, & le refte de la Campagnie prefente crut que la chaleur du jour, & l'exercice du cheval, qu'il n'avoit prefque point fait depuis fes audiences, lui avoit échauffé la tête, & on fit figne au Gentilhomme de ne le pas contredire. Quoi qu'il en foit, Son Excellence qui paroiffoit de plus en plus échauffée à fon retour au Palais de *France*, & qui ne dormit point toute la nuit fuivante, parloit & agiffoit comme un homme attaqué du plus violent delire, & il devint incommode jufqu'à un tel point qu'on fut obligé de le lier. Ce traitement parut augmenter fon mal, & Mr. de *Marigny* y ayant pris part en mettant les mains fur fa perfonne, quand on l'éxecuta, s'attira des menaces & des reproches fanglans d'ingratitude. Mais ce qui mortifia davantage Mr. de *Feriol*, fut qu'on éloigna d'auprès de lui une fille *Armenienne*, qu'il appelloit *figlia d'anima*, où *fa fille d'ame*, (c'eft ainfi qu'on nomme les perfonnes adoptées de ce Sexe), & que la medifance appelloit *fa fille de corps*. Cette fille le fuivoit, & le tenoit par la main jufques dans les ruës, quand il alloit à quelques Eglifes ou Couvents de *Gallata*, ou qu'il vifitoit les Marchands.

Le

CONSTANTINOPLE, &c.

Le defordre dans lequel fe trouvoit Mr. l'Ambaffadeur fut tenu fi peu fecret, que toutes les differentes Nations du lieu le fçurent en moins de fix jours. Ses infomnies lui échauffant de plus en plus le fang, & réveillant dans fon cœur toutes fes paffions, le portoient à menacer hautement ceux dont il croyoit avoir été offenfé: & comme il avoit toûjours autant contrecarré les négociations du *Czar* à la *Porte*, que Mr. le *Chevalier Sutton* avoit ordre de fa Cour de les appuyer, ce que ce dernier avoit fait avec un fuccès qui lui avoit donné de la jaloufie, il lui envoya un deffi, que Mr. de *Marigny* lui porta d'abord en badinant. Ce Seigneur répondit fur le mêmeton, ,, je l'accep- ,, terai quand je ferai auffi malade que vous me le repréfentez." Quoi qu'il en foit, les difcours que Mr. de *Marigny* tenoit fur fon fujet, paffoient dans l'efprit de tout le monde pour n'être gueres convenables à une perfonne qui avoit les obligations qu'on fçait à Son Excellence. Ce fut fur ces entrefaites que Mr. *Brue* ayant dit au *Vifir* que Mr. l'Ambaffadeur étoit devenu fou, en reçut la réponfe que j'ai rapportée dans l'article de l'Audience. Ce fut auffi lui qui quelque tems après porta en *France* une atteftation de fa folie, fignée des principaux Marchands de la Nation, & du Mecedin *Juif Fonfeca*, le même qui a dit la Meffe en *Portugal*, & qui étoit alors fous la protection de *France*. Il revint avec le rapel de Mr. de *Feriol*, & la nouvelle de la nomination de Mr. *Des Alleurs* à l'Ambaffade en fa place.

Un jour que j'étois avec Mr. l'Ambaffadeur de *Hollande* dans fon Jardin, dont une porte qui étoit ouverte avoit vue fur la Chambre où étoit lié Mr. de *Feriol*, dont il avoit toûjours été ami, dès que celui-ci l'apperçut, il montra un mouchoir blanc, en criant ,, Au fecours, M. ,, l'Ambaffadeur, venez voir comme je fuis traité par cette vipere de ,, *Marigny*, que j'ai rechauffée dans mon fein. Cet Avanturier, ce ,, gueux que j'ai retiré, & nourri dans mon Palais, m'y fait mainte- ,, nant la loi, & a aidé, avec *Brue*, cet autre monftre d'ingratitude, ,, à me lier comme un criminel." Là-deffus on ferma incontinent la fenêtre, ce qui nous empêcha d'en entendre, & d'en voir davantage. Mr. l'Ambaffadeur de *Hollande* fut touché de ce fpectacle jufqu'à verfer quelques larmes, & me dit, ,, En vérité, Mr. de *Marigny* & Mr. ,, *Brue*, qui ont tant d'obligations à ce Seigneur, devoient fe difpen- ,, fer d'avoir aucune part dans ce traitement, & ces plaintes ne pa- ,, roiffent pas fortir de la bouche d'un fou, ajoûta-t-il. J'irai demain le ,, voir, & je ferai en forte qu'on le traite mieux." Il le fit en effet, & il réuffit, car on fe contenta enfuite de ne laiffer aucunes armes dans fa Chambre, & on lui permit de s'y promener, & de s'entretenir avec quelques bons *Capucins* qu'il aimoit, qui lui tinrent compagnie, & qui l'exhorterent à la patience & à la tranquilité.

Au commencement de Juillet, un Courier *Mofcovite* dépêché, à ce qu'il difoit, le jour de l'Action de *Poltava*, arriva à *Conftantinople*, avec la nouvelle de cette Action, à laquelle il ajoûtoit, que le Roi de *Suede* étoit mort, ou prifonnier. Mr. de *Tolftoy* communiqua cette nouvelle au *Vifir*, & à tous les Miniftres étrangers, excepté Mr. de *Feriol* qu'il regardoit (outre fon état prefent) comme trop bon Suedois pour s'en rejouir.

Deux ou trois jours après, un *Aga* du *Pacha* d'*Oczacow* reffufcita ce Prince, en difant qu'il avoit laiffé Sa Majefté *Suedoife* en bonne fanté

1709. CHAP. XIX.

Defaite du Roi de Suede à Poltava.

1709.
Chap.
XIX.

santé près de cette Ville, avec environ mille *Suedois*, sans compter le General *Mazeppa* & ses *Cosaques*, qui étoient en plus grand nombre, outre quantité de *Polonois*. Mr. *Neghebaur*, Gentilhomme *Livonien*, nous confirma bien-tôt cela, en aportant les Lettres qu'on trouvera dans *l'Appendix* pour le *Grand Seigneur*, & pour le *Visir*. Mais ce Gentilhomme n'étant revêtu d'aucun caractere, n'eut audience que du dernier.

Un bonheur de neuf ans entiers pendant lesquels combattre & vaincre étoit toûjours une même chose pour le Roi de *Suede Charles XII.* sembloit lui aſſurer le droit d'être invincible & invulnerable : droit dont on a publié qu'il se flattoit. Du moins la maniere intrepide avec laquelle il meprisoit & bravoit les plus grands dangers, dans lesquels une grele de boulets, ou une pluye de balles faisoient tomber autour de lui ses gens, & ses chevaux sous lui, sans pouvoir lui faire changer de couleur ni de contenance, sembloit confirmer cette opinion. Ce Heros du Nord, après avoir fait descendre du Trône de *Pologne* le Roi qui y regne aujourd'hui, rejettoit depuis long-tems les propositions d'accommodement & de Paix que le *Czar*, sur qui il avoit remporté les avantages qu'on sçait, lui faisoit faire. Il sembloit par ses réponses qui étoient, *je traiterai avec lui à* Moscou, menacer ce Prince d'un sort pareil à celui de ce Roi; & on avoit lieu de lui attribuer la réponse qu'*Alexandre* fit faire à *Darius*, *sçache que tu écris à un Roi, & à ton propre Roi*. Ceux qui ont été le plus long-tems auprès de lui, & qui ont prétendu le connoître à fond, m'ont confirmé ce que j'avois déja entendu dire, sçavoir, ,, qu'il avoit puisé dans *Quinte-* ,, *curce* ces idées, avec le modele de l'heroïsme qu'il s'étoit proposé ,, d'imiter, & même de surpaſſer; qu'ils avoient vû les paroles d'*A-* ,, *lexandre*, que j'ai raportées en *François*, marquées de sa propre main ,, à la marge de son *Quinte-Curce*; qu'il avoit des vues bien plus vastes, & ,, plus étendues que ne portoit sa réponse aux propositions du *Czar.*

On en peut regarder comme une preuve une autre réponse que ce Heros fit en *Ukraine* à un Officier qui lui représentoit, qu'il étoit contre les bonnes regles de la guerre de laiſſer des Places fortifiées derriere soi, & que c'étoit mettre son Armée en danger de perir, ou de se détruire par elle-même, que de s'avancer si avant dans un Païs ennemi, sans Magasins ou munitions de bouche pour les hommes, ni fourage pour les chevaux. Cette réponse étoit, à ce que m'a dit un Colonel, nommé *Vangherseing*, qui étoit present, ,, Vous avez peur de perdre de vue votre femme ; mais si vous êtes ,, un vrai Soldat, amateur de la gloire, & que vous me suiviez, je ,, vous menerai si loin que vous entendrez à peine des nouvelles de ,, *Suede* une fois en trois ans. " Quoi qu'il en soit, on avoit dans l'*Europe* Chrétienne des pensées fort differentes sur les prodiges de valeur & de succès de ce nouveau Heros, qui y répandoit en même tems l'admiration, la terreur & la jalousie, lorsqu'il se trouva à *Poltava* plus vaincu par lui-même que par le *Czar.*

Particularitez sur la Bataille de Poltava.

Quoi que *Charles XII.* eût encore une bonne partie de plus de vingt millions, levez en *Saxe* & en *Pologne* (outre les Tresors du General *Mazeppa* qui avoit pris son parti) son Armée manquoit de tout ce qui étoit le plus neceſſaire pour sa subsistance. D'ailleurs elle étoit extremement fatiguée par les marches qu'il lui faisoit faire à travers

CONSTANTINOPLE, &c.

vers des deserts, où des lieux que celle du *Czar* avoit rendus tels, en brulant, ou en enlevant sur sa retraite tout ce qui pouvoit rafraichir cette Armée. Dans cet état elle fut obligée de donner ou de recevoir Bataille, & elle la perdit; & le Roi lui-même fut réduit avec cette poignée de monde qui échapa, à chercher le 18. de Juin 1709. son salut dans la fuite.

1709.
CHAP.
XIX.

Je ne pourois que me rendre ennuyeux, si j'entreprenois de raporter ici les circonstances de cette Bataille perdue, dont on a tant de Relations, quoi que j'en sache bien des circonstances que j'ai non seulement aprises par les Relations publiques, mais encore par d'autres destituées de toute partialité, & qui m'ont été données par des Officiers *Suedois* que j'ai vus depuis à *Bender*. Je me contenterai donc de raporter les principales particularitez que je tiens d'eux, aussi bien que ce que je croirai de plus interessant dans les suites de cette action, lesquelles j'ai vues pour la plûpart de mes propres yeux.

Quelques-uns de leurs Compagnons, faits prisonniers, & depuis devenus libres par leur industrie, après cette journée si fatale à la *Suede*, m'ont dit que le *Czar* victorieux à son tour, ayant fait amener devant lui ses Generaux & autres principaux Officiers, & ayant jetté les yeux sur chacun d'eux, leur demanda *où étoit son Frere* Charles, & que quelqu'un lui ayant répondu qu'on ne sçavoit ce qu'il étoit devenu, il repliqua, *il ne me manque que lui, & je l'ai envoyé chercher par* Walkowsky. Voici quelques circonstances de cette Action.

Le Roi, ayant été mis par une blessure au pied hors d'état de monter à cheval, s'étoit fait porter à la Bataille dans une Litiere. Cette Littiere fut brisée d'un coup de canon, & un cheval qu'il voulut monter malgré sa blessure ayant été tué sous lui, on l'arracha par force de la mêlée, où il ne pouvoit trouver que la mort, ou la perte de sa liberté. Quand il vit tout desesperé, il se laissa vaincre enfin aux sollicitations de Mr. le Chancelier *Mullern*, de Mr. *Poniatowsky*, Gentilhomme *Polonois*, & General d'Artillerie de la creation de *Stanislas*, nouveau Roi de *Pologne*, & de quelques autres qui se trouverent auprès de lui, & il consentit à passer le *Boristene* où *Dnieper*, comme on l'appelle aujourd'hui, pour éviter de tomber entre les mains du *Czar*. Pour cet effet, il donna ordre de bruler le gros bagage, & passa le Fleuve la nuit du 19. au 20. de Juin, avec environ dix-huit cents hommes, tant *Suedois*, que *Polonois* & *Cosaques*.

Mazeppa, General des *Cosaques*, qui avoit quitté le parti du *Czar* & qui étoit passé dans celui du Roi de *Suede*, prit de sa propre personne tout le soin que lui inspiroit le danger d'être immolé au ressentiment de S. M. Cz. qui l'avoit fait pendre en effigie. Il fut des premiers à faire jetter dans le *Boristene*, tout ce qui pouvoit embarrasser ou retarder sa fuite, jusqu'à de grandes caisses pleines d'argent blanc. Il passa ce fleuve avec tous les *Cosaques* qui le purent suivre; mais comme il avoit peu de bateaux, & que les eaux étoient rapides en ces endroits-là, outre que le trajet étoit fort large, plusieurs de ceux qui entreprirent de le passer à la nage sur leurs chevaux, y perirent. Cependant sur les dix heures du matin, le Roi l'ayant heureusement passé, monta dans un carosse qu'on avoit fait transporter pour Sa Majesté à cause de sa blessure, avec le General Major *Hordo* qui étoit aussi blessé. Toute cette Armée delabrée se mit en marche par les deserts; les uns

Passage du *Boristene*.

1709.
CHAP.
XIX.

à cheval, les autres à pied, faute de monture. On en mit plufieurs dans de petits chariots legers, qu'ils avoient eu foin de tranfporter dans des bateaux d'un bord du fleuve à l'autre, à caufe de leurs bleffures, ou de quelques maladies.

Cette marche étoit fort irreguliere, faute de chemins batus. On ne rencontroit dans ces deferts, ni maifons, ni hutes, ni tentes, ni habitans, & par confequent point de vivres, pas même de l'eau; & fi on n'avoit eu pour guides des *Cofaques*, qui n'y font pas tout à fait étrangers, on auroit couru rifque d'y perir, après y avoir erré, & jeuné très long tems, fans trouver moyen d'en fortir, comme il m'a penfé arriver trois ans après, dans ceux qui regnent entre *Ozakow* & *Precop*. Cette fâcheufe fituation avoit répandu la triftefse & la mortification fur le vifage de ceux qui compofoient cette marche. J'en excepte le Roi qui paroiffoit, dit-on, toujours le même, & fur le vifage de qui on m'a affuré à *Bender* qu'on n'avoit pû encore remarquer le changement qu'eft capable de caufer un auffi grand malheur que celui qui venoit de lui arriver, & de la bouche de qui on n'avoit jamais entendu fortir aucunes plaintes, excepté à la nouvelle de la mort de la Duchefse de *Holftein*, fa fœur.

Cependant Mr. *Poniatowsky*, guidé par des *Cofaques* qui fçavoient où l'on pouvoit trouver de l'eau, & dont il détachoit de tems en tems quelques-uns pour cet effet, étoit à l'avant garde de la marche, qu'il dirigeoit vers *Ozakow*, petite Ville fortifiée aux embouchures du *Dnieper*, & du *Bogh*, qui fe precipitent de compagnie, à quelques Milles plus bas, dans la *Mer Noire*, & dont je parlerai plus amplement dans mon voyage de *Tartarie*.

Arrivé du Roi de Suede en Turquie.

Le Roi, après fix jours de marche, étant arrivé fur le bord feptentrional du *Bogh*, à environ trois Milles d'*Ozakow*, envoya Mr. *Poniatowsky* avec le Secretaire *Clinkonftrom* au *Pacha* du lieu, pour lui faire un compliment de fa part, & lui demander paffage par les terres *Ottomanes* de fon gouvernement. Ils avoient à peine paffé le *Bogh*, & n'étoient pas encore arrivez à la Ville, lors qu'un *Aga*, que ce *Pacha* avoit depeché vers Sa Majefté, fur l'avis qu'il avoit reçu de fon approche par quelques *Tartares* errans dans les deferts, la prevint très civilement en lui offrant de lui-même ce qu'il avoit envoyé demander. Il accompagna cela de rafraichiffemens qui venoient fort à propos, pour des gens qui avoient trouvé bien moins dequoi vivre que dequoi ne pas mourir de faim, ou de foif, en fept à huit jours de marche. Le Roi ne paffa le *Bogh* que le 28. au matin, & n'échapa que de quelques heures aux recherches du General *Ruffien*, à qui il put même voir enlever de l'autre coté de ce Fleuve 500 hommes des fiens, tant *Suedois*, que *Polonois*, & *Cofaques*, à l'égard defquels le malheur voulut qu'il n'y eût pas affez de bateaux pour les paffer. Sa Majefté même n'en ayant pas trouvé pour traverfer le Fleuve, avoit été obligée d'attendre fort long tems, à caufe de la lenteur du *Pacha*; de forte que ce Prince auroit couru rifque d'être pris par l'ennemi, fi le General *Ruffien*, que le *Czar* avoit envoyé pour le pourfuivre, n'avoit heureufement fuivi les traces du caroffe d'un Commiffaire *Suedois* égaré dans les deferts, lequel il prit pour celui de Sa Majefté. Mais quoi que ce Prince ne doutat pas que les *Ruffiens* ne le pourfuiviffent, il ne montra pas la moindre crainte, ni la moindre impatience,

pen-

pendant tout le tems qu'il lui fallut attendre des bateaux. Il se mo- 1709.
quoit au contraire de celle que temoignoient quelques-uns des siens. Chap.
Il ne faisoit que d'entrer sous une tente qu'on lui avoit dressée un peu XIX.
en deça du *Bogh*, lors que le *Pacha* d'*Ozakow* se rendit auprès de Sà
Majesté, pour lui confirmer de vive voix le compliment qu'il lui a-
voit envoyé faire par un *Aga*, Il lui offrit tous les services qui de-
pendoient de lui, & ajouta qu'il avoit depeché un Exprès au *Grand Seigneur*, pour lui donner avis de son arrivée dans l'Empire *Ottoman*, &
qu'il étoit persuadé que *Sa Hautesse* enverroit par tous les lieux de cet
Empire, où il plairoit à Sa Majesté de passer, ou de sejourner, les
ordres necessaires pour la faire traiter, & recevoir d'une maniere convenable à sa dignité; qu'en attendant il prioit Sa Majesté d'accepter la
meilleure maison de la Ville d'*Ozakow*, pour s'y reposer. Mais le
Roi le remercia de ses offres, s'en excusant sur le peu de tems qu'il
vouloit y sejourner. Sur ces entrefaites, le Chambellan *Cyllinstierna*, qui
avoit servi d'interprete, fit remarquer au *Pacha* les 500 prisonniers
faits de l'autre coté du *Bogh*, faute de bateaux suffisans pour les passer,
& pour éviter le General *Russien* qu'on pouvoit encore voir. Le
Pacha lui temoigna le chagrin que ces tristes objets pouvoient inspirer,
& le pria d'assurer le Roi, qu'il ne lui avoit pas été possible d'en trouver davantage en si peu de tems; & d'en faire bien ses excuses à Sa
Majesté. Le Chambellan le fit, & le Roi les agréa.

Charles XII. fit écrire une Lettre en Latin au *Grand Seigneur*, qu'il
signa pour lui donner part de son arrivée, & demander sa protection,
avec un libre passage par ses Etats, où il étoit entré, afin de rejoindre
l'Armée qu'il avoit laissée en *Pologne*. Il lui proposoit dans cette Lettre une Alliance deffensive. Sa Majesté en fit écrire une autre au *Visir* qu'Elle signa aussi, & dont le contenu tendoit au même but, comme on en peut juger, en les lisant telles qu'elles sont traduites dans
l'*Appendix* No. III. avec celle de Mr. *Muller* au dernier, & les réponses. Mr. *Neughebaur* en fut chargé, & il partit le 2. de Juillet pour
Constantinople, accompagné d'un *Aga* que lui donna le *Pacha*, & d'un
Domestique *Cosaque*, qui entendoit le *Livonien* & le *Turc*.

Le 3. un *Aga* du *Serasquier* de *Bender* arriva auprès du Roi, pour Il se rend à
le complimenter sur son heureuse arrivée dans l'Empire *Ottoman*, & *Bender*.
lui faire des offres de services de la part de son Maître, accompagnez
d'une fort belle Tente *Turque*, & il l'invita à passer à *Bender*. Le
Roi ayant accepté la Tente & l'invitation, se mit en marche le 5. avec
tout son monde. Il fut accompagné pendant quelques lieues du *Pacha d'Ozakow*, qui lui donna quelques-uns de ses gens pour guider
Sa Majesté dans des deserts de vingt-cinq à trente lieues, qui regnent
entre *Ozakow* & *Palanca*. Il lui fournit des chevaux & des chariots,
avec tout ce qui étoit nécessaire pour deffrayer ce Prince & sa suite,
pendant toute la route, jusqu'au delà de *Palanca*; le *Pacha* de *Bender* ayant donné ses ordres pour cet effet depuis là jusqu'à *Bender*, selon la coutume *Turque*.

Le 8. au matin le Roi arriva à *Palanca*, petit Bourg accompagné
d'un Fort de ce nom, sur le bord du *Nyester*, à six lieues ou environ
de son embouchure. Un quart d'heure après, un *Myrsa* ou Noble
Tartare, fit au Roi un compliment, à peu près semblable aux précé-
dens, de la part du *Han*, & lui fit present d'un chariot couvert de
drap,

drap, attelé de quatre chevaux, & d'une Tente. Sa Majesté reçut tout cela & chargea le *Myrſa* de ſes remerciemens.

Le Roi pourſuivit ſa marche à petites journées, & n'arriva à *Bender* que le 12. de Juillet. Il y fut ſalué de trente-ſix coups de canon, accompagnez des acclamations des *Janiſſaires* rangez en haye. Il ſe rendit ſous une Tente dreſſée par les ordres du *Seraſquier* (*a*) ſur le bord du *Nyeſter*, marquée A a ſur la Planche V. T. 11. Le *Seraſquier* s'en étoit fait dreſſer une autre à environ cent pas de celle-là, marquée B. b. Alors le Roi l'ayant envoyé complimenter par ſon Chancelier *Mullern* & Mr. *Poniatousky*, il ſe rendit auprès de Sa Majeſté, à qui il fit toutes les proteſtations d'amitié, & toutes les offres de ſervices imaginables, l'invitant à loger en Ville. Mais Sa Majeſté le remercia de ſes honnêtetez, & voulut reſter ſous ſa Tente. Elle ne paſſa même le *Nieſter* que le 24, ayant témoigné aimer mieux camper que de loger dans aucune maiſon. On dreſſa des Tentes par ordre de Sa Majeſté proche la Riviere, un peu au deſſous de la Ville, entre quelques arbres, dans l'endroit marqué A A. ſur la même Planche. Elle voulut qu'on convertît enſuite ſa Tente en une eſpece de maiſon fixe, que l'on bâtit de planches, nonobſtant les remontrances que les *Turcs* lui firent, que le Fleuve s'étant debordé environ vingt ans auparavant, avoit inondé cet endroit-là, & détruit un petit hameau qui y étoit, & qu'on n'avoit jamais rebâti depuis, dans la crainte d'un autre inondation. Les Officiers changerent à ſon exemple leurs Tentes en maiſons, & les Soldats ſe creuſerent des hutes dans la terre, au deſſus de laquelle il ne paroiſſoit que les toîts. Le nombre des habitans croiſſant, parceque pluſieurs priſonniers *Suedois* trouvoient le moyen de ſe ſauver de *Moſcovie*, & de rejoindre leur Roi, & par l'arrivée de quantité de *Polonois* & de ſes autres adherans, le nombre des maiſons & des hutes s'augmentoit de jour en jour. Il devint bientôt aſſez grand pour compoſer, à la magnificence près, une petite Ville, que nous pouvons apeller *Carlopolis*, puis qu'elle doit ſon commencement à *Charles XII.*

Cependant la bleſſure du Roi étoit devenue très dangereuſe par le peu de ſoin qu'il en avoit, & par le refus qu'il avoit fait de la laiſſer panſer; de ſorte que la cangrene avoit commencé de s'y mettre, lorsque Mr. *Newman*, ſon premier Chirurgien, gagna enfin ſur l'eſprit de Sa Majeſté d'y laiſſer appliquer les remedes néceſſaires, en lui repréſentant qu'autrement Elle ſeroit réduite à ſe faire couper la jambe, & par conſéquent à renoncer toute ſa vie à monter à cheval; derniere & ſeule raiſon qui l'emporta d'abord ſur toutes. Cet habile Chirurgien ayant affaire au Patient le plus patient, employa le fer & le feu ſi à propos, qu'après avoir tiré de ſon pied un petit os deja carrié, qui fut envoyé dans la ſuite à la Princeſſe *Ulrique*, ſa ſoeur, Sa Majeſté ſe trouva en état de marcher vers le milieu d'*Août*, & écrivit au Roi *Staniſlas* la Lettre de l'*Appendix* No. IV.

Le Roi avoit jugé à propos d'envoyer au commencement du mê-

(*a*) Je pourrai indifféremment mettre *Seraſquier* ou *Pacha*, dans la ſuite, en parlant du *Pacha de Bender*, parce que c'eſt la même choſe à ſon égard, quoi que tous les *Pachas* ne ſoient pas *Seraſquiers*. Ceux à qui on donne ce nom, qui ſignifie proprement General d'Armée, ont ſous leur commandement toutes les Troupes, non ſeulement de leur Gouvernement mais auſſi de certains diſtricts du voiſinage, & ſont diſtinguez, par une queue extraordinaire, des autres ſimples *Pachas*.

me mois environ 960. hommes vers les frontieres de *Pologne*, sous le Commandement du Colonel *Guldendrok*, & de plusieurs autres Officiers, sous pretexte d'observer ce qui s'y passoit. Il leur avoit promis de les suivre de près, pour aller ensuite avec eux rejoindre l'Armée *Suedoise*, qu'on croyoit encore près de *Cracow*. Mais les *Moscovites* ayant occupé tous les passages, par lesquels on pouvoit entrer en *Pologne*, & étant passez jusques en *Valaquie*, où ils les trouverent, les firent tous prisonniers, à la reserve d'un petit nombre qui se sauva.

La nouvelle de cette action sur les terres *Ottomanes*, étant bientôt venue à *Bender*, passa de là à la *Porte*, où on la représenta avec toutes les couleurs nécessaires pour lui donner tout l'air d'un acte d'hostilité contraire à la Paix jurée. Elle émut le flegme *Turc* à un tel point, que l'Ambassadeur de *Moscovie* fut obligé de faire toutes sortes de soumissions, & de promettre toutes sortes de satisfactions au nom de son maître, qui n'avoit, juroit-il, jamais donné de tels ordres, & qui ne manqueroit pas de punir les auteurs d'une telle infraction, dès qu'il l'apprendroit. Cependant Son Excellence eut toutes les peines du monde à calmer l'émotion.

Quelques personnes prétendoient voir assez clair dans les intentions du Roi de *Suede*, pour assurer que ce Prince avoit sacrifié exprès ce peu de monde, pour mettre les *Moscovites* à portée de fournir aux *Turcs* un prétexte honorable de rompre avec le *Czar*, comme Sa Majesté souhaitoit. Mais c'est une pure conjecture, à laquelle le long séjour du Roi à *Bender* a donné naissance.

Le 19. d'Août, il arriva à *Bender* un *Aga*, chargé des Réponses du Grand *Visir Ali-Pacha* au Roi, & au Chancelier *Mullern*, avec un beau cheval *Arabe* très richement caparaçonné, & un *Hangiar*, ou petit poignard *Turc*, dont le manche & la gaine étoient garnis de pierres prétieuses, que Sa Majesté reçut fort gracieusement. Voyez le contenu de ces Réponses dans l'*Appendix* No. V.

Cependant Mr. *Neughebaur* écrivit, que n'étant revêtu d'aucun caractere, il n'avoit pu avoir audience du *Grand Seigneur* : sur quoi le Roi trouva bon de lui conferer celui d'Envoyé. Sa Majesté lui fit dépêcher ses Lettres de créance, dont Mr. le General *Poniatowsky*, qui témoignoit ouvertement souhaiter de voir *Constantinople*, mais qui avoit quelque autre dessein particulier que la suite a montré, demanda à être le porteur. Il partit de *Bender* le 8. Septembre avec la Réponse du Roi au Grand *Visir*, & une Lettre de Mr. *Mullern* au même. Il passa en moins de huit jours de *Bender* à *Constantinople*, quoi que ces Villes soient bien éloignées de cent septante lieues.

Le General Poniatowski envoyé à Constantinople par le Roi de Suede.

Mr. *Neughebaur* ayant reçu ses dépêches, se prépara à prendre audience du *Grand Seigneur*, & l'eut le 27. avec les ceremonies ordinaires, excepté celle des presens qu'il se dispensa de faire.

Le *Grand Seigneur* ne fit réponse au Roi de *Suede* qu'au commencement de Janvier 1710. Voyez cette Réponse dans l'*Appendix* No. VI. Sa *Hautesse* accompagna cette Lettre de vingt beaux chevaux que Sa Majesté accepta, & dont un étoit très richement enharnaché, comme celui de la Planche V.

En ce tems-là, la disette de bled étant fort grande en *France*, deux Vaisseaux de guerre de Sa Majesté *Très-Chrétienne*, avec une

Tartane, apporterent des ancres faites à *Marseille* pour le service de la Flote *Ottomane*, & chargerent du bled jusques dans le *Propontide*.

Le General *Poniatowsky* fit bientôt voir que la curiosité avoit la moindre part dans son voyage: il s'insinua si adroitement & si heureusement dans l'esprit des Ministres de la *Porte*, & sur tout dans celui du *Visir*, qui lui donna plusieurs audiences secretes, qu'il en obtint, outre un present de mille ducats pour lui qu'il ne demandoit pas, la promesse d'une nombreuse escorte pour reconduire surement le Roi par la *Pologne*, auprès de la petite Armée qu'il y avoit laissée, & qui s'étoit, disoit on, retirée sur les Frontieres de *Pomeranie*. Il en voulut porter lui-même la nouvelle à Sa Majesté, & se rendit à *Bender* le 9. Octobre.

Cette nouvelle fût aussi agréable au Roi qu'on le peut penser. Divers *Pachas* qui avoient reçu ordre du *Grand Seigneur* de former cette escorte, faisoient déja defiler leurs Troupes vers *Bender*, & il s'y trouva en peu de tems sept à huit mille hommes de Cavalerie.

Les Turcs favorables à ce Prince.

Tout sembloit conspirer à consoler le Roi de son malheur ou à satisfaire ses desirs. Il fut bientôt generalement loué, & aimé du peuple. Les bons *Turcs* admiroient sa sobrieté, & sa temperance; & comme ils voyoient qu'il ne buvoit jamais que de l'eau, & qu'ils entendoient dire qu'il n'avoit pas même voulu boire de la bierre; pendant toute la guerre, ils s'écrioient qu'il avoit les inclinations d'un véritable *Musulman*, & qu'il ne lui manquoit rien que de l'être. Les Soldats, tant *Spahis* que *Janissaires*, prenoient plaisir à lui voir exercer le peu de Troupes qu'il avoit; & comme s'il leur eût communiqué par sa presence ses inclinations martiales, ils témoignerent par leurs discours ne respirer que la guerre contre les *Moscovites*. Au moins c'étoient là les nouvelles publiques de *Bender*. D'un autre côté les caresses que la *Porte* faisoit à Sa Majesté, & le refroidissement qu'elle commença à montrer alors pour l'Ambassadeur du *Czar*, faisoient dire, que ce Prince lui avoit fait ouvrir les yeux sur ses véritables interêts, & qui étoient de s'opposer à l'agrandissement du *Czar*, qui se trouvoit délivré par la Victoire de *Pultova*, du seul Ennemi capable de l'empêcher. Mr. *Poniatowsky* ne cessoit de crier au Ministere *Turc*, que la Flote de ce voisin formidable qui croissoit à *Asoph*, & les Fortifications de *Taganrok* &c. lui donnoient déja un pied dans la *Mer Noire*, & menaçoient *Constantinople*, si elle ne prenoit de bonne heure des mesures pour prevenir le danger. Enfin tout paroissoit aller le mieux du monde pour le Roi de *Suede*.

Ils changent tout à coup de disposition,

Mais le *Visir* ayant envoyé au commencement de *Janvier* 1710. un *Aga* à Sa Majesté, sous pretexte de sçavoir de quelle force elle vouloit son escorte, celui-ci rapporta pour réponse, qu'elle ne pouvoit être moindre que de 30000 *Spahis* & de 20000 *Janissaires*. Le *Visir* la trouva, ou fit semblant de la trouver trop forte, & le *Muphty*, le *Reis-Effendi*, & la plupart du Divan, à qui il la communiqua, la trouverent exorbitante. Ils firent parler la loy, & la bonne foy *Musulmane* contre une escorte, qui étoit, disoient-ils, une grosse armée, qu'on ne pouvoit envoyer dans des Etats amis, sans une infraction réelle des Traitez jurez; ce qui tendoit directement à rompre avec la *Pologne*, & la *Russie* en même tems. Sur ces entrefaites, les *Suedois* pretendoient être bien informez que le *Czar* dictoit ce langage à la *Porte*

bien

CONSTANTINOPLE, &c.

bien moins par l'éloquence de son Ministre, & de ses remontrances par écrit sur ce sujet, que par ses presens. Au moins la faveur qu'elle montra tout à coup à son Ministre, & son refroidissement pour le Roi leur maître, le leur faisoit croire; car Mr. *Tolstoy* eut le credit de renouveller solemnellement le Traité de *Carlowitz* pour le *Czar* son maître; & après en avoir reçu la ratification, il fut honoré pour la seconde fois d'une audience (a) du *Sultan*: il en presenta l'Instrument à *Sa Hautesse*, & en reçut la sienne au commencement de 1710. Cet Ambassadeur obtint ensuite la prerogative qui n'avoit point été accordée à aucun autre de sa Nation, qui fut de louer, ou de faire bâtir, ou acheter un Palais dans le quartier des *Francs*, & d'y jouir des mêmes libertez que les autres Ambassadeurs. Il loüa, & fit reparer l'ancienne maison des Ministres de *Genes* à la *Porte*, appellée encore par plusieurs *Genoese-Sarai*, ou *Palais de Genes*. Un Ministre *Moscovite*, de quelque caractere qu'il fût revêtu, étoit, avant cela, toûjours bien plus prisonnier que libre, & loin d'être logé parmi les autres, il ne pouvoit pas les visiter sans une permission expresse de la *Porte*.

1718.
Chap.
XIX.

Après cela le *Czar* qui se croyoit en état de tout obtenir, fit demander à la *Porte* le General *Mazeppa*, avec tous les *Cosaques* qui l'avoient suivi à *Bender*. Le *Visir* poussa la complaisance pour Sa Majesté *Czarienne*, jusqu'à faire prier le Roi de *Suede* de les lui livrer; mais Sa Majesté *Suedoise* répondit que tous les Etrangers qui étoient venus avec lui, ou qui l'étoient venu joindre en *Turquie*, ne lui étoient pas moins chers que ses propres Sujets, & que tant qu'ils se comporteroient bien, Elle les regarderoit & protegeroit comme tels; & enfin, que s'il y en avoit quelques-uns qui se rendissent coupables de quelques fautes, il s'en reservoit la punition: mais la mort du General *Mazeppa* qui survint peu après, mit fin aux prétentions de Sa Majesté *Czarienne*.

Complaisance du *Visir* pour le *Czar*.

Voici une autre marque publique de la préference & de la complaisance du *Visir* pour l'Ambassadeur du *Czar*, que cinq Esclaves *Suedois* qui s'étoient sauvez de la maison de celui-ci, dans celle de l'Envoyé de *Suede*, lui donnerent occasion de faire éclater.

L'Ambassadeur les aïant fait reclamer chez l'Envoyé qui les refusa comme Sujets de son maître, le premier menaça d'employer la force, & en porta ses plaintes au *Visir* qui les fit demander à l'Envoyé. Celui-ci les ayant encore refusez, le *Visir* lui fit dire qu'il les vouloit examiner, & qu'il les lui renverroit incontinent après. Mr. l'Envoyé n'osant les refuser au *Visir*, ou aïant été trop facile en cette rencontre, fit ce qu'il requeroit de lui. Mais quatre d'entre eux se firent *Turcs* plûtôt que de retourner au service du *Czar*. Il renvoya le cinquieme, non à l'Envoyé du Roi de *Suede*, mais à l'Ambassadeur de Sa Majesté *Czarienne*. A propos de quoi, il est à remarquer que les *Moscovites* traitoient leurs prisonniers à la *Turque*, ou à la *Tartare*; car on trouva peu de tems après dans les *Tezirs-Bazars*, une espece d'escla-

Tome I. Ggg 2 ves

(a) Il faut remarquer que les Ambassadeurs ne sont admis ordinairement qu'une fois en la presence du *Grand Seigneur*, savoir le jour de la premiere audience, & qu'ils ne prenent leur audience de congé que du *Visir*, & des autres Ministres, s'ils le trouvent à propos, excepté cependant en des cas extraordinaires, comme celui-ci, ou d'une Ambassade extraordinaire, comme celle du Comte d'*Ottinghen*, qui reçut aussi son audience de congé de Sa *Hautesse*.

420 VOYAGES D'A. D. L. M.

1710.
CHAP.
XIX.

ves inconnue jusques-là en cet endroit: c'étoient des *Livoneinnes*, (*a*) ou autres femmes Sujettes du Roi de *Suede*, que les *Moscovites* vendoient, dit-on, aux marchands *Grecs*, après les avoir faits prisonnieres, & ceux-ci les revendoient aux marchands *Turcs*, ou à quiconque les leur vouloit payer avec profit.

Pendant que cela se passoit en *Turquie*, le Roi *Auguste*, à la tête d'une Armée *Saxone*, & de *Polonois* qui lui étoient restez fideles, protesta contre le Traité que le Roi de *Suede* l'avoit obligé de faire, comme extorqué par la force, & remonta sur le Trône de *Pologne*.

Le Roi Auguste remonte sur le trône de Pologne.

Le rallentissement de la *Porte*, à l'égard de l'escorte dont on ne parloit plus, continuoit; & elle se contenta de laisser six à huit mille hommes à *Bender*, sans en augmenter le nombre. D'un autre côté les *Moscovites* disoient à leurs amis, que ces huit mille hommes, bien loin de faire partie de l'escorte qu'on avoit promise, étoient une garde qui devoit tenir le Roi de *Suede*, comme en arrêt, à *Bender*, jusqu'à ce qu'il eût fait la paix avec leur maître. Quelques-uns avançoient même que c'étoit là une clause du renouvellement de la paix avec la *Porte*, & quantité d'autres choses de cette nature qui auroient pû inquieter tout autre que le Roi de *Suede*, comme elles inquietoient quelques-uns de ses gens, & même Mr. *Neghebaur*. Ceux-ci lui vouloient persuader qu'il ne devoit plus compter sur les promesses de la *Porte*, mais qu'il falloit qu'il acceptât l'offre que lui faisoit faire l'Empereur d'*Allemagne*, de le laisser passer aussi honorablement par ses Etats, que S. M. I. pouvoit le faire Elle-même, si Elle les traversoit; mais ce Prince sans accepter l'offre de l'Empereur, & sans faire aucun compte de leurs conseils, ni de leurs allarmes, rappela Mr. *Neghebaur*, & envoya en sa place Mr. le Colonel *Funk*. S. M. declara qu'Elle comptoit sur la promesse du *Grand Seigneur*; & comme Elle regardoit le *Visir* comme le principal obstacle à ses desseins, & comme l'auteur de tout ce qui venoit de se passer à son desavantage, & en dernier lieu à l'égard des cinq Esclaves, Elle fit dresser un Memoire, pour *Sa Hautesse*, dans lequel ce Prince se plaignoit ouvertement de l'injustice de ce premier Ministre, qui avoit bien plus eu en vue son propre interêt en ce qu'il venoit de faire pour le *Czar*, que celui de l'Empereur son maître. Sa Majesté chargea le General *Poniatowsky* de ce Memoire, & celui-ci accepta cette commission, quelque danger qu'il courût, en cas que le *Visir* vint à en avoir vent. Il partit de *Bender* au milieu de Janvier 1710. pour le faire presenter, ce qui fut fait le 23., lorsque le *Grand Seigneur* sortoit d'une *Mosquée* (*b*). Cependant les choses parurent tout d'un coup prendre un meilleur train, en faveur du Roi de *Suede*.

Plainte du Roi de Suede à la Cour Ottomane.

Present que le Grand Seigneur fait à ce Prince qui en refuse un du Visir.

Le *Grand Seigneur* lui envoya peu après vingt-cinq beaux chevaux, dont le plus beau étoit très richement enharnaché. Il avoit un caparaçon du plus beau drap rouge, enrichi d'une broderie d'or parsemée de perles. La bride & le poitrail étoient revêtus de petites pieces raportées de vermeil doré, avec des fleurs en relief, & enrichies de quantité de pierreries, aussi bien que le pommeau de la selle, qui

étoit

(*b*) Je dis *Livonieunes*, car il n'y avoit que très peu d'hommes.

(*a*) C'est l'occasion que l'on prend de presenter des Requêtes au *Grand Seigneur*: on n'a qu'à les élever assez haut pour les lui faire voir, & il les fait prendre, puis examiner à son retour au *Serail*. Ceux qui ne veulent pas les presenter eux-mêmes, donnent cinq ou six sols au premier *Juif*, *Grec* ou *Armenien* pour cela.

étoit aussi de vermeil doré. Tout cela étoit accompagné de la Lettre N°. VI. de l'*Appendix*. Mais on ne fit aucune mention du Mémoire.

1710.
CHAP
XIX.

Dans le même tems le *Visir* envoya au Roi cinq autres chevaux, que Sa Majesté ne voulut pas accepter, quelques instances que le *Seralquier* de *Bender*, & le *Capigi*, qui avoit été envoyé pour cela, fissent pour l'y engager, & Elle s'en excusa, en disant, *je ne reçois point de presens de mes ennemis*. En effet ce Prince étoit de trop bonne foi, pour en recevoir d'un homme qu'il vouloit perdre, & pendant qu'il y travailloit.

Ce *Visir* avoit beaucoup d'ennemis, & il s'en faisoit encore de nouveaux chaque jour parmi les *Turcs*, ayant sacrifié plusieurs *Pachas*, dont les peuples étoient contens, à l'avarice du *Grand Seigneur*. Mais le plus redoutable de ces ennemis étoit *Cumurgi-Ali-Pacha*, dont j'ai déja parlé. Il y avoit une antipathie extraordinaire entre eux deux, & une jalousie, dont on n'a pas bien sçu l'origine. Ce dernier s'étoit emparé de toute la faveur du *Grand Seigneur*, & avoit pour ainsi dire tout son cœur, pendant que le premier ne paroissoit plus occuper que quelques foibles restes de reconnoissance, pour les fideles services qu'il lui avoit rendus, tel qu'étoit celui de l'avoir maintenu sur le Trône, par l'extinction de la Conspiration que j'ai raportée, & d'avoir rétabli les Finances épuisées sous *Sultan Mustapha*. Mais tous ces restes de reconnoissance furent enfin tout à fait dissipez, & cederent à la haine toute puissante de *Cumurgi*, à ce que dirent des *Turcs* qui prétendoient être bien versez dans les intrigues du *Serail*, & qui lui donnerent toute la gloire de sa deposition qui arriva vers la fin de Juin, lors que ceux qui la souhaitoient le plus commencoient à l'esperer le moins. La Cour *Suedoise* de *Bender* s'en fit honneur. Les *Turcs* de cette Ville pouvoient l'en flater, mais ceux de *Constantinople*, à qui on en parloit sur ce ton, leur donnoient un démenti public, & au lieu de s'étonner de ce changement, s'étonnoient qu'il ne fût pas arrivé plûtôt; car ils ne se souvenoient point d'avoir vu de *Visir*, depuis les deux *Cuprulis*, pere & fils, qui eût gouverné aussi long tems que celui-là.

Grande inimitié entre Cumurgi-Ali-Pacha, & le Visir qui est déposé.

Zade-Numan Cupruli Pacha Oglou, qui sortoit de cette ancienne famille, fut élevé au *Visiriat* en sa place; & comme la coutume ne permet pas que le *Visir* déposé, & le successeur restent dans le même lieu, celui-là fut envoyé en exil à *Metelin*; mais la Princesse son épouse resta à *Constantinople*, selon une autre coutume: cependant il eut la permission d'emmener avec lui deux de ses Esclaves.

Nouveau Visir Représentations que lui font les Partisans du Roi Stanislas.

La nouvelle de ce changement causa à *Bender* toute la joye qu'est capable de causer une chose si long-tems, & si ardemment souhaitée. Mr. *Funk* qui étoit alors Envoyé de *Suede*, eut ordre de complimenter le nouveau *Visir* de la part du Roi. Monsieur *Poniatowsky* n'avoit pas besoin d'un pareil ordre pour lui faire sa cour. *Zade-Numan Pacha*, aussi connu parmi les *Turcs* par l'ancienneté de sa famille, que par son integrité, & la connoissance qu'il avoit des loix de l'Empire, plut generalement au peuple. Les *Suedois* & les *Polonois*, partisans du Roi *Stanislas*, s'étant insinuez aussi avant qu'ils purent dans son esprit, tâcherent par tous les moyens possibles de lui persuader que la guerre contre les *Moscovites* étoit juste, & nécessaire pour la sureté de l'Empire

pire *Ottoman*. Ils repréfenterent que la conjoncture étoit alors la plus favorable du monde ; que la *Pologne* qui n'avoit reçu, difoient-ils, le nouveau le Roi *Augufte* que par force, étoit generalement pour le Roi *Staniflas*, & qu'une triple alliance offenfive, & deffenfive, entre le *Grand Seigneur*, le Roi de *Suede*, & le Roi *Stanislas*, gagneroit d'abord tous les *Polonois*, & reduiroit le *Czar* à rendre *Afoph* à la *Porte*, & à lui facrifier *Tagannerok* avec la flotte qu'il avoit au *Palus Mæotide*. Ils lui remontrerent au contraire, combien il étoit dangereux de laiffer ce Prince en *Pologne*, avec une groffe armée, & de fouffrir qu'il retint les *Polonois*, au peril de leurs biens, & de leurs charges, fous l'obeiffance du Roi *Augufte* fon Allié, & creature de l'Empereur d'*Allemagne*.

Quoi que les *Turcs* ne regardent pas les chofes avec les mêmes yeux que nous, par rapport à l'avenir, à la politique, & à la gloire, ils aiment à profiter des divifions des *Chrétiens*, & à recueillir les fruits de la guerre, bien plus qu'à la faire. Au moins ils y font plus accoutumez; & fur les promeffes des intrepretes de l'*Alcoran*, ils croyent *que Dieu livrera un jour tous les Chrétiens à leur obeiffance temporelle, & fpirituelle*. Les plus credules les regardent même deja comme tributaires de la *Porte*, fi non de fait, au moins de droit.

Difpofitions du Vifir envers le Roi de Suede.

Ces remontrances paroiffoient affez capables d'ébranler tout autre *Vifir* que *Zade-Numan Pacha*. Je ne fçai fi elles l'ébranlerent, mais elles ne le déterminerent pas, comme on commença bientôt à s'en plaindre à la Cour du Roi de *Suede*. Cependant il montroit, à ceci près, tous les égards fouhaitables pour Sa Majefté, & il porta par fon confeil le *Grand Seigneur* à lui envoyer un prefent de 800 *Bourfes*, ou 400000 écus qui lui étoient promis; mais au lieu de parler de guerre, & d'approuver le projet du paffage du Roi par la *Pologne*, avec une nombreufe efcorte, dans lequel il envifageoit, difoit-il, des difficultés d'une dangereufe confequence, il trouvoit que la voye que lui avoit offerte l'Empereur, étoit la plus prudente, & la plus fure.

Le prefent de 800 *Bourfes* plut affez, mais on ne fut pas content de l'avis du Miniftre. Cependant les *Janiffaires* defiroient la guerre, & le *Vifir* la croyoit contraire à la loy, dont il étoit auffi fcrupuleux obfervateur, qu'habile intreprete. Et comme il auroit cru fe rendre coupable de la violation de cette Loi, s'il favorifoit l'inclination publique pour la guerre, il demanda, quelques mois après, fa demiffion, à ce que difent quelques perfonnes ; mais les *Suedois* veulent qu'il ait été depofé fans la demander, pour avoir été contraire à cette guerre.

Nouveau Vifir.

On s'attendoit que *Cumurgi Ali-Pacha* lui fuccederoit; mais foit qu'il fe contentat de gouverner interieurement le *Grand Seigneur*, par l'afcendant qu'il avoit fur fon efprit, ou qu'il ne fe fentît pas alors de penchant pour la guerre qu'il prevoyoit, il pria, dit-on, *Sa Hauteffe* de le difpenfer d'accepter le fceau *Imperial*, & un *Capigi Bachi* le porta à *Baltagi Mehemet*, *Pacha d'Alep*, qui avoit été élevé dans le *Serail*, où il avoit rendu quelques petits fervices manuels au *Sultan* avant fon avenement au Trône, comme de fendre du bois pour fon feu : emploi dont il retenoit encore le nom, *Baltagi* fignifiant fendeur de bois, ou homme de coignée. *Ifmael Pacha* fut fait en ce tems-là *Serafquier* de *Bender*. Pendant que Mr. *Brue* étoit allé en *France* porter l'atteftation dont j'ai parlé, Mr. de *Feriol* fe retablit auffi bien qu'auparavant.

CHA-

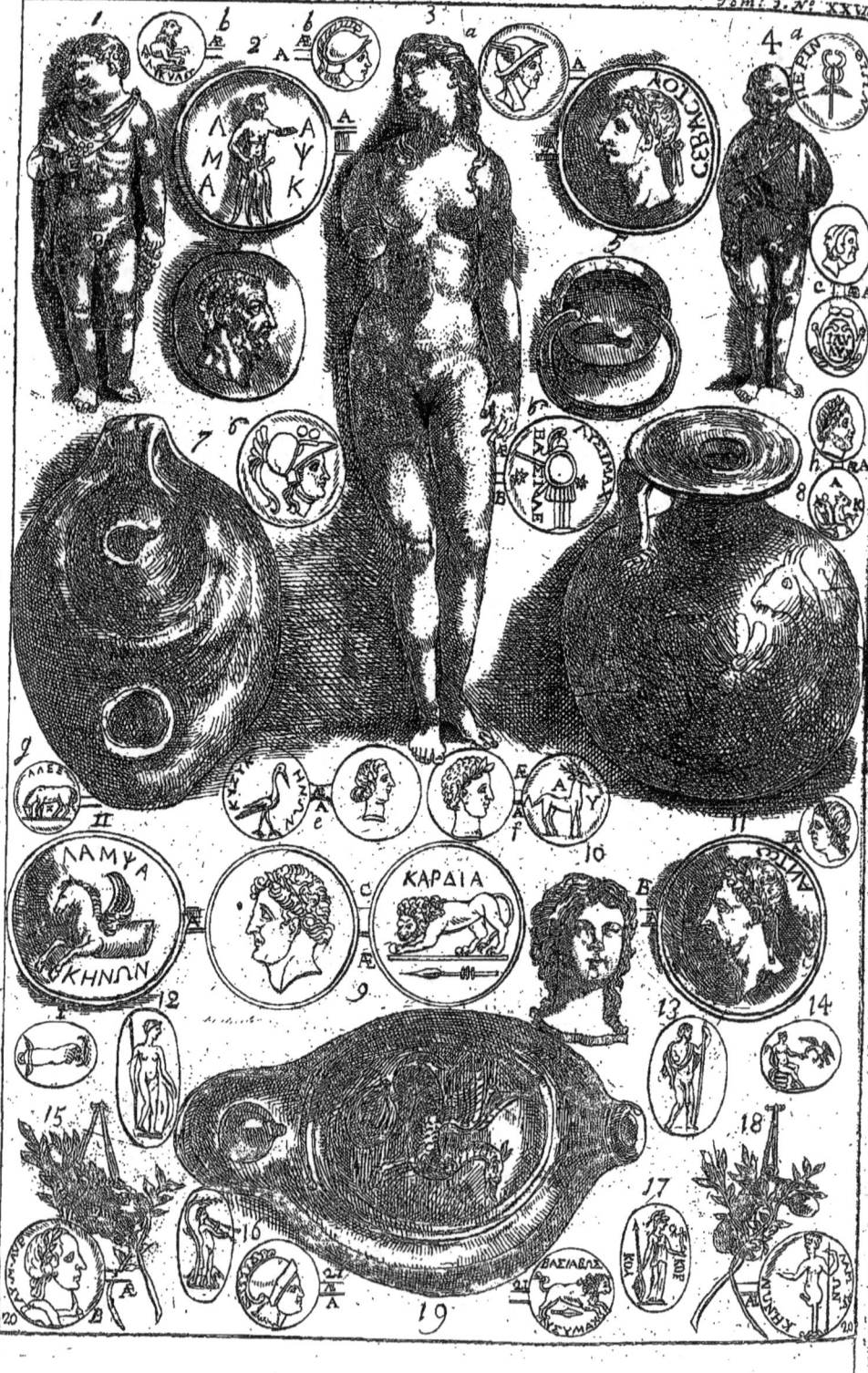

HERACLÉE, &c.

CHAPITRE XX.

Voyage dans la Cherfonefe *de* Thrace, *à* Lampfaco, *à l'*Hellefpont, *à* Lemnos, *à* Tenedos, *& aux ruines de* Troye. *Idoles & Medailles trouvées dans ces differens endroits, avec des Remarques &c.*

SUr ces entrefaites, le bled étant fort cher en *Catalogne*, où les Alliez avoient une Armée fort nombreufe, & le Général *Stanhope* en ayant écrit à Mr. le Chevalier *Sutton*, Son Excellence avoit obtenu de la *Porte* la même permiffion d'en faire charger dans les Ports *Ottomans*, qu'avoit euë la *France*. Divers Bâtimens *Anglois* de tranfport, avec deux Vaiffeaux de guerre, fe rendirent les premiers dans la Mer de *Marmora*, pour en charger, & les autres refterent à l'entrée des *Dardanelles*, pour les efcorter. M. *Cooky* me propofa à cette occafion de profiter du Convoi pour aller à *Barcelone* avec fa groffe *Tchaique* chargée de bled. J'acceptai fa propofition. Je pris une bonne partie de la cargaifon dans le *Propontide*, & j'envoyai le Bâtiment à *Tenedos*, refolu de lui procurer le refte dans le Golfe de *Gardia* ou ailleurs; & pour joindre l'utile à l'agreable, de parcourir en même tems la *Cherfonefe de Thrace*, & les lieux circonvoifins, parceque j'avois du temps de refte pour cela. Je quitai *Conftantinople* le 29. de Juin; prenant la route de terre. Je me rendis le lendemain de bon matin à *Selivry*, & je gagnai le jour fuivant *Heraclée* avant midi. J'employai le refte du jour à vifiter les ruines de cette ancienne Ville.

On y trouve encore çà & là plufieurs morceaux confiderables des murs d'un Amphithéatre, & diverfes Colomnes & Chapiteaux, mais point d'Infcriptions entieres. Son Port eft affez fûr, mais trop peu profond pour de gros Bâtimens, par la négligence des *Turcs* à le netoyer. L'entrée en eft dangereufe, à caufe de divers rochers, la plûpart à fleur d'eau. Ayant demandé aux habitans, qui font prefque tous *Grecs*, s'ils n'avoient point de vieilles monoyes d'argent ou de cuivre, appellez par les *Turcs Esky mangurs*, un *Grec* me vendit le Medaillon Nº. 16. repréfenté fur la Planche XXVIII. & frapé pour les *Bizantins*, avec la tête de l'Empereur *Severe*, comme l'Infcription & la Legende *Greque* le témoignent.

Cet Empereur voulant mortifier les habitans de *Bizance*, qui avoient pris le parti de *Pefcennius Niger* contre lui, lequel il défit à *Cifique*, comme l'Hiftoire nous l'apprend, leur ôta les Privileges dont ils jouïffoient, & les donna aux *Heracléens*, qui lui érigerent un arc Triumphal, dont on peut voir encore quelques reftes.

Diverfes Medailles *Greques*, frappées pour les *Heracléens*, avec la Legende ΠΕΡΙΝΘΩΝ, que j'achetai pour ce que j'offris à d'autres *Grecs* qui les avoient trouvées, à ce qu'ils difoient, les uns dans leurs jardins, les autres en creufant les fondemens d'une maifon, témoignent que cette Ville s'appelloit *Perinthe*. On le peut conjecturer entr'autres par celles de la Planche Nº. XIV. 22, & XXVII *a*. Elles font toutes admirablement bien conservées par le moyen d'un *Vernis*, qui étoit un fecret des Anciens, qui s'eft fi bien perdu qu'on ne fçait plus aujourd'hui que les noms de fes couleurs differentes; comme *Verd de Terre*, *Verd de Mer*, *Verd de Flammes*, *Verd Gay*, *Verd de Porreau*, *Verd Brun*. Le Medaillon eft vernifé *Verd Brun*; 22, *Verd*

1710.
Chap.
XX.
Rodoſt.. Habillement des habitans de cette Ville.

de Mer; & *b Verd de Terre.* J'achetai avec ces trois pieces quantité de Medailles *Latines*, trop communes pour être gravées.

Je paſſai la nuit à *Heraclée*, ſans y avoir fait d'autres remarques que celles-ci. J'en partis le 1er. de Juillet de bon matin, & gagnai *Rodoſto*, la nuit du 9 au 10. Comme je n'y remarquai aucunes traces d'antiquité, je ne m'y arrêtai que pour changer de cheval. Je traverſai enſuite divers villages, où je n'obſervai rien que de fort ordinaire par raport aux *Grecs*, que je vis le *Samedy* & le *Dimanche* vers le ſoir aſſemblez, tant hommes que femmes, dans des cimetieres ou Jardins où ils danſoient en chaînes ou en cercles, comme ſur les Planches XIII & XXV. Les habillemens des femmes ſont tels que 4, & 6, de la premiere Planche. Elles portent diverſes pieces de monoyes attachées ſur une eſtomachere, & ſur leurs cheveux treſſez, ce qui faiſoit un cliquetis aſſez ſemblable à celui des grelots ou clochettes attachées aux harnois des chevaux de bât, ou des mulets. Les hommes étoient vetus de la même maniere que 9: ils avoient de grandes cruches pleines de vin au pied de quelques arbres, où ils ſe rafraichiſſoient par intervalles, après quoi continuant de chanter ſur le même ton que les femmes & filles qui menoient la danſe, ils venoient ſe rejoindre à elles & danſer de nouveau.

La veille & le jour de la viſitation de la *Vierge*, après le ſervice, je les vis prendre les mêmes divertiſſemens ; ce qu'ils font auſſi les Dimanches & les fêtes juſques bien avant dans la nuit, & même ſouvent les nuits entieres.

Boulager.

J'allai le 3. coucher à un grand village, nommé *Boulager*; & m'étant levé de grand matin, je me promenai aux environs qui ſont charmans. Ils conſiſtent en de belles Plaines fertiles en bled & en paturages ; ils ſont entremêlez de petites Collines couvertes de vignes. Je remarquai au *Nordeſt* & à l'*Oueſt* de ce village, des reſtes de murs bien cimentez, qui me firent juger qu'il y avoit eu là autrefois une Ville. Sa ſituation, & certaines idées de Géographie, me firent conjecturer que ce pouvoit être l'*Hexamilium* des Anciens, que *Lyſimachus* fit appeller de ſon nom, *Lyſimachia*, après l'avoir rebâti & embelli. Deux medailles que je trouvai entre les habitans telles qu'eſt N. 6, de la Planche XXVII avec la tête de ce Prince d'un coté, & la legende *Lychimachinon* en lettres *Grecques* ſur le revers, me confirmerent dans cette opinion, auſſi bien que, 31, de la Planche XXVIII. outre diverſes autres medailles du même, que j'achetai de trois Nonnes *Grecques* qui formoient là un petit Couvent, ſur le même pied que celles de *Samos*. Elles envoyerent quelques jeunes garçons & filles du village, s'informer des habitans s'ils n'en avoient point d'autres, pour m'épargner le peine de le faire, en leur diſant que je donnois de l'argent pour de vieilles monoyes de cuivre ; & ils m'en apporterent une comme 31, avec quantité d'autres.

Cette découverte me fit naître l'envie de chercher l'ancienne *Cardie*, que les anciens Géographes ont placée ſur l'*Iſthme* de la *Cherſoneſe*, & qui a donné ſon nom au Golfe que les *Francs* appellent encore *Caridia*, en y ajoûtant un *i*. Mes recherches furent peu ſatisfaiſantes, & mes découvertes fort incertaines à cet égard, car premierement je ne trouvai aucun veſtige de Ville ſur l'*Iſthme*; mais m'étant avancé ſur les bords du Golfe, un peu plus loin vers le Sud-Oueſt, je remarquai un petit Village nommé *Caruſal*, habité par des *Grecs*. C'étoit

CHERSONESE &c.

toit un Samedi, jour consacré par les *Grecs* à la *Vierge*. Les habitans étoient plongez dans la joye. Les uns dansoient & les autres
buvoient assis sur l'herbe, selon leur coutume. Le vin plûtôt que la
danse y avoit attiré quelques jeunes *Turcs*, peu scrupuleux observateurs de la Loi *Mahometane* à cet égard. Dès que ceux-ci m'apperçurent habillé à la *Turque*, avec un bonnet de *Bostangi*, comme (*q*)
de la Planche 1, ils me crurent un *Bostangi* qui venoit pour les é-
pier, & ils prirent la fuite. Mais les *Grecs* dont je m'approchai, m'entendant parler *Grec*, & ensuite *Turc*, virent bien que je n'étois pas ce
que j'avois paru, & envoyerent après les fugitifs, qui revinrent fort
joyeux, & presque aussi vite qu'ils s'en étoient allez. Ils me donnèrent
la main en signe d'amitié. La Compagnie tant dansante que buvante
me força à faire l'un & l'autre: l'un me presenta deux ou trois rasa-
des fort près l'une de l'autre, & un *Grec* me prit par la main pour
danser. Il n'y eut personne de cette joyeuse Compagnie qui s'allat
coucher avant trois heures du matin; excepté un des principaux *Grecs*
du lieu, qui voulut être mon hôte, & moi, à qui il fit faire un bon lit
chez lui, où je reposai fort bien. Dès que je fus levé, nous bûmes
le *Caffé*; car j'en portois toûjours avec moi, dans un petit sac de cuir,
à la maniere du Païs. Je lui fis diverses questions sur le lieu où j'étois,
& sur les environs. Je lui demandai, entr'autres choses, s'il n'y avoit point
quelques ruines, ou restes de murs, ou d'autres Antiquitez. Il
me répondit, qu'il en avoit remarqué quelques-unes à un peu plus d'un
quart de Mille de *Caratsal*, en cotoyant le Golfe, & qu'un *Grec* de
Xerocorio; (Village qui n'en étoit pas fort éloigné) y avoit trouvé
une tête de marbre qu'il avoit dans sa cour. Je le priai de me conduire à l'un & à l'autre endroit, & il le fit volontiers. Les ruines du
premier étoient fort peu considérables: elles ne consistoient qu'en une
vieille Tour quarrée, haute de plus d'une toise, & si bien cimentée
qu'elle sembloit defier le tems. Peut-être cette Tour faisoit-elle
partie de l'ancienne *Cardie*; quoi que le temoignage des anciennes
Cartes soit contraire à ce sentiment. *Xero-Corio* ou *Village Sec*,
prend son nom moderne du Golfe, que les *Grecs* appellent aujour-
d'hui ξερω. Je pris la tête, qui étoit fort mutilée, mais pas tant que
je ne pusse voir que c'étoit celle d'une Femme, & peut-être celle de
Junon, par la ressemblance qu'elle avoit avec la Medaille d'*Aigos Potamos* No. 14, de la Planche XXVIII., que me presenta celui dans
la cour de qui elle étoit. Cette tête étoit fort pesante & si gâtée, que
je ne crus pas qu'elle valût la peine d'être transportée. Je trouvai encore diverses autres Medailles dans ce Village, entr'autres celle de la
Ville que je cherchois, représentée à No. 9, sur la Planche XXVII,
& 9 & 10 de la Planche XXVIII., frappées pour les habitans de
Panormos, Ville ainsi appellée en *Grec*, & en *Latin Panormus*, placée par les Anciens vis-à-vis d'*Enos*, quoi que cette sorte de monoye
ayant eu cours dans tout l'Empire *Grec*, comme j'ai déja dit, elle
puisse avoir aussi bien été frappée pour *Palerme* en *Sicile*, qui prend
aujourd'hui ce nom *Latin*, que pour le *Panormos* du Golfe de *Ca-
ridie*; ce dont je ne déciderai pas. Le r avec un pied plus court que
l'autre sur ces deux Medailles, & qui est la premiere forme, est du
moins une attestation de leur antiquité. Après avoir dîné chez le
proprietaire de la tête, je donnai quelques *Paras* à une de ses filles, &

1710.
CHAP.
XX.

Xerococorio.

Medailles de
Cardia &
de *Panor-
mos.*

Tome I.   Hhh   nous

1710.
CHAP.
XX.

nous nous en retournames, mon hôte & moi, à *Caratſal*, où nous mîmes en campagne les petits garçons, pour me chercher de vieilles monoyes. Ils m'apporterent la Medaille *Grecque* N°. 6, de la Planche XXVIII. & d'autres *Latines*, mais trop communes pour être gravées.

MONAΣ-
TEPI.

Le tems étant des plus beaux, & mes affaires n'étant pas fort preſſantes, je reſolus, avant que de quiter le Golfe, de viſiter un Couvent de *Caloieros*, nommé *Monaſteri* en leur langage, ou Monaſtere, ſitué preſque au milieu de ce Golfe, vis à vis de *Caratſal*, ſur un Rocher marqué ſur ma Carte B., avec une vingtaine de Moines, qui ſuivent la regle de *St. Baſile*. Je pris pour cela le lendemain matin un Bateau de Pêcheur. Leur Egliſe eſt paſſablement belle, leurs Cellules ſont petites, mais bien entendues. Ils ont une bonne Citerne. Le rocher que nous pouvons appeller Iſle, nonobſtant ſa petite étendue, à cauſe de ſa fertilité, eſt cultivé par ces Religieux, qui y menent une vie des plus auſteres. Après y avoir paſſé la nuit, je retournai le jour ſuivant de grand matin dans un de leurs bateaux à *Caratſal*, d'où je partis à cheval pour *Gallipoli*. Je trouvai la presqu'Iſle que j'ai nommée premierement, avec les anciens, *Cherſoneſe* de *Thrace*, des plus fertiles par tout. Je ne trouvai aucuns autres veſtiges curieux d'antiquité que quelques Medailles; entr'autres, *a*, de la Planche XXVII, & une ſemblable à 6, de la Planche XXVIII. Je me rendis à *Gallipoli* le 6. entre neuf & dix heures du ſoir. Je couchai chez un *Juif* qui y exerce la charge de Conſul *Anglois*, ſans autres avantages, non plus que celui des *Dardanelles*, que d'être exempté par là du *Haratch* ou tribut; & que quelques petits preſens volontaires que lui font les Vaiſſeaux de cette Nation qui mouillent dans le Port. Je fis un tour le lendemain matin, après le Caffé, dans la Ville: elle eſt grande & bien peuplée de *Turcs*, *Grécs*, *Juifs*, & de peu d'*Armeniens*. Les *Moſquées* en ſont belles & enrichies de colomnes antiques, qui ſont apparemment des dépouilles des Villes anciennes du voiſinage. J'achetai d'un Orfevre la Medaille d'or marquée 21. ſur la Planche XXVII, & d'un *Juif* diverſes autres de cuivre de même, & auſſi communes.

Medailles.

Gallipoli.

Lampſaco.

Ayant pris un Bateau le 8. je paſſai avant-midi à *Lampſaco*, & j'allai loger chez un *Grec*, à qui le Conſul de *Gallipoli* m'avoit dit de m'adreſſer de ſa part. J'en fus très bien reçu; je parcourus les rues de la Ville qui n'a pas aujourd'hui trois cents maiſons. J'y trouvai à peine quelques veſtiges de ſon ancienne magnificence: point de Chapitaux, point de Colomnes entieres, ſi ce n'eſt celles de *Biſalta*, beau marbre rouge d'*Egipte*, qui ſoutiennent le portail d'une Moſquée; ce qui me fit juger que *Gallipoli* s'étoit ſaiſi & paré de ſes plus riches materiaux. Je n'y vis de remarquable que ceux ſur leſquels ſe liſent les Inſcriptions données, il y a long-tems, au Public par divers Voyageurs. Les *Turcs* les ont peut-être négligez, à cauſe de ces Inſcriptions qu'ils mépriſent. Ils ont pourtant appliqué à l'uſage public une eſpece d'autel rond à l'antique, où on lit encore aſſez diſtinctement l'Inſcription ſuivante, qui témoigne que c'étoit plûtôt le Piedeſtal d'une Statuë érigée par le *Senat* aux dépens du Public, en l'honneur d'un nommé *Cyrus*, fils d'*Apollonius*, celebre Medecin de la Ville, à cauſe de pluſieurs ſervices ſignalez qu'il lui avoit rendus, *en reconnoiſſance deſquels cette Statue lui avoit été dediée ſolemnellement, & avec une dépenſe de mille talens Attiques*. La voici.

Η ΓΕ-

LAMPSACO, &c.

1710.
CHAP. XX.

Η ΓΕΡΟΥΣΙΑ

ΚΥΡΟΝ. ΑΠΟΛΛΟΝΙΟΥ. ΑΡΧΙΑΤΡΟΝ.

ΑΡΙΣΤΟΝ. ΠΟΛΕΙ. ΤΗΝ ΕΠΙΣΗΜΟΝ ΠΡΟΣ

ΠΟΛΛΟΙΣ. ΕΥΕΡΓΕ ΤΙΜΑΣΙΝ. ΕΙΣ ΑΥΤΗΝ ΑΛ-

ΕΙΨΑΝΤΑ ΛΑΜΠΡΩΣ. ΚΑΙ ΠΟΛΥΔΑΠΑΝΩΣ ΚΑΙ Α.. Υ..ΚΡΙ-

ΤΩΣ. ΚΑΙ ΑΠΟΧΑΡΙΣΑΜΕΝΟΝ ΧΙΛΙΑΣ. ΑΤΤΙΚΑΣ.

ΤΗ. ΓΕΡΟΥΣΙΑ.

Inscriptions à *Lampsaco.*

Ce Piedestal est d'une seule piece de marbre blanc & creusé en forme de grand Mortier par les *Turcs*, qui s'en servent à broyer du grain mondé, qu'ils mangent comme du Ris, eux & les *Grecs*. Il est au milieu d'une espece de marché, sur une petite éminence. Je lus encore aussi distinctement une autre Inscription *Greque*, en ces termes, sur un marbre, plus en forme de Tombe, couchée dans le Jardin d'un *Turc*.

ΙΟΥΛΙΑΝ ΣΕΒΑΣΤΗΝ.

ΕΣΤΙΑΝ. ΝΕΑΝ. ΔΗΜΗΤΡΑ. Η.

ΓΕΡΟΥΣΙΑ. ΤΟ ΔΕΙΣ ΤΟ ΑΓΑΛΜΑ. ΚΑΙ

ΤΗΝ ΒΑΣΙΝ ΚΑΙ ΤΗΝ ΑΝΑΣΤΑΣΙΝ ΑΥΤΟΥ.

ΔΑΠΑΝΗΜΑ ΠΟΙΗΣΑΜΕΝΟΥ ΕΚ ΤΩΝ ΙΔΙΩΝ ΥΠΕΡ. ΤΗΣ

ΕΙΣ ΤΟΥΣ ΣΤΕΦΑΝΟΥΣ ΕΥΣΕΒΙΑΣ ΤΟΥ ΙΕΡΕΩΣ ΤΟΝ ΣΕΒΑΣ-

ΤΟΝ ΣΤΕΦΑΝΗΦΟΡΟΥ ΤΟΥ ΣΥΜΠΑΝΤΟΣ ΑΥΤΩΝ ΟΙΚΟΥ ΚΑΙ ΤΑΜΙ-

ΟΥ ΤΟΥ. ΔΗΜΟΥ ΤΟ ΔΕΥΤΕΡΟΝ ΔΙΟΝΥΣΙΟΥ ΤΟΥ ΑΠΟΛΛΟΤΕΙΜΟΥ.

Cette Inscription est proprement la dedicace d'une Statue à *Julia Augusta*, comme on peut assez voir. Elle marque que cette Statue a été faite au dépens du Public, mais que ça été un nommé *Dionysius*, fils d'*Apollonoteimus*, qui a fait faire à ses dépens le Piedestal, & qui a fait élever cette Statue, & graver l'Inscription qui donne à cette Imperatrice les épithetes magnifiques qu'on avoit coutume de donner à *Ceres* & à *Vesta*. Il y a lieu de croire qu'elle avoit un Temple à *Lampsaco*, & que cette pierre y étoit placée sur le frontispice; car elle est trop longue pour avoir été appliquée à un des côtez du piedestal, outre que les piedestaux antiques de statues étoient ordinairement ronds comme celui dont j'ai parlé. Je m'étonne, que quelques *Virtuosi Francs* n'aient pas enlevé ces pierres, sur lesquelles il y a de ces sortes d'inscriptions, vû la facilité qu'il y a à les avoir des *Turcs*, & le mepris qu'ils ont pour ces sortes d'antiquitez, soit *Payennes*, soit *Chrétiennes*. Celui qui me vendit la tête No. I. de la Planche IV. Tome II. pour quelques *Paras*, & qui m'offrit le corps de la statue de laquelle elle étoit, & qu'il avoit couvert de terre, me dit qu'il me feroit avoir la pierre que je viens de marquer pour peu de chose. Mon hôte étant fort officieux & fort complaisant, favorisa extraordinairement ma curiosité, quelque

Tome I.   H h h 2   peu

428 VOYAGES D'A. D. L. M.

1710.
CHAP.
XX.

peu curieux qu'il fût lui-même. Comme il vit que j'étois amateur de vieilles monoyes & autres reliques semblables de l'antiquité, il me mena chez des vignerons de sa connoissance, dont l'un qui étoit mort depuis peu, avoit trouvé, me disoit-il, la petite statue de bronze marquée 4 sur la Planche XXVII & les vœux 15 & 18 de la même Planche; figures obscenes que l'ancienne Religion de *Lampsaco* enseignoit à revérer, à placer sur la cheminée entre les *Dieux Penates*, à pendre dans les Temples & aux bras, &c. Ainsi ce qui ne peut être aujourd'hui nommé par une langue polie & modeste, loin d'être exposé aux yeux du Public, étoit alors un objet de devotion & d'adoration. Les *Senatrices* de *Rome* s'assembloient dans leur petit Senat situé sur le Mont *Quirinal*, & alloient ensuite prendre un *Priape* au Temple du *Salut* (a) qui étoit proche, & le portoient devotement en procession au Temple de *Venus Ericine*, & le pendoient au col de sa statue. La Veuve du vigneron qui destinoit ces Antiquitez à la forge, me les vendit volontiers, & pour très peu de chose, avec diverses Medailles comme 2, & 20, de la dite Planche, outre quantité d'autres *Latines*, mais du bas Empire & par consequent communes. Elle paroissoit avoir seulement remarqué qu'elles n'étoient ni d'or ni d'argent. Vous savez ce que l'Histoire nous dit de cette Ville, à sçavoir, qu'elle étoit consacrée d'une maniere particuliere à *Priape*, & que cette obscene Divinité y avoit son plus fameux Temple: des ruines que me fit voir un des vignerons, me parurent par leur forme orbiculaire pouvoir être celles d'un tel édifice: les plans de ceux qui nous restent du *Paganisme*, ont au moins cette forme. Il est vrai que ces ruines sont un peu éloignées de la Ville moderne; mais l'ancienne étoit incomparablement plus étendüe, à en juger par des restes de murs qu'on trouve encore çà & là. Quoi qu'il en soit, comme je ne vis aucune inscription entre les ruines de ce que j'ai appellé *Temple*, je ne deciderai point que ce soient celles de celui de *Priape*, plûtôt que de tout autre. Mon hôte ne borna pas là sa complaisance, il me conduisit de là chez un *Turc*, qui avoit trouvé quelques jours auparavant en creusant les fondemens d'un mur dont il fermoit son jardin, deux grands tombeaux consistant en deux pieces de marbre *Oriental*, tout unies & sans inscription: ils étoient cramponnez avec du cuivre, tels qu'on m'a représentez à *Rome* celui où on a trouvé les pretieuses dépouilles dont sont ornées les *Tiares* & les *Mitres* desquelles j'ai parlé en leur lieu. Je pouvois discerner encore dans l'un 13 cranes & dans l'autre 15, qui aussi bien que quantité d'autres ossemens se reduisoient en poussiere quand on les touchoit. Il y a aparence qu'on y enfermoit toute une generation. Mais comme il ne s'y trouvoit aucune inscription qui enseignât pour quelle famille ils étoient, je n'en puis dire autre chose sinon que ces tombeaux doivent être de plus fraîche date que ceux dans lesquels on enfermoit les cendres des corps brulez.

Idole &
Medailles
du Dieu
Priape.

Culte de
Priape.

Ruines d'un
Temple.

La Campagne qui règne autour de *Lampsaco* est des plus charmante; elle est fertile en arbres fruitiers, en cerisiers, figuiers, grenadiers, & sur tout en vignes qui donnent d'excellent vin. Celui que je bus chez mon hôte, étoit tel, & me fit souvenir de ce que j'avois lu dans l'Histoire au sujet de ce vin; à sçavoir que cette Ville fut donnée autrefois par *Xerxes* à *Themistocles*, pour lui fournir à boire. Mais comme

(a) *Heliogabale* fit enfermer ce Temple dans l'enceinte de ce petit Senat.

me elle est assez connue dans l'Histoire & dans la Géographie, je n'entrerai pas dans un plus grand détail sur ce qui la regarde.

Un *Orfevre Grec*, chez qui nous passames à notre retour, me vendit deux *Julia Augusta* comme 29; deux *Faustina* d'argent comme 26 entre diverses autres medailles *Latines* aussi d'argent, un *Alexandre le grand* d'or, avec quelques autres medailles *Grecques* comme 16, frappée pour les *Lampsaciens*; 15, 20 & 25, α & 5 des *Cisiquiens* sur la Planche XIV.

Ayant ainsi donné l'essor à ma curiosité, & passé un mois à *Lampsaco*, je retournai à *Gallipoli*, prenant dans mon Bateau la tête de marbre que j'avois achetée, & que je laissai chez le *Consul*, pour être envoyée chez moi à *Constantinople* par la premiere occasion. Je rendis une seconde visite à cette Ville, sans y faire aucune autre découverte que ce que j'ai dit ci-devant.

Je la quittai le 9. pour continuer mon voyage par terre jusqu'au premier Château des *Dardanelles* de ce côté-là. Après avoir fait cinq à six Milles de chemin, je traversai un petit Village dans le voisinage duquel je vis quelques restes de vieux murs; mais je ne pus deviner ce que c'étoit. Un peu plus loin je passai un Ruisseau que les *Grecs* d'aujourd'hui appellent Ποταμος, ou *Riviere*, comme ils nomment toutes celles dont ils ignorent les anciens noms, & auxquels ils n'en ont point donné de modernes; ce qu'ils font aussi à l'égard des Villes, qu'ils appellent *Palies Cores*, *vieilles Villes*, de même que les *Turcs*, qui à leur exemple les nomment *Sous* (eaux, c'est-à-dire, *petites Rivieres*) & *Eski Tchehirs* ou *Stambols*, *vieilles Villes*. On sçait déja, je crois, que *Stambol*, nom que ces derniers donnent aujourd'hui à *Constantinople*, est fait par corruption du *Grec* litteral εἰς τὴν πόλιν, *à la Ville*; réponse ancienne, qu'ils font encore aujourd'hui entr'eux à ceux qui leur demandent où ils vont, si c'est à *Constantinople*, ou à quelqu'autre Ville? Comme les anciens Géographes ont placé *aigos potamos*, ou *Riviere de la Chevre*, à peu près dans l'endroit où est le Ruisseau que les *Grecs* modernes appellent simplement *Potamos*, ce pourroit bien être cette Riviere que le Revers de la Medaille No. 14, de la Planche XXVIII, représente par une Chevre; & les restes de murs que je vis un peu auparavant, pourroient bien être ceux de l'ancienne Ville, qu'ils ont aussi placée en cet endroit sous le nom d'Αιγος, où *Junon* que la dite Medaille représente, avoit un Temple. Je laisse cela à la décision des personnes mieux versées que moi dans la connoissance de l'Antiquité.

M'étant aproché davantage de la Mer, j'apperçus des ruines que plusieurs prétendent être celles de *Sestos*, Ville fameuse par les amours malheureuses de *Leandre* & d'*Hero*. Ces ruines, bien loin d'être aussi considérables qu'elles m'avoient été représentées, ne paroissent tout au plus que les restes d'une vieille Tour bâtie pour deffendre le passage de l'*Hellespont*.

Vers le soir, je gagnai le Château qui passe plus communément pour les restes de cette ancienne Ville, comme celui qui est vis à vis en *Asie*, passe pour être ceux d'*Abidos*. Le premier est accompagné d'un bon Village, plûtôt que d'une Ville. Ses maisons sont non seulement en petit nombre, mais mal bâties. Ce Château consiste en une grosse Tour ronde, enfermée de bons murs percez à fleur d'eau pour de gros Mortiers & Canons de Bronze, qui y sont en assez bon nombre, pour deffendre le passage du Canal.

Le second Château, auquel j'allai de là dans un Bateau, n'est pas moins fort ni moins pourvû d'Artillerie, laquelle est placée en la même maniere, & pour le même effet. La Ville qui l'accompagne merite bien mieux ce nom, par son étendue, & par le nombre & la construction de ses maisons. J'allai loger chez le *Juif Abraham*. Le lendemain je pris un Bateau pour me rendre aux nouveaux Châteaux, qui se presentent les premiers à l'entrée des *Dardanelles*, du côté de *Tenedos*, ou de l'*Archipel*. Je trouvai un peu au delà les deux Vaisseaux de guerre *Anglois*, qui ne les avoient pas passez, pour le point d'honneur dont j'ai parlé au sujet de ceux de la Baye de *Smirne*. Le plus gros s'appelloit *Worchester*. Il étoit commandé par le Capitaine *Canning*; & l'autre qui se nommoit *Winchelsea*, étoit sous le commandement du Capitaine *Eaton*. J'allai à bord de l'un & de l'autre: j'y fus parfaitement bien traité, & je passai la nuit sur le premier. J'étois trop près de l'ancien *Dardanum* de *Ptolomée*, ou plûtôt de la place où cet Auteur le met, pour ne le pas visiter. Le Commandant de ce Vaisseau, à qui je fis part de ma curiosité, m'envoya à terre au pied de la Montagne, sur laquelle est aujourd'hui situé un Village que les *Turcs* appellent *Guiaourquoï*, ou *Village des Infideles*. Ce Village qui occupe la place du *Dardanum*, n'a pour habitans que des *Grecs*. Je n'y trouvai que de vieilles masures & quelques pans de murailles çà & là autour de ses maisons qui sont fort mauvaises, & mal bâties. J'y cherchai des Medailles chez les habitans, mais je n'y trouvai que celle qui est marquée 4. sur la Planche IV. Tome II. avec la tête d'*Augustus Cæsar*, ayant pour revers *Enée* qui porte *Anchise* sur ses épaules; &c. sur la même Planche, 3 de la Planche XIV. 30, de N. XXVIII. avec cette Legende COL. AUG., & dans l'Exergue TROAS, comme on le peut lire sur celles que j'ai jugées dignes d'être gravées.

La Montagne sur laquelle est ce Village, s'appelle autrement *Janitsar Bournont*, pointe des *Janissaires*. Elle me parut être le Promontoire *Sigée* des Anciens. Les regards se promenent de là à perte de vue le plus agréablement du monde, tant du côté de la Terre que de la Mer. On découvre de là des Forêts d'Oliviers, entremêlez de champs labourables & ensemencez, avec des prairies; le fameux Mont *Ida*, les Isles de *Tenedos*, *Imbro*, *Samothrace*, & les côtes de *Thrace*.

Je passai le lendemain avec le *Winchelsea* à *Tenedos*, où les deux Vaisseaux de guerre se retirerent pour y attendre tous les Bâtimens de Transport qu'ils devoient escorter à *Barcelone*. J'y trouvai la *Tchaïque* & la *Tchacoleva* de Mr. *Cooke*, qui attendoit mes ordres. Je m'embarquai sur la derniere pour aller à *Lemnos*, où j'appris que je trouverois ce qui me manquoit de bled. Le vent qui étoit bon nous rendit le 12. avant la nuit dans un de ses Ports appellée *Moudro* par les *Insulaires*, & *Sent' Antonio* par les *Venitiens*. Ce Port est le meilleur de l'Isle, & peut contenir une nombreuse Flote. Sur une éminence, au pied de laquelle est un miserable Bourg qui porte le même nom, au Sud-Est, & qui est baigné par les eaux de la Mer, on voit les restes d'un vieux Château. C'est là que les Anciens ont placé *Ephestias*; mais cette Ville ne paroît plus que dans quelques fondemens

LEMNOS & TENEDOS, &c. 431

de murs & de mafures à peine reconnoiffables. J'achetai au Village de
Moudro la quantité de bled dont j'avois befoin, & pendant qu'on le
chargeoit, je vifitai plufieurs endroits de l'Ifle, entr'autres le *Iegni yf-
far* (en *Turc*) c'eft à dire le nouveau Château, reparé par les *Venitiens* qui le leur avoient enlevé pendant la guerre terminée par la Paix
de *Carlowitz* en 1699, & qui le leur rendirent alors. Ce Château
eft bâti à l'antique, & garni d'environ trente pieces d'artillerie, qui
deffendent une rade paffablement fure. L'Ifle a été appellée autrefois
Hypfilpylia. Elle eft celebre dans la Fable par la chute de *Vulcain*,
qui y avoit une de fes forges. Elle abonde en bons pâturages, & produit toutes fortes de grains, mais peu de bois, avec quelques vignes,
dont le vin eft fort bon. Sa circonference eft d'environ deux cents
Milles, felon la fupputation la plus generalement reçue. J'y achetai
quelques Medailles Latines d'*Augufte*, d'*Agrippine*, de *Nerva*, de
Caligula, trop communes pour être gravées, excepté deux Medail-
lons de metal *Corinthien*, comme 42 de la Planche XIV, & trois
Grecques, comme 27 de la même Planche, qui ont pu être frappées pour
Nicopolis ad Neftum, ancienne Ville que les Géographes ont placée fur
le Continent *Européen*, vis à vis de *Lemnos*; 2 comme 13 de la Planche
VIII, 4 comme 9 de la Planche VII. Tome II. pour *Ulpia Topiris*, qu'ils
n'ont pas mife loin de là. (Ces deux Villes, n'exiftent plus que dans l'Hiftoire ou fur les Medailles) deux comme 11, pour les *Thaffiens* ou habitans de *Thaffo*, 3 comme 13, pour les *Tiniens* ou pour ceux de *Tino*,
de la même Planche. Ces deux Ifles font affez connues. Je m'en retournai le 15, à *Tenedos*, où je fis mettre à bord de l'*Anna* le bled
que j'avois acheté, & renvoyai le *Tchaccoléva* à *Conftantinople*.

1710.
CHAP.
XX.

*Lemnos ou ou Stalime-
ne.*

*Medailles de Nicopolis & de la fa-
meufe Ab-
dera fur le Nefle.*

Cette Ifle a dans fa petite étendue qui eft de 20 à 30 milles tous
les avantages les plus confiderables de la nature: elle abonde en bled,
en vin & en fruits. Les habitans qui font *Grecs* pour la plûpart, employent la meilleure partie de fon terrain en vignes: fon mufcat eft
le plus delicieux, je crois, de l'univers. Ses pêches & fes figues paffent pour les meilleures de la *Turquie*. Elle tire les autres chofes qui
lui manquent, des Ifles voifines, ou des Côtes d'*Afie*, ou d'*Europe*
dont elle n'eft gueres éloignée; fon bois, par exemple, des environs des
ruines de *Troye* qui font vis à vis de cette Ifle, & qu'on peut même
voir de là, comme *Virgile* le temoigne par ce vers.

Tenedos.

*Eft in confpectu Tenedos, notiffima famâ
Infula &c.*

Ce bois ne lui coute que très peu de depenfe ou plûtôt la feule
peine de le couper, & de le tranfporter; car les bois font communs
en *Turquie* à tous les habitans indifferemment: le *Grand Seigneur* qui
en a la proprieté, en laiffe le libre ufage à fes Sujets. Elle n'a qu'une
Ville bien peuplée de *Turcs* & de *Grecs*, mais plus des derniers que
des autres, & un affez bon château avec un Commandant qu'on appelle *Pacha*. Ce château eft defendu par 26 pièces de Canon dont
quelques-unes font marquées aux armes de *St. Marc* & que les *Venitiens* y ont laiffées, en la perdant; ou en la rendant par un Traité, après
l'avoir prife pendant leurs conquêtes dans l'*Archipel*.

Un *Sous-Bachi*, avec le titre de *Bey*, a principalement infpection
fur la Ville. Quelques-uns de fes gens me voyant habillé à la *Grecque*

& m'ayant entendu parler *Grec*, me prirent pour un Sujet de la *Porte* Il me faifirent en cette qualité & me menerent auprès de lui pour m'examiner, & voir fi j'avois payé mon *Haratch* ou tribut annuel, il me demanda d'abord mes quittances ou billets que les Collecteurs donnent tous les ans à ceux qui ont payé, & qu'ils doivent porter fur eux, & produire pour les montrer, en cas de befoin. J'avois un vieux *Ferman* de la *Porte* qui temoignoit, outre ma Prononciation *Turque*, que j'étois *Franc*. Il me mena néanmoins au *Pacha*, qui au lieu de m'inquieter en aucune forte là-deffus, me fit donner le *Caffé*, & m'invita à fouper chez lui. Le *Bey* s'y trouva, & les Domeftiques s'étant retirez, excepté un confident qui nous apporta deux cruches de vin, l'un mufcat & l'autre d'un excellent vin rouge auffi du crû de l'Ifle, nous commençames, pour ainfi dire, notre connoiffance par des libations *Bacchiques*. Ils me montrerent qu'ils expliquoient la Loi en la maniere que j'ai dit ailleurs, *fi non fobrie, faltem cautè*; car eux qui faifoient donner la baftonnade à ceux de leur Religion, qui fe trouvoient ivres dans les Tavernes *Grecques*, ou dans les rues pendant le jour, en buvoient regulierement une prodigieufe quantité pendant la nuit. Ils m'en firent boire plus que je n'aurois voulu, & je couchai chez le *Pacha* fur le *Sopha* de la chambre où nous étions, après leur avoir dit que je leur procurerois à bord des 2 Vaiffeaux *Anglois*, d'un *Scherbet* qui avoit la même vertu que le vin.

Le *Sou-Bachi* m'envoya inviter de bon matin à boire le *Caffé*, & me fit fouvenir de ma promeffe. J'en donnai part au Capitaine *Eaton*, qui invita le *Pacha* & le *Bey* à fon bord. Le *Pacha* s'en excufa par des raifons de bienféance; mais le *Bey* ne manqua pas de s'y rendre à fouper après fa priere du foir. Le Capitaine nous regala d'un *Ponche Royal* dont le *Bey* but la meilleure partie: après quoi il s'en retourna fort gai & fort content. Il loua le lendemain le *Scherbet Anglois* au *Pacha*, qui m'ayant invité à fouper me pria de lui faire de ce *Scherbet*. Je le fis, il n'en fut pas moins content, & j'apris au *Bey* la maniere de le preparer.

Je fus prié deux jours après d'être compere d'un mariage entre un Pilote *Grec*, qui m'avoit fervi, & une jeune fille de fa Nation. Cette invitation demandoit quelque prefent, & je leur en fis. Les Noces furent celebrées à la *Greque*, c'eft à dire qu'on mangea bien, qu'on but encore mieux, & qu'on danfa & chanta immediatement après la cérémonie.

J'eus le bonheur d'infpirer aux deux Capitaines *Anglois* la curiofité de voir les ruines de *Troye*, & nous y paffâmes avec leurs Chaloupes. Nous mimes pied à terre un peu au deffus de ce qui paroît avoir été le Port de la Ville, ou plûtôt un baffin, qui eft prefque tout à fait comblé par les debris d'un ancien édifice dont on voit encore quelques fondemens. Les principaux morceaux de cet édifice, tombez dans la Mer, confiftent en differentes pieces de marbre ou de pierre dure de differentes couleurs, avec quelques Chapiteaux & des Colomnes rompues; ce qui témoigne qu'il devoit être magnifique. Nous apperçumes à quelques pas du baffin des ruines encore plus riches, favoir de groffes Colomnes de granite, mais rompues en deux ou trois pieces, couchées par terre & à moitié enfevelies

dans

dans le fable des Chapiteaux & des Piedeftaux mutilez de différentes sortes de marbre.

Parmi ces ruines, où l'art des Anciens paroît encore, il y a divers materiaux encore brutes; fur tout deux qui font remarquables par leur prodigieufe groffeur, qui eft telle qu'il eft à peine imaginable fur quels Vaiffeaux ou avec quelles machines elles ont pû être tranfportées en cet endroit; car avec quelque foin que j'aye examiné le terrain aux environs de *Troye*, je n'y ai rencontré aucune carriere de marbre. Il y a apparence qu'on a tranfporté ces prodigieufes pieces par le moyen des flots, avec lefquels on a porté d'*Egipte* à *Rome* & à *Conftantinople*, ces fuperbes obelifques qu'on y admire aujourd'hui. En côtoyant le rivage, un peu au deffous de l'endroit où eft ce qui m'a paru un baffin, ou Mole vers le *Sud-Eft*, fe prefente une efpece de lavoir quarré d'une feule piece de Porphire qui n'a pas moins de fix pieds de diametre. Un peu plus bas on en trouve deux autres plus petits, mais rongez par le tems.

Ayant quité là le rivage, pour nous avancer vers l'*Orient*, nous vimes à une diftance d'environ quarante pas un morceau de Colomne de granite, d'un excellent poli, de trente-neuf à quarante pieds de longueur, & qui n'avoit gueres moins de quatre pieds & demi de diametre. Un peu plus loin nous traversâmes des brouffailles, entre lefquelles font divers Tombeaux, les uns de marbre blanc, les autres de Porphire, & encore auffi entiers & auffi bien confervez que s'ils étoient modernes; fi on en excepte quelques-uns de Porphire qui ont fouffert autant des injures du tems, que les deux lavoirs dont j'ai parlé ci-deffus. Ces Tombeaux ne font que de deux pieces, à fçavoir la caiffe & le couvercle, comme ceux de *Lampfaco*, excepté que le couvercle s'éleve triangulairement ou en pointe. Il y a apparence qu'on y mettoit une famille entiere, c'eft-à-dire, qu'à mefure qu'il en mouroit quelqu'un (comme j'ai déja infinué,) on y enfermoit fon corps avec de la chaux vive, ou autre matiere propre à confumer bientôt les chairs, & que quand cette famille étoit éteinte, on les cramponoit comme ils font tous.

1710. CHAP. XX.

Tombeaux de *Troye*.

La curiofité nous prenant de voir ce qu'il y avoit dedans, les Capitaines envoyerent quelques Matelots, qui nous fuivoient, prendre des jables de fer à bord de leurs Vaiffeaux, pour en ouvrir un. Leurs premiers efforts furent fi violents qu'ils rompirent un de leurs jables, & une groffe corde, mais ils redoublerent leurs forces avec d'autres & en vinrent à bout. Nous ne trouvâmes dans ce Tombeau que de la pouffiere blanchâtre avec deux cranes encore entiers, & quelques autres offemens qui fe reduifoient en poudre, dès qu'on les touchoit. On peut juger de là que ces Tombeaux ne font pas des *Troyens*, dont la coutume étoit de brûler les corps morts, d'enfermer les cendres dans des urnes, & de placer ces urnes dans des caves, ou lieux voutez fous terre. On rencontre encore çà & là quelques-uns de ces voûtes fouterraines, qui paroiffent par leur petiteffe avoir été deftinées à cet ufage; ce que je ne donne pourtant que comme une conjecture.

Un payfan auffi ignorant que le bétail qu'il gardoit parmi les ruines de *Troye*, dont on peut dire aujourd'hui ce qu'*Ovide* a écrit, *Jam feges eft ubi Troja fuit*, me préfenta les deux petites Lampes. N. 7. & 19. avec le vafe ou lacrimatoire 8 de la Planche XXVII. qu'on avoit trou-

Tome I. Iii

trouvé, me dit-il, dans une de ces caves. Je lui donnai quelques *Paras*, dont il fut aussi content que je l'étois de son present.

Les premieres qu'on rencontre en assez grande quantité parmi les ruines des anciennes Villes, peuvent être de ces lampes prétendues *Perpétuelles*, dont on a tant écrit, mais d'une maniere si obscure & si peu satisfaisante Les Antiquaires disent que leur méche étoit d'*Asbestos* (*a*). Ils les ont appellées perpetuelles parcequ'elles ne cessoient, selon eux, de bruler, pourvû que le lieu où elles étoient fût si bien fermé qu'il n'y entrat point d'air au delà de celui dont il étoit plein. Mais cela paroît contraire à l'expérience, aussi bien qu'au sens commun; car supposé que ces Lampes s'éteignissent au moindre air étranger qui entroit dans le lieu où elles étoient, personne ne les a pû voir bruler autrement que des yeux de la foi, ou en imagination; sans parler de l'impossibilité de les allumer, que cette supposition enferme: outre qu'elle exclue l'entrée des Tombeaux & par conséquent l'usage des *Lacrymatoires* aux Parens des décedez, pour y aller repandre leurs larmes dans ces vases, que les Apologistes des Lampes admettent avec elles dans tous les anciens Tombeaux; à moins qu'ils ne soutiennent, ce que je n'ai pas encore entendu dire; qu'elles étoient enfermées dans quelque vase de verre fermé de tous côtez, & inaccessible à l'air, & qu'elles fournissoient ainsi la clarté necessaire aux Pleureurs, ou Pleureuses. Mais le verre étoit-il inventé alors, & d'ailleurs comment enfermer cette lumiere? Je dirai ici ce qui me vient dans la pensée là-dessus, & ce qui est plus vraisemblable que cette obscure supposition des Antiquaires touchant leur lumiere perpétuelle. Ne seroit-il pas plus sûr ou plus clair d'expliquer le mot *perpétuel* dans le sens des *Catholiques-Romains* à l'égard des *Messes* fondées à perpétuité (ce sont leurs termes,) pour la delivrance des ames du *Purgatoire*, & applicables à celles de leur posterité après cette délivrance. Ces *Messes* sont ainsi appellées, à cause qu'elles doivent être dites chaque jour; car d'ailleurs on ne les dit pourtant qu'aussi long-tems que durent les revenus laissez par Testament à quelque Eglise; & aussi-tôt que ces revenus sont assenez ou qu'ils changent de maître ou de receveur, par quelque guerre ou par quelque Reformation, soit Politique ou Religieuse, les *Messes* discontinuent aussi. Ne seroit-ce point là le mistere de la perpétuité des lampes, & l'air étranger qui les éteint? Car je ne crois pas plus l'existence de cette perpétuelle lumiere que je ne conçois sa possibilité. Il en est effet assez vraisemblable que de riches personnes ont pû fonder par Testament des revenus annuels pour une certaine quantité d'huile, qui devoit bruler nuit & jour dans leurs tombeaux, ou dans ceux de leurs parens & amis, & éclairer ceux qui y alloient pleurer auprès de leurs urnes, dans des *Lacrimatoires* qui pouvoient être toujours là tout prêts pour cet usage. Telles sont les lampes qui brulent continuellement aujourd'hui dans quelques chapelles *Catholiques*, auprès des tombeaux des grands hommes de cette Religion, où on peut lire sur le marbre, *Messe fondée à perpétuité pour le repos de l'ame de N.* & après lui, pour celui des ames de ses parens, amis &c. Cela s'observe à l'égard de ceux des *Turcs* mêmes qui sont bâtis en la maniere que j'ai dit pour les Empereurs & autres personnes riches de leur Religion. Ne sont-ce pas là de pieuses imitations de cet ancien usage?

(*a*) *Asbeste*, espece de pierre legere comme de la pierre ponce, dans laquelle on trouve une substance aprochante du Coton; de laquelle on faisoit une toile ou étoffe appellé *amyanthus*, dans laquelle on envelopoit les corps morts pour les bruler, & en conserver les cendres, ou les distinguer de celles du bucher.

sage? Desorte que l'huile ou la lumiere des lampes anciennes, n'étoit pas plus perpétuelle que celle d'aujourd'hui, ou que les revenus fondez pour cela, *Paufanias* nous assure bien qu'il y avoit une lampe dans le Temple de *Minerve*, qui bruloit un an sans qu'on y remît de l'huile, mais qu'est-ce que cela en comparaison de cette perpetuité tant vantée? Je ne voudrois pas même jurer qu'il le crût ainsi, mais je jugerois plûtôt qu'il parloit selon l'opinion & la croyance reçue par le peuple de la Religion de ce tems-là, lequel il étoit peut-être aussi dangereux de détromper, en lui faisant soupçonner les Prêtres d'y remettre secretement de l'huile, qu'il le seroit aujourd'hui à *Naples* d'écrire contre le bouillonnement annuel & miraculeux de *St. Janvier*.

1710. CHAP. XX.

Quant aux Tombeaux dont nous en avons ouvert un, je ne pense pas qu'on doive porter leur antiquité au delà du dernier Empire *Grec* ou *Romain*, sous lequel *Troye* peut avoir été rebâtie, mais je finis cette digression sur un sujet plein de contradictions. Pour retourner aux ruines de *Troye*, les murs de cette Ville sont encore élevez en quelques endroits de cinq à six toises, & faits de bonnes pierres dures & bien cimentées à l'épreuve des siecles. Dans l'enceinte de ces murs, qui sont encore d'une étendue de cinq à six Milles, quoi que plus ou moins élevez, on trouve un amas confus de masures, de colomnes, les unes couchées par terre, les autres debout, & quelques-unes moitié enterrées; d'Architraves, de Chapiteaux, de frises de differents Ordres, sur tout du *Corinthien*; des restes de pavé de quelques rues, des portes d'édifices; ici un champ, là une prairie, qui étoient autrefois apparemment des places publiques. Nous entrâmes, chemin faisant, dans divers lieux souterrains que nous rencontrions, qui étoient admirablement bien voutez, tant petits que grands; l'on pouvoit encore remarquer sur ces derniers les vestiges de quelques bâtimens qui y dominoient.

Des Tombeaux modernes.

Nous étant avancez vers l'*Orient* de la Ville, nous rencontrâmes plusieurs sieges contigus de marbre, auprès desquels sont de magnifiques degrez aussi de marbre, pour monter sur la voûte d'une cave fort spatieuse, soutenue au dedans par de bonnes & belles croisées. Je ne sçai ce que ce peut être que ces sieges; à moins qu'on ne les regarde comme des restes d'Amphitheatre. Je ne comprends gueres mieux l'usage de ces lieux souterrains: peut-être étoit-ce des abris & des retraites en Eté pour les habitans, contre les grandes chaleurs du Soleil. Ayant continué notre marche, & tourné un peu vers le Septentrion, nous passâmes près d'une partie du dôme d'un Temple, dont la corniche est de marbre blanc, & la frise à la *Corinthienne*. En marchant toûjours un peu plus du même coté, nous arrivâmes enfin auprès d'un corps de bâtiment élevé, qu'on voit assez distinctement de *Tenedos*, ou de dessus les Vaisseaux qui passent entre cette Isle & le Continent d'*Asie*, comme un grand Palais tout blanc, que l'imagination de quelques-uns leur a fait nommer le Palais de *Priam*. Mais aucun de ceux qui en ont parlé, n'en ont donné d'explication plus satisfaisante. Je n'ai garde d'entreprendre de le faire, n'y ayant trouvé aucune Inscription qui m'instruisit de ce qu'il a été; mais je me contente de décrire ce qui se presenta là à nos yeux. Nous passâmes d'abord vers la partie occidentale entre des masures qui conduisent à une très grande arcade, entre deux plus petites, percées dans un mur d'une prodigieuse hauteur, & fort épais, qui est terminé par un petit reste de voûte. Etant entrez dans le corps du Bâtiment, nous

Prétendu Palais de *Priam*.

Tome I. Iii 2 trou-

1710.
Chap. XX.

trouvâmes un amas confus de mafures & de voûtes fouterraines. La vûe fe termine à l'*Orient* par un gros mur inferieur en hauteur à celui dont je viens de parler, parcequ'il a été apparemment abbatu par le tems, ou par les hommes. Du coté du *Midy* eſt un mur, dont on ne voit plus que quelques veſtiges peu élevez. Au *Nord* dans un vallon il y en a un autre dans lequel font percées quantité d'arcades qui lui donnent l'air d'un aqueduc. On voit çà, & là aux environs, des reſtes de murailles fort bien cimentées.

Enſuite nous nous promenâmes parmi des arbres, vers le *Midy*, & un chemin frayé nous conduiſit à une ſortie de l'enceinte de la Ville, où étoit autrefois une de ſes portes, à en juger par quelques ruines que nous vimes en cet endroit. Nous deſcendîmes dans une plaine des plus agreables, remplie d'Oliviers, de Cotoniers (*a*) &c. Nous y trouvâmes deux Païſans, & nous nous informâmes d'eux, s'il n'y avoit point quelque village dans le voiſinage. Ils nous repondirent que le plus proche étoit éloigné d'environ une lieuë & demie; mais nous ne jugeâmes pas à propos de faire encore ce trajet, après les courſes que nous avions deja faites depuis notre deſcente à terre. Nous apperçûmes au milieu de cette plaine, à un bon quart de lieuë des murs de *Troye*, une groſſe Colomne de granite d'environ quatre pieds de diametre, couchée ſous un arbre; ce qui me donna lieu de demander à un des Païſans, s'il n'y avoit point dans le voiſinage quelques anciennes ruines. Il me répondit qu'il y avoit deux bains d'eau naturellement chaude, qui n'étoient éloignez du lieu où nous étions, que d'une demie lieuë; & qu'outre les anciennes fabriques qui recevoient cette eau, qu'il diſoit être admirable contre la foibleſſe des nerfs & autres incommoditez, comme Rhumatiſmes, fluxions &c. il y avoit proche de là quantité de vieilles ruines. Nous ſentîmes reveiller notre curioſité à un tel diſcours, & nous nous y fîmes conduire par lui-même, en lui promettant quelque petite récompenſe. Nous trouvâmes en effet aux environs pluſieurs reſtes de Bâtimens fort ſolides, & de hautes & belles voûtes, qui me parurent être celles de quelque ancien Temple. Nous remarquâmes que le premier Bain ayant perdu ſon Dôme, avoit été reparé par les gens du Païs. L'eau qui va ſe rendre dedans par un canal de pierre dure depuis ſa ſource, qui en eſt un peu éloignée, ſe raffraichit aſſez pour y devenir ſuportable au toucher. On ne peut reſter pluſieurs minutes dans ce Bain, ſans ſe ſentir tout en ſueur. Nous y trouvâmes un vieux *Turc*, qui nous dit qu'il avoit l'inſpection des bains, & qu'il n'avoit jamais vû des *Francs* s'avancer ſi loin. De là nous paſſâmes à l'autre bain dont la fabrique & le Dôme entier ſe ſentoient bien du goût de l'Antiquité. L'eau y coule de ſa ſource par un canal de marbre, comme à l'autre, & ſe decharge dans un grand baſſin auſſi de marbre, après avoir paſſé dans de petits reſervoirs de marbre, qu'elle laiſſe toûjours pleins, & où on ſe lave. Après avoir fait un preſent à l'Inſpecteur de ces Bains, nous le priâmes de nous conduire aux ſources: il le fit, & nous trouvâmes qu'elles etoient auſſi chaudes que de l'eau bouillante. Ma curioſité aïant été ſatisfaite, je retournai aux ruines de *Troye*, avec ma compagnie

Bains d'eau naturellement chaude.

qui

(*a*) On en confit les fruits en pâte qu'on appelle *Scherbet*, & en effet en la delayant dans de l'eau & y ajoutant un peu de jus de citron, c'eſt une boiſſon fort agreable qu'on vend principalement aux *Dardanelles*.

qui étoit groffie de deux *Turcs*, outre notre guide, qui nous montrerent, en nous faifant paffer près d'une grotte fouterraine, que nous n'avions pas vûe, d'environ 17 pieds de diametre & incruftée de diverfes congelations, le Corps d'une ftatue bien taillée, mais fans tête, que les *Turcs*, ennemis des figures humaines, avoient enterrée. L'un d'eux à qui je demandai la tête, promit de me la procurer, & à quelques jours de là, il me tint parole. Sa figure eft marquée 5, fur la Planche IV. Tom. II. Nous terminâmes notre courfe par nous rendre fur les 4 heures après midi fous un arbre, dans une plaine qui regne au *Nord* de *Troye*, un peu au deffus de l'endroit où nous avions pris terre : où nous y avoit preparé, par ordre des Capitaines, un bon diné ; & nous nous retirâmes avec le Soleil couchant à bord des Vaiffeaux de guerre.

Le Lendemain, les deux Capitaines firent paffer leurs Chaloupes aux ruines de *Troye*, pour enlever les pieces de marbre, & de Porphile qui leur avoient plû, & m'inviterent à aller diner encore là avec eux. Nous nous promenâmes çà & là pendant deux ou trois heures. Je croi que peu de gens ont vû de *Troye* ce que nous en avons decouvert. Je n'ajouterai rien autre chofe à ce que j'en ai deja dit, finon que fi ces reftes magnifiques d'une Ville qui a eu au moins dix Milles de circuit, à en juger par ce qu'on voit encore de fes murs, ne font pas ceux de *Troye*, ils le font au moins d'une fort grande & belle Ville. Et pour ne point nous arrêter à ce que les Poetes nous chantent de cette Ville, écoutons ce que nous dit l'Hiftoire, qui varie par tout, car quelques-uns ont placé *Troye*, où étoit l'ancienne *Dardanie*, *Dardanum*, à laquelle le Roi *Dardanus* qui la bâtit donna le nom. Ils prétendent qu'elle ne fut appellée *Troye* qu'après avoir été réparée par *Tros* fon Petit-Fils & Pere de *Ganimede*, dont toute la Province prit auffi le nom. D'autres l'ont mife où font les ruines dont je parle, & veulent qu'après la deftruction d'*Ilium*, *Alexandre le grand* commença à y rebatir une Ville confiderable, qui fut nommée de fon nom *Alexandria*, à laquelle les cartes anciennes confirment cette fituation; & que *Lyfimachus* l'acheva, la mort du premier l'ayant empeché de le faire; qu'elle devint enfuite une Colonie des *Romains*; ce que diverfes Medailles atteftent, entr'autres la medaille 9, de la Planche XXVII que me donna le Païfan, de qui j'eus la tête de marbre dont je viens de parler, outre quantité d'autres Medailles, & les têtes des Empereurs *Alexandre*, & *Gallus*, dont l'effigie eft d'un côté & la louve allaitant *Remus* & *Romulus*, de l'autre, avec le mot TROAS dans l'Exergue; de *Theodofe*, & de *Conftantin*. Ces deux dernieres Medailles, fur tout la tête de marbre, que je crois de *Conftantin le Grand*, me confirmoient dans la penfée que cette Ville a été réparée par les Empereurs *Grecs* & *Romains*, & que fes réparations, ou fes differens Maîtres, lui peuvent avoir donné divers noms. Quant aux *Turcs* & aux *Grecs* d'aujourd'hui, ils ne lui en donnent point d'autre que celui que leur ignorance leur fournit, pour toutes les Villes ruinées, à fçavoir, les premiers *Eski Stambole*, & les feconds *Paigli Corä* (*vieille Ville*) comme je l'ai déja dit.

CHAPITRE XXI.

Voyage à Barcelone. *Vue de* Gallipia *en* Afrique. *Courte Description Historique de* Barcelone, *de* Mont-Juy, *de* Saragoſſa, Tarragona, Mont-Serrat. *Mon retour à* Conſtantinople *par* Genes, Livourne, Florence, Rome, Naples, Sicile, Malte, Zante, la Morée, Candie, Santorin, Scio, Tenedos, Mexaniota, Ciſique, Marmora; *Avec des Remarques ſur les principaux endroits, où j'eus occaſion de m'arrêter.*

LEs Vaiſſeaux de tranſport étant chargez, ils joignirent ceux de guerre à *Tenedos*, où Mr. *Cooke* m'envoya une nouvelle Patente de Capitaine en Chef, pour conduire ſa *Tchaique* à *Barcelone*, avec l'Inſtrument de la conſignation de la charge, auſſi bien que des autres effets qu'il avoit fait mettre à bord d'un des Vaiſſeaux de tranſport. Il m'écrivit qu'il laiſſoit à mon choix de m'embarquer ſur celui-ci, ou ſur celui où étoit l'Agent des Vaiſſeaux de tranſport, ſur leſquels il avoit fait charger de la cire qu'il me conſignoit, en mettant un bon Pilote ſur la *Tchaique*. Les Capitaines *Coning* & *Eaton* m'avoient déja offert de leur côté chacun une cabane, où je pourrois reſter alternativement à bord de leurs Vaiſſeaux, & deux hommes pour piloter ma *Tchaique*, que j'acceptai. Mais l'Agent qui avoit logé chez Mr. *Cooke* à *Pera*, voulut que je m'embarquaſſe ſur le Vaiſſeau où il étoit, qui étoit, diſoit-il, auſſi bon voilier que ceux de guerre, & il ajoûta, que nous pourions de tems en tems aller manger avec eux, & même y coucher.

Départ pour Barcelone.

Après avoir mis les deux hommes ſur ma *Tchaique*, & le vent étant bon le 25. nous fimes voile. Elle ſuivit ou plûtôt devança le Convoi, tant qu'elle eut le vent en poupe, comme cela arrive ordinairement à ces ſortes de Bâtimens, ainſi que j'ai déja remarqué ailleurs. Mais le vent étant devenu contraire un peu au delà de *Malte*, nous la perdimes de vue, & elle relâcha dans cette Iſle comme je dirai en un autre endroit.

Mazzaro.

Le 29. au matin, le vent ayant tourné au *Sud-Oueſt* & étant devenu très violent, nous n'apperçûmes plus derriere nous que deux ou trois des Vaiſſeaux de Tranſport, preſque à perte de vue. Nous étions alors à la hauteur de *Mazzaro* en *Sicile*. Nous ferlames nos voiles pour les attendre, auſſi bien que les autres que nous ne voyons pas; mais ils ne nous rejoignirent tous que le 30. au matin, qu'un *Nord-Eſt* s'étant levé avec furie, nous conduiſit vers le *Cap Bonna*.

Gallipia

Le vent s'étant renforcé le 2. d'*Aout*, nous obligea de gagner *Gallipia*, Château d'*Afrique* ſitué ſur une éminence, au pied de laquelle eſt une aſſez bonne rade, où nous mouillâmes. Le château eſt flanqué de huit Tours d'une conſtruction *Gothique*, & d'une foible defenſe. Les environs en ſont agréables: il y a des jardins plus riches par la nature que par l'art, où les figues, les grenades, entre autres fruits, croiſſent en abondance. Nous allâmes nous y promener, & nous mangeâmes & emportâmes de ces fruits autant que nous voulumes, en faiſant quelque petit preſent aux jardiniers. Je leur demandai s'ils ne trouvoient pas quelquefois de vieilles monoyes de cuivre dans la terre & dans les ruines des anciens Bâtimens. Ils me répondirent qu'oui, & qu'ils

por-

BARCELONE, &c.

portoient ordinairement celles d'or ou d'argent aux Orfevres, & celles de bronze aux chaudronniers de *Tunis*. Je leur dis que s'ils en avoient quelques-unes, ou s'ils fçavoient qui en avoit, je les leur payerois mieux que ces ouvriers qui les achetoient au poids, & que celles de cuivre même m'accomoderoient autant que celles d'or ou d'argent. Ils me repliquèrent qu'ils n'en avoient point, & qu'ils ne fçavoient où il y en avoit. Mais deux jeunes *Maures*, animez par l'offre que je leur fis de les payer de leurs peines, m'en allerent chercher chez d'autres jardiniers, & Païfans plus éloignez. Ils me vinrent trouver à bord du *Winchelfea*, trois ou quatre heures après, & m'amenerent trois autres *Maures*, dont l'un en avoit huit; le fecond neuf, & le troifieme dix-huit; fçavoir 4, 2, 11; des Planches XIV. XIX. XXVIII. du Tome I, 7. du Tome II. Sur la premiere, qui eft 4, eft, comme on voit, un *Scipion l'Africain*, d'argent.

Le Dr. *Sherrard* & Mr. *Haym*, *Romain* de naiffance, & grand *Virtuofo*, dans la connoiffance des Medailles, & qui eft aujourd'hui à *Londres*, m'ont dit qu'elles étoient modernes, n'y ayant point eu de Medailles frappées pour ce Heros. Je fuis trop peu verfé dans cette fcience pour entreprendre de contredire ces Meffieurs; mais je me contenterai de leur répondre, que fi les Anciens n'en ont point frappé en l'honneur d'un fi grand homme, de ce Conquerant de l'*Efpagne* & de l'*Afrique*, qui a remporté des victoires fi celebres, non feulement fur fes ennemis, mais fur lui-même, entr'autres à l'égard d'une Beauté que l'Hiftoire vante, & aux charmes de laquelle il refifta à la fleur de fon âge, fans parler de fon éloquence, à laquelle le Prince des Orateurs a donné de fi juftes éloges: fi dis-je; encore un coup, on n'a point frapé de Medailles pour un fi grand homme, du moins perfonne n'en a plus merité que lui, & les Modernes plus équitables & plus reconnoiffans, (fi celle-ci eft leur ouvrage, felon l'opinion de ces *Virtuofi*) ont rendu au moins juftice à fon merite par celle-ci. Il faut avouer qu'ils fe font furpaffez eux-mêmes dans la fabrication des coins de ces Medailles; on ne peut rien voir de mieux frappé. J'ajouterai que ceci, & H devant A, dans la Legende écrite felon la prononciation *Arabe*, ou felon l'ancienne orthographe, marquent qu'ils ont eu au moins la modeftie d'en faire honneur aux Anciens. D'un autre côté, il eft très difficile de s'imaginer qu'ils ayent envoyé ce beau coin dans des lieux, où ce Heros a acquis à la verité une gloire immortelle, mais où perfonne ne connoît pas plus aujourdhui fes glorieux exploits que fon nom, ce qui étoit les expofer à y demeurer enfevelies dans la terre; ou à être fondues par ceux qui les trouveroient, ou données pour la valeur de l'argent; car je ne crois pas en avoir payé un fou davantage, non plus que pour le Roi *Juba*, marqué 9 fur la Planche XIX. dont j'en achetai quatre d'un même *Maure*, & trois autres de même metal frappées en l'honneur du Triumvirat de *Cefar*, de *Marc-Antoine* & de *Lepidus*, avec quelques Confulaires de *Vefpafien* & de *Domitien*. Ce *Maure* me dit qu'on les avoit prefque toutes trouvées fur tout N°. 4. de la Planche XIV & le *Juba* de la XIX. avec quantité d'autres auffi d'argent, en demoliffant les fondemens d'un ancien édifice, dans la petite Ville appellée *Mehemed*, environ à une journée de *Gallipia*, où il étoit venu demeurer, depuis la mort de fon Pere qui étoit Maffon. J'apris que celles de cuivre avoient été trouvées dans des jardins, entr'autres

1710.
CHAP. XXI.

Medailles de Scipion l'Africain.

1710.
CHAP.
XXI.
Medailles rares.

tr'autres, 5, frappée pour une Colonie d'*Hyppone* ; le beau *Gordien* No. 22, de la Planche XXVIII, eſtimable par la ſingularité de ſon Revers, & dont pluſieurs Antiquaires m'ont aſſuré, en l'admirant, qu'ils ne ſçavoient que la feue Reine *Chriſtine* de *Suede*, qui en eût une ſemblable, mais moins bien conſervée. Le Duc de *Devon*, fameux *Virtuoſo Anglois*, m'en a donné douze Guinées, pour en enrichir ſa belle collection de Medailles. Ils me vendirent outre cela pour une bagatelle diverſes Medailles, comme 27, 28, 29, de la même Planche. Toutes ces Medailles portent, comme on peut le remarquer, la tête de *Trajan* d'un côté. La premiere a pour Revers le Dieu *Canope*; la ſeconde, l'*Afrique* qui donne ſa main à baiſer à cet Empereur, & la troiſieme repréſente auſſi l'*Afrique* qui baiſe celle de ce Prince : deux comme 26 de la Planche VII, du ſecond Tome ; trois comme 27, ſix comme 29, une comme 31, deux comme 32, & quatre comme 33. Cette derniere eſt comme 5, de la Planche XXVIII, une Colonie d'*Hyppone*, mais avec cette difference particuliere qu'outre celle du Revers, où la Figure ne tient point de Globe entre ſes pates, l'*H* y eſt placée entre deux C. & I. P. Toutes ces Medailles de cuivre ne me couterent que quatre *Naſyres*, petite Monoye qui fait à peine dix ſols de la nôtre.

Le 3. d'Août, le vent étant devenu aſſez favorable, nous levâmes l'ancre, pour continuer notre voyage, & nous mouillames le 7, c'eſt-à-dire, le 18. N. ſtile que je reprens, dans le Port de *Barcelone*, ou plûtôt à la rade.

Barcelone.
Hiſtoire des revolutions de cette Ville.

Cette Ville doit, ſelon les Anciens, ſa fondation à *Hercule* l'*Egyptien* qui la fonda 1678 ans avant l'Ere *Chrétienne* ; mais quelques-uns cherchant cette fondation dans des tems plus voiſins de nous, l'attribuent à *Amilcar Barcino*, Capitaine *Carthaginois*, qui la répara environ 230 ans avant l'Ere *Chrétienne*.

Les *Romains* s'en rendirent les maîtres, & la garderent juſqu'au cinquieme ſiecle que les *Viſigots* la leur enleverent.

Les *Maures* ayant enſuite envahi l'*Eſpagne* la ſoumirent à leur domination, vers le 8. ſiecle, & la garderent juſqu'à ce qu'ils en furent chaſſez par *Charle-Magne*, qui la donna à un nommé *Bernard* avec le titre de Comté.

Les Gouverneurs n'en furent que Comtes titulaires juſqu'en 873. que *Charles le Chauve* la preſenta à *Widefroy*, premier Comte ſouverain, dont les Deſcendans la poſſederent comme tels juſqu'en 1137. que *Raymond* ayant épouſé *Petronelle*, fille unique de *Ramire II*. Roi d'*Aragon*, la réunit à cette couronne avec la *Catalogne*. Cette famille d'*Aragon* ſubſiſta juſqu'en 1510. que *Martin* étant mort ſans enfans, *Ferdinand* VII., ſurnommé le *Juſte*, Roi de *Caſtille*, ſecond fils de *Jean I.*, Roi de *Caſtille*, herita de cette Ville ; & les *Barcelonois* ne pouvant ſe reſoudre à vivre ſous une domination étrangere, ſe gouvernerent long tems democratiquement, & ſe jetterent enfin entre les bras de la Maiſon d'*Anjou*, dans laquelle ils ſe choiſirent un Souverain, en vertu de l'Alliance d'*Iolande*, Niece de *Martin*, dernier Roi d'*Aragon* de ce nom, laquelle avoit été mariée à *Louis II*. d'*Anjou*, Roi d'*Aragon* & de *Naples*. Mais la famille d'*Anjou* s'étant éteinte peu de tems après, les *Barcelonois* paſſerent ſous l'obéiſſance de *Jean II*, Roi d'*Aragon*, & y reſterent, tant avant qu'après l'union

des

des Couronnes de *Castille* & d'*Arragon*, par le mariage de *Ferdinand* avec *Isabelle*. Les Royaumes d'*Espagne* étant ensuite tombez sous la domination de la Maison d'*Autriche*, les *Barcelonois* ne laisserent pas de se maintenir dans l'obeïssance du Roi d'*Arragon* jusqu'en 1640. que la Ville de *Barcelone*, avec toute la *Catalogne*, fut reduite, après un siege de quinze mois, sous celle de la Maison d'*Autriche*, à laquelle elle obéit jusqu'à ce que le Roi *Charles II.* de cette famille étant mort sans enfans, elle eut le sort qu'on sçait de passer par son Testament dans la Maison de *Bourbon*, en la personne du Duc d'*Anjou* sous le nom de *Philippe V.* Mais les *Anglois* la lui ayant enlevée pour l'*Archiduc d'Autriche*, qui portoit le nom de *Charles III.*, elle lui obeïssoit alors avec une bonne partie des Etats d'*Espagne*.

1710.

CHAP. XXI.

Cette Ville est entourée de bons fossez & d'assez bonnes murailles, qui portent quantité de marques des coups de Canon dont elle a été souvent battue. Il y a plusieurs Bâtimens dans son enceinte qui meritent d'être vus, comme la *Cathedrale*, l'*Evêché*, l'*Hôpital*, la Maison de Ville, & quantité de Palais accompagnez pour la plûpart de beaux jardins. Elle n'a qu'un petit Port appellé *Mole*, qui n'est pas assez spatieux ni assez profond par tout pour un grand nombre de gros Vaisseaux. Aussi n'y a-t-il ordinairement que quelques petits Vaisseaux Marchands, des Galeres & des Barques, qui s'y retirent.

La rade qui regne devant est vaste & de bon ancrage; mais quand les vents du Nord & du Sud viennent à y souffler un peu violemment, ils y agitent extraordinairement les Vaisseaux qui y mouillent, comme cela arrivoit alors à une partie de la Flote *Britannique*.

Après avoir vû la Ville, je visitai *Mont-Juy*, qu'on voit à main gauche en entrant, & qui s'avance en forme de promontoire. Le Château ou Fort qui porte son nom, & qui regne sur son sommet, est avantageusement situé. Les ruines causées par les bombes *Angloises*, qui avec l'intrépidité du Comte *Peterborough*, l'avoient emporté au Roi *Philippe*, n'étoient pas encore reparées. On y travailloit par les ordres du Roi *Charles III*, aujourd'hui *Empereur*, sous le nom de *Charles VI.*, afin de le mettre en état de resister aux Bombes & au Canon. Il commande la Ville, qui est à portée de ses foudres, qu'on pourroit, selon son Etimologie, appeller les foudres de *Jupiter*. Ceux qui prétendent penetrer plus avant dans l'Antiquité, croyent, les uns que c'est *Hercule* qui lui a bâti un Temple à l'endroit où est le Château; les autres que ce Temple avoit été bâti pour *Hercule* lui-même, par les *Espagnols*, qui le regardant comme leur bienfaiteur, le mirent par reconnoissance au nombre des Dieux; lui consacrerent un Temple avec des Prêtres, & lui decernerent des honneurs Divins. Ces derniers ajoûtent, que non seulement eux, mais les Etrangers, offrirent des Sacrifices solemnels sur son Tombeau, & qu'on y accouroit en foule de tous côtez par devotion, ce qui aporta de grands profits aux Prêtres, & mit ce Temple en grande réputation. C'est ce qu'un *Jesuite Espagnol* en a écrit en sa Langue. Il y en a d'autres qui tirent *Mont-jui* de Mons *Judæorum*, & se fondent sur plusieurs Inscriptions *Hebraïques* de divers Tombeaux découverts sur le penchant de la Montagne; & ils lui font tirer cette denomination d'un Cimetiere que les *Maures* y donnerent à ceux de cette Nation, après s'être rendu maîtres de la Ville. Lorsque le jour est serein, on peut fort bien voir de là *Majorque*,

Mont-Juy.

Tome I.   Kkk

jorque, qui en est éloignée d'environ quarante lieues.

Je disposai d'abord de la Cire que M. *Cooke* avoit fait charger sur le Vaisseau à bord duquel je m'étois embarqué, & Mr. le Chevalier *Sutton* ayant envoyé un de ses gens sur le Convoi, avec des dépêches pour le General *Stanhope*, qui venoit d'avoir la part qu'on sçait dans la Victoire remportée sur l'Armée du Roi *Philippe*, par celle des Alliez près de *Saragosse*, je pris occasion de m'y rendre avec lui pour voir la Ville & l'Armée victorieuse.

Nous partimes de *Barcelone* le 20; & comme nous disions en chemin que nous étions des Exprès du Convoy de bled destiné pour l'Armée, nous trouvames par tout de bons Chevaux ou plutôt des mules qui sont les montures les plus communes en ce Païs, aussi bien qu'en *Portugal*, comme étant plus sures pour les montagnes, & les defilez qu'on y rencontre fréquemment.

Le 21. nous rencontrames un Courier qui paroissoit fort pressé & qui juroit contre la lenteur avec laquelle on lui procuroit des Chevaux frais. Nous fimes si bien que nous apprimes le sujet de son impatience, & il ne l'eut pas plutôt déclaré au maître de la poste, comme je lui conseillai de faire à notre exemple; qu'il en eut, & continua son voyage pour *Barcelone*, où il portoit la nouvelle de la victoire. Nous arrivames à l'Armée le 22. de bonne heure. Nous la trouvames campée près de *Saragosse*, partie sur une éminence, partie dans une plaine fort agréable qui regne entre l'*Ebre* & la Ville, où celle du Roi *Philippe* étoit avant la bataille. Nous allames rendre nos devoirs au General *Stanhope*, qui nous reçut avec cette affabilité ordinaire à la Noblesse *Britannique*, surtout à celle qui a voyagé. Mon compagnon de voyage lui ayant presenté ses depêches, avec un beau Sabre *Turc* que lui envoyoit Mr. le Chevalier *Sutton*, ce General dit en souriant, „ si vous m'aviez apporté ce Sabre deux jours plutôt, j'avois une „ belle occasion d'en éprouver la bonté, " Il nous fit diverses questions sur la *Turquie* & sur notre voyage, auxquelles je repondis seul, le porteur de depêches n'en n'ayant pas plus pris de connoissance que les matelôts des Vaisseaux qui nous avoient portez à *Barcelone*; ou que les mules sur lesquelles nous étions venus de là à *Saragosse*. Au reste il lui étoit recommandé par son maître comme un Sujet plus propre à porter le *Mousquet*, qu'à tout autre genre de vie. Le General lui offrit une place d'Enseigne avec trois shellins ou trente-six sous d'*Angleterre* par jour; ce qui étoit beaucoup en *Espagne*, sur tout pour un homme qui n'avoit point encore servi, & une pure marque du cas qu'il faisoit de la recommandation de Monsieur le Chevalier. Mais celui-ci le refusa sottement, en disant que cela ne lui suffisoit pas; de sorte que Son Excellence ne lui en parla plus. Je le grondai terriblement sur ce refus, mais ce fut en vain, & je ne le pus porter à se repentir, & à prier ce *Seigneur* de lui pardonner, & de lui accorder ce qu'il avoit refusé si mal à propos.

Le Roi *Charles III.* qui avoit donné aux Generaux de son Armée un magnifique festin le soir d'après la bataille sous la tente de son Concurrent le Roi *Philippe*, & qui avoit ensuite passé la nuit sous la sienne, logeoit dans la Ville qui s'étoit bientôt rendue à sa discretion, avec la Citadelle.

Cathedrale de Saragosse. La Cathedrale de *Saragosse* est un des plus beaux édifices qu'il y ait dans

dans le Païs, pour le tems où il a été fait. Les jours en sont bien entendus. C'est, dit-on, l'ouvrage des premiers *Goths*, qui entrerent dans le Païs de ce côté-là. On dit la même chose de trois autres Eglises qui ont aussi de grandes beautez, la devotion de leurs successeurs les a enrichies de prétieux ustenciles sacrez. Celle qui est consacrée a *Nuestra Sennora del Pilar*, est celebre par les miracles qu'on attribue à la Vierge que l'on révere sous ce nom. Elle a une belle chapelle souterraine bien voutée, & éclairée par quantité de lampes d'argent. Sa statue avoit alors un habillement très riche & garni d'une grande quantité de pierreries, dont la lumiere de ces lampes redoubloit l'éclat. Sa robbe étoit de drap d'argent, relevée par une broderie de perles, & d'autres Pierreries attachées dessus fort artistement, & une Couronne d'or extraordinairement riche, garnie de *Diamans*, de *Saphirs*, d'*Emeraudes*, de *Topazes*, avec un collier de perles d'une belle eau, & des brasselets aussi d'or & relevez par quantité de Rubis. Son maître-autel étoit garni, à proportion, de chandeliers d'argent. Un magnifique Tabernacle regnoit au dessus. Divers vœux, consistant en têtes, mains, bras, jambes & autres parties du Corps humain, d'or, d'argent, de cire, & d'autres matieres, &c. avec des Inscriptions qui attestoient les miracles de la *Sainte* sur les originaux de ces parties, étoient attachez çà & là aux environs. La Ville, en gros, merite d'être mise au rang des plus belles; elle est grande & bien peuplée. Les rues en sont larges & bien pavées; elle a une bonne Université, & un Tribunal de l'*Inquisition* dans un des Palais des anciens Rois d'*Arragon*. Celui où logeoit le Roi *Charles III*. s'appelloit *el Castello d'Acfasseria*, ou *de l'Inquisition*, à cause que l'*Inquisition* l'avoit occupé. Elle a, outre cela, un riche Hôpital, deux bons ponts, un de pierre & l'autre de bois.

Un Officier *Piemontois*, avec qui je liai connoissance dans l'Auberge où je logeois, étant sur son départ pour *Tarragone*, je me déterminai à faire le voyage avec lui, pour repasser de là à *Barcelone*. Mon premier Compagnon de voyage, à qui je dis mon dessein, s'excusa de me suivre, en disant qu'il falloit qu'il attendît réponse à ses dépêches; mais il ne sollicitoit gueres cette réponse, s'accommodant fort de la compagnie du Boutelier du General *Stanhope*, ou plûtôt des vins du lieu qu'il lui faisoit boire en aussi grande quantité qu'il le souhaitoit.

Nous nous mîmes le 24. en chemin pour *Tarragone*. Nous voyageâmes nuit & jour, ou peu s'en falloit, parceque les logemens qui sont par toute la route fort mauvais, aussi bien que les lits qu'on peut appeller de vrais magasins de puces, & de bêtes encore plus vilaines, ne nous invitoient pas à en faire usage. Nous y arrivames le 26.

Je ne restai dans cette Ville que jusqu'au 28. ce qui me suffit pour voir ce qu'elle a de plus remarquable, qui est peu de chose. Elle a une Université peu frequentée, & dont les Colleges sont mal bâtis & negligez. Ses Eglises sont peu agréables, mais fort riches en ustenciles sacrez & autres ornemens étrangers: en un mot, elle n'est recommandable que par son antiquité; car elle a été fondée par les *Scipions*, & elle a donné son nom à l'*Espagne Tarragonoise*.

Je partis de grand matin pour *Barcelone*, où j'arrivai le lendemain de bonne heure. Le fils de mon hôte étoit alors sur son départ pour Mont-

Montferrat, d'où il comptoit d'être de retour en trois ou quatre jours. Il me vanta la sainteté & les raretez de ce lieu, qu'il me faisoit regarder comme une des merveilles du Monde. Un principe de reconnoissance pour les faveurs de la Vierge, à qui il attribuoit sa guerison d'une maladie qui étoit, disoit-il, incurable à l'art humain, lui faisoit entreprendre cette course. Comme j'étois en train de voyager, je pris facilement la résolution de l'accompagner à cet *Agios Athos*, où nous arrivames le 7. de Septembre. Il est incomparablement plus escarpé & moins fertile que celui de *Grece*. C'est un Rocher aride, presque perpetuel, ou plûtôt un amas de Rochers joints ensemble, entre lesquels on rencontre peu d'intervales passablement agréables. La *Vierge* y a une Eglise, accompagnée d'un Monastere. Cette Eglise est des mieux situées, dans cet endroit où ma Carte A montre son Image, ou plûtôt sa Statue, qui est dans l'Eglise. On dit que cette Statue s'est trouvée là miraculeusement, ou sans que l'on sache par qui, ou comment elle y a été apportée. C'est une belle piece de Sculpture. Un Religieux d'un Monastere annexé à l'Eglise, me dit que c'étoit l'Ouvrage des *Anges* & non des hommes. Cependant j'en ai vu plusieurs faites par la main des hommes, qui étoient incomparablement plus belles, mais c'est ce que je ne trouvai pas à propos de lui dire. On la pare magnifiquement les jours de Fête, sur tout lorsque c'est la sienne. Elle a alors une cour si nombreuse de Supplians que l'Eglise devient, dit-on, trop petite pour les contenir tous ensemble. Cette Eglise est plus remarquable par ses ornemens étrangers, comme paremens d'Autel, Croix, Chandeliers, Lampes d'argent, Vœux, &c. que par sa construction. J'en dis de même d'une Chapelle consacrée à *St. Michiel*, No. 2. Il y a jusqu'à douze hermitages qui sont comme autant de Grottes ou de Hutes menagées dans le sein, ou sur les pointes de cet amas de Rochers, consacrez No. 3. à la *Trinité*, No. 4. à la *Croix de Jesus-Christ*, No. 5. à *St. Sauveur*, No. 6. à *St. Jean Baptiste*, No. 7. à *St. Dymas*, No. 8. à *St. Benoît*, No. 9. à *St. Jerôme*, No. 10. à *St. Anthoine*, No. 11. à *Sainte Anne*, No. 12. à *Sainte Magdelaine*, No. 13. à *Sainte Catherine*, & No. 14. à *Sainte Helene*. Il y a des Indulgences attachées à ces lieux, ou plûtôt à la peine d'y monter, qui n'est pas une petite fatigue pour ceux qui n'ont que de la curiosité; mais la devotion des Pelerins zelez leur adoucit cette fatigue.

Notre voyage ne fut que de quatre jours tant à aller qu'à revenir. Je quittai *Barcelone* le 3. de Septembre, après m'être embarqué sur le *Worcester* pour *Genes*, où ce Vaisseau portoit le Colonel *Harrison*, depeché, me dit-on, par le General *Stanhope* pour porter en *Angleterre* la nouvelle & les circonstances de la bataille de *Saragosse*. Le vent qui étoit bon d'abord ayant varié, ne nous y rendit que le 11.

Je n'ajouterai rien aux remarques que je fis sur cette Ville en 1697. J'y revis pourtant, par complaisance pour des Officiers *Anglois*, l'*Arsenal*, & quelques Palais avec les principales Eglises. Nous y assistames à un assez bon Opera, qui fut le dernier de cette année-là. La *Signora Giusti*, *Romaine* de naissance, s'y distinguoit par sa voix. Cette habile Musicienne n'y étoit pas moins admirée que l'est à celui de *Londres*, la *Signora Cuzzoni*, sur qui elle avoit l'avantage d'une riche taille, jointe à tous les autres agrémens du corps & de l'esprit. Elle

LIVOURNE &c.

parloit *Italien* d'une maniere à charmer les amateurs de la politesse & de l'élegance de cette Langue, de sorte qu'elle vérifioit le Proverbe, *Lingua Toscana in bocca Romana*.

Je louai une Felouque le 16. un peu avant-midi pour me rendre à *Livourne*: c'étoit la derniere qui partoit ce jour là. La Signora *Giusti* m'envoya un petit Laquais me prier de lui donner place dans ce Bâtiment. J'en fus d'autant plus charmé que je me flatois qu'elle me regaleroit de quelques airs *Italiens*, pour lesquels j'avois contracté dans mon premier voyage le gout que je conserve encore. Elle le fit en effet, & ce fut le seul payement que je voulus accepter pour son passage. Nous partîmes sur les douze heures, & nous allames coucher à *Porto Venere*, petite Ville, bien fortifiée, avec un assez bon Port, dont elle prend le nom, comme *Portus Lunæ*, qui est vis-à-vis dans le Golfe de *Spezzia*, a reçu, & conservé le sien de l'ancienne & fameuse Ville de *Luna*. Les Geographes ne s'accordent pas sur la situation de cette derniere Ville: quelques-uns la mettent en deçà de la Riviere *Megra*, qui sepàre l'Etat de *Genes* à l'Orient de la *Toscane*. *Martial* est de ces derniers, comme on en peut juger par l'Epigramme suivante sur le fromage de *Luna*, auquel on donnoit la forme de la Lune, & qui étoit si prodigieusement gros qu'il suffisoit pour faire mille repas:

Caseus Etruscæ signatus imagine Lunæ,
Præstabit pueris prandia mille tuis.

Le *Parmesan* dont quelques *Italiens* m'ont assuré en avoir vu quantité qui pesoient plus de 200 livres (*a*) en peut être une succession ou imitation, & aura apparemment changé de nom par la destruction de *Luna*. Quoiqu'il en soit, nous eumes à souper de ce dernier, qui est exquis, comme on sçait, ou au moins le meilleur d'*Italie*. Nous nous remimes le 17. sur les 5. heures du matin dans notre felouque, qui nous rendit d'assez bonne heure l'après-midi à *Livourne*. Cette Ville est fort jolie, & revetue, pour ainsi dire, des depouilles de *Pise*, & bien peuplée de ses habitans, quoi que ses Eglises, & ses maisons n'en ayent pas le magnificence. L'eau de la mer ne contribue pas moins à la commodité de ses habitans, en coulant dans divers canaux à la *Hollandoise*, qui la partagent en differentes Isles, qu'à sa force, en remplissant le large & profond fossé qui regne autour de ses murailles, outre ses remparts & ses contrescarpes, avec une Citadelle flanquée de 7 bastions. La statue de bronze du *Grand Duc Ferdinand*, ayant à ses pieds 4 Esclaves, qui sont, suivant quelques-uns, des emblêmes de la soumission de *Pise*, *Florence*, & *Sienne*, qu'on voit devant le port, est une belle piece. Son *Bagno* où on enferme les Esclaves, est le plus magnifique que j'aye encore vû.

Comme j'apris en cet endroit que ma *Tchaique* étoit à *Malte*, je formai la resolution d'y passer; mais ne trouvant point de Bâtiment pour cela, je pris le parti de me rendre par terre à *Naples*, où on m'assuroit que je n'en manquerois pas pour cette Isle. Comme la Signora *Giusti* alloit à *Florence*, d'où elle devoit aller chanter à l'*Opera* de *Prololino* (*b*), nous prîmes le 19 une chaise qui nous y rendit le lendemain

---

(*a*) *Leandre Alberti* dit, qu'il a vû deux de ces Fromages à *Parme* qui pesoient jusqu'à 500. livres.

(*b*) Maison de plaisance du grand Duc a quelques mille de Florence.

1710.
Chap.
XXI.

demain avant-midi. J'eus pendant la route la vue charmée par l'agréable spectacle que forment aux environs des especes de Forêts d'Oliviers, & autres sortes d'arbres fruitiers, & quantité d'Ormes, entrelacez avec des treilles, qu'ils soutenoient de leurs branches, & qu'ils empêchoient de succomber sous le poids des grappes de raisin de differentes sortes & couleurs; ce qui avec la voix & la conversation de la *Signora Giusti*, me fit trouver le tems fort court. Nous allames loger à l'*Aigle Noir*; mais je ne m'y arrêtai qu'un jour, n'y ayant rien à voir que je n'eusse déja vû, excepté ce qu'on avoit ajoûté à l'incomparable Chapelle de *St. Laurent*. Je la trouvai considérablement avancée, & je crois pouvoir repéter sur cette Chapelle ce que j'ai dit ailleurs sans exageration, qu'on ne sçauroit rien voir de plus magnifique & de plus riche en ce genre. Ce ne sont par tout que pierres prétieuses; les Colonnes sont de *Lapis Lazuli*, & du *Diaspro* le plus prétieux: leurs Chapitaux sont d'une richesse surprenante. Le lendemain de mon arrivée, je rendis visite à Mr. le Docteur *Newton*, Envoyé d'*Angleterre* à la Cour du *Grand Duc*. J'en fus très bien reçu: c'étoit un des plus grands *Virtuosos* étrangers qu'il y eût en *Italie*, & ce fut sa réputation qui fit naître l'envie au *Pape Clement XI*. alors regnant, d'avoir une entrevue secrete avec lui, en le dispensant du baiser de la sacrée Pantouffle.

Mon départ de *Florence* pour *Rome*.

Ayant pris congé de ma Compagne de voyage, & reçu une Lettre d'elle qu'elle m'offrit pour une sœur qu'elle avoit dans un couvent à *Rome*, je convins avec le premier *Procaccio* qui partoit pour cette Ville, pour une place dans une de ses chaises. Comme ces chaises tiennent deux personnes, il me donna pour Compagnon un Ecclesiastique *delle schole pie*. C'étoit un des plus agréables hommes & des plus sçavans Prêtres que j'aye trouvé dans mes voyages d'*Italie*. Je ne remarquai rien sur la route que je n'eusse vû dans mon dernier voyage. Un peu avant que d'entrer dans la *Campagnia Romana*, le bon Ecclesiastique m'avertit que l'air y étoit mauvais, & le sommeil souvent mortel, depuis le commencement de la Canicule, jusqu'au mois d'Octobre, sur tout pour les Etrangers. Il appuya ensuite son conseil par son exemple, car il ne dormit point du tout, & ne me permit pas de le faire pendant que nous la traversames. Pour cet effet il me fit pendant la route toutes sortes de question sur la *Turquie*, & sur les autres Païs où j'avois voyagé; & quand il m'arrivoit d'être surpris du sommeil dans la chaise, dont le mouvement sembloit le provoquer, & que je fermois un peu les yeux le matin, après les avoir eus ouverts pendant toute la nuit que nous passames à *Bolsena*, il me rendoit l'incommode, mais salutaire service, de me pousser & même de me pincer, surquoi il me contoit des histoires de diverses personnes qui s'étoient endormies, sans jamais se réveiller. Après avoir passé *Viterbe*, je revis avec un nouveau plaisir la *Via Emilia*, & à cet objet succéda l'agréable vûe de *Rome*, où nous arrivames le 26.

Ceremonie de la benediction de l'Artillerie du Pape.

Le 29. fête de *St. Michel* je vis la Ceremonie que le Pape fait tous les ans de benir son artillerie, & les munitions de guerre; ce qui se fait en la maniere suivante.

L'après midi les Soldats sortirent du Château *St. Ange* en bon ordre, au son des tambours, & des trompettes. Après eux venoit un canon de bronze trainé par trois chevaux: le premier cheval avoit sur sa housse, les armes du *Châtelain*; le second, celles du *Tresorier*;
le

ROME, &c.

le troisieme, celles du Pape. Trois autres Chevaux couverts de même avec de semblables armes, trainoient ensuite un *Mortier*; qui étoit suivi d'un chariot, ou caisse roulante avec des bombes, ou des boulets; & celui-ci d'un autre chargé de poudre, tous deux peints de bleu; & tirez par un pareil nombre de Chevaux. Aux côtez des deux chariots, marchoient des Canonniers, des Grenadiers, & des Bombardiers, avec des halebardes. Cette marche étoit terminée par un bataillon de Soldats, avec des demi-piques. Ils entrerent dans la cour du Palais de *Monte Cavallo*. A un côté de la cour furent placez les bombes; & à l'autre les Chevaux, ayant la tête tournée vers l'entrée. Au milieu étoit le canon avec le mortier, & les munitions. Les 2 bataillons avoient leurs postes au milieu, le visage tourné vers le haut de la cour: autour de cette cour étoient rangez les Gardes *Suisses* du Pontife entre les arcades. Après que tous les hommes & les Chevaux furent postez dans l'ordre que je viens de marquer, le *Pape* parut à la grande *fenêtre de Benediction*, qui étoit ornée de velours rouge; ayant un Coussin devant lui. Il n'avoit que l'étole de plus que ses habits ordinaires. En même tems les tambours se firent entendre, avec un bruit moderé, & alors tout le monde se mit à genoux: Le Pontife ayant donné sa Benediction, on retourna dans le même ordre qu'on étoit venu, au bruit de divers coups de Canon, & autres pieces d'artillerie placées dans differents endroits de la Ville.

1710. Chap. XXI.

Pendant 10 ou 12 jours que je restai encore à *Rome*, je vis en cette Ville & dans son voisinage diverses raretez que je n'avois pas vûes dans mon dernier voyage, entr'autres dans le Palais du Duc *Don Livio Odescalchi*, Palais qui me parut digne d'être placé entre les plus beaux par la richesse de ses emmeublemens, & l'excellence de ses Statues, de ses Peintures; tant anciennes que modernes; je fus d'abord frappé des Statues de *Ceres*, de *Maxime*, de *Claudius*, d'*Apollon*, qui sont les premieres qu'on voit en entrant: & ensuite après être entré dans le premier appartement, je fus charmé des jumeaux *Castor & Pollux*, de l'*Apollon*, de la *Venus*, de la *Cleopatre*, &c. Entre les Peintures anciennes, l'Histoire de *Leda*, par *Paul Veronese*, me plut infiniment. Entre les Modernes, les Portraits de *Gustave Adolphe*, & de la Reine *Christine*, sont d'un pinceau hardi. Après la mort de cette Reine, le Duc, que le *Pape Innocent XI* son Oncle, laissa, dit-on, fort riche en argent comptant, acheta la meilleure partie du Cabinet de la *Royale Virtuosa*, sur tout ses Medailles, ses *Camées*, avec ses meilleurs Tableaux. Entre les *Camées*, celui d'Agathe *Orientale*, qui représente les têtes d'*Olimpia* & d'*Alexandre* en profil, est non seulement estimé par la beauté de ces deux têtes; mais aussi par son extraordinaire grandeur, qui est de près d'un pan en hauteur, sur un & demi de largeur.

Palais Odescalchi.

Entre les depenses publiques du Pape *Innocent XII*. comme la nouvelle Douane, l'Aqueduc de *Civita Vecchia*, le Port *Neptuno*, la *Curia Romana* du mont *Citorio*, deux hopitaux, un pour les *Orphelins*, & un autre pour les *Veuves*, qui lui avoient couté plus de 500 mille écus, il avoit fait transferer peu après mon depart de *Rome* en 1697. Le corps de la Reine *Christine*, de la vieille Eglise consacrée à *St. Pierre* par *Constantin*, dans la nouvelle de ce nom appellée *Basilique*, où son tombeau lui couta 12000 écus, au lieu que le sien propre, qu'il fit faire avant sa mort, ne lui en couta que

Magnificence du Pape Innocent XII.

que 600. Elle est la seconde femme, qui ait eu l'honneur d'être enterrée dans St. Pierre, comme la Princesse *Mathilde*, bienfaitrice du St. siege, est la premiere. *Rome* regettoit encore ce bon *Pape* & l'appelloit *le Pere de ses Sujets*, ainsi que j'ai deja dit, par la bouche de quantité de ses habitans, comme elle appelloit au contraire *Clement XI. Pere de ses Neveux*.

Caractere de Clement XI.

Au reste, ce dernier avoit une des plus heureuses phisionomies du monde : il étoit affable & officieux, au moins en aparence, & prevenant jusqu'à offrir ses services à tous ceux qui l'approchoient, sans même lui demander rien. Si c'étoit un Ecclesiastique qui demandoit un Benefice, il le prioit de lui dire où il l'aimeroit mieux avoir ; mais il sembloit, disoit-on, oublier ses offres & ses promesses aussi-tôt que celui à qui il les faisoit, disparoissoit, ne les accomplissant point ou rarement, si ce n'étoit en faveur de ses Neveux & autres Parens, & de quelques amis particuliers. Etoit-il à l'Eglise ou dans son Oratoire, il paroissoit prier avec un zele qui lui faisoit couler les larmes des yeux, ce qui donna lieu à une Pasquinade, ou Dialogue satirique entre *Marforio* & *Pasquin*, statues assez connues, sur la derniere desquelles on trouva affichez un matin les mots *Latins* qui suivent. *Marforio* loue ironiquement dans le Dialogue l'affabilité, les promesses, le zele, & la pieté de ce *Pontife*, & *Pasquin* répond, *Clemens XI^{us}. dignissimus Divi Petri successor, promittit, negat, flet* ; dont toute la finesse, ou pointe est dans ces mots *Latins*, qui font entendre, que comme Saint *Pierre*, quoi qu'en un sens different, il promettoit sans s'acquiter de ses promesses, & pleuroit, mais sans se repentir.

Pasquinade sur ce dernier.

Au reste c'étoit un grand *Virtuoso*, comme j'ai dit ailleurs. Il avoit fait deterrer & transporter à ses depens, sur la place de *Monte Citorio*, un admirable Colomne de granite, qui avoit été trouvée debout enterrée jusqu'au sommet, dans le jardin des Peres de la *Mission*, ce qui peut faire juger des changemens de *Rome*, qui a des Montagnes, où elle avoit des Vallées autrefois, la cause, ou la raison la plus naturelle de cela, est que *Rome* moderne est bâtie sur les ruines de l'ancienne, outre que les torrens & les ravines qu'ont formées les grandes pluyes, ont entraîné tant de sable, ou de terre des montagnes circonvoisines, qu'elles ont pû combler des Vallées au niveau des hautes montagnes. Cette Colomne étoit couchée devant cette place, où il devoit la faire dresser, comme un Monument de son Pontificat ; mais je n'ai pas encore apris qu'il ait executé ce dessein. Elle a vingt-cinq pans en longueur, sur vingt-cinq d'épaisseur, sans y comprendre son piedestal, qui est des mieux conservez qu'on puisse voir, avec cette Inscription *Latine*:

Belle Colonne de Granite.

DIVO ANTONINO AUGUSTO PIO
ANTONINUS AUGUSTUS
ET VERUS AUGUSTUS FILII.

Ce Piedestal est orné d'excellens bas-reliefs qui représentent la Déification de cet Empereur. On y voit entr'autres un *Genie*, qu'on suppose être fait pour représenter le sien, étendant ses ailes, comme pour

pour s'envoler, & ayant sous ses pieds divers instrumens & ornemens militaires, comme carquois, fleches, boutliers, haches, & sur l'épaule droite l'Empereur, & sur la gauche l'Imperatrice *Faustina*; le premier, avec un sceptre à la main, sur le bout duquel est perchée une aigle ; & la seconde voilée en *Vestale*, comme elle est représentée sur quelques-unes des Medailles frappées pour elle que j'ai; la Lune avec une partie du *Zodiaque*, sur lequel sont les signes du Belier, & des Poissons designant le mois de Fevrier, tems où se faisoient les *Apotheoses*.

Je n'oubliai pas de rendre à la Religieuse, Sœur de la *Signora Giusti*, la Lettre de cette Musicienne : j'en fus reçu d'une maniere à me faire juger que j'étois bien recommandé; elle m'invita à lui rendre autant de visites, que mon séjour à *Rome* le permettroit. Je trouvai dans sa conversation autant de politesse que dans celle de sa Sœur, avec la delicatesse de la prononciation *Romaine* ; de sorte que si elle ne m'avoit pas prévenu, en me priant de retourner à la grille, je lui en aurois demandé la permission.

Je pris encore la voiture du *Procaccio* pour *Naples*, & j'eus l'avantage d'avoir pour Compagnon de voyage Mr. *Talman*, *Virtuoso Anglois*, dont j'ai déja parlé, ce qui me le rendit fort agreable. Nous partimes le 14. Le chemin entre *Rome* & *Naples* est si battu par les voyageurs, & nous avons tant de Relations de ce qu'il y a de curieux à remarquer, que je n'y ajoûterai que ce qui suit.

Nous étant arrêtez pour diner à *Vellitri*, appellé par *Martial*, *Urbs inclita Martis*, & que les habitans vantent encore comme la Patrie d'*Auguste*, nous ne le trouvâmes gueres meilleur qu'un Village ; n'y ayant rien pour se distinguer, qu'une Statue d'*Urbain VIII*. au milieu d'une assez belle place, & quelques bonnes maisons. Mais dans la delicieuse *Villa di Langelotti Ginetti*, qui est tout proche, nous trouvâmes l'escalier du Palais qui l'accompagne, un des plus beaux morceaux de l'Architecture moderne, & quantité de Bustes, de Statues, & de Peintures dignes des louanges qu'on leur a déja données. *Vellitri.*

Ayant fait la même chose à *Terracina*, Ville de la *Campagnia Felice Romana*, ou *Campagne heureuse*, partie de celle qu'on nomme aujourd'hui *Terra del Lavoro*, nous y partageâmes le tems que le *Procaccio* nous donnoit pour cela, entre notre appetit & notre curiosité. Cette Ville est bâtie sur les ruines d'*Anxur*, & très agréablement située au voisinage de la Mer. Son élévation jointe à divers Lacs & Fontaines, avec des Bois, l'avoit rendue pendant l'Eté le séjour, ou une retraite favorite de plusieurs familles *Romaines*. *Terracina*

La Cathedrale est ce qu'il y a de plus digne de remarque. C'étoit un Temple bâti par *Vitruvius Pollio*, & dedié au *Soleil*, selon la tradition des Antiquaires. Les materiaux, les chapitaux, & les bases, avec les ornemens qui restent de son ancienne Architecture, sont admirables par leur Ordre singulier, qui n'est ni *Corinthien* ni *Dorique*, mais qui a quelque chose de la beauté de tous les Ordres ensemble. Une espece de *Virtuoso*, qui nous vit attachez à considerer ces ornemens, nous montra deux *Priapes* votaires de bronze, à peu près de la forme, & de la grandeur de, 16, 17, de la Planche XXVII. qui avoient été trouvez, disoit-il, en demolissant de vieux fondemens, pour en faire ceux d'une maison. Il ajouta qu'on trouvoit encore çà, &

Tome I. Lll

& là, de tems en tems, de ces *Baronate*, pour me servir de son terme, en labourant la terre. Il nous offrit de nous les vendre, mais Mr. *Talman* temoigna qu'il n'avoit aucune curiosité de cette nature là, & moi je dis que j'en avois deja de semblables qui avoient été trouvez à *Lampsaco*.

On voit près de cette petite Ville divers restes de bonne maçonnerie. Un *Virtuoso* nous dit que c'étoient des tombeaux des anciens *Romains*, qui enterroient leurs morts sur les grands chemins, sans les bruler, cette coutume de les reduire en cendre n'ayant pas été au moins universellement établie dans l'Empire *Romain*. Il nous raconta la dessus „ qu'on avoit trouvé, il y avoit environ deux siecles, dans un
„ de ces Tombeaux, une des plus surprenantes merveilles, à sçavoir
„ le corps entier d'une jeune & charmante fille, nageant dans une li-
„ queur inconnue quant à sa composition, dont une caisse, ou un
„ vaisseau de Porphire de sa longueur étoit rempli ; que ce Corps étoit
„ si bien conservé, avec toute la fraîcheur du teint, & la regularité
„ de la taille, & des traits, qu'il ne paroissoit pas celui d'une person-
„ ne morte, mais endormie ; que sur l'extremité du Vaisseau, où étoient
„ pieds, dont la blancheur répondoit au reste, il y avoit une lam-
„ pe allumée, sans doute de ces pretendues perpétuelles, dont j'ai
„ parlé dans l'article de *Troye*, qui s'éteignit d'abord lorsqu'on l'ouvrit. Je lui demandai s'il ne sçavoit pas le nom de cette aimable morte, & ce qu'on avoit fait de son corps, qu'on auroit pû conserver encore par le moyen de la même liqueur : „ car pour la lampe, ajoutai-je,
„ je n'y vois point de remede. Il me répondit, qu'on n'y avoit trou-
„ vé aucune Inscription qui pût satisfaire à ma premiere question,
„ mais seulement des lettres numerales, gravées sur la Caisse de mar-
„ bre, lesquelles marquoient qu'il y avoit 1300. ans que ce Corps é-
„ toit enterré ; qu'il fut transporté à *Rome* par ordre du Pape *Alexan-*
„ *dre* VI. & mis dans l'Hotel de Ville du *Capitole*, & qu'une pro-
„ digieuse foule de peuple s'y étant rendue pour le voir, & regar-
„ dant cette conservation extraordinaire d'un Corps mort comme un
„ miracle, tellement que quelques-uns croyoient qu'il meritoit des
„ vœux, & des prieres, sa *Sainteté* prevint les consequences de cet-
„ te superstition, en le faisant jetter dans le *Tibre*.

Sessa. Revolutions de cette ville.

Nous nous detournames de quelques centaines de pas du grand chemin, sur lequel étoit une auberge où nous devions coucher, pour aller voir l'ancienne Ville de *Sessa*, fondée, selon les Auteurs les plus versez dans l'antiquité, 2179. ans avant l'Ere *Chrétienne*. Cette Ville étoit la Capitale du Païs des *Volsques*, appellé aujourd'hui par les *Italiens*, *Terra del Lavoro*. Elle est fameuse dans l'Histoire par ses guerres avec les *Romains*, par les sieges, & les sacs qu'elle a soutenus, & par les differens maîtres qu'elle a eus, comme entr'autres *Tarquin* le *Superbe*, qui la prit par famine. Ensuite les Consuls *Romains*, après qu'elle eut battu leurs Troupes, l'assiegerent avec une nombreuse Armée, la prirent, & firent inhumainement couper la tête aux principaux de ses habitans, dès que la fortune des armes, ou plûtôt leur propre foiblesse les eut mis en leur pouvoir. Mais cela ne détruisit pas le courage des *Sessans* & des *Volsques*, qui, sous le Consulat de *Spurius Nautius* & de *Sestus Furius*, remporterent de grands avantages sur les *Romains*, les poursuivirent jusqu'aux portes de *Rome*, qui se vit
ré-

réduite à envoyer des Ambassadeurs à *Sesse*, pour lui demander la Paix. On peut lire là-dessus *Tite-Live*, aussi bien que sur les autres expeditions des *Volsques*, & sur les Révolutions differentes de cette Ville. Elle devint enfin une Colonie *Romaine*, quatre cents cinquante-huit ans après la Fondation de *Rome*, qui fit une *Cohorte* de ses habitans. Un Auteur *Italien* en parle en ces termes, *fù Illustrata del sovrano privilegio di municipio, favor tale e cosi eminente che gli concesse Roma la Citadinanza sua, che percio nella creatione dei Magistrati nel Senato havea la voce nel ballotare.* ,, Elle reçut le souverain Privilege de ,, Colonie, faveur si relevée, que *Rome* lui accorda le droit de Bour- ,, geoisie, ensorte qu'elle avoit droit de suffrage dans le Senat, pour ,, la création des Magistrats &c.

1710. Chap. XXI.

Cette Ville ne perdit pas sa splendeur & son autorité sous l'Empire *Grèc*. Au contraire elle les signala contre les *Sarrazins*, les *Goths*, & les *Lombards*. Elle les conservoit encore sous *Roger* de *Normandie*, premier Roi de *Naples*, & elle étoit encore une Résidence Royale, sous *Philipe d'Anjou* en 1345. de l'Ere *Chrétienne*. Elle fut donnée dans la suite à *François* premier *del Balzo*, avec le titre de Duché, & puis en 1404. à *Thomas Marino* qui y fit battre monoye. Cette famille étant éteinte, elle recouvra le titre de Résidence Royale pour toujours. Elle eut, entr'autres, pour vice-Rois *Flavio Rovarella*, & *Jean Poo*. Elle fut érigée en Archiduché, après que les Royaumes de *Naples* eurent passé dans la famille d'*Alphonse* II, & de *Charles* Roi de *France*. Mais je laisse cette digression historique, pour voir ce que cette Ville a aujourd'hui de plus remarquable.

On ne voit plus de son ancienne magnificence que deux especes de Corridors souterrains voutez, & cimentez, sous un vieux monastere de St. *Jean Baptiste*. Nous les regardames comme des passages secrets, par lesquels les Maîtres ou Gouverneur de cette Ville se rendoient aux lieux des spectacles, tel qu'étoit un admirable amphithéatre. Nous y vimes encore deux ou trois autres voûtes souterraines qui peuvent être les restes d'un ancien Temple, au jugement de Mr. *Talman*, qui entend fort bien l'Architecture: elles sont sous St. *Benoit*, & on descend par des degrez de pierre dans le jardin de ce nom. On voit encore çà & là quelques ruines peu considerables, qu'on nous dit être, les unes celles d'un Temple d'*Hercule*, les autres celles d'un *Aqueduc*. Au reste *Sesse* a quantité de bonnes maisons, mais trop peu d'habitans, si ce n'est en Eté, que quantité de familles *Napolitaines*, & *Capouanes* s'y rendent, attirées par le bon air & par sa situation qui est telle, qu'elle a été appellée par les *Latins*, *Suessà, quasi suavis sessio*, & à juste titre *Sessa Pomeria*: titres avantageux que la fertilité, & la beauté de ses environs, aussi bien que de toute la *Terra del lavoro*, lui confirment jusqu'aujourd'hui. C'est dommage que tous ses differens Maîtres, en considération de tant d'avantages de la nature, ne lui ayent pas conservé ceux de l'art, comme à *Rome*, à sçavoir son *Colisée*, & ses autres édifices publics. Pour ce qui est de ses Temples, les *Chrétiens* y ont si bien suplée par les Eglises qu'ils ont bâties sur leurs ruines, & avec ces ruines même, qu'elle n'a rien perdu au change, car elle a plus d'Eglises qu'elle n'avoit de Temples, suivant l'histoire. Ces Eglises sont assez belles, & font aujourd'hui ses plus considerables édifices, au nombre desquels je mettrai le lieu où s'assemblent les Magistrats, pour l'administration

Son état présent.

Tome I. Lll 2 de

de la justice & des autres affaires civiles. C'est une belle Salle voutée, & soutenue de quatre colomnes de marbre d'Ordre *Corinthien*. On ne sçauroit, encore un coup, voir une plus riche situation que celle de cette Ville. Elle est sur une petite éminence, environnée de tous côtez, à perte de vûe, d'un assemblage fort agréable de montagnes, de vallons, de plaines, de jardins, de boccages, & de quantité d'arbres fruitiers, & de vignobles, entr'autres celui du Mont *Falerne*, dont les excellens vins ont été tant vantez par *Horace*. En un mot cette Ville est située dans la plus belle partie de la Province. Elle voit couler doucement à main droite le *Liris* des Anciens, aujourd'hui le fleuve *Garigliano*.

Ce qui frapa le plus agreablement nos yeux après cela, lorsque nous continuames le lendemain notre voyage, ce furent quelques beaux restes de la voye *Appie* fort entiers. Nous fumes d'autant plus contens d'avoir vû *Sesse*, qu'il y a peu ou point de Voyageurs, que je sçache, qui prennent la peine de l'aller voir: au moins aucun n'en parle. Nous ne fimes que traverser *Capoue*, Ville assez grande, & trop connue par tant de Relations, pour que j'y ajoûte rien. On ne peut, à mon avis, rien voir de plus charmant que la Campagne qui est entre cette Ville & *Naples*, où nous arrivâmes le même jour, à sçavoir le 15.

Naples.
Remarque sur cette Ville.

Cette Ville est déja si connuë par quantité de Relations, que je ne m'étendrai pas sur ce qui la regarde. Sa situation a beaucoup de l'air de celle de *Constantinople*, & plaît infiniment. Ses Eglises & ses Palais, entre lesquels celui du Vice-Roi est aussi superbe que majestueux par son Architecture & ses ornemens interieurs, sont magnifiques; ses rues sont larges, & celle de *Toledo* peut aller de pair avec celle qu'on appella *Cheapside* à *Londres*. On a nommé autrefois *Græcia Magna*, Grande Grece, le Royaume à qui elle donne aujourd'hui son nom. On y parloit même *Grec*. Il n'est presque pas nécessaire de dire que *Naples* est une abreviation de *Neapolis*, nouvelle Ville. La Medaille 6 frapée par les *Napolitains* (a) de la Planche V. lui confirme, avec ce nom, son étimologie Grecque. Elle a long-tems porté le nom de *Parthenope*, fille d'*Eumelus*, sa Fondatrice, selon plusieurs Auteurs, mais contre l'opinion de quelques autres qui attribuent sa Fondation à *Phalare* ou aux *Rhodiens*. Quoi qu'il en soit, *Ovide* la connoissoit sous ce nom, comme on le peut voir par ces termes,

Hos ubi præteriit Parthenia dextrâ
Mœnia deseruit, &c,

Dans lesquels on peut remarquer qu'il fait passer *Ænée* à la gauche des murs de *Parthenope*, lors qu'il alla consulter la *Sibille* de *Cumes*. L'Histoire ajoûte que les *Cumeans* la ruinerent, & la rebatirent ensuite par l'avis de l'Oracle d'*Apollon*, qu'ils consulterent sur le moyen d'être delivrez d'une Peste qui ravageoit leur Ville. Cet Oracle leur déclara qu'il n'y en avoit point d'autre que celui-là, de sorte, dit-on, que c'est de là que son nom de *Parthenope* fut changé en celui de *Neapolis*.

L'E-

(a) Je troquai avec Mr. *Giuliani*, Antiquaire & Musicien de la Cathedrale, un de mes *Jubas* trouvez en *Afrique* contre quelques-unes de ces sortes de Medailles, telles que 1 & 5 de la même Planche.

NAPLES, &c.

L'Eglise Cathedrale est un grand Vaisseau, dans lequel on trouve les beautez du tems où il fut bâti, mais elle ne plaît pas beaucoup aux Connoisseurs. Elle fut d'abord consacrée à *Santa Restituta*, mais aujourd'hui elle est dediée à *St. Janvier*, Patron de *Naples*. On y peut voir les Reliques de ce Saint richement enchassées. Elle est principalement reverée des habitans, à cause du miracle annuel qu'on attribue à une partie de son sang, qu'on y conserve dans une phiole enfermée sous diverses clefs, qui est, dit-on, de se liquifier & de bouillonner le jour de la Fête, lorsque l'Archevêque montre cette phiole au Peuple.

1710. Chap. XXI. Il Domo.

L'Eglise de *St. Dominique* est des plus belles & des plus richement ornées. On y voit les Tombeaux de plusieurs Rois de *Naples* : on y revere un *Crucifix* d'or, qui parla, à ce qu'on prétend, à *St. Thomas d'Aquin* en ces termes, *Thomas, tu as si bien écrit sur moi ! Que te donnerai-je pour recompense?* A quoi le Saint, dit-on, répondit ; *Helas, cher Crucifix, je ne veux rien de toi que toi seul.*

S. Domenico.

Celle des *Jesuites* de la maison Professe, quant à l'Architecture & aux richesses qu'elle contient, passe pour la plus belle de *Naples*. Le Maitre-Autel, comme ceux de *St. Ignace* & de *St. François Xavier*, est de marbre. Il suffit, pour en donner une haute idée, de dire que le fameux *Fonsage di Brescia* en a été l'Architecte.

Chiesa dei Giesuiti alla casa professa.

Celle de *Sainte Marie de la Santé* est magnifique. Elle est surmontée de treize Coupoles qui lui donnent au dehors l'air d'une de ces belles Mosquées dont j'aye parlé ; outre que l'interieur est un Tresor de richesses, tant de l'Art que de la Nature. Son maitre-Autel & son Tabernacle passent pour les plus riches & les mieux construits qu'il y ait dans le Royaume.

S. Maria della sanità.

Celle de *St. Pierre* & de *St. Paul*, ancien Temple consacré par le *Paganisme*, premierement à *Apollon*, & ensuite à *Castor & Pollux*, & enfin par le *Christianisme* à ces Apôtres, conserve un admirable reste de son Portique, soutenu par huit Colomnes d'Ordre *Corinthien*, dont quatre sont encore sur pied.

SS. Pietro e Paulo.

Mr. Talman, suivant son penchant pour les beaux ornemens d'Eglise, dessina, dans l'Eglise *Cathedrale*, le bâton Pastoral de l'Archevêque, qui est de vermeil, tout revêtu de pierreries ; les admirables fonts baptismaux de marbre *Oriental*, avec le bassin de *Bisalto*, accompagné de Colomnes d'un beau *Verd'antico*, qui soutienent une superbe Coupole de metal doré ; dans celle des *Jesuites alla Casa Professa*, l'*Ostentorio*, *Soleil*, ou *porte-Sacrement*, tout d'or enrichi de pierres prétieuses, dont l'ouvrage répond parfaitement bien à la matiere ; dans celle de *Santa Maria della Sanità*, un autre *Soleil* & une *Paix* aussi d'or avec des pierreries ; dans celle de *Santa Gelomini* un *Ciboire*, ou vase à mettre des *Hosties* consacrées ; dans celle des Chartreux, deux especes de pennache ou d'éventail de plume, appellé *Flabellum*, & dont l'usage est en quelque maniere le même que celui du *Repedion* des *Grecs*. Un Clerc, par exemple, en tient un sur la tête du Prieur de ces Religieux quand il celebre la Messe, pour l'éventer, ou éloigner les mouches du Calice & de l'Hostie, quand il la porte en Procession. On les tient tous deux à ses deux côtez, en les agitant continuellement.

Je ne rapporte qu'un petit nombre des desseins que ce Gentilhomme

454 VOYAGES D'A. D. L. M.

1710.
CHAP.
XXI.

me a tirez tant là qu'ailleurs, & je conseille aux Curieux de cette sorte de belles choses, qui veulent s'épargner la peine d'aller voir les originaux sur les lieux, d'en voir les Copies chez lui en *Angleterre*. Toutes les autres Eglises, dont je n'entreprendrai point la description, meritent d'être vues, & renferment un monde de richesses. Je ne puis pourtant m'empêcher d'ajouter que la derniere, que je viens de nommer, est jointe à un Monastere qui en est digne par sa magnificence, qu'elle est agreablement située sur une Colline, où est la Forteresse de *St. Elme*, qui commande la Ville du côté de terre, comme celles de l'*Ovo* & *di Castel-Nuovo*, la deffendent du côté de la Mer, & qu'elle forme là un charmant Golfe, appellé par les anciens *Sinus Crateris* (le Golfe de la Tasse.)

Il y a diverses belles Places dans la Ville. Celle des *Carmes* merite ce titre, & est remarquable parce qu'elle a été le Théatre où *Charles d'Anjou* fit décapiter ses deux Freres *Conradin*, Duc de *Suabe*, & *Frederic* d'*Autriche*, & où *Thomas Aniello*, Pêcheur de profession, harangua la populace *Napolitaine*, qu'il fit revolter contre le Gouvernement *Espagnol*, au sujet des Impôts sur les vivres; ce qui le fit proclamer *Protecteur*. En effet, il la gouverna pendant dix-sept jours, mais il fut le 18, comme on sçait, la victime de son entreprise. Le *Signor Giuliano* me donna plusieurs pieces de monoye, battues pendant le peu de durée de son gouvernement, comme 4, de la Planche V.

Nous quittâmes le 25. pour une couple de jours la Ville de *Naples*, pour aller voir *Puzzolo*, *Bayes*, *Cumes*, & les autres Antiquitez des environs.

Grotta di Cocceio.

Le premier objet qui frappa nos yeux, après que nous en fumes sortis, fut la grote de *Cocceius*, ainsi appellée, parcequ'elle a, à ce que l'on croit generalement, été creusée ou percée par ses ordres & à ses depens, pour ouvrir, à travers une haute montagne, un chemin qui conduisît droit à *Puzzolo*, & qui abregeat ainsi le voyage par terre. Au sortir de la grote, au lieu de prendre le chemin ordinaire de *Puzzolo*, nous primes celui du Lac *Agnano*. Nous vimes les étuves appellées autrefois *Thermæ Angulares*, aujourd'hui *Sudatoires de St. Germain*. C'est une ancienne voûte, où, après y être entrez, & restez quelques minutes, nous sentîmes que la chaleur sulphureuse commençoit à produire son effet. Mais comme nous n'y étions pas entrez pour suer, nous en sortimes au plutôt. Nous visitâmes ensuite la grote mortelle du chien, près du même Lac. Elle est ainsi nommée, à cause qu'on se sert le plus ordinairement de cet animal, pour faire l'experience assez connue de l'exhalaison mortelle qui sort de cette grote. Laissant à droite au *Nord-Est* la vallée d'*Astruni*, renommée autrefois par la vertu medecinale de ses eaux, mais qui sont maintenant taries, nous gagnâmes la riche & abondante soufriere appellée par *Strabon*, *Forum Vulcani*. Le soufre, l'alun, & le vitriol verd, & rouge, se tirent presque à demi preparez par la nature, des entrailles de la montagne. Nous allâmes voir un couvent de *Capucins* qui n'est pas éloigné, & qui est attaché à une Eglise consacrée à *St. Janvier*, Patron de *Naples*, qu'on dit avoir été décapité au lieu où elle est bâtie: il y a dans cette Eglise un autel de marbre, avec un bon bas-relief historique du martire de ce Saint. On y voit un beau buste qu'on dit être de lui. Les Religieux nous montrerent tout cela avec beaucoup de complaisance,

Grotta del Cane.

S. Gennaro.

sance, & nous menerent dans leur jardin, où ils nous firent remarquer une grande Citerne d'une construction très hardie, la voûte étant soutenue par une seule colomne. Elle est toute revetue d'un mur bien incrusté de ciment qui la garantit, nous dirent-ils, de l'infection des vapeurs sulphureuses & malignes du voisinage. Ils nous montrerent encore près de ce jardin, une vaste grote qui passe sous le couvent, & qui, ajouterent-ils, conduisoit autrefois au vieux *Puzzolo*, & qui épargnoit la peine de traverser la montagne de la soufriere. Nous descendimes cette montagne pour nous rendre en cette vieille Ville, ou plûtôt dans l'endroit où elle étoit. Nous en vimes l'Amphiteatre qui a conservé beaucoup de son ancien état, malgré le tems & les tremblemens de terre qui lui ont donné de rudes atteintes. Comme les piscines appellées *centum cellæ*, ou *cent cellules*, que le peuple appelle *Labirinthe*, n'en sont pas éloignées, nous y allames, & nous les trouvames dignes des louanges que tant de relations leur donnent. Après cela nous gagnames la nouvelle Ville, qui n'est, dit-on, qu'une partie de l'ancienne, & au milieu de laquelle étoit l'Amphithéatre. Nous y visitames, entr'autres choses, la Cathedrale qui étoit autrefois un Temple dedié à *Auguste*, selon une Inscription qui s'y lit ou plutôt selon l'opinion commune des Antiquaires, à *Jupiter*, sous ce nom. L'Ordre *Corinthien* domine dans sa construction: le corps de ce bâtiment est de grosses pierres quarrées de marbre. De hautes colomnes aussi de marbre, en soutiennent la voûte. Elle est decorée au dedans par divers beaux ornemens d'Architecture, & de Peinture. La forme de l'ancien Temple peut encore se remarquer au dehors. Nous employames le reste du jour à voir ce qu'il y a de plus curieux dans cette Ville, où nous passames la nuit. Le lendemain nous étant levez de bon matin, & munis d'un bon dejeuné, nous partimes pour *Cumes*, resolus de voir ce qu'il y a de remarquable sur la route, & aux environs, & de passer de là à *Misene*, à *Bayes* &c. Dans ce dessein nous primes notre route au travers des ruines des Temples de *Diane*, & de *Neptune*, par le mont *Gaurus*, & la nouvelle montagne (a) & par le Lac *Lucrin* qui est presque tout comblé par une partie de la matiere dont cette montagne a été formée. Nous vimes la grote de la *Sibille*, le Lac d'*Averne* & les ruines qu'on donne pour celles d'un Temple consacré à *Apollon*, avec plusieurs bains çà & là. Nous passames l'*Arcus felix*, ou l'*Arc heureux*, beau reste de la magnificence *Romaine* qui étoit apparement une porte de *Cumes*, mais auquel cette Ville que nous rencontrames après, ne repond gueres, si on en excepte deux vieux édifices terminez en Dômes, & encore assez entiers. Le premier s'appelle, je ne sçai sur quel fondement, le *Temple du Geant*; l'autre, que quelques-uns prennent pour un ancien Tombeau, est à peu près semblable à celui-là pour la forme, mais il est plus petit. Ils peuvent avoir été des Bains, à en juger par ce que j'ai vû de ces sortes de Bâtimens. Nous ne trouvâmes à *Cumes* que quelques amas de pierres ordinaires, ce qu'il y en avoit de belles ayant été enlevé, aussi bien que les Statues, les Inscriptions &c. il y a déja long-tems. Ayant quité ces ruines, nous dirigeâmes notre route vers le *Sud-Ouest*, & nous vîmes le Lac ou Marais, appellé par les anciens Poëtes du Païs, Ache-

---

(a) On *raconte* que cette Montagne fut élevée en une nuit par un tremblement de Terre qui ferma le *Porto-Giulio*.

Acheron, *Acherufia Palus*, & connu aujourd'hui fous le nom de *Fu-faro*. Nous vimes auffi la Ville de *Vaccia*, nommée ainfi de *Senilius Vaccia*, qui s'y deroba à la tirannie de *Tibere*, s'y étant enterré en quelque maniere, & qui dit de lui-même, *hic fitus eft Vaccia*: à quoi *Seneque* ajouta, *ô Vaccia tu folus fcis vivere*. Nous nous approchames enfuite de ce qu'on appelle la *Mer Morte* vers le *Nord*, & nous nous avançames jufqu'à l'ancien & fameux port de *Mifene*, où la flotte *Romaine*, deftinée pour l'*Occident*, & le *Midi*, fe retiroit, comme celle qui l'étoit pour l'*Orient*, fe retiroit à *Verone*, & à *Ravenne*. Ce Port eft tout ruiné auffi bien que la Ville de ce nom. Ce que nous trouvâmes là de plus remarquable, & de plus entier, eft la grote appellée *Traconara*, avec des pifcines qui peuvent bien avoir été des refervoirs d'eau pour l'ufage de la flotte. Etant defcendus enfuite vers le *Midi*, par le moyen d'un bateau de Pêcheurs, que nous trouvâmes en cet endroit, jufqu'à la hauteur de la *Pifcine Admirable*, nous mimes pied à terre pour y aller: nous la trouvâmes digne de ce nom. Nous étant enfuite rapprochez de la *Mer Morte*, vers le *Sud-Eft*, nous allâmes au lieu que le vulgaire appelle le *Marché du Samedi*, qui confifte en diverfes ruines de murs, avec des niches en quelques-unes, qui forment une efpece de rue de traverfe. C'eft ce que les anciens Poëtes *Latins* du Païs, & après eux, les Antiquaires modernes, ont appellé les *Champs Elifées*. Ce qui paroît avoir donné lieu à l'imagination Poëtique, qui fait paffer à *Caron* les ombres des morts par la *Mer Morte*, dans les Champs Elifées, c'eft que comme les anciennes Loix deffendoient d'enterrer perfonne dans les Villes, la coutume des *Mifenois* étoit de tranfporter dans des Bateaux, par cette Mer, les corps morts dans les Champs qui font aux environs des ruines du *Marché du Samedi*. Diverfes Epitaphes trouvées en cet endroit, & en d'autres ruines voifines, femblent propres à confirmer cette conjecture.

Ayant repaffé de ces ruines, & de quelques autres, vers le rivage de la Mer, nous vifitâmes les Bains que l'on dit être le Tombeau d'*Agrippine*, les Temples de *Diane*, de *Venus*, de *Mercure*, & les ruines de *Mifene*. Nous nous repofâmes dans un grand Bâtiment qu'on appelle *Temple de Bacchus*, où nos Bateliers nous preparerent un repas de bon poiffon. Ce Bâtiment eft une efpece de Taverne champêtre, où l'on boit ordinairement beaucoup plus qu'on ne mange, ce qui peut lui avoir fait donner le nom de *Temple de Bacchus*. Quoi qu'il en foit, nous y bûmes d'excellent vin, qu'on nommoit *Falerno* & qui croît fur le Mont. Je ne fçai fi c'eft à caufe de fa bonté, ou pour quelqu'autre raifon que nous ne pumes apprendre. Après ce repas, nous nous fimes tranfporter par eau à *Puzzolo*, & nous paffames près des ruines de fon fameux *Mole*, dont on a tant & fi differemment écrit, auffi bien que des endroits que je viens de nommer, que je n'ai rien de nouveau à y ajouter. Après avoir paffé une feconde nuit à *Puzzolo*, nous retournames à *Naples* par le grand chemin, fans nous arrêter que pour voir le Tombeau de *Virgile*. Le manque d'occafions pour aller à *Malte* me donna le tems de voir *Naples* & fes environs. Nous fimes encore divers petits Voyages, entr'autres dans l'Ifle d'*Ifchia*, dont le plus fatiguant fut celui que nous fimes pour aller voir les bouches du *Vefuve*, que les *Italiens* appellent ordinairement *Somma*.

Nous prîmes le 6. de Novembre des Anes, la monture la plus propre

VESUVE, &c.

pré à ce voyage, & après avoir été portez jusqu'à environ deux Milles & plus du sommet, nous fûmes obligez de marcher avec nos bottes, à cause de la fumée, & des exhalaisons brulantes qui transpirent de tous côtez, & cela à travers un amas prodigieux de cendres, & de pierres brulées, que cette Montagne vomit, avec l'impétuosité que l'on sait. Nous y étant rendus, avec les peines qu'un chemin escarpé, & ainsi couvert de cendres, peut faire imaginer, nous examinâmes les bouches d'où elles étoient sorties. La plus grande pouvoit avoir cinquante brasses de profondeur & plus de cent trente de largeur; Comme tout étoit tranquille alors, & que la fumée qui étoit peu épaisse, ne nous empêchoit pas de voir le fond, nous jugeâmes qu'elle pouvoit avoir cette étendue; mais l'odeur sulphureuse qui sortoit de ce gouffre, & qui nous parut insuportable, nous empêcha de regarder long-tems dedans. Nous ne vimes d'autres flammes dans ces bouches (qui en jettent quelquefois de si grosses & si épouvantables) que quelques petites lueurs qui en sortoient de tems en tems, mais sans bruit, & qui disparoissant aussi-tôt, étoient suivies par d'autres qui ne paroissoient que comme des éclairs. Mr. *Talman* me dit qu'au 15. de Juillet de l'année 1707, ce volcan commença à jetter des flammes qui annonçoient ce qui arriva le 28. jour auquel il vomit avec un bruit, & une violence terrible, de grosses pierres emflammées; ce qui continua, ajouta-t'il, pendant les jours suivans, & cessa ensuite insensiblement de la même maniere que cela avoit commencé.

1710.
CHAP.
XXI.

Ce fut en ce-tems là que le Royaume de *Naples* changea de maître, & que la populace *Napolitaine* signala son humeur mutine, en brisant en un nombre presqu'infini de pieces, la belle Statue équestre, élevée dans la Ville, en l'honneur du Roi *Philippe* V. sans qu'il fût possible de la preserver. En vain quelques personnes, à ce que l'on dit, représenterent aux plus acharnez de ces *Iconoclastes*, que c'étoit dommage de gâter une si belle piece; que le Gouvernement pouroit en faire honneur au nouveau Souverain, en ôtant la tête de *Philippe*, & mettant à sa place celle de *Charles*, & en changeant l'Inscription du piedestal. Tout cela fut inutile, & ils n'y gagnerent que des injures, des menaces, avec les titres d'*Anjouviens* ou *Philippiens*, & même quelques coups, à ce que l'on prétend. On ajoûte que les amis de la Maison d'*Autriche* afficherent la nuit suivante en plusieurs endroits, *non habemus Regem nisi Cæsarem*, & ceux du Roi *Philippe*, *Carolus III. hæreticorum gratiâ Rex Catholicus designatus*.

Populace de *Naples* furieuse.

Mais je laisse cette digression pour continuer notre voyage du *Vesuve*, ou pour en descendre, ce que nous fimes vers son *Orient*. Nous allâmes diner à la *Torre del Greco*, petit Bourg sur le bord de la Mer, où nous bûmes de bon vin blanc, qui croît sur le penchant de la Montagne. On ne croiroit pas que le *Vesuve* fut si fertile, si une prodigieuse quantité de vins qui croissent aux environs, jusqu'à la hauteur de quelques Milles, sur tout celui qu'on appelle *Lacrima Christi*, n'étoient tous les ans un témoignage irrévocable de cette fertilité. Je voulus prendre congé de Mr. *Talman* à l'auberge où nous dinâmes, pour m'aller embarquer à *Castel al Mare*, sur un Bâtiment prêt à faire voile pour *Malte*: occasion que j'attendois depuis long-tems avec beaucoup d'impatience; mais il voulut m'accompagner jusques là, & me voir à bord.

Tome I.   M m m   *Castel*

458 VOYAGES D'A. D. L. M.

1710.
CHAP.
XXI.
Castel al Mare.

Castel al Mare est une petite Ville peu considerable, mais son Port est assez bon: J'y achetai d'un Jardinier diverses Medailles comme 1, 2, 3, 7, 8, 9, 10, de la Planche V. Le vent étant favorable, nous nous separâmes à bord du Bâtiment, qui étoit à une assez bonne distance de la Ville. Il fit voile le 7. vers les 3. heures du matin. Ce vent favorable dura jusqu'à *Trapano*, où nous avions à peine doublé la pointe, qu'il devint contraire. Nous en fumes pourtant consolez par l'avantage de nous trouver près du Port, où nous entrâmes après avoir louvoyé pendant quelques heures.

Trapano.

Cette Ville a dans son enceinte divers beaux édifices, entre lesquels l'Eglise de *St. Barthelemi* est digne de la curiosité du voyageur, non seulement par sa construction, par la richesse de ses ornemens, de ses ustenciles sacrez, & des habits Sacerdotaux, mais encore parce qu'elle est située sur les fondemens d'un ancien Temple, consacré, dit-on, à *Saturne*. Près d'une Fontaine est une Statue antique, mais d'un travail ordinaire, qu'on dit être de lui; au moins le peuple l'appelle *Saturne*.

Madonna di Trapano. Son Histoire.

J'allai visiter à un quart de Mille de la Ville, l'Eglise de la Vierge de *Trapano*, comme on l'appelle, qui n'est pas grande, mais fort belle. Cette Vierge n'est pas moins fameuse en ce lieu-là, par les miracles qu'on lui attribue, que celle de *Loretto* & de *Monserrat*, differens noms qu'on donne à la Vierge *Marie*, selon les lieux que la dévotion *Catholique Romaine* lui a consacrez. La Statue est incomparablement plus belle: c'est un antique d'un marbre très fin; le Statuaire lui a donné beaucoup de vie, & un air riant, mêlé d'une agréable douceur. Elle a été taillée à *Chipre*, si on en croit des caracteres *Caldéens* gravez sur le dos de la Statue. On a imprimé à *Palerme* avec Privilege, un Livre assez ample, contenant une Liste de quelques centaines de ses Miracles, avec les noms des personnes qui en ont été témoins, ou sur lesquelles elle les a operez; comme entr'autres un honnête Notaire nommé *Signor Domenico*, à qui elle a rendu visite sous cette forme dans sa chambre, & qu'elle a entretenu des affaires du Ciel, à differentes reprises. Le même Livre raporte comme un miracle, l'arrivée de cette Statue après differentes avantures auprès de *Trapano*, à peu près en la maniere suivante. Elle fut premierement portée dans la *Palestine*, où elle resta jusqu'à ce que les *Pisans* la firent enlever de là, par un de leurs Vaisseaux, qui l'ayant portée jusqu'à la hauteur de *Trapano*, fut attaqué par une si furieuse tempête, qu'il fut obligé de jetter en Mer ce qu'il avoit de plus pesant, & par consequent cette admirable Statue. Ce fut justement à l'endroit où les Poëtes ont feint que *Saturne* jetta ce qu'il coupa au *Ciel* son Pere, du sang de qui & de l'écume de la Mer les Poëtes ont feint que nâquit *Venus*, comme la même Histoire le dit en ces termes; *in questo Mare di Trapano dove finsero i Gentili esser nata Venere dal concorso de la schiuma di quello, & del sangue di Cielo*.

L'Histoire ajoûte, *que cette Statue se vint jetter entre les bras de la Trapanoise, après être sortie de la Mer par un vrai miracle*. (C'est la Phrase *Italienne* que j'ai traduite mot pour mot.) On l'orne les Fêtes, & les Samedis, d'habits très prétieux, mais qui font tort à ses beautez, en les cachant aux yeux des admirateurs de la belle Sculpture. Sa Couronne & celle de l'Enfant *Jesus* sont enrichies de pierres pretieuses. L'Autel au dessus duquel elle est placée, est de marbre.

On

On le pare de Croix, de Chandeliers, & autres uftenciles fa- 1710.
crez d'argent. Diverfes Lampes de même metal font fufpendues dans Chap.
le Chœur de fon Eglife, & les murs font tapiffez à droite & à gauche, XXI.
de quantité de *Votivæ Tabulæ*, ou de *vœux*, peints fur des Tableaux
avec des corniches de vermeil, ou de membres de cire, ou d'argent,
comme à *Monferrat*.

Treize jours, pendant lefquels un vent contraire retint le Bâtiment à
la rade de cette Ville, me fournirent plus de tems que je n'aurois fouhaité pour la voir, & même fes environs. La campagne eft auffi fertile qu'agréable, particulierement fur le penchant du *Mont Erix* où j'al-
lay le fecond jour de notre arrivée. *Venus Ericine* avoit le plus fameux
Temple de toute l'Ifle, dans la Ville qui en portoit ou qui lui donnoit
ce nom (*a*). C'eft de ces ruines, dit-on, & à la même place, qu'eft
bâti le Bourg qu'on appelle *Trapano del Monte*. Je n'y trouvai rien qui
me parût digne de remarque, mais feulement quelques medailles de
Reggio, de *Bretion*, de *Palerme*, comme 10, 8, 3 de la Planche V. Je fus
attaqué à mon retour de ce Bourg, d'une fievre intermittente, qui dura
12. jours. Le vent étant devenu tel que nous le defirions, nous le-
vames l'ancre le 22. & fimes voiles pour *Malte* affez heureufement
jufqu'a 20. Milles de l'Ifle, lors qu'un *Sud-eft* violent nous obligea de
chercher un azile dans le Port de St. *Paul*, qui eft au *Nord-oueft*
de l'Ifle, & fi mechant, que nous penfames y avoir un fort pareil à
celui que l'hiftoire facrée dit qu'y eut ce Saint. Je mis pied à terre à
l'endroit où il fut, dit on, mordu d'une vipere (*b*). Je me rendis par terre à la
Ville de *Malte*, & le guide que je pris pour cela me fit remarquer en
divers endroits ce qu'on appelle des langues de ferpent pétrifiées. Elles ont à la verité la forme de langues, mais auffi bien de celles d'animaux volatiles de diverfes groffeurs, telles qu'elles font, que d'aucun
autre. Elles fortent de certains rochers, comme du Criftal naturel.
Mais elles ne me parurent que ce qu'on appelle en Latin *Ludi Naturæ*, *des productions*, *ou jeux de la Nature*, moins furprenans que les
Agathes, & autres pierres, avec differentes figures d'arbres, & d'animaux qu'elle imprime deffus.

Toute l'Ifle eft un rocher continu, blanc, & tendre, fur lequel il *Malte*
y a rarement plus d'un demi pied de terre. Cependant on ne peut
voir rien de plus generalement fertile. Il y croît dans un même champ,
& la même année, du *Cumin*, du *Coton*, & dans un autre du *Bled*,
& du *Sarafin*. Elle produit affez de bled pour nourrir fes habitans
naturels, & même affez de vin, fi on ne trouvoit qu'il y a plus de profit à
en prendre en *Sicile*, & d'employer le terrain à d'autres befoins. Le
raifin qui y croît eft des meilleurs, ce qui me fait croire que les vins
en feroient excellens. Les Legumes, les Citrons, & les Oranges, y
abondent pendant toute l'année. La viande de mouton & d'agneau
y eft exquife, & on y a en tout tems de l'une & l'autre. Elle merite
encore le titre de *fertilis Melite*, qu'*Ovide* lui a donné. Les habitans
naturels ne parlent qu'*Arabe*, comme j'ai déja dit ailleurs, ou plûtôt
un langage corrompu de cette Langue; au moins ceux qui vivent à
la Campagne, car pour les autres qui font dans les Villes, ou qui fer-

Tome I. Mmm 2 vent

(*a*) Les *Payens* lui donnoient differens noms auffi bien qu'à leurs autres Divinitez fuivant
les lieux où on leur rendoit un Culte plus particulier. (*b*) On lui a bâti la une petite Chapelle.

460　VOYAGES D'A. D. L. M.

1710.
CHAP.
XXI.

vent fur les Galeres, ils aprennent l'*Italien*, que l'on y parle generalement, mais en le prononçant, & l'afpirant de la gorge, comme à *Florence*. C'eſt un mélange de cette Langue & de la *Sicilienne*, comme la Langue *Franque* eſt un compoſé de la même avec l'*Eſpagnol*.

Civita-Vecchia.

Je m'arrêtai à *Civita-Vecchia*, ou *Vieille Ville*, pour en examiner les curiofitez. Un Prêtre qui faifoit l'office d'Antiquaire du lieu s'offrit à moi pour cela, & me fit d'abord confiderer une ſtatue de St. *Paul* qui eſt aſſez bonne. Il me dit qu'elle étoit placée à l'endroit où ce Saint avoit preché, & qui eſt une éminence peu élevée. Il me conduiſit enſuite dans ce qu'on appelle la Grote du même Saint, & me raconta comme un miracle, que la roche dans laquelle elle eſt creuſée ne diminuoit jamais, quelque quantité qu'on en emportât, & que la grandeur étoit toujours la même depuis que ce Saint l'avoit habitée, juſqu'alors. En même tems il ramaſſa à terre, & me donna, quelques petits morceaux de roche de la même couleur, qu'il dit en avoir été coupez pour des Etrangers, qui y venoient de tems en tems, & qu'on laiſſoit là tout prêts pour n'avoir pas la peine d'en couper, à chaque fois que de nouveaux Pelerins y venoient. On ſçait que le mot de Pelerins s'applique à ceux qui viſitent les lieux ſaints. De là il me mena dans les Catacombes qui ſont aſſez ſpatieuſes, & pleines de detours à droite, & à gauche, ce qui les fait appeller *Labyrinthe*. J'y vis quantité de niches, ou de creux dans le roc, avec des oſſemens humains. La roche blanche dont l'Iſle eſt formée étant tendre, on la coupe aiſément, & l'air qui eſt clair & ſubtil, la durciſſant ſans la ternir, elle eſt la plus propre du monde à bâtir, & même magnifiquement, & à bon marché; ce qui fait que les maiſons de la campagne même ſont generalement uniformes, & fort jolies. Ses Egliſes ſont petites, mais bien bâties: la Cathedrale eſt la plus grande, & d'un bon deſſein. Je fis un tour à *Boſchetto*, maiſon de plaiſance du *Grand Maitre*, peu éloignée de là. Je la trouvai des plus agréables par la nature, ſans avoir été rendue magnifique par l'art. Sa ſituation eſt très bien choiſie, & elle a vûe ſur une grande partie de l'Iſle. Les jardins, & les orangeries naturelles, y ſont delicieuſes, & on y trouve abondament l'utile joint à l'agréable, à l'égard des fruits & des fleurs. Un Payſan me vendit quelques Medailles de *Reggio*, *Veſano*, *Bretion*, *Brunduſio*, ſemblables à celles de la Planche V. & d'autres comme 12, 13, 35, 38. de la XIV. N. 12, a paru à quelques Antiquaires, à qui je l'ai montrée, porter la tête de *Philiſtris*, Reine de cette Iſle, quoi que l'épi de bled qui eſt repreſenté deſſus, ſemble dire qu'elle a été frapée pour *Ceres*, & propre à denoter la fertilité de cette Iſle. Pour la contre-marque ou petite Eſtampe d'une tête qui m'eſt inconnue, elle ſervoit apparemment à donner alors une certaine valeur à cette ſorte de monoye, comme d'autres font aujourd'hui par exemple aux (*a*) *Scudi* de *Malte*, aux Eſcalins de *Hollande*, aux *Sous marquez* de *France* &c. No. 13. a été frappée pour l'ancienne Ville de *Malte*, au jugement de ces mêmes Antiquaires; No. 35. pour *Hieron* (*b*), Roi de *Sicile*; No. 36. pour la Ville de *Syracuſe* ou pour ſes habitans, ſelon l'Inſcription *Grecque*.

Civita-Nuova ou la Valette.

Je me rendis enſuite à la *Nouvelle Ville*, ou *Valette* ſur laquelle je n'ay rien à ajoû-

(*a*) Un écu ou *Scudo* de *Malte*, eſt une piece de cuivre rouge, qui paſſe pour 15 à 16 ſous, en vertu de ſa contremarque (*b*). nom de ſon fondateur.

MALTE, &c.

ajouter à ce que j'en ai dit dans mon premier voyage. Je trouvai dans le Port ma *Tchaique*, qui y venoit de retourner, après avoir été faire un second chargement de grain dans l'*Archipel*, en donnant pour cela, par ordre du *Grand Maitre*, une caution au *Consulat* de la *Mer*, tant pour le provenant, que pour son retour. Son *Altesse* venoit de créer un nouveau *Consul* pour la nation *Angloise*, qui avoit pris soin de mes interêts, & ne negligeoit pas les siens, se payant bien grassement de ses peines. Au reste il le faisoit de meilleure grace, & passoit pour incomparablement plus honnête homme que son predecesseur, qu'on appelloit un *vray pirate de terre*. Ce nouveau Consul m'accompagna chez le *Grand Maitre*, à qui je voulois rendre mes respects. Ce Prince me fit un aussi gracieux accueil qu'à mon premier voyage. Je le remerciay bien de sa bonté & des ordres qu'il avoit donnez en ma faveur.

1710.
CHAP.
XXI.

Après un sejour d'environ trois semaines à *Malte*, & y avoir fini les affaires que m'y donnoit ma *Tchaique*, je quittai cette Isle le 13. de Decembre. Je donnai passage pour ce Païs à quelques Matelots *Grecs*, qui avoient servi sur un Bâtiment *Turc*, pris par les *Maltois*, & pour *Zante* à un Religieux *Franciscain*. Le vent qui étoit *Nord-Ouest* quand nous sortimes du Port, étant devenu tout à fait *Nord* pendant la nuit, nous porta le lendemain matin à la vûe de *Syracuse*, à quoi je ne m'attendois pas, quoi que connoissant deja les *Grecs* pour de pauvres navigateurs, & les *Tchaiques* pour incapables de tenir la mer avec vent contraire, je n'eusse pas lieu d'en être surpris.

Syracuse.

Nous en étions assez proche, pour voir que c'est une grande & agreable Ville. Ayant continué notre navigation, par le moyen d'un petit vent de terre, qui souffloit *Sud-Est*, nous passames l'après-midi devant *Agouste* que nous n'apperçumes que de fort loin, & qui ne paroissoit pas encore tout à fait remise du debris que les irruptions de l'*Etna* y avoient causé en 1693, lors que *Catana* en fut abimée.

Agosta.

Le vent se renforçant considerablement, nous porta la nuit du 16. au Royaume d'*Ulisse*, je veux dire entre *Ithaque*, & *Cephalonie*, sans que personne pût dire où nous étions, jusqu'au lendemain matin, parcequ'il faisoit fort obscur, à cause d'une pluye qui avoit succedé au tems couvert, & orageux, qui nous avoit portez là, le vent étoit tombé fort heureusement pour nous sur les trois heures du matin du 17, car s'il eût continué avec sa premiere force, nous courions risque de nous briser contre quelques-uns des Rochers, ou des Isles, entre lesquelles nous fumes surpris de nous voir. Le Religieux qui s'étoit embarqué sur la même *Tchaique*, fit voir son effroi par l'alteration de son visage & par les exclamations qu'il faisoit, en disant pendant l'orage, *Et pourquoi m'être mis ainsi à la discretion de ces ignorans de Grecs, contre le conseil de mes amis de* Malte, *qui les connoissoient?* Après quoi il invoquoit le Ciel par ses Prieres. Les Matelots firent grand bruit à leur ordinaire. Mais après nous être éloignez d'un endroit si dangereux, nous gagnâmes *Zante*, avec le peu de vent qui nous restoit, & qui fut suivi d'un calme, peu de tems après notre arrivée.

Cephalonie.

Zante.

Je visitai quelques endroits de cette Isle, dont le principal trafic consiste en raisins de *Corinthe*, qui ne se recueillent plus à *Corinthe*, mais dans l'Isle de *Cephalonie*, du moins pour la plus grande partie. Cependant ils portent toûjours le nom de *Corinthe*, à cause qu'ils abondoient autrefois sur l'*Isthme*, où on n'en trouve presque plus aujourd'hui. *Zante*, qui en produit aussi quelque quantité, fournit son Port de tout ce qu'on y vient charger.

Le Port de *Zante* est fort vaste, mais trop exposé au vent du *Nord*. La Ville est beaucoup plus longue que large. Elle est située au pied d'une montagne, sur le sommet de laquelle est un vieux Château, avec garnison *Venitienne*. Ce Château la commande, aussi bien que le Port. On peut promener sa vûe fort agréablement, de ce Château, sur diverses plaines couvertes d'Oliviers, avec les treilles qui portent les raisins dont je viens de parler, & qu'on a tirez de *Corinthe* pour les planter en cet endroit. J'y achetai plusieurs medailles de *Corcyra*, aujourd'hui *Corfou*, comme 11, de la Planche XIV. Cette Ville est fameuse dans l'histoire pour avoir été bâtie sur l'Isle de même nom par *Chersocrates*, après qu'il eut chassé les *Colchidiens*, qui y étoient venus avec *Jason*, & *Meduse*.

Nous restames là jusqu'au 18. que le vent qui avoit été contraire depuis notre arrivée, devint favorable. Nous fimes voiles de conserve avec un Vaisseau *Venitien*, que nous perdimes de vue la nuit, pendant laquelle nous eumes un gros tems. Nous nous trouvames le lendemain matin vis à vis de *Navarino*, autrefois *Pylus*, memorable par la durée de la guerre du *Peloponese*. Le vent étant tombé, nous permit à peine de gagner *Modon*, petite Ville assez forte, autrefois *Cepeas*, ou *Pedasus*, une des Villes qu'*Agamemnon* offrit, avec sa fille, à *Achille*. Je descendis à terre, mais je ne trouvai rien dans la Ville qui meritât d'être remarqué; si ce n'est l'inquietude, & le mecontentement des habitans *Grecs*, qui faisoient des vœux pour retourner sous la domination des *Turcs*, & qui temoignoient envier le sort des *Grecs* qui y vivoient encore, en parlant à peu près ainsi au maître de la Tchaique, & à l'Ecrivain que j'avois avec moi: ,, En payant deux ou trois écus par an de *Ha-*
,, *ratch*, ou tout au plus dix par tête, nous faisons ce que nous voulons: nous
,, chantons, nous dansons, nous buvons, nous nous divertissons dans
,, nos maisons avec nos familles, sans craindre qu'ils les viennent trou-
,, bler. Un *Janissaire*, ni tout autre Soldat, ou *Turc*, de quelque
,, qualité qu'il soit, ne peut prendre une poire de notre jardin, sans
,, la payer; à moins que nous ne voulions bien la lui donner. Il n'ose-
,, roit mettre le pied dans notre maison, ni venir voir nos femmes,
,, ou nos filles, & nous sommes en droit de le tuer impunément s'il
,, l'entreprenoit. Les *Venitiens* au contraire vivent à discretion dans
,, nos maisons, & dans nos jardins, y prennent sans demander ce qui leur
,, convient, & nous maltraitent si nous nous plaignons. Les Soldats sont
,, mis en quartier chez nous; les Officiers debauchent, ou enlevent nos
,, femmes, & nos filles: leurs Prêtres nous viennent parler contre notre Re-
,, ligion, nous importunent sans cesse, & nous sollicitent d'embrasser la leur,
,, ce que jamais les *Turcs* ne songent à faire. Au contraire ils nous donnent
,, toute la liberté que nous pouvons souhaiter, & que nous regretons tous
,, les jours, tant à cet égard qu'aux autres. ,, Je dis à ceux qui parloient ainsi en ma presence, ,, que je ne croyois pas que ce traitement
,, de la part des *Venitiens* fût general; qu'il pouvoit bien y en avoir quel-
,, que exemple, mais que cela ne devoit pas les dispenser de leur fi-
,, delité au Gouvernement; qu'ils devoient plûtôt lui en porter leurs
,, plaintes, & que je ne doutois pas qu'elles ne fussent écoutées,

&

„ & qu'on n'y apportât du remede, de la maniere qu'ils le pourroient
„ fouhaiter; que quant à la liberté de Religion, la République n'a-
„ voit encore inquieté perfonne; que fi le zele de quelques Prêtres
„ pour la leur, les portoit à les venir folliciter de l'embraffer, ils ne
„ les y forçoient pas, & qu'il n'étoit pas moins libre à un *Grec* de re-
„ jetter une follicitation, ou une priere, qu'à un *Catholique Romain*
„ de la faire. Mais ils me citerent le dernier Patriarche *Theobaldos*
„ qui s'étoit foumis au Pape. Je répondis que la République n'avoit
„ point de part dans cette foumiffion; que je croyois feulement qu'el-
„ le ne l'avoit ni confeillée, ni empêchée, comme les *Turcs* qui n'ont
„ point de Miffionaires, & qui ne forçant perfonne fur le fait de la
„ Religion, ne refufent pas la circoncifion à ceux qui la leur de-
„ mandent. Surquoi le maître de la *Tchaïque* me dit, que ceux de
„ *Zante* n'étoient pas plus contens.

J'achetai la d'un *Grec* la medaille de *Pylus* dont j'ai parlé ci devant, & qui eft marquée 22 fur la Planche VII. du Tom. II. Nous fimes voiles le (*a*) 12. avec un vent de terre qui nous fervit à peine pour paffer les Ifles de *Sapienza*; après quoi nous fumes pouffez par un autre du *Sud*, dans le golfe de *Coron*, & nous allames mouiller au pied de cette petite Ville, située fur le penchant d'un mont appellé par les Anciens, *Mons Thermaticus*. C'étoit une colonie des *Thébains*. Cette Ville n'eft aujourd'hui ni belle, ni forte: Les *Grecs* qui font là la plus grande partie de fes habitans, parlerent à ceux de la *Tchaïque* à peu près fur le même ton qu'avoient fait ceux de *Modon*, contre la domination *Venitienne*; mais je ne me mis pas en peine de leur répondre, quand ils le firent en ma prefence, connoiffant affez l'humeur inquiete de cette nation.

Le Païs des environs eft pour la plus grande partie couvert d'Oliviers, & de Vignes; & le refte eft fertile en grains, mais la faifon ne me permit pas de voir des marques de cette fertilité.

Le 14. le vent devint favorable, & nous tira de là, mais il nous abandonna à un mortel calme, vers cette partie de *Cerigho*, ou les anciens Géographes ont placé le Temple, d'où la Fable dit que *Paris* enleva *Helene*. Cependant nous en fumes quites à meilleur marché, que nous ne l'avions été des precedens; car une heure après il devint favorable; de forte que nous rendant le mouvement qu'il nous avoit ôté, il nous fit doubler le Cap de *St. Angelo*. Mais il nous donna bientôt une nouvelle marque de fon inconftance, en fouflant *Nord-Eft*, à la hauteur de l'*Epidaurus* des Anciens, & en nous pouffant dans la baye de la premiere *Malvoifie*. Cette Ville, qui avoit été bâtie fur les ruines de la premiere, a eu un pareil fort, car elle eft toute ruinée. Ses reftes ne font que des amas de pierres brutes, & ne font gueres propres à faire juger qu'il y ait eu autrefois une Ville en cet endroit. A une demie lieue de ces ruines, eft une Ville de ce nom, appellée la nouvelle *Malvoifie*, que j'allai voir, & qui merite le nom de Bourg. Elle eft située fur un Rocher, qui n'a pas deux Milles de circuit, & qui communique avec le Continent de la *Morée*, par un pont de vingt Arches. Je n'y rencontrai rien qui fût capable de m'y arrêter long-tems. J'y demandai de la *Malvoifie*, liqueur

---

(*a*) Il faut remarquer qu'étant de retour fur les Etats de la domination *Ottomane*, je repris le vieux ftile.

464　VOYAGES D'A. D. L. M.

1710.
CHAP.
XXI.

queue, que je croyois qu'on y faisoit encore, comme je l'avois entendu dire; mais on me répondit qu'on n'en avoit point dans toute la Ville, quoi qu'on en fît encore quelquefois. On m'y donna d'un vin peu agréable, ce qui détruisoit ce que j'avois lû de celui des vignes d'*Ulisse*, que les Anciens ont placées dans ce territoire.

Un bon vent de Terre s'étant levé le 16. au matin, & celui de Mer étant devenu moins contraire, nous mîmes à la voile; mais nous n'en jouimes pas long-tems, & il devint tellement contraire, qu'il ne nous permit pas même de regagner la côte que nous avions quitée peu auparavant. Il nous jetta près de *Canée* pendant la nuit, & nous eumes le bonheur de rencontrer un sûr ancrage, au pied d'un Rocher nommé *Carabuzza*, le *Claudos* des anciens, à la pointe duquel est un Château. Il y a une bonne & grande Citerne au milieu de ce Château, qui est plus fort par la Nature que par l'Art. Il a tiré son nom moderne de *Carabuzza*, d'un Gouverneur *Venitien*, qui pour quelque chagrin que lui donna un Senateur de la République, le livra aux *Turcs*, qui lui ont donné pension à *Constantinople* jusqu'à sa mort, avec la liberté de faire vendre du vin dans sa maison. Les plus gros Vaisseaux peuvent ancrer dans son Port, ce qu'ils ne sçauroient faire dans celui de *Canée*, où les eaux sont trop basses. Ce dernier est éloigné de l'autre de quelques Milles.

Carabuzza.

Isle de Candie.

Le jour suivant, je me fis conduire à la terre la plus voisine de l'Isle de *Candie*, pour passer à la Ville de *Canée*, laissant ordre au *Caravokery* de faire voiles vers les deux Châteaux qui ferment l'entrée du Port de cette Ville, dès que le vent le lui permettroit, ce qu'il executa le lendemain. Cependant je louai un cheval, & je pris un guide pour me conduire à *Canée*. Je trouvai cette partie de l'Isle que je traversai, extraordinairement agreable; c'est un melange de petites forêts d'Oliviers, de prairies, & de vignes. Je couchai chez un *Turc* qui avoit pris au *Cubbin* une Femme *Grecque*. Ce couple, quoi que de Religions & de Nations differentes, vivoit fort bien ensemble. *Ali Oglou*, c'étoit son nom, alloit à la *Mosquée*, & sa femme à l'Eglise *Greque*. Pour les Enfans, ils étoient élevez dans le *Mahometisme*. Quand elle avoit quelques affaires, il ne faisoit point scrupule d'allumer pour elle la lampe les Samedis, devant l'Image de la *Panagia*; & quoi qu'il fût religieux observateur de la Foi *Mahometane*, jusqu'à ne boire point de vin, il y en avoit d'ailleurs pour elle, & pour ses amis, qui en buvoient de deux sortes, comme nous fîmes elle & moi à souper. En un mot, il la laissoit vivre à la *Chrétienne*, & jouir autant qu'elle le vouloit de la liberté *Franque*, qui est encore en cet endroit assez generalement établie. Je gagnai la Ville le jour suivant d'assez bonne heure; je la trouvai propre & forte: ses *Mosquées* sont assez belles, & les maisons s'y terminent en terrasses comme en *Egipte*.

Canée.

Deux Barques Françoises prises par un Capitaine Anglois.

Je trouvai là, chez Mr. *Bradley*, Consul *Anglois*, le Capitaine *Hoë*. Il commandoit un Vaisseau Marchand de la même Nation, qui avoit pris deux Barques *Françoises*, l'une chargée de bled, & l'autre avec des Religieux *Portugais* qui l'avoient neulisée, pour les porter à *Jaffa*, dans le dessein de passer de là à *Jerusalem*. La premiere avoit chargé dans le Golfe de *Candie*, & y avoit reçu de *Constantinople* des Lettres de Mrs. de *Ferial* & *Des-Alleurs*, qu'ils écrivoient à la Cour de France. Le premier, quoi qu'à la vérité remis de son indisposition,

avoit

avoit été dépouillé de la dignité d'Ambassadeur, dont le second étoit revêtu. Le Maître de ce Bâtiment *François*, qui n'étoit pas accoutumé apparemment à porter des depêches, n'eut pas la précaution de jetter dans la Mer ces Lettres, quand il se vit en danger de tomber entre les mains du Capitaine *Anglois*, & celui-ci s'en étoit saisi, aussi bien que de tout ce qui étoit à bord de la Barque. Il me pria de les lui interpréter en sa Langue, & je le fis. Ces Messieurs donnoient avis à leur Cour, que la Porte avoit déclaré la guerre au *Czar*. ,, Il y a ,, long-tems, écrivoit Mr. de *Feriol*, que je crie aux oreilles des *Turcs*, ,, pour les reveiller de leur assoupissement, dont les voilà à la fin ti-,, rez. Nous avons enfin, disoit Mr. *Des Alleurs*, mis en mouve-,, ment ce grand corps. Le *Visir Cupruli*, auparavant *Pacha* de la ,, *Canée*, a été deposé pour ses scrupules & ses délicatesses sur l'obser-,, vation de la Loi, & pour son irresolution à l'égard de cette Décla-,, ration. *Baltagi Mehemet*, plein de bonne volonté pour le Roi de ,, *Suede*, n'a pas balancé.

L'autre Bâtiment avoit à bord des Religieux *Portugais*, qui alloient à *Jerusalem*. Ils portoient avec eux 4000 *Crusades*; & autre monoye, & des ustenciles sacrez pour l'Eglise *Catholique* qui est en cet endroit, & que quelques pieuses personnes y envoyoient. Ces Religieux avoient d'abord été mis en liberté, avec les équipages de tous les deux Bâtimens; mais ces passagers se plaignoient fort du Capitaine *Hoé*, qui les avoit pris, disoient-ils, fort injustement. Les raisons qu'ils en donnoient, étoient que les *Portugais*, étant alliez des *Anglois*, c'étoit une piraterie de leur prendre quelque chose, outre que ce qu'il leur avoit pris, ajou-toient-ils, étoit le bien de l'Eglise, & par consequent un Sacrilege. Je fis sur tout cela, le mieux que je pus, des remontrances en leur faveur au Capitaine, qui avoit été jusques-là sourd à ces raisons. Il me promit qu'il leur rendroit non seulement leurs ustenciles sacrez, mais encore quatre cents *Crusades*, pour les mettre en état de retourner chez eux, quoi que, disoit-il, le Bâtiment qu'ils avoient *naulisé* étant *François*, rendît le tout de bon prise. Il s'aquita de sa promesse, ce qui les consola un peu; ils me remercierent bien, & me promirent part dans leurs prieres. J'achetai là d'un *Grec* trois autres Medailles de *Corcira*; une semblable à 11, les deux autres à 7, de la Planche XIV. avec une semblable à 38, de la Planche VII. du Tome II., qui a été frapée pour l'*Apotheose* de *Mariniana*, comme on le peut voir par ce qu'elle représente à sa Legende, & outre cela une autre d'*Ænos*, comme 39, de la même Planche.

Je ne m'étendrai pas davantage sur cette Isle, dont on a donné tant de Relations, aussi bien que de la plus grande partie des autres. Nous ne la pumes quiter que le 19. que le vent souffla *Sud*, & il ne nous porta pas fort loin au dessus de l'Isle, sans tourner vers l'*Ouest*. Nous ne laissâmes pas d'avancer, à cause qu'il étoit moderé. Comme je vis qu'il nous pouvoit bien servir à gagner *Santorin*, sans nous détourner, je dis au *Caravokery*, que je souhaitois de revoir cette Isle, puis que le vent nous le permettoit. Il ne s'y opposa point, non plus que son Equipage, comme on peut s'imaginer, puis qu'ils étoient sous mon Commandement. Un des Matelots, né dans une des Isles voisines, dit, qu'il connoissoit bien le Port, & s'offrit d'être le Pilote, & de nous y mener même pendant la nuit. J'objectai que les deux nouvelles Isles ayant

1710.
CHAP.
XXI.

ayant apporté du changement au Port, nous ne devions pas risquer d'y entrer pendant la nuit, mais qu'il falloit ferler nos voiles, en cas que le vent se renforçat & nous fit aller trop vite, afin de n'y arriver que le lendemain matin. Le *Caravokery* fut de mon sentiment, & nous y arrivames le 20. heureusement, à sept heures du matin. Nous trouvames en effet que la premiere des Isles N°. 3. qu'on pouvoit alors apeller l'*Isle Combinée*, puis qu'elle ne faisoit plus qu'une même Isle avec la blanche, ou n'en étoit plus distinguée que par la couleur, avoit non seulement continué, & continuoit encore de croître, mais même qu'elle s'étoit tellement approchée de la petite *Camène* N°. 4. sur ma Carte B., par son accroissement, qu'il ne pouvoit plus passer de Vaisseau entre deux qu'avec danger, & que ce passage n'étoit plus qu'une espece de petit Port pour des Barques seulement.

Cette Isle ainsi *combinée*, & dont la seule partie noire continuoit de s'étendre, & de croître en largeur & en hauteur, pouvoit avoir alors jusqu'à quatre Milles de circuit. La bouche qu'elle s'étoit ouverte, ne jettoit plus que peu de flammes, avec quelque matiere ou bitume fondu. Le vent étant bon, nous nous mimes en état de continuer notre voyage sans aller à terre, & nous passames assez proche de cette Isle *combinée*, pour en remarquer les couleurs differentes, qui sont vertes, noires, jaunâtres. J'achetai du poisson de deux Pêcheurs que nous vimes aux environs, pour avoir occasion de les questioner là-dessus. Ils me dirent qu'ayant bravé la chaleur qui y continuoit, quoi que moins forte, ils avoient ramassé de grosses pieces de souffre si fin, ou si épuré par la nature, que l'art pouvoit à peine arriver à un telle perfection.

Le même vent, quoi que foible, nous conduisit assez heureusement jusqu'au 22. qu'un *Nord-Ouest* violent qui s'éleva le combatit, le vainquit, & nous obligea vers le soir de nous mettre à couvert dans un assez mauvais Port de l'Isle de *Scio*, appellé par les *Grecs Stavro Limonia*, & par les *Turcs*, *Egry Liman*, qui veut dire un *Port Croisé*. Nous y jettames l'ancre; mais nous n'apperçûmes sur le rivage, & aussi loin que notre vue pouvoit s'étendre, aucunes maisons & pas même un Bateau. Je me fis mener à terre dans le nôtre, accompagné du *Caravokery*, de l'Ecrivain, & de cinq Matelots. Nous allâmes au plus proche Village de ce Port, qui en étoit éloigné d'environ deux Milles, & où nous achetâmes un petit baril d'excellent vin rouge, avec deux *Okes* de Mastick, que deux *Grecs* me vendirent sans me connoître, au risque de la *Falacca* & des Galeres.

J'achetai là diverses Medailles toutes *Latines* & communes, à la reserve de trois, à sçavoir une de *Colophon*; deux des douze Villes d'*Ionie*, semblable à 17, de la Planche XIV. & l'*Obole* 40, de la Planche VII. Tome II. Nous trouvâmes à notre retour à bord, que deux *Grecs*, à qui j'avois accordé le passage sur la *Tchaique*, pour se rendre de *Malte* dans le *Levant*, moyennant qu'ils aidassent dans le besoin les Matelots, s'en étoient allez sans prendre congé de personne. Je ne jugeai pas à leur procédé qu'ils valussent la peine qu'on s'informat quelle route ils avoient prise, ou qu'on courût après eux; mais je fus bien éloigné de penser qu'ils fussent si peu *Chrétiens* que de s'aller faire *Turcs*, & assez ingrats pour aller dire aux *Turcs* de la Ville de *Scio*, éloignée d'environ vingt-cinq Milles de là, que nous venions de vendre du Bled aux *Maltois*, les ennemis jurez de tous les *Mahumetans*.

Desordre que causent deux Passagers Grecs qui s'étoient fait Turcs.

C'est

C'est ce qu'ils firent pourtant, comme nous aprîmes dans la suite. En effet, nous étions à peine revenus à bord, après avoir fait un bon diné sous un *Lentisque* verd & épais, qui nous servit de tente naturelle, lorsque nous apperçûmes une vingtaine de *Turcs* armez de sabres & de mousquets, dont un nous cria d'envoyer notre Bateau pour les prendre à bord. Le *Caravokery*, l'Ecrivain, & le Pilote, qui soupçonnoient d'abord leurs deux perfides Compatriotes, de nous avoir joué ce mauvais tour, se crurent perdus avec tout l'équipage, & me témoignerent leur consternation. Cependant le Chef de la troupe armée, redoubloit ses instances, & y ajoûtoit les menaces de tirer sur nous, en cas qu'on differat plus long-tems à le faire. J'ordonnai à tout le monde de se taire, & me chargeant de repondre, je parus à l'instant sur le tillac en habits *Francs*, ,, Je n'ai point, leur criai-je, ,, de bateau à envoyer à des gens armez comme des ennemis, ou ,, des voleurs. *Cecy est un Bâtiment* Anglois *qui m'appartient.* Nous ,, n'avons rien à te dire, repondit-il; nous voulons le *Caravokery* avec ,, l'Ecrivain, & les Matelots, qui sont *Rayas du Grand Seigneur*. A ,, quoi je repartis. Il n'y a point de *Caravokery* qui commande ici que ,, moi, j'ai besoin de tout mon Equipage pour reconduire ce Bâtiment ,, à *Constantinople*. Si toi, ou ta troupe, ou ceux qui vous en- ,, voyent, avez quelque chose à nous dire, vous le pourrez faire en plein ,, *Divan*, ou plûtôt chez l'Ambassadeur, qui est mon Juge. " En même tems je fis arborer Pavillon *Anglois*, & j'ajoûtai, *Commence qui l'ose à tirer sur ce Pavillon, contre les Capitulations & contre la bonne harmonie qui subsiste depuis des siecles entre les deux Nations: j'ai des Canons & des pierriers, & autres armes à feu pour vous répondre comme à des ennemis.*

A ces paroles ils s'entregardoient l'un l'autre, marmotant je ne sçai quoi entre leurs dents, après quoi ils se retirerent, en nous menaçant de nouveau de trouver bientôt les moyens de nous aborder, & de nous reduire par la force. Je ne trouvai pas à propos de repliquer à ces menaces; mais je jugeai qu'ils iroient demander conseil au *Pacha*, sur ce qu'ils devoient faire; & je dis aux Matelots qu'il falloit nous retirer de ce Port le plûtôt que nous pourrions, pour éviter une seconde visite. Ils me rendirent un million de graces de ce que j'avois répondu comme j'avois fait, & du conseil que je leur donnois, lequel ils se mirent en état d'executer en levant l'ancre. Comme le vent étoit trop foible, chacun mit la main à l'œuvre pour remorquer la *Tchaique*, en se relayant les uns les autres, d'heure en heure, sur le Bateau qui la tiroit hors de ce Port. Enfin la crainte augmentant leur courage & leur vigueur, nous gagnames à force de rames la petite Isle de *Psa-* *Psara.* *ra* le 25., jour de *Noël*, à la pointe du jour.

Outre la devotion ordinaire que ce jour exigeoit, les Matelots & l'Equipage voulurent accomplir un vœu qu'ils avoient fait en remorquant, qui étoit de presenter chacun un cierge à la *Panagie*, s'ils échapoient du danger où ils s'étoient trouvez de tomber entre les mains des *Turcs*. Après le Service Divin & l'accomplissement de leur vœu, ils passerent le reste de la Fête à manger, boire, chanter, danser &c. à leur ordinaire. Je ne trouvai rien de remarquable à *Psara*, que peu de Medailles communes, entre lesquelles il y en avoit deux d'*Agatocles*, fils de *Lisimachus*, comme 5. de la Planche XIV.

Tome I.   N n n 2   Le

Le 26. le vent étant devenu favorable, nous fimes voiles, mais nous fumes bientôt arretez par un calme qui nous survint près de *Tenedos*, dont nous gagnames le Port en remorquant. Je me fis porter à terre où je reçus de nouvelles honnêtetez du *Pacha* & du *Sou-Bachi* : je logeai même chez le premier, pendant que ma *Tchaique* fut arrêtée dans le Port. On peut bien juger, après ce que j'ai dit ci-devant de ces Messieurs, que le vin & le *Sherbet Anglois* furent de la partie. Je ne fis sur cette Isle aucune nouvelle remarque que je puisse ajouter aux precedentes, si ce n'est qu'il y avoit quantité de Matelots *François* de la *Perle*, Vaisseau de guerre (a) chargé de bled qui avoit fait naufrage entre cette Isle & *Imbro*, par le même vent qui nous avoit jettez à *Stavro Limonia*, lesquels se consoloient de leur disgrace dans les cabarets *Grécs*.

Je raporterai ici une Avanture qui fait voir l'opinion qu'ont les *Turcs* de la vertu des femmes, ou leur scrupule à l'égard du commerce & de la societé des deux sexes, qui les portent à punir souvent l'innocent, en croyant punir le vice.

Je visitai l'après-dîné la jeune *Greque*, pour qui j'avois été compere de mariage, avant mon voyage pour *Barcelone*. Son mari qui étoit Pilote sur un Bâtiment, auquel il avoit part, étoit en Mer, & elle n'avoit que sa mere auprès d'elle. Aussi-tôt qu'elle me vit, elle me dit, „ Je suis bien-aise de vous voir de retour, mais fâchée que mon „ mari soit absent. Vous n'ignorez pas, je crois, la coutume severe des „ *Turcs*, qui ne nous permet pas de recevoir la compagnie d'autres „ hommes en tel cas, quelqu'innocente qu'elle puisse être. " Je répondis que je sçavois tout cela, mais que j'étois si bien auprès du *Pacha* & du *Bey*, avec qui je devois souper, que j'osois l'assurer qu'ils ne nous donneroient aucune inquietude, s'ils sçavoient que j'étois auprès d'elle, & que je leur représenterois que je suivois en cela la coutume *Franque*, s'ils m'en parloient. Elle se rassura là-dessus. Sa mere alla chercher du *Caffé*, qu'elle accompagna de Confitures & d'eau d'Orange, selon la coutume du Païs, & d'un petit mouchoir brodé qu'elle me presenta elle-même. Je restai là jusqu'à ce que j'entendis crier l'*Akchiam Namas*, ou derniere Priere du soir, qui me fut un signal pour me rendre au Château, où je devois souper immediatement après avec le *Pacha*.

Comme je sortois d'auprès d'elle, un Cabaretier *Grec* qui demeuroit tout proche m'appercevant, m'aborda pour me dire que j'étois bien heureux d'avoir le *Pacha* & le *Bey* pour amis, puis qu'autrement leur garde m'auroit saisi avec ma commere, & que nous aurions été exposez à l'opprobre & à l'amende ordinaire en telles occasions. J'eus la curiosité de lui demander ce qui le faisoit parler ainsi. Il me répondit que quelqu'un qui ne me connoissoit pas, ayant rapporté au *Pacha* qu'il y avoit avec la jeune femme un *Franc* de ceux qui appartenoient à un Vaisseau *François* qui avoit fait naufrage, il avoit envoyé sa garde pour les saisir l'un & l'autre ; mais que l'Officier qui la commandoit ayant regardé par le trou de la serrure de la Chambre, où

nous

(a) Remarquez que le Roi de *France*, après l'expedition de la Flote *Angloise* à *Toulon*, prêta plusieurs de ses Vaisseaux de guerre, devenus inutiles, pour épargner les frais de leur entretien, ou les preserver du dommage qu'ils auroient pû souffrir en restant trop long-tems dans le Port, & cela à certaines conditions, en cas de pareils accidens.

nous étions, pour s'assurer si l'information étoit juste, ne m'avoit pas plûtôt reconnu qu'il s'étoit retiré avec son monde, en disant tout bas, *c'est l'ami du Pacha*. Remarquez que les *Harems Chrétiens* sont aussi sacrez & inviolables que ceux des *Turcs*; desorte que si l'Officier étoit entré dans la Chambre de cette femme, sans être sûr qu'il y avoit un homme avec elle, ou si au lieu d'un étranger qu'il y cherchoit, il y avoit trouvé le mari, celui ci & elle auroient été en droit de punir sa temerité.

Harems Grecs aussi inviolables que ceux des Turcs.

La *Pacha*, à qui l'Officier avoit rendu compte de cela, ne m'en parla point; mais après, soupé lorsque nous étions seuls avec le *Bey* & son valet, leur plus secret confident, je lui dis que j'avois entendu que la garde avoit fait ou pensé faire une bonne prise d'un *Franc* avec une jeune *Grecque*. ,, *C'étoit toy-même qui le meritois*, me repondit-il; mais ,, que mes gens ont épargné à cause que nous sommes amis. Je te ,, donne permission de frequenter ici les *Chrétiennes*, tant que tu vou- ,, dras, mais prends garde de ne pas toucher aux *Musulmanes*. " Je repliquai, en prenant un ton plus serieux, que j'avois à la verité rendu une visite de civilité ou d'innocente amitié à cette femme, selon notre coutume à l'égard de celles de notre nation. ,, Nous n'avons rien à dire ou ,, à faire, ajouta-t-il, à ce qui se passe entre vous & vos femmes, mais ,, bien à vos intrigues avec les Sujettes de la sublime *Porte*. " Je dis que ces visites & ces conversations étant innocentes, je trouvois la Loi *Turque* trop rigide à cet égard. ,, Comment! innocentes ? repartit-il. Vou- ,, drois-tu me persuader que tu as été seul plus de deux heures avec ,, une jeune femme, sans lui demander & sans en recevoir d'autres faveurs ,, qu'une collation, ou seulement pour le plaisir de t'entretenir de choses ,, indifferentes avec elle ?" Je protestai qu'oui, & que nous respections la vertu par tout où nous la rencontrions. Il se mit à rire à ce mot de vertu, qu'il traita de chimere, en disant ,, que c'étoit avancer un pa- ,, radoxe tout à fait étrange, de pretendre que les femmes fussent plus ,, vertueuses que les hommes, qui n'en pouvoient voir, disoit-il, de jolies ,, sans sentir ce desir naturel & réciproque des deux sexes, & cher- ,, cher à le satisfaire. " Je l'assurai que la liberté qui régnoit entre nous à cet égard, étoit accompagné de moins dangereuses consequences que leur gêne, & que nos femmes & nos filles étoient véritablement vertueuses, & si jalouses de leur honneur & de leur réputation, que si nous leur faisions dans une conversation des propositions contraires à cette vertu, ou qui n'eussent pas au moins le mariage pour but, elles nous deffendroient leur compagnie, & que c'étoit manquer d'éducation & de civilité, & nous rendre indignes de l'agréable conversation d'un sexe, que nous appellons le beau sexe, non seulement par rapport aux charmes du visage & des autres parties du corps, mais à cause de la politesse de son esprit & de ses manieres; jusques-là qu'il y avoit quantité de gens qui se contentoient d'avoir avec les femmes un commerce d'esprit, qui ne vieillissant jamais, fait oublier la vieillesse du corps. Enfin je lui dis pourtant assez de choses pour détruire en quelque maniere ses préjugez là-dessus, comme on verra dans la suite. Cependant le *Bey* ne faisoit que sourire à tout cela, étant contre les regles de la civilité *Turque* d'interrompre celui qui parle, pour dire son sentiment pour ou contre ce dont il s'agit; après quoi nous changeames

Idée que les Turcs ont de la vertu des femmes.

1710.
Chap.
XXI.

mes de sujet, & bûmes jusques bien avant dans la nuit, & nous nous allames reposer. Le lendemain, je vis ma Commere & je la divertis de ma conversation avec le *Pacha* sur son chapitre. Comme j'avois laissé ordre sur la *Tchaique* de me venir appeller, dès que le vent seroit bon pour *Constantinople*, à quelque heure que ce fût, même après minuit, le *Caravokery* m'envoya avertir le 30. entre 10. & 11. heures du soir, qu'il étoit tel qu'il nous le falloit. Là-dessus je pris congé, après quelques verres de vin de plus, pour me rendre à bord.

Mexaniota.

C'étoit la nuit du 30. & le vent soufflant du *Sud*, nous mîmes à la voile. Il nous porta assez vite jusqu'à la hauteur de *Cisique*, où se changeant en *Nord*, il nous permit à peine de relacher à *Mexaniota*, petite Isle ainsi nommée par les *Grecs*, vis à vis d'*Artakoi*. Nous trouvames dans sa rade, qui est mauvaise, les debris d'une *Tchaique* que le vent du 22. y avoit fait échouer. Cette Isle est petite, mais assez fertile, & cultivée par des *Caloieros* qui en sont les principaux habitans. En allant visiter le Couvent & leur Eglise, je passai proche d'une vieille Citerne qui me parut antique, & qui est accompagnée de quelques ruines. Mais je ne pus découvrir ce que c'étoit, n'y trouvant aucune inscription. Le Couvent est mal bâti, mais assez commode: l'Eglise est assez belle, mais la Peinture y est très mauvaise. Je demandai à un des Moines, qui me témoigna beaucoup de complaisance, s'il ne sçavoit personne qui en labourant la terre, ou en démolissant quelques vieux édifices, eût trouvé de ces monoyes, appellées *Palies Foles*, & j'offris de les payer. Il me répondit que trois de ses Confreres, qui étoient allez couper du bois sur les côtes de l'Isle, d'où ils étoient attendus le soir, en avoient plusieurs. Je promis de retourner le lendemain matin au Couvent pour les avoir. J'y fus, & les eus pour ce que je leur offris.

Medailles.

Le plus grand nombre de ces monoyes avoit été frapé pour les *Cisiquiens*, avec cette Legende ΚΥΣΙΚΥΝΩΝ. Elles sont d'un excellent poinçon, *Cisique* ayant les meilleurs Monoyeurs ou Graveurs de son tems. Mr. d'*Ablancourt* veut que le nom de *Zequin*, que les *Venitiens* donnent à leurs Ducats d'or, soit dérivé de ΚΙΖΙΚΟΝ, quoi que cette monoye d'or ne soit pas à beaucoup près d'un si bon coin. Il y en avoit entr'autres du Roi *Cisicus*, comme No. 15. de la Planche XXVIII., e, c, h, avec l'Onix 13, & la Cornaline i de la Planche XXVII. 5, ιγ, λ, 15, & 20, avec le flambeau sur le Revers, sur la Planche XIV. qui semblent avoir été faites pour représenter *Cerès*, Déesse du *Paganisme*, lorsqu'elle alloit chercher *Proserpine* sa fille, enlevée par *Pluton*. Les pierres sur lesquelles sont gravées des figures obscenes, sont assez propres à attester que *Priape* étoit adoré par tout le Païs qui est entre *Lampsaco* & *Cisique*. Que dis-je? *Strabon* qui place un Port, une Ville & une Riviere, sous les noms de *Priapus*, dans la jurisdiction de *Cisique*, qui s'étendoit bien loin au delà vers le *Nord-Est*, semble étendre autant le culte de cette obscene & fausse Divinité. La Cigogne sur le Revers de la Medaille e, de la Planche XXVII., me fit demander s'il y avoit de ces oiseaux aux environs, & on me répondit qu'oui. J'ai lû quelque part qu'il étoit deffendu expressément par une Loi des *Cisiquiens* de les tuer, à cause qu'ils purgeoient le Païs de divers reptiles & insectes venimeux & malfaisans. Les *Turcs* semblent

Cigognes aux environs de Cisique.

avoir

CISIQUE, &c.

avoir la même Loi, sinon par écrit, au moins en pratique, puisqu'ils ne veulent pas qu'on les détruise. Quoi qu'il en soit, on en voit çà & là les nids jusques sur les toîts des *Mosquées*, des *Serails*, &c.

La Medaille du Roi *Cisicus*, si fameux entre les *Argonautes*, & le fondateur de *Cisique* à qui son nom est resté, joint au loisir que le vent contraire me donnoit, me fit naître l'envie de voir les restes de cette Ville, & je m'y fis porter dans le bateau de la *Tchaique*. Je vis d'abord avec une extrême satisfaction deux Golfes, entre lesquels est une espece de presqu'Isle, ou langue de terre. Ces deux Golfes composoient selon les apparences son fameux Port, au fond duquel, lorsque la Mer n'est pas agitée, & que ses eaux sont claires, on apperçoit quantité de belles pieces de marbre. Cette presqu'Isle paroit avoir été jointe au Continent ou formée par l'art, avec les debris & materiaux d'un pont de pierres ou des Moles qui fermoient le Port: mais il y a lieu de croire qu'ils ont été détruits par les ravages de la guerre; car c'étoit autrefois une Isle, selon *Strabon* & quelques autres Geographes, sur laquelle étoit située l'ancienne & fameuse Ville de *Cisique*. On y en voit encore des pans de murailles bien cimentez, avec un grand amas de riches materiaux, en un mot un Cahos de pieces de marbres differens, de Colomnes brisées, de Chapiteaux, & d'Architraves: ce qu'il y avoit de plus entier & de plus considerable, a été enlevé par les *Turcs* ou par les voyageurs. On voit encore çà & là sous terre de fort belles voûtes, mais presque toutes remplies de sable. Rien n'est plus admirable parmi ces ruines, que les restes d'un Amphitheâtre qui me parut au moins tel par la figure orbiculaire qu'il a encore, & par divers sieges & degrez de pierre de taille, tels que ceux que j'avois vus à *Troye*. Ces restes sont sur une éminence, qui étoit peut-être le mont *Dindimus* des anciens, sur lequel, une des principales Deitez des *Cisiquiens* qui donna son nom à la Ville, que *Pline* appelle *Dindima*, avoit un Temple. Si ces restes ne sont pas ceux d'un Amphitheâtre, ne seroit-ce point ceux de ce Temple? Il est du moins plus facile de reconcilier là dessus la *Geographie* moderne avec l'ancienne, qu'à l'égard de la situation d'*Artaca*; car *Strabon* place cette Ville sur une Isle, & les Modernes la mettent dans l'endroit où est aujourd'hui *Artakoi*, c'est-à-dire *Village d'Arta*, en *Turc*, petit Bourg habité par les *Grecs*, & qui est sur le Continent. Peut-être pretendent-ils que cette Isle a été réunie au Continent par un effet des changemens dont parle *Ovide*, car on va aujourd'hui en bateau en des lieux où il n'y avoit autrefois que de la terre. Mais ne seroit-il pas plus vraisemblable de dire qu'*Artaca* étoit sur *Mexaniota*, & qu'on a bâti *Artakoi* de ses ruines. Quoi qu'il en soit, ce Bourg est peu considerable: on n'y trouve aucuns restes de l'antiquité que quelques masures au *Nord-Est* Au reste le terroir tant des environs de *Cisique* que d'*Artakoi*, est riche non seulement en vin, mais encore en bled: ce qui peut avoir donné sujet aux *Cisiquiens* de frapper la medaille de *Ceres* avec ΚΙΣΙΚΗΝΩΝ, au milieu d'une Couronne d'épics, telle qu'est par exemple κ sur la Planche XIX &c. dont je trouvai un bon nombre entre celles que j'achetai des Moines de *Mexaniota*. Cette fertilité n'est pas bornée au *vin*, au *bled*, ou autres grains. On voit la Campagne agreablement diversifiée d'arbres fruitiers, comme *Grenadiers*, *Cotoniers*, *Oliviers*, &c.

1710. CHAP. XXI.

Port & ruines de Cisique.

Fertilité des environs de Cisique & d'Artakoi.

Le

1710.
Chap.
XXI.
Pallatia.

Le 4. de Janvier, le vent étant bon, nous fimes voiles de grand matin pour *Marmora*, & gagnâmes la nuit *Pallatia.* C'eſt un grand Village au *Nord-Oueſt* de l'Iſle, avec un petit Port paſſablement bon pour le fond, mais peu ſûr, lors que le vent ſouffle *Nord-Oueſt.* On y charge du marbre, qu'on tire du voiſinage. Ce marbre en quoi l'Iſle abonde principalement, ne lui auroit-il pas fait prendre ſon nom moderne? Quoi qu'il en ſoit, les *Grecs* qui le tirent des carrieres pour le ſervice de la *Porte,* ont le Privilege de porter un petit *Turban* blanc, comme ceux qui cultivent & recueillent le *Maſtic* à *Scio.* Le vent étant tombé, & nous étant devenu contraire, j'allai voir la plus riche Carriere, qui eſt à un Mille du Village, & d'où on tiroit du marbre pour une *Moſquée* que la *Validé* faiſoit bâtir à *Scutary.* Je l'appelle *la plus riche*, à cauſe qu'on y a travaillé plus qu'ailleurs, car j'ai remarqué que l'Iſle n'eſt preſque par tout qu'un même Rocher, pour ainſi dire, de cette pierre, qui eſt pourtant aſſez couvert de terre en quelques endroits pour produire du bled, & du vin, mais fort peu du dernier, & même petit & verd. Les Iſles d'*Alogna*, de *Coutali* & *Panagia*, appellées par les *Turcs Papas Adalar* (*Iſles des Prétres*) à cauſe des Monaſteres *Grecs* qu'il y a deſſus, qui en produiſent, ſur tout celui d'*Alogna*, de très bons & en grande quantité, lui en fourniſſent ſuffiſamment, auſſi bien que les Côtes de *Ciſique* qui lui fourniſſent outre cela ſa proviſion annuelle de bled.

Autres Iſles.

Alogna eſt comme le magaſin, ou le cellier des *Francs*, qui en tirent leurs vins blancs, & les rouges des Côtes de *Ciſique*, qui ne cedent point en force à ceux de *Portugal*, & ſont de bonne garde: j'en ai bu qui avoit vingt ans, chez feu Monſieur l'Ambaſſadeur de *Hollande.* Cette Iſle a dix-neuf Milles de circuit; il y a cinq villages *Grecs* avec un *Metropolitain* ou Evêque, dont la juriſdiction s'étend ſur toutes les autres Iſles, même ſur *Marmora.* *Coutali* n'en a pas plus de deux avec un ſeul village & un monaſtere: elle produit aſſez de grain pour ſes habitans & a de bons paturages. *Panagia* en a bien huit mille: les *Grecs* l'appellent ainſi, à cauſe d'un Monaſtere dedié à la Vierge. Elle a les mêmes avantages que *Coutali.* Les *Francs* vont non ſeulement à ces Iſles pour la vendange, mais auſſi pour la chaſſe qui y eſt abondante. Ils les appellent toutes d'un ſeul nom, *Iſles de Marmora*: les *Caloïeros* y ſont fort hoſpitaliers & civils. Celle qui leur fait donner ce nom, comme la plus grande, eſt auſſi la plus abondante en gibier. Les Lapins y fourmillent & ſont excellens, à cauſe du Genevre & du Thim dont elle eſt couverte çà & là.

Iſles de
Marmora.

Medailles.

J'achetai des habitans de *Pallatia* quantité d'aſſez bonnes Medailles, entr'autres une Deïfication de *Mariniana*, comme 38. de la Planche VII., Tome II. deux comme, No. 14. de la même Planche frappée pour *Nice*, diverſes autres de *Laodicée*, telles que ſont (β) & (λα) de la Planche XIV.

Le 7. au matin, nous fimes voiles avec un bon vent, & gagnames le ſoir *Conſtantinople*, quoi qu'éloigné de *Marmora* de plus de 80 Milles.

AP-

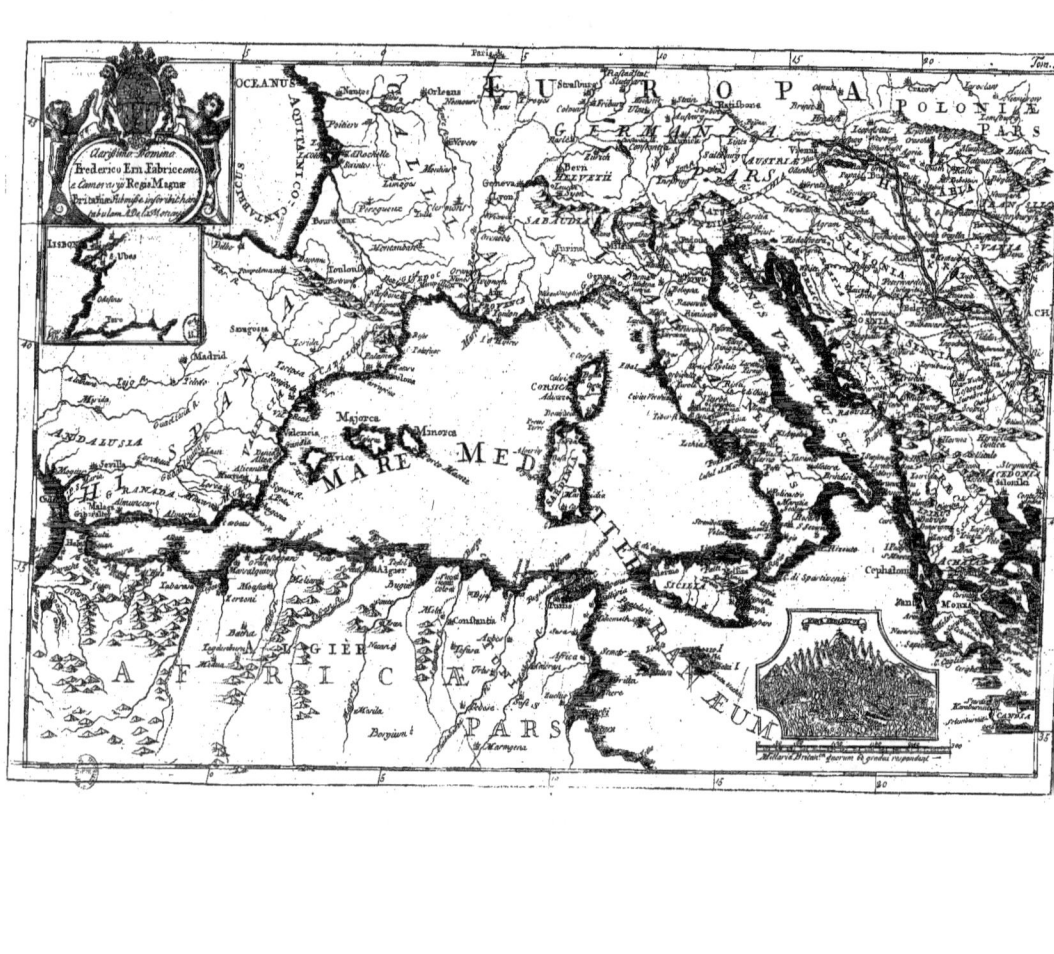

APPENDIX,
Nº. I.
Traduction du Manuscript Espagnol de RAMA.

Contenant un Traité & une explication des cinq Commandemens de la Loi de Dieu, à sçavoir, de croire la Divine Essence, que Mahummad (a) est l'Envoyé de Dieu. Les devoirs de la Priere ; du Jeûne ; du Pelerinage à la Mecque : comme aussi des douze mois de Lunes de l'année ; des Jeûnes & autres dévotions meritoires qui y sont comprises, ou annexées, avec quelques éclaircissemens sur divers Chapitres de l'Alcoran, écrit en Espagnol par Mahomet El Pizça, natif de Valence, habitant de Seville.

E plus proche accès que la Créature puisse avoir auprès du Créateur, & le service le plus agréable qu'elle lui puisse rendre, c'est d'observer ses Commandemens & ses Loix avec la derniere ponctualité : c'est le sentiment de l'Envoyé de Dieu *Mahummad*, dont la memoire soit benite, (b) notre salutation lui est due, & voici ses Paroles, ,, Mon ,, fidele Serviteur perseverera en Prieres, pour s'appro- ,, cher de moi, qui serai l'œil par lequel il verra. Qui- ,, conque s'approche de moi de l'épaisseur d'un doigt, je m'avancerai & m'ap- ,, procherai de lui de la largeur d'un empan. Celui qui s'approchera de moi de la ,, largeur d'un empan, je m'approcherai de lui de celle d'une coudée ; & celui qui ,, m'appelle en soi-même par mon nom, je l'appellerai en moi même par le ,, sien ; & s'il m'appelle sans reserve de toutes les forces de sa bouche, de son ,, cœur, ou de son ame, je l'appellerai en un souverain degré. Le Très-haut ,, dit à *David*, sois reconnoissant, & adresse-moi tes Actions de Graces. Da- ,, vid répond, *comment le ferai-je ?* Le Très-Haut lui répondit, *en ne te lassant* ,, *jamais d'invoquer mon nom.* David repliqua, *cela n'est pas en mon pouvoir,* ,, *puisque ma langue ne sçauroit se mouvoir sans ta permission :* Dieu ajoûte, *mon Commandement est accompagné de ma permission & de mon pouvoir* (c). *En faisant ainsi tu satisferas au devoir de la reconnoissance envers moi.*

Les principaux Commandemens de Dieu & les plus absolument necessaires, & à l'accomplissement ou observation desquels est attachée une recompense, & dont le mépris ou la négligence sera infailliblement punie, sont au nombre de cinq.

Le premier consiste à confesser, temoigner, croire & confirmer par ses actions & ses paroles, qu'on croit dans son cœur l'unité de l'Essence de Dieu, sans égal ni compagnon, & la vérité de la Mission de *Muhummad* son Prophete.

Tome I.   *a*   Le

(a) Les *Arabes* prononcent *Mahummad*, & les *Turcs Mehemed*, comme je crois avoir marqué ailleurs.

(b) Les *Turcs* en nommant *Mahomet*, ajoûtent toûjours ces paroles ,, dont la me- ,, moire soit benite, ou les benedictions de Dieu soient répandues sur lui ; notre salutation ,, lui est due, &c.

(c) Ceci n'est pas dans l'original *Arabe* de l'*Alcoran*, mais il y est expliqué par les Docteurs *Turcs*, comme une consequence du Commandement de Dieu.

APPENDIX.

Le second est de prier en la forme ordonnée de Dieu même par la bouche de son Prophete.

Le troisieme de jeûner pendant la Lune de *Ramadan*.

Le quatrieme d'exercer l'hospitalité envers le prochain, & de secourir le pauvre.

Le cinquieme de ne pas négliger le Pelerinage de la *Mecque*, pour y visiter la Sainte maison de Dieu: Pelerinage ordonné à tous ceux qui ont le tems & la commodité de le faire.

Premier Commandement.

Le premier Commandement est de croire en un seul Dieu vivant qui n'a jamais eu de commencement & qui n'aura jamais de fin, très sage, très puissant, qui n'a ni égal ni competiteur, ni modele par lequel il puisse être représenté ou compris. Il est le Créateur de toutes choses sans proceder d'aucune: il n'est point engendré & n'engendre point, car s'il engendroit, il faudroit qu'il l'eût été lui-même. Ainsi ceux qui l'auroient engendré auroient été éternels, infinis, & sa posterité le seroit, ce qui est contraire à toute revelation Divine, & à la raison humaine. S'il y avoit quelque Etre dans la nature qui fût égal à lui, ou qui lui ressemblât, cet Etre seroit Dieu comme lui, & il y auroit plus d'un Dieu, ce qui est impossible. Tout ce qui est créé & connu, ou à créer & à connoître, lui est connu. C'est comme un rien en sa presence. Il est lui seul tout en tout; il est incomprehensible, & fort élevé au dessus de toutes expressions & pensées. Il vit, & sa vie n'est comparable à aucune chose vivante, mais il est la vie de la vie, & toute autre vie n'est en comparaison de la sienne qu'une véritable mort. Sa vie est sans terme & sans mesure de siecles, d'années, de mois, de jours, de nuits, d'heures, de minutes. Il est le maître & le Créateur des tems, ils perissent & ont une fin, & il demeure éternellement. Son pouvoir absolu, sa connoissance & son excellence, & tous ses autres attributs, sont infinis, & ne peuvent diminuer ni augmenter, *beni soit-il à jamais*. Il n'est pas plus au Ciel que sur la terre, & son autorité est égale en l'un & en l'autre. Tout lui est sujet & redevable de son existence. Il ne dépend de rien & tout dépend de lui. Il n'a besoin de rien & tout a besoin de lui. Ceux qui péchent contre ses Commandemens ne l'incommodent pas: qui en est capable? Mais leur péché tombe sur eux & ils s'incommodent eux-mêmes. Ceux qui font de bonnes œuvres les font pour eux-mêmes, puis qu'ils sont obligez de reconnoître que tout bien procede de lui. Comme nul ne peut le servir sans son assistance, ou sans sa grace, & sa misericorde, nul ne peut l'offenser sans sa permission, ni sans son consentement (*a*) *Allha* est le maître de toutes les créatures, soit celestes, soit terrestres. Il les a créés & bornées. Il regle & dirige tous leurs mouvemens & leurs actions. Il est tout sage: sa connoissance fait son essence; il a connu & connoît tout ce qui a été, est, & sera. Rien ne lui est impossible; & comme sa sagesse & sa connoissance sont infinies, il aime ceux qui sont sages & sçavans, & ils l'aiment & le servent; & celui qui ignore l'excellence de Dieu, sa misericorde, sa justice, ses châtimens, ses recompenses, qui ne l'aime, ni ne le craint, ni ne lui obéit, tombe au pouvoir du Diable. Celui qui au contraire connoissant tout cela, le pratique quand Dieu le retire à soi, il contemplera sa face Divine, & sera comme s'il étoit Déifié (*b*). Dieu est tout sage, tout puissant, & absolu, tout saint, tout juste, tout bon, tout riche, tout misericordieux, tout aimable. C'est lui qui donne la vie & qui l'ôte, & qui la redonne après la mort. C'est lui qui au jour du jugement pardonne, récompense, & punit. Le pardon, la recompense, la justice & le châtiment sont une même chose à Dieu. Quiconque reflechit murement, & considere en soi-même sa création & sa naissance, & tout ce qui est visible, la Terre, le Soleil, la Lune, les Etoiles, les Nuées, les Vents, les Oiseaux, les Plantes, les Eaux, les Poissons, les Insectes, en un mot toutes les cho-

(*a*) L'Auteur se sert souvent de ce terme *Arabe* qui veut dire Dieu.
(*b*) La felicité Celeste est selon tous les Docteurs *Mahometans*, comme on en peut juger par ceci, la contemplation de Dieu, qui sera, disent-ils, la plus grande des voluptez: felicité qui fera oublier tous les plaisirs terrestres, bien loin d'esperer des plaisirs sensuels dans le *Paradis*, comme on les en accuse communément.

choses vivantes & inanimées, sur tout les enfans d'*Adam* de tant de Nations différentes en faces, langages & qualitez, il reconnoîtra aisément son Dieu, se formera l'idée d'un Etre Suprême, qui est l'auteur de toutes ces choses, qui portent chacune avec elles des témoignages & des preuves palpables de l'unité de cet Etre éternel qui leur a donné commencement, ou qui est le commencement de tous les commencemens, la bonté de toutes bontez. Toutes choses glorifient sa benignité & sa misericorde: quelques-unes reconnoissent volontairement, d'autres sont forcées par la vérité de reconnoître l'unité de cet Etre éternel sans égal ni compagnon. ,, Je le loue & le beni, je me confie en sa mi-,, sericorde & en sa beneficence. Que tout retentisse des louanges & des bene-,, dictions de celui qui voit & entend toutes choses, jusqu'aux plus pe-,, tites & plus secretes, & tout ce qui est invisible aux yeux du corps, sans ,, l'ordre ou la permission de qui rien ne peut se faire.

Dieu n'entend & ne voit pas par des oreilles ou par des yeux comme ses Creatures. Il ne parle pas avec une bouche ni avec une langue. Il ne s'exprime ni par voix, ni par paroles: cependant ce qu'il dit est parfaitement clair & intelligible, & celui à qui il permet de l'entendre & de le voir, n'a pas besoin d'oreilles, ni d'yeux, ni de bouche pour lui répondre. Il voit & entend les pensées les plus cachées plus vite & aussi distinctement qu'on voit l'éclair & qu'on entend le tonnerre. Il est par tout, & il n'y a rien qu'il ne renferme par sa presence immense, ou qui soit sans lui. Il ne pouroit être ce qu'il est sans tous ces attributs & sans toutes ces perfections: c'est lui qui precede, qui opere tout & par tout. Il a envoyé son Saint Prophete & Ambassadeur *Mahummad*, d'heureuse memoire, avec la lumiere propre à faire voir toutes ces véritez que ce Saint Prophete a publiées. Il nous a apporté de la part d'*Allah* sa Loi toute pure, telle qu'elle a été auparavant publiée par ses autres Prophetes aux *Juifs* & autres Nations qui l'ont corrompue, & l'a fait reconnoître pour la véritable Loi Divine. *Allah* dit lui-même par sa bouche, ,, Qui-,, conque suivra d'autre Loi que celle-ci ne la recevra pas de sa main, se per-,, dra lui & ses œuvres au jour du jugement. " Il nous a commandez outre cela, de deffendre sa Loi & ses préceptes, de le reconnoître pour seul Seigneur, & *Mahummad* pour son serviteur & Prophête, qu'il nous a envoyé pour notre bien. Et si nous vivons & mourons dans cette Foi, nous serons indubitablement sauvez. C'est ce que ce Saint Prophete, dont la memoire soit benite, nous a signifié & ordonné fortement & expressément au nom de Dieu par les articles suivans.

I. *De croire sans scrupule & fermement en un seul Dieu*, comme il a déja été dit, *de croire que tous les Prophetes ne sont qu'un même corps, & ont annoncé & professé une même & seule Loi, une seule vérité & une seule foi... Que Dieu les a tous inspirez, depuis le premier jusqu'au dernier, & que les changemens, qu'il y a dans cette Loi, procedent de l'interet, de la malice & de la corruption des autres hommes... Que le Saint* Alchoran *est dicté par Dieu même & la parole d'*Allha... *Que cet* Alchoran *n'a pas été créé* (a) *qu'il a été reveu & mis en un ordre convenable à notre portée, & doit être reveré, là, tel qu'il a été communiqué à nos ancêtres par la main de* Mahummad, *d'heureuse memoire, ou commenté & expliqué par ses amis, conformément à sa doctrine: de prendre ses actions pour modele des nôtres, d'éviter de tomber dans les innovations & inventions des Hipocrites & des Imposteurs, & suivre les saints écrits sans y rien ajouter ou diminuer, afin d'obtenir la benediction & la gloire reservée aux vrais Croyans.* II. *De croire qu'après la mort nous ressusciterons, qu'il y a un Paradis pour les justes, & un Enfer pour les mechans. C'est une croyance reçue par toute la Terre, excepté par ceux qui sont privez d'entendement... Qu'il y aura un jour de jugement; que chacun sera au tems de sa mort examiné & interrogé, qui étoit le Dieu en qui il a crû; de quelle Loi il a fait profession, & ce qu'il a fait: & sera jugé selon sa foi & ses œuvres.* Dieu a déclaré qu'au jour du jugement

Jour du jugement.

___

(a) Il y a dans les quatre Sectes differentes du *Mahometisme* differentes opinions sur l'*Alcoran*: les unes affirment qu'il a été créé & les autres le nient.

APPENDIX.

Le Paradis.

L'Enfer.

gement dernier, *tout ce qui a été créé perira*; qu'il y aura des juſtes predeſtinez à la gloire, qui y entreront ſans être expoſez aux terreurs & aux craintes de ce jugement, comme des méchans qui ſeront envoyez en Enfer, ſans qu'il leur ſoit permis d'alleguer aucune raiſon pour leur deffenſe. Ceux-là ſeuls, dont les actions ſe trouveront entremélées de bien & de mal, ſeront examinez & obligez d'en rendre compte; leurs bonnes & mauvaiſes actions ſeront peſées. Heureux ceux dont les crimes ſeront beaucoup plus legers que les merites; & malheureux les incredules & contempteurs de la Loi Divine dont l'énormité des crimes ſurpaſſera la bonté des œuvres! Ils ſeront envoyez dans le feu d'*Abilium Ynalla* (*a*) pour y être tourmentez éternellement par les *Diables*, ſelon la qualité de ces crimes. Cependant, ceux qui auront fait profeſſion de la Loi de Dieu, qui l'auront crû véritable, mais qui ſe trouveront coupables de diverſes tranſgreſſions & mauvaiſes actions à leur mort, ils ne ſeront purgez que pour un tems par ce feu, d'où, quand il plaira à Dieu par ſa grande clemence & miſericorde, de leur pardonner, ils paſſeront, après avoir ſubi le dernier examen, par le Pont *Sirrat*, (*b*) dans la gloire, où ils ſeront rafraichis des douces eaux de la fontaine *Cauſara*, (*c*) de laquelle ceux qui boiront, n'auront jamais ſoif, au lieu que les juſtes & les bons y ſeront conduits d'abord tout droit.

Le Paradis.

Second Commandement.

Prierea p-pellée Sala.

L'ablution appellée Wodou.

Le ſecond Commandement regarde la Priere. Après être pleinement convaincu qu'il y a un *Dieu*, une *Mort*, un *Jugement*, une *Gloire* & un *Enfer*, chacun eſt obligé de connoître ce qu'il faut faire pour plaire à Dieu, & lui montrer ſa reconnoiſſance des grandes indulgences & innombrables graces qu'il en a reçeus, pour le ſervir, & éviter les tourmens de l'Enfer, & être reçu en ſa gloire, en la compagnie des Anges, des Prophetes, & autres ſerviteurs de Dieu. La premiere & principale choſe requiſe pour cela, eſt la Priere que nous appellons *Sala*, à laquelle on doit ſe préparer, par la propreté des vétemens & l'ablution exterieure & interieure, à ſçavoir en ſe lavant le corps, & en ſe purifiant l'ame de toutes mauvaiſes penſées & intentions. Le corps doit être premierement bien nettoyé, ou purifié en ſe lavant, & frotant les parties ſecretes, enſuite les mains par trois fois avec de l'eau claire, où aucune main n'ait été plongée auparavant: cela ſe fait, en y mettant la main droite la premiere, puis la gauche, chacune trois fois. Cela étant fait, il faut prendre de l'eau dans la bouche, la bien rincer & frotter, & cracher l'eau par trois autres fois, ſe laver le nez en tirant l'eau dans les narines & la rejetter enſuite en les preſſant avec les doigts de la main gauche par trois fois; enſuite avec la main droite remplie d'eau comme une cuilliere, & mettant la main gauche deſſous, pour recevoir l'eau en forme de ſoucoupe, afin qu'elle ne tombe pas à terre. Portez en cette maniere l'eau au front du côté droit en lavant & frotant tout le viſage trois fois. Après cela relevez l'eau comme auparavant, la laiſſant tomber de la main droite ſur les bras nuds juſqu'au coude, en les pliant & les frottant l'un après l'autre avec les coudes mêmes. Enſuite prenez de l'eau avec la main droite, & rempliſſez-en la paume de la gauche & les frotez enſemble, ou plongez les toutes deux dans le vaiſſeau, s'il eſt aſſez grand, & lavez les enſemble. Après cela mettez vos deux pouces ſur les temples & frotez-vous le devant & le derriere de la tête, commençant au front & continuant juſqu'au col, & retournant ſeulement une fois au front. Lavez-vous auſſi le dedans des oreilles, en prenant de l'eau dans la main droite & la verſant ſur le pied droit, que vous froterez de la main gauche, depuis le petit orteuil juſqu'au gros, & enfin tout

le

(*a*) *Abilium Ynalla*, mots *Arabes* qui ſignifient les peines de l'Enfer.

(*b*) *Sirrat*, autre mot *Arabe*, par lequel les *Turcs* entendent un Pont étroit & aigu comme le trenchant d'un couteau, ſur lequel tous les hommes doivent, diſent-ils, paſſer le jour du jugement dernier. Les damnez le feront en gliſſant avec d'effroyables terreurs juſqu'au milieu, d'où ils tomberont & ſeront précipitez dans l'Enfer, tirez par les Diables. Les Juſtes le paſſeront tout à fait ſans la moindre frayeur, en volant vite comme des éclairs, les autres en tremblant ou bronchant, tomberont quelquefois, mais ſe releveront.

(*c*) *Cauſara*, autre mot de la même Langue allegorique pour deſigner le Paradis.

APPENDIX.

le pied jufqu'à la cheville tout au tour, & jufqu'au gras de la jambe. Ainfi du pied gauche : c'eft ce qui s'appelle *Wodou*, qui veut dire ceremonie de l'Ablution ordinaire.

L'Ablution extraordinaire s'appelle *Tabor* & requiert quatre points. Le premier une pure & fainte intention. Le fecond, qu'elle foit faite avec de l'eau nette comme la premiere. Le troifieme qu'on lave tout le corps, fans en excepter la moindre partie. Le quatrieme qu'on n'omette aucune circonftance dans l'ordre & la maniere qu'elle doit être faite. On doit avoir grand foin de laver toutes les parties cachées du corps, les jointures, le dedans des oreilles, du nez, fous les aiffelles, entre les doigts des mains & des pieds &c. *Ablution extraordinaire.*

Celui qui fuit les directions qui lui font prefcrites ne perd point fon *Wodou*, fi non, en cas qu'il lui arrive quelqu'un des articles fuivants, 1. d'uriner ou de rendre aucun excrement ou vent par derriere, ou d'autres chofes qui n'ont point de nom dans la Langue *Caftiliane*, d'avoir fes vêtemens fouillez par l'urine & autres excremens qui fortiroient du corps humain, ou de celui d'un animal, fur tout s'il eft du nombre de ceux qu'il eft deffendu par la Loi de manger, comme du fang, par l'attouchement d'un homme ou d'une femme; par la femence de l'un ou l'autre, & pour une femme d'avoir fes mois ou d'être en couche, & pour l'un & l'autre d'avoir un commerce charnel, de s'évanouir, de tomber en foibleffe, ou du haut mal, de baifer ou toucher une femme avec un defir impur, ou de toucher de la main fes propres parties, de dormir ou de rêver; de forte qu'on s'oublie foi même, ou qu'on foit en doute & en fufpens, fi quelqu'une de ces chofes eft arrivée ou non. Celui ou celle à qui nulle de ces chofes n'arrive demeure pur, & en état de faire fes Prieres, de tenir ou toucher les Saints Ecrits de l'*Alcoran*, & de prononcer les plus fublimes chofes qui y font contenues. Celui ou celle au contraire à qui quelqu'une de ces chofes arrive, eft impur, jufqu'à ce qu'il recommence le *Wodou*.

Après cette *Ablution* faite dans l'une & l'autre maniere felon les préceptes de l'*Alcoran*, il faut prononcer les paroles fuivantes: *Je temoigne & affirme qu'Allah eft l'unique Dieu fans égal ou compagnons. Que Mahummad eft fon Serviteur & fon Envoyé*, & enfuite cette Priere,, O mon Dieu, mets-moi au nombre ,, des purs & des parfaits; des glorieux Candidats & de tes Serviteurs en droi- ,, ture.

Au commencement du *Wodou*, il faut dire une Priere, dont je ferai mention ci-après, & avant le *Tabor*, qui confifte à laver & purifier tout le corps des dites Pollutions, on doit prononcer cette Priere.

,, O mon Dieu, je me prefente à toi, pour me décharger du fardeau plus ,, grand ou plus petit que je porte, en me netoyant & en me confacrant de ,, nouveau à ton Service, & à l'obéiffance de tes Commandemens, felon que ,, tu nous les as donnez par ton Prophête *Mahummad*.

Le troifieme forte de Purification regarde le cœur ou l'ame, & fe fait par le moyen de la Priere, qui doit être réiterée felon le Commandement de Dieu cinq fois par jour, en la maniere fuivante. La premiere à la pointe du jour, ou un peu avant le lever du Soleil; la feconde un peu après midi; la troifieme un peu avant la quatrieme partie du jour; la quatrieme, d'abord que le Soleil eft couché; la cinquieme, une groffe demi-heure ou trois quarts d'heure après. C'eft la plus longue Priere de toutes, & fe peut commencer en tout tems avant le premier tiers de la nuit; mais à la rigueur, chaque Priere fe devroit continuer jufqu'à l'heure où l'on doit faire la fuivante. *La maniere de faire le Sala.*

Après qu'on eft preparé & difpofé par le *Tabor* & par le *Wodou*, comme il a été fpecifié ci-devant, quoi qu'en cas qu'il ne fe trouvat point d'eau, on pourroit fe fervir de fable, ou de terre, ou de pierre, ou autre production de la terre, ce qui fe nomme *Tayamum*, & fe fait en fe frottant l'interieur des mains, la face une fois, puis encore une fois les mains, les bras, jufqu'au delà des nœuds des coudes, en un mot, comme on feroit avec de l'eau : on fe tiendra debout dans la place la plus propre qu'on pourra rencontrer, où on étendra un tapis ou quelque autre chofe nette. On tournera la face vers l'*Orient* *L'ordre qu'on doit obferver.* *Tayamum.*

en inclinant tant soit peu à droite, & en considerant qu'on n'est qu'un chetif ver, indigne de paroître en la presence du Createur, de lui parler, & d'avoir aucune communication avec lui. On doit exprimer le dernier respect & la plus profonde humilité envers lui, avec la crainte de sa justice, la honte d'avoir péché; une contrition & une repentance sinceres; oubliant toutes les choses terrestres & passageres, pour les celestes & éternelles. Tout cela est nécessaire à celui qui veut paroître en la presence du Seigneur des Seigneurs, dans l'esperance d'obtenir sa misericorde. Ensuite il doit prononcer ces paroles, *Dieu est le très grand, Dieu est le très grand*. Ensuite élevant ses mains avec les paumes tournées vers le Ciel, & touchant le dessous de ses oreilles avec les pouces, il répétera celles-ci, *je temoigne & professe de croire, qu'Allah est le seul & unique vrai Dieu. Je certifie que Mahummad est son messager* (deux fois). *Que l'esprit puisse être excité & élevé à la Priere*, (deux fois); *& au souverain bien*, (deux fois) *Dieu est le très grand*, (deux fois), *& il n'y a point d'autre Dieu qu'*Allah. Ensuite, ,, O mon Dieu, je m'approche de toi avec le ,, tribut de mes devoirs, ordonné par ta sainte volonté : qu'il te plaise accep- ,, ter ces Prieres du matin que je t'offre. " Ce qui se pratiquera de même en tout autre tems. Ensuite laissant tomber les mains, il répétera, *Dieu est le très grand*, & dira cette Oraison. ,, Louange soit à *Dieu*, le plus gracieux & le ,, plus misericordieux de toutes les creatures. Monarque universel & juge sou- ,, verain du jour du Jugement; moi qui suis ta creature & ton serviteur, j'im- ,, plore ton assistance. Dirige & guide-nous dans la voye de droiture & d'é- ,, quité, dans la voye de ceux qui ont trouvé grace devant toi, & détourne- ,, nous de celle qu'ont suivie ceux qui sont tombez dans ton indignation, & ,, qui laissant la voye de vérité, ont peri. Amen.

Après cela il pourra répéter quelque Sara ou *Chapitre de l'Alcoran* qu'il sait par cœur; ce qui étant fait, il doit s'incliner & s'humilier devant Dieu, en mettant les mains sur ses genoux & dire. ,, O mon Dieu, je m'abaisse profon- ,, dement devant ta face. Je crois en toi seul. Mon ouïe, ma vue, ma mouel- ,, le, mes os & mes nerfs, ne craignent & ne reverent que toi seul. Ensuite ,, se levant tout droit, il prononcera d'une voix élevée, *O Dieu, écoute celui qui t'invoque par ses Prieres & ses Louanges*, & d'une voix plus basse, *ô Dieu Louanges soient à toi!* Il doit alors se prosterner immediatement la face, les paumes des mains, les genoux, & les extremitez charnues de ses pieds contre terre, en disant, *Dieu est le très grand*, & restant en la même posture. ,, Je me ,, prosterne, ô Dieu, devant toi, & je croi en toi seul. Ma face est humiliée ,, devant celui qui l'a créée & embellie, & qui m'a ouvert la vue & l'ouïe: ,, benit soit Dieu le très glorieux Createur! Après quoi il doit s'asseoir en disant *Dieu est le très grand*, mettant le pied gauche sous le genouil droit, & le talon droit sous la cuisse, & s'il peut les extremitez charnues des orteuils doivent toucher la terre. Ensuite il se prosternera de nouveau, en répétant en même tems, *Dieu est le très grand*, avec la Priere ci-dessus, & en se relevant il doit dire encore, *Dieu est très grand*, & commencer le second *Racca* (a) avec l'Oraison, louange soit à *Dieu*, &c. & répétant un autre Chapitre de l'*Alcoran*:

Sora ou seconde prosternation.

puis après s'être courbé bien bas & s'être dressé de nouveau, il se prosternera encore deux fois comme auparavant & en la même maniere, si ce n'est qu'après avoir relevé la tête en finissant la seconde prosternation, il doit dire ces paroles d'un ton intelligible. ,, Que le Tribut soit rendu à Dieu; que sa gloire soit publiée

Sellama ou Salutation.

,, de plus en plus; que l'adoration qu'on lui rend soit toute pure, sans la moindre souil- ,, lure, soit exterieure, soit interieure; que la salutation que j'adresse au Prophête ,, soit accompagnée de la benediction & de la misericorde de Dieu; que le Sellam retombe avec sa grace sur nous & sur tous les Fideles & saints serviteurs de Dieu! Je rends ce témoignage à la vérité, qu'il n'y a point d'autre Dieu que l'Allah des Musulmans; qu'il n'a ni Competiteur ni Compagnon, ni égal; que Muhammad est creature de Dieu & son Messager. On finit cette Priere par l'*Assalama Ailicum*,

Salutation appellée Assalama Ailicum.

la *Salutation* du départ, c'est à dire, *la Paix soit avec vous!* en se courbant en avant

(a) *Racca*, c'est à dire, division de la Priere du matin.

APPENDIX.

avant, & puis s'inclinant vers la droite, on conclut le *Sala*. Le *Racca* étant fini, en la maniere qu'on vient de dire, on pourra ajoûter à la lecture du *Sora* la Priere suivante, quoi qu'elle ne soit pas d'obligation. „ O mon Dieu, j'im- „ plore humblement ton aide & ta grace. Je crois en toi seul; je me proster- „ ne devant toi; je n'adore que toi, je me confie en toi seul, & ne me re- „ commande qu'à toi. Je fuis ceux qui ne croyent pas en toi. O mon Dieu, „ je te cherche, je t'adore, je t'invoque humblement prosterné devant ta fa- „ ce, je me confie en ta misericorde & en ta clemence, &c. " Ce *Sala des Sabba*, c'est-à-dire devotion du matin, doit être prononcé d'une voix intelligible. Le second *Sala* se doit faire un peu après-midi, en parlant bas, ou plûtôt remuant seulement les levres, avec les mêmes paroles que celles du matin. Il ne faut prononcer haut que celles-ci, *Dieu est très grand, Dieu entend celui qui l'invoque par des louanges & par la salutation*. Il faut observer qu'à la fin des deux *Raccas*, la salutation doit être omise, parce que le premier, le second, & le troisieme *Sala*, ont plus de *Raccas* que celle du matin; mais il faut seulement se tenir debout, & ajoûter deux *Raccas*, consistant en louanges à Dieu, &c. sans *Sora* après. *Sabbanamo.*

Le *Sala* du matin consiste, comme j'ai déja dit, en deux *Raccas*: celui du *Dohar*, ou de l'après-midi, en quatre: & celui de l'*Asar* vers le soir, aussi en quatre.

Quiconque omet dans son *Sala* de dire, *Dieu est le très grand*, avant sa premiere Priere à Dieu, ou de s'incliner & se relever, & se tenir debout & droit en la maniere qu'on a dit ci-dessus, ou qui oublie & néglige la salutation finale, sa dévotion est nulle, & sans effet. Il doit être fort circonspect en ce qu'il dit & fait, comme est obligé d'être quiconque offre & presente sa dévotion à Dieu. En cas de quelque omission, il faudroit l'ajoûter ou y suppléer avant la Salutation finale, après quoi on doit se prosterner par deux fois, en faisant une autre Salutation, & en disant à chaque prosternation & à chaque fois qu'on se releve, *Dieu est le très grand*. Ensuite levant les mains après avoir répeté un Chapitre, on doit dire, *louange soit à Dieu, &c. Dieu écoute celui qui l'invoque avec des louanges à sa gloire*, ou le premier, *Dieu soit le Tribut, &c*. dans les *Salas* de quatre *Raccas*.

Il y a quantité d'autres particularitez à observer tant au commencement qu'à la fin, mais comme elles ne sont pas d'obligation, quoi que meritoires, je les passe sous silence.

A la fin du *Sala*, il faut répeter trente-trois fois, *qui est semblable à Dieu?* trente-trois fois, *louange soit à Dieu?* trente-trois fois, *Dieu est le très grand*, & une autre fois pour faire le nombre de cent fois, les mêmes paroles, & toutes à voix intelligible. Il faut aussi, en dressant & élevant un doigt de la main droite, ajoûter les Sentences suivantes; *il n'y a point d'autre Dieu qu'*Allah; *il est le Royaume & la Souveraineté; à lui soit louange & gloire! Il donne la vie & la mort; il est tout-puissant en toutes choses.*

Tous les *Salas* sont doubles, & se concluent par, *à Dieu soit le tribut*, & par la *Salutation*, j'entends ceux qui sont dans le *Sunna*, Loi orale, mais qui ne sont pas de précepte. Neanmoins quiconque veut en faire depuis deux jusqu'à seize, il le peut & fera bien. La Priere qui se fait entre le matin & midi, s'apelle *Sala & Doha*, ou seconde Priere. On y peut joindre deux ou trois desdits *Salas*. On peut en user de même avant le troisieme *Sala* du soir, non pas après, ni avant le quatrieme *Sala* du coucher du Soleil, mais bien après ce *Sala*, deux, quatre, & même jusqu'à six. Après le cinquieme *Sala*, qui est à la nuit, on en peut dire par deux, autant qu'on trouvera à propos, en reservant pour le dernier le *Watri*, c'est-à-dire, celui d'*Unité*, qui est très agréable à Dieu, comme étant son premier attribut. Il consiste en trois *Raccas*, & le Prophête de glorieuse memoire a ajouté dix autres *Raccas*. Il dit dans la seconde division, *louange soit à Dieu*, &c. & dans le Chapitre, *ô vous Infideles*, &c. & dans le *Watri* même, *louange soit à Dieu!*

Outre le *Watri*, on use dans les pieuses assemblés du *Sala* des Eclipses Solaires,

laires, qui font par exemple, les Prieres pour la pluye en tems de fecherefſe, des *Salas* de *Bairans* (*a*). On doit employer les *Salas* Eclipſaires de cette forte commandez par la Loi avec les trois ci-deſſus, dans les aſſemblées, particulierement au *Sala* du Vendredi qui eſt d'obligation indiſpenſable.

Troiſieme Commandement. Le troiſieme Commandement regarde les *Ziccas*, dixme, & les aumônes, que Dieu veut qu'on faſſe tous les ans en ſon nom, il faut entendre par le mot de *Ziccas*, l'augmentation, parce que Dieu a promis d'augmenter la proſperité de ceux qui le tirent de leurs biens légitimement acquis, & le diſtribuent à ceux qui ſont dans l'indigence. Dieu n'a point marqué de jour pour cette diſtribution; mais qu'on la doit faire une fois l'an, & les Docteurs connoiſſant l'excellence particuliere du jour d'*Aſhora*, dont nous parlerons dans la ſuite, auſſi bien que de la Sainte Lune de *Ramadan*, nous exhortent à la faire en ces tems. Nous devons donner un quarantieme de nos biens conſiſtant en marchandiſes, revenus de terre ou argent, & autant du menu bêtail; un dixieme ſur les grains, les dates, les figues, les raiſins, les huiles; un trentieme ſur le gros bêtail, comme les bœufs, les vaches & ſemblables, & un cinquieme ſur les chamaux. Cette ſorte de dixme eſt non ſeulement duë, comme nous avons dit, ſur les choſes de Commerce & ſur l'argent monoyé, mais auſſi ſur l'or & l'argent non monoyez, comme ce qu'on en employe aux ornemens des ſelles, des brides, aux étriers, &c., mais non pas ſur les emmeublemens, les habits, les ceintures des hommes ou des femmes, ſoit priſes au *Kebbin*, ſoit *Odaliques* & autres, ni ſur les animaux de charge; à moins que ce ne ſoit ſur ceux qui entrent dans le Commerce comme marchandiſes, & on ne le paye ſur tout ce qui entre dans le Commerce qu'au tems de la vente & ſur les denrées ou choſes neceſſaires à la vie, qu'au tems de la recolte, & une fois pour toutes, c'eſt-à-dire, de la premiere main ſeulement. Celui qui revend peut pourtant faire une bonne action, en donnant de nouveau quelque choſe, s'il en a le moyen; mais il n'y eſt pas obligé. Celui qui a des effets tels que nous avons nommez, & qui doivent la dixme, fera bien d'en faire la diſtribution auſſi-tôt qu'il lui ſera poſſible, & cette dixme doit être compoſée de ce qu'il y a de meilleur, & être diſtribuée à ceux qui ſont de vrais Fideles, qui croyent & qui font profeſſion de reconnoître l'unité de Dieu & la Miſſion de ſon Prophéte *Muhammad*, dont la memoire ſoit benite, & de ſuivre la Loi & la voye du Salut. La Loi ne requiert pas que nous donnions ſeulement les aumônes à quatre ſortes de perſonnes, comme aux Mandians, aux vieilles gens, à ceux qui ſont endetez, & aux Captifs; mais encore & principalement à nos parens qui ſont véritablement dans la néceſſité, à nos voiſins, & à des perſonnes de notre connoiſſance, de notre Païs & de notre Ville, plûtôt qu'à des étrangers, s'ils ont les qualitez qu'ils doivent avoir. Heureux ceux qui donnent de ce qu'ils reçoivent de la benediction Divine, & penſent à retourner au centre d'où ils ſont ſortis, qui eſt la preſence de Dieu, par lequel ils doivent être appellez au jugement! La perſonne indigente obtient parlà une benediction & la miſericorde de Dieu, en recevant dignement, ou en meritant l'aſſiſtance dont il a beſoin. Celui qui donne en reçoit trois, en recevant de quoi donner, & en donnant à celui qui en eſt digné trois autres, ayant un cœur charitable. Le diſtributeur de ces aumônes doit ſur tout éviter toute ſorte de vaine gloire & d'oſtentation, ou de deſir de louanges, de remercimens & de reconnoiſſance, car on n'a point d'obligation à celui qui paye ce qu'il doit, & il ne merite point de remercimens.

Quatrieme Commandement. Le quatrieme Commandement regarde le Jeûne du *Ramadan*. Ce mot eſt en *Hebreu* un nom de Dieu, à ſçavoir, *la bouche de Dieu*. Je n'en dirai ici que peu de choſe, je reſerve cela pour quand je traiterai des mois de l'année. Je me contenterai d'en toucher ce qui eſt d'obligation abſolue & requis pour obſerver le jeûne & ce qui doit être évité pour en prévenir l'infraction. Il commence à l'apparition de la Lune ainſi nommée. On doit s'y préparer dès la nuit qui pré-

---

(*a*) Il y a deux *Bairans* par an qui ſuivent immediatement, l'un le Jeûne du *Ramadan* comme la *Pâque* des *Chrétiens* ſuit le *Carême*; l'autre ſeptante jours après.

APPENDIX.

précede le jour par une pieuse intention de l'observer. On doit s'abstenir de manger, de boire, & de la copulation charnelle, aussi bien que tout ce qui pourroit y exciter, comme aussi de mensonge & de querelle, depuis le tems que l'aube du jour paroît jusqu'au coucher du Soleil. On doit éviter pendant tous les jours de cette Lune, d'être oisif & de prononcer aucune paroles offensantes ; s'abstenir de regarder aucune femme qui appartienne à un autre, de peur de concevoir des desirs impurs & injustes ; de railler ou méprifer personne, à cause de ses imperfections, de prêter l'oreille à aucunes expressions vaines, immodestes & inutiles. La langue ne doit se remuer que pour louer Dieu, ou pour le prier, ou pour quelqu'affaire louable & necessaire pour le service de Dieu & du prochain, & la propagation de la Loi : il faut vivre tranquile, se retirer, être doux, humble, patient ; en un mot, il faut se comporter d'une maniere exemplaire. Celui qui est obligé de faire un voyage au delà de douze lieues, peut manger & boire moderément, mais il doit reparer cette infraction du jeûne en un autre tems plus commode. La même chose est permise aux personnes malades sous la même condition. Il est deffendu à la femme qui a ses mois, ou qui est en couche, de faire le *Ramadan* ; & elle ne peut jeûner dignement ni dire son *Sala* qu'après la purification ; mais elle doit jeûner de même en un autre tems, pour les jours perdus par là. Il est aussi deffendu à tout *Musulman*, à qui elle appartient, d'avoir avec elle aucun commerce charnel pendant ce tems-là : ce qui est deffendu au *Musulman* qui jeûne tout le jour, selon qu'il est prescrit, lui est permis la nuit : je veux dire, de manger, de boire, de caresser sa femme, & de faire d'autres actes naturels & innocents, quoique passer la plus grande partie de la nuit en devotion, après avoir mangé & bû sobrement, soit une action très meritoire. Si la Lune du saint *Ramadan* n'a que vingt-neuf jours, il faut jeûner autant de jours & pas plus : ainsi de même si elle en a trente. Et si le Ciel étoit tellement couvert de nuages que la nouvelle Lune qui suit immediatement celle-là, ne pût être vue, je veux dire après le 29 ou 30. jour, on ne laisse pas de commencer la Fête du *Hehidde*, ce jeûne étant alors fini.

Hehide où Bahiram.

Le cinquieme Commandement regarde le *Hady*, Pelerinage à la sainte maison de la *Mecque*. C'est le premier Temple, le sacré Palais que Dieu a ordonné à notre Père *Adam* de bâtir sur la terre, pour l'y honorer, l'y prier, l'y servir & reverer. Il fut détruit par le deluge, après lequel *Dieu* ordonna à *Abraham* & à son fils aîné *Ismael* de le rebâtir. Il a attaché à la visitation de ce Temple diverses sortes de benedictions & de graces spirituelles & temporelles, ordonnant audit *Abraham* & à sa posterité de le frequenter & de le reverer. La renommée de ce saint lieu, est fort augmentée par les promesses de *Dieu*, renouvellées à son Prophête & Ambassadeur *Mahummad*, dont la memoire est benite. Celui dont les facultez lui permettent de faire ce Pelerinage, doit en avoir l'intention, qui est le principal point de toutes les entreprises, sur tout à l'égard des Commandemens de Dieu, puisque les dépenses & les fatigues du Pelerinage sont sans fruit ou sans merite, sans cette intention, qui doit être renouvellée à l'entrée des saints territoires, auquel tems ceux qui veulent visiter le sacré Temple, sont obligez de se dépouiller de tous leurs vêtemens & d'en prendre d'autres sans tissure, & faits non de poil de Chameau, mais de toile de lin la plus commune & la plus grosse ; & cela, tant pour le Souverain que pour le Vassal, pour le riche que pour le pauvre. C'est en cette manière que nous devons paroître au jour du Jugement, c'est ainsi que l'on doit être dépouillé de ses vêtemens mondains, & pur de toutes sortes de péchez & d'iniquitez. On s'en purge par la contrition & par la Penitence. Pour marcher dignement sur cette sacrée terre, les devoirs ou obligations de celui qui veut être un digne Pelerin, sont en si grand nombre, qu'il faudroit un Volume plus grand que celui-ci pour les contenir. Au lieu d'en entreprendre le détail, je finirai en peu de mots ce Chapitre. Les places (*a*) consacrées à la dévotion & aux

Cinquieme commandement à l'égard du Pelerinage à la Mecque.

(*a*) Les termes *Espagnols* sont *Estaciones y passos*, qui signifient à peu près la même chose, avec seulement cette difference que le premier marque des places plus éloignées & l'autre moins.

Prieres sont aussi très nombreuses : celui qui n'a pas la force de les visiter à pied, le peut faire à cheval, outre que tout Pelerin est exempt du jeûne, pendant qu'il les visite, tant les merites en sont grands, comme je dirai, s'il plaît à Dieu, en tems & lieu convenable. Je me contenterai d'ajoûter que ces merites sont sans nombre, & que celui qui fait tout ce qui est ordonné par le précepte, est delivré ou purgé de ses péchez, comme s'il ne les avoit jamais commis, & qu'il devient aussi innocent qu'il étoit en naissant. Dieu veuille nous conduire à cet état de perfection & d'innocence ! *Amen.*

CHAPITRE,

Des mois de l'année.

<small>Jours de jeûne dans l'année.</small>

ON sçait déja que l'an est de douze mois lunaires, selon le calcul des *Arabes*. En voici les noms, 1. *Muharram* ou *Aschora* ; 2. *Saphar* ; 3. *Rabi-el-awel* ; 4. *Rabi-el-Achir* ; 5. *Jumad-el-awel* ; 6. *Jumad-el-achir*. 7. *Rejep* ; 8. *Schahaban* ; 9. *Ramadan* ; 10. *Schawal* ; 11. *Dulcaada* ; 12. *Dal-Hadga*. Ce dernier selon son étimologie est celui auquel se fait le Pelerinage.

<small>Aschora.</small>

1. *Muharram* ou *Aschora*, *Rejep*, *Ramadan*, *Dulcaada* & *Dulhadga*, sont les principaux & les plus saints mois de l'année. Celui qui jeûne le troisieme, le neuvieme, & le dixieme jour de d'*Achora*, & qui employe la nuit du même jour à veiller & à prier, reçoit de Dieu des graces & des benedictions sans nombre. Le dixieme qui designe proprement *Achora*, est le plus saint & le plus meritoire, parce que Dieu y a fait de plus grandes merveilles qu'en aucun autre, y ayant fait le monde, créé & placé *Adam* dans le Paradis : il l'en chassa le même jour & lui pardonna encore le même jour après sa penitence. Ce fut en ce jour que Dieu tira & reçût dans le quatrieme Ciel *Idres*, *Esdras*, en corps & en ame, que l'Arche de *Noë* s'arrêta, & que les ouvriers de la seconde création (car on peut appeler ainsi *Nohea*) & ceux qui étoient dans l'*Arche* avec lui, en sortirent ; que Dieu delivra *Abraham* du feu & le prit pour son *Halil* (*a*) bien aimé ou favori, que Dieu delivra *Ismael* (*b*) du Sacrifice, *Joseph* des pieges ou de la persecution de ses freres, en le tirant du puits, ce qui fut le commencement de son bonheur. Ce fut encore en ce jour que Dieu pardonna à *Isa*, à *David*, & à *Salomon*, & delivra *Isa*, *Jesus* (*c*) des mains de ses ennemis. Enfin en ce jour sera le jour du Jugement dernier. Si ce jour arrive en un Vendredi, ce sera une dévotion meritoire de passer la nuit predente en Prieres, de jeûner tout le jour ; & de prier selon la forme extraordinaire en pareil cas. Enfin il est écrit en general que quiconque fera en ce jour quelqu'œuvre de charité, ou rendra quelque service à son prochain pour l'amour de Dieu, & jeûnera, il attirera non seulement sur soi-même la rosée des graces & des benedictions celestes, mais il obtiendra le pardon de tous ses péchez. Celui qui à pareil jour donne l'aumône à un pauvre ou nourit l'Orphelin, obtiendra une aussi grande recompense que s'il l'avoit donnée en un autre tems à tous les Orphelins du monde. Il en sera de même

<small>Maniere de se saluer, ou de se reconcilier entre les Mahometans.</small>

de celui qui ce jour-là aura donné de l'eau à un seul animal alteré, qui visitera & assistera un malade, qui accompagnera & aidera à porter un corps mort en terre, qui visitera genereusement un ami vertueux pour l'amour de Dieu, sans aucune vue d'intérêt. Celui qui étant mal avec son frere ou son prochain, lui parlera & le saluera en ce jour, en mettant la paume de la main dans la sienne, sera salué & touché en la même maniere au jour du Jugement par les *Anges*. Celui qui y contribuera ou travaillera à reparer les chemins & à les rendre commodes

(*a*) Les *Arabes* appellent *Abraham*, *Halil Allah*, ami de Dieu.
(*b*) Ils prétendent que ce fut *Ismael* qui devoit être sanctifié, & non *Isaac*.
(*c*) Plusieurs *Mahometans*, comme je crois avoir dit ailleurs, croyent que Dieu suscita un criminel pour être crucifié en la place de *Jesus*, qu'il enleva d'entre les mains des *Juifs*, sans qu'ils s'apperçussent du changement.

APPENDIX. 11

modes & sûrs aux voyageurs à pied, aux chevaux & aux chariots; & celui qui guidera ou remettra dans le chemin le voyageur égaré, sera recompensé à proportion, & ainsi des autres actes charitables qu'on exercera en ce jour; c'est ce que le Prophête *Mahummad*, de glorieuse memoire, a affirmé, comme une vérité generale, qu'il a éprouvée selon que Dieu la lui a revelée. Au reste il y a tant à dire sur ce jour, que je ferois plus d'un Volume, si je voulois en faire le détail entier. Mais ce que j'ai insinué est suffisant pour nous porter à l'observation de ce jour, & aux vertus meritoires qui y sont attachées par la Providence de Dieu. Qu'il lui plaise par sa clemence infinie nous les inspirer! Amen.

2. Le second mois, appellé *Saphar*, n'a rien de particulier ou d'extraordinaire, non plus que d'autres mois ordinaires, si non que Dieu y a promis par la bouche & les merites du Prophête *Mahummad*, que toutes les bonnes œuvres qui s'y feront pour l'amour de lui, y recevront des recompenses à raison d'une pour dix, par exemple le jeûne & l'aumône d'un jour sur le pied de dix. *Saphar, ou second mois.*

3. Le troisieme mois, nommé *Rabi-el-awel*, quoi qu'un des mois ordinaires, a reçu de Dieu cet avantage & cette marque de distinction que notre Saint Prophête & Avocat, sa plus noble créature, le serviteur des serviteurs, le très vertueux entre les vertueux, *Mahummad*, de glorieuse & sainte memoire, Tresorier de Dieu, le distributeur ou annonciateur de sa misericorde & de ses graces & benedictions, auquel nous devons des remercimens pleins de reconnoissance & de veneration, y est né ce seroit un travail infini de décrire toutes les excellentes qualitez & les perfections de ce saint Prophête. Celui qui jeûnera l'onzieme jour de cette Lune, & employera la nuit suivante en Prieres, en benissant & rendant graces à Dieu de ce qu'il lui a plû par sa misericorde de nous l'envoyer pour notre Chef, guide & Legislateur, obtiendra le même merite que celui de la Sainte nuit, appellée *Leilat el Cadri* (a) dont j'exposerai les avantages en tems & lieu, outre que celui-là accompagnant son jeûne de six couples de *Raccas*, en disant à chaque *Racca*, louange soit à Dieu, &c. une fois, ensuite dix fois, Dieu est un, &c. Dieu l'avancera au millieme degré de gloire; & si dans la même nuit il repete mille fois la *Salutation* au Prophête de Sainte memoire, il touchera épaule contre épaule avec le Prophête à son entrée en *Paradis*. Voici la forme de cette *Salutation*. ,, O mon Dieu, be-,, nis le Prophête *Muhammad*, que tu as inspiré & animé de ton esprit, &,, ceux qui ont crû à ses paroles: que la Salutation des Salutations soit sur lui! *Amen.* *Rabi-el-awel, ou troisieme mois. Salutation à Mahomet.*

4. Le quatrieme mois, appellé *Rabi-el-Achir*, est un des ordinaires, sur lequel il n'y a rien de remarquable à dire. *Rabi-el-Achir, ou quatrieme mois.*

5. Le cinquieme mois, nommé *Jumad-el-awel*, n'a rien non plus qui merite que nous nous y arrêtions. *Jumad-el-awel, ou cinquieme mois.*

6. J'en dis de même du sixieme mois, nommé *Jumad-el-Achir*, qui ne differe en rien des deux précedens. Au reste si on fait pendant ces mois quelques actes extraordinaires de charité & de pieté, tels que sont ceux que j'ai specifiez dans les autres, ces actes, quoique volontaires & non commandez quant au tems ou aux jours, auront leur merite devant Dieu; & on est obligé par exemple d'exercer, non seulement dans les autres mois, mais encore dans ceux-ci, l'hospitalité envers les voyageurs, & de faire tous les actes ordinaires de dévotion, de justice & de charité tous les jours de l'année, &c. *Jumad-el-Achir, ou sixieme mois.*

7. Le septieme mois, appellé *Rejep*, est comme j'ai déja insinué, un des mois les plus considérables. Ce mot signifie *arrêté* ou *désisté*, parce qu'anciennement Dieu y commanda aux Armées qui combattoient pour son nom, de mettre bas les armes pour venerer Sa Majesté Divine d'une maniere extraordinaire, en reconnoissance de leur bon succès obtenu non seulement pendant ce mois, mais pendant tous les autres. Celui qui jeûne le troisieme & le vingt-septieme jour de ce mois obtient la même recompense que s'il avoit jeûné un *Rejep, ou septieme mois.*

C 2

(a) C'est la nuit qui précede le vingt-septieme du *Remazan*.

an entier. Les merites de ses bonnes actions seront augmentez, & les peines dues aux mauvaises diminuées. S'il jeûne sept jours, les portes de l'*Enfer* seront fermées pour lui. S'il en jeûne huit, celles du *Paradis* lui seront ouvertes, & il pourra y entrer par où il voudra. Ainsi plus de jours il jeûnera, plus de merites & de graces il recevra de Dieu notre Souverain Seigneur & maître. Le premier Jeudi de ce mois est le jour le plus meritoire pour celui qui jeûne. Après son *Sala* du Soleil couché, il dira l'Oraison qui consiste en douze *Raccas* par couples, ou deux à deux, & à la fin de chaque couple il dira, *à Dieu soit tribut*, &c. avec la Salutation finale. Chaque *Racca* doit commencer par *louange soit à Dieu*, &c. une fois; ensuite on doit dire un Chapitre du saint *Alcoran* qui commence, *nous l'avons apporté en bas*, &c. (*a*) repeter douze fois, *Dieu est un*, &c. & après les douze *Raccas*, repeter ladite *Salutation* soixante & dix fois, après quoi il se prosternera sans détourner sa face de la terre ou changer de posture; il repetera autant de fois, *le très Saint & le seul Souverain Seigneur des Anges & des esprits soit glorifié!* Ensuite il s'asseyera sur ses jambes, comme dans les autres *Salas*, & repetera aussi soixante & dix fois ces autres paroles, *O mon Dieu, pardonnez & ayez compassion de moi. Qu'il te plaise me passer & détruire en moi ce que tu y connois de mauvais; car tu es le très haut, le très misericordieux, & le très puissant Seigneur.* Cela fait, il se prosternera comme ci-devant, en disant autant de fois les mêmes paroles, & il pourra demander telle grace qu'il jugera à propos. Dieu accordera à celui qui s'aquitera avec les dispositions & circonstances requises de ce *Sala*, le pardon de ses pechez, fussent-ils plus pesants que les montagnes, plus épais & plus nombreux que les grains de sable.

Le 27. de ce mois est particulierement considerable & distingué en ce que ce fut à pareil jour que le Prophète de sainte memoire reçut non seulement le don de prophétie, & fut envoyé pour publier la sacrée Loi de Dieu. Celui qui pendant la sainte nuit qui le precede, veillera & repetera dix *Raccas*, deux à deux, chacun avec un *louange soit à Dieu*, &c. & tel Chapitre du Saint *Alchoran* qu'il voudra choisir, & dira après ces dix *Raccas*, sept fois, *louange soit à Dieu*, &c. sept fois, *& qui est semblable à Dieu; il n'y a point de Dieu que lui seul; Dieu est le très grand; il n'y a point de force ni de pouvoir que de Dieu qui est le très puissant*, chacun quatre fois, ses péchez lui seront tous pardonnez; & il recevra autant de graces de Dieu. De même celui qui, au commencement de ce mois, dira dix *Raccas*, deux à deux, en disant au premier de chaque couple, *louange soit à Dieu*, &c. ensuite, *ô vous incredules*, &c. une fois chacun, & après s'être courbé & prosterné, repetera, *louange soit à Dieu*, &c. une fois, & *Dieu est un*, &c. trois fois, & ayant achevé ainsi les dix *Raccas* par couples en étendant & levant les mains vers le Ciel avec foi & esperance d'obtenir sa demande, il dira ce qui suit: *Il n'y a point de Dieu qu'Allah seul, qui n'a ni compagnon ni égal: il est le Royaume: à lui soit louange; il est vivant de toute éternité & immortel; il est universellement absolu & tout puissant en toutes choses. O Dieu qui donne à ceux qui ne te donnent point, qui aide ceux qui ne t'aident point, car il n'y a point de force qui puisse produire aucun effet que la tienne.* Après quoi, il appliquera sur sa face ses deux mains. Il usera de dix autres *Raccas* au milieu de la même Lune, après quoi il étendra de même les mains, & repetera les paroles ci-devant, *il n'y a point d'autre Dieu qu'Allah seul*, &c., & cela fait, il passera ses mains sur sa face comme auparavant. A la fin de la même Lune, il usera encore de dix *Raccas*, levant & appliquant les mains en la même maniere. Après quoi il dira encore, *il n'y a point d'autre Dieu qu'*Allah, &c. *Il est la Souveraineté même: à lui seul soit louange & gloire! il donne la vie & la mort. O mon Dieu, beni le saint Prophète que tu as inspiré, il n'y a point de force & de pouvoir que de Dieu, qui est le très haut & le très puissant.*

Ensuite appliquant les mains sur son visage, il fera sa requête, demandant ce qu'il desire. Celui qui ne se sentira pas dans une nécessité absolue d'en user ainsi,

---

(*a*) Ce Chapitre & les autres sont tous entiers avec les Prieres à la fin de ce Traité.

APPENDIX.

ainsi, se lavera extraordinairement pour le service de Dieu au commencement, au milieu & à la fin de ce mois.

8. Le huitieme mois appellé *Shaaban* est un des mois ordinaires, mais il a plû à notre Seigneur d'y augmenter les merites de ses Serviteurs; & étant comme la veille du souverain bien que renferme le mois suivant, il l'a ornée ou accompagné de la nuit *du Catalogue des vies*, qui est celle qui precede le quinzieme jour, parce que cette nuit l'Ange *Azarael*, dont l'Office est de separer les ames des corps, rend ses comptes & reçoit la liste du nombre de ceux qui doivent mourir dans l'année suivante, à commencer par cette nuit. C'est aussi en cette nuit que sont pesées & examinées leurs actions bonnes ou mauvaises. C'est une nuit qui doit être en grande veneration, & ceux qui craignent Dieu, ne manquent pas de la passer avec une dévotion extraordinaire. Les disciples du Prophête de glorieuse memoire lui demanderent en disant, ,, Maître, d'où ,, vient que vous jeûnez toute cette Lune, ou au moins la plus grande partie ,, de cette Lune ? Il répondit, c'est parce que tous les Procès sont portez de- ,, vant Dieu, mon Souverain Seigneur; & je souhaite ardemment d'être bien ,, preparé par le jeûne & la Priere, quand ma cause lui sera presentée. "Ce Saint Prophête dit que Dieu pardonne toûjours en cette nuit les pechez de tous Penitens, exauce toute Priere, reçoit & recompense toute bonne intention. Enfin Dieu y pardonne tous les péchez, excepté ceux-ci: la *Negromantie*, la desobéissance aux parens, l'ivrognerie & la luxure, si on n'a pas une ferme resolution d'y renoncer & de retourner sous l'obéissance de la Loi Divine & de faire Penitence de ces péchez. On doit repeter en cette nuit jusqu'à cent *Raccas*, deux à deux, & accompagner chacun d'un *louange à Dieu*, &c. avec *Dieu est un*, repeté dix fois, pour lesquels Dieu accorde tant & de si grandes faveurs, que je n'aurois jamais fait, si j'en entreprenois le dénombrement. Je ne ferai mention que de deux: l'un est que Dieu jettera sept fois les yeux de sa misericorde sur celui qui s'aquite comme il doit de ce *Sala*, & lui pardonnera septante fois sept fois ses péchez: l'autre est que Dieu lui enverra cent de ses Anges pour sa garde & protection, dont trente lui donneront des avant-goûts de la gloire éternelle, dont il lui veut bien faire part: trente le preserveront du feu de l'Enfer, trente éloigneront de lui toutes les traverses & les persecutions de cette vie mondaine, & les dix autres les deffendront contre les assauts du Diable. Le jeûne & les aumônes sont fort meritoires en ce mois, sur tout pendant trois jours, à sçavoir, le premier, le quinzieme, & le dernier Jeudi. Celui qui repetera chaque nuit qui precede le Vendredi, la Salutation du Prophête de Sainte memoire sept cens fois, recevra des graces extrememement grandes. Celui qui usera la nuit de devant de 15 *Raccas* deux à deux; disant *louange soit à Dieu*, &c. une fois à chaque *Racca*, *Dieu est un*, &c. par trois fois, & après ces quatorze *Raccas* immediatement, avant qu'il se releve, il repetera, *louange soit à Dieu*, &c. quatorze fois; *Dieu est un*, &c. autant de fois, *Delivre moi ô Seigneur*, &c. aussi quatorze fois, *ô Dieu du peuple*, &c. autant de fois. Enfin la Priere appellée *Alatel Cursi* une fois. ,, O Dieu notre Seigneur, ,, donne-nous la capacité & la force d'acquerir ce Tresor de benedictions com- ,, me le Prophête nous a promis en ton nom, en jeûnant & faisant charité au ,, mois de *Shaaban*. *Amen*.

Shaabah ou huitieme mois.

9. Avant que je dise quelquechose du neuvieme mois appellé *Ramadan*, il faut observer que Dieu accorda au mois de *Rejeb* de rendre septante pour un, & l'appella sa *propre bouche*; & dans le mois de *Shaaban* cent pour un, l'appellant la bouche de son Prophête *Mahummad*. Mais dans le saint mois de *Ramadan*, Dieu donne mille pour un. Dieu l'appella le mois de *la Compagnie*, ou de ceux qui croyent en lui, & qui suivent sa Doctrine exposée par le saint Prophête. C'est avec raison, puisque c'est le mois de notre pardon, de notre bien, de notre salut, & de notre glorification. Ce mois surpasse en excellence tous les autres. Prétendre faire le détail des graces & marques de misericorde, que notre Seigneur Dieu donne par sa clemence, ou des péchez qu'il pardonne aux prisonniers d'*Enfer* qu'il delivre, ou des benedictions qu'il répand en ce

Ramadan, ou neuvieme mois.

Tome I. d mois

mois, seroit un ouvrage infini. Je me contenterai de dire que celui qui donne le moindre signe de peché & de méchanceté en ce tems, est un impie endurci au peché, un reprouvé digne de l'*Enfer*. Dieu delivre chaque nuit de ce mois un nombre infini de ceux qui ayant merité les peines de l'*Enfer* par leurs pechez, ont recours à sa misericorde par le Jeûne & par la Priere, sur tout en une de ces nuits qu'il fait misericorde & accorde des graces à plus de monde qu'il n'a fait pendant tout le mois. On appelle cette nuit l'*Ailat el Cadri*, c'est-à-dire, la nuit de grandeur, & des merveilles, & ce n'est pas sans raison, puisque Dieu y signale sa grandeur, sa puissance, sa magnificence, sa misericorde & ses graces, d'une maniere toute merveilleuse & toute surprenante. Plusieurs Docteurs veulent que ce soit une des dix dernieres nuits, mais on ignore laquelle, quoi qu'il y en ait qui prétendent que c'est la vingt-septieme. Dieu n'a pas permis à son Prophete de la marquer précisément, afin que l'empressement & le soin ardent que nous avons de rencontrer cette nuit & d'en cueillir les fruits, nous portassent à observer avec le même zele & la même veneration tout le reste. Il est certain qu'il a paru en cette nuit des *Phenomenes* des plus merveilleux, comme les Cieux s'ouvrir, & faire voir des Trônes brillans de pierreries, des Palais & des jardins delicieux, des fontaines d'eaux claires comme diamans, & autres choses propres à faire souhaiter & aimer ce sejour bienheureux des *Anges*, d'une beauté inexprimable, & éclairez par des Couronnes de lumiere autour de leur tête, qui en descendoient chaque nuit, pour visiter & assister, ou garder ceux qui étoient occupez à leur dévotion, & remplir leurs cœurs & répandre dans leurs ames des avant-goûts & des desirs ravissants de la gloire éternelle ou de la Vision de Dieu. O vous qui étes épris de l'amour des richesses éternelles, vous en voyez le Tresor ouvert; vous en voyez des emblêmes & des simptômes. Vous amateurs de douceurs, de joye, & de delices, on en donne ici de réelles & d'éternelles à bon marché & pour peu de peine. Ne perdez pas l'occasion de les aquerir, ne laissez pas ensuir le tems, qui quand il est parti vous expose à la risée, à la honte de l'avoir négligé & perdu, & à votre propre perte. Prétendre de donner une description de la gloire celeste des ornemens du Paradis, des plaisirs & des réjouissances des *Anges*, des occupations des Bienheureux, des Fêtes continuelles qui s'y font, des genereuses promesses, des presens & des bienfaits qui descendent du Ciel sur les fideles, &c. est une entreprise au dessus la portée d'une langue humaine, & à laquelle je n'ai pas la temerité de m'engager. Je me contenterai de spécifier ce qui est requis pour meriter tout cela. Premierement dès que la nouvelle Lune paroît il faut avoir une sainte intention, sans laquelle toutes les œuvres sont sans effet & sans fruit, & recevoir le sacré mois comme le plus cher & le meilleur ami; le saluer avec respect & humilité, en concevant tant dans le cœur que dans l'ame une joye sincere, de ce qu'il a plû à Dieu de l'envoyer, en disant avec un ardent desir d'en jouir, „ ô mois de misericorde, ô mois de grace & d'esperance, ô mois „ de richesse & de beneficence; tu es bien venu, & dans un heureux tems. „ A la bonne heure sois-tu arrivé! Tu es envoyé de Dieu pour notre salut, „ pour nous netoyer & purger de tous nos pechez & de nos iniquitez. O mon „ Seigneur & mon Dieu, puisque tu m'as accordé par ta clemence infinie la „ vie & une si sublime faveur que de me permettre de garder ce saint mois, je „ te supplie de m'en rendre capable & digne, en me donnant la force avec la „ grace de te servir, de te plaire, de te louer, sans jamais oublier ou omettre „ en aucun point, de t'invoquer & de publier les louanges de ton saint nom „ ou de te montrer ma reconnoissance de la souveraine grace que tu m'as accordée, c'est ce que je te demande avec la derniere humilité, par les merites de ton Prophete *Mahummad*, par ceux de tes autres *Prophetes* & des *Anges*, me confiant entierement en ton essence & en ton excellence; car tu es „ mon seul Dieu & Seigneur. Amen.

Nous devons selon l'esprit & la teneur de cette Priere tâcher de nous détacher de l'amour des biens passagers de ce monde, pour nous occuper de celui des biens éternels, nous appliquer principalement en ce mois à servir Dieu no-

APPENDIX.

tre suprême Seigneur avec toute l'ardeur, toute la diligence, toute l'exactitude, & toute la constance dont nous sommes capables; en telle sorte que nous ne perdions pas un moment ni aucune occasion d'en profiter, en faisant des œuvres qui en soient dignes, ou de mériter tous ces avantages avec les effets des promesses que Dieu y offre à ses serviteurs, qui sont véritablement humbles & parfaitement contrits. Celui qui jeûne doit avoir grand soin que ce qu'il mange pour sa subsistance, ne soit que ce qu'il a justement & honnêtement acquis. Car tout ce qui est injustement acquis est la source de tout peché & la cause de tout mal. Les premiers rafraîchissemens avec lesquels on doit rompre le jeûne tous les soirs après le coucher du Soleil & la Priere du soir, sont de l'eau & une date. Le *Sala* qu'on dit ordinairement la nuit après tous les autres, consiste en trente-six *Raccas*, repétez deux à deux, & suivis du *Watri*, qui est de trois autres. La derniere nuit du mois, la nouvelle Lune paroissant, on doit dire la Priere de congé ou d'adieu, qui est extrêmement meritoire, & qui se fait au coucher du Soleil. On doit s'y preparer en se lavant tout le corps, se revêtir de ses meilleurs habits & dans une posture dévote, benir le saint *Prophète* dix fois, & les Anges *Gabriel*, *Israfil*, *Michel* & *Azarael*, autant de fois chacun, les Anges appellez *Hamalet-el-Archi*, supporteurs du Trône, qui approchent le plus près de Dieu & tous les autres en general, dix fois. Après cela & avoir dit deux *Raccas* le matin, on doit se prosterner le visage contre terre, & dire l'Oraison suivante. ,, Je prosterne ma face devant toi; mon col est ,, courbé & abaissé vers toi. O mon Dieu, regarde-moi, & ayez pitié de ,, ma foiblesse & de ma petite capacité. Accepte ma dévotion, mon jeûne, ,, & les efforts que je fais pour te servir. Salut sur toi, ô mois de *Ramadan*; ,, toi, vaste rampart de celui qui a observé en toi les préceptes, qui a servi en ,, toi le Dieu tout clement & tout misericordieux; les benedictions de Dieu ,, soient sur toi, & sur ton excellence, sur nous & sur tous les *Musulmans* mâ- ,, les & femelles, soit morts, soit vivans! *Amen*.

Quand on aura dit cette Priere, on s'asseyera sur ses jambes, loüant Dieu & le suppliant qu'on puisse être du nombre de ceux qui jouissent des graces qu'il a promises à ceux qui jeûnent, veillent & remplissent tous les devoirs du saint mois. On doit ensuite, avant que cette nuit soit passée, faire quelques aumônes, ou les tenir prêtes pour les distribuer le jour suivant; à savoir, chacun un *Celemin* ou quartier de bled pour sa tête, & autant pour celle de chaque personne de sa famille, s'il en a. Enfin la nuit qui précede le vingt-septieme jour doit être distinguée par deux *Raccas* extraordinaires. Dans le premier *la louange de Dieu*, &c. doit être dit une fois, & le Chapitre qui commence par, *Nous l'avons porté en bas*, &c. une fois, & *Dieu est un*, &c. vingt-cinq fois. Le tout doit être conclu par, *à Dieu soit le tribut*, &c. & par la derniere Salutation. La derniere nuit se doit passer en dévotion, en actions de graces à Dieu de ce qu'il a donné la force de s'aquiter des devoirs du Jeûne, &c.

10 Le dixieme mois qui suit le *Ramadan* s'appelle le mois ou la Lune de *Schaval*, & quoi que ce soit un des mois ordinaires, Dieu en a orné & distingué le premier jour, par la fête du *Bahiram*, qui est une recompense ou une rejouissance qu'il accorde aux *Musulmans* pour leurs mortifications du mois precedent. On y distribue les presens ou aumônes qu'on appelle *Ziccat-Fitri*, augmentation des fruits du jeûne. Ces aumônes devroient être données, s'il étoit possible, avant le lever du Soleil, ou au moins avant la dévotion du *Bahiram*, environ une heure après que le Soleil est levé, ce qui se fait toûjours en public. Ces dévotions sont accompagnées d'un Sermon, & se font en pleine assemblée ou l'on suit le Prédicateur, qui commence par deux *Raccas*, comme aux autres matins, si ce n'est qu'après l'élevation des mains au *Tachera*, reconnoissance de la grandeur de Dieu, qui se fait en ces termes, *Alla hu Achar*, Dieu est le très grand, on doit répéter la même chose encore six fois. Après cela, on doit dire, la *louange soit à Dieu*, &c. une fois, & le Chapitre de, *benissez le nom du Seigneur*, &c. encore une fois; puis il faut s'incliner une fois & se prosterner

Schaval ou dixieme mois.

Grand Bahiram.

deux: après quoi & en se levant la seconde fois, avant que d'être tout à fait dressé, il faut dire, *Alla hu Achar* cinq fois, & une fois, lors qu'on est tout à fait dressé sur les pieds; & encore en s'asseyant de nouveau en une posture convenable. Ce qui étant fait, & après avoir repeté dans le second *Racca*, *louange soit à Dieu*, &c. avec le Chapitre *par le Soleil & sa clarté*, & en s'inclinant une fois, & se prosternant deux, en disant, *à Dieu soit le tribut*, &c. avec la conclusion finale, on repetera trois, cinq, sept, jusqu'à neuf fois, *Allah hu Achar*, il n'y a point d'autre Dieu qu'*Allah*, & *louange soit à Dieu*, &c. trois fois. Il y a six jours de jeûne en ce mois, que tous bons *Musulmans* ne manquent pas d'observer.

Dulcaada, ou onzieme mois.

11. L'onzieme mois appellé *Dulcaada*, est un des principaux & des plus distinguez, & on y doit passer la nuit qui precede le 25. jour, en veille & en Prieres, puis que ce fut en cette nuit que Dieu donna à *Adam* le Plan, ou le modele, pour bâtir la sainte maison appellée *el Caaba*, Chapelle quarrée. On doit dire cette nuit plus de *Salas* qu'à l'ordinaire, & on doit jeûner le 25. jour.

Dul-Hadga, ou douzieme mois.

12. Le douzieme mois appellé *Dul-Hadga*, est un des mois les plus distinguez. Les dix premiers jours avec leurs nuits doivent être fort reverez & ont les mêmes merites que ceux du *Ramazan*, outre que les autres vingt ont de même pour chaque bonne œuvre le merite de soixante & dix. Le huitieme jour avec la nuit qui le precede est des plus meritoires pour jeûner, veiller & prier, ainsi que le neuvieme, avec les deux nuits de devant & d'après. Le dixieme l'emporte sur tous, puisque c'est en ce jour qu'on commence le Pelerinage de la *Mecque*, pour visiter la sainte maison qui y est. C'est en ce jour que commence le grand *Bahiram*, ou la *Pâque* que Dieu commanda aux *Israëlites* de celebrer, & qui dure quatre jours, & avant celle en laquelle Dieu commanda à *Abraham* le sacrifice d'*Ismael*, quand Dieu ordonna à *Moïse* d'aller à *Tor*, pour publier la sainte Loi, qui étoit la même, avant la corruption & les changemens qu'y ont apporté les Infideles, que celle que nous professons aujourd'hui, il lui ordonna de prendre congé des *Israëlites* pour quarante jours, leur enjoignant de jeûner pendant tout ce tems de son absence, de veiller, de prier, & de servir Dieu, avec une dévotion & une pureté de cœur extraordinaire; mais ils le tromperent en comptant vingt jours & vingt nuits; & non contens de cette fraude, ils emprunterent l'or des *Egiptiens*, & s'étant enfuis avec ils en firent un veau, qu'ils adorerent: de quoi Dieu ayant donné avis à *Moïse*, qui n'avoit encore jeûné que trente jours du saint *Ramadan*, il interrompit son jeûne pour retourner auprès d'eux & leur reprocher leurs fraudes, leur idolatrie, & leur infidelité, & les remettre dans le chemin de la sainte & pure Loi de Dieu, de laquelle ils s'étoient ainsi détournez. Il resta pour cela soixante jours avec eux, & ensuite il retourna communiquer avec Dieu, & acheva de jeûner les quarante jours, que leur étoient ordonnez de Dieu, & qu'il avoit ordonnez de sa part aux *Israëlites*. Les *Hadgis* ou Pelerins, qui visitent les saints lieux de dévotion, doivent observer ces jours avec la derniere pureté de cœur & d'esprit, & des Prieres ardentes; rendre graces à Dieu de nous avoir envoyé son Prophete *Muhammad*, de glorieuse memoire, qui a renouvellé sa Loi dans sa primitive pureté; telle qu'il l'avoit donnée à *Moïse*, à *Isa* (*Jesus*) & à ses autres Prophetes; de ce qu'il plaît à sa Divine bonté de la conserver immuable & exempte de corruption parmi nous, &c. Ce fut en la nuit qui precede le huitieme jour que ce saint Prophete monta au Ciel, pour recevoir des mains de Dieu & apporter sur la terre, cette Vierge ou ses divins préceptes, tels qu'on les doit observer, pour nous rendre dignes d'y monter & d'y jouir de la felicité parfaite. Au dixieme jour auquel comme j'ai insinué commence l'*Hadgi Bahiram*, on doit faire un *Sala*, comme celui qui se fait immediatement après le *Ramazan*; si ce n'est qu'on doit tuer premierement les moutons & les agneaux destinez aux sacrifices des aumônes. C'est ce qui nous est recommandé expressément par le saint Prophete, car chaque vrai *Musulman*, non seulement doit sacrifier en ce jour de benediction un mouton, un belier, un agneau, ou quelqu'autre animal pur, sans en vendre le moindre morceau; mais il est obligé, après en avoir mangé, de donner le reste aux pauvres. Ainsi après avoir achevé le *Sala*,

APPENDIX.

il est très meritoire de repéter à la fin, *Dieu est le très grand*, trois, cinq, sept ou neuf fois, *il n'y a point de Dieu que lui*, &c. & *louange soit à Dieu*, &c. par trois fois chacun. Il faut bien se garder pour l'observation de cette *Pâque*, de rompre le jeûne, jusqu'à ce que les dits animaux ayent été sacrifiez. Qu'ainsi veuille le Seigneur notre Dieu, par sa sagesse & par sa clemence infinies, nous diriger, nous assister, & nous proteger: qu'il lui plaise nous délivrer & nous garantir de ses ennemis & des nôtres! *Amen*.

Voici cinq sortes de louanges à Dieu & de Prieres, dont il faut souvent user. *Cinq sortes de prieres & louanges.*
" 1 Je demande très humblement pardon à mon Seigneur Dieu tout-puissant,
" qui est le seul vrai Dieu, le distributeur & le conservateur de la vie, à qui je
" me resigne avec contrition. 2. *Qui est semblable à Dieu. A ce Dieu soit la louange, il n'y a point de Dieu qu'Allah seul. Dieu est le plus grand. Il n'y a point de pouvoir, ni de force qu'en Allah, le très haut & le tout-puissant.* 3. *O mon Dieu, beni le Prophete Muhammad, le Prophete en qui tu as infusé ta connoissance, & que ta benediction soit aussi sur ses adherans, ou ceux qui étoient les plus proches de lui!* Cette Priere est courte & très meritoire. Un de ses merites & de ses avantages est que celui qui l'a dit le matin, & qui vient à mourir le même jour, va en Paradis avec le pardon de ses péchez; & ainsi de la nuit. On la doit dire avec une vraye foi, avec des sentimens de contrition & une résolution sincere de ne plus pécher. Les deux suivantes sont plus longues. 4. " Dieu, tu es mon Seigneur, & il n'y a point d'autre Dieu que toi, tu m'as
" créé & je suis ta créature, je me repose sur ta puissance & sur tes promesses
" autant qu'il m'est possible. Je serai delivré par ta grace de tous les maux que
" j'ai commis. Je reconnois que toutes les faveurs, les compassions que j'ai
" ressenties, & toutes les obligations que j'ai, sont de toi seul. A toi seul je
" confesse mes péchez, puis que pour certain il n'y a que toi seul qui puisse
" absoudre & pardonner les pechez. O le plus gracieux de tous les plus gra-
" cieux, Createur & Seigneur de toutes les choses créés *Y a Rabil Aalamyn*."
Il faut observer que le mot d'*Aalamyn* s'entend de toutes les choses qui sont dans le Ciel, sur la terre & dans l'air, tant au dessus qu'au dessous, ou à l'entour. C'est un des attributs infinis & innombrables de Dieu, dont lui seul connoît le nombre; ce qu'ils sont, & où ils sont. 5. *Au nom de Dieu, très gracieux & très misericordieux.* " A Dieu soit la louange, à lui le seul Seigneur de
" toutes les créatures, le très gracieux & le très clement Monarque universel
" du jour du jugement. C'est toi que nous invoquons, & dont nous implo-
" rons l'assistance. Guide-nous par les sentiers de droiture, par les sentiers de
" ceux qui ont reçû tes récompenses, & non par les sentiers de ceux qui ont
" merité & senti ton indignation, qui s'étant détournez de ta droite voye se
" sont perdus. *Amen*.

Voici six formes de benediction & de préceptes recommandez à tous les *Mueslins*, par le saint Prophete *Muhammad*. Elles commencent toutes par ces paroles. " Au nom de Dieu, très clement & très misericordieux, beni & exalte *Premiere benedictis*
" le nom de ton Seigneur, le très haut, lui qui a créé & porté à telle perfec- *on.*
" tion toutes choses. Je te donne un court avis de n'oublier rien que ce que
" Dieu veut que tu oublies, Dieu à qui tout ce qui se fait, tant en particulier
" qu'en public, est connu. Je veux t'instruire, si tu as intention de suivre ma
" doctrine. Celui qui la suit en recueille le fruit; mais celui qui s'en détour-
" ne souffrira pour peine le feu terrible, dans lequel il ne vivra, ni ne mou-
" ra. Vous êtes fort ambitieux des biens terrestres, ou de ce monde, mais
" ceux de l'autre sont beaucoup meilleurs & incomparablement plus dura-
" bles, puis qu'ils sont éternels. NB. Ceci est écrit dans les anciens Livres d'*Abraham* & de *Moïse*.

2. *Au nom de Dieu, &c.* Par le Soleil & ses brillans rayons, par la Lune & *Seconde be*
" sa clarté, par le jour & par sa lumiere, par la nuit & par son obscurité, par *nediction.*
" le firmament & par les astres & étoiles, par la Terre & par ses productions,
" par l'esprit & par sa connoissance du bien & du mal; je jure que celui qui
" est netoyé de ses pechez sera beni, mais que celui qui ne s'en purgera & ne
" s'en netoyera pas par la Penitence & par de bonnes actions, perira. Ceux

,, de *Themud* donnerent avec orgueil & avec insolence le démenti à mon *Apô-*
,, *tre*, quand je le leur envoyai pour mon service. Il leur dit, cette femelle
,, de chameau est de Dieu, & le messager de Dieu la recommande à votre
,, soin. Donnez-lui de l'eau ; mais ils ne le crurent pas, & ne donnerent
,, point d'eau à cette femelle, & la tuerent. Dieu fit tomber sur eux un ter-
,, rible châtiment, & les extermina parce qu'ils n'avoient pas sa crainte de-
,, vant les yeux.

Troisieme benediction.
,, 3. *Au nom de Dieu*, &c. Nous l'apportames (l'*Alchoran*) en bas la nuit
,, de gloire : & afin que vous sachiez ce que c'est que la *nuit de gloire*, cette
,, nuit est préferable à mille mois, c'est à dire, que les bonnes œuvres qui s'y
,, font, sont plus meritoires que celles qui se font en mille mois. En cette nuit
,, les Anges & autres esprits saints descendirent par l'ordre exprès de leur Sei-
,, neur, visiterent & saluerent tous les véritables serviteurs de Dieu, jusqu'au
,, point du jour.

Je ne puis m'empecher de faire quelque mention de ce qui a été dit touchant
ce saint Chapitre ; c'est qu'en la nuit de gloire le saint *Alchoran* nous fut premierement envoyé du Ciel, où il étoit écrit sur des tables, & notre Seigneur
Dieu l'accompagna des récompenses qu'il accorda autrefois aux enfans d'*Israel*,
quand ils sortirent pour combattre en son nom, en laissant leurs habitations,
chargez de leurs armes. Il est indubitable que les Anges & les Archanges,
avec d'autres esprits glorifiez, descendent sur la terre en cette nuit, outre ceux
qui descendent chaque autre nuit, au mois de *Ramadan*, pour visiter tous ceux
qui croyent en un seul Dieu, qui sont dignes de la salutation, qui sont sur la
garde, en devotion & en prieres, ou qui lisent les saintes Ecritures, traitant
chacun selon son merite avec équité, embrassant ou saluant les uns, faisant des
presens aux autres, priant avec d'autres, ou les deffendant, en quoi ils employent toute cette nuit jusqu'à la pointe du jour, qu'ils sont rappellez par les
Anges qui retournent à leurs sacrez postes, & rendent compte au Seigneur de
toutes les saintes occupations, où ils ont trouvé ses fideles serviteurs, & des benedictions qu'ils ont répandues sur chacun selon son merite, & ne cessent de
louer celui à qui toute louange est due.

Quatrieme benediction.
4. *Au nom de Dieu*, &c. ,, O vous incredules & infideles, je n'adore pas
,, ce que vous adorez, & vous n'adorez pas celui que j'adore. Je ne veux pas
,, servir ce que vous servez, & vous ne voulez pas servir celui que je sers : vous
,, voulez observer votre Loi, & moi la mienne. " Les *Juifs* qui ont ajouté,
diminué, ou changé & corrompu la sainte Loi de Dieu, auroient voulu la faire
approuver par le Prophete *Muhammad*. Ils lui offrirent de le reconnoître pour
Prophete & Envoyé de Dieu, & de lui obéir en toutes choses, s'il vouloit recevoir cette Loi corrompue pour orthodoxe. Dieu lui commanda de leur répondre en ces termes : *Vous avez votre propre Loi composée selon vos imaginations*
& fantaisies, & j'ai la mienne telle que Dieu a ordonné qu'elle soit suivie.

Cinquieme benediction.
5. *Au nom de Dieu*, &c. Dieu est un, il est tout puissant & éternel il n'a point été engendré & n'engendre point, & n'a point de compagnon, ni d'égal. C'est la réponse
que Dieu ordonna lui-même à son Prophete *Muhammad* de bienheureuse memoire, de faire aux *Idolâtres*, quand ils lui demanderoient qui étoit notre Dieu,
d'où il tiroit son origine, & quelle étoit sa qualité.

Sixieme benedicti-on.
6. *Au nom de Dieu*, &c. ,, Délivrez-moi, ô Seigneur, du tourment de tout
,, mal, de tout peché, du mal, de l'obscurité : delivrez-moi du mal de celui
,, qui par voye d'enchantement crache sur la corde nouée ; du mal des envieux,
,, si leur envie porte effet. " Les *Juifs* tâcherent ainsi, aussi bien que les *Gen-*
tils, par toutes sortes de voyes, de tuer & de détruire le saint Prophete *Muha-*
mmad, jusqu'à y employer le sortilege, & Dieu pour l'en preserver, lui envoya les treize Chapitres ou articles suivants, qui seront d'un pareil secours pour
prévenir l'effet de tous charmes, à ceux qui les repeteront.

Treize cha-pitres ou preservatifs contre les Sortileges.
1. Au nom de Dieu, &c. *O Seigneur du peuple, Roi du peuple, Dieu du*
peuple, delivrez moi des pieges de celui qui est l'auteur du mal, de celui qui inspire
au peuple la malice & la mechanceté ; enfin de tout mal que sont capables de faire les
Demons & les hommes.

APPENDIX.

2. *Au nom de Dieu &c.* Par les figues & par les olives, par le Mont Sinaï & par la liberté & les franchises de Mecca, je jure que j'ai créé l'homme avec une parfaite & excellente constitution; mais il est tombé dans la dernière bassesse, excepté ceux qui croyent en moi, & qui font de bonnes œuvres, qui obtiendront dans la suite ne parfaite recompense. Ainsi, ô infidele, pourquoi blasphemes-tu & renies-tu la uveritable Loi? Dieu n'est-il pas le juge des Juges?

3. *Au nom de Dieu &c.* Quand la terre tremblera & jettera hors des tombeaux les corps u'elle contient, les mortels demanderont avec frayeur, qu'est-ce que cela veut dire? On leur dira, que c'est le plaisir de Dieu de faire ainsi au dernier jour. C'est en ce jour du jugement que les peuples s'assembleront de toutes parts pour rendre compte de leurs actions; & celui qui aura fait le poids d'un atome de bien, sera recompensé, & celui qui aura fait le poids d'un atome de mal, sera puni.

4. *Au nom de Dieu, &c.* Tout homme qui s'attache trop aux biens de la terre jusqu'à les preferer à ceux du Ciel, est ingrat envers son Créateur de toutes les faveurs qu'il en a reçues, & des graces qu'il lui offre. Ne connoît-il pas que Dieu découvrira tout ce qu'il y a de plus caché jusqu'au fond du tombeau, qu'il n'ignore rien de ce qui est fait en secret & qu'au jour du jugement tous les secrets seront publics.

5. *Au nom de Dieu, &c.* Quand vous verrez l'extremité de la douleur, au jour que les peuples seront assemblez & étendus comme des nates; que les montagnes deviendront semblables à de la laine cardée, ceux dont la balance sera pesante de bonnes actions, seront conduits en Paradis; mais ceux dont la balance sera pesante de mauvaises œuvres, tomberont dans l'Enfer dont le feu sera excessivement chaud.

6. *Au nom de Dieu, &c.* Certainement vous dont l'attachement & tout l'étude tend à votre interêt temporel, jusqu'à ce que vous descendiez au tombeau, vous reconnoitrez à la fin la vérité. Si vous étiez sages, vous mediteriez sur les tourmens de l'Enfer, car au dernier jour vous trouverez qu'ils sont réellement terribles & réels? alors vous demanderez, ou y a t'il de la consolation?

7. *Au nom de Dieu, &c.* par le jour du jugement, je jure que les hommes courent à leur perte, excepté ceux qui croyent au vrai Dieu, & qui font de bonnes œuvres, vivans avec perseverance en justice, en équité, & en patience.

8. *Au nom de Dieu, &c.* Malheur au persecuteur envieux; car il sera persecuté. Celui qui amasse richesses sur richesses, & passe son tems à les considerer & à les compter, qui croit que son bien mondain le rendra immortel, se trompe, cela ne fera que hâter son malheur.

9. *Au nom de Dieu, &c.* Ne consideres-tu pas comment ton Seigneur traita ces maîtres d'Elephants (*a*)? Leur tromperie ne causa-t'elle pas leur perte? Il envoya un Camp volant contre eux qui les lapida, ils resterent étendus morts sur la place, comme du bled coupé, & ils furent mangez par les bêtes sauvages.

10. *Au nom de Dieu, &c.* As-tu vu celui qui ne croit point en la Loi? C'est lui qui fraude les Orphelins, qui mange le pain des pauvres, & malheur à ceux qui sont hipocrites, dans leur foi, ou dans leurs Prieres, & à ceux qui ne font pas de bonnes œuvres, mais qui les empêchent autant qu'ils peuvent.

11. *Au nom de Dieu, &c.* Nous t'avons donné une grande abondance de notre grace, beni ton Seigneur, éleve tes mains vers lui. Malheureux & pervers celui qui n'aime pas le Seigneur!

12. *Au nom de Dieu, &c.* On voit grand nombre de peuple embrasser la Loi de Dieu, quand il protege & comble de prosperité les croyans, ou leur donne la victoire. Exalte & loue la gloire du Seigneur & implore son pardon, car il est extrêmement misericordieux & plein de compassion envers le penitent.

13. *Au nom de Dieu, &c.* Abileb perdit la main: Dieu le punit, ses richesses ne le racheteront point, il souffrira dans des flammes éternelles avec sa femme, elle qui porta du bois sur ses épaules, lié avec des cordes de palmier.

La Benediction d'*Allah* soit sur *Muhammad*.

(*a*) C'est une Parabole qui se voit au long dans *Abrabah*, Auteur *Arabe*.

Fin du Manuscrit de *Rama*.

APPENDIX,

No. II.

Lettre du Roi de Suéde *au* Grand Seigneur, *datée du 3. de Juillet vieux stile 1709. près d'*Ozakow.

Au très haut, très puissant, très glorieux & invincible Empereur Achmet, *fils de* Mehemet IV., *Empereur de divers Empires, Roi de plusieurs Royaumes, Souverain & Protecteur de plusieurs Nations differentes. Que Dieu benisse & prolonge votre regne.*

CEtte Lettre signée de notre main Royale est pour donner part à Votre Hautesse de notre arrivée en ses Etats, & lui faire connoître le malheur qui nous est arrivé dans ceux du *Czar.* En effet, après avoir châtié jusqu'ici, aussi heureusement que justement, les violateurs de la Loi des Nations & de la foi des Traitez solemnellement jurez; après avoir forcé le Roi *Auguste* à renoncer à la Couronne de *Pologne,* dont il étoit plûtôt le Tiran que le Roi; procuré à cette Nation un Roi d'entr'eux, & un ami de Votre Sublime *Porte*; après avoir chassé le *Czar* son Allié & son Collegue en perfidie, de la *Pologne,* qu'il avoit mise en combustion, l'avoir poursuivi jusqu'à sa Ville de *Pultova,* pour lui donner des Loix & rompre ses pernicieux desseins; le Ciel a permis que notre Armée, diminuée & fatiguée par de rudes marches, & manquant des choses les plus nécessaires pour sa subsistance; ait été tout à coup accablée par une multitude trois fois plus nombreuse, & pourvu de tout ce qui nous manquoit, desorte que nous avons perdu enfin la Bataille.

N'étant pas en état ni assez près de nos Provinces pour lever une nouvelle Armée, & voulant éviter de tomber entre les mains d'un Ennemi barbare, nous sommes venus chercher dans cet Empire un asile contre sa perfidie, sous l'auguste protection de Votre Hautesse Imperiale, avec les moyens d'aller incessamment rejoindre l'Armée que nous avons laissée en *Pologne*, sous le commandement du digne Roi que nous avons donné à ce Royaume, pour le soutenir sur son Trône, en cas que celui que nous avons forcé d'en descendre tentât d'y remonter, contre la Foi du Traité que nous avons fait avec lui.

Ce que nous nous proposons, outre cet asile & ces moyens, c'est l'amitié de Votre Hautesse Imperiale, à qui nous offrons & promettons de notre côté le plus sincere attachement dont nous soyons capables. La premiere preuve que nous croyons devoir donner de cet attachement à Votre Hautesse, est de lui faire entendre, que si on laisse au *Czar,* dont l'ambition n'est pas plus guidée par le courage que par la bonne foi & par l'honneur, le tems de profiter de l'avantage que notre malheur lui a donné sur nous, il ne se jette tout à coup sur quelqu'une de vos Provinces, comme lui & ses Alliez en perfidie ont fait sur les nôtres, en commençant une guerre injuste, non seulement sans nous la déclarer, mais même au milieu d'une Paix la plus solemnellement établie, dans le tems qu'ils nous faisoient assurer par nos Ministres réciproques qu'ils étoient sincerement résolus d'en observer religieusement les Traitez, & qu'ils nous prioient, de faire de notre côté la même chose. Mais les differens Forts que ce Prince a bâtis sur le *Tanais* & sur le *Mœotide,* & sa nouvelle Flote, publient assez intelligiblement ses pernicieux desseins contre votre Empire, sans alleguer ces exemples de perfidie. Les choses étant ainsi, nous ne voyons rien de plus salutaire, ni de plus propre à prévenir le danger dont tout cela menace cet Auguste Empire, qu'une Alliance entre votre Sublime Porte & notre Cour, en vertu de laquelle Alliance Votre Hautesse nous mettant en état de retourner surement en *Pologne* & en nos Provinces, sous la garde d'un Corps de votre vaillante Cavalerie, nous en fortifirons notre Armée qui s'y trouve encore sous la conduite d'un Roi sage & plein de bonne foi, qui entrera volontiers dans

notre

notre confederation : moyennant quoi nous porterons encore une fois nos juftes armes jufqu'au cœur de la *Mofcovie*, pour reprimer l'injufte ambition du *Czar*. Au refte nous n'oublirons jamais les faveurs qu'il plaira à Votre Hauteffe de nous faire, & chercherons toutes les occafions & les moyens d'en marquer réellement notre reconnoiffance; & nous nous ferons toûjours un honneur particulier & un vrai plaifir de nous pouvoir dire,

Votre fidele Ami,

CHARLES, fils de *Charles XI.*

Autre Lettre de Sa Majefté *Suedoife* au *Vifir*, du 4. de Juillet.

Au très eftimé, très fage & honorable Grand Vifir Ali-Pacha, *falut & profperité.*

CE nous a été une grande fatisfaction dans notre malheur, d'aprendre en arrivant fur les terres *Ottomanes*, que Sa Hauteffe Imperiale a pour premier Miniftre & Lieutenant une perfonne douée des plus excellentes qualitez, pour gouverner fagement & prudemment ce vafte Empire. Votre zele pour le bien de ce même Empire, nous donne lieu d'efperer que l'Alliance que nous propofons à Sa Hauteffe Imperiale, & l'efcorte que nous lui demandons pour notre retour en *Pologne*, auront non feulement votre approbation, mais que par votre recommandation elles auront le bon fuccès & les fuites avantageufes que nous nous en promettons. Mr. *Neghebaur*, porteur de cette Lettre, que nous recommandons à votre protection, eft chargé des principales inftructions qui regardent cette affaire. Votre bienveillant,

CHARLES, Roi.

Lettre de Mr. Mullern *du 4. de Juillet au Vifir.*

Très éminent en honneurs & en vertus, fuprème Vifir *du très puiffant Empereur des* Ottomans, *que Dieu comble de fes plus pretieufes benedictions!*

JE prends la liberté de joindre cette Lettre pour votre Excellence à celles de Sa Majefté, le Roi de *Suede*, mon augufte maître, pour vous donner part de notre arrivée fur les terres de cet Empire à *Ozakow*. Après avoir très humblement demandé à votre Excellence l'honneur de fon amitié, en échange de la mienne que je lui offre avec toute la fincerité dont je fuis capable, je fupplie Votre Excellence de m'honnorer de fa bienveillance. Le Roi, mon augufte maître, m'ordonne de vous confirmer dans ma Lettre les égards qu'il vous a marquez dans la fienne, pour votre illuftre perfonne, & de vous prier de vouloir bien appuyer de votre credit tout ce que Sa Majefté Royale écrit à Sa Hauteffe Imperiale & à Votre Excellence, touchant une Alliance entre les trois Puiffances, & de recommander de nouveau à votre protection & faveur le porteur des préfentes, Mr. *Neghebaur*, qui a des inftructions là-deffus, auffi bien que fur les avantages qui en peuvent être tirez. J'ajoûterai que la droiture & la bonne foi, dont Sa Majefté *Suedoife* & fes Sujets font profeffion, à fon exemple, & la reputation que *Sa Hauteffe* & les *Mufulmans* ont jufques dans le Monde *Chrétien*, de fe diftinguer au deffus de tant d'autres Nations par ces précieufes vertus, font propres à former le fondement de l'Alliance propofée, & à lui donner tout le relief dont elle a befoin pour devenir heureufe. Au refte je prie Dieu d'en benir & faire réussir le projet; & demeure avec une parfaite veneration,

Votre très humble & très affectionné
Serviteur,

GUSTAVE MULLERN.

Réponse du Visir *au Roi de* Suede, *datée de la Lune* Regeb. 1121, *& reçue à* Bender *le* 19. *d'Août.*

Très vaillant, très renommé & très illustre entre les Princes Chrétiens; Protecteur de la droiture & de la justice; Sereniffime Roi de Suede, Charles, *fils de* Charles XI. *Que Dieu daigne répandre la rosée de ses plus prétieuses benedictions sur la tête de Votre Majesté, & couronner votre fin de gloire & de toutes sortes d'heureux succès.*

J'Ai reçu avec un très sincere respect la Lettre de Votre Majesté, signée de votre vaillante & Royale main près d'*Ozakow*, laquelle m'a été presentée par le très magnifique Mr. *Neghebaur*, illustre modele des Grands de la Religion *Chretienne*. Que le tout Puissant, l'unique Etre des Etres, daigne éclairer ses pas & diriger ses démarches !
La nouvelle de votre heureuse arrivée sur les Terres *Ottomanes*, & les assurances que Votre Majesté m'y donne de sa Royale bienveillance, & qu'Elle me fait confirmer par le très sage & très illustre Mr. *Gustave Mullern*, son premier Ministre d'Etat, (dont Dieu remplisse la fin de bonheur!) ont plongé mon cœur dans les eaux chriftalines d'un torrent de joye, & l'ont tout rempli de reconnoissance. L'Empereur, mon très auguste maître, à qui j'ai exposé les droites & genereuses intentions de Votre Majesté, & la Commission du très magnifique porteur Mr. *Neghebaur*, m'a chargé d'assurer Votre Majesté qu'Elle est très bien venue ; & que ses ordres sont déja envoyez à *Yusuph Pacha*, son *Serasquier à Bender*, pour traiter Votre Majesté d'une maniere conforme à sa dignité Royale, pendant le tems qu'Elle y séjournera, ou jusqu'à ce qu'une Escorte honnorable & suffisante, pour vous accompagner & conduire surement, se soit rendue auprès de cette Ville, suivant le Commandement Imperial, envoyé aux *Pachas* qui la doivent composer. Dès que le dit Sieur *Neghebaur* aura été revêtu par Votre Majesté d'un caractere public, qu'il sera muni des Lettres de Créance nécessaires pour être introduit par la haute & large porte qui ouvre l'entrée gracieufe vers le sublime & glorieux Trône du plus grand Empereur de l'Univers, & après qu'il se sera incliné bien bas & bien respectueusement devant Sa Hautesse Imperiale en la maniere due & accoutumée, & lui aura presenté votre Royale Lettre, Elle se la fera interpreter, & ne manquera pas d'y repondre d'une maniere qui sera digne du contenu ; paroissant déja par avancé assez portée d'elle-même à entrer dans quelques-unes des mesures que Votre Majesté nous fait proposer. Le Ciel daigne nous faire voir & nous dicter ce qui nous est le plus salutaire & convenable, tant à vous qu'à nous ! Ce sont les vœux sinceres de celui qui demande à Votre Majesté l'honneur de cette bienveillance qu'elle lui offre,

ALI-PACHA.

Réponse du même & de la même date à Mr. Mullern.

Très illustre & très distingué entre ceux qui regardent & adorent le Prophete Jesus pour un Dieu ; premier Ministre de Sa Majesté Suedoise. Que le Créateur de tout ce qui est, le seul Dieu adorable, veuille vous combler de ses biens les plus desirables, & vous donner une bonne fin!

Ceci est pour vous faire savoir que le très magnifique Mr. *Neghebaur* m'a présenté votre Lettre, dont je me suis fait interpréter clairement tout le contenu. J'ai remarqué avec une joye qui a occupé agréablement toute mon ame, que le très puissant Roi de *Suede*, votre maître, m'y a fait donner de doubles assurances de sa bienveillance, & a chargé ledit Sieur & porteur d'instructions dignes de sa sagesse, touchant l'Alliance qu'il propose & l'escorte qu'il demande. J'ai déja marqué à Sa Majesté dans ma réponse à sa Lettre Royale, que Sa Hautesse Imperiale y paroît déja assez disposée. Je ne perdrai aucune occasion de cultiver de plus en plus ses bonnes dispositions, selon que mon devoir & mon inclination m'y portent à faire tout ce que je crois tendre au bonheur & à la conservation de son glorieux Empire, en quoi je serai ravi que le rétablissement des affaires du Roi, votre vaillant & très puissant maître, puisse être compris. Quand Mr. *Neghebaur* aura été revêtu d'un caractere necessaire à pouvoir être admis au pied du brillant & glorieux Trône de Sa Hautesse Imperiale, afin de lui presenter la Lettre de Sa Majesté Royale, j'aurai soin d'appuyer le contenu en tout ce qui le meritera, afin que toutes choses puissent être conduites à une bonne conclusion par la main de Dieu, je vous recommande de contribuer autant qu'il sera possible de votre côté. En attendant, le *Serasquier de Bender*, *Yusuph-Pacha*, a ordre d'écouter vos propositions & d'en faire le raport à la Sublime Porte. Je prends la liberté d'envoyer au Roi un *Hangiar*, garni de pierreries, & un cheval, dont le harnois est enrichi de même; je vous prie de l'engager à l'accepter. Dieu veuille éclairer tous vos conseils comme le desire,

ALI-PACHA.

Lettre du Roi de Suede *au Roi* Stanislas *de Pologne, de Bender le 23. d'Août.*

Cher frere, ami & allié,

Comme la nouvelle de la Bataille de *Pultowa*, & l'incertitude de mon fort peuvent avoir causé à Votre Majesté quelque inquietude, je trouve à propos de vous donner part de mon heureuse arrivée à *Bender*, & de vous faire connoître que mes affaires ne sont pas si desesperées que peuvent l'avoir représenté mes ennemis; après avoir remporté un avantage, dont ils sont plus redevables au mauvais état de notre Armée qu'à leur bravoure. Nous trouvons par tout ici une reception aussi civile que genereuse, & nous avons tout lieu d'esperer une escorte qui nous mettra en état de nous faire (en cas d'opposition) non seulement un passage par la *Pologne*, jusqu'à vous, mais aussi de rétablir nos affaires de concert avec vous, & avec une nouvelle vigueur. Il n'est pas nécessaire que je vous exhorte à ne pas perdre courage, ayant un cœur au dessus de la mauvaise fortune. Je suis, &c.

CHARLES.

Fin de l'Appendix du premier Volume.